Das große Buch

Excel 2010
2003/2007
Formel und Funktionen

Alois Eckl
Hartmut Erb

DATA BECKER

Copyright	© by DATA BECKER GmbH & Co. KG
	Merowingerstr. 30
	40223 Düsseldorf
Produktmanagement und Lektorat	Peter Meisner
Umschlaggestaltung	Inhouse-Agentur DATA BECKER
Textverarbeitung und Gestaltung	Andreas Quednau (www.aquednau.de)
Produktionsleitung	Claudia Lötschert
Druck	Bercker Graphischer Betrieb GmbH & Co. KG, Kevelaer
E-Mail	buch@databecker.de

ISBN 978-3-8158-3054-3

Vorwort

Zu Excel

Microsoft Excel und insbesondere die Version Excel 2010 ist ein mächtiges und umfangreiches Programm. Neben Word und Outlook ist Excel das meistgenutzte Programm aus dem Office-Paket.

Excel ist ein technisch sehr ausgereiftes Produkt. Es gibt für alle möglichen und unmöglich erscheinenden Fragestellungen eine entsprechende Lösung. Allerdings ist diese nicht immer sofort klar und auf den ersten Blick ersichtlich. Genau hier setzt dieses Buch an.

Zu diesem Buch

Dieses Buch hat den Anspruch, als praxisorientiertes Lösungsbuch zu dienen. Sie finden darin, gegliedert nach Themengebieten, weit mehr als 500 praxisbezogene Fragestellungen mit den zugehörigen Lösungsvorschlägen.

Da sich im Wesentlichen drei verschiedene Excel-Versionen im Praxiseinsatz befinden (Excel 2003, Excel 2007 und aktuell Excel 2010), war die Grundidee, ein Buch zu schreiben, das für alle drei Versionen gleichermaßen verwendet werden kann. Weil sich die beiden Excel-Versionen 2010 und 2007 sehr ähneln, enthalten die entsprechenden Beispiele den Hinweis, dass der Tipp „ab Excel 2007" gültig ist. Auf gravierende Unterschiede zwischen den Versionen wird explizit eingegangen, und die Besonderheiten werden in kleinen Exkursen erläutert. Nahezu alle Tipps werden anhand der neuen Version 2010 beschrieben, wobei Abweichungen zu den beiden Vorgängerversionen 2007 und 2003 im Kontext der Tipperläuterungen jeweils in Klammern gesetzt sind.

Gemäß dem Motto „weniger ist oft mehr" haben wir in diesem Buch darauf geachtet, dass die Tipps und Beispiele ohne theoretischen Ballast auskommen. Unsere jahrelangen Erfahrungen haben immer wieder gezeigt, dass ein Beispiel und ein Bild komplexe Sachverhalte in der Regel sehr viel schneller verständlich machen können als umfangreiche Textvorträge und theoretische Ausschweifungen. Natürlich wird aber auch auf theoretisches Hintergrundwissen eingegangen, und zwar dort, wo es notwendig ist.

Ziel dieses Buchs ist nicht nur, allgemeine Einstellungen und grundlegende Themen zu behandeln, sondern auch ein wenig über den Tellerrand hinauszublicken.

Download der Tabellenbeispiele

Zu den einzelnen Tipps und Beispielen liegen gegliedert nach Kapitel und Themengebiet Excel-Dateien vor. Diese können Sie im **Downloadbereich** der DATA BECKER-Webseite unter folgender Internetadresse herunterladen: *www.databecker.de/buch-dl*.

Zu den Lesern

Das vorliegende Buch ist für ambitionierte Anfänger wie auch für fortgeschrittene Excel-Anwender und sogar für Excel-Profis gedacht. Um alle Tipps verstehen und nachvollziehen zu können, ist ein gewisses Maß an Vorkenntnis erforderlich, was aber nicht bedeuten soll, dass nicht auch Laien mit diesem Buch schnell und unkompliziert zum Ziel gelangen.

Zu den Autoren

Alois Eckl ist Betriebswirt, Bilanzbuchhalter und Geschäftsführer von Excel-Inside Solutions. Zuvor war er einige Jahre im Bereich Wirtschaftprüfung, Steuerberatung, Unternehmensberatung und Controlling tätig. Er hat sich in mehr als 20 Jahren ein großes und vor allem praxisbezogenes Knowhow zu Microsoft Office und speziell zu Microsoft Excel erworben. Seit 15 Jahren programmiert er professionelle Office-, Excel- und Access-Lösungen sowie Schnittstellen und Automatisierungen für die unterschiedlichsten Bereiche, Branchen und Anwendungsgebiete. Darüber hinaus gibt er als Buchautor und Autor bei verschiedenen Fachzeitschriften sein Wissen über Excel weiter. Weitere Informationen zum Autor finden Sie unter *http://www.excel-inside.de* bzw. in seinem News-Blog unter *http://blog.excel-inside.de*.

Hartmut Erb ist Diplom-Betriebswirt (FH) und Geschäftsführer der IMS-CONSULTING Hartmut Erb, einem unabhängigen Beratungsunternehmen, das sich auf Lösungen für das Controlling und die Unternehmenssteuerung von kleinen und mittelständischen Unternehmen unterschiedlicher Branchen spezialisiert hat. In seiner über 20-jährigen Tätigkeit als Controller und Unternehmensberater in verschiedensten Branchen hat er sich seit einigen Jahren auf das Thema Business Intelligence und OLAP auf Excel-Basis spezialisiert. Sein Know-how macht er in einer Vielzahl von Büchern und Veröffentlichungen, aber auch in Seminaren einem breiten Interessentenkreis zugänglich. Weitere Informationen zum Autor finden Sie unter *www.ims-consulting.biz*.

Danksagung

Wir möchten uns bei allen Personen herzlich bedanken, die uns bei der Umsetzung dieser Buchidee begleitet und unterstützt haben. Speziell möchten wir an dieser Stelle das Team rund um Herrn Peter Meisner nennen.

Ein besonderer Dank gilt auch unseren Familien, die uns geduldig zur Seite standen und die Anspannung während der Arbeiten mit uns geteilt haben.

Nun aber wünschen wir Ihnen viel Erfolg und viel Spaß mit dem vorliegenden Buch.

Hartmut Erb

Alois Eckl

Inhalt

2. Formatierungen zielgerichtet einsetzen

4. Formeln effektiv und professionell einsetzen 205

5. Daten bearbeiten, auswerten und analysieren für die tägliche Praxis 457

5.3 PivotTables zeitsparend und nutzbringend einsetzen 504

5.4 Teilergebnisse sinnvoll einsetzen 539

5.5 Zielgerichtete Datenkonsolidierung 549

5.6 Professioneller Umgang mit Zellkommentaren 559

8. Nützliche Druck- und Mailfunktionen 645

9. Excel den individuellen Bedürfnissen anpassen 671

10. So bekommen Sie Fehler problemlos in den Griff 685

13. Excel online – die Web Apps 769

14. Routineaufgaben per Makro erledigen 785

15. Daten schützen 807

16. Nützliche Links und kostenfreie Excel-Add-ins 817

17. Neue und geänderte Funktionen in Excel 2010

Anhang 839

Funktionsübersichten 839

Informationen zu Operatoren für Berechnungen 845

Priorität von Operatoren 846

Praxisorientierte Shortcuts 847

Stichwortverzeichnis 851

1

Erfassen Sie Daten effektiv und komfortabel

Ein zentraler Bestandteil im Umgang mit Excel besteht in der Datenerfassung. Dabei entscheidet vor allem die Richtigkeit der erfassten Daten über den Erfolg des Kalkulationsmodells. Eine große Rolle spielt natürlich in der

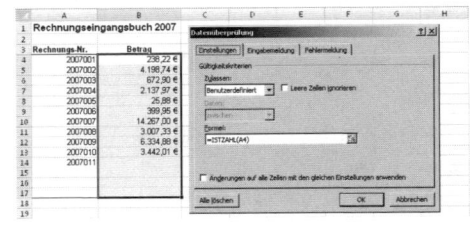

Praxis auch das gesamte Handling des Programms. Lassen Sie sich deshalb im ersten Kapitel überraschen, welche Möglichkeiten Excel für eine sichere und komfortable Datenerfassung bietet.

1.1 So lässt sich die manuelle Datenerfassung vereinfachen

Die folgenden Tipps zeigen anhand verschiedener Beispiele, wie Sie sich das Leben durch eine geschickte und durchdachte Datenerfassung erleichtern können.

Tipp 1: Unterstützung der Datenerfassung mit Masken

Mithilfe der Funktion *Maske* können Sie in einer fortlaufenden Datenliste neue Datensätze anhängen oder bestehende Datensätze löschen. Damit wird die Erfassung komfortabler und übersichtlicher. Dieser Befehl kann ab Excel 2007 jedoch nicht direkt über die Multifunktionsleiste aufgerufen werden, Sie müssen ihn zuerst zur Multifunktionsleiste hinzufügen. In Excel 2003 wird der Befehl über das Menü *Daten/Maske* aufgerufen.

Zum Einblenden des Befehls gehen Sie wie folgt vor:

1 Klicken Sie auf den Pfeil rechts neben der Schnellstartleiste und wählen Sie im Drop-down-Menü den Eintrag *Weitere Befehle*.

2 Aktivieren Sie im Feld *Befehle auswählen* den Eintrag *Befehle nicht im Menüband*.

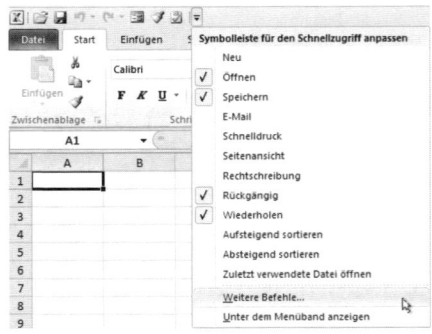

3 Suchen Sie aus der sich öffnenden Liste den Eintrag *Maske*. Durch einen Klick auf die Schaltfläche *Hinzufügen* und die anschließende Bestätigung des Dialogfensters mit *OK* wird der Befehl in der Schnellstartleiste angezeigt.

Nun steht der Befehl *Maske* auch in Excel 2007 bzw. Excel 2010 zur Verfügung.

Alternativ können Sie die Datenerfassung über die Datenmaske auch über die Tastenkombination [Alt]+[N]+[M] aufrufen.

So geht's:

1 Markieren Sie eine beliebige Zelle innerhalb der Datenliste.

2 Der Dialog zur Datenerfassung wird über einen Klick auf das neu eingefügte Symbol in der Schnellstartleiste aufgerufen (Excel 2003: Menü *Daten/Maske*).

3 Mit einem Klick auf die Schaltfläche *Neu* können Daten der Liste hinzugefügt werden.

4 Ein Klick auf die Schaltfläche *Löschen* entfernt den ausgewählten Datensatz aus der Liste.

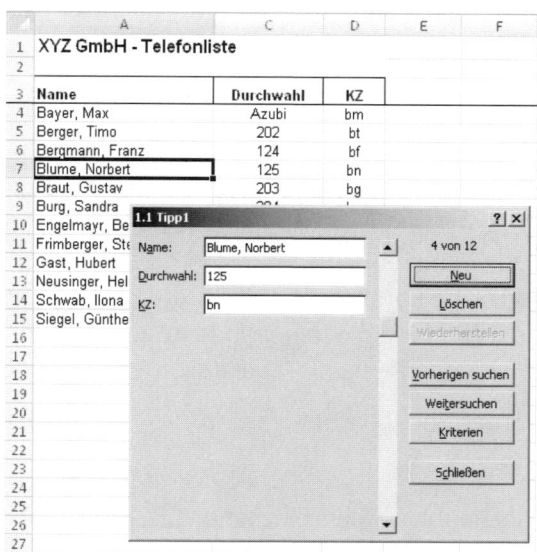

Über diesen Dialog können aber nicht nur neue Daten eingegeben werden, es besteht auch die Möglichkeit, nach bestehenden Daten zu suchen.

So geht's:

1 Ein Klick auf die Schaltfläche *Kriterien* schaltet in die Suchfunktion um.

2 Nun können Sie in diesem Beispiel die Datenliste nach dem Namen, der Durchwahl oder dem **K**urzzeichen (KZ) durchsuchen.

3 Ein Klick auf die Schaltfläche *Maske* schaltet wieder in die Erfassungsmaske zurück.

→ Verweis: siehe Kapitel 4.8, Tipp 1

Tipp 2: Daten in mehreren Tabellenblättern gleichzeitig erfassen

In einer Arbeitsmappe mit sechs identisch aufgebauten Tabellenblättern sollen alle Eingaben gleichzeitig in den ausgewählten Tabellenblättern erfasst werden.

Im Beispiel liegt eine Arbeitsmappe mit sechs Tabellenblättern vor. Jede der sechs Filialen wird in einem eigenen Tabellenblatt abgebildet. In allen sechs Blättern sollen Angaben wie z. B. das aktuelle Datum und der Name des Sachbearbeiters eingetragen werden. Natürlich können Sie diese Angaben für jedes Blatt separat erfassen. Leichter und vor allem effizienter wäre es, wenn Sie die Angaben gleichzeitig in allen Blättern eingeben könnten.

So geht's:

1 Selektieren Sie die Tabellenblätter mit den Bezeichnungen *Filiale 1* bis *Filiale 6*, indem Sie bei gedrückter (Strg)-Taste die Tabellenblätter nacheinander anklicken. Da die Tabellenblätter in diesem Fall zusammenhängend sind, gibt es auch eine komfortablere Lösung. Wählen Sie das erste Tabellenblatt aus, drücken Sie die (Umschalt)-Taste und wählen Sie das Blatt *Filiale 6*. Damit werden alle sechs Tabellenblätter ausgewählt.

2 Erfassen Sie den Namen des Sachbearbeiters und das entsprechende Datum.

Wenn Sie auf ein anderes Tabellenblatt wechseln, sehen Sie, dass die Daten in allen selektierten Blättern eingetragen wurden.

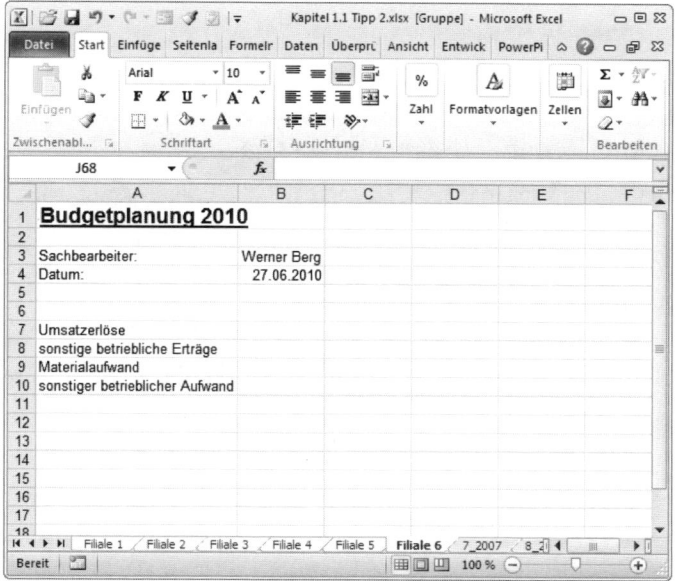

Tipp 3: Datum und Zeit über Shortcut erfassen

Sie müssen häufig das aktuelle Datum sowie die aktuelle Uhrzeit in Excel erfassen? Dann wird Ihnen folgender Shortcut die Arbeit erleichtern.

So geht's:

1 Über die Tastenkombination ⌗Strg⌗+⌗.⌗ (Punkt) tragen Sie in die ausgewählte Zelle das aktuelle Datum ein.

2 Die aktuelle Uhrzeit geben Sie mit der Tastenkombination ⌗Strg⌗+ ⌗Umschalt⌗+⌗.⌗ (Punkt) ein.

Alternativ können Sie das Datum und die Zeit auch über eine integrierte Excel-Funktion eintragen.

Erfassen Sie dazu die Funktion *=JETZT()* in der gewünschten Zelle.

Soll lediglich das Datum angezeigt werden, formatieren Sie die Zelle als reine Datumszelle. Soll hingegen nur die Uhrzeit angezeigt werden, vergeben Sie für diese Zelle ein entsprechendes Zeitformat. Standardmäßig werden mit der Funktion sowohl Datum als auch Zeit angezeigt.

	A	B	C
1			
2			
3		10.04.2007 19:51	
4			
5			

Hinweis

Auf den ersten Blick sieht es so aus, als würden die beiden Möglichkeiten zur Zeiterfassung das gleiche Ergebnis liefern. Die beiden Varianten zur Datums- und Zeiterfassung unterscheiden sich im Ergebnis jedoch wie folgt:

1. Über die Shortcuts wird ein sogenannter Zeitstempel in die Zelle eingetragen. Dieser ist fix und wird nicht automatisch angepasst.

2. Die Funktion *=JETZT()* erzeugt hingegen immer das aktuelle Datum und die aktuelle Zeit. Das bedeutet, bei jeder Neuberechnung der Arbeitsmappe werden die Angaben aktualisiert.

➔ Verweis: siehe Kapitel 4.12, Tipp 16, und Anhang, Tipp 4

Tipp 4: Datum und Uhrzeit über Zehnertastatur eingeben

Wenn Sie häufig mit dem Zahlenblock arbeiten, bietet es sich an, auch Datumswerte über die Zehnertastatur zu erfassen. Damit können Datumsangaben wesentlich schneller eingegeben werden.

So geht's: Datum über Zehnertastatur eingeben

Wenn Sie Tag, Monat und Jahr statt mit einem . (Punkt) jeweils mit einem / (Divisionszeichen) oder dem – (Minuszeichen) trennen, erkennt Excel automatisch, dass es sich um ein Datum handelt, und wandelt es entsprechend um.

Nach Bestätigung mit der (Enter)-Taste wird in Zelle A1 das korrekte Datum, also der 28.05. 2007, übernommen. Dabei ist es gleichgültig, ob Sie die Tages- oder Monatsangaben zwei- oder einstellig eingeben.

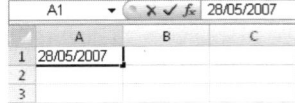

Hinweis

Das Jahr kann zweistellig oder im Fall 07 sogar einstellig erfasst werden. Die Umwandlung funktioniert also mit Eingabe von 28/5/7 oder 28-5-7 genauso und liefert das gewünschte Datum.

So geht's: Uhrzeit über Zehnertastatur eingeben

Da auf dem Zehnerblock kein Doppelpunkt zur Verfügung steht, müssen Sie folgenden kleinen Trick anwenden.

1 Öffnen Sie über das Menü *Datei/Optionen* die Rubrik *Dokumentprüfung*. Klicken Sie im Abschnitt *AutoKorrektur-Optionen* auf die Schaltfläche *AutoKorrektur-Optionen* und wechseln Sie zur Registerkarte *AutoKorrektur* (Excel 2007: Menü *Office/Excel-Optionen*, Rubrik *Dokumentenprüfung*; Excel 2003: Menü *Extras/AutoKorrektur-Optionen*, Registerkarte *AutoKorrektur*).

2 Erfassen Sie im Feld *Ersetzen* zwei Kommata („,"), und im Feld *Durch* geben Sie einen Doppelpunkt (:) ein. Beenden Sie das Dialogfenster mit einem Klick auf *OK*.

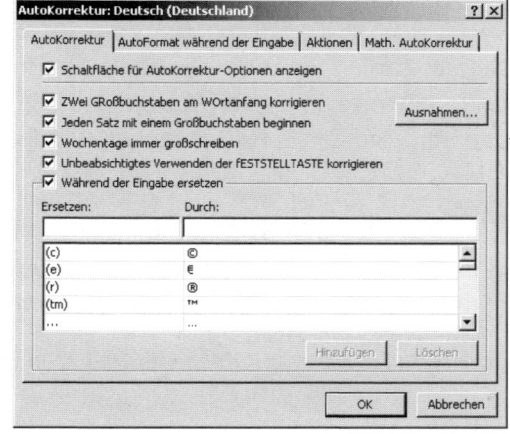

Wenn Sie nun über den Zehnerblock eine Uhrzeit erfassen möchten, geben Sie anstatt eines Doppelpunkts zweimal das Komma ein, also beispielsweise 13,,20. Excel ersetzt nun diese beiden Kommata durch eine Doppelpunkt und interpretiert damit die Eingabe als korrekte Uhrzeit.

Tipp 5: Daten über das Ausfüllkästchen erfassen

Sie erfassen häufig auf- oder absteigende Zahlenreihen, beispielsweise Artikelnummern, Bestellnummern oder andere Nummernkreise? Für diesen Zweck stellt Excel eine sehr komfortable und zeitsparende Funktion zur Verfügung.

So geht's:

Eine schnelle Möglichkeit, auf- oder absteigende Zahlenreihen zu erfassen, besteht in der Nutzung des Ausfüllkästchens. Das Ausfüllkästchen aktivieren Sie, indem Sie den Mauszeiger auf die rechte untere Ecke der Zellmarkierung setzen. Der Cursor verwandelt sich in ein Plussymbol.

Wenn Sie das Ausfüllkästchen bei gedrückter linker Maustaste nach unten ziehen, erstellt Excel automatisch in Zweierschritten die neuen Artikelnummern.

Auf diese Weise können die unterschiedlichsten auf- oder absteigenden Zahlenreihen erstellt werden. Selbst Zahlen mit Nachkommastellen können so beliebig fortgesetzt werden.

Neben Zahlen können ebenfalls Datums- und Zeitwerte über das Ausfüllkästchen in den dargestellten Schritten erstellt werden.

Hinweis

Excel erkennt automatisch die Nummerierungslogik und setzt diese entsprechend fort. Die Logik des Nummernkreises müssen Sie Excel anhand von mindestens zwei Werten vorgeben.

Tipp 6: Komfortables Ausfüllen mit individuellen Reihen

Neben dem AutoAusfüllkästchen bietet Excel weitere Funktionen, um Zahlen oder Datumsreihen in Spalten oder Zeilen automatisch einfügen zu lassen.

So geht's:

Variante 1: So erstellen Sie Reihen über das Dialogfenster Reihe

Das Dialogfenster *Reihe* rufen Sie über das Menü *Start/Bearbeiten/Füllbereich/Reihe* auf (Excel 2003: Menü *Bearbeiten/Ausfüllen/Reihe*).

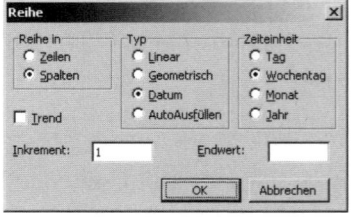

Damit haben Sie die Möglichkeit, beliebige Reihen zu generieren, sei es pro Zeile oder auch pro Spalte.

So erstellen Sie alle Wochentage innerhalb eines Monats:

1 Erfassen Sie in Zelle A1 das Datum 01.05.2007.

2 Wählen Sie unter *Reihe* in die Option *Spalten*.

3 Als *Typ* legen Sie *Datum* fest.

4 Als *Zeiteinheit* wählen Sie die Option *Wochentag*.

5 *Inkrement* behält den vorgeschlagenen Wert 1.

6 Als *Endwert* erfassen Sie den 31.05.2007 und beenden den Dialog mit einem Klick auf die Schaltfläche *OK*.

Im Ergebnis werden alle Wochentage zwischen dem 01.05. und dem 31.05.2007 ab Zelle A1 in das Tabellenblatt eingetragen.

Variante 2: So setzen Sie eine Monatsreihe über das Kontextmenü fort

Das Kontextmenü bietet ebenfalls Möglichkeiten, Datenreihen fortlaufend einzutragen.

Um über das Kontextmenü jeweils den Monatsletzten eintragen zu lassen, gehen Sie wie folgt vor:

1 Erfassen Sie dazu in Zelle A1 das Datum 31.01.2007.

2 Ziehen Sie das Ausfüllkästchen mit der rechten Maustaste bis zur Zelle A12 nach unten.

3 Im sich öffnenden Kontextmenü wählen Sie den Eintrag *Monate ausfüllen*.

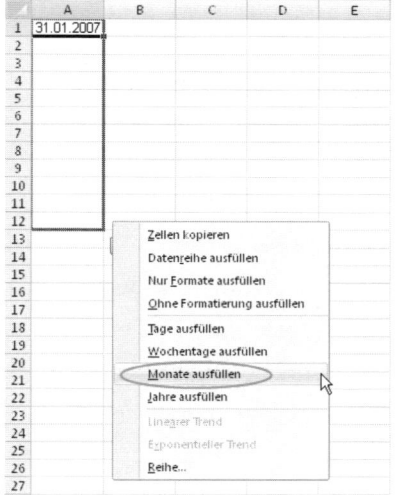

Als Ergebnis erhalten Sie jeweils den Monatsletzten.

Variante 3: So erstellen Sie eine Reihe mit dem SmartTag (ab Excel 2002)

Eine weitere Möglichkeit zum Ausfüllen von Reihen stellt das SmartTag dar. In diesem Beispiel soll die Jahreszahl angepasst werden.

1 Tragen Sie dazu wiederum in Zelle A1 ein Datum, beispielsweise den 15.01.2007, ein.

2 Ziehen Sie es mit dem AutoAusfüll-kästchen bis zur Zelle A10 bei gedrückter linker Maustaste nach unten.

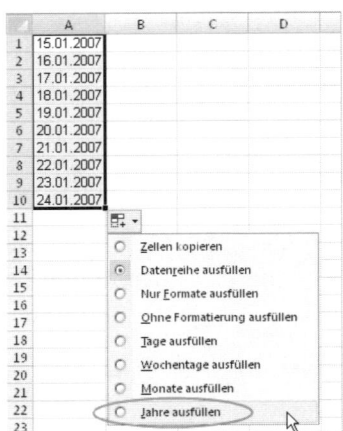

3 Es wurden nun die Daten bis zum 24.01.2007 eingetragen.

4 Damit jetzt die Jahreszahl angepasst wird, wählen Sie im SmartTag den Eintrag *Jahre ausfüllen*.

5 Sofort nach Bestätigung werden die Jahreszahlen angepasst. Die Tagesangabe bleibt gleich.

→ Verweis: siehe Kapitel 1.4, Tipp 10

Tipp 7: Ausfüllen auf der Basis von benutzerdefinierten Listen

Excel bietet standardmäßig bereits viele Möglichkeiten, um Datenreihen automatisch auszufüllen. Natürlich kann Excel nicht alle individuellen Listen automatisch erkennen und entsprechend fortführen. Auch das Alphabet kann Excel nicht automatisch in eine Datenreihe überführen.

Es gibt jedoch die Möglichkeit, Excel beliebige Listen anzutrainieren.

So geht's:

1 Erfassen Sie im ersten Schritt die gewünschte Liste, in diesem Beispiel das Alphabet, in einem zusammenhängenden Zellbereich, beispielsweise in Zelle A1 bis A26.

2 Markieren Sie diesen Bereich.

3 Öffnen Sie im Menü *Office/Optionen/Erweitert* im Abschnitt *Allgemein* die Registerkarte *Benutzerdefinierte Listen* mit einem Klick auf die Schaltfläche *Benutzerdefinierte Listen bearbeiten* (Excel 2007: Menü *Office/Excel-Optionen/Häufig verwendet*, Registerkarte *Benutzerdefiniert*; Excel 2003: Menü *Extras/Optionen*, Registerkarte *Benutzerdefinierte Listen*).

4 Im Feld *Liste aus Zellen importieren* ist bereits der markierte Zellbereich A1:A26 eingetragen. Ein Klick auf die Schaltfläche *Importieren* fügt die benutzerdefinierte Liste hinzu.

Ab sofort steht diese neue benutzerdefinierte Reihe zur Verfügung und kann über die Funktion *AutoAusfüllen* eingetragen werden.

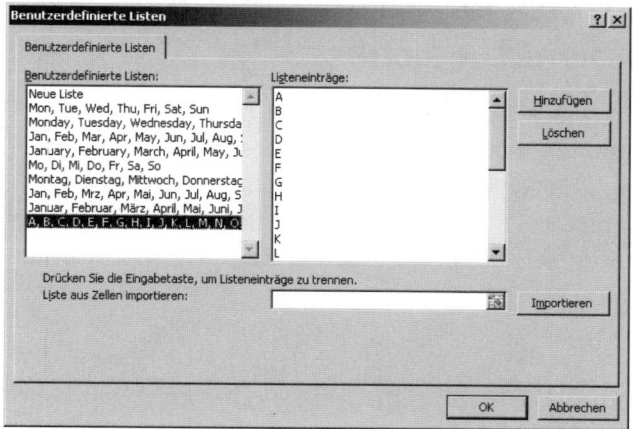

Auf diese Weise können beliebig viele individuelle Listen, wie Namen der Mitarbeiter, Artikelnummern etc., hinzugefügt werden.

Tipp 8: Einträge mit Text-Zahlen-Kombinationen per AutoAusfüllkästchen fortlaufend um 1 erhöhen

In diesem Beispiel sollen Dateinamen, die sich aus Zahlen- und Textbestandteilen zusammensetzen, fortlaufend um den Wert 1 erhöht werden.

So geht's:

1 In Zelle A1 steht der Dateiname *115-00001b.txt*.

2 Erfassen Sie in Zelle A2 folgende Funktion:

=LINKS(A1;8)&ZEILE()&RECHTS(A1;5.)

3 Kopieren Sie diese Formel bis zur Zelle A12 nach unten.

	A	B
1	115-00001b.txt	
2	115-00002b.txt	
3	115-00003b.txt	
4	115-00004b.txt	
5	115-00005b.txt	
6	115-00006b.txt	
7	115-00007b.txt	
8	115-00008b.txt	
9	115-00009b.txt	
10	115-000010b.txt	
11	115-000011b.txt	
12	115-000012b.txt	

Steht der Dateiname nicht in A1, sondern beispielsweise in A5, modifizieren Sie die Funktion wie folgt: *=LINKS(A5;8)&ZEILE()-4&RECHTS(A5;5)*.

In diesem Fall ist von der Funktion *ZEILE()* der Wert 4 zu subtrahieren. Dies ist notwendig, damit die Nummerierung beim Wert 1 beginnt.

Tipp 9: Korrekte Datenerfassung über die Funktion AutoKorrektur sicherstellen

Werden in Excel häufig wiederkehrende Texte wie beispielsweise lange und komplizierte Firmennamen eingegeben, kann dieser Vorgang wesentlich vereinfacht werden. Ein wichtiger Gesichtspunkt ist natürlich auch die Vermeidung von Tippfehlern. So zeigt dieses Beispiel, wie prägnante Abkürzungen durch den komplett ausgeschriebenen Begriff ersetzt werden können.

So geht's:

1 Rufen Sie über das Menü *Datei/Optionen/Dokumentprüfung/AutoKorrektur-Optionen* die AutoKorrektur-Funktion auf (Excel 2007: Menü *Office/Excel-Optionen/Dokumentprüfung/AutoKorrektur-Optionen*; Excel 2003: Menü *Extras/AutoKorrektur-Optionen*).

2 Erfassen Sie auf der Registerkarte im Feld *Ersetzen* das Kürzel *spkv* und im Feld *Durch* den Begriff *Sparkassenvorsitzender*.

3 Mit einem Klick auf *OK* wird die neue AutoKorrektur hinzugefügt und steht in jeder Excel-Tabelle zur Verfügung.

4 Wenn Sie nun in einer Zelle *spkv* eingeben und mit (Enter) bestätigen, wird der Eintrag automatisch durch den Begriff „Sparkassenvorsitzender" ersetzt.

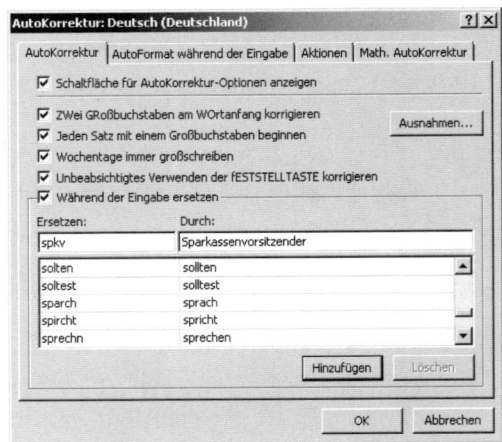

Tipp 10: AutoFormatierung bei der Dateneingabe deaktivieren

Bei jeder Eingabe prüft Excel die erfasste Zeichenfolge und versucht automatisch, die passende Formatierung zu erkennen und einzufügen.

Sollen beispielsweise Postleitzahlen oder Telefonnummern eingegeben werden, die mit einer Null beginnen? Excel interpretiert diese Eingaben erst mal automatisch als Zahl und stellt diese ohne führende Null dar.

So geht's:

1 Wählen Sie die gewünschte Zelle aus und belegen Sie sie mit dem Textformat. Das Textformat steht über das Menü *Start/Zellen/Format/ Zellen formatieren* zur Verfügung (Excel 2003: Menü *Format/Zellen*).

2 Alle Eingaben, die Sie jetzt in dieser Zelle vornehmen, werden als Text behandelt. Damit ist die automatische Formaterkennung deaktiviert, und die führende Null bei Postleitzahlen oder bei Telefonvorwahlen bleibt erhalten.

Eine weniger bekannte Möglichkeit, die AutoFormatierung zu unterdrücken, besteht darin, vor dem Eintrag ein Hochkomma zu setzen. Dieses wird über die Tastenkombination [Umschalt]+[#] eingegeben.

Das Hochkomma wird in der eigentlichen Zelle nicht angezeigt. Es ist nur in der Bearbeitungsleiste zu sehen.

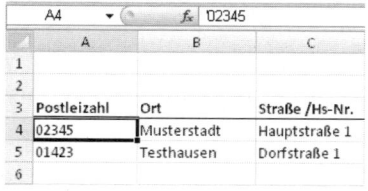

Das Hochkomma ist schnell eingegeben und besitzt darüber hinaus noch einen weiteren Vorteil. Wenn Sie es entfernen, ist die automatische Formaterkennung wieder aktiv. Wurde die Zelle hingegen mit dem Textformat belegt, müssen Sie erst umständlich die Formatierung wieder rückgängig machen.

Tipp 11: Nullwerte einfach ausblenden

In der Praxis ist es manchmal nicht erwünscht, dass Nullwerte in der Tabelle angezeigt werden. Listen mit vielen Nullen sind häufig unübersichtlich und damit schwer lesbar. Excel bietet aber eine einfache Möglichkeit, Nullwerte bei Bedarf ausblenden zu lassen.

So geht's:

1 Öffnen Sie das Dialogfenster *Excel-Optionen* über das Menü *Datei/ Optionen* (Excel 2007: Menü *Office/Excel-Optionen*).

2 Unter der Rubrik *Erweitert* können Sie im Abschnitt *Optionen für dieses Arbeitsblatt anzeigen* festlegen, für welche Tabellenblätter der Arbeitsmappe Sie die Einstellung vornehmen möchten.

3 Entfernen Sie beim Eintrag *In Zellen mit Nullwert eine Null anzeigen* den Haken.

Unter Excel 2003 können Sie diese Einstellungen über das Menü *Extras/Optionen* auf der Registerkarte *Ansicht* vornehmen. Entfernen Sie dort den Haken aus dem Kontrollkästchen *Nullwerte* im Abschnitt *Fensteroptionen*.

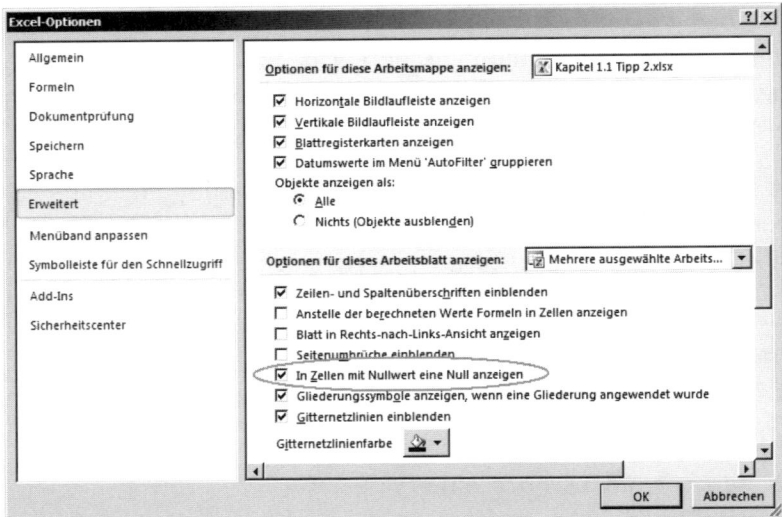

Jetzt werden Nullwerte in der Zelle unterdrückt. In der Bearbeitungsleiste werden die Nullwerte jedoch weiterhin angezeigt. Das bedeutet, die Nullwerte gehen nicht verloren. Sobald Sie die Nullwertanzeige wieder aktivieren, werden diese auch in den Zellen wieder dargestellt.

Tipp 12: Das Ergebnis einer Berechnung geschickt einfügen

Wird ein Wert über eine Funktion berechnet, wird nach der Eingabe der Formel das Ergebnis der Berechnung eingefügt. Im Hintergrund befindet sich nach wie vor die erfasste Funktion. Damit ist die Berechnung volatil. Somit wird das Ergebnis in der Regel sofort neu berechnet, wenn sich ein Berechnungsparameter ändert.

Möchten Sie ein berechnetes Ergebnis vor der Parameteränderung festhalten, können Sie es natürlich manuell in eine Zelle schreiben. Eine geschickte Möglichkeit stellt folgende Funktion dar.

So geht's:

1   Kopieren Sie den gewünschten Zellbereich mit den Formelergebnissen in die Zwischenablage.

2   Setzen Sie den Zellzeiger in die Zelle, in die die Werte eingefügt werden sollen.

3   Öffnen Sie über das Menü *Start/Einfügen/ Inhalte einfügen* das entsprechende Dialogfenster (Excel 2003: Menü *Bearbeiten/Inhalte einfügen*).

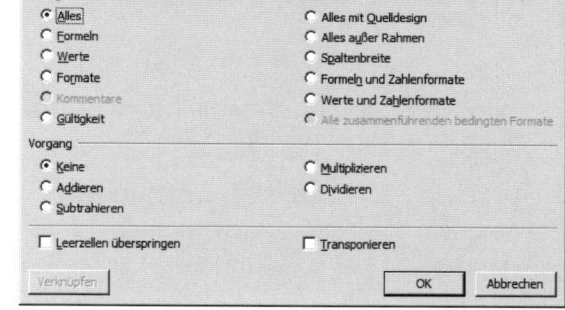

4   Wählen Sie darin die Option *Werte*.

5   Bestätigen Sie dies mit einem Klick auf die Schaltfläche *OK*.

Darüber hinaus gibt es noch eine weitere Möglichkeit, das Ergebnis einer Formelberechnung direkt in einen Wert umzuwandeln.

So geht's:

1   Erfassen Sie in einer Zelle eine beliebige Formel und schließen Sie diese mit Enter ab.

2   Drücken Sie F2 und anschließend F9.

3   Bestätigen Sie die Änderung mit Enter.

4   In der Zelle befindet sich nun das Ergebnis der Formelberechnung und nicht mehr die Formel selbst.

Ändern sich jetzt Berechnungsparameter, sind die so erstellten Festwerte davon unberührt.

Tipp 13: Komplexe Formeln einfacher verstehen

Lange Formelketten werden schnell unübersichtlich. und deren (Teil-)Ergebnisse sind je nach Komplexität nur noch schwer zu verstehen. Hilfreich wäre in diesem Fall, wenn man Teilergebnisse der Formel sichtbar machen könnte, ohne die Formel verändern zu müssen. Excel bietet hierfür eine wenig bekannte Funktionalität an, die der oben genannten Sache äußerst dienlich ist und die anhand eines einfachen Beispiels verdeutlicht werden soll.

So geht's:

1   Erfassen Sie in einer neuen Arbeitsmappe eine etwas komplexere Formel, wie z. B. die abgebildete.

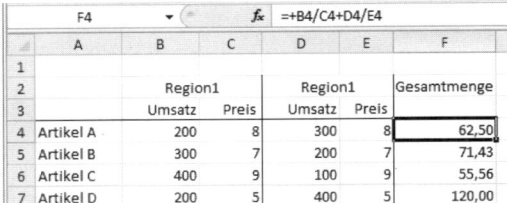

2   Markieren Sie nun innerhalb der Bearbeitungsleiste den zweiten Teil der Formel, also *D4/E4*.

3   Drücken Sie jetzt die F9-Taste und sehen Sie, wie Excel innerhalb der Bearbeitungsleiste diesen zweiten Teil der Formel in einen Wert umwandelt.

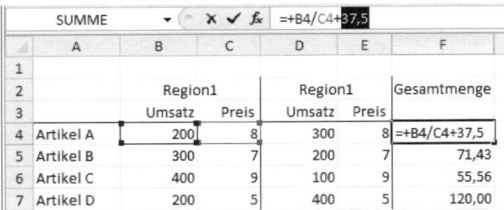

4   Sie können auf diese Art alle Teile einer Formel errechnen und in der Bearbeitungsleiste darstellen lassen. Wenn Sie nun die Esc-Taste drücken, wird dieser Darstellungsmodus verlassen, und die Formel bleibt erhalten.

Hinweis

Achten Sie darauf, die Formel mit der Esc-Taste zu verlassen, um sie nicht zu zerstören. Dies wäre der Fall, wenn Sie die Formel über die Enter-Taste verließen.

Tipp 14: Einfache Wiederholung der letzten Aktion

Benötigen Sie immer wieder die gleiche Funktion? Soll beispielsweise der Zellhintergrund in verschiedenen Zellen immer wieder eingefärbt werden? Dann bietet sich folgende Vorgehensweise an.

So geht's:

1 Führen Sie die Formatierung des Zellhintergrunds mit der Farbe Blau für eine beliebige Zelle durch.

2 Selektieren Sie die Zelle, die ebenfalls gefärbt werden soll.

3 Drücken Sie die Tastenkombination [Strg]+[Y].

Mit dieser Tastenkombination können Sie die letzte Funktion beliebig oft wiederholen. Wenn eine neue Arbeitsblattfunktion, beispielsweise die Formatierung als Prozentwert, aufgerufen wird, können Sie diese mit der Tastenkombination entsprechend wiederholen.

Tipp 15: Eingaben aus der Drop-down-Auswahlliste vornehmen

Eine schnelle Möglichkeit, immer wiederkehrende Eingaben in einer Liste vorzunehmen, bietet das Listenfeld.

So geht's:

1 Selektieren Sie die nächste leere Zelle unterhalb der Liste.

2 Drücken Sie die Tastenkombination [Umschalt]+[F10] oder ...

3 ... klicken Sie mit der rechten Maustaste in die freie Zelle und wählen Sie den Eintrag *Drop-down-Auswahlliste* oder ...

4 ... drücken Sie [Alt]+[↓].

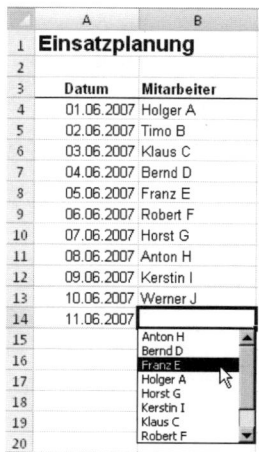

In allen Fällen wird die Auswahlliste geöffnet, und Sie können den gewünschten Eintrag ganz einfach auswählen.

→ Verweis: siehe Kapitel 5.7, Tipp 2

Tipp 16: Löschen von bestimmten Werten untersagen

Sollen bestimmte Werte, beispielsweise alle rot formatierten Zahlen, vor dem Löschen mit der Taste [Entf] geschützt werden? Sie können natürlich manuell alle rot formatierten Zahlen markieren und anschließend den Zell- sowie Blattschutz aktivieren. Einfacher und schneller kommen Sie mit folgender VBA-Lösung zum Ziel.

So geht's:

1 Starten Sie mit [Alt]+[F11] den VBA-Editor.

2 Erfassen Sie den Code aus Listing 1 und Listing 2 im Modul *Tabelle1*.

Listing 1:

```
Private Sub Worksheet_SelectionChange(ByVal Target As Range)
On Error Resume Next

If Target.Font.ColorIndex = 3 Then
    Application.OnKey "{del}", ""
Else
    Application.OnKey "{del}"
End If

End Sub
```

Listing 2:

```
Private Sub Worksheet_Deactivate()
    Application.OnKey "{del}"
End Sub
```

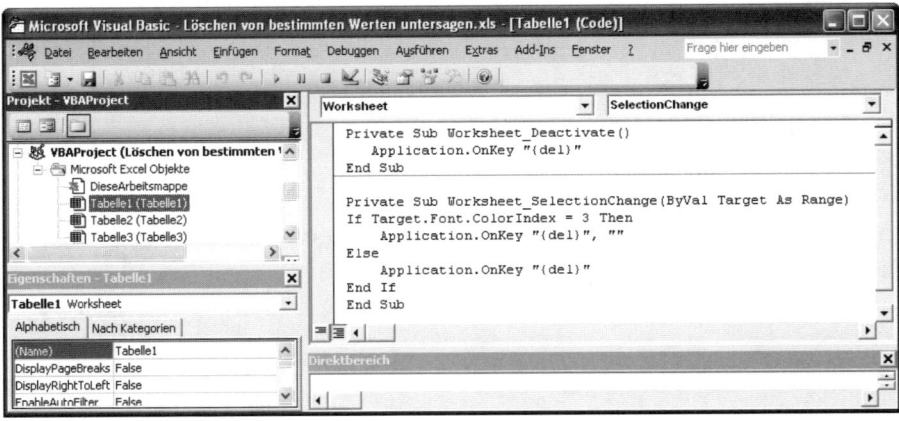

> **Hinweis**
>
> Der VBA-Code muss zwingend in *Tabelle1* eingefügt werden, damit das Ereignis *SelectionChange* abgefragt werden kann. Wird auf ein anderes Tabellenblatt gewechselt, wird die Funktion deaktiviert, siehe Listing 2.

Durch eine leichte Modifizierung des Codes können beispielsweise alle Zellen mit dem Wert 5 vor dem Löschen mit der Entf-Taste gesperrt werden. Passen Sie den VBA-Code dazu wie folgt an (siehe Listing 3).

Listing 3:

```
Private Sub Worksheet_SelectionChange(ByVal Target As Range)
On Error Resume Next
If Target.Value = 5 Then
    Application.OnKey "{del}", ""
Else
    Application.OnKey "{del}"
End If
End Sub
```

Tipp 17: Nicht zusammengehörige Zellen mit einer Eingabe füllen

Mit einem kleinen Trick können Sie nicht zusammengehörige Zellen auf einen Schlag mit dem gleichen Inhalt füllen.

So geht's:

1 Öffnen Sie eine leere Tabelle und markieren Sie mit gedrückter Strg-Taste den Bereich bzw. die Zellen, die mit dem gleichen Inhalt gefüllt werden sollen.

2 Tragen Sie nun den gewünschten Wert oder den gewünschten Text in die Bearbeitungsleiste ein und drücken Sie erneut die Strg-Taste, bevor Sie die Enter-Taste betätigen.

Tipp 18: Anzahl der Rückgängig-Schritte erhöhen

Sie können die Anzahl der „Rückgängig-Schritte" in Excel sehr einfach erhöhen, indem Sie eine kleine Änderung in der Registry vornehmen (die Anzahl der Schritte lag bei den älteren Excel-Versionen standardmäßig bei 16, Excel 2007 und Excel 2010 verfügen inzwischen über 100 Undo-Schritte).

Bevor Sie jedoch an diese Änderungen gehen, sollten Sie die Registry vorsichtshalber sichern. Fügen Sie dann je nach Excel-Version im entsprechenden Verzeichnis den Eintrag *UndoHistory* hinzu und belegen Sie diesen Eintrag mit einem Wert zwischen 0 (keine Rückgängig-Schritte) und x (maximale Anzahl der Rückgängig-Schritte).

So geht's:

1 Rufen Sie in Windows über die Schaltfläche *Start* den Befehl *Ausführen* auf.

2 Tragen Sie dann in das Drop-down-Feld *Öffnen* den Befehl *regedit* ein.

3 Wechseln Sie jetzt zum jeweiligen Zweig *HKEY_CURRENT_USER\Software\Microsoft\Office\x.0\Excel\Microsoft*.

4 Führen Sie über das Menü *Bearbeiten/Neu* den Befehl *DWORD-Wert* aus.

5 Fügen Sie jetzt einen Schlüssel mit dem Namen *UndoHistory* ein.

6 Doppelklicken Sie auf diesen neuen Schlüssel und aktivieren Sie im Feld *Basis* die Option *Dezimal*.

7 Erfassen Sie im Feld *Wert* die Anzahl der gewünschten Undo-Schritte, wobei 0 keine Rückgängig-Aktionen bedeutet.

8 Verlassen Sie dann den Registrierungs-Editor über *Datei/Beenden*. Die Änderung wird nun nach einem Neustart von Excel wirksam.

Der Pfad in der Registry ist einfach zu finden:

Excel 2003:
HKEY_CURRENT_USER\Software\Microsoft\Office\11.0\Excel\Options
Excel 2007:
HKEY_CURRENT_USER\Software\Microsoft\Office\12.0\Excel\Options
Excel 2010:
HKEY_CURRENT_USER\Software\Microsoft\Office\14.0\Excel\Options

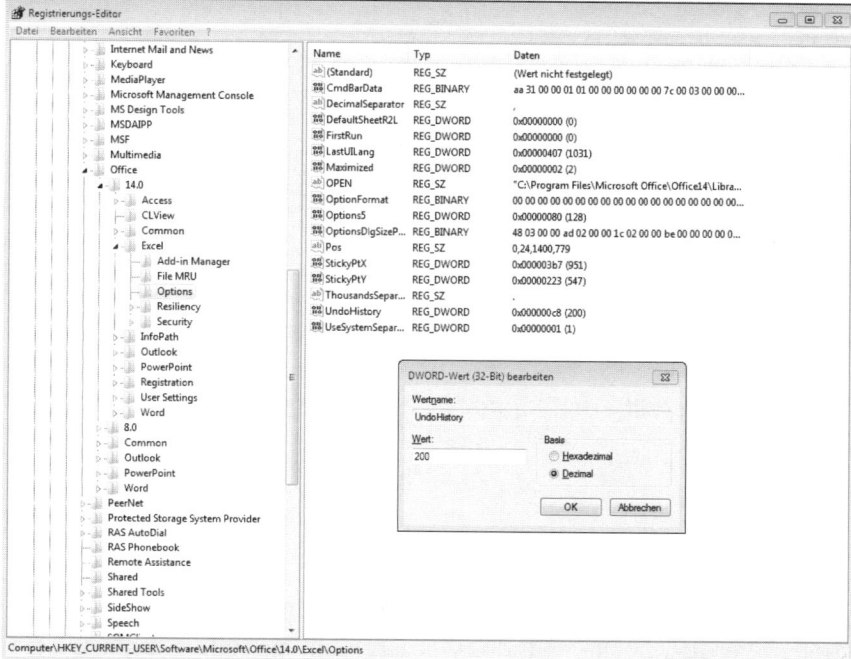

Hinweis

Microsoft empfiehlt, den Wert nicht größer als 100 zu wählen. Laut eines Microsoft Knowledge Base-Artikels wird für jede Undo-Aktion bereits beim Excel-Start Arbeitsspeicher reserviert, damit sichergestellt werden kann, dass auch bei knappem Speicher sämtliche zuletzt durchgeführten Aktionen rückgängig gemacht werden können. Diese Sorgen muss sich ein Nutzer von Excel 2007 oder Excel 2010 nicht machen, da die Schritte bereits auf 100 erhöht wurden. Aber auch Excel 2003-Nutzer sollten sich nicht scheuen, die Anzahl der Undo-Schritte auf über 100 zu erhöhen und das Verhalten von Excel ganz einfach einmal testen. Wir konnten keine spürbare Beeinträchtigung durch diese Änderung erkennen.

1.2 Praktische Erleichterungen beim Kopieren und Einfügen

Tipp 1: Schnelles Kopieren per Doppelklick

Excel bietet die Möglichkeit, Daten einfach und schnell per Doppelklick zu kopieren. Voraussetzung dafür ist, dass bereits eine Referenzspalte vorhanden ist.

So geht's:

1 Selektieren Sie die Zelle D4.

2 Erfassen Sie darin die Formel *=B4+B4*C4*.

3 Setzen Sie den Mauszeiger auf das Ausfüllkästchen am rechten Rand der Zelle. Der Cursor verwandelt sich in ein Plussymbol.

4 Führen Sie jetzt einen Doppelklick aus.

5 Excel kopiert die Formel bis zur Zeile 13 nach unten und passt die Zellbezüge automatisch an.

	A	B	C	D	E
1	Preisliste				
2					
3	Artikel-Nr.	Netto-VK	USt-Satz	Brutto-VK	
4	4711	49,95 €	19%	59,44 €	
5	4712	22,45 €	19%		
6	4713	35,95 €	7%		
7	4714	99,99 €	7%		
8	4715	10,20 €	19%		
9	4716	45,89 €	19%		
10	4717	20,33 €	19%		
11	4718	120,95 €	19%		
12	4719	30,95 €	7%		
13	4720	12,30 €	19%		
14					

Spalte C stellt dabei die Referenzspalte dar. Wären die Umsatzsteuersätze nur bis Zeile 9 eingetragen, würde die Formel in Spalte D auch nur bis Zeile 9 nach unten kopiert werden. Spalte A und B werden nicht als Referenzspalte herangezogen.

Tipp 2: Inhalte und Formeln der vorhergehenden Zellen kopieren

Sollen Zelleingaben oder auch Formeln aus der vorstehenden Zelle übernommen werden, bietet Excel eine sehr komfortable Möglichkeit, dies vorzunehmen. Dabei können Sie entscheiden, ob Formelbezüge angepasst werden sollen oder nicht.

So geht's:

Variante 1: Formeln ohne Anpassung der Zellbezüge kopieren

1 Selektieren Sie die Zelle unterhalb der zu kopierenden Formel.

2 Drücken Sie die Tastenkombination [Strg]+[,] (Komma).

3 Bestätigen Sie die Kopieraktion mit [Enter].

Damit wird die identische Formel in die Zielzelle übernommen. Es werden keine Formelbezüge verändert.

Variante 2: Formeln mit Anpassung der Zellbezüge kopieren

1 Selektieren Sie die Zelle unterhalb der zu kopierenden Formel.

2 Drücken Sie die Tastenkombination (Strg)+(<).

3 Die Formel wird sofort in die Zelle eingetragen. In diesem Fall müssen Sie die Kopieraktion nicht mit (Enter) abschließen.

Mit dieser Tastenkombination werden nur relative Zellbezüge angepasst. Absolute Zellbezüge bleiben selbstverständlich erhalten.

Hinweis

Diese Tastenkombinationen funktionieren nur dann, wenn die zu kopierende Formel direkt über der Zelle steht, in die die Formel eingefügt werden soll.

Tipp 3: Transponieren eines Zellbereichs – Zeilen und Spalten ganz einfach vertauschen

In einem Zellbereich sollen die Spalten mit den Zeilen vertauscht werden. Ein Grund dafür könnte die Zahlenaufbereitung für ein Diagramm sein. Bis Excel 2003 stehen nur 256 Spalten zur Verfügung. Wenn die Datenreihe umfangreicher wird, vertauschen Sie einfach die Spalten mit den Zeilen.

So geht's:

Variante 1:

1 Markieren Sie den gesamten zu transponierenden Zellbereich A3:B9.

2 Kopieren Sie diesen mit (Strg)+(C) oder über die Schaltfläche *Kopieren* in die Zwischenablage.

3 Wählen Sie Zelle A12, ab der der transponierte Bereich wieder eingefügt werden soll.

	A	B	C	D	E	F	G	H
1	Budgetwerte 6/2007							
2								
3	Monat	Wert T€						
4	Januar	15,32 €						
5	Februar	27,53 €						
6	März	12,35 €						
7	April	9,51 €						
8	Mai	17,58 €						
9	Juni	20,65 €						
10								
11								
12	Monat	Januar	Februar	März	April	Mai	Juni	
13	Wert T€	15,32 €	27,53 €	12,35 €	9,51 €	17,58 €	20,65 €	
14								

4 Öffnen Sie über das Menü *Start/Einfügen/Inhalte einfügen* das Dialog-fenster *Inhalte einfügen* (Excel 2003: Menü *Bearbeiten/Inhalte einfügen*).

5 Setzen Sie den Haken im Kontrollkästchen *Transponieren*.

6 Beenden Sie das Dialogfenster mit einem Klick auf *OK*.

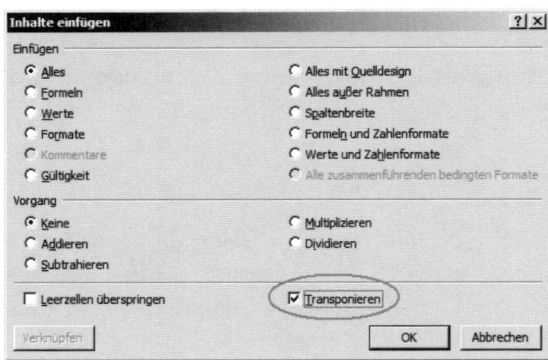

Hinweis

Sobald Sie die Funktion *Transponieren* aktivieren, wird die Option *Verknüpfen* deaktiviert. Es besteht also keine Möglichkeit, gleichzeitig Verknüpfungen zum Quellbereich herzustellen und dabei die Daten zu transponieren.

Variante 2:

Alternativ können Sie einen Bereich auch über die Matrixfunktion *MTRANS()* transponieren. Dies ist sinnvoll, wenn Daten im Quellbereich verändert werden und die Änderungen in den transponierten Bereich übernommen werden sollen. Gehen Sie dazu wie folgt vor:

1 Markieren Sie den Bereich A3:B9. Achten Sie beim Markieren darauf, wie groß der markierte Bereich ist. Das sehen Sie am schnellsten im Namensfeld, solange Sie die linke Maustaste gedrückt halten.

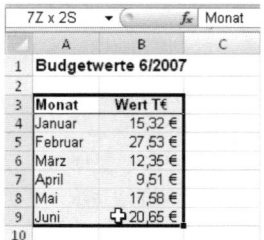

2 Im Beispiel werden sieben Zeilen und zwei Spalten markiert. Dies erkennen Sie am Eintrag *7Z x 2S*.

3 Markieren Sie nun den Bereich, in dem das transponierte Ergebnis eingefügt werden soll, also beispielsweise den Bereich A17:G18.

4 Dieser Bereich besitzt zwei Zeilen und sieben Spalten. Achten Sie unbedingt darauf, dass der Zielbereich die gleiche Zellenanzahl wie der Quellbereich besitzt.

5 Erfassen Sie nun in Zelle A17 die Funktion =*MTRANS(A3:B9)*.

6 Schließen Sie diese Funktion mit der Tastenkombination [Strg]+[Umschalt]+[Enter] ab. Damit erzeugen Sie eine Matrixfunktion.

7 Als Ergebnis werden die Spalten und Zeilen miteinander vertauscht.

	A	B	C	D	E	F	G
	A17			{=MTRANS(A3:B9)}			
1	Budgetwerte 6/2007						
2							
3	Monat	Wert T€					
4	Januar	15,32 €					
5	Februar	27,53 €					
6	März	12,35 €					
7	April	9,51 €					
8	Mai	17,58 €					
9	Juni	20,65 €					
10							
11							
12	Monat	Januar	Februar	März	April	Mai	Juni
13	Wert T€	15,32 €	27,53 €	12,35 €	9,51 €	17,58 €	20,65 €
14							
15							
16							
17	Monat	Januar	Februar	März	April	Mai	Juni
18	Wert T€	15,32	27,53	12,35	9,51	17,58	20,65
19							

Tipp 4: Berechnungen beim Einfügen durchführen – Preiserhöhung auf eine Preisliste anwenden

Alle Verkaufspreise einer Artikelliste sollen durchgehend um 1,5 % erhöht werden. Dabei sollen die ursprünglichen Verkaufspreise direkt überschrieben werden, damit es nicht zu Verwechslungen kommt.

So geht's:

1 Selektieren Sie die Zelle B16, in der sich die Preiserhöhung in Prozent befindet.

2 Kopieren Sie den Wert mit [Strg]+[C] in die Zwischenablage.

3 Markieren Sie anschließend den Wertebereich B4:B13.

4 Öffnen Sie über das Menü *Start/Einfügen/Inhalte einfügen* den Befehl *Inhalte einfügen* (Excel 2003: Menü *Bearbeiten/Inhalte einfügen*).

5 Wählen Sie die Option *Werte* im Bereich *Einfügen* und unter *Vorgang* die Option *Multiplizieren*.

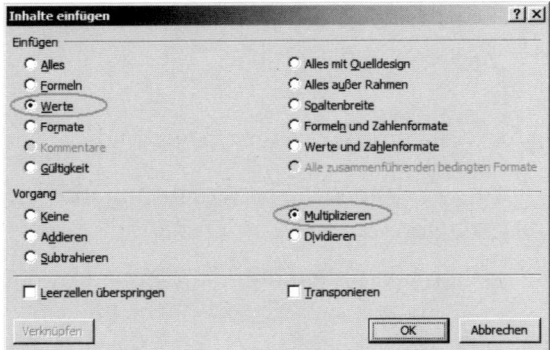

6 Mit einem Klick auf *OK* beenden Sie die Funktion.

Als Ergebnis werden im Bereich B4:B13 die um 1,5 Prozentpunkte erhöhten Verkaufspreise ausgegeben und die vorhandenen Werte damit überschrieben.

	A	B
1	**Artikelliste**	
2		
3	Artikel-Nr.	Netto-VK alt
4	4711	101,50 €
5	4712	111,65 €
6	4713	121,80 €
7	4714	131,95 €
8	4715	142,10 €
9	4716	152,25 €
10	4717	162,40 €
11	4718	172,55 €
12	4719	182,70 €
13	4720	192,85 €
14		
15		
16	Preiserhöhung in %	1,015
17		

Hinweis

Beachten Sie, dass der Multiplikator richtig erfasst wird. In diesem Beispiel sollen die Preise um 1,5 % erhöht werden. Der Multiplikator beträgt demnach 1,015. Bei einer Preiserhöhung um 5 % lautet der Multiplikator in Zelle B16 1,05.

Tipp 5: In verschiedenen Zellen die gleichen Inhalte oder die gleichen Formeln schnell einfügen

Häufig werden in Zellbereichen die gleichen Formeln verwendet. Excel bietet funktionale Möglichkeiten, Formeln schnell in beliebige Zellen zu kopieren.

So geht's:

Variante 1:

1 Tragen Sie in Zelle D4 der Preisliste die Formel *=B4+B4*C4* ein.

2 Markieren Sie anschließend den Bereich D5:D13.

3 Zum Einfügen drücken Sie die (Enter)-Taste.

Auf diese Weise wird die Formel aus Zelle D4 in den markierten Bereich eingefügt. Dabei werden selbstverständlich auch die Zellbezüge automatisch angepasst, wenn sie nicht auf absolut gesetzt wurden.

	A	B	C	D	E
1	**Artikelliste**				
2					
3	Artikel-Nr.	Netto-VK alt	Preiserhöhung in %	Netto-VK neu	
4	4711	100,00 €	1,75%	101,75 €	
5	4712	110,00 €	2,25%	112,48 €	
6	4713	120,00 €	0,25%	120,30 €	
7	4714	130,00 €	1,50%	131,95 €	
8	4715	140,00 €	2,50%	143,50 €	
9	4716	150,00 €	2,00%	153,00 €	
10	4717	160,00 €	1,50%	162,40 €	
11	4718	170,00 €	1,25%	172,13 €	
12	4719	180,00 €	0,75%	181,35 €	
13	4720	190,00 €	1,75%	193,33 €	
14					
15					

Hinweis

Diese Variante bietet auch die Möglichkeit, die Formel nur in ausgewählte Zellen einzutragen. Die Vorgehensweise ist im Prinzip die gleiche, selektieren Sie jedoch nicht den gesamten Bereich, sondern nur die Zellen, in die die Formel eingefügt werden soll.

Variante 2:

Alternativ können Zellinhalte und Formeln auch über einen Shortcut eingetragen werden.

So geht's:

1 Tragen Sie in Zelle D4 die Formel *=B4+B4*C4* ein.

2 Markieren Sie anschließend den Bereich D4:D13.

3 Drücken Sie die Tastenkombination (Strg)+(U).

Damit werden die Formeln automatisch in die ausgewählten Zellen eingefügt.

Um Daten oder Formeln nach rechts zu kopieren, bietet Excel die Tastenkombination (Strg)+(R). Dieser Befehl funktioniert wie der beschriebene Shortcut (Strg)+(U).

Tipp 6: Schneller Zugriff auf die Zwischenablage

Mit der Tastenkombination ⌈Strg⌉+⌈C⌉ können Sie beliebige Inhalte in die Zwischenablage kopieren. Mit ⌈Strg⌉+⌈V⌉ kann der zuletzt kopierte Inhalt wieder eingefügt werden. Selbstverständlich können Sie diese Kopieraktionen auch über das Menüband bzw. die Symbolleiste durchführen.

Excel bietet aber noch mehr. So besteht die Möglichkeit, mit der Tastenkombination ⌈Strg⌉+⌈C⌉+⌈C⌉ den Aufgabenbereich (die Task Pane) zur Zwischenablage einzublenden. Dort haben Sie Zugriff auf bis zu 24 kopierte Zellen oder Zellbereiche. Der Aufruf mittels Shortcut steht allerdings nur bis Excel 2003 zur Verfügung. Ab Excel 2007 lässt sich die Task Pane zur Zwischenablage über einen Klick auf den Pfeil rechts unten in der Gruppe *Zwischenablage* aus dem Register *Start* einblenden.

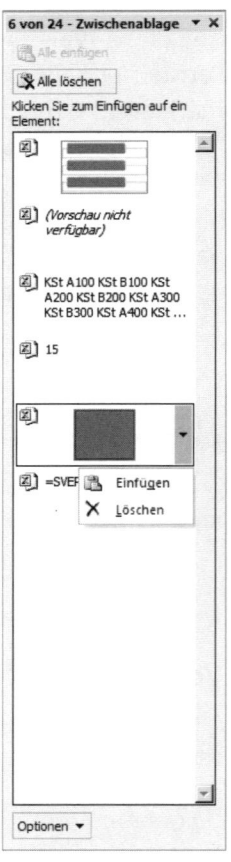

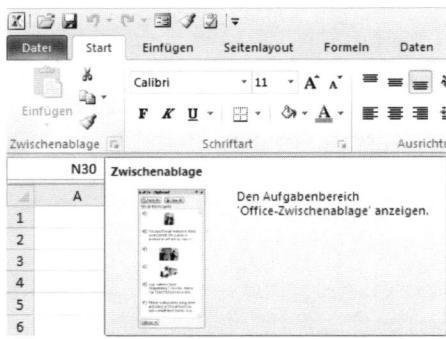

Wenn Sie einen kopierten Bereich im der Aufgabenbereich *Zwischenablage* auswählen und den nebenstehenden Pfeil anklicken, stehen zwei Auswahlmöglichkeiten zur Verfügung.

Ein Klick auf *Einfügen* fügt den Inhalt direkt in die markierte Zelle ein. Über die Schaltfläche *Löschen* kann die Kopie aus der Zwischenablage entfernt werden.

Damit stehen Ihnen stets die letzten Kopieraktionen zur Verfügung, auch zur Datensicherheit trägt das erheblich bei.

Tipp 7: Formeln ohne Anpassen der Bezüge kopieren

In bestimmten Situationen ist es notwendig, eine Formel in eine andere Zelle ohne Anpassung der Zellbezüge zu kopieren. Jetzt können Sie natürlich alle Zellbezüge absolut setzen, indem Sie vor jedem Zellbezug ein $-Zeichen setzen. Aus A1 wird also $A$1 etc.

Leichter und schneller funktioniert es aber mit folgendem Trick:

So geht's:

1 Wählen Sie Zelle B14, in der sich die Formel befindet.

2 Klicken Sie die Bearbeitungsleiste an und markieren Sie die gesamte Formel.

3 Durch Drücken der Tastenkombination ⌷Strg⌷+⌷C⌷ kopieren Sie die Formel in die Zwischenablage.

4 Setzen Sie den Zellzeiger auf die Zelle B15.

5 Wenn Sie die kopierte Formel mit ⌷Strg⌷+⌷V⌷ oder über die Schaltfläche *Einfügen* in die gewählte Zelle eintragen, erfolgt keine Anpassung der Zellbezüge.

SUMME	▼	X ✓ ƒx	=SVERWEIS(A14;A4:D8;4;0)	
	A	B	C	D	E
1	**Lohnliste**				
2					
3	Mitarbeiter	Stundenlohn	Stundenzahl	Betrag	
4	A	12,50 €	165,25	2.065,63 €	
5	B	13,20 €	179,00	2.362,80 €	
6	C	11,10 €	156,50	1.737,15 €	
7	D	12,90 €	183,75	2.370,38 €	
8	E	11,90 €	166,00	1.975,40 €	
9					
10					
11	**Abfrage**				
12					
13	Mitarbeiter	Betrag			
14	=SVERWEIS(A14;A4:D8;4;0)				
15					

Tipp 8: Daten via Kontextmenü kopieren und einfügen

Einer Vielzahl von Lesern ist das gängige Prozedere von Kopieren und Einfügen via Kontextmenü der rechten Maustaste vermutlich in Fleisch und Blut übergegangen. Es gibt jedoch über das Kontextmenü der Maustaste eine weitere und sehr elegante Art des Kopierens und Einfügens, die nicht sehr verbreitet ist und die Sie sich nachfolgend einmal näher ansehen sollten.

So geht's:

1 Markieren Sie zuerst den zu kopierenden Zellbereich.

2 Drücken Sie dann auf die rechte Maustaste und beginnen Sie mit gedrückter rechter Maustaste, den zu kopierenden Zellbereich am Begrenzungsrahmen der Markierung an eine andere Stelle zu ziehen.

3 Lassen Sie nun die gedrückte rechte Maustaste los.

4 Wählen Sie anschließend eine der vielfältigen Optionen aus dem sich nun geöffneten Kontextmenü und legen Sie die Daten in der gewünschten Form ab.

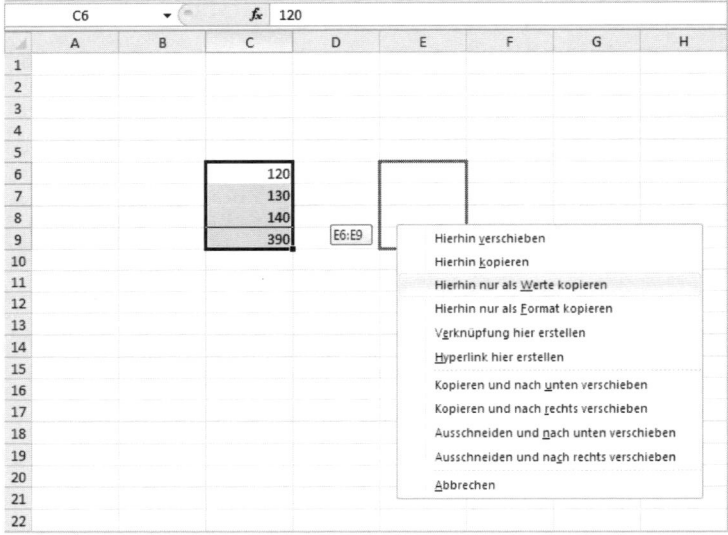

> **Hinweis**
>
> Dies ist übrigens der schnellste Weg, Daten, die Formel enthalten und durch Werte ersetzt werden müssen, zu generieren. Sie müssen mithilfe dieser Funktion lediglich den zu kopierenden Bereich auf „sich selbst" verschieben und anschließend den Vorgang über den Befehl *Hierhin nur als Werte kopieren* abschließen.

1.3 Kniffe und Tricks zum Navigieren

Tipp 1: Schnell zu einer bestimmten Zelladresse springen

Sie möchten in einer umfangreichen Tabelle schnell in eine bestimmte Zelle oder einen Zellbereich navigieren? Dies können Sie über die Tastatur, beispielsweise mit Bild↓, oder auch über die Maus erreichen. Schneller und effektiver kommen Sie jedoch zum Ziel, wenn Sie wie folgt vorgehen.

So geht's:

Variante 1:

1 Über *Start/Bearbeiten/Suchen und Auswählen/Gehe zu* rufen Sie den Dialog *Gehe zu* auf. Als Shortcut steht die Funktionstaste F5 zur Verfügung. Damit wird der Dialog ebenfalls aufgerufen (Excel 2003: Menü *Bearbeiten/Gehe zu* oder auch F5).

2 Unter *Verweis* erfassen Sie nun die Zelladresse *BD132*, zu der navigiert werden soll.

3 Nach Bestätigung mit *OK* springt Excel zu der angegebenen Zelladresse.

4 Komfortabel an dieser Funktion ist, dass sich Excel die Ursprungszelle merkt und diese im Listenfeld *Gehe zu* anzeigt. Damit können Sie ganz einfach zu bereits ausgewählten Zellen zurückkehren.

5 Sie können mit der Funktion *Gehe zu* nicht nur Zellen auf demselben Tabellenblatt, sondern auch Zellen oder Zellbereiche auf anderen Tabellenblättern aufrufen. Zur Kennzeichnung, um welche Zelle es sich handelt, wird der Blattname im Listenfeld angezeigt.

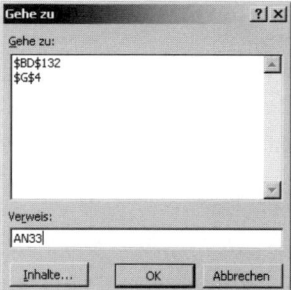

Variante 2:

Noch schneller können Zellen über das Namensfeld selektiert werden.

1 Erfassen Sie im Namensfeld die Zelladresse *D29* und bestätigen Sie dies mit der (Enter)-Taste.

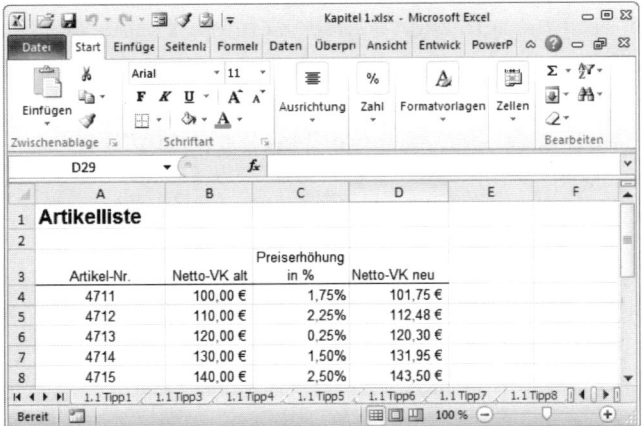

2 Excel springt direkt zur angegebenen Zelladresse.

Hinweis

Wenn Sie beim Bestätigen mit (Enter) die (Umschalt)-Taste gedrückt halten, wird der Zellbereich ausgehend von der aktuellen Zelle bis zur angegebenen Zielzelle markiert.

Tipp 2: Ausgewählte Zellinhalte schnell selektieren

In einem Tabellenblatt sollen bestimmte Zellinhalte wie Formeln, Kommentare, leere Zellen, Zellen mit Gültigkeitskriterien oder Zellen mit bedingter Formatierung gekennzeichnet werden. Natürlich können Sie jede einzelne Zelle manuell auf deren Inhalt überprüfen und entsprechend kennzeichnen. Excel bietet dafür aber auch eine komfortablere Funktion.

So geht's:

1 Über *Start/Bearbeiten/Suchen und Auswählen/Gehe zu* rufen Sie die entsprechende Dialogbox auf. Alternativ können Sie diese Funktion auch über die Funktionstaste (F5) aktivieren (Excel 2003: Menü *Bearbeiten/Gehe zu* oder alternativ ebenfalls (F5)).

2 Klicken Sie auf die Schaltfläche *Inhalte*.

3 Damit wird das Dialogfenster *Inhalte auswählen* geöffnet.

4 Möchten Sie alle Zellen auswählen, die eine Formel enthalten? Dann wählen Sie die Option *Formeln*.

5 Nach Bestätigung mit *OK* werden alle Zellen, die eine Formel beinhalten, markiert.

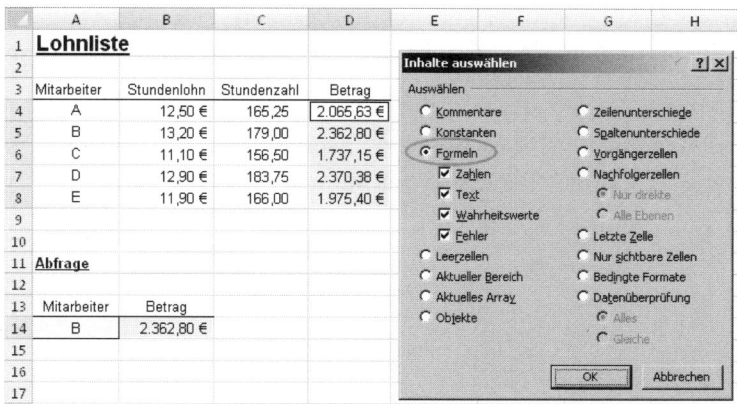

Nun können Sie die markierten Zellen beliebig formatieren. Sie können für die Zellen den Zellschutz hinzufügen, löschen etc.

Hinweis

Bei der Selektion von Formeln können Sie explizit nach dem Ergebnis unterscheiden, das die Formel liefert. Zur Auswahl stehen Zahlen, Text, Wahrheitswerte und Fehler.

Tipp 3: Zellennavigation per Shortcut

In großen Listen ist es relativ umständlich und oft langwierig, zum ersten oder letzten Datensatz mit der Maus oder den Pfeiltasten zu navigieren. Sollen dann auch noch größere Bereiche markiert werden, kann das in der Praxis schon ein paar Anläufe erfordern. Mit den richtigen Tipps, Tricks und Shortcuts wird das Ganze aber zum Kinderspiel.

So geht's:

1 Mit der Tastenkombination [Strg]+[↓] navigieren Sie zum letzten Eintrag der aktuellen Spalte.

2 Mit der Tastenkombination (Strg)+(↑) navigieren Sie zum ersten Eintrag der aktuellen Spalte.

3 Die Tastenkombination (Strg)+(←) führt zum Zelleintrag am linken Ende des Bereichs.

4 Über (Strg)+(→) gelangen Sie zum Zelleintrag am rechten Ende des Zellbereichs.

Führen Sie diese Aktionen bei gedrückter (Umschalt)-Taste aus, wird ausgehend von der aktuellen bis zur letzten Zelle der entsprechende Bereich markiert.

Wenn Zelle D10 ausgewählt ist und Sie anschließend die Tastenkombination (Strg)+(Umschalt)+(↓) drücken, wird der Bereich D10:D27 markiert.

	A	B	C	D	E	F
1						
2						
3		1	26	51	76	101
4		2	27	52	77	102
5		3	28	53	78	103
6		4	29	54	79	104
7		5	30	55	80	105
8		6	31	56	81	106
9		7	32	57	82	107
10		8	33	58	83	108
11		9	34	59	84	109
12		10	35	60	85	110
13		11	36	61	86	111
14		12	37	62	87	112
15		13	38	63	88	113
16		14	39	64	89	114
17		15	40	65	90	115
18		16	41	66	91	116
19		17	42	67	92	117
20		18	43	68	93	118
21		19	44	69	94	119
22		20	45	70	95	120
23		21	46	71	96	121
24		22	47	72	97	122
25		23	48	73	98	123
26		24	49	74	99	124
27		25	50	75	100	125
28						

Excel bietet darüber hinaus auch Möglichkeiten, mit der Maus in großen Tabellen schnell zu navigieren.

So geht's:

1 Setzen Sie den Mauszeiger auf den Rand der aktuellen Zellmarkierung.

2 Der Mauszeiger verwandelt sich in ein Kreuz mit vier Pfeilen.

	A	B	C	D	E	F
1						
2						
3		1	26	51	76	101
4		2	27	52	77	102
5		3	28	53	78	103
6		4	29	54	79	104
7		5	30	55	80	105
8		6	31	56	81	106
9		7	32	57	82	107
10		8	33	58	83	108
11		9	34	59	84	109
12		10	35	60	85	110
13		11	36	61	86	111
14		12	37	62	87	112
15		13	38	63	88	113
16		14	39	64	89	114
17		15	40	65	90	115
18		16	41	66	91	116
19		17	42	67	92	117
20		18	43	68	93	118
21		19	44	69	94	119
22		20	45	70	95	120
23		21	46	71	96	121
24		22	47	72	97	122
25		23	48	73	98	123
26		24	49	74	99	124
27		25	50	75	100	125
28						

3 Wenn Sie nun einen Doppelklick auf den Zellenrand ausführen, springt Excel zum Ende des Bereichs der aktuellen Spalte, also im Beispiel zu Zelle D27.

4 Platzieren Sie den Zellzeiger am rechten Rand der Zellmarkierung und führen dort einen Doppelklick aus, wird der rechte Eintrag des Bereichs, also Zelle F13, ausgewählt.

Soll der jeweilige Zellbereich ausgehend von der aktuellen Zelle markiert werden, halten Sie beim Doppelklick auf den Zellenrand einfach die Umschalt-Taste gedrückt.

Möchten Sie den gesamte Zellbereich von B3 bis F27 markieren, können Sie das über die Tastenkombination Strg+A erreichen. Voraussetzung ist, dass sich der Zellzeiger auf einer beliebigen Zelle innerhalb der Datenliste befindet.

Tipp 4: Bereiche schnell und komfortabel über das Namensfeld selektieren

Der schnellste und einfachste Weg, einen Zellbereich auszuwählen, besteht darin, den Zellbereich über einen definierten Namen anzusprechen. Dabei ist es gleichgültig, auf welchem Tabellenblatt sich der Zellbereich befindet. Bei der Auswahl wird automatisch auf das richtige Tabellenblatt gewechselt.

So geht's:

1 Markieren Sie den Zellbereich D36:G44.

2 Öffnen Sie über das Menü *Formel/Definierte Namen/Namen definieren* das Dialogfenster *Neuer Name* (Excel 2003: Menü *Einfügen/Namen/ Definieren*).

3 Erfassen Sie als Name *Aufwand_2007*.

4 Der gewählte Zellbereich wurde bereits in das Feld *Bezieht sich auf* eingetragen. Sie können den Bereich hier bei Bedarf auch noch anpassen. Darüber hinaus besteht die Möglichkeit, einen Kommentar mit weiteren Infos zu hinterlegen.

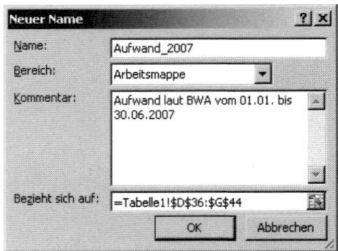

5 Nach einem Klick auf *OK* wird dem angegebenen Zellbereich der Name zugewiesen.

6 Der neu definierte Name *Aufwand_2007* steht nun im Namensfeld zur Verfügung und kann dort ausgewählt werden.

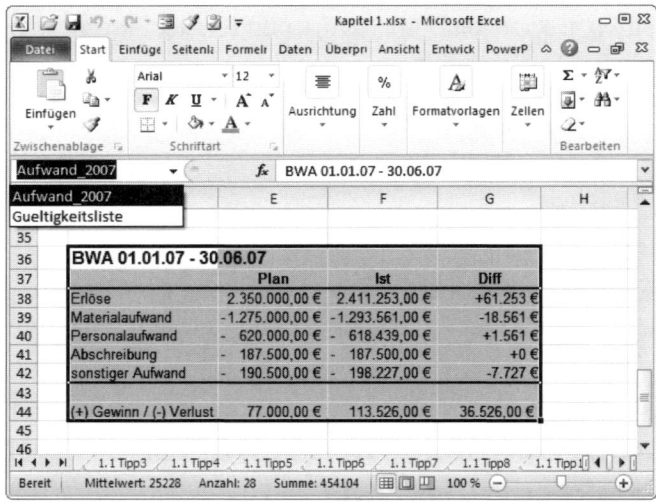

Sobald Sie jetzt den Namen *Aufwand_2007* auswählen, wird automatisch der Bereich D36:G44 selektiert und markiert.

Tipp 5: Alle Zeilen und Spalten markieren

In Excel lassen sich ganz einfach komplette Zeilen sowie Spalten mit einem Shortcut markieren. Dazu gibt es zwei leicht und schnell anwendbare Möglichkeiten.

So geht's:

Variante 1: Auswahl über Shortcuts

1 Markieren Sie eine Zelle in der Zeile, die markiert werden soll.

2 Drücken Sie die Tastenkombination (Umschalt)+ (Leertaste). Damit wird die gesamte Zeile markiert.

3 Hingegen wird mit der Tastenkombination (Strg)+ (Leertaste) die Spalte ausgewählt, in der sich der Zellzeiger aktuell befindet.

	A	B	C	D	E
1	**Artikelliste**				
2					
3	Artikel-Nr.	Netto-VK alt	Preiserhöhung in %	Netto-VK neu	
4	4711	100,00 €	1,75%	101,75 €	
5	4712	110,00 €	2,25%	112,48 €	
6	4713	120,00 €	0,25%	120,30 €	
7	4714	130,00 €	1,50%	131,95 €	
8	4715	140,00 €	2,50%	143,50 €	
9	4716	150,00 €	2,00%	153,00 €	
10	4717	160,00 €	1,50%	162,40 €	
11	4718	170,00 €	1,25%	172,13 €	
12	4719	180,00 €	0,75%	181,35 €	
13	4720	190,00 €	1,75%	193,33 €	
14					
15					
16	Preiserhöhung in %	1,015			
17					

Variante 2: Selektion mit der Maus

Eine weitere Möglichkeit, Spalten oder Zeilen schnell zu markieren, besteht darin, die Spalten- bzw. Zeilenbeschriftung anzuklicken. Sobald Sie mit der Maus über eine Spalten- oder Zeilenbeschriftung fahren, verwandelt sich der Zellzeiger in einen Pfeil.

Ein Klick auf den Buchstaben C markiert somit die gesamte Spalte C.

	A	B	C	D	E
1	**Artikelliste**				
2					
3	Artikel-Nr.	Netto-VK alt	Preiserhöhung in %	Netto-VK neu	
4	4711	100,00 €	1,75%	101,75 €	
5	4712	110,00 €	2,25%	112,48 €	
6	4713	120,00 €	0,25%	120,30 €	
7	4714	130,00 €	1,50%	131,95 €	
8	4715	140,00 €	2,50%	143,50 €	
9	4716	150,00 €	2,00%	153,00 €	
10	4717	160,00 €	1,50%	162,40 €	
11	4718	170,00 €	1,25%	172,13 €	
12	4719	180,00 €	0,75%	181,35 €	
13	4720	190,00 €	1,75%	193,33 €	
14					
15					
16	Preiserhöhung in %	1,015			
17					

Tipp 6: Add-in zum schnellen Navigieren

Das Add-in xls-Navigate (für Excel 2003) bietet verschiedene Möglichkeiten, per Mausklick zu bestimmten Zellen zu springen oder Zellbereiche zu markieren.

So geht's:

1 Binden Sie das Add-in über das Menü *Extras/Add-Ins* ein.

Sie können das Add-in sowohl unter Excel 2003 als auch ab Excel 2007 verwenden. Konzipiert wurde das Programm allerdings für Excel 2003 und ältere Versionen. Deswegen bezieht sich folgende Beschreibung auf Excel 2003.

2 Nach der Installation wird folgende Menüleiste eingebunden und angezeigt.

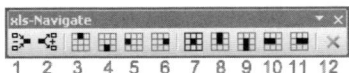

Nachfolgend erhalten Sie einen kurzen Überblick über die Funktionen des Add-in.

1 Ein Klick auf Symbol 1 führt zur verknüpften Ursprungszelle.

2 Symbol 2 verzweigt analog zur verknüpften Nachfolgerzelle.

3 Die Symbole 3 bis 6 bieten die Möglichkeit, in einem zusammenhängenden Datenbereich zur obersten, untersten, äußerst linken oder äußerst rechten Zelle zu springen.

4 Über Symbol 7 kann der gesamte zusammenhängende Zellbereich markiert werden.

5 Die Symbole 8 bis 11 bieten die Möglichkeit, ausgehend von der aktiven Zelle die entsprechenden Zellbereiche nach unten, oben, links oder rechts zu markieren.

Hinweis zum Einbinden von Add-ins:

1 Starten Sie über das Menü *Office/Optionen/Add-Ins/Gehe zu* das Dialogfenster zum Einbinden von Add-ins (Excel 2007: Menü *Office/Excel-Optionen/Add-Ins;* Excel 2003: Menü *Extras/Add-Ins Manager*).

2 Navigieren Sie über die Schaltfläche *Durchsuchen* zum Speicherort des Add-in und klicken Sie auf die Schaltfläche *OK*.

3 Im letzten Schritt beenden Sie den Add-Ins-Manager über die Schalt-fläche *OK*.

Das Add-in ist nun eingebunden und funktionsbereit.

Tipp 7: Schnell zum individuellen Standardfestplattenordner wechseln

In der Praxis zeigt sich, dass Dateien häufig im gleichen Ordner gespei-chert und daraus auch wieder geöffnet werden. Standardmäßig zeigt der *Öffnen*-Dialog aber den Standardordner für Dokumente an. Unter Win-dows XP hat dieser die Bezeichnung *Eigene Dateien*, unter Windows Vista und Windows 7 ist standardmäßig der Inhalt des persönlichen Doku-mentenordners zu sehen. Viele Anwender nutzen aber zur Dateiablage an-dere Standardordner als die oben genannten. Deswegen muss bei jedem Excel-Neustart der individuelle Standardordner manuell ausgewählt wer-den, damit die gewünschten Excel-Dokumente geöffnet werden können.

Dieser Tipp zeigt, wie Sie Ihren individuellen Festplattenordner so einrich-ten, dass Sie künftig sehr schnell Zugriff darauf haben. Diese Lösung ist unabhängig vom Betriebssystem und der verwendeten Excel-Version uni-versell einsetzbar.

So geht's:

1 Starten Sie im ersten Schritt Excel und wählen Sie den Befehl zum Öff-nen von Dateien, sodass das Dialogfenster *Öffnen* mit dem aktuellen Standardordner *Eigene Dateien* oder *Dokumente* angezeigt wird. Star-ten Sie nun parallel zu Excel den Windows-Explorer.

2 Suchen Sie im Windows-Explorer Ihren individuellen Standardordner, auf den Sie künftig einen schnelleren Zugriff haben möchten.

3 Klicken Sie mit der linken Maustaste auf diesen Ordner und ziehen Sie ihn mit gedrückter linker Maustaste auf das Excel-Symbol in der Win-dows-Taskleiste.

4 Warten Sie, bis Excel im Vordergrund erscheint, und ziehen Sie den Ordner auf den rechten Bereich des *Öffnen*-Dialogfensters.

5 Drücken Sie nun die Tastenkombination ⌗Strg⌗+⌗Umschalt⌗. Dadurch er-scheint neben der Ordnergrafik das bekannte Verknüpfungssymbol. Wenn Sie nun die Maustaste loslassen, wird im Standardordner eine Verknüpfung auf Ihren individuellen Excel-Standardordner erzeugt.

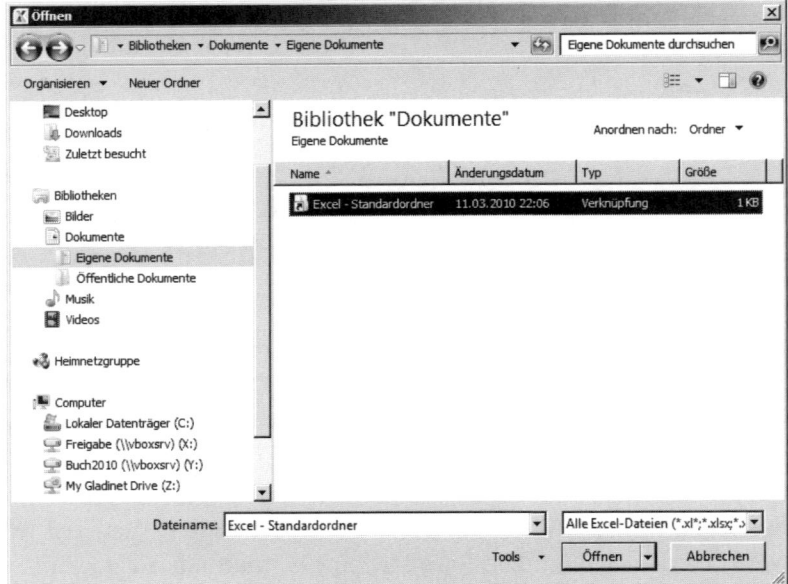

Wenn Sie jetzt einen Doppelklick auf die eingefügte Verknüpfung durchführen, befinden Sie sich sofort im gewünschten Ordner.

Hinweis

Die Verknüpfung kann beliebig umbenannt und Ihren Bedürfnissen entsprechend angepasst werden.

1.4 Professionelle Gültigkeitsprüfungen zur Datenerfassung

Tipp 1: Sichere Datenerfassung: Grundsätzliches zur Gültigkeitsprüfung

Bei der Arbeit mit Excel kommt es entscheidend auf die Gültigkeit und Richtigkeit der erfassten Daten an. Bereits eine einzige falsche Zahl kann das gesamte Kalkulationsschema komplett verfälschen. Deshalb ist es sehr wichtig, die Datenerfassung so sicher wie möglich zu gestalten. An dieser Stelle kommt die in Excel implementierte Gültigkeitsprüfung zum Einsatz.

Ab Excel 2007 wird die Gültigkeitsprüfung über das Menü
*Daten/Datentools/Datenüberprüf
ung* aufgerufen. In Excel 2003
erfolgt der Aufruf über das Menü
Daten/Gültigkeit.

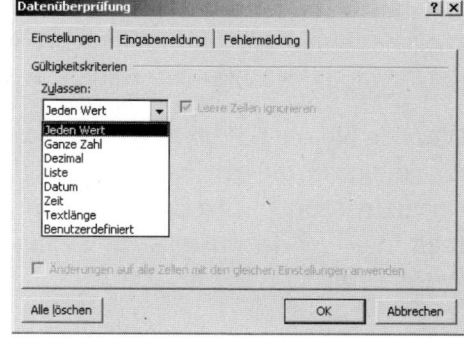

Im Kombinationsfeld *Zulassen*
stehen folgende Gültigkeitskriterien zur Auswahl:

1 *Jeden Wert*: Das vorgewählte Standardgültigkeitskriterium ist *Jeden Wert*, was bedeutet, dass in die entsprechende Zelle jeder beliebige Wert bzw. Text eingegeben werden kann. Mit diesem Gültigkeitstyp wird die Gültigkeitsprüfung deaktiviert.

2 *Ganze Zahl*: Hier können Sie die Unter- und Obergrenze von ganzen Zahlen definieren. Dezimalzahlen sind bei dieser Option nicht zulässig.

3 *Dezimal*: Ähnlich wie *Ganze Zahl*, nur dass hier neben ganzen Zahlen auch Dezimalzahlen erlaubt sind.

4 *Liste*: Diese Option erlaubt die Vorgabe von Kriterien über eine Auswahlliste. Die Begriffe, die vorgegeben werden, stehen über ein Drop-down-Menü zur Verfügung.

5 *Datum*: Mit dem Gültigkeitskriterium *Datum* können Sie die Zelleingaben auf bestimmte Datumswerte bzw. Zeiträume beschränken.

6 *Zeit*: Ähnlich wie beim Gültigkeitskriterium *Datum* besteht beim Kriterium *Zeit* die Möglichkeit, Zelleingaben auf Zeiträume zu beschränken. Die Zeitraumbeschränkung erfolgt hier über Stundenangaben.

7 *Textlänge*: Mit *Textlänge* können Sie Zelleingaben, gleichgültig ob Text oder Zahlen, auf bestimmte Mindest- oder auch Maximallängen hin überprüfen.

8 *Benutzerdefiniert*: Hier haben Sie die Möglichkeit, Gültigkeitsregeln über berechnende Formeln anzugeben. Das Kriterium *Benutzerdefiniert* bietet umfassende Möglichkeiten zur Definition komplexer Gültigkeitsregeln.

Zu welchem Zeitpunkt wird die Gültigkeitsprüfung durchgeführt?

Die Gültigkeitsprüfung wird durchgeführt, wenn die entsprechende Zelleingabe mit der [Enter]-Taste abgeschlossen oder die Zelle mit den Cursortasten oder einem Mausklick auf eine andere Zelle verlassen wird. Ist die Eingabe fehlerhaft, wird ein entsprechender Fehlerhinweis angezeigt, und die Eingabe des fehlerhaften Werts wird verhindert.

Wenden Sie die Gültigkeitsprüfung auf Zellen an, die bereits Werte enthalten, bleibt in diesem Fall die Gültigkeitsregel ohne Beachtung. Um also sicherzustellen, dass die Gültigkeitsprüfung auf alle Eingaben ordnungsgemäß angewendet wird, ist es sinnvoll, sie vor der Erfassung des ersten Werts einzurichten.

Tipp 2: Informationen zur Datenerfassung vorgeben

Die Registerkarte *Eingabemeldung* im Dialogfenster zur Gültigkeitsprüfung bietet die Möglichkeit, einen bestimmten Text zur Datenerfassung anzeigen zu lassen. Dabei muss die Gültigkeitsprüfung nicht aktiviert sein.

So geht's:

1 Markieren Sie den Bereich D38:G42.

2 Starten Sie über das Menü *Daten/Datentools/Datenüberprüfung* das Dialogfenster zu Gültigkeitsprüfung (Excel 2003: Menü *Daten/Gültigkeit*).

3 Wechseln Sie auf die Registerkarte *Eingabemeldung*.

4 Erfassen Sie einen Titel für die Eingabemeldung sowie den Text dazu. Bei kürzeren Hinweisinformationen genügt auch die Angabe des Titels.

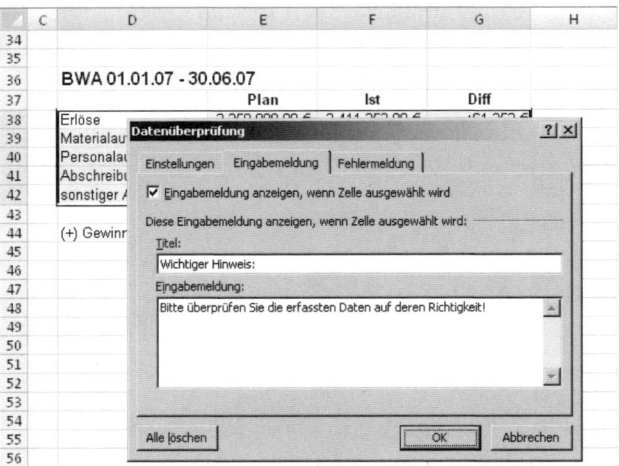

5 Damit die Eingabemeldung sofort angezeigt wird, wenn eine Zelle ausgewählt wird, muss der Haken im Kontrollkästchen *Eingabemeldung anzeigen, wenn Zelle ausgewählt wird* gesetzt sein.

6 Beenden Sie den Dialog mit *OK*.

Sobald Sie nun eine Zelle innerhalb des Bereichs D38:G42 auswählen, wird die hinterlegte Eingabemeldung angezeigt.

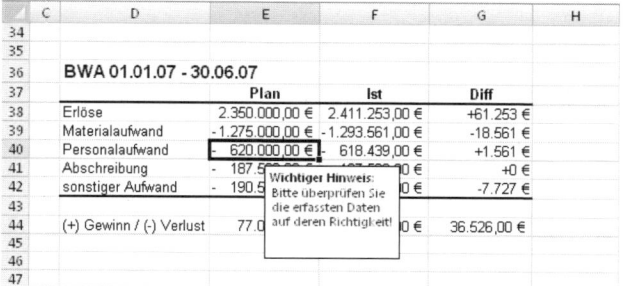

Tipp 3: Gültigkeitskriterien aus Listen verwenden

Bei der Datenerfassung sollen nur vorgegebene Werte aus einer Liste zugelassen werden. Andere Werte sollen unberücksichtigt bleiben. Problematisch ist allerdings, dass sich die Liste mit den vordefinierten Abteilungsbezeichnungen in diesem Beispiel nicht auf dem Tabellenblatt befindet, auf dem die Gültigkeitsprüfung durchgeführt werden soll.

Der direkte Zellverweis auf Listen, die sich nicht auf dem gleichen Tabellenblatt wie die Gültigkeitsprüfung befinden, funktioniert aber mit folgenden Tricks.

So geht's:

1 Markieren Sie die Liste mit den Gültigkeitskriterien.

2 Geben Sie dieser über das Menü *Formeln/Definierte Namen/ Namen definieren* die Bezeichnung *Gueltigkeitsliste* (Excel 2003: Menü *Einfügen/Namen/ Definieren*).

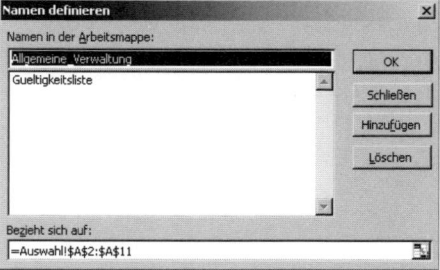

3 Selektieren Sie nun die Zelle, auf der die Gültigkeitsprüfung ausgeführt werden soll, im Beispiel die Zelle B5.

4 Starten Sie die Gültigkeitsprüfung.

5 Wechseln Sie zur Registerkarte *Einstellungen* und wählen Sie unter *Zulassen* den Eintrag *Liste* aus.

6 Erfassen Sie als Liste den definierten Namen *Gueltigkeitsliste* mit vorangestelltem Gleichheitszeichen.

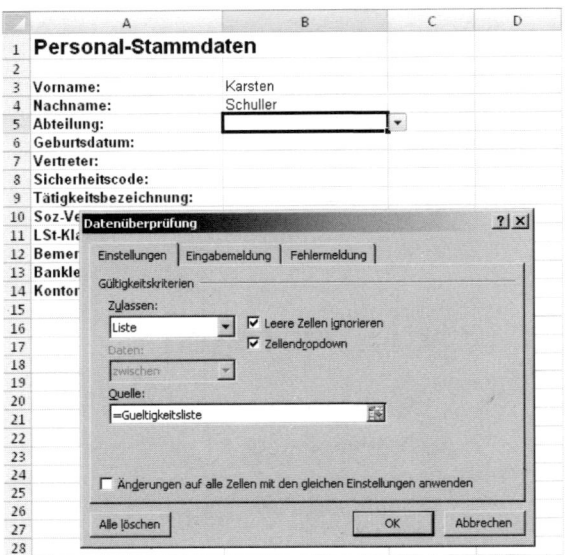

7 Achten Sie darauf, dass das Kontrollkästchen *Zellendropdown* aktiviert ist.

8 Beenden Sie den Dialog mit einem Klick auf die Schaltfläche *OK*.

Jetzt ist die Gültigkeitsprüfung für Zelle B5 aktiv. Sobald Sie diese auswählen, wird ein Dropdown-Menü angezeigt. Über dieses lassen sich die vorgegebenen Gültigkeitskriterien aus der Liste von einem anderen Tabellenblatt auswählen.

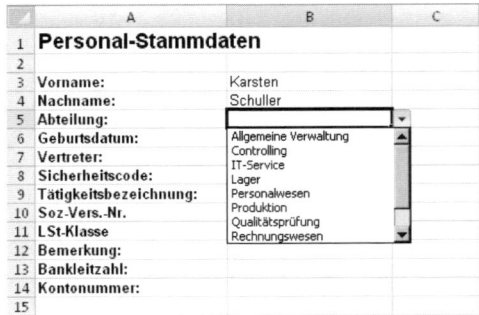

Es gibt aber noch eine zweite, weniger bekannte Möglichkeit, um auf Gültigkeitslisten zuzugreifen, die sich auf einem anderen Tabellenblatt befinden.

So geht's:

Anstatt den Weg über die Namensdefinition zu gehen, verwenden Sie folgenden Trick.

1 Wählen Sie im Dialog *Datenüberprüfung* unter *Zulassen* wiederum den Eintrag *Liste*.

2 Im Feld *Quelle* verweisen Sie nun ohne den Umweg über die Namensdefinition auf den Kriterienbereich. Verwenden Sie dazu folgende Funktion:

=INDIREKT("Auswahl!A2:A11")

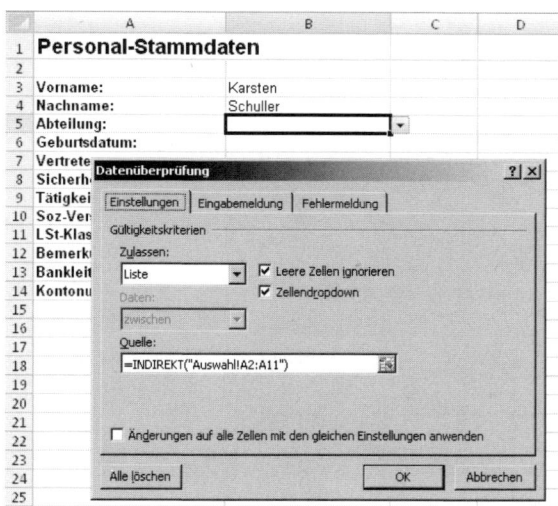

3 Nach einem Klick auf *OK* wird die Gültigkeitsprüfung wie gewohnt abgeschlossen.

Diese Vorgehensweise funktioniert deshalb, weil der Befehl *INDIREKT()* intern wie ein Name behandelt wird.

Tipp 4: Eingaben auf Ziffern bzw. Buchstaben beschränken

Möchten Sie für bestimmte Zellen festlegen, dass ausschließlich Zahlen bzw. Ziffernfolgen eingegeben werden dürfen? Im Beispiel sollen in Zelle

B8 (Sicherheitscode) ausschließlich Zahlenfolgen ohne Nachkommastellen erfasst werden können. Verwenden Sie dazu die Funktion der Gültigkeitsprüfung.

So geht's:

1 Selektieren Sie Zelle B8.

2 Starten Sie den Dialog *Datenüberprüfung.*

3 Wählen Sie im Feld *Zulassen* den Eintrag *Ganze Zahl.*

4 Unter *Daten* wählen Sie *größer als.*

5 Legen Sie den Wert 0 als *Minimum* fest.

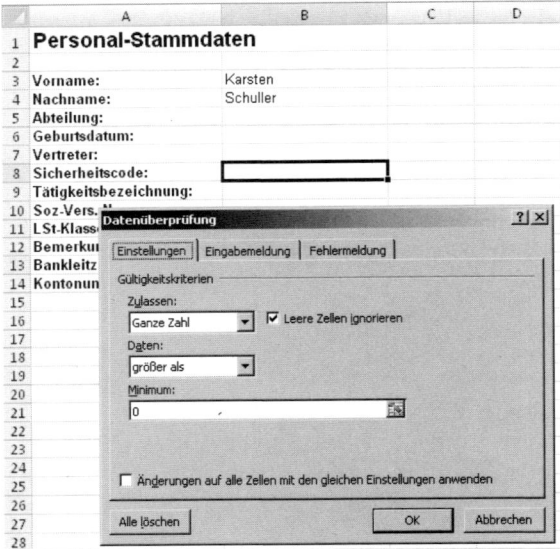

Damit ist sichergestellt, dass ausschließlich Werte größer null in Zelle B8 eingegeben werden können. Alle anderen Eingaben werden mit einer Meldung abgelehnt.

Ähnlich funktioniert die Beschränkung der Erfassung auf gültige Texte. Im Beispiel sollen in Zelle B7 (Vertreter) ausschließlich Texte, also Buchstaben, erfasst werden können.

So geht's:

1 Selektieren Sie Zelle B7.

2 Unter *Zulassen* legen Sie den Eintrag *Benutzerdefiniert* fest.

3 Als Formel erfassen Sie *=ISTTEXT(B7)*.

4 Ein Klick auf *OK* schließt die Gültigkeitsprüfung ab.

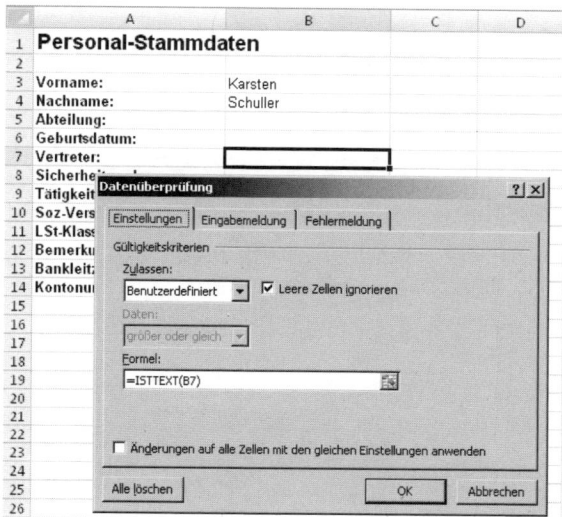

Damit können in Zelle B7 ausschließlich Texte erfasst werden. Die Textlänge ist dabei unerheblich.

Tipp 5: Eingaben von Texten auf eine definierte Länge beschränken

In der Praxis kann es sinnvoll sein, die Länge der zu erfassenden Texte zu begrenzen. Ziel soll sein, bei Beschreibungen und Anmerkungen den Nagel auf den Kopf zu treffen, also aussagefähige und prägnante Anmerkungen zu fördern.

So geht's:

1 Selektieren Sie Zelle B12 (Bemerkung).

2 Wählen Sie im Dialog *Datenüberprüfung* unter *Zulassen* den Eintrag *Textlänge*.

3 Unter *Daten* wählen Sie *kleiner oder gleich*.

4 Als *Maximum* legen Sie den Wert 40 fest. Damit wird die Texteingabe auf 40 Zeichen begrenzt.

5 Beenden Sie das Dialogfenster mit einem Klick auf *OK*.

Damit können in Zelle B12 Texte mit einer maximalen Länge von 40 Zeichen erfasst werden.

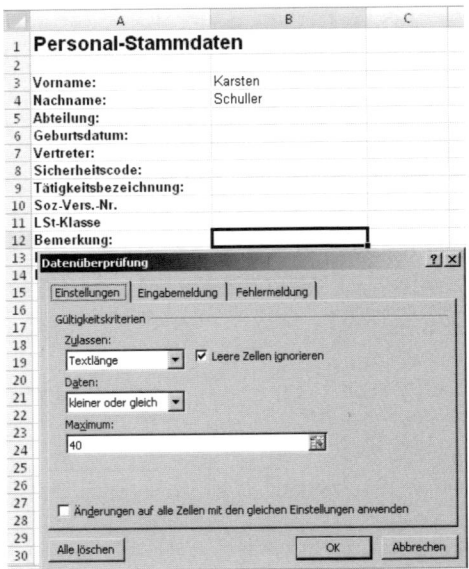

Tipp 6: Eingaben von Leerzeichen verhindern

Bei der Erfassung von Zahlenblöcken soll sichergestellt werden, dass zwischen den einzelnen Ziffern keine Leerzeichen vom Benutzer erfasst werden können. Dies trifft beispielsweise auf die Eingabe von Bankleitzahlen oder Kontonummern zu.

So geht's:

1 Markieren Sie den Bereich B13:B14 (Bankleitzahl und Kontonummer).

2 Im Dialogfeld *Datenüberprüfung* wählen Sie den Eintrag *Benutzerdefiniert*.

3 Im Feld *Formel* erfassen Sie *=ISTFEHL(SUCHEN(" ";B13))*.

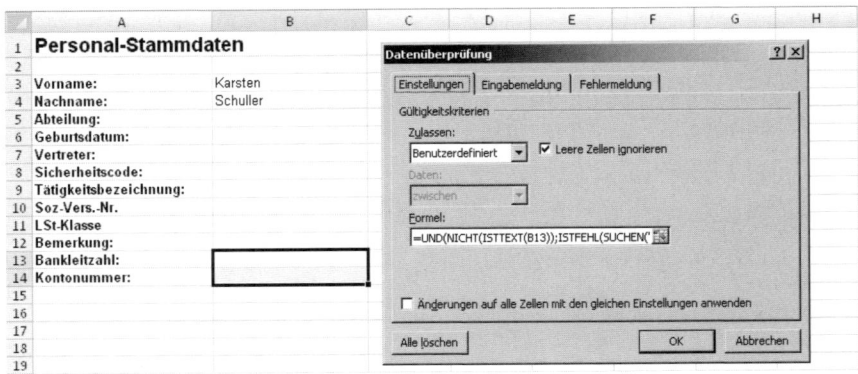

4   Beenden Sie die Eingabe mit einem Klick auf *OK*.

Sobald nun Eingaben mit einem Leerzeichen gemacht werden, wird das mit einer Fehlermeldung quittiert, und die Eingabe wird untersagt.

Allerdings ist es mit dieser Formel möglich, Text in die Felder *Kontonummer* und *Bankleitzahl* einzugeben. Mit folgender Erweiterung der Funktion verhindern Sie das:

=UND(NICHT(ISTTEXT(B13));ISTFEHL(SUCHEN(" ";B13)))

Damit können jetzt ausschließlich Zahlen ohne Leerzeichen in die Zellen eingetragen werden. Die Funktionserweiterung *NICHT(ISTTEXT(B13))* untersagt die Erfassung von Buchstaben.

Tipp 7: Eingaben von Leereinträgen ermöglichen

Gültigkeitslisten bieten die Möglichkeit, dem Anwender vorzugeben, welche Einträge er in der entsprechenden Zelle vornehmen darf und welche nicht. Ab und an kann es erforderlich sein, dass ein Leereintrag gesetzt wird, d. h., dass die Zelle über einen gewählten Eintrag aus der Gültigkeitsliste leer bleibt. Das ist jedoch gar nicht so leicht, wenn Sie in der Gültigkeitsliste nicht auf einen Zellbereich verweisen, der für diesen Zweck eine leere Zelle vorsieht,

So geht's:

1   Öffnen Sie eine leere Tabelle und erfassen Sie nun über *Daten/Datentools* und *Datenüberprüfung* im gleichnamigen Dialog mit der Einstellung *Liste* im Feld *Zulassen* als *Quelle* den Eintrag *1;;2* (Excel 2003: Menü *Daten/Gültigkeit*, Dialog *Gültigkeitsprüfung*).

2   Wenn Sie jetzt den Dialog mit *OK* beenden und die Zelle über das Drop-down bestücken möchten, werden Sie feststellen, dass wider Erwarten zwischen *1* und *2* kein Leereintrag ausgewählt werden kann, obwohl es über den Eintrag *1;;2* vorgesehen ist. Auch ein Blank zwischen den beiden Semikola in der Form *1; ;2* hilft Ihnen nicht weiter.

3   Sie müssen hier zu einem Trick greifen und zwischen die beiden Semikola ein Apostroph eintragen, um das gewünschte Ergebnis zu erzielen, denn das Apostroph bleibt nach der Auswahl aus der Gültigkeitsliste in der Zelle unsichtbar.

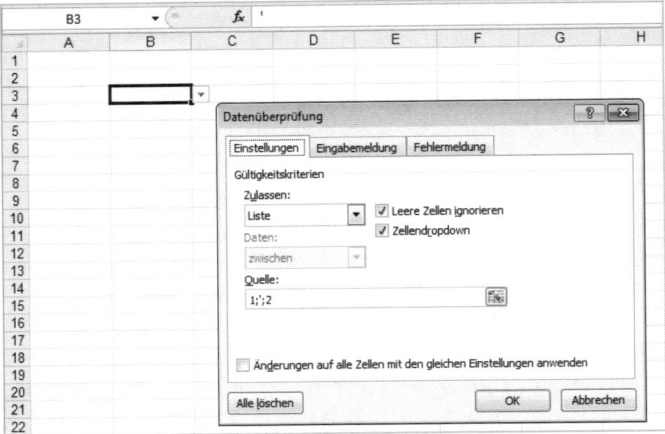

Tipp 8: Doppelte Einträge verhindern

In diesem Beispiel sehen Sie, wie die Erfassung von doppelten Einträgen mithilfe der Gültigkeitsprüfung abgewendet werden kann. In einer Artikelliste soll eine Artikelnummer nur ein einziges Mal vergeben werden können. Wird eine Nummer ein zweites Mal erfasst, soll diese mit einer Meldung abgewiesen werden.

So geht's:

1 Markieren Sie den Bereich A4:A20 auf der Artikelliste.

2 Wählen Sie im Dialogfenster *Datenüberprüfung* unter *Zulassen* den Eintrag *Benutzerdefiniert*.

3 Im Formelfeld erfassen Sie folgende Funktion:

=ZÄHLENWENN($A$4:$A$20;A4)<=1

4 Beenden Sie den Dialog mit einem Klick auf die Schaltfläche *OK*.

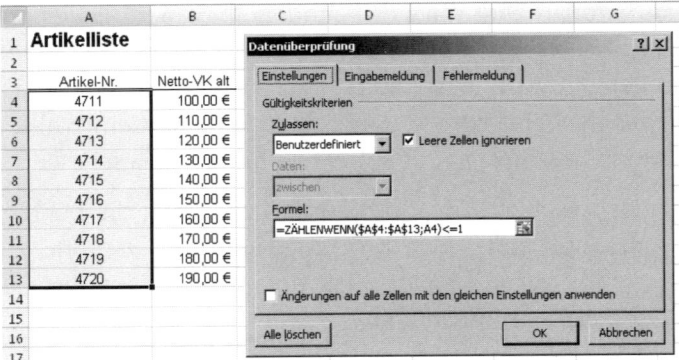

Nun können im gewählten Bereich keine doppelten Daten eingegeben werden.

Damit bei der Erfassung einer doppelten Artikelnummer ein aussagekräftiger Fehlerhinweis ausgegeben wird, gehen Sie wie folgt vor:

1 Wechseln Sie im Dialogfenster *Datenüberprüfung* auf die Registerkarte *Fehlermeldung*.

2 Unter *Typ* wählen Sie *Stopp*.

3 Als *Titel* erfassen Sie den Begriff *Artikelnummer*.

4 In das Feld *Fehlermeldung* geben Sie Folgendes ein: *Doppelte Artikelnummern können nicht erfasst werden. Geben Sie eine neue Nummer ein!*.

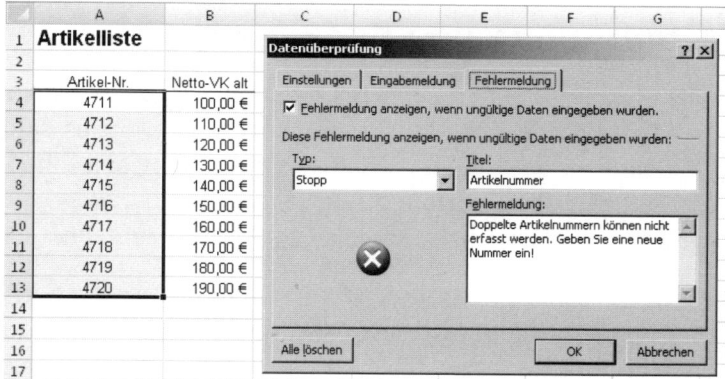

Sobald eine doppelte Artikelnummer in den Bereich A4:A20 eingegeben wird, erfolgt die Ausgabe der vorgegebenen Fehlermeldung.

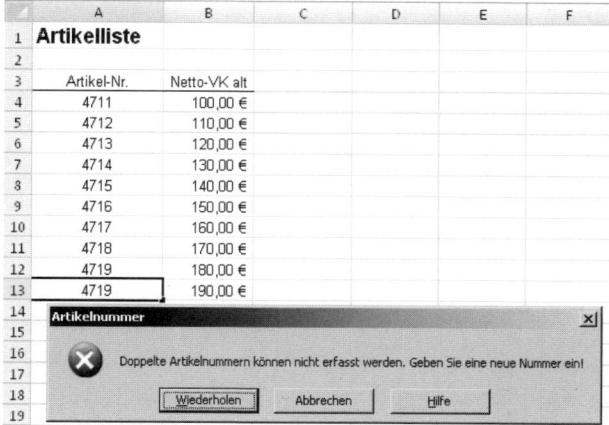

Hinweis

Zur Wahl stehen die Typen *Stopp*, *Warnung* und *Information*.

Stopp: Wenn *Stopp* gewählt ist, besteht keine Möglichkeit, die Artikelnummer ein zweites Mal zu erfassen.

Warnung: Wenn eine doppelte Nummer erfasst wird, wird der Hinweistext ausgegeben. Ein Klick auf die Schaltfläche *Ja* führt jedoch dazu, dass die Artikelnummer trotzdem in die Zelle übernommen wird.

Information: Wenn *Information* gewählt ist, wird nur ein Hinweis ausgegeben, die doppelt erfasste Ziffer wird jedoch angenommen.

Tipp 9: Doppelte Gültigkeitsliste mit dynamischer Anpassung der Einträge

Eine Gültigkeitsliste, die auf einen Zellbereich referenziert, zeigt immer die Einträge aus diesem Zellbereichs an. In einigen Fällen kann es sinnvoll sein, diesen Zellbereich dynamisch zu halten. Das heißt, wenn eine Auswahl über die Gültigkeitsliste getroffen wurde, sollen nur noch die restlichen Einträge aus der Gültigkeitsliste ausgewählt werden können.

Im nachfolgenden Beispiel stehen (nachdem in irgendeiner Zelle im Bereich D6:D10 eine der fünf möglichen Auswahlen getroffen wurde) in einer anderen noch nicht belegten Zelle nur noch die vier nicht gewählten Möglichkeiten zur Verfügung. Bei der nächsten Auswahl stehen dann nur noch die drei verbleibenden Möglichkeiten zur Verfügung etc.

So geht's:

1 Erfassen Sie im Zellbereich A2:E2 die Einträge für Ihre Gültigkeitsliste.

2 Erfassen Sie dann in Zelle A1 die folgende Formel:

=WENN(ISTFEHLER(INDEX($A2:$E2;KKLEINSTE(WENN(($A2:$E2<> $D$6)*($A2:$E2<>$D$7)*($A2:$E2<>$D$8)*($A2:$E2<>$D$9)*($A2:$E2 <>$D$10);SPALTE($A:$E));SPALTE())));"";INDEX($A2:$E2;KKLEINSTE (WENN(($A2:$E2<>$D$6)*($A2:$E2<>$D$7)*($A2:$E2<>$D$8)*($A2:$E2 <>$D$9)*($A2:$E2<>$D$10);SPALTE($A:$E));SPALTE()))))

3 Markieren Sie nun den Zellbereich A1:E1 und drücken Sie die Tastenkombination [Strg]+[Umschalt]+[Enter], um die hinterlegte Formel als Matrixformel einzufügen.

4 Hinterlegen Sie zum Schluss im Bereich der Zellen von D6 bis D10 eine Gültigkeitsliste, die auf den Zellbereich A1:E1 referenziert. Treffen Sie nun im Zellbereich D6:D10 die gewünschte Auswahl.

Die Funktionsargumente:

➢ *WENN:* Im ersten Argument der Funktion wird zunächst eine Fehlermeldung abgefangen, die bei Eintritt eines Fehlers für einen Leereintrag sorgt. Dies ist aus optischen Gründen notwendig, denn nach einer erfolgten Auswahl im Bereich D6:D10 würde das Array in diesem Bereich mit dem Fehler *#ZAHL!* „aufgefüllt", und der Fehler würde dann bei der weiteren Auswahl in der Gültigkeitsliste erscheinen.

➢ *ISTFEHLER:* Mit dieser Funktion wird geprüft, ob die Indexfunktion, die einen Wert aus der Matrix A2:E2 zurückgeben soll, einen Fehler erzeugt.

➢ *INDEX:* Über diese Funktion wird in Zellbereich A2:E2 als erstes Argument der Funktion die Matrix angesprochen, in der die auszuwählenden Optionen stehen. Das zweite Argument dieser Funktion legt die Zeile in dieser Matrix fest, aus der ein Wert zurückgegeben wird.

➢ *KKLEINSTE:* Mithilfe dieser Funktion wird die Zeilennummer zurückgegeben, die den kleinsten Wert enthält.

➢ *SPALTE:* Diese Funktion ermittelt die Spaltennummer aus der Datengruppe der durch die Funktion *KKLEINSTE* ermittelten Werte.

Tipp 10: Eingaben nur in aufsteigender Reihenfolge zulassen (aufsteigende Nummerierung)

Aufsteigende Zahlenreihen werden für unterschiedliche Zwecke benötigt, beispielsweise für fortlaufende Rechnungs- bzw. Lieferscheinnummern oder auch für fortlaufende Buchungsnummern. In diesem Beispiel sehen Sie, wie die Konsistenz von Nummernkreisen gewährleistet werden kann.

So geht's:

1 Markieren Sie den Zellbereich A4:A20.

2 Wählen Sie den Eintrag *Ganze Zahl* im Dialogfenster *Datenüberprüfung*.

3 Im Feld *Daten* wählen Sie den Eintrag *zwischen* aus.

4 Als *Minimum* erfassen Sie die Formel *=ZEILE()-3+2007000*.

5 Als *Maximum* geben Sie die gleiche Funktion noch einmal ein.

6 Mit einem Klick auf *OK* legen Sie die Gültigkeitsprüfung für den markierten Bereich fest.

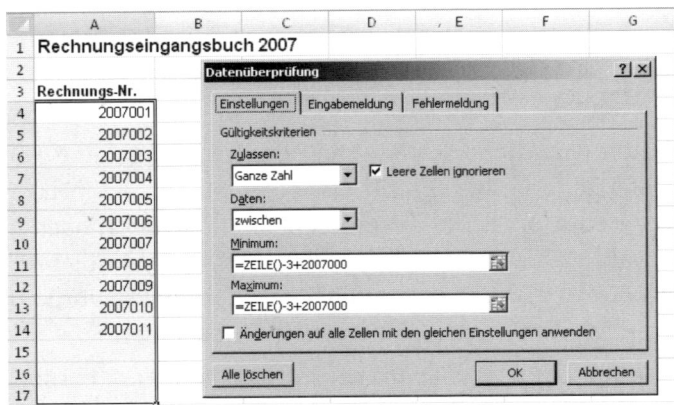

Hinweis

Vom Ergebnis der Funktion *ZEILE()* muss der Wert 3 subtrahiert werden, da der Gültigkeitsbereich erst in Zeile 4 beginnt.

Darüber hinaus muss der Wert 2007000 hinzuaddiert werden, da die laufende Nummerierung mit dem Wert 2007001 beginnt. 2007 steht für das Jahr und der Wert 001 für die erste Rechnung des aktuellen Jahrs.

Tipp 11: Eingaben bis zu einem definierten Grenzwert zulassen

Bei der Verteilung eines Budgetwerts auf einzelne Kostenstellen soll sichergestellt werden, dass der Gesamtwert bei der Verteilung nicht überschritten wird.

So geht's:

1 Selektieren Sie den Bereich B8:B17.

2 Im Dialog *Datenüberprüfung* wählen Sie unter *Zulassen* den Eintrag *Benutzerdefiniert*.

3 Im Feld *Formel* geben Sie folgende Funktion ein:

=SUMME($B$8:B17)<=$B$4

4 Bestätigen Sie das Dialogfenster mit *OK*.

	A	B	C
1	Budgetüberwachung		
2			
3			
4	Budgetwert gesamt	42.000,00 €	
5			
6	Verteilung auf Kostenstellen	↓	
7			
8	KSt 100	4.500,00 €	
9	KSt 200	5.000,00 €	
10	KSt 300	3.200,00 €	
11	KSt 400	4.500,00 €	
12	KSt 500	2.800,00 €	
13	KSt 600	5.600,00 €	
14	KSt 700	4.000,00 €	
15	KSt 800	2.600,00 €	
16	KSt 900	6.500,00 €	
17	KSt 1000	3.300,00 €	
18			

Die Summe der Kostenstellen 100 bis 1000 ergibt genau den Wert 42.000,00 Euro.

Sobald in Zelle B10 bei Kostenstelle 300 anstatt 3.200,00 Euro beispielsweise der Wert 3.201,00 eingegeben wird, tritt die Gültigkeitsprüfung in Aktion und lehnt die Eingabe mit einem Fehlerhinweis ab. Somit ist sichergestellt, dass der Gesamtwert von 42.000,00 Euro nicht überschritten werden kann.

Tipp 12: Variable Datumsprüfung – Eingabe von Datumswerten auf den aktuellen Tag beschränken

Bei der Belegerfassung soll ausschließlich das aktuelle, also das Datum desselben Tags, als Erfassungsdatum eingegeben werden können. Alle anderen Datumswerte, die vor oder nach dem aktuellen Tag liegen, sollen abgelehnt werden.

So geht's:

1 Markieren Sie den Bereich A5:A17.

2 Im Dialogfenster *Datenüberprüfung* wählen Sie unter *Zulassen* den Eintrag *Datum* aus.

3 Unter *Daten* wählen Sie den Eintrag *gleich*.

4 Geben Sie in das Feld *Datum* die Funktion *=HEUTE()* ein.

5 Bestätigen Sie die Eingaben mit *OK*.

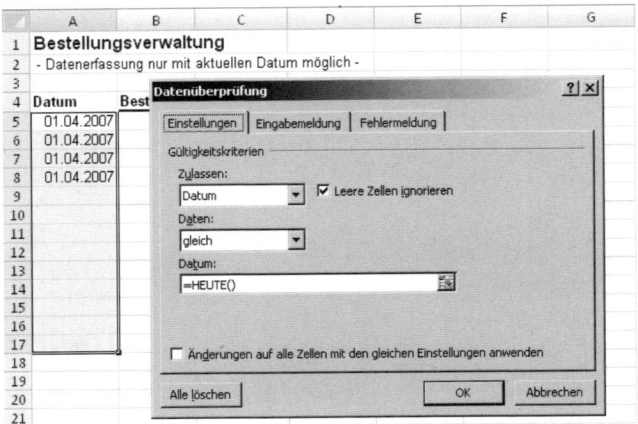

Jetzt können im angegebenen Bereich ausschließlich Datumswerte mit dem aktuellen Datum eingegeben werden.

Hinweis

Bei anderen Anwendungen kann es beispielsweise sinnvoll sein, dass nur Datumswerte bis zum aktuellen Datum eingegeben werden dürfen. Es sollen also alle Datumswerte nach dem aktuellen Datum ausgeschlossen werden. Datumswerte vor dem aktuellen Datum sollen hingegen akzeptiert werden.

Ändern Sie dazu im Feld *Daten* den Eintrag einfach auf *kleiner oder gleich* ab.

Tipp 13: Datumsangaben ablehnen, die auf ein Wochenende fallen

Sie möchten sicherstellen, dass nur an Arbeitstagen Werte in Ihre Excel-Tabelle eingetragen werden können. Da an Wochenenden beispielsweise keine Umsätze getätigt werden, sollen somit auch nur an Wochentagen Umsatzwerte erfasst werden können.

So geht's:

1 Markieren Sie dazu den Zellbereich A5:A17.

2 Wählen Sie im Dialogfenster *Datenüberprüfung* im Feld *Zulassen* den Eintrag *Benutzerdefiniert*.

3 In das Feld *Formel* geben Sie folgende Funktion ein:

   =UND(WOCHENTAG(A5;2)<>7;WOCHENTAG(A5;2)<>6)

4 Bestätigen Sie das Dialogfenster mit einem Klick auf *OK*.

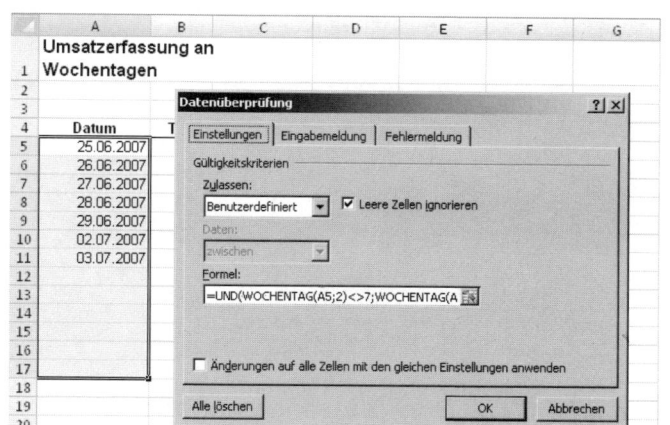

Zu beachten ist, dass der Funktion *WOCHENTAG* der Parameter 2 übergeben werden muss, da in Deutschland die Woche mit dem Montag beginnt.

Wird nun ein Datum eingegeben, das auf ein Wochenende fällt, lehnt die Gültigkeitsprüfung dies mit einem entsprechenden Fehlerhinweis ab.

Tipp 14: Datumswerte auf einen vorgegebenen Zeitraum beschränken

Die Datenerfassung soll auf einen vordefinierten Zeitraum beschränkt werden. Im Beispiel dürfen auf einer Buchungsliste ausschließlich Datumswerte aus dem Jahr 2007 erfasst werden.

So geht's:

1 Markieren Sie den Bereich A4:A17.

2 Im Dialogfenster *Datenüberprüfung* wählen Sie unter *Zulassen* den Eintrag *Datum* aus.

3 Erfassen Sie im Feld *Anfangsdatum* den 01.01.2007.

4 In das Feld *Enddatum* geben Sie den 31.12.2007 ein.

5 Schließen Sie die Gültigkeitsprüfung mit einem Klick auf die Schaltfläche *OK* ab.

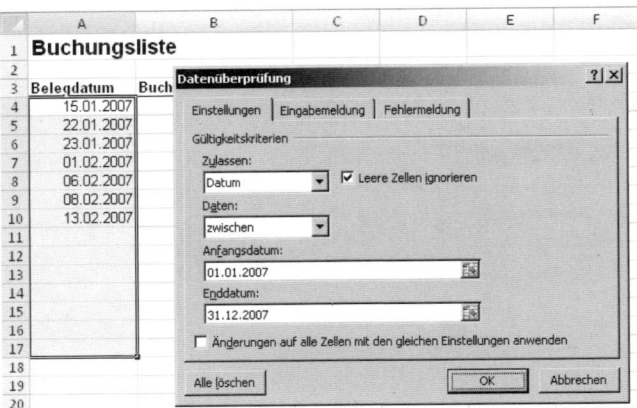

In der Praxis ist es häufig sinnvoll, die Jahresangabe dynamisch zu gestalten. Dies erreichen Sie mit folgender Anpassung der Gültigkeitsprüfung.

1 Erfassen Sie im Feld *Anfangsdatum* diese Funktion:

=DATUM(JAHR(HEUTE());1;1)

2 In das Feld *Enddatum* geben Sie dann diese Funktion ein:

=DATUM(JAHR(HEUTE());12;31)

Damit wird beim Jahreswechsel die Gültigkeitsprüfung automatisch auf das richtige Jahr eingestellt, und es bedarf keiner weiteren Anpassung.

Tipp 15: Gültigkeitsprüfungen auf andere Zellen beziehen

In der Regel bezieht sich die Gültigkeitsprüfung auf die Zelle, in der die Eingabe erfolgen soll.

Excel bietet jedoch auch die Möglichkeit, die Eingabe vom Inhalt einer anderen Zelle abhängig zu machen. So sollen in einem Rechnungseingangsbuch nur Werte eingetragen werden können, wenn in einer anderen Zelle bereits eine Rechnungsnummer erfasst wurde.

So geht's:

1 Markieren Sie dazu die Zellen B4 bis B17.

2 Im Dialogfenster *Datenüberprüfung* wählen Sie unter *Zulassen* den Eintrag *Benutzerdefiniert* aus.

3 Im Feld *Formel* erfassen Sie diese Funktion:

=ISTZAHL(A4)

4 Entfernen Sie den Haken aus dem Kontrollkästchen *Leere Zellen ignorieren*. Damit wird sichergestellt, dass im Bereich A4:A17 ein Eintrag vorhanden sein muss.

5 Beenden Sie den Dialog mit *OK*.

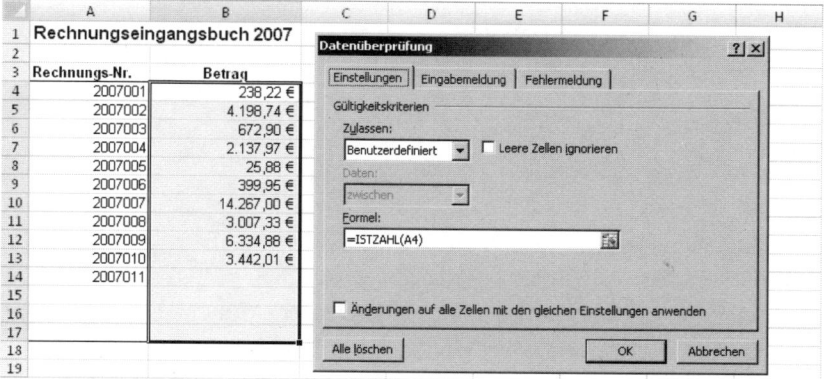

Jetzt können in den Bereich B4:B17 nur Werte eingetragen werden, wenn im Bereich A4:A17 bereits eine Rechnungsnummer erfasst wurde.

Durch die Verwendung der Funktion *=ISTZAHL()* muss zwingend eine Zahl als Rechnungsnummer erfasst werden.

Hinweis

Wenn Sie diese Gültigkeitsprüfung mit der Gültigkeitsprüfung aus Tipp 10 „Eingaben nur in aufsteigender Reihenfolge zulassen (aufsteigende Nummerierung)" kombinieren, ist sichergestellt, dass Sie nur einen Betrag erfassen können, wenn eine gültige, also richtige Rechnungseingangsnummer in Spalte A eingetragen wurde.

Tipp 16: Zwei Drop-down-Gültigkeitslisten miteinander verknüpfen

In diesem Beispiel sollen zwei Drop-down-Gültigkeitslisten miteinander verknüpft werden. Sobald aus der ersten Drop-down-Liste ein Eintrag ausgewählt ist, sollen die Inhalte der zweiten Drop-down-Liste dynamisch angepasst werden. Im nachfolgenden Beispiel werden bei der Auswahl eines Staats die zugehörigen Landesniederlassungen im zweiten Drop-down-Menü zur Auswahl gestellt.

So geht's:

1 Im ersten Schritt müssen Sie die Matrix für die Gültigkeitskriterien anlegen. In einer Spalte tragen Sie die benötigten Staaten ein. In den weiteren Kriterienspalten legen Sie die Länder mit den Städten fest, in denen sich die Landesniederlassungen befinden.

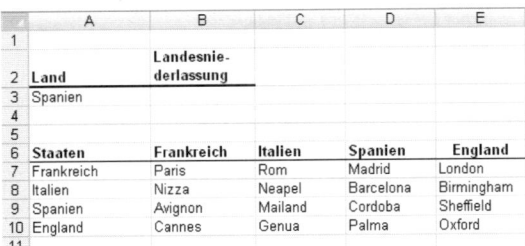

	A	B	C	D	E
1					
2	Land	Landesnie-derlassung			
3	Spanien				
4					
5					
6	Staaten	Frankreich	Italien	Spanien	England
7	Frankreich	Paris	Rom	Madrid	London
8	Italien	Nizza	Neapel	Barcelona	Birmingham
9	Spanien	Avignon	Mailand	Cordoba	Sheffield
10	England	Cannes	Genua	Palma	Oxford
11					

2 Im nächsten Schritt definieren Sie die Namen für die Staaten sowie für die Länder, in denen sich die Niederlassungen befinden. Definieren Sie dazu folgende Namen mit den jeweiligen Zellbezügen.

Name	Bezieht sich auf:
Staaten	=Tabelle1!$A$7:$A$10
Frankreich	=Tabelle1!$B$7:$B$10
Italien	=Tabelle1!$C$7:$C$10
Spanien	=Tabelle1!$D$7:$D$10
England	=Tabelle1!$E$7:$E$10

Den Dialog zur Namensdefinition rufen Sie über das Menü *Formeln/Definierte Namen/Namen definieren* auf (Excel 2003: Menü *Einfügen/Namen/Definieren*).

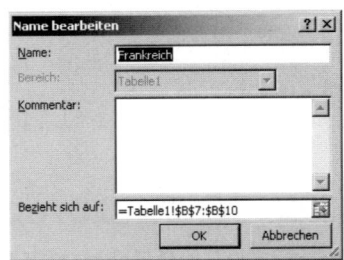

Die Namensvergabe für die Staaten in Spalte A kann frei gewählt werden. Im Beispiel wird der Name *Staaten* verwendet. Unbedingt zu beachten ist, dass die Namen der Länder exakt mit den Überschriften in Zeile 6 übereinstimmen.

3 Nachdem alle Namen definiert sind, wählen Sie Zelle A3 aus, in der das erste Drop-down-Menü für die Landesauswahl erstellt werden soll.

4 Öffnen Sie das Dialogfenster zur Erfassung der Gültigkeitskriterien.

5 Im Feld *Zulassen* wählen Sie den Eintrag *Liste* aus und erfassen unter *Quelle* die Zeichenfolge *=Staaten*.

6 Beenden Sie den Dialog mit *OK*.

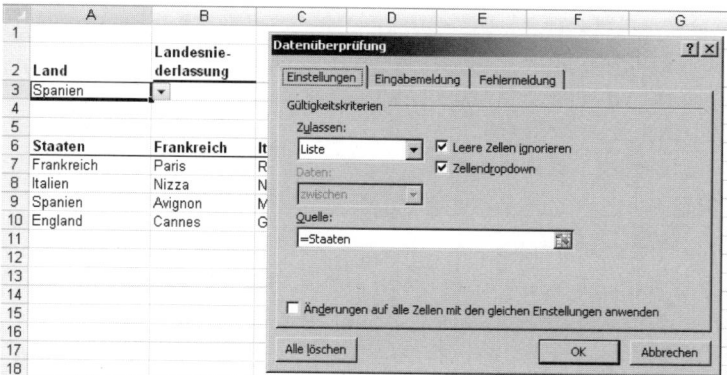

7 Wählen Sie nun Zelle B3 aus. In dieser Zelle sollen die Städte entsprechend der Länderauswahl angezeigt werden.

8 Öffnen Sie auch hier den Dialog zur Gültigkeitsprüfung.

9 Wählen Sie im Feld *Zulassen* wiederum *Liste* und tragen Sie in das Feld *Quelle* folgenden Verweis ein:

=INDIREKT(A3)

10 Beenden Sie auch diese Dialogbox mit einem Klick auf die Schaltfläche *OK*.

Es ist geschafft! Wird nun im Drop-down-Menü *Land* beispielsweise Italien gewählt, werden im zweiten Drop-down-Menü dynamisch die Städte angezeigt, in denen sich die jeweiligen Landesniederlassungen befinden.

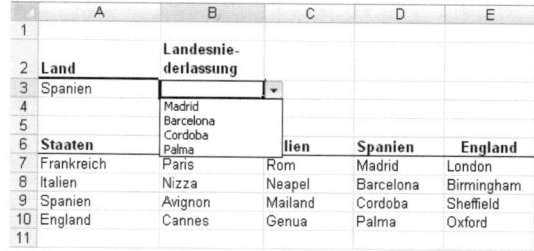

Tipp 17: Gültigkeitsprüfung mit variabel wählbaren Gültigkeitslisten

Dieses Beispiel zeigt, wie Sie über Optionsfelder zwischen zwei Gültigkeitslisten wählen können. Abhängig von Ihrer Wahl werden im Gültigkeitsbereich die entsprechenden Auswahlmöglichkeiten über das Drop-down-Menü angeboten.

So geht's:

1   Fügen Sie im ersten Schritt zwei Optionsfelder auf dem Tabellenblatt ein und beschriften Sie diese mit *Liste A* und *Liste B*.

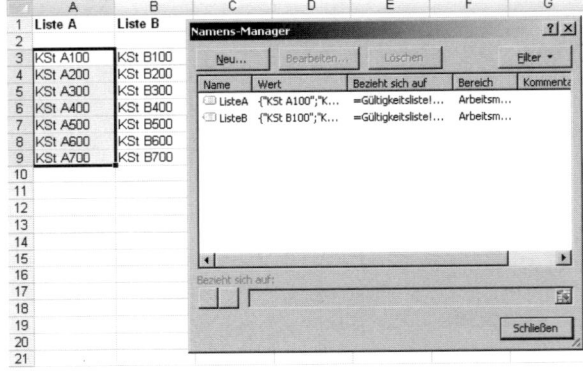

2   Legen Sie im zweiten Schritt die Gültigkeitskriterien auf einem neuen Tabellenblatt fest.

3   Definieren Sie für *Liste A* im Bereich A3:A9 den Namen *ListeA*. *Liste B* im Bereich B3:B9 benennen Sie mit *ListeB*.

4   Abhängig vom ausgewählten Optionsfeld werden dem Gültigkeitsbereich A1:A10 die Gültigkeitskriterien von *Liste A* bzw. *Liste B* zugewiesen. Die Zuweisung erfolgt dabei per VBA.

5   Starten Sie dazu mit der Tastenkombination [Alt]+[F11] den VBA-Editor.

6   Wählen Sie das Codeblatt aus, auf dem sich die Optionsfelder befinden, im Beispiel *Tabelle1 (Auswahl)*.

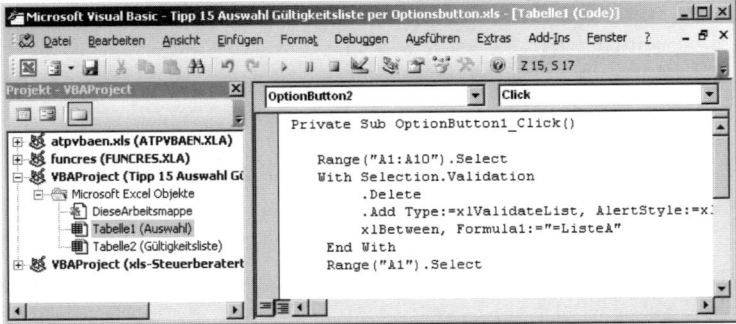

7 Erfassen Sie den Code aus Listing 1 und Listing 2 in diesem Codeblatt.

8 Wenn Sie nun zwischen den Optionsfeldern hin- und herschalten, wird abwechselnd der Code für das Ereignis von *OptionButton1* und *Option-Button2* ausgeführt.

9 Der Code trägt die jeweils richtige Gültigkeitsprüfung in den vorgegebenen Zellbereich A1:A10 ein.

Listing 1:

```
Private Sub OptionButton1_Click()
    Range("A1:A10").Select
    With Selection.Validation
        .Delete
        .Add Type:=xlValidateList,
AlertStyle:=xlValidAlertStop, Operator:=
        xlBetween, Formula1:="=ListeA"
    End With
    Range("A1").Select
End Sub
```

Listing 2:

```
Private Sub OptionButton2_Click()
    Range("A1:A10").Select
    With Selection.Validation
        .Delete
        .Add Type:=xlValidateList, AlertStyle:=
        xlValidAlertStop, Operator:=
        xlBetween, Formula1:="=ListeB"
    Range("A1").Select
    End With
End Sub
```

Tipp 18: Akustische Warnung, wenn der Wert die vorgegebene Grenze überschreitet

Sobald ein definierter Grenzwert überschritten ist, soll ein akustisches Warnsignal ertönen. Bei der Erfassung sensibler Daten kann die akustische Warnung als weiteres Sicherheitsmerkmal verwendet werden.

Da in Excel keine Standardfunktion zum Abspielen von Warnsignalen vorhanden ist, muss sie als benutzerdefinierte VBA-Funktion implementiert werden.

So geht's:

1 Starten Sie mit der Tastenkombination [Alt]+[F11] den VBA-Editor.

2 Erstellen Sie über das Menü *Einfügen/Modul* ein neues Codeblatt.

3 Fügen Sie dort den Code aus Listing 1 ein. Da VBA ausnahmsweise keine Funktion zum Abspielen von WAV-Dateien besitzt, muss dies über eine Windows-API-Funktion realisiert werden.

4 Nachdem Sie den VBA-Code erfasst haben, wechseln Sie auf ein Tabellenblatt in der aktuellen Arbeitsmappe.

5 Im nächsten Schritt muss die Funktion zum Aufrufen des VBA-Codes eingetragen werden. Der Aufruf erfolgt über eine gewöhnliche *WENN*-Abfrage. Damit ist wie gewohnt die Abfrage von beliebigen Zelleinträgen möglich, jedoch mit dem einzigen Unterschied, dass kein Text ausgegeben, sondern die angegebene WAV-Datei abgespielt wird.

6 Zur Abfrage, ob in Zelle A1 der Wert von 100 überschritten ist, verwenden Sie in Zelle B1 folgende *WENN*-Abfrage:

=WENN(A1>100;PlaySound("C:\windows\media\notify.wav");"Alles OK")

Diese Abfrage prüft Zelle A1 und spielt bei Überschreiten der Grenze die in der Funktion *PlaySound* angegebene WAV-Datei ab. Wenn der Wert nicht überschritten ist, wird der Text *Alles OK* ausgegeben.

In der *WENN*-Funktion können Sie wie gewohnt beliebige Abfragen durchführen. So können Sie die WAV-Datei auch abspielen, wenn in Zelle A2 beispielsweise der Text *Prüfen* steht. Die Funktion dazu sieht wie folgt aus:

=WENN(A2="Prüfen";PlaySound("C:\windows\media\notify.wav");"Alles OK")

Sie sehen, die Verwendung dieser benutzerdefinierten Funktion ist sehr einfach in der Handhabung, aber dennoch leistungsfähig.

Listing 1:

```
   Declare Function sndPlaySound Lib "winmm.dll" Alias _
   "sndPlaySoundA" (ByVal WAVDatei As String, ByVal _
   WiedergabeModus As Long) As Long

5  Function PlaySound(Signal)
   If Dir$(Signal) > "" Then
      sndPlaySound Signal, 1
      PlaySound = "Grenze überschritten"
   Else
```

```
10    PlaySound = "Signaldatei nicht gefunden"
   End If
   End Function
```

Tipp 19: Über eine Gültigkeitsliste nützliche Makros anstoßen

Makros müssen nicht unbedingt über einen eigenen Button angestoßen, sondern können auch mithilfe einer Gültigkeitsliste gestartet werden. Wie das prinzipiell funktioniert, erfahren Sie in diesem Abschnitt. Welche nützlichen Makros Sie unter anderem damit ansteuern können, wird nachfolgend beschrieben.

So geht's:

1   Hinterlegen Sie zunächst in Zelle A1 eine einfache Gültigkeitsliste mit dem Eintrag *Makroaufruf*.

2   Starten Sie mit der Tastenkombination [Alt]+[F11] den VBA-Editor und tragen Sie dann in das Tabellenfenster von *Tabelle1* den folgenden Code ein:

Listing 1:

```
   Sub Worksheet_Change(ByVal Target As Range)
   Select Case Target.Address
      Case "$A$1"
         If Range("$A$1") = "Makroaufruf" Then
            MsgBox ("Das Makro ist gestartet")
      Case Else
            Exit Sub
   End Select
   End Sub
```

3   Wechseln Sie nun zurück zu Excel. Klicken Sie auf den rechts liegenden Drop-down-Pfeil von Zelle A1 und anschließend auf den Eintrag *Makroaufruf*, um das Makro zu starten.

Tipp 20: Über eine Gültigkeitsliste Gitternetzlinien ein- und ausschalten

Nach diesem ersten Versuch erfahren Sie nun Schritt für Schritt, wie Sie eine ganze Reihe nützlicher Makros aus einer einzigen Zelle anstoßen können. Zunächst sollen über eine Gültigkeitsliste per Makro Gitternetzlinien ein- bzw. ausgeblendet werden.

So geht's:

1   Hinterlegen Sie in Zelle A1 einer neuen *Tabelle2* eine Gültigkeitsliste mit dem ersten Eintrag *Gitter ein/aus*.

2   Starten Sie den VBA-Editor und tragen Sie in das Codetabellenfenster von *Tabelle2* den folgenden Code ein:

Listing 1:

```
Sub Worksheet_Change(ByVal Target As Range)
Select Case Target.Address
    Case "$A$1"
        If Range("$A$1") = "Gitter ein/aus" Then Call
            GitternetzEinAus
    Case Else
        Exit Sub
End Select
End Sub
```

3   Fügen Sie nun ein neues *Modul1* ein und erfassen Sie dort die folgenden Zeilen:

Listing 2:

```
'Aktion GitternetzEinAus
Sub GitternetzEinAus()
    If ActiveWindow.DisplayGridlines = True Then
    ActiveWindow.DisplayGridlines = False
    Else
    ActiveWindow.DisplayGridlines = True
    End If
End Sub
```

4   Wechseln Sie dann zurück zur Excel-Tabelle und klicken Sie in Zelle A1 auf den Eintrag *Gitter ein/aus*, um das Makro zu starten und die Gitternetzlinien ein- und auszuschalten.

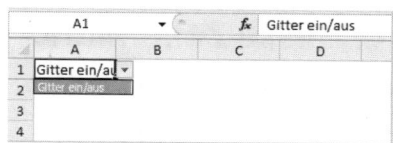

Tipp 21: Über eine Gültigkeitsliste Registerkarten ein- und ausblenden

Jetzt sollen über eine Gültigkeitsliste per Makro die Registerkarten in der linken unteren Ecke der Tabelle ein- und ausgeblendet werden.

So geht's:

1 Erweitern Sie in Zelle A1 die vorhandene Gültigkeitsliste um den zweiten Eintrag *Register ein/aus*.

2 Ergänzen Sie dann das erste Makro (Listing 1) mit folgenden Codezeilen:

Listing 1 (Fortsetzung):

```
If Range("$A$1") = "Register ein/aus" Then Call
RegisterEinAus
```

→ Verweis: siehe Kapitel 1.4, Tipp 20

3 Fügen Sie jetzt in das *Modul1* nachfolgende Zeilen ein:

Listing 2 (Fortsetzung):

```
'Aktionen RegisterEinAus
Sub RegisterEinAus()
    If ActiveWindow.DisplayWorkbookTabs = True Then
    ActiveWindow.DisplayWorkbookTabs = False
    Else
    ActiveWindow.DisplayWorkbookTabs = True
End If
End Sub
```

→ Verweis: siehe Kapitel 1.4, Tipp 20

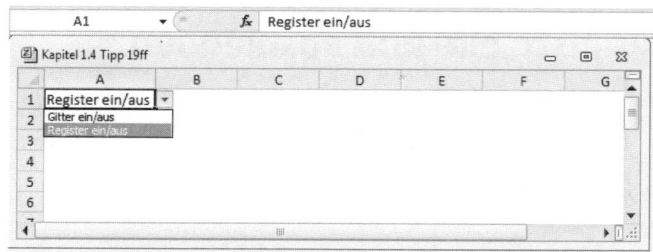

Tipp 22: Über eine Gültigkeitsliste Zeilen- und Spaltenbezeichnungen ein- und ausblenden

Nun sollen über eine Gültigkeitsliste per Makro die Zeilen- und Spaltenbezeichnungen am Rand der Tabelle ein- und ausgeblendet werden.

So geht's:

1   Erweitern Sie in Zelle A1 die vorhandene Gültigkeitsliste um den nächsten Eintrag *SpZeBez ein/aus*.

2   Ergänzen Sie dann das erste Makro (Listing 1) mit folgenden Codezeilen:

Listing 1 (Fortsetzung):

```
If Range("$A$1") = "SpZeBez ein/aus" Then Call
SpaltenZeilenBezEinAus
```

→ Verweis: siehe Kapitel 1.4, Tipp 20

3   Fügen Sie jetzt in das *Modul1* nachfolgende Zeilen ein:

Listing 2 (Fortsetzung):

```
'Aktionen SpaltenZeilenBezEinAus
Sub SpaltenZeilenBezEinAus()
    If ActiveWindow.DisplayHeadings = True Then
    ActiveWindow.DisplayHeadings = False
    Else
    ActiveWindow.DisplayHeadings = True
    End If
End Sub
```

→ Verweis: siehe Kapitel 1.4, Tipp 20

Tipp 23: Über eine Gültigkeitsliste die Bearbeitungsleiste ein- und ausblenden

Hier soll über eine Gültigkeitsliste per Makro die Bearbeitungsleiste ein- und ausgeblendet werden.

So geht's:

1   Erweitern Sie in Zelle A1 die vorhandene Gültigkeitsliste um den weiteren Eintrag *Bearbl. ein/aus*.

2   Ergänzen Sie dann das erste Makro (Listing 1) mit folgenden Codezeilen:

Listing 1 (Fortsetzung):

```
If Range("$A$1") = "Bearbl. ein/aus" Then Call
BearbeitungsleisteEinAus
```

→ Verweis: siehe Kapitel 1.4, Tipp 20

3   Fügen Sie jetzt in das *Modul1* nachfolgende Zeilen ein:

Listing 2 (Fortsetzung):

```
'Aktionen BearbeitungsleisteEinAus
Sub BearbeitungsleisteEinAus()
    If Application.DisplayFormulaBar = True Then
    Application.DisplayFormulaBar = False
    Else
    Application.DisplayFormulaBar = True
End If
End Sub
```

→ Verweis: siehe Kapitel 1.4, Tipp 20

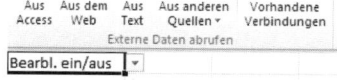

Tipp 24: Über eine Gültigkeitsliste den Vollbildmodus ein- und ausschalten

Nun soll über eine Gültigkeitsliste per Makro der Vollbildmodus ein- und ausgeschaltet werden.

So geht's:

1   Erweitern Sie in Zelle A1 die vorhandene Gültigkeitsliste um den weiteren Eintrag *Vollbild ein/aus*.

2   Ergänzen Sie dann das erste Makro (Listing 1) mit folgenden Codezeilen:

Listing 1 (Fortsetzung):

```
If Range("$A$1") = "Vollbild ein/aus" Then Call
FullScreeenBezEinAus
```

→ Verweis: siehe Kapitel 1.4, Tipp 20

3 Fügen Sie nun in das *Modul1* nachfolgende Zeilen ein:

Listing 2 (Fortsetzung):

```
'Aktionen FullScreeenBezEinAus
Sub FullScreeenBezEinAus()
    If Application.DisplayFullScreen = True Then
    Application.DisplayFullScreen = False
    Else
    Application.DisplayFullScreen = True
    End If
End Sub
```

→ Verweis: siehe Kapitel 1.4, Tipp 20

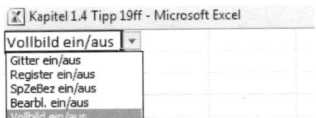

Tipp 25: Über eine Gültigkeitsliste die Mappenberechnung ein- und ausschalten

Sie können über die Gültigkeitsliste per Makro auch die Mappenberechnung ein- und ausschalten.

So geht's:

1 Erweitern Sie in Zelle A1 die vorhandene Gültigkeitsliste um den Eintrag *Mappenber. ein/aus*.

2 Erweitern Sie nun das erste Makro (Listing 1) mit folgenden Codezeilen:

Listing 1 (Fortsetzung):

```
If Range("$A$1") = "Mappenber. ein/aus" Then Call
MappenBerechnungEinAus
```

→ Verweis: siehe 1.4, Tipp 20

3 Fügen Sie jetzt in das *Modul1* nachfolgende Zeilen ein:

Listing 2 (Fortsetzung):

```
'Aktionen MappenBerechnungEinAus
Sub MappenBerechnungEinAus()
    If Application.Calculation = xlAutomatic Then
    Application.Calculation = xlManual
```

```
        ElseIf Application.Calculation = xlManual Then
        Application.Calculation = xlAutomatic
        End If
    End Sub
```

➔ Verweis: siehe Kapitel 1.4, Tipp 20

4 Kontrollieren Sie einmal über *Datei/Optionen/Formeln* (Excel 2007: Menü *Office/Excel-Optionen/Formeln*; Excel 2003: Menü *Extras/Optionen/Berechnung*), ob das Makro die Einstellungen vorgenommen und die Berechnung auf *Manuell* bzw. *Automatisch* gesetzt hat.

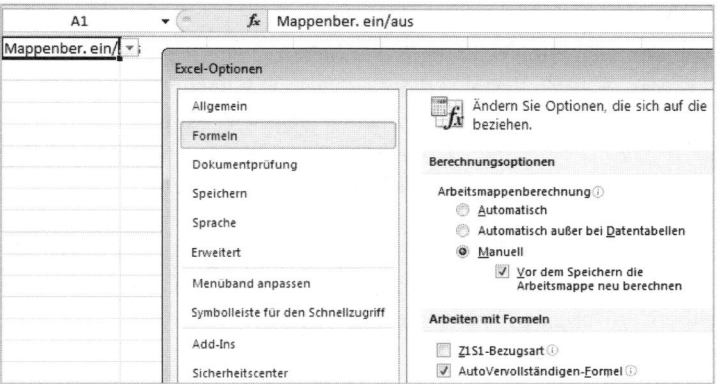

Tipp 26: Über eine Gültigkeitsliste die Blattberechnung anstoßen

Aber auch die Blattberechnung, d. h. die Berechnung der aktiven Tabelle, lässt sich über ein Makro via Gültigkeitsliste anstoßen.

So geht's:

1 Erweitern Sie in Zelle A1 die vorhandene Gültigkeitsliste um den Eintrag *Blattber. ein*.

2 Ergänzen Sie nun das erste Makro (Listing 1) mit folgenden Codezeilen:
Listing 1 (Fortsetzung):

```
If Range("$A$1") = "Blattber. ein" Then Call BlattBerechnung
```

➔ Verweis: siehe 1.4, Tipp 20

3 Fügen Sie jetzt in das *Modul1* nachfolgende Zeilen ein:

Listing 2 (Fortsetzung):

```
' Aktionen BlattBerechnung
Sub BlattBerechnung()
    ActiveWorkbook.PrecisionAsDisplayed = False
    ActiveSheet.Calculate
    Application.Calculation = xlCalculationManual
End Sub
```

→ Verweis: siehe Kapitel 1.4, Tipp 20

Hinweis

Es ist sinnvoll, die Mappenberechnung abzuschalten, wenn die Excel-Mappe aus einer Vielzahl von Tabellen besteht, die viele Daten, Verknüpfungen und/oder Formeln enthalten. Ist die Mappenberechnung abgeschaltet und möchte man sich dennoch auf der aktiven Tabelle die Ergebnisse von Berechnungen ansehen, ohne dass die komplette Mappe neu durchgerechnet wird, bietet es sich an, die Blattberechnung für diese aktive Tabelle anzustoßen. Insofern besteht bei den beiden zuletzt beschriebenen Makros ein gewisser Zusammenhang. Es kann auch sinnvoll sein, diese beiden Makros zum Einsatz zu bringen, wenn Excel mit einer OLAP-Datenbank gekoppelt ist und die Abfragen auf diese Datenbank nicht permanent stattfinden sollen.

In der nachfolgenden Funktionsübersicht erhalten Sie einen Überblick über alle in diesem Kapitel verwendeten Funktionen.

Funktionsübersicht

Funktion	Erläuterung
DATUM(Jahr;Monat;Tag)	Gibt die fortlaufende Zahl zurück, die ein bestimmtes Datum darstellt. Wenn für das Zellformat vor der Eingabe der Funktion die Option *Allgemein* eingestellt war, wird das Ergebnis als Datum formatiert.
HEUTE()	Gibt die fortlaufende Zahl des heutigen Datums zurück.
INDIREKT(Bezug;A1)	Gibt den Bezug eines Textwerts zurück. Bezüge werden sofort ausgewertet, sodass die zu ihnen gehörenden Werte angezeigt werden. Verwenden Sie die *INDIREKT*-Funktion, um den Bezug auf eine in einer Formel befindliche Zelle zu ändern, ohne die Formel selbst zu ändern

Funktion	Erläuterung
INDEX(Matrix;Zeile;Spalte) INDEX(Bezug;Zeile;Spalte; Bereich)	Gibt einen Wert oder den Bezug zu einem Wert aus einer Tabelle oder einem Bereich zurück. Die Funktion *INDEX()* gibt es in zwei Versionen: Matrixversion und Bezugsversion. Die Matrixversion gibt immer einen Wert oder eine Matrix aus Werten zurück, die Bezugsversion gibt immer einen Bezug zurück.
ISTFEHLER(Wert)	*Wert* bezieht sich auf einen beliebigen Fehlerwert (*#NV*, *#WERT!*, *#BEZUG!*, *#DIV/0!*, *#ZAHL!*, *#NAME?* oder *#NULL!*).
ISTKTEXT(Wert)	*Wert* bezieht sich auf ein Element, das kein Text ist. (Beachten Sie, dass diese Funktion *WAHR* zurückgibt, wenn sich der Wert auf eine leere Zelle bezieht.)
ISTZAHL(Wert)	*Wert* bezieht sich auf eine Zahl.
JAHR(Zahl)	Wandelt eine fortlaufende Zahl in eine Jahreszahl um. Das Jahr wird als ganze Zahl zurückgegeben, die einen Wert von 1900 bis 9999 annehmen kann.
JETZT( )	Liefert die fortlaufende Zahl des aktuellen Datums und der aktuellen Uhrzeit.
KKLEINSTE(Matrix;k)	Gibt den k-kleinsten Wert einer Datengruppe zurück. Mit dieser Funktion können Sie Werte ermitteln, die innerhalb einer Datenmenge eine bestimmte relative Größe haben.
LINKS(Text;Anzahl_ Zeichen)	Gibt auf der Grundlage der Anzahl von Zeichen, die Sie angeben, das oder die erste(n) Zeichen in einer Textzeichenfolge zurück.
MTRANS(Matrix)	Gibt die transponierte Matrix der angegebenen Matrix zurück. *MTRANS* muss als Matrixformel in einen Bereich, der über genauso viele Zeilen und Spalten verfügt, bzw. in eine Matrix mit der gleichen Anzahl von Spalten und Zeilen eingegeben werden. Mithilfe von *MTRANS* können Sie die Zeilen und Spalten einer Matrix in einem Arbeitsblatt austauschen.
NICHT(Wahrheitswert)	Kehrt den Wert eines Arguments um. *NICHT* können Sie immer dann verwenden, wenn Sie sicherstellen möchten, dass ein Wert nicht mit einem bestimmten Wert übereinstimmt.
RECHTS(Text;Anzahl_ Zeichen)	Gibt das letzte oder die letzten Zeichen einer Textzeichenfolge auf der Grundlage der von Ihnen angegebenen Anzahl von Zeichen zurück.
SPALTE(Bezug)	Gibt die Spaltennummer eines Bezugs zurück.
SUCHEN(Suchtext;Text; Erstes_Zeichen)	*SUCHEN* gibt, beginnend mit *Erstes_Zeichen*, die Nummer des Zeichens zurück, an der das zu suchende Zeichen oder die zu suchende Textzeichenfolge erstmals gefunden wurde.
SUMME(Zahl1;Zahl2;...)	Summiert die Argumente.

Funktion	Erläuterung
UND(Wahrheitswert1; Wahrheitswert2;...)	Gibt *WAHR* zurück, wenn alle Argumente wahr sind. Sind die Aussagen eines oder mehrerer Argumente falsch, gibt diese Funktion den Wert *FALSCH* zurück.
WENN(Prüfung;Dann_ Wert;Sonst_Wert)	Prüft, ob eine Bedingung zutrifft, also wahr oder falsch ist, und macht das Ergebnis vom Resultat der Prüfung abhängig.
WOCHENTAG(Zahl,Typ)	Wandelt eine fortlaufende Zahl in einen Wochentag um. Der Tag wird standardmäßig als ganze Zahl ausgegeben, die einen Wert von 1 (Sonntag) bis 7 (Samstag) annehmen kann.
ZÄHLENWENN(Bereich; Kriterien)	Zählt die nicht leeren Zellen eines Bereichs, deren Inhalte mit den Suchkriterien übereinstimmen.
ZEILE(Bezug)	Liefert die Zeilennummer eines Bezugs.

Formatierungen zielgerichtet einsetzen

Ein wichtiger Bestandteil im Umgang mit Excel-Tabellen ist die Formatierung und optische Aufbereitung. Durch eine griffige Darstellung der Daten werden diese leichter lesbar und besser verständlich. Allein durch eine gute Präsentation der Daten wird aus psychologischer Sicht das Vertrauen in die Zahlen gestärkt.

1 2 3 4		A	B	C	D
	1	Lagerübersicht			
	2				
	3				
	4	Artikelnummer	Artikelgruppe	Lagerort	Anzahl
	5	47110	Gruppe A	Lager 1	55
	6	47120	Gruppe A	Lager 1	356
	7	47130	Gruppe A	Lager 1	329
	8			Lager 1 Ergebnis	740
	9	47140	Gruppe A	Lager 2	552
	10	47150	Gruppe A	Lager 2	142
	11			Lager 2 Ergebnis	694
	12		Gruppe A Ergebnis		1434
	13	48110	Gruppe B	Lager 3	481
	14	48120	Gruppe B	Lager 3	182
	15	48130	Gruppe B	Lager 3	32
	16			Lager 3 Ergebnis	695
	17	48140	Gruppe B	Lager 4	418
	18	48150	Gruppe B	Lager 4	291
	19			Lager 4 Ergebnis	709
	20		Gruppe B Ergebnis		1404
	21		Gesamtergebnis		2838

2.1 Bedingte Formatierungen sinnvoll einsetzen

Die bedingte Formatierung ist eine elegante Methode, um die Übersichtlichkeit und Lesbarkeit Ihrer Datenbestände auf einfache Weise zu verbessern. Mit dieser Excel-Funktion lassen sich Zahlen, Texte und Formelergebnisse daraufhin überwachen, ob eine oder mehrere Bedingungen zutreffen.

Tipp 1: Wenn die definierten Bedingungen erfüllt werden: Grundsätzliches zur bedingten Formatierung

Ab Excel 2007 stehen Ihnen bis zu 64 Bedingungen zur Verfügung. Bis zur Version 2003 waren es lediglich drei.

Sind die definierten Bedingungen erfüllt, werden die entsprechenden Zellen mit den ausgewählten Formatierungen versehen.

Ab Excel 2007 finden Sie den Befehl zur bedingten Formatierung im Menü *Start/Formatvorlagen/Bedingte Formatierung*.

Dort können neue Regeln erstellt, verwaltet und gelöscht werden. Die bedingte Formatierung ist ab Excel 2007 komplett überarbeitet worden und präsentiert sich in einem ganz neuen Licht. Die komplette Neugestaltung macht es erforderlich, sich zunächst einen Überblick zu verschaffen. Nach wenigen Minuten Einarbeitungszeit werden Sie aber feststellen, dass viele Funktionen leichter zu bedienen und übersichtlicher zu erreichen sind.

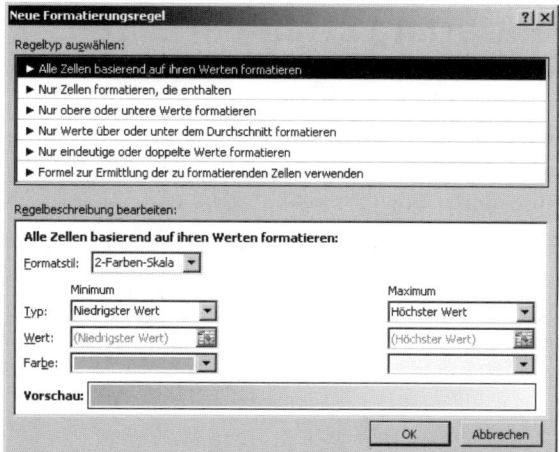

In Excel 2003 und früheren Versionen steht die bedingte Formatierung über das Menü *Format/Bedingte Formatierung* zur Verfügung. Auch unter Excel 2003 bietet die bedingte Formatierung bereits einen sehr großen Funktionsumfang.

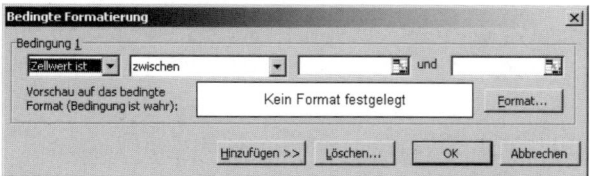

Nachfolgend erhalten Sie noch einige wissenswerte Informationen zur bedingten Formatierung:

➢ Bedingte Formatierungen bleiben so lange bestehen, bis sie gelöscht werden.

➢ Bedingte Formatzuweisungen haben Vorrang vor anderen Formatzuweisungen.

➢ Excel unterdrückt die bedingte Formatierung so lange, bis die definierte Bedingung zutrifft.

➢ Mithilfe der bedingten Formatierung können Sie die Darstellung der Schrift, das Zellmuster, also die Füllfarbe, sowie die Rahmenlinien mit allen zugehörigen Formatierungsmöglichkeiten verändern.

Die folgenden Tipps beziehen sich auf Excel ab Version 2007. Auf Besonderheiten in Excel 2003 wird explizit hingewiesen.

Tipp 2: Schnelle Orientierung in langen Listen: Leselinien einfügen

Leselinien dienen der schnellen Orientierung in langen Listen. Zur Erleichterung soll jede zweite Zeile eingefärbt werden. Diese Formatierung können Sie natürlich manuell über den Befehl *Format/Zellen* durchführen. Allerdings führen neu eingefügte bzw. gelöschte Zeilen zu Verschiebungen innerhalb des Leselinienbereichs.

Mithilfe der bedingten Formatierung können dynamische Leselinien ganz einfach erstellt und angepasst werden.

So geht's:

1 Markieren Sie den Zellbereich A5:E12. In diesem Bereich sollen die Leselinien eingefügt werden.

2 Starten Sie den Dialog *Neue Formatierungsregel* über das Menü *Start/ Formatvorlage/Bedingte Formatierung/Neue Regel* (Excel 2003: Menü *Format/Bedingte Formatierung*).

3 Als neue Formatierungsregel wählen Sie den Regeltyp *Formel zur Ermittlung der zu formatierenden Zellen verwenden* aus (Excel 2003: Bedingung *Formel ist*).

4 Tragen Sie folgende Formel ein:

=REST(ZEILE();2)=1

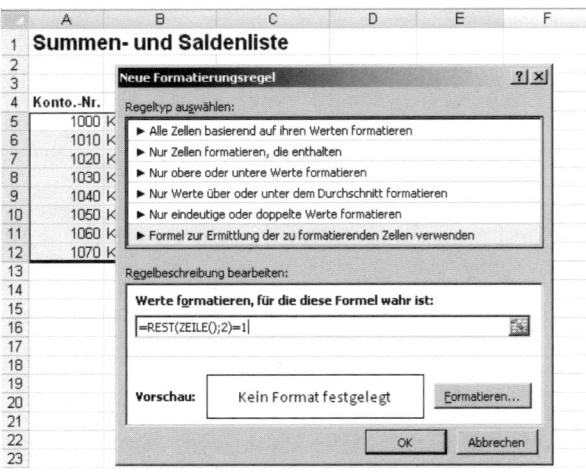

5 Ein Klick auf die Schaltfläche *Formatieren* öffnet das Dialogfenster, in dem die gewünschten Formatierungen eingestellt werden können.

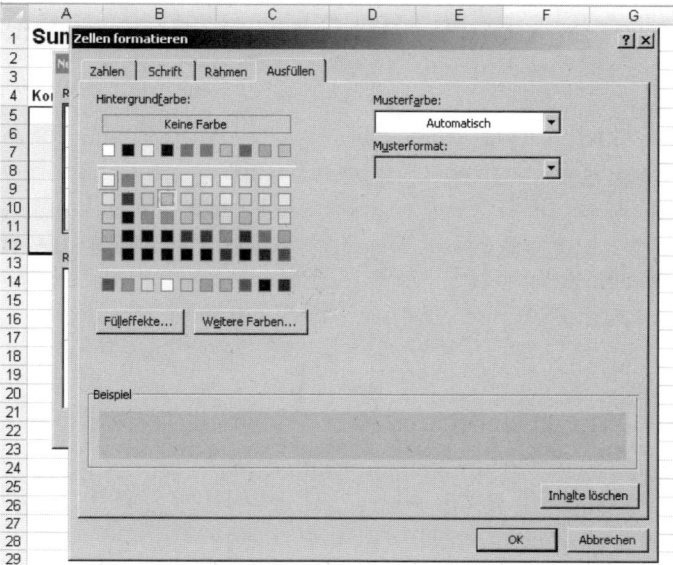

6 Wählen Sie eine beliebige Farbe aus, im Beispiel Blau, und beenden Sie den Dialog mit einem Klick auf die Schaltfläche *OK*.

7 Beenden Sie auch den Dialog *Neue Formatierungsregel* mit *OK*.

8 Jede zweite Zeile wird nun mit einer Leselinie in der ausgewählten Farbe hinterlegt.

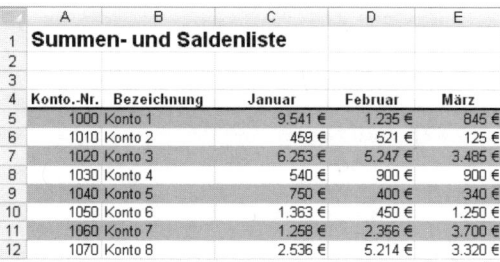

Werden jetzt im Bereich A5:E12 neue Zeilen eingefügt oder vorhandene Zeilen gelöscht, erfolgt die dynamische Anpassung der Leselinien. Somit ist sichergestellt, dass sich keine Verschiebungen ergeben.

Hinweis

Soll nur jede dritte Zeile farbig hervorgehoben werden, passen Sie die Formel wie folgt an:

=REST(ZEILE();3)=1

Tipp 3: Für mehr Übersicht: Gruppierungslinien erzeugen

In umfangreichen Listen kann man schon mal den Überblick verlieren. Hilfreich sind dann Trenn- bzw. Gruppierungslinien, die zusammengehörige Datenbereiche optisch zusammenfassen. Werden diese Trennlinien manuell eingefügt, kann das je nach Umfang der Liste ziemlich aufwendig sein. Im folgenden Beispiel sehen Sie, wie sich mit der bedingten Formatierung nach jeder Artikelgruppe ein Trennstrich einfügen lässt.

So geht's:

1 Markieren Sie den Zellbereich A5:D20.

2 Öffnen Sie das Dialogfenster *Neue Formatierungsregel* über das Menü *Start/Formatvorlagen/Bedingte Formatierung/Neue Regel* (Excel 2003: Menü *Format/Bedingte Formatierung*).

3 Wählen Sie den Regeltyp *Formel zur Ermittlung der zu formatierenden Zellen verwenden* aus (Excel 2003: Bedingung *Formel ist*).

4 Als Regelbeschreibung erfassen Sie die Funktion *=WENN($B6<>$B5; 1;0)*. Damit wird der Wechsel der Artikelgruppen in Spalte B abgefragt.

5 Rufen Sie über die Schaltfläche *Formatieren* das Dialogfenster zur Definition der Zellformatierungen auf.

6 Wählen Sie dort die Registerkarte *Rahmen* und legen Sie für die untere Zellbegrenzung einen Rahmen fest.

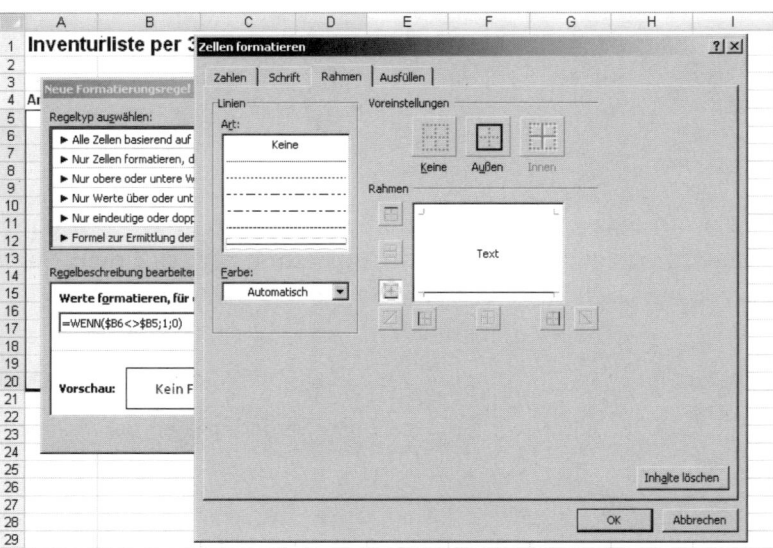

7 Beenden Sie beide Dialogfelder mit je einem Klick auf die Schaltfläche *OK*.

Als Ergebnis wird nach jeder Artikelgruppe wie gewünscht eine Gruppierungslinie eingefügt.

	A	B	C	D
1	**Inventurliste per 30.06.2007**			
2				
3				
4	Artikel-Nr.	Artikel-Gruppe	Bezeichnung	Menge
5	10001	10	Artikel 1-1	15
6	10002	10	Artikel 1-2	243
7	20001	20	Artikel 2-3	125
8	20002	20	Artikel 2-4	63
9	20003	20	Artikel 2-5	1
10	30001	30	Artikel 3-6	48
11	30002	30	Artikel 3-7	167
12	30003	30	Artikel 3-8	243
13	70001	70	Artikel 7-9	19
14	70002	70	Artikel 7-10	28
15	80001	80	Artikel 8-11	4
16	90001	90	Artikel 9-12	86
17	90002	90	Artikel 9-13	34
18	90003	90	Artikel 9-14	94
19	90004	90	Artikel 9-15	7
20	90005	90	Artikel 9-16	47
21				

Hinweis

Bevor die Gruppierungslinien in eine Liste eingefügt werden können, muss die Datenliste sortiert werden. Als Sortierkriterium geben Sie diejenige Spalte an, die als Parameter für die Gruppierungslinien verwendet werden soll, im Beispiel Spalte B.

Tipp 4: Den ersten Eintrag einer Liste hervorheben

In einer alphabetisch sortierten Kundenliste soll der erste Lieferant einer neuen Buchstabengruppe gekennzeichnet werden. Dazu soll der erste Eintrag rot hervorgehoben werden.

So geht's:

1 Markieren Sie den Bereich A4:A20, in dem sich die Kundenliste befindet.

2 Erfassen Sie in Zelle B4 die Formel *=GROSS(LINKS(A4;1))*. Damit wird der erste Buchstabe aus Zelle A4 extrahiert und in Zelle B4 angezeigt.

3 In Zelle B5 erfassen Sie folgende Funktion und kopieren sie bis zu Zelle B20 nach unten:

=WENN(LINKS(A5;1)<>LINKS(A4;1);GROSS(LINKS(A5;1));"")

Damit wird bei jedem Buchstabenwechsel in Spalte B der erste Buchstabe aus der neuen Buchstabengruppe angezeigt.

4 Markieren Sie nun den Bereich A4:A20.

5 Starten Sie den Dialog zur bedingten Formatierung über das Menü *Start/Formatvorlagen/Bedingte Formatierung/Neue Regel* (Excel 2003: Menü *Format/Bedingte Formatierung*).

6 Wählen Sie den Regeltyp *Formel zur Ermittlung der zu formatierenden Zellen verwenden* aus und erfassen Sie dort die Funktion =$B4<>"". Achten Sie auf die korrekte Verwendung von absoluten und relativen Zellbezügen (Excel 2003: Bedingung *Formel ist*).

7 Öffnen Sie über die Schaltfläche *Formatieren* das Dialogfenster zur Zellformatierung.

8 Auf der Registerkarte *Schrift* legen Sie als Schriftschnitt *Fett* und als Farbe Rot fest.

9 Beenden Sie die beiden Dialogfenster jeweils mit einem Klick auf die Schaltfläche *OK*.

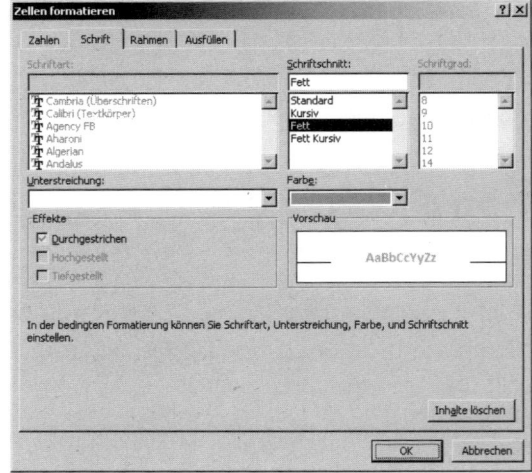

Im Ergebnis wird nun jeder Buchstabenwechsel wie vorgegeben formatiert, und zusätzlich werden in Spalte B die Anfangsbuchstaben des neuen Buchstabenbereichs angezeigt.

Hinweis

Bei Bedarf können Sie die Hilfsspalte B selbstverständlich auch ausblenden.

Tipp 5: Zellen in Abhängigkeit vom Inhalt formatieren

Im folgenden Beispiel werden verschiedene Zellinhalte abgefragt und abhängig vom Inhalt formatiert. So sollen in einem Bereich Texte, Zahlen, Fehlermeldungen und sogar Formeln unterschiedlich dargestellt werden.

So geht's:

Zur Abfrage der unterschiedlichen Zelltypen stellt Excel diverse Ist-Funktionen zur Verfügung. Die nachfolgende Tabelle gibt einen Überblick über die implementierten Ist-Funktionen:

Funktion	Beschreibung
ISTLEER	Der Wert bezieht sich auf eine leere Zelle.
ISTFEHL	Der Wert bezieht sich auf einen Fehlerwert mit Ausnahme von *#NV*.
ISTFEHLER	Der Wert bezieht sich auf einen beliebigen Fehlerwert (*#NV*, *#WERT!*, *#BEZUG!*, *#DIV/0!*, *#ZAHL!*, *#NAME?* oder *#NULL!*).
ISTLOG	Der Wert bezieht sich auf einen Wahrheitswert.
ISTNV	Der Wert bezieht sich auf den Fehlerwert *#NV* (Wert nicht verfügbar).
ISTKTEXT	Der Wert bezieht sich auf ein Element, das kein Text ist. (Beachten Sie, dass diese Funktion *WAHR* zurückgibt, wenn sich der Wert auf eine leere Zelle bezieht.)
ISTZAHL	Der Wert bezieht sich auf eine Zahl.
ISTBEZUG	Der Wert bezieht sich auf einen Bezug.
ISTTEXT	Der Wert bezieht sich auf Text.

Zum Auslesen des Zelltyps gehen Sie wie folgt vor:

1 Markieren Sie den Bereich B3:B7.

2 Starten Sie über das Menü *Start/Formatvorlagen/Bedingte Formatierung/Regeln verwalten* den Manager zur Verwaltung der bedingten Formatierungen (Excel 2003: Menü *Format/Bedingte Formatierung*).

3 Klicken Sie auf *Neue Regel*.

4 Als neue Formatierungsregel wählen Sie den Regeltyp *Formel zur Ermittlung der zu formatierenden Zellen verwenden* aus (Excel 2003: Bedingung *Formel ist*).

5 Erfassen Sie dort im ersten Schritt die Funktion =*ISTTEXT(B3)* und legen Sie über die Schaltfläche *Formatieren* eine beliebige Zellhintergrundfarbe fest.

6 Bestätigen Sie die beiden Dialogfenster jeweils mit einem Klick auf *OK*.

7 Wiederholen Sie die Schritte 3 bis 6 für folgende Funktionen und wählen Sie jedes Mal eine andere Hintergrundfarbe aus:

=*ISTZAHL(B3)*

=*ISTLEER(B3)*

=*ISTFEHLER(B3)*

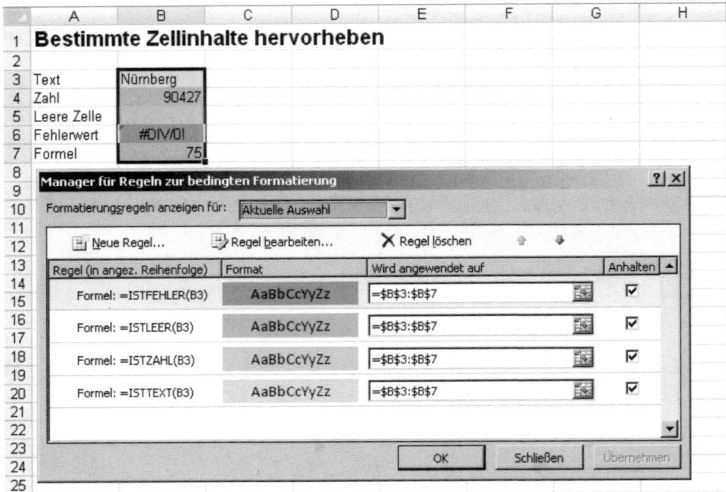

Im Ergebnis werden die verschiedenen Zelltypen mit den definierten Zellhintergrundfarben belegt.

Leider stellt Excel keine Standardfunktion zur Verfügung, um zu prüfen, ob sich in einer Zelle eine Formel befindet. Zellen mit Formeln werden mit den vorhandenen Ist-Funktionen entweder als Zahl, Text oder gegebenenfalls als Fehler erkannt.

Dieses Problem lässt sich aber ganz leicht über eine benutzerdefinierte VBA-Funktion lösen.

So geht's:

1 Starten Sie mit der Tastenkombination Alt+F11 den VBA-Editor.

2 Fügen Sie über das Menü *Einfügen/Modul* ein leeres Codeblatt ein.

3 Erfassen Sie darin den VBA-Code aus Listing 1.

Listing 1:

```
Function FormelInZelle(Zelle) As Boolean
   Application.Volatile
   FormelInZelle = Zelle.HasFormula
End Function
```

4 Markieren Sie nun den Bereich B3:B7.

5 Starten Sie über das Menü *Start/Formatvorlagen/Bedingte Formatierung/Regeln verwalten* den Manager zur Verwaltung der bedingten Formatierungen.

6 Als neue Formatierungsregel wählen Sie wiederum den Regeltyp *Formel zur Ermittlung der zu formatierenden Zellen verwenden* aus.

7 Dort erfassen Sie nun die soeben erstellte benutzerdefinierte VBA-Funktion wie folgt:

= *FormelInZelle(B3)*

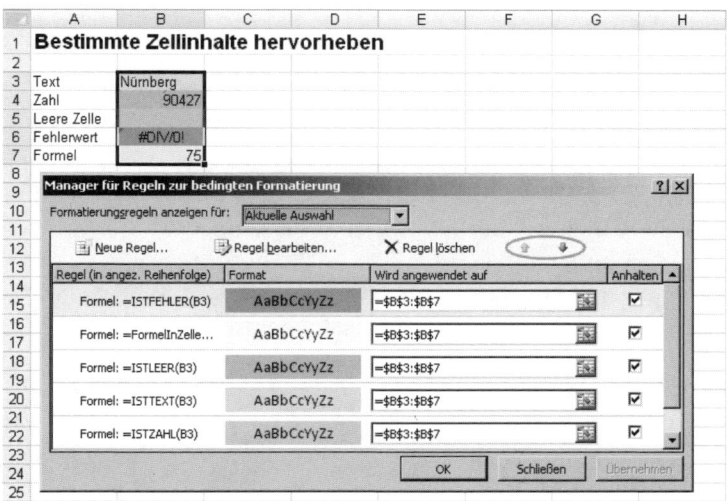

Hinweis

Die Reihenfolge, in der die Regeln ausgeführt werden, ist in diesem Fall von entscheidender Bedeutung. Die neue benutzerdefinierte Funktion *=FormelInZelle()* muss vor der Funktion *=ISTZAHL()* ausgeführt werden, damit Zellen mit Formeln entsprechend erkannt werden.

Die Reihenfolge kann über die beiden Pfeile individuell festgelegt werden.

Tipp 6: Extremwerte kennzeichnen

In einer Umsatztabelle sollen die Extremwerte, also der größte sowie der kleinste Wert, farbig hervorgehoben werden. Dabei soll nicht nur die Zelle markiert werden, in der sich der Wert selbst befindet, sondern es soll die gesamte Zeile hervorgehoben werden.

So geht's:

1 Markieren Sie den Bereich A4:D13.

2 Öffnen Sie die bedingte Formatierung.

3 Wählen Sie den Regeltyp *Formel zur Ermittlung der zu formatierenden Zellen verwenden* (Excel 2003: Bedingung *Formel ist*).

4 Erfassen Sie die Formel =MIN($D:$D)=$D4.

5 Legen Sie über die Schaltfläche *Formatieren* die Hintergrundfarbe Rot fest.

6 Bestätigen Sie die beiden Dialogfenster jeweils mit einem Klick auf *OK*.

7 Fügen Sie eine weitere Regel mit dem gleichen Regeltyp hinzu.

8 Als Formel zur Ermittlung des Maximumwerts erfassen Sie =MAX($D:$D)=$D4.

9 Definieren Sie für diese Regel über die Schaltfläche *Formatieren* die Hintergrundfarbe Grün.

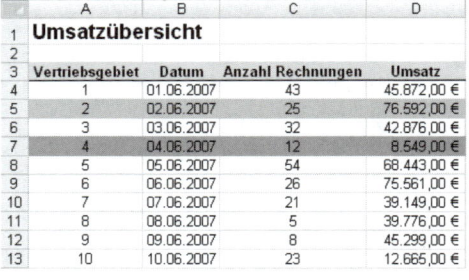

10 Bestätigen Sie die Dialogfenster wiederum mit je einem Klick auf die Schaltfläche *OK*.

Als Ergebnis wird wie gewünscht jeweils die komplette Zeile mit dem größten bzw. kleinsten Wert farbig hervorgehoben.

Hinweis

Beachten Sie die korrekte Verwendung von absoluten und relativen Zellbezügen. Nur damit lässt sich die Formatierung der gesamten Zeile realisieren.

In Excel 2007 können der größte und der kleinste Wert auch über die integrierte Funktion formatiert werden. Gehen Sie dazu wie folgt vor:

1 Selektieren Sie den Bereich D4:D13.

2 Starten Sie die bedingte Formatierung und wählen Sie als Regeltyp *Nur obere oder untere Werte formatieren* aus (Excel 2003: Bedingung *Formel ist*).

3 Wählen Sie den Eintrag *Obere* und geben Sie als Anzahl den Wert *1* ein. Das bedeutet, dass der größte Wert gesucht werden soll. Wird eine *2* eingegeben, ermittelt Excel die zwei höchsten Werte.

4 Über die Schaltfläche *Formatieren* definieren Sie eine grüne Hintergrundfarbe.

5 Beenden Sie das Dialogfenster mit einem Klick auf *OK*.

6 Fügen Sie eine weitere Regel über das Menü *Start//Formatvorlagen/Formatvorlagen/Bedingte Formatierung/Neue Regel* hinzu (Excel 2003: Schaltfläche *Hinzufügen*).

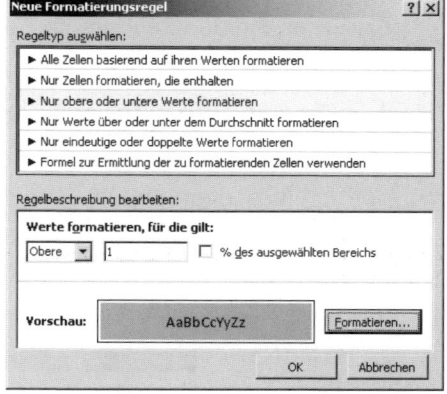

7 Wählen Sie den gleichen Regeltyp wie vorher. Als Eintrag wählen Sie jetzt aber *Untere* aus.

8 Im nebenstehenden Textfeld erfassen Sie den Wert *1*.

9 Klicken Sie wiederum auf die Schaltfläche *Formatieren* und legen Sie für den unteren Wert einen roten Zellhintergrund fest.

10 Beenden Sie die Dialogbox mit einem Klick auf *OK*.

Als Ergebnis wird ebenfalls jeweils der größte bzw. kleinste Wert ermittelt und hervorgehoben. Allerdings lässt sich über diese Funktion nicht die gesamte Zeile von Spalte A bis D kennzeichnen.

	A	B	C	D
1	**Umsatzübersicht**			
2				
3	**Vertriebsgebiet**	**Datum**	**Anzahl Rechnungen**	**Umsatz**
4	1	01.06.2007	43	45.872,00 €
5	2	02.06.2007	25	76.592,00 €
6	3	03.06.2007	32	42.876,00 €
7	4	04.06.2007	12	8.549,00 €
8	5	05.06.2007	54	68.443,00 €
9	6	06.06.2007	26	75.561,00 €
10	7	07.06.2007	21	39.149,00 €
11	8	08.06.2007	5	39.776,00 €
12	9	09.06.2007	8	45.299,00 €
13	10	10.06.2007	23	12.665,00 €
14				

Tipp 7: Doppelte Datensätze hervorheben

In diesem Beispiel sollen in einer Artikelliste doppelte Artikelnummern gefunden und gekennzeichnet werden. Da sich die Vorgehensweisen in Excel 2003 und Excel ab Version 2007 stark unterscheiden, werden beide Varianten vorgestellt.

So geht's ab Excel 2007:

Ab Excel 2007 steht zur Erkennung von doppelten Einträgen ein eigener Regeltyp zur Verfügung. Es ist somit ab Excel 2007 wesentlich einfacher als in den Vorgängerversionen, doppelte Einträge zu kennzeichnen.

1 Markieren Sie den Zellbereich A4:A13.

2 Öffnen Sie über das Menü *Start/Formatvorlagen/Bedingte Formatierung/Neue Regel* das Dialogfenster zur Erstellung von neuen Formatierungsregeln.

3 Als Regeltyp legen Sie *Nur eindeutige oder doppelte Werte formatieren* fest.

4 Als Regelbeschreibung wählen Sie *doppelte* aus.

5 Definieren Sie nun noch über die Schaltfläche *Formatieren* auf der Registerkarte *Ausfüllen* eine beliebige Zellhintergrundfarbe.

6 Nachdem Sie das Dialogfenster mit *OK* beendet haben, werden die Zellen mit doppelten Einträgen rot markiert.

Hinweis

Mit dieser Methode werden alle doppelten Einträge gekennzeichnet. Sollen die Werte hingegen erst ab dem zweiten Auftreten markiert werden, sehen Sie sich die Lösung für Excel 2003 an.

So geht's unter Excel 2003:

1 Markieren Sie den Zellbereich A4:A13, in dem sich die Artikelnummern befinden.

2 Starten Sie die bedingte Formatierung über das Menü *Format/Bedingte Formatierung*.

3 Wählen Sie unter *Bedingung 1* den Eintrag *Formel ist* und erfassen Sie dort folgende Funktion:

=ISTZAHL(VERGLEICH(A4;BEREICH.VERSCHIEBEN($A$3;0;0; ZEILE(A4)-3;1);0))

4 Über die Schaltfläche *Format* legen Sie auf der Registerkarte *Muster* eine beliebige Zellhintergrundfarbe fest.

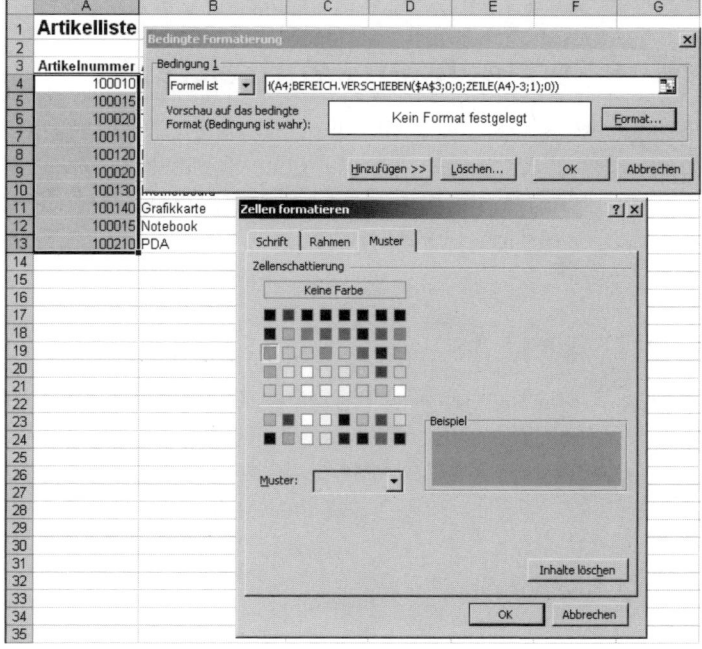

5 Bestätigen Sie die beiden Dialogboxen mit Klick auf die Schaltfläche *OK*.

Im Ergebnis werden alle doppelt vorhandenen Artikelnummern mit der gewählten Zellhintergrundfarbe belegt.

	A	B
1	**Artikelliste**	
2		
3	Artikelnummer	Artikelbezeichnung
4	100010	HD 160 GB SATA
5	100015	HD 350 GB SATA
6	100020	TFT 19 "
7	100110	TFT 21 "
8	100120	Funktastatur
9	100020	Funkmaus
10	100130	Motherboard
11	100140	Grafikkarte
12	100015	Notebook
13	100210	PDA
14		

Hinweis

Mit dieser Funktion werden nur die Duplikate farbig hervorgehoben. Das erste Vorkommen bleibt davon unberührt.

Sollen sämtliche doppelten Werte, im Beispiel also auch die Artikelnummer 100015 aus Zelle A5 sowie die Nummer 100020 aus Zelle A6, gekennzeichnet werden, verwenden Sie als Gültigkeitskriterium folgende Funktion:

=ZÄHLENWENN($A$4:$A$13;A4)>1

→ Verweis: siehe Kapitel 1.4, Tipp 8

Tipp 8: Fällige Rechnungen kennzeichnen

Im nächsten Beispiel sollen alle Rechnungen, bei deren Zahlung das vorgegebene Zahlungsziel überschritten wurde, gekennzeichnet werden. Dabei soll das Rechnungsdatum mit dem Zahlungsdatum unter Berücksichtigung des Zahlungsziels verglichen werden.

So geht's:

1 Markieren Sie den Bereich A6:C15.

2 Starten Sie die bedingte Formatierung über das Menü *Start/Formatvorlagen/Bedingte Formatierung/Neue Regel* und wählen Sie den Regeltyp *Formel zur Ermittlung der zu formatierenden Zellen verwenden* (Excel 2003: Menü *Format/Bedingte Formatierung*, Bedingung *Formel ist*).

3 Erfassen Sie folgende Formel:
=$B6-$A6>$C6.

4 Klicken Sie auf die Schaltfläche *Formatieren*.

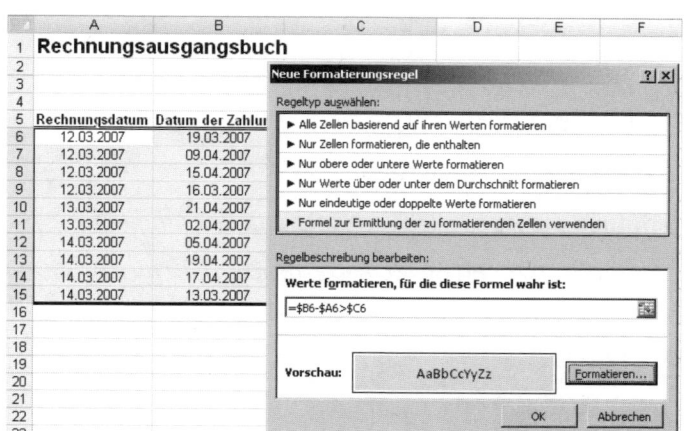

5 Wählen Sie auf der Registerkarte *Ausfüllen* eine beliebige Farbe aus.

6 Beenden Sie die beiden Dialogfenster jeweils mit einem Klick auf die Schaltfläche *OK*.

Im Ergebnis werden alle Rechnungen, bei denen das Zahlungsziel überschritten wurde, farbig gekennzeichnet.

	A	B	C	D
1	**Rechnungsausgangsbuch**			
2				
3				
4				
5	Rechnungsdatum	Datum der Zahlung	Zahlungsziel in Tagen	
6	12.03.2007	19.03.2007	14	
7	12.03.2007	09.04.2007	21	
8	12.03.2007	15.04.2007	30	
9	12.03.2007	16.03.2007	7	
10	13.03.2007	21.04.2007	21	
11	13.03.2007	02.04.2007	21	
12	14.03.2007	05.04.2007	7	
13	14.03.2007	19.04.2007	30	
14	14.03.2007	17.04.2007	30	
15	14.03.2007	13.03.2007	21	
16				

Hinweis

Beachten Sie, dass nur dann die gesamte Zeile von Spalte A bis C formatiert wird, wenn die Formel mit korrekten absoluten und relativen Zellbezügen eingegeben wird.

Tipp 9: Über- und Unterschreitung von Schwellenwerten kennzeichnen

In diesem Beispiel erfahren Sie, wie anhand der bedingten Formatierung Grenzwertüber- oder -unterschreitungen gekennzeichnet werden können.

In einer Umsatzliste sollen die Umsatzerlöse mit einem Monatswert über 50.000,00 Euro markiert werden.

So geht's:

1 Markieren Sie den Zellbereich C4:C15.

2 Starten Sie die bedingte Formatierung.

3 Als Regeltyp wählen Sie *Nur Zellen formatieren, die enthalten*.

4 Als Regelbeschreibung stellen Sie *Zellwert/größer oder gleich/50000* ein (Excel 2003: Bedingung *Zellwert ist/größer oder gleich*).

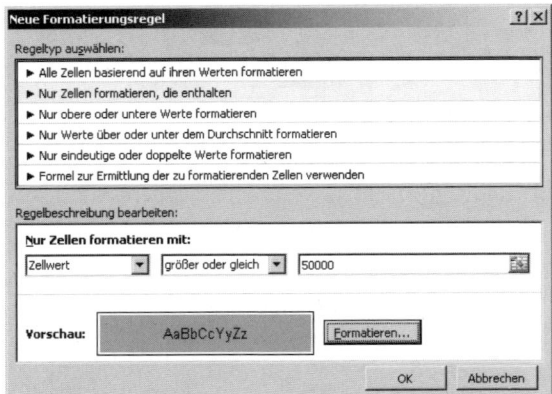

5 Nach einem Klick auf die Schaltfläche *Formatieren* legen Sie eine grüne Hintergrundfarbe fest.

6 Nachdem Sie den Dialog mit *OK* beendet haben, werden alle Zahlen mit einem Wert über 50.000 grün eingefärbt.

	A	B	C
1	Umsatzliste		
2			
3	Verkaufsgebiet	Zeitraum	Umsatz
4	Nord	Jan 07	5.235,78
5	Süd	Jan 07	54.395,22
6	West	Jan 07	95.362,61
7	Ost	Jan 07	47.668,59
8	Nord	Feb 07	7.691,90
9	Süd	Feb 07	68.942,69
10	West	Feb 07	0,00
11	Ost	Feb 07	89.625,99
12	Nord	Mrz 07	0,00
13	Süd	Mrz 07	84.536,25
14	West	Mrz 07	50.412,87
15	Ost	Mrz 07	49.896,77
16			

Tipp 10: Wochenenden und Wochentage in einem Kalender hervorheben

In folgendem Beispiel liegt eine Tabelle zur Erfassung von Arbeitszeiten vor. Da an den Wochenenden nicht gearbeitet wird, müssen auch keine Zeiten erfasst werden. Zur besseren Übersicht sollen die Wochenenden farbig gekennzeichnet werden.

So geht's:

1 Markieren Sie den Tabellenbereich A5:E19.

2 Erstellen Sie eine neue bedingte Formatierungsregel.

3 Unter *Regeltyp* wählen Sie *Formel zur Ermittlung der zu formatierenden Zellen verwenden* aus (Excel 2003: Bedingung *Formel ist*).

4 Als Formel erfassen Sie:

=ODER(WOCHENTAG($A5)=1;WOCHENTAG($A5)=7)

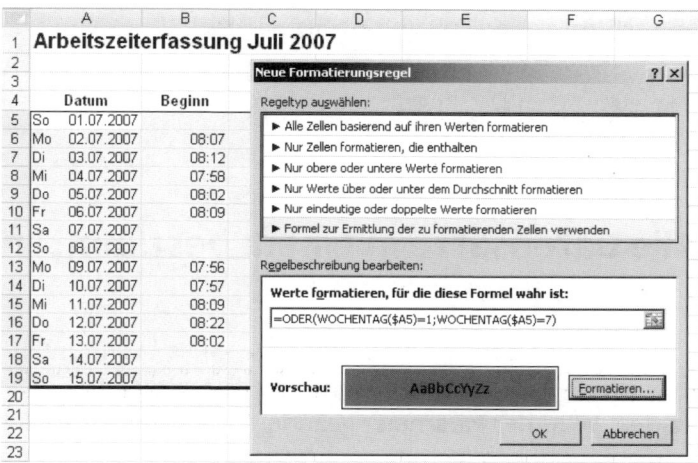

5 Legen Sie über die Schaltfläche *Formatieren* die Hintergrundfarbe fest, in der die Wochenenden dargestellt werden sollen. Im Beispiel wurde eine blaue Farbe gewählt.

6 Beenden Sie das Dialogfenster *Neue Formatierungsregel* mit einem Klick auf die Schaltfläche *OK*.

Alle Wochenenden, also Samstage und Sonntage, werden mit einer blauen Hintergrundfarbe belegt. Es ist jetzt auf den ersten Blick ersichtlich, in welchen Zellen Arbeitszeiten erfasst werden sollen und in welchen nicht.

	A	B	C	D	E
1	Arbeitszeiterfassung Juli 2007				
2					
3					
4	Datum	Beginn	Pause	Ende	Summe Stunden
5 So	01.07.2007				
6 Mo	02.07.2007	08:07	00:30	16:58	08:21
7 Di	03.07.2007	08:12	00:30	16:54	08:12
8 Mi	04.07.2007	07:58	00:33	17:13	08:42
9 Do	05.07.2007	08:02	00:42	16:55	08:11
10 Fr	06.07.2007	08:09	00:21	14:20	05:50
11 Sa	07.07.2007				
12 So	08.07.2007				
13 Mo	09.07.2007	07:56	00:37	17:49	09:16
14 Di	10.07.2007	07:57	00:54	16:59	08:08
15 Mi	11.07.2007	08:09	00:19	17:32	09:04
16 Do	12.07.2007	08:22	00:31	16:58	08:05
17 Fr	13.07.2007	08:02	00:15	14:33	06:16
18 Sa	14.07.2007				
19 So	15.07.2007				

Wenn statt der Wochenenden die Wochentage gekennzeichnet werden sollen, verwenden Sie diese Funktion:

=UND(WOCHENTAG($A5)<>1;WOCHENTAG($A5)<>7)

➔ Verweis: siehe Kapitel 1.4, Tipp 14

Hinweis

Im Bereich A5:A19 wird das Datum mit vorangestelltem Wochentag angezeigt. Das erreichen Sie mit folgendem benutzerdefinierten Zellformat: *TTT * TT.MM. JJJJ*. In der Zelle befindet sich ein Datum im Format *TT.MM.JJJJ*.

Beachten Sie den Stern. Damit wird die Bezeichnung der Wochentage durch Leerzeichen vom eigentlichen Datum getrennt. Die Spaltenbreite ist bei diesem Format irrelevant.

Tipp 11: Alle Datensätze in einem bestimmten Zeitraum kennzeichnen

In diesem Beispiel geht es darum, alle Datensätze eines bestimmten Monats zu kennzeichnen. Dabei soll der Monat als Parameter frei in einer Zelle erfasst werden. Wird der Parameter geändert, sollen die entsprechenden Datensätze hervorgehoben werden.

So geht's:

1   Im ersten Schritt markieren Sie den Bereich A6:A16.

2   Erstellen Sie eine neue bedingte Formatierungsregel.

3   Unter *Regeltyp* wählen Sie Folgendes aus: *Formel zur Ermittlung der zu formatierenden Zellen verwenden* (Excel 2003: Bedingung *Formel ist*).

4 Als Formel erfassen Sie =*MONAT($A6)=$B$3*.

5 Definieren Sie über die Schaltfläche *Formatieren* auf der Registerkarte *Ausfüllen* einen gelben Zellhintergrund.

6 Bestätigen Sie die beiden Dialogfenster mit *OK*.

Im Beispiel werden nun alle Datensätze aus dem März angezeigt, da in Zelle B3 der dritte Monat angegeben wurde. Wenn Sie in Zelle B3 den Wert 4 für April eintragen, werden die Datensätze von April hervorgehoben.

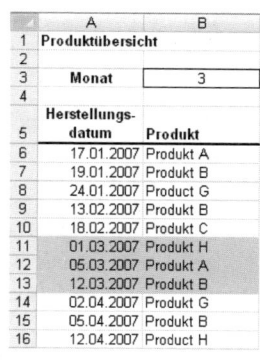

Soll nur der aktuelle Monat hervorgehoben werden, sollten Sie sich die ab Excel 2007 integrierte Funktion näher betrachten:

1 Markieren Sie den Zellbereich, der die entsprechenden Datumsangaben enthält, im Beispiel den Bereich A20:B30.

2 Starten Sie die bedingte Formatierung über das Menü *Start/Formatvorlagen/Bedingte Formatierung/Regeln zum Hervorheben von Zellen/ Datum*.

3 Wählen Sie im Drop-down-Menü den Eintrag *Diesen Monat*.

4 Wählen Sie dann die gewünschte Formatierung aus und beenden Sie den Dialog mit einem Klick auf *OK*.

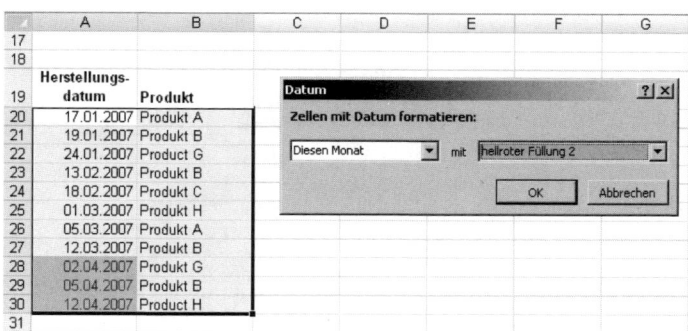

Wenn Sie jetzt ein Datum aus dem aktuellen Monat erfassen, werden Sie sehen, dass wie gewünscht alle Datensätze des aktuellen Monats gekennzeichnet werden.

121

Tipp 12: Drei Tage vor und nach dem aktuellen Datum markieren

In einem Projektplan sollen zur besseren Übersicht jeweils drei Tage vor und drei Tage nach dem aktuellen Datum markiert werden. Sehen Sie sich dazu folgendes Beispiel näher an.

So geht's:

1 Aktualisieren Sie zunächst die Daten und markieren Sie den Bereich A5:A17.

2 Erstellen Sie eine neue bedingte Formatierungsregel.

3 Unter *Regeltyp* legen Sie *Formel zur Ermittlung der zu formatierenden Zellen verwenden* fest (Excel 2003: Bedingung *Formel ist*).

4 Geben Sie in das Textfeld folgende Formel ein:

=ODER(UND(A5-HEUTE()<4;A5-HEUTE()>0);UND(HEUTE()-A5<4; HEUTE()-A5>0))

5 Legen Sie über die Schaltfläche *Formatieren* eine beliebige Zellhintergrundfarbe fest.

6 Damit der aktuelle Tag mit einem anderen Zellformat belegt wird, wiederholen Sie die Schritte 2 bis 5. Als Formel geben Sie dieses Mal folgende Funktion an:

=A5=HEUTE()

7 Klicken Sie auf die Schaltfläche *Formatieren* und wechseln Sie auf die Registerkarte *Rahmen*. Legen Sie als Zellrahmen *Außen* fest.

8 Auf der Registerkarte *Schrift* vergeben Sie nun noch eine rote Schriftfarbe für das aktuelle Datum.

9 Bestätigen Sie die beiden Dialogfenster jeweils mit einem Klick auf die Schaltfläche *OK*.

	A	B	C
1	Projektplan für Proj. xyz 4/2007		
2			
3			
4	Datum	Projektstufe	Ressourcen
5	01.04.2007	Stufe 1	
6	02.04.2007	Stufe 1	
7	03.04.2007	Stufe 1	
8	04.04.2007	Stufe 1	
9	05.04.2007	Stufe 2	
10	06.04.2007	Stufe 2	
11	07.04.2007	Stufe 2	
12	08.04.2007	Stufe 2	
13	09.04.2007	Stufe 3	
14	10.04.2007	Stufe 3	
15	11.04.2007	Stufe 3	
16	12.04.2007	Stufe 3	
17	13.04.2007	Stufe 3	

Tipp 13: Die aktuelle Kalenderwoche in einer Datumsliste kennzeichnen

Das folgende Praxisbeispiel zeigt, wie in einer Projektliste die aktuelle Kalenderwoche gekennzeichnet werden kann. Dabei soll die Kalenderwoche abhängig vom Systemdatum automatisch erkannt werden.

So geht's:

1 Markieren Sie den Bereich A5:C17.

2 Erstellen Sie eine neue bedingte Formatierungsregel.

3 Unter *Regeltyp* legen Sie *Formel zur Ermittlung der zu formatierenden Zellen verwenden* fest (Excel 2003: Bedingung *Formel ist*).

4 Erfassen Sie folgende Funktion:

=KÜRZEN(($A5-WOCHENTAG($A5;2)-DATUM(JAHR($A5+4-WOCHEN TAG($A5;2));1;-10))/7)=KÜRZEN((HEUTE()-WOCHENTAG(HEUTE();2)- DATUM(JAHR(HEUTE()+4-WOCHENTAG(HEUTE();2));1;-10))/7)

5 Definieren Sie über die Schaltfläche *Formatieren* nun noch eine beliebige Zellhintergrundformatierung. Im Beispiel wurde Orange ausgewählt.

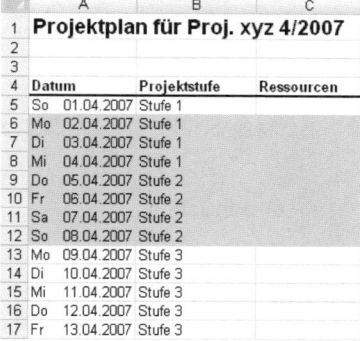

Wie gewünscht, wird (nachdem Sie die Daten aktualisiert haben) die aktuelle Kalenderwoche im definierten Bereich mit der gewählten Zellhintergrundfarbe hervorgehoben.

→ Verweis: siehe Kapitel 4.5, Tipp 5 und Tipp 18

Hinweis

Soll nur das Datum und nicht der Bereich B5:C17 in die Formatierung mit einbezogen werden, entfernen Sie die $-Zeichen aus der Formel. Durch die $-Zeichen wird Spalte A absolut gesetzt, was dazu führt, dass sich die bedingte Formatierung auf den gesamten markierten Bereich auswirkt.

Tipp 14: Gesamte Zeile hervorheben, wenn eine Bedingung erfüllt ist

In den vorherigen Beispielen ist Ihnen sicher aufgefallen, dass manchmal die gesamte Zeile und ein anderes Mal nur eine Spalte mit der bedingten Formatierung belegt wurde, wenn die vorgegebenen Kriterien erfüllt waren. Nachfolgend erhalten Sie anhand eines Beispiels einen kurzen Überblick über den Umgang mit absoluten und relativen Zellbezügen im Zusammenspiel mit der bedingten Formatierung.

So geht's:

Variante 1: Nur die Spalte mit den Gültigkeitskriterien hervorheben

1 Markieren Sie dazu den Zellbereich C4:C15.

2 Erstellen Sie eine neue bedingte Formatierungsregel.

3 Als Regeltyp legen Sie *Formel zur Ermittlung der zu formatierenden Zellen verwenden* fest (Excel 2003: Bedingung *Formel ist*).

4 Erfassen Sie die Formel *=C4>50000*.

5 Wählen Sie über die Schaltfläche *Formatieren* als Zellhintergrund Gelb aus.

6 Bestätigen Sie die Dialogfelder mit *OK*.

	A	B	C
1	**Umsatzliste**		
2			
3	Verkaufsgebiet	Zeitraum	Umsatz
4	Nord	Jan 07	5.235,78
5	Süd	Jan 07	54.395,22
6	West	Jan 07	95.362,61
7	Ost	Jan 07	47.668,59
8	Nord	Feb 07	7.691,90
9	Süd	Feb 07	68.942,69
10	West	Feb 07	0,00
11	Ost	Feb 07	89.625,99
12	Nord	Mrz 07	0,00
13	Süd	Mrz 07	84.536,25
14	West	Mrz 07	50.412,87
15	Ost	Mrz 07	49.896,77

Wie Sie sehen, werden nur die Einträge in Spalte C hervorgehoben, wenn die Kriterien erfüllt sind.

Variante 2: Die gesamte Zeile einschließlich der Gültigkeitskriterien hervorheben

1 Markieren Sie den Zellbereich A4:C15.

2 Führen Sie die gleichen Schritte wie in Variante 1 durch.

Wie Sie sehen, werden nur Einträge der ersten Spalte markiert und nicht wie gewünscht die Spalten A bis C.

Anstelle der gesamten Zeile von A bis C wird jetzt nur Spalte A markiert, obwohl der gesamte Bereich vor Ausführung der Funktion selektiert war. Bis zum

	A	B	C
1	**Umsatzliste**		
2			
3	Verkaufsgebiet	Zeitraum	Umsatz
4	Nord	Jan 07	5.235,78
5	Süd	Jan 07	54.395,22
6	West	Jan 07	95.362,61
7	Ost	Jan 07	47.668,59
8	Nord	Feb 07	7.691,90
9	Süd	Feb 07	68.942,69
10	West	Feb 07	0,00
11	Ost	Feb 07	89.625,99
12	Nord	Mrz 07	0,00
13	Süd	Mrz 07	84.536,25
14	West	Mrz 07	50.412,87
15	Ost	Mrz 07	49.896,77

Ziel ist es aber nicht mehr weit. Ergänzen Sie die vorhandene Funktion um das $-Zeichen vor der Spaltenbezeichnung C: *=$C4>50000*.

Durch das $-Zeichen wird Spalte C absolut gesetzt, was dazu führt, dass sich die bedingte Formatierung auf den gewählten Zellbereich auswirkt.

Es ist also beim Einsatz der bedingten Formatierung wichtig, darauf zu achten, ob eine Spalten- oder Zeilenangabe absolut oder relativ zu setzen ist.

	A	B	C
1	**Umsatzliste**		
2			
3	Verkaufsgebiet	Zeitraum	Umsatz
4	Nord	Jan 07	5.235,78
5	Süd	Jan 07	54.395,22
6	West	Jan 07	95.362,61
7	Ost	Jan 07	47.668,59
8	Nord	Feb 07	7.691,90
9	Süd	Feb 07	68.942,69
10	West	Feb 07	0,00
11	Ost	Feb 07	89.625,99
12	Nord	Mrz 07	0,00
13	Süd	Mrz 07	84.536,25
14	West	Mrz 07	50.412,87
15	Ost	Mrz 07	49.896,77

Tipp 15: Soll-Ist-Abweichungsanalyse mit Tendenzpfeilen unterstützen

Dieses Beispiel zeigt, wie Sie Soll-Ist-Abweichungsanalysen mit Tendenzpfeilen untermauern können. Gerade im Controlling ist es von entscheidender Bedeutung, Zahlen plastisch, übersichtlich und leicht verständlich darzustellen.

Da sich die Vorgehensweisen in Excel 2003 und Excel ab Version 2007 stark voneinander unterscheiden, werden die Lösungen getrennt dargestellt.

So geht's ab Excel 2007:

1 Markieren Sie den Bereich D5:D13.

2 Über das Menü *Start/Formatvorlagen/Bedingte Formatierung/Symbolsätze/5 Pfeile (farbig)* legen Sie die gewünschte Formatierung fest.

125

3 Nachdem Sie die Auswahl getroffen haben, werden die Pfeile
wie gewünscht eingefügt.

4 Ändern lassen sich die Parameter für die Anzeige der Tendenzpfeile über das Menü *Start/
Formatvorlagen/Bedingte Forma-
tierung/Regeln verwalten*. Achten
Sie darauf, dass vor Ausführung des Befehls die gewünschten Zellen
markiert sind.

	A	B	C	D
1	**Soll-Ist-Abweichungsanalyse 1-6/2007**			
2				
3				
4	Kostenstelle	Plan (Soll)	Ist	Abweichung
5	47110	20.500,00	20.845,00 ⇨	345,00
6	47111	6.850,00	8.790,00 ⇧	1.940,00
7	47112	32.000,00	32.690,00 ⇨	690,00
8	47113	26.000,00	25.105,00 ⇩	-895,00
9	47114	13.500,00	12.962,00 ⇩	-538,00
10	47115	7.500,00	7.969,00 ⇨	469,00
11	47116	29.800,00	28.986,00 ⇩	-814,00
12	47117	17.400,00	17.359,00 ↘	-41,00
13	47118	23.500,00	23.860,00 ⇨	360,00

5 Klicken Sie auf die Schaltfläche *Regel bearbeiten*. Dadurch öffnet sich
nachfolgendes Fenster.

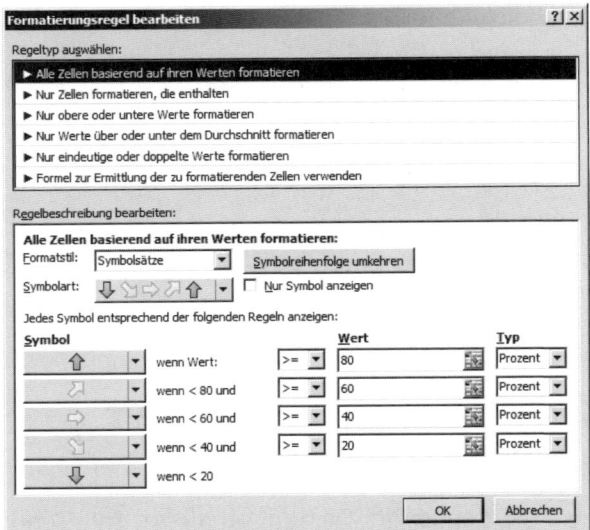

6 Hier können Sie exakt definieren, wie sich die Pfeilsymbole verhalten
sollen, bei welcher prozentualen Veränderung also welcher Pfeil mit
welcher Farbgestaltung angezeigt werden soll. Sie können hier aber
auch nachträglich über *Symbolart* die Darstellung der verwendeten
Symbole verändern.

So geht's unter Excel 2003:

Etwas umständlicher und schwieriger sieht die Sache in Excel 2003 aus.
Gehen Sie dazu wie folgt vor:

1 Erfassen Sie in Zelle E5 folgende Funktion:

*=WENN((C5-B5)*100/B5>=15;ZEICHEN(233);WENN((C5-B5)*100/B5>
=5;ZEICHEN(228);WENN((C5-B5)*100/B5>=0;ZEICHEN(232);
WENN((C5-B5)*100/B5<=-15;ZEICHEN(234);WENN((C5-B5)*100/B5
<=-5;ZEICHEN(229);WENN((C5-B5)*100/B5<=0;ZEICHEN(231)))))))*

2 Damit wird geprüft, wie groß die Abweichung ist, und entsprechend der Vorgabe wird das jeweilige Pfeilsymbol eingefügt.

3 Kopieren Sie diese Funktion über das Ausfüllkästchen bis zu Zelle E13 nach unten. Dabei werden die Zellbezüge automatisch angepasst.

4 Damit das korrekte Pfeilsymbol ausgegeben wird, müssen Sie den gesamten Bereich mit der Schriftart Wingdings formatieren. Diese stellen Sie über das Menü *Format/Zellen* auf der Registerkarte *Schrift* ein.

5 Nun werden die Pfeile schon korrekt angezeigt.

6 Damit die Pfeile abhängig von ihrer Tendenz rot oder grün eingefärbt werden, starten Sie über das Menü *Format/Bedingte Formatierung* das Dialogfenster zur bedingten Formatierung und tragen die Bedingungen folgender Abbildung entsprechend ein.

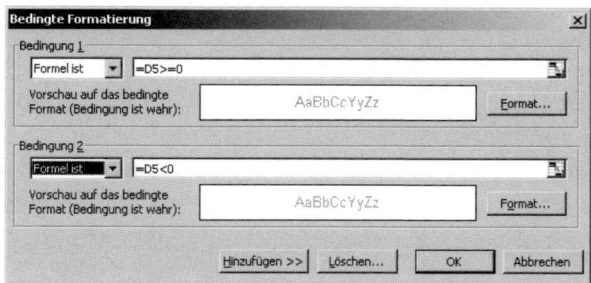

7 Erfassen Sie unter *Bedingung 1* die Formel *=D5>=0* und legen Sie eine grüne Schriftfarbe fest.

8 Unter *Bedingung 2* tragen Sie die Formel *=D5<0* ein und legen als Schriftfarbe Rot fest.

9 Im Ergebnis werden die Tendenzpfeile bei einer positiven Abweichung grün und entsprechend bei einer negativen Abweichung rot eingefärbt.

	A	B	C	D	E
1	Soll-Ist-Abweichungsanalyse 1-6/2007				
2					
3					
4	Kostenstelle	Plan (Soll)	Ist	Abweichung	Tendenz
5	47110	20.500,00	20.845,00	345,00	→
6	47111	6.850,00	8.790,00	1.940,00	↑
7	47112	32.000,00	33.690,00	1.690,00	↗
8	47113	26.000,00	24.105,00	-1.895,00	↙
9	47114	13.500,00	12.962,00	-538,00	←
10	47115	7.500,00	7.969,00	469,00	↗
11	47116	29.800,00	28.986,00	-814,00	←
12	47117	17.400,00	16.489,00	-911,00	↙
13	47118	23.500,00	19.860,00	-3.640,00	↓

Sie sehen, auch unter Excel 2003 lassen sich Tendenzpfeile mit wenig Aufwand realisieren. Auf jeden Fall tragen die Tendenzpfeile dazu bei, umfangreiche Zahlenaufstellungen übersichtlicher und leichter lesbar zu machen.

Hinweis

Die Bedingungen innerhalb der Formeln im Bereich D5:D13 sind wie folgt gestaffelt:

- Abweichung 0 % bis 5 % →
- Abweichung >=5 % bis <=15 % ↗
- Abweichung mehr als 15 % ↑
- Abweichung 0 % bis 5 % ←
- Abweichung >=5 % bis >=0 15 % ↙
- Abweichung mehr als 15 % ↓

Tipp 16: Bedingte Formatierung mit Bezug auf ein anderes Tabellenblatt

In diesem Beispiel erfahren Sie, wie die bedingte Formatierung auf ein anderes Tabellenblatt angewendet werden kann. Die Deckungsbeiträge des aktuellen Monats, hier Juli 2007, sollen mit denen des Vormonats (Juni 2007) verglichen werden. Abweichungen noch oben sollen mit grüner Schrift, Abweichungen nach unten mit roter Schrift formatiert werden. Jede Monatsauswertung befindet sich dabei in einem eigenen Tabellenblatt.

So geht's:

1 Öffnen Sie das Tabellenblatt mit den Juliwerten, auf dem die bedingte Formatierung durchgeführt werden soll.

2 Erfassen Sie über das Menü *Start/Formeln/Namen definieren/Namen definieren* die Namen aus unten stehender Tabelle. Wiederholen Sie diesen Schritt für jeden der beiden Namen (Excel 2003: Menü *Einfügen/Namen/Definieren*).

Name	Bezieht sich auf:
AktuellerZellwert	=INDIREKT("ZS";FALSCH)
WertInVorigemBlatt	=INDIREKT(INDEX(ARBEITSMAPPE.ZUORDNEN(1);DATEI.ZUORDNEN(87)-1)&"!"&ADRESSE(ZEILE();SPALTE()))

3 Im Feld *Name* tragen Sie *AktuellerZellwert* ein.

4 Im Feld *Bereich* wählen Sie den Eintrag *Arbeitsmappe* aus.

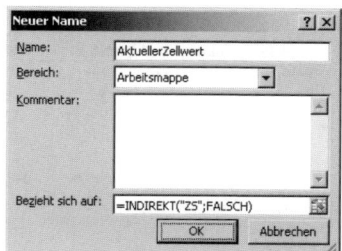

5 Unter *Bezieht sich auf* erfassen Sie die Funktion *=INDIREKT("ZS";FALSCH)*.

6 Wiederholen Sie die Schritte 2 bis 5 analog für den zweiten Namen.

Nachdem die Namen definiert sind, kann die bedingte Formatierung erstellt werden. Gehen Sie dazu so vor:

1 Markieren Sie den Zellbereich E5:E10 in dem Tabellenblatt mit den Juliwerten.

2 Öffnen Sie die bedingte Formatierung und selektieren Sie als Regeltyp *Formel zur Ermittlung der zu formatierenden Zellen verwenden* (Excel 2003: Bedingung *Formel ist*).

3 Als *Formel* erfassen Sie *=AktuellerZellwert>WertInVorigemBlatt*. Damit wird geprüft, ob der Wert der aktuellen Tabelle größer als der Wert im vorherigen Tabellenblatt ist.

4 Über die Schaltfläche *Formatieren* wählen Sie eine grüne Hintergrundformatierung aus.

5 Wiederholen Sie Schritt 2. Als Formel erfassen Sie dieses Mal *=AktuellerZellwert<WertInVorigemBlatt*. Damit wird überprüft, ob der Zellwert des aktuellen Blatts kleiner als der Zellwert des vorherigen Blatts ist.

6 Als Zellhintergrund definieren Sie einen roten Hintergrund.

7 Nachdem Sie das Dialogfenster mit *OK* bestätigt haben, werden alle Zellen, deren prozentualer Deckungsbeitrag im Juli 2007 höher ist als im Juni 2007, grün eingefärbt. Umgekehrt werden schlechtere Deckungsbeiträge rot hervorgehoben.

	A	B	C	D	E
1	**Deckungsbeitragsrechnung 7/2007**				
2					
3					
4	Produkt	Umsatzerlös	variable Kost	DB I in €	DB I in %
5	Produkt A	38.471,00 €	31.875,00 €	6.596,00 €	17,15
6	Produkt B	68.330,00 €	54.778,00 €	13.552,00 €	19,83
7	Produkt C	16.912,00 €	15.447,00 €	1.465,00 €	8,66
8	Produkt D	97.550,00 €	83.356,00 €	14.194,00 €	14,55
9	Produkt E	47.600,00 €	42.876,00 €	4.724,00 €	9,92
10	Produkt F	72.335,00 €	57.181,00 €	15.154,00 €	20,95
11					
12				Durchschnittlicher DB I in %	15,18

Die Werte von Juni 2007 sehen Sie in der folgenden Abbildung.

	A	B	C	D	E
1	Deckungsbeitragsrechnung 6/2007				
2					
3					
4	Produkt	Umsatzerlös	variable Kos	DB I in €	DB I in %
5	Produkt A	42.449,00 €	34.875,00 €	7.574,00 €	17,84
6	Produkt B	57.294,00 €	45.659,00 €	11.635,00 €	20,31
7	Produkt C	26.912,00 €	25.379,00 €	1.533,00 €	5,70
8	Produkt D	78.351,00 €	67.445,00 €	10.906,00 €	13,92
9	Produkt E	35.662,00 €	31.894,00 €	3.768,00 €	10,57
10	Produkt F	68.391,00 €	54.887,00 €	13.504,00 €	19,75
11					
12				Durchschnittlicher DB I in %	14,68
13					

Hinweis

Da die verwendeten Formeln alte Makro4-Funktionen verwenden, muss die Arbeitsmappe mit der Endung *.xlsm* abgespeichert werden. In XLSX-Dateien kann weder VBA-Code noch eine Makro4-Funktion gespeichert werden.

Tipp 17: Alle Zellen ohne Zellschutz kennzeichnen

Auf einem Tabellenblatt befinden sich geschützte und ungeschützte Zellen. Alle ungeschützten Zellen sollen gekennzeichnet werden, damit der Anwender sofort erkennt, in welche Zellen Daten eingegeben werden können und in welche nicht. Natürlich könnten Sie jetzt alle nicht geschützten Zellen manuell auswählen und mit einem beliebigen Zellhintergrund oder Zellrahmen belegen. Schneller und einfacher geht's aber mit der bedingten Formatierung.

So geht's:

Standardmäßig ist auf einem neuen Tabellenblatt in allen Zellen der Zellschutz aktiviert. Diese Einstellung können Sie sich über das Menü *Start/ Zellen/Format/Zellen formatieren* auf der Registerkarte *Schutz* ansehen (Excel 2003: Menü *Format/Zellen*, Registerkarte *Schutz*).

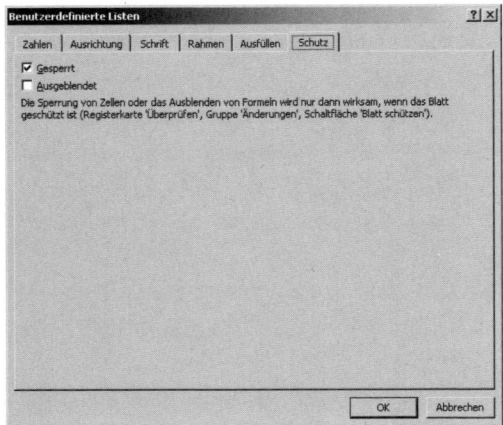

1 Selektieren Sie nun die Zellen, aus denen der Zellschutz entfernt werden soll. Im Beispiel sind das die Zellen B3 bis B8 und C6.

2 Öffnen Sie wie oben beschrieben das Dialogfenster zur Formatierung der Zellen und entfernen Sie auf der Registerkarte *Schutz* den Haken im Kontrollkästchen *Gesperrt*.

3 Beenden Sie das Dialogfenster mit einem Klick auf *OK*.

4 Markieren Sie nun einen ausreichend großen Zellbereich, der auf jeden Fall alle nicht geschützten Zellen einschließt. In diesem Beispiel ist die Markierung des Zellbereichs A1:D10 absolut ausreichend.

5 Starten Sie nun den Dialog zur bedingten Formatierung.

6 Als Regeltyp wählen Sie *Formel zur Ermittlung der zu formatierenden Zellen verwenden* aus (Excel 2003: Bedingung *Formel ist*).

7 Erfassen Sie dort die Funktion *=ZELLE("Schutz";A1)=0*.

8 Legen Sie über die Schaltfläche *Formatieren* auf der Registerkarte *Ausfüllen* einen gelben Zellhintergrund fest.

9 Über die Registerkarte *Rahmen* definieren Sie oben, unten, links und rechts einen Rahmen.

10 Beenden Sie die beiden Dialogfenster jeweils mit einem Klick auf *OK*.

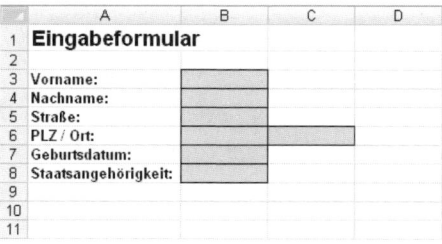

Es werden nun alle Zellen, auf denen der Zellschutz deaktiviert ist, farbig und mithilfe einer Zellumrahmung hervorgehoben.

Tipp 18: Mehr als drei Bedingungen unter Excel 2003 realisieren

In Excel bis zur Version 2003 stehen, wie bereits eingangs erwähnt, nur drei Bedingungen zur Auswahl. Das reicht in vielen Fällen aus, aber sicherlich nicht in allen. In der Praxis kommt es des Öfteren vor, dass mehr als drei Bedingungen verarbeitet werden müssen. Im folgenden Beispiel sehen

Sie, wie sich dies relativ leicht per VBA lösen lässt. Die Werte von 0 bis 50 sollen mit hellgrüner Hintergrundfarbe belegt werden, der Wertebereich von 51 bis 100 wird mit Gelb, 101 bis 150 mit Hellblau, 151 bis 200 mit Hellgrau, 201 bis 250 mit Pink und 251 bis 500 mit Blau hinterlegt. Die Zellhintergrundfarbe der Zellen mit anderen Werten soll Weiß sein.

So geht's:

1 Starten Sie den VBA-Editor mit der Tastenkombination ⌨Strg⌨+⌨F11⌨.

2 Über das Menü *Einfügen/Modul* wird ein neues leeres Modul-Codeblatt hinzugefügt.

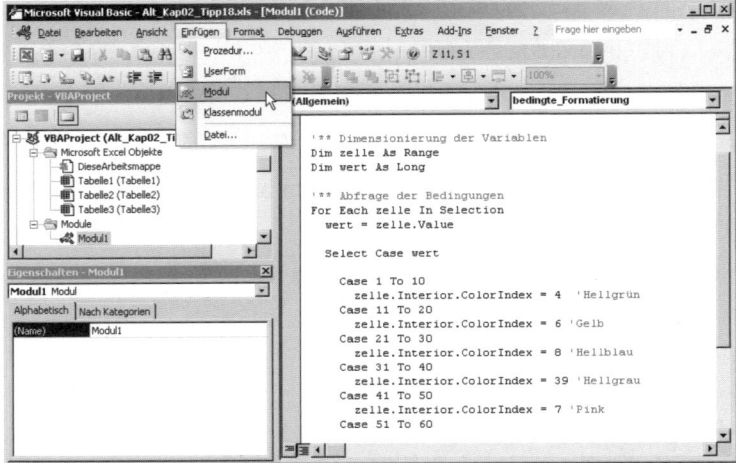

3 In dieses kopieren Sie den Code aus Listing 1. Beenden Sie den VBA-Editor über das Menü *Datei/Schließen und zurück zu Microsoft Excel*.

4 Markieren Sie nun den Zellbereich, den Sie auswerten möchten. Im Beispiel soll der Bereich B4:B15 ausgewertet werden.

5 Rufen Sie den VBA-Code über das Menü *Extras/Makro/Makros* auf. Es wird ein Dialogfenster mit dem Makro *bedingte_Formatierung* eingeblendet.

6 Wählen Sie diesen Eintrag aus und starten Sie die Prozedur über die Schaltfläche *Ausführen*.

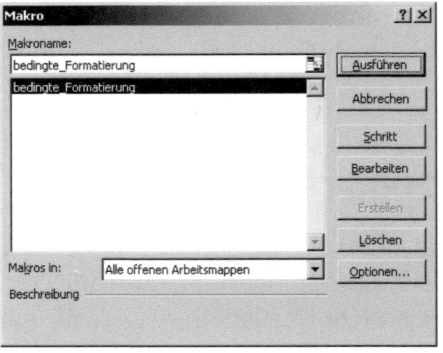

Als Ergebnis werden die Zellen abhängig von den Werten mit dem entsprechenden Zellhintergrund belegt.

	A	B
1	**Lagerbestandsliste**	
2		
3	Artikel-Nr.	Menge in Stück
4	RGM-52300	4
5	RGM-52301	57
6	RGM-52302	120
7	RGM-52303	
8	RGM-52304	1523
9	RGM-52305	107
10	RGM-52306	175
11	RGM-52307	239
12	RGM-52308	
13	RGM-52309	37
14	RGM-52310	199
15	RGM-52311	17
16		

Listing 1:

```
Public Sub bedingte_Formatierung()
'** Bedingte Formatierung mit mehr als 3
Bedingungen

'** Dimensionierung der Variablen
Dim zelle As Range
Dim wert As Long

'** Abfrage der Bedingungen
For Each zelle In Selection
    wert = zelle.Value

    Select Case wert
        Case 1 To 50
            zelle.Interior.ColorIndex = 4    'Hellgrün
        Case 51 To 100
            zelle.Interior.ColorIndex = 6    'Gelb
        Case 101 To 150
            zelle.Interior.ColorIndex = 8    'Hellblau
        Case 151 To 200
            zelle.Interior.ColorIndex = 39   'Hellgrau
        Case 201 To 250
            zelle.Interior.ColorIndex = 7    'Pink
        Case 251 To 500
            zelle.Interior.ColorIndex = 5    'Blau
        Case Else
            zelle.Interior.ColorIndex = 0    'Weiß
    End Select

Next zelle
End Sub
```

Tipp 19: Fehlerwerte ausblenden

Fehlerwerte sind nicht immer unbedingt kritisch, wenn es um Berechnungen geht. So kommt beispielsweise eine Division durch Null häufiger vor.

Gesetzt den Fall, dass Sie die verkaufte Menge durch Division von Umsatz und Preis ermitteln möchten, Ihnen jedoch bei einem Artikel (im Beispiel *Art 4716*) weder Preis noch Umsatz aktuell vorliegen, kann es zur besagten Fehlermeldung kommen. Sie müssten entweder die Formel aus Spalte D entfernen, um die unschöne Fehlermeldung *#DIV/0* auszublenden, oder aber ein bedingtes Format „bemühen".

So geht's:

1 Rufen Sie über *Start/Formatvorlagen/Bedingte Formatierung* (Excel 2003: Menü *Format/Bedingte Formatierung*) den Befehl *Neue Regel* auf und wählen Sie aus dem Feld *Regeltyp auswählen* den Eintrag *Formel zur Ermittlung der zu formatierenden Zellen verwenden*.

2 Erfassen Sie dann im Feld *Werte formatieren, für die diese Formel wahr ist* (Excel 2003: Feld *Bedingung 1*, Einstellung *Formel*) den Eintrag *=ISTFEHLER($D$10)* und wählen Sie über die Schaltfläche *Formatieren* im Register *Schrift* die *Farbe* mit der Bezeichnung *Weiß, Hintergrund 1* aus.

3 Verlassen Sie die Dialogfenster mit *OK* und betrachten Sie das Ergebnis: Der Fehler wird nun durch die weiße Schrift ausgeblendet.

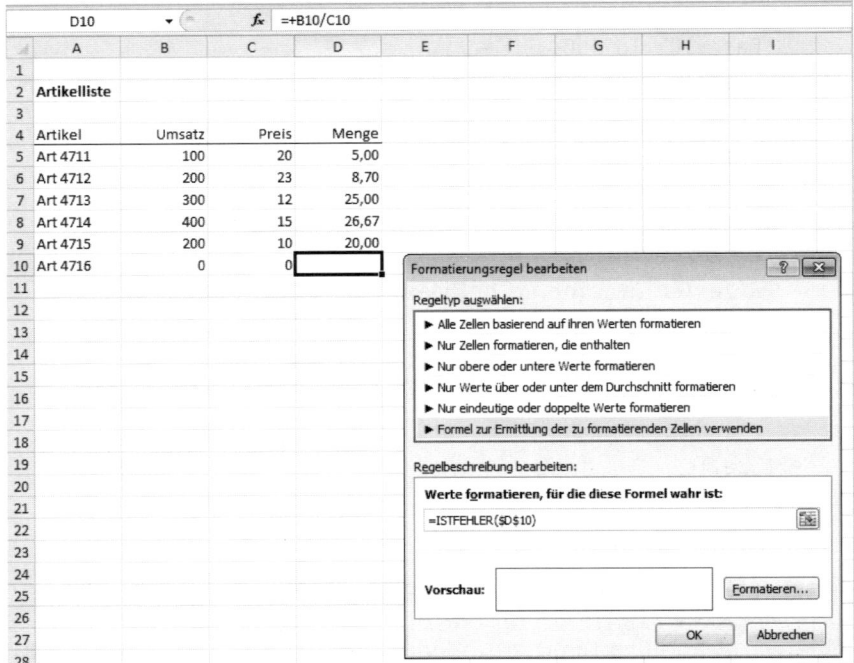

Tipp 20: Texte und Textteile schnell aufspüren

Wenn Sie sich in einer Tabelle ganz bestimmte Texte anzeigen lassen und automatisch hervorheben wollen, ist die bedingte Formatierung als Bordmittel von Excel ebenfalls erste Wahl. Müssen alle Zellen, die einen bestimmten Text oder Textstring enthalten, gekennzeichnet werden, kann das über eine Kombination aus den Funktionen *Istfehler* und *Finden* sowie einem bedingten Format umgesetzt werden.

So geht's:

1 Legen Sie zuerst eine Zelle fest, in der ein Suchbegriff hinterlegt werden kann. Im Beispiel ist das Zelle B3.

2 Markieren Sie dann den Bereich, in dem die zu suchenden Texte bzw. Textstrings hinterlegt sind.

3 Rufen Sie erneut über *Start/Formatvorlagen/Bedingte Formatierung* (Excel 2003: Menü *Format/Bedingte Formatierung*) den Befehl *Neue Regel* auf und wählen Sie aus dem Feld *Regeltyp auswählen* den Eintrag *Formel zur Ermittlung der zu formatierenden Zellen verwenden*.

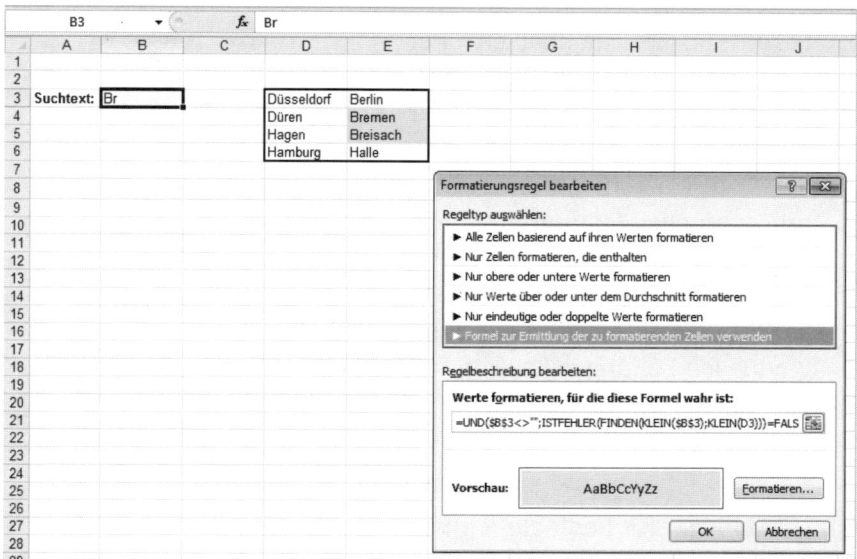

4 Erfassen Sie nun im Feld *Werte formatieren, für die diese Formel wahr ist* (Excel 2003: Feld *Bedingung 1*, Einstellung *Formel*) den Eintrag *=UND($B$3<>"";ISTFEHLER(FINDEN(KLEIN($B$3);KLEIN(D3)))=FALSCH* und wählen Sie über die Schaltfläche *Formatieren* im Register *Ausfül-*

135

len als *Hintergrundfarbe* eine Farbe Ihrer Wahl aus (Excel 2003: Register *Muster*, Bereich *Zellenschattierung*).

5 Geben Sie nun in Zelle B3 einen Suchbegriff ein, z. B. *Br*.

6 Nach Verlassen der Zelle B3 mit der [Enter]-Taste sehen Sie sogleich das Ergebnis: Es werden alle Städte markiert, die mit *Br* anfangen, hier also *Bremen* und *Breisach*.

Tipp 21: Erweiterte und verbesserte Datenbalken in Excel 2010

Die Datenbalken haben in Excel 2010 eine weitere Darstellungsmöglichkeit erhalten. So lassen sich nun positive und negative Werte an einer Nulllinie ausgerichtet darstellen. Im Beispiel liegen Verkaufsgewinne und -verluste für verschiedene Aktien vor. Mithilfe der bedingten Formatierung sollen diese anhand eines Datenbalkens mit Nulllinie dargestellt werden.

So geht's:

1 Markieren Sie den Zellbereich B4:B11.

2 Legen Sie die Datenbalken über den Befehl *Start/Bedingte Formatierung/Datenbalken* fest. Hier können Sie auch bestimmen, ob die Datenbalken einfarbig oder mit gradueller Füllung angezeigt werden sollen. Wie Sie in der Abbildung sehen, werden die Balken in diesem Beispiel mit einer graduellen Füllung angezeigt.

⊿	A	B	C	D
1	Übersicht Verkaufs-Gewinne/-Verluste			
2				
3				
4	Aktie 1	-50		
5	Aktie 2	463		
6	Aktie 3	129		
7	Aktie 4	-250		
8	Aktie 5	236		
9	Aktie 6	364		
10	Aktie 7	-76		
11	Aktie 8	-103		
12				

3 Excel bietet zu dieser Darstellung noch weitere Feineinstellungen an. Markieren Sie dazu wiederum denn Zellbereich B4:B11 und öffnen Sie über das Menü *Start/Bedingte Formatierung/Regeln verwalten* den Regel-Manager für bedingte Formatierungen. Markieren Sie darin die Regel und öffnen Sie das Dialogfenster *Formatierungsregel bearbeiten* über die Schaltfläche *Regel bearbeiten*.

4 In diesem Dialogfenster kann eine Vielzahl weiterer Einstellungen vorgenommen werden. Über die Schaltfläche *Negativer Wert und Achse* kann definiert werden, wo die Nullachse angezeigt werden soll. Zur Auswahl steht hier zum einen die Option *Automatisch*, die bewirkt, dass die Achse abhängig vom Verhältnis der negativen und positiven Werte zueinander variabel in der Zelle angezeigt wird. Die

Option *Zellmittelpunkt* dagegen sorgt dafür, dass die Achse in der Mitte der Zelle dargestellt wird. Nach Auswahl der Option *Ohne* werden negativen Werte in der gleichen Richtung wie die positiven Werte angezeigt. In der folgenden Abbildung sehen Sie die drei verschiedenen Möglichkeiten.

	A	B	C	D
1	Übersicht Verkaufs-Gewinne/-Verluste			
2				
3		Achse variabel	Achse Mittig	Ohne Achse
4	Aktie 1	-50	-50	-50
5	Aktie 2	463	463	463
6	Aktie 3	129	129	129
7	Aktie 4	-250	-250	-250
8	Aktie 5	236	236	236
9	Aktie 6	364	364	364
10	Aktie 7	-76	-76	-76
11	Aktie 8	-103	-103	-103
12				

Tipp 22: Symbolsätze in Excel 2010 einfacher und flexibler auswählen

Excel 2010 bietet neben den schon sehr umfangreichen Symbolsätzen, die mit Excel 2007 eingeführt wurden, weitere neue Symbole. Darüber hinaus wurden die Symbole übersichtlicher gestaltet, indem sie zu Gruppen zusammengefasst wurden.

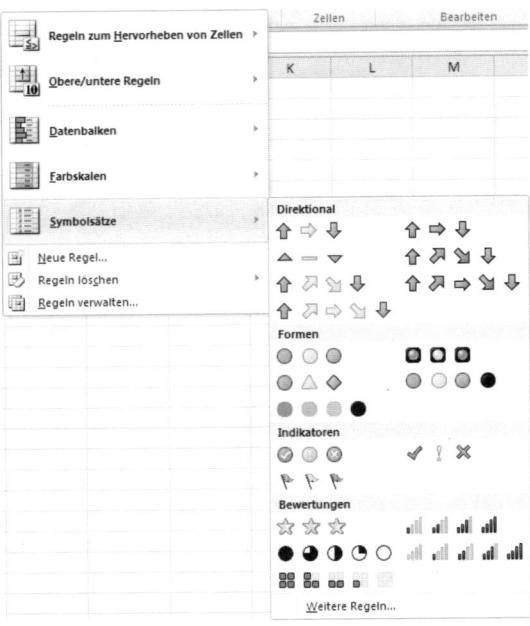

Ist ein Symbolsatz auswählt, kann über das Menü *Bedingte Formatierung/ Regeln verwalten* die Feinjustierung vorgenommen werden.

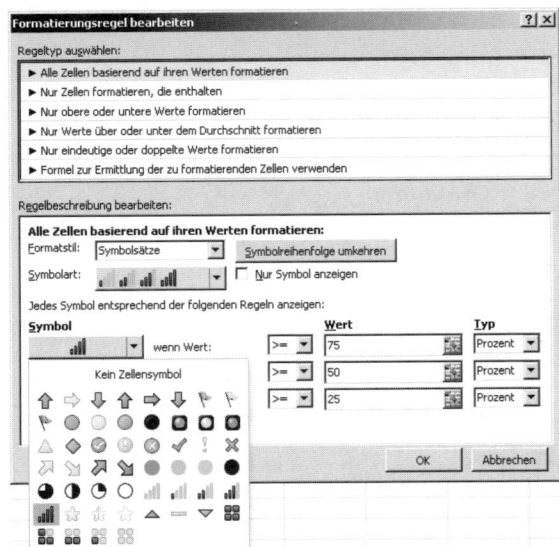

In diesem Dialogfenster lässt sich die Symbolart sehr einfach per Icon auswählen. In Excel 2007 war das nur durch einen mehr oder weniger beschreibenden Symbolnamen möglich.

Neu ist auch die Möglichkeit, für ausgewählte Werte bzw. Wertebereiche kein Symbol anzuzeigen. Wählen Sie dazu einfach die Option *Kein Zellen-symbol*.

2.2 Benutzerdefinierte Formate in der Praxis

Benutzerdefinierte Formate führen häufig ein Schattendasein, das jedoch absolut unberechtigt ist. Die nachfolgenden Tipps werden Ihnen einen umfassenden Einblick in dieses Thema liefern.

Tipp 1: Vorab: Grundsätzliches zum benutzerdefinierten Zellformat

Über das Menü *Start/Zellen/Format/Zellen formatieren* wird der Dialog zum Festlegen von benutzerdefinierten Zellformaten aufgerufen (Excel 2003: Hier erfolgt der Aufruf über das Menü *Format/Zellen*).

Wenn Sie im Feld *Kategorie* den Eintrag *Benutzerdefiniert* auswählen, haben Sie Zugriff auf sämtliche benutzerdefinierten Zellformate.

Es sind bereits einige benutzerdefinierte Formate vorhanden. Excel bietet aber die Möglichkeit, bestehende Formate abzuändern oder neue Formate nach Belieben hinzuzufügen.

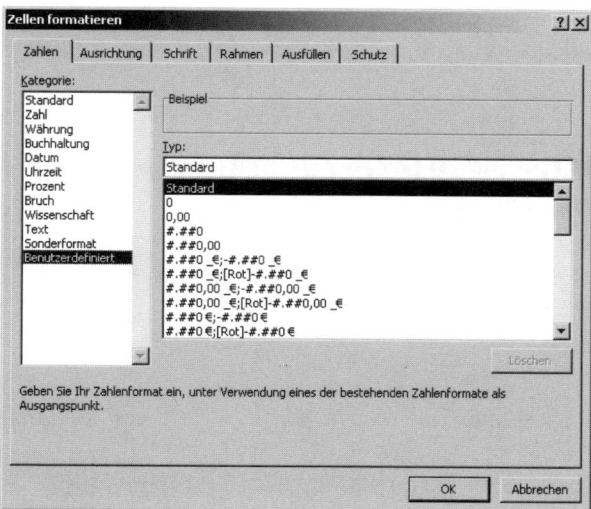

Folgendes sollten Sie über das benutzerdefinierte Zellformat wissen:

> Diese Farben stehen zur Verfügung und können im Zellformat beliebig verwenden werden.

[Schwarz]	[Blau]
[Cyan]	[Grün]
[Magenta]	[Rot]
[Weiß]	[Gelb]

> Leerzeichen im Zellformat werden mit einem Unterstrich dargestellt (_).
> Zur Anzeige von signifikanten Ziffern verwenden Sie folgende Zeichen: ####.
> Die Anzeige nicht signifikanter Nullen wird mit 0 erzwungen.
> Die wissenschaftliche Zahlennotierung erzwingen Sie mit dem Zusatz E.
> Auch Tages-, Monats- und Jahresangaben können Sie beliebig formatieren. Verwenden Sie für Tage den Code T, für Monate den Code M und für Jahre den Code J.
> Zeitangaben lassen sich wie folgt formatieren: Stunden mit dem Code h, Minuten mit dem Code m und Sekunden mit dem Code s.
> Texte können über das benutzerdefinierte Zahlenformat beliebig an Zelleingaben angehängt werden. Dazu wird der Textzusatz einfach in Anführungszeichen gesetzt.

Sie sehen, das benutzerdefinierte Zahlenformat bietet vielfältige Möglichkeiten, die in den folgenden Tipps anhand von Praxisbeispielen erläutert und verdeutlicht werden.

Tipp 2: Verschiedene benutzerdefinierte Zahlenformate erstellen

Dieser Tipp bringt Ihnen den Umgang mit den Grundlagen benutzerdefinierter Zellformate anhand einiger praxisorientierter Beispiele näher.

So geht's:

Zahlen sollen Blau dargestellt werden, Texte hingegen in der gewählten Schriftfarbe.

1 Starten Sie über das Menü *Start/Zellen/Format/Zellen formatieren* die Funktion des benutzerdefinierten Zellformats (Excel 2003: Menü *Format/Zellen*).

2 Tragen Sie unter *Benutzerdefiniert* folgendes Format ein: *[Blau]#.##0,00*.

Damit wirkt sich die Formatierung nur auf Zahlen und nicht auf Text aus.

Vor jeder Zelleingabe soll der Text „Bsp." für Beispiel erscheinen.

1 Erfassen Sie folgendes Zellformat: *"Bsp. "@*.

2 Das @-Zeichen erzwingt, dass bei jeder Zelleingabe der Text „Bsp." dem Zellinhalt vorangestellt wird.

Zahlen mit weniger als fünf Stellen sollen standardmäßig fünfstellig mit führenden Nullen angezeigt werden.

1 Tragen Sie als Zellformat *00000* ein.

2 Mit dem Zellformat 00000 erreichen Sie, dass nicht signifikante Stellen wie die führenden Nullen angezeigt werden.

Jede Zahl soll als Dezimalzahl mit vier Nachkommastellen dargestellt werden.

1 Erfassen Sie dazu dieses benutzerdefinierte Zahlenformat: *#,0000*.

2 Damit wird die Anzahl der Vorkommastellen wie eingegeben angezeigt. Die Nachkommastellen werden immer vierstellig dargestellt, wenn weniger als vier Stellen eingegeben werden.

Bei Eingabe eines Datums soll nicht das Datum, sondern der Name des Wochentags angezeigt werden.

1 Tragen Sie dazu als Zellformat *TTTT* ein.

2 Soll der Wochentag in abgekürzter Form ausgegeben werden, verwenden Sie das Format *TTT*.

3 Auf die gleiche Weise können Sie auch den vollständigen Monatsnamen ausgeben lassen. Verwenden Sie dazu das Format *MMMM*.

Eine neunstellige Zahlenfolge soll durch Einfügen eines Trennstrichs gruppiert werden.

1 Erfassen Sie unter *Benutzerdefiniert* folgendes Zellformat: *00-000-0-000*.

2 Damit wird die neunstellige Zahl wie folgt angezeigt: *12-345-6-789*.

	A	B
1	Beispiele für unterschiedliche Benutzer-definierte Zellformate	
2		
3		
4	Zahlen Blau / Text normal darstellen	4.711,00
5		
6	Der Text "Bsp." wird vorangestellt	Bsp. 100
7		
8	5-stellige Anzeige von Zahlen	00123
9		
10	Dezimalzahl mit 4 Nachkommastellen	12,1500
11		
12	Anzeige des Wochentages	Donnerstag
13		
14	Gruppierung von Zahlenreihen	12-345-6-789

Tipp 3: Negative Werte hervorheben

Auf einer Summen- und Saldenliste sollen positive Kontensalden, also Ertragskonten, blau und negative Kontensalden, also Aufwandskonten, in roter Schriftfarbe angezeigt werden.

So geht's:

1   Markieren Sie die Bereiche *Saldovortrag* (C4:C13) und *Saldo* (F4:F13).

2   Starten Sie den Dialog zur benutzerdefinierten Formatierung über das Menü *Start/Zellen/Format/Zellen formatieren* (Excel 2003: Menü *Format/Zellen*).

3   Wechseln Sie auf *Benutzerdefiniert* und erfassen Sie dieses Zellformat: *[Blau]#.##0,00;[Rot]#.##0,00*

4   Sollen zusätzlich zur Farbgebung auch die Vorzeichen (+) für positive und (-) für negative Werte angezeigt werden, passen Sie das Zahlenformat wie folgt an: *[Blau]+ #.##0,00;[Rot]- #.##0,00*

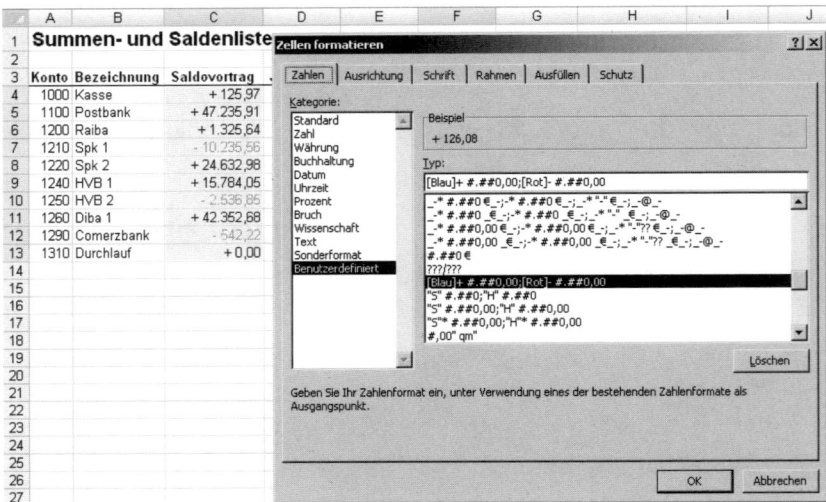

Hinweis

Häufig werden negative Zahlen auch in Klammern gesetzt. Dies können Sie mit folgendem Zahlenformat erreichen: *#.##0,00;(#.##0,00)*. Die Schriftfarbe bleibt dabei unverändert.

➜ Verweis: siehe Kapitel 2.2, Tipp 13

Tipp 4: Negative Werte unterdrücken

Es gibt Situationen, in denen negative Werte nicht dargestellt werden sollen. Im Beispiel liegt eine Bestandsliste vor. Die darin enthaltenen negativen Werte sind durch fehlerhafte Bestandsbuchungen entstanden und sollen deswegen nicht angezeigt werden.

So geht's:

1 Markieren Sie den Bereich B4:B13.

2 Als benutzerdefiniertes Zellformat erfassen Sie *#.##0,;;0*.

3 Nach einem Klick auf die Schaltfläche *OK* werden negative Zahlen unterdrückt. Die Zahlen selbst befinden sich selbstverständlich weiterhin in der jeweiligen Zelle.

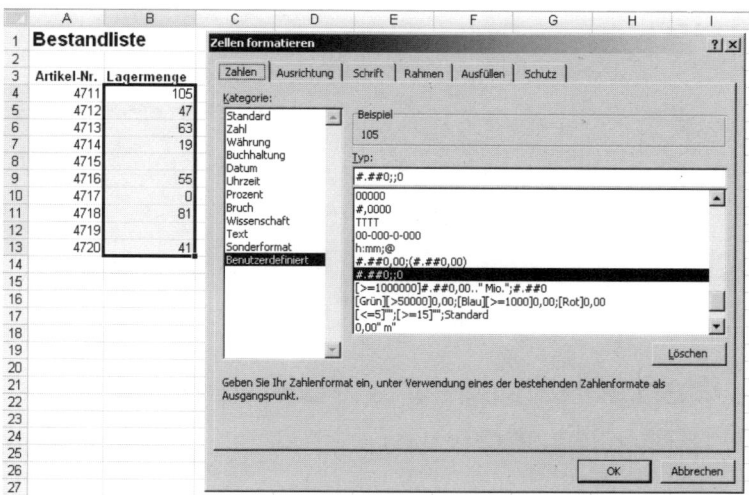

Hinweis

Sollen neben negativen Zahlen auch Nullwerte ausgeblendet werden, verwenden Sie folgendes Zahlenformat: *#.##0;;*

Tipp 5: Werte über einer Million formatieren

Dieses Beispiel zeigt, wie Werte über einer Million platzsparender dargestellt werden können. So sollen siebenstellige Zahlen abgekürzt mit zwei Nachkommastellen und dem Zusatz Mio. angezeigt werden. Zahlen, die kleiner sind als eine Million, werden weiterhin vollständig gezeigt.

So geht's:

1 Markieren Sie den Bereich C4:C11.

2 Erfassen Sie folgendes benutzerdefinierte Zellformat:

[>=1000000]#.##0,00.." Mio.";#.##0

3 Beenden Sie das Dialogfenster mit einem Klick auf *OK*.

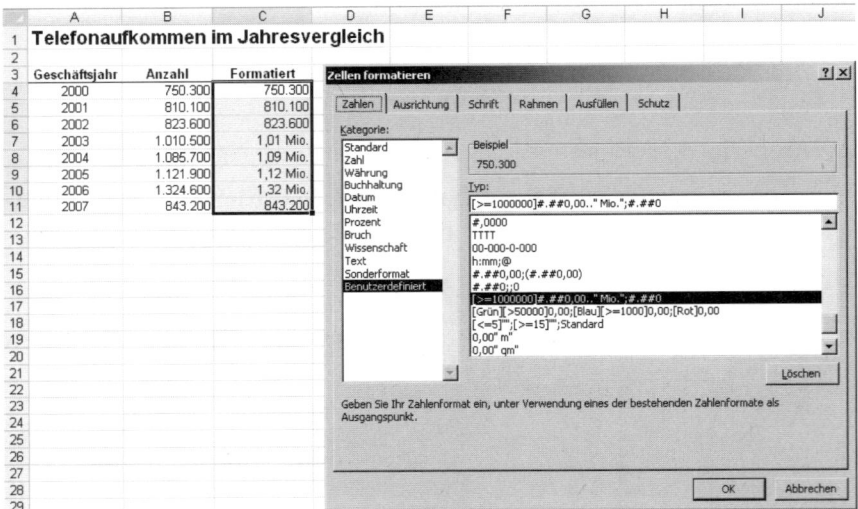

Sie sehen, das neue Zellformat erkennt automatisch die Grenze von einer Million und formatiert die Zahlen entsprechend.

Tipp 6: Wertabhängige benutzerdefinierte Zahlenformatierung

Als kleines Controlling-Instrumentarium sollen erfasste Werte abhängig von ihrer Größe verschiedenfarbig dargestellt werden. So sollen Umsätze zwischen 10.000 und 50.000 blau, Werte über 50.000 grün und Nullwerte rot in der Umsatzliste dargestellt werden.

So geht's:

Auch hier hilft das benutzerdefinierte Zellformat weiter:

1 Markieren Sie den Zellbereich C4:C15.

2 Als benutzerdefiniertes Zellformat erfassen Sie:

   [Grün][>50000]0,00;[Blau][>=1000]0,00;[Rot]0,00

3 Bestätigen Sie den Dialog mit einem Klick auf die Schaltfläche *OK*.

	A	B	C
1	Umsatzliste		
2			
3	Verkaufsgebiet	Zeitraum	Umsatz
4	Nord	Jan 07	5235,78
5	Süd	Jan 07	54996,52
6	West	Jan 07	95062,91
7	Ost	Jan 07	47668,59
8	Nord	Feb 07	7691,90
9	Süd	Feb 07	65042,00
10	West	Feb 07	0,00
11	Ost	Feb 07	82626,99
12	Nord	Mrz 07	0,00
13	Süd	Mrz 07	84526,25
14	West	Mrz 07	50412,87
15	Ost	Mrz 07	49896,77

Hinweis

Alternativ können Sie natürlich auch die bedingte Formatierung einsetzen.

Tipp 7: Nur Zahlen innerhalb eines bestimmten Wertebereichs anzeigen

In diesem Beispiel sehen Sie, wie Werte außerhalb eines definierten Wertebereichs zur Erhöhung der Übersichtlichkeit ausgeblendet werden können. Die Werte werden dabei weder angezeigt noch gedruckt. Im Beispiel sollen in der Überstundenliste nur die Überstunden angezeigt werden, die im Bereich von 5 bis 15 Stunden liegen. Alle anderen dürfen nicht angezeigt werden.

So geht's:

1 Markieren Sie den Zellbereich, in dem sich die Überstunden befinden, im Beispiel also den Bereich B4:B15.

2 Im Feld *Benutzerdefiniertes Zellformat* erfassen Sie:

   [<=5]"";[>=15]"";Standard

3 Damit werden nur Werte angezeigt, die zwischen 5 und 15 liegen.

Hinweis

Nicht angezeigte Werte werden bei allen Berechnungen selbstverständlich korrekt berücksichtigt.

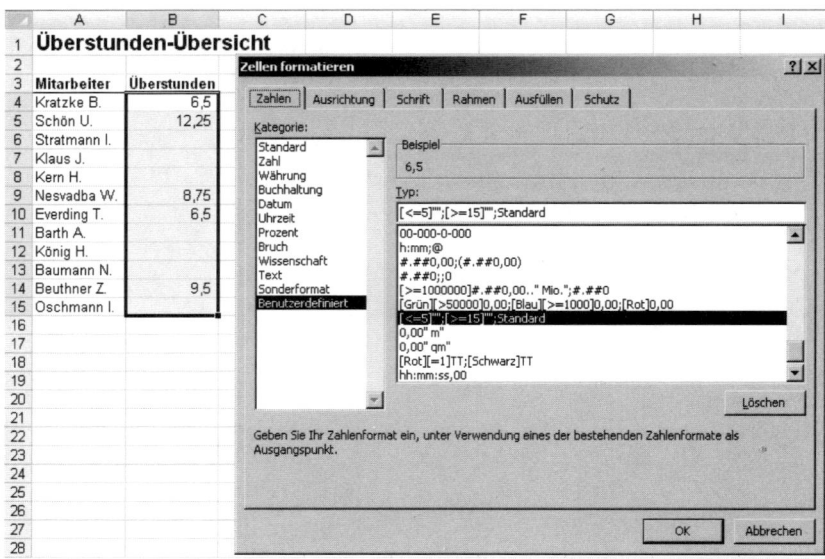

Tipp 8: Benutzerdefinierte Zahlenformate mit individuellen Zusatzangaben erstellen

Wird in Excel eine Zahl eingegeben, wird sie standardmäßig ohne Bezeichnung dargestellt. Es ist also auf den ersten Blick nicht ersichtlich, ob es sich um Euro, Kilogramm, Quadratmeter, Liter o. Ä. handelt.

In vielen Fällen ist es deshalb sehr hilfreich, direkt bei der erfassten Zahl die passende Bezeichnung mit auszugeben.

So geht's:

1 Markieren Sie den Zellbereich B5:C12.

2 Als benutzerdefiniertes Zahlenformat erfassen Sie *0,00" m"*. Achten Sie auf das Leerzeichen nach dem ersten Anführungszeichen. Damit wird die Meterangabe mit einem Leerzeichen von der Zahl getrennt.

3 Bestätigen Sie das Dialogfenster mit einem Klick auf *OK*.

4 Markieren Sie anschließend den Zellbereich D5:D12.

5 Wiederholen Sie die Schritte 2 und 3. Als Zellformat erfassen Sie allerdings *0,00" qm"*.

Sie sehen, die Meter- bzw. Quadratmeterangaben werden in der Zelle angezeigt, sobald der Wert eingegeben und mit Enter bestätigt wird. Selbstverständlich kann mit dieser Angabe wie gewohnt gerechnet werden. Auch lässt sich dieses Zellformat standardmäßig mit der Funktion *Format übertragen* auf andere Zellen anwenden.

	A	B	C	D
1	**Wohnflächenberechnung**			
2				
3				
4	Zimmer	Länge	Breite	Quadratmeter
5	Wohnzimmer	5,20 m	6,25 m	32,50 qm
6	Küche	4,00 m	4,25 m	17,00 qm
7	Bad	3,50 m	3,50 m	12,25 qm
8	Kinderzimmer I	4,75 m	3,50 m	16,63 qm
9	Kinderzimmer II	4,75 m	3,50 m	16,63 qm
10	Schlafzimmer	4,75 m	4,25 m	20,19 qm
11	Studio	6,00 m	4,00 m	24,00 qm
12	Flur	3,50 m	2,75 m	9,63 qm
13				
14	Gesamtfläche			148,81 qm

Tipp 9: Hundertstelsekunden darstellen

Im Umgang mit Zeiten stellt Excel standardmäßig Stunden-, Minuten- und Sekundenangaben über das Zahlenformat zur Verfügung. Im nächsten Beispiel erfahren Sie, wie Sie noch genauere Zeitangaben erhalten. Es ist nämlich ohne Weiteres möglich, auch Sekundenbruchteile anzeigen zu lassen.

So geht's:

1 Markieren Sie die gewünschte Zelle.

2 Die aktuelle Uhrzeit erfassen Sie beispielsweise über die Funktion *=JETZT()*.

3 Als benutzerdefiniertes Zahlenformat geben Sie *hh:mm:ss,00* ein.

4 Beenden Sie das Dialogfenster mit *OK*.

Die Zeitangabe wird nun mit der Angabe von Hundertstelsekunden angezeigt.

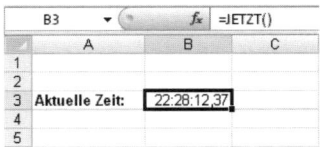

Sollen nur Zehntelsekunden angezeigt werden, verwenden Sie das Format: *hh:mm:ss,0*.

Hinweis

Die Funktion können Sie testen, indem Sie die Funktionstaste F9 drücken und gedrückt halten. Dabei wird die Excel-Tabelle neu berechnet, und es wird jeweils die aktuelle Uhrzeit in Zelle B3 angezeigt. So können Sie verfolgen, wie Excel die Zeit neu berechnet.

Tipp 10: Stunden über die 24-Stunden-Grenze hinaus darstellen

In einem Betrieb wird monatlich eine Überstundenliste erstellt, in der die Überstunden aller Mitarbeiter eingetragen werden. Die Überstunden werden im Zeitformat *hh:mm* in Stunden und Minuten erfasst. Bei der Summierung kommt es zu Problemen. Die Berechnung ergibt eine scheinbar viel zu geringe Stundenzahl. Tatsächlich ist es aber so, dass das Ergebnis stimmt und nur die Anzeige nicht korrekt ist.

So geht's:

1 Selektieren Sie die Zelle B17, da sich dort die Summe der einzelnen Stunden befindet.

2 In der Grundeinstellung erkennt Excel, dass es sich um ein Stundenformat handelt, und stellt die Summe im 24-Stunden-Modus dar. Die Summe der Überstunden beträgt 34 Stunden und 40 Minuten. Excel stellt in diesem Modus aber nur die Stundenzahl dar, die sich innerhalb des 24-Stunden-Zeitraums befindet, also 11:40 (=34:40 – 24:00).

3 Damit Excel den richtigen Wert von 34:40 darstellt, hinterlegen Sie folgendes benutzerdefinierte Zahlenformat: *[hh]:mm*.

Damit werden Uhrzeitangaben über die 24-Stunden-Grenze hinaus richtig angezeigt.

	A	B	C
1	Überstundenliste vom 30.06.2007		
2			
3			
4	Mitarbeiter	Überstunden Juni 2007	
5	Mitarbeiter 1	05:25	
6	Mitarbeiter 2	02:18	
7	Mitarbeiter 3	03:21	
8	Mitarbeiter 4	04:06	
9	Mitarbeiter 5	01:05	
10	Mitarbeiter 6	01:36	
11	Mitarbeiter 7	02:20	
12	Mitarbeiter 8	02:51	
13	Mitarbeiter 9	04:50	
14	Mitarbeiter 10	03:19	
15	Mitarbeiter 11	04:29	
16			
17	Summe Überstunden	35:40	
18			

Hinweis

Alternativ können Sie auch aus der Kategorie *Uhrzeit* den Eintrag *37:30:55* wählen. Damit wird das gleiche Ergebnis erzielt.

Tipp 11: Datenschutz über benutzerdefinierte Zellformate herstellen

Im nächsten Beispiel erfahren Sie, wie zur Verbesserung der Übersicht oder zur Erhöhung der Sicherheit Inhalte auf einem Tabellenblatt ausgeblendet werden können. Für weiterführende Berechnungen sollen die Daten jedoch nach wie vor zur Verfügung stehen. Im nachfolgenden Beispiel sollen die Bruttolöhne ausgeblendet werden.

So geht's:

1 Markieren Sie dazu den Bereich B4:B10.

2 Erfassen Sie ;;; als benutzerdefiniertes Zellformat.

3 Damit unterdrücken Sie die Anzeige sämtlicher Daten in einer Zelle. Allerdings sind sie in der Bearbeitungsleiste weiterhin zu sehen. Die so unterdrückten Werte werden aber selbstverständlich bei allen Berechnungen weiterhin berücksichtigt.

Sie sehen, dass der Eintrag in Zelle B3 nicht angezeigt wird, der Text aber über die Bearbeitungsleiste zur Verfügung steht.

Tipp 12: Dezimalzahl als Bruch anzeigen

Dezimalzahlen sollen bei der Erfassung direkt als gekürzte Brüche dargestellt werden. Auf dieser Basis sollen auch alle weiteren Berechnungen wie Additionen oder Subtraktionen durchgeführt werden. Sehen Sie sich dazu das folgende Beispiel näher an.

So geht's:

1 Markieren Sie die Zellen, die als Bruch formatiert werden sollen, im Beispiel die Zellen C4 und C5.

2 Als benutzerdefiniertes Zellformat geben Sie *???/???* ein.

3 Erfasste Dezimalzahlen werden sofort als gekürzter Bruch dargestellt. Auch Neueingaben in so formatierte Zellen werden direkt als Bruch angezeigt. In der Bearbeitungsleiste werden die Brüche allerdings weiterhin als Dezimalzahl ausgegeben.

4 Werden mit Brüchen Berechnungen durchgeführt, wird automatisch das Zellformat in die Ergebniszelle übernommen, und auch das Ergebnis wird als Bruch dargestellt.

	A	B	C
	Dezimalzahlen in Brüche		
1	**umwandeln**		
2			
3		Dezimal	Bruch
4	Wert 1	2,25	9/4
5	Wert 2	1,25	5/4
6			
7	Produkt	2,81	45/16
8			

Hinweis

Wenn Sie von Anfang an mit Brüchen arbeiten, können diese auch ohne spezielle Zellformatierung eingegeben werden. Erfassen Sie den Bruch 9/4 in Excel als 0 9/4. Wichtig ist, dass die 0 mit einem nachfolgenden Leerzeichen eingegeben wird, ansonsten erkennt Excel den Bruch nicht korrekt.

→ Verweis: siehe Kapitel 4.11, Tipp 5

Tipp 13: Zahlen buchhalterisch als Soll und Haben anzeigen

In Buchhaltungsunterlagen ist es üblich, positive Werte (Sollwerte) mit einem vor- oder nachgestellten S und negative Werte (Habenwerte) mit einem vor- oder nachgestellten H darzustellen. Das folgende Beispiel zeigt, wie sich das mit benutzerdefinierten Zellformaten realisieren lässt.

So geht's:

1 Markieren Sie die Zellbereiche C4:C13 und F4:F14.

2 Geben Sie folgendes benutzerdefinierte Zellformat an:
"S" #.##0,00;"H" #.##0,00.

	A	B	C	D	E	F
1	**Summen- und Saldenliste**					
2						
3	Konto	Bezeichnung	Saldovortra	JVZ-S	JVZ-H	Saldo
4	1000	Kasse	S 125,97	512,36	512,25	S 126,08
5	1100	Postbank	S 47.235,91	56.324,20	64.253,22	S 39.306,89
6	1200	Raiba	S 1.325,64	2.453,50	1.423,36	S 2.355,78
7	1210	Spk 1	H 10.235,56	25.356,30	1.523,97	S 13.596,77
8	1220	Spk 2	S 24.632,98	536,55	34.625,41	H 9.455,88
9	1240	HVB 1	S 15.784,05	25.693,37	597,36	S 40.880,06
10	1250	HVB 2	H 2.536,85	59.536,89	65.635,25	H 8.635,21
11	1260	Diba 1	S 42.352,68	12.536,98	5.796,83	S 49.092,83
12	1290	Commerzbank	H 542,22	698,20	50,27	S 105,71
13	1310	Durchlauf	S 0,00	2.536,36	2.536,36	S 0,00

Sie sehen, wie gewünscht werden positive Werte als Sollwerte und negative Werte als Habenwerte dargestellt. Die Darstellung ist aber ein wenig unübersichtlich. Besser wäre es, wenn die Zusätze S und H jeweils linksbündig in der Zelle dargestellt würden.

Ändern Sie das Zellformat dazu wie folgt ab: *"S"* #.##0,00;"H"* #.##0,00*. Der Stern (*) führt dazu, dass die Zelle bis zum Beginn der jeweiligen Zahl mit Leerzeichen aufgefüllt wird.

	A	B	C	D	E	F
1	**Summen- und Saldenliste**					
2						
3	Konto	Bezeichnung	Saldovortrag	JVZ-S	JVZ-H	Saldo
4	1000	Kasse	S	125,97	512,36	512,25 S	126,08
5	1100	Postbank	S	47.235,91	56.324,20	64.253,22 S	39.306,89
6	1200	Raiba	S	1.325,64	2.453,50	1.423,36 S	2.355,78
7	1210	Spk 1	H	10.235,56	25.356,30	1.523,97 S	13.596,77
8	1220	Spk 2	S	24.632,98	536,55	34.625,41 H	9.455,88
9	1240	HVB 1	S	15.784,05	25.693,37	597,36 S	40.880,06
10	1250	HVB 2	H	2.536,85	59.536,89	65.635,25 H	8.635,21
11	1260	Diba 1	S	42.352,68	12.536,98	5.796,83 S	49.092,83
12	1290	Commerzbank	H	542,22	698,20	50,27 S	105,71
13	1310	Durchlauf	S	0,00	2.536,36	2.536,36 S	0,00

➜ Verweis: siehe Kapitel 2.2, Tipp 3

Tipp 14: Eigene Zellformatvorlagen definieren

Auf den letzten Seiten haben Sie einige neue benutzerdefinierte Formate erstellt. In diesem Tipp erfahren Sie, wie der Zugriff darauf beschleunigt werden kann. Da sich die Vorgehensweisen in Excel 2003 und ab Excel 2007 erheblich unterscheiden, erfolgen die Erläuterungen getrennt.

So geht's ab Excel 2007:

1 Öffnen Sie den Befehl über das Menü *Start/Formatvorlagen/Zellformatvorlagen/Neue Zellenformatvorlage*.

2 Nennen Sie die neue Formatvorlage *Quadratmeter*.

3 Öffnen Sie das Dialogfenster zur Zellformatierung mit einem Klick auf die Schaltfläche *Formatieren*.

4 Wählen Sie auf der Registerkarte *Zahlen* die Kategorie *Benutzerdefiniert*.

5 Erfassen Sie als *Typ* folgendes Format: *#,00" qm"*.

6 Beenden Sie die geöffneten Dialogfenster jeweils mit einem Klick auf *OK*.

Wenn Sie nun die Zellformatvorlage erneut aufrufen, wurde unter der Rubrik *Benutzerdefiniert* der neue Eintrag *Quadratmeter* hinzugefügt. Über diese Schaltfläche können Sie nun schnell und gezielt Zahlen mit dem neuen Format belegen.

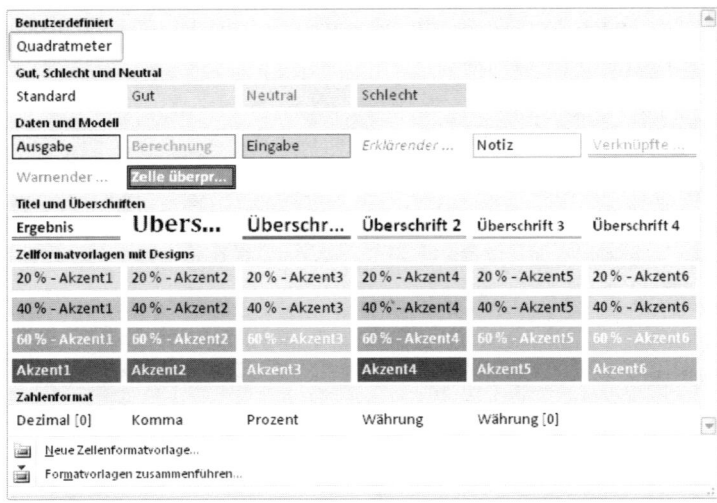

So geht's unter Excel 2003:

Erster Schritt:

1 Klicken Sie mit der rechten Maustaste auf eine beliebige Symbolleiste.

2 Wählen Sie im Kontextmenü den Eintrag *Anpassen*.

3 Aktivieren Sie die Registerkarte *Befehle* und wählen Sie die Kategorie *Format* aus.

4 Ziehen Sie das Drop-down-Menü *Format-vorlage* mit gedrückter linker Maustaste auf die *Format*-Symbolleiste.

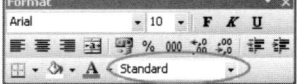

5 Beenden Sie das Dialogfenster mit *Schließen*.

Zweiter Schritt:

1 Markieren Sie eine Zelle, in der sich das Format befindet, das in die Vorlage übernommen werden soll. In diesem Beispiel ist das eine Zelle mit dem Format *Quadratmeter*.

2 Aktivieren Sie das eingefügte Drop-down-Menü *Formatvorlage* und tragen Sie dort den Text *Quadratmeter* ein.

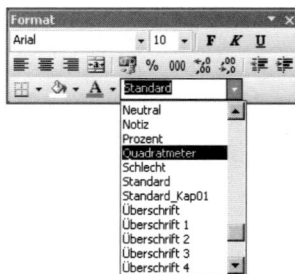

3 Beenden Sie die Eingabe mit *OK*.

4 Jetzt befindet sich im Drop-down-Menü der neue Eintrag *Quadratmeter*, der auf beliebige Zellen angewendet werden kann.

Die so definierten Formatvorlagen stehen nun in der gesamten Arbeitsmappe zur Verfügung.

2.3 Profitipps und -tricks für den Alltag

Nachfolgend erhalten Sie anhand einiger Beispiele Einblicke in die Formatierungsmöglichkeiten von Excel. Gezielt eingesetzt, werden diese Tipps sicherlich eine Bereicherung für Ihre Kalkulationsmodelle darstellen.

Tipp 1: Zwei Überschriften in einer einzigen Zelle anzeigen

Eine häufig vorkommende Praxisanforderung besteht darin, zwei Überschriften in eine einzige Zelle einzutragen. In den meisten Tabellen wird jeweils eine eigene Überschrift für die Daten der Zeilen wie für die Spalten gesetzt. Mit diesem Trick können beide Überschriften in einer einzigen Zelle platzsparend eingetragen werden.

So geht's:

1 Selektieren Sie die Zelle A4.

2 Erfassen Sie die Überschriften *Prov-Satz* und *Umsatz*.

3 Setzen Sie den Cursor in der Bearbeitungsleiste hinter *Prov-Satz*.

4 Drücken Sie die Tastenkombination [Alt]+[Enter] zweimal hintereinander.

5 Drücken Sie die Tastenkombination [Strg]+[Enter], um die Änderungen zu übernehmen, ohne die Zelle zu verlassen.

6 Öffnen Sie über das Menü *Start/Zellen/Format/Zellen formatieren* das Dialogfenster *Zellen formatieren* (Excel 2003: Menü *Format/Zellen*).

7 Wechseln Sie zur Registerkarte *Rahmen* und definieren Sie einen diagonalen Zellstrich.

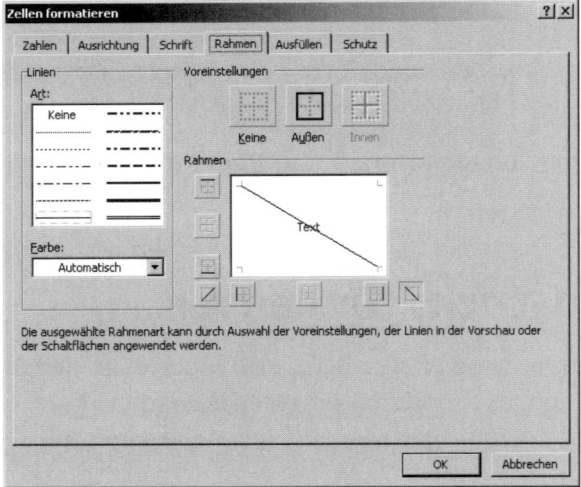

8 Nachdem der Rahmen festgelegt ist, wechseln Sie zur Registerkarte *Ausrichtung*.

9 Legen Sie als horizontale Textausrichtung den Eintrag *Links* und als vertikale Textausrichtung den Eintrag *Verteilt* fest.

10 Beenden Sie den Dialog mit der Schaltfläche *OK*.

11 Setzen Sie nun den Cursor in der Bearbeitungsleiste vor den Eintrag *Prov-Satz* und fügen Sie noch einige Leerzeichen ein, bis der Eintrag so weit wie gewünscht nach rechts rückt.

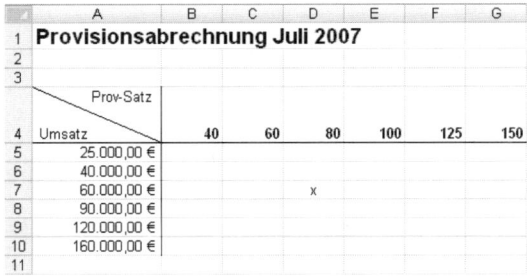

	A	B	C	D	E	F	G
1	**Provisionsabrechnung Juli 2007**						
2							
3							
	Prov-Satz						
4	Umsatz	40	60	80	100	125	150
5	25.000,00 €						
6	40.000,00 €						
7	60.000,00 €		x				
8	90.000,00 €						
9	120.000,00 €						
10	160.000,00 €						
11							

Als Ergebnis erhalten Sie eine Zelle mit den beiden Überschriften, die durch einen diagonalen Strich voneinander getrennt sind.

Tipp 2: Zellinhalte auf Textfelder verlinken

In diesem Beispiel sehen Sie, wie Zellinhalte in einem Textfeld angezeigt werden können. Der Vorteil liegt darin, dass Textfeldelemente beliebig formatiert und grafisch gestaltet werden können.

So geht's:

1 Fügen Sie über das Menü *Einfügen/Illustrationen/Formen* aus dem Abschnitt *Standardformen* ein Textfeld an einer beliebigen Stelle auf dem Tabellenblatt ein (Excel 2003: Symbolleiste *Zeichnen*, Symbol *Textfeld*).

2 Markieren Sie das Textfeld und geben Sie in der Bearbeitungsleiste den Zellbezug auf die Zelle ein, deren Inhalt in dem Textfeld angezeigt werden soll. Im Beispiel soll der Inhalt von Zelle E16 in der Box angezeigt werden. Geben Sie entsprechend den Bezug =E16 in der Bearbeitungsleiste an.

3 Nachdem der Verweis erfasst und die Eingabe mit [Enter] bestätigt wurde, wird der Zellinhalt sofort im Textfeld angezeigt.

4 Wenn Sie auf das Textfeld doppelklicken, werden alle Formatierungsmöglichkeiten in der Multifunktionsleiste angezeigt.

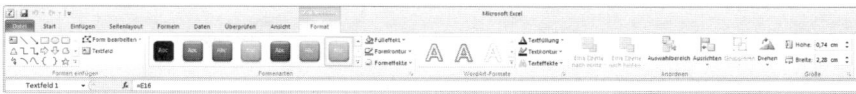

5 Wählen Sie dort unter *Formenarten* eine Form. Hier können Sie Ihrer Kreativität freien Lauf lassen.

6 Ist die Formatierung abgeschlossen, wird der Zellinhalt wie gewünscht im Textfeld angezeigt.

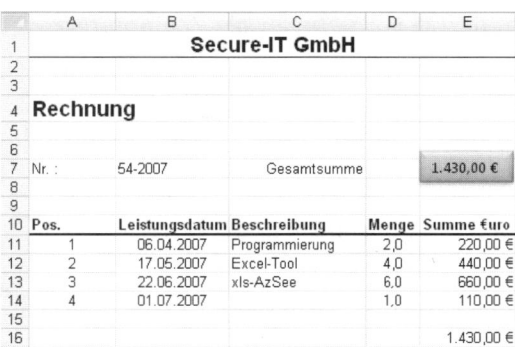

Tipp 3: Teilergebnissummen automatisch hervorheben

Als Ausgangsliste für dieses Beispiel liegt eine Lagerliste vor, die in Artikelgruppe und Lagerort gegliedert ist. Zur Verbesserung der Übersichtlichkeit und Lesbarkeit sollen die Zwischen- und Endsummen farbig hervorgehoben werden. Sie können die Summenzeilen zwar alle manuell markieren und einfärben, schneller geht es aber mit folgendem Trick unter Verwendung der bedingten Formatierung.

So geht's:

Sehen Sie sich zuerst die Ausgangstabelle mit den eingefügten Teilergebnissen an.

Um den Teilsummenzeilen nun Farben hinzuzufügen, gehen Sie wie folgt vor:

	A	B	C	D
1	**Lagerübersicht**			
2				
3				
4	Artikelnummer	Artikelgruppe	Lagerort	Anzahl
5	47110	Gruppe A	Lager 1	55
6	47120	Gruppe A	Lager 1	356
7	47130	Gruppe A	Lager 1	329
8			Lager 1 Ergebnis	740
9	47140	Gruppe A	Lager 2	552
10	47150	Gruppe A	Lager 2	142
11			Lager 2 Ergebnis	694
12		**Gruppe A Ergebnis**		1434
13	48110	Gruppe B	Lager 3	481
14	48120	Gruppe B	Lager 3	182
15	48130	Gruppe B	Lager 3	32
16			Lager 3 Ergebnis	695
17	48140	Gruppe B	Lager 4	418
18	48150	Gruppe B	Lager 4	291
19			Lager 4 Ergebnis	709
20		**Gruppe B Ergebnis**		1404
21		**Gesamtergebnis**		2838
22				

1 Markieren Sie den Bereich A5:D20.

2 Öffnen Sie die bedingte Formatierung.

3 Als Regeltyp wählen Sie *Formel zur Ermittlung der zu formatierenden Zellen verwenden* aus (Excel 2003: Bedingung *Formel ist*).

4 Erfassen Sie als Formel =$B5="". Damit wird die jeweilige Zeile formatiert, in der in Spalte B kein Eintrag vorhanden ist.

5 Legen Sie über die Schaltfläche *Formatieren* als Zellhintergrundfarbe Grün fest.

6 Wiederholen Sie Schritt 3 und erfassen Sie als Formel =$C5="".

7 Als Zellhintergrund definieren Sie Gelb.

8 Sobald Sie den Dialog beendet haben, werden die Teilergebnissummen entsprechend eingefärbt.

Sie sehen, die Auswertung sieht jetzt ein ganzes Stück übersichtlicher und strukturierter aus.

	A	B	C	D
1	**Lagerübersicht**			
2				
3				
4	Artikelnummer	Artikelgruppe	Lagerort	Anzahl
5	47110	Gruppe A	Lager 1	55
6	47120	Gruppe A	Lager 1	356
7	47130	Gruppe A	Lager 1	329
8			Lager 1 Ergebnis	740
9	47140	Gruppe A	Lager 2	552
10	47150	Gruppe A	Lager 2	142
11			Lager 2 Ergebnis	694
12		**Gruppe A Ergebnis**		1434
13	48110	Gruppe B	Lager 3	481
14	48120	Gruppe B	Lager 3	182
15	48130	Gruppe B	Lager 3	32
16			Lager 3 Ergebnis	695
17	48140	Gruppe B	Lager 4	418
18	48150	Gruppe B	Lager 4	291
19			Lager 4 Ergebnis	709
20		**Gruppe B Ergebnis**		1404
21		**Gesamtergebnis**		2838

Tipp 4: Einträge links- und rechtsbündig in einer Zelle anzeigen

Zelleinträge innerhalb einer Zelle sollen gleichzeitig links- und rechtsbündig angezeigt werden. So soll beispielsweise linksbündig die Abkürzung „vorl." für das Wort vorläufig stehen, und die Zahl soll rechtsbündig ausgegeben werden. Für diese Aufgabenstellung gibt es zwei Lösungen, die nachfolgend dargestellt werden.

So geht's mit dem benutzerdefinierten Zellformat:

1   Öffnen Sie das Dialogfenster *Zellen formatieren* über das Menü *Start/ Zellen/Format/Zellen formatieren* (Excel 2003: Menü *Format/Zellen*).

2   Wechseln Sie zur Registerkarte *Zahlen*.

3   Wählen Sie unter *Kategorie* den Eintrag *Benutzerdefiniert*.

4   Als benutzerdefiniertes Zahlenformat geben Sie Folgendes ein:

   "vorl."* #.##0,00;"vorl."* -#.##0,00

   Beachten Sie die Leerstelle nach dem Stern.

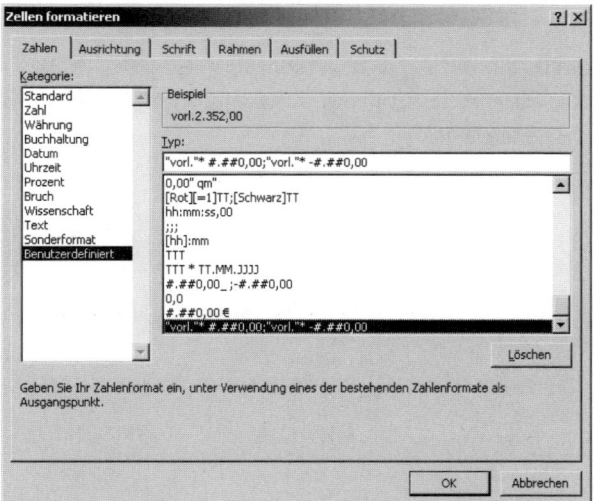

5   Beenden Sie den Dialog mit *OK*.

Jetzt werden alle Zellen, die mit diesem Zahlenformat belegt sind, mit linksbündig vorangestelltem Text *vorl.* dargestellt. In diesem Beispiel wurde der Bereich C5:C16 mit diesem benutzerdefinierten Zahlenformat belegt. Dabei spielt die Spaltenbreite keine Rolle. Der Text wird auf jeden Fall linksbündig und die Zahl immer rechtsbündig dargestellt.

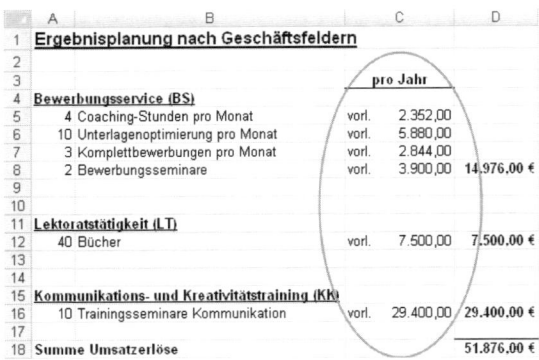

So geht's über eine Formellösung:

In der Ausgangsdatei liegen eine Artikelliste mit Artikelnummern in Spalte A und Artikelbezeichnungen in Spalte B vor. In Spalte C sollen die Artikelnummern und die Bezeichnungen zusammengefasst werden. Die Zeichenanzahl soll dabei einheitlich in jeder Zelle 35 Zeichen betragen.

1 Erfassen Sie in Zelle C4 diese Funktion:

   =A4&WIEDERHOLEN(" ";$E$1-LÄNGE(A4)-LÄNGE(B4))&B4

2 Kopieren Sie sie bis zur Zelle C13 nach unten.

3 Als Schriftart müssen Sie eine nicht proportionale Schrift wie beispielsweise Courier, Terminal oder Consolas verwenden. Nur damit kann der Effekt erzielt werden.

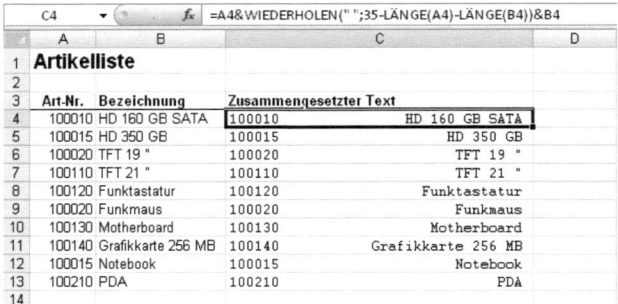

Profitipp

Im obigen Beispiel muss die Zellenbreite vorgegeben werden. Soll Excel die Zellenbreite abhängig vom längsten Zelleintrag selbst ermitteln, verwenden Sie folgende Funktion:

=A4&WIEDERHOLEN(" ";MAX(LÄNGE(A1:A1000)+LÄNGE(B1:B1000))+3-LÄNGE(A4)-LÄNGE(B4))&B4

Da es sich um eine Matrixfunktion handelt, müssen Sie sie mit der Tastenkombination [Strg]+[Umschalt]+[Enter] abschließen.

Tipp 5: Ziffern in verschiedenen internationalen Ziffernzeichen anzeigen

Als Ausgangsdatei liegt eine Rechnung vor. Die Werte der Rechnung sollen in indischen Ziffernzeichen dargestellt werden, da die Warenlieferung nach Bangalore (Indien) stattfand.

So geht's:

Ausgangsbasis ist eine Rechnung, deren Werte in arabischen (westlichen) Zeichen dargestellt sind.

In der Spalte rechts neben den arabischen Ziffern sollen die Werte in indischen Ziffernzeichen angezeigt werden.

	A	B	C	D	E
1			Secure-IT Inc.		
2					
3					
4	**Invoice**				
5					
6					
7	No.	54-2007			
8					
9					
10	**Pos.**	**Date**	**Text**	**Quantity**	**Total**
11	1	06.04.2007	Computer	110,0	76.450,00
12	2	17.05.2007	Betriebssystem	110,0	32.890,00
13	3	22.06.2007	Monitore	110,0	16.390,00
14	4	01.07.2007	Drucker	27,0	12.150,00
15					
16				**Total**	137.880,00
17					

1 Erfassen Sie in Zelle G10 (außerhalb des Druckbereichs) den Code für das indische Zahlenformat. Der Code lautet *[$-020E0407]0*.

2 In Zelle F11 erfassen Sie die Funktion *=TEXT(E11;$G$10* zum Formatieren der Ziffern.

3 Kopieren Sie diese Funktion bis zur Zelle G16 nach unten. Damit werden alle Zahlen aus Spalte E in das indische Zahlenformat übersetzt.

	A	B	C	D	E	F
1			Secure-IT Inc.			
2						
3						
4	**Invoice**					
5						
6						
7	No.	54-2007				
8						
9						
10	**Pos.**	**Date**	**Text**	**Quantity**	**Total**	**Indisch**
11	1	06.04.2007	Computer	110,0	76.450,00	٧٦٤٥٠
12	2	17.05.2007	Betriebssystem	110,0	32.890,00	٣٢٨٩٠
13	3	22.06.2007	Monitore	110,0	16.390,00	١٦٣٩٠
14	4	01.07.2007	Drucker	27,0	12.150,00	١٢١٥٠
15						
16				**Total**	137.880,00	١٣٧٨٨٠

159

Hinweis

Soll keine zusätzliche Spalte auf der Rechnung erscheinen, können Sie die Zahlen auch über das benutzerdefinierte Zahlenformat in den jeweiligen Zeichencode übersetzen.

Erfassen Sie dazu das benutzerdefinierte Zahlenformat *#.### [$-20E0407]*.

Die wichtigsten Codes für internationale Ziffernzeichen:

Zahlensystem	Code
Westlich	[$010E0407]0
Thai	[$0D0E0407]0
Japanisch 1	[$1B0E0407]0
Chinesisch	[$1F0E0407]0
Koreanisch	[$270E0407]0
Arabisch-Indisch	[$010E0407]0
Telugu	[$0A0E0407]0

Tipp 6: Uhrzeitangaben grafisch als Analoguhr darstellen

In diesem Beispiel sehen Sie, wie Uhrzeitangaben als Analoguhr dargestellt werden können. In einem Kalender soll für jede volle Stunde das entsprechende Uhrzeitsymbol mit der richtigen Uhrzeit angezeigt werden. Dabei sollen zur erfassten Uhrzeit automatisch die richtigen Symbole zugewiesen werden.

So geht's:

Damit die einzelnen Symbole zur passenden Uhrzeit angezeigt werden, gehen Sie wie folgt vor:

1 Erfassen Sie in Zelle B4 folgende Funktion:

   =ZEICHEN(WENN(A6<=0,5;A6*24;(A6-0,5)*24)+182)

2 Kopieren Sie diese Funktion bis zur Zelle B17 nach unten.

3 Legen Sie für die komplette Spalte B die Schriftart Wingdings fest. In dieser Schriftart stehen die dafür notwendigen Uhrzeitsymbole zur Verfügung.

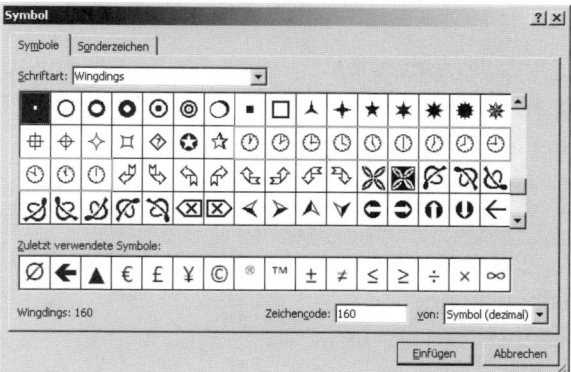

Als Ergebnis wird das korrekte Uhrsymbol der jeweils eingetragenen Uhrzeitangabe zugewiesen. Die Minutenangabe ist dabei irrelevant und bleibt bei der Anzeige der Symbole unberücksichtigt.

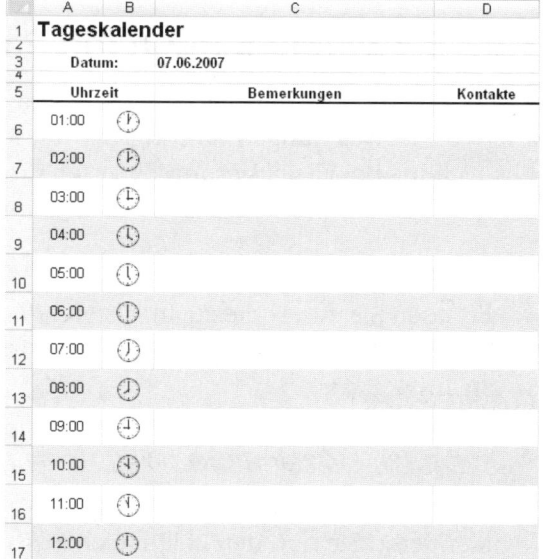

Hinweis

Natürlich können auch Uhrzeiten über die Zwölf-Uhr-Stundengrenze hinaus dargestellt werden. 13:00 Uhr wird mit dem gleichen Symbol bedacht wie 01:00 Uhr.

Tipp 7: Eingaben komplett anders darstellen

Eine weitere, recht perfide Methode, den Anwender in die Irre zu leiten, erzielen Sie wiederum mit einem besonderen benutzerdefinierten Format.

So geht's:

1 Öffnen Sie eine neue Tabelle und rufen Sie über das Kontextmenü der rechten Maustaste den Befehl *Zellen formatieren* auf.

2 Wählen Sie im Register *Zahlen* die Kategorie *Benutzerdefiniert*.

3 Erfassen Sie im Feld *Typ* den Eintrag *"kein"* @ und verlassen Sie den Dialog mit *OK*.

4 Tragen Sie in die aktive Zelle nun etwas ein. Wie Sie sehen können, erscheint jetzt ein völlig anderer Text als der, den Sie erfasst haben.

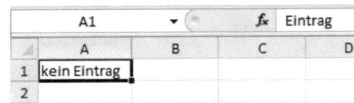

Tipp 8: Abweichungen mit Smileys visualisieren

Besondere Smileys sind nach wie vor sehr beliebte Symbole zur Darstellung von Abweichungen. Wenngleich diese Art der Hervorhebung einer Abweichung bei Visualisierungsexperten umstritten ist, möchten wir Ihnen dennoch zeigen, wie Sie dieses Visualisierungsmittel einsetzen können.

So geht's:

1 Erfassen Sie zuerst die zu analysierenden Daten, d. h. Ist- und Planwerte, sowie deren Abweichungen, wie in der nächsten Abbildung dargestellt.

2 Geben Sie dann in Zelle F6 die Formel *=WENN(C6<D6;ZEICHEN(76); WENN(C6=D6;ZEICHEN(75);ZEICHEN(74)))* ein und kopieren Sie sie nach unten.

3 Markieren Sie nun den Zellbereich F6:F10 und rufen Sie über die rechte Maustaste den Befehl *Zellen formatieren* auf. Wechseln Sie anschließend zum Register *Schrift* und wählen Sie als *Schriftart* den Typ *Wingdings*.

4 Rufen Sie jetzt über *Start/Formatvorlagen/Bedingte Formatierung* (Excel 2003: Menü *Format/Bedingte Formatierung*) den Befehl *Neue Regel* auf und wählen Sie aus dem Feld *Regeltyp auswählen* den Eintrag *Formel zur Ermittlung der zu formatierenden Zellen verwenden*.

5 Erfassen Sie im Feld *Werte formatieren, für die diese Formel wahr ist* (Excel 2003: Feld *Bedingung 1*, Einstellung *Formel*) für den Fall einer negativen Abweichung die Formel *=C6<D6* und wählen Sie über die Schaltfläche *Formatieren* im Register *Schrift* als *Farbe* Rot aus (Excel 2003: Register *Muster*, Bereich *Zellenschattierung*).

6 Verfahren Sie mit den anderen Fällen (Ist > Plan und Ist = Plan) analog. Wählen Sie hier jedoch andere Farben aus, z. B. Grün und Gelb.

	F6	▼	*fx*	=WENN(C6<D6;ZEICHEN(76);WENN(C6=D6;ZEICHEN(75);ZEICHEN(74)))					
	A	B	C	D	E	F	G	H	I
1									
2									
3		Umsatzanalyse							
4									
5			Ist	Plan	Ist-Plan				
6		Art 4711	500	400	100	☺			
7		Art 4712	700	500	200	☺			
8		Art 4713	400	400	0				
9		Art 4714	300	600	-300	☹			
10		Art 4715	400	500	-100	☹			
11									

Die Funktionsargumente:

➢ *WENN:* Hier werden die drei Bedingungen (Ist < Plan, Ist > Plan und Ist = Plan) abgefragt, und je nach Fall wird ein Zeichen zurückgegeben.

➢ *ZEICHEN*: Über diese Funktion wird das der Codezahl entsprechende Zeichen zurückgegeben. In Wingdings entsprechen die drei Zahlen *74*, *75* und *76* im Argument der Funktion den drei Smileys.

Tipp 9: Unerwünschte Zeichen mit einer eigenen Funktion entfernen

Unerwünschte Zeichen können entweder manuell und zeitaufwendig oder blitzschnell mit einem kleinen Makro aus den Zellen entfernt werden. Hierzu bedarf es der Definition einer neuer Excel-Funktion. Einmal mit ein paar Zeilen VBA-Code eingerichtet, kann sie sofort wie jede andere gewöhnliche Excel-Funktion eingesetzt werden.

So geht's:

1 Wechseln Sie über die Tastenkombination [Alt]+[F11] zum VBA-Editor und fügen Sie ein neues Modul ein.

2 Erfassen Sie dann die folgende benutzerdefinierte Funktion:

Listing 1:

```
Function EntfernenZelle(rngZelle As Range)
Dim varz As Integer
Application.Volatile
For varz = 1 To Len(rngZelle)
Select Case Mid(rngZelle, varz, 1)
```

- Case "-", "/", "\", "?", "!", ":", ";"
- 'Zeichen, die ignoriert werden sollen
- Case Else
- 'übrige Zeichen werden verarbeitet
- EntfernenZelle = EntfernenZelle & Mid(rngZelle, varz, 1)
- End Select
- Next varz
- End Function

3 Geben Sie jetzt in Zelle A1 und in die darunterliegenden Zellen ein paar Zahlen und Text ein, in denen auch die auszuschließenden Zeichen vertreten sind.

4 Rufen Sie dann die soeben erstellte benutzerdefinierte Funktion in Zelle B1 auf, indem Sie die Formel =GLÄTTEN(EntfernenZelle(A1)) hinterlegen. Kopieren Sie diese Formel auch in die darunterliegenden Zellen.

5 Als Ergebnis erhalten Sie in Zelle B1 und darunter den angepassten Text bzw. die angepasste Zahl.

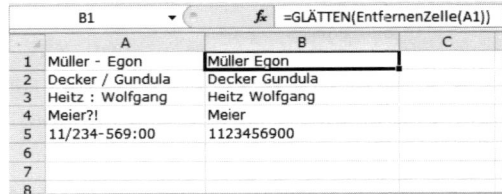

Die Funktionsargumente:

➢ *EntfernenZelle:* Diese selbst erstellte Funktion löscht diverse Sonderzeichen aus der Zelle. Die Funktion kann wie eine „normale" Excel-Funktion zusammen mit anderen Excel-Funktionen kombiniert werden.

➢ *GLÄTTEN:* Mit dieser Funktion löschen Sie Leerzeichen aus dem Text.

Funktionsübersicht

Funktion	Erläuterung
ADRESSE(Zeile;Spalte;Abs;A1; Tabellenname)	Liefert einen Bezug auf eine Zelle einer Tabelle als Text.
BEREICH.VERSCHIEBEN(Bezug; Zeilen;Spalten;Höhe;Breite)	Gibt einen Bezug zurück, der gegenüber dem angegebenen Bezug versetzt ist. Der zurückgegebene Bezug kann eine einzelne Zelle oder ein Zellbereich sein. Sie können die Anzahl der zurückzugebenden Zeilen und Spalten festlegen.
DATUM(Jahr;Monat;Tag)	Gibt die fortlaufende Zahl zurück, die ein bestimmtes Datum darstellt. Wenn für das Zellformat vor der Eingabe der Funktion die Option *Allgemein* eingestellt war, wird das Ergebnis als Datum formatiert.

Funktion	Erläuterung
FINDEN(Suchtext;Text;Erstes_Zeichen)	Mithilfe von *FINDEN* können Sie eine Textzeichenfolge innerhalb einer zweiten Textzeichenfolge suchen und die Anfangsposition der ersten Textzeichenfolge, vom ersten Zeichen der zweiten Textzeichenfolge aus gezählt, zurückgeben.
GROSS(Text)	Wandelt Text in Großbuchstaben um.
HEUTE()	Gibt die fortlaufende Zahl des heutigen Datums zurück.
INDEX(Matrix;Zeile;Spalte) INDEX(Bezug;Zeile;Spalte;Bereich)	Gibt einen Wert oder den Bezug zu einem Wert aus einer Tabelle oder einem Bereich zurück. Die Funktion *INDEX()* gibt es in zwei Versionen: Matrixversion und Bezugsversion. Die Matrixversion gibt immer einen Wert oder eine Matrix aus Werten zurück, die Bezugsversion gibt immer einen Bezug zurück.
INDIREKT(Bezug;A1)	Gibt den Bezug eines Textwerts zurück. Bezüge werden sofort ausgewertet, sodass die zu ihnen gehörenden Werte angezeigt werden. Verwenden Sie die *INDIREKT*-Funktion, um den Bezug auf eine in einer Formel befindliche Zelle zu ändern, ohne die Formel selbst zu ändern.
ISTBEZUG(Wert)	*Wert* bezieht sich auf einen Bezug.
ISTFEHL(Wert)	*Wert* bezieht sich auf einen Fehlerwert mit Ausnahme von *#NV*.
ISTFEHLER(Wert)	*Wert* bezieht sich auf einen beliebigen Fehlerwert (*#NV*, *#WERT!*, *#BEZUG!*, *#DIV/0!*, *#ZAHL!*, *#NAME?* oder *#NULL!*).
ISTKTEXT(Wert)	*Wert* bezieht sich auf ein Element, das kein Text ist. (Beachten Sie, dass diese Funktion *WAHR* zurückgibt, wenn sich der Wert auf eine leere Zelle bezieht.)
ISTLEER(Wert)	Prüft, ob eine Zelle leer ist, und gibt entsprechend *WAHR* zurück.
ISTLOG(Wert)	*Wert* bezieht sich auf einen Wahrheitswert.
ISTNV(Wert)	*Wert* bezieht sich auf den Fehlerwert *#NV* (Wert nicht verfügbar).
ISTTEXT(Wert)	Prüft, ob sich in einer Zelle Text befindet, und gibt entsprechend *WAHR* zurück.
ISTZAHL(Wert)	Prüft, ob sich in einer Zelle eine Zahl befindet, und gibt entsprechend *WAHR* zurück.
JAHR(Zahl)	Wandelt eine fortlaufende Zahl in eine Jahreszahl um. Das Jahr wird als ganze Zahl zurückgegeben, die einen Wert von 1900 bis 9999 annehmen kann.
JETZT( )	Liefert die fortlaufende Zahl des aktuellen Datums und der aktuellen Uhrzeit.
KLEIN(Text)	Wandelt einen Text in Kleinbuchstaben um.

Funktion	Erläuterung
KÜRZEN(Zahl;Anzahl_Stellen)	Schneidet die Kommastellen der Zahl ab und gibt als Ergebnis eine ganze Zahl zurück.
LÄNGE(Text)	Gibt die Anzahl der Zeichen einer Zeichenfolge zurück.
LINKS(Text;Anzahl_Zeichen)	Gibt auf der Grundlage der Anzahl von Zeichen, die Sie angeben, das oder die erste(n) Zeichen in einer Textzeichenfolge zurück.
MAX(Zahl1;Zahl2;...)	Gibt den größten Wert innerhalb einer Argumentliste zurück.
MIN(Zahl1;Zahl2;...)	Gibt den kleinsten Wert innerhalb einer Argumentliste zurück.
MONAT(Zahl)	Wandelt eine fortlaufende Zahl in einen Monat um. Der Monat wird als ganze Zahl ausgegeben, die einen Wert von 1 (Januar) bis 12 (Dezember) annehmen kann.
ODER(Wahrheitswert1; Wahrheitswert2;...)	Gibt *WAHR* zurück, wenn ein Argument wahr ist. Gibt *FALSCH* zurück, wenn alle Argumente falsch sind.
REST(Zahl;Divisor)	Gibt den Rest einer Division zurück. Das Ergebnis hat dasselbe Vorzeichen wie *Divisor*.
SPALTE(Bezug)	Gibt die Spaltennummer eines Bezugs zurück.
TEXT(Wert;Textformat)	Formatiert eine Zahl und wandelt sie in Text um.
UND(Wahrheitswert1; Wahrheitswert2;...)	Gibt *WAHR* zurück, wenn alle Argumente wahr sind. Sind die Aussagen eines oder mehrerer Argumente falsch, gibt diese Funktion den Wert *FALSCH* zurück.
VERGLEICH(Suchkriterium; Suchmatrix;Vergleichstyp)	Sucht Werte innerhalb eines Bezugs oder einer Matrix. Verwenden Sie *VERGLEICH* immer dann statt einer der *VERWEIS*-Funktionen, wenn Sie die Position eines Elements in einem Bereich und nicht das Element selbst benötigen.
WENN(Prüfung;Dann_Wert; Sonst_Wert)	Prüft, ob eine Bedingung zutrifft, also wahr oder falsch ist, und macht das Ergebnis vom Resultat der Prüfung abhängig.
WIEDERHOLEN(Text; Multiplikator)	Wiederholt einen Text so oft wie angegeben. Verwenden Sie *WIEDERHOLEN*, um eine Zeichenfolge in einer bestimmten Häufigkeit in eine Zelle einzugeben.
WOCHENTAG(Zahl,Typ)	Wandelt eine fortlaufende Zahl in einen Wochentag um. Der Tag wird standardmäßig als ganze Zahl ausgegeben, die einen Wert von 1 (Sonntag) bis 7 (Samstag) annehmen kann.
ZEICHEN(Zahl)	Gibt das der Codezahl entsprechende Zeichen zurück.
ZEILE(Bezug)	Liefert die Zeilennummer eines Bezugs.
ZELLE(Infotyp; Bezug)	Gibt Informationen zur Formatierung, der Position oder dem Inhalt der Zelle links oben in einem Bezug zurück.

So haben Sie Arbeitsmappen und Tabellen-blätter voll im Griff

Dieses Kapitel zeigt den Umgang mit Tabellenblättern und Arbeitsmappen anhand von Praxisbeispielen. Der erste Abschnitt beschäftigt sich mit Tabellenblättern. Sie erfahren zum Beispiel, wie Zugriffe auf Bereiche eingeschränkt werden können und welche Schutzmechanismen bestehen. Der zweite Abschnitt widmet sich dem Thema Arbeits-

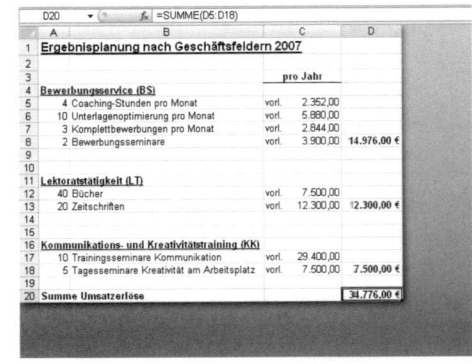

mappen. Im dritten und letzten Abschnitt dieses Kapitels nehmen wir Mustervorlagen intensiver unter die Lupe.

3.1 Tabellenblätter effektiv managen

Die nachfolgenden Tipps geben einen Überblick darüber, was mit Tabellenblättern möglich ist. So können Blätter so ausgeblendet werden, dass sie auf den ersten und auf den zweiten Blick nicht gefunden werden. Darüber hinaus erfahren Sie, wie Zugriffe auf bestimmte Bereiche des Tabellenblatts beschränkt werden können.

Tipp 1: Zugriff auf einen definierten Tabellenbereich beschränken

Auf einem Tabellenblatt soll der Zugriff auf festgelegte Zellbereiche beschränkt werden. Im ersten Beispiel liegt eine Ergebnisplanung vor. Diese befindet sich im Zellbereich A1:D20. Der Zugriff soll genau auf diesen Bereich beschränkt werden. Darüber hinausgehende Zellen sollen nicht mehr zur Verfügung stehen.

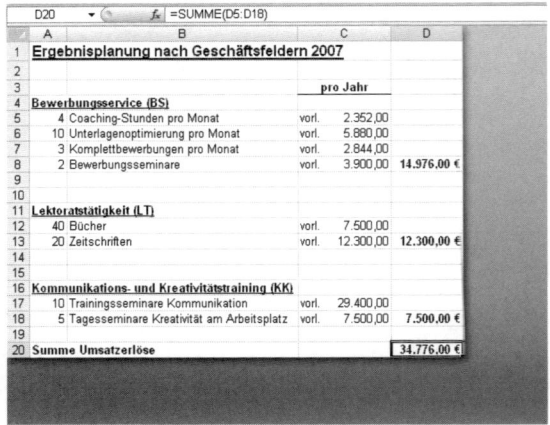

So geht's:

1 Markieren Sie Spalte E, indem Sie auf den Spaltenkopf klicken.

2 Drücken Sie die Tastenkombination [Strg]+[Umschalt]+[→].

3 Blenden Sie nun über das Menü *Start/Zellen/Format/Ausblenden & Einblenden/Spalten ausblenden* die markierten Spalten E bis XFD (Excel 2003: Spalten E bis IV) aus (Excel 2003: Menü *Format/Spalte/ Ausblenden*).

4 Markieren Sie jetzt die komplette Zeile 21, indem Sie auf die Zeilenbeschriftung klicken.

5 Drücken Sie die Tastenkombination [Strg]+[Umschalt]+[↓].

6 Über das Menü *Start/Zellen/Format/Ausblenden & Einblenden/Zeilen ausblenden* werden die markierten Zeilen 21 bis 1.048.576 (Excel 2003: Zeilen 21 bis 65.536) ausgeblendet (Excel 2003: Menü *Format/Zeile/ Ausblenden*).

Sie sehen, dass jetzt ausschließlich der Bereich A1:D20 angezeigt wird. Auf die ausgeblendeten Zellbereiche besteht kein Zugriff mehr.

Tipp 2: Die Bewegung des Zellzeigers auf einen bestimmten Tabellenausschnitt beschränken

Dieses Beispiel zeigt, wie die Zellzeigerbewegung auf einen bestimmten Zellbereich beschränkt werden kann. Der Zellzeiger kann weder mit der Tastatur noch mit der Maus außerhalb des vordefinierten Bereichs bewegt werden.

So geht's ab Excel 2007:

1 Zuerst muss die Zugriffsmöglichkeit auf die *Entwicklertools* (Excel 2007: *Entwicklerregisterkarte*) hergestellt werden. Setzen Sie dazu über *Datei/Optionen/Menüband anpassen* in der Kategorie *Hauptregisterkarten* das Häkchen bei *Entwicklertools* (Excel 2007: Menü *Office/Excel-Optionen/Häufig verwendet/Entwicklerregisterkarte in der Multifunktionsleiste anzeigen*).

2 Nach einem Klick auf die Schaltfläche *OK* wird die Registerkarte *Entwicklertools* angezeigt.

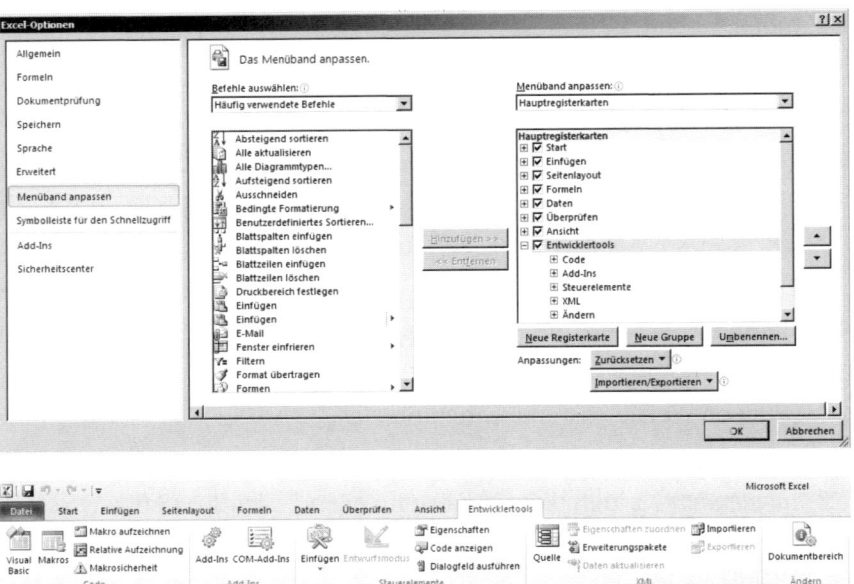

3 Öffnen Sie das *Eigenschaften*-Dialogfenster über das Menü *Steuerele-mente/Eigenschaften*.

4 Tragen Sie auf der Registerkarte *Alpha-betisch* bei der Eigenschaft *ScrollArea* beispielsweise den Zellbereich *B3:E20* ein. Sie können den Zellbereich aber auch über einen definierten Namen festlegen.

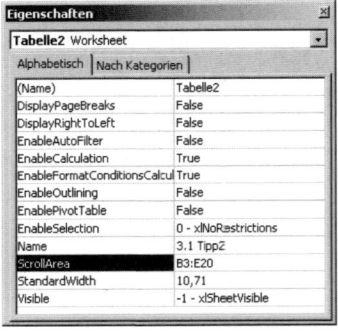

5 Beenden Sie das *Eigenschaften*-Fenster mit einem Klick auf des Kreuz rechts oben.

6 Jetzt kann der Zellzeiger nur noch im definierten Zellbereich B3:E20 bewegt werden. Außerhalb dieses Bereichs sind keinerlei Zelleingaben mehr möglich.

So geht's unter Excel 2003:

1 Blenden Sie über das Menü *Ansicht/Symbolleisten/Steuerelement-Toolbox* die Symbolleiste *Steuerelement-Toolbox* ein.

2 Öffnen Sie über das Symbol *Eigenschaften* das *Eigenschaften*-Dialogfenster.

3 Tragen Sie auch in Excel 2003 auf der Registerkarte *Alphabetisch* unter der Eigenschaft *ScrollArea* den Zellbereich *B3:E20* ein.

4 Jetzt kann hier ebenfalls der Zellzeiger nur noch im Bereich B3:E20 bewegt werden.

Tipp 3: Die Bewegung des Zellzeigers auf ungeschützte Zellen beschränken

Dieser Tipp zeigt, wie die Bewegung des Zellzeigers über die Blattschutzfunktion beschränkt werden kann. So soll auch in diesem Beispiel nur der Zellbereich B3:E20 selektiert werden können.

So geht's:

1 Markieren Sie den Zellbereich B3:E20.

2 Entfernen Sie über das Menü *Start/Zellen/Format/Zellen formatieren* auf der Registerkarte *Schutz* den Haken im Kontrollkästchen *Gesperrt* (Excel 2003: Menü *Format/Zellen*, Registerkarte *Schutz*).

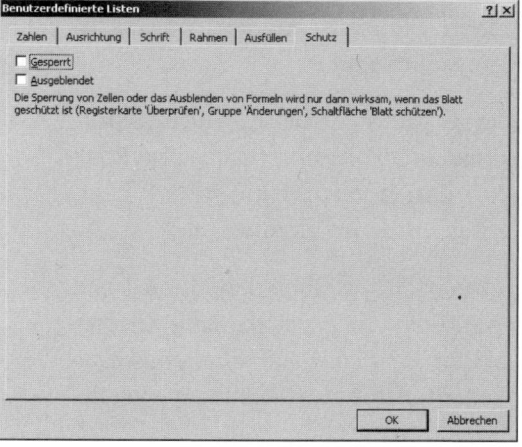

3 Bestätigen Sie die Dialogbox mit einem Klick auf *OK*.

4 Öffnen Sie nun das Dialogfenster *Blatt schützen* über das Menü *Überprüfen/Änderungen/Blatt schützen* (Excel 2003: Menü *Extras/Schutz/Blatt schützen*).

5 Aktivieren Sie den Eintrag *Nicht gesperrte Zellen auswählen*. Bei allen anderen Optionen entfernen Sie den Haken aus den entsprechenden Kontrollkästchen, falls vorhanden.

6 Beenden Sie den Dialog mit *OK*.

Sobald der Blattschutz aktiviert ist, kann ausschließlich der Bereich B3:E20 selektiert werden. In keinem anderen Zellbereich können Daten erfasst werden. Werden Daten außerhalb dieses Bereichs erfasst, wird das mit einem Fehlerhinweis quittiert.

Tipp 4: Gemeinsamen Dateizugriff auf verschiedene Zellbereiche herstellen

Im folgenden Beispiel liegt eine Inventurliste vor. Diese Liste wird von verschiedenen Mitarbeitern im Netzwerk bearbeitet. Ein Mitarbeiter ist für die Erfassung der Stammdaten *Artikel-Nr.*, *Artikel-Gruppe* und *Bezeichnung* zuständig. Der andere soll nur die Mengen zu den jeweiligen Artikeln eintragen. Darüber hinaus soll es möglich sein, dass beide Mitarbeiter gleichzeitig an der Inventurliste arbeiten können.

So geht's:

Sehen Sie sich zunächst die Ausgangstabelle an.

Die Spalten A bis C dürfen ausschließlich von *Anwender 1* und Spalte D darf nur von *Anwender 2* bearbeitet werden können.

	A	B	C	D
1	**Inventurliste per 30.06.2007**			
2				
3				
4	Artikel-Nr.	Artikel-Gruppe	Bezeichnung	Menge
5	10001	10	Artikel 1-1	15
6	10002	10	Artikel 1-2	243
7	20001	20	Artikel 2-3	125
8	20002	20	Artikel 2-4	63
9	20003	20	Artikel 2-5	1
10	30001	30	Artikel 3-6	48
11	30002	30	Artikel 3-7	167
12	30003	30	Artikel 3-8	243
13	70001	70	Artikel 7-9	19
14	70002	70	Artikel 7-10	28
15	80001	80	Artikel 8-11	4
16	90001	90	Artikel 9-12	86
17	90002	90	Artikel 9-13	34
18	90003	90	Artikel 9-14	94
19	90004	90	Artikel 9-15	7
20	90005	90	Artikel 9-16	47
21				
22				
23		Anwender 1		Anwender 2
24				

1 Starten Sie über das Menü *Überprüfen/Änderungen/Benutzer dürfen Bereiche bearbeiten* das Dialogfenster zum Festlegen der Benutzerberechtigungen (Excel 2003: Menü *Extras/Schutz/Benutzer dürfen Bereiche bearbeiten*).

2 Klicken Sie auf die Schaltfläche *Neu*, um einen neuen Tabellenbereich zu definieren.

3 Als Titel erfassen Sie *Anwender_1*. Im Feld *Bezieht sich auf Zellen* geben Sie *=A:C* ein.

4 Legen Sie im Feld *Kennwort des Bereichs* das Kennwort fest, mit dem der Bereichsschutz wieder aufgehoben werden kann.

5 Damit einzelne User ohne vorherige Eingabe des Kennworts den aus-gewählten Bereich bearbeiten können, müssen diese User hinzugefügt werden. Klicken Sie dazu auf die Schaltfläche *Berechtigungen*. Wählen Sie in dem Dialogfenster den User aus, der das Zugriffsrecht erhalten soll. Die genaue Vorgehensweise ist von der eingesetzten Windows-Version abhängig.

6 Beenden Sie die beiden Dialog-fenster mit je einem Klick auf die Schaltfläche *OK*. Sie werden auf-gefordert, das Kennwort zu be-stätigen.

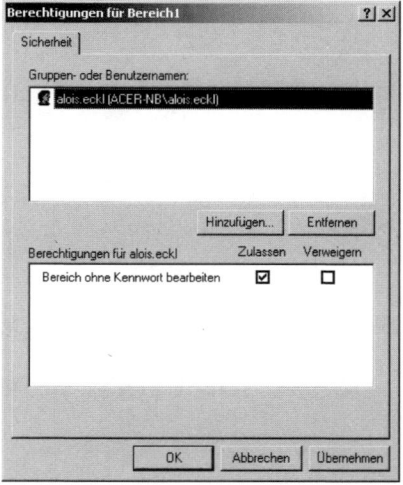

7 Wiederholen Sie die Schritte 2 bis 6 zur Anlage des zweiten Mitar-beiters. Als Titel geben Sie *An-wender_2* ein, und als Bereich de-finieren Sie die Spalte D über den Eintrag *=D* im Feld *Bezieht sich auf Zellen*.

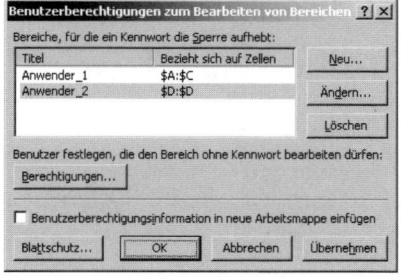

8 Nachdem Sie die Erfassung der Benutzerberechtigungen abgeschlos-sen haben, aktivieren Sie über die Schaltfläche *Blattschutz* den Schutz für das Tabellenblatt. Legen Sie die gewünschten Schutzoptionen fest.

9 Damit die beiden Mitarbeiter gleichzeitig an der Inventurliste arbeiten können, müssen Sie sie noch freigeben. Diesen Befehl rufen Sie über das Menü *Überprüfen/Änderungen/Arbeitsmappe schützen und freige-ben* auf (Excel 2003: Menü *Extras/Arbeitsmappe freigeben*).

10 Aktivieren Sie das Kontrollkästchen *Freigabe mit Änderungsprotokoll* und vergeben Sie ein beliebiges Kennwort.

11 Die Freigabe führt zur Speicherung der Datei. Bestätigen Sie dieses Dialogfenster mit einem Klick auf *OK*.

Es ist geschafft. Die Inventurliste kann nun von mehreren Usern gleichzeitig bearbeitet werden. Die Anwender 1 und 2 können die zugewiesenen Bereiche wie gewohnt bearbeiten und verändern, aber eben nur diese.

Hinweis

Beachten Sie, dass Anwender, die noch mit Excel 97 und 2000 arbeiten, keine Änderungen an der Tabelle vornehmen können, auch wenn die Userberechtigung entsprechend eingestellt ist. Die Funktion steht erst ab der Version Excel XP zur Verfügung.

Anwender, die mit Windows NT arbeiten, können keine neuen Benutzerberechtigungen festlegen, das funktioniert erst ab Windows 2000. Mit bereits vorgegebenen Berechtigungen kann jedoch auch unter NT ab Excel XP wie gewohnt mit Bereichsbeschränkungen gearbeitet werden.

Tipp 5: Wiedereinblenden von ausgeblendeten Tabellenblättern verhindern

Das folgende Beispiel zeigt, wie Tabellenblätter so ausgeblendet werden können, dass sie über die bekannte Funktion *Blatt einblenden* nicht wiederhergestellt werden können.

So geht's:

1 Öffnen Sie über das Menü *Entwicklertools/Steuerelemente/Eigenschaften* das *Eigenschaften*-Fenster (Excel 2003: Symbolleiste *Steuerelemente-Toolbox*, Schaltfläche *Eigenschaften*).

2 Legen Sie für die Eigenschaft *Visible* den Parameter *xlSheetVeryHidden* fest.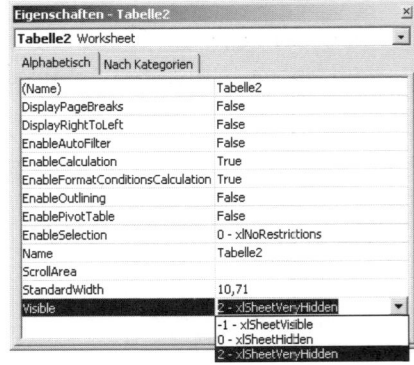

3 Das ausgewählte Tabellenblatt wird sofort ausgeblendet und steht auch im Menü *Start/Zellen/Format/Ausblenden & Einblenden/Blatt einblenden* nicht mehr zur Verfügung. Es kann somit auf herkömmlichem Wege nicht mehr hergestellt werden (Excel 2003: Menü *Format/Blatt/Einblenden*).

4 Beenden Sie das *Eigenschaften*-Fenster mit einem Klick auf das Kreuz rechts oben.

Blätter, die über die Eigenschaft *Visible* ausgeblendet wurden, können nur noch über den VBA-Editor bzw. über VBA-Code eingeblendet werden.

Zum Einblenden gehen Sie wie folgt vor:

1 Starten Sie den VBA-Editor mit der Tastenkombination ⌨Alt⌨+⌨F11⌨.

2 Wählen Sie im Projekt-Explorer das ausgeblendete Tabellenblatt, im Beispiel *Tabelle1*.

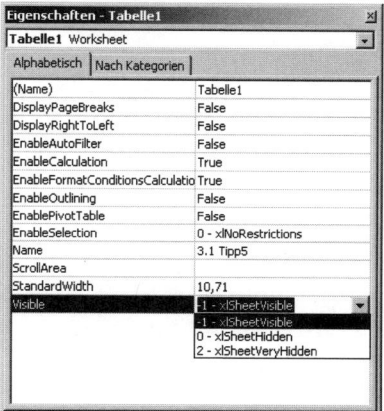

3 Drücken Sie die Funktionstaste ⌨F4⌨. Damit wird das *Eigenschaften*-Fenster im VBA-Editor eingeblendet.

4 Bei der Eigenschaft *Visible* legen Sie den Wert *xlSheetVisible* fest. Damit wird das Tabellenblatt wieder angezeigt, und es kann wie gewohnt darauf zugegriffen werden.

5 Beenden Sie den VBA-Editor mit der Tastenkombination ⌨Alt⌨+⌨F4⌨ wieder.

Tipp 6: Inhaltsverzeichnis aller Tabellenblätter erzeugen

Sie möchten ein Inhaltsverzeichnis aller Tabellenblätter erzeugen, die sich in der aktuellen Arbeitsmappe befinden? Leider bietet Excel dazu keine Standardfunktion. Es ist jedoch ohne Weiteres möglich, diese Aufgabenstellung per VBA zu lösen.

So geht's:

1 Starten Sie mit der Tastenkombination ⌨Alt⌨+⌨F11⌨ den VBA-Editor.

2 Fügen Sie über das Menü *Einfügen/Modul* ein neues Codeblatt ein.

3 In das Codeblatt kopieren Sie den VBA-Code aus Listing 1.

4 Starten Sie den VBA-Code über das Menü *Ausführen/Sub/Userform ausführen* oder über die Funktionstaste ⌨F5⌨. Wenn Sie den VBA-Editor bereits verlassen haben, können Sie das Makro *Inhaltsverzeichnis()*

auch über den Menübefehl *Entwicklertools/Code/Makros* (Excel 2003: Menü *Extras/Makro/Makros*) aufrufen.

5 Als Ergebnis werden alle Tabellenblattbezeichnungen ab der aktuellen Zellzeigerposition nach unten eingetragen.

	A	B
1		
2		3.1 Tipp1
3		3.1 Tipp3
4		3.1 Tipp4
5		3.1 Tipp6
6		3.1 Tipp11-1
7		3.1 Tipp11-2
8		3.1 Tipp11-3
9		
10		

Listing 1:

```
Sub Inhaltsverzeichnis()
'** Inhaltsverzeichnis aller
'** Tabellenblätter erstellen

'** Dimensionierung der Variablen
Dim blatt As Object
Dim i As Double
i = 0
'** Blattname einfügen
For Each blatt In Sheets
    ActiveSheet.Cells(ActiveCell.Row + i, _
        ActiveCell.Column).Value = blatt.Name
    i = i + 1
Next blatt
End Sub
```

Tipp 7: Per Hyperlink innerhalb einer Arbeitsmappe navigieren

Hyperlinks bieten eine elegante Möglichkeit, innerhalb einer Arbeitsmappe zwischen den Tabellen hin- und herzunavigieren.

So geht's:

1 Öffnen Sie eine neue Arbeitsmappe und klicken Sie in Zelle A1 auf die rechte Maustaste, um den Befehl *Hyperlink* aufzurufen.

2 Erfassen Sie dann im Feld *Anzuzeigender Text* (Excel 2003: *Text anzeigen als*) den Eintrag *Mappe 1 Tabelle 1 Zelle A1* und hinterlegen Sie im Feld *Geben Sie einen Zellbezug ein* (Excel 2003: *Geben Sie den Zellbezug ein*) den Eintrag *A1*. Im Bereich *Oder wählen Sie eine Stelle im Dokument* müssen Sie nun noch *Tabelle1* markieren.

3 Wiederholen Sie diese Schritte für die *Tabelle2* und *Tabelle3*, wie nachfolgend dargestellt, und hinterlegen Sie diese Einträge analog in den anderen beiden Tabellen *Tabelle2* und *Tabelle3*.

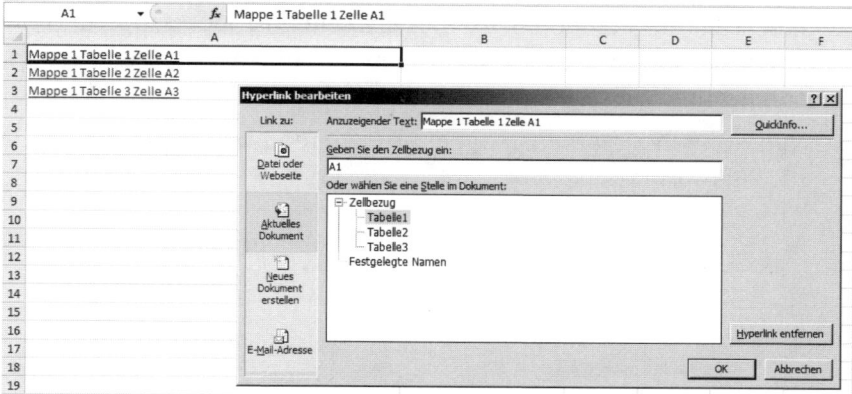

4 Nun können Sie per Klick auf einen Hyperlink elegant von Tabelle
   zu Tabelle wechseln.

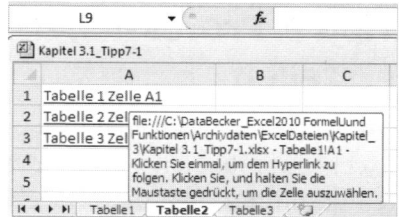

Tipp 8: Per Hyperlink zu anderen Arbeitsmappen navigieren

Hyperlinks bieten aber auch die Möglichkeit, arbeitsmappenübergreifend zu navigieren, d. h. von Excel-Datei zu Excel-Datei zu „springen". Wie das geht, soll aufbauend auf dem vorherigen Tipp nun verdeutlicht werden.

→ Verweis: siehe Kapitel 3.1, Tipp 7

So geht's:

1 Machen Sie jetzt die Navigation arbeitsmappenübergreifend, indem Sie zunächst eine weitere Arbeitsmappe öffnen und abspeichern.

2 Wechseln Sie dann zurück zur ersten Arbeitsmappe und klicken Sie in Zelle B1 erneut mit der rechten Maustaste, um den Befehl *Hyperlink* aufzurufen.

3 Erfassen Sie dann im Feld *Anzuzeigender Text* (Excel 2003: *Text anzeigen als*) den Eintrag *Mappe 2 Tabelle 1 Zelle A1* und klicken Sie im Bereich *Link zu* auf das Symbol *Datei oder Webseite*.

4 Markieren Sie anschließend über *Suchen in* die zweite Arbeitsmappe, die Sie soeben abgespeichert haben.

5 Wechseln Sie jetzt erneut zu dieser zweiten Arbeitsmappe und hinterlegen Sie dort, analog zu der in den vorherigen Schritten beschriebenen Art und Weise, ebenfalls einen Hyperlink zur ersten Arbeitsmappe.

6 Nun können Sie arbeitsmappenübergreifend per Hyperlink von Datei zu Datei springen.

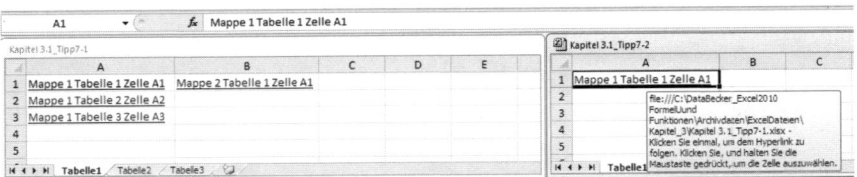

Tipp 9: Professionelle Tabellennavigation erstellen

Die Navigation via Hyperlinks bietet sich vor allem dann an, wenn Sie mit Excel ein professionelles Berichtswesen oder MIS-System aufbauen möchten und Ihre Daten bzw. Berichte, möglicherweise an eine (OLAP-)Datenbank gekoppelt, in einer einzigen Arbeitsmappe verwalten wollen. Im nachfolgenden Beispiel wird davon ausgegangen, dass z. B. ein Controller diverse Berichte aus den Bereichen Controlling, Finanzen, Personal und Vertrieb zentral in einer Datei verwalten möchte und flexibel zwischen den Tabellen hin- und hernavigiert. Hierbei soll sofort ersichtlich sein, auf welcher Tabelle er sich aktuell befindet.

So geht's:

1 Öffnen Sie eine neue Arbeitsmappe und legen Sie zehn Tabellen an, die in der Logik *Rep005*, *Rep010*, *Rep015* etc. benannt werden. Eine weitere Tabelle mit Namen *Parameter* wird zum Schluss eingefügt.

2 Wechseln Sie nun zu dieser zuletzt genannten Tabelle *Parameter* und fügen Sie dort, wie nachfolgend abgebildet, die Informationen für die Tabellennavigation ein. Die Einträge werden später im Rahmen von Verweisen genutzt und erläutert, sodass deren Bedeutung dann klarer wird.

	A	B	C	D	E	F	G
	A1	▾	fx	BereichName			
1	BereichName	BerichtID	Bericht	BerichtIDBericht	Blatt	BlattInhalt	Blatt
2	Controlling	1	Controlling	Controlling1	Rep005	BSC	Rep005
3	Finanzen	2	Controlling	Controlling2	Rep010	Planung	Rep010
4	Personal	1	Finanzen	Finanzen1	Rep015	GuV	Rep015
5	Vertrieb	2	Finanzen	Finanzen2	Rep020	Bilanz	Rep020
6		1	Personal	Personal1	Rep025	KST-Übersicht	Rep025
7		2	Personal	Personal2	Rep030	Krankenstand	Rep030
8		1	Vertrieb	Vertrieb1	Rep035	Regionen-Statistik	Rep035
9		2	Vertrieb	Vertrieb2	Rep040	Produkt-Statistik	Rep040
10		3	Vertrieb	Vertrieb3	Rep045	ADM-Statistik	Rep045
11		4	Vertrieb	Vertrieb4	Rep050	Kunden-Statistik	Rep050
12							

3 Rufen Sie jetzt die erste Tabelle *Rep005* auf und hinterlegen Sie zunächst in Zelle B1 eine Gültigkeitsliste, die auf die Einträge von Spalte A in der Tabelle *Parameter* referenziert.

4 Schaffen Sie für die Zeilen 1 bis 6 über die Funktion *Gruppierung* die Möglichkeit, diesen Bereich gegebenenfalls zu reduzieren bzw. wieder zu erweitern.

5 Hinterlegen Sie im nächsten Schritt in Zelle C1 die Formel

=T(SVERWEIS(RECHTS(ZELLE("Dateiname";IO64718);
LÄNGE(ZELLE("Dateiname";IO64718))-FINDEN("]";ZELLE("Dateiname";
IO64718)));BlattNameInhalt;2;FALSCH))

und machen Sie das Ergebnis dieser Zelle über die Schriftfarbe Weiß unsichtbar. Diese Information, konkret der Tabellenname, dient später dazu, die aktive Tabelle zu identifizieren und den Hyperlink im Zellbereich A2:A6, der auf die aktive Tabelle verweist, über ein bedingtes Format farblich abzuheben.

Die Funktionsargumente:

➤ *T*: Wandelt die in der weiteren Verschachtelung zurückgegebenen Parameter in Text um.

➤ *SVERWEIS*: Hier wird dem über *Dateiname* gefundenen Begriff eine Bezeichnung aus der Tabelle *Parameter* zugewiesen.

➤ *RECHTS*: Gibt eine Anzahl von Zeichen zurück, die im weiteren Verlauf der Formel über die Funktion *ZELLE* gefunden werden. Die Anzahl der Zeichen ist dynamisch gehalten und wird über die Funktionen *LÄNGE* und *FINDEN* ermittelt.

➤ *ZELLE*: Über diese Funktion wird der Name der Tabelle inklusive Name und Verzeichnis der Datei gefunden. In früheren Excel-Versionen war als *Bezug* der Eintrag von Zelle *IO64718* erforderlich. Diese Information wird in den neueren Excel-Versionen nicht mehr benötigt, stört aber auch nicht.

➤ *LÄNGE*: Gibt die Anzahl Zeichen zurück, die sich aus dem Namen der Tabelle inklusive Name und Verzeichnis der Datei ergeben.

➤ *FINDEN*: Über diese Funktion wird das Klammerzeichen *]* gesucht. Ab diesem Zeichen beginnt der Tabellenname innerhalb der Zeichenkette, die über die Funktion *ZELLE* zurückgegeben wird.

Nun müssen die Hyperlinks gesetzt werden, die die Navigation zu den einzelnen Tabellen erst möglich machen.

1 Erfassen Sie in Zelle A2 folgende Formel:

=HYPERLINK("#"& SVERWEIS(VERKETTEN($B$1;"1");Parameter!$D$2: $G$100;4;FALSCH)&"!B1";SVERWEIS(VERKETTEN($B$1;"1"); Parameter!$D$2:$G$100;3;FALSCH))

Kopieren Sie diese Formel nach unten bis zur Zelle A6. Setzen Sie im zweiten Argument der Funktion *Verketten* die Zahl jeweils um 1 nach oben, sodass in Zelle A6 dieses zweite Argument der Funktion *Verketten* den Eintrag *5* aufweist. Mit dieser komplexen Formel wird jetzt ein Hyperlink erstellt, der unter Berücksichtigung der Bezeichnungen in der Tabelle *Parameter* die dort hinterlegten Tabellenbezeichnungen anzeigt.

2 Rufen Sie über *Start/Formatvorlagen/Bedingte Formatierung* (Excel 2003: Menü *Format/Bedingte Formatierung*) den Befehl *Neue Regel* auf und wählen Sie aus dem Feld *Regeltyp auswählen* den Eintrag *Formel zur Ermittlung der zu formatierenden Zellen verwenden*.

3 Erfassen Sie dann im Feld *Werte formatieren, für die diese Formel wahr ist* (Excel 2003: Feld *Bedingung 1*, Einstellung *Formel*) die Formel *=A2=$C$1* und wählen Sie über die Schaltfläche *Formatieren* im Register *Schrift* eine Farbe Ihrer Wahl aus.

4 Verlassen Sie die Dialogfenster mit *OK* und kopieren Sie nun noch das Format der Zelle A2 in den Zellbereich A3:A6.

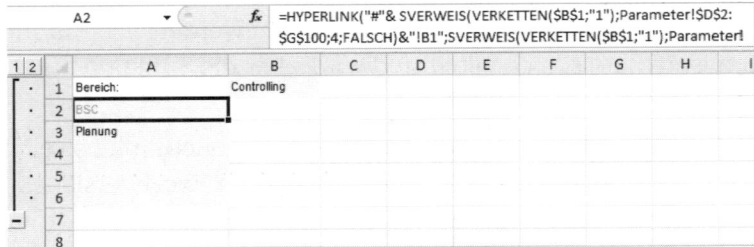

5 Verfahren Sie analog innerhalb der übrigen Tabellen (mit Ausnahme der Tabelle *Parameter*).

Die Funktionsargumente:

➢ *HYPERLINK*: Diese Funktion erstellt die Verknüpfung zur Zieladresse, in unserem Fall eine Tabelle innerhalb der Arbeitsmappe. Die im Argument *Hyperlink_Adresse* hinterlegten Formeln geben beispielsweise für das erste Tabellenblatt den Text *#Rep005!B1* zurück und somit die Hyperlink-Adresse dieser Tabelle. Im zweiten Argument *Freundlicher_*

Name wird für das erste Tabellenblatt der Text *BSC* zurückgegeben. Dieser Name wird auch angezeigt und ist ein sprechender Name.

> *SVERWEIS*: Über diese Funktion im ersten Argument von *HYPERLINK* wird über einen verketteten String in der Tabelle *Parameter* in der Matrix *Parameter!$D$2:$G$100* nach einem Verweis, d. h. nach einem Tabellennamen gesucht. Im Fall der ersten Tabelle wird der String *Controlling1* gebildet. Dieser Begriff dient als Suchkriterium in *Sverweis* und gibt über die Tabelle *Parameter* die Tabellenbezeichnung *Rep005* zurück. Somit kann jetzt die Tabelle per Hyperlink adressiert werden.

> *SVERWEIS*: Diese Funktion im zweiten Argument von *HYPERLINK* arbeitet analog. Hier wird aber ein sprechender Name aus der Tabelle *Parameter* geholt und in der Tabelle zur Anzeige gebracht.

Jetzt müssen Sie nur noch mit einem kleinen Makro dafür sorgen, dass der Eintrag in Zelle B1 beim Aktivieren der Tabelle sofort auf den Bereich wechselt, dem die Tabelle zugehörig ist.

1 Wechseln Sie über die Tastenkombination [Alt]+[F11] zum VBA-Editor und gehen Sie zum Codefenster der ersten Tabelle.

2 Erfassen Sie dann folgendes Makro:

Listing 1:

```
Private Sub Worksheet_Activate()
    Range("B1").Value = "Controlling"
End Sub
```

3 Dieses Makro schreibt jedes Mal, wenn diese erste Tabelle *Rep005* aktiviert wird, den Begriff *Controlling* in Zelle B1.

4 Das Makro muss für jede Tabelle erfasst und entsprechend angepasst werden. Das heißt, Tabellen, die dem Bereich *Finanzen* zugehörig sind, müssen via Makro statt *Controlling* den Begriff *Finanzen* in Zelle B1 geschrieben bekommen etc.

Jetzt können Sie beliebig in Ihrer Arbeitsmappe hin- und hernavigieren und von Bericht zu Bericht „springen", aber stets mit der Information im Blick, wo Sie sich gerade befinden.

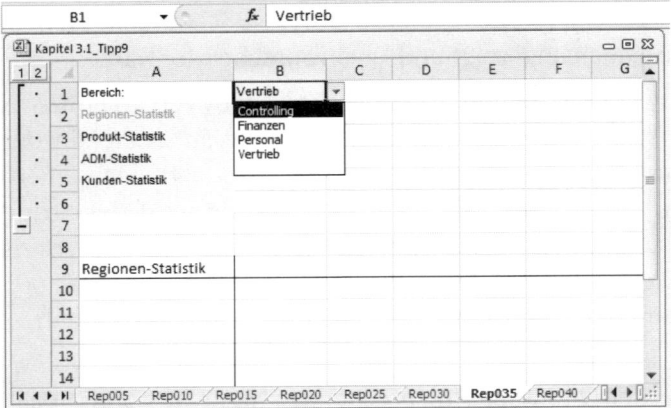

Hinweis

Tabellen können selbstverständlich auch ganz normal über Hyperlinks angesteuert werden, wie Sie im Tipp zuvor erfahren haben (→ Verweis: siehe Kapitel 3.1, Tipp 7). Sie haben aber mit der in diesem Tipp gezeigten Variante wesentlich mehr Möglichkeiten, da Sie z. B. Berichtsbezeichnungen zentral in einer einzigen Tabelle austauschen können und diese sofort in allen Tabellen verfügbar sind. Sie können aber auch schnell neue Tabellen und Bereiche ergänzen, die ebenfalls sehr rasch in allen Tabellen vorliegen. Die Anzahl der Berichte ist im Beispiel auf fünf begrenzt, sie lässt sich jedoch sehr leicht erhöhen.

Tipp 10: Benutzerdefinierte Seitennummerierung einrichten

Sie drucken ein mehrseitiges Tabellenblatt aus, das Sie an einen vorliegenden Ausdruck anhängen möchten. Die Seitenzahlen in der Fußzeile sollen aber fortlaufend dargestellt werden und nicht immer wieder bei Seite eins beginnen.

So geht's:

1 Starten Sie über das Menü *Einfügen/Text/Kopf- und Fußzeile* den Befehl zum Einfügen von Fußzeilen (Excel 2003: Menü *Ansicht/Kopf- und Fußzeile*).

2 Wechseln Sie über das Menü *Einfügen/Navigation/Zu Fußzeile wechseln* zur Fußzeile (Excel 2003: Schaltfläche *Benutzerdefinierte Fußzeile*).

3 Erfassen Sie folgende Seitenangabe als Fußzeile: *-&[Seite]+10-*. Damit wird der Seitenzähler um 10 erhöht. Das bedeutet, die erste Seite dieses Ausdrucks beginnt mit der Seitenzahl 11.

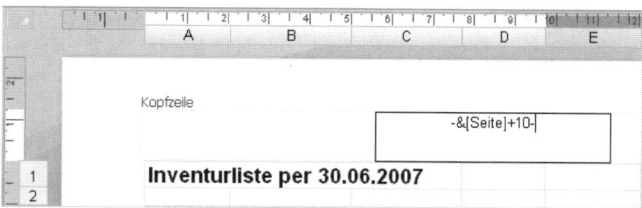

Hinweis

Wichtig ist, dass Sie die Seitenzahlen in eine beliebige Zeichenfolge einschließen. Das kann wie im Beispiel ein Minuszeichen sein. Alternativ können Sie auch mit Klammern oder anderen Zeichen arbeiten. Nur wenn diese Zeichenfolgen eingefügt sind, berechnet Excel die Seitenzahlen richtig.

Tipp 11: Einen dynamischen Übertrag aus dem vorherigen Tabellenblatt bei unterschiedlicher Listenlänge realisieren

In vielen Fällen werden eigentlich zusammengehörige Daten auf verschiedene Tabellenblätter aufgeteilt. Hintergrund ist meistens eine Trennung der Daten nach beispielsweise Monaten, Abteilungen oder anderen relevanten Kriterien.

In diesem Beispiel liegt eine Materialliste vor, in der täglich mehrmals Zu- und Abgänge erfasst werden.

Für jeden Monat ist ein eigenes Tabellenblatt (Januar bis Dezember) vorhanden. Ziel ist es nun, den Schlussbestand, also den letzten Eintrag des Vormonats, als Anfangsbestand in den Folgemonat zu übertragen. Wären die Listen in jedem Monat gleich lang, wäre der Übertrag auch relativ leicht zu realisieren. In diesem Beispiel haben die Materiallisten aber in jedem Monat unterschiedliche Längen.

So geht's:

Mithilfe von Makro4-Funktionen, die nach wie vor in allen Excel-Versionen einschließlich Excel 2010 zur Verfügung stehen, lässt sich diese Anforderung völlig ohne VBA realisieren. Zwei Voraussetzungen müssen allerdings erfüllt sein. Zum einen müssen die Überträge immer aus der gleichen Spalte stammen, und zum anderen müssen die Monatsblätter in direkter Reihenfolge hintereinanderstehen. Zwischen den Blättern dürfen weder Diagrammblätter noch ausgeblendete Blätter vorhanden sein.

1 Starten Sie zunächst über das Menü *Formeln/Namen definieren* den Namens-Manager (Excel 2003: Menü *Einfügen/Namen/Definieren*).

→ Verweis: siehe Kapitel 4.3, Tipp 1

2 Als Name geben Sie *Vormonat* ein.

3 In das Feld *Bezieht sich auf* tragen Sie folgende Formel ein:
=""&WECHSELN(INDEX(ARBEITSMAPPE.ZUORDNEN(1);DATEI.ZUORDNEN(87)-1);"["&ARBEITSMAPPE.ZUORDNEN(16) &"]";"")&""

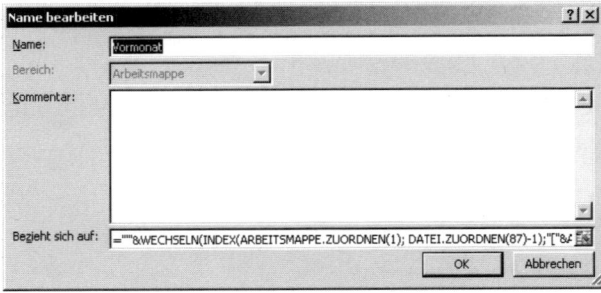

4 Bestätigen Sie das Dialogfenster mit einem Klick auf die Schaltfläche *OK*.

Damit der letzte Wert aus dem Tabellenblatt des Vormonats nun auch ausgelesen wird, muss noch folgende Formel in die Zielzelle gesetzt werden. In diesem Beispiel erfassen Sie dazu in Zelle D4 diese Formel:

=BEREICH.VERSCHIEBEN(INDIREKT(Vormonat&"!D1");VERGLEICH(1E-30;
INDIREKT(Vormonat&"!D:D");-1)-1;0)

Als Ergebnis wird nun der korrekte Wert ausgelesen und in den aktuellen Monat übertragen.

Diese Formel kann nun ohne Anpassung auf alle Monatstabellenblätter kopiert werden, damit der Schlusssaldo aus dem Vormonat übertragen wird.

	A	B	C	D
1	Materialliste Februar			
2				
3	**Datum**	**Einbuchung**	**Abbuchung**	**Saldo**
4	Übertrag Vormonat			504,41 €
5	01.02.2010		40,55 €	463,86 €
6	01.02.2010		245,30 €	218,56 €
7	01.02.2010		212,50 €	6,06 €
8	02.02.2010	251,36 €		257,42 €
9	03.02.2010	40,60 €		298,02 €
10	04.02.2010		184,56 €	113,46 €
11	04.02.2010		189,98 € -	76,52 €
12	05.02.2010	60,66 €	-	15,86 €
13	05.02.2010	211,23 €		195,37 €
14	05.01.2010		166,36 €	29,01 €
15				

3.2 Arbeitsmappen effektiv managen

In den Tipps zum Thema Arbeitsmappen erfahren Sie, wie eine Arbeitsmappe als Kopie geöffnet werden kann, welche Möglichkeiten zur Erhöhung der Datensicherheit gegeben sind und vieles mehr.

Tipp 1: Verlinkte Arbeitsmappen öffnen

Sie arbeiten häufig mit externen Zellbezügen auf andere Arbeitsmappen. In diesem Tipp erfahren Sie, wie verlinkte Arbeitsmappen ganz einfach und ohne Umwege geöffnet werden können.

So geht's:

1   Sie haben eine Arbeitsmappe geöffnet, die folgenden externen Zellbezug enthält:

   ='F:\Controlling\Deckungsbeitrag\Produktion1\Juni2007\[Auslastung.
   xlsx]ProdErlös'!$G$29

2   Um nun die Arbeitsmappe *Auslastung.xlsx* zu öffnen, starten Sie über das Menü *Daten/Verbindungen/Verknüpfungen bearbeiten* das Dialogfenster *Verknüpfungen bearbeiten* (Excel 2003: Menü *Bearbeiten/Verknüpfungen*).

3   Um die verknüpfte Datei zu öffnen, klicken Sie einfach auf die Schaltfläche *Quelle öffnen*. Die Datei *Auslastung.xlsx* wird unmittelbar geöffnet und in den Vordergrund gestellt.

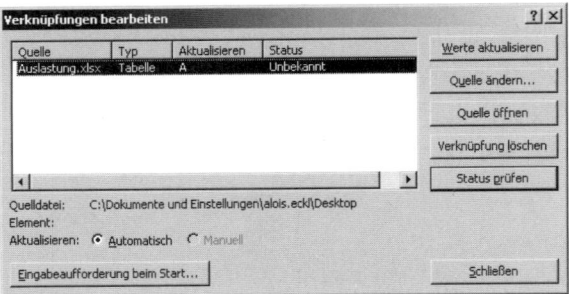

Hinweis

Über das Dialogfenster *Verknüpfungen bearbeiten* können Sie

- die Quelle der Verknüpfung ändern,
- Verknüpfungen löschen und
- das Verhalten der aktuellen Arbeitsmappe bezüglich der Zellverknüpfungen festlegen.

Tipp 2: Die Kopie einer bestehenden Arbeitsmappe öffnen

In der Praxis ist es manchmal sinnvoll, dieselbe Excel-Arbeitsmappe zweimal geöffnet zu haben. Auf diese Weise können ausgehend von einer Arbeitsmappe parallel zwei unterschiedliche Versionen erstellt werden.

So geht's:

Über die herkömmliche *Öffnen*-Funktion können Sie eine Datei nur ein einziges Mal öffnen. Beim Versuch, dieselbe Datei ein zweites Mal zu öffnen, wird die Meldung ausgegeben, dass die Datei bereits geöffnet ist und dass beim erneuten Öffnen sämtliche Änderungen verloren gehen.

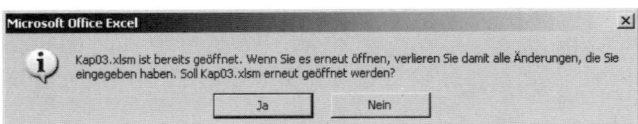

Zum Öffnen einer zweiten Version gehen Sie deshalb wie folgt vor:

1 Starten Sie den *Öffnen*-Dialog über die Schaltfläche *Datei/Öffnen* (Excel 2007: Menü *Office/Öffnen*; Excel 2003: Menü *Datei/Öffnen*).

2 Wählen Sie die Datei aus, die ein zweites Mal geöffnet werden soll.

3 Klicken Sie auf den rechten Pfeil der Schaltfläche *Öffnen*.

4 Wählen Sie dort den Eintrag *Als Kopie öffnen* aus.

5 Eine Kopie der Arbeitsmappe mit dem Zusatz *Kopie(1)Dateiname.xlsx* wird geöffnet. Dabei wird die kopierte Datei unter dem neu erzeugten Dateinamen im selben Verzeichnis wie die Ursprungsdatei abgespeichert.

6 Änderungen der beiden Arbeitsmappen werden getrennt in beiden Versionen abgespeichert.

Hinweis

Auf diese Weise können Sie beliebig viele Kopien einer Arbeitsmappe erzeugen. Der Zähler des Zusatzes *Kopie* wird um jeweils 1 erhöht. Die zweite Kopie bekommt automatisch den Dateinamen *Kopie(2)Dateiname.xlsx* zugewiesen etc.

Eine andere Möglichkeit, eine Arbeitsmappe zweimal aufzurufen, besteht darin, die gleiche Arbeitsmappe in zwei Fenstern anzeigen zu lassen. Gehen Sie dazu so vor:

1 Starten Sie den entsprechenden Befehl über das Menü *Ansicht/ Fenster/Neues Fenster* (Excel 2003: Menü *Fenster/Neues Fenster*).

2 Die Arbeitsmappe wird sofort in einem zweiten Fenster angezeigt. In der Titelleiste werden die Zusätze *:1* und *:2* hinter dem Dateinamen angezeigt.

3 Über das Menü *Ansicht/Fenster/Fenster wechseln* können Sie zwischen den beiden Fenstern der gleichen Arbeitsmappe hin- und herschalten (Excel 2003: Menü *Fenster*).

Die mehrfach geöffneten Dateifenster können Sie wie gewohnt über das Kreuz für die Arbeitsmappe schließen. Bei dieser Vorgehensweise werden keine zwei Versionen der Arbeitsmappe erzeugt, sondern es handelt sich immer um ein und dieselbe Datei. Änderungen in einem der beiden Fenster wirken sich immer auf dieselbe Datei aus.

Hinweis

Mit dieser Funktion kann dieselbe Arbeitsmappe in beliebig vielen Fenstern angezeigt und die Fenster können völlig frei angeordnet werden.

Tipp 3: Persönliche Informationen aus Dateien entfernen

Wenn Sie der Meinung sind, dass Office-Dateien und somit auch Excel-Arbeitsmappen nur die Informationen enthalten, die Sie selbst eingegeben haben, dann ist das nicht ganz richtig. Neben den erfassten Daten enthalten Excel-Arbeitsmappen verschiedene weitere Informationen, wie beispielsweise Informationen über den Anwendernamen, die Firmenbezeichnung, verschiedene statistische Werte und gegebenenfalls E-Mail-Adressen. Das Sammeln dieser Informationen geschieht im Hintergrund, ohne dass der Anwender davon etwas mitbekommt oder informiert wird. Sobald Office-Dokumente an Dritte weitergegeben oder im Internet veröffentlicht werden, besteht grundsätzlich die Gefahr, dass der Empfänger der Datei Rückschlüsse auf Strukturen und interne Informationen ziehen kann. Sie sollten deshalb bei sensiblen Dateien darauf achten, dass diese Informationen vor der Weitergabe ordnungsgemäß entfernt werden.

So geht's unter Excel 2007:

1   Starten Sie über das Menü *Datei/Informationen/Auf Probleme überprüfen/Dokument prüfen* (Excel 2007: Menü *Office/Vorbereiten/Dokument prüfen*) den Dokumentinspektor.

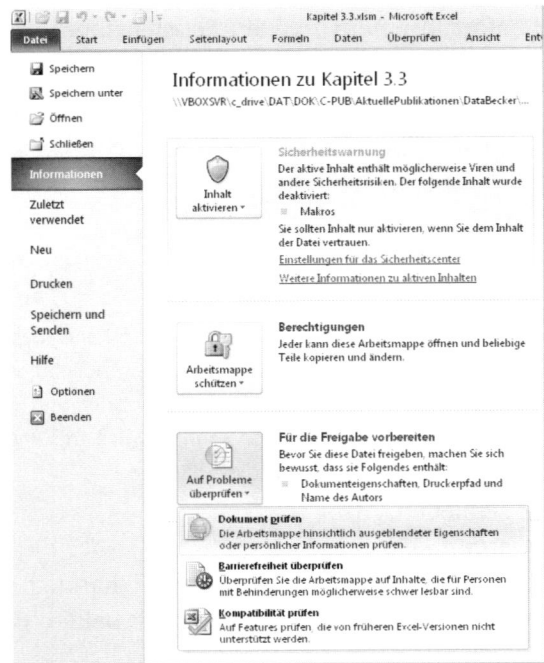

2 Im Dialog *Dokumentprüfung* (Excel 2007: *Dokumentinspektor*) stehen verschiedene Optionen zur Auswahl. Folgende Informationen können damit aus einer Excel-Datei entfernt werden:

> ➢ *Kommentare und An-*
> *merkungen*
>
> ➢ *Dokumenteigenschaften*
> *und persönliche Infor-*
> *mationen*
>
> ➢ *Benutzerdefinierte XML-*
> *Daten*
>
> ➢ *Kopf- und Fußzeilen*
>
> ➢ *Ausgeblendete Zeilen*
> *und Spalten*
>
> ➢ *Ausgeblendete Arbeits-*
> *blätter*
>
> ➢ *Nicht sichtbarer Inhalt*

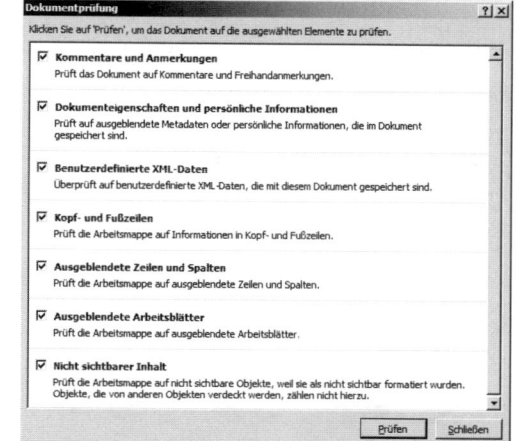

3 Mit einem Klick auf die Schaltfläche *Prüfen* wird der Prüflauf gestartet.

4 Als Ergebnis wird nach Themen getrennt angezeigt, welche Informationen gefunden wurden.

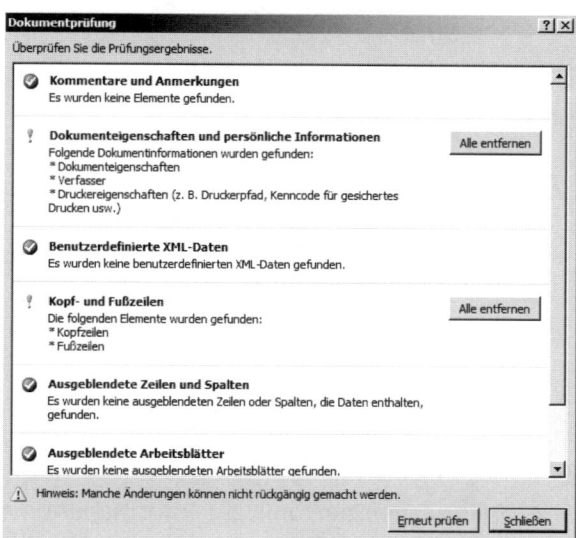

5 In diesem Beispiel wurden *Dokumenteigenschaften und persönliche Informationen* sowie *Kopf- und Fußzeilen* gefunden.

6 Ein Klick auf die Schaltfläche *Alle entfernen* im entsprechenden Abschnitt löscht die Einträge aus der Datei.

189

7 Wichtig ist, dass das Dokument vor der Weitergabe noch gespeichert wird.

Nachdem Sie diese Schritte durchgeführt haben, kann das Dokument bedenkenlos an Dritte weitergegeben werde.

So geht's unter Excel 2003:

Excel 2003 bietet ebenfalls eine Funktion, um verstecke Informationen aus Excel-Dateien zu entfernen.

1 Starten Sie den Befehl über das Menü *Extras/Optionen*.

2 Wechseln Sie zur Registerkarte *Sicherheit*.

3 Setzen Sie den Haken ins Kontrollkästchen *Beim Speichern persönliche Daten aus Dateieigenschaften entfernen*.

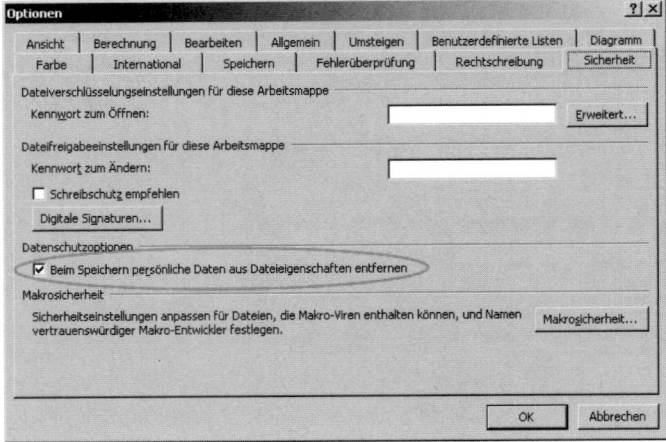

4 Bestätigen Sie das Dialogfenster mit einem Klick auf die Schaltfläche *OK*.

5 Beim nächsten Speichervorgang werden die Daten aus der Excel-Datei entfernt.

Zweite Möglichkeit unter Excel 2003

Eine weitere Möglichkeit zum Entfernen persönlicher Informationen stellt das kostenlose Add-in Remove Hidden Data von Microsoft dar. Mit diesem Add-in können Sie sicher und komfortabel alle unerwünschten Informationen vor der Weitergabe der Datei entfernen.

Das Add-in können Sie im Internet unter folgender Adresse downloaden: *http://www.microsoft.com/downloads/details.aspx?FamilyID=144e54ed-d4 3e-42ca-bc7b-5446d34e5360&DisplayLang=en.*

Nach der Installation des Add-in steht im Menü *Datei* der neue Befehl *Remove Hidden Data* zur Verfügung. Dieser Befehl erzeugt eine neue Datei ohne persönliche Informationen. Die vorhandene Version mit allen darin enthaltenen Infos bleibt dabei unverändert bestehen. Das Ergebnis der Bereinigungsaktion wird abschließend in ein Protokoll eingetragen.

> **Hinweis**
>
> Wichtig zu beachten ist, dass die Löschaktionen erst im letzten Schritt vor der Weitergabe ausgeführt werden sollten, da jedes Öffnen oder Bearbeiten der Datei wieder automatisch versteckte Informationen erzeugt.

Tipp 4: Arbeitsmappen mittels digitaler Signatur legitimieren

Die Sicherheit von Netzwerken, Desktop-Systemen und mobilen Computern nimmt einen immer größeren Stellenwert ein. So bietet die digitale Signatur eine gute Möglichkeit, Daten zu legitimieren.

So geht's ab Excel 2007:

1 Starten Sie den Befehl über das Menü *Datei/Informationen/Arbeitsmappe schützen/Digitale Signatur hinzufügen* (Excel 2007: Menü *Office/Vorbereiten/Digitale Signatur hinzufügen*).

2 Bestätigen Sie die Hinweismeldung mit *OK*.

3 Wenn Ihnen ein digitales Zertifikat vorliegt, wählen Sie die Option *Digitale ID von einem Microsoft-Partner erhalten*.

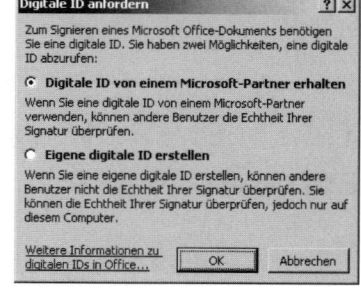

4 Hinterlegen Sie anschließend das Zertifikat.

5 Alternativ können Sie auch ein eigenes Zertifikat erstellen. Dieses besitzt jedoch ausschließlich Gültigkeit auf Ihrem PC und kann nicht weitergegeben werden.

So geht's unter Excel 2003:

1 Starten Sie den Befehl über das Menü *Extras/Optionen* und wechseln Sie auf die Registerkarte *Sicherheit*.

2 Mit einem Klick auf die Schaltfläche *Digitale Signaturen* öffnen Sie das Dialogfenster *Digitale Signatur*.

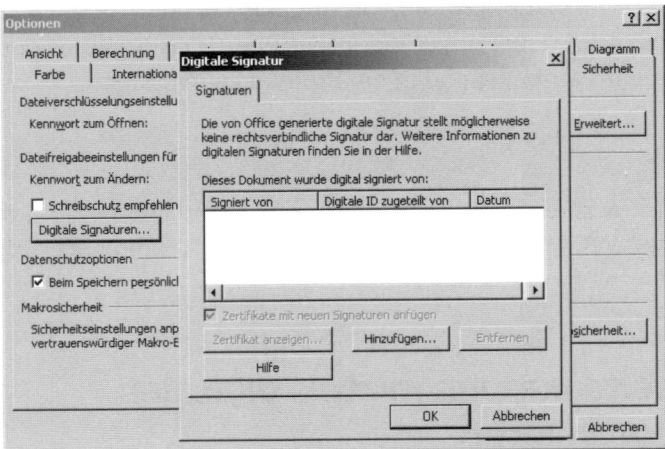

3 Über die Schaltfläche *Hinzufügen* können der Arbeitsmappe Zertifikate hinzugefügt werden.

Hinweis

Eine digitale Signatur wird oft auch als digitale ID bezeichnet. Um ein Office-Dokument digital zu signieren, benötigen Sie ein aktuelles digitales Zertifikat. Digitale Zertifikate werden in der Regel von einer Zertifizierungsstelle ausgestellt. Dabei handelt es sich um einen vertrauenswürdigen Drittanbieter, der digitale Zertifikate für andere Unternehmen ausstellt. Es gibt viele kommerzielle Drittanbieter-Zertifizierungsstellen, von denen Sie ein digitales Zertifikat kaufen können oder kostenlos erhalten.

Tipp 5: Pfad und Dateiname im Adressfeld anzeigen

Folgender Trick zeigt, wie Sie sich den aktuellen Pfad und den Dateinamen in einem Adressfeld anzeigen lassen können. Wenn Ihnen der komplette Pfad inklusive Dateiname bekannt ist, können Sie über dieses Adressfeld sogar Dateien öffnen.

So geht's unter Excel 2003:

Diese Möglichkeit steht ab Excel 2007 nicht zur Verfügung. Deshalb wird hier ausschließlich die Vorgehensweise für Excel 2003 beschrieben.

1 Starten Sie über das Menü *Ansicht/Symbolleisten/Anpassen* den Befehl zur individuellen Gestaltung der Menü- und Symbolleisten.

2 Aktivieren Sie die Registerkarte *Befehle*.

3 Wählen Sie unter *Kategorien* den Eintrag *Web*.

4 Ziehen Sie mit der rechten Maustaste das Adressfeld in die Menüleiste rechts neben das Hilfemenü. Alternativ können Sie das Adressfeld auch zu einer beliebigen Symbolleiste hinzufügen.

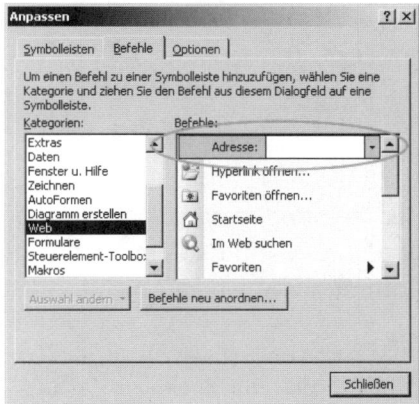

In diesem Adressfeld werden nun Pfad und Dateiname der geöffneten Datei angezeigt. Wenn Ihnen der komplette Pfad inklusive Dateiname bekannt ist, können Sie über dieses Feld auch Excel-Dateien öffnen.

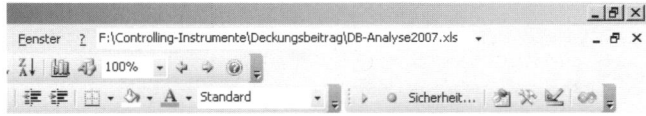

Tipp 6: Arbeitsmappe nach einem definierten Zeitpunkt nicht mehr öffnen

In diesem Beispiel sehen Sie, wie für eine Arbeitsmappe ein Verfallsdatum festgelegt werden kann. Nach Ablauf des Datums kann die Arbeitsmappe nicht mehr geöffnet werden. Im Beispiel wird der 31.12.2007 als letzter Bearbeitungstag definiert. Bei der Lösung handelt es sich um eine VBA-Lösung, die beim Öffnen der Datei prüft, ob das vorgegebene Datum überschritten ist. Ist das der Fall, wird eine Meldung ausgegeben, und die Arbeitsmappe wird sofort wieder geschlossen.

So geht's:

1 Starten Sie mit der Tastenkombination [Alt]+[F11] den VBA-Editor.

2 Erfassen Sie im Codeblatt *DieseArbeitsmappe* den Code aus Listing 1.

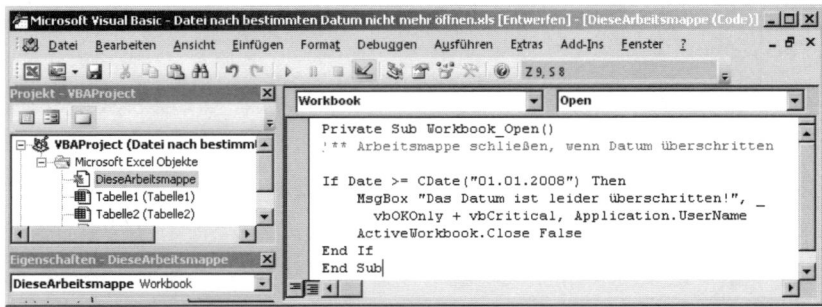

Wird diese Datei nun nach dem 31.12.2007 geöffnet, erfolgt die Ausgabe der Meldung, dass das Datum überschritten ist. Nach einem Klick auf *OK* wird die Mappe sofort wieder geschlossen. Bis zum Verfallsdatum bekommt der Anwender nichts von dem implementierten VBA-Code mit.

Listing 1:

```
Private Sub Workbook_Open()
'** Arbeitsmappe schließen, wenn Datum überschritten
If Date >= CDate("01.01.2008") Then
    MsgBox "Das Datum ist leider überschritten!", _
        vbOKOnly + vbCritical, Application.UserName
    ActiveWorkbook.Close False
End If
End Sub
```

Hinweis

Damit der VBA-Code ohne Rückfrage ausgeführt werden kann, muss die Makrosicherheitseinstellung auf *Niedrig* stehen. Prüfen Sie bei Ihrem Computer, ob Sie aus Sicherheitsgründen diese Einstellung vornehmen wollen. Den Befehl zum Einstellen der Sicherheitsrichtlinien können Sie über das Menü *Entwicklertools/Code/Makrosicherh.* aufrufen (Excel 2003: Menü *Extras/Makro/Sicherheit*).

Tipp 7: Fenster fixieren

Immer wieder kommt es gerade in großen Tabellen zu Problemen, sobald im Arbeitsblatt weiter nach unten gescrollt wird, denn so können die Überschriften, die die einzelnen Spalten bezeichnen, außer Sicht geraten. Es besteht Gefahr, dass Sie die Orientierung verlieren. Hier können Sie sich jedoch sehr schnell mit einer netten Funktionalität von Excel behelfen und Ihre Überschriften und Spaltenbezeichnungen sehr leicht im Blickfeld behalten: Fixieren Sie den Überschriftenbereich.

So geht's:

1 Öffnen Sie eine neue Tabelle und markieren Sie die Zelle D9.

2 Rufen Sie dann über *Ansicht/Fenster* den Befehl *Fenster einfrieren* auf und klicken Sie auf die Option *Fenster einfrieren* (Excel 2007: *Fenster fixieren*; Excel 2003: Menü *Fenster*, Befehl *Fenster fixieren*).

3 Nun bleiben die Spalten A bis C und die Zeilen 1 bis 8 im sichtbaren Bereich, und Sie können nach unten und nach rechts scrollen, ohne dass Ihnen wesentliche Informationen zu Überschriften etc. aus dem Blickfeld geraten.

Hinweis

Die Fixierung des Fensters kann auf dem gleichen Weg wieder aufgehoben werden. Der Befehl lautet nun *Fixierung aufheben*.

Tipp 8: Fenster teilen

Sie können das Tabellenfenster aber auch auf andere Weise aufteilen, denn es muss nicht immer unbedingt eine Fensterfixierung sinnvoll sein. Oftmals möchte man in allen vier Ansichten eines geteilten Fensters hin- und herscrollen.

So geht's:

1 Öffnen Sie erneut eine neue Tabelle und markieren Sie die Zelle D9.

2 Rufen Sie dann über *Ansicht/Fenster* den Befehl *Teilen* auf (Excel 2003: Menü *Fenster*, Befehl *Teilen*).

3 Nun stehen Ihnen vier Fenster für die jeweilige Tabelle zur Verfügung, und Sie können in jedem einzelnen dieser vier Fenster hin- und herscrollen.

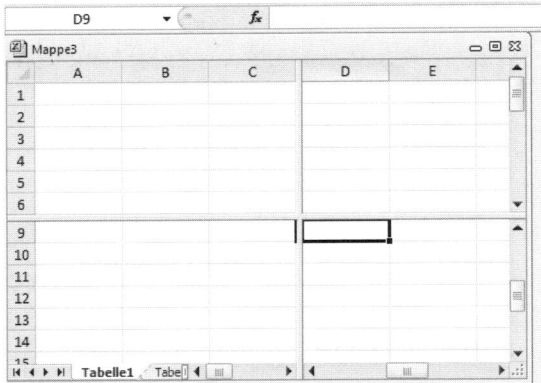

Hinweis

Der senkrechte und der waagerechte Balken, die das Fenster teilen, können sehr einfach mit der Maus an jede beliebige Stelle gezogen werden. Mit einem Doppelklick auf die Kreuzungsstelle der beiden Balken verschwindet die Teilung automatisch.

3.3 Mustervorlagen sinnvoll einsetzen

Wenn Mustervorlagen sinnvoll eingesetzt werden, kann das eine Menge Arbeit und Zeit sparen. Viele Anwender müssen wiederholt die gleichen Tätigkeiten in Excel durchführen. Hier bietet es sich an, die Vorlagen so praxisnah wie möglich zu gestalten. Die nachfolgenden Tipps zeigen, wie sich diese Aufgabenstellung einfach lösen lässt.

Tipp 1: Schnelles Anpassen der Standardschriftart

Beim Start von Excel soll eine bestimmte Schriftart mit einer definierten Größe eingestellt sein. So sollen alle neuen Arbeitsmappen mit der Schriftart Verdana und dem Schriftgrad 11 dargestellt werden.

So geht's ab Excel 2007:

1 Starten Sie über das Menü *Datei/Optionen* (Excel 2007: Menü *Office/ Excel-Optionen*) das Dialogfenster.

2 Wählen Sie die Option *Allgemein* (Excel 2007: *Häufig verwendet*).

3 Im Abschnitt *Beim Erstellen neuer Arbeitsmappen* können Sie die Schriftart *Verdana* und als *Schriftgrad 11* festlegen.

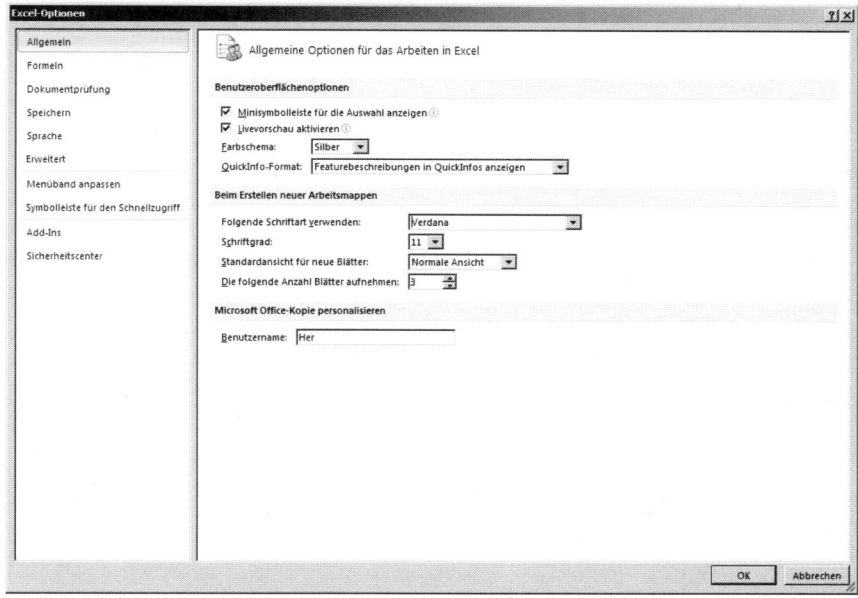

4 Nachdem Sie die Einstellungen mit *OK* übernommen haben, werden alle neuen Arbeitsmappen auf Basis der vorgenommenen Einstellungen erstellt.

So geht's unter Excel 2003:

1 Starten Sie über das Menü *Extras/Optionen* das Dialogfenster *Optionen*.

2 Wechseln Sie zur Registerkarte *Allgemein*.

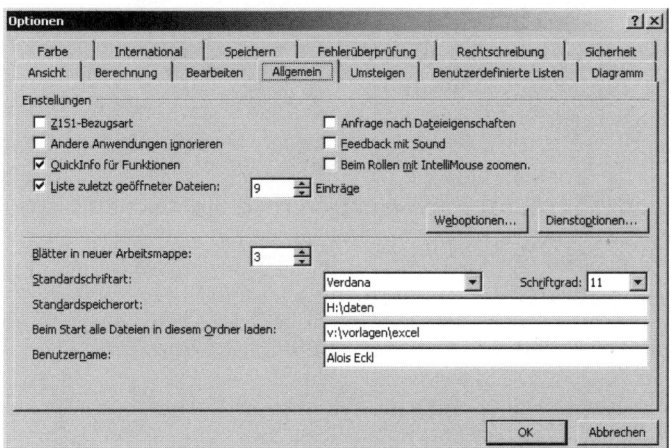

3 Wählen Sie dort die Schriftart *Verdana* und als *Schriftgrad 11* aus.

4 Nachdem Sie den Dialog mit *OK* beendet haben, werden nach einem Neustart von Excel alle neu eingefügten Arbeitsmappen mit dieser Vorgabe erstellt.

Tipp 2: Erstellen und Anpassen von Formatvorlagen

Formatvorlagen bieten eine gute Möglichkeit, um schnell vordefinierte Formate in ein Tabellenblatt einzufügen. Anstatt jede Formateinstellung einzeln vorzunehmen, können Sie damit direkt mehrere vordefinierte Formatierungen in die Tabelle übernehmen. In diesem Beispiel wird eine Formatvorlage mit der Bezeichnung *Buchhaltung* definiert, in der alle positiven Zahlen mit dem Zusatz *S* für Soll und alle negativen Zahlen mit dem Zusatz *H* für Haben dargestellt werden.

So geht's:

1 Starten Sie den Befehl über das Menü *Start/Formatvorlagen/Zellformatvorlagen/Neue Zellenformatvorlage* (Excel 2003: Menü *Format/Formatvorlage*).

2 Erfassen Sie als Name für die Formatvorlage *Buchhaltung*.

3 Klicken Sie auf die Schaltfläche *Formatieren* und wechseln Sie auf die Registerkarte *Zahlen* (Excel 2003: Schaltfläche *Ändern*).

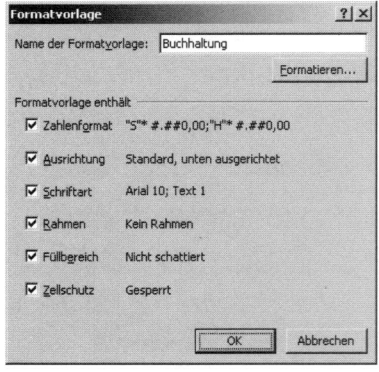

4 Als benutzerdefiniertes Zahlenformat erfassen Sie *"S"* #.##0,00;"H"* #.##0,00*. Damit werden alle Zahlen buchhalterisch mit vorgestelltem *S* für Sollwerte und mit *H* für Habenwerte angezeigt.

5 Beenden Sie die Dialogfenster mit einem Klick auf die Schaltfläche *OK*.

Nun steht Ihnen das neue Format *Buchhaltung* zur Verfügung. Dieses können Sie auf beliebige Zellen oder Zellbereiche wie gewohnt anwenden.

Zur Anwendung der Formatvorlage gehen Sie wie folgt vor:

1 Markieren Sie den Bereich, der mit der neuen Formatvorlage formatiert werden soll, im Beispiel den Bereich C4:F13.

2 Starten Sie den Befehl über das Menü *Start/Formatvorlage/Zellen-formatvorlagen* (Excel 2003: Menü *Format/Formatvorlage*).

3 Im Abschnitt *Benutzerdefiniert* steht die neu erstellte Formatvorlage *Buchhaltung* zur Verfügung. Wählen Sie diese mit einem Klick aus. (In Excel 2003 steht im Feld *Name der Formatvorlage* die Vorlage *Buchhaltung* zur Verfügung. Wählen Sie diese aus und übertragen Sie das Format mit einem Klick auf die Schaltfläche *OK* auf das Tabellenblatt.)

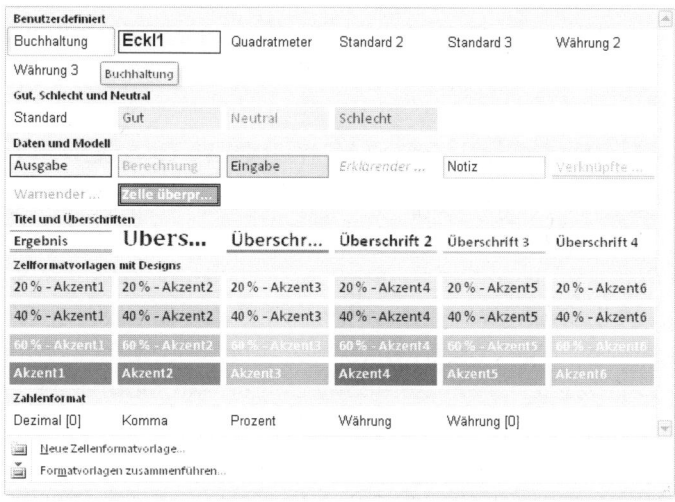

4 Der markierte Zellbereich wird mit dem Zahlenformat *Buchhaltung* versehen.

Selbstverständlich können auch bereits bestehende Formatvorlagen angepasst werden. Gehen Sie dazu wie nachfolgend beschrieben vor:

1 Öffnen Sie die Formatvorlagen über das Menü *Start/Formatvorlagen/Zellenformatvorlagen* (Excel 2003: Menü *Format/Formatvorlage*).

2 Wählen Sie den Eintrag aus, der geändert werden soll, und klicken Sie diesen mit der rechten Maustaste an.

3 Im Kontextmenü wählen Sie den Eintrag *Ändern*.

4 Im daraufhin erscheinenden Dialogfenster wählen Sie die gewünschten Formatierungsregeln aus und bestätigen Ihre Änderungen mit *OK*.

In Excel 2003 starten Sie den Befehl über das Menü *Format/Formatvorlage*. Wählen Sie die zu ändernde Vorlage aus und klicken Sie auf die Schaltfläche *Ändern*. Im Dialog *Zellen formatieren* legen Sie die gewünschten Formatierungen fest und bestätigen beide Dialogfenster jeweils mit einem Klick auf *OK*. Die Formatanpassungen werden direkt in die geänderte Formatvorlage übernommen.

Tipp 3: Benutzerdefinierte Vorlagen erstellen

In Excel besteht genau so wie in Word die Möglichkeit, benutzerdefinierte Vorlagen zu erstellen. Durch benutzerdefinierte Vorlagen kann einem Kreis von Anwendern eine Vorlage zur Verfügung gestellt werden, auf deren Basis individuelle Anpassungen vorgenommen werden können. In Vorlagendateien können beliebige Vorgaben, wie beispielsweise Druckereinstellungen, Kopf- und Fußzeilen, benutzerdefinierte Formate und vieles mehr vorgegeben werden. Dadurch wird ein möglichst einheitliches Erscheinungsbild aller erstellten Excel-Mappen gewährleistet.

In diesem Beispiel erfahren Sie, wie ab Excel 2007 eine benutzerdefinierte Rechnungsvorlage erstellt wird.

So geht's:

1 Erstellen Sie im ersten Schritt die Rechnungsvorlage mit allen Einstellungen, Texten, Überschriften, Bezeichnungen, Formeln und Formatierungen.

2 Öffnen Sie über das Menü *Datei/Speichern unter* das Dialogfenster *Speichern unter* (Excel 2007: Menü *Office/Speichern unter*; Excel 2003: Menü *Datei/Speichern unter*).

3 Geben Sie einen Dateinamen ein und wählen Sie unter *Dateityp* den Eintrag *Excel-Vorlage (*.xltx)* (Excel 2003: Dateityp *Mustervorlage (*.xlt)*).

4 Dadurch wird automatisch das Vorlagenverzeichnis geöffnet, in dem die Vorlage abgespeichert werden soll.

5 Beenden Sie das Dialogfenster mit einem Klick auf die Schaltfläche *Speichern*.

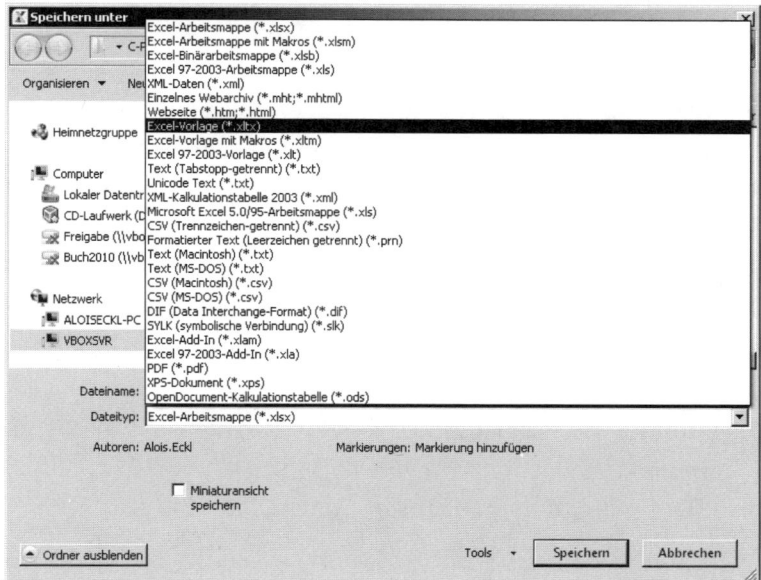

Zum Aufrufen der Vorlagendatei gehen Sie wie folgt vor:

1 Klicken Sie über *Datei/Neu* auf die Symbolschaltfläche *Meine Vorlagen* (Excel 2007: Menü *Office/Neu/Vorlagen/Meine Vorlagen*; Excel 2003: Menü *Datei/Neu*, Registerkarte *Allgemein*).

2 Daraufhin öffnet sich das Dialogfenster *Neu* mit allen Vorlagendateien aus dem Vorlagenverzeichnis.

3 Wählen Sie dort die gewünschte Vorlage aus und beenden Sie das Dialogfenster mit *OK*.

Auf der Basis dieser Vorlage wird eine neue Arbeitsmappe mit allen definierten Formatierungen, Textvorgaben und Formeln erzeugt. Diese können Sie wie gewohnt unter einem beliebigen Dateinamen ablegen sowie Veränderungen und Ergänzungen vornehmen.

Tipp 4: Vorlagendatei beim Excel-Start automatisch öffnen

Sie arbeiten häufig mit der gleichen Arbeitsmappe, daher soll beim Excel-Start automatisch beispielsweise das Telefonverzeichnis, das als Excel-Datei geführt wird, geöffnet werden. Zur Lösung dieser Fragestellung gibt es zwei Möglichkeiten.

So geht's: Variante 1

1 Öffnen Sie die Datei, die beim Start von Excel automatisch geöffnet werden soll.

2 Rufen Sie anschließend über das Menü *Datei/Speichern unter* den gleichnamigen Dialog auf (Excel 2007: Menü *Office/Speichern unter;* Excel 2003: Menü *Datei/Speichern unter*).

3 Als Dateiname geben Sie *Mappe* ein, und als *Dateityp* wählen Sie *Excel-Vorlage (*.xltx)* (Excel 2003: Dateityp *Mustervorlage (*.xlt)*).

4 Die Datei muss im Ordner *XLSTART* abgespeichert werden. Diesen finden Sie als Unterordner im Office-Installationsverzeichnis.

Der Pfad könnte wie folgt lauten:

C:\Programme\Microsoft Office\Office14\XLSTART
(Excel 2007: *C:\Programme\Microsoft Office\Office12\XLSTART;*
Excel 2003: C:\Programme\Microsoft\Office11\XLSTART).

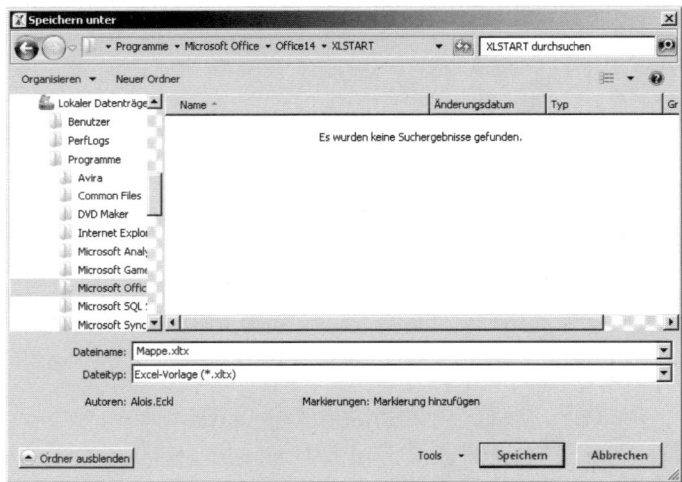

5 Sobald Sie nun Excel starten, wird automatisch die Datei *Mappe.xltx* geöffnet.

So geht's ab Excel 2007: Variante 2

1 Öffnen Sie das Dialogfenster *Excel-Optionen* über das Menü *Start/ Optionen* (Excel 2007: Menü *Office/Excel-Optionen*).

2 Aktivieren Sie den Abschnitt *Erweitert* und scrollen Sie dort bis zum Abschnitt *Allgemein* nach unten.

3 Im Feld *Beim Start alle Dateien öffnen in* geben Sie den Pfad an, in dem sich die Vorlagendateien befinden. Im Beispiel ist dort der Pfad *F:\Excel-Vorlagen* erfasst.

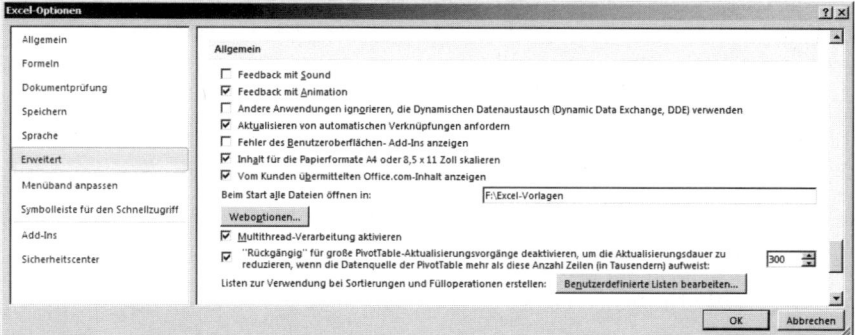

4 Beenden Sie das Dialogfenster mit einem Klick auf die Schaltfläche *OK*.

So geht's unter Excel 2003: Variante 2

1 Öffnen Sie den Befehl über das Menü *Extras/Optionen*, Registerkarte *Allgemein*.

2 Im Feld *Beim Starten alle Dateien in diesem Ordner laden* geben Sie den Pfad zu Ihren Vorlagen ein.

Beim Start von Excel werden nun alle Dateien geöffnet, die sich im angegebenen Ordner befinden. Auf diese Weise können Sie mehr als eine Datei beim Excel-Start öffnen.

Hinweis

Achten Sie darauf, dass Sie beide Varianten nicht gleichzeitig einsetzen, da sonst die Startdatei zweimal geöffnet wird.

4

Formeln effektiv und professionell einsetzen

In diesem Kapitel erfahren Sie alles zum Thema Formeln. Lesen Sie, welche Tipps und Tricks es im Umgang mit Formeln gibt und wie Sie Formeln gezielt und praxisnah einsetzen können.

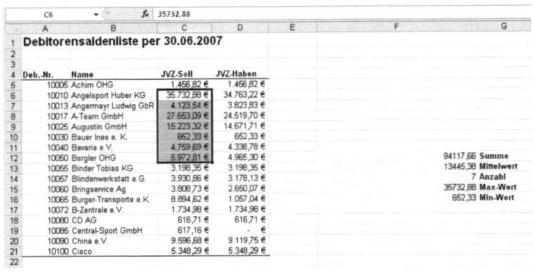

Excel bietet rund 360 Tabellenfunktionen. Dieses Buch erhebt jedoch nicht den Anspruch, jede Funktion bis ins Detail zu erläutern, sondern geht vielmehr auf den Einsatz im Alltag ein und zeigt verschiedene Zusammenhänge anhand von Praxisbeispielen.

Bis Excel 2003 ist es für einige Beispiele notwendig, dass das Add-in Analyse-Funktionen aktiviert ist. Wenn Sie mit Excel bis Version 2003 arbeiten, sollten Sie das Add-in jetzt einbinden, damit alle Beispiele in diesem Kapitel nachvollzogen werden können. Gehen Sie dazu wie folgt vor:

1 Öffnen Sie in Excel 2003 über das Menü *Extras/Add-Ins* das Dialogfenster zum Einbinden von Add-ins.

2 Setzen Sie den Haken beim Add-in Analyse-Funktionen und beenden Sie den Dialog mit einem Klick auf die Schaltfläche *OK*.

Damit ist das Add-in aktiviert, und es stehen alle Zusatzfunktionen zur Verfügung.

In Excel 2007 und Excel 2010 sind sämtliche Funktionen generell verfügbar. Es ist somit nicht mehr notwendig, diese erst über ein Add-in einzubinden.

4.1 Wichtige Infos zum Umgang mit Formeln und Funktionen

Excel bietet eine Vielzahl von Unterstützungsfeatures im Umgang mit Formeln. Wenn Sie die vorhandenen Assistenten sinnvoll einsetzen und dabei noch ein paar Kniffe kennen und beherzigen, werden Sie künftig keine Schwierigkeiten bei der Erfassung von komplexen Formeln und Funktionen mehr haben. Auch Excel 2007 und Excel 2010 gehen den Weg zur komfortablen und zielorientierten Erfassung von Formeln konsequent weiter.

Tipp 1: Einführung in den Funktions-Assistenten

Das Arbeiten mit Formeln und Funktionen wird in Excel durch einen Funktions-Assistenten unterstützt, der, wenn man ihn zu nutzen weiß, wertvolle Hilfestellung beim Erstellen dieser Formeln und Funktionen leisten kann. Wie sich die Arbeit mit diesem Assistenten gestaltet, soll nachfolgend anhand einiger einfacher Beispiele gezeigt werden.

So geht's:

1 Öffnen Sie eine neue Arbeitsmappe. Sie haben nun verschiedene Möglichkeiten, den Funktions-Assistenten zu starten. Probieren Sie einfach aus, welcher der nachfolgenden Wege Ihnen am meisten zusagt. Rufen Sie den Assistenten auf, indem Sie die Tastenkombination [Umschalt]+[F3] drücken oder auf das Symbol *f(x)* am linken Rand der Bearbeitungsleiste klicken.

2 Nun wird automatisch ein Gleichheitszeichen in die Bearbeitungsleiste eingefügt, und es öffnet sich das Dialogfenster *Funktion einfügen*.

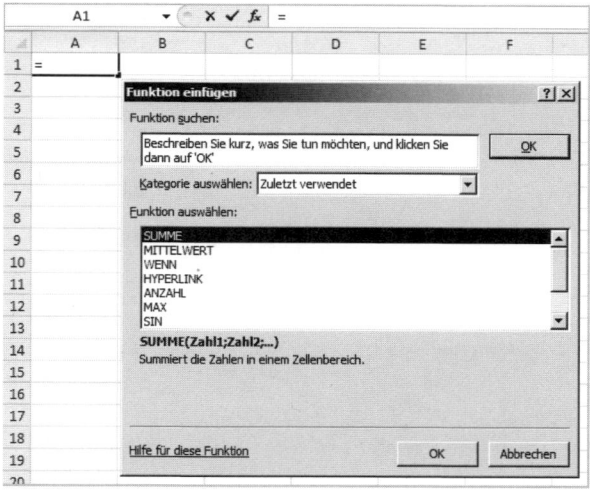

3 Über das Feld *Funktion suchen* können Sie sich jetzt mithilfe eines Suchbegriffs alle Funktionen anzeigen lassen, die für diesen Suchbegriff infrage kommen könnten. Geben Sie in dieses Feld einfach einmal den Begriff *addieren* ein. Klicken Sie dann auf die Schaltfläche *OK* (Excel 2003: Befehlsschaltfläche *Start*).

4 Der Funktions-Assistent schlägt Ihnen anschließend eine Reihe von Funktionen vor, die im Zusammenhang mit *addieren* von Interesse sein könnten. Im Drop-down-Feld *Kategorie auswählen* zeigt er den

207

Eintrag *Empfohlen* an. Diese Kategorie erscheint nur im Zusammenhang mit einer Suchanfrage.

5   Wählen Sie aus dem Feld *Funktion auswählen* die bekannte Funktion
SUMME aus.

6   Klicken Sie nun jedoch noch nicht auf *OK*. Sehen Sie sich stattdessen
einmal an, was der Funktions-Assistent noch zu bieten hat. Klicken Sie
hierfür links unten im Dialogfenster auf den blauen Link *Hilfe für diese
Funktion*.

7   Über die Excel-Hilfe erhalten Sie eine Vielzahl an Informationen zur
gewählten Funktion, so u. a. eine Beschreibung der Funktion, Informationen zur Syntax und sonstige Hinweise (Excel 2003: die Excel-Hilfe
hat ein etwas andere Layout, jedoch prinzipiell die gleichen Inhalte).

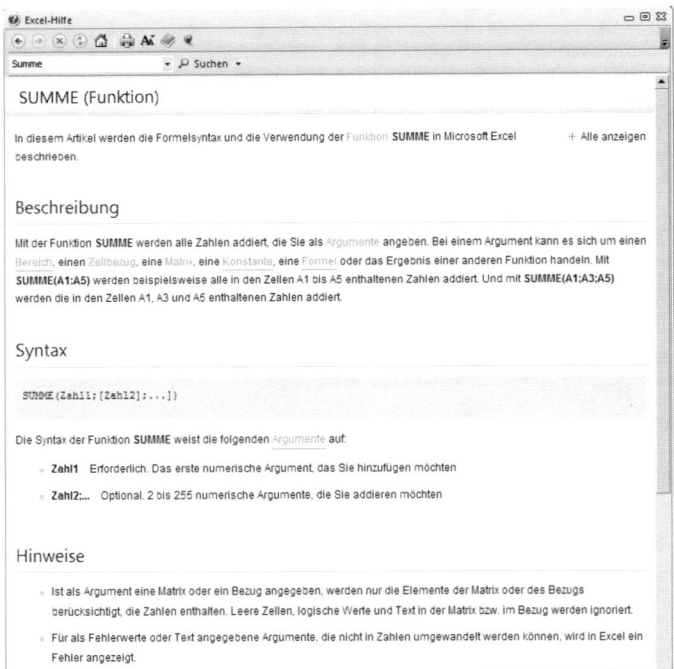

8   Über die Excel-Hilfe erhalten Sie aber auch sehr nützliche Beispiele dazu, wie diese Funktion anzuwenden ist. Sie müssen hierfür im Fenster
der Excel-Hilfe einfach weiter nach unten scrollen.

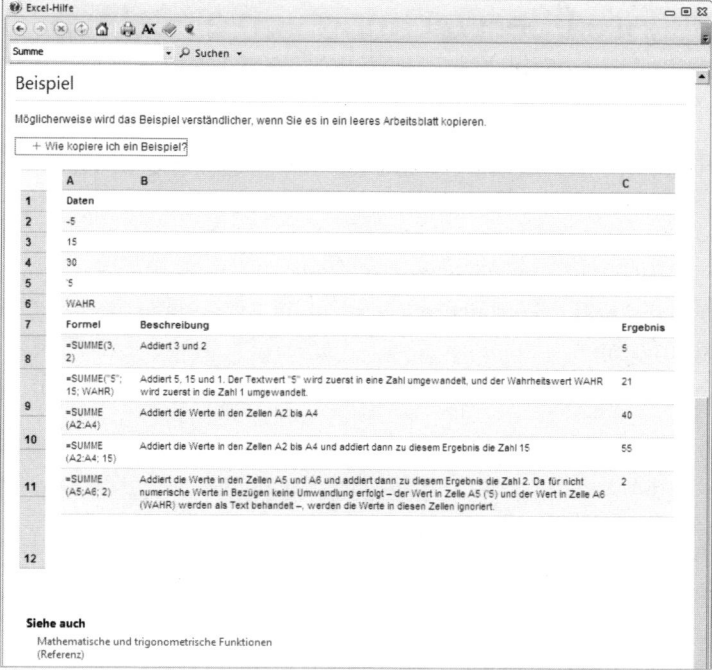

9 Die Beispiele aus der Excel-Hilfe lassen sich sehr einfach kopieren und in ein Tabellenblatt einfügen, sodass sie in der realen Excel-Umgebung besser nachvollzogen werden können. Wie das geschieht, steht ebenfalls in diesem Hilfefenster.

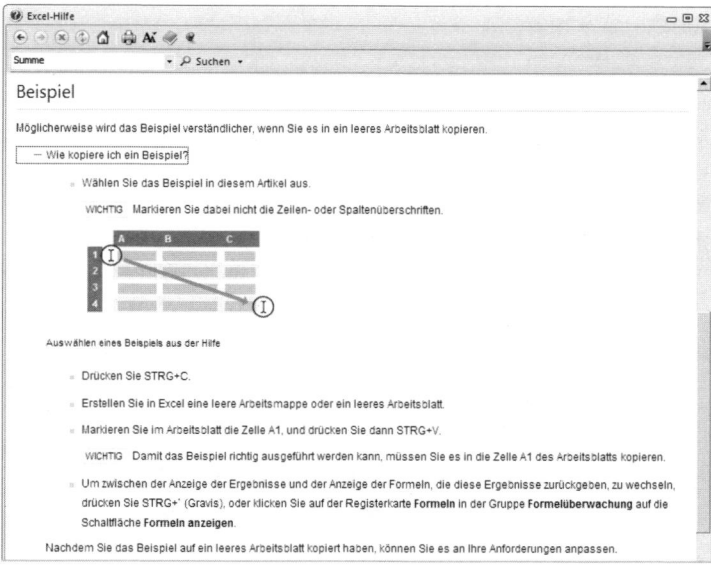

Tipp 2: Sichere Überwachung von einzelnen Formelergebnissen

Zur Überwachung von Formeln und Formelergebnissen bietet Excel eine eigene Überwachungsfunktion. Gerade bei der Erstellung umfangreicher Kalkulationsmodelle ist es hilfreich bzw. oft erforderlich, die wesentlichen Eckdaten permanent im Blickfeld zu haben, besonders dann, wenn sich das Kalkulationsschema über mehrere Tabellenblätter oder gar mehrere Arbeitsmappen erstreckt. Zu diesem Zweck stellt Excel das Überwachungsfenster zur Verfügung.

So geht's:

1   Im ersten Schritt müssen Sie das Überwachungsfenster über das Menü *Formeln/ Formelüberwachung/Überwachungsfenster* starten (Excel 2003: Menü *Extras/ Formelüberwachung/Überwachungsfenster anzeigen*).

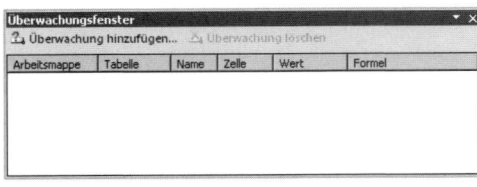

2   Markieren Sie die Zelle, die Sie überwachen möchten, und klicken Sie auf *Überwachung hinzufügen*.

Der Überwachungsauftrag wird sofort in das Überwachungsfenster übernommen. Angezeigt werden der Name der Arbeitsmappe und der Blattname. Sofern für die Zelle ein Name de-

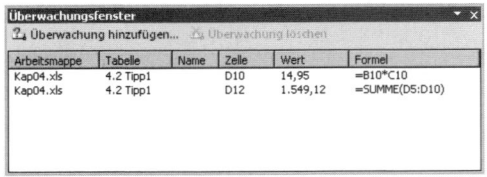

finiert ist, wird dieser in der Spalte *Name* angezeigt. Darüber hinaus zeigt das Fenster die Zelladresse, den Wert der Zelle oder das Ergebnis einer Formelberechnung sowie die Formel selbst an. Zum Löschen einer Überwachung wählen Sie einfach den gewünschten Eintrag im Überwachungsfenster aus und klicken auf die Schaltfläche *Überwachung löschen*. Der Eintrag wird ohne Nachfrage aus dem Dialogfenster entfernt.

Hinweis

Sie können auch mehrere Überwachungen gleichzeitig hinzufügen, indem Sie in der Excel-Tabelle den gewünschten Zellbereich auswählen und die Schaltfläche *Überwachung hinzufügen* anklicken.

Zur besseren Übersicht lässt sich das Überwachungsfenster auch an einer beliebigen Seite des Bildschirmfensters andocken. Ziehen Sie dazu das Fenster einfach nach oben, unten, links oder rechts an den Bildschirmrand. In der Abbildung sehen Sie, wie das Überwachungsfenster oben an die Multifunktionsleiste angedockt wurde.

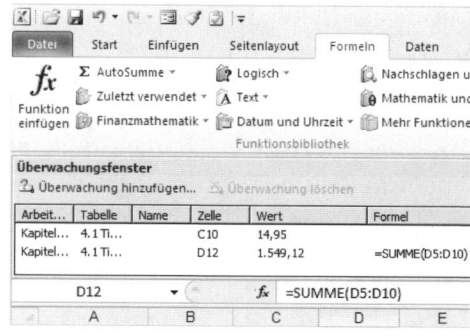

Tipp 3: Überwachung ganzer Tabellenausschnitte

In einem komplexen Kalkulationsschema sollen nicht nur einzelne Zellen, sondern ganze Zellbereiche überwacht werden. Ziel ist, dass Änderungen im überwachten Bereich sofort sichtbar werden. Excel bietet dazu die Möglichkeit, Zellbereiche direkt als Bild in eine Tabelle einzufügen.

So geht's: Als Grafik einfügen

1 Markieren Sie den zu überwachenden Bereich.

2 Kopieren Sie ihn mit der Tastenkombination [Strg]+[C] in die Zwischenablage.

3 Wählen Sie die Zelle aus, ab der das kopierte Bild eingefügt werden soll.

4 Über das Menü *Start/ Einfügen/Grafik* wird der kopierte Zellbereich als Grafik eingefügt. (Excel 2007: Menü *Start/Einfügen/Als Bild/Als Grafik einfügen*; in Excel 2003 halten Sie die [Umschalt]-Taste gedrückt und wählen *Bearbeiten/Bild einfügen*.)

	A	B	C	D	E	F
1	**Verkaufsliste**					
2						
3						
4	Art.-Nr.	Anzahl	Brutto-VK	Summe		
5	47111	15	25,95	389,25		
6	47112	19	17,98	341,62		
7	47113	27	9,99	269,73		
8	47114	13	13,49	175,37		
9	47115	9	39,80	358,20		
10	47116	1	14,95	14,95		
11						
12		Gesamtsumme:		1.549,12		
13						
14						
15		Art.-Nr.	Anzahl	Brutto-VK	Summe	
16		47111	15	25,95	389,25	
17		47112	19	17,98	341,62	
18		47113	27	9,99	269,73	
19		47114	13	13,49	175,37	
20		47115	9	39,80	358,20	
21		47116	1	14,95	14,95	
22						

Mit dieser Methode wird eine Hardcopy vom zu überwachenden Zellbereich hergestellt. Änderungen des überwachten Zellbereichs haben keine Auswirkungen auf die eingefügte Grafik.

Sinnvoller dürfte es sein, die Grafik als Verknüpfung einzufügen, da damit Änderungen im Ursprungsbereich auch in der verknüpften Grafik berücksichtigt werden.

So geht's: Als verknüpfte Grafik einfügen

1   Kopieren Sie den gewünschten Zellbereich wieder in die Zwischenablage.

2   Den Befehl zum Einfügen einer verknüpften Grafik rufen Sie über das Menü *Start/Einfügen/Verknüpfte Grafik* auf. (Excel 2007: Menü *Start/ Einfügen/Als Bild/Verknüpfte Grafik einfügen*; in Excel 2003 halten Sie die Umschalt-Taste gedrückt und wählen *Bearbeiten/Verknüpftes Bild einfügen*.)

Wenn die Grafik auf diese Weise eingefügt wird, werden alle Änderungen im Ursprungsbereich auch in der Grafik automatisch angepasst.

Hinweis

Möchten Sie schnell zum überwachten Ursprungsbereich springen, führen Sie einfach einen Doppelklick auf die verknüpfte Grafik aus.

Zur Verdeutlichung der Tatsache, dass es sich um ein verknüpftes Bild handelt, setzen Sie einfach den Hintergrund der Grafik auf Grau. Gehen Sie dazu wie folgt vor:

1   Klicken Sie mit der rechten Maustaste auf das Bild.

2   Im Kontextmenü wählen Sie den Eintrag *Grafik formatieren*.

3   Im Dialogfenster *Grafik formatieren* wechseln Sie zur Registerkarte *Farbe und Linien* und wählen als Füllfarbe einen hellen Grauton aus. Beenden Sie den Dialog mit einem Klick auf die Schaltfläche *OK*.

	A	B	C	D	E
1	**Verkaufsliste**				
2					
3					
4	Art.-Nr.	Anzahl	Brutto-VK	Summe	
5	47111	15	25,95	389,25	
6	47112	19	17,98	341,62	
7	47113	27	9,99	269,73	
8	47114	13	13,49	175,37	
9	47115	9	39,80	358,20	
10	47116	1	14,95	14,95	
11					
12		Gesamtsumme:		1.549,12	
13					
14					
15	Art.-Nr.	Anzahl	Brutto-VK	Summe	
16	47111	15	25,95	389,25	
17	47112	19	17,98	341,62	
18	47113	27	9,99	269,73	
19	47114	13	13,49	175,37	
20	47115	9	39,80	358,20	
21	47116	1	14,95	14,95	
22					

Nun ist auf den ersten Blick zu erkennen, dass es sich um ein eingefügtes Bild und nicht um die Originalzelldaten handelt.

Tipp 4: Vorhandene Formeln direkt im Tabellenblatt anzeigen

Nachdem Sie eine Formel eingegeben und die Eingabe mit [Enter] bestätigt haben, wird sofort das Ergebnis der Formel angezeigt. Die Formelsyntax ist dann nur noch in der Bearbeitungsleiste zu sehen. Excel bietet aber auch die Möglichkeit, anstatt der Formelergebnisse die Formel in den betreffenden Zellen anzuzeigen.

So geht's:

Über das Menü *Formeln/Formelüberwachung/Formel anzeigen* werden in der Tabelle anstelle der Berechnungsergebnisse direkt die Formeln ausgegeben (Excel 2003: Menü *Extras/Formelüberwachung/Formelüberwachungsmodus*).

Alternativ können die Formeln auch mit der Tastenkombination [Strg]+[#] eingeblendet werden.

Normale Anzeige:

	A	B	C	D
1	**Verkaufsliste**			
2				
3				
4	Art.-Nr.	Anzahl	Brutto-VK	Summe
5	47111	15	25,95	389,25
6	47112	19	17,98	341,62
7	47113	27	9,99	269,73
8	47114	13	13,49	175,37
9	47115	9	39,80	358,20
10	47116	1	14,95	14,95
11				
12		Gesamtsumme:		1.549,12
13				

Anzeige der Formeln:

	A	B	C	D
1	**Verkaufsliste**			
2				
3				
4	Art.-Nr.	Anzahl	Brutto-VK	Summe
5	47111	15	25,95	=B5*C5
6	47112	19	17,98	=B6*C6
7	47113	27	9,99	=B7*C7
8	47114	13	13,49	=B8*C8
9	47115	9	39,8	=B9*C9
10	47116	1	14,95	=B10*C10
11				
12		Gesamtsumme:		=SUMME(D5:D10)
13				

Tipp 5: Zellinhalt und Formel einer Zelle gleichzeitig anzeigen

Zur besseren Übersicht und zur Klarstellung komplexer Sachverhalte sollen sowohl die Ergebnisse einer Berechnung als auch die Berechnungsformeln gleichzeitig am Bildschirm dargestellt werden.

So geht's:

1 Erstellen Sie von der betreffenden Arbeitsmappe ein zweites Fenster. Dies erreichen Sie über das Menü *Ansicht/Fenster/Neues Fenster* (Excel 2003: Menü *Fenster/Neues Fenster*).

2 Ordnen Sie über das Menü An*sicht/Fenster/Alle anordnen* die Fenster *Horizontal* an (Excel 2003: Menü *Fenster/Anordnen/Horizontal*).

3 Im letzten Schritt aktivieren Sie über das Menü *Formeln/Formelüberwachung/Formeln anzeigen* die Formelanzeige. Alternativ können Sie sie auch über die Tastenkombination [Strg]+[#] einschalten (Excel 2003: Menü *Extras/Formelüberwachung/Formelüberwachungsmodus*).

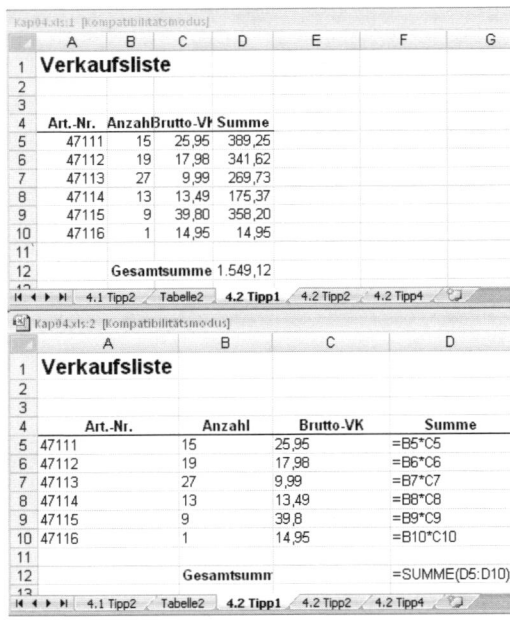

In der oberen Arbeitsmappe werden nun die Berechnungsergebnisse und in der unteren die entsprechenden Formeln angezeigt. Diese Art der Darstellung erweist sich bei komplexeren Sachverhalten als sehr hilfreich.

Tipp 6: Formeln intelligent zusammenbauen

Die Erstellung komplexer, ineinander verschachtelter Formeln und Funktionsparameter stellt für viele Anwender eine schwierige, in manchen Fällen sogar eine nicht lösbare Aufgabe dar. In den meisten Fällen hilft es, die Aufgabenstellung in mehrere Teilaufgaben zu zerlegen, die für sich betrachtet leicht zu verstehen sind. Wenn alle Teilfunktionen erfolgreich erstellt wurden, müssen sie nur noch zu einer Gesamtformel zusammengebaut werden.

Im folgenden Beispiel soll aus der Spalte *Name*, die sowohl den Vor- als auch den Nachnamen enthält, nur der Nachname extrahiert werden.

So geht's:

Sehen Sie sich zunächst die Ausgangstabelle an.

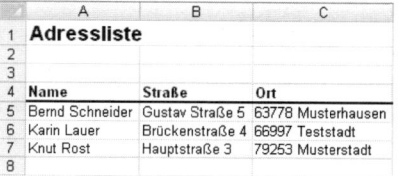

In den Zellen A5 bis A7 befinden sich die Nachnamen, die extrahiert werden sollen.

1 Als eindeutiges Trennzeichen dient in diesen Beispielnamen das Leerzeichen. Im ersten Schritt wird also ermittelt, an welcher Stelle sich das Leerzeichen befindet. Erfassen Sie dazu in Zelle A10 die Formel =SUCHEN(" ";A5;1).

2 Im zweiten Schritt wird die Länge der gesamten Zeichenfolge, also des Vornamens mit dem Nachnamen, mit der Formel =LÄNGE(A5) ermittelt, die Sie in Zelle A11 eingeben.

Das Ergebnis sieht so aus wie nebenstehend.

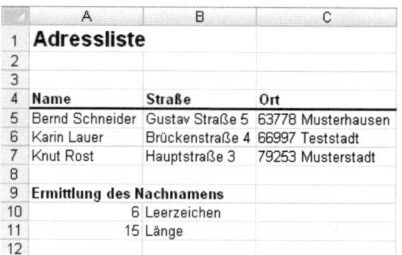

Sie sehen, in Zelle A5 befindet sich das Leerzeichen an sechster Stelle, und die gesamte Zeichenlänge der Zelle A5 beträgt 15 Stellen.

3 Zur Ermittlung des Nachnamens erfassen Sie nun in Zelle A12 diese Funktion:

=RECHTS(A5;A11-A10)

Damit wird von der gesamten Stringlänge die Stellenzahl bis zur Leerstelle subtrahiert, und es wird nur noch der rechte Teil des verbleibenden Strings ausgegeben. Als Ergebnis erhalten Sie damit den Nachnamen *Schneider*.

Diese Lösung ist jetzt aber auf der Basis von zwei Hilfszellen entstanden.
Im nächsten Schritt werden die Funktionen zu einer einzigen zusammengebaut. Gehen Sie dazu wie folgt vor:

1 Erfassen Sie in Zelle E5 die provisorische Formel *=RECHTS(A5;1)* und
bestätigen Sie mit Enter.

2 Kopieren Sie die Formel *LÄNGE(A5)* aus Zelle A11 über die Bearbeitungsleiste in die Zwischenablage. Achten Sie darauf, dass das
=-Zeichen nicht mitkopiert wird.

3 Gehen Sie wieder zur Zelle E5 und ersetzen Sie die Ziffer 1 mit der
Formel aus der Zwischenablage. In Zelle E5 steht nun folgender Inhalt:

=RECHTS(A5;LÄNGE(A5))

4 Kopieren Sie nun wie unter Punkt 2 beschrieben die Formel *SUCHEN(" ";
A5;1)* aus Zelle A10 in die Zwischenablage.

5 Wechseln Sie nun wieder zur Zelle E5, erfassen Sie vor der letzten rechten Klammer ein Minuszeichen und fügen Sie den Inhalt der Zwischenablage danach ein.

Die komplette Formel in Zelle E5 lautet somit nun *=RECHTS(A5;
LÄNGE(A5)-SUCHEN(" ";A5;1))*, als Ergebnis wird der Nachname *Schneider*
ausgegeben.

	E5	▾	f_x	=RECHTS(A5;LÄNGE(A5)-SUCHEN(" ";A5;1))	
	A	B	C	D	E
1	**Adressliste**				
2					
3					
4	Name	Straße	Ort		
5	Bernd Schneider	Gustav Straße 5	63778 Musterhausen		Schneider
6	Karin Lauer	Brückenstraße 4	66997 Teststadt		
7	Knut Rost	Hauptstraße 3	79253 Musterstadt		
8					
9	**Ermittlung des Nachnamens**				
10	6	Leerzeichen			
11	15	Länge			

Sie sehen, durch das Zerlegen von komplexeren Formeln in ihre Einzelbe-
standteile ist es wesentlich einfacher, die Zusammenhänge zu verstehen.
Auf diesen Teillösungen aufbauend, lassen sich Formeln auch leichter zu-
sammenfügen.

Tipp 7: Formeln verkleinern

Formeln werden in der Praxis manchmal ziemlich lang bzw. komplex und damit auch unübersichtlich. Je mehr Zellverweise und einzelne Funktionen ineinander verschachtelt werden, desto schwerer ist eine Formel zu lesen und zu verstehen.

Hier bietet es sich an, für Zellen oder Zellbereiche Namen zu definieren. Ein weiterer Trick, um Formeln zu verkürzen, besteht darin, lange Tabellenblattbezeichnungen abzukürzen. Im folgenden Beispiel sehen Sie, wie sich eine Formel elegant verkürzen lässt.

So geht's:

Sehen Sie sich zunächst die Ausgangstabelle an.

	A	B	C	D
1	**Umsätze Brutto - Netto**			
2				
3				
4	**Monat**	**Netto**	**Ust-KZ**	**Brutto**
5	Januar	39.829,45 €	1	
6	Januar	68.739,79 €	2	
7	Februar	87.639,62 €	1	
8	Februar	63.923,90 €	2	
9	Februar	7.641,00 €	3	
10	März	58.293,44 €	1	
11	März	102.893,35 €	2	
12				

Darin befinden sich für jeden Monat mehrere Umsätze mit unterschiedlichen Umsatzsteuerkennziffern (*USt-KZ*).

	A	B	C
1	**Umsatzsteuerkennziffer**		
2			
3	**USt-KZ**	**USt-Satz**	
4	1	19	
5	2	7	
6	3	16	
7			

Die Übersicht der Umsatzsteuerkennziffern befindet sich auf einem anderen Tabellenblatt als die Umsatzliste selbst.

In Spalte D der Umsatzliste soll nun der Bruttoumsatz mit den vorgegebenen Umsatzsteuersätzen auf der Basis direkter Zellbezüge errechnet werden.

1 Markieren Sie im ersten Schritt den Zellbereich D5:D11.

2 Erfassen Sie in Zelle D5 folgende Formel:

=WENN(ISTFEHLER(B5+(B5*SVERWEIS(C5;'4.Tipp6-2'!\$A\$4:\$B\$6;2; FALSCH)/100));"";B5+(B5*SVERWEIS(C5;'4.Tipp6-2'!\$A\$4:\$B\$6;2; FALSCH)/100))

3 Beenden Sie die Formeleingabe mit der Tastenkombination [Strg]+[Enter].

Auf diese Weise wird abhängig von der Umsatzsteuerkennziffer der entsprechende Bruttoumsatz ermittelt.

Zur Verkürzung der Formel gehen Sie nun wie folgt vor:

1 Wechseln Sie auf das Tabellenblatt, auf dem sich die Umsatzsteuerkennziffern befinden.

2 Markieren Sie den Bereich A4:B6 und rufen Sie den Befehl zur Namensdefinition über das Menü *Formeln/Definierte Namen/Namen definieren* auf (Excel 2003: Menü *Einfügen/Namen/Definieren*).

3 Als Name erfassen Sie *ust*. Sie können im Feld *Kommentar* auch eine kurze Beschreibung des Namens hinterlegen. Beenden Sie den Dialog mit einem Klick auf *OK*. (Die Erfassung von Kommentaren bei der Definition neuer Namen besteht erst ab der Excel-Version 2007.)

4 Wechseln Sie nun wieder zurück zur Umsatzliste und markieren Sie den Zellbereich E5:E11. Geben Sie in Zelle E5 diese Funktion ein:

=WENN(ISTFEHLER(B5+(B5*SVERWEIS(C5;ust;2;0))/100));"";
B5+(B5*SVERWEIS(C5;ust;2;0))/100))

5 Schließen Sie die Eingabe erneut mit [Strg]+[Enter] ab.

Sie sehen, bereits die Vergabe eines einzigen Namens hat eine erhebliche Verkürzung der ursprünglichen Formel ergeben. Der Befehl *SVERWEIS()* bezieht sich nun nicht mehr auf die Matrix, sondern auf den Namen *ust*, der die Matrix der Umsatzsteuerkennziffern bezeichnet.

	A	B	C	D	E
1	**Umsätze Brutto - Netto**				
2					
3					Kurze Formel
4	Monat	Netto	Ust-KZ	Brutto	Brutto
5	Januar	39.829,45 €	1	47.397,05 €	47.397,05 €
6	Januar	68.739,79 €	2	73.551,58 €	73.551,58 €
7	Februar	87.639,62 €	1	104.291,15 €	104.291,15 €
8	Februar	63.923,90 €	2	68.398,57 €	68.398,57 €
9	Februar	7.641,00 €	3	8.863,56 €	8.863,56 €
10	März	58.293,44 €	1	69.369,19 €	69.369,19 €
11	März	102.893,35 €	2	110.095,88 €	110.095,88 €
12					

→ Verweis: siehe Kapitel 4.3, Tipp 1

Tipp 8: Kopieren von mehreren Formeln ohne Veränderung der Zellbezüge

In der Praxis kommt es aus verschiedenen Gründen immer wieder vor, dass Formeln ohne automatische Anpassung der Zellbezüge kopiert werden müssen.

➔ Verweis: siehe Kapitel 1.2, Tipp 7

In Kapitel 1.2 wurde bereits beschrieben, wie Formeln über die Bearbeitungsleiste ohne Anpassung der Zellbezüge kopiert werden können. Für eine überschaubare Anzahl an Formeln ist dieser Weg sicherlich bestens geeignet. Bei einer Vielzahl an zu kopierenden Formeln empfiehlt es sich jedoch, folgenden Trick anzuwenden. Als Ausgangstabelle liegt eine Lieferantenliste mit Zahlungszielen vor. In Spalte E befinden sich die Formeln zur Ermittlung des Zahlungstags. Die Formeln sollen ohne Anpassung der Zellbezüge in Spalte F kopiert werden.

So geht's:

1 Markieren Sie den Zellbereich, der kopiert werden soll, in diesem Beispiel den Bereich E6:E12.

2 Öffnen Sie über das Menü *Start/Bearbeiten/Suchen & Auswählen/Ersetzen* das Dialogfenster *Suchen und Ersetzen* (Excel 2003: Menü *Bearbeiten/Ersetzen*).

3 Erfassen Sie im Feld *Suchen nach* das =-Zeichen und im Feld *Ersetzen durch* das #-Zeichen.

4 Durch einen Klick auf die Schaltfläche *Alle ersetzen* werden die =-Zeichen durch die #-Zeichen ersetzt. Das Ergebnis sieht wie folgt aus:

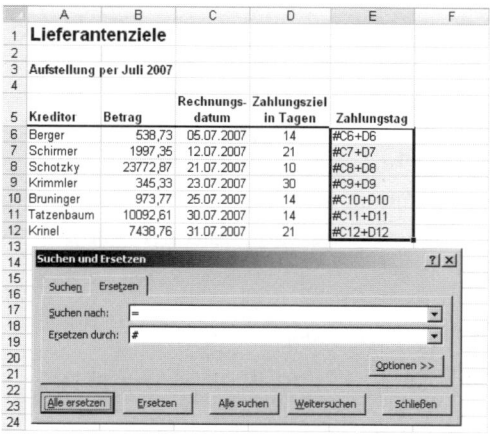

5 Schließen Sie das Dialogfenster mit einem Klick auf *OK*.

6 Kopieren Sie nun die geänderten Formeln in den Bereich F6:F12.

7 Starten Sie erneut den Dialog *Suchen und Ersetzen*, vertauschen Sie aber die Zeichen. Gesucht wird jetzt nach #, ersetzt wird mit =.

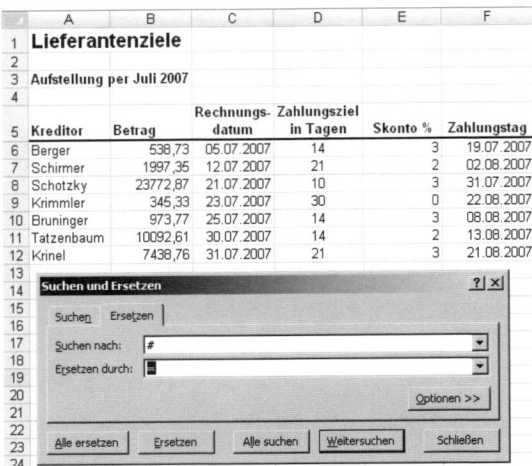

8 Nachdem Sie das Dialogfenster mit einem Klick auf die Schaltfläche *Alle ersetzen* beendet haben, befinden sich alle Formeln ohne Anpassung der Zellbezüge im neuen Zellbereich.

Hinweis

Die Spalte E kann nun anderweitig verwendet werden. Im Beispiel wurden die Skontoinformationen eingetragen

Tipp 9: Formelzellen schützen

In der Praxis ist es häufig notwendig, Zellen zu schützen, in denen sich Formeln befinden. Gerade wenn mehrere Anwender an einer Excel-Tabelle arbeiten, empfiehlt sich dieser Schutz ganz besonders. Denn wer hat nicht schon einmal aus Versehen eine Formel gelöscht? Um dem vorzubeugen, zeigt Ihnen dieses Beispiel, wie sich Formelzellen vor unberechtigtem Löschen schützen lassen.

So geht's: Formeln mit der Blattschutzfunktion sichern

Excel bietet die Möglichkeit, den Zugriff auf Formeln in geschützten Tabellenblättern zu untersagen. Dazu sind folgende Schritte notwendig:

1 Markieren Sie alle Zellen des Tabellenblatts. Am schnellsten erreichen Sie dies mit der Tastenkombination [Strg]+[A]. Achten Sie darauf, dass sich der Zellzeiger in einer Zelle befindet, die nicht zu einem zusammenhängenden Zellbereich gehört. Sollte das der Fall sein, müssen Sie die Tastenkombination zweimal ausführen.

2 Starten Sie über das Menü *Start/Zellen/Format/Zellen formatieren* das Dialogfenster *Zellen formatieren* (Excel 2003: Menü *Format/Zellen*). Alternativ können Sie dieses Dialogfenster auch über die Tastenkombination [Strg]+[1] aufrufen.

3 Wechseln Sie zur Registerkarte *Schutz* und deaktivieren Sie das Kontrollkästchen *Gesperrt*, indem Sie den Haken entfernen. Beenden Sie das Dialogfenster anschließend mit *OK*.

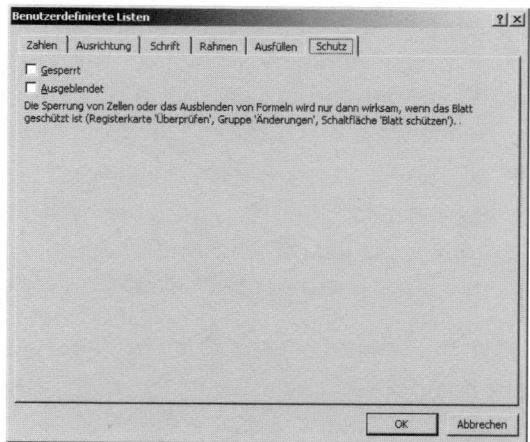

4 Im nächsten Schritt müssen alle Zellen markiert werden, die eine Formel beinhalten. Dies erreichen Sie am schnellsten, indem Sie mit der Funktionstaste [F5] das Dialogfenster *Gehe zu* öffnen.

5 Klicken Sie auf die Schaltfläche *Inhalte*.

6 Aktivieren Sie im Dialogfenster *Inhalte auswählen* die Option *Formeln*. Achten Sie darauf, dass die Kontrollkästchen *Zahlen*, *Text*, *Wahrheitswerte* und *Fehler* aktiviert sind.

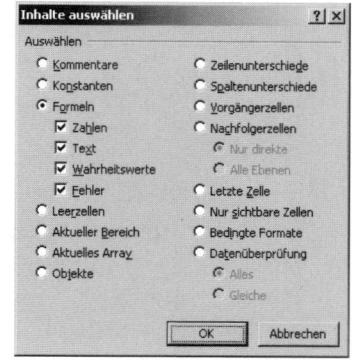

7 Nachdem Sie das Dialogfenster mit einem Klick auf die Schaltfläche *OK* beendet haben, werden alle Zellen auf dem aktuellen Tabellenblatt markiert, in denen sich Formeln befinden.

8 Öffnen Sie nun wieder den Dialog zur Zellformatierung und aktivieren Sie für die markierten Formelzellen den Zellschutz, indem Sie erneut den Haken im Kontrollkästchen *Gesperrt* setzen.

Damit der Zellschutz greift, muss das Blatt geschützt werden. Gehen Sie dazu wie folgt vor:

1 Öffnen Sie über das Menü *Überprüfen/ Änderungen/Blatt schützen* das Dialogfenster für den Blattschutz (Excel 2003: Menü *Extras/Schutz/Blatt schützen*).

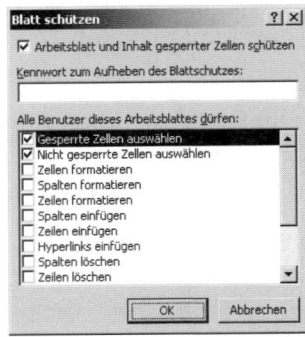

2 Dieses Dialogfenster bietet verschiedene Einstellungsmöglichkeiten rund um den Blattschutz. Zum Schutz der Formelzellen genügt es, wenn Sie die Standardvorgaben übernehmen. Abhängig davon, wie sicher der Formelschutz sein soll, können Sie ein Passwort für den Blattschutz festlegen.

3 Nachdem Sie den Blattschutz mit einem Klick auf die Schaltfläche *OK* hergestellt haben, lassen sich die Zellen, in denen sich Formeln befinden, zwar auswählen, Änderungen oder Löschvorgänge werden aber mit einer entsprechenden Meldung quittiert.

So geht's: Formelschutz in einem ungeschützten Tabellenblatt herstellen

Mithilfe der Gültigkeitsprüfung lassen sich Formelzellen auch ohne Blattschutz vor Veränderungen schützen.

So geht's:

1 Starten Sie über die Funktionstaste [F5] und einen Klick auf die Schaltfläche *Inhalte* das Dialogfenster *Inhalte auswählen*.

2 Wählen Sie die Option *Formeln* und achten Sie darauf, dass die Kontrollkästchen *Zahlen*, *Text*, *Wahrheitswerte* und *Fehler* aktiviert sind. Nach einem Klick auf die Schaltfläche *OK* werden alle Formelzellen markiert.

3 Starten Sie nun über das Menü *Daten/Datentools/Datenüberprüfung* das Dialogfenster *Datenüberprüfung* (Excel 2003: Menü *Daten/ Gültigkeit*).

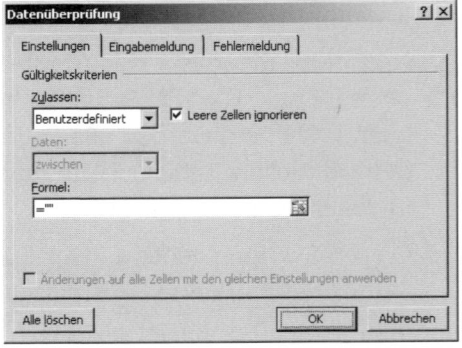

4 Wählen Sie unter *Zulassen* den Eintrag *Benutzerdefiniert*.

5 Als Formel erfassen Sie ="" und beenden den Dialog mit *OK*.

Damit können Zellen, in denen sich Formeln befinden, nicht mehr verändert werden. Jede Eingabe wird mit einem Fehlerhinweis quittiert.

Hinweis

Die Löschfunktion ist damit allerdings nicht deaktiviert. Das bedeutet, über die [Entf]-Taste lässt sich die Formel nach wie vor löschen.

→ Verweis: siehe Kapitel 1.1, Tipp 16

Tipp 10: Formeln auswerten und prüfen

In langen und verschachtelten Funktionen verliert man schon mal den Überblick. Ergibt eine Funktion nicht das gewünschte Ergebnis, ist manchmal guter Rat teuer. Genau hier kommt das Tool Formelauswertung zum Einsatz. Damit lassen sich Teilergebnisse berechnen und schrittweise Auswertungen durchführen.

So geht's:

1 Markieren Sie die Zelle, die die Formel zur Auswertung beinhaltet.

2 Starten Sie über das Menü *Formeln/Formelüberwachung/Formelauswertung* den Dialog *Formeln auswerten* (Excel 2003: Menü *Extras/Formelüberwachung/Formelauswertung*).

3 Über die Schaltfläche *Auswerten* wird jeweils der unterstrichene Formelteil ausgewertet, und das Ergebnis der Teilberechnung wird eingeblendet.

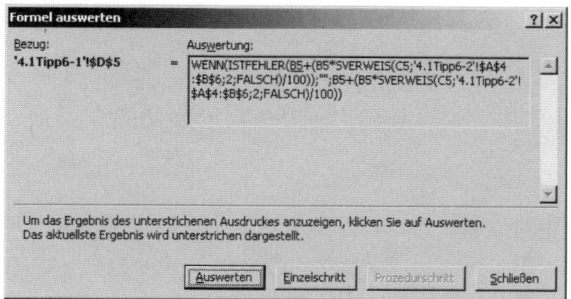

4 Über die Schaltfläche *Einzelschritt* können Sie sich das jeweils zugehörige Formelargument einblenden lassen.

Auf diese Weise lassen sich Fehler relativ schnell ermitteln. Da in der Formel direkt das Ergebnis angezeigt wird, können Sie auch Logikfehler rasch erkennen.

Hinweis

Beachten Sie, dass jeweils nur eine Formel ausgewertet werden kann. Sobald zwei Formelzellen markiert werden, steht der Befehl nicht mehr zur Verfügung. Das bedeutet, Sie müssen den Befehl für jede Formel erneut aufrufen.

Tipp 11: Sicherer Umgang mit Zirkelbezügen

Zirkelbezüge entstehen, wenn sich eine Formel direkt oder indirekt auf die Zelle bezieht, in die sie eingetragen wurde. Sobald ein Zirkelbezug auftritt, wird eine Warnmeldung ausgegeben, und die Zellen, die den Zirkelbezug verursachen, werden markiert.

Im folgenden Praxisbeispiel soll ausgehend von einem Bruttobetrag die Umsatzsteuer ermittelt werden.

So geht's: Erzeugen eines Zirkelbezugs

1 Geben Sie in Zelle B4 den Wert *19%* ein.

2 In Zelle B5 erfassen Sie die Formel *=B7-B6*.

3 Die Umsatzsteuer in Zelle B6 wird mit dieser Formel berechnet: *=B4*B5*. Nach Bestätigung der Eingabe erkennt Excel den Zirkelbezug und gibt einen Fehlerhinweis aus.

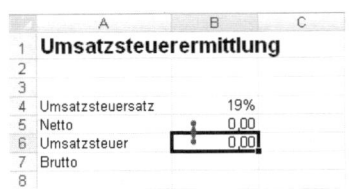

An der blauen Markierung in den Zellen B5 und B6 kann der Zirkelbezug ebenfalls erkannt werden.

4 Erfassen Sie nun noch in Zelle B7 den Bruttowert 1000.

So geht's: Auflösen des Zirkelbezugs

1 Starten Sie das Dialogfenster *Excel-Optionen* über das Menü *Datei/ Optionen* (Excel 2007: Menü *Office/Excel-Optionen*; Excel 2003: Menü *Extras/Optionen*, Registerkarte *Berechnung*).

2 Wechseln Sie zum Abschnitt *Formeln* und setzen Sie im Kontrollkästchen *Iterative Berechnung aktivieren* einen Haken. Die Voreinstellungen

Maximale Iterationszahl 100 und *Maximale Änderung 0,001* können Sie beibehalten (Excel 2003: Kontrollkästchen *Iteration*).

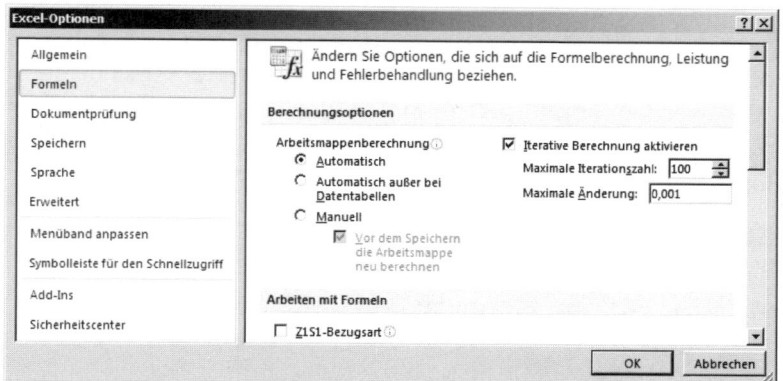

3 Nach einem Klick auf *OK* wird der Zirkelbezug aufgehoben, und die Berechnung wird wie gewünscht durchgeführt.

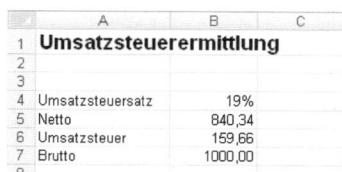

Als Umsatzsteuer ergibt sich ein Wert von 159,66 Euro.

Tipp 12: Spalten- und Zeilenüberschriften in Berechnungen verwenden (bis Excel 2003)

Bis zur Excel-Version 2003 besteht die Möglichkeit, Spalten- und Zeilenüberschriften direkt in einer Formel zu verwenden. Dabei müssen keine Namen definiert werden, allein der Umstand genügt, dass Zahlenkolonnen Überschriften besitzen. Diese Möglichkeit steht ab Excel 2007 nicht mehr zur Verfügung.

Das folgende Beispiel zeigt, wie diese Funktion bis zur Version Excel 2003 in der Praxis sinnvoll eingesetzt werden kann.

	A	B	C	D	E
1	Deckungsbeitragsrechnung 7/2007				
2					
3					
4	Produkt	Umsatzerlös	variable Kosten	DB I in €	
5	Produkt A	38.471,00 €	31.875,00 €	6.596,00 €	
6	Produkt B	68.330,00 €	54.778,00 €	13.552,00 €	
7	Produkt C	16.912,00 €	15.447,00 €	1.465,00 €	
8	Produkt D	97.550,00 €	83.356,00 €	14.194,00 €	
9	Produkt E	47.600,00 €	42.876,00 €	4.724,00 €	
10	Produkt F	72.335,00 €	57.181,00 €	15.154,00 €	
11					

D5 = B5-C5

Als Ausgangstabelle dient eine Deckungsbeitragsrechnung, in der im Bereich D5:D11 der Deckungsbeitrag über die Formel *=B5-C5* berechnet wurde.

So geht's:

1 Stellen Sie im ersten Schritt ein, dass Beschriftungen in Formeln verwendet werden können. Öffnen Sie dazu über das Menü *Extras/ Optionen* die Registerkarte *Bearbeiten* und aktivieren Sie dort das Kontrollkästchen *Beschriftungen in Formeln zulassen*.

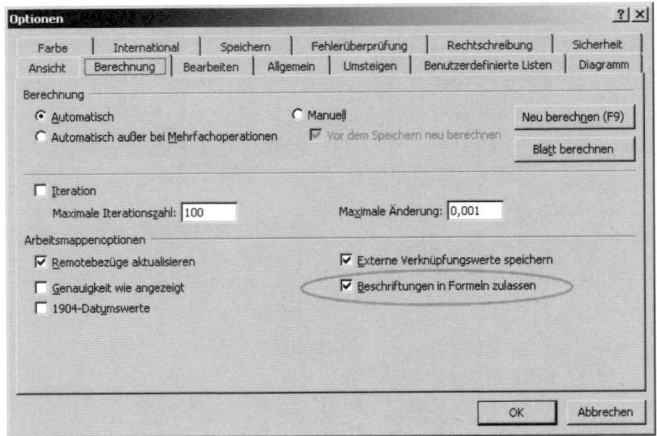

2 Erfassen Sie nun anstelle der Formel *=B5-C5* die Formel *=Umsatzerlös- variable Kosten* in Zelle D5. Damit werden die variablen Kosten aus Spalte C von den Umsatzerlösen aus Spalte B subtrahiert.

3 Kopieren Sie die Formel bis zu Zelle D10 nach unten.

Sie sehen, diese Berechnung funktioniert ohne die Definition eines einzigen Namens. Sie erfolgt ausschließlich auf Basis der Spaltenbeschriftungen.

	D5	▼	*fx*	=Umsatzerlös-variable Kosten
	A	B	C	D
1	**Deckungsbeitragsrechnung 7/2007**			
2				
3				
4	Produkt	Umsatzerlös	variable Kosten	DB I in €
5	Produkt A	38.471,00 €	31.875,00 €	6.596,00 €
6	Produkt B	68.330,00 €	54.778,00 €	13.552,00 €
7	Produkt C	16.912,00 €	15.447,00 €	1.465,00 €
8	Produkt D	97.550,00 €	83.356,00 €	14.194,00 €
9	Produkt E	47.600,00 €	42.876,00 €	4.724,00 €
10	Produkt F	72.335,00 €	57.181,00 €	15.154,00 €
11				

Tipp 13: Anzeige von Berechnungen in der Statusleiste

Soll es einmal ganz schnell gehen oder möchten Sie bestimmte Zellwerte nur zur Prüfung kurz summieren, ist dieser Tipp genau der richtige für Sie.

Da sich die Statusleisten von Excel 2003 und Excel 2007/Excel 2010 stark unterscheiden, werden beide Vorgehensweisen getrennt voneinander dargestellt.

So geht's ab Excel 2007:

Markieren Sie zunächst den Zellbereich, der berechnet werden soll.

In der Statusleiste werden standardmäßig die Summe, der Mittelwert und die Anzahl der markierten Zellen berechnet und angezeigt.

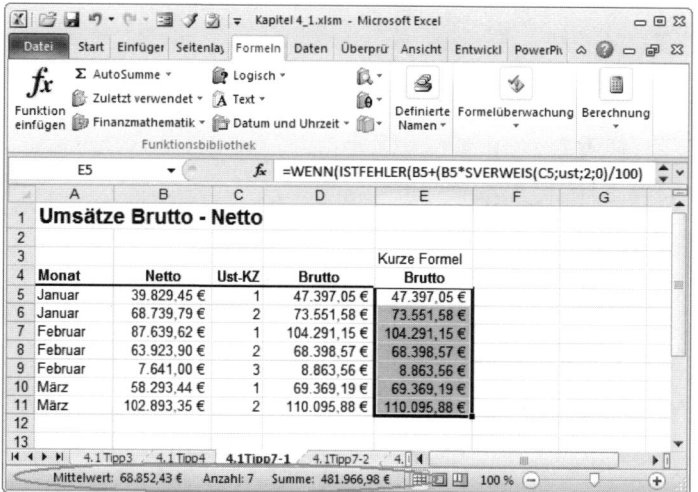

Wenn Sie mit der rechten Maustaste auf die Statusleiste klicken, öffnet sich das Dialogfenster *Statusleiste anpassen*, in dem verschiedene Einstellungen vorgenommen werden können.

Auf diese Weise können Sie die Statusleiste Ihren individuellen Bedürfnissen und Gewohnheiten anpassen.

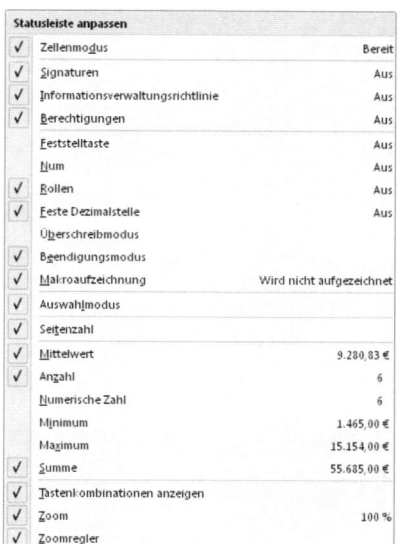

So geht's unter Excel 2003:

Markieren Sie hier ebenfalls den Zellbereich, der selektiert werden soll.

Auch unter Excel 2003 lassen sich in der Statusleiste verschiedene Ergebnisse anzeigen. Anders als in Excel 2007/Excel 2010 steht aber jeweils nur ein Ergebnis zur Verfügung.

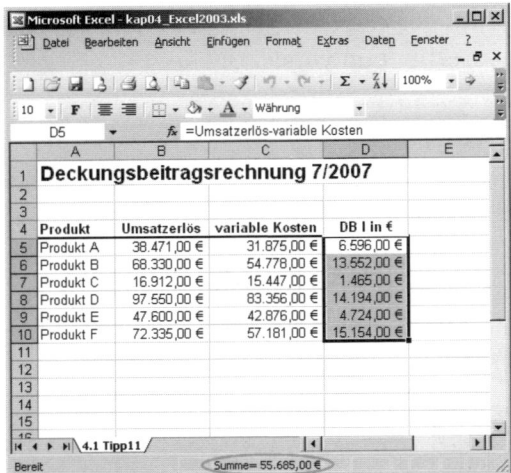

Zum Wechseln zwischen der Anzeige der Summenwerte, der Minimum- und Maximumwerte, der Anzahl und des Mittelwerts klicken Sie einfach auf den Eintrag in der Statusleiste. Daraufhin öffnet sich ein Auswahlmenü, aus dem der gewünschte Eintrag selektiert werden kann.

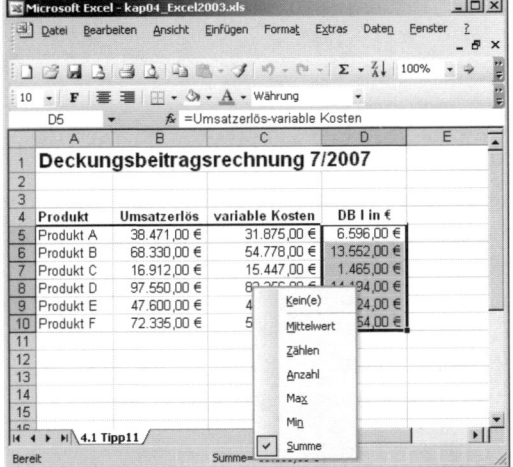

Hinweis

Sobald mehrere Zellen markiert werden, für die Ergebnisse berechnet werden können, erfolgt die Anzeige in der Statusleiste automatisch.

Tipp 14: Tabellenblattübergreifende Berechnungen mit 3-D-Bezügen durchführen

3-D-Berechnungen kommen zum Einsatz, wenn Berechnungen tabellenblattübergreifend durchgeführt werden sollen.

Im folgenden Beispiel wird der Umgang mit 3-D-Berechnungen anhand einer Arbeitsmappe erläutert, in der sich auf je einem eigenen Arbeitsblatt die Verkaufsergebnisse der vergangenen drei Jahre befinden. Diese Ergebnisse sollen zu einer Gesamtübersicht zusammengefasst werden.

So geht's:

Sehen Sie sich zunächst die Ausgangstabelle etwas näher an.

Auf dem Tabellenblatt 2006 befinden sich die Verkaufszahlen nach Regionen und Monaten aufgeschlüsselt. Die Blätter 2005 und 2004 sind identisch aufgebaut. Die Summen der Zellen B4 aller drei Blätter sollen nun in das Tabellenblatt *Gesamt* eingefügt werden.

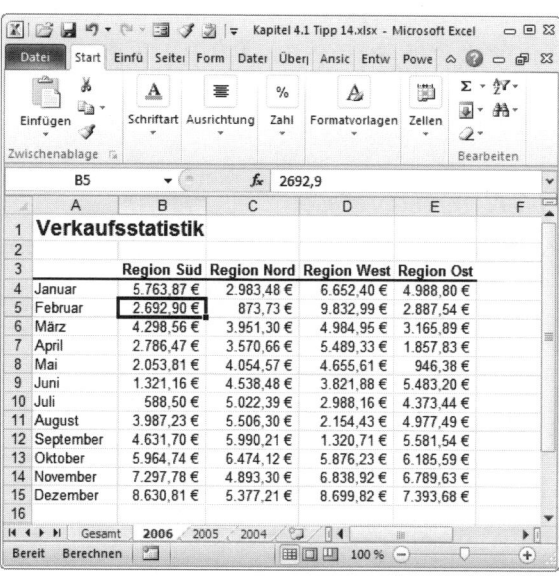

Dazu werden sogenannte 3-D-Bezüge verwendet. Als 3-D-Bezug wird der tabellenübergreifende Zellbezug bezeichnet.

Für Zelle B4 im Tabellenblatt *Gesamt* lautet der 3-D-Bezug wie folgt:

'2006:2004'!B4

229

Um nun mit 3-D-Bezügen rechnen zu können, müssen sie in eine Formel eingebunden werden. Gehen Sie dazu wie folgt vor:

1 Aktivieren Sie das Tabellenblatt *Gesamt* und erfassen Sie in Zelle B4 diese Formel:

=SUMME('2006:2004'!B4)

2 Kopieren Sie die Formel nun einfach bis Zelle E4 nach rechts.

3 Markieren Sie jetzt den Zellbereich B4:E4 und kopieren Sie die Formeln bis zur Zeile 15 nach unten.

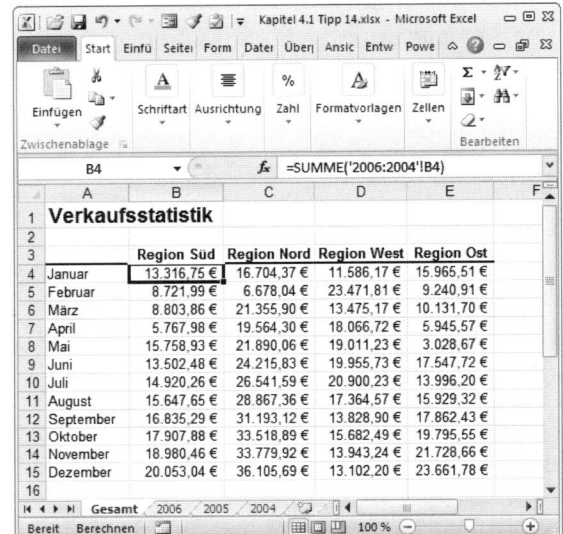

Auf diese Weise können Zellbereiche ohne Schwierigkeiten tabellenübergreifend summiert werden.

So geht's: 3-D-Bezüge über 3-D-Namen herstellen

3-D-Bezüge können auch über sogenannte 3-D-Namen hergestellt werden. Damit besteht die Möglichkeit, über einen definierten Namen beliebige Zellen innerhalb des 3-D-Bezugs auszuwerten. Gehen Sie dazu wie folgt vor:

1 Starten Sie über das Menü *Formeln/Definierte Namen/Namen definieren* den Befehl zum Erstellen eines neuen Namens (Excel 2003: Menü *Einfügen/Namen/Definieren*).

2 Als Name erfassen Sie *Verkauf_Gesamt*, und im Feld *Bezieht sich auf* geben Sie folgenden Bezug ein:

='2006:2004'!B4

Achten Sie darauf, dass der Zellbezug relativ angegeben wird, also ohne Dollarzeichen.

3 Verlassen Sie die Namensdefinition mit einem Klick auf die Schaltfläche *OK*.

4 Erfassen Sie auf dem Tabellenblatt *Gesamt* in Zelle B18 nun die Formel *=SUMME(Verkauf_Gesamt)*. Damit entfällt die Angabe des Zellbezugs, da dieser bereits bei der Namensdefinition vergeben wurde.

5 Kopieren Sie diese Funktion bis zur Zelle E18 nach rechts.

6 Markieren Sie wiederum den Bereich B18:E18 und kopieren Sie ihn bis zur Zeile 29 nach unten.

In allen Zellen steht jetzt die gleiche Formel. Die Anpassung der Zellbezüge erfolgt intern über die relativen Zellverweise bei der Namensdefinition.

	B18	▼	*fx*	=SUMME(Verkauf_Gesamt)	
	A	B	C	D	E
16					
17		Region Süd	Region Nord	Region West	Region Ost
18	Januar	13.316,75 €	16.704,37 €	11.586,17 €	15.965,51 €
19	Februar	8.721,99 €	6.678,04 €	23.471,81 €	9.240,91 €
20	März	8.803,86 €	21.355,90 €	13.475,17 €	10.131,70 €
21	April	5.767,98 €	19.564,30 €	18.066,72 €	5.945,57 €
22	Mai	15.758,93 €	21.890,06 €	19.011,23 €	3.028,67 €
23	Juni	13.502,48 €	24.215,83 €	19.955,73 €	17.547,72 €
24	Juli	14.920,26 €	26.541,59 €	20.900,23 €	13.996,20 €
25	August	15.647,65 €	28.867,36 €	17.364,57 €	15.929,32 €
26	September	16.835,29 €	31.193,12 €	13.828,90 €	17.862,43 €
27	Oktober	17.907,88 €	33.518,89 €	15.682,49 €	19.795,55 €
28	November	18.980,46 €	33.779,92 €	13.943,24 €	21.728,66 €
29	Dezember	20.053,04 €	36.105,69 €	13.102,20 €	23.661,78 €
30					

Hinweis

3-D-Bezüge schließen das erste und das letzte Tabellenblatt mit ein. Wenn ein neues Arbeitsblatt hinzukommt, das in der 3-D-Berechnung berücksichtigt werden soll, müssen Sie dieses nur vor das letzte Tabellenblatt einfügen. Damit werden die Werte automatisch in der Gesamttabelle summiert.

4.2 Matrixfunktionen auf den Punkt gebracht

Mit Matrixfunktionen lassen sich viele Formeleingaben auf ein Minimum reduzieren. Mehrere Berechnungen werden somit gleichzeitig in allen Zellen eines Bereichs durchgeführt. Damit werden leistungsfähige Berechnungen mit relativ wenig Aufwand möglich.

Matrixfunktionen werden mit der Tastenkombination (Strg)+(Umschalt)+(Enter) erzeugt. Zu erkennen sind Matrixfunktionen an den geschweiften Klammern vor und nach der eigentlichen Funktion. Diese Klammern dürfen nicht manuell eingegeben werden, sondern werden automatisch durch die Tastenkombination erstellt.

Tipp 1: Der einfache Umgang mit Matrixfunktionen

Matrixfunktionen beruhen auf dem Teilgebiet der linearen Algebra, in dem es um den Umgang mit Matrizen geht. Abgebildet auf einer Tabelle, ist eine Matrix ein rechteckiger Bereich, der sich über eine bestimmte Anzahl an Spalten und Zeilen erstreckt.

Im folgenden Beispiel wird die Funktionsweise von Matrixfunktionen anhand eines Beispiels erläutert. Es liegt eine Verkaufsliste vor, in der die Verkaufsmengen sowie Bruttoverkaufspreise für jeden Artikel angegeben sind. Im ersten Schritt soll der Gesamterlös ohne Matrixfunktionen errechnet werden. Anschließend wird die gleiche Berechnung mit einer Matrixfunktion durchgeführt.

So geht's:

Sehen Sie sich zunächst die Ausgangstabelle an.

	A	B	C	D
1	**Verkaufsliste**			
2				
3				
4	Art.-Nr.	Anzahl	Brutto-VK	Summe
5	47111	15	25,95	
6	47112	19	17,98	
7	47113	27	9,99	
8	47114	13	13,49	
9	47115	9	39,80	
10	47116	1	14,95	
11				

Zur Berechnung des Gesamtumsatzes ohne Matrixfunktion gehen Sie wie folgt vor:

1 Markieren Sie den Zellbereich D5:D10.

2 Erfassen Sie in Zelle D5 die Formel *=B1*D5*.

3 Beenden Sie die Eingabe der Formel mit der Tastenkombination [Strg]+[Enter]. Damit wird die Formel automatisch mit angepassten Zellbezügen in den markierten Bereich eingetragen.

	A	B	C	D
1	**Verkaufsliste**			
2				
3				
4	Art.-Nr.	Anzahl	Brutto-VK	Summe
5	47111	15	25,95	389,25
6	47112	19	17,98	341,62
7	47113	27	9,99	269,73
8	47114	13	13,49	175,37
9	47115	9	39,80	358,20
10	47116	1	14,95	14,95
11				
12		Gesamtsumme		1.549,12
13				

4 Zur Berechnung der Gesamtsumme erfassen Sie in Zelle D12 noch die Formel *=SUMME(D5:D10)*.

Als Gesamtumsatz ergibt sich ein Wert von 1.549,12 Euro. Zur Berechnung dieses Werts wurden sieben Einzelwertformeln benötigt.

Das gleiche Ergebnis lässt sich auch mit einer einzigen Matrixfunktion er-zielen. Gehen Sie dazu wie folgt vor:

1 Erfassen Sie in Zelle D12 diese Funktion:

=SUMME(B5:B10*C5:C10)

2 Beenden Sie die Eingabe mit der Tastenkombination $\boxed{\text{Strg}}$+$\boxed{\text{Umschalt}}$+$\boxed{\text{Enter}}$. Dadurch wird die Formel als Matrixfunktion eingetragen, und die geschweiften Klammern werden automatisch hinzugefügt.

3 Als Ergebnis erhalten Sie mit dieser Matrixfunktion den gleichen Gesamtumsatz von 1.549,12 Euro.

	A	B	C	D	E
	D12	f_x {=SUMME(B5:B10*C5:C10)}			
1	**Verkaufsliste**				
2					
3					
4	Art.-Nr.	Anzahl	Brutto-VK	Summe	
5	47111	15	25,95		
6	47112	19	17,98		
7	47113	27	9,99		
8	47114	13	13,49		
9	47115	9	39,80		
10	47116	1	14,95		
11					
12		Gesamtsumme		1.549,12	
13					
14					

Tipp 2: Der einfache Umgang mit Matrixkonstanten

Matrixfunktionen bieten die gleiche Flexibilität wie gewöhnliche Funktio-nen. So können Sie entweder einen Bezug auf eine Zelle mit einem be-stimmten Wert oder aber einzelne Werte direkt in die Formel eingeben. Die Matrix der eingegebenen Werte wird als Matrixkonstante bezeichnet.

Wenn Sie also die Eingabe jeder Konstanten in eine eigene Zelle vermei-den möchten, können Sie Matrixkonstanten anstelle von Bezügen verwen-den. Als Matrixkonstanten können die Wertetypen Text, Zahlen sowie Wahrheits- und Fehlerwerte verwendet werden. Dabei werden sowohl Zahlen im Format für ganze Zahlen als auch Dezimalzahlen und Zahlen im wissenschaftlichen Format akzeptiert.

Wenn Sie Texte als Matrixkonstanten verwenden möchten, müssen Sie diese in Anführungszeichen einschließen. Es besteht selbstverständlich auch die Möglichkeit, verschiedene Wertetypen gleichzeitig in einer Matrix-konstanten zu verwenden. Allerdings dürfen Matrixkonstanten keine Wäh-rungsangaben, Klammern oder Prozentzeichen enthalten.

Nachfolgend sehen Sie den Umgang mit Matrixkonstanten anhand eines Beispiels. In diesem Beispiel soll der Wert aus Zelle B5 mit den vorgegebenen Matrixkonstanten multipliziert werden. Als Matrixkonstanten sollen drei Umsatzsteuersätze (7, 16 und 19) verwendet werden.

So geht's:

1 Markieren Sie den Zellbereich C5:C7.

2 Drücken Sie die Funktionstaste F2. Damit wechseln Sie in den Bearbeitungsmodus.

3 Erfassen Sie die Formel *=B5+B5*{7;16;19}/100*.

4 Schließen Sie die Eingabe mit der Tastenkombination Strg+Umschalt+Enter ab.

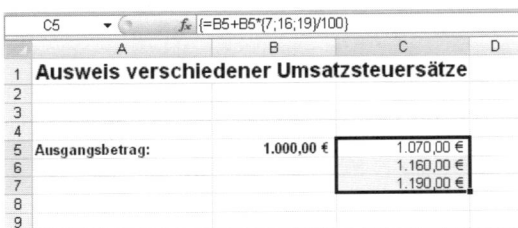

Als Ergebnis wird in den Zellen C5 bis C7 jeweils das Ergebnis der Multiplikation des Betrags aus Zelle B5 mit den Matrixkonstanten angezeigt. Der Wert von 1.000,00 Euro wird mit 7, 16 und 19 % multipliziert.

Tipp 3: Besonderheiten bei der Bearbeitung von Matrizen

Bei der Bearbeitung unterscheiden sich Matrixbereiche von normalen Zellen. Das hängt damit zusammen, dass ein Matrixbereich immer gemeinsam eine Formel nutzt. Bestimmte Veränderungen würden demzufolge zu falschen Ergebnissen führen oder Berechnungen unmöglich machen.

Aus diesem Grund ist es nicht gestattet, Inhalte einzelner Zellen, die zu einer Matrix gehören, zu ändern oder zu löschen. Außerdem können einzelne Zellen einer Matrix nicht verschoben werden, und es besteht auch nicht die Möglichkeit, neue Zellen in einen Matrixbereich einzufügen.

Versuchen Sie es dennoch, unterbindet Excel das mit nebenstehender Fehlermeldung.

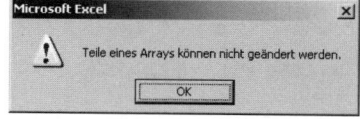

Zur Bearbeitung der gesamten Matrix gehen Sie wie folgt vor:

1 Markieren Sie eine Zelle, in der sich eine Matrixfunktion befindet.

2 Drücken Sie die Funktionstaste F5. Damit wird das Dialogfenster *Gehe zu* aufgerufen.

3 Klicken Sie auf die Schaltfläche *Inhalte*.

4 Aktivieren Sie im Dialogfenster *Inhalte auswählen* die Option *Aktuelles Array*.

5 Nachdem Sie das Dialogfenster mit einem Klick auf die Schaltfläche *OK* bestätigt haben, werden alle Zellen der aktuellen Matrix markiert.

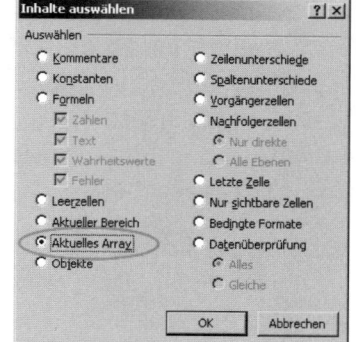

Jetzt können Sie die Matrixfunktion bearbeiten oder löschen.

Darüber hinaus besteht auch die Möglichkeit, eine bestehende Matrixfunktion in einzelne Formeln zu zerlegen und diese anstatt der Matrixfunktion in die jeweiligen Zellen einzutragen. Gehen Sie dazu wie folgt vor:

1 Markieren Sie wieder alle Zellen, die zur aktuellen Matrix gehören.

2 Wechseln Sie mit der Funktionstaste F2 in den Bearbeitungsmodus.

3 Drücken Sie die Tastenkombination Strg+Enter.

Diese Tastenkombination bewirkt, dass die Formel der aktiven Zelle in alle markierten Zellen eingetragen wird. Nun können Sie jede einzelne Zelle bearbeiten oder neue Zellen zum ehemaligen Array hinzufügen.

Hinweis

Wenn Sie den Vorgang wiederholen, also noch einmal die Funktionstaste F2 drücken, und die Bearbeitung mit Strg+Umschalt+Enter abschließen, wird wieder eine Matrixfunktion erstellt.

Tipp 4: Erläuterung der Matrixfunktion anhand eines Praxisbeispiels

Das folgende Praxisbeispiel zeigt anhand einer Gewinnkalkulation, wie mit dem Einsatz einer Matrixfunktion der Aufwand auf ein Minimum reduziert werden kann.

So geht's:

Sehen Sie sich zunächst die Ausgangstabelle an.

Für die einzelnen Produkte A bis F sind der Erlös pro Stück, die variablen Stückkosten, die Verkaufsmenge in Stück sowie die Fixkosten angegeben.

	A	B	C	D	E
1	**Gewinnkalkulation**				
2					
3					
4	Produkt	Erlös / Stück	Variable Stückkosten	Verkaufsmenge /Stück	Fixkosten
5	A	125,50	67,55	230	8.350,00
6	B	195,50	90,27	525	37.665,30
7	C	209,95	147,95	197	8.563,57
8	D	399,00	229,44	234	24.983,55
9	E	427,20	304,05	84	6.889,85
10	F	359,95	244,93	116	7.639,37
11					

Basierend auf diesen Zahlen soll nun der Gewinn über alle sechs Produkte ermittelt werden. Die Formel zur Ermittlung des Gewinns für ein Produkt sieht wie folgt aus:

*(Erlös/Stück – Variable Stückkosten) * Verkaufsmenge/Stück – Fixkosten*

Zur Umsetzung mit einer Matrixfunktion gehen Sie nun wie folgt vor:

1   Erfassen Sie in Zelle E12 folgende Formel:

=SUMME((B5:B10-C5:C10)*D5:D10-E5:E10)

2   Schließen Sie die Eingabe mit der Tastenkombination (Strg)+(Umschalt)+ (Enter) ab.

Als Ergebnis wird über eine einzige Matrixformel der Gewinn aller sechs Produkte ermittelt.

E12		f_x	{=SUMME((B5:B10-C5:C10)*D5:D10-E5:E	
	A	B	C	D	E
1	**Gewinnkalkulation**				
2					
3					
4	Produkt	Erlös / Stück	Variable Stückkosten	Verkaufsmenge /Stück	Fixkosten
5	A	125,50	67,55	230	8.350,00
6	B	195,50	90,27	525	37.665,30
7	C	209,95	147,95	197	8.563,57
8	D	399,00	229,44	234	24.983,55
9	E	427,20	304,05	84	6.889,85
10	F	359,95	244,93	116	7.639,37
11					
12				Gewinn	50.060,57
13					

Tipp 5: Fehlzeiten addieren mit Matrixformeln

Fehlzeiten in Form von Urlaub und Krankheit lassen sich mithilfe von Matrixfunktionen hervorragend erfassen. Hierbei spielt es keine Rolle, ob es sich um einen kompletten oder um einen halben Fehltag handelt. Mit der entsprechenden Formelerweiterung erhalten Sie auch diese Information.

So geht's:

1   Erfassen Sie zuerst das Grundgerüst der Tabelle, d. h. spaltenbezogen die zu betrachtenden Arbeitstage und zeilenbezogen die Mitarbeiter.

2   Tragen Sie nun pro Mitarbeiter tagesbezogen die Fehlzeiten ein. Mit *U* wird ein ganzer Urlaubstag, mit *u* ein halber Urlaubstag, mit *K* ein ganzer Krankheitstag und mit *k* ein halber Krankheitstag (z. B. ein Arztgang) gekennzeichnet.

3   Erfassen Sie dann in Zelle H4 diese Formel:

=SUMME(LÄNGE(B4:F4)-LÄNGE(WECHSELN(B4:F4;"K";"")))
+SUMME(LÄNGE(B4:F4)-LÄNGE(WECHSELN(B4:F4;"k";"")))/2

und in Zelle I4 die Formel

=SUMME(LÄNGE(B4:F4)-LÄNGE(WECHSELN(B4:F4;"U";"")))
+SUMME(LÄNGE(B4:F4)-LÄNGE(WECHSELN(B4:F4;"u";"")))/2

4   Schließen Sie die Formel mit der Tastenkombination [Strg]+[Umschalt]+ [Enter] ab und ziehen Sie sie über das Ausfüllkästchen der Zelle H4 bis nach unten.

	H4	▾	*fx*	{=SUMME(LÄNGE(B4:F4)-LÄNGE(WECHSELN(B4:F4;"K";"")))+SUMME(LÄNGE(B4:F4)-LÄNGE(WECHSELN(B4:F4;"k";"")))/2}					
	A	B	C	D	E	F	G H	I	J
1		15.03.2010	16.03.2010	17.03.2010	18.03.2010	19.03.2010	Krank	Urlaub	Fehlzeit
2									
3		Mo	Di	Mi	Do	Fr			
4	Müller	K	K	U	u		2,0	1,5	3,5
5	Huber			K			1,0		1,0
6	Meier			k	k	U	1,0	1,0	2,0
7	Meier	K	K				2,0		2,0
8									

Hinweis

Bei dieser Lösung werden die Funktionen *SUMME*, *LÄNGE* und *WECHSELN* zum Einsatz gebracht und miteinander verschachtelt. Dabei wird die Gesamtlänge aller Zeichen des Bereichs von der tatsächlich vorkommenden Anzahl des jeweiligen Buchstabens abgezogen.

Tipp 6: Bedingte Summierung über mehrere Spalten

Mit der Funktion *SUMMEWENN* können Sie immer nur eine Spalte nach einem Suchkriterium durchforsten. Die Funktion kommt also an ihre Grenzen, wenn Sie eine zweite Spalte oder gar eine dritte mit einem weiteren Suchkriterium abfragen möchten. Wie Sie dennoch zum Ziel kommen, erfahren Sie im Folgenden.

So geht's:

1   Erfassen Sie zuerst die Grunddaten. Im Beispiel ist das eine Umsatzübersicht, die regionenbezogen die Vertriebsmitarbeiter auflistet. Diese Umsatzübersicht soll nach einem Tandem zweier Vertriebsmitarbeiter abgefragt werden, und der Umsatz dieses Tandems soll ermittelt werden.

2   Tragen Sie nun in die Zelle H4 die Matrixformel *{=SUMME(WENN((B4:B100=F4);WENN(C4:C100=F5;D4:D100))))}* ein.

	H4		▾	*fx*	{=SUMME(WENN((B4:B100=F4);WENN(C4:C100=F5;D4:D100))))}			
	A	B	C	D	E	F	G	H	I
1								
2								
3		Region1	Region2	Umsatz				
4		Müller	Kümmerle	50.000		Schlegel		80.000
5		Scharsich	Wild	40.000		Kümmerle		
6		König	Schlegel	30.000				
7		Heitz	Münch	20.000				
8		Kümmerle	Michels	70.000				
9		Schlegel	Kümmerle	80.000				
10								

Hinweis

Ab Excel 2007 steht Ihnen für diese Aufgabenstellung die Formel *SUMME-WENNS* zur Verfügung. Sie können das Problem also auch über die Formel *{=SUMMEWENNS(D:D;B:B;F4;C:C;F5)}* lösen.

Und mithilfe der Formel *=SUMMENPRODUKT((B4:B100=F4)*(C4:C100=F5)*D4:D100)* geht es auch ohne Matrixfunktion.

Tipp 7: Die letzte Zelle in einem benutzten Bereich ermitteln

Bei großen Tabellen ist es oftmals erforderlich, gleich auf den ersten Blick zu erfahren, welche Zelle das Ende der Tabelle in einem benutzten Bereich verkörpert. Auch hierbei helfen Ihnen Matrixfunktionen.

So geht's:

1 Erfassen Sie zunächst eine Tabelle mit einigen Ausgangsdaten. Im Beispiel werden bis Spalte E Einträge vorgenommen und (offensichtlich) auch Einträge bis in Zeile 11.

2 Erfassen Sie nun in Zelle A1 diese Matrixformel:

{=ADRESSE(MAX(WENN(A2:W100<>"";ZEILE(2:100)));MAX(WENN(A2: W100<>"";SPALTE(A:W)));4)}

3 Wie Sie im Beispiel unschwer erkennen können, wird die Zelle E14 als die Zelle gekennzeichnet, die das Ende der Tabelle in diesem benutzten Bereich verkörpert. Das hängt in diesem speziellen Fall damit zusammen, dass in Zelle D14 ein Leerzeichen eingefügt wurde und somit die letzte Zeile, die einen Eintrag erhalten hat, die Zeile 14 ist. Die letzte Zelle im benutzten Bereich ergibt sich somit aus dieser Zeile 14 und der Spalte E.

	A	B	C	D	E
	D14				
1	E14				
2					
3		Jan	Feb	Mrz	Jan..Mrz
4	Walter	10	20	40	70
5	Meier	50	60	40	150
6	Müller	30	80	20	130
7	..				0
8	..				0
9	..				0
10					
11	Summe	90			
12					
13					
14					
15					

4.3 Die clevere Verwendung von Namen

In Excel können Namen für verschiedene Objekte vergeben werden. So können Namen für einzelne Zellen, Zellbereiche, Formeln oder eingebettete Objekte definiert werden. Der Name muss für einen Bereich eindeutig sein, und es müssen auch bestimmte Konventionen eingehalten werden.

In der Praxis stellen Namen eine große Hilfe dar, wenn es um die Lesbarkeit und die Verständlichkeit von komplexeren Formeln geht. Das folgende Kapitel zeigt anhand von Beispielen, wie Namen sinnvoll und praxisgerecht eingesetzt werden können.

Tipp 1: Die sinnvolle Verwendung von Namen in der Praxis

Die Namenssyntax

Bei der Verwendung von Namen sind folgende Konventionen zu beachten:

➤ Der Name muss mit einem Buchstaben beginnen. Ziffern sind als erstes Zeichen nicht erlaubt.

➤ Namen dürfen keine Leerzeichen enthalten. So können zwei Wörter beispielsweise mit einem Unterstrich verbunden werden.

➤ Es dürfen keine Namen verwendet werden, bei denen eine Verwechslung mit einem Zellbezug entstehen kann, wie beispielsweise *EX2007*.

➤ Bei der Namensvergabe spielt die Groß- und Kleinschreibung keine Rolle. So ist der Name *MwSt* gleichbedeutend mit *mwst*.

➤ Die Länge eines Namens ist auf 255 Zeichen beschränkt.

In einer Arbeitsmappe können beliebig viele Namen definiert werden. Sie müssen aber darauf achten, dass ein Name nicht zweimal in einer Arbeitsmappe verwendet wird. Wenn der gleiche Name ein zweites Mal definiert wird, wird die erste Definition ohne Nachfrage überschrieben.

Die Namensdefinition

Zur Namensdefinition und Verwaltung bietet Excel auf der Registerkarte *Formeln* eine eigene Befehlsgruppe mit der Bezeichnung *Definierte Namen*, in der die Befehle zur Verwaltung von Namen zusammengefasst sind.

Excel stellt zwei verschiedene Methoden zur Definition von Namen zur Verfügung.

So geht's: Namensdefinition über das Dialogfenster Neuer Name

1 Starten Sie das Dialogfenster zur Definition von Namen über das Menü *Formeln/Definierte Namen/Namen definieren* (Excel 2003: Menü *Einfügen/Namen/Definieren*).

2 Dort erfassen Sie im Feld *Name* den gewünschten Namen für den Zellbezug.

3 Im Feld *Bereich* wählen Sie das Tabellenblatt aus, für das der Name gelten soll. Wenn Sie dort den Eintrag *Arbeitsmappe* festlegen, gilt der Name für die gesamte Arbeitsmappe.

4 Bei Bedarf können Sie im Feld *Kommentar* ein paar Stichworte zu Sinn und Zweck des Namens eingeben. (Das Kommentarfeld steht erst ab Excel 2007 zur Verfügung.)

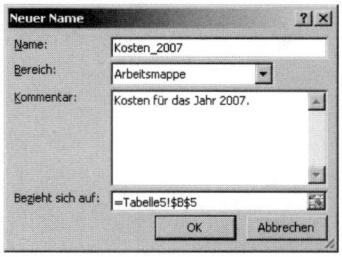

5 Unter *Bezieht sich auf* geben Sie die Zelle oder den Zellbezug ein, für den der Name gelten soll.

So geht's: Namensdefinition über das Namensfeld definieren

Ein weiterer Weg, Namen zu definieren, besteht in der Nutzung des Namensfelds.

1 Markieren Sie die Zelle, für die ein Name vergeben werden soll, beispielsweise Zelle B3.

2 Erfassen Sie im Namensfeld den Namen *Std_Satz* und bestätigen Sie die Eingabe mit ⌷Enter⌷.

Fertig. Der Name *Std_Satz* ist neu definiert und steht für weitere Berechnungen zur Verfügung.

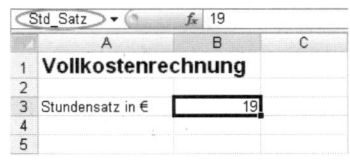

Möchten Sie den Stundensatz von 19,00 Euro beispielsweise mit 35,5 Stunden multiplizieren, verwenden Sie die Formel =*Std_Satz*35,5*. Sie sehen, dies liest sich viel besser und ist leichter zu verstehen.

Namen bearbeiten

Selbstverständlich bietet Excel auch die Möglichkeit, vorhandene Namen anzupassen.

1 Starten Sie dazu über das Menü *Formeln/Definierte Namen/Namens-Manager* das Dialogfenster zur Verwaltung von bestehenden Namen (Excel 2003: Menü *Einfügen/Namen/Definieren* – der Namens-Manager steht erst ab Excel 2007 zur Verfügung).

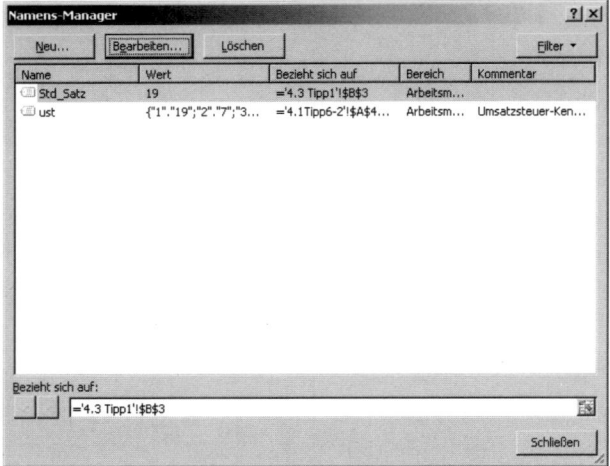

2   Wählen Sie die Formel aus, die verändert werden soll, und klicken Sie auf die Schaltfläche *Bearbeiten*. Es öffnet sich der aus der Neuanlage eines Namens bekannte Dialog, in dem Sie alle Parameter abändern können.

3   Über den Namens-Manager können Sie Namen auch wieder löschen. Selektieren Sie dazu den gewünschten Namen und klicken Sie auf die Schaltfläche *Löschen*. Nachdem Sie die Sicherheitsabfrage mit *Ja* bestätigt haben, wird der Name endgültig entfernt.

Tipp 2: Namen für eine Konstante vergeben

Dieses Beispiel zeigt, wie Namen ohne Zellbezug erstellt werden können. Der Name kann wie eine Konstante verwendet werden. Im Beispiel sollen von den monatlichen Verkaufserlösen 3 % Skonto subtrahiert werden.

So geht's:

1   Starten Sie den Dialog zur Namensdefinition über den Befehl *Formeln/Definierte Namen/Namen definieren* (Excel 2003: Menü *Einfügen/Namen/Definieren*).

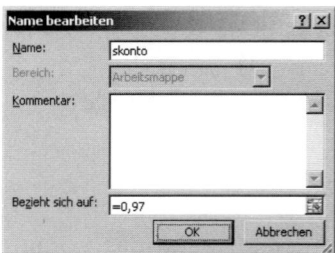

2   Im Feld *Name* erfassen Sie *skonto*, und unter *Bezieht sich auf* geben Sie den Wert 0,97 an.

3 Markieren Sie den Zellbereich C4:C15 und geben Sie in Zelle C4 die Formel =B4*skonto ein. Beenden Sie die Dateneingabe mit der Tastenkombination (Strg)+ (Enter).

	A	B	C
C4		f_x =B4*skonto	
1	**Verkaufsstatistik**		
2			
3		Summe	ohne Skonto
4	Januar	20.388,55 €	19.776,89 €
5	Februar	16.287,16 €	15.798,55 €
6	März	16.400,70 €	15.908,68 €
7	April	13.704,29 €	13.293,16 €
8	Mai	11.710,36 €	11.359,05 €
9	Juni	15.164,71 €	14.709,77 €
10	Juli	12.972,49 €	12.583,31 €
11	August	16.625,45 €	16.126,68 €
12	September	17.524,15 €	16.998,43 €
13	Oktober	24.500,67 €	23.765,65 €
14	November	25.819,63 €	25.045,04 €
15	Dezember	30.101,53 €	29.198,48 €
16			

Wie Sie sehen, werden mit dieser Formel die Werte aus dem Bereich B4:B15 mit dem Wert 0,97 multipliziert, und im Bereich C4:C15 wird das Ergebnis ausgegeben.

Hinweis

Namen für konstante Werte oder für Formeln werden weder im Namensfeld noch über den Dialog *Gehe zu* angezeigt.

Tipp 3: Berechnende Namensverweise verwenden

Eine wenig bekannte Möglichkeit der Namensverwendung besteht darin, Namen mit beliebigen Funktionen zu versehen. Dies bietet sich an, wenn bestimmte Formeln und Berechnungen häufig in einer Mappe verwendet werden. Im ersten Beispiel soll ein direkter Zugriff auf das Vorjahr geschaffen werden. Das zweite Beispiel zeigt, wie Zeitangaben in Industrieminuten umgerechnet werden können.

So geht's: Ermittlung des Vorjahrs

1 Zur Ermittlung des Vorjahrs definieren Sie den Namen *vorjahr* über das Menü *Formeln/Definierte Namen/Namen definieren* (Excel 2003: Menü *Einfügen/Namen/Definieren*).

2 Im Feld *Bezieht sich auf* geben Sie =JAHR(HEUTE())-1 ein und bestätigen die Eingabe mit einem Klick auf die Schaltfläche *OK*.

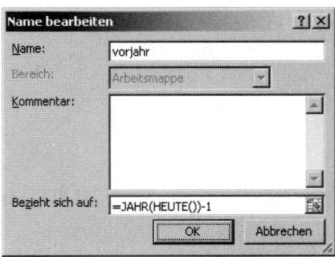

243

3 Wenn Sie nun in einer beliebigen Zelle =*vorjahr* eingeben, wird das entsprechende Vorjahr, ausgehend vom laufenden Jahr, ausgegeben.

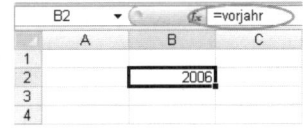

Auf diese Weise können Sie beliebige Berechnungen in Verbindung mit Jahres-, Monats- und Tagesangaben erstellen.

So geht's: Ermittlung von Industrieminuten

Dieses Beispiel zeigt, wie sich über einen berechnenden Namen ganz einfach Zeitangaben in Industrieminuten umrechnen lassen.

1 Öffnen Sie den Dialog zur Definition von neuen Namen.

2 Als Name erfassen Sie die Abkürzung *im* für Industrieminuten.

3 In das Feld *Bezieht sich auf* geben Sie =*24* ein und beenden den Dialog mit einem Klick auf die Schaltfläche *OK*.

4 Zur Umrechnung von Uhrzeiten erfassen Sie nun die Formel =*B2*im* in Zelle B3. Diese Formel bewirkt, dass die Uhrzeit aus Zelle B2 in Industrieminuten umgerechnet wird.

5 Damit die Zeitangabe auch korrekt in Industrieminuten angezeigt wird, müssen Sie die Zelle B3 noch mit dem Zellformat *Standard* belegen.

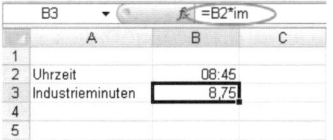

Tipp 4: Namen automatisch aus Zeilen- und Spaltenüberschriften erzeugen

In diesem Beispiel sehen Sie, wie sich aus Zeilen- und Spaltenüberschriften automatisch Namen generieren lassen. In einer Verkaufsstatistik befinden sich die Zeilenbezeichnungen links und die Spaltenbezeichnungen oberhalb des Datenbereichs.

So geht's:

1 Markieren Sie den gesamten Zellbereich A3:E15. Das können Sie auch ganz schnell mit der Tastenkombination [Strg]+[A] erledigen.

2 Starten Sie über das Menü *Formeln/Definierte Namen/Aus Auswahl erstellen* den Befehl zur automatischen Erstellung der Namen. Alternativ

244

können Sie den Befehl auch mit der Tastenkombination [Strg]+[Umschalt]+ [F3] aufrufen (Excel 2003: Menü *Einfügen/Namen/Erstellen*).

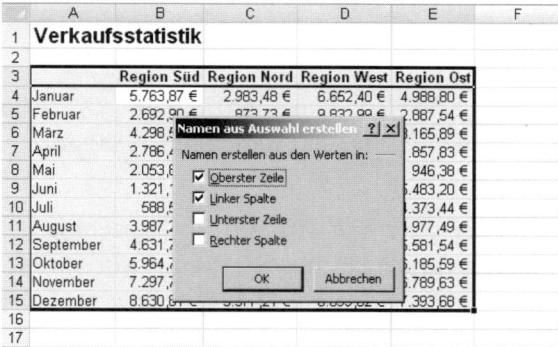

3 Aktivieren Sie im Dialogfenster die Kontrollkästchen bei den Einträgen *Oberster Zeile* und *Linker Spalte*.

4 Nachdem Sie den Befehl mit einem Klick auf die Schaltfläche *OK* beendet haben, werden die Namen automatisch erzeugt. Das Ergebnis können Sie sich im Namens-Manager ansehen.

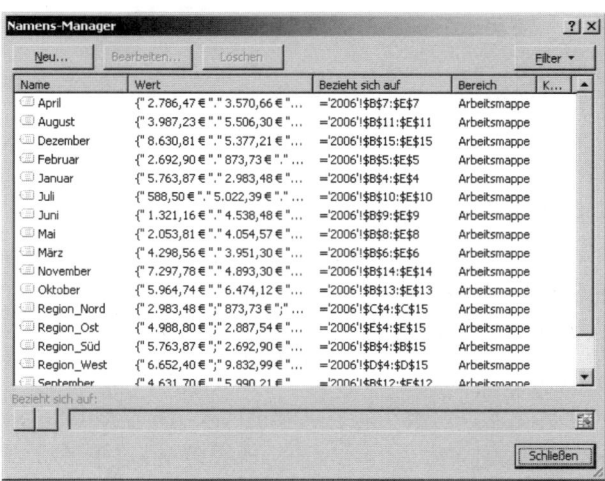

So steht der Name *April* aus diesem Beispiel für den Zellbereich B7:E7.

Tipp 5: Namen in Bezüge zurückverwandeln

Bei der Analyse von umfangreichen Kalkulationsmodellen mit vielen Zellbezügen kann es hin und wieder erforderlich sein, vorhandene Namen in Zellbezüge zurückzuverwandeln. Tabellenübergreifende Bezüge sind so besser erkennbar und Zusammenhänge leichter zu verstehen. Leider bietet Excel dazu keine eigene Funktion, was nicht heißen soll, dass es über einen Trick nicht doch einen Weg gibt.

So geht's:

1 Wählen Sie *Datei/Optionen/Erweitert* (Excel 2007: Menü *Office/Excel-Optionen/Erweitert*; Excel 2003: Menü *Extras/Optionen*, Registerkarte *Umsteigen*).

2 Scrollen Sie in dem Fenster ganz nach unten. Im Abschnitt *Lotus-Kompatibilitätseinstellungen für* aktivieren Sie das Kontrollkästchen *Alternative Formeleingabe* und beenden den Dialog mit einem Klick auf die Schaltfläche *OK*.

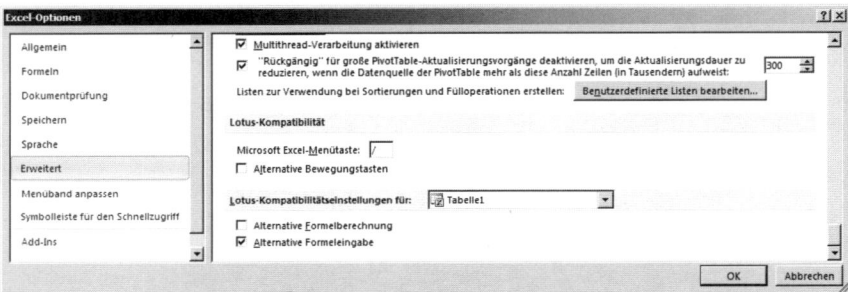

3 Gehen Sie nun zu der Zelle, in der der Name in einer Formel verwendet wird. Wechseln Sie mit der Funktionstaste [F2] in den Bearbeitungsmodus und bestätigen Sie wieder mit [Enter].

4 Dies führen Sie für alle Formelzellen durch, in denen Sie den Namen durch den tatsächlichen Zellbezug ersetzen möchten.

5 Nachdem in allen Zellen die Namensbezüge aufgelöst wurden, sollten Sie die Option *Alternative Formeleingabe* wieder deaktivieren.

> **Hinweis**
>
> Die Namen bleiben bei dieser Vorgehensweise erhalten und können bei Bedarf sofort wieder verwendet werden.

Tipp 6: Auflistung aller verwendeten Namen

Wenn Sie sich einen Überblick über alle verwendeten Namen einer Arbeitsmappe verschaffen möchten, können Sie das auf zwei verschiedenen Wegen erreichen. Zum einen bietet Excel einen integrierten Befehl, um alle Namen einer Arbeitsmappe aufzulisten, zum anderen besteht die Möglichkeit, über die Verwendung von Excel4-Funktionen alle Namen auszulesen und mit den entsprechenden Zellbezügen zu versehen.

So geht's: Verwendung der integrierten Excel-Funktion

1   Markieren Sie die Zelle, ab der die Namensauflistung eingefügt werden soll.

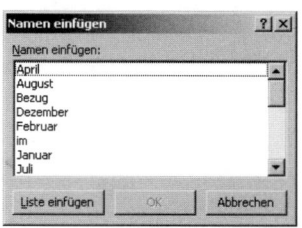

2   Rufen Sie den Befehl über das Menü *Formeln/Definierte Namen/In Formeln verwenden/Namen einfügen* auf. Alternativ können Sie den Dialog auch über die Funktionstaste [F3] starten (Excel 2003: Menü *Einfügen/Namen/Einfügen*).

3   Mit einem Klick auf die Schaltfläche *Liste einfügen* werden alle Namen sowie die dazugehörigen Zellbezüge in das Tabellenblatt eingefügt.

	A	B
1	April	='4.3 Tipp3'!$B$7:$E$7
2	August	='4.3 Tipp3'!$B$11:$E$11
3	Dezember	='4.3 Tipp3'!$B$15:$E$15
4	Februar	='4.3 Tipp3'!$B$5:$E$5
5	im	=24
6	Januar	='4.3 Tipp3'!$B$4:$E$4
7	Juli	='4.3 Tipp3'!$B$10:$E$10
8	Juni	='4.3 Tipp3'!$B$9:$E$9
9	Mai	='4.3 Tipp3'!$B$8:$E$8
10	März	='4.3 Tipp3'!$B$6:$E$6
11	November	='4.3 Tipp3'!$B$14:$E$14
12	Oktober	='4.3 Tipp3'!$B$13:$E$13
13	Region_Nord	='4.3 Tipp3'!$C$4:$C$15
14	Region_Ost	='4.3 Tipp3'!$E$4:$E$15
15	Region_Süd	='4.3 Tipp3'!$B$4:$B$15
16	Region_West	='4.3 Tipp3'!$D$4:$D$15
17	September	='4.3 Tipp3'!$B$12:$E$12
18	skonto	=0,97
19	Std_Satz	='4.3 Tipp1'!$B$3
20	ust	='4.1Tipp6-21$A$4:$B$6
21	vorjahr	=JAHR(HEUTE())-1
22		

So geht's: Auslesen der Namen über Makro4-Elemente

Auch Excel 2010 unterstützt weiterhin Excel4-Makrofunktionen. Einige Lösungen lassen sich nach wie vor nur mit Excel4-Makrofunktionen realisieren. So besteht auch die Möglichkeit, verwendete Namen mittels Excel4-Makrofunktionen in einer Arbeitsmappe aufzulisten.

1   Öffnen Sie das Dialogfenster zum Erfassen eines neuen Namens. Als Name erfassen Sie *Name*, und unter *Bezieht sich auf* geben Sie folgende Formel ein:

    =NAMEN(;3;"*").

2   Zur Auflistung der verwendeten Namen erfassen Sie in Zelle D1 folgende Funktion:

=WENN(ZEILE()>ANZAHL2(Namen);"";INDEX(Namen;ZEILE())).

Kopieren Sie diese Funktion so weit wie nötig nach unten. Damit werden alle vorhandenen Namen ausgelesen und angezeigt.

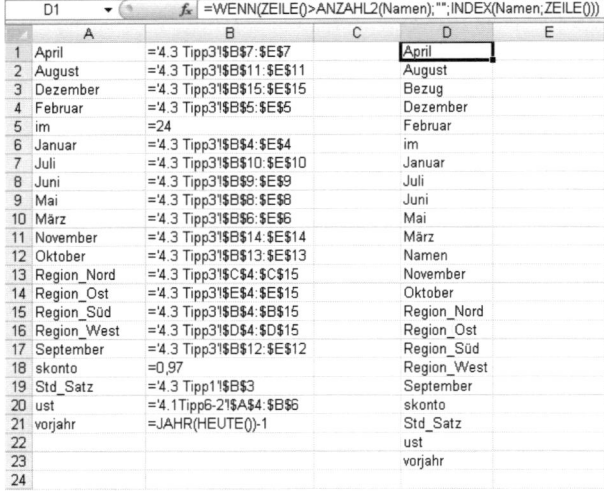

3 Zum Auslesen der Zellbezüge muss ein weiterer Name definiert werden. Legen Sie den Namen *Bezug* an. Im Feld *Bezieht sich auf* erfassen Sie Folgendes:

=NAMEN.ZUORDNEN('4.3 Tipp6'!C1)

4 Tragen Sie nun in Zelle E1 die Formel *=WENN(D1<>"";Bezug;"")* ein. Kopieren Sie sie bis zur Zelle E23 nach unten.

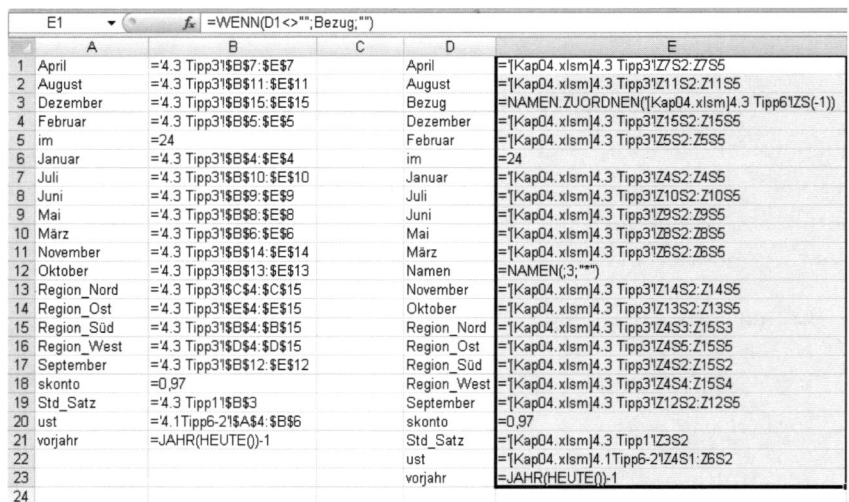

Auf diese Weise lassen sich ebenso alle Namen mit den entsprechenden Zellbezügen auflisten. Diese Vorgehensweise ist zwar etwas aufwendiger, aber dafür besteht die Möglichkeit, Zellbezüge selektiv auszulesen. Wenn der Name bekannt ist, können Sie diesen manuell in eine Zelle eintragen und wie beschrieben die Zellbezüge nur für diesen einen Namen auslesen.

4.4 Maßgeschneiderte Textfunktionen

Textfunktionen werden in den verschiedensten Bereichen benötigt. Beispielsweise sollen nach einem Datenimport Textstrings in einzelne Spalten aufgeteilt werden, Zahlen sollen von Buchstaben getrennt werden, oder Daten sollen in eine besser auswertbare Form gebracht werden. Diese Liste ließe sich beliebig lang fortsetzen.

Die nachfolgenden Tipps geben Ihnen anhand von Praxisbeispielen einen Überblick darüber, was in diesem Bereich mit Excel alles möglich ist und wie die einzelnen Funktionen praxisorientiert eingesetzt werden können.

Tipp 1: Text, Zahlen- und Datumsformate in einer Zelle kombinieren

In dieser Übung sollen Angaben aus verschiedenen Zellen zu einem Textstring zusammengefügt werden. Die einzelnen Angaben sollen dabei mit verschiedenen Formaten versehen werden.

So geht's:

Sehen Sie sich zunächst die Ausgangstabelle an.

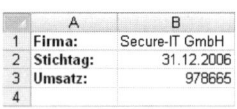

In Zelle B1 steht der Firmenname, in Zelle B2 der Jahresabschlussstichtag und in Zelle B3 der Umsatz.

Erfassen Sie in Zelle A6 folgende Formel:

="Jahresabschluss der Firma " &B1 & " per " &TEXT(B2;"TT.MM.JJJJ")

Auf diese Weise wird der Text *Jahresabschluss der Firma* mit dem Firmennamen aus Zelle B1 verknüpft, und der Jahresabschlussstichtag aus Zelle B2 wird angehängt. Damit das Datum korrekt angezeigt wird, muss es mit der Funktion *TEXT(Text, Textformat)* in Form gebracht werden.

Das Ergebnis sieht so aus:

	A	B	C	D	E
1	Firma:	Secure-IT GmbH			
2	Stichtag:	31.12.2006			
3	Umsatz:	978665			
4					
5					
6	Jahresabschluss der Firma Secure-IT GmbH per 31.12.2006				
7					

Der Text, der Firmenname sowie das Datum werden in einer Zelle ausgegeben.

Hinweis

Wenn Sie das Datum ohne die Funktion *TEXT()* verknüpfen, wandelt Excel das Datum automatisch in eine fortlaufende Zahl um und zeigt anstelle des Datums die fortlaufende Zahl an.

In einem zweiten Beispiel soll der Umsatzbetrag aus Zelle B3 mit in den Textstring übernommen und dabei als Währung formatiert werden.

Erfassen Sie dazu in Zelle A8 diese Formel:

="Im Jahr " & JAHR(B2) & " betrug der Umsatz " & TEXT(B3;"#.##0,00 €")

Damit wird aus Zelle B2 über die Funktion *JAHR()* das Jahr ausgelesen. Die Umsatzzahl wird über den Befehl *TEXT()* als Währung formatiert und entsprechend angezeigt.

	A	B	C	D	E
1	Firma:	Secure-IT GmbH			
2	Stichtag:	31.12.2006			
3	Umsatz:	978665			
4					
5					
6	Jahresabschluss der Firma Secure-IT GmbH per 31.12.2006				
7					
8	Im Jahr 2006 betrug der Umsatz 978.665,00 €				
9					

Sie sehen, dass sich in einem Textstring beliebige Formate miteinander kombinieren lassen.

Hinweis

Soll der Betrag gerundet in T€ (Tausend Euro) ausgegeben werden, passen Sie die Formel wie folgt an:

="Im Jahr "&JAHR(B2)&" betrug der Umsatz "&TEXT(B3/1000;"#.##0,00 ")&" T€"

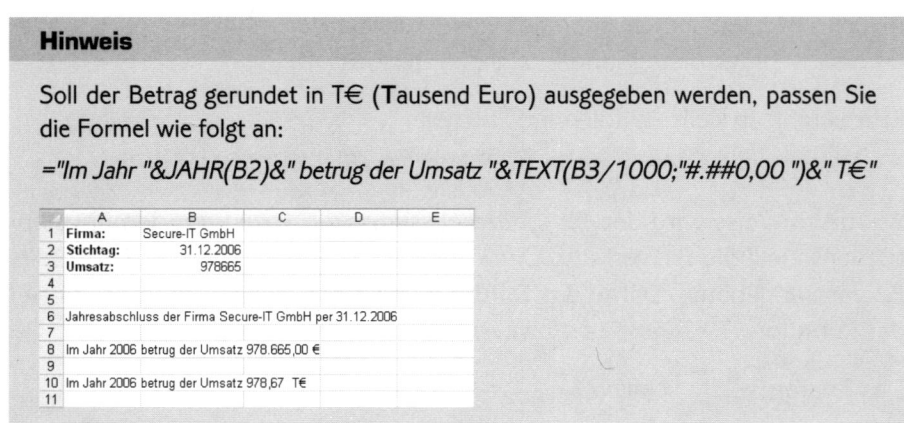

	A	B	C	D	E
1	Firma:	Secure-IT GmbH			
2	Stichtag:	31.12.2006			
3	Umsatz:	978665			
4					
5					
6	Jahresabschluss der Firma Secure-IT GmbH per 31.12.2006				
7					
8	Im Jahr 2006 betrug der Umsatz 978.665,00 €				
9					
10	Im Jahr 2006 betrug der Umsatz 978,67 T€				
11					

Tipp 2: Vor- und Nachnamen aus einer Zelle extrahieren

In diesem Beispiel liegt eine Telefonliste vor, in der die Namen und Vornamen in einer Zelle erfasst wurden. Sie sollen nun getrennt und in zwei separaten Spalten dargestellt werden.

So geht's:

Sehen Sie sich zunächst die Ausgangstabelle an.

In Spalte D sollen die Nachnamen und in Spalte E die Vornamen ausgelesen werden.

	A	B	C
1	XYZ GmbH - Telefonliste		
2			
3	Name	Durchwahl	KZ
4	Bayer, Max	Azubi	bm
5	Berger, Timo	202	bt
6	Bergmann, Franz	124	bf
7	Blume, Norbert	125	bn
8	Braut, Gustav	203	bg
9	Burg, Sandra	204	bs
10	Engelmayr, Bernd	307	eb
11	Frimberger, Stefan	205	fs
12	Gast, Hubert	123	gh
13	Neusinger, Helga	206	ns
14	Schwab, Ilona	305	si
15	Siegel, Günther	306	sg

Zum Auslesen der Nachnamen gehen Sie wie folgt vor:

1 Markieren Sie zunächst den Zellbereich D4:D15.

2 Erfassen Sie in Zelle D4 folgende Formel:

=LINKS(A4;FINDEN(",";A4;1)-1)

3 Schließen Sie die Eingabe mit der Tastenkombination [Strg]+[Enter] ab. Damit wird die Formel in den gesamten markierten Bereich eingetragen.

Mit der Funktion *FINDEN()* wird nach der Stelle des Kommas gesucht. Die Syntax lautet *(Suchtext;Text;Erstes_Zeichen)*, wobei das Argument *Erstes_Zeichen* optional ist.

Die Funktion *LINKS()* liest den Text bis zu der Stelle aus, an der das Komma gefunden wird. Die Syntax lautet *(Text;Anzahl_Zeichen)*.

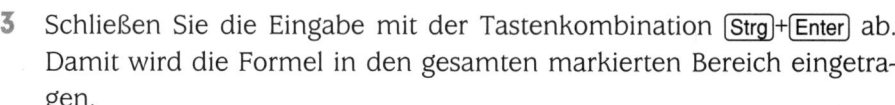

	A	B	C	D	E
	D4		fx	=LINKS(A4;FINDEN(",";A4;1)-1)	
1	XYZ GmbH - Telefonliste				
2					
3	Name	Durchwahl	KZ	Nachname	
4	Bayer, Max	Azubi	bm	Bayer	
5	Berger, Timo	202	bt	Berger	
6	Bergmann, Franz	124	bf	Bergmann	
7	Blume, Norbert	125	bn	Blume	
8	Braut, Gustav	203	bg	Braut	
9	Burg, Sandra	204	bs	Burg	
10	Engelmayr, Bernd	307	eb	Engelmayr	
11	Frimberger, Stefan	205	fs	Frimberger	
12	Gast, Hubert	123	gh	Gast	
13	Neusinger, Helga	206	ns	Neusinger	
14	Schwab, Ilona	305	si	Schwab	
15	Siegel, Günther	306	sg	Siegel	

Im nächsten Schritt werden die Vornamen nach Spalte E extrahiert.

So geht's:

1 Markieren Sie den Bereich E4:E15.

2 Erfassen Sie in Zelle E4 diese Formel:

=RECHTS(A4;LÄNGE(A4)-(FINDEN(",";A4))-1)

3 Beenden Sie die Eingabe mit der Tastenkombination [Strg]+[Enter].

Die Vorgehensweise ist ähnlich der beim Auslesen der Nachnamen. Zum Extrahieren der Vornamen wird ebenfalls mit der Funktion *FINDEN()* nach dem Komma gesucht. Mit der Tabellenfunktion *RECHTS()* wird nun aber der rechte Teil nach dem Komma ausgegeben.

Die Vor- und Nachnamen sind jetzt in zwei Spalten aufgeteilt und können entsprechend weiterverarbeitet werden.

Hinweis

Wenn die Namen in Spalte A nicht durch ein Komma, sondern durch ein anderes Zeichen, beispielsweise ein Leerzeichen, getrennt sind, lauten die Formeln wie folgt:

Formel zum Auslesen des Nachnamens: *=LINKS(A18;FINDEN(" ";A18;1)-1)*

Formel zum Auslesen des Vornamens: *=RECHTS(A18;LÄNGE(A18)-(FINDEN(" ";A18)))*

Tipp 3: Textteile innerhalb einer Zelle vertauschen

Diese Aufgabe erläutert, wie zwei Wörter, beispielsweise der Vor- und der Nachname, in einer Zelle vertauscht werden können. Als Ausgangstabelle liegt wieder eine Telefonliste zugrunde, in der die Vor- und Nachnamen getrennt durch ein Leerzeichen in einer Zelle eingetragen sind.

Ziel ist es, die Telefonliste aufsteigend nach den Nachnamen zu sortieren.

So geht's:

1 Markieren Sie den Zellbereich B4:B15.

2 Erfassen Sie in Zelle B4 diese Funktion:

=RECHTS(A4;LÄNGE(A4)-FINDEN(" ";A4))
&" "&LINKS(A4;FINDEN(" ";A4)-1)

3 Beenden Sie die Eingabe der Formel mit der Tastenkombination ⌷Strg⌷+⌷Enter⌷.

Sobald die Namen vertauscht sind, kann die Sortierung nach den Nachnamen durchgeführt werden.

Die Formel liest im ersten Schritt über die Funktion *RECHTS()* den rechten Teil des Namens aus. Dabei wird der Anfang des rechten Teils bestimmt, indem mit der Funktion *LÄNGE()* die Ge-

samtlänge des Strings ermittelt wird und davon die Stellenanzahl subtrahiert wird, in der sich das Leerzeichen befindet. Die Stelle, an der sich das Leerzeichen befindet, wird dabei mit der Funktion *FINDEN()* ermittelt.

Der Teil links vom Leerzeichen wird über die Funktion *LINKS()* ermittelt, indem das Leerzeichen auch hier mit der Funktion *FINDEN()* ausgelesen wird.

Tipp 4: Zellinhalte in Text- und Zahlenbestandteile aufteilen

In diesem Beispiel sollen Artikelnummern, die aus Ziffern und Buchstaben zusammengesetzt sind, in ihre Bestandteile zerlegt werden. Die Buchstabenkombinationen geben dabei die Artikelgruppe wieder, und die Ziffern stehen für eine eindeutige Nummer innerhalb der Artikelgruppe. Dabei haben die Buchstabenkennungen und auch die Ziffernfolgen unterschiedliche Längen, sodass die Funktionen *LINKS()* und *RECHTS()* nicht ohne Weiteres verwendet werden können.

Nachdem Sie sich die Ausgangstabelle näher an-
gesehen haben, können Sie mit der Umsetzung
beginnen.

	A	B
1	**Artikelstammdaten**	
2		
3	Artikel-Nr.	
4	AMXr4711	
5	BGH34734	
6	AMXr378	
7	BGH8742	
8	uX677	
9	uX49888	
10	AMXr76521	
11	BGH87	
12	uX241	
13	StuQ3387	
14	AMXr99833	
15	StuQ449	

So geht's:

1 Im ersten Schritt werden die Ziffernfolgen ausgelesen. Erfassen Sie dazu in Zelle B4 folgende Funktion:

*=WERT(RECHTS(A4;SUMME(N(ISTZAHL(TEIL
(A4;SPALTE(4:4);1)*1)))))*

Da es sich um eine Matrixfunktion handelt, müssen Sie sie mit der Tastenkombination [Strg]+[Umschalt]+[Enter] abschließen.

2 Kopieren Sie die Formel über das Ausfüllkästchen bis zur Zelle B15
nach unten. Diese Matrixfunktion überprüft Zeichen für Zeichen, ob es
sich in Zelle B4 um eine Ziffer handelt. Die Anzahl der Übereinstimmun-
gen ergibt die Anzahl der Stellen, die vom rechten Ende der Zeichenfolge ausgegeben werden müssen, um den Zahlenanteil zu erhalten.

3 Im nächsten Schritt werden nun die Buchstaben aus der Artikelnummer ausgelesen. Erfassen Sie dazu in Zelle C4 diese Formel:

*=GLÄTTEN(LINKS(A4;LÄNGE(A4)-SUMME(N(ISTZAHL(TEIL(A4;
SPALTE(4:4);1)*1)))))*

Da es sich auch bei dieser Funktion um eine Matrixfunktion handelt,
muss die Eingabe erneut mit der Tastenkombination [Strg]+[Umschalt]+
[Enter] abgeschlossen werden.

4 Kopieren Sie diese Formel wieder bis zur Zelle C15 nach unten. Diese
Formel subtrahiert von der Länge des Zellinhalts die Anzahl der Ziffern
und liest den linken Teil ohne Ziffern aus. Damit eventuell vorhandene
Leerstellen in der Artikelgruppe oder zwischen Buchstaben und Ziffern
eliminiert werden, wird die Funktion *GLÄTTEN()* verwendet.

Das Ergebnis sieht wie nebenstehend aus.

Unabhängig von der Länge der Buchstaben
bzw. Ziffernfolge wird die Artikelnummer an
der richtigen Stelle getrennt.

	A	B	C
1	**Artikelstammdaten**		
2			
3	Artikel-Nr.	Nummer	Gruppe
4	AMXr4711	4711	AMXr
5	BGH34734	34734	BGH
6	AMXr378	378	AMXr
7	BGH8742	8742	BGH
8	uX677	677	uX
9	uX49888	49888	uX
10	AMXr76521	76521	AMXr
11	BGH87	87	BGH
12	uX241	241	uX
13	StuQ3387	3387	StuQ
14	AMXr99833	99833	AMXr
15	StuQ449	449	StuQ

Tipp 5: Beliebige Ziffernfolgen aus einem Text extrahieren

In diesem Beispiel sehen Sie, wie aus Ziffern-Buchstaben-Kombinationen die Ziffern extrahiert werden können. Im Beispiel liegen Artikelnummern vor, die folgenden Aufbau haben: BBZZBBZZZ (B = **B**uchstabe, Z = **Z**iffer). Dabei kann die Anzahl der Buchstaben und Ziffern pro Artikelnummer variieren. Die erste Ziffergruppe beinhaltet die Regalnummer, die zweite die Nummer des Regalfachs. Die Buchstabenfolgen zwischen den Ziffern bezeichnen die Artikelgruppe und geben einen Hinweis auf den Lieferanten. Ziel ist es nun, die Ziffern aus diesem String auszulesen und in einer eigenen Spalte auszugeben.

So geht's:

Sehen Sie sich zunächst die Ausgangsdatei an.

Aus der angegebenen Referenznummer sollen alle Ziffern in Spalte B ausgelesen werden. Das Ergebnis in Zelle B4 sollte also *45154* lauten.

	A	B	C
1	**Referenznummernliste**		
2			
3	Ref-Nr.		
4	AGR45RE154		
5	BD157STE42		
6	POU142rTz178		
7	KJ87Jke42		
8	uX67Io97		
9	uX498knZ88		
10	AMXr165hhn21		
11	BGH87IO114		
12	HHG24LOK1		
13	Stu54Q387		
14	AMX99KI33		
15	St55Q149		

1 Erfassen Sie dazu in Zelle B4 diese Funktion:

=SUMME((TEIL(0&A4;KGRÖSSTE(WENN(ISTZAHL(TEIL(0&A4; ZEILE($1:$256);1)*1);ZEILE($1:$256);1);ZEILE($1:$256)); 1)*1)*10^(ZEILE($1:$256)-1))

Da es sich um eine Matrixfunktion handelt, muss sie mit der Tastenkombination [Strg]+[Umschalt]+[Enter] abgeschlossen werden.

2 Kopieren Sie diese Zelle über das Ausfüllkästchen bis zur Zelle B15 nach unten.

	A	B	C
1	**Referenznummernliste**		
2			
3	Ref-Nr.	Ziffern	
4	AGR45RE154	45154	
5	BD157STE42	15742	
6	POU142rTz178	142178	
7	KJ87Jke42	8742	
8	uX67Io97	6797	
9	uX498knZ88	49888	
10	AMXr165hhn21	16521	
11	BGH87IO114	87114	
12	HHG24LOK1	241	
13	Stu54Q387	54387	
14	AMX99KI33	9933	
15	St55Q149	55149	

Sie sehen, es werden wie gewünscht alle Ziffern aus der Referenznummer ausgelesen.

Hinweis

Aufgrund der intern definierten Rechengenauigkeit von Excel können mit dieser Methode maximal 15 Ziffern aus einem String ausgelesen werden. Das gilt sowohl für Excel 2003 als auch ab Excel 2007.

Tipp 6: Eindeutige Schlüssel, sogenannte Primary Keys, erzeugen

Im folgenden Tipp sehen Sie, wie aus zwei oder mehr Informationen eindeutige Schlüssel, sogenannte Primary Keys, erzeugt werden können. Primary Keys sind besonders im Datenbankbereich wichtig. Aber auch unter Excel ist ein eindeutiges Kennzeichen von Bedeutung. Speziell im Umgang mit Verweisfunktionen geht an eindeutigen Schlüsseln (Suchkriterien) kein Weg vorbei. In einer Stückliste sind die einzelnen Teile nach Baugruppe, Nummer und Land aufgeführt. In jeder der Gruppierungen kommen Einträge mehrmals vor. Das bedeutet, dass weder Baugruppe noch Nummer oder Land als eindeutiges Schlüsselkriterium in Betracht kommen. Erst eine Kombination aus allen drei Informationen liefert einen eindeutigen Schlüssel.

So geht's:

1 Markieren Sie den Bereich D4:D10.

2 Erfassen Sie in Zelle D4 die Formel =*VERKETTEN(A4;B4;C4)*.

3 Schließen Sie die Eingabe mit der Tastenkombination Strg+Enter ab.

In Spalte D ergeben sich damit Zeichenfolgen, die einmalig und somit eindeutig sind und deswegen als Primary Key (Suchkriterium) verwendet werden können.

	A	B	C	D
	D4		f*x* =VERKETTEN(A4;B4;C4)	
1	**Stückliste**			
2				
3	Baugruppe	Listen-Nr.	Land	Schlüssel
4	A	15	de	A15de
5	B	12	en	B12en
6	B	15	de	B15de
7	B	12	de	B12de
8	A	15	en	A15en
9	C	9	de	C9de
10	C	9	en	C9en
11				

Hinweis

Alternativ zur Funktion *VERKETTEN()* können Sie auch den Operator & verwenden, um als Zeichenfolge vorliegende Elemente miteinander zu verbinden. Die Formel in Zelle D4 lautet =*A4&B4&C4*.

Tipp 7: Häufigkeit eines Teilstrings in einem Bereich ermitteln

In diesem Beispiel dient eine Auflistung aller verkauften Artikel eines Tags als Ausgangstabelle. Der Verkäufer trägt bei jedem Verkauf die Artikelkennung in eine Excel-Tabelle ein. Nun soll ermittelt werden, wie häufig ein bestimmter Artikel verkauft wurde.

So geht's: Teilstring steht am Anfang des Texts

Sehen Sie sich zunächst die Ausgangstabelle an. In diesem Beispiel beginnt die Artikelkennung jeweils mit einer Buchstabenkombination. Ziel ist es, nun zu ermitteln, wie oft der Artikel mit der Kennung *KL* verkauft wurde.

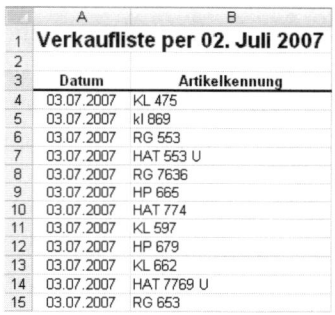

1 Erfassen Sie dazu in Zelle D3 das Suchkriterium *KL*, nach dem gesucht werden soll.

2 In Zelle E3 tragen Sie folgende Formel ein:

=SUMME(IDENTISCH(GROSS(LINKS(B4:B15;LÄNGE(D3)));D3)*1)

Da es sich um eine Matrixfunktion handelt, muss die Eingabe mit der Tastenkombination ⌈Strg⌋+⌈Umschalt⌋+⌈Enter⌋ beendet werden.

Excel ermittelt in diesem Beispiel vier Verkäufe mit der Kennung *KL*. Dabei spielt es keine Rolle, ob in der Liste der Artikelkennungen die Bezeichnung groß- oder kleingeschrieben wurde. Excel erkennt über die Funktion *GROSS()* alle Schreibweisen.

Wenn nur genaue Treffer gewünscht werden, also nur Artikel, bei denen die Kennungen genau so in der Liste stehen, wie im Suchkriterium angegeben, passen Sie die Funktion wie folgt an:

=SUMME(IDENTISCH(LINKS(B4:B15;LÄNGE(D3));D3)*1)

Schließen Sie auch diese Funktion wieder mit der Tastenkombination [Strg]+[Umschalt]+[Enter] ab.

So geht's: Teilstring befindet sich an einer beliebigen Position innerhalb des Texts

Im folgenden Beispiel befindet sich die Artikelbezeichnung an einer beliebigen Stelle im Artikeltext. Unterschiedliche Anwender haben die Verkäufe eingetragen und dabei nicht auf eine konsistente Datenerfassung geachtet.

Die Ausgangstabelle sieht demnach wie nebenstehend aus.

Auch hier soll ermittelt werden, wie häufig die Kennung *KL* vorhanden ist.

	A	B
17	**Verkaufliste per 03. Juli 2007**	
18		
19	Datum	Artikelkennung
20	03.07.2007	Art. KL 475
21	03.07.2007	Art. KL 869
22	03.07.2007	RG 553
23	03.07.2007	HAT 553 U
24	03.07.2007	Artikel RG 7636
25	03.07.2007	HP 665
26	03.07.2007	Art. HAT 774
27	03.07.2007	KL 597
28	03.07.2007	Artikel HP 679
29	03.07.2007	Art. KL 662
30	03.07.2007	HAT 7769 U
31	03.07.2007	RG 653

1 Erfassen Sie dazu in Zelle D20 den Suchtext *KL*, nach dem gesucht werden soll.

2 Zum Auswerten der Daten erfassen Sie in Zelle E20 folgende Formel:

=(SUMME(LÄNGE(B20:B31))-SUMME(LÄNGE(WECHSELN(B20:B31; D20;""))))/LÄNGE(D20)

Da es sich auch in diesem Fall um eine Matrixfunktion handelt, beenden Sie die Eingabe mit der Tastenkombination [Strg]+[Umschalt]+[Enter].

E20	▼	fx	{=(SUMME(LÄNGE(B20:B31))-SUMME(LÄNGE(WECHSELN(B20:B31;D20;""))))/LÄNGE(D20)}		
	A	B	C	D	E
17	**Verkaufliste per 03. Juli 2007**				
18					
19	Datum	Artikelkennung		Suchkriterium	Ergebnis
20	03.07.2007	Art. KL 475		KL	4
21	03.07.2007	Art. KL 869			
22	03.07.2007	RG 553			
23	03.07.2007	HAT 553 U			
24	03.07.2007	Artikel RG 7636			
25	03.07.2007	HP 665			
26	03.07.2007	Art. HAT 774			
27	03.07.2007	KL 597			
28	03.07.2007	Artikel HP 679			
29	03.07.2007	Art. KL 662			
30	03.07.2007	HAT 7769 U			
31	03.07.2007	RG 653			

Sie sehen: Obwohl das Suchkriterium an einer beliebigen Stelle in der Artikelkennung steht, findet diese Matrixfunktion den gesuchten Teilstring.

Tipp 8: Die ersten vier Wörter eines Texts extrahieren

Anhand des folgenden Beispiels erfahren Sie, wie aus einem beliebigen Textstring eine definierte Anzahl Wörter ausgelesen werden kann. Dabei spielt es keine Rolle, wie lang die Wörter sind. Excel erkennt die einzelnen Bestandteile aufgrund der Leerzeichen zwischen den Wörtern.

So geht's:

1 Markieren Sie den Zellbereich B2:B4.

2 Erfassen Sie in Zelle B2 die Formel

=GLÄTTEN(LINKS(A2;FINDEN("^";WECHSELN(GLÄTTEN(A2) &" ";" ";"^";4))-1))

3 Schließen Sie die Datenerfassung mit der Tastenkombination (Strg)+ (Enter) ab.

Im Ergebnis werden die ersten vier Wörter extrahiert und angezeigt.

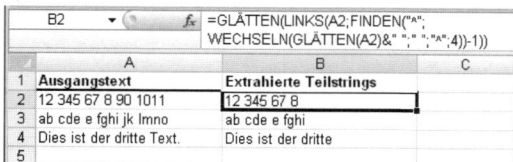

Sollen beispielsweise nur zwei Wörter ausgelesen werden, passen Sie die Formel einfach folgendermaßen an:

=GLÄTTEN(LINKS(A2;FINDEN("^";WECHSELN(GLÄTTEN(A2)&" ";" ";"^";2))-1))

> **Hinweis**
>
> Wenn das Trennzeichen zwischen den Wörtern (Teilstring) kein Leerzeichen, sondern beispielsweise ein Komma ist, sieht die Funktion so aus:
>
> *=GLÄTTEN(LINKS(A2;FINDEN("^";WECHSELN(GLÄTTEN(A2)&",";",";"^";4))-1))*

Tipp 9: Überflüssige Zeichen aus einem Text entfernen

Aus einem EDV-System wurde eine Sachkontenliste importiert. Dabei wurden alle negativen Zahlen in Klammern dargestellt. Das folgende Beispiel zeigt, wie bestimmte Zeichen aus einer Zeichenkette bzw. aus einem Text entfernt werden können.

So geht's:

1 Erfassen Sie die folgende Funktion in Zelle D9:

=WERT(TEXT(GLÄTTEN(WECHSELN(WECHSELN(C9;")";"");"(";""));"Standard"))

2 Kopieren Sie diese Formel mit der Tastenkombination [Strg]+[C] in die Zwischenablage und fügen Sie sie mit der Tastenkombination [Strg]+[V] in die Zellen D11, D13, D15 und D17 ein.

	A	B	C	D
1	**Importierte Sachkontenliste**			
2				
3	Konto	Soll	Haben	Haben neu
4	1000	2345,77		
5	1002	298,44		
6	1010	15399,30		
7	1050	2349,54		
8	1075	22,90		
9	1235		(8464,89)	8464,89
10	1236		(9983,54)	9983,54
11	1250		(2998,54)	2998,54
12	1300	4587,45		
13	1600		(6983,21)	6983,21
14	1610	18776,22		
15	1700		(59982,65)	59982,65

Die Funktion *WECHSELN()* erkennt die Klammernpaare und entfernt sie aus der Zeichenfolge. Mithilfe der Funktion *WERT()* wird die ausgelesene Ziffernfolge anschließend in eine Zahl umgewandelt.

Hinweis

Wenn Zeichen aus einem Text entfernt werden, ist es nicht sinnvoll, diesen als Wert umzuwandeln. Verwenden Sie bei Texten deswegen die Formel *=TEXT(GLÄTTEN(WECHSELN(WECHSELN(C9;")";"");"(";""));"Standard")*.

Tipp 10: Umlaute aus einem Text entfernen

Zur Vorbereitung von Daten für den Export sollen in diesem Beispiel alle Umlaute (ä, ö, ü) und das ß entfernt und gegen ae, oe, ue und ss ausgetauscht werden. Dies ist notwendig, da das Fremdsystem keine Umlaute akzeptiert.

So geht's:

1 Markieren Sie den Bereich B3:B9.

2 Erfassen Sie in Zelle B3 diese Formel:

=GROSS2(WECHSELN(WECHSELN(WECHSELN(WECHSELN(KLEIN(A3); "ß";"ss");"ä";"ae");"ö";"oe");"ü";"ue"))

3 Schließen Sie die Datenerfassung mit der Tastenkombination [Strg]+[Enter] ab. Damit wird die Funktion im gesamten markierten Bereich eingetragen.

	A	B
1	Aufbereitung für Datenexport	
2		
3	Schnürsenkel	Schnuersenkel
4	Bürsten	Buersten
5	Scheren	Scheren
6	Ölpumpen	Oelpumpen
7	Äxte	Aexte
8	Schaufeln	Schaufeln
9	Lätze	Laetze

Sie sehen, es werden alle Umlaute, egal ob sie groß- oder kleingeschrieben sind, richtig umgewandelt. Der so veränderte Text kann in das Fremdsystem übertragen werden.

Hinweis

Im umgekehrten Fall, wenn also aus ae, ue und oe Umlaute erzeugt werden sollen, verwenden Sie einfach folgende Formel:

=GROSS2(WECHSELN(WECHSELN(WECHSELN(WECHSELN(KLEIN(A14); "ss";"ß");"ae";"ä");"oe";"ö");"ue";"ü"))

Tipp 11: Vor- und Nachnamen aus E-Mail-Adressen auslesen

Adressen werden häufig in Excel gespeichert und gepflegt. Folgendes Beispiel zeigt, wie Namen getrennt nach Vor- und Nachname aus einer E-Mail-Adresse ausgelesen werden können.

So geht's:

1 Markieren Sie den Zellbereich B4:B10.

2 Erfassen Sie folgende Funktion:

=GROSS2(LINKS(A4;FINDEN(".";A4)-1))

Damit wird der Vorname ausgelesen.

3 Beenden Sie die Erfassung dieser Funktion mit der Tastenkombination [Strg]+[Enter].

4 Markieren Sie den Bereich C4:C10.

5 Zum Auslesen des Nachnamens erfassen Sie diese Formel:

=GROSS2(TEIL(A4;FINDEN(".";A4)+1;FINDEN("@";A4)-FINDEN(".";A4)-1))

6 Beenden Sie auch die Eingabe dieser Formel mit der Tastenkombination ⟨Strg⟩+⟨Enter⟩.

	A	B	C
1	**E-Mail-Liste**		
2			
3	E-Mail Adressen	Vorname	Nachname
4	alois.eckl@excel-inside.de	Alois	Eckl
5	hubert.meier@testnet.de	Hubert	Meier
6	bernd.huber@testonline.de	Bernd	Huber
7	ines.schnelle@testnet.de	Ines	Schnelle
8	Klara.Meier@musternet.de	Klara	Meier
9	norbert.Schmitt@testonline.de	Norbert	Schmitt
10	Maria.kalina@musternet.de	Maria	Kalina

Im Ergebnis werden die Vor- und Zunamen wie gewünscht aus der E-Mail-Adresse extrahiert.

Tipp 12: Texte bis zu einer bestimmten Länge auffüllen

Zur besseren Übersicht ist es in bestimmten Fällen sinnvoll, Texte in einer festen Länge zu erfassen. Beispielsweise erleichtern Leseführungen in Inhaltsverzeichnissen die Lesbarkeit ungemein.

Dieses Beispiel zeigt, wie Sie Zelleinträge automatisch mit vorgegebenen Zeichen bis zu einer definierten Länge auffüllen können.

So geht's:

1 Markieren Sie den Bereich B3:B14.

2 Erfassen Sie in Zelle B3 folgende Funktion:

=A3&WIEDERHOLEN("_";30-LÄNGE(A3))

Damit wird der Unterstrich bis zu einer Gesamtlänge von 30 Zeichen aufgefüllt.

	A	B	C
1	**Inhaltsverzeichnis**		
2			Seite
3	Kapitel 1	Kapitel 1_____	15
4	Punkt 1.1	Punkt 1.1_____	19
5	Punkt 1.2	Punkt 1.2_____	23
6	Punkt 1.2.1	Punkt 1.2.1_____	26
7	Punkt 1.2.1.1	Punkt 1.2.1.1_____	28
8	Punkt 1.2.1.2	Punkt 1.2.1.2_____	34
9	Punkt 1.3	Punkt 1.3_____	39
10	Kapitel 2	Kapitel 2_____	46
11	Kapitel 2.1	Kapitel 2.1_____	49
12	Kapitel 2.2	Kapitel 2.2_____	51
13	Kapitel 2.2.1	Kapitel 2.2.1_____	58
14	Kapitel 2.2.2	Kapitel 2.2.2_____	63

Damit das Ergebnis den gewünschten Erfolg bringt, müssen Sie den Zellbereich B3:B14 in einer nicht proportionalen Schrift wie beispielsweise Courier formatieren.

Tipp 13: Dynamisch Zellen aus einem Bereich verketten

Oftmals liegen gewisse Daten nicht in der Form vor, in der sie letztendlich benötigt werden. So sind beispielsweise Datumsinformationen nicht selten über mehrere Spalten verteilt. Aber auch diese Informationen können sehr einfach und wenn gewünscht auch dynamisch in einer Zelle dargestellt werden, wie das nächste Beispiel zeigt.

So geht's:

1   Hinterlegen Sie in einer neuen Tabelle einige beliebige Datumsinformationen, indem Sie in Spalte E den Tag, in Spalte F den Monat und in Spalte G das Jahr einfügen.

2   Erfassen Sie nun noch in Spalte D, um welches Datum es sich handelt, also um *Datum 1, Datum 2* etc., und hinterlegen Sie in Zelle A1 eine Gültigkeitsliste, die auf diese Spalte D zugreift.

3   Tragen Sie nun in Zelle B1 die Formel *=INDIREKT("E"&RECHTS(A1))&* *". "&INDIREKT("F"&RECHTS(A1))&" "&INDIREKT("G"&RECHTS(A1))* ein.

4   Wenn Sie jetzt in Zelle A1 ein Datum auswählen, wird in Zelle B1 diese Information dynamisch und per Verkettung der Datumsinformationen angezeigt.

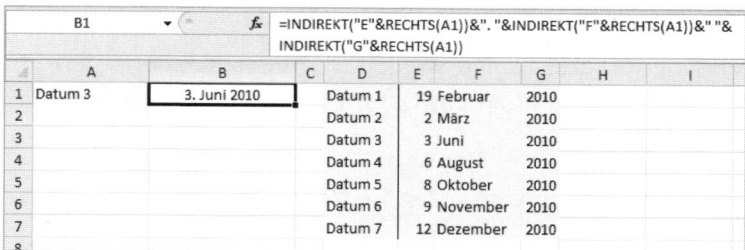

Die Funktionsargumente:

➢   *INDIREKT:* Gibt aus einem Textstring einen Bezug auf eine Zelle zurück, die in der Schreibweise A1 adressiert werden soll.

➢   *RECHTS*: Über diese Funktion wird das letzte Zeichen aus Zelle A1 geholt und an die Funktion *INDIREKT* übergeben.

➢   &: Sorgt anstelle der Funktion *VERKETTEN* für das Zusammenhängen der Informationen aus den jeweiligen Zellen der Spalten E bis G.

4.5 Professionelle Datumsfunktionen

Excel bietet im Umgang mit Datumswerten bereits einige vorgefertigte Funktionen zum sofortigen Einsatz. Viele Problemansätze sind jedoch relativ komplex. So sind teilweise ausgeklügelte, umfangreiche Funktionen notwendig, in denen mehrere Datumsfunktionen ineinander verschachtelt bzw. kombiniert werden müssen, um zum gewünschten Erfolg zu gelangen. Die folgenden praxisorientierten Beispiele zeigen, welche Möglichkeiten Excel im Umgang mit Datumswerten bietet.

Tipp 1: Auf einen Blick: der Aufbau des Datumsformats

Excel speichert Datumsangaben intern als fortlaufende positive ganze Zahl. Diese Zahl gibt an, wie viele Tage seit dem 01.01.1900 vergangen sind. So stellt die Zahl 1 den 01.01.1900 dar, der 02.01.1900 wird intern als 2 gespeichert und so weiter.

Dies können Sie ganz einfach überprüfen, indem Sie in eine Zelle die Zahl 3 eingeben und sie anschließend als Datum formatieren. Gehen Sie dabei wie folgt vor:

1   Öffnen Sie über das Menü *Start/Zellen/Format/Zellen formatieren* das Dialogfenster *Zellen formatieren* (Excel 2003: Menü *Format/Zellen*).

2   Auf der Registerkarte *Zahlen* wählen Sie unter *Kategorie* den Eintrag *Datum* aus und verwenden ein Datumsformat mit vierstelliger Jahresangabe.

Als Ergebnis wird wie zu erwarten der *3.1.1900* angezeigt.

Die interne Speicherung des Datums als fortlaufende Zahl ist notwendig, damit mit Datumswerten beliebige Berechnungen durchgeführt werden können.

Tipp 2: Erläuterung der verschiedenen Datumsformate

→ Verweis: siehe Kapitel 2.2

Wie bereits in Kapitel 2.2 anhand einiger Praxisbeispiele erläutert, bietet Excel die Möglichkeit, Zahlen und selbstverständlich auch Datumsangaben beliebig zu formatieren. Dazu stellt Excel bereits einige vordefinierte Datumsformate zur Verfügung. Darüber hinaus können beliebige benutzerdefinierte Datumsformate hinzugefügt werden.

Im folgenden Beispiel sehen Sie, welche Darstellungsmöglichkeiten das Datumsformat bietet.

So geht's:

Diese Tabelle enthält alle möglichen Formatierungselemente, die bei der Erstellung eines benutzerdefinierten Datumsformats verwendet werden können:

Datumsformat	Bedeutung
T	Das Tagesdatum als Zahl ohne führende Null bei einstelligen Daten (Tage als 1 bis 31).
TT	Das Tagesdatum als Zahl mit führender Null bei einstelligen Daten (Tage als 01 bis 31).
TTT	Der Name des Wochentags als Kürzel mit zwei Buchstaben (Tage als So bis Sa).
TTTT	Der komplette Name des Wochentags (Tage als Sonntag bis Samstag).
M	Das Monatsdatum als Zahl ohne führende Null bei einstelligen Daten (Monate als 1 bis 12).
MM	Das Monatsdatum als Zahl mit führender Null bei einstelligen Daten (Monate als 01 bis 12).
MMM	Der Name des Monats als Kürzel mit drei Buchstaben (Monate als Jan bis Dez).
MMMM	Der komplette Name des Monats (Monate als Januar bis Dezember).
JJ	Die zweistellige Jahreszahl ohne Angabe des Jahrhunderts und Jahrtausends (Jahre als 00 bis 99).
JJJJ	Die vierstellige Jahreszahl mit Jahrhundert und Jahrtausend (Jahre als 1900 bis 9999).

Darüber hinaus bietet Excel die Möglichkeit, Punkte, Kommata oder sonstige andere Trennzeichen sowie beliebigen Text in einem Datumsformat zu verwenden. Wenn Sie im Datumsformat Text verwenden möchten, dann geben Sie diesen einfach in Anführungszeichen ein.

Nachfolgend sehen Sie eine Zusammenstellung von benutzerdefinierten Datumsformaten und deren Anzeige in Excel.

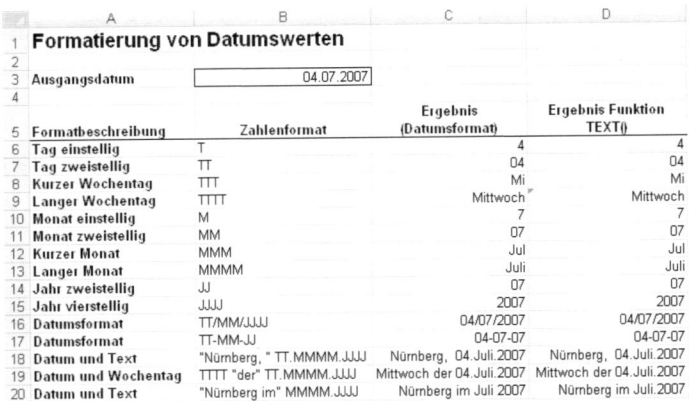

	A	B	C	D
1	**Formatierung von Datumswerten**			
2				
3	Ausgangsdatum		04.07.2007	
4				
5	Formatbeschreibung	Zahlenformat	Ergebnis (Datumsformat)	Ergebnis Funktion TEXT()
6	Tag einstellig	T	4	4
7	Tag zweistellig	TT	04	04
8	Kurzer Wochentag	TTT	Mi	Mi
9	Langer Wochentag	TTTT	Mittwoch	Mittwoch
10	Monat einstellig	M	7	7
11	Monat zweistellig	MM	07	07
12	Kurzer Monat	MMM	Jul	Jul
13	Langer Monat	MMMM	Juli	Juli
14	Jahr zweistellig	JJ	07	07
15	Jahr vierstellig	JJJJ	2007	2007
16	Datumsformat	TT/MM/JJJJ	04/07/2007	04/07/2007
17	Datumsformat	TT-MM-JJ	04-07-07	04-07-07
18	Datum und Text	"Nürnberg, " TT.MMMM. JJJJ	Nürnberg, 04.Juli.2007	Nürnberg, 04.Juli.2007
19	Datum und Wochentag	TTTT "der" TT.MMMM.JJJJ	Mittwoch der 04.Juli.2007	Mittwoch der 04.Juli.2007
20	Datum und Text	"Nürnberg im" MMMM.JJJJ	Nürnberg im Juli 2007	Nürnberg im Juli 2007

Anhand des Datums 04.07.2007, das sich im Zellbereich C6:C20 befindet, sehen Sie, welche Darstellungsmöglichkeiten denkbar sind. Selbstverständlich ist diese Liste nicht abschließend.

Zur Erfassung des benutzerdefinierten Zellformats gehen Sie wie folgt vor:

1 Öffnen Sie über das Menü *Start/Zellen/Format/Zellen formatieren* das Dialogfenster *Zellen formatieren* (Excel 2003: Menü *Format/Zellen*).

2 Wählen Sie auf der Registerkarte *Zahlen* die Kategorie *Benutzerdefiniert*.

3 Erfassen Sie dort die gewünschten Datumsformate.

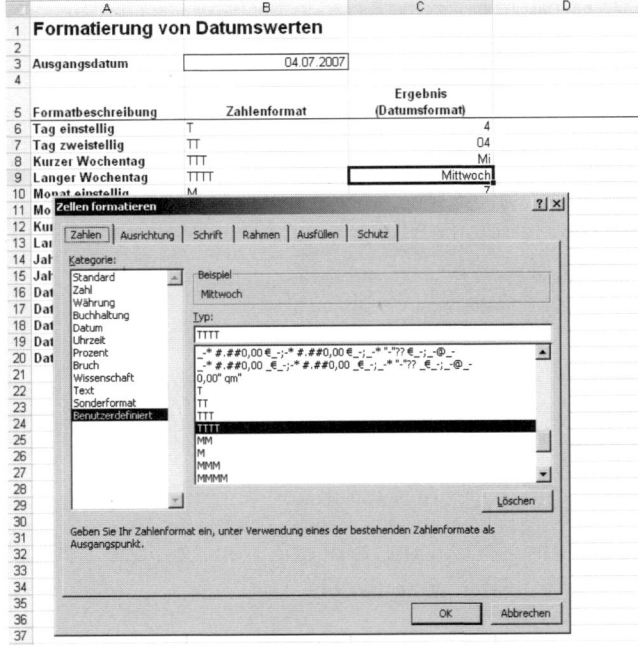

Neben der Möglichkeit, Datumswerte über vordefinierte oder benutzerdefinierte Zellformate anzupassen, können Sie Formatanpassungen auch
über die Funktion *TEXT()* vornehmen.

Zur Formatierung der Zelle B3 als langen Wochentag erfassen Sie beispielsweise in Zelle D9 die Formel *=TEXT($B$3;"TTTT")*. Damit wird, wie
über das benutzerdefinierte Zellformat, der Wochentag für das in Zelle B3
erfasste Datum angezeigt.

In Spalte C finden Sie alle Lösungen per benutzerdefiniertes Datumsformat. In Spalte D wurde zum Vergleich die gleiche Formatierung über die
Funktion *TEXT()* realisiert.

	D9	▼	f_x	=TEXT($B$3;"TTTT")	
	A	B		C	D
1	**Formatierung von Datumswerten**				
2					
3	Ausgangsdatum		04.07.2007		
4					
5	Formatbeschreibung	Zahlenformat		Ergebnis (Datumsformat)	Ergebnis Funktion TEXT()
6	Tag einstellig	T		4	4
7	Tag zweistellig	TT		04	04
8	Kurzer Wochentag	TTT		Mi	Mi
9	Langer Wochentag	TTTT		Mitt◇ch	Mittwoch
10	Monat einstellig	M		7	7
11	Monat zweistellig	MM		07	07
12	Kurzer Monat	MMM		Jul	Jul
13	Langer Monat	MMMM		Juli	Juli
14	Jahr zweistellig	JJ		07	07
15	Jahr vierstellig	JJJJ		2007	2007
16	Datumsformat	TT/MM/JJJJ		04/07/2007	04/07/2007
17	Datumsformat	TT-MM-JJ		04-07-07	04-07-07
18	Datum und Text	"Nürnberg, " TT.MMMM.JJJJ		Nürnberg, 04.Juli.2007	Nürnberg, 04.Juli.2007
19	Datum und Wochentag	TTTT "der" TT.MMMM.JJJJ		Mittwoch der 04.Juli.2007	Mittwoch der 04.Juli.2007
20	Datum und Text	"Nürnberg im" MMMM.JJJJ		Nürnberg im Juli 2007	Nürnberg im Juli.2007

Tipp 3: Gültiges Datum aus Tag, Monat und Jahr zusammenbauen und wieder zerlegen

In diesem Beispiel liegen die Tages-, Monats- und Jahresangaben einzeln in
verschiedenen Zellen vor. Die Daten stammen von einer Onlinedatenbank,
in der der Nutzer bei Anmeldung sein Geburtsdatum in die drei verschiedenen Drop-down-Menüs *Tag*, *Monat* und *Jahr* eingibt. Ziel ist es nun, diese
Einzelangaben zu einem gültigen Datum zusammenzufügen.

So geht's: Datum aus Teilangaben zusammensetzen

1 Markieren Sie den Zellbereich F5:F10.

2 Erfassen Sie in Zelle F5 die Funktion *=DATUM(E5;D5;C5)* zur Erzeugung
eines gültigen Datumseintrags.

3 Beenden Sie die Datenerfassung mit der Tastenkombination (Strg)+(Enter).

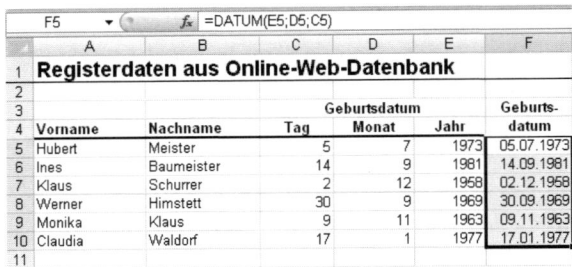

Sie sehen, es ist relativ einfach, mittels der Funktion *DATUM()* gültige Datumswerte zu erzeugen.

So geht's: Vollständiges Datum in Teilangaben zerlegen

Genauso einfach ist es aber auch, aus einem Datum den Tag, das Monat sowie das Jahr zu extrahieren.

In folgendem Beispiel ist im Bereich F16:F21 das Datum vorhanden. Zum Auslesen der Tage, Monate und Jahre gehen Sie wie folgt vor:

1 Markieren Sie den Bereich C16:C21 und erfassen Sie zum Extrahieren der Tagesangaben diese Formel: *=TAG(F16)*. Beenden Sie die Erfassung mit der Tastenkombination (Strg)+(Enter)

2 Im nächsten Schritt markieren Sie den Bereich D16:D21 und geben folgende Funktion ein: *=MONAT(F16)*. Damit wird der Monat ausgelesen.

3 Verfahren Sie genauso mit der Jahresspalte. Verwenden Sie dazu die Funktion *=JAHR(F16)*. Beenden Sie die Eingaben jeweils mit (Strg)+(Enter).

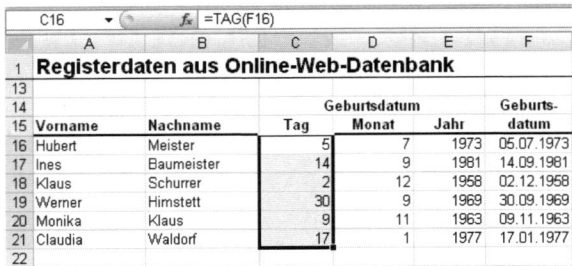

So geht's: Gültige Datumsangaben erzeugen

Ein beliebtes Datumsformat in Datenbanken sieht so aus: JJJJMMTT. Damit wird beispielsweise der 23.07.2007 so in der Datenbank gespeichert: 20070723. Wurden diese Datumsformate nach Excel übertragen, sollen sie in gültige Datumsformate umgewandelt werden, da Excel mit der Datumsangabe 20070723 nicht umgehen kann.

So geht's:

1 Markieren Sie den Bereich D26:D31.

2 Erfassen Sie in Zelle D26 folgende Formel:

=DATWERT(RECHTS(C26;2)&"."&TEIL(C26;5;2)&"."&LINKS(C26;4))

3 Beenden Sie die Eingabe mit der Tastenkombination [Strg]+[Enter].

4 Damit das Ergebnis als Datumswert angezeigt wird, müssen Sie die Zellen noch mit einem beliebigen Datumsformat belegen.

Das Ergebnis sieht wie nebenstehend aus.

Tipp 4: Erzeugung dynamischer Datumsangaben

Excel-Tabellen werden häufig über mehrere Jahre hinweg geführt. So soll abhängig vom aktuellen Jahr die richtige Datumsangabe in Zelle C1 verwendet werden. Aktuell soll dort der 31.12.2007 stehen. Wenn die Tabelle in 2008 geöffnet wird, soll dort der 31.12.2008 angezeigt werden. Zur Dynamisierung des Datums gehen Sie wie folgt vor:

So geht's:

Erfassen Sie in der ge-
wünschten Zelle, im Beispiel
Zelle C1, diese Formel:

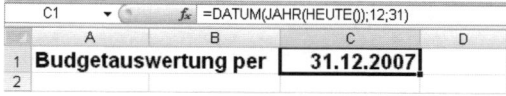

=DATUM(JAHR(HEUTE());12;31)

Damit wird jeweils der 31.12. des aktuellen Jahrs angezeigt.

Tipp 5: Ermittlung das Datums aus Jahr, Kalenderwoche und Wochentag

Dieses Beispiel zeigt, wie sich aus einer Jahresangabe, der Angabe der Kalenderwoche und der Angabe des Wochentags das entsprechende Datum ermitteln lässt.

In Projektplänen wird häufig mit diesen Angaben gearbeitet.

So geht's:

Sehen Sie sich zunächst die Ausgangstabelle an.

Die Angabe des Wochentags liegt in diesem Beispiel in abgekürzter Form vor.

	A	B	C
1	**Projektübersicht**		
2			
3	Jahr	KW	Wochentag
4	2007	16	Mi
5	2007	21	Di
6	2007	24	Mo
7	2007	28	Fr
8	2007	33	Do
9			

1 Markieren Sie den Zellbereich D4:D8.

2 Erfassen Sie in Zelle D4 diese Funktion:

=DATUM(A4;1;7*B4+4-WOCHENTAG(DATUM(A4;;);3)-SUCHEN(LINKS(C4;2);"-SoSaFrDoMiDiMo")/2)

3 Beenden Sie die Eingabe mit der Tastenkombination [Strg]+[Enter].

Auf Basis der vorhandenen Angaben wird das Datum eingetragen.

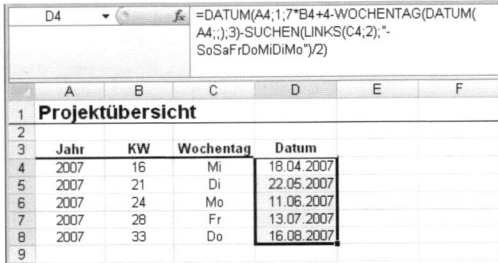

Hinweis

Liegt der Wochentag als Zahl und nicht als Text vor, beispielsweise Montag = 1, Dienstag = 2 und so weiter, muss die Funktion wie folgt modifiziert werden:

*=DATUM(A14;1;1)+(B14-WENN(WOCHENTAG(DATUM(A14;1;1);2)>4;0;1))
*7+C14-1+1-WOCHENTAG(DATUM(A14;1;1)+(B14-WENN(WOCHENTAG
(DATUM(A14;1;1);2)>4;0;1))*7;2)*

	D14		fx	=DATUM(A14;1;1)+(B14-WENN(WOCHENTAG(DATUM(A14;1;1);2)>4;0;1))*7+C14-1+1-WOCHENTAG(DATUM(A14;1;1)+(B14-WENN(WOCHENTAG(DATUM(A14;1;1);2)>4;0;1))*7;2)	

	A	B	C	D	E	F
1	**Projektübersicht**					
12						
13	Jahr	KW	Wochentag	Datum		
14	2007	16	3	18.04.2007		
15	2007	21	2	22.05.2007		
16	2007	24	1	11.06.2007		
17	2007	28	5	13.07.2007		
18	2007	33	4	16.08.2007		
19						

→ Verweis: siehe Kapitel 4.5, Tipp 19

Tipp 6: Datumsdifferenzen in Jahren, Monaten und Tagen ermitteln

In dieser Aufgabenstellung sollen Datumsdifferenzen in Jahren, Monaten und Tagen ermittelt werden. Dazu bietet Excel die Funktion =DATEDIF() an. Mit DATEDIF() lassen sich Datumsdifferenzen leicht und übersichtlich ermitteln.

So geht's:

Sehen Sie sich zunächst die Ausgangstabelle etwas näher an.

Der Projektplan beinhaltet für alle Projektschritte die Angaben für das Start- sowie das Enddatum. Ziel ist es

	A	B	C	D	E	F
1	**Projektplan**					
2						
3				Differenz in	Differenz in	Differenz in
4	Projektschritt	Start-Datum	End-Datum	Jahren	Monaten	Tagen
5	A	03.11.2006	17.04.2007			
6	C	05.12.2006	18.07.2007			
7	D	03.01.2007	15.09.2007			
8	B	17.12.2006	08.02.2008			
9	H	15.08.2007	23.12.2007			
10	G	19.10.2007	06.02.2008			
11	E	14.10.2007	14.11.2008			
12						

nun, die Differenzen zwischen den Datumsangaben in Jahren, Monaten und Tagen zu ermitteln.

1 **Ermittlung der Differenzen in Jahren**: Markieren Sie den Bereich D5:D11. Erfassen Sie in Zelle D5 die Formel =DATEDIF(B5;C5;"y") und schließen Sie die Eingabe mit der Tastenkombination (Strg)+(Enter) ab.

2 **Ermittlung der Differenz in Monaten**: Zur Ermittlung der Monatsdifferenzen markieren Sie den Bereich E5:E11 und erfassen in Zelle E5 diese Formel: =DATEDIF(B5;C5;"m").

3 **Ermittlung der Differenzen in Tagen**: Die Formel für den Bereich F5:F11 lautet =DATEDIF(B5;C5;"d"). Beenden Sie die Eingaben jeweils mit der Tastenkombination (Strg)+(Enter).

F5		f_x	=DATEDIF(B5;C5;"d")		
	A	B	C	D	E	F

	A	B	C	D	E	F
1	**Projektplan**					
2						
3				Differenz in	Differenz in	Differenz in
4	Projektschritt	Start-Datum	End-Datum	Jahren	Monaten	Tagen
5	A	03.11.2006	17.04.2007	0	5	165
6	C	05.12.2006	18.07.2007	0	7	225
7	D	03.01.2007	15.09.2007	0	8	255
8	B	17.12.2006	08.02.2008	1	13	418
9	H	15.08.2007	23.12.2007	0	4	130
10	G	19.10.2007	06.02.2008	0	3	110
11	E	14.10.2007	14.11.2008	1	13	397
12						

Die Syntax der Funktion *DATEDIF()* lautet:

=DATEDIF(Ausgangsdatum;Enddatum;Einheit)

Parameter	Beschreibung
"y"	Gibt die Anzahl der vollständigen Jahre im angegebenen Zeitraum zurück.
"m"	Liefert die Anzahl der vollständigen Monate im Zeitraum.
"d"	Ermittelt mit dem Parameter *"d"* die Anzahl der Tage zwischen Ausgangs- und Enddatum.
"ym"	Liefert die Anzahl der vollständigen Monate im Zeitraum. Die Tage und Jahre der Datumsangaben werden ignoriert.
"md"	Gibt die Differenz in Tagen zwischen dem Anfangs- und dem Enddatum zurück, wobei die Monate und Jahre der Datumsangaben nicht berücksichtigt werden.
"yd"	Liefert die Anzahl der Tage zwischen Anfangs- und Enddatum. Die Jahre der Datumsangaben werden ignoriert.

Hinweis

Die Differenz in Tagen können Sie natürlich wesentlich einfacher ermitteln. Verwenden Sie dazu die Formel *=C5-B5*. Damit das Ergebnis richtig angezeigt wird, müssen Sie die Ergebniszelle mit der Standardformatierung belegen.

Tipp 7: Zinstage auf der Basis von 360 Tagen ermitteln

Zinstage werden in Deutschland in der Regel auf der Basis von 360 Tagen ermittelt. Zur Abbildung dieser Tatsache bietet Excel die Funktion *TAGE360(Ausgangsdatum;Enddatum;Methode)*. Als Ausgangstabelle dient eine Auflistung von Ausgabe- und Rückzahlungsterminen für festverzinsliche Wertpapiere. Auf dieser Grundlage sollen nun die Zinstage zwischen den beiden Terminen ermittelt werden.

So geht's:

1 Markieren Sie den Bereich C5:C10.

2 Erfassen Sie in Zelle C5 diese Formel:

=TAGE360(A4;B4;WAHR)

3 Bestätigen Sie die Eingabe mit der Tastenkombination [Strg]+[Enter].

	C4		f_x	=TAGE360(A4;B4;WAHR)
	A	B	C	

	A	B	C
1	**Ermittlung der Zinstage**		
2			
3	Ausgabe-datum	Rückzahlungs-datum	Zinstage 360
4	01.04.2006	31.03.2007	359
5	15.03.2005	31.07.2007	855
6	01.01.2007	30.06.2007	179
7	01.01.2007	01.01.2008	360
8	17.06.2006	29.08.2007	432
9			

> **Hinweis**
>
> Sie sollten die europäische Methode wählen. Das erreichen Sie, indem Sie dem Argument *Methode* den Wert *WAHR* übergeben. Damit wird jedes Ausgangs- und Enddatum, das auf den 31. eines Monats fällt, zum 30. desselben Monats.

Tipp 8: Datumsangaben in WENN-Abfragen verwenden

Dieses Beispiel zeigt, wie Datumswerte in *WENN*-Abfragen verwendet werden können. Dabei tritt das Problem auf, dass Excel das abzufragende Datum automatisch in eine fortlaufende Zahl umwandelt; das Referenzdatum liegt hingegen als Textstring vor. Damit werden Birnen mit Äpfeln bzw. Zahlen mit Texten verglichen. Selbstverständlich gibt es auch dafür eine Lösung.

So geht's:

Verwenden Sie die Funktion *DATWERT(Datumstext)*, um Datumswerte in *WENN*-Abfragen einzubinden. Diese Funktion wandelt ein Datum in eine fortlaufende Zahl um.

Erfassen Sie dazu in Zelle B6 folgende Funktion:

=WENN(B4=DATWERT("18.4.2007");"OK";"FEHLER")

Bei Übereinstimmung des Datums aus Zelle B4 mit dem in der Formel angegebenen Referenzdatum wird die Meldung *OK* ausgegeben, in allen anderen Fällen wird der Text *FEHLER* angezeigt.

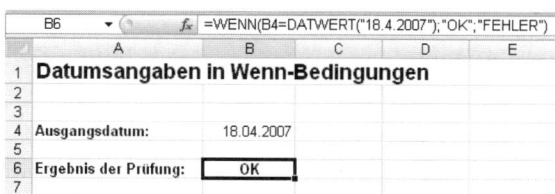

Tipp 9: Rechnen mit Datumsangaben vor dem 01.01.1900

Excel beginnt bei der Datumszählung mit dem 01.01.1900. Dieses Datum entspricht der Zahl 1. Mit Daten vor dem 01.01.1900 bestehen grundsätzlich Probleme, sie können von Excel nicht ohne Weiteres verarbeitet werden. Hier hilft nur ein Trick. Der besteht darin, die entsprechenden Datumswerte in das Jahr 1900 zu verlegen. Erst wenn alle Datumsangaben nach dem 01.01.1900 liegen, kann Excel damit wie gewohnt rechnen.

So geht's:

Als Ausgangstabelle liegt eine Geburtsstatistik vor, in der sich Geburtstage vor dem 01.01.1900 befinden.

	A	B	C	D	E	F
1	**Geburtsstatistik**					
2					Lebensdauer	
3	Name	Geburtstag	Sterbetag	Jahre	Monate	Monate gesamt
4	Frieda Muster	01.04.1897	17.03.1988			
5	Hans Testmann	23.07.1899	05.06.1975			
6	Margarethe Mustertest	16.09.1896	24.05.1997			
7						

1 Im ersten Schritt werden die Jahre zwischen den Daten ermittelt. Markieren Sie dazu den Bereich D4:D6.

2 Erfassen Sie in Zelle D4 diese Funktion:

=WENN(ISTTEXT(B4);DATEDIF(DATWERT(ERSETZEN(B4;LÄNGE(B4)-3; 4;1900));C4;"y")+(1900-RECHTS(B4;4));DATEDIF(B4;C4;"y"))

und schließen Sie die Dateneingabe mit der Tastenkombination (Strg)+ (Enter) ab.

3 Zur Berechnung der Monate, die kein ganzes Jahr ergeben, erfassen Sie in Zelle E4 folgende Formel und kopieren sie bis zur Zeile 6 nach unten:

*=REST(WENN(ISTTEXT(B4);DATEDIF(DATWERT(ERSETZEN(B4; LÄNGE(B4)-3;4;1900));C4;"m")+(1900-WERT(RECHTS(B4;4)))*12; DATEDIF(B4;C4;"m"));12)*

4 In Spalte F wird die gesamte Anzahl der Monate zwischen den beiden Datumsangaben ermittelt. Die Funktion dafür lautet

*=WENN(ISTTEXT(B4);DATEDIF(DATWERT(ERSETZEN(B4;LÄNGE(B4)-3; 4;1900));C4;"m")+(1900-WERT(RECHTS(B4;4)))*12;DATEDIF(B4;C4;"m"))*

	A	B	C	D	E	F
1	**Geburtsstatistik**					
2					Lebensdauer	
3	Name	Geburtstag	Sterbetag	Jahre	Monate	Monate gesamt
4	Frieda Muster	01.04.1897	17.03.1988	90	11	1091
5	Hans Testmann	23.07.1899	05.06.1975	75	10	910
6	Margarethe Mustertest	16.09.1896	24.05.1997	100	8	1208
7						

Der zentrale Bestandteil in den Formeln besteht im Ersetzen des Datums, das vor dem 01.01.1900 liegt. Dies wird mit dem Befehl =DATWERT (ERSETZEN(B4;LÄNGE(B4)-3;4;1900) erreicht. Damit wird zum richtigen Tag und Monat immer das Jahr 1900 hinzugefügt.

Hinweis

Liegen beide Werte, also der Geburtstag und der Sterbetag, vor dem 01.01. 1900, wenden Sie diesen Trick einfach auf beide Datumswerte an und rechnen mit den in die Zukunft verschobenen Werten weiter.

Tipp 10: Der wievielte Tag im Jahr ist heute – und wie viele Tage sind es noch bis zum 31.12.?

In diesem Beispiel soll zur Prüfung des Projektfortschritts ermittelt werden, wie viele Tage im aktuellen Jahr bereits vergangen sind, also der wievielte Tag im Jahr der aktuelle Tag ist.

So geht's:

1 Legen Sie in Zelle B1 über die Funktion =HEUTE() das aktuelle Datum fest. Bei Änderung des Systemdatums wird das Datum somit automatisch aktualisiert.

2 Erfassen Sie in Zelle B3 die Formel =B1-("31.12."&JAHR (HEUTE())-1). Damit wird der 31.12. des Vorjahrs ermittelt, und davon wird das aktuelle Datum aus Zelle B1 subtrahiert.

	A	B	C
		f =HEUTE()-("31.12."&JAHR(HEUTE())-1)	
1	**Projektplan per**	**23.04.2007**	
2			
3	Tage seit dem 01.01.2007	113	
4			
5			
6	Projektschritt	Start-Datum	End-Datum
7	A	03.11.2006	17.04.2007
8	C	05.12.2006	18.07.2007
9	D	03.01.2007	15.09.2007
10	B	17.12.2006	08.02.2008
11	H	15.08.2007	23.12.2007
12	G	19.10.2007	06.02.2008
13	E	14.10.2007	14.11.2008
14			

Auf diese Weise wird in Zelle B3 immer die aktualisierte Zahl der Tage, die seit dem 01.01. des aktuellen Jahrs vergangen sind, berechnet.

Ähnlich lässt sich auch der umgekehrte Fall ermitteln. Die Fragestellung lautet: Wie viele Tage sind es bis zum Jahresende?

Die Formel für Zelle B3 lautet =("31.12."&JAHR(HEUTE()))-B1.

Damit die Funktionen über die Jahresgrenzen hinweg verwendet werden können, wurde das Jahresende dynamisch ermittelt. Dies wird durch die Kombination der Funktionen *JAHR()* und *HEUTE()* erreicht.

	B3	▾ (	*fx* =("31.12."&JAHR(HEUTE()))-B1	
	A		B	C
1	**Projektplan per**		**23.04.2007**	
2				
3	Tage bis zum 31.12.2007		252	
4				
5				
6	Projektschritt		Start-Datum	End-Datum
7	A		03.11.2006	17.04.2007
8	C		05.12.2006	18.07.2007
9	D		03.01.2007	15.09.2007
10	B		17.12.2006	08.02.2008
11	H		15.08.2007	23.12.2007
12	G		19.10.2007	06.02.2008
13	E		14.10.2007	14.11.2008
14				

Hinweis

Banken und Versicherungen rechnen in der Regel mit 360 Tagen. Zur Berechnung der Zinsen vom 01.01.2007 bis zum aktuellen Tag verwenden Sie folgende Funktion:

=TAGE360(("31.12."&JAHR(HEUTE())-1);HEUTE();1)

Damit werden die Tage seit Jahresbeginn auf der Basis von 30 Tagen pro Monat, also 360 Zinstagen im Jahr, ermittelt.

Tipp 11: Ermittlung des Monatsletzten

In diesem Beispiel soll der Rückzahlungs- bzw. Fälligkeitstermin einer Kapitalanlage ermittelt werden. Dabei muss berücksichtigt werden, dass das Fälligkeitsdatum immer auf den letzten Tag des Monats gesetzt werden muss.

So geht's:

Zur Ermittlung des Monatsletzten stellt Excel die Funktion *=MONATSENDE (Ausgangsdatum;Monate)* zur Verfügung. Die Option *Monate* gibt an, wie viele Monate vor oder nach dem Ausgangsdatum liegen sollen. Ein positiver Wert für *Monate* ergibt ein in der Zukunft liegendes Datum, ein negativer Wert ein Datum in der Vergangenheit.

Als Ausgangstabelle liegt eine Auflistung der Einzahlungstermine mit den jeweiligen Laufzeiten in Monaten vor.

Zur Ermittlung des Rückzahlungsbetrags gehen Sie wie folgt vor:

1 Markieren Sie den Bereich C4:C10.

2 Erfassen Sie in Zelle C4 die Funktion *=MONATSENDE(A4:A4;B4)* und schließen Sie die Eingabe mit der Tastenkombination [Strg]+[Enter] ab.

3 Damit das Ergebnis korrekt angezeigt wird, müssen Sie den Bereich C4:C10 als Datum formatieren.

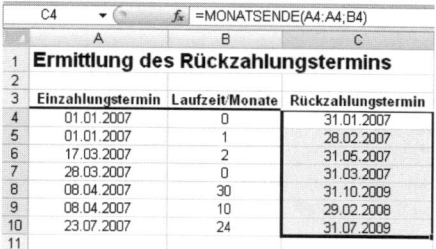

Hinweis

Die Funktion *MONATSENDE()* funktioniert nur, wenn das Add-in Analyse-Funktionen installiert ist, weitere Informationen dazu in der Einführung zu diesem Kapitel.

Möchten Sie den Rückzahlungstermin ohne installiertes Add-in ermitteln? Auch das ist möglich, und zwar wie folgt:

1 Markieren Sie den Bereich D4:D10.

2 Erfassen Sie in Zelle D4 folgende Funktion:

=DATUM(JAHR(A4);MONAT(A4)+B4+1;1)-1

3 Beenden Sie die Eingabe mit der Tastenkombination (Strg)+(Enter).

4 Formatieren Sie den Zielbereich D4:D10 mit einem beliebigen Datumsformat.

Wie Sie sehen, sind die Ergebnisse dieser Formelberechnung identisch mit den Ergebnissen der Funktion *MONATSENDE()*.

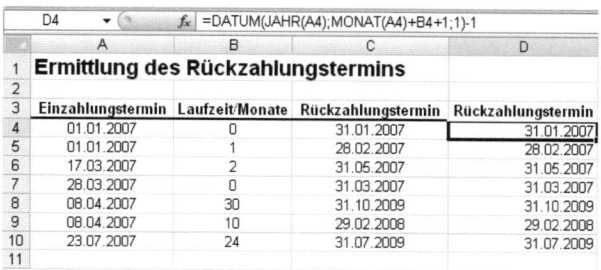

Tipp 12: Der wievielte Dienstag im Monat ist heute?

Dieses Beispiel zeigt, wie die Häufigkeit von Wochentagen ausgehend von einem erfassten Datum ermittelt werden kann. Ein Datum soll beispielsweise darauf geprüft werden, ob es sich um den dritten Dienstag im Monat handelt, da an diesem Tag regelmäßig ein wichtiges Meeting stattfindet.

277

So geht's:

1 Erfassen Sie in Zelle B4 ein beliebiges Datum, beispielsweise den 15.05.2007.

2 In Zelle B6 soll der Wochentag des erfassten Datums ermittelt werden. Das geht ganz einfach. Stellen Sie einen Bezug zu Zelle B4 her, indem Sie diese Bezugsformel eingeben: =B4.

3 Formatieren Sie die Zelle B6 mit dem benutzerdefinierten Zellformat *TTTT*.

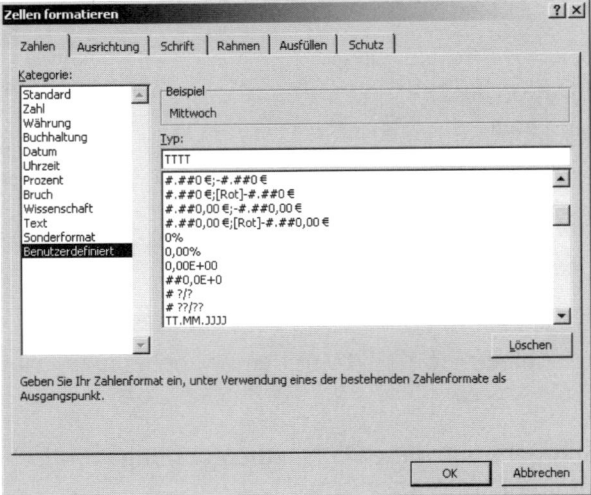

4 In Zelle B7 geben Sie zur Ermittlung der Häufigkeit des Wochentags folgende Formel ein:

=TEXT(1+ABRUNDEN((B4-DATUM(JAHR(B4);MONAT(B4);"1"))/7;0);0)

Als Ergebnis wird ermittelt, dass es sich beim 15.05.2007 um den dritten Dienstag im Monat Mai 2007 handelt.

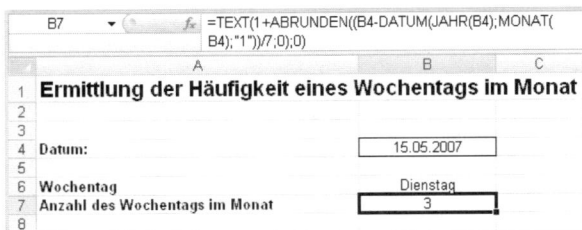

Tipp 13: Ermittlung von beweglichen Feiertagen

Alle beweglichen Feiertage eines Jahrs beziehen sich auf den Ostersonntag. Der Ostersonntag wurde im 1. Konzil von Nicäa 325 n. Chr. auf den ersten Sonntag nach dem ersten Vollmond nach Frühlingsanfang festgelegt.

Im folgenden Beispiel wird gezeigt, wie sich die beweglichen Feiertage ausgehend vom Ostersonntag ermitteln lassen.

So geht's:

1 Erfassen Sie in Zelle B4 folgende Funktion:

   =RUNDEN((TAG(MINUTE(B3/38)/2+55)&".4."&B3)/7;)*7-6

   Damit wird der Ostersonntag ermittelt.

2 Ausgehend vom Ostersonntag können die anderen Feiertage relativ einfach ermittelt werden, indem eine vorgegebene Anzahl von Tagen addiert bzw. subtrahiert wird.

In folgender Tabelle sehen Sie eine Zusammenstellung der Feiertage mit den jeweiligen Tageskorrekturen.

Feiertag	Korrektur in Tagen
Rosenmontag	– 48
Karfreitag	– 2
Ostermontag	+ 1
Christi Himmelfahrt	+ 39
Pfingstsonntag	+ 49
Pfingstmontag	+ 50
Fronleichnam	+ 60

Wenn Sie das Jahr in Zelle B3 ändern, werden alle Feiertage automatisch für das eingegebene Kalenderjahr ermittelt.

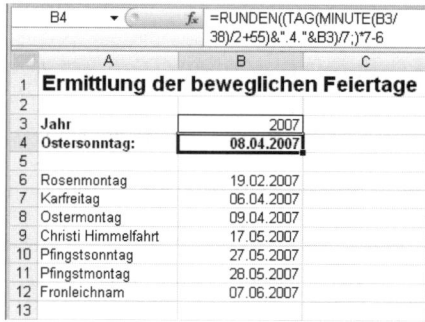

279

Hinweis

Wird die Datumsberechnung auf *1904-Datumswerte* umgestellt, funktioniert die Formel in manchen Jahren nicht richtig. Verwenden Sie bei dieser Einstellung besser folgende Formel:

=DATUM(B3;3;28)+REST(24-REST(B3;19)*10,63;29)-REST(KÜRZEN(B3 *5/4)+REST(24-REST(B3;19)*10,63;29)+1;7).

Damit gibt es auch bei der Einstellung *1904-Datumswerte* keine bekannten Probleme.

Die Option *1904-Datumswerte* wird über das Menü *Datei/Optionen/Erweitert* im Abschnitt *Allgemein* aktiviert, indem die Option *1904-Datumswerte setzen* aktiviert wird (Excel bis 2003: Menü *Extras/Optionen* Registerkarte *Berechnung – 1904-Datumswerte* aktivieren).

Tipp 14: Rechnen mit Arbeitstagen

In den bisherigen Beispielen wurde ausschließlich mit Kalendertagen gerechnet. Dieses Beispiel geht nun auf die Problematik im Umgang mit Arbeitstagen (Werktagen) und Feiertagen ein. So soll in einem Projektplan ausgehend von definierten Projektstart- und Projektenddaten die Anzahl an tatsächlich verfügbaren Arbeitstagen berechnet werden, wobei Feiertage als arbeitsfreie Tage berücksichtigt werden sollen. Nur wenn die zur Verfügung stehende Arbeitszeit bekannt ist, kann die entsprechende Ressourcenplanung durchgeführt werden.

So geht's: Ermittlung der Arbeitstage

Zur Berechnung von Arbeitstagen stellt Excel die Funktion *NETTOARBEITS-TAGE(Ausgangsdatum;Enddatum;Freie_Tage)* zur Verfügung. Diese Funktion gibt die Anzahl der Arbeitstage in einem Zeitintervall zurück. Nicht zu den Arbeitstagen gezählt werden Wochenenden sowie die Tage, die als Ferien (Feiertage) angegeben sind.

1   Damit die freien Tage bei der Ermittlung der reinen Arbeitstage berücksichtigt werden können, legen Sie sie in einem Zellbereich an. Im Beispiel liegen sie im Bereich G4:G13 vor.

2   Zur Berechnung der Arbeitstage erfassen Sie in Zelle D4 die Formel

=NETTOARBEITSTAGE(B4;C4;$G$4:$G$13)

3   Kopieren Sie die Formel bis zur Zelle D10 nach unten.

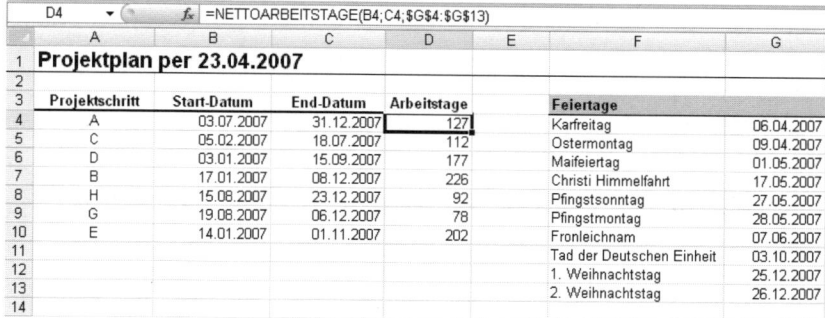

In Spalte D werden damit die reinen Arbeitstage unter Berücksichtigung der im Bereich G4:G13 erfassten freien Tage ermittelt. Die Liste der freien Tage ist nicht begrenzt. Sie können in diese Liste auch Urlaubszeiten von Mitarbeitern aufnehmen, damit diese bei der Arbeitszeitermittlung berücksichtigt werden.

→ Verweis: siehe Kapitel 4.5, Tipp 28

Hinweis

In diesem Beispiel wird der Pfingstsonntag nicht als Feiertag berücksichtigt, da er ja auf ein Wochenende fällt.

So geht's: Ermittlung des Datums für das Projektende

In der Praxis kommt jedoch auch häufig der umgekehrte Fall vor: Die Projektdauer ist bekannt, und dementsprechend soll das Datum für das Projektende ermittelt werden.

Als Projektdauer werden die notwendigen Arbeitstage angegeben, was nicht mit der Anzahl der Kalendertage zu verwechseln ist.

Auch für diesen Zweck bietet Excel eine passende Lösung. Benutzen Sie hierfür die Funktion *=ARBEITSTAG(Ausgangsdatum;Tage;Freie_Tage)*.

1 Markieren Sie den Bereich D18:D24.

2 Erfassen Sie in Zelle D14 folgende Formel:

=ARBEITSTAG(B18;C18;$G$18:$G$27)

Dabei werden die Feiertage im Bereich G18:G27 bei der Ermittlung des Projektenddatums berücksichtigt.

3 Beenden Sie die Dateneingabe mit der Tastenkombination [Strg]+[Enter].

4 Damit das Datum korrekt angezeigt wird, muss der Zellbereich D18:D24 noch mit einem Datumsformat belegt werden.

	D18	▾	fx	=ARBEITSTAG(B18;C18;$G$18:$G$27)			
	A	B	C	D	E	F	G
1	**Projektplan per 23.04.2007**						
16							
17	Projektschritt	Start-Datum	Arbeitstage	End-Datum		Feiertage	
18	A	03.07.2007	30	14.08.2007		Karfreitag	06.04.2007
19	C	05.02.2007	90	19.06.2007		Ostermontag	09.04.2007
20	D	03.01.2007	70	13.04.2007		Maifeiertag	01.05.2007
21	B	17.01.2007	75	07.05.2007		Christi Himmelfahrt	17.05.2007
22	H	15.08.2007	35	04.10.2007		Pfingstsonntag	27.05.2007
23	G	19.08.2007	75	03.12.2007		Pfingstmontag	28.05.2007
24	E	14.01.2007	105	18.06.2007		Fronleichnam	07.06.2007
25						Tad der Deutschen Einheit	03.10.2007
26						1. Weihnachtstag	25.12.2007
27						2. Weihnachtstag	26.12.2007
28							

Sie sehen, das Enddatum wird unter Berücksichtigung der Feiertrage wie gewünscht ermittelt. Wenn Sie nun zum Vergleich die Differenz zwischen dem End- und dem Startdatum ermitteln, erhalten Sie die reinen Kalendertage inklusive Wochenenden und Feiertagen. Zur Erledigung des Projektschritts B werden also 75 Arbeitstage benötigt. Das entspricht unter Berücksichtigung von Feiertagen und Wochenenden genau 110 Kalendertagen.

→ Verweis: siehe Kapitel 4.5, Tipp 28

Tipp 15: Handelt es sich um einen Arbeitstag?

Das folgende Beispiel zeigt, wie mit einer *WENN*-Abfrage geprüft werden kann, ob es sich bei einem Datum um einen Arbeitstag oder um einen Tag am Wochenende handelt.

So geht's:

1 Markieren Sie den Zellbereich B4:B16.

2 Erfassen Sie in Zelle B4 folgende Formel:
   *=WENN(UND(TEXT(A4;"TTTT")<>"Samstag";TEXT(A4;"TTTT")
   <>"Sonntag");"Woche";"Wochenende")*

3 Beenden Sie die Eingabe der Formel mit der Tastenkombination (Strg)+ (Enter).

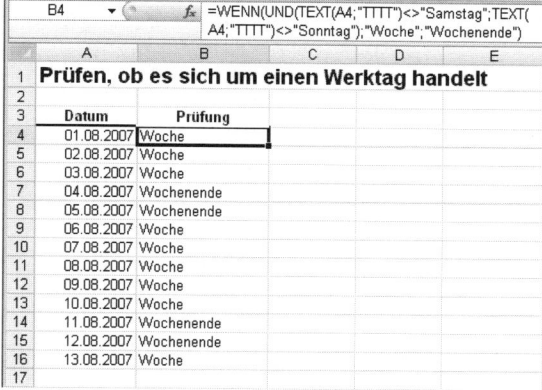

Bei Wochentagen wird der Text *Woche* und bei Wochenenden der Text *Wochenende* ausgegeben.

→ Verweis: siehe Kapitel 1.4, Tipp 13, und Kapitel 2.1, Tipp 10

Hinweis

Natürlich können Sie die Formel auch so modifizieren, dass beispielsweise nur ein Text ausgegeben wird, wenn Excel einen Mittwoch erkennt.

Verwenden Sie dazu die Formel *=WENN(TEXT(A4;"TTTT")="Mittwoch"; "Mittwoch";"")*.

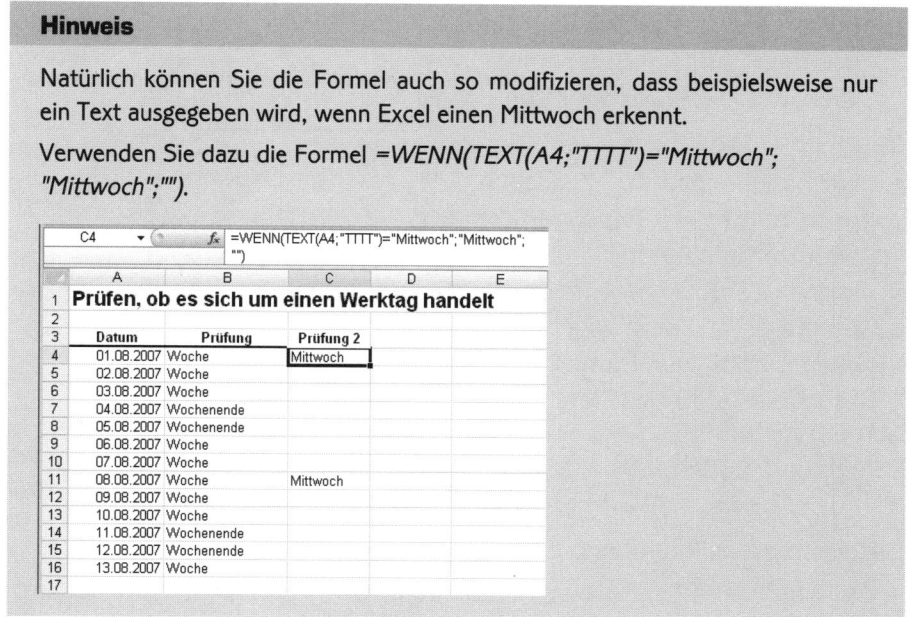

Tipp 16: Ermittlung des letzten Arbeitstags im Monat

Welcher Werktag fällt auf den letzten Tag des Monats? Dies ist eine wichtige Frage z. B. in Lohn- und Spesenabrechnungen, in denen auf den letzten

Werktag zurückgerechnet werden muss. Im folgenden Beispiel werden für jeden Monat im Jahr 2007 sowohl der letzte Tag des Monats als auch der letzte Arbeitstag (Werktag) ermittelt.

So geht's:

Folgende Funktionen werden zur Ermittlung des letzten Tags im Monat benötigt:

➢ *WOCHENTAG(Zahl;Typ)*: Wandelt eine fortlaufende Zahl in einen Wochentag um.

➢ *DATWERT(Datumstext)*: Wandelt ein als Text vorliegendes Datum in eine fortlaufende Zahl um.

➢ *MONATSENDE(Ausgangsdatum;Monate)*: Gibt die fortlaufende Zahl des letzten Tags des Monats zurück, der eine bestimmte Anzahl von Monaten vor bzw. nach dem Ausgangsdatum liegt.

1 Markieren Sie den Bereich B4:B15 und erfassen Sie in Zelle B4 die Formel =MONATSENDE(DATWERT("1."&A4&".07");0).

2 Beenden Sie die Dateneingabe mit der Tastenkombination [Strg]+[Enter].

3 Formatieren Sie den Zellbereich B4:B15 mit folgendem benutzerdefinierten Zellformat: *TTTT TT.MM.JJJJ*. Damit wird vor dem eigentlichen Datum der Name des Wochentags ausgegeben.

	A	B	C
1	**Ermittlung des letzten Werktags im Monat**		
2			
3	**Monat**	**letzter Wochentag**	
4	Januar	Mittwoch 31.01.2007	
5	Februar	Mittwoch 28.02.2007	
6	März	Samstag 31.03.2007	
7	April	Montag 30.04.2007	
8	Mai	Donnerstag 31.05.2007	
9	Juni	Samstag 30.06.2007	
10	Juli	Dienstag 31.07.2007	
11	August	Freitag 31.08.2007	
12	September	Sonntag 30.09.2007	
13	Oktober	Mittwoch 31.10.2007	
14	November	Freitag 30.11.2007	
15	Dezember	Montag 31.12.2007	
16			

Nachdem der letzte Tag des Monats ermittelt ist, kann die Ermittlung des letzten Werktags in Angriff genommen werden.

Dazu sind diese Funktionen notwendig:

➢ *WAHL(Index;Wert1;Wert2;...)*: Abhängig vom Indexwert wird der entsprechende Wert zurückgegeben.

➢ *WOCHENTAG(WOCHENTAG(Zahl;Typ))*: Wandelt eine fortlaufende Zahl in einen Wochentag um.

1 Markieren Sie dazu den Zellbereich C4:C15.

2 Erfassen Sie in Zelle C4 die Formel =WAHL(WOCHENTAG(B4);B4-2; B4;B4;B4;B4;B4-1).

3 Schließen Sie die Eingabe mit der Tastenkombination [Strg]+[Enter] ab.

4 Damit auch in diesem Bereich der Wochentag mit ausgegeben wird, formatieren Sie die Zellen mit dem benutzerdefinierten Format *TTTT TT.MM.JJJJ*.

Als Ergebnis wird für jeden Monat der letzte Werktag in Spalte C ausgegeben.

	A	B	C	D
		C4 ▾	fx =WAHL(WOCHENTAG(B4);B4-2;B4;B4;B4;B4;B4-1)	
1	**Ermittlung des letzten Werktags im Monat**			
2				
3	**Monat**	**letzter Tag im Monat**	**letzter Werktag**	
4	Januar	Mittwoch 31.01.2007	Mittwoch 31.01.2007	
5	Februar	Mittwoch 28.02.2007	Mittwoch 28.02.2007	
6	März	Samstag 31.03.2007	Freitag 30.03.2007	
7	April	Montag 30.04.2007	Montag 30.04.2007	
8	Mai	Donnerstag 31.05.2007	Donnerstag 31.05.2007	
9	Juni	Samstag 30.06.2007	Freitag 29.06.2007	
10	Juli	Dienstag 31.07.2007	Dienstag 31.07.2007	
11	August	Freitag 31.08.2007	Freitag 31.08.2007	
12	September	Sonntag 30.09.2007	Freitag 28.09.2007	
13	Oktober	Mittwoch 31.10.2007	Mittwoch 31.10.2007	
14	November	Freitag 30.11.2007	Freitag 30.11.2007	
15	Dezember	Montag 31.12.2007	Montag 31.12.2007	
16				

Tipp 17: Wann fällt ein Wochentag auf ein bestimmtes Datum?

Der folgende Tipp zeigt, wie Sie ausgehend vom Wochentag und der Tagesangabe den nächsten Datumstreffer ermitteln können, an dem die beiden Voraussetzungen erfüllt sind. So soll beispielsweise berechnet werden, auf welches Datum der nächste Freitag der 13. fällt. Gehen Sie dazu wie folgt vor:

So geht's:

1 Erfassen Sie in Zelle B6 folgende Formel:

=MIN(WENN(((TEXT(WOCHENTAG(HEUTE()+ZEILE(1:1000);1);"TTTT") =B3)*(TAG(HEUTE()+ZEILE(1:1000))=B4))=1;HEUTE()+ZEILE(1:1000)))

2 Schließen Sie diese Eingabe mit der Tastenkombination [Strg]+[Umschalt]+ [Enter] ab, da es sich um eine Matrixfunktion handelt.

3 Damit das Ergebnis als Datum angezeigt wird, müssen Sie der Zelle noch ein beliebiges Datumsformat zuweisen.

	A	B	C	D
1	**Wann ist der nächste Freitag der 13.**			
2				
3		Variante 1	Variante 2	
4	Wochentag:	Freitag	5	
5	Tagesangabe:	13	13	
6				
7	Ergebnis:	13.07.2007	13.07.2007	
8				

Wenn die Angabe des Wochentags nicht als Text, sondern als Wert vorliegt, beispielsweise 1 für Montag, 2 für Dienstag und 5 für Freitag, muss die Funktion in Zelle C7 wie folgt modifiziert werden:

=MIN(WENN(((WOCHENTAG(HEUTE()+ZEILE(1:1001);2)=C4)(TAG(HEUTE() +ZEILE(1:1001))=C5))=1;HEUTE()+ZEILE(1:1001)))*

Da es sich auch hier wieder um eine Matrixfunktion handelt, schließen Sie diese Eingabe ebenfalls mit der Tastenkombination (Strg)+(Umschalt)+(Enter) ab. Als Ergebnis wird erneut der 13.07.2007 ermittelt.

Wenn nicht nur ein Termin, sondern beliebige Terminserien ermittelt werden sollen, die mit den angegebenen Kriterien übereinstimmen, gehen Sie wie folgt vor:

1 Erfassen Sie in Zelle B14 die Formel

=KKLEINSTE(WENN(((TEXT(WOCHENTAG(HEUTE()+ZEILE($1:$10004); 2);"TTTT")=$B$10)(TAG(HEUTE()+ZEILE($1:$10004))=$B$11))=1; HEUTE()+ZEILE($1:$10004));ZEILE()-13)*

und schließen Sie sie mit der Tastenkombination (Strg)+(Umschalt)+(Enter) ab.

2 Kopieren Sie diese Formel nun einfach mit dem Ausfüllkästchen nach unten, im Beispiel bis Zelle B28.

Als Ergebnis werden alle Datumswerte angezeigt, bei denen der 13. auf einen Freitag fällt.

	A	B	C	D
1	**Wann ist der nächste Freitag der 13.**			
2				
3			Variante 1	Variante 2
4	Wochentag:	Freitag	5	
5	Tagesangabe:	13	13	
6				
7	Ergebnis:	13.07.2007	13.07.2007	
8				
9				
10	Wochentag:	Freitag		
11	Tagesangabe:	13		
12				
13		Liste der nächsten Termine		
14		13.10.2007		
15		13.09.2008		
16		13.12.2008		
17		13.06.2009		
18		13.02.2010		
19		13.03.2010		
20		13.11.2010		
21		13.08.2011		
22		13.10.2012		
23		13.04.2013		
24		13.07.2013		
25		13.09.2014		
26		13.12.2014		
27		13.06.2015		
28		13.02.2016		
29				

Tipp 18: Berechnung der Kalenderwoche nach DIN 1355/ISO 8601

Im Wirtschaftsleben wird die Kalenderwoche oft zur Definition von Zeitspannen oder Grobterminen verwendet. Auch wird in Projektplänen häufig mit der Kalenderwoche gearbeitet. Die in Excel integrierte Funktion *KA-LENDERWOCHE()* berücksichtigt jedoch leider nicht die Vorgaben der DIN-Norm 1355, nach der die erste Kalenderwoche eines Jahrs die Woche ist, die mindestens vier Tage enthält.

Da die integrierte Funktion nicht richtig arbeitet, muss ein Workaround verwendet werden. Zur Ermittlung der richtigen Kalenderwoche bestehen grundsätzlich zwei Möglichkeiten, die nachfolgend dargestellt werden.

Sehen Sie sich zunächst die Ausgangstabelle an. Dort finden Sie im Bereich A5:A16 den 1. Januar der Jahre 1999 bis 2010. In Zelle B5 wurde die Funktion =KALENDERWOCHE(A5;2) eingegeben und bis zur Zelle B16 nach unten kopiert. Als Ergebnis dieser Formel wird in allen Fällen KW 1 zurückgegeben, was jedoch nicht richtig ist.

	A	B	C
1	**Kalenderwoche nach DIN 1355**		
2			
3			
4		Funktion Kalenderwoche	
5	Fr 01.01.1999	1	
6	Sa 01.01.2000	1	
7	Mo 01.01.2001	1	
8	Di 01.01.2002	1	
9	Mi 01.01.2003	1	
10	Do 01.01.2004	1	
11	Sa 01.01.2005	1	
12	So 01.01.2006	1	
13	Mo 01.01.2007	1	
14	Di 01.01.2008	1	
15	Do 01.01.2009	1	
16	Fr 01.01.2010	1	
17			

So geht's mit einer Formellösung:

1 Markieren Sie den Bereich C5:C16.

2 Erfassen Sie in Zelle C5 diese Formel:

=KÜRZEN((A5-DATUM(JAHR(A5+3-REST(A5-2;7));1;REST(A5-2;7)-9))/7)

3 Beenden Sie die Eingabe mit der Tastenkombination ⌷Strg⌷+⌷Enter⌷.

Mit dieser Formel wird die korrekte Kalenderwoche unter Berücksichtigung der DIN-1355-Vorschriften ermittelt.

Sie sehen, dass in den Jahren 1999, 2000, 2005, 2006 und 2010 die Funktion *KALENDERWOCHE* nicht richtig rechnet.

	A	B	C
1	**Kalenderwoche nach DIN 1355**		
2			
3			
4		Funktion Kalenderwoche	Excel-Formel
5	Fr 01.01.1999	1	53
6	Sa 01.01.2000	1	52
7	Mo 01.01.2001	1	1
8	Di 01.01.2002	1	1
9	Mi 01.01.2003	1	1
10	Do 01.01.2004	1	1
11	Sa 01.01.2005	1	53
12	So 01.01.2006	1	52
13	Mo 01.01.2007	1	1
14	Di 01.01.2008	1	1
15	Do 01.01.2009	1	1
16	Fr 01.01.2010	1	53
17			

So geht's mit einer benutzerdefinierten VBA-Funktion:

1 Starten Sie im ersten Schritt mit der Tastenkombination (Alt)+(F11) den VBA-Editor.

2 Erstellen Sie über das Menü *Einfügen/Modul* ein neues Codeblatt.

3 Kopieren Sie den Code aus Listing 1 in dieses neue Codeblatt.

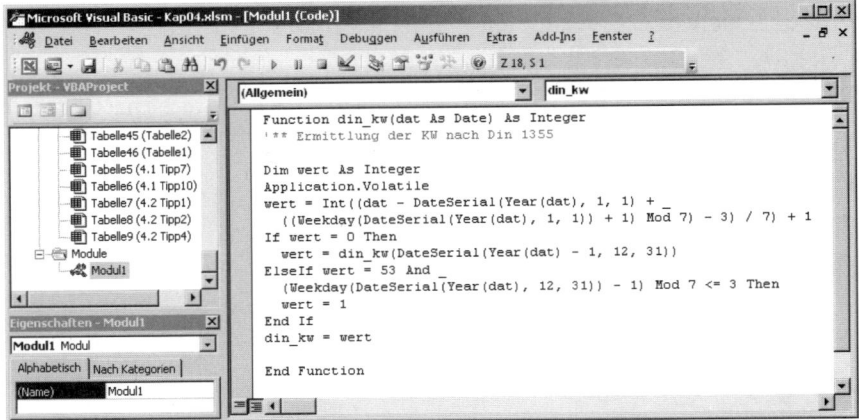

4 Markieren Sie den Zellbereich D5:D16.

5 Geben Sie in Zelle D5 die Funktion *=din_KW(A5)* ein und beenden Sie die Dateneingabe mit der Tastenkombination (Strg)+(Enter).

Damit wird die benutzerdefinierte Funktion ausgeführt und die Kalenderwoche ermittelt. Wie Sie sehen, entsteht das gleiche Ergebnis, das auch die Formellösung erbracht hat.

	A	B	C	D
	D5	▾	*fx* =din_KW(A5)	
1	**Kalenderwoche nach DIN 1355**			
2				
3				
4		Funktion Kalenderwoche	Excel-Formel	VBA-Funktion
5	Fr 01.01.1999	1	53	53
6	Sa 01.01.2000	1	52	52
7	Mo 01.01.2001	1	1	1
8	Di 01.01.2002	1	1	1
9	Mi 01.01.2003	1	1	1
10	Do 01.01.2004	1	1	1
11	Sa 01.01.2005	1	53	53
12	So 01.01.2006	1	52	52
13	Mo 01.01.2007	1	1	1
14	Di 01.01.2008	1	1	1
15	Do 01.01.2009	1	1	1
16	Fr 01.01.2010	1	53	53
17				

Listing 1:

```
Function din_kw(dat As Date) As Integer
'** Ermittlung der KW nach DIN 1355

Dim wert As Integer
Application.Volatile
```

```
wert = Int((dat - DateSerial(Year(dat), 1, 1) + _
  ((Weekday(DateSerial(Year(dat), 1, 1)) + 1) Mod 7) - 3) / 7) + 1
If wert = 0 Then
  wert = din_kw(DateSerial(Year(dat) - 1, 12, 31))
ElseIf wert = 53 And _
  (Weekday(DateSerial(Year(dat), 12, 31)) - 1) Mod 7 <= 3 Then
    wert = 1
End If
din_kw = wert

End Function
```

→ Verweis: siehe Kapitel 2.1, Tipp 13

Tipp 19: Datum aus Kalenderwoche und vorgegebenem Wochentag ermitteln

Dieses Beispiel zeigt einen Projektplan, in dem das Kalenderjahr sowie die Kalenderwoche vorgegeben sind. Ausgehend von dem in Zelle B3 vorgegebenen Wochentag (1 = Montag), soll nun das entsprechende Datum ermittelt werden, da an diesen Montagen jeweils wichtige Projektsitzungen stattfinden.

So geht's:

Sehen Sie sich zunächst die Ausgangstabelle an.

Im Bereich A6:A24 ist das Kalenderjahr und im Bereich B6:B24 die jeweilige Kalenderwoche erfasst. In Zelle B3 ist der Wochentag als Ziffer eingegeben. Dabei steht die Ziffer 1 für Montag, 2 für Dienstag, 3 für Mittwoch etc.

Ausgehend von diesen Daten soll im Bereich C6:C24 das Datum für den Montag der jeweiligen Kalenderwochen errechnet werden.

	A	B	C
1	**Projektplan 2007**		
2			
3	Wochentag:	1	
4			
5	Kalenderjahr	Kalenderwoche	Datum
6	2007	2	
7	2007	5	
8	2007	7	
9	2007	9	
10	2007	11	
11	2007	17	
12	2007	18	
13	2007	22	
14	2007	24	
15	2007	26	
16	2007	28	
17	2007	32	
18	2007	37	
19	2007	39	
20	2007	42	
21	2007	44	
22	2007	47	
23	2007	49	
24	2007	51	
25			

1 Markieren Sie den Bereich C6:C24.

2 Erfassen Sie in Zelle C6 folgende Formel:

=DATUM(A6;1;$B$3)+(B6-WENN(WOCHENTAG(DATUM(A6;1;1);2)
>4;0;1))*7-WOCHENTAG(DATUM(A6;1;1)+(B6-WENN(WOCHEN
TAG(DATUM(A6;1;1);2)>4;0;1))*7;2)+1

3 Schließen Sie die Dateneingabe mit der Tastenkombination (Strg)+(Enter) ab.

Damit wird die Formel in den gesamten Bereich eingetragen. Wie gewünscht, wird jeweils das Datum für den Montag der entsprechenden Kalenderwoche in Spalte C berechnet. Sollen anstatt für den Montag die Datumsangaben für den Freitag ermittelt werden, geben Sie in Zelle B3 einfach den Wert 5 ein.

	C6		fx	=DATUM(A6;1;$B$3)+(B6-WENN(WOCHENTAG(DATUM(A6;1;1);2)>4;0;1))*7-WOCHENTAG(DATUM(A6;1;1)+(B6-WENN(WOCHENTAG(DATUM(A6;1;1);2)>4;0;1))*7;2)+1		
	A	B	C	D	E	F
1	**Projektplan 2007**					
2						
3	Wochentag:	1				
4						
5	Kalenderjahr	Kalenderwoche	Datum			
6	2007	2	08.01.2007			
7	2007	5	29.01.2007			
8	2007	7	12.02.2007			
9	2007	9	26.02.2007			
10	2007	11	12.03.2007			
11	2007	17	23.04.2007			
12	2007	18	30.04.2007			
13	2007	22	28.05.2007			
14	2007	24	11.06.2007			
15	2007	26	25.06.2007			
16	2007	28	09.07.2007			
17	2007	32	06.08.2007			
18	2007	37	10.09.2007			
19	2007	39	24.09.2007			
20	2007	42	15.10.2007			
21	2007	44	29.10.2007			
22	2007	47	19.11.2007			
23	2007	49	03.12.2007			
24	2007	51	17.12.2007			
25						

Tipp 20: Datum des Wochenanfangs und des letzten Wochentags ermitteln

In dieser Aufgabenstellung soll für ein beliebiges Datum der Wochenanfang sowie der letzte Tag der Woche ermittelt werden. So sollen für Saisonarbeiter Wochenabrechnungen erstellt werden. In Spalte A liegen die Arbeitstage der Mitarbeiter vor. In Spalte B soll nun ausgehend von diesen Arbeitstagen der erste Wochentag, also der Montag, und in Spalte C der jeweilige Freitag berechnet werden.

So geht's:

1   Markieren Sie den Zellbereich B7:B15 und erfassen Sie in Zelle B7 die Formel *=A7-WOCHENTAG(A7;3)*. Diese Formel ermittelt ausgehend vom Arbeitstag in Zelle A7 den ersten Tag der Woche, also den Montag, und zeigt diesen als Datum an.

2   Schließen Sie die Eingabe mit der Tastenkombination (Strg)+(Enter) ab. Damit werden die Formeln in den gesamten markierten Bereich übernommen.

B7	▾	f_x	=A7-WOCHENTAG(A7;3)

	A	B	C
1	**Wochenabrechnung für Monat Juli 2007**		
2			
3	Abrechnung für: Herrn Horst Kupfer		
4			
5		Wochenbeginn	Ende der Woche
6	Arbeitstag	(Montag)	(Freitag)
7	03.07.2007	02.07.2007	06.07.2007
8	05.07.2007	02.07.2007	06.07.2007
9	09.07.2007	09.07.2007	13.07.2007
10	12.07.2007	09.07.2007	13.07.2007
11	19.07.2007	16.07.2007	20.07.2007
12	20.07.2007	16.07.2007	20.07.2007
13	27.07.2007	23.07.2007	27.07.2007
14	29.07.2007	23.07.2007	27.07.2007
15	31.07.2007	30.07.2007	03.08.2007
16			

3   Zur Ermittlung des letzten Arbeitstags einer Woche markieren Sie den Zellbereich C7:C15 und erfassen die Formel *=B7+4*.

4   Beenden Sie auch diese Eingabe mit (Strg)+(Enter).

Wie gewünscht, wird, abhängig vom Arbeitsdatum in Spalte A, das korrekte Datum jeweils für den Montag und für den Freitag der entsprechenden Kalenderwoche errechnet.

Tipp 21: Auflistung von Wochentagen ohne Wochenenden erzeugen

Es soll eine Liste für August 2007 erstellt werden, in der die täglichen Umsatzzahlen eingetragen werden können. Auf Wochenenden soll verzichtet werden, da an diesen Tagen keine Umsatzzahlen eingetragen werden müssen.

So geht's:

1   Erfassen Sie in Zelle A4 das Datum *01.08.2007*.

2   In Zelle A5 geben Sie die Formel *=A4+WENN(WOCHENTAG(A4;2)=5;3; WENN(WOCHENTAG(A4;2)=6;2;1))* ein. Mit dieser Funktion wird ausgehend vom Startdatum in Zelle A4 der nächste Wochentag ohne Samstage und Sonntage eingetragen.

3   Kopieren Sie die Formel bis zur Zelle A26 nach unten.

4   Damit der Wochentag in Kurzform mit angezeigt wird, belegen Sie den Zellbereich A4:A26 mit diesem benutzerdefinierten Zellformat:

TTT TT.MM.JJJJ

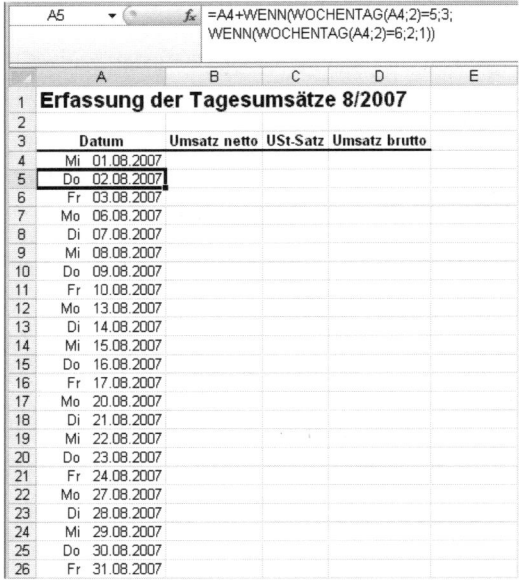

Wie gewünscht, werden auf diese Weise ausschließlich Datumsangaben für Wochentage ohne Berücksichtigung der Wochenenden eingetragen.

Tipp 22: Eine beliebige Anzahl von Monaten einem Datum hinzuaddieren

Dieses Beispiel zeigt, wie mit Excel der Rückzahlungstermin von festverzinslichen Wertpapieren ermittelt werden kann. In vielen Fällen erfolgt die Rückzahlung taggenau eine vorgegebene Anzahl von Monaten nach dem Emissionstag. Es sollen also zum Emissionstag x Monate hinzuaddiert werden.

So geht's:

In Zelle B3 ist der Emissionstag eingetragen. In Zelle B4 steht die Laufzeit des Wertpapiers bis zur Rückzahlung in Monaten.

Erfassen Sie zur Ermittlung des Rückzahlungstermins in Zelle B6 die Formel =EDATUM(B3;B4). EDATUM() gibt die fortlaufende Zahl des Datums zurück, das eine bestimmte Anzahl von Monaten vor bzw. nach dem angegebenen Datum (Ausgangsdatum) liegt. Mit dieser Funktion können somit nicht nur Monate zu einem Datum addiert, sondern auch davon subtrahiert werden.

B6	▾ (	*fx*	=EDATUM(B3;B4)	
	A	B	C	
1	**Rückzahlungstermin des festverzinslichen Wertpapiers**			
2				
3	Emmissionstermin	17.07.2007		
4	Laufzeit in Monaten	27		
5				
6	Rückzahlungstermin	17.10.2009		
7				

Hinweis

Zur Verwendung der Funktion *EDATUM()* muss das Add-in Analyse-Funktionen installiert sein. Mit der Funktion *=DATUM(JAHR(B3);MONAT(B3)+B4;TAG(B3))* lässt sich das Rückzahlungsdatum auch ohne Installation des Add-in berechnen. Diese Funktion ist zwar etwas länger, liefert aber das gleiche Ergebnis.

Tipp 23: Summierung von Umsätzen nach Quartalen

In der Praxis werden Daten häufig zu Quartalswerten verdichtet und in Quartalsberichten oder Quartalsabschlüssen dargestellt. In diesem Beispiel erfahren Sie, wie für ein beliebiges Datum das entsprechende Quartal ermittelt wird und welche Möglichkeiten damit zur Datenverdichtung gegeben sind.

So geht's:

In der Ausgangstabelle liegen zwölf Monatsumsätze vor.

Ziel ist es nun, diese Monatsumsätze nach Quartalen aufzusummieren.

	A	B	C	D
1	**Ermittlung der Quartalsumsätze**			
2				
3	**Monat**		**Monatsumsatz**	
4	31.01.2006		70.567,33 €	
5	28.02.2006		96.382,73 €	
6	31.03.2006		65.992,79 €	
7	30.04.2006		52.997,05 €	
8	31.05.2006		47.397,68 €	
9	30.06.2006		38.769,31 €	
10	31.07.2006		58.397,55 €	
11	31.08.2006		64.873,09 €	
12	30.09.2006		73.910,37 €	
13	31.10.2006		65.883,21 €	
14	30.11.2006		74.985,43 €	
15	31.12.2006		90.871,34 €	
16	**Summe 2006**		**801.027,88 €**	

1 Erfassen Sie dazu in Zelle C18 folgende Formel:

=SUMME(WENN(AUFRUNDEN (MONAT($A$4:$A$15)/3;0)=B18; $C$4:$C$15;0))

2 Da es sich um eine Matrixfunktion handelt, müssen Sie die Eingabe mit der Tastenkombination Strg + Umschalt + Enter abschließen. Diese Formel ermittelt für das in Zelle B18 stehende Quartal den Umsatz, im Beispiel also den Umsatz für Januar, Februar und März 2006.

3 Kopieren Sie diese Formel mit dem Ausfüllkästchen bis zur Zelle C21 nach unten. Damit werden die Umsätze für alle vier Quartale aufsummiert.

4 Zur Verprobung der vier Quartalszahlen summieren Sie diese in Zelle C22 mit der Funktion =SUMME(C18:C21). Sie sehen, dass die vier Quartalssummen identisch sind mit der Summe der einzelnen Monate aus Zelle C16.

| C18 | ▾ | *fx* {=SUMME(WENN(AUFRUNDEN(MONAT($A$4:$A$15)/3;0) =B18;$C$4:$C$15;0))} |

	A	B	C	D	E
1	**Ermittlung der Quartalsumsätze**				
2					
3	**Monat**		**Monatsumsatz**		
4	31.01.2006		70.567,33 €		
5	28.02.2006		96.382,73 €		
6	31.03.2006		65.992,79 €		
7	30.04.2006		52.997,05 €		
8	31.05.2006		47.397,68 €		
9	30.06.2006		38.769,31 €		
10	31.07.2006		58.397,55 €		
11	31.08.2006		64.873,09 €		
12	30.09.2006		73.910,37 €		
13	31.10.2006		65.883,21 €		
14	30.11.2006		74.985,43 €		
15	31.12.2006		90.871,34 €		
16	**Summe 2006**		**801.027,88 €**		
17					
18	**Summe Quartal**	**1**	232.942,85 €		
19	**Summe Quartal**	**2**	139.164,04 €		
20	**Summe Quartal**	**3**	197.181,01 €		
21	**Summe Quartal**	**4**	231.739,98 €		
22	**Summe 2006**		**801.027,88 €**		
23					

Tipp 24: Ermittlung von Schaltjahren

In diesem Beispiel erfahren Sie, wie für beliebige Jahre geprüft werden kann, ob es sich um Schaltjahre handelt oder nicht.

So geht's:

Die Regeln zu Ermittlung von Schaltjahren lauten wie folgt:

➤ Es handelt sich um ein Schaltjahr, wenn die Jahreszahl ohne Rest durch vier teilbar ist.

➤ Es gelten aber nur Jahre als Schaltjahr, die restfrei durch 100 und gleichzeitig durch 400 teilbar sind.

Mit folgender Funktion wurden diese Regeln nach Excel übertragen:

*=WENN(REST(JAHR(A1);400)=0;"Schaltjahr";WENN(UND(REST(JAHR(A1);4)
=0;REST(JAHR(A1);100)<>0);"Schaltjahr";"kein Schaltjahr"))*

Erfassen Sie diese Formel in Zelle B5. Achten Sie darauf, dass in Zelle B3 ein vollständiges Datum und nicht nur eine Jahreszahl eingegeben ist. Tages- und Monatswert spielen dabei keine Rolle.

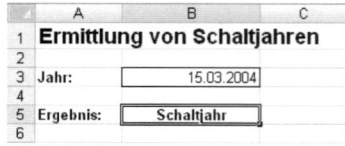

	A	B	C
1	**Ermittlung von Schaltjahren**		
2			
3	Jahr:	15.03.2004	
4			
5	Ergebnis:	Schaltjahr	
6			

Ist das betreffende Jahr ein Schaltjahr, wird der Text *Schaltjahr* ausgegeben, im anderen Fall wird der Text *kein Schaltjahr* angezeigt.

Hinweis

Wenn in Zelle B3 nur ein Jahreswert und kein vollständiges Datum eingegeben werden soll, verwenden Sie in Zelle B5 diese Funktion:

=WENN(REST(B3;400)=0;"Schaltjahr";WENN(UND(REST(B3;4)=0;REST(B3; 100)<>0);"Schaltjahr";"kein Schaltjahr"))

Tipp 25: Ermittlung der Sommer- und Winterzeit

Für die Sommer-/Winterzeitumstellung gelten klare Vorgaben. So beginnt die Sommerzeit am letzten Sonntag im März und endet am letzten Sonntag im Oktober. Beim Wechsel auf die Winterzeit wird die Uhr von 03:00 Uhr um eine Stunde auf 02:00 Uhr zurückgestellt. Zu Beginn der Sommerzeit wird entsprechend die Zeit von 02:00 Uhr um eine Stunde auf 03:00 Uhr vorgestellt.

Mit diesem Wissen lässt sich leicht ein Berechnungsmodell für Excel entwickeln.

1 Erfassen Sie zunächst in Zelle B3 die Jahresangabe, für die das Datum der Zeitumstellung auf Sommer- und Winterzeit ermittelt werden soll.

2 Zur Berechnung des Datums, an dem auf Sommerzeit umgestellt wird, erfassen Sie in Zelle B5 folgende Formel:

=DATUM(B3;4;)-WOCHENTAG(DATUM(B3;4;))+1

3 Das Datum zur Umstellung auf die Winterzeit in Zelle B6 wird mit dieser Funktion berechnet:

=DATUM(B3;11;)-WOCHENTAG(DATUM(B3;11;))+1

Ändern Sie nun noch die Jahresangabe in Zelle B3, und die Daten für Sommer- und Winterzeit werden korrekt ermittelt.

	A	B	C
1	**Ermittlung Sommer- und Winterzeit**		
2			
3	Jahr:	2007	
4			
5	Sommerzeit	25.03.2007	
6	Winterzeit	28.10.2007	
7			

Tipp 26: Kalenderwochen rückwärts zählen

Mithilfe dieser Funktion kann ausgehend von einem beliebigen Datum die angegebene Anzahl an Kalenderwochen subtrahiert, also rückwärts gezählt werden. Da die Funktion *KALENDERWOCHE()* nicht dem internationalen Standard DIN 1355/ISO 8601 entspricht, verwenden wir in diesem Beispiel eine etwas umfangreichere Excel-Formel, die aber zum korrekten Ergebnis führt.

So geht's:

Im folgenden Beispiel ist in Zelle B4 ein beliebiges Datum vorhanden. Ausgehend von diesem Datum, soll die Kalenderwoche bestimmt werden, die 15 Kalenderwochen vor dem angegebenen Datum liegt.

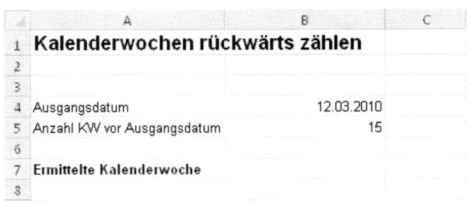

	A	B	C
1	**Kalenderwochen rückwärts zählen**		
2			
3			
4	Ausgangsdatum	12.03.2010	
5	Anzahl KW vor Ausgangsdatum	15	
6			
7	Ermittelte Kalenderwoche		
8			

1 Geben Sie in Zelle B4 das Ausgangsdatum ein, von dem eine bestimmte Anzahl an Kalenderwochen subtrahiert werden soll, im Beispiel das Datum 12.03.2010.

2 In Zelle B5 erfassen Sie nun die Anzahl der Kalenderwochen, die vom Ausgangsdatum abgezogen werden sollen, hier beispielsweise 15.

3 Zur Berechnung der Kalenderwoche erfassen Sie in Zelle B7 folgende Formel:

=GANZZAHL(((((HEUTE()-7*B5)-WOCHENTAG((HEUTE()-7*B5);2)+4)-DA TUM(JAHR((HEUTE()-7*B5)-WOCHENTAG((HEUTE()-7*B5);2)+4);1;1))/7)) +1&"/"&JAHR((HEUTE()-7*B5)-WOCHENTAG((HEUTE()-7*B5);2)+4)

Diese Funktion ermittelt die nach ISO korrekte Kalenderwoche für das in Zelle B4 erfasste Datum und subtrahiert davon den in Zelle B5 erfassten Wert. Das Ergebnis lautet in diesem Fall KW 48.

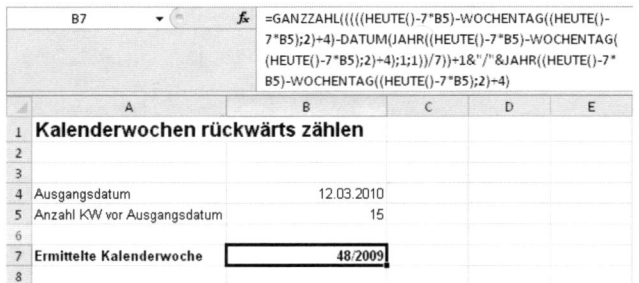

B7		f_x	=GANZZAHL(((((HEUTE()-7*B5)-WOCHENTAG((HEUTE()-7*B5);2)+4)-DATUM(JAHR((HEUTE()-7*B5)-WOCHENTAG((HEUTE()-7*B5);2)+4);1;1))/7))+1&"/"&JAHR((HEUTE()-7*B5)-WOCHENTAG((HEUTE()-7*B5);2)+4)		

	A	B	C	D	E
1	**Kalenderwochen rückwärts zählen**				
2					
3					
4	Ausgangsdatum	12.03.2010			
5	Anzahl KW vor Ausgangsdatum	15			
6					
7	Ermittelte Kalenderwoche	48/2009			
8					

Hinweis

Testen Sie die Funktion mit einem Datum, das auf einen Donnerstag fällt. Der Donnerstag ist deswegen so interessant, weil er am Jahresanfang bestimmt, wann die erste Kalenderwoche des Jahrs beginnt. Die erste Kalenderwoche muss laut ISO-Norm mindestens die ersten vier Januartage umfassen. Fällt der erste Januar auf einen Donnerstag oder einen früheren Wochentag, handelt es sich um die erste Woche des Jahrs. Fällt der erste Januar hingegen auf einen Freitag, Samstag oder Sonntag, zählen diese Tage noch zur letzten Kalenderwoche des abgelaufenen Jahrs.

Tipp 27: Bestimmung von Arbeitswoche und Wochenende mit Excel 2010

Bis Excel 2007 konnte mit der Funktion *NETTOARBEITSTAGE(Ausgangsdatum;Enddatum;Freie_Tage)* die Anzahl der tatsächlichen Arbeitstage zwischen einem Start- und einem Endtermin berechnet werden, da diese Funktion automatisch alle Wochenenden von den Kalendertagen abzog. Allerdings war bei den Wochenenden nur eine Kombination aus Samstag und Sonntag möglich. Damit war der Einsatz dieser Funktion für manche Branchen und Berechnungszwecke nur eingeschränkt oder gar nicht möglich.

In Excel 2010 ist die neue Funktion *NETTOARBEITSTAGE.INTL(Ausgangsdatum;Enddatum;Wochenende;Frei_Tage)* hinzugekommen. Mit dieser Funktion besteht nun die Möglichkeit, eine beliebige Kombination an Tagen, die nicht zu den Arbeitstagen zählen, zu definieren.

Dabei stellt diese Funktion zwei Möglichkeiten zur Verfügung, um die Kombination der Wochenenden zu definieren. Die erste Möglichkeit besteht darin, die vordefinierten Wochenende-Kombinationen zu verwenden. Folgende Kombinationen stehen zur Verfügung:

Wochenendnummer	Wochenendtag/e
1 oder nicht angegeben	Samstag, Sonntag
2	Sonntag, Montag
3	Montag, Dienstag
4	Dienstag, Mittwoch
5	Mittwoch, Donnerstag
6	Donnerstag, Freitag

Wochenendnummer	Wochenendtag/e
7	Freitag, Samstag
11	nur Sonntag
12	nur Montag
13	nur Dienstag
14	nur Mittwoch
15	nur Donnerstag
16	nur Freitag
17	nur Samstag

Durch die Angabe der Ziffer 2 werden beispielsweise der Sonntag und der Montag als Wochenende definiert.

Die zweite Möglichkeit ist zwar etwas komplexer, aber dafür auch flexibler.

Anstatt der Wochenendnummern kann über eine Ziffernfolge aus 0 und 1 definiert werden, welcher Tag der Woche in die Berechnung einbezogen werden soll und welcher nicht. Die erste Ziffer der siebenstelligen Zahlenfolge steht dabei für Montag, die zweite für Dienstag und so weiter. Die Ziffernfolge 1000011 legt beispielsweise fest, dass der Montag, der Samstag und der Sonntag nicht in die Arbeitstagberechnung mit einbezogen wird. Diese Tage werden als Wochenende, also als arbeitsfreie Tage berücksichtigt.

So geht's:

Das nachfolgende Beispiel ermittelt für das erste Halbjahr 2010, also vom 01.01.2010 bis zum 30.06.2010, sämtliche Arbeitstage unter der Voraussetzung, dass montags, samstags und sonntags nicht gearbeitet wird.

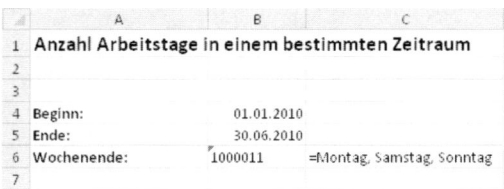

1 In diesem Beispiel liegen die Informationen über Start- und Enddatum sowie darüber, welche Tage als Wochenende behandelt werden, im Zellbereich B4:B6 vor. Die Ziffernfolge *1000011* steht dafür, dass Montag, Samstag und Sonntag nicht gearbeitet wird.

2 Erfassen Sie in Zelle B8 die Formel *=NETTOARBEITSTAGE.INTL(B4; B5;B6)*.

Als Ergebnis wird die korrekte Anzahl an Arbeitstagen zwischen dem Ausgangs- und dem Enddatum unter Berücksichtigung der definierten Wochenendtage berechnet. Das Ergebnis in diesem Beispiel lautet 103 Arbeitstage:

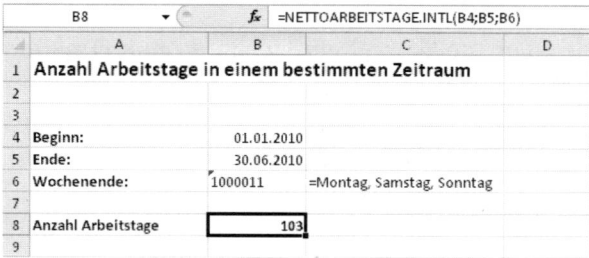

Als weiteres Argument kann diese Funktion auch freie Tage unabhängig von der Wochenenddefinition berücksichtigen. Erstellen Sie dazu eine Liste mit freien Arbeitstagen und übergeben Sie sie der Funktion als viertes Argument. Die Liste der freien Tage befindet sich im Beispiel im Zellbereich B12:B19.

Erfassen Sie zur Berechnung der korrekten Anzahl an Arbeitstagen die Funktion =*NETTOARBEITSTAGE.INTL(B4;B5;B6;B12:B19)* in Zelle B10. Als Ergebnis werden 95 Arbeitstage unter Berücksichtigung der Urlaubstage angezeigt.

	B10		f_x	=NETTOARBEITSTAGE.INTL(B4;B5;B6;B12:B19)	
	A	B		C	D
1	Anzahl Arbeitstage in einem bestimmten Zeitraum				
2					
3					
4	Beginn:	01.01.2010			
5	Ende:	30.06.2010			
6	Wochenende:	1000011		=Montag, Samstag, Sonntag	
7					
8	Anzahl Arbeitstage	103			
9					
10	Anzahl Arbeitstage mit Berücksichtigung der freien Tagen	95			
11					
12	Freie Tage:	16.03.2010			
13		17.03.2010			
14		18.03.2010			
15		19.03.2010			
16		27.04.2010			
17		28.04.2010			
18		29.04.2010			
19		30.04.2010			
20					

Tipp 28: Ermittlung des Projektendtermins unter der Voraussetzung, dass sonntags und montags nicht am Projekt gearbeitet wird

Zur Berechnung von Arbeitstagen stellt Excel eine weitere neue Funktion mit der Bezeichnung *ARBEITSTAG.INTL(Ausgangsdatum;Enddatum;Freie_ Tage)* zur Verfügung. Diese Funktion gibt die fortlaufende Zahl des Datums vor oder nach einer bestimmten Anzahl von Arbeitstagen mit benutzerdefinierten Wochenendparametern zurück. Der Wochenendparameter definiert, welche und wie viele Tage als Wochenendtage behandelt werden. Wochenendtage und als freie Tage angegebene Tage werden nicht als Arbeitstage betrachtet. (In allen Versionen vor Excel 2010 lassen sich die Wochenenden nicht so variabel definieren.)

→ Verweis: siehe Kapitel 4.5, Tipp 15

So geht's:

Im Beispiel sollen zum Datum des Projektbeginns, beispielsweise zum 07.06.2010, insgesamt 35 Projektarbeitstage hinzuaddiert werden. Als Wochenende, also als Tage, an denen am Projekt nicht gearbeitet wird, werden Sonntag und Montag angenommen. Weitere freie Tage sollen nicht berücksichtigt werden.

1 Erfassen Sie dazu in Zelle B7 die Funktion *=ARBEITSTAG.INTL(B3;B5;2)*. Damit werden 35 Arbeitstage zum Projektbeginn hinzuaddiert.

2 Der dritte Parameter mit dem Wert *2* bestimmt die Wochenendtage. *2* steht dabei für Sonntag und Montag (siehe auch den vorhergehenden Tipp).

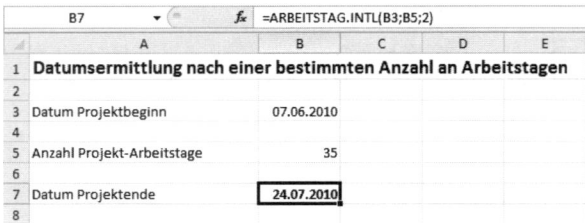

Hinweis

Alternativ kann anstelle des Parameters *2* für die Wochenendtage auch die siebenstellige Ziffernfolge *1000001* angegeben werden. Die erste Ziffer steht für Montag und die letzte der sieben Stellen für Sonntag.

4.6 Zeitfunktionen praxisbezogen einsetzen

Auch im Umgang mit Zeitberechnungen ist Excel gut gerüstet. Viele Praxislösungen bedürfen jedoch etwas mehr Know-how, als es die bloße Verwendung einzelner Zeitfunktionen erforderlich macht. Erst die richtige Kombination verschiedener Funktionen und das Wissen, wie Excel intern mit Zeiten umgeht, machen Sie zum Profi.

Tipp 1: Der Aufbau des Zeitformats

Zur Darstellung von Uhrzeiten verwendet Excel den Zahlenbereich 0 bis 1. Uhrzeiten werden als gebrochene Dezimalzahl gespeichert, wobei die Zahl 0 der Uhrzeit 00:00 Uhr entspricht und die Zahl 1 für die Uhrzeit 24:00 Uhr steht. Auf dieser Dezimalzahlbasis bildet Excel jede Uhrzeitangabe sekundengenau ab.

So geht's:

1   Erfassen Sie die Dezimalzahl *0,25* in einer Zelle.

2   Öffnen Sie über das Menü *Start/Zellen/Format/Zellen formatieren* das Dialogfenster *Zellen formatieren* (Excel 2003: Menü *Format/Zellen*).

3   Wechseln Sie zur Registerkarte *Zahlen* und wählen Sie unter *Kategorie* den Eintrag *Uhrzeit*. Als *Typ* wählen Sie beispielsweise das Zeitformat *13:30* aus oder verwenden das benutzerdefinierte Format *hh:mm*.

Als Ergebnis wird die Uhrzeit *6:00* angezeigt. So entspricht der Wert 0,25 einem viertel Tag, was zur Zeitangabe 6:00 Uhr führt. Die Zahl 0,5 entspricht einem halben Tag, also der Uhrzeit 12:00 Uhr.

Wie mit Datumswerten können Sie natürlich auch mit Uhrzeiten beliebige Berechnungen durchführen. So können Uhrzeiten subtrahiert und es können beliebige Additionen durchgeführt werden.

Tipp 2: Erläuterung der verschiedenen Uhrzeitformate

Neben den Standardzeitformaten, die über das Menü *Start/Zellen/Format/ Zellen formatieren* in der Kategorie *Uhrzeit* zur Verfügung stehen, bietet Excel auch für Uhrzeitangaben die Möglichkeit, benutzerdefinierte Formate zu verwenden. Damit lassen sich Zeitangaben analog zu den Datumsangaben beliebig formatieren.

So geht's:

In folgender Tabelle sehen Sie, welche Darstellungsmöglichkeiten das Zeitformat bietet.

Zeitformat	Bedeutung
s	Sekundenanzeige ohne führende Null bei einstelligen Daten (Sekunde als 1 bis 60).
ss	Sekundenanzeige mit führender Null bei einstelligen Daten (Sekunde als 01 bis 60).
m	Minutenanzeige ohne führende Null bei einstelligen Daten (Minute als 1 bis 60).
mm	Minutenanzeige mit führender Null bei einstelligen Daten (Minute als 01 bis 60).
h	Stundenanzeige ohne führende Null bei einstelligen Daten (Stunde als 1 bis 24).
hh	Stundenanzeige mit führender Null bei einstelligen Daten (Stunde als 01 bis 24).
hh:mm	Stunden- und Minutenanzeige mit führender Null bei einstelligen Daten (11:15).
[hh]:mm	Stunden- und Minutenanzeige mit mehr als 24 Stunden und führender Null bei einstelligen Daten (27:36).
[mm]:ss	Minuten- und Sekundenanzeige mit mehr als 60 Minuten und führender Null bei einstelligen Daten (65:55).

Aus diesen Elementen lassen sich beliebige Zeitformate zusammenstellen.

	D6	▾	f_x =TEXT($B$3;B6)		
	A	B	C	D	
1	**Formatierung von Zeitwerten**				
2					
3	Uhrzeit	08:23:09			
4					
5	Formatbeschreibung	Zahlenformat	Ergebnis (Datumsformat)	Ergebnis Funktion TEXT()	
6	Sekunde einstellig	s	9	9	
7	Sekunde zweistellig	ss	09	09	
8	Minute einstellig	m	1	23	
9	Minute zweistellig	mm	01	23	
10	Stunde einstellig	h	8	8	
11	Stunde zweistellig	hh	08	08	
12	Zeitformat	hh-mm-ss	08-23-09	08-23-09	
13	Datum und Text	"Dienstag um " hh:mm	Dienstag um 08:23	Dienstag um 08:23	
14					

Diese Formatangaben können auch wie gewohnt mit der Funktion *TEXT()* verwenden werden.

➜ Verweis: siehe Kapitel 2.2, Tipp 10

Tipp 3: Zeit in Stunden-, Minuten- und Sekundenangaben zerlegen und wieder zusammenfügen

Für verschiedene Praxisaufgaben ist es notwendig, eine Uhrzeitangabe in Stunden, Minuten und Sekunden zu zerlegen. So soll beispielsweise in einer *WENN*-Abfrage nur auf die Stundenangabe zugegriffen werden.

So geht's:

1 Zur Ermittlung der Stundenangabe erfassen Sie in Zelle B5 die Formel *=STUNDE(B3)*.

2 Die Minutenangabe in Zelle B6 wird über die Formel *=MINUTE(B3)* ausgelesen.

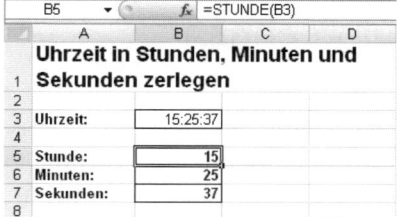

3 Zum Auslesen der Sekundenangabe verwenden Sie die Formel *=SEKUNDE(B3)* in Zelle B7.

Die ausgelesenen Stunden-, Minuten- und Sekundenwerte liegen als fortlaufende Zahlen vor, sodass Sie damit wie gewohnt weiterrechnen können.

Im nächsten Schritt wird aus den einzelnen Angaben wieder eine Uhrzeit erzeugt.

1 Erfassen Sie dazu in Zelle B10 die Formel *=ZEIT(B5;B6;B7)*. Damit wird aus der Stundenangabe (Zelle B5), der Minutenangabe (Zelle B6) und der Sekundenangabe (Zelle B7) die Uhrzeit 15:25:37 erzeugt.

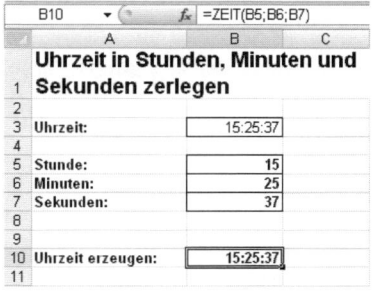

2 Damit die Uhrzeit auch korrekt angezeigt wird, müssen Sie der Zelle B10 noch ein beliebiges Uhrzeitformat zuweisen.

Um Zeitwerte miteinander zu kombinieren, gibt es noch eine weitere Möglichkeit. Gehen Sie dazu so vor:

1 Erfassen Sie in Zelle B11 die Formel *=B5/24+B6/1440+B7/86400*. Damit werden die jeweiligen Werte in die entsprechenden Stunden, Minuten und Sekundenbruchteile zerlegt und addiert.

2 Formatieren Sie die Zelle B11 mit einem beliebigen Zeitformat.

Es ist also gleichgültig, ob Sie die Funktion *ZEIT()* verwenden oder ob Sie lieber auf die hausgemachte Umrechnung setzen. Das Ergebnis ist in beiden Fällen das gleiche.

	A	B	C
	B11 ▾ f_x =B5/24+B6/1440+B7/86400		
1	**Uhrzeit in Stunden, Minuten und Sekunden zerlegen**		
2			
3	Uhrzeit:	15:25:37	
4			
5	Stunde:	15	
6	Minuten:	25	
7	Sekunden:	37	
8			
9			
10	Uhrzeit erzeugen:	15:25:37	
11	Uhrzeit erzeugen Version 2:	15:25:37	
12			

Tipp 4: Zeitangaben in Industrieminuten umrechnen

In Produktionsbetrieben, aber auch bei der Zeiterfassung in Dienstleistungsbetrieben, wird oft mit sogenannten Industrieminuten gerechnet. Dabei entspricht eine Stunde 100 Industrieminuten, 45 Minuten entsprechen 75 Industrieminuten und so weiter. Dieses Beispiel zeigt eine Zeiterfassung, in der die Arbeitszeit ausgehend vom Arbeitsbeginn und vom Arbeitsende unter Berücksichtigung von Pausenzeiten ermittelt wurde. Ziel ist es nun, diese Stundenermittlung in Industrieminuten umzurechnen.

So geht's:

Sehen Sie sich zunächst die Ausgangstabelle an.

	A	B	C	D	E
1	**Zeiterfassung der Firma Secure-IT GmbH**				
2					
3	Datum	Arbeitsbeginn Uhrzeit	Arbeitsende Uhrzeit	Pausen	Arbeitszeit
4	01.08.2007	07:00	16:05	00:37	08:28
5	02.08.2007	07:21	15:33	00:28	07:44
6	03.08.2007	07:20	16:43	00:31	08:52
7	06.08.2007	07:38	15:22	00:20	07:24
8	07.08.2007	07:11	16:05	00:34	08:20
9	08.08.2007	07:07	17:32	01:03	09:22
10	09.08.2007	07:31	17:06	00:54	08:41
11	10.08.2007	07:01	14:22	00:11	07:10

Zur Ermittlung der Industrieminuten in Spalte F gehen Sie wie folgt vor:

1 Markieren Sie den Zellbereich F4:F11.

2 Erfassen Sie in Zelle F4 die Formel *=E4*24*. Durch die Multiplikation mit 24 wird die Uhrzeit auf Basis von 60 Minuten in Industrieminuten (Basis 100 Minuten) umgerechnet.

3 Schließen Sie die Eingabe mit der Tastenkombination ⌷Strg⌷+⌷Enter⌷ ab.

4 Damit das Ergebnis richtig angezeigt wird, müssen Sie die Ergebnisspalte als Zahl mit zwei Nachkommastellen formatieren.

	F4	▼	f_x =E4*24			
	A	B	C	D	E	F
1	**Zeiterfassung der Firma Secure-IT GmbH**					
2						
3	Datum	Arbeitsbeginn Uhrzeit	Arbeitsende Uhrzeit	Pausen	Arbeitszeit	Industrie- minuten
4	01.08.2007	07:00	16:05	00:37	08:28	8,47
5	02.08.2007	07:21	15:33	00:28	07:44	7,73
6	03.08.2007	07:20	16:43	00:31	08:52	8,87
7	06.08.2007	07:38	15:22	00:20	07:24	7,40
8	07.08.2007	07:11	16:05	00:34	08:20	8,33
9	08.08.2007	07:07	17:32	01:03	09:22	9,37
10	09.08.2007	07:31	17:06	00:54	08:41	8,68
11	10.08.2007	07:01	14:22	00:11	07:10	7,17

Hinweis

Wenn im umgekehrten Fall Industrieminuten in Zeitangaben umgerechnet werden sollen, verwenden Sie in Spalte F die Formel *E4/24*.

Als Ergebnis werden die in Spalte E eingegebenen Industrieminuten wieder in Stunden und Minuten umgerechnet. Wichtig ist, dass das Ergebnis mit einem Zeitformat belegt wird.

	F15	▼	f_x =E15/24			
	A	B	C	D	E	F
1	**Zeiterfassung der Firma Secure-IT GmbH**					
13						
14	Datum	Arbeitsbeginn Uhrzeit	Arbeitsende Uhrzeit	Pausen	Industrie- minuten	Uhrzeit
15	01.08.2007	07:00	16:05	00:37	8,47	08:28
16	02.08.2007	07:21	15:33	00:28	7,73	07:44
17	03.08.2007	07:20	16:43	00:31	8,87	08:52
18	06.08.2007	07:38	15:22	00:20	7,40	07:24
19	07.08.2007	07:11	16:05	00:34	8,33	08:20
20	08.08.2007	07:07	17:32	01:03	9,37	09:22
21	09.08.2007	07:31	17:06	00:54	8,68	08:41
22	10.08.2007	07:01	14:22	00:11	7,17	07:10

➜ Verweis: siehe Kapitel 4.3, Tipp 3

Tipp 5: Dezimalzahl in Stunden, Minuten und Sekunden umrechnen

Als Ausgangstabelle für dieses Beispiel dient eine Tabelle, in der Arbeitszeiten in Minuten erfasst worden sind. Ziel ist es nun, die Minutenangaben in eine korrekte Zeitangabe im Format *hh:mm* umzuwandeln. Mit den in Excel integrierten Zeitformaten lässt sich diese Aufgabenstellung jedoch nicht lösen, da Excel jede Zahl, die größer als 1 ist, bereits als Tagesangabe interpretiert.

So geht's:

1 Markieren Sie den Zellbereich C4:C11.

2 Erfassen Sie in Zelle C4 folgende Formel:

=ZEIT(0;KÜRZEN(B4);RUNDEN((B4-KÜRZEN(B4))*60;))

3 Schließen Sie die Formelerfassung mit der Tastenkombination [Strg]+ [Enter] ab.

4 Damit die Uhrzeit richtig angezeigt wird, belegen Sie den Zellbereich mit dem Zeitformat *hh:mm*.

	C4	▾	*fx*	=ZEIT(0;KÜRZEN(B4);RUNDEN((B4-KÜRZEN(B4))*60;))	
	A	B	C	D	E
1	**Stundenermittlung basierend auf Dezimalzahlen**				
2					
3	Datum	Arbeitszeit in Minuten	Stundenangabe		
4	01.08.2007	511	8:31		
5	02.08.2007	431	7:11		
6	03.08.2007	533	8:53		
7	06.08.2007	515	8:35		
8	07.08.2007	499	8:19		
9	08.08.2007	469	7:49		
10	09.08.2007	504	8:24		
11	10.08.2007	517	8:37		

Sie sehen, durch die Umrechnungsfunktion werden die Minutenangaben als korrekte Zeitwerte im Format *hh:mm* dargestellt.

Tipp 6: Ermittlung verschiedener Weltzeitzonen

In diesem Beispiel sehen Sie, wie anhand von vorgegebenen Zeitunterschieden die jeweiligen Weltzeitzonen berechnet werden können. Als Ausgangszeit soll dabei die für Deutschland geltende mitteleuropäische Zeit (MEZ) verwendet werden.

So geht's:

Auf Basis der im Bereich B4:B8 vorliegenden Zeitdifferenzen sollen im Bereich C4:C8 die unterschiedlichen Zeitzonen berechnet werden.

1 Markieren Sie dazu den Zellbereich C5:C8.

2 Erfassen Sie in Zelle C4 die Formel *=$C$4+(B5/24)*.

3 Beenden Sie die Dateneingabe mit der Tastenkombination [Strg]+[Enter].

4 Damit das Ergebnis korrekt angezeigt wird, müssen Sie die Zellen mit einem beliebigen Zeitformat belegen.

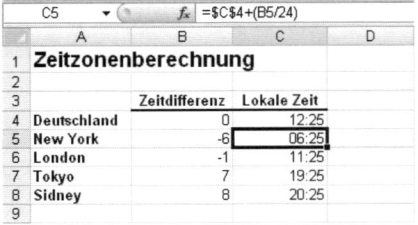

	C5	▾	*fx*	=$C$4+(B5/24)	
	A	B	C	D
1	**Zeitzonenberechnung**			
2				
3		Zeitdifferenz	Lokale Zeit	
4	Deutschland	0	12:25	
5	New York	-6	06:25	
6	London	-1	11:25	
7	Tokyo	7	19:25	
8	Sidney	8	20:25	
9				

Als Ergebnis erhalten Sie die Uhrzeit in der jeweiligen Zeitzone.

Tipp 7: Positive und negative Zeitdifferenzen in Minuten und Stunden ermitteln

Im folgenden Beispiel sollen die Zeitdifferenzen zwischen einem Plan und einem Ist-Termin ermittelt werden. In Spalte A befinden sich die geplanten Termine und in Spalte B die tatsächlichen Startzeitpunkte.

Bei der Subtraktion der beiden Termine kann es sowohl zu positiven als auch zu negativen Zeitdifferenzen kommen.

So geht's:

Als Ausgangstabelle dient eine Auflistung der Uhrzeiten des Plan-Beginns sowie der Zeiten des tatsächlichen Beginns.

1 Erfassen Sie in Zelle C4 die Formel *=(B4-A4)*1440*. Da ein Tag aus genau 1.440 Minuten besteht, müssen die Differenzen einfach nur mit diesem Wert multipliziert werden.

2 Schließen Sie die Dateneingabe mit der Tastenkombination [Strg]+[Enter] ab. Zur Anzeige der korrekten Differenzen muss der Bereich nur noch mit einem beliebigen Zahlenformat oder mit dem Format *Standard* belegt werden.

In Spalte D sollen die Differenzen nun noch in Stunden ausgegeben werden. Das funktioniert genauso einfach wie die Differenzermittlung in Minuten.

Anstatt mit dem Wert 1.440 wird die ermittelte Differenz einfach mit 24 multipliziert. Die Formel für den Zellbereich D4 lautet somit *=(B5-A5)*24*.

Das Ergebnis sieht wie hier gezeigt aus.

	A	B	C	D
	C4		f_x =(B4-A4)*1440	
1	**Ermittlung von Terminabweichungen**			
2				
3	**Plan-Beginn**	**Ist-Beginn**	**Abweichung in Minuten**	**Abweichung in Stunden**
4	07:30	07:48	18	0,30
5	08:20	08:17	-3	-0,05
6	09:23	10:50	87	1,45
7	10:45	10:30	-15	-0,25
8	12:00	12:50	50	0,83
9	14:15	13:50	-25	-0,42
10	16:20	16:33	13	0,22
11				

Tipp 8: Ermittlung von Zeitdifferenzen bei Nachtschichten über die 0-Uhr-Grenze hinaus

Grundsätzlich stellt die Subtraktion zweier Uhrzeiten unter Excel kein Problem dar. Problematisch wird es hingegen, wenn durch die Subtraktion eine negative Zeitdifferenz entsteht. Das ist dann der Fall, wenn Zeiten über die 0-Uhr-Grenze hinaus voneinander subtrahiert werden müssen. Sobald sich negative Zeitdifferenzen ergeben, wird anstatt des Ergebnisses nur das #-Zeichen ausgegeben.

Im nachfolgenden Beispiel sehen Sie anhand eines Schichtplans, mit welchem Trick auch Berechnungen über die 0-Uhr-Grenze hinaus möglich werden.

So geht's:

Sehen Sie sich zunächst die Ausgangstabelle etwas näher an. Darin befindet sich ab Zelle B4 die Uhrzeit des Schichtbeginns und ab Zelle C4 das Schichtende.

	A	B	C	D
1	**Schichtplan - Arbeitszeiten**			
2				
3	Datum	Arbeitsbeginn	Arbeitsende	Arbeitszeit
4	03.09.2007	06:30	14:35	
5	03.09.2007	14:30	22:37	
6	03.09.2007	22:30	06:39	
7	04.09.2007	06:31	14:39	
8	04.09.2007	14:28	22:32	
9	04.09.2007	22:33	06:31	
10				

Die Arbeitszeit im Bereich D4:D9 wird ermittelt, indem vom Arbeitsende der Arbeitsbeginn subtrahiert wird. Das erste Problem tritt damit in Zeile 6 auf, da dort von der Uhrzeit 06:39 die Zeitangabe 22:30 subtrahiert wird und sich damit ein negativer Wert ergibt.

Zur Umgehung des Problems gehen Sie wie folgt vor:

1 Markieren Sie den Zellbereich D4:D9 und erfassen Sie in Zelle D4 die Formel =WENN(B4<C4;C4-B4;(1+C4)-B4). In einer WENN-Abfrage wird geprüft, ob das Arbeitsende kleiner ist als der Arbeitsbeginn. Liefert diese Prüfung das Ergebnis WAHR, wird zur Uhrzeit des Arbeitsendes einfach der Wert 1 addiert. Somit ist das Arbeitszeitende größer als der Arbeitsbeginn, und die Berechnung liefert keine negativen Werte mehr.

2 Beenden Sie die Dateneingabe mit der Tastenkombination (Strg)+(Enter).

3 Damit die Arbeitszeit als Uhrzeit angezeigt wird, müssen Sie den Zellbereich noch mit einem entsprechenden Zeitformat belegen.

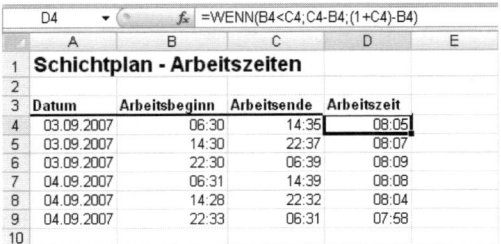

Tipp 9: Summieren von Stundenwerten über die 24-Stunden-Grenze hinaus

Bei der Addition von Stundenangaben verhält sich Excel wie gewohnt, solange das Berechnungsergebnis unter 24 Stunden liegt. Sobald die Summe den Wert von 24 Stunden übersteigt, interpretiert Excel dies als vollen Tag (1 Tag = 24 Stunden) und zeigt nur noch die Stundenzahl an, die den Wert von 24 übersteigt. Zur Anzeige von Stunden über die 24-Stunden-Grenze hinaus gehen Sie wie folgt vor:

So geht's:

Sehen Sie sich zunächst die Ausgangstabelle etwas genauer an.

Im Bereich C6:C13 liegen für die Kalenderwochen 31 und 32 Stundenangaben vor. In Zelle C15 soll die Summe der Stunden für den Zeitraum vom 01.08. bis 10.08.2007 ermittelt werden.

	A	B	C	D
1	**Arbeitszeit - Übersicht KW 31/32**			
2				
3	**Mitarbeiter:**	Gerd Maurer		
4				
5	Zeitraum	Arbeitszeit in Minuten	Stundenangabe	
6	01.08.2007	511	8:31	
7	02.08.2007	431	7:11	
8	03.08.2007	533	8:53	
9	06.08.2007	515	8:35	
10	07.08.2007	499	8:19	
11	08.08.2007	469	7:49	
12	09.08.2007	504	8:24	
13	10.08.2007	517	8:37	
14				

Erfassen Sie dazu in Zelle C15 die Summenformel =SUMME(C6:C13).

Als Ergebnis erhalten Sie den Wert 18:19. Dass dies nicht stimmt, liegt auf der Hand. Der Wert von 18:19 ergibt sich, wie bereits beschrieben, aufgrund der Tatsache, dass 24 Stunden als voller Tag interpretiert werden. Die richtige Summe lautet nämlich 66:19 Stunden. Dabei handelt es sich um zwei volle Tage, also 48 Stunden. Excel zeigt nun nur den Stundenanteil an, der diese 48 Stunden übersteigt, also den Wert 18:19 (= 66:19 – 48:00).

Um nun den Gesamtwert von 66:19 anzuzeigen, genügt die Zuweisung des richtigen Zeitformats.

1 Starten Sie dazu den Befehl über das Menü *Start/Zellen/Format/Zellen formatieren* (Excel 2003: Menü *Format/Zellen*).

2 Legen Sie auf der Registerkarte *Zahlen* unter der Kategorie *Benutzerdefiniert* dieses Zellformat fest: *[hh]:mm*.

Als Ergebnis wird nun der komplette Stundenwert wie gewünscht dargestellt.

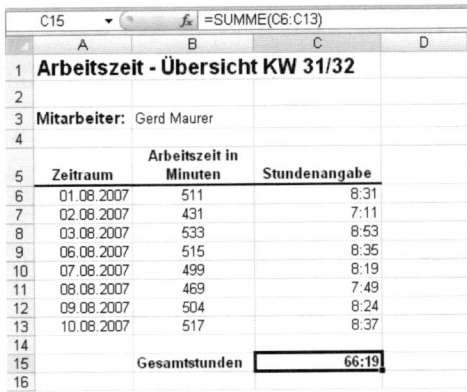

Hinweis

In der Statusleiste tritt das Problem der Anzeige von Zeitangaben über 24 Stunden nicht auf. Markieren Sie dazu einfach den Bereich C6:C13. Sie sehen, dass die korrekte Zeitangabe angezeigt wird.

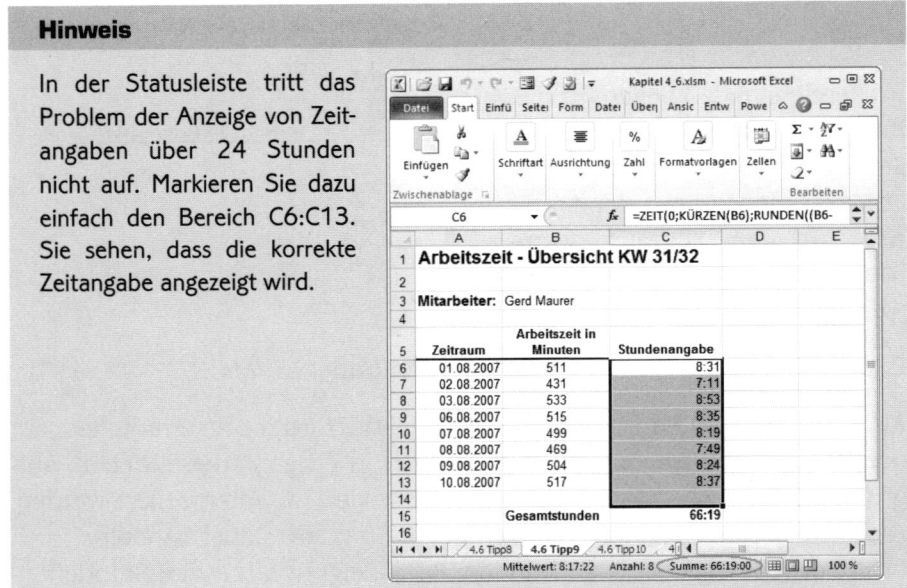

Tipp 10: Runden von Uhrzeiten

Handwerker oder Dienstleistungsunternehmen stellen häufig Rechnungen, in denen die erbrachte Arbeitsleistung auf volle 10 oder 15 Minuten (Zeiteinheiten) gerundet sind.

Hier erfahren Sie anhand verschiedener Beispiele, wie Uhrzeiten auf bestimmte Zeiteinheiten auf- oder abgerundet werden können.

So geht's:

1 Markieren Sie den Zellbereich D4:D12 und erfassen Sie in Zelle D4 die Formel *=RUNDEN(C4*144;0)/144*.

2 Beenden Sie die Datenerfassung mit der Tastenkombination [Strg]+ [Enter].

3 Damit die gerundeten Zeitangaben korrekt angezeigt werden, müssen Sie sie noch mit einem beliebigen Zeitformat belegen.

Die Zeiten sind kaufmännisch gerundet. Das bedeutet: Bis fünf Minuten wird abgerundet, ab fünf Minuten aufgerundet.

	E4	▼	f_x =AUFRUNDEN(C4*144;0)/144		
	A	B	C	D	E	F

	A	B	C	D	E
1	**Arbeitszeiten auf volle Zeiteinheiten runden**				
2					
3	Datum	Auftrag	Arbeitszeit	gerundet	Aufrunden
4	21.05.2007	G52369	02:17	02:20	02:20
5	21.05.2007	G52370	01:23	01:20	01:30
6	21.05.2007	G52371	00:54	00:50	01:00
7	21.05.2007	G52372	03:47	03:50	03:50
8	22.05.2007	G52373	00:22	00:20	00:30
9	22.05.2007	G52374	02:36	02:40	02:40
10	22.05.2007	G52375	03:04	03:00	03:10
11	22.05.2007	G52376	01:51	01:50	02:00
12	22.05.2007	G52377	01:12	01:10	01:20
13					

Hinweis

Die Umrechnungswerte ergeben sich aus der Tatsache, dass Excel bei Uhrzeitangaben intern mit Dezimalzahlen zwischen 0 und 1 operiert.

10 Minuten – 1/6 Stunde = 1/144 eines Tags = 24 Stunden * 6

15 Minuten – 1/4 Stunde = 1/96 eines Tags = 24 Stunden * 4

30 Minuten – 1/2 Stunde = 1/48 eines Tags = 24 Stunden * 2

Zum generellen Aufrunden, wenn also jede Minutenangabe auf die nächste volle Zeiteinheit von zehn Minuten aufgerundet werden soll, verwenden Sie die Formel *=AUFRUNDEN(C4*144;0)/144*. Das generelle Abrunden auf die nächste Zeiteinheit erreichen Sie analog mit der Funktion *=ABRUNDEN(C4*144;0)/144*.

Auch hier muss das Ergebnis mit einem beliebigen Zeitformat versehen werden.

	F4	▼	f_x =ABRUNDEN(C4*144;0)/144			
	A	B	C	D	E	F	G

	A	B	C	D	E	F
1	**Arbeitszeiten auf volle Zeiteinheiten runden**					
2						
3	Datum	Auftrag	Arbeitszeit	gerundet	Aufrunden	Abrunden
4	21.05.2007	G52369	02:17	02:20	02:20	02:10
5	21.05.2007	G52370	01:23	01:20	01:30	01:20
6	21.05.2007	G52371	00:54	00:50	01:00	00:50
7	21.05.2007	G52372	03:47	03:50	03:50	03:40
8	22.05.2007	G52373	00:22	00:20	00:30	00:20
9	22.05.2007	G52374	02:36	02:40	02:40	02:30
10	22.05.2007	G52375	03:04	03:00	03:10	03:00
11	22.05.2007	G52376	01:51	01:50	02:00	01:50
12	22.05.2007	G52377	01:12	01:10	01:20	01:10
13						

Hinweis

Alternativ können Sie zum Aufrunden auch die Funktion *=OBERGRENZE(C4; "0:10")* und zum Abrunden die Funktion *=UNTERGRENZE(C4; "0:10")* verwenden.

→ Verweis: siehe Kapitel 4.12, Tipp 3

Tipp 11: Ermittlung von Stundenangaben innerhalb eines Zeitraums ohne Berücksichtigung von Wochenenden

Dieses Beispiel zeigt, wie die Gesamtstundenzahl in einem vorgegebenen Zeitraum errechnet werden kann. Wochenenden sollen dabei nicht berücksichtigt werden.

So geht's:

Als Ausgangsbasis dient eine Tabelle, in der ein Ausgangsdatum einschließlich Uhrzeitangabe sowie das Enddatum, ebenfalls mit Uhrzeitangabe, vorliegen.

	A	B	C	D
1	**Gesamtstunden im Zeitraum**			
2				
3	Ausgangsdatum	Enddatum	Gesamtstunden	
4	16.7.07 7:30	29.7.07 18:00		
5				

1 Erfassen Sie in Zelle C4 folgende Funktion:

   =NETTOARBEITSTAGE(A4;B4)-1-REST(A4;1)+REST(B4;1)

2 Weisen Sie der Zelle C4 das Zeitformat *[hh]:mm* zu, damit die Zeitangabe korrekt dargestellt wird.

Im Zeitraum vom 16.07., 7:30 Uhr, bis zum 29.07.2007, 18:00 Uhr, liegen 216:30 Stunden reine Arbeitszeit. Wochenenden werden dabei nicht berücksichtigt.

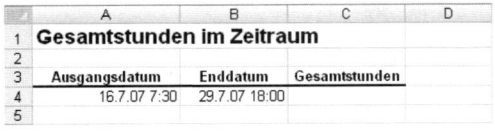

Hinweis

Die Funktion *NETTOARBEITSTAGE()* bietet auch die Möglichkeit, arbeitsfreie Tage anzugeben. Entsprechend werden diese bei der Gesamtstundenermittlung nicht berücksichtigt.

→ Verweis: siehe Kapitel 4.5, Tipp 14, 15 und 28

Tipp 12: Ermittlung des Stundenlohns

Ausgehend von einem Auszahlungsbetrag und von den geleisteten Arbeitsstunden, soll der Stundenlohn berechnet werden. In diesem Beispiel werden zwei Berechnungsmethoden vorgestellt.

So geht's:

1 Markieren Sie den Zellbereich C4:C10.

2 Erfassen Sie in Zelle C4 diese Funktion:

*=RUNDEN(A4/(((TEXT(LINKS(TEXT(B4;"HH:MM");2);"0"))*1)
+((TEXT(RECHTS(TEXT(B4;"HH:MM");2);"0"))*1)/60);2)*

3 Beenden Sie die Dateneingabe mit der Tastenkombination Strg+Enter.

Diese Funktion zerlegt die Uhrzeit in eine Stunden- und eine Minutenangabe und erzeugt eine Stundenangabe auf der Basis von Dezimalzahlen. Jetzt muss nur noch der Auszahlungsbetrag durch den Stundenwert dividiert werden. Als Ergebnis wird der Stundenlohn im Bereich C4:C10 ausgegeben.

Etwas leichter und vielleicht übersichtlicher können Sie die Aufgabenstellung mit folgender Formel lösen:

=RUNDEN(A4/(B4*24);2)

Diese Funktion erzeugt ebenfalls Industrieminuten und ermittelt basierend auf dem Auszahlungsbetrag den entsprechenden Stundenlohn.

	C4	fx	=RUNDEN(A4/(((TEXT(LINKS(TEXT(B4; "HH:MM");2);"0"))*1)+((TEXT(RECHTS(TEXT(B4;"HH:MM");2);"0"))*1)/60);2)

	A	B	C	D
1	**Stundenlohnermittlung**			
2				
3	Auszahlungs-betrag	Arbeitszeit in Stunden	Stundenlohn	
4	350,00 €	12:35	27,81 €	
5	440,00 €	15:20	28,70 €	
6	475,50 €	17:45	26,79 €	
7	225,00 €	8:00	28,13 €	
8	300,00 €	10:50	27,69 €	
9	500,00 €	18:50	26,55 €	
10	425,00 €	14:55	28,49 €	
11				

→ Verweis: siehe Kapitel 4.6, Tipp 4

Tipp 13: Ermittlung der Durchschnittsgeschwindigkeit

Im folgenden Beispiel sehen Sie, wie die Durchschnittsgeschwindigkeit ausgehend von der Fahrzeit und den gefahrenen Kilometerangaben ermittelt werden kann. Die Durchschnittsgeschwindigkeit ergibt sich, wenn die gefahrene Strecke durch die dafür benötigte Zeit dividiert wird.

So geht's:

1   Markieren Sie den Zellbereich D4:D10 und erfassen Sie in Zelle D4 die Formel *=RUNDEN(C4/B4/24;1)*. Damit werden die gefahrenen Kilometer durch den in Dezimalwerte umgerechneten Stundenwert dividiert.

2   Zur Anzeige des richtigen Werts müssen Sie dem Zellbereich das Standardformat zuweisen.

D4	▾	*fx* =RUNDEN(C4/B4/24;1)			
A	B	C	D	E	
1	**Ermittlung der Durchschnittsgeschwindigkeit**				
2					
3	Fahrer	Fahrzeit	gefahrene Kilomenter	Ø-Geschwindigkeit	
4	Fahrer 1	02:25	179	74,1	
5	Fahrer 2	00:43	47	65,6	
6	Fahrer 3	03:05	205	66,5	
7	Fahrer 4	02:47	239	85,9	
8	Fahrer 5	00:57	69	72,6	
9	Fahrer 6	04:22	390	89,3	
10	Fahrer 7	01:14	71	57,6	
11					

Tipp 14: Trennen von Datum und Uhrzeit

Die unten stehende Beispieltabelle wurde aus einem Zeiterfassungssystem exportiert. Dabei sind die Angaben für Datum und Zeit des Arbeitsbeginns in einer einzigen Zelle zusammengefasst. Für weitere Schritte werden diese Informationen nun aber in getrennten Zellen benötigt. Wie können die beiden Angaben separiert werden?

So geht's:

1   Markieren Sie den Zellbereich B4:B10.

2   Geben Sie in Zelle B4 die Formel *=GANZZAHL(A4)* ein und beenden Sie die Eingabe mit der Tastenkombination Strg+Enter.

3   Zur korrekten Anzeige des Datums müssen Sie den Zellbereich mit einem Datumsformat belegen.

4 Nachdem das Datum ausgelesen wurde, markieren Sie den Bereich C4:C10 und geben die Formel =REST(A4;1) ein. Schließen Sie auch diese Eingabe mit [Strg]+[Enter] ab. Mit dieser Funktion wird der Zeitanteil ausgelesen.

	B4	▼	fx	=GANZZAHL(A4)	
	A	B		C	D
1	**Zeitauswertung**				
2					
3	Zeitstempel (Kommen)	Datum		Zeit	
4	01.08.07 08:01	01.08.2007		08:01:00	
5	02.08.07 07:35	02.08.2007		07:35:00	
6	03.08.07 06:59	03.08.2007		06:59:00	
7	06.08.07 07:22	06.08.2007		07:22:00	
8	07.08.07 07:35	07.08.2007		07:35:00	
9	08.08.07 08:04	08.08.2007		08:04:00	
10	09.08.07 07:14	09.08.2007		07:14:00	
11					

> **Hinweis**
>
> Datums- und Zeitangaben werden in Excel intern als Dezimalzahl abgespeichert. Dabei repräsentiert die ganze Zahl vor dem Komma das Datum (1 = 1.1.1900), die Nachkommazahl beinhaltet die Zeit (0,5 = 12:00 Uhr).

Tipp 15: VBA-Makro zu einer vorgegebenen Zeit ausführen

VBA bietet die Möglichkeit, Makros zeitgesteuert auszuführen. So ist es beispielsweise möglich, zu einer vorgegebenen Zeit Datensicherungen, Datenabgleiche oder Auswertungen automatisch durchführen zu lassen.

So geht's:

1 Starten Sie im ersten Schritt den VBA-Editor mit der Tastenkombination [Alt]+[F11].

2 Erfassen Sie den Code aus Listing 1 und Listing 2. Legen Sie im Code aus Listing 1 die gewünschte Uhrzeit fest, zu der der Befehl aufgerufen werden soll.

Über die Methode *OnTime* in Verbindung mit der Funktion *TimeValue* legen Sie den Zeitpunkt fest, zu dem das Makro ausgeführt werden soll. Nach Erreichen der vorgegebenen Zeit, im Beispiel 14:13:00 Uhr, wird das Makro *aktion()* aus Listing 2 gestartet.

Listing 1:

```
Public Sub Makro_nach_Zeit()
Application.OnTime TimeValue("14:13:00"), "aktion"
End Sub
```

Listing 2:

```
Public Sub aktion()
'** Dieser VBA-Code wird ausgeführt
MsgBox "Die Aktion wird ausgeführt."
End Sub
```

Tipp 16: Laufende Uhrzeit in eine Zelle eintragen

Mit den folgenden VBA-Makros wird in eine beliebige Zelle die laufende Uhrzeit eingetragen, sodass die Anzeige wie eine herkömmliche Digitaluhr wirkt. Diese Lösung können Sie problemlos in eigene Anwendungen integrieren.

So geht's:

1 Starten Sie den VBA-Editor mit der Tastenkombination Alt+F11.

2 Erfassen Sie den Code der Listings 1 bis 3.

3 Gestartet wird die Digitaluhr, indem Sie die Prozedur *starten()* aufrufen.

4 Zum Beenden der Uhr starten Sie die Prozedur *beenden()*.

In diesem Beispiel wird die laufende Uhrzeit auf dem aktuellen Tabellenblatt in Zelle A1 eingetragen.

Listing 1:

```
Dim t As Boolean
Sub starten()
t = True
zeit = Time + TimeValue("00:00:01")
Application.OnTime zeit, "uhrzeit_eintragen"
End Sub
```

Listing 2:

```
Sub uhrzeit_eintragen()
ActiveSheet.Range("A1").Value = Time
If t = True Then starten
End Sub
```

Listing 3:

```
Sub beenden()
t = False
End Sub
```

316

4.7 Finanzmathematik für die tägliche Arbeit

Ist von Finanzberechnungen am Computer die Rede, dann ist meistens ein Tabellenkalkulationsprogramm und somit Excel gefragt. Excel bietet über 50 integrierte Standardfunktionen zum Thema Finanzmathematik. Ab Excel 2007 stehen alle Funktionen ohne das Zusatz-Add-in Analyse-Funktionen zur Verfügung.

Leider weicht Excel in der Bezeichnung der Argumente und in der Onlinehilfe von den allgemeingültigen und bekannten Bezeichnungen und Konventionen der Finanzmathematik ab. In diesem Abschnitt wird versucht, eine Brücke zwischen den Excel-Konventionen und den allgemein verwendeten Konventionen zu bauen.

Tipp 1: Ermittlung der monatlichen Ratenzahlung (Annuität) eines Darlehens

Als Annuität bezeichnet man eine regelmäßige, gleichbleibende Zahlung für einen Kredit. Sie besteht aus einem Zins- und einen Tilgungsanteil. Der Zinsanteil nimmt im Zeitverlauf ab. Im gleichen Maße steigt entsprechend der Teilungsanteil.

Die Annuität kann durch zwei verschiedene Methoden berechnet werden.

So geht's: Berechnung über eine finanzmathematische Formel

Die Ausgangsbasis für die Ermittlung der Annuität sehen Sie in der Abbildung.

	A	B
1	**Ermittlung der monatlichen Annuität eines Darlehens**	
2		
3		
4	Darlehensbetrag	160.000,00 €
5	Zinssatz p.a.	4,45%
6	Laufzeit / Jahre	30

Die Darlehensauszahlung hat bei 4,45 % Zinssatz 160.000,00 Euro betragen. Als Rückzahlungsdauer sind 30 Jahre angegeben – also eine klassische Immobilienfinanzierung.

Nachfolgend sehen Sie die allgemeingültige finanzmathematische Formel:

$$R = S_0 \cdot \frac{i \cdot (1+i)^n}{(1+i)^n - 1} = S_0 \cdot \frac{i \cdot q^n}{q^n - 1}$$

Überführt man diese Formel nach Excel, erhält man folgendes Ergebnis:

=1/((((1+(B5/12)) ^(B6*12))-1)/((((1+(B5/12))^(B6*12))) *B5/12))*B4

In diesem Beispiel ist eine monatliche Zahlungsweise unterstellt.

Wenn Sie diese Formel in Zelle B9 erfassen, wird eine Annuität von 805,95 Euro errechnet. Das bedeutet, zur Tilgung des Darlehens müssen 30 Jahre lang jeden Monat 805,95 Euro gezahlt werden.

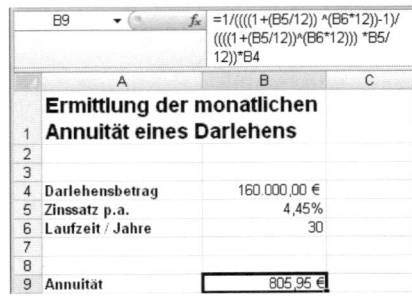

So geht's: Berechnung über die Excel-Funktion RMZ()

Die zweite, sicherlich elegantere Möglichkeit nutzt die Tatsache, dass Excel eine umfangreiche Sammlung an finanzmathematischen Funktionen besitzt. Damit müssen Sie also gar nicht lange mit den Grundrechenarten und komplexen Klammerausdrücken experimentieren.

Die Funktion zur Ermittlung der Annuität lautet *RMZ()*. Dies steht für regelmäßige Zahlungen. Die Syntax des Befehls lautet wie folgt:

RMZ(Zinssatz;Anzahl_der_Raten;Kreditbetrag;Restwert;Fälligkeit)

RMZ() gibt die konstante Zahlung einer Annuität pro Periode zurück, wobei konstante Zahlungen und ein konstanter Zinssatz vorausgesetzt werden.

Der *Zinssatz* bezieht sich jeweils auf eine einzelne Zahlungsperiode. Das heißt, dass er auf das zweite Argument, *Anzahl_der_Raten*, abgestimmt sein muss. Wenn Sie hier in Monaten rechnen, muss sich auch der Zinssatz auf einen Monat beziehen.

Die Argumente *Restwert* und *Fälligkeit* sind optional. Wenn Sie sie nicht angeben, nimmt Excel einen Restwert von null sowie die Fälligkeit am Ende der einzelnen Zahlungsperiode an. Alternativ können Sie dem Argument *Fälligkeit* auch den Wert 1 übergeben, sodass eine Zahlung am Anfang der Periode angenommen wird.

Zur Ermittlung der Annuität in diesem Beispiel erfassen Sie in Zelle B10 folgende Formel:

*=RMZ(B5/12;B6*12;-B4)*

Sie sehen, diese Funktion ist wesentlich kürzer und übersichtlicher. Das Ergebnis ist natürlich identisch mit der finanzmathematischen Berechnungsmethode.

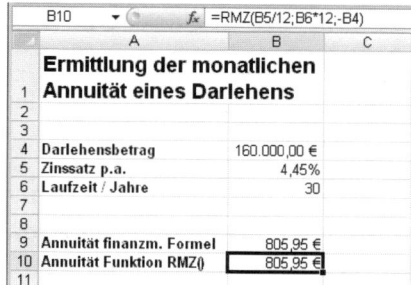

Zu beachten ist, dass der Zinssatz auf Monatsbasis heruntergerechnet wird, indem der Wert durch 12 dividiert wird. Analog dazu wird die Laufzeit auf Monate umgerechnet, indem die Jahresangabe mit 12 multipliziert wird.

Tipp 2: Tilgungsanteil für einen Kredit in einem bestimmten Zeitraum ermitteln

Eine Annuität setzt sich aus einem Zins- und einem Tilgungsanteil zusammen. In dieser Aufgabenstellung soll aus einer Annuität der monatliche Tilgungsanteil ermittelt werden.

So geht's:

Zur Ermittlung des Tilgungsanteils stellt Excel die Funktion *KAPZ()* zur Verfügung. Die Syntax lautet wie folgt:

KAPZ(Zins;Zahlungszeitraum;Anzahl_Zahlungszeiträume;Barwert;Endwert; Fälligkeit)

KAPZ() gibt die Kapitalrückzahlung einer Investition für eine angegebene Periode zurück. Es werden konstante periodische Zahlungen und ein konstanter Zinssatz vorausgesetzt.

Die Funktionsargumente:

➢ *Zins*: Ist der Zinssatz pro Periode (Zahlungszeitraum).

➢ *Zahlungszeitraum*: Gibt die Periode an und muss zwischen 1 und dem Zahlungszeitraum liegen.

➢ *Anzahl_Zahlungszeiträume:* Gibt an, über wie viele Perioden die jeweilige Annuität (Rente) gezahlt wird.

➢ *Barwert*: Ist der Gesamtbetrag, den eine Reihe zukünftiger Zahlungen zum gegenwärtigen Zeitpunkt wert ist.

➢ *Endwert*: Ist der zukünftige Wert (Endwert) oder der Kassenbestand, den Sie nach der letzten Zahlung erreicht haben möchten. Fehlt das Argu-

319

ment *Endwert*, wird der Wert 0 angenommen, d. h., der Kredit wird vollständig getilgt.

> *Fälligkeit*: Kann den Wert 0 oder 1 annehmen und gibt an, wann die Zahlungen fällig sind (0 = nachschüssig, 1 = vorschüssig).

Zur Ermittlung des Tilgungsanteils erfassen Sie nun in Zelle B12 die Funktion *=KAPZ(B7/B8;B10;B9*B8;B5*-1)*. Damit wird der Tilgungsanteil für den in Zelle B10 (*Tilgungsanteil für Periode*) angegebenen Monat ermittelt.

Das Ergebnis lautet 213,41 Euro.

Wenn Sie den Tilgungsanteil für den 50. Monat der Darlehenslaufzeit ermitteln möchten, erfassen Sie einfach in Zelle B10 den Wert 50.

B12		f_x	=KAPZ(B7/B8;B10;B9*B8;B5*-1)	
	A		B	C
1	**Ermittlung des Tilgungsanteils eines bestimmten Zeitraums**			
2				
3				
4				
5	Darlehensbetrag		160.000,00 €	
6	Restwert		0	
7	Zinssatz p.a.		4,45%	
8	Zahlungsweise		12	
9	Laufzeit / Jahre		30	
10	Tilgungsanteil für Periode		2	
11				
12	Tilungsanteil		213,41 €	
13				

Hinweis

Wenn der Kredit nicht monatlich, sondern jährlich zu tilgen ist, geben Sie in Zelle B8 den Wert 1 für eine jährliche Zahlungsweise ein. Bei halbjährlicher Rückzahlung geben Sie analog den Wert 2 und bei quartalsweiser Tilgung den Wert 4 ein. 12 steht somit für eine monatliche Rückzahlung.

Tipp 3: Zinsanteil für einen Kredit in einem bestimmten Zeitraum ermitteln

Dieses Beispiel zeigt, wie sich der Zinsanteil aus einer Annuität bzw. direkt aus den gegebenen Eckdaten eines Darlehens berechnen lässt.

So geht's:
Excel stellt für die Ermittlung des Zinsanteils die Funktion *ZINSZ()* zur Verfügung. Der Befehl ist wie folgt aufgebaut:

ZINSZ(Zins;Zahlungszeitraum;Anzahl_Zahlungszeiträume;Barwert;Endwert; Fälligkeit)

ZINSZ() gibt die Zinszahlung einer Investition für die angegebene Periode ausgehend von regelmäßigen, konstanten Zahlungen und einem konstanten Zinssatz zurück.

Die Funktionsargumente:

➢ *Zins*: Ist der Zinssatz pro Periode (Zahlungszeitraum).

➢ *Zahlungszeitraum*: Ist die Periode, für die Sie den Zinsbetrag berechnen möchten.

➢ *Anzahl_Zahlungszeiträume*: Gibt an, über wie viele Perioden die jeweilige Annuität (Rente) gezahlt wird.

➢ *Barwert*: Ist der Barwert oder der heutige Gesamtwert einer Reihe zukünftiger Zahlungen.

➢ *Endwert*: Ist der zukünftige Wert (Endwert) oder der Kassenbestand, den Sie nach der letzten Zahlung erreicht haben möchten. Fehlt das Argument *Endwert*, wird es als 0 angenommen

➢ *Fälligkeit*: Kann den Wert 0 oder 1 annehmen und gibt an, wann Zahlungen fällig sind. Fehlt das Argument *Fälligkeit*, wird es als 0 angenommen.

Zur Ermittlung des Zinsanteils erfassen Sie in Zelle B14 diese Formel:

=ZINSZ(B7/B8;B10;B9*B8;B5*-1)

Der Zinsanteil für den zweiten Monat beträgt 592,54 Euro.

In Beispiel 1 wurde die Annuität mit dem Befehl *RMZ()* ermittelt. Bei gleichen Eckdaten hatte sich dort eine monatliche Annuität von 805,95 Euro ergeben.

Werden nun der in Beispiel 2 ermittelte Tilgungsanteil und der Zinsanteil aus diesem Beispiel summiert, ergibt sich wiederum die monatliche Annuität von 805,95 Euro.

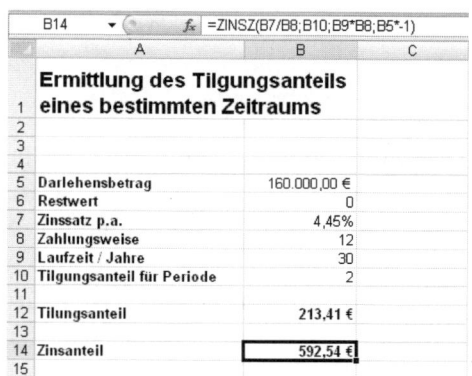

Hinweis

Wenn der Kredit nicht monatlich, sondern jährlich zu tilgen ist, erfassen Sie in Zelle B8 den Wert 1 für eine jährliche Zahlungsweise. Bei halbjährlicher Rückzahlung geben Sie analog den Wert 2 und bei quartalsweiser Tilgung den Wert 4 ein. 12 steht somit für eine monatliche Rückzahlung.

Tipp 4: Ermittlung des Zinssatzes für einen Kredit

In diesem Beispiel erfahren Sie, wie sich der Zinssatz für einen Kredit auf der Basis einer vorgegebenen Rückzahlung (Annuität) ermitteln lässt.

So geht's:

Zur Ermittlung des Zinssatzes wird die Funktion *ZINS()* verwendet. Die Syntax des Befehls lautet wie folgt:

ZINS(Anzahl_Zahlungszeiträume;Regelmäßige_Zahlung;Barwert;Endwert; Fälligkeit;Schätzwert)

ZINS() gibt den Zinssatz einer Annuität pro Periode zurück. *ZINS()* verwendet zur Berechnung eines Zinssatzes ein Iterationsverfahren. Es ist möglich, dass es keine Lösungen gibt. Wenn die Differenz aufeinanderfolgender Ergebnisse nach 20 Iterationsschritten nicht gegen 0,0000001 geht, gibt *ZINS()* den Fehlerwert *#ZAHL!* zurück.

Die Funktionsargumente:

➢ *Anzahl_Zahlungszeiträume*: Gibt an, über wie viele Perioden die jeweilige Annuität (Rente) gezahlt wird.

➢ *Regelmäßige_Zahlung*: Ist der Betrag (Annuität), der in jeder Periode gezahlt wird. Dieser Betrag bleibt während der Laufzeit konstant. Üblicherweise umfasst die *Regelmäßige_Zahlung* das Kapital und die Zinsen, nicht jedoch Gebühren oder Steuern. Wenn das Argument *Regelmäßige_Zahlung* nicht verwendet wird, müssen Sie das Argument *Endwert* angeben.

➢ *Barwert*: Ist der Gesamtbetrag, den eine Reihe zukünftiger Zahlungen zum gegenwärtigen Zeitpunkt wert ist.

➢ *Endwert*: Ist der zukünftige Wert (Endwert), den Sie nach der letzten Zahlung erreicht haben möchten. Fehlt das Argument *Endwert*, wird es als 0 angenommen.

> *Fälligkeit*: Kann den Wert 0 oder 1 annehmen und gibt an, wann die Zahlungen fällig sind.

> *Schätzwert*: Entspricht Ihrer Schätzung bezüglich der Höhe des Zinssatzes. Wenn Sie keinen Wert für *Schätzwert* angeben, wird 10 % angenommen. Liefert die Funktion *ZINS()* kein Ergebnis, sollten Sie einen anderen Wert für *Schätzwert* angeben. Normalerweise liefert die Funktion ein Ergebnis, wenn der Schätzwert zwischen 0 und 1 liegt.

Zur Ermittlung des Zinssatzes erfassen Sie in Zelle B11 folgende Funktion:

=ZINS(B7*B6;-B8;B5)*B6

Als Ergebnis erhalten Sie einen Zinssatz von 4,45 %.

	A	B	C
	B11 ▾	*fx* =ZINS(B7*B6;-B8;B5)*B6	
1	**Zinssatz eines Kredites ermitteln**		
2			
3			
4			
5	Darlehensbetrag	160.000,00 €	
6	Zahlungsweise	12	
7	Laufzeit / Jahre	30	
8	Annuität	805,95 €	
9			
10			
11	Zinssatz p.a.	4,45%	
12			

Tipp 5: Ermittlung des kumulierten Zins- und Tilgungsanteils

In diesem Beispiel sollen die kumulierten Zins- und Tilgungsanteile eines Darlehens ermittelt werden.

Excel stellt zu diesem Zweck die Funktionen *KUMZINZ()* und *KUMKAPITAL()* zur Verfügung. Mit *KUMZINSZ()* wird der kumulierte Zinsanteil und mit *KUMKAPITAL()* der kumulierte Tilgungsanteil eines Darlehens ermittelt.

Nachfolgend werden sowohl die beiden Excel-Funktionen als auch der finanzmathematische Ansatz erläutert, da die Excel-Funktionen folgende Defizite aufweisen:

> Bei vorschüssiger Zahlungsweise rechnen die Funktionen nicht korrekt.

> Es besteht keine Möglichkeit, Berechnungen unter Berücksichtigung eines Restwerts durchzuführen.

So geht's mit den integrierten Excel-Funktionen KUMZINSZ() und KUMKAPITAL():

Die Syntax der beiden Funktionen lautet jeweils:

KUMZINSZ(Zins;Anzahl_Zahlungszeiträume;Barwert;Zeitraum_Anfang; Zeitraum_Ende;Fälligkeit)

KUMKAPITAL(Zins;Anzahl_Zahlungszeiträume;Barwert;Zeitraum_Anfang; Zeitraum_Ende;Fälligkeit)

Sehen Sie sich zunächst die Ausgangstabelle etwas näher an.

	A	B	C	D	E
1	**Ermittlung des kumulierten Zins- und Tilgungsanteils**				
2					
3					
4	Darlehensbetrag	160.000			
5	Restwert	0			
6	Zinssatz p.a.	4,45%			
7	Verrechnung	12			
8	Laufzeit / Jahre	30			
9	Fälligkeit	0			
10	Perioden von	1			
11	Perioden bis	360			
12					

Als Verrechnung ist der Wert 12 angegeben. Dies bedeutet, dass eine monatliche Rückzahlung vereinbart ist. Bei jährlicher Rückzahlung wäre hier eine 1 zu erfassen.

Der Parameter *Fälligkeit* hat den Wert 0. Dieser Wert steht für eine nachschüssige Zahlungsweise. Bei vorschüssiger Zahlungsweise ist hier 1 anzugeben.

Die Parameter *Perioden von* und *Perioden bis* sind frei wählbar. Allerdings müssen sich die Angaben im möglichen Bereich bewegen. In diesem Beispiel liegt die größte Angabe bei *Perioden* bei 360 (= 30 Jahre x 12 Monate).

Zur Ermittlung des kumulierten Zins- und Tilgungsanteils gehen Sie nun wie folgt vor:

1 Erfassen Sie in Zelle D5 folgende Formel:

=KUMZINSZ(B6/B7;B8*B7;B4;B10;B11;B9)*-1

Damit wird der kumulierte Zinsanteil errechnet.

2 Zur Ermittlung des kumulierten Tilgungsanteils erfassen Sie in Zelle D6 diese Funktion:

=KUMKAPITAL(B6/B7;B8*B7;B4;B10;B11;B9)*-1

D5	▼	*fx* =KUMZINSZ(B6/B7;B8*B7;B4;B10;B11;B9)*-1			
	A	B	C	D	E
1	**Ermittlung des kumulierten Zins- und Tilgungsanteils**				
2					
3					
4	Darlehensbetrag	160.000		Funktions-Lösung	
5	Restwert	0		130.142,01 €	Zinsen
6	Zinssatz p.a.	4,45%		160.000,00 €	Tilgung
7	Verrechnung	12			
8	Laufzeit / Jahre	30			
9	Fälligkeit	0			
10	Perioden von	1			
11	Perioden bis	360			
12					

So geht's mit dem finanzmathematischen Ansatz:

Durch die bereits beschriebenen Defizite der Excel-Funktionen bietet es sich an, in der Praxis die finanzmathematische Formellösung einzusetzen.

1 Erfassen Sie dazu in Zelle D10 zur Ermittlung der kumulierten Zinsen folgende Formel:

=(B11-B10+1)*(((B4-B5)*B6/(1-(B7/(B7+B6))^(B7*B8))+B5*B6)/B7* WENN(B9=1;B7/(B7+B6);1))-D11

2 Zur Berechnung der kumulierten Tilgung geben Sie diese Formel ein:

=(B4-B5)*(1/(1+B6/B7)^(B8*B7-B11)-1/(1+B6/B7)^(B8*B7+1-B10))/ (1-1/(1+B6/B7)^(B8*B7))

Wie Sie sehen, ergeben sich mit der finanzmathematischen Lösung die gleichen Zahlen wie mit der Funktionslösung. Erst wenn der Parameter *Fälligkeit* in Zelle B9 auf vorschüssig umgestellt wird, weicht die Funktionslösung vom finanzmathematischen Ansatz fälschlicherweise ab.

	D10	▼	*fx*	=(B11-B10+1)*(((B4-B5)*B6/(1-(B7/(B7+B6))^(B7*B8))+B5*B6)/B7*WENN(B9=1;B7/(B7+B6);1))-D11		
	A	B	C	D	E	F
1	**Ermittlung des kumulierten Zins- und Tilgungsanteils**					
2						
3						
4	Darlehensbetrag	160.000		**Funktions-Lösung**		
5	*Restwert*	0		130.142,01 €	Zinsen	
6	Zinssatz p.a.	4,45%		160.000,00 €	Tilgung	
7	Verrechnung	12				
8	Laufzeit / Jahre	30				
9	Fälligkeit	0		**Finanzmathematische Lösung**		
10	Perioden von	1		130.142,01 €	Zinsen	
11	Perioden bis	360		160.000,00 €	Tilgung	
12						

Hinweis

Zur Verdeutlichung kann folgende Verprobungsrechnung durchgeführt werden. Multiplizieren Sie die monatliche Annuität aus Tipp 3 in Höhe von 805,95 mit der Periodenanzahl von 360 (= 30 Jahre x 12 Monate), ergibt sich ein Wert in Höhe von 290.142,00 Euro. Addieren Sie gleichermaßen den Zins- und Tilgungsanteil aus diesem Beispiel, erhalten Sie ebenso den Wert 290.142,01 Euro. Natürlich funktioniert diese Verprobung nur, weil in allen Beispielen von identischen Darlehensdaten ausgegangen wurde.

Tipp 6: Anzahl regelmäßiger Zahlungen für ein definiertes Endkapital ermitteln

Durch regelmäßige, gleichbleibende Zahlungen soll ein bestimmtes Endkapital erzielt werden. Anhand dieses Beispiels soll die Anzahl der notwendigen Zahlungen errechnet werden.

Excel stellt zu diesem Zweck die Funktion *ZZR()* bereit. *ZZR()* steht für die Anzahl der Zahlungszeiträume. Darüber hinaus erfahren Sie, wie mithilfe einer finanzmathematischen Formel das gleiche Ergebnis erzielt werden kann. Die finanzmathematische Formellösung bietet gegenüber der Funktion *ZZR()* sogar noch einen gravierenden Vorteil. So lässt sich über die Funktion *ZZR()* keine Differenzierung zwischen der Häufigkeit der Einzahlungen und der Häufigkeit der Zinszahlungen in einem Jahr herstellen. Die Funktion *ZZR()* unterstellt für jeden Zahlungstermin auch einen Zinstermin.

Die finanzmathematische Formellösung hingegen ist so aufgebaut, dass Zahlungs- und Zinstermine variabel und getrennt voneinander berücksichtigt werden können.

Sehen Sie sich zunächst die Eckdaten für die Berechnung an.

	A	B
1	**Anzahl regelmäßiger Zahlungen für ein definiertes Endkapital ermitteln**	
2		
3		
4	regelmäßer Anlagebetrag	250,00 €
5	Zinssatz p. a.	3,70%
6	angestrebtes Endkapital	50.000,00 €
7	Anzahl Zahlungen	12
8	Verzinsungen pro Jahr	12
9	Fälligkeit	0
10		

So geht's mit der integrierten Funktion ZZR():

Die Syntax für die Funktion *ZZR()* lautet wie folgt:

ZZR(Zins;Regelmäßige_Zahlung;Barwert;Endwert;Fälligkeit)

ZZR() gibt die Anzahl der Zahlungsperioden einer Investition zurück, die auf periodischen, gleichbleibenden Zahlungen sowie einem konstanten Zinssatz basiert.

Die Funktionsargumente:

➤ *Zins*: Ist der Zinssatz pro Periode.

➤ *Regelmäßige_Zahlung*: Ist der Betrag (die Annuität), der in jeder Periode gezahlt wird. Dieser Betrag kann sich während der Laufzeit nicht ändern. Üblicherweise umfasst die *Regelmäßige_Zahlung* Tilgung und Zinsen, nicht aber Gebühren oder Steuern.

> *Barwert*: Ist der Barwert oder der heutige Gesamtwert einer Reihe zukünftiger Zahlungen.

> *Endwert*: Ist der zukünftige Wert, den Sie nach der letzten Zahlung erreicht haben möchten. Fehlt das Argument *Endwert*, wird es als 0 angenommen.

> *Fälligkeit*: Kann den Wert 1 oder 0 annehmen und gibt an, wann die Zahlungen fällig sind.

Um nun zu ermitteln, wie lange es dauert, bis das Kapital von 50.000 Euro bei einem regelmäßigen Anlagebetrag von 250,00 Euro und unter Berücksichtigung eines Zinssatzes von 3,7 % erreicht ist, erfassen Sie in Zelle B11 diese Formel:

	B11	f_x =ZZR(B5/B7;-B4;0;B6;1-B9)/B7	
	A	B	C
1	**Anzahl regelmäßiger Zahlungen für ein definiertes Endkapital ermitteln**		
2			
3			
4	regelmäßiger Anlagebetrag	250,00 €	
5	Zinssatz p. a.	3,70%	
6	angestrebtes Endkapital	50.000,00 €	
7	Anzahl Zahlungen	12	
8	Verzinsungen pro Jahr	12	
9	Fälligkeit	0	
10			
11	Funktions-Lösung	12,97	
12			

=ZZR(B5/B7;-B4;0;B6;1-B9)/B7.

Es dauert also unter den gegebenen Bedingungen 12,97 Jahre, bis das gewünschte Endkapital erreicht ist.

So geht's mit der finanzmathematischen Formellösung:

Dieser Ansatz bietet die Möglichkeit, die Anzahl der Zinszahlungen (Zelle B8) abweichend von der Anzahl der Zahlungen (Zelle B7) anzugeben.

Zur Ermittlung der Zahlungsdauer gehen Sie wie folgt vor:

1 Erfassen Sie in der Hilfszelle C14 die Formel =*1+B5/B8*.

2 In Hilfszelle C15 geben Sie folgende Funktion ein:

=*B7/B8*B4+(B5/B8)*B4*(B7/B8+1)/2*

und in Hilfszelle C16 muss zum Schluss noch eine *WENN*-Abfrage erfasst werden:

=*WENN(B9=1;1+B5/B7;1)*

Die Hilfsspalten werden nach der Eingabe nicht mehr benötigt und können ausgeblendet werden.

3 Die Funktion =*LN(C14+(C14-1)*(B6-C15/C16)/C15*C16)/LN(C14)/B8* in Zelle B14 ermittelt basierend auf den Hilfszellen die eigentliche Zahlungsdauer.

B14	▼	f_x	=LN(C14+(C14-1)*(B6-C15/C16)/C15*C16)/LN(C14)/B8	

	A	B	C
1	**Anzahl regelmäßiger Zahlungen für ein definiertes Endkapital ermitteln**		
2			
3			
4	regelmäßger Anlagebetrag	250,00 €	
5	Zinssatz p. a.	3,70%	
6	angestrebtes Endkapital	50.000,00 €	
7	Anzahl Zahlungen	12	
8	Verzinsungen pro Jahr	12	
9	Fälligkeit	0	
10			
11	Funktions-Lösung	12,97	
12			
13			
14	Finanzmathematische Lösung	12,97	1,003083333
15			250,7708333
16			1
17			

Sie sehen, die Zahlungsdauer ist mit dem über die Funktion *ZZR()* ermittelten Wert identisch, allerdings besteht die Flexibilität, dass die Anzahl der Zahlungen und die Anzahl der Zinstermine nicht identisch sein müssen.

Tipp 7: Ermittlung der Ablaufsumme einer Kapitalanlage – Endwert

Dieses Beispiel zeigt, wie mithilfe der integrierten Funktion *ZW()* die Ablaufsumme einer Kapitalanlage ermittelt wird.

Die Funktion *ZW()* ist wie folgt aufgebaut:

ZW(Zins;Anzahl_Zahlungszeiträume;Regelmäßige_Zahlung;Barwert; Fälligkeit)

ZW() gibt den zukünftigen Endwert einer Kapitalanlage oder Investition zurück. Die Berechnung basiert auf regelmäßigen, konstanten Zahlungen und einem konstanten Zinssatz.

Die Funktionsargumente:

➢ *Zins*: Ist der Zinssatz pro Periode.

➢ *Anzahl_Zahlungszeiträume*: Gibt an, über wie viele Perioden die jeweilige Annuität (Rente) gezahlt wird.

➢ *Regelmäßige_Zahlung*: Ist der Betrag (die Annuität), der in jeder Periode gezahlt wird. Dieser Betrag kann sich während der Laufzeit nicht ändern. Üblicherweise umfasst die *Regelmäßige_Zahlung* Tilgung und Zinsen, nicht aber Gebühren oder Steuern.

> ➤ *Barwert*: Ist der Barwert oder der heutige Gesamtwert einer Reihe zukünftiger Zahlungen.

> ➤ *Fälligkeit*: Kann den Wert 0 oder 1 annehmen und gibt an, wann die Zahlungen fällig sind.

So geht's:

Erfassen Sie in Zelle B9 die Formel =*ZW(B5/12;B6*B7;B4*-1;0;1)*.

Als Ergebnis wird ein Endkapital von 50.000 Euro berechnet.

	A	B	C
1	Ermittlung des Endwerts einer Kapitalanlage		
2			
3			
4	regelmäßger Anlagebetrag	250,00 €	
5	Zinssatz p. a.	3,70%	
6	Anzahl Zahlungen	12	
7	Laufzeit in Jahren	12,9711244	
8			
9	Endwert	50.000,00 €	
10			

Hinweis

Um genau auf den Wert von 50.000 Euro zu kommen, muss die Laufzeit in Jahren mit allen Nachkommastellen eingegeben werden. In Beispiel 6 wurde die Jahresangabe mit 12,97 gerundet dargestellt.

Tipp 8: Ermittlung des Endwerts einer Kapitalanlage bei wechselnden Zinsen

In diesem Beispiel sehen Sie, wie auf einfache Weise das Endkapital bei sich jährlich ändernden Zinssätzen ermittelt werden kann. In der Praxis werden Sparbriefe angeboten, bei denen sich abhängig von der Anlagedauer der Zinssatz jährlich erhöht.

Für eine Kapitalanlage von 75.000 Euro soll der Gesamtzins bei einer Gesamtanlagedauer von sieben Jahren ermittelt werden. Dabei ist zu berücksichtigen, dass der Zinssatz nicht konstant ist, wie das Ausgangsszenario zeigt.

	A	B	C
1	Ermittlung des Endwerts einer Kapitalanlage bei wechselnden Zinsen		
2			
3			
4	Anlagebetrag	75.000,00 €	
5			
6	Zinssatz Jahr 1	1,50%	
7	Zinssatz Jahr 2	2,25%	
8	Zinssatz Jahr 3	3,00%	
9	Zinssatz Jahr 4	3,50%	
10	Zinssatz Jahr 5	4,20%	
11	Zinssatz Jahr 6	4,70%	
12	Zinssatz Jahr 7	5,00%	

So geht's:

Zur Abbildung von variablen Zinssätzen stellt Excel die Funktion *ZW2(Kapital;Zinsen)* zur Verfügung. *ZW2()* gibt den aufgezinsten Wert des Anfangskapitals für eine Reihe periodisch unterschiedlicher Zinssätze zurück. Mit *ZW2()* können Sie den Endwert einer Investition oder Kapitalanlage berechnen, für die ein variabler oder wechselnder Zinssatz vereinbart ist.

Erfassen Sie in Zelle B14 die Formel *=ZW2(B4;B6:B12)*. Als Endwert ergibt sich ein Betrag von 95.054,33 Euro.

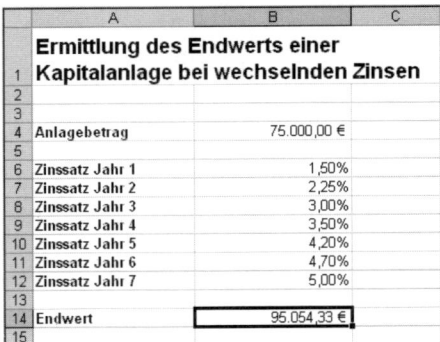

Zur Verprobung des Ergebnisses gehen Sie wie folgt vor:

1 Erfassen Sie in Zelle D6 den Anlagebetrag *75000*.

2 In Zelle E6 berechnen Sie den Zins mittels folgender Formel: *=D6*B6*.

3 Geben Sie in Zelle D7 die Formel *=D6+E6* und in Zelle E7 die Formel *=D7*B7* ein.

4 Markieren Sie die Zellen D7:E7 und kopieren Sie sie bis zur Zeile 12 nach unten.

5 Zuletzt müssen nur noch die gesamten Zinsen zum Anlagebetrag addiert werden. Das erreichen Sie mit dieser Formel in Zelle E14:

=SUMME(E6:E12)+D6

Als Ergebnis wird genau wie über die Funktion *ZW2()* der Endwert der Anlage unter Berücksichtigung von Zinseszinsen ermittelt.

E14	▼	*f×*	=SUMME(E6:E12)+D6		
	A	B	C	D	E
1	**Ermittlung des Endwerts einer Kapitalanlage bei wechselnden Zinsen**				
2					
3					
4	Anlagebetrag	75.000,00 €			
5				Kapital	Zinsen
6	Zinssatz Jahr 1	1,50%		75.000,00 €	1.125,00 €
7	Zinssatz Jahr 2	2,25%		76.125,00 €	1.712,81 €
8	Zinssatz Jahr 3	3,00%		77.837,81 €	2.335,13 €
9	Zinssatz Jahr 4	3,50%		80.172,95 €	2.806,05 €
10	Zinssatz Jahr 5	4,20%		82.979,00 €	3.485,12 €
11	Zinssatz Jahr 6	4,70%		86.464,12 €	4.063,81 €
12	Zinssatz Jahr 7	5,00%		90.527,93 €	4.526,40 €
13					
14	Endwert	95.054,33 €			95.054,33 €
15					

Tipp 9: Welcher Zinssatz steckt hinter der Skontoausnutzung?

In der Praxis ist oft davon die Rede, der Verzicht auf die Skontoausnutzung sei der teuerste Kredit. In diesem Beispiel wird diese Aussage untersucht und ermittelt, ob es vorteilhaft ist, den Skontoabzug zu unterlassen, oder ob es besser ist, Skonto zu ziehen und dafür einen Kontokorrentkredit in Anspruch zu nehmen.

Die Ausgangswerte sehen Sie in der Abbildung.

	A	B	C
1	**Ermittlung Zinssatz für Skontoausnutzung**		
2			
3			
4	Rechnungsbetrag	7.450,00 €	
5	Zahlungsziel ohne Skonto in Tagen	30	
6	Zahlungsziel mit Skonto	10	
7	Skonto in Prozent	3,00%	
8	Zinssatz für den Kontokorrentkredit	14%	
9			

So geht's:

1   Wenn die Rechnung am 10. Tag mit Skontoausnutzung gezahlt wird, muss für 20 Tage ein Kontokorrentkredit in Anspruch genommen werden. Diese 20 Tage resultieren aus der maximalen Zahlungsfrist von 30 Tagen im Vergleich zur Skontofrist von 10 Tagen. Berechnet wird das mit der Formel =B5-B6 in Zelle B11.

2   Ermitteln Sie im zweiten Schritt den Skontobetrag mit der Formel =B4*B7 in Zelle B12.

3   Nach Abzug des Skontobetrags verbleibt ein Zahlbetrag in Höhe von 7.226,50 Euro. Dieser wird durch die Formel =B4-B12 in Zelle B13 errechnet.

4   Der Zahlbetrag in Zelle B13 ist Grundlage zur Ermittlung des Kontokorrentzinses. Diesen ermitteln Sie durch die Formel =B13*B8*B11/360 in Zelle B14.

5   Den Vorteil der Skontozahlung berechnen Sie nun ganz einfach, indem Sie in Zelle B16 vom Skontobetrag den Kontokorrentzins subtrahieren.

Im Beispiel ergibt sich eine Einsparung durch die Skontoausnutzung in Höhe von 167,29 Euro.

Hinweis

Die Skontoausnutzung bringt eine Einsparung trotz Inanspruchnahme eines Kontokorrentkredits von 2,25 %. Die Kontokorrentzinsen belasten den Skontosatz also um 0,75 %.

	B16	▼	*f_x* =B12-B14		
		A		B	C
1	Ermittlung Zinssatz für Skontoausnutzung				
2					
3					
4	Rechnungsbetrag			7.450,00 €	
5	Zahlungsziel ohne Skonto in Tagen			30	
6	Zahlungsziel mit Skonto			10	
7	Skonto in Prozent			3,00%	
8	Zinssatz für den Kontokorrentkredit			14%	
9					
10					
11	Inanspruchnahme KK-Kredit in Tagen			20	
12	Skontobetrag			223,50 €	
13	Rechnungsbetrag bei Skontoausnutzung			7.226,50 €	
14	Zinsen für den Kontokorrentkredit			56,21 €	
15					
16	Vorteil durch Skontoausnutzung			167,29 €	
17					

Tipp 10: Wie hoch dürfen die Investitionskosten sein? – Ermittlung des Barwerts

Der Barwert oder auch Gegenwartswert entspricht dem Wert, den eine zukünftig anfallende Zahlungsreihe in der Gegenwart besitzt. Anders ausgedrückt, ist es der Wert aller Zahlungen am Anfang der Laufzeit (zum Zeitpunkt 0).

Die Funktion ist wie folgt aufgebaut:

BW(Zins;Anzahl_Zahlungszeiträume;Regelmäßige_Zahlung;Endwert; Fälligkeit)

BW() gibt den Barwert einer Investition zurück.

Die Funktionsargumente:

➢ *Zins*: Ist der Zinssatz pro Periode.

➢ *Anzahl_Zahlungszeiträume*: Gibt an, über wie viele Perioden die jeweilige Annuität (Rente) gezahlt wird.

➢ *Regelmäßige_Zahlung*: Ist der Betrag (die Annuität), der in jeder Periode gezahlt wird. Dieser Betrag kann sich während der Laufzeit nicht ändern. Üblicherweise umfasst die *Regelmäßige_Zahlung* Tilgung und Zinsen, nicht aber Gebühren oder Steuern.

➢ *Endwert*: Ist der zukünftige Wert, den Sie nach der letzten Zahlung erreicht haben möchten. Fehlt das Argument *Endwert*, wird es als 0 angenommen.

➢ *Fälligkeit*: Kann den Wert 0 oder 1 annehmen und gibt an, wann die Zahlungen fällig sind.

In folgendem Beispiel soll anhand der Barwertermittlung berechnet werden, wie hoch die Investitionskosten maximal sein dürfen, um die Gewinnschwelle nicht zu unterschreiten.

Die Ausgangswerte sehen Sie in der Abbildung. Die Investition liefert einen jährlichen Ertrag von 76.000 Euro über einen Zeitraum von 7 Jahren. Danach ist die Maschine abgeschrieben und muss durch eine

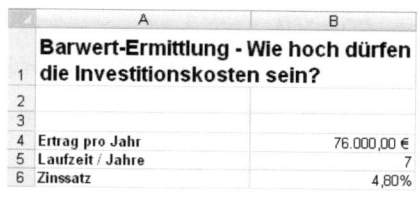

neue ersetzt werden. Zur Investition muss ein Kredit mit einer Verzinsung von 4,8 % aufgenommen werden. Auch wenn die Investition aus Eigenmitteln durchgeführt wird, muss ein Zinssatz in ähnlicher Höhe angenommen werden. Dieser stellt die entgangene Eigenkapitalverzinsung dar.

So geht's:

Zur Ermittlung der maximalen Investitionskosten erfassen Sie in Zelle B8 die Formel =BW(B6;B5;B4*-1).

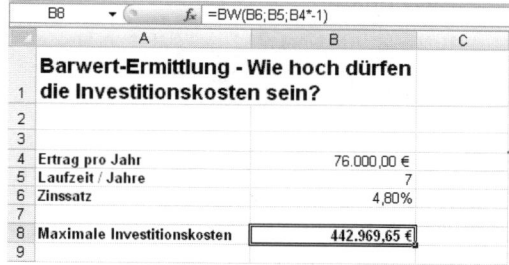

Das Ergebnis lautet 442.969,65 Euro, was bedeutet, dass bei diesem Anschaffungsbetrag weder ein Gewinn noch ein Verlust über die gesamte Laufzeit entsteht. Eine Anschaffung über diesen Betrag ist also nicht zu empfehlen.

Deutlicher wird der Sachverhalt, wenn die Berechnung in einzelne Teilschritte zerlegt wird. Gehen Sie dazu wie folgt vor:

1 Legen Sie eine Tabelle an.

	A	B	C	D	E
1	**Barwertermittlung - Einzelschritte**				
2					
3	Jahr	Investition	Zinsen	Ertrag	Restwert
4	1				
5	2				
6	3				
7	4				
8	5				
9	6				
10	7				
11					

2 Erfassen Sie in Zelle B4 die maximalen Investitionskosten in Höhe von *442.969,65 €.*

3 Die Formel in Zelle C4 zur Zinsermittlung lautet wie folgt:

=RUNDEN(B4*4,8%;2)

4 Als jährlichen Ertrag erfassen Sie in Zelle D4 die Formel *=76000*1.*

5 Zur Berechnung des Restwerts in Zelle E4 geben Sie folgende Formel ein:

=B4-D4+C4

6 Markieren Sie nun den Zellbereich B5:B10 und erfassen Sie den Bezug zur Zelle E4 mit der Bezugsformel *=E4*. Schließen Sie die Eingabe über mit der Tastenkombination (Strg)+(Enter) ab.

7 Im letzten Schritt markieren Sie den Bereich C4:E4 und kopieren die Formeln und Zelleinträge bis zur Zeile 10 über das Ausfüllkästchen nach unten.

	A	B	C	D	E
1	**Barwertermittlung - Einzelschritte**				
2					
3	Jahr	Investition	Zinsen	Ertrag	Restwert
4	1	442.969,65 €	21.262,54 €	76.000,00 €	388.232,19 €
5	2	388.232,19 €	18.635,15 €	76.000,00 €	330.867,34 €
6	3	330.867,34 €	15.881,63 €	76.000,00 €	270.748,97 €
7	4	270.748,97 €	12.995,95 €	76.000,00 €	207.744,92 €
8	5	207.744,92 €	9.971,76 €	76.000,00 €	141.716,68 €
9	6	141.716,68 €	6.802,40 €	76.000,00 €	72.519,08 €
10	7	72.519,08 €	3.480,92 €	76.000,00 €	0,00 €
11					

Haben Sie die Berechnung korrekt durchgeführt, ergibt sich in Zelle E10 der Wert 0. Dies bedeutet, dass unter Berücksichtigung der Zinsen und des möglichen Ertrags nach 7 Jahren kein Restwert mehr vorhanden ist. Das belegt, dass der maximale Anschaffungsbetrag den Betrag von 442.969,65 nicht überschreiten darf.

Hinweis

Ihnen ist vielleicht in Schritt 4 aufgefallen, dass nicht einfach der Wert 76000 erfasst, sondern über eine Multiplikation mit dem Wert 1 eingetragen wurde. Dies ist notwendig, damit beim Kopieren über das AutoAusfüllkästchen der Wert nicht automatisch angepasst wird.

Tipp 11: Umstellung von der degressiven auf die lineare Abschreibung

In diesem Beispiel wird berechnet, wann der beste Zeitpunkt zur Umstellung von der degressiven Abschreibung auf die lineare Methode ist. Bei der degressiven Abschreibung sind die Abschreibungsbeträge zu Beginn größer als bei der linearen Methode. Da die Abschreibungsbeträge bei der degressiven Methode jährlich fallen, kehrt sich dies zu einem bestimmten Zeitpunkt um. Dann ist die lineare Afa größer als die degressive Afa. Dies ist der Zeitpunkt, zu dem die Umstellung vorgenommen werden sollte.

So geht's:

Sehen Sie sich zunächst die Ausgangsdaten etwas näher an.

Zur Lösung der Aufgabenstellung bietet Excel die Funktion *VDB()*.

VDB(Ansch_Wert;Restwert; Nutzungsdauer;Anfang;Fertig stellen;Faktor;Nicht_wechseln)

	B8	▼	f_x =B7/(1/B6)	
	A		B	C
1	**Umstellung von der degressiven-Afa auf die lineare Afa**			
2				
3				
4	Anschaffungskosten		100.000,00 €	
5	Restwert		0	
6	Nutzungsdauer / Jahre		10	
7	degressiver Afa-Satz		20%	
8	Faktor		2	
9				

VDB() gibt die degressive Doppelratenabschreibung eines Wirtschaftsguts für eine bestimmte Periode oder Teilperiode zurück

Die Funktionsargumente:

> *Ansch_Wert*: Sind die Anschaffungskosten eines Wirtschaftsguts.

> *Restwert*: Ist der Restwert nach Ablauf der Nutzungsdauer (häufig auch als Schrottwert bezeichnet).

> *Nutzungsdauer*: Meint die Anzahl der Perioden, über die das Wirtschaftsgut abgeschrieben wird (auch als Lebensdauer bezeichnet).

> *Anfang*: Ist der erste Zeitraum, der für die Berechnung eines Abschreibungsbetrags berücksichtigt werden soll. *Anfang* muss in derselben Zeiteinheit vorliegen wie *Nutzungsdauer*.

> *Fertig stellen*: Bezeichnet den letzten Zeitraum, der für die Berechnung eines Abschreibungsbetrags berücksichtigt werden soll. *Fertig stellen* muss in derselben Zeiteinheit vorliegen wie Nutzungsdauer.

> *Faktor*: Ist die Rate, um die der Restbuchwert abnimmt (Faktor steht für *Faktor * 100 % / Nutzungsdauer*). Fehlt das Argument *Faktor*, wird es als 2 angenommen. Wenn Sie das Verfahren der degressiven Doppelratenabschreibung nicht anwenden möchten, müssen Sie einen anderen Faktor angeben.

> *Nicht_wechseln*: Ist ein Wahrheitswert, der angibt, ob auf lineare Abschreibung umgeschaltet werden soll, wenn der dabei berechnete Abschreibungsbetrag größer ist als der bei der geometrischen Abschreibung.

335

Zur Ermittlung des Umstellungszeitpunkts von der degressiven zur linearen Afa gehen Sie nun wie folgt vor:

1 Die Funktion *VDB()* benötigt das Argument *Faktor*. Zur Ermittlung dieses Faktors erfassen Sie in Zelle B8 die Formel *=B14*100/B4*. Die allgemeingültige Formel dafür lautet: *Abschreibungssatz in % * 1 / (100 / Nutzungsdauer)*.

2 Markieren Sie den Zellbereich B12:B21 und erfassen Sie in Zelle B12 folgende Formel zur Ermittlung der degressiven Abschreibung:

=VDB($B$4;$B$5;$B$6;A12-1;A12;$B$8;FALSCH)

3 Beenden Sie die Dateneingabe mit der Tastenkombination Strg+Enter. Damit wird die Formel in den markierten Bereich eingetragen.

Im sechsten Jahr erfolgt die Umstellung von der degressiven auf die lineare Afa, indem der Buchwert durch die Restnutzungsdauer dividiert wird. Dies erkennen Sie daran, dass die Abschreibungsbeträge ab dem sechsten Jahr für den Restzeitraum identisch sind und nicht wie bei der degressiven Afa jährlich abfallen.

B12	▾	fx	=VDB($B$4;$B$5;$B$6;A12-1;A12; $B$8;FALSCH)

	A	B	C
1	**Umstellung von der degressiven-Afa auf die lineare Afa**		
2			
3			
4	Anschaffungskosten	100.000,00 €	
5	Restwert	0	
6	Nutzungsdauer / Jahre	10	
7	degressiver Afa-Satz	20%	
8	Faktor	2	
9			
10			
11	**Afa für Jahr**	**Abschreibung in €**	
12	1	20.000,00 €	
13	2	16.000,00 €	
14	3	12.800,00 €	
15	4	10.240,00 €	
16	5	8.192,00 €	
17	6	6.553,60 €	
18	7	6.553,60 €	
19	8	6.553,60 €	
20	9	6.553,60 €	
21	10	6.553,60 €	
22			

Hinweis

Sie können mit der Funktion *VDB()* auch Abschreibungen für andere Zeiträume wie Monate oder auch Tage berechnen, indem Sie die Nutzungsdauer entsprechend erfassen. Bei der monatlichen Afa-Rechnung geben Sie anstelle von 10 Jahren einfach 120 Monate an. Darüber hinaus können Sie mit der Funktion *VDB()* auch Abschreibungen für Zeiträume wie beispielsweise 15 bis 25 Monate ermitteln.

Tipp 12: Zukünftige Werte schätzen

Excel bietet in der Funktionskategorie *Statistik* einige Funktionen, mit denen sich zukünftige Entwicklungen (zumindest mathematisch) berechnen lassen. Für die Prognose zukünftiger finanzieller Entwicklungen können die Funktionen *SCHÄTZER* und *TREND* herangezogen werden. Diese Funktionen ermitteln auf Basis vorhandener Werte Prognosewerte, sie berechnen aber nur gleichmäßige Änderungen. Das heißt, Schwankungen bleiben unberücksichtigt. Nachfolgend sehen Sie, wie die Funktion *SCHÄTZER* arbeitet.

So geht's:

1 Erfassen Sie zunächst in einer neuen Tabelle in den Spalten B bis D drei Artikel mit Umsatzwerten für die ersten sieben Wochen eines Jahrs.

2 Tragen Sie nun für den ersten Artikel in Zelle B11 die Formel *=SCHÄTZER($A11;B$4:B10;$A$4:$A10)* ein und kopieren Sie diese Formel für die restlichen Wochen des Jahrs nach unten. Verfahren Sie analog mit den anderen Artikeln.

	B11	▼	*fx*	=SCHÄTZER($A11;B$4:B10;$A$4:$A10)		
	A	B	C	D	E	F
1			Umsatzprognose			
2						
3	KW	Artikel A	Artikel B	Artikel C		
4	1	100.000	90.000	70.000		
5	2	120.000	130.000	80.000		
6	3	130.000	120.000	80.000		
7	4	110.000	150.000	70.000		
8	5	140.000	160.000	60.000		
9	6	180.000	170.000	60.000		
10	7	190.000	90.000	80.000		
11	8	195.714	147.143	67.143		
12	9	210.000	151.429	66.071		
13	10	224.286	155.714	65.000		
14	11	238.571	160.000	63.929		
15	12	252.857	164.286	62.857		
16	13	267.143	168.571	61.786		

Die Funktion:

> *SCHÄTZER*: Diese Funktion gibt, wie der Name schon sagt, einen Schätzwert für einen linearen Trend zurück und eignet sich z. B. für die Prognose von Umsatzwerten, Aktienkursen etc.

Tipp 13: Zukünftige Trends prognostizieren

Excel bietet neben der Funktion *SCHÄTZER* auch die Funktion *TREND*, um vorhandene Werte zu prognostizieren. Wie diese letztgenannte Funktion arbeitet, sehen Sie am nachfolgenden Beispiel.

So geht's:

1 Erfassen Sie erneut in einer Tabelle in den Spalten B bis D drei Artikel mit Umsatzwerten für die ersten sieben Wochen eines Jahrs.

2 Tragen Sie nun für den ersten Artikel in die Zellen B11 bis B55 die Formel *{=TREND(B4:B10;A4:A10;A11:A55)}* als Matrixfunktion ein. Verfahren Sie analog mit den anderen Artikeln.

	B11	▾	*fx*	{=TREND(B4:B10;A4:A10;A11:A55)}		
	A	B	C	D	E	F
5	2	120.000	130.000	80.000		
6	3	130.000	120.000	80.000		
7	4	110.000	150.000	70.000		
8	5	140.000	160.000	60.000		
9	6	180.000	170.000	60.000		
10	7	190.000	90.000	80.000		
11	8	195.714	147.143	67.143		
12	9	210.000	151.429	66.071		
13	10	224.286	155.714	65.000		
14	11	238.571	160.000	63.929		

Die Funktion:

> *TREND*: Diese Funktion liefert Werte, die sich aus einem linearen Trend ergeben, und eignet sich ebenfalls für die Prognose von Umsatzwerten, Aktienkursen etc. Der Unterschied zwischen den Funktionen *SCHÄTZER* und *TREND* liegt darin, dass Sie mit der Funktion *SCHÄTZER* lediglich einen einzelnen Wert, mit der Funktion *TREND* jedoch mehrere Werte prognostizieren können.

Hinweis

Die beiden Funktionen *SCHÄTZER* und *TREND* zeigen die gleichen Ergebnisse an und liefern beide eine gleichmäßig an- oder absteigende Prognose, da sie davon ausgehen, das alle Werte gleichmäßig an- oder absteigen. Dies muss bei der Betrachtung der prognostizierten Werte immer berücksichtigt werden.

Tipp 14: Verzinsung des eingesetzten Kapitals bei Zinssatzsteigerung

Bei finanzmathematischen Fragestellungen ist Excel zweifelsfrei das Instrument Ihrer Wahl. Wenn Sie beispielsweise ein Anfangskapital über eine bestimmte Anzahl Perioden verzinsen möchten und dabei eine jährliche Steigerung des Zinssatzes unterstellt wird, können Sie das mit einer einzigen Formel darstellen.

So geht's:

1 Erfassen Sie zuerst die Grunddaten. Das heißt, in Zelle B1 steht das Anfangskapital oder auch der Barwert, in B2 der Zinssatz der ersten Periode, in B3 die Anzahl der Perioden und in B4 der Zinsanstieg der Folgeperioden.

2 Tragen Sie dann in Zelle B1 die Matrixformel für das Endkapital ein:

$\{=PRODUKT(B2+1+(B4*(ZEILE(INDIREKT("1:"\&B3))-1)))*B1\}$

	B5	▼	f_x	$\{=PRODUKT(B2+1+(B4*(ZEILE(INDIREKT("1:"\&B3))-1)))*B1\}$			
	A	B	C	D	E	F
1	Anfangskapital	5.000,00				
2	Zinssatz erste Periode	3%				
3	Anzahl Perioden	5				
4	Zinsanstieg Folgeperioden	0,40%				
5	Endkapital	6.024,55				
6						

4.8 Daten professionell mit Datenbank- und Listenfunktionen verwalten

Eine richtig angeordnete Liste stellt für Excel bereits eine kleine Datenbank dar. Entscheidend ist, dass sich in der obersten Zeile Spaltenüberschriften befinden, die sogenannte Kopfzeile. Alle darunterliegenden Daten müssen den gleichen Aufbau haben, damit von einer Datenbank gesprochen werden kann.

Tipp 1: Grundlagen zur Erstellung einer Excel-Datenbank

Die wesentlichen Aufgaben einer Datenbank bestehen in der Verwaltung und Strukturierung von Daten. Excel bietet verschiedene Möglichkeiten zur Erfassung, Verwaltung und Analyse von Daten.

Da Datenbanken inzwischen hauptsächlich auf Tabellen beruhen, bietet es sich geradezu an, Excel als Datenbank zu verwenden. Im Vergleich zu spezialisierten Datenbankmanagementsystemen wie Access oder Microsoft SQL Server sind die Funktionen von Excel eingeschränkt. Das größte Manko gegenüber Datenbankmanagementsystemen besteht darin, dass Tabellen nicht über Schlüssel, sogenannte Keys, verknüpft werden können. Kleinere Datenmengen von mehreren Hundert Datensätzen, die nicht auf verschiedenen Tabellenblättern liegen und verknüpft werden müssen, können mit Excel ohne Weiteres verwaltet werden.

Als Datenbank wird bereits eine Tabelle bezeichnet, die eine oder mehrere Überschriften mit darunterliegenden Daten beinhaltet. In der Terminologie der Datenbankverwaltung werden diese Überschriften Datenfeldnamen genannt. Unter einem Datenfeldnamen befinden sich in den Spalten immer gleichartige Informationen, zum Beispiel Vornamen, Nachnamen, Straße, Postleitzahl und Ort.

	A	B	C	D	E	F
1	Debitorenliste per 30.06.2007					
2						
3	Deb-Nr.	Vorname	Nachname	Straße	PLZ	Ort
4	70001	Agnes	Argauer	Prenzlauerstraße 50	76438	Musterau
5	70003	Björn	Paulus	Riestergasse 1	65293	Testmainau
6	70010	Klaus	Weimer	Berghut 19	94773	Musterstadt
7	70015	Anke	Greiner	Hauptweg 22	91772	Testhausen
8	70020	Irmgard	Huber	Burgenweg 92	83008	Musterdorf
9	70025	Adolf	Meier	Bahnhofstraße 4	93881	Testbergheim
10	70027	Wolfgang	Eisenstätt	Trampelpfad 3	93340	Schönmusterstadt
11	70030	Angelika	Maurer	Klaus-Straße 43	82019	Bergtestheim
12	70035	Stefan	Leitner	Schnurstraße 9	74991	Testort

Diese einzelnen Informationen werden Datenfeldinhalte genannt. Eine Zeile einer Tabelle, die sich aus den einzelnen Datenfeldern zusammensetzt, bildet einen Datensatz. Trifft Excel auf eine derart strukturierte Tabelle, wird sie intern als Datenbank erkannt und als solche verwaltet. In diesem Beispiel liegt die Datenbank im Zellbereich A3:F12 vor.

Folgende Punkte müssen Sie beim Aufbau einer Datenbank jedoch beachten:

➤ Datenfeldnamen müssen eindeutig sein, dürfen sich also nicht wiederholen.

➤ Die Überschriften (Datenfeldnamen) müssen sich immer in der ersten Zeile der Datenbank befinden.

➤ Die Datenbank darf keine Leerzeilen enthalten.

Wenn Sie diese Rahmenbedingungen einhalten, steht der Verwendung der Datenverwaltungsfunktionen von Excel nichts mehr im Wege.

Die Daten können Sie wie gewohnt in die Datenbank eingeben. Alternativ stellt Excel den Befehl *Maske* zur Verfügung. Dieser ist aber standardmäßig nicht in der Multifunktionsleiste ab Excel 2007 enthalten, sondern muss manuell in die Schnellstartleiste eingebunden werden.

➜ Verweis: siehe Kapitel 1.1, Tipp 1

In Excel 2003 steht dieser Befehl über das Menü *Daten/Maske* zur Verfügung.

Sie sehen, Excel verwendet die Überschriften in der Maske automatisch als Datenfeldbezeichnung. Weitere Features der Datenmaske sind, eine Suchfunktion sowie die Möglichkeit, direkt aus der Maske heraus Daten zu löschen. Aber Vorsicht, hier steht keine Undo-Funktion zur Verfügung. Über die Suchfunktion können Sie Datensätze eingrenzen, so kann beispielsweise nach Daten innerhalb eines bestimmten Postleitzahlenkreises gesucht werden. Verwenden Sie dazu die bekannten Suchparameter.

Excel stellt zur Analyse von Datenbanken einige Datenbankfunktionen zur Verfügung. Diese können Sie auf alle Datenbereiche anwenden, die eine Listenstruktur besitzen. Die Datenbankfunktionen eignen sich ausgezeichnet, um statistische Auswertungen und Analysen aufgrund bestimmter Kriterien vorzunehmen.

Nachfolgend erhalten Sie einen Überblick über alle von Excel zur Verfügung gestellten Datenbankfunktionen.

Datenbankfunktion	Erläuterung
DBANZAHL(Datenbank,Feld, Kriterien)	Zählt die Anzahl von Zellen in einer Spalte einer Liste oder Datenbank, die den angegebenen Bedingungen entsprechen.
DBANZAHL2(Datenbank, Feld,Kriterien)	Zählt die Anzahl von nicht leeren Zellen in einer Spalte einer Liste oder Datenbank, die den angegebenen Bedingungen entsprechen.
DBAUSZUG(Datenbank,Feld, Kriterien)	Extrahiert einen einzelnen Wert in einer Spalte einer Liste oder Datenbank, der den angegebenen Bedingungen entspricht.
DBMAX(Datenbank,Feld, Kriterien)	Liefert die größte Anzahl in einer Spalte einer Liste oder Datenbank, die den angegebenen Bedingungen entspricht.
DBMIN(Datenbank,Feld, Kriterien)	Liefert die kleinste Anzahl in einer Spalte einer Liste oder Datenbank, die den angegebenen Bedingungen entspricht.
DBMITTELWERT(Datenbank, Feld,Kriterien)	Liefert den Mittelwert aus den Werten einer Listen- oder Datenbankspalte, die den von Ihnen angegebenen Bedingungen entsprechen.
DBPRODUKT(Datenbank, Feld,Kriterien)	Multipliziert die Werte in einer Spalte einer Liste oder Datenbank, die den angegebenen Bedingungen entsprechen.
DBSTABW(Datenbank,Feld, Kriterien)	Schätzt die Standardabweichung einer Grundgesamtheit, ausgehend von den Zahlen in einer Spalte einer Liste oder Datenbank, die den angegebenen Bedingungen entsprechen.
DBSTABWN(Datenbank,Feld, Kriterien)	Berechnet die Standardabweichung einer vollständigen Grundgesamtheit, ausgehend von den Zahlen in einer Spalte einer Liste oder Datenbank, die den angegebenen Bedingungen entsprechen.

Datenbankfunktion	Erläuterung
DBSUMME(Datenbank,Feld, Kriterien)	Fügt die Zahlen in einer Spalte aus einer Liste oder Datenbank hinzu, die den angegebenen Bedingungen entsprechen.
DBVARIANZ(Datenbank,Feld, Kriterien)	Schätzt die Varianz einer Grundgesamtheit, ausgehend von einer Stichprobe mit den Zahlen in einer Spalte einer Liste oder Datenbank, die den angegebenen Bedingungen entsprechen.
DBVARIANZEN(Datenbank, Feld,Kriterien)	Berechnet die Varianz einer vollständigen Grundgesamtheit, ausgehend von den Zahlen in einer Spalte einer Liste oder Datenbank, die den angegebenen Bedingungen entsprechen.

Erläuterung zu den Argumenten:

➢ Im Argument *Datenbank* ist jeweils der Zellbereich anzugeben, in dem sich die auszuwertenden Daten befinden.

➢ Das Argument *Feld* gibt an, welches Feld zur Auswertung herangezogen werden soll. Dabei kann sowohl der Zellbezug als auch der Text der Spaltenüberschrift angegebenen werden. Die Spaltenüberschrift muss dabei in Anführungszeichen gesetzt werden.

➢ Im Argument *Kriterium* wird der Zellbereich angegeben, der die Suchbedingungen enthält. Als Suchkriterium kann ein beliebiger Bereich verwendet werden, der mindestens eine Spaltenbeschriftung mit einer darunterliegenden Zeile beinhaltet, in der die Suchbedingung eingegeben werden kann.

Die nachfolgenden Beispiele basieren auf einer Artikel-Lagerübersicht, die wie folgt aufgebaut ist:

	A	B	C	D	E	F	G
1	**Artikel-Lagerübersicht**						
2							
3	Artikel-Nr.	Beschreibung	Gruppe	Lager	Mindestmenge	Lagermenge	EK netto/Stück
4	SAN-60853	Artikel A1	A	Hauptlager	50	299	28,88 €
5	SAN-99296	Artikel A2	A	Nebenlager1	70	186	8,43 €
6	SBN-92709	Artikel B1	B	Nebenlager2	40	83	15,05 €
7	SBN-67439	Artikel B2	B	Hauptlager	90	152	8,26 €
8	SCN-92796	Artikel C1	C	Nebenlager2	100	266	18,06 €
9	SDN-58941	Artikel D2	D	Nebenlager1	100	202	30,04 €
10	SCN-50875	Artikel C2	C	Hauptlager	50	60	25,84 €
11	SAN-43180	Artikel A3	A	Nebenlager2	35	31	4,29 €
12	SCN-13421	Artikel C3	C	Nebenlager1	80	159	7,74 €
13	SCN-64761	Artikel C4	C	Nebenlager2	100	281	8,80 €
14	SDN-76839	Artikel D2	D	Hauptlager	70	167	7,40 €
15	SBN-74756	Artikel B3	B	Nebenlager1	50	46	19,88 €
16	SAN-56800	Artikel A4	A	Nebenlager1	50	79	9,95 €
17	SBN-80678	Artikel B4	B	Nebenlager2	80	231	1,73 €
18	SDN-13266	Artikel D2	D	Hauptlager	40	120	22,40 €
19	SAN-80402	Artikel A5	A	Hauptlager	70	202	6,01 €
20	SBN-35317	Artikel B5	B	Hauptlager	10	10	74,56 €
21							

Bevor mit den Auswertungen begonnen werden kann, wird noch ein Kriterienbereich benötigt. Der Kriterienbereich muss mindestens zwei Zeilen hoch sein. Die Breite des Kriterienbereichs muss aber nicht zwingend mit der Breite der Datenbank übereinstimmen, was bedeutet, dass Sie nicht immer alle Datenbankfelder in den Kriterienbereich übernehmen müssen. Zu beachten ist, dass die Bezeichnung der Datenbankfelder im Kriterienbereich exakt mit der Spaltenbeschriftung des Datenbankbereichs übereinstimmen muss.

An welcher Position der Kriterienbereich innerhalb des Tabellenblatts angelegt wird, ist gleichgültig. Sie sollten nur darauf achten, dass der Kriterienbereich an einer Stelle des Tabellenblatts erzeugt wird, an der er bei der Erfassung von weiteren Datensätzen nicht stört.

Es bietet sich an, den Kriterienbereich über der Artikelliste im Zellbereich A4:G5 zu erzeugen. Damit ist gewährleistet, dass der Kriterienbereich nicht mit neuen Datensätzen kollidiert.

	A	B	C	D	E	F	G
1	**Artikel-Lagerübersicht**						
2							
3							
4	**Artikel-Nr.**	**Beschreibung**	**Gruppe**	**Lager**	**Mindestmenge**	**Lagermenge**	**EK netto/Stück**
5							
6							
7							
8							
9							
10							
11							
12							
13	**Artikel-Nr.**	**Beschreibung**	**Gruppe**	**Lager**	**Mindestmenge**	**Lagermenge**	**EK netto/Stück**
14	SAN-60853	Artikel A1	A	Hauptlager	50	299	28,88 €
15	SAN-99296	Artikel A2	A	Nebenlager1	70	186	8,43 €
16	SBN-92709	Artikel B1	B	Nebenlager2	40	83	15,05 €
17	SBN-67439	Artikel B2	B	Hauptlager	90	152	8,26 €
18	SCN-92796	Artikel C1	C	Nebenlager2	100	266	18,06 €
19	SDN-58941	Artikel D2	D	Nebenlager1	100	202	30,04 €
20	SCN-50875	Artikel C2	C	Hauptlager	50	60	25,84 €
21	SAN-43180	Artikel A3	A	Nebenlager2	35	31	4,29 €
22	SCN-13421	Artikel C3	C	Nebenlager1	80	159	7,74 €
23	SCN-64761	Artikel C4	C	Nebenlager2	100	281	8,80 €
24	SDN-76839	Artikel D2	D	Hauptlager	70	167	7,40 €
25	SBN-74756	Artikel B3	B	Nebenlager1	50	46	19,88 €
26	SAN-56800	Artikel A4	A	Nebenlager1	50	79	9,95 €
27	SBN-80678	Artikel B4	B	Nebenlager2	80	231	1,73 €
28	SDN-13266	Artikel D2	D	Hauptlager	40	120	22,40 €
29	SAN-80402	Artikel A5	A	Hauptlager	70	202	6,01 €
30	SBN-35317	Artikel B5	B	Hauptlager	10	10	74,56 €
31							

Tipp 2: Zählen von Artikeln mithilfe der Datenbankfunktion DBANZAHL()

In diesem Beispiel soll aus der vorliegenden Artikelliste die Anzahl der Datensätze ermittelt werden, die folgende Kriterien aufweisen:

> ➤ Lagermenge größer 200 Stück
> ➤ Einkaufspreis kleiner 10,00 Euro
> ➤ Gelagert in Nebenlager2

So geht's:

Zur Lösung dieser Aufgabenstellung kommt die Datenbankfunktion *DBANZAHL(Datenbank;Datenbankfeld;Suchkriterium)* zum Einsatz.

1 Da der Kriterienbereich bereits angelegt ist, können Sie direkt mit der Erfassung der einzelnen Suchkriterien beginnen. Erfassen Sie in Zelle D5 die erste Bedingung, nämlich den Eintrag *Nebenlager2*.

2 In Zelle F5 geben Sie das Kriterium *>200* ein, da eben nur Datensätze gesucht werden sollen, bei denen mehr als 200 Stück vorhanden sind.

3 Als dritte Bedingung legen Sie den Nettoeinkaufspreis in Zelle G5 auf *<10* fest.

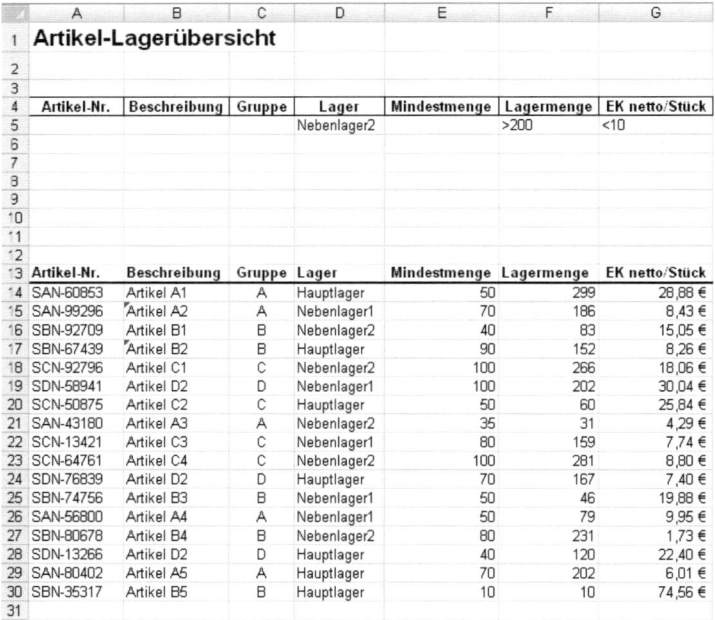

4 Zur eigentlichen Auswertung erfassen Sie in Zelle B9 die Funktion *=DBANZAHL(A13:G30;G4;A4:G5)*. Damit wird der Datenbereich A13: G30 auf die im Kriterienbereich A4:G5 angegebenen Kriterien durchsucht, und die Datensätze werden in der Spalte *EK netto/Stück* gezählt.

	B9	▾		*fx*	=DBANZAHL(A13:G30;G4;A4:G5)		

	A	B	C	D	E	F	G
1	**Artikel-Lagerübersicht**						
2							
3							
4	Artikel-Nr.	Beschreibung	Gruppe	Lager	Mindestmenge	Lagermenge	EK netto/Stück
5				Nebenlager2		>200	<10
6							
7							
8	Auswertung:						
9	Anzahl	2					
10							
11							
12							
13	Artikel-Nr.	Beschreibung	Gruppe	Lager	Mindestmenge	Lagermenge	EK netto/Stück
14	SAN-60853	Artikel A1	A	Hauptlager	50	299	28,88 €
15	SAN-99296	Artikel A2	A	Nebenlager1	70	186	8,43 €
16	SBN-92709	Artikel B1	B	Nebenlager2	40	83	15,05 €
17	SBN-67439	Artikel B2	B	Hauptlager	90	152	8,26 €
18	SCN-92796	Artikel C1	C	Nebenlager2	100	266	18,06 €
19	SDN-58941	Artikel D2	D	Nebenlager1	100	202	30,04 €
20	SCN-50875	Artikel C2	C	Hauptlager	50	60	25,84 €
21	SAN-43180	Artikel A3	A	Nebenlager2	35	31	4,29 €
22	SCN-13421	Artikel C3	C	Nebenlager1	80	159	7,74 €
23	SCN-64761	Artikel C4	C	Nebenlager2	100	281	8,80 €
24	SDN-76839	Artikel D2	D	Hauptlager	70	167	7,40 €
25	SBN-74756	Artikel B3	B	Nebenlager1	50	46	19,88 €
26	SAN-56800	Artikel A4	A	Nebenlager1	50	79	9,95 €
27	SBN-80678	Artikel B4	B	Nebenlager2	80	231	1,73 €
28	SDN-13266	Artikel D2	D	Hauptlager	40	120	22,40 €
29	SAN-80402	Artikel A5	A	Hauptlager	70	202	6,01 €
30	SBN-35317	Artikel B5	B	Hauptlager	10	10	74,56 €
31							

Die Funktion liefert das Ergebnis *2*. Wenn dieses Ergebnis nachkontrolliert werden soll, werden Sie schnell feststellen, dass es bereits bei drei Bedingungen und dieser relativ kleinen Datenmenge keine Freude macht, die Datensätze manuell zu suchen. Es handelt sich um die beiden Datensätze in den Zeilen 23 und 27.

Tipp 3: Welche Möglichkeiten bietet der Kriterienbereich?

Jetzt erfahren Sie anhand einiger Beispiele, welche Möglichkeiten der Kriterienbereich bietet und wie er sich für die unterschiedlichsten Abfragen modifizieren lässt.

So geht's: Und-Verknüpfungen herstellen

Wie sich Und-Verknüpfungen herstellen lassen, haben Sie bereits in Tipp 2 gesehen. Mehrere Suchkriterien in einer Kriterienzeile werden als Und-Abfrage interpretiert. Es besteht hier die Möglichkeit, alle Suchkriterien zu belegen, um eine möglichst genaue Suche durchzuführen.

So geht's: Oder-Verknüpfungen erzeugen

Oder-Abfragen werden erstellt, indem die Suchkriterien in unterschiedlichen Zeilen eingegeben werden.

Sollen beispielsweise die Artikel gezählt werden, die der Artikelgruppe A angehören oder die sich in Nebenlager1 befinden, gehen Sie wie folgt vor:

1 Erfassen Sie in Zelle C5 den Buchstaben *A*. Damit wird das Kriterium für die Artikelgruppe definiert.

2 In Zelle D6 geben Sie das Kriterium für den Lagerort ein. Erfassen Sie den Text *Nebenlager1*.

3 Damit beide Kriterien ausgewertet werden, muss der Kriterienbereich in der Funktion *DBANZAHL()* erweitert werden. Geben Sie dazu in Zelle B9 die Formel *=DBANZAHL(A13:G30;G4;A4:G6)* ein. Sie sehen, das Argument *Kriterien* wurde auf die Zeile 6 ausgedehnt. Damit werden beide Bedingungen in einer Oder-Verknüpfung berücksichtigt.

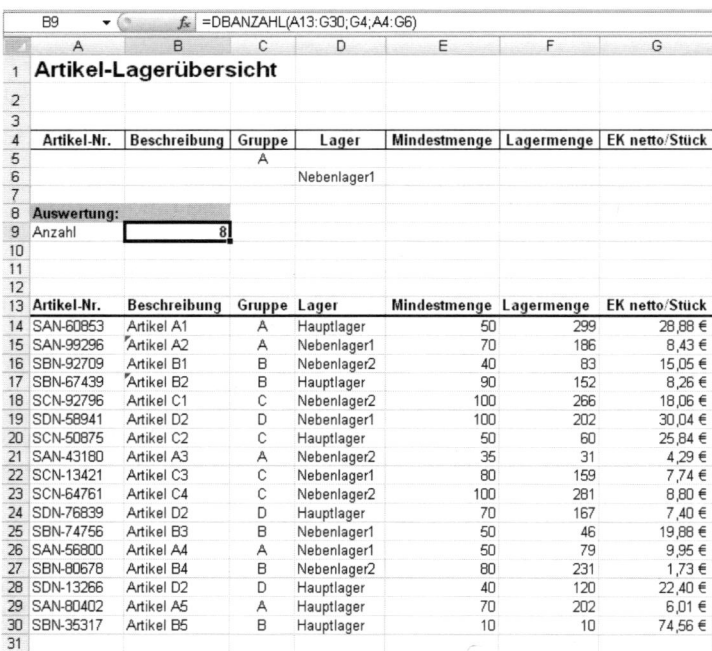

Es befinden sich also acht Artikel entweder in Gruppe A oder im Nebenlager1.

So geht's: Mehrere Gruppen von Kriterien müssen erfüllt sein (Und-Oder-Verknüpfung)

Dieses Beispiel zeigt, wie Datenbankauswertungen mit zwei Und-Oder-Verknüpfungen durchgeführt werden können.

So sollen die Artikel gezählt werden, die sich in Artikelgruppe A befinden und deren Lagermenge 100 übersteigt, oder Artikel aus Artikelgruppe B, deren Lagerbestand den Wert von 200 übersteigt.

1 Als erste Kriteriengruppe erfassen Sie in Zelle C5 den Buchstaben *A* und in Zelle F5 die Bedingung *>100*.

2 Das zweite Kriterienpaar definieren Sie durch Eingabe des Buchstaben *B* in Zelle C6 und durch die Bedingung *>200* in Zelle F6.

3 Zur Auswertung der Bedingungen geben Sie in Zelle B9 folgende Formel ein: *=DBANZAHL(A13:G30;G4;A4:G6)*.

	B9	▼	*fx*	=DBANZAHL(A13:G30;G4:G6)			
	A	B	C	D	E	F	G
1	**Artikel-Lagerübersicht**						
2							
3							
4	Artikel-Nr.	Beschreibung	Gruppe	Lager	Mindestmenge	Lagermenge	EK netto/Stück
5			A			>100	
6			B			>200	
7							
8	**Auswertung:**						
9	Anzahl	4					
10							
11							
12							
13	Artikel-Nr.	Beschreibung	Gruppe	Lager	Mindestmenge	Lagermenge	EK netto/Stück
14	SAN-60853	Artikel A1	A	Hauptlager	50	299	28,88 €
15	SAN-99296	Artikel A2	A	Nebenlager1	70	186	8,43 €
16	SBN-92709	Artikel B1	B	Nebenlager2	40	83	15,05 €
17	SBN-67439	Artikel B2	B	Hauptlager	90	152	8,26 €
18	SCN-92796	Artikel C1	C	Nebenlager2	100	266	18,06 €
19	SDN-58941	Artikel D2	D	Nebenlager1	100	202	30,04 €
20	SCN-50875	Artikel C2	C	Hauptlager	50	60	25,84 €
21	SAN-43180	Artikel A3	A	Nebenlager2	35	31	4,29 €
22	SCN-13421	Artikel C3	C	Nebenlager1	80	159	7,74 €
23	SCN-64761	Artikel C4	C	Nebenlager2	100	281	8,80 €
24	SDN-76839	Artikel D2	D	Hauptlager	70	167	7,40 €
25	SBN-74756	Artikel B3	B	Nebenlager1	50	46	19,88 €
26	SAN-56800	Artikel A4	A	Nebenlager1	50	79	9,95 €
27	SBN-80678	Artikel B4	B	Nebenlager2	80	231	1,73 €
28	SDN-13266	Artikel D2	D	Nebenlager1	40	120	22,40 €
29	SAN-80402	Artikel A5	A	Hauptlager	70	202	6,01 €
30	SBN-35317	Artikel B5	B	Hauptlager	10	10	74,56 €
31							

So geht's: Mehrere Kriterien für ein Datenbankfeld müssen erfüllt sein (Und-Verknüpfung)

Sollen mehrere Kriterien für ein einziges Datenbankfeld abgefragt werden, lässt sich das realisieren, indem das gleiche Datenbankfeld mehrmals im Kriterienbereich angegeben wird.

Im Beispiel sollen alle Datensätze mit einem Nettoeinkaufspreis zwischen 10,00 und 20,00 Euro gezählt werden.

1 Erweitern Sie dazu den Kriterienbereich um eine weitere Überschrift. Erfassen Sie in Zelle H4 die Überschrift *EK netto/Stück* ein zweites Mal.

2 Als Kriterien geben Sie in Zelle G5 *>=10* und in Zelle F5 *<=20* ein.

3 Zur Auswertung erfassen Sie in Zelle B9 diese Formel:

=DBANZAHL(A13:G30;G4;A4:H5)

Beachten Sie auch hier die Anpassung des Kriterienbereichs auf A4:H5.

	B9	▼	f_x =DBANZAHL(A13:G30;G4;A4:H5)				
	A	B	C	D	E	F	G	H

Artikel-Lagerübersicht

	Artikel-Nr.	Beschreibung	Gruppe	Lager	Mindestmenge	Lagermenge	EK netto/Stück	EK netto/Stück
4	Artikel-Nr.	Beschreibung	Gruppe	Lager	Mindestmenge	Lagermenge	EK netto/Stück	EK netto/Stück
5							>=10	<=20

Auswertung:

9	Anzahl	3

13	Artikel-Nr.	Beschreibung	Gruppe	Lager	Mindestmenge	Lagermenge	EK netto/Stück
14	SAN-60853	Artikel A1	A	Hauptlager	50	299	28,88 €
15	SAN-99296	Artikel A2	A	Nebenlager1	70	186	8,43 €
16	SBN-92709	Artikel B1	B	Nebenlager2	40	83	15,05 €
17	SBN-67439	Artikel B2	B	Hauptlager	90	152	8,26 €
18	SCN-92796	Artikel C1	C	Nebenlager2	100	266	18,06 €
19	SDN-58941	Artikel D2	D	Nebenlager1	100	202	30,04 €
20	SCN-50875	Artikel C2	C	Hauptlager	50	60	25,84 €
21	SAN-43180	Artikel A3	A	Nebenlager2	35	31	4,29 €
22	SCN-13421	Artikel C3	C	Nebenlager1	80	159	7,74 €
23	SCN-64761	Artikel C4	C	Nebenlager2	100	281	8,80 €
24	SDN-76839	Artikel D2	D	Hauptlager	70	167	7,40 €
25	SBN-74756	Artikel B3	B	Nebenlager1	50	46	19,88 €
26	SAN-56800	Artikel A4	A	Nebenlager1	50	79	9,95 €
27	SBN-80678	Artikel B4	B	Nebenlager2	80	231	1,73 €
28	SDN-13266	Artikel D2	D	Hauptlager	40	120	22,40 €
29	SAN-80402	Artikel A5	A	Hauptlager	70	202	6,01 €
30	SBN-35317	Artikel B5	B	Hauptlager	10	10	74,56 €

So geht's: Berechnungsergebnisse aus Formeln als Suchkriterium verwenden

In den vorherigen Beispielen wurden Datenbankauswertungen ausschließlich auf der Basis von fest definierten Kriterien durchgeführt. Dieses Beispiel zeigt, welche Auswertungsmöglichkeiten es auf Basis von dynamischen, also berechneten Suchkriterien gibt.

Zu beachten ist, dass die Formel als Ergebnis immer den Wert *WAHR* oder *FALSCH* zurückliefern muss, damit die Abfrage funktionieren kann.

In dieser Aufgabenstellung sollen alle Datensätze gezählt werden, bei denen die Einkaufspreise über dem Durchschnitt liegen.

348

1 Erweitern Sie dazu im ersten Schritt den Kriterienbereich, indem Sie in Zelle H4 als Kriterienüberschrift den Eintrag *Berechnung* eingeben.

2 Als Suchkriterium erfassen Sie in Zelle H5 die Formel *=G14>MITTEL-WERT($G$14:$G$30)*. Damit wird der Durchschnitt im Bereich G14:G30 ermittelt.

3 Zur Berechnung der Menge erfassen Sie in Zelle B9 diese Formel:

=DBANZAHL(A13:G30;G4;A4:H5)

Ausgehend von der Funktion zur Ermittlung des Suchkriteriums in Zelle H5, wird nun jede Zelle im Bereich G14:G30 beginnend bei Zelle G14 darauf untersucht, ob der Wert größer oder kleiner dem errechneten Durchschnitt ist.

	A	B	C	D	E	F	G	H
1	**Artikel-Lagerübersicht**							
2								
3								
4	Artikel-Nr.	Beschreibung	Gruppe	Lager	Mindestmenge	Lagermenge	EK netto/Stück	Berechnung
5								WAHR
6								
7								
8	**Auswertung:**							
9	Anzahl	7						
10								
11								
12								
13	Artikel-Nr.	Beschreibung	Gruppe	Lager	Mindestmenge	Lagermenge	EK netto/Stück	
14	SAN-60853	Artikel A1	A	Hauptlager	50	299	28,88 €	
15	SAN-99296	Artikel A2	A	Nebenlager1	70	186	8,43 €	
16	SBN-92709	Artikel B1	B	Nebenlager2	40	83	15,05 €	
17	SBN-67439	Artikel B2	B	Hauptlager	90	152	8,26 €	
18	SCN-92796	Artikel C1	C	Nebenlager2	100	266	18,06 €	
19	SDN-58941	Artikel D2	D	Nebenlager1	100	202	30,04 €	
20	SCN-50875	Artikel C2	C	Hauptlager	50	60	25,84 €	
21	SAN-43180	Artikel A3	A	Nebenlager2	35	31	4,29 €	
22	SCN-13421	Artikel C3	C	Nebenlager1	80	159	7,74 €	
23	SCN-64761	Artikel C4	C	Nebenlager2	100	281	8,80 €	
24	SDN-76839	Artikel D2	D	Hauptlager	70	167	7,40 €	
25	SBN-74756	Artikel B3	B	Nebenlager1	50	46	19,88 €	
26	SAN-56800	Artikel A4	A	Nebenlager1	50	79	9,95 €	
27	SBN-80678	Artikel B4	B	Nebenlager2	80	231	1,73 €	
28	SDN-13266	Artikel D2	D	Hauptlager	40	120	22,40 €	
29	SAN-80402	Artikel A5	A	Hauptlager	70	202	6,01 €	
30	SBN-35317	Artikel B5	B	Hauptlager	10	10	74,56 €	
31								

Die Funktion liefert als Ergebnis sieben Datensätze, die über dem Durchschnitt von 17,49 im Bereich G14:G30 liegen.

Hinweis

Beachten Sie, dass die Formel *=G14>MITTELWERT($G$14:$G$30)* zur Ermittlung des Suchkriteriums in Zelle H5 mit den richtigen absoluten und relativen Formelbezügen erfasst wird.

Tipp 4: Auswertung von Textinformationen einer Artikelliste mit der Datenbankfunktion DBANZAHL2()

Die Funktion *DBANZAHL2()* ist analog zur Funktion *DBANZAHL()* aufgebaut. Der Unterschied besteht darin, dass mit *DBANZAHL2()* im Gegensatz zu *DBANZAHL()* Textinformationen ausgewertet werden können. So sollen in dieser Übung alle Artikel der Artikelgruppe B und D gezählt werden, die sich in den Nebenlagern befinden.

So geht's:

1 Erfassen Sie dazu in Zelle C5 das Kriterium *B* und in Zelle C6 das Kriterium *D*.

2 Damit sowohl *Nebenlager1* als auch *Nebenlager2* gefunden werden, müssen Sie beim Kriterium zur Textsuche mit Jokern arbeiten. Erfassen Sie dazu in Zelle D5 die Bedingung *Neben**. Der Stern bildet hier eine beliebige Anzahl von Zeichen ab.

3 Als Auswertungsformel hinterlegen Sie in Zelle B9 diese Formel:

=DBANZAHL(A13:G30;G4;A4:G6)

	B9	▼	f_x	=DBANZAHL(A13:G30; G4;A4:G6)		
	A	B	C	D	E	F	G
1	**Artikel-Lagerübersicht**						
2							
3							
4	**Artikel-Nr.**	**Beschreibung**	**Gruppe**	**Lager**	**Mindestmenge**	**Lagermenge**	**EK netto/Stück**
5			B	Neben*			
6			D				
7							
8	**Auswertung:**						
9	Anzahl	6					
10							
11							
12							
13	**Artikel-Nr.**	**Beschreibung**	**Gruppe**	**Lager**	**Mindestmenge**	**Lagermenge**	**EK netto/Stück**
14	SAN-60853	Artikel A1	A	Hauptlager	50	299	28,88 €
15	SAN-99296	Artikel A2	A	Nebenlager1	70	186	8,43 €
16	SBN-92709	Artikel B1	B	Nebenlager2	40	83	15,05 €
17	SBN-67439	Artikel B2	B	Hauptlager	90	152	8,26 €
18	SCN-92796	Artikel C1	C	Nebenlager2	100	266	18,06 €
19	SDN-58941	Artikel D2	D	Nebenlager1	100	202	30,04 €
20	SCN-50875	Artikel C2	C	Hauptlager	50	60	25,84 €
21	SAN-43180	Artikel A3	A	Nebenlager2	35	31	4,29 €
22	SCN-13421	Artikel C3	C	Nebenlager1	80	159	7,74 €
23	SCN-64761	Artikel C4	C	Nebenlager2	100	281	8,80 €
24	SDN-76839	Artikel D2	D	Hauptlager	70	167	7,40 €
25	SBN-74756	Artikel B3	B	Nebenlager1	50	46	19,88 €
26	SAN-56800	Artikel A4	A	Nebenlager1	50	79	9,95 €
27	SBN-80678	Artikel B4	B	Nebenlager2	80	231	1,73 €
28	SDN-13266	Artikel D2	D	Hauptlager	40	120	22,40 €
29	SAN-80402	Artikel A5	A	Hauptlager	70	202	6,01 €
30	SBN-35317	Artikel B5	B	Hauptlager	10	10	74,56 €
31							

Auf diese Weise können Sie Datenbankfelder nach beliebigen Stichwörtern durchsuchen. Folgende Platzhalterzeichen können zur Kriterienabfrage verwendet werden:

Platzhalter	Suchergebnis
? (Fragezeichen)	Ersetzt ein einzelnes Zeichen (M?ier findet Meier und Maier).
* (Stern)	Ersetzt eine beliebige Anzahl von Zeichen (*schrift findet Über-schrift und Unterschrift).
~ (Tilde) gefolgt von ? oder * oder ~	Sucht nach den Platzhalterzeichen selbst (wer~? findet den Text wer?).

Tipp 5: Auswertung für den kleinsten/größten Wert in einer Artikelliste mit den Datenbankfunktionen DBMIN() und DBMAX()

Mit *DBMIN()* wird der kleinste und mit *DBMAX()* der größte Wert, der den angegebenen Suchkriterien entspricht, ermittelt. In dieser Aufgabenstellung soll die geringste Lagermenge innerhalb der Artikelgruppe A ermittelt werden.

So geht's:

1 Erfassen Sie dazu in Zelle C5 das Auswertungskriterium *A*.

2 Zur Ermittlung der geringsten Lagermenge geben Sie in Zelle B9 die Datenbankformel *=DBMIN(A13:G30;F4;A4:G5)* ein. Damit wird aus der Artikelgruppe A der Wert 31 als kleinster Lagerbestand ermittelt.

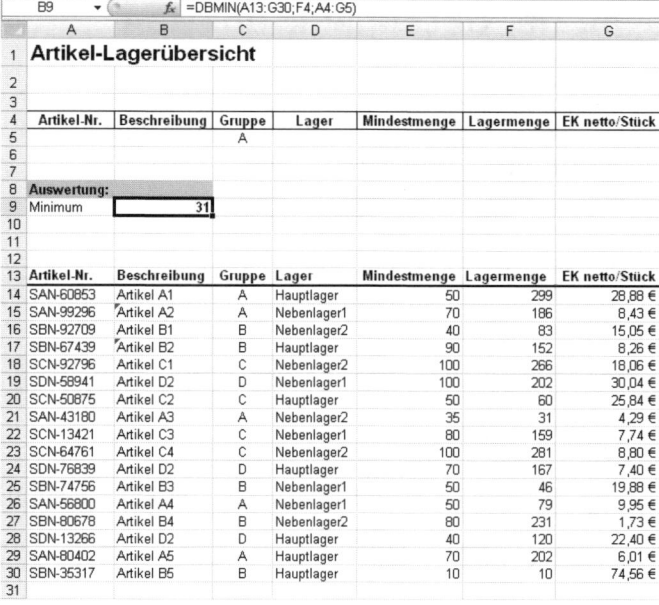

Analog dazu ermittelt die Funktion *=DBMAX(A13:G30;F4;A4:G5)* die größte Lagermenge mit einem Wert von 299 innerhalb der Artikelgruppe A.

B9	▾	*fx* =DBMAX(A13:G30;F4;A4:G5)					
	A	B	C	D	E	F	G
1	**Artikel-Lagerübersicht**						
2							
3							
4	Artikel-Nr.	Beschreibung	Gruppe	Lager	Mindestmenge	Lagermenge	EK netto/Stück
5			A				
6							
7							
8	**Auswertung:**						
9	Maximum	299					
10							
11							
12							
13	Artikel-Nr.	Beschreibung	Gruppe	Lager	Mindestmenge	Lagermenge	EK netto/Stück
14	SAN-60853	Artikel A1	A	Hauptlager	50	299	28,88 €
15	SAN-99296	Artikel A2	A	Nebenlager1	70	186	8,43 €
16	SBN-92709	Artikel B1	B	Nebenlager2	40	83	15,05 €
17	SBN-67439	Artikel B2	B	Hauptlager	90	152	8,26 €
18	SCN-92796	Artikel C1	C	Nebenlager2	100	266	18,06 €
19	SDN-58941	Artikel D2	D	Nebenlager1	100	202	30,04 €
20	SCN-50875	Artikel C2	C	Hauptlager	50	60	25,84 €
21	SAN-43180	Artikel A3	A	Nebenlager1	35	31	4,29 €
22	SCN-13421	Artikel C3	C	Nebenlager1	80	159	7,74 €
23	SCN-64761	Artikel C4	C	Nebenlager2	100	281	8,80 €
24	SDN-76839	Artikel D2	D	Hauptlager	70	167	7,40 €
25	SBN-74756	Artikel B3	B	Nebenlager1	50	46	19,88 €
26	SAN-56800	Artikel A4	A	Nebenlager1	50	79	9,95 €
27	SBN-80678	Artikel B4	B	Nebenlager2	80	231	1,73 €
28	SDN-13266	Artikel D2	D	Hauptlager	40	120	22,40 €
29	SAN-80402	Artikel A5	A	Hauptlager	70	202	6,01 €
30	SBN-35317	Artikel B5	B	Hauptlager	10	10	74,56 €
31							

Tipp 6: Durchschnittsauswertung der Artikelliste mit der Datenbankfunktion DBMITTELWERT()

Mit der Funktion *DBMITTELWERT()* soll für das Hauptlager der durchschnittliche Nettoeinkaufspreis pro Stück ermittelt werden.

So geht's:

1 Erfassen Sie zur Auswertung des Hauptlagers das Kriterium *Hauptlager* in Zelle D5.

2 Die Formel zur Ermittlung des durchschnittlichen Einkaufspreises geben Sie wie folgt in Zelle B9 ein:

   =DBMITTELWERT(A13:G30;G4;A4:G5)

Wie Sie sehen, beträgt der durchschnittliche Einkaufspreis im Hauptlager 24,76 Euro pro Stück.

B9		fx	=DBMITTELWERT(A13:G30;G4;A4:G5)			
	A	B	C	D	E	F	G

Artikel-Lagerübersicht

	Artikel-Nr.	Beschreibung	Gruppe	Lager	Mindestmenge	Lagermenge	EK netto/Stück
4	Artikel-Nr.	Beschreibung	Gruppe	Lager	Mindestmenge	Lagermenge	EK netto/Stück
5				Hauptlager			
6							
7							
8	**Auswertung:**						
9	Durchschnitt	24,76					
10							
11							
12							
13	Artikel-Nr.	Beschreibung	Gruppe	Lager	Mindestmenge	Lagermenge	EK netto/Stück
14	SAN-60853	Artikel A1	A	Hauptlager	50	299	28,88 €
15	SAN-99296	Artikel A2	A	Nebenlager1	70	186	8,43 €
16	SBN-92709	Artikel B1	B	Nebenlager2	40	83	15,05 €
17	SBN-67439	Artikel B2	B	Hauptlager	90	152	8,26 €
18	SCN-92796	Artikel C1	C	Nebenlager2	100	266	18,06 €
19	SDN-58941	Artikel D2	D	Nebenlager1	100	202	30,04 €
20	SCN-50875	Artikel C2	C	Hauptlager	50	60	25,84 €
21	SAN-43180	Artikel A3	A	Nebenlager2	35	31	4,29 €
22	SCN-13421	Artikel C3	C	Nebenlager1	80	159	7,74 €
23	SCN-64761	Artikel C4	C	Nebenlager2	100	281	8,80 €
24	SDN-76839	Artikel D2	D	Hauptlager	70	167	7,40 €
25	SBN-74756	Artikel B3	B	Nebenlager1	50	46	19,88 €
26	SAN-56800	Artikel A4	A	Nebenlager1	50	79	9,95 €
27	SBN-80678	Artikel B4	B	Nebenlager2	80	231	1,73 €
28	SDN-13266	Artikel D2	D	Hauptlager	40	120	22,40 €
29	SAN-80402	Artikel A5	A	Hauptlager	70	202	6,01 €
30	SBN-35317	Artikel B5	B	Hauptlager	10	10	74,56 €

Tipp 7: Summenauswertung der Artikelliste mit der Datenbankfunktion DBSUMME()

In diesem Beispiel soll ermittelt werden, wie viele Artikel mit einem Netto-einkaufspreis von mehr als 10 Euro in Nebenlager1 lagern.

So geht's:

1 Im ersten Schritt müssen die beiden Bedingungen erfasst werden. Geben Sie dazu in Zelle D5 den Text *Nebenlager1* ein. Als zweite Bedingung erfassen Sie in Zelle F5 den Term *>10*.

2 Die Formel zur Auswertung in Zelle B9 lautet:

=DBSUMME(A13:G30;F4;A4:G5)

Die Anzahl der gelagerten Artikel, die mit den Bedingungen übereinstimmen, beträgt 248 Stück. Dabei handelt es sich um die Datensätze aus den Zeilen 19 und 25.

| B9 | ▼ | fx | =DBSUMME(A13:G30;F4;A4:G5) | | | | |

	A	B	C	D	E	F	G
1	**Artikel-Lagerübersicht**						
2							
3							
4	Artikel-Nr.	Beschreibung	Gruppe	Lager	Mindestmenge	Lagermenge	EK netto/Stück
5				Nebenlager1			>10
6							
7							
8	Auswertung:						
9	Summe		248				
10							
11							
12							
13	Artikel-Nr.	Beschreibung	Gruppe	Lager	Mindestmenge	Lagermenge	EK netto/Stück
14	SAN-60853	Artikel A1	A	Hauptlager	50	299	28,88 €
15	SAN-99296	Artikel A2	A	Nebenlager1	70	186	8,43 €
16	SBN-92709	Artikel B1	B	Nebenlager2	40	83	15,05 €
17	SBN-67439	Artikel B2	B	Hauptlager	90	152	8,26 €
18	SCN-92796	Artikel C1	C	Nebenlager2	100	266	18,06 €
19	SDN-58941	Artikel D2	D	Nebenlager1	100	202	30,04 €
20	SCN-50875	Artikel C2	C	Hauptlager	50	60	25,84 €
21	SAN-43180	Artikel A3	A	Nebenlager2	35	31	4,29 €
22	SCN-13421	Artikel C3	C	Nebenlager1	80	159	7,74 €
23	SCN-64761	Artikel C4	C	Nebenlager2	100	281	8,80 €
24	SDN-76839	Artikel D2	D	Hauptlager	70	167	7,40 €
25	SBN-74756	Artikel B3	B	Nebenlager1	50	46	19,88 €
26	SAN-56800	Artikel A4	A	Nebenlager1	50	79	9,95 €
27	SBN-80678	Artikel B4	B	Nebenlager2	80	231	1,73 €
28	SDN-13266	Artikel D2	D	Hauptlager	40	120	22,40 €
29	SAN-80402	Artikel A5	A	Hauptlager	70	202	6,01 €
30	SBN-35317	Artikel B5	B	Hauptlager	10	10	74,56 €
31							

Tipp 8: Ein Suchsystem mit der Funktion DBAUSZUG() einrichten

Dieses Beispiel zeigt, wie mit der Funktion *DBAUSZUG()* ein Suchsystem erstellt werden kann.

Die Funktion kann dazu verwendet werden, aus einer Datenbank oder einer Liste einzelne Werte auszulesen, bei denen die angegebenen Bedingungen erfüllt sind.

Wenn kein Datensatz mit den angegebenen Suchkriterien übereinstimmt, gibt *DBAUSZUG()* den Fehlerwert *#WERT!* zurück.

Ergeben die Suchkriterien mehrere Treffer, wird das mit dem Fehlerwert *#ZAHL!* quittiert.

Mithilfe der Funktion *DBAUSZUG()* können somit alle eindeutig identifizierbaren Datensätze ausfindig gemacht werden.

So geht's:

1   Damit das Suchsystem flexibel verwendet werden kann, ist ein weiteres Kriterium notwendig. Erfassen Sie dazu in Zelle H4 die Kriterien-

überschrift *Rückgabe*. Darunter, also in Zelle H5, kann nun ganz flexibel der Datenfeldname eingetragen werden, aus dem die Funktion den Rückgabewert auslesen soll.

2 Zum Auslesen der Daten erfassen Sie in Zelle B9 folgende Formel:

=DBAUSZUG(A13:G30;H5;A4:G5)

In diesem Beispiel verweist das Argument *Datenbankfeld* auf die in Zelle H5 erfasste Datenfeldbezeichnung.

3 Damit die Funktion einen Datensatz sucht und das Ergebnis zurückgibt, müssen Sie im Kriterienbereich nur noch ein oder mehrere beliebige Suchkriterien eingeben. Möchten Sie beispielsweise wissen, welcher Artikel (Artikelnummer) zu einem Nettoeinkaufspreis von 6,01 Euro bezogen wird, geben Sie in Zelle G5 den Wert von *6,01* und in Zelle H5 den Datenfeldnamen *Artikel-Nr.* ein.

Als Ergebnis erhalten Sie die Artikelnummer *SAN-80402*.

B9		f_x	=DBAUSZUG(A13:G30;H5;A4:G5)				
A	B	C	D	E	F	G	H
1 Artikel-Lagerübersicht							
2							
3							
4 Artikel-Nr.	Beschreibung	Gruppe	Lager	Mindestmenge	Lagermenge	EK netto/Stück	Rückgabe
5						6,01	Artikel-Nr.
6							
7							
8 Auswertung:							
9 Summe	SAN-80402						
10							
11							
12							
13 Artikel-Nr.	Beschreibung	Gruppe	Lager	Mindestmenge	Lagermenge	EK netto/Stück	
14 SAN-60853	Artikel A1	A	Hauptlager	50	299	28,88 €	
15 SAN-99296	Artikel A2	A	Nebenlager1	70	186	8,43 €	
16 SBN-92709	Artikel B1	B	Nebenlager2	40	83	15,05 €	
17 SBN-67439	Artikel B2	B	Hauptlager	90	152	8,26 €	
18 SCN-92796	Artikel C1	C	Nebenlager2	100	266	18,06 €	
19 SDN-58941	Artikel D2	D	Nebenlager1	100	202	30,04 €	
20 SCN-50875	Artikel C2	C	Hauptlager	50	60	25,84 €	
21 SAN-43180	Artikel A3	A	Nebenlager2	35	31	4,29 €	
22 SCN-13421	Artikel C3	C	Nebenlager1	80	159	7,74 €	
23 SCN-64761	Artikel C4	C	Nebenlager2	100	281	8,80 €	
24 SDN-76839	Artikel D2	D	Hauptlager	70	167	7,40 €	
25 SBN-74756	Artikel B3	B	Nebenlager1	50	46	19,88 €	
26 SAN-56800	Artikel A4	A	Nebenlager1	50	79	9,95 €	
27 SBN-80678	Artikel B4	B	Nebenlager2	80	231	1,73 €	
28 SDN-13266	Artikel D2	D	Hauptlager	40	120	22,40 €	
29 SAN-80402	Artikel A5	A	Hauptlager	70	202	6,01 €	
30 SBN-35317	Artikel B5	B	Hauptlager	10	10	74,56 €	
31							

Um zu ermitteln, wie hoch die Mindestbestellmenge beim Artikel SCN-13421 ist, erfassen Sie in Zelle A5 die Artikelnummer *SCN-13421* und in Zelle H5 den Datenfeldnamen *Mindestmenge*.

Als Ergebnis erhalten Sie den Wert 80.

| B9 | ▼ | fx | =DBAUSZUG(A13:G30;H5;A4:G5) | | | | |

	A	B	C	D	E	F	G	H
1	**Artikel-Lagerübersicht**							
2								
3								
4	**Artikel-Nr.**	**Beschreibung**	**Gruppe**	**Lager**	**Mindestmenge**	**Lagermenge**	**EK netto/Stück**	**Rückgabe**
5	SCN-13421							Mindestmenge
6								
7								
8	**Auswertung:**							
9	Summe	80						
10								
11								
12								
13	**Artikel-Nr.**	**Beschreibung**	**Gruppe**	**Lager**	**Mindestmenge**	**Lagermenge**	**EK netto/Stück**	
14	SAN-60853	Artikel A1	A	Hauptlager	50	299	28,88 €	
15	SAN-99296	Artikel A2	A	Nebenlager1	70	186	8,43 €	
16	SBN-92709	Artikel B1	B	Nebenlager2	40	83	15,05 €	
17	SBN-67439	Artikel B2	B	Hauptlager	90	152	8,26 €	
18	SCN-92796	Artikel C1	C	Nebenlager2	100	266	18,06 €	
19	SDN-58941	Artikel D2	D	Nebenlager1	100	202	30,04 €	
20	SCN-50875	Artikel C2	C	Hauptlager	50	60	25,84 €	
21	SAN-43180	Artikel A3	A	Nebenlager2	35	31	4,29 €	
22	SCN-13421	Artikel C3	C	Nebenlager1	80	159	7,74 €	
23	SCN-64761	Artikel C4	C	Nebenlager2	100	281	8,80 €	
24	SDN-76839	Artikel D2	D	Hauptlager	70	167	7,40 €	
25	SBN-74756	Artikel B3	B	Nebenlager1	50	46	19,88 €	
26	SAN-56800	Artikel A4	A	Nebenlager1	50	79	9,95 €	
27	SBN-80678	Artikel B4	B	Nebenlager2	80	231	1,73 €	
28	SDN-13266	Artikel D2	D	Hauptlager	40	120	22,40 €	
29	SAN-80402	Artikel A5	A	Hauptlager	70	202	6,01 €	
30	SBN-35317	Artikel B5	B	Hauptlager	10	10	74,56 €	
31								

Tipp 9: Überführung von Kreuztabellen in Datensätze

In Excel werden Daten häufig in sogenannten Kreuztabellen dargestellt. Bei einer Kreuztabelle handelt es sich um eine zweidimensionale Tabelle, in der zu jeder Spaltenüberschrift und zu jeder Zeilenbeschriftung mehrere Informationen vorliegen. Diese Umschreibung wird am deutlichsten, wenn Sie sich folgende Kreuztabelle ansehen.

	A	B	C	D	E	F
1	**Umsatzübersicht 1. HJ 2007 - Region 1 bis Region 3**					
2						
3						
4						
5		**Region 1**	**Region 2**	**Region 3**		
6	Januar	23.568,50	17.085,52	25.764,29		
7	Februar	19.553,25	14.948,56	19.536,87		
8	März	34.253,67	24.523,82	21.462,32		
9	April	25.364,26	19.467,73	17.497,10		
10	Mai	15.469,94	22.414,69	20.370,39		
11	Juni	21.649,25	18.594,46	26.835,98		
12						

So können Sie in der Spalte *Region 2* sämtliche Monate des ersten Halbjahrs ablesen, und umgekehrt sind für den Monat *März* die Umsätze der drei Regionen ersichtlich.

Ziel dieser Aufgabe ist es nun, aus dieser Kreuztabelle einzelne Datensätze zu erstellen, um sie als Datenbank über die Datenbankfunktionen auswerten zu können.

So geht's:

1 Legen Sie im ersten Schritt fest, welche Breite und Länge der Datenbereich besitzt und in welcher Zeile er beginnt. Erfassen Sie dazu in Zelle H5 für die *Breite* des Datenbereichs den Wert 3 (3 Spalten). Als *Länge* für den Datenbereich geben Sie in Zelle H6 den Wert 6 ein (6 Zeilen). Die *Startzeile* geben Sie in Zelle H7 mit dem Wert 5 (Zeile 5) an.

	A	B	C	D	E	F	G	H
1	Umsatzübersicht 1. HJ 2007 - Region 1 bis Region 3							
2								
3								
4								
5		Region 1	Region 2	Region 3			Breite	3
6	Januar	23.568,50	17.085,52	25.764,29			Länge	6
7	Februar	19.553,25	14.948,56	19.536,87			Startzeile	5
8	März	34.253,67	24.523,82	21.462,32				
9	April	25.364,26	19.467,73	17.497,10				
10	Mai	15.469,94	22.414,69	20.370,39				
11	Juni	21.649,25	18.594,46	26.835,98				
12								

2 Markieren Sie den Zellbereich J5:J22. Zum Auslesen der Umsatzdaten erfassen Sie in Zelle J5 folgende Formel:

=WENN(ZEILE(A5)-$H$7+1>H$5*H$6;"";INDEX(B$6:F$24; KÜRZEN((ZEILE(A5)-$H$7+1-1)/$H$5)+1;REST(ZEILE(A5)-$H$7+1-1; $H$5)+1))

Beenden Sie die Dateneingabe mit der Tastenkombination [Strg]+[Enter].

3 Zum Auslesen der Spaltenüberschriften markieren Sie zuerst den Bereich I5:I22 und erfassen in Zelle I5 diese Formel:

=WENN(ZEILE(A1)>$H$5*$H$6;"";INDEX($B$5:$E$5;REST(ZEILE(A1)-1; $H$5)+1))

Schließen Sie die Erfassung mit [Strg]+[Enter] ab.

4 Im letzten Schritt muss nun noch die Zeilenbeschriftung, also die Monate zum jeweiligen Umsatz, ausgelesen werden. Markieren Sie dazu den Zellbereich L5:L22 und erfassen Sie in Zelle L5 diese Formel:

=WENN(ZEILE(A1)+($H$5*$H$7-2)-1>$H$5*$H$6+($H$5*$H$7)-1;""; INDEX(A:A;KÜRZEN((ZEILE(A1)+($H$5*$H$7)-2-1-1)/$H$5)+1+1))

Beenden Sie auch diese Eingabe mit der Tastenkombination [Strg]+ [Enter].

| L5 | ▾ | *fx* | =WENN(ZEILE(A1)+($H$5*$H$7-2)-1>$H$5*$H$6+($H$5*$H$7)-1;"";INDEX(A:A;KÜRZEN((ZEILE(A1)+($H$5*$H$7)-2-1-1)/$H$5)+1+1)) |

	A	B	C	D	E	F	G	H	I	J	K	L
1	Umsatzübersicht 1. HJ 2007 - Region 1 bis Region 3											
2												
3												
4										Umsatz	Regionen	Monat
5		Region 1	Region 2	Region 3			Breite	3		23.568,50	Region 1	Januar
6	Januar	23.568,50	17.085,52	25.764,29			Länge	6		17.085,52	Region 2	Januar
7	Februar	19.553,25	14.948,56	19.536,87			Startzeile	5		25.764,29	Region 3	Januar
8	März	34.253,67	24.523,82	21.462,32						19.553,25	Region 1	Februar
9	April	25.364,26	19.467,73	17.497,10						14.948,56	Region 2	Februar
10	Mai	15.469,94	22.414,69	20.370,39						19.536,87	Region 3	Februar
11	Juni	21.649,25	18.594,46	26.835,98						34.253,67	Region 1	März
12										24.523,82	Region 2	März
13										21.462,32	Region 3	März
14										25.364,26	Region 1	April
15										19.467,73	Region 2	April
16										17.497,10	Region 3	April
17										15.469,94	Region 1	Mai
18										22.414,69	Region 2	Mai
19										20.370,39	Region 3	Mai
20										21.649,25	Region 1	Juni
21										18.594,46	Region 2	Juni
22										26.835,98	Region 3	Juni
23												

Als Ergebnis erhalten Sie eine Datenliste, auf die Sie mit den beschriebenen Datenbankfunktionen nach Belieben zugreifen können.

Tipp 10: Datenblöcke in einer Zeile (Datensatz) darstellen

Nach einem Datenimport aus Fremdprogrammen liegen die Daten häufig nicht so vor, wie sie zur Weiterverarbeitung in Excel benötigt werden.

In diesem Beispiel wurde aus einem Buchhaltungsprogramm die Offene-Posten-Liste exportiert und in Excel eingelesen. Das Ergebnis sieht wie nebenstehend aus.

Die einzelnen Datenfelder werden einfach untereinander dargestellt. Auf dieser Basis kann natürlich keine sinnvolle Weiterverarbeitung der Daten stattfinden.

Ziel ist es nun, diese Daten in eine gültige Datensatzstruktur zu überführen.

	A	B	C
1	Importierte Debitorensaldenliste		
2	Stand15.08.2007		
3			
4			
5			
6			
7	10005		
8	Achim OHG		
9	15436,25		
10	10010		
11	Angelsport Huber KG		
12	2536,25		
13	10013		
14	Angermayr Ludwig GbR		
15	579,94		
16	10017		
17	A-Team GmbH		
18	9756,84		
19	10025		
20	Augustin GmbH		
21	498,65		
22	10030		
23	Bauer Ines e. K.		
24	4326,87		
25	10040		
26	Bavaria e.V.		
27	152,63		
28	10050		
29	Bergler OHG		
30	2466,36		
31	10055		
32	Binder Tobias KG		
33	7025,3		
34			

So geht's:

1 Geben Sie dazu in Zelle D3 die Zeilennummer für die Zeile ein, in der der erste Datensatz steht, im Beispiel also Zeile 7.

2 In Zelle D4 geben Sie die Größe des Datenblocks in Zeilen ein. Im Beispiel umfasst jeder Datenblock drei Zeilen. Nach der dritten Zeile beginnt jeweils ein neuer Datensatz. Erfassen Sie deshalb den Wert 3.

3 Markieren Sie den Zellbereich C7:C15 und tragen Sie in Zelle C7 die Funktion =INDIREKT("A"&(ZEILE()-$C$3)*3+$C$3) ein. Schließen Sie die Dateneingabe mit der Tastenkombination [Strg]+[Enter] ab.

4 Zum Auswerten der Debitorennamen markieren Sie den Zellbereich D7:D15 und geben in Zelle D7 folgende Funktion ein:

=INDIREKT("a"&(ZEILE()-$D$3)*$D$4+$D$3+1)

Beenden Sie auch diese Formeleingabe mit [Strg]+[Enter].

5 Die Beträge werden mit der Funktion =INDIREKT("A"&(ZEILE()-$D$3)*$D$4+$D$3+2) ausgelesen. Markieren Sie dazu den Bereich E7:E15 und erfassen Sie die Formel in Zelle E7. Schließen Sie auch diese Eingabe mit der Tastenkombination [Strg]+[Enter] ab.

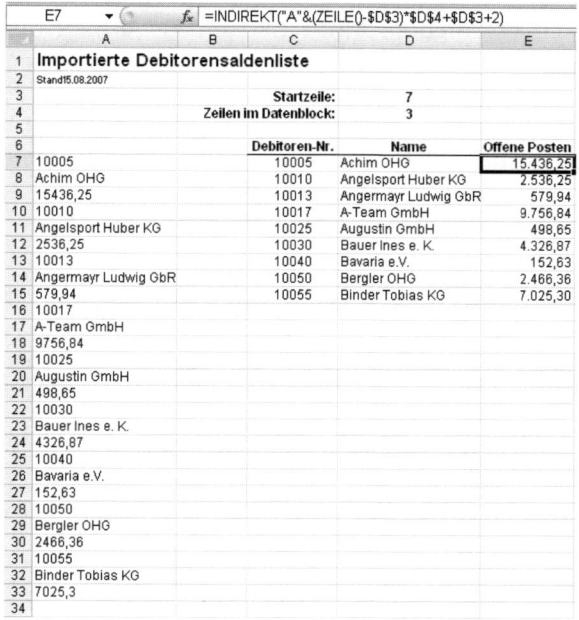

Sie sehen, die einzelnen Datenblöcke werden wie gewünscht zu Datensätzen zusammengesetzt. Auf dieser Basis können Sie nun mit Datenbankfunktionen weiterarbeiten. Die Liste lässt sich darüber hinaus auch wie gewohnt filtern und sortieren.

Hinweis

Damit die Auswertung mit den beschriebenen Funktionen ordnungsgemäß arbeiten kann, muss der Auswertungsbereich, in dem die Datensätze angezeigt werden, in der gleichen Zeile beginnen wie der importierte Datenbereich. In welcher Spalte die Auswertung eingefügt wird, ist dabei irrelevant.

4.9 Funktionen zur Informationsgewinnung

Excel stellt verschiedene Funktionen zum Auslesen von Informationen über Verzeichnisse, Arbeitsmappen, Tabellen und Zellen zur Verfügung. Dieser Abschnitt zeigt anhand von Beispielen, welche Ergebnisse sich bei geschicktem Einsatz der Funktionen erzielen lassen.

Tipp 1: Auslesen von Systeminformationen

Die Funktion *INFO()* bietet verschiedene Möglichkeiten zur Abfrage der aktuellen Systemumgebung.

Aufgebaut ist die Funktion wie folgt: *INFO(Typ)*. Als Argument *Typ* wird der Text angegeben, der bestimmt, welche Art von Informationen ausgelesen werden sollen.

So geht's:

Für den Parameter *Typ* stehen folgende Angaben zur Verfügung:

Typ	Rückgabewert	Excel 2003	Excel 2007/2010
BenutztSpeich	Größe des Arbeitsspeichers, der momentan für Daten benötigt wird.	Ja	Nein
Dateienzahl	Anzahl aktiver Arbeitsblätter in den geöffneten Arbeitsmappen.	Ja	Ja
GesamtSpeich	Der gesamte verfügbare Arbeitsspeicher in Byte, einschließlich der bereits belegten Teile des Arbeitsspeichers.	Ja	Nein
Rechenmodus	Der aktuelle Berechnungsmodus: *Automatisch* oder *Manuell*.	Ja	Ja

Typ	Rückgabewert	Excel 2003	Excel 2007/2010
System	Der Name des Betriebssystems: Macintosh = mac Windows = pcdos	Ja	Ja
Sysversion	Version des aktuellen Betriebssystems als Text.	Ja	Ja
Ursprung	Absoluter Bezug als Text in der A1-Schreibweise mit dem Präfix $A: Letzteres dient dazu, Kompatibilität zu Lotus 1-2-3, Version 3.x, zu gewährleisten. Gibt den Bezug der sichtbaren obersten linken Zelle im aktuellen Fensterbereich zurück.	Ja	Ja
VerfSpeich	Verfügbarer Arbeitsspeicher in Anzahl von Bytes.	Ja	Nein
Version	Die Version von Microsoft Excel als Text.	Ja	Ja
Verzeichnis	Der Pfad des aktuellen Verzeichnisses oder Ordners.	Ja	Ja

Nachfolgend sehen Sie die Funktion im Praxiseinsatz:

	A	B	C
1	**Auslesen von Dateiinformationen**		
2			
3	Beschreibung	Ergebnis	Formel
4	Aktueller Arbeitsspeicherbedarf	1879236	=INFO("BenutztSpeich")
5	Anzahl Arbeitsblätter	13	=INFO("dateienzahl")
6	Betriebssystem	pcdos	=INFO("System")
7	Excel-Version	11.0	=INFO("Version")
8	Gesamter Speicher	2927812	=INFO("GesamtSpeich")
9	Rechenmodus	Automatisch	=INFO("Rechenmodus")
10	Sysemversion	Windows (32-bit) NT 5.01	=INFO("Sysversion")
11	Ursprung	$A:$A$1	=INFO("Ursprung")
12	Verfügbarer Speicher	1048576	=INFO("VerfSpeich")
13	Verzeichnis	F:\Buch Schnelle Lösungen\Buchtext\Kapitel4\Beispiele\	=INFO("Verzeichnis")
14			

Leider sind in Excel 2007 und Excel 2010 die Datentypen zum Auslesen des Arbeitsspeichers nicht mehr enthalten.

Die Größe des Arbeitsspeichers kann aber per VBA ermittelt werden.

So geht's:

1 Starten Sie mit der Tastenkombination [Strg]+[F11] den VBA-Editor.

2 Fügen Sie über das Menü *Einfügen/Modul* ein neues Codemodul zur Erfassung des VBA-Codes hinzu.

3 In dieses Codemodul kopieren Sie den Code aus Listing 1.

Wenn Sie den Code starten, werden verschiedene Informationen zum Arbeitsspeicher in einer Infobox ausgegeben.

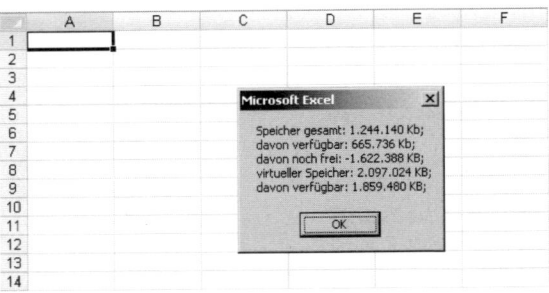

Listing 1: Code zur Ermittlung der Größe des Arbeitsspeichers

```
    Private Type MemoryStatus
    dwLength As Long
    dwMemoryLoad As Long
    dwTotalPhys As Long
5   dwAvailPhys As Long
    wTotalPageFile As Long
    dwAvailPageFile As Long
    dwTotalVirtual As Long
    dwAvailVirtual As Long
10  End Type

    Private Declare Sub GlobalMemoryStatus Lib "kernel32" (lpBuffer
    As MemoryStatus)

    Private Sub Memory()
15  Dim MemoryStatus As MemoryStatus
    GlobalMemoryStatus MemoryStatus
    MsgBox "Speicher gesamt: " & _
    Format(Str$(MemoryStatus.dwTotalPhys / 1024), "#,##0") & _
    " Kb;" & vbLf & "davon verfügbar: " & _
20  Format(Str$(MemoryStatus.dwAvailPhys / 1024), "#,##0") & _
    " Kb;" & vbLf & "davon noch frei: " & _
    Format(Str$(MemoryStatus.dwAvailPageFile / 1024), "#,##0") & _
    " KB;" & vbLf & "virtueller Speicher: " & _
    Format(Str$(MemoryStatus.dwTotalVirtual / 1024), "#,##0") & _
25  " KB;" & vbLf & "davon verfügbar: " & _
    Format(Str$(MemoryStatus.dwAvailVirtual / 1024), "#,##0") & _
    " KB;"
    End Sub
```

Tipp 2: Auslesen von Dateiinformationen

Im folgenden Beispiel wird eine Lösung vorgestellt, um Dateiinformationen wie beispielsweise den Dateipfad, den Dateinamen oder den Namen des aktuellen Tabellenblatts auszulesen und direkt in eine Zelle zu übertragen. Meist ist es sehr vorteilhaft, wenn auf Ausdrucken der Pfad sowie der Dateiname mit ausgegeben werden. Das spart viel Zeit und Mühe beim Wiederfinden der Datei.

So geht's:

Zum Auslesen und Eintragen der Dateiinformationen kommt die Funktion *=ZELLE()* zum Einsatz. In Verbindung mit dem Infotyp *Dateiname* lassen sich verschiedene Informationen über den Speicherort sowie über Dateinamen abfragen.

Die unterschiedlichen Formeln für die jeweiligen Ergebnisse können Sie der nachfolgenden Tabelle entnehmen:

Ergebnis	Zelle	Funktion
kompletter Pfad mit Tabellenblatt	B5	=ZELLE("Dateiname";C1)
kompletter Pfad ohne Tabellenblatt	B7	=TEIL(ZELLE("dateiname";C1);1;FINDEN("]"; ZELLE("dateiname";C1)))
Pfad mit Laufwerk	B9	=TEIL(ZELLE("Dateiname";C1);1;FINDEN("["; ZELLE("Dateiname";C1))-1)
Pfad ohne Laufwerk	B11	=TEIL(ZELLE("Dateiname";C1);4;FINDEN("["; ZELLE("Dateiname";C1))-4)
Laufwerk	B13	=LINKS(ZELLE("Dateiname";C1);2)
Dateiname mit Endung	B15	=TEIL(ZELLE("DATEINAME";C1);FINDEN("[";ZELLE ("DATEINAME";C1))+1;FINDEN("]";ZELLE("DATEINAME"; C1))-FINDEN("[";ZELLE("DATEINAME";C1))-1)
Dateiname ohne Endung	B17	=TEIL(ZELLE("Dateiname";C1);FINDEN("[";ZELLE ("Dateiname";C1))+1;FINDEN("]";ZELLE("Dateiname"; C1))-FINDEN("[";ZELLE("Dateiname";C1))-5)
Tabellenblatt	B19	=TEIL(ZELLE("Dateiname";C1);FINDEN("]";ZELLE ("Dateiname";C1))+1;LÄNGE(ZELLE("Dateiname"; C1))-FINDEN("]";ZELLE("Dateiname";C1)))

Tragen Sie die einzelnen Formeln in ein Tabellenblatt ein. Die Ausgabe der Dateiinformationen sieht wie folgt aus:

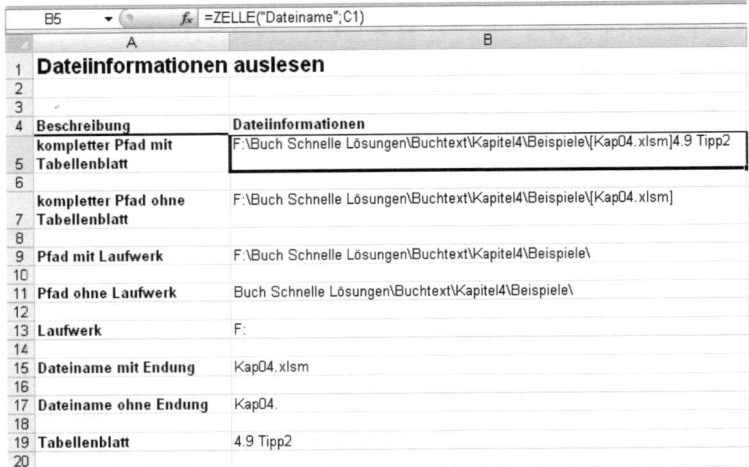

Auf diese Weise lassen sich sämtliche Informationen rund um den Dateinamen und die Pfadangabe ermitteln.

Hinweis

Die so ausgelesenen Dateinamen und Pfadangaben können für weitere Zellverknüpfungen, -bezüge und -verweise verwendet werden.

Tipp 3: Verschiedene Zellinformationen auslesen

In diesem Beispiel sollen verschiedene Informationen über Zellen in Erfahrung gebracht werden. So soll beispielsweise ermittelt werden, ob negative
Werte farbig formatiert sind oder ob eine Zelle mit einem Zellschutz belegt
ist.

So geht's:

Unter Verwendung der Funktion *ZELLE()* lassen sich unterschiedliche Zell-
informationen auslesen. Die Syntax dieser Funktion lautet wie folgt:

=ZELLE(Infotyp;Bezug)

Das Argument *Infotyp* benötigt einen Textwert, der definiert, welche Zell-
informationen extrahiert werden sollen. Folgende Zusammenstellung gibt
Ihnen einen Überblick darüber, welche Infotypen zur Verfügung stehen:

Infotyp	Rückgabewert
Adresse	Bezug der ersten Zelle in Bezug als Text.
Breite	Spaltenbreite der Zelle, auf eine ganze Zahl gerundet. Jede Einheit der Spaltenbreite ist gleich der Breite eines Zeichens im Standardschriftgrad.
Dateiname	Dateiname (und vollständiger Pfad) der Datei als Text. Gibt eine leere Textzeichenfolge ("") zurück, wenn das Tabellenblatt noch nicht gespeichert wurde.
Farbe	1, wenn die Zelle für negative Werte farbig formatiert ist. Andernfalls wird 0 (null) zurückgegeben.
Format	Textwert, der dem Zahlenformat der Zelle entspricht. Die Textwerte für die verschiedenen Formate werden in der folgenden Tabelle aufgeführt. Gibt "-" am Ende des Textwerts zurück, wenn die Zelle für negative Werte farbig formatiert ist. Gibt "()" am Ende des Textwerts zurück, wenn die Zelle für positive oder alle Werte mit Klammern formatiert ist.
Inhalt	Wert der linken obersten Zelle, die zu *Bezug* gehört, keine Formel.
Klammern	1, wenn die Zelle als positiver Wert oder als Wert mit Klammern formatiert ist. Andernfalls wird 0 zurückgegeben.
Koord	Absoluter Bezug des Zellbereichs der ersten Zelle in Bezug als Text.
Präfix	Textwert, der dem Beschriftungspräfix der Zelle entspricht. Gibt ein einfaches Anführungszeichen (') zurück, wenn die Zelle linksbündigen Text enthält, ein doppeltes Anführungszeichen ("), wenn die Zelle rechtsbündigen Text enthält, ein Zirkumflexzeichen (^), wenn die Zelle zentrierten Text enthält, einen umgekehrten Schrägstrich (Backslash, \), wenn die Zelle ausgefüllten Text enthält, und eine leere Textzeichenfolge (""), wenn die Zelle etwas anderes enthält.
Schutz	0, wenn die Zelle nicht gesperrt ist, 1, wenn die Zelle gesperrt ist.
Spalte	Spaltennummer der Zelle in Bezug.
Typ	Textwert, der dem Datentyp in der Zelle entspricht. Gibt "b" zurück, wenn die Zelle leer (blank) ist, "l" für Beschriftung (label), wenn die Zelle eine Textkonstante enthält, und "w" für **Wert**, wenn die Zelle etwas anderes enthält.
Zeile	Zeilennummer der Zelle in Bezug.

Hinweis

Obwohl die Funktion nur noch aus Kompatibilitätsgründen zu anderen Tabellenkalkulationsprogrammen zur Verfügung gestellt wird, bietet sie im Praxiseinsatz wertvolle Unterstützung.

Tipp 4: Prüfen, ob ein bestimmter Name für einen benannten Bereich vorhanden ist

Um die Lesbarkeit von Formeln zu verbessern, werden häufig Namen für einzelne Zellen oder ganze Zellbereiche vergeben. Möchten Sie bei der Verwendung der Namen sicherstellen, dass diese auch vorhanden sind, können Sie natürlich im Namens-Manager nachsehen. Eine weitere und vor allem effizientere Möglichkeit besteht darin, bei der Verwendung eines Namens zu prüfen, ob dieser gültig ist oder nicht.

So geht's:

Als Ausgangstabelle dient eine Verkaufsübersicht für die Verkaufsregion Süd.

	A	B
1	**Verkaufsstatistik**	
2		
3		**Region Süd**
4	Januar	5.763,87 €
5	Februar	2.692,90 €
6	März	4.298,56 €
7	April	2.786,47 €
8	Mai	2.053,81 €
9	Juni	1.321,16 €
10	Juli	588,50 €
11	August	3.987,23 €
12	September	4.631,70 €
13	Oktober	5.964,74 €
14	November	7.297,78 €
15	Dezember	8.630,81 €
16		

1 Legen Sie zunächst für den Bereich B4:B15 den Namen *Rsüd* fest. Den Befehl dazu starten Sie über das Menü *Formeln/Definierte Namen/Namen definieren* (Excel 2003: Menü *Einfügen/Namen/ Definieren*).

→ Verweis: siehe Kapitel 4.3

2 Um nun zu prüfen, ob es den Namen *Rsüd* überhaupt gibt, erfassen Sie in Zelle B17 folgende Formel:

=WENN(ISTBEZUG(Rsüd);SUMME(Rsüd);0)

Diese Formel verwendet die Funktion *ISTBEZUG()* in Verbindung mit der Funktion *WENN()*. Ist der verwendete Name vorhanden, gibt *ISTBEZUG()* den Wert *WAHR* zurück, und die Summe wird gebildet. Im anderen Fall wird der Wert *FALSCH* zurückgegeben, und es erfolgt entsprechend die Ausgabe des Werts 0.

	B17		f_x	=WENN(ISTBEZUG(Rsüd); SUMME(Rsüd);0)	
	A	B	C	D
7	April	2.786,47 €		
8	Mai	2.053,81 €		
9	Juni	1.321,16 €		
10	Juli	588,50 €		
11	August	3.987,23 €		
12	September	4.631,70 €		
13	Oktober	5.964,74 €		
14	November	7.297,78 €		
15	Dezember	8.630,81 €		
16				
17	Summe	50.017,53 €		
18				

Tipp 5: Dateien aus Verzeichnis auslesen

Dieses Beispiel zeigt, wie mit der Excel4-Makrofunktion *DATEIEN()* über einen kleinen Trick beliebige Verzeichnisinhalte ohne VBA-Prozedur ausgelesen und in einem Tabellenblatt dargestellt werden können.

So geht's:

1 Legen Sie über das Menü *Formeln/ Definierte Namen/Namen definieren* den Namen *File* an. Im Feld *Bezieht sich auf* geben Sie den Dateipfad, in dem gesucht werden soll, sowie das Suchkriterium für die Dateiauswahl an. Im Beispiel lautet der Bezug *=DATEIEN ("F:\Excel\Beispiele*.*")*. Damit wird im

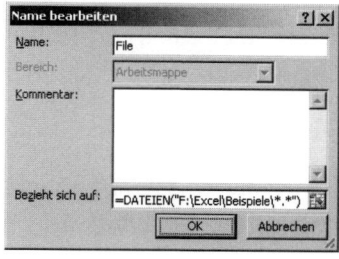

Pfad *F:\Excel\Beispiele* nach allen Dateien gesucht. Soll beispielsweise nur nach Excel-Dateien gesucht werden, übergeben Sie der Funktion einfach folgendes Suchkriterium: *"F:\Excel\Beispiele*.xlsx"* (Excel 2003: Menü *Einfügen/Namen/Definieren*).

2 Zum Auslesen der Dateinamen erfassen Sie in Zelle A1 folgende Funktion: *=INDEX(File;ZEILE())*. Wenn Sie diese Funktion über das Ausfüllkästchen nach unten kopieren, werden alle Dateien aus dem angegebenen Verzeichnis aufgelistet. Leider ist die Dateianzahl auf 256 Dateien begrenzt, was aber in den meisten Fällen ausreichen sollte.

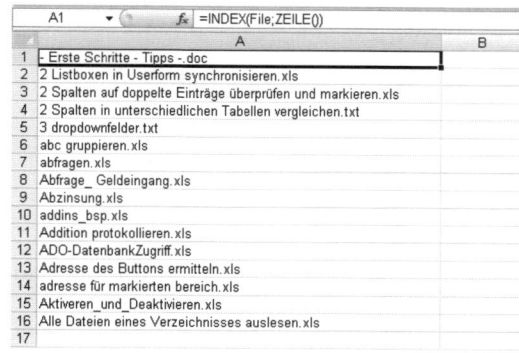

Hinweis

Excel4-Makrofunktionen können nur in Excel-Dateien mit der Endung *.xlsm* (Excel-Arbeitsmappe mit Makros) abgespeichert werden, da Excel4-Makros intern wie VBA-Makros interpretiert werden.

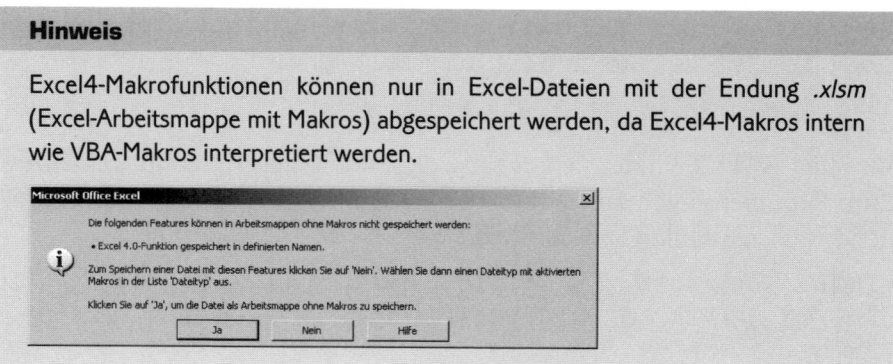

Tipp 6: Zellen auf deren Inhalt überprüfen

Excel stellt zur Überprüfung von Zellinhalten verschiedene Ist-Funktionen zur Verfügung.

→ Verweis: siehe Kapitel 2.1

Im Folgenden wird anhand von einigen kurzen Beispielen dargestellt, welche Möglichkeiten die Ist-Funktionen zur Informationsgewinnung bieten.

So geht's: Zahlen von Text mithilfe der Funktion ISTZAHL() trennen

In der Praxis kommt es häufig vor, dass Zahlen, mit denen weitergerechnet werden soll, in einen Text eingebunden sind. Mithilfe der Funktion *ISTZAHL()* lassen sich diese Zahlen aber ohne Schwierigkeiten vom restlichen Text trennen.

Dabei muss allerdings unterschieden werden, an welcher Stelle im Text sich die Zahlen befinden.

Zahlen befinden sich links im Textstring

Wenn sich der Text links, also an erster Stelle, im Textstring befindet, verwenden Sie folgende Funktion zum Auslesen der Zahlenfolge:

=LINKS(A3;SUMME(1*(ISTZAHL(LINKS(A3;SPALTE(1:1))*1))))*1

Da es sich um eine Matrixfunktion handelt, müssen Sie die Dateneingabe mit der Tastenkombination [Strg]+[Umschalt]+[Enter] beenden.

Zahlen befinden sich rechts in der Textfolge

Befindet sich die Zahlenfolge an äußerster rechter Position im Textstring, verwenden Sie zum Auslesen der Ziffern diese Formel:

=RECHTS(A5;SUMME(N(ISTZAHL(RECHTS(A5;SPALTE(1:1))*1))))

Beenden Sie auch diese Eingabe mit der Tastenkombination [Strg]+[Umschalt]+[Enter], damit sie als Matrixfunktion ausgezeichnet wird.

Zahlen befinden sich mitten im Textstring

In vielen Fällen befindet sich die auszulesende Ziffer mitten im Textstring. Zum Extrahieren von Zahlen aus der Mitte einer Zeichenfolge kommt folgende Matrixfunktion zum Einsatz:

=TEIL(LINKS(A7;MAX(WENN(ISTZAHL(TEIL(A7;SPALTE(1:1);1)*1);
SPALTE(1:1))));VERGLEICH(WAHR;ISTZAHL(TEIL(A7;SPALTE(1:1);1)*1);0);
LÄNGE(A7))

Schließen Sie die Formelerfassung wiederum mit der Tastenkombination [Strg]+[Umschalt]+[Enter] ab.

Das Ergebnis sieht wie folgt aus:

B7	fx	(=TEIL(LINKS(A7;MAX(WENN(ISTZAHL(TEIL(A7;SPALTE(1:1);1)*1);SPALTE(1:1))));VERGLEICH(WAHR;ISTZAHL(TEIL(A7;SPALTE(1:1);1)*1);0);LÄNGE(A7)))

	A	B	C
1	**Zahlen von Text trennen**		
2			
3	19,95 Euro beträgt die monatliche Pauschale.	19,95	
4			
5	Zahlen Sie den vorstehenden Betrag auf Konto-Nr. 47114712	47114712	
6			
7	Der Kaufpreis beläuft sich auf 133,70 Euro.	133,70	
8			

Hinweis

Die Funktion zum Extrahieren von Ziffern aus der Stringmitte kann auch verwendet werden, um Zahlen links oder rechts vom Textstring zu extrahieren. Diese Funktion ist zwar etwas umfangreicher, deckt aber grundsätzlich alle Möglichkeiten ab.

Mithilfe der Funktion ISTLEER() Auflistungen ohne Leerzeilen erstellen

In diesem Beispiel wird gezeigt, wie mit der Funktion *ISTLEER()* eine Auflistung ohne Leerzeilen erstellt werden kann. In der Ausgangstabelle sind verschiedene Einträge in einer Spalte verteilt. In der Spalte daneben sollen die Einträge ohne Leerzeilen aufgelistet werden.

So geht's:

Nach einem Datenimport aus einem Warenwirtschaftsprogramm stehen in einer Excel-Tabelle folgende Lagerdaten zur Verfügung.

Beim Import haben sich Leerzeilen eingeschlichen, die sich wie folgt eliminieren lassen.

1 Zum Auslesen der Artikelnummern aus Spalte A tragen Sie in Zelle E5 folgende Matrixfunktion ein:

	A	B	C	D
1	SAN-60853	299	28,88 €	
2				
3				
4	SAN-99296	186	8,43 €	
5	SBN-92709	83	15,05 €	
6				
7	SBN-67439	152	8,26 €	
8	SCN-92796	266	18,06 €	
9				
10				
11				
12	SDN-58941	202	30,04 €	
13	SCN-50875	60	25,84 €	
14				
15	SAN-43180	31	4,29 €	
16	SCN-13421	159	7,74 €	
17	SCN-64761	281	8,80 €	
18	SDN-76839	167	7,40 €	
19				
20				

=WENN(ZEILE(A1)>ANZAHL2($A$1:$A$100);"";INDEX(A:A;KKLEINSTE
(WENN(A$1:A$1004>"";ZEILE($1:$1004));ZEILE(A1))))

Beenden Sie die Dateneingabe mit der Tastenkombination ⟨Strg⟩+
⟨Umschalt⟩+⟨Enter⟩.

2 Die Lagermenge aus Spalte B wird mit der folgenden Matrixformel aus
dem Importbereich extrahiert:

=WENN(ZEILE(B1)>ANZAHL2($B$1:$B$100);"";INDEX(B:B;KKLEINSTE
(WENN(A$1:A$1004>"";ZEILE($1:$1004));ZEILE(B1))))

Tragen Sie diese Funktion in Zelle F5 ein und beenden Sie auch diese
Formeleingabe mit ⟨Strg⟩+⟨Umschalt⟩+⟨Enter⟩.

3 Im letzten Schritt werden die Einkaufspreise aus Spalte C mit dieser
Matrixfunktion, die in Zelle G5 eingetragen wird, ausgelesen:

=WENN(ZEILE(C1)>ANZAHL2($C$1:$C$100);"";INDEX(C:C;KKLEINSTE
(WENN(A$1:A$1004>"";ZEILE($1:$1004));ZEILE(C1))))

Beenden Sie diese Funktion wiederum mit der Tastenkombination
⟨Strg⟩+⟨Umschalt⟩+⟨Enter⟩.

4 Markieren Sie nun den Bereich E5:G5 und kopieren Sie die Formeln bis
zur Zeile 15 nach unten.

Als Ergebnis erhalten Sie die Lagerliste ohne die störenden Leerzeilen.

	A	B	C	D	E	F	G
			fx	{=WENN(ZEILE(A1)>ANZAHL2($A$1:$A$100);"";INDEX(A:A;KKLEINSTE(WENN(A$1:			
				A$1004>"";ZEILE($1:$1004));ZEILE(A1))))}			
	A	B	C	D	E	F	G
1	SAN-60853	299	28,88 €		**Überarbeitete Lagerliste**		
2							
3							
4	SAN-99296	186	8,43 €		Artikel-Nummer	Lagermenge	EK-Preis
5	SBN-92709	83	15,05 €		SAN-60853	299	28,88 €
6					SAN-99296	186	8,43 €
7	SBN-67439	152	8,26 €		SBN-92709	83	15,05 €
8	SCN-92796	266	18,06 €		SBN-67439	152	8,26 €
9					SCN-92796	266	18,06 €
10					SDN-58941	202	30,04 €
11					SCN-50875	60	25,84 €
12	SDN-58941	202	30,04 €		SAN-43180	31	4,29 €
13	SCN-50875	60	25,84 €		SCN-13421	159	7,74 €
14					SCN-64761	281	8,80 €
15	SAN-43180	31	4,29 €		SDN-76839	167	7,40 €
16	SCN-13421	159	7,74 €				
17	SCN-64761	281	8,80 €				
18	SDN-76839	167	7,40 €				
19							

Tipp 7: Zellinhalte mithilfe der Funktion TYP() analysieren

Die Tabellenfunktion *TYP()* bietet die Möglichkeit, abhängig vom Datentyp der Zelle die Zahl zurückgeben zu lassen, die den Datentyp des Zellwerts anzeigt.

So geht's:

Zum Analysieren der Zellinhalte muss der Funktion *TYP()* das Argument *Wert* übergeben werden. Die Syntax lautet also *TYP(Wert)*.

Das Argument *Wert* kann ein beliebiger Microsoft Excel-Wert sein, beispielsweise eine Zahl, ein Text, ein Wahrheitswert, ein Datum und so weiter.

Abhängig vom Zellinhalt liefert diese Funktion folgende Rückgabewerte:

Zellinhalt (Wert)	Rückgabewert der Funktion TYP()
Zahl	1
Text	2
Wahrheitswert	4
Fehlerwert	16
Matrix	64

	A	B	C
1	**Datentyp der Zelle auslesen**		
2			
3			
4	121	1	
5	Alois Eckl	2	
6	WAHR	4	
7	#DIV/0!	16	
8	{1;2;3}	64	
9			

Diese Rückgabewerte können beispielsweise in bedingten Formatierungen oder *WENN*-Abfragen verwendet werden.

4.10 Statistische Funktionen für die Praxis

Für Nichtstatistiker ist dieses Thema oft ein Buch mit sieben, ja fast acht Siegeln. Aus diesem Grund werden anhand einiger Beispiele die wichtigsten Statistikfunktionen für den Praxiseinsatz vorgestellt.

Tipp 1: Berechnung der Umsatzprovision ausgehend vom Verkaufserfolg

Die Verkaufsprovision für ein Verkaufsteam, bestehend aus sechs Verkäufern, wird monatlich aufgrund der Verkaufszahlen ermittelt. Um den Wettbewerb innerhalb des Teams aufrechtzuerhalten, bekommt nicht jeder Verkäufer die gleiche Umsatzprovision, sondern es wird eine Staffelung nach Verkaufserfolg nach folgendem Verteilungsschema durchgeführt:

> Rang 1:   20 %
> Rang 2:   15 %
> Rang 3:   12,5 %
> Rang 4:   10 %
> Rang 5:   7,5 %
> Rang 6:   5 %

So geht's:

Sehen Sie sich zunächst die Ausgangstabelle etwas näher an. In Spalte B liegen die Umsatzzahlen für die einzelnen Verkaufsmitarbeiter vor, auf deren Basis die Umsatzprovision ermittelt werden soll.

	A	B	C	D
1	**Ermittlung der Umsatzprovision 7/2007**			
2				
3	Verkäufer	Umsatz	Rang	Umsatzprovision
4	Kai Braun	6.800,00 €		
5	Ina Fischer	5.350,00 €		
6	Bernd Körner	6.900,00 €		
7	Klaus Steininger	4.250,00 €		
8	Jana Schneider	4.700,00 €		
9	Susanne Winter	5.700,00 €		
10				

1   Ermitteln Sie dazu im ersten Schritt die Rangfolge für die getätigten Umsätze, indem Sie den Zellbereich C4:C9 markieren.

2   Erfassen Sie in Zelle C4 die Formel

=RANG(B4;$B$4:$B$9;0)

und beenden Sie die Dateneingabe mit der Tastenkombination ⎡Strg⎤+⎡Enter⎤. Damit wird die Formel in den gesamten markierten

C4	▼	f_x =RANG(B4:$B$4:$B$9;0)		
	A	B	C	D
1	**Ermittlung der Umsatzprovision 7/2007**			
2				
3	Verkäufer	Umsatz	Rang	Umsatzprovision
4	Kai Braun	6.800,00 €	2	
5	Ina Fischer	5.350,00 €	4	
6	Bernd Körner	6.900,00 €	1	
7	Klaus Steininger	4.250,00 €	6	
8	Jana Schneider	4.700,00 €	5	
9	Susanne Winter	5.700,00 €	3	
10				

Bereich eingetragen, und die Rangfolgen werden für alle sechs Verkäufer ermittelt.

3   Zur Ermittlung der Umsatzprovision markieren Sie den Zellbereich D4:D9 und erfassen diese Formel:

=WAHL(RANG(B4;$B$4:$B$9);20;15;12,5;10;7,5;5)*B4/100

Der Funktion *WAHL()* wird aus dem Ergebnis der Funktion *RANG()* der entsprechende Wert aus der Liste der Werteargumente übergeben. Die so ermittelten Werte werden mit dem Umsatz aus Spalte B multipliziert, sodass sich daraus die entsprechende Umsatzprovision ergibt.

	D4	▼	*fx*	=WAHL(RANG(B4;$B$4:$B$9);20;15;12,5; 10;7,5;5)*B4/100

	A	B	C	D
1	**Ermittlung der Umsatzprovision 7/2007**			
2				
3	Verkäufer	Umsatz	Rang	Umsatzprovision
4	Kai Braun	6.800,00 €	2	1.020,00 €
5	Ina Fischer	5.350,00 €	4	535,00 €
6	Bernd Körner	6.900,00 €	1	1.380,00 €
7	Klaus Steininger	4.250,00 €	6	212,50 €
8	Jana Schneider	4.700,00 €	5	352,50 €
9	Susanne Winter	5.700,00 €	3	712,50 €
10				

Hinweis

Wenn Sie die in Schritt 3 angegebene Formel verwenden, wird die Spalte *Rang* (Spalte C) nicht benötigt. Möchten Sie die Spalte aber dennoch beibehalten, kann die Funktion für Zelle D2 wie folgt verkürzt werden: *=WAHL(C4:C9; 20;15;12,5;10;7,5;5)*B4/100*. Damit bezieht sich die Funktion *WAHL()* direkt auf die bereits ermittelte Rangfolge in Spalte C.

Tipp 2: Rangfolge ohne doppelte Ränge ermitteln

Dieses Beispiel zeigt, wie sich eine Rangfolge ermitteln lässt, ohne dass dabei der gleiche Rang mehrmals vergeben wird. Die Funktion *RANG()* vergibt nämlich bei identischen Ausgangswerten den gleichen Rang mehrmals.

So geht's:

In einer Umsatzübersicht, die nach Produktgruppen gegliedert ist, wurde im Bereich C4:C10 mit der Funktion *RANG()* die Rangfolge eingetragen. Da der Umsatz in den Produktgruppen C und F mit 1,24 Mio. Euro identisch ist, wurde für beide der gleiche Rang vergeben.

	C4	▼	*fx*	=RANG(B4;$B$4:$B$10)	

	A	B	C	D	E
1	**Umsatz nach Produktgruppen**				
2					
3	Gruppe	Umsatz in Mio €	Rangfolge	Rangfolge ohne doppelte	
4	A	1,72	1		
5	B	0,75	6		
6	C	1,24	3		
7	D	1,41	2		
8	E	0,32	7		
9	F	1,24	3		
10	G	0,87	5		
11					

Zur Ermittlung einer Rangfolge ohne doppelte Ränge gehen Sie nun wie folgt vor:

1 Erfassen Sie in Zelle D4 folgende Matrixfunktion:

=SUMME(1*(B4<B$4:B$10))+1+WENN(ZEILE(B4)-ZEILE($B$4)=0;0;
SUMME(1*(B4=BEREICH.VERSCHIEBEN($B$4;0;0;INDEX(ZEILE(B4)-
ZEILE($B$4)+1;1)-1;1))))

2 Da es sich um eine Matrixfunktion handelt, müssen Sie die Eingabe mit der Tastenkombination ⌈Strg⌉+⌈Umschalt⌉+⌈Enter⌉ abschließen.

3 Kopieren Sie die Formel bis zur Zelle D10 nach unten.

Die Rangfolge, die sich mit dieser Funktion ergibt, enthält keine doppelten Ränge mehr.

| D4 | ▾ | fx | {=SUMME(1*(B4<B$4:B$10))+1+WENN(ZEILE(
B4)-ZEILE($B$4)=0;0;SUMME(1*(B4=
BEREICH.VERSCHIEBEN($B$4;0;0;INDEX(
ZEILE(B4)-ZEILE($B$4)+1;1)-1;1)))))} |

	A	B	C	D	E
1	**Umsatz nach Produktgruppen**				
2					
3	Gruppe	Umsatz in Mio €	Rangfolge	**Rangfolge ohne doppelte**	
4	A	1,72	1	1	
5	B	0,75	6	6	
6	C	1,24	3	3	
7	D	1,41	2	2	
8	E	0,32	7	7	
9	F	1,24	3	4	
10	G	0,87	5	5	
11					

Hinweis

Bei identischen Ausgangswerten entscheidet die Sortierreihenfolge über die Vergabe des Rangs. Den besseren Rang enthält der Eintrag, der als Erster in der Liste steht, im Beispiel die Produktgruppe C.

Tipp 3: Mittelwert ohne Nullwerte ermitteln

Zur Ermittlung des arithmetischen Mittels, also des Durchschnitts, stellt Excel die Funktion *MITTELWERT()* zur Verfügung. Damit wird jeder Wert, auch Nullwerte, in die Berechnung mit einbezogen. Im folgenden Beispiel sehen Sie anhand einer Gehaltsliste, wie der Durchschnitt der Gehaltszahlun-

| B16 | ▾ | fx | =MITTELWERT(B4:B14) |

	A	B	C	D
1	**Gehaltsübersicht per Juli 2007**			
2				
3	Mitarbeiter	Brutto-Gehalt	AGA-Soz.Vers.	Anmerkung
4	Klaus Kleinmann	2.760,00 €	579,60 €	
5	Inge Großmann	2.580,00 €	541,80 €	
6	Nele Augstern	2.410,00 €	506,10 €	
7	Britt Kling	- €	- €	Elternzeit
8	August Walter	2.610,00 €	548,10 €	
9	Silke Zinke	2.730,00 €	573,30 €	
10	Wigbert Nesvadba	2.820,00 €	592,20 €	
11	Simone Reuter	- €	- €	Elternzeit
12	Urs Kramer	2.640,00 €	554,40 €	
13	Stefan Biemann	2.700,00 €	567,00 €	
14	Eva Kunze	1.010,00 €	212,10 €	Azubi
15				
16	Durchschnittswert	2.023,64 €	424,96 €	
17				

gen und der Arbeitgeberanteile zur Sozialversicherung ermittelt wird.

Da sich zwei Mitarbeiter in Elternzeit befinden und deswegen kein Gehalt bekommen, ist dieser Durchschnitt nicht korrekt berechnet. Ziel ist es nun, den Mittelwert ohne die beiden Nullwerte zu bilden.

So geht's:

1 Erfassen Sie in Zelle B18 die Funktion =MITTELWERT(WENN(B4:B14 <>0;B4:B14)) und schließen die Eingabe mit der Tastenkombination Strg+Umschalt+Enter ab. Damit wird die Funktion zur Matrixfunktion erklärt.

2 Kopieren Sie die Funktion mit dem Ausfüllkästchen in Zelle C18, um auch den Durchschnitt ohne Nullwerte für den Arbeitgeberanteil zur Sozialversicherung zu ermitteln.

In dieser Durchschnittsbetrachtung werden wie gewünscht nur Werte größer 0 berücksichtigt.

> **Hinweis**
>
> Um bei der Durchschnittsberechnung nur Werte größer 2.000 Euro zu berücksichtigen, modifizieren Sie die Funktion wie folgt:
>
> =MITTELWERT(WENN(B4:B14>2000;B4:B14))

Tipp 4: Tendenz einer Zahlenreihe (Umsatzentwicklung) ermitteln

Eine Frage, die sich häufig in der Betriebswirtschaft stellt, ist die Frage nach dem weiteren Geschäftserfolg. Der zentrale Ausgangspunkt ist dabei oft die Umsatzentwicklung. Hier erfahren Sie anhand einer Beispieldatei, wie die Tendenz der Umsatzentwicklung mit Excel berechnet werden kann.

So geht's:

In einer Excel-Tabelle liegen die Umsatzzahlen getrennt nach Filialen für das erste Halbjahr 2007 vor.

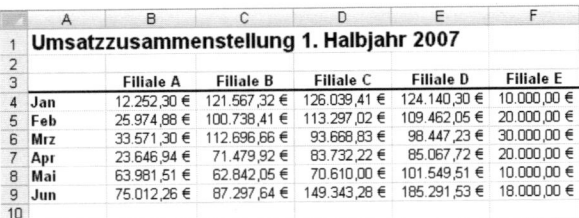

	A	B	C	D	E	F
1	Umsatzzusammenstellung 1. Halbjahr 2007					
2						
3		Filiale A	Filiale B	Filiale C	Filiale D	Filiale E
4	Jan	12.252,30 €	121.567,32 €	126.039,41 €	124.140,30 €	10.000,00 €
5	Feb	25.974,88 €	100.738,41 €	113.297,02 €	109.462,05 €	20.000,00 €
6	Mrz	33.571,30 €	112.696,66 €	93.668,83 €	98.447,23 €	30.000,00 €
7	Apr	23.646,94 €	71.479,92 €	83.732,22 €	85.067,72 €	20.000,00 €
8	Mai	63.981,51 €	62.842,05 €	70.610,00 €	101.549,51 €	10.000,00 €
9	Jun	75.012,26 €	87.297,64 €	149.343,28 €	185.291,53 €	18.000,00 €
10						

Zur Ermittlung der Tendenz für jede Filiale gehen Sie wie folgt vor:

1 Markieren Sie die Zelle B11 und erfassen Sie dort folgende Funktion:

=WENN(STEIGUNG(B4:B9;ZEILE(4:9))>0;"steigend";WENN(STEIGUNG(B4:B9;ZEILE(4:9))<0;"fallend";"konstant"))

Die Funktion *STEIGUNG()* in Verbindung mit einer *WENN*-Abfrage prüft die Zahlenfolgen, also die Umsatzzahlen, im Bereich B4:B19 und gibt abhängig vom Ergebnis, also von der Tendenz der Zahlenreihe, den Text *steigend, fallend* oder *konstant* aus.

2 Kopieren Sie diese Formel bis zur Zelle F11 nach rechts. Damit wird der Trend für alle fünf Filialen ermittelt.

B11			fx	=WENN(STEIGUNG(B4:B9;ZEILE(4:9))>0;"steigend"; WENN(STEIGUNG(B4:B9;ZEILE(4:9))<0;"fallend";		

	A	B	C	D	E	F
1	Umsatzzusammenstellung 1. Halbjahr 2007					
2						
3		Filiale A	Filiale B	Filiale C	Filiale D	Filiale E
4	Jan	12.252,30 €	121.567,32 €	126.039,41 €	124.140,30 €	10.000,00 €
5	Feb	25.974,88 €	100.738,41 €	113.297,02 €	109.462,05 €	20.000,00 €
6	Mrz	33.571,30 €	112.696,66 €	93.668,83 €	98.447,23 €	30.000,00 €
7	Apr	23.646,94 €	71.479,92 €	83.732,22 €	85.067,72 €	20.000,00 €
8	Mai	63.981,51 €	62.842,05 €	70.610,00 €	101.549,51 €	10.000,00 €
9	Jun	75.012,26 €	87.297,64 €	149.343,28 €	185.291,53 €	18.000,00 €
10						
11	Tendenz	steigend	fallend	fallend	steigend	konstant
12						

In den Filialen A und D verläuft die Umsatzentwicklung steigend. In den Filialen B und C war die Entwicklung negativ, und in Filiale E war ein konstanter Umsatzverlauf zu verzeichnen.

Professioneller und ansprechender wirkt es unter Umständen, wenn Sie die Tendenz anstatt mit einer Textbezeichnung mit Pfeilsymbolen darstellen. Gehen Sie dazu so vor:

1 Formatieren Sie den Zellbereich B13:F13 mit der Schriftart Wingdings.

2 Erfassen Sie in Zelle B13 folgende Formel:

=WENN(STEIGUNG(B4:B9;ZEILE(4:9))>0;ZEICHEN(221);
WENN(STEIGUNG(B4:B9;ZEILE(4:9))<0;ZEICHEN(222);ZEICHEN(220)))

Mit der Funktion *ZEICHEN* wird der Code der Pfeilsymbole übergeben, und das entsprechende Symbol wird in die Zelle eingetragen.

3 Kopieren Sie die Formel bis zur Zelle F13 nach rechts.

| B13 | ▼ | *fx* | =WENN(STEIGUNG(B4:B9;ZEILE(4:9))>0;ZEICHEN(221); WENN(STEIGUNG(B4:B9;ZEILE(4:9))<0;ZEICHEN(222); ZEICHEN(220))) | | |

	A	B	C	D	E	F
1	**Umsatzzusammenstellung 1. Halbjahr 2007**					
2						
3		Filiale A	Filiale B	Filiale C	Filiale D	Filiale E
4	Jan	12.252,30 €	121.567,32 €	126.039,41 €	124.140,30 €	10.000,00 €
5	Feb	25.974,88 €	100.738,41 €	113.297,02 €	109.462,05 €	20.000,00 €
6	Mrz	33.571,30 €	112.696,66 €	93.668,83 €	98.447,23 €	30.000,00 €
7	Apr	23.646,94 €	71.479,92 €	83.732,22 €	85.067,72 €	20.000,00 €
8	Mai	63.981,51 €	62.842,05 €	70.610,00 €	101.549,51 €	10.000,00 €
9	Jun	75.012,26 €	87.297,64 €	149.343,28 €	185.291,53 €	18.000,00 €
10						
11	Tendenz	steigend	fallend	fallend	steigend	konstant
12						
13	Tendenz	⬆	⬇	⬇	⬆	➡
14						

Tipp 5: Ermittlung der größten positiven und der größten negativen Differenz in einer Liste

Anhand einer Aktienkurstabelle soll erläutert werden, wie sich der größte Gewinn (die größte positive Differenz) und der größte Verlust (die größte negative Differenz) in einer Liste ermitteln lässt. Als Ausgangstabelle liegt eine Aktienkurstabelle mit Datumsangaben und den entsprechenden Aktienkursen vor.

	A	B	C
1	**Aktienkurse Juli 2007**		
2	- Test AG		
3			
4	Datum	Schlusskurs	
5	02.07.2007	40,23 €	
6	03.07.2007	40,12 €	
7	04.07.2007	39,20 €	
8	05.07.2007	39,35 €	
9	06.07.2007	39,71 €	
10	09.07.2007	39,53 €	
11	10.07.2007	40,03 €	
12	11.07.2007	39,94 €	
13	12.07.2007	40,23 €	
14	13.07.2007	40,46 €	
15	16.07.2007	41,14 €	
16	17.07.2007	41,50 €	
17	18.07.2007	42,21 €	
18	19.07.2007	41,90 €	
19	20.07.2007	42,01 €	
20			

So geht's:

1 Im ersten Schritt wird die größte positive Differenz ermittelt. Erfassen Sie dazu in Zelle D5 folgende Formel: *=MAX(B6:B101-B5:B100)*. Da es sich um eine Matrixfunktion handelt, müssen Sie die Eingabe mit der Tastenkombination Strg+Umschalt+Enter beenden.

2 Im nächsten Schritt wird die größte negative Differenz, also der größte Kursverlust, berechnet. Tragen Sie dazu in Zelle D6 diese Formel ein:

=MIN(B6:INDIREKT("B"&ANZAHL(B:B))-B5:INDIREKT("B"&ANZAHL
(B:B)-1))

Da es sich auch bei dieser Formel um eine Matrixfunktion handelt, müssen Sie die Eingabe wieder mit der Tastenkombination (Strg)+(Umschalt)+ (Enter) abschließen.

3 Jetzt wird noch das Datum für den Wert des größten Kursgewinns in Zelle E5 ausgelesen. Tragen Sie dazu in Zelle E5 die Funktion =INDEX (A:A;VERGLEICH(D5;$B$6:$B$101-$B$5:$B$100;0)+5) ein und beenden Sie auch diese Matrixfunktion mit (Strg)+(Umschalt)+(Enter).

4 Kopieren Sie im letzten Schritt diese Funktion nun noch in Zelle E6, damit das Datum auch für den größten Kursverlust ausgelesen wird.

Im Ergebnis erhalten Sie den größten Kursgewinn sowie den größten Kursverlust mit den entsprechenden Datumsangaben.

	A	B	C	D	E	F
1	**Aktienkurse Juli 2007**					
2	- Test AG					
3						
4	Datum	Schlusskurs		Betrag	Datum	
5	02.07.2007	40,23 €		0,71 €	18.07.2007	größter Kursgewinn
6	03.07.2007	40,12 €	-	0,92 €	04.07.2007	größter Kursverlust
7	04.07.2007	39,20 €				
8	05.07.2007	39,35 €				
9	06.07.2007	39,71 €				
10	09.07.2007	39,53 €				
11	10.07.2007	40,03 €				
12	11.07.2007	39,94 €				
13	12.07.2007	40,23 €				
14	13.07.2007	40,46 €				
15	16.07.2007	41,14 €				
16	17.07.2007	41,50 €				
17	18.07.2007	42,21 €				
18	19.07.2007	41,90 €				
19	20.07.2007	42,01 €				
20						

D6 = {=MIN(B6:INDIREKT("B"&ANZAHL(B:B))-B5:INDIREKT("B"&ANZAHL(B:B)-1))}

Hinweis

Zur Verprobung erfassen Sie in Zelle C6 die Formel =B6-B5 und kopieren diese bis zur Zelle B19 nach unten. Sie sehen, der größte Kursgewinn mit 0,71 Euro war am 18.07.2007 und der größte Kursverlust mit –0,92 Euro am 04.07. 2007 zu verzeichnen.

	A	B	C	D	E	F
1	**Aktienkurse Juli 2007**					
2	- Test AG					
3						
4	Datum	Schlusskurs		Betrag	Datum	
5	02.07.2007	40,23 €		0,71 €	18.07.2007	größter Kursgewinn
6	03.07.2007	40,12 €	- 0,11 €	-	0,92 €	04.07.2007	größter Kursverlust
7	04.07.2007	39,20 €	- 0,92 €			
8	05.07.2007	39,35 €	0,15 €			
9	06.07.2007	39,71 €	0,36 €			
10	09.07.2007	39,53 €	- 0,18 €			
11	10.07.2007	40,03 €	0,50 €			
12	11.07.2007	39,94 €	- 0,09 €			
13	12.07.2007	40,23 €	0,29 €			
14	13.07.2007	40,46 €	0,23 €			
15	16.07.2007	41,14 €	0,68 €			
16	17.07.2007	41,50 €	0,36 €			
17	18.07.2007	42,21 €	0,71 €			
18	19.07.2007	41,90 €	- 0,31 €			
19	20.07.2007	42,01 €	0,11 €			
20						

Tipp 6: Umwandeln von verschiedenen Maßeinheiten

Nicht sehr bekannt ist die Funktion *UMWANDELN()*. Mithilfe dieser Funktion lassen sich viele unterschiedliche Maßeinheiten in andere Maßsysteme umwandeln. Dieser Tipp zeigt anhand einiger Beispiele, welche Umrechnungsfunktionen zur Verfügung stehen und wie diese verwendet werden können.

So geht's:

Die Funktion *UMWANDELN()* hat folgende Syntax:

UMWANDELN(Zahl;Von_Maßeinheit;In_Maßeinheit).

Die Funktionsargumente:

> *Zahl*: Ist der Wert des Parameters *Von_Maßeinheit*, der umgewandelt werden soll.

> *Von_Maßeinheit*: Sind die Einheiten für die Zahl.

> *In_Maßeinheit*: Sind die Einheiten für das Ergebnis. *UMWANDELN()* akzeptiert die im Folgenden aufgeführten Textwerte (in Anführungszeichen) für *Von_Maßeinheit* und *In_Maßeinheit*.

1. Umrechnung Inch in Meter

Das erste Beispiel zeigt, wie Inch in Meter umgerechnet werden können. Die Angabe der Länge in Inch steht mit einem Wert von 47,5 in Zelle A5. Erfassen Sie zur Umrechnung in Zelle B5 diese Funktion: *=UMWANDELN (A5;"in";"m")*. 47,5 Inch ergeben 1,21 Meter.

2. Umrechnung Liter in Esslöffel

Nun soll ein Liter in die Messangabe Esslöffel umgerechnet werden. 1 Liter entspricht dabei 67,61 Esslöffeln. Erfassen Sie zur Umrechnung in Zelle B8 die Formel *=UMWANDELN(A8;"l";"tbs")*.

3. Umrechnung Grad Fahrenheit in Grad Celsius

Das letzte Beispiel zeigt, wie Grad Fahrenheit in Grad Celsius umgerechnet werden kann. Die Angabe der Temperatur in Grad Fahrenheit befindet sich in Zelle A11. Zur Umrechnung in Grad Celsius verwenden Sie folgende Formel in Zelle B11:

=UMWANDELN(A11;"F";"C")

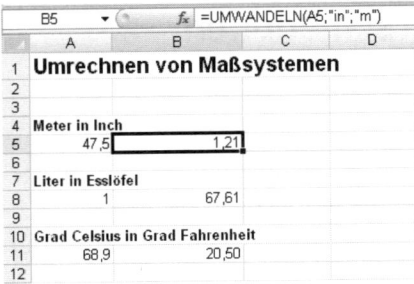

Die nachfolgende Zusammenstellung gibt einen Überblick über alle verfügbaren Umrechnungsparameter der Funktion *UMWANDELN()*.

Gewicht und Masse	Von_Maßeinheit oder In_Maßeinheit
Gramm	"g"
Stück	"sg"
Pfund (Handelsgewicht)	"lbm"
U (Atommasseeinheit)	"u"
Unze (Handelsgewicht)	"ozm"
Entfernung	**Von_Maßeinheit oder In_Maßeinheit**
Meter	"m"
Feste Meile	"mi"
Seemeile	"Nmi"
Zoll	"in"
Fuß	"ft"
Yard	"yd"
Ångstrom	"ang"
Pica (1/72 Zoll)	"Pica"
Zeit	**Von_Maßeinheit oder In_Maßeinheit**
Jahr	"yr"
Tag	"day"
Stunde	"hr"
Minute	"mn"
Sekunde	"sec"
Druck	**Von_Maßeinheit oder In_Maßeinheit**
Pascal	"Pa" (oder "p")
Atmosphäre	"atm" (oder "at")
mm Quecksilber	"mmHg"
Kraft	**Von_Maßeinheit oder In_Maßeinheit**
Newton	"N"

Dyne	"dyn" (oder "dy")
Pound-Kraft	"lbf"
Energie	**Von_Maßeinheit oder In_Maßeinheit**
Joule	"J"
Erg	"e"
Thermodynamische Kalorie	"c"
IT-Kalorie	"cal"
Energie	**Von_Maßeinheit oder In_Maßeinheit**
Elektrovolt	"eV" (oder "ev")
Pferdestärke/Stunde	"HPh" (oder "hh")
Wattstunde	"Wh" (oder "wh")
Fuß-Pound	"flb"
BTU	"BTU" (oder "btu")
Potenziell	**Von_Maßeinheit oder In_Maßeinheit**
Pferdestärke	"HP" (oder "h")
Watt	"W" (oder "w")
Magnetismus	**Von_Maßeinheit oder In_Maßeinheit**
Tesla	"T"
Gauss	"ga"
Temperatur	**Von_Maßeinheit oder In_Maßeinheit**
Grad Celsius	"C" (oder "cel")
Grad Fahrenheit	"F" (oder "fah")
Kelvin	"K" (oder "kel")
Flüssigmaße	**Von_Maßeinheit oder In_Maßeinheit**
Teelöffel	"tsp"
Esslöffel	"tbs"
Flüssigunze	"oz"
Tasse	"cup"
U.S. Pint	"pt" (oder "us_pt")
U.K. Pint	"uk_pt"
Quart	"qt"
Gallone	"gal"
Liter	"l" (oder "lt")

Tipp 7: Zeichen auf Knopfdruck tiefer stellen

Gerade in chemischen Formeln kann es erforderlich werden, Zeichen, wenn möglich auch automatisch, tiefer zu stellen. Dies kann jedoch nur über ein

Makro realisiert werden. Das Makro, das Sie nachfolgend kennenlernen werden, ist so „gestrickt", dass hierbei alle markierten Zellen nacheinander richtig formatiert werden.

So geht's:

1 Drücken Sie die Tastenkombination ⌐Alt¬+⌐F11¬, um in die Entwicklungsumgebung, also den VBA-Editor von Excel zu gelangen.

2 Fügen Sie über das Menü *Einfügen*, Befehl *Modul* ein neues, noch leeres Modul ein und erfassen Sie den nachfolgenden Code.

Listing 1:

```
   Sub ChemischeFormel()
   Dim i As Integer
   Dim cell As Range
   For Each cell In Selection
5    With cell
        If IsNull(.Font.Subscript) Then
        .Font.Subscript = False
        .Font.Superscript = False
        Exit Sub
10      End If
        For i = 1 To .Characters.Count
        If IsNumeric(Mid(.Value, i, 1)) Then
        .Characters(i, 1).Font.Subscript = True
        ElseIf InStr(1, "+-", Mid(.Value, i, 1), 0) > 0 Then
15      .Characters(i, 1).Font.Superscript = True
        End If
        Next i
     End With
     Next cell
20 End Sub
```

3 Wechseln Sie nun zurück in die Excel-Umgebung und erfassen Sie ein paar typische chemische Formeln, z. B. *H20* oder *CO2*.

4 Markieren Sie dann diese Einträge und rufen Sie über *Ansicht/Makros/Makros anzeigen* das Makro mit dem Namen *ChemischeFormel* auf.

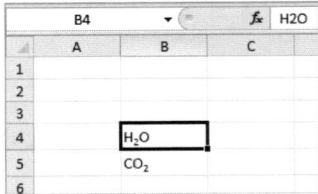

4.11 Mathematische Funktionen für den Alltag

Dieser Abschnitt soll Ihnen einen kleinen Überblick darüber verschaffen, welche Möglichkeiten Excel im Umgang mit alltäglichen mathematischen Funktionen bietet. Dazu werden einige Lösungen für den Praxiseinsatz vorgestellt und erläutert.

Tipp 1: Auslesen der ersten Nachkommastelle einer Dezimalzahl

Aus einer Dezimalzahl mit beliebigen Nachkommastellen soll eine definierte Nachkommastelle extrahiert werden.

So geht's:

Zum Auslesen der ersten Nachkommastelle der Zahl aus Zelle A4 erfassen Sie in Zelle B4 die Funktion *=WERT(RECHTS(KÜRZEN(A4;1)))*.

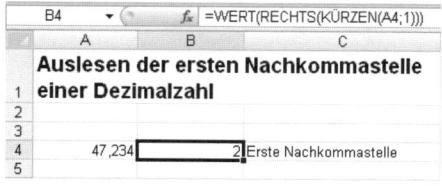

Soll die dritte Dezimalstelle extrahiert werden, muss die Funktion wie folgt modifiziert werden:

=WERT(RECHTS(KÜRZEN(A6;3)))

Auf diese Weise lassen sich beliebige Dezimalstellen auslesen.

Hinweis

Das Ganze funktioniert auch bei Brüchen, da Brüche intern natürlich ebenfalls als Dezimalzahlen verwaltet werden. Zum Auslesen der zweiten Dezimalstelle des Bruchs 2¾ verwenden Sie die Formel =WERT(RECHTS (KÜRZEN(A8;2))). Das Ergebnis lautet 5 (2¾ = 2,75).

	B8	▼	f_x =WERT(RECHTS(KÜRZEN(A8;2)))	
	A	B	C	
1	Auslesen der ersten Nachkommastelle einer Dezimalzahl			
2				
3				
4	47,234	2	Erste Nachkommastelle	
5				
6	124,5391	9	Dritte Nachkommastelle	
7				
8	2 3/4	5	Zweite Nachkommastelle	
9				

➔ Verweis: siehe Kapitel 9, Tipp 1

Tipp 2: Ermittlung von Primzahlen

Eine Primzahl ist eine natürliche Zahl mit genau zwei natürlichen Teilern, nämlich 1 und sie selbst.

Im folgenden Beispiel sehen Sie, wie mithilfe einer Excel-Formel beliebige Zahlen daraufhin geprüft werden können, ob es sich um eine Primzahl handelt oder nicht. Die derzeit größte Primzahl wurde 2008 gefunden. Sie lautet $2^{243112609-1}$, das ist eine Zahl mit fast 13 Millionen Dezimalstellen.

So geht's:

Als Ausgangstabelle liegt eine Auflistung von Ziffern vor. Im Beispiel sollen die Zahlen 3 bis 23 daraufhin geprüft werden, ob es sich jeweils um eine Primzahl handelt.

	A	B	C
1	Ermittlung von Primzahlen		
2			
3			
4	3		
5	4		
6	5		
7	6		
8	7		
9	8		
10	9		
11	10		
12	11		
13	12		
14	13		
15	14		
16	15		
17	16		
18	17		
19	18		
20	19		
21	20		
22	21		
23	22		
24	23		
25			

1 Markieren Sie dazu die Zelle B4 und erfassen Sie folgende Matrixfunktion:

=WENN(SUMME(WENN(REST(A4;ZEILE (INDIREKT("2:"&A4-1)));0;1));"";"Primzahl")

Diese Funktion gibt neben einer erkannten Primzahl den Text *Primzahl* aus.

2 Beenden Sie die Funktion mit der Tastenkombination [Strg]+[Umschalt]+[Enter]. Damit wird die Funktion als Matrixfunktion mit geschweiften Klammern eingetragen.

3 Kopieren Sie die Funktion bis zur Zelle B24 nach unten.

Im Ergebnis sehen Sie, bei welchen Zahlen es sich um Primzahlen handelt.

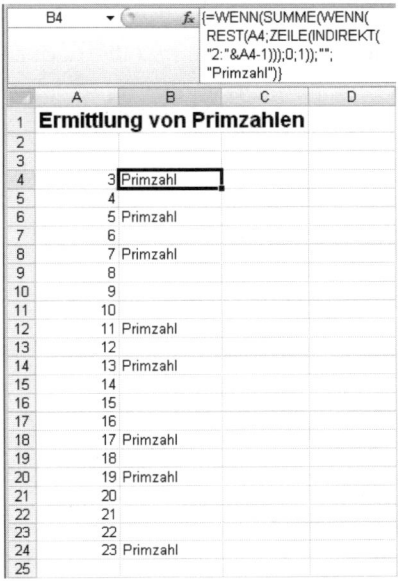

Tipp 3: Ermittlung der Quersumme

Dieses Beispiel zeigt, wie sich mit einer Excel-Formel die Quersumme einer beliebig langen Zahlenfolge ermitteln lässt. Quersummen werden häufig als Prüfsummen verwendet.

So geht's:

1 Erfassen Sie dazu in Zelle B4 folgende Formel zur Ermittlung der Quersumme:

=SUMMENPRODUKT(WERT(TEIL(A4;ZEILE(INDIREKT("1:"&LÄNGE (A4)));1)))

Damit wird für die Zahl aus Zelle A4 die Quersumme berechnet.

2 Kopieren Sie die Formel über das Ausfüllkästchen bis zur Zelle B6 nach unten.

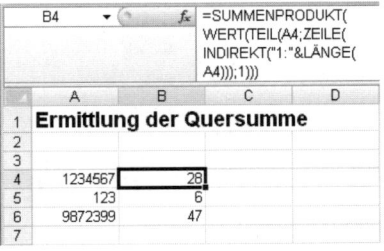

Auf diese Weise können Sie beliebige Zahlenreihen als Quersumme berechnen.

Neben der herkömmlichen und allgemein bekannten Quersumme gibt es die sogenannte einstellige oder iterierte Quersumme. Dabei wird von der einfachen Quersumme so lange die Quersumme gebildet, bis nur noch eine einstellige Zahl übrig bleibt.

So geht's:

1 Wenn die Ausgangszahl in Zelle A10 steht, erfassen Sie in Zelle B10 diese Formel:

$=(A10>0)*(REST(SUMME((0\&TEIL(A10;SPALTE(1:1);1))*1)-1;9)+1)$

2 Da es sich um eine Matrixfunktion handelt, müssen Sie die Eingabe mit der Tastenkombination Strg+Umschalt+Enter beenden.

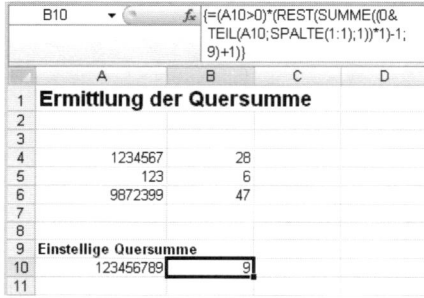

Hinweis

Das Ergebnis können Sie ganz einfach verproben, indem Sie in Zelle B13 die herkömmliche Quersumme berechnen. Das Ergebnis lautet 45. Wenn Sie nun in der nächsten Zeile die Quersumme von 45 ermitteln, ergibt sich der Wert 9. Die Formel zur Ermittlung der einstelligen Quersumme rechnet also korrekt.

Tipp 4: Bestimmung der Fibonacci-Folge

Die Fibonacci-Folge ist eine mathematische Folge von positiven ganzen Zahlen. Diese Bedingungen gelten für die Fibonacci-Folge:

➢ Für die beiden ersten Zahlen werden die Werte 0 und 1 vorgegeben.

➢ Jede weitere Zahl ist die Summe ihrer beiden Vorgänger.

Auf dieser Basis soll nun die Fibonacci-Folge ermittelt werden, die sich in vielen Naturgesetzen zeigt, sich aber auch unter Börsianern zur Ermittlung und Analyse von Börsenzyklen herumgesprochen hat.

So geht's über die Tabellenlösung:

1 Erfassen Sie in Zelle A4 die Zahl 0 und in Zelle A5 die 1.

2 In Zelle B5 geben Sie nun die Formel = *A4+A5* ein.

3 Stellen Sie in Zelle A6 den Bezug zur Zelle B5 durch die Bezugsformel *=B5* her.

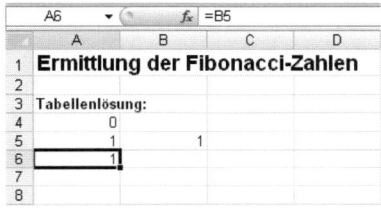

4 Kopieren Sie die Formel aus Zelle A6 bis zur Zelle A20 nach unten.

5 Die Formel aus Zelle B5 kopieren Sie ebenfalls bis zur Zelle B20 nach unten.

Als Ergebnis erhalten Sie die Fibonacci-Folge im umrandeten Zellbereich A4:A20.

	A	B	C	D
1	Ermittlung der Fibonacci-Zahlen			
2				
3	Tabellenlösung:			
4	0			
5	1	1		
6	1	2		
7	2	3		
8	3	5		
9	5	8		
10	8	13		
11	13	21		
12	21	34		
13	34	55		
14	55	89		
15	89	144		
16	144	233		
17	233	377		
18	377	610		
19	610	987		
20	987	1597		
21				

So geht's mit einer rekursiven Formel:

Damit zur Ermittlung der Fibonacci-Reihe nicht jedes Mal eine Tabelle aufgebaut werden muss, können Sie folgende Formel verwenden:

1 In Zelle A24 steht eine Zahl, die bestimmt, welche Fibonacci-Zahl berechnet werden soll. Wenn dort beispielsweise die Zahl 6 steht, wird in der Reihe die sechste Fibonacci-Zahl ermittelt.

2 Erfassen Sie in Zelle B24 zur Ermittlung der Fibonacci-Zahl folgende Formel:

=(1/(5^0,5))*(((1+5^0,5)/2)^A24-((1-5^0,5)/2)^A24)

	B24		f_x	=(1/(5^0,5))*(((1+5^0,5)/2)^ A24-((1-5^0,5)/2)^A24)	
	A	B	C	D	
1	**Ermittlung der Fibonacci-Zahlen**				
2					
3	Tabellenlösung:				
4	0				
5	1	1			
6	1	2			
7	2	3			
8	3	5			
9	5	8			
10	8	13			
11	13	21			
12	21	34			
13	34	55			
14	55	89			
15	89	144			
16	144	233			
17	233	377			
18	377	610			
19	610	987			
20	987	1597			
21					
22					
23	Formellösung:				
24	6	8			
25					

Tipp 5: Rechnen mit Brüchen

Dieses Beispiel zeigt, wie Sie ganz einfach das kleinste gemeinsame Vielfache zweier Zahlen sowie den größten gemeinsamen Teiler ermitteln können. Beide mathematischen Begriffe gehören eng zusammen und finden unter anderem in der Bruchrechnung Anwendung.

So geht's: Ermittlung des größten gemeinsamen Teilers

Der größte gemeinsame Teiler ist die größte natürliche, also ganze Zahl, durch die sowohl die erste als auch die zweite Zahl ohne Rest teilbar sind.

Angenommen, in Zelle A5 befindet sich die erste und in Zelle B5 die zweite Zahl, aus denen der größte gemeinsame Teiler ermittelt werden soll. Erfassen Sie dazu in Zelle C5 folgende Formel:

=MAX(WENN((REST(B5;ZEILE(INDIREKT("1:"&A5)))&REST(A5;ZEILE
(INDIREKT("1:"&A5))))="00";ZEILE(INDIREKT("1:"&A5))))

Da es sich um eine Matrixfunktion handelt, müssen Sie die Dateneingabe mit der Tastenkombination [Strg]+[Umschalt]+ [Enter] abschließen.

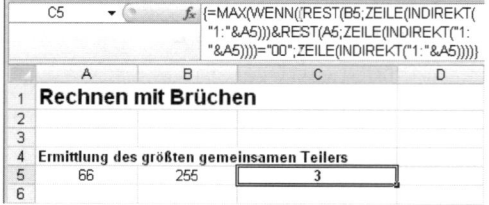

	C5		f_x	{=MAX(WENN((REST(B5;ZEILE(INDIREKT("1:"&A5)))&REST(A5;ZEILE(INDIREKT("1: "&A5))))="00";ZEILE(INDIREKT("1:"&A5))))}	
	A	B	C	D	
1	**Rechnen mit Brüchen**				
2					
3					
4	Ermittlung des größten gemeinsamen Teilers				
5	66	255	3		
6					

Der größte gemeinsame Teiler für die Zahlen 66 und 255 lautet 3. Das heißt, 255 sowie 66 sind jeweils durch 3, aber durch keine höhere Zahl ohne Rest teilbar.

So geht's: Ermittlung des kleinsten gemeinsamen Vielfachen

Das kleinste gemeinsame Vielfache ist die kleinste positive ganze Zahl, die durch beide Zahlen teilbar ist.

In diesem Beispiel befinden sich die beiden Zahlen in den Zellen A8 und B8. In Zelle C8 soll mit folgender Formel das kleinste gemeinsame Vielfache ermittelt werden:

=B8*VERGLEICH(0;REST(B8*ZEILE(INDIREKT("1:"&A8));A8);0)

Auch diese Formel müssen Sie mit der Tastenkombination [Strg]+[Umschalt]+ [Enter] abschließen, damit sie als Matrixfunktion behandelt wird.

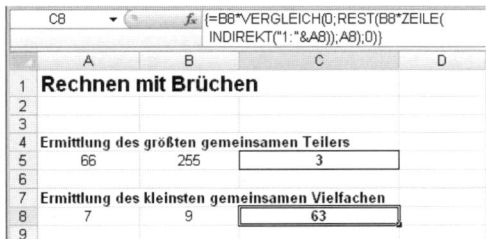

Das kleinste gemeinsame Vielfache der Zahlen 7 und 9 beträgt 63. 63 ist somit die kleinste Zahl, die durch die Werte 7 und 9 ohne Rest teilbar ist.

→ Verweis: siehe Kapitel 2.2, Tipp 12

Tipp 6: Alle möglichen Teiler einer Zahl berechnen

In folgendem Beispiel sollen für eine beliebige Zahl alle möglichen Teiler ermittelt werden.

So geht's:

Als Teiler wird eine ganze Zahl bezeichnet, wenn die Ausgangszahl durch den Teiler teilbar ist und bei der Division kein Rest bleibt.

1 Erfassen Sie in Zelle B4 folgende Formel zur Ermittlung der Teiler:

=KKLEINSTE(WENN(REST(A\$4;ZEILE(INDIREKT("1:"&KÜRZEN(A\$4 ^0,5))))=0;ZEILE(INDIREKT("1:"&KÜRZEN(A\$4^0,5))));ZEILE()-3)

2 Beenden Sie die Eingabe der Formel mit der Tastenkombination (Strg)+ (Umschalt)+(Enter), da es sich um eine Matrixfunktion handelt.

3 Kopieren Sie die Formel über das Ausfüllkästchen so weit nach unten, bis der Fehlerwert *#ZAHL!* ausgegeben wird. Löschen Sie die erzeugten Fehlerwerte wieder aus der Tabelle. In diesem Beispiel enden die Teiler in Zeile 17.

4 Markieren Sie nun den Bereich C4:C17 und erfassen Sie die Formel =WENN(B4^2 =A$4;"";A$4/B4). Damit werden die restlichen Teiler für die Ausgangszahl berechnet.

5 Beenden Sie die Dateneingabe mit der Tastenkombination (Strg)+(Enter).

Für die Zahl 19776 ergeben sich somit 28 mögliche Teiler.

B4	▼	f_x	{=KKLEINSTE(WENN(REST(A$4;ZEILE(INDIREKT("1 "&KÜRZEN(A$4^0,5))))=0; ZEILE(INDIREKT("1:"&KÜRZEN(A$4^0,5)))));ZEILE()-3)}

	A	B	C	D	E
1	Ermittlung aller Teiler für eine beliebige Zahl				
2					
3					
4	19776	1	19776		
5		2	9888		
6		3	6592		
7		4	4944		
8		6	3296		
9		8	2472		
10		12	1648		
11		16	1236		
12		24	824		
13		32	618		
14		48	412		
15		64	309		
16		96	206		
17		103	192		
18					

Tipp 7: EAN-Prüfzifferncode ermitteln

In diesem Beispiel soll die Prüfziffer einer EAN-Nummer ermittelt werden.

EAN steht für International **A**rticle **N**umber (früher für **E**uropean **A**rticle **N**umber) und ist eine Produktbezeichnung für Handelsartikel. Die EAN ist eine 13-stellige Zahl, die zentral verwaltet und an Hersteller bei Bedarf vergeben wird.

Die 13. Stelle der EAN ist die Prüfziffer, die wie folgt ermittelt wird:

So geht's:

Die Prüfziffer der EAN (letzte Ziffer) errechnet sich, indem die einzelnen Ziffern von rechts nach links, beginnend mit der vorletzten, abwechselnd mit 3 und 1 multipliziert werden, wobei immer mit dem Faktor 3 begonnen wird. Anschließend werden diese Produkte addiert und zur Prüfziffer verdichtet. Wenn die Prüfziffer durch 10 teilbar ist, wird ihr Wert mit 0 ausgegeben.

1 Erfassen Sie in Zelle A4 die ersten zwölf Stellen der EAN (ohne Prüfziffer).

2 Zur Berechnung der Prüfziffer in Zelle B4 verwenden Sie diese Formel:
=10-REST(SUMMENPRODUKT(TEIL(A4;ZEILE(1:12);1)*(1+2*REST (ZEILE(2:13);2)));10)

Als Ergebnis erhalten Sie die berechnete Prüfziffer, im Beispiel die Zahl 6, die nun als 13. Ziffer an die EAN angehängt wird.

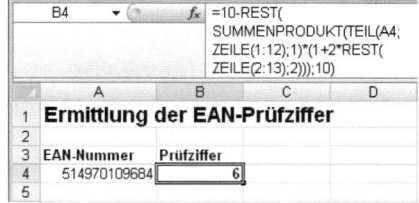

> **Hinweis**
>
> Wenn Sie in Zelle A4 eine EAN mit mehr als zwölf Stellen erfassen, ist das unerheblich, da die Funktion ausschließlich die ersten zwölf Stellen auswertet.

Alternativ können Sie bei einer bestehenden 13-stelligen EAN prüfen, ob deren 13. Stelle, also die Prüfziffer, korrekt ist. Gehen Sie dazu wie folgt vor:

1 Geben Sie in Zelle A4 eine beliebige EAN mit Prüfziffer ein.

2 In Zelle B6 erfassen Sie diese Formel:
=WENN(0=REST(SUMMENPRODUKT(TEIL(A4;ZEILE(1:13);1)*(1+2*REST (ZEILE(2:14);2)));10);"OK";"Fehler")

Damit wird die Prüfziffer kontrolliert, und bei Übereinstimmung wird der Text *OK*, ansonsten der Text *Fehler* ausgegeben.

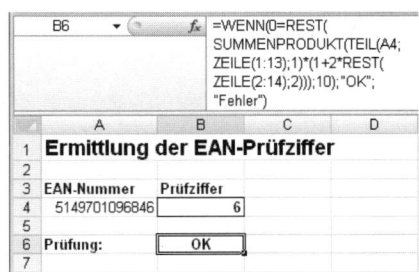

4.12 Sofort einsetzbare Summierungsfunktionen und bedingte Berechnungen

In diesem Abschnitt erfahren Sie anhand verschiedener Praxistipps, welche Summierungsmöglichkeiten Excel bietet und wie leistungsstarke Auswertungs- und Summierformeln erstellt werden können.

Tipp 1: Summierung jeder x-ten Zeile

Im Beispiel liegen Messwerte einer Produktionsanlage vor. Zu Analysezwecken darf nur jeder vierte Wert der Zahlenreihe herangezogen werden. Die anderen Werte sollen unberücksichtigt bleiben.

So geht's:

Sehen Sie sich zunächst die Ausgangstabelle an. Diese Messwerte stammen aus einem Analyseprogramm und wurden nach Excel importiert.

1 Zum Auslesen jedes vierten Werts erfassen Sie in Zelle B22 folgende Formel:

=SUMME(WENN(REST(ZEILE(B4: B20);4)=0;B4:B20))

Damit wird jede vierte Zelle aus dem Bereich B4:B20 addiert. Alle anderen Messwerte bleiben unberücksichtigt.

2 Da es sich um eine Matrixfunktion handelt, müssen Sie die Formel mit der Tastenkombination Strg+Umschalt+Enter abschließen.

Die mit Pfeilen gekennzeichneten Werte fließen in die Summe ein.

	A	B	C
1	**Messwerte Produktionsanlage A**		
2			
3			
4	Wert 1	42,9888	
5	Wert 2	38,2382	
6	Wert 3	52,9594	
7	Wert 4	37,8102	
8	Wert 5	42,5746	
9	Wert 6	42,3606	
10	Wert 7	32,1466	
11	Wert 8	51,9326	
12	Wert 9	41,7186	
13	Wert 10	44,5046	
14	Wert 11	45,2906	
15	Wert 12	36,0766	
16	Wert 13	51,8626	
17	Wert 14	43,5819	
18	Wert 15	41,1107	
19	Wert 16	52,6345	
20	Wert 17	42,1685	
21			

B22		f_x	{=SUMME(WENN(REST(ZEILE(B4:B20);4)=0;B4:B20))}

	A	B	C
1	**Messwerte Produktionsanlage A**		
2			
3			
4	Wert 1	42,9888 ←	
5	Wert 2	38,2382	
6	Wert 3	52,9594	
7	Wert 4	37,8102	
8	Wert 5	42,5746 ←	
9	Wert 6	42,3606	
10	Wert 7	32,1466	
11	Wert 8	51,9326	
12	Wert 9	41,7186 ←	
13	Wert 10	44,5046	
14	Wert 11	45,2906	
15	Wert 12	36,0766	
16	Wert 13	51,8626 ←	
17	Wert 14	43,5819	
18	Wert 15	41,1107	
19	Wert 16	52,6345	
20	Wert 17	42,1685 ←	
21			
22	**Summe**	221,3131	
23			

Hinweis

Soll beispielsweise jede dritte Zeile summiert werden, passen Sie die Formel entsprechend an: *=SUMME(WENN(REST(ZEILE(B4:B20);3)=0;B4:B20)).*

Tipp 2: Summierung von absoluten Zahlen

In diesem Beispiel sollen alle Zahlen als absolute Zahlen behandelt und addiert werden. Als absolute Zahl wird eine Zahl ohne Vorzeichen bezeichnet. Ziel ist es also, dass alle Zahlen unabhängig vom Vorzeichen addiert werden.

So geht's:

Erfassen Sie zur Summierung des Bereichs A4:A9 in Zelle A11 die Formel =SUMME(ABS(A4:A9)). Damit Excel die Formel als Matrixformel interpretiert, müssen Sie die Eingabe mit der Tastenkombination [Strg]+[Umschalt]+[Enter] abschließen.

Im Ergebnis werden nun alle Zahlen addiert, unabhängig davon, welches Vorzeichen die jeweilige Zahl besitzt.

Tipp 3: Gerundete Zahlen richtig summieren

Diese Aufgabenstellung zeigt, welche Fallstricke im Umgang mit gerundeten Zahlen bestehen und wie sie umgangen werden können.

So geht's:

Im Beispiel soll das Ergebnis einer Berechnung auf ganze Zahlen, also Zahlen ohne Nachkommastellen, gerundet werden. Sehen Sie sich zunächst die Ausgangswerte in nebenstehernder Abbildung an.

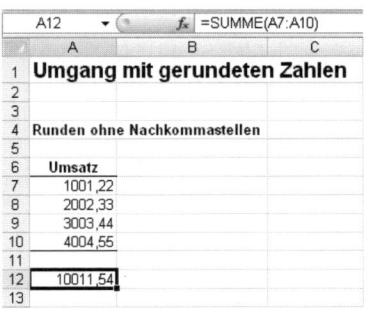

Bei der Addition der Werte im Bereich A7:A10 mit der Funktion =SUMME(A7:A10) ergibt sich ein Betrag von 10011,54.

Um nun die Summe zu runden, stehen zwei verschiedene Methoden zur Verfügung:

1 Bei der ersten Möglichkeit wird nur das Ergebnis gerundet. Dies erreichen Sie durch die Formel =RUNDEN(SUMME(A7:A10);0) in Zelle B14. Als Ergebnis erhalten Sie den Wert 10012.

2 Sollen hingegen bereits die einzelnen Umsatzbeträge gerundet werden, können Sie das durch folgende Matrixformel in Zelle B16 erreichen:

=SUMME(RUNDEN(A7:A10;0))

Schließen Sie die Array-Funktion mit der Tastenkombination (Strg)+(Umschalt)+(Enter) ab. Das Ergebnis lautet 10011.

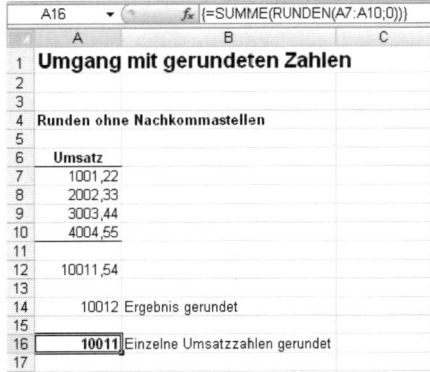

Das Ergebnis von 10011 lässt sich ganz leicht verproben, indem in der Nebenspalte B7:B10 die einzelnen Umsätze gerundet und die gerundeten Umsätze addiert werden.

1 Markieren Sie dazu den Zellbereich B7:B14 und erfassen Sie in Zelle B7 die Formel *=RUNDEN(A7;0)*. Beenden Sie die Dateneingabe mit der Tastenkombination (Strg)+(Enter).

2 In Zelle B12 wird die Summe der vier Umsätze ganz einfach mithilfe der Formel *=SUMME(B7:B10)* ermittelt.

Als Ergebnis wird ebenfalls die Summe der einzelnen gerundeten Umsätze zurückgegeben.

Auf diese Weise können Sie auch Zahlen auf volle Tausend oder volle Millionen runden.

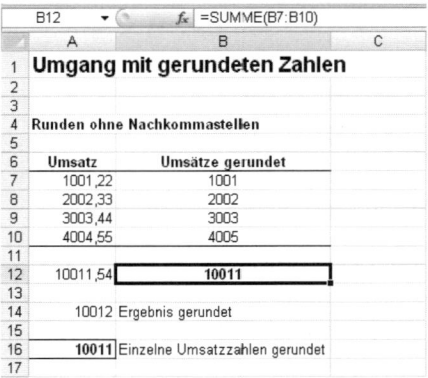

Tipp 4: Beschränkung intelligent umgehen – Summierung von mehr als 30 Argumenten unter Excel 2003 oder von mehr als 255 Argumenten ab Excel 2007

Die Summenfunktion, wie die meisten Funktionen, war bis Excel 2003 auf 30 Argumente beschränkt. Dadurch kam es hin und wieder zu Problemen und Fehlerhinweisen bei der Berechnung. Ab Excel 2007 stehen 255 Argumente zur Verfügung, sodass die beschriebene Problematik in der Praxis nur äußerst selten auftreten sollte. Für den Fall, dass aber auch 255 Argumente nicht ausreichen, hilft der folgende Tipp weiter.

So geht's:

Das Problem ergibt sich dadurch, dass Bereiche summiert werden sollen, die nicht zusammenhängen. Bei zusammenhängenden Zellbereichen lässt sich die Anzahl der Argumente dadurch reduzieren, dass der gesamte Bereich als ein einziges Argument übergeben wird. Mit einem kleinen Trick lassen sich aber auch mehr als 30 bzw. 255 Argumente übergeben. Der Trick besteht darin, die Argumente mit Klammern zu Gruppen zusammenzufassen.

Die folgende Funktion zeigt, wie verschiedene Zellbereiche als Gruppenargumente übergeben werden:

=SUMME((A10;A12;A15;A17;A21);(B11;B15;B21);(C15:C23);(D1;D5;D20)

Ohne den Klammertrick wären mit folgender Funktion bereits 13 der 30 Argumente verbraucht. Durch den Klammertrick handelt es sich im Beispiel um lediglich 4 Argumente.

Klammerausdrücke werden nämlich jeweils als ein Argument gewertet. Somit lässt sich die Begrenzung von 30 bzw. 255 Argumenten ab Excel 2007 leicht umgehen.

Tipp 5: Summierung der drei Kunden mit dem höchsten Jahresumsatz

In der folgenden Aufgabenstellung sollen die drei höchsten Kundenumsätze ermittelt werden. Diese sollen als Grundlage zur Ermittlung des Verhältnisses der Topkundenumsätze zum Gesamtumsatz verwendet werden. Als Datenbasis dient dabei die Debitorensaldenliste per 30.06.2007

So geht's:

Sehen Sie sich zunächst die Ausgangstabelle etwas näher an.

	A	B	C	D	E
1	**Debitorensaldenliste per 30.06.2007**				
2					
3					
4	Deb.-Nr.	Name	JVZ-Soll	JVZ-Haben	
5	10005	Achim OHG	1.456,82 €	1.456,82 €	
6	10010	Angelsport Huber KG	35.732,88 €	34.763,22 €	
7	10013	Angermayr Ludwig GbR	4.123,54 €	3.823,83 €	
8	10017	A-Team GmbH	27.653,09 €	24.519,70 €	
9	10025	Augustin GmbH	15.223,32 €	14.671,71 €	
10	10030	Bauer Ines e. K.	652,33 €	652,33 €	
11	10040	Bavaria e.V.	4.759,69 €	4.338,78 €	
12	10050	Bergler OHG	5.972,81 €	4.965,30 €	
13	10055	Binder Tobias KG	3.198,35 €	3.198,35 €	
14	10057	Blindenwerkstatt e.G.	3.930,86 €	3.178,13 €	
15	10060	Bringservice Ag	3.808,73 €	2.650,07 €	
16	10065	Burger-Transporte e.K.	8.894,62 €	1.057,04 €	
17	10072	B-Zentrale e.V.	1.734,98 €	1.734,98 €	
18	10080	CD AG	616,71 €	616,71 €	
19	10085	Central-Sport GmbH	617,16 €	- €	
20	10090	China e.V.	9.596,68 €	9.119,75 €	
21	10100	Cisco	5.348,29 €	5.348,29 €	
22		**Gesamtumsatz**	**133.320,86 €**		
23					

Die Umsätze befinden sich in Spalte *JVZ-Soll* in der Debitorenliste. Daraus sollen nun die höchsten drei Umsätze summiert werden.

Erfassen Sie in Zelle B24 folgende Formel:

=KGRÖSSTE(C5:C21;1)+KGRÖSSTE(C5:C21;2)+KGRÖSSTE(C5:C21;3)

Mit der Funktion *KGRÖSSTE()* wird zunächst der größte Wert ermittelt. Anschließend werden der zweitgrößte und zuletzt der drittgrößte Umsatz ermittelt und addiert.

Die Funktion wird etwas unübersichtlich und lang, wenn mehrere Umsätze berechnet werden sollen.

Hinweis

Mit dieser verkürzten Formel erhalten Sie das gleiche Ergebnis:

=SUMME(KGRÖSSTE(A1:A100;{1;2;3}))

Tipp 6: Summierung von Zahlen mit vorangestelltem oder nachfolgendem Text

In diesem Beispiel ist jeder Zahl die Bezeichnung *EURO* vorangestellt. Solche Daten entstehen entweder durch Datenimporte aus Fremdsystemen oder durch die manuelle Eingabe nicht versierter Anwender. Ziel ist es nun, auf Basis dieser Zahlen die Summe der Werte zu berechnen.

So geht's:

Die Ausgangstabelle ist rechts abgebildet.

1 Zur Summierung der Werte aus den Zellen B4 bis B15 erfassen Sie in Zelle B17 folgende Formel:

=SUMME(WERT(ERSETZEN(B4:B15; 1;5;""))).

	A	B	C
1	**Verkaufsstatistik 2006**		
2			
3		**Summe**	
4	Januar	EURO 20.388,55	
5	Februar	EURO 16.287,16	
6	März	EURO 16.400,70	
7	April	EURO 13.704,29	
8	Mai	EURO 11.710,36	
9	Juni	EURO 15.164,71	
10	Juli	EURO 12.972,49	
11	August	EURO 16.625,45	
12	September	EURO 17.524,15	
13	Oktober	EURO 24.500,67	
14	November	EURO 25.819,63	
15	Dezember	EURO 30.101,53	
16			

2 Da es sich um eine Matrixfunktion handelt, müssen Sie die Dateneingabe mit der Tastenkombination [Strg]+[Umschalt]+[Enter] abschließen.

Mit der Funktion *ERSETZEN()* werden beginnend beim ersten bis zum fünften Zeichen die Zeichen E, U, R und O sowie das Leerzeichen entfernt.

| B17 | ▼ | f_x | {=SUMME(WERT(ERSETZEN(B4:B15;1;5;"")))} |

	A	B	C
1	**Verkaufsstatistik 2006**		
2			
3		**Summe**	
4	Januar	EURO 20.388,55	
5	Februar	EURO 16.287,16	
6	März	EURO 16.400,70	
7	April	EURO 13.704,29	
8	Mai	EURO 11.710,36	
9	Juni	EURO 15.164,71	
10	Juli	EURO 12.972,49	
11	August	EURO 16.625,45	
12	September	EURO 17.524,15	
13	Oktober	EURO 24.500,67	
14	November	EURO 25.819,63	
15	Dezember	EURO 30.101,53	
16			
17	Summe 2006	221.199,69	
18			

Die Syntax der Funktion *ERSETZEN()* ist wie folgt aufgebaut:

ERSETZEN(Alter_Text;Erstes_Zeichen;Anzahl_Zeichen;Neuer_Text)

Hinweis

Wäre statt des Texts EURO nur das Euro-Zeichen (€) vorangestellt, kann die Summe mit folgender Formel gebildet werden:

=SUMME(WERT(ERSETZEN(C4:C15;1;2;"")))

Beenden Sie auch diese Formel mit der Tastenkombination Strg + Umschalt + Enter.

	A	B	C	D	E
	D17 ▼	fx {=SUMME(WERT(ERSETZEN(D4:D15;1;2;"")))}			
1	**Verkaufsstatistik 2006**				
2					
3		Summe		Summe	
4	Januar	EURO 20.388,55		€ 20.388,55	
5	Februar	EURO 16.287,16		€ 16.287,16	
6	März	EURO 16.400,70		€ 16.400,70	
7	April	EURO 13.704,29		€ 13.704,29	
8	Mai	EURO 11.710,36		€ 11.710,36	
9	Juni	EURO 15.164,71		€ 15.164,71	
10	Juli	EURO 12.972,49		€ 12.972,49	
11	August	EURO 16.625,45		€ 16.625,45	
12	September	EURO 17.524,15		€ 17.524,15	
13	Oktober	EURO 24.500,67		€ 24.500,67	
14	November	EURO 25.819,63		€ 25.819,63	
15	Dezember	EURO 30.101,53		€ 30.101,53	
16					
17	**Summe 2006**	221.199,69		221.199,69	
18					

Ist der Text nicht vorangestellt, sondern wurde er rechts an die Zahl angefügt, können Sie die Summe mit dieser Matrixfunktion ermitteln:

=SUMME(WERT(LINKS(B4:B15;LÄNGE(B4:B15)-5)))

Beenden Sie die Formel mit Strg + Umschalt + Enter.

→ Verweis: siehe Kapitel 4.4, Tipp 5

	A	B	C
	B17 ▼	fx {=SUMME(WERT(LINKS(B4:B15;LÄNGE(B4:B15) -5)))}	
1	**Verkaufsstatistik 2006**		
2			
3		Summe	
4	Januar	20.388,55 EURO	
5	Februar	16.287,16 EURO	
6	März	16.400,70 EURO	
7	April	13.704,29 EURO	
8	Mai	11.710,36 EURO	
9	Juni	15.164,71 EURO	
10	Juli	12.972,49 EURO	
11	August	16.625,45 EURO	
12	September	17.524,15 EURO	
13	Oktober	24.500,67 EURO	
14	November	25.819,63 EURO	
15	Dezember	30.101,53 EURO	
16			
17	**Summe 2006**	221.199,69	
18			

Tipp 7: Dynamische Summierung der ausgewählten Zellen

Die Excel-Statusleiste bietet die Möglichkeit, sich die Summe, den Mittelwert, die Anzahl, den Maximal- und den Minimalwert anzeigen zu lassen. In diesem Beispiel erfahren Sie, wie sich diese Funktion zur Verwendung in einer Excel-Zelle nachahmen lässt.

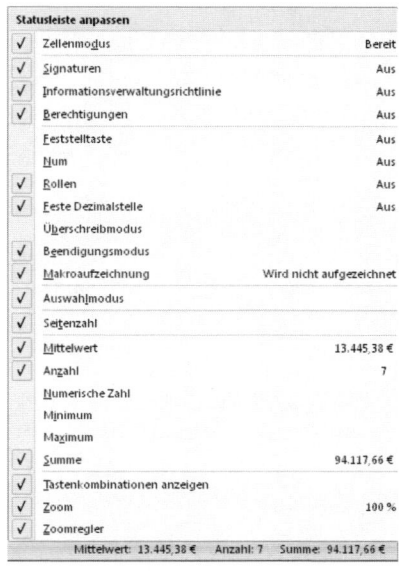

So geht's:

Hier kommt wieder einmal eine Excel4-Makrofunktion zum Einsatz.

1 Erfassen Sie über das Menü *Formeln/Definierte Namen/Namen definieren* den Namen *aus*. Im Feld *Bezieht sich auf* geben Sie die Funktion *=AUSWAHL()* ein (Excel 2003: Menü *Einfügen/Namen/Definieren*).

2 Erfassen Sie auf dem gleichen Weg einen zweiten Namen mit der Bezeichnung *Markierung*. Im Feld *Bezieht sich auf* geben Sie folgende Formel ein:

=ADRESSE(ZEILE(aus)+JETZT()*0;SPALTE(aus))&":"&ADRESSE(ZEILE (aus)+ZEILEN(aus)-1;SPALTE(aus)+SPALTEN(aus)-1)

3 Zur Berechnung der Summe des markierten Bereichs setzen Sie in eine beliebige Zelle die Formel *=SUMME(INDIREKT(Markierung))*.

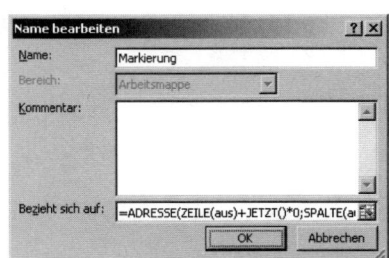

Wenn bei der Erfassung der Formel ein Zirkelbezug auftritt, weil die Zelle, in der sich die Formel befindet, mit in die Berechnung der markierten Zellen einbezogen wird, bestätigen Sie die Warnmeldung mit der Schaltfläche *Abbrechen* und verlassen die Zelle. Vermeiden Sie, die Zelle künftig mit in die Markierung zur Summenberechnung einzubeziehen.

399

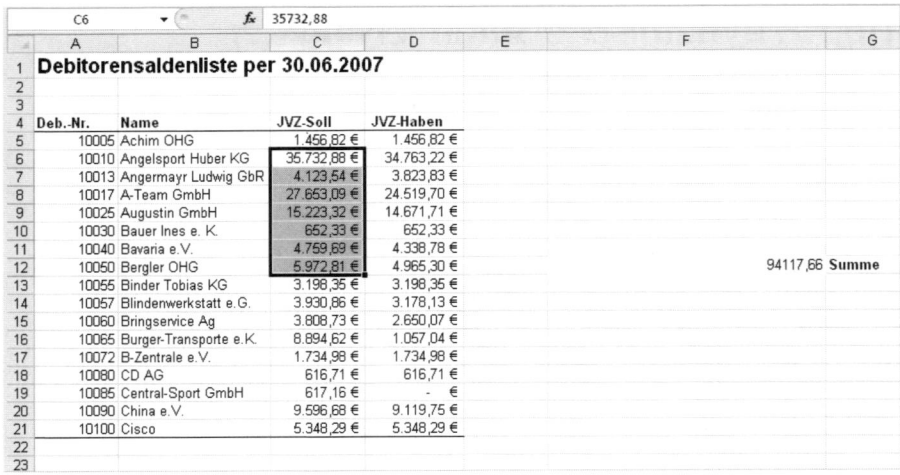

Wird ein Bereich selektiert, der über die Funktion summiert werden soll, muss zur Neuberechnung die Funktionstaste [F9] gedrückt werden.

Hinweis

Mithilfe dieser Funktion lassen sich auch weitere Berechnungen durchführen:

Mittelwert: *=MITTELWERT(INDIREKT(Markierung))*

Anzahl: *=ANZAHL(INDIREKT(Markierung))*

Größter Wert: *=MAX(INDIREKT(Markierung))*

Kleinster Wert: *=MIN(INDIREKT(Markierung))*

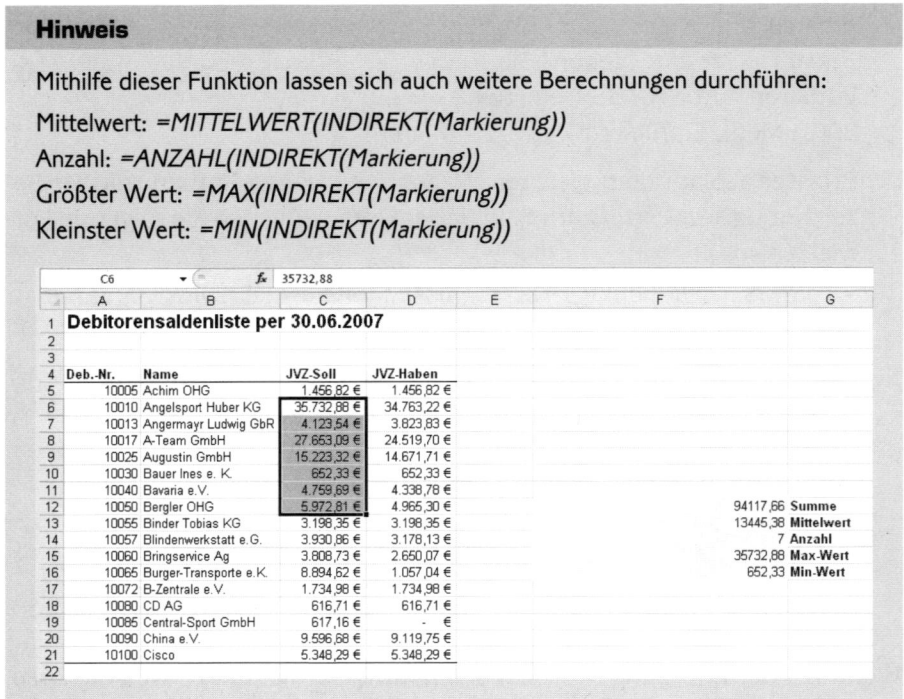

➔ Verweis: siehe Kapitel 11, Tipp 10

Tipp 8: Bedingte Summierung mit verschiedenen Suchkriterien

In diesem Beispiel sollen die offenen Posten addiert werden, die den vorgegebenen Suchkriterien entsprechen. Als Ausgangstabelle dient dabei eine Liste aller offenen Forderungen mit Angabe der Debitorennummer, des Kundennamens und der offenen Forderung in Euro.

	A	B	C	D
1	Offene-Posten-Liste per 30.06.2007			
2				
3				
4	Deb.-Nr.	Name	Offene Posten	
5	10005	Achim OHG	1.456,82 €	
6	10010	Angelsport Huber KG	35.732,88 €	
7	10013	Angermayr Ludwig GbR	4.123,54 €	
8	10017	A-Team GmbH	27.653,09 €	
9	10025	Augustin GmbH	15.223,32 €	
10	10030	Bauer Ines e. K.	652,33 €	
11	10040	Bavaria e.V.	4.759,69 €	
12	10050	Bergler OHG	5.972,81 €	
13	10055	Binder Tobias KG	3.198,35 €	
14	10057	Blindenwerkstatt e.G.	3.930,86 €	
15	10060	Bringservice Ag	3.808,73 €	
16	10065	Burger-Transporte e.K.	8.894,62 €	
17	10072	B-Zentrale e.V.	1.734,98 €	
18	10080	CD AG	616,71 €	
19	10085	Central-Sport GmbH	617,16 €	
20	10090	China e.V.	9.596,68 €	
21	10100	Cisco	5.348,29 €	
22				

So geht's:

1 Um beispielsweise die offenen Posten aller GmbHs zu addieren, erfassen Sie in Zelle B24 das Suchkriterium *GmbH.

2 Verwenden Sie dazu in Zelle B25 folgende Formel:

=SUMMEWENN(B5:B21;B24;C5:C21)

Damit wird der Bereich B5: B21 auf das Suchkriterium *GmbH durchsucht, und die Werte aus dem Bereich C5: C21, auf die das Suchkriterium zutrifft, werden addiert.

B25	▼	*fx* =SUMMEWENN(B5:B21;B24;C5:C21)		
	A	B	C	D
1	Offene-Posten-Liste per 30.06.2007			
2				
3				
4	Deb.-Nr.	Name	Offene Posten	
5	10005	Achim OHG	1.456,82 €	
6	10010	Angelsport Huber KG	35.732,88 €	
7	10013	Angermayr Ludwig GbR	4.123,54 €	
8	10017	A-Team GmbH	27.653,09 €	
9	10025	Augustin GmbH	15.223,32 €	
10	10030	Bauer Ines e. K.	652,33 €	
11	10040	Bavaria e.V.	4.759,69 €	
12	10050	Bergler OHG	5.972,81 €	
13	10055	Binder Tobias KG	3.198,35 €	
14	10057	Blindenwerkstatt e.G.	3.930,86 €	
15	10060	Bringservice Ag	3.808,73 €	
16	10065	Burger-Transporte e.K.	8.894,62 €	
17	10072	B-Zentrale e.V.	1.734,98 €	
18	10080	CD AG	616,71 €	
19	10085	Central-Sport GmbH	617,16 €	
20	10090	China e.V.	9.596,68 €	
21	10100	Cisco	5.348,29 €	
22				
23		**Kriterien**		
24		*GmbH		
25		**43.493,57 €**		
26				

Als Ergebnis werden die drei Werte aus Zelle C8, C9 und C19 summiert, da sich in den Namen das Kürzel GmbH befindet.

Sollen beispielsweise alle offenen Posten über 10.000 Euro addiert werden, um einen Überblick über die größten Positionen zu bekommen, gehen Sie wie folgt vor:

1 Erfassen Sie in Zelle C24 das Suchkriterium >*10000*.

2 Ausgewertet wird das Suchkriterium in Zelle C25 mit folgender Formel:

=*SUMMEWENN(C5:C21;C24; C5:C21)*

C25	▾	fx	=SUMMEWENN(C5:C21;C24;C5:C21)	
	A	B	C	D
1	**Offene-Posten-Liste per 30.06.2007**			
2				
3				
4	Deb.-Nr.	Name	Offene Posten	
5	10005	Achim OHG	1.456,82 €	
6	10010	Angelsport Huber KG	35.732,88 €	
7	10013	Angermayr Ludwig GbR	4.123,54 €	
8	10017	A-Team GmbH	27.653,09 €	
9	10025	Augustin GmbH	15.223,32 €	
10	10030	Bauer Ines e. K.	652,33 €	
11	10040	Bavaria e.V.	4.759,69 €	
12	10050	Bergler OHG	5.972,81 €	
13	10055	Binder Tobias KG	3.198,35 €	
14	10057	Blindenwerkstatt e.G.	3.930,86 €	
15	10060	Bringservice Ag	3.808,73 €	
16	10065	Burger-Transporte e.K.	8.894,62 €	
17	10072	B-Zentrale e.V.	1.734,98 €	
18	10080	CD AG	616,71 €	
19	10085	Central-Sport GmbH	617,16 €	
20	10090	China e.V.	9.596,68 €	
21	10100	Cisco	5.348,29 €	
22				
23			Kriterien	
24		*GmbH	>10000	
25		43.493,57 €	78.609,29 €	
26				

Die Suchkriterien der Funktion *SUMMEWENN()* sind sehr flexibel einsetzbar. Folgende Tabelle gibt einen kleinen Überblick über mögliche Suchkriterien:

Kriterium	Ergebnis
>10000	Addiert alle Werte über 10.000 Euro.
Bergler OHG	Addiert nur Werte, wenn der Ausdruck genau übereinstimmt.
Be*	Addiert alle Werte, die mit Be beginnen. Der Stern dient als Suchjoker für eine beliebig lange Zeichenfolge.
ind	Addiert alle Werte, in denen der Teilstring ind enthalten ist.
M?ier	Addiert Werte wie Maier oder Meier. Das Fragezeichen ersetzt ein Zeichen.

Leider kann mit der Funktion *SUMMEWENN()* nur ein einziges Suchkriterium verarbeitet werden. Wenn mehrere Kriterien berücksichtigt werden sollen, müssen Sie einen anderen Lösungsansatz wählen.

➜ Verweis: siehe Kapitel 4.12, Tipp 9

Tipp 9: Summierung auf der Basis mehrerer Bedingungen

In diesem Beispiel liegt die Verkaufsstatistik für den Monat Juli 2007 getrennt nach Kalenderwoche, Produktgruppe und Verkaufsteam vor.

Auf dieser Basis soll für das Team B der Umsatz ermittelt werden, der mit der Produktgruppe B erzielt wurde.

So geht's:

Die Verkaufsstatistik ist der Abbildung entsprechend aufgebaut.

	A	B	C	D	E
1	Verkaufsstatistik Juli 2007				
2					
3	Kalenderwoche	Produktgruppe	Verkaufsteam	Umsatz	
4	27	A	Team 1	10.807,79 €	
5	27	B	Team 2	14.908,13 €	
6	27	A	Team 1	9.130,16 €	
7	27	C	Team 2	10.267,42 €	
8	28	D	Team 1	11.960,90 €	
9	28	B	Team 1	3.447,33 €	
10	28	C	Team 1	6.872,91 €	
11	28	D	Team 2	4.767,66 €	
12	29	C	Team 2	14.740,86 €	
13	29	D	Team 1	12.191,42 €	
14	29	B	Team 1	13.271,98 €	
15	29	A	Team 1	7.620,91 €	
16	30	B	Team 1	1.756,89 €	
17	30	A	Team 2	3.690,69 €	
18	30	D	Team 2	3.317,58 €	
19	30	C	Team 1	7.390,51 €	
20					
21					
22	Produktgruppe:	B			
23	Team:	Team 1			
24					

In Zelle B22 befindet sich die Produktgruppe und in Zelle B23 das Verkaufsteam, für das die Auswertung vorgenommen werden soll.

Zur Summierung der Umsätze auf Basis der beiden Auswertungsparameter erfassen Sie in Zelle B25 diese Formel:

=SUMMENPRODUKT((B4:B19=B22)*(C4:C19=B23)*D4:D19)

Im Ergebnis werden nun ausschließlich die Umsätze aus Spalte D addiert, bei denen in Spalte B der Eintrag *B* und in Spalte C der Eintrag *Team 1* vorhanden ist.

Ab Excel 2007 wird zur Summierung auf der Basis mehrerer Auswertungskriterien die neue Funktion =*SUMMEWENNS()* angeboten. Die Syntax der neuen Funktion lautet wie folgt:

SUMMEWENNS(Summe_Bereich;Kriterium_Bereich1;Kriterium1;Kriterium_Bereich2;Kriterium2;...)

Tragen Sie in Zelle B27 folgende Formel ein:

=*SUMMEWENNS(D4:D19; B4:B19;B22;C4:C19;B23)*

B27		fx	=SUMMEWENNS(D4:D19;B4:B19;B22;C4:C19;B23)		
	A	B	C	D	E
4	27	A	Team 1	10.807,79 €	
5	27	B	Team 2	14.908,13 €	
6	27	A	Team 1	9.130,16 €	
7	27	C	Team 2	10.267,42 €	
8	28	D	Team 1	11.960,90 €	
9	28	B	Team 1	3.447,33 €	
10	28	C	Team 1	6.872,91 €	
11	28	D	Team 2	4.767,66 €	
12	29	C	Team 2	14.740,86 €	
13	29	D	Team 1	12.191,42 €	
14	29	B	Team 1	13.271,98 €	
15	29	A	Team 1	7.620,91 €	
16	30	B	Team 1	1.756,89 €	
17	30	A	Team 2	3.690,69 €	
18	30	D	Team 2	3.317,58 €	
19	30	C	Team 1	7.390,51 €	
20					
21					
22	Produktgruppe:	B			
23	Team:	Team 1			
24					
25	Summe	18.476,20 €			
26					
27	Summe	18.476,20 €	SUMMEWENNS()		
28					

Damit erhalten Sie das gleiche Ergebnis wie mit der Funktion *SUMMENPRODUKT()*.

Wichtig!

Die Reihenfolge der Argumente ist in *SUMMEWENNS()* eine andere als in *SUMMEWENN()*. Das Argument *Summe_Bereich* ist in *SUMMEWENNS()* das erste Argument, während es in *SUMMEWENN* als drittes Argument angegeben werden muss. Beim Kopieren und Bearbeiten dieser ähnlichen Funktionen müssen Sie auf die richtige Reihenfolge der Argumente achten.

Hinweis

Noch kürzer geht's mit der Funktion =SUMME((B4:B19=B22)*(C4:C19=B23)* D4:D19). Schließen Sie diese Formel mit der Tastenkombination [Strg]+ [Umschalt]+[Enter] ab.

	B29	▾	fx	{=SUMME((B4:B19=B22)*(C4:C19=B23)*D4:D19)}	
	A	B	C	D	E
4	27	A	Team 1	10.807,79 €	
5	27	B	Team 2	14.908,13 €	
6	27	A	Team 1	9.130,16 €	
7	27	C	Team 2	10.267,42 €	
8	28	D	Team 1	11.960,90 €	
9	28	B	Team 1	3.447,33 €	
10	28	C	Team 1	6.872,91 €	
11	28	D	Team 2	4.767,66 €	
12	29	C	Team 2	14.740,86 €	
13	29	D	Team 1	12.191,42 €	
14	29	B	Team 1	13.271,98 €	
15	29	A	Team 1	7.620,91 €	
16	30	B	Team 1	1.756,89 €	
17	30	A	Team 2	3.690,69 €	
18	30	D	Team 2	3.317,58 €	
19	30	C	Team 1	7.390,51 €	
20					
21					
22	Produktgruppe:	B			
23	Team:	Team 1			
24					
25	Summe	18.476,20 €			
26					
27	Summe	18.476,20 €	SUMMEWENNS()		
28					
29	Summe	18.476,20 €	Matrixfunktion		
30					

Das Ergebnis stimmt selbstverständlich mit den Ergebnissen der Funktionen *SUMMENPRODUKT()* und *SUMMEWENNS()* überein.

Soll zusätzlich zur Produktgruppe und dem Verkaufsteam als weiteres Kriterium die Kalenderwoche als Auswertungskriterium herangezogen werden, sieht die Lösung wie folgt aus.

1 Erfassen Sie in Zelle B26 diese Matrixfunktion:

=SUMME((B4:B19=B22)*(C4:C19=B23)*(A4:A19=B24)*D4:D19)

2 Schließen Sie die Eingabe mit der Tastenkombination [Strg]+[Umschalt]+ [Enter] ab.

B26	▼	f_x {=SUMME((B4:B19=B22)*(C4:C19=B23)*(A4:A19=B24)*D4:D19)}			

	A	B	C	D	E
1	**Verkaufsstatistik Juli 2007**				
2					
3	Kalenderwoche	Produktgruppe	Verkaufsteam	Umsatz	
4	27	A	Team 1	10.807,79 €	
5	27	B	Team 2	14.908,13 €	
6	27	A	Team 1	9.130,16 €	
7	27	C	Team 2	10.267,42 €	
8	28	D	Team 1	11.960,90 €	
9	28	B	Team 1	3.447,33 €	
10	28	C	Team 1	6.872,91 €	
11	28	D	Team 2	4.767,66 €	
12	29	C	Team 2	14.740,86 €	
13	29	D	Team 1	12.191,42 €	
14	29	B	Team 1	13.271,98 €	
15	29	A	Team 1	7.620,91 €	
16	30	B	Team 1	1.756,89 €	
17	30	A	Team 2	3.690,69 €	
18	30	D	Team 2	3.317,58 €	
19	30	C	Team 1	7.390,51 €	
20					
21					
22	Produktgruppe:	B			
23	Team:	Team 1			
24	Kalenderwoche:	29			
25					
26	Summe	13.271,98 €			
27					

Nun werden nur noch die Umsatzzahlen der Produktgruppe B innerhalb des Verkaufsteams 1 in der Kalenderwoche 29 summiert.

Tipp 10: Variable Summierung mit Vorjahresvergleich

In einem Tabellenblatt sollen die kumulierten Umsatzzahlen verschiedener Kalenderjahre bis zu einem bestimmten Monat miteinander verglichen werden. Als Kriterium für die Summierung soll jeweils der Monat des aktuellen Jahrs herangezogen werden, in dem der letzte Monatsumsatz eingetragen ist.

In der Abbildung sehen Sie wieder, wie die Ausgangstabelle aufgebaut ist.

In den Jahren 2004 bis 2006 sind die Umsatzzahlen komplett für alle zwölf Monate vorhanden. Im Jahr 2007 sind die Umsätze erst bis

	A	B	C	D	E	F
1	**Umsatzdaten im Jahresvergleich**					
2						
3						
4	Jahre	2004	2005	2006	2007	
5	Januar	10.374,61	6.585,05	8.528,96	5.730,52	
6	Februar	513,24	7.322,83	11.125,19	9.470,44	
7	März	9.104,51	4.794,55	2.914,45	5.473,86	
8	April	14.198,78	13.453,24	10.560,69	8.524,80	
9	Mai	12.424,00	2.025,34	8.751,80	9.253,55	
10	Juni	2.972,17	11.034,39	4.838,13	7.635,36	
11	Juli	5.277,65	5.885,91	10.085,53	10.395,25	
12	August	6.878,79	8.680,12	6.280,21	7.530,81	
13	September	2.954,10	10.379,76	4.414,31		
14	Oktober	3.280,25	1.741,16	13.460,52		
15	November	5.885,82	12.646,69	9.055,84		
16	Dezember	10.146,28	12.380,38	2.255,95		
17						

August eingetragen. Zur Erstellung eines sinnvollen Vorjahresvergleichs auf Monatsbasis sollen nun auch nur die Umsätze von Januar bis August der Jahre 2004 bis 2006 mit dem kumulierten Umsatz Januar bis August 2007 verglichen werden.

So geht's:

1 Erfassen Sie in Zelle B18 diese Formel:

=SUMME(BEREICH.VERSCHIEBEN(B5;0;0;ANZAHL($E$5:$E$16);1))

Damit werden ausschließlich die Werte der Zellen B5:B12 summiert, da sich in Zelle E12 der letzte Umsatz im Jahr 2007 befindet.

2 Kopieren Sie die Formel bis zur Zelle E18 über das Ausfüllkästchen nach rechts.

	A	B	C	D	E	F
1	**Umsatzdaten im Jahresvergleich**					
2						
3						
4	Jahre	2004	2005	2006	2007	
5	Januar	10.374,61	6.585,05	8.528,96	5.730,52	
6	Februar	513,24	7.322,83	11.125,19	9.470,44	
7	März	9.104,51	4.794,55	2.914,45	5.473,86	
8	April	14.198,78	13.453,24	10.560,69	8.524,80	
9	Mai	12.424,00	2.025,34	8.751,80	9.253,55	
10	Juni	2.972,17	11.034,39	4.838,13	7.635,36	
11	Juli	5.277,65	5.885,91	10.085,53	10.395,25	
12	August	6.878,79	8.680,12	6.280,21	7.530,81	
13	September	2.954,10	10.379,76	4.414,31		
14	Oktober	3.280,25	1.741,16	13.460,52		
15	November	5.885,82	12.646,69	9.055,84		
16	Dezember	10.146,28	12.380,38	2.255,95		
17						
18	Summe	61.743,75	59.781,43	63.084,96	64.014,59	
19						

Diese Formel nutzt die Funktion *BEREICH.VERSCHIEBEN()*. Die Syntax dieser Funktion lautet wie folgt:

BEREICH.VERSCHIEBEN(Bezug;Zeilen;Spalten;Höhe;Breite)

Argument	Beschreibung
Bezug	Ist der Bezug, der als Ausgangspunkt des Verschiebevorgangs dienen soll. *Bezug* muss ein Bezug zu einer Zelle oder einem Bereich aus angrenzenden Zellen sein.
Zeilen	Ist die Anzahl der Zeilen, um die Sie die obere linke Eckzelle des Bereichs nach oben oder nach unten verschieben möchten. Entspricht das Argument *Zeilen* beispielsweise gleich 5, bedeutet dies, dass die obere linke Ecke des neuen Bezugs fünf Zeilen unterhalb von *Bezug* liegt. Das Argument *Zeilen* kann sowohl einen positiven (unterhalb des Ausgangsbezugs liegend) als auch einen negativen Wert annehmen (oberhalb des Ausgangsbezugs liegend).
Spalten	Ist die Anzahl der Spalten, um die Sie die obere linke Eckzelle des Bereichs nach links oder nach rechts verschieben möchten. Ist das Argument *Spalten* beispielsweise gleich 5, bedeutet dies, dass die obere linke Ecke des neuen Bezugs fünf Spalten rechts von *Bezug* liegt. Das Argument *Spalten* kann sowohl einen positiven (rechts des Ausgangsbezugs liegend) als auch einen negativen Wert annehmen (links des Ausgangsbezugs liegend).

Argument	Beschreibung
Höhe	Ist die Höhe des neuen Bezugs in Zeilen. Für *Höhe* muss ein positiver Wert angegeben werden.
Breite	Ist die Breite des neuen Bezugs in Spalten. Für *Breite* muss ein positiver Wert angegeben werden.

Die Höhe des Bezugs wird über die Funktion *AN-ZAHL($E$5:$E$16)* ermittelt. Sobald also ein weiterer Monatswert, z. B. der Septemberumsatz, in die Umsatzspalte 2007 eingegeben wird, erfolgt automatisch die Anpassung der Höhe des Bezugs, und die Werte werden in allen Jahren bis einschließlich September addiert.

| E18 | | *fx* | =SUMME(BEREICH.VERSCHIEBEN(E5;0;0;ANZAHL($E$5:$E$16);1)) |

	A	B	C	D	E	F
1	**Umsatzdaten im Jahresvergleich**					
2						
3						
4	Jahre	2004	2005	2006	2007	
5	Januar	10.374,61	6.585,05	8.528,96	5.730,52	
6	Februar	513,24	7.322,83	11.125,19	9.470,44	
7	März	9.104,51	4.794,55	2.914,45	5.473,86	
8	April	14.198,78	13.453,24	10.560,69	8.524,80	
9	Mai	12.424,00	2.025,34	8.751,80	9.253,55	
10	Juni	2.972,17	11.034,39	4.838,13	7.635,36	
11	Juli	5.277,65	5.885,91	10.085,53	10.395,25	
12	August	6.878,79	8.680,12	6.280,21	7.530,81	
13	September	2.954,10	10.379,76	4.414,31	8.324,92	
14	Oktober	3.280,25	1.741,16	13.460,52		
15	November	5.885,82	12.646,69	9.055,84		
16	Dezember	10.146,28	12.380,38	2.255,95		
17						
18	Summe	64.697,85	70.161,19	67.499,27	72.339,51	
19						

Tipp 11: Summierung mit indirekter Zellreferenzierung

Zum Aufbau größerer Kalkulationsmodelle ist es oft unerlässlich, auf indirekte Zellreferenzen zurückzugreifen. In diesem Beispiel erfahren Sie, wie mithilfe der Funktion *INDIREKT()* eine variable Summierungsfunktion aufgebaut werden kann.

So geht's:

1 Zuerst müssen die Zellbezüge für die Start- und die Endzelle definiert werden. Geben Sie dazu in Zelle B19 den Zellbezug für die Startzelle ein. In diesem Beispiel lautet dieser *C7*. Den Zellbezug *C14* für die Endzelle erfassen Sie in Zelle B20.

2 In Zelle D19 soll die Summe des Bereichs C7:C14 (Startzelle:Endzelle) ermittelt werden. Das erreichen Sie mit der Formel *=SUMME (INDIREKT(B19&":"&B20))*.

D19			f_x	=SUMME(INDIREKT(B19&":"&B20))		
	A	B	C	D	E	F
1	**Zellbereiche indirekt summieren**					
2						
3						
4	Jahre	2004	2005	2006	2007	
5	Januar	10.374,61	6.585,05	8.528,96	5.730,52	
6	Februar	513,24	7.322,83	11.125,19	9.470,44	
7	März	9.104,51	4.794,55	2.914,45	5.473,86	
8	April	14.198,78	13.453,24	10.560,69	8.524,80	
9	Mai	12.424,00	2.025,34	8.751,80	9.253,55	
10	Juni	2.972,17	11.034,39	4.838,13	7.635,36	
11	Juli	5.277,65	5.885,91	10.085,53	10.395,25	
12	August	6.878,79	8.680,12	6.280,21	7.530,81	
13	September	2.954,10	10.379,76	4.414,31	8.324,92	
14	Oktober	3.280,25	1.741,16	13.460,52		
15	November	5.885,82	12.646,69	9.055,84		
16	Dezember	10.146,28	12.380,38	2.255,95		
17						
18						
19	Startzelle:	C7	Ergebnis:	57.994,47		
20	Endzelle:	C14				
21						

Sobald die Angaben der Bezüge in den Zellen B19 und B20 verändert werden, wird in Zelle D19 sofort die geänderte Summe ermittelt.

Hinweis

Diese Methode können Sie für alle Excel-Funktionen anwenden, in denen Bereichsangaben gemacht werden können.

Tipp 12: Summierung bis zu einem bestimmten Monat durchführen

In einer Verkaufsliste sollen die Umsätze zu Analysezwecken bis zu einem bestimmten Monat ausgewertet werden. Die Verkaufsliste, die ausgewertet werden soll, sehen Sie in der Abbildung.

So geht's:

1 Im ersten Schritt muss das Kriterium eingegeben werden, das besagt, bis zu welchem Monat addiert werden soll. Erfassen Sie dazu in Zelle D5 die Monatsbezeichnung *Juli*.

2 In Zelle E5 soll nun die Summe der Werte Januar bis Juli 2006 gebildet werden. Das erreichen Sie, indem Sie in Zelle E5 folgende Formel eingeben:

=SUMME(BEREICH.VERSCHIEBEN(B5;0;0;VERGLEICH(D5;A5:A16;0);1))

Sobald der Monatsname in Zelle D5 geändert wird, erfolgt die Neuberechnung der Summe in Zelle E5. Auf diese Weise lässt sich sehr schnell eine flexible Summierung aufbauen.

	E5			fx	=SUMME(BEREICH.VERSCHIEBEN(B5;0;0;
					VERGLEICH(D5;A5:A16;0);1))

	A	B	C	D	E	F
1	**Verkaufsübersicht 2006**					
2	Verkäufer: Klaus Brugmann					
3						
4	Jahre	Umsatz		Monat	Ergebnis	
5	Januar	5.730,52 €		Juli	56.483,78 €	
6	Februar	9.470,44 €				
7	März	5.473,86 €				
8	April	8.524,80 €				
9	Mai	9.253,55 €				
10	Juni	7.635,36 €				
11	Juli	10.395,25 €				
12	August	7.530,81 €				
13	September	8.324,92 €				
14	Oktober	6.679,00 €				
15	November	5.644,83 €				
16	Dezember	4.609,66 €				
17						

Tipp 13: Dynamische Ermittlung von Zwischensummen

In einer Excel-Tabelle sind alle Verkäufe eines Tags unsortiert aufgelistet. Artikel mit gleicher Artikelnummer wurden mehrmals verkauft. Ziel ist es nun, die Verkaufssumme pro Artikelnummer zu ermitteln. Dabei sollen die Zwischensummen bei der jeweils letzten mehrfach vorkommenden Artikelnummer angezeigt werden.

So geht's:

Die Liste der Tagesverkäufe ist wie folgt aufgebaut.

	A	B	C	D	E
1	**Tagesverkäufe**				
2	Datum:	20.07.2007			
3					
4	Artikel-Nr.	Anzahl	VK pro Stück	Umsatz	
5	47116	9	72,9	656,10 €	
6	47125	8	75,01	600,08 €	
7	47015	1	58,3	58,30 €	
8	47116	5	72,9	364,50 €	
9	47018	4	131,44	525,76 €	
10	47125	4	75,01	300,04 €	
11	47015	7	58,3	408,10 €	
12	47116	1	72,9	72,90 €	
13	47223	1	114,45	114,45 €	
14	47223	1	114,45	114,45 €	
15	47020	8	97,76	782,08 €	
16	47116	6	72,9	437,40 €	
17	47015	3	58,3	174,90 €	
18	47223	15	114,45	1.716,75 €	
19	47116	12	72,9	874,80 €	
20	47020	12	97,76	1.173,12 €	
21	47015	5	58,3	291,50 €	
22					
23				8.665,23 €	
24					

1 Markieren Sie den Zellbereich E5:E21.

2 Geben Sie in Zelle E5 folgende Formel zur Ermittlung der Zwischensummen ein:

=WENN(ZÄHLENWENN(A5:A21;A5)>1;"";SUMMEWENN($A$5:$A$21;A5; $D$5:$D$21))

3 Beenden Sie die Dateneingabe mit der Tastenkombination [Strg]+[Enter].

	E	▼		f_x	=WENN(ZÄHLENWENN(A5:A21;A5)>1;"";
					SUMMEWENN($A$5:$A$21;A5;$D$5:$D$21))

	A	B	C	D	E	F
1	**Tagesverkäufe**					
2	Datum:	20.07.2007				
3						
4	Artikel-Nr.	Anzahl	VK pro Stück	Umsatz	Gruppensumme	
5	47116	9	72,9	656,10 €		
6	47125	8	75,01	600,08 €		
7	47015	1	58,3	58,30 €		
8	47116	5	72,9	364,50 €		
9	47018	4	131,44	525,76 €	525,76 €	
10	47125	4	75,01	300,04 €	900,12 €	
11	47015	7	58,3	408,10 €		
12	47116	1	72,9	72,90 €		
13	47223	1	114,45	114,45 €		
14	47223	1	114,45	114,45 €		
15	47020	8	97,76	782,08 €		
16	47116	6	72,9	437,40 €		
17	47015	3	58,3	174,90 €		
18	47223	15	114,45	1.716,75 €	1.945,65 €	
19	47116	12	72,9	874,80 €	2.405,70 €	
20	47020	12	97,76	1.173,12 €	1.955,20 €	
21	47015	5	58,3	291,50 €	932,80 €	
22						
23				8.665,23 €	8.665,23 €	
24						

Sie sehen, dass bei der letzten mehrfach vorkommenden Artikelnummer jeweils die Gruppensumme für die betreffende Artikelnummer eingetragen wird. Wenn Sie nun in Zelle E23 die Zwischensummen aufaddieren, sehen Sie, dass sich das gleiche Ergebnis wie bei der Addition aller Umsatzzahlen in Zelle D23 ergibt.

Hinweis

Achten Sie bei der Formel auf die korrekte Angabe der relativen und absoluten Zellreferenzen.

Tipp 14: Summierung bei doppelt vorkommenden Werten

In einer Excel-Tabelle werden die Teilzahlungen von Kunden erfasst. Dabei werden zu jeder Teilzahlung der Zahlungstag, die Kundennummer, der Kundenname, die Gesamtforderung sowie der Teilzahlungsbetrag eingegeben.

	A	B	C	D	E	F
1	**Geldeingänge Juni 2007**					
2						
3						
4	Zahlungstag	Deb.-Nr.	Name	Gesamtforderung	Teilbetrag	
5	04.06.2007	10005	Achim OHG	1.456,82 €	435,00 €	
6	05.06.2007	10010	Angelsport Huber KG	35.732,88 €	8.350,00 €	
7	08.06.2007	10013	Angermayr Ludwig GbR	4.123,54 €	1.100,00 €	
8	11.06.2007	10005	Achim OHG	1.456,82 €	350,00 €	
9	12.06.2007	10005	Achim OHG	1.456,82 €	100,00 €	
10	14.06.2007	10010	Angelsport Huber KG	35.732,88 €	9.500,00 €	
11	18.06.2007	10013	Angermayr Ludwig GbR	4.123,54 €	500,00 €	
12	19.06.2007	10010	Angelsport Huber KG	35.732,88 €	6.500,00 €	
13	26.06.2007	10013	Angermayr Ludwig GbR	4.123,54 €	500,00 €	
14	28.06.2007	10013	Angermayr Ludwig GbR	4.123,54 €	500,00 €	
15						

Ausgehend von diesem Datenbestand soll in Zelle E16 die Summe aller Teilzahlungen ermittelt werden. Darüber hinaus soll in Zelle D16 die Summe der Gesamtforderungen berechnet werden. Mit einer klassischen Summenfunktion ist es aber hier nicht getan, da die Werte im Bereich D5:D14 mehrfach vorhanden sind.

So geht's:

1 Zur Summierung der Teilbeträge erfassen Sie in Zelle E16 einfach die Summenformel *=SUMME(E5:E14)*.

2 Etwas schwieriger wird es bei der Ermittlung der Gesamtforderungen, da keine Duplikate berücksichtigt werden dürfen. Erfassen Sie zu diesem Zweck folgende Formel in Zelle D16:

=SUMME((ZÄHLENWENN(BEREICH.VERSCHIEBEN(B5;0;0;ZEILE (5:14)-4);B5:B14)=1)*D5:D14)

D16		fx	{=SUMME((ZÄHLENWENN(BEREICH.VERSCHIEBEN(B5;0;0;ZEILE(5:14)-4);B5:B14)=1)*D5:D14)}		
	A	B	C	D	E	F
1	**Geldeingänge Juni 2007**					
2						
3						
4	Zahlungstag	Deb.-Nr.	Name	Gesamtforderung	Teilbetrag	
5	04.06.2007	10005	Achim OHG	1.456,82 €	435,00 €	
6	05.06.2007	10010	Angelsport Huber KG	35.732,88 €	8.350,00 €	
7	08.06.2007	10013	Angermayr Ludwig GbR	4.123,54 €	1.100,00 €	
8	11.06.2007	10005	Achim OHG	1.456,82 €	350,00 €	
9	12.06.2007	10005	Achim OHG	1.456,82 €	100,00 €	
10	14.06.2007	10010	Angelsport Huber KG	35.732,88 €	9.500,00 €	
11	18.06.2007	10013	Angermayr Ludwig GbR	4.123,54 €	500,00 €	
12	19.06.2007	10010	Angelsport Huber KG	35.732,88 €	6.500,00 €	
13	26.06.2007	10013	Angermayr Ludwig GbR	4.123,54 €	500,00 €	
14	28.06.2007	10013	Angermayr Ludwig GbR	4.123,54 €	500,00 €	
15						
16				41.313,24 €	27.835,00 €	
17						

Diese Formel prüft den Bereich B5:B14 auf identische Debitorennummern. Bei identischen Nummern wird der Betrag im Bereich D5:D14 nur jeweils einmal berücksichtigt.

In diesem Beispiel wird nicht die Wertspalte, sondern eine weitere Spalte zur Ermittlung von Duplikaten verwendet. Ebenso gut könnte hier die Spalte *Gesamtforderung* zu Ermittlung der Duplikate verwendet werden. Die Formel dafür lautet wie folgt:

=SUMME((ZÄHLENWENN(BEREICH.VERSCHIEBEN(D5;0;0;ZEILE (5:14)-4);D5:D14)=1)*D5:D14)

Damit wird in diesem Beispiel das gleiche Ergebnis erzielt.

➜ Verweis: siehe Kapitel 2.1, Tipp 7

Tipp 15: Summierung von farbigen Zellen

Standardmäßig bietet Excel keine Funktion, um bedingte Summierungen nach Schriftfarben durchführen zu können. Häufig werden in der Praxis Farben zur Kennzeichnung bestimmter Tatbestände verwendet. Sollen nun die markierten Zellen addiert werden, fehlt die passende Funktion. Mit VBA lässt sich aber ganz leicht eine benutzerdefinierte Funktion zur Lösung der Fragestellung programmieren.

So geht's:

1 Starten Sie mit der Tastenkombination [Alt]+[F11] den VBA-Editor.

2 Fügen Sie über das Menü *Einfügen/Modul* ein neues Codeblatt hinzu.

3 Kopieren Sie den Code aus Listing 1 in das Codeblatt.

4 Der neuen Funktion *SUMMEFARBE()* müssen zwei Parameter übergeben werden. Der erste Parameter ist wie gewohnt der Zellbereich, der summiert werden soll. Als zweiter Parameter wird die Farbnummer übergeben. Um nun alle Zahlen mit roter Schriftfarbe zu markieren, erfassen Sie die Formel *=SUMMEFARBE(B5:B21;3)*.

Sie sehen, es werden ausschließlich die rot markierten Zahlen der Zellen B8, B13 und B15 addiert.

Listing 1:

```
Function summefarbe(bereich As Range, farbindex As Integer)
'** Zellen mit entsprechender Schriftfarbe werden summiert
'** Volatilität der Funktion einschalten
Application.Volatile
'** Farbsumme auf null setzen
summefarbe = 0
For Each zelle In bereich
    If zelle.Font.ColorIndex = farbindex Then
        summefarbe = summefarbe + zelle.Value
    End If
Next
End Function
```

Durch eine geringfügige Modifikation der benutzerdefinierten Funktion können auch alle fett markierten Zellen addiert werden. Den Code dazu sehen Sie in Listing 2.

Die Funktion *SUMMEFETT()* besitzt darüber hinaus noch folgendes Feature. Wenn nach der Bereichsangabe der Parameter 1 übergeben wird, werden alle fett markierten Zellen addiert. Wird der Parameter 0 übergeben, werden hingeben nur die nicht fett formatierten Zellen summiert.

Listing 2:

```
Function summefett(bereich As Range, Optional fett As Integer)
'** Zellen mit fett markierten Werten werden summiert

'** Volatilität der Funktion einschalten
Application.Volatile
'** Farbsumme auf null setzen
summefett = 0
For Each zelle In bereich
    If fett = 1 Then
```

```
10       If zelle.Font.Bold = True Then
■           summefett = summefett + zelle.Value
■        End If
■     ElseIf fett = 0 Then
■        If zelle.Font.Bold = False Then
15          summefett = summefett + zelle.Value
■        End If
■     End If
■  Next
■  End Function
```

Hinweis

Bis Excel 2003 stehen 56 Farben zur Verfügung. So steht beispielsweise der Index 3 für Rot, 5 für Blau und 4 für Grün. Alle 56 Farbindizes können Sie der Arbeitsmappe *zu Kapitel 4.12* entnehmen. Ab Excel 2007 stehen rund 4,3 Milliarden Farben zur Verfügung.

Tipp 16: Bereiche per Shortcuts summieren

Dieses Beispiel zeigt einen wenig bekannten, aber in der Praxis nützlichen Trick, um in einer Kreuztabelle Spalten und Zeilensummen mit einem einzigen Shortcut einzufügen.

So geht's:

1 Markieren Sie den Zellbereich, der summiert werden soll, zuzüglich einer leeren Spalte, in der die Zeilenergebnisse eingefügt werden sollen, und einer oder zwei leeren Zeilen, in denen die Spaltensummen ausgegeben werden sollen. Im Beispiel wird der Bereich C4:I17 markiert.

	A	B	C	D	E	F	G	H	I	J
1	Sonstiger Betrieblicher Aufwand 1.1. bis 30.06.2007									
2										
3	Konto	Bezeichnung	Jan	Feb	Mrz	Apr	Mai	Jun		
4	4360	Versicherungen	1.520,00	1.520,00	1.520,00	1.815,00	1.520,00	1.520,00		
5	4540	KFZ-Leasing	1.105,00	1.105,00	1.105,00	1.105,00	1.105,00	1.105,00		
6	4610	Werbekosten	1.288,49	4.217,24	3.683,63	3.033,99	1.340,84	2.767,56		
7	4712	Raumkosten	622,94	1.296,87	1.844,31	733,38	1.930,28	1.728,68		
8	4810	Reisekosten	742,67	1.493,87	1.921,04	966,30	671,41	1.474,37		
9	4820	Porto	212,42	253,38	252,54	94,65	291,72	285,43		
10	4920	Telefon	1.075,98	1.365,47	632,70	511,22	697,28	1.484,98		
11	4930	Bürobedarf	298,13	443,35	545,48	188,62	842,14	495,76		
12	4945	Fortbildungskosten	434,18	1.730,47	677,99	749,31	1.719,43	1.365,27		
13	4955	Buchführungskosten	900,00	900,00	900,00	900,00	900,00	900,00		
14	4960	Mieten für Einrichtungen	1.250,00	1.250,00	1.250,00	1.250,00	1.250,00	1.250,00		
15	4980	Betriebsbedarf	136,57	437,89	1.882,76	924,38	836,41	962,98		
16										
17										
18										
19										

2 Drücken Sie die Tastenkombination [Alt]+[Umschalt]+[0]. Dieser Shortcut bewirkt, dass die Summenfunktion jeweils in die letzte markierte Zeile und Spalte eingetragen wird.

	A	B	C	D	E	F	G	H	I	J
1	Sonstiger Betrieblicher Aufwand 1.1. bis 30.06.2007									
2										
3	Konto	Bezeichnung	Jan	Feb	Mrz	Apr	Mai	Jun		
4	4360	Versicherungen	1.520,00	1.520,00	1.520,00	1.815,00	1.520,00	1.520,00	9.415,00	
5	4540	KFZ-Leasing	1.105,00	1.105,00	1.105,00	1.105,00	1.105,00	1.105,00	6.630,00	
6	4610	Werbekosten	1.288,49	4.217,24	3.683,63	3.033,99	1.340,84	2.767,56	16.331,75	
7	4712	Raumkosten	622,94	1.296,87	1.844,31	733,38	1.930,28	1.728,68	8.156,46	
8	4810	Reisekosten	742,67	1.493,87	1.921,04	966,30	671,41	1.474,37	7.269,66	
9	4820	Porto	212,42	253,38	252,54	94,65	291,72	285,43	1.390,14	
10	4920	Telefon	1.075,98	1.365,47	632,70	511,22	697,28	1.484,98	5.767,63	
11	4930	Bürobedarf	298,13	443,35	545,48	188,62	842,14	495,76	2.813,48	
12	4945	Fortbildungskosten	434,18	1.730,47	677,99	749,31	1.719,43	1.365,27	6.676,65	
13	4955	Buchführungskosten	900,00	900,00	900,00	900,00	900,00	900,00	5.400,00	
14	4960	Mieten für Einrichtungen	1.250,00	1.250,00	1.250,00	1.250,00	1.250,00	1.250,00	7.500,00	
15	4980	Betriebsbedarf	136,57	437,89	1.882,76	924,38	836,41	962,98	5.180,99	
16										
17			9.586,38	16.013,54	16.215,45	12.271,85	13.104,51	15.340,03	82.531,76	
18										
19										

Auf diese Weise werden die Summenfunktionen für sämtliche Zeilen und Spalten in Sekundenschnelle eintragen.

→ Verweis: siehe Anhang, Tipp 4

Tipp 17: Summierung identischer Zellen über verschiedene Tabellen hinweg

Sie kennen sicherlich die Situation, dass Sie zwölf identische Monatstabellen haben und nun mit einer einzigen Formel alle gleichen Zellen in diesen Tabellenblättern kumuliert addieren möchten. Wie sich das mithilfe der Funktion *SUMME()* bewerkstelligen lässt, erfahren Sie in diesem Tipp.

So geht's:

1   Öffnen Sie eine neue Arbeitsmappe und legen Sie zwölf Tabellen an. Erfassen Sie dann jeweils in Zelle A1 einen Wert.

2   Hinterlegen Sie nun in der zwölften Tabelle in Zelle B1 die Formel *=SUMME(Tabelle1:Tabelle12!A1)*.

3   Jetzt werden alle Werte aus den Zellen A1 der jeweiligen Tabelle in der Zelle B1 von *Tabelle12* kumuliert.

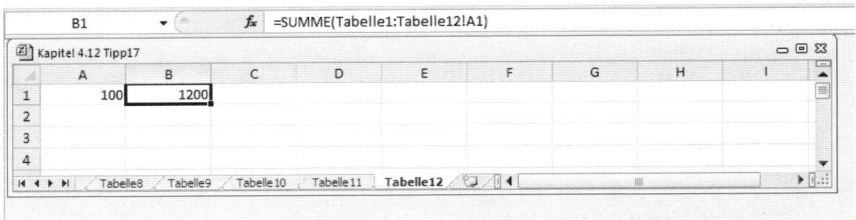

Hinweis

Beachten Sie, dass hier die Berechnung nicht von einem vermeintlichen Zähler nach der Tabellenblattbezeichnung abhängig ist, sondern der Reihe nach erfolgt. Es wird also eine Summe für alle Tabellenblätter gebildet, die sich – in der Reihenfolge von links nach rechts betrachtet – im Bereich zwischen *Tabelle1* und *Tabelle12* befinden. Würden Sie also eines der Tabellenblätter aus dieser Anordnung verschieben, also beispielsweise „hinter" *Tabelle12* anordnen, würde diese Tabelle nicht mehr in die Summierung mit einbezogen.

4.13 Nützliche Zählfunktionen

Analog zu den Summierungsfunktionen bietet Excel auch umfassende Möglichkeiten, Datensätze zu zählen. Dieser Abschnitt zeigt anhand von Praxisbeispielen, wie Sie Zählfunktionen mit Mehrwert aufbauen und verwenden können.

Tipp 1: Zählen mit mehreren Bedingungen – doppelte Datensätze ermitteln

Folgendes Praxisbeispiel zeigt eine Kundenliste, in der die Nachnamen der Kunden sowie deren Geburtsdaten aufgelistet sind. Aufgrund dieser Liste sollen nun alle Datensätze mit doppelten Namen und doppelten Geburtstagen sowie identische Namens- und Geburtstagskonstellationen ermittelt werden.

So geht's:

1 Zur Ermittlung der doppelten Namen und der identischen Geburtsdaten markieren Sie den Zellbereich C5:C17 und erfassen folgende Formel in Zelle C5:

   =ZÄHLENWENN($A$5:$A$17;A5)

   Beenden Sie die Eingabe mit ⌷Strg⌷+⌷Enter⌷.

2 Markieren Sie anschließend den Bereich D5:D17 und geben Sie die Formel *=ZÄHLEN-WENN($B$5:$B$17;B5)* in Zelle D5 ein. Schließen Sie auch diese Eingabe mit der Tastenkombination ⌷Strg⌷+⌷Enter⌷ ab.

	A	B	C	D
	D5	▾	f_x	=ZÄHLENWENN($B$5:$B$17;B5)
1	**Kundenliste**			
2				
3				
4	Debitor-Namen	Geburtsdatum	Doppelte Namen	Doppelte Geburtsdaten
5	Nesvadba	05.02.1971	1	1
6	Crommer	18.03.1950	1	1
7	Wiegandt	15.05.1975	1	3
8	Kraus	15.05.1975	3	3
9	Noelt	01.06.1979	1	1
10	Schlosser	04.09.1969	2	2
11	Kalina	03.07.1976	2	1
12	Kraus	15.05.1975	3	3
13	Müller	28.02.1977	1	1
14	Schmidt	13.08.1955	1	1
15	Schlosser	04.09.1969	2	2
16	Kraus	08.01.1947	3	1
17	Kalina	05.09.1984	2	1
18				

Mithilfe der Funktion *ZÄHLEN-WENN()* werden jeweils die doppelten Namen bzw. Geburtsdaten ermittelt. Zur Auswertung der Einträge, bei denen sowohl der Name als auch das Geburtsdatum übereinstimmen, kann *ZÄHLENWENN()* nicht verwendet werden, da mit dieser Funktion nur ein einziges Kriterium ausgewertet werden kann. Zur Auswertung von mehreren Zählkriterien gehen Sie wie folgt vor:

1 Markieren Sie die Zelle E5 und erfassen Sie dort diese Formel:

   =SUMME(WENN(($A$5:$A$17=A5)*($B$5:$B$17=B5);1))

2 Da es sich um eine Matrix-Funktion handelt, müssen Sie die Formeleingabe mit der Tastenkombination ⌷Strg⌷+⌷Umschalt⌷+⌷Enter⌷ abschließen.

3 Kopieren Sie die Formel mit dem AutoAusfüllkästchen bis zur Zelle E17 nach unten. Im Ergebnis wird jeweils die Anzahl der Datensätze

angezeigt, bei denen sowohl der Name als auch das Geburtsdatum übereinstimmen.

	A	B	C	D	E	F
	E5	▼	ƒ_x {=SUMME(WENN(($A$5:$A$17=A5)*($B$5:$B$17=B5);1))}			
1	**Kundenliste**					
2						
3						
4	Debitor-Namen	Geburtsdatum	Doppelte Namen	Doppelte Geburtsdaten	Doppelte Namen und Geburtsdaten	
5	Nesvadba	05.02.1971	1	1	1	
6	Crommer	18.03.1950	1	1	1	
7	Wiegandt	15.05.1975	1	3	1	
8	Kraus	15.05.1975	3	3	2	
9	Noelt	01.06.1979	1	1	1	
10	Schlosser	04.09.1969	2	2	2	
11	Kalina	03.07.1976	2	1	1	
12	Kraus	15.05.1975	3	3	2	
13	Müller	28.02.1977	1	1	1	
14	Schmidt	13.08.1955	1	1	1	
15	Schlosser	04.09.1969	2	2	2	
16	Kraus	08.01.1947	3	1	1	
17	Kalina	05.09.1984	2	1	1	
18						

Hinweis

Die Array-Funktion kann wie folgt verkürzt werden:

=SUMME(($A$5:$A$17=A5)*($B$5:$B$17=B5))

Diese Funktion liefert das gleiche Ergebnis, nachdem Sie die Eingabe mit der Tastenkombination [Strg]+[Umschalt]+[Enter] abgeschlossen haben.

Ab Excel 2007 steht die neue Funktion *ZÄHLENWENNS()* zur Verfügung.

1 Markieren Sie den Zellbereich F5:F17.

2 Erfassen Sie folgende Formel in Zelle F5:

=ZÄHLENWENNS($A$5:$A$17;A5;$B$5:$B$17;B5)

3 Beenden Sie die Dateneingabe mit der Tastenkombination [Strg]+[Enter].

	A	B	C	D	E	F
	F5	▼	ƒ_x =ZÄHLENWENNS($A$5:$A$17;A5;$B$5:$B$17;B5)			
1	**Kundenliste**					
2						
3						
4	Debitor-Namen	Geburtsdatum	Doppelte Namen	Doppelte Geburtsdaten	Doppelte Namen und Geburtsdaten	Neue Funktion ZÄHLENWENNS
5	Nesvadba	05.02.1971	1	1	1	1
6	Crommer	18.03.1950	1	1	1	1
7	Wiegandt	15.05.1975	1	3	1	1
8	Kraus	15.05.1975	3	3	2	2
9	Noelt	01.06.1979	1	1	1	1
10	Schlosser	04.09.1969	2	2	2	2
11	Kalina	03.07.1976	2	1	1	1
12	Kraus	15.05.1975	3	3	2	2
13	Müller	28.02.1977	1	1	1	1
14	Schmidt	13.08.1955	1	1	1	1
15	Schlosser	04.09.1969	2	2	2	2
16	Kraus	08.01.1947	3	1	1	1
17	Kalina	05.09.1984	2	1	1	1

Wie Sie sehen, liefert die Funktion *ZÄHLENWENNS()* das gleiche Ergebnis.

Tipp 2: Datensätze in gefilterter Liste nach Suchkriterium auswerten

In diesem Beispiel sollen in einer gefilterten Artikelliste die Artikel gezählt werden, die einem vorgegebenen Suchkriterium entsprechen. Die Artikelliste ist dabei wie folgt aufgebaut:

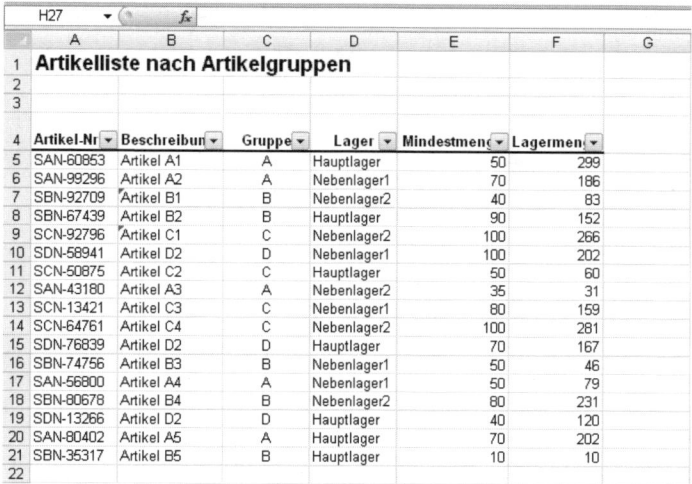

Ziel ist es nun, zu ermitteln, wie oft die Artikelgruppe C im Nebenlager2 vorhanden ist.

So geht's:

1 Markieren Sie im ersten Schritt den Zellbereich A4:F4 und setzen Sie den AutoFilter über das Menü *Daten/Sortieren und Filtern/Filtern* (Excel 2003: Menü *Daten/Filter/AutoFilter*).

2 Aktivieren Sie den Filtereintrag in Spalte D für das Kriterium *Nebenlager2*. Damit werden ausschließlich Artikel aus Nebenlager2 angezeigt.

	A	B	C	D	E	F	G
1	Artikelliste nach Artikelgruppen						
2							
3							
4	Artikel-Nr	Beschreibun	Gruppe	Lager	Mindestmeng	Lagermen	
7	SBN-92709	Artikel B1	B	Nebenlager2	40	83	
9	SCN-92796	Artikel C1	C	Nebenlager2	100	266	
12	SAN-43180	Artikel A3	A	Nebenlager2	35	31	
14	SCN-64761	Artikel C4	C	Nebenlager2	100	281	
18	SBN-80678	Artikel B4	B	Nebenlager2	80	231	
22							

3 Um nun zu ermitteln, wie häufig die Artikelgruppe C in der gefilterten Liste vorkommt, kann die Funktion *ZÄHLENWENN()* nicht verwendet werden, da sie nicht zwischen ein- und ausgeblendeten Zellen unterscheiden kann. Erfassen Sie deswegen in Zelle C24 folgende Formel:

=SUMMENPRODUKT(TEILERGEBNIS(3;INDIREKT("C"&ZEILE(5:21)))) *($C$5:$C$21="C"))

Die Funktion *SUMMENPRODUKT()* in Verbindung mit der Funktion *TEILERGEBNIS()* ermöglicht die Auswertung von gefilterten Zeilen.

4 In Zelle B24 müssen Sie nun noch die Artikelgruppe eingeben, die ausgewertet werden soll, im Beispiel die Artikelgruppe *C*.

	A	B	C	D	E	F	G
C24			*fx*	=SUMMENPRODUKT(TEILERGEBNIS(3;INDIREKT("C"&ZEILE(5:21))))*($C$5:$C$21=B24))			
1	**Artikelliste nach Artikelgruppen**						
2							
3							
4	Artikel-Nr	Beschreibun	Gruppe	Lager	Mindestmeng	Lagermeng	
7	SBN-92709	Artikel B1	B	Nebenlager2	40	83	
9	SCN-92796	Artikel C1	C	Nebenlager2	100	266	
12	SAN-43180	Artikel A3	A	Nebenlager2	35	31	
14	SCN-64761	Artikel C4	C	Nebenlager2	100	281	
18	SBN-80678	Artikel B4	B	Nebenlager2	80	231	
22							
23							
24	Kriterium:		C	2			
25							

Als Ergebnis erhalten Sie den Wert 2. Die Artikelgruppe C befindet sich also zweimal in Nebenlager2.

Die Funktion *TEILERGEBNIS()* hat folgende Syntax:

TEILERGEBNIS(Funktion;Bezug1;Bezug2;...)

Das Argument *Funktion* ist eine Zahl von 1 bis 11 (bezieht ausgeblendete Werte ein) oder von 101 bis 111 (ignoriert ausgeblendete Werte), die festlegt, welche Funktion bei der Berechnung des Teilergebnisses innerhalb einer Liste verwendet werden soll.

Funktion (bezieht ausgeblendete Werte mit ein)	Funktion (ignoriert ausgeblendete Werte)	Funktionstyp
1	101	MITTELWERT
2	102	ANZAHL
3	103	ANZAHL2
4	104	MAX
5	105	MIN
6	106	PRODUKT

Funktion (bezieht ausgeblendete Werte mit ein)	Funktion (ignoriert ausgeblendete Werte)	Funktionstyp
7	107	STABW
8	108	STABWN
9	109	SUMME
10	110	VARIANZ
11	111	VARIANZEN

➔ Verweis: siehe Kapitel 5.1, Tipp 10

Tipp 3: Lagerbestände nach Alter auswerten

Ausgangsbasis für die Altersbestimmung der Lagerbestände ist eine Lagerliste per 30.06.2007. Darin befindet sich neben den Artikelstammdaten auch das jeweils letzte Anschaffungsdatum für jeden Artikel. Auf dieser Basis soll die Anzahl der Artikel ermittelt werden, bei denen innerhalb eines definierten Zeitkorridors Einkäufe stattgefunden haben.

So geht's:

Die Ausgangstabelle zeigt die Lagerbestände sowie die Auswertungsparameter. So soll die Anzahl der Datensätze ermittelt werden, deren Anschaffungsdatum 0 bis 60 Tage vor dem 30.06.2007 gelegen hat.

	A	B	C	D	E	F
1	**Lagerliste per 30.06.2007**					
2						
3	**Artikel-Nr.**	**Beschreibung**	**Gruppe**	**Lager**	**Datum Anschaffung**	
4	SAN-60853	Artikel A1	A	Hauptlager	27.02.2007	
5	SAN-99296	Artikel A2	A	Nebenlager1	12.01.2007	
6	SBN-92709	Artikel B1	B	Nebenlager2	16.04.2007	
7	SBN-67439	Artikel B2	B	Hauptlager	28.05.2007	
8	SCN-92796	Artikel C1	C	Nebenlager2	22.12.2006	
9	SDN-58941	Artikel D2	D	Nebenlager1	19.02.2007	
10	SCN-50875	Artikel C2	C	Hauptlager	03.05.2007	
11	SAN-43180	Artikel A3	A	Nebenlager2	23.04.2007	
12	SCN-13421	Artikel C3	C	Nebenlager1	17.01.2007	
13	SCN-64761	Artikel C4	C	Nebenlager2	08.06.2007	
14	SDN-76839	Artikel D2	D	Hauptlager	16.03.2007	
15	SBN-74756	Artikel B3	B	Nebenlager1	08.03.2007	
16	SAN-56800	Artikel A4	A	Nebenlager1	22.06.2007	
17	SBN-80678	Artikel B4	B	Nebenlager2	19.02.2007	
18	SDN-13266	Artikel D2	D	Hauptlager	28.03.2007	
19	SAN-80402	Artikel A5	A	Hauptlager	12.04.2007	
20	SBN-35317	Artikel B5	B	Hauptlager	18.05.2007	
21						
22						
23	**Auswertungskriterien:**					
24	**Sichtag:**	30.06.2007				
25	**Alter (in Tagen) von:**	0				
26	**Alter (in Tagen) bis:**	60				
27						

1 Die Auswertungsparameter befinden sich im Zellbereich B24:B26.

2 Erfassen Sie zur Auswertung in Zelle B28 folgende Formel:

=SUMME((DATEDIF(E4:E20;B24;"d")<=B26)(DATEDIF(E4:E20;B24;"d")
>B25))*

Mithilfe der Funktion *DATEDIF()* werden die Tagesdifferenzen zwischen dem 30.06.2007 und dem jeweiligen Anschaffungsdatum ermittelt und mit der Funktion *SUMME()* addiert.

3 Beenden Sie die Erfassung dieser Formel mit der Tastenkombination [Strg]+[Umschalt]+[Enter], da es sich um eine Matrixfunktion handelt.

Es sind also fünf Artikel in der Liste vorhanden, deren Anschaffungsdaten im definierten Zeitkorridor liegen. Sie können die Auswertungskriterien nach Belieben verändern. Die Excel-Funktion liefert jeweils das entsprechende Ergebnis.

Hinweis

Beachten Sie, dass sich in der Liste kein Anschaffungsdatum befinden darf, das nach dem Auswertungsparameter *Stichtag* liegt, da die Matrixfunktion ansonsten den Fehlerwert *#ZAHL!* zurückgibt.

B28	▼	f_x {=SUMME((DATEDIF(E4:E20;B24;"d")<=B26)*(DATEDIF(E4:E20;B24;"d")>B25))}				
	A	**B**	**C**	**D**	**E**	**F**
1	**Lagerliste per 30.06.2007**					
2						
3	**Artikel-Nr.**	**Beschreibung**	**Gruppe**	**Lager**	**Datum Anschaffung**	
4	SAN-60853	Artikel A1	A	Hauptlager	27.02.2007	
5	SAN-99296	Artikel A2	A	Nebenlager1	12.01.2007	
6	SBN-92709	Artikel B1	B	Nebenlager2	16.04.2007	
7	SBN-67439	Artikel B2	B	Hauptlager	28.05.2007	
8	SCN-92796	Artikel C1	C	Nebenlager2	22.12.2006	
9	SDN-58941	Artikel D2	D	Nebenlager1	19.02.2007	
10	SCN-50875	Artikel C2	C	Hauptlager	03.05.2007	
11	SAN-43180	Artikel A3	A	Nebenlager2	23.04.2007	
12	SCN-13421	Artikel C3	C	Nebenlager1	17.01.2007	
13	SCN-64761	Artikel C4	C	Nebenlager2	08.06.2007	
14	SDN-76839	Artikel D2	D	Hauptlager	16.03.2007	
15	SBN-74756	Artikel B3	B	Nebenlager1	08.03.2007	
16	SAN-56800	Artikel A4	A	Nebenlager1	22.06.2007	
17	SBN-80678	Artikel B4	B	Nebenlager2	19.02.2007	
18	SDN-13266	Artikel D2	D	Hauptlager	28.03.2007	
19	SAN-80402	Artikel A5	A	Hauptlager	12.04.2007	
20	SBN-35317	Artikel B5	B	Hauptlager	18.05.2007	
21						
22						
23	**Auswertungskriterien:**					
24	Sichtag:	30.06.2007				
25	Alter (in Tagen) von:	0				
26	Alter (in Tagen) bis:	60				
27						
28	**Anzahl Datensätze:**	5				
29						

Tipp 4: Anzahl unterschiedlicher Einträge in einer Liste ermitteln (Ermittlung von Unikaten)

In einer Tagesverkaufsliste werden täglich die verkauften Artikel mit allen notwendigen Informationen eingetragen. Am Tagesende soll gezählt werden, wie viele Verkäufe insgesamt stattgefunden haben und wie viele unterschiedliche Artikel verkauft wurden.

So geht's:

1 Zur Ermittlung der Gesamtzahl verkaufter Artikel kann ganz einfach die Funktion *=ANZAHL(A5:A21)* verwendet werden. Erfassen Sie die Formel in Zelle A23. Damit wird die Gesamtmenge in der Spalte *Artikel-Nr.* ermittelt.

2 Etwas schwieriger wird es bei der Ermittlung der Anzahl der unterschiedlichen verkauften Artikel (Artikelnummern). Erfassen Sie dazu in Zelle A25 folgende Array-Formel: *=SUMME(1/ZÄHLENWENN(A5:A21; A5:A21))*.

3 Beenden Sie die Formeleingabe mit [Strg]+[Umschalt]+[Enter]. Damit wird die Funktion zur Matrixfunktion qualifiziert.

Insgesamt fanden also am 20.07.2007 17 Verkäufe statt, wobei sechs verschiedene Artikel verkauft wurden.

> **Hinweis**
>
> Wenn sich im Auswertungsbereich leere Zellen befinden, müssen Sie diese etwas komplexere Formel verwenden:
>
> *=SUMME(1/WENN(ZÄHLENWENN(A5:A21;A5:A21)=0;1;ZÄHLENWENN (A5:A21;A5:A21)))-ANZAHLLEEREZELLEN(A5:A21)*
>
> Damit werden Leerzellen nicht berücksichtigt, und die Auswertung liefert das korrekte Ergebnis. Schließen Sie diese Formeleingabe mit der Tastenkombination ⌷Strg⌷+⌷Umschalt⌷+⌷Enter⌷ ab.

→ Verweis: siehe Kapitel 5.1, Tipp 13

Tipp 5: Anzahl einzelner, doppelter, dreifacher ... Einträge ermitteln

Angenommen, in einer Tabelle gibt es einzeln, doppelt oder dreifach vorkommende Artikel etc. Wenn es nun von Interesse ist, zu ermitteln, wie viele Artikel einmal, zweimal etc. vorkommen, können Sie das sehr rasch über eine Formel ermitteln, die eine Kombination aus den beiden Funktionen *SUMMENPRODUKT* und *ZÄHLENWENN* darstellt.

	D2		f_x	=SUMMENPRODUKT((ZÄHLENWENN($A$1:$A$100;$A$1:$A$100)=1)/1)			
	A	B	C	D	E	F	G	H
1	Artikel A		Häufigkeit des Vorkommens von Artikeln				
2	Artikel A		einfaches Vorkommen	1	Artikel C und D kommen nur 1x vor		
3	Artikel B		zweifaches Vorkommen	1	Artikel B kommt 2x mal vor		
4	Artikel B		dreifaches Vorkommen	1	Artikel D kommt 3x mal vor		
5	Artikel A		vierfaches Vorkommen	0	kein Artikel kommt 4x mal vor		
6	Artikel A		fünfaches Vorkommen	0	kein Artikel kommt 5x mal vor		
7	Artikel C		sechfaches Vorkommen	1	Artikel A kommt 6x mal vor		
8	Artikel A						
9	Artikel D						
10	Artikel D						
11	Artikel D						
12	Artikel A						
13							

So geht's:

1 Öffnen Sie eine neue Arbeitsmappe und tragen Sie beispielhaft in Spalte A diverse Artikel ein. Achten Sie darauf, einzelne Artikel nicht nur einfach, sondern auch mehrfach einzutragen.

2 Erfassen Sie nun in Zelle D2 die Formel *=SUMMENPRODUKT((ZÄHLENWENN($A$1:$A$100;$A$1:$A$100)=1)/1)*, um zu ermitteln, wie viele Artikel einmalig in der Liste in Spalte A vorhanden sind.

3 Erfassen Sie anschließend in Zelle D3 die Formel *=SUMMENPRODUKT ((ZÄHLENWENN($A$1:$A100;$A$1:$A100)=2)/2)*, um festzustellen, wie viele Artikel zweimal in der Liste in Spalte A auftauchen. Und führen Sie diese Formel je nach Bedarf in den darunterliegenden Zellen weiter fort.

Tipp 6: Datensätze nach deren Häufigkeit auswerten und entsprechend sortieren

In diesem Beispiel liegt eine Verkaufsliste mit verschiedenen Artikelnummern vor. Ziel ist es nun, die Artikelnummern nach deren Häufigkeit auszuwerten und in absteigend sortierter Reihenfolge auszugeben.

So geht's:

1 Zur Ausgabe der Artikelnummern geben Sie in Zelle F5 folgende Formel ein:

=MODALWERT(A5:A21)

MODALWERT() gibt den häufigsten Wert einer Datengruppe zurück.

2 Zur Ermittlung des zweithäufigsten Werts erfassen Sie in Zelle F6 diese Matrixformel:

=MODALWERT(WENN(ZÄHLENWENN($F$5:F5;$A$5:$A$21)=0;$A$5: $A$21))

3 Beenden Sie die Dateneingabe mit der Tastenkombination Strg+ Umschalt+Enter.

4 Damit auch die dritt- und vierthäufigsten Werte etc. ausgelesen werden, kopieren Sie diese Funktion so lange über das AutoAusfüllkästchen nach unten, bis der Fehlerwert *#NV* angezeigt wird.

	A	B	C	D	E	F	G
1	**Tagesverkäufe**						
2	Datum:	20.07.2007					
3							
4	Artikel-Nr.	Anzahl	VK pro Stück	Umsatz		Reihenfolge	
5	47116	9	72,9	656,10 €		47116	
6	47125	8	75,01	600,08 €		47015	
7	47015	1	58,3	58,30 €		47223	
8	47116	5	72,9	364,50 €		47125	
9	47018	4	131,44	525,76 €		47020	
10	47125	4	75,01	300,04 €			
11	47015	7	58,3	408,10 €			
12	47116	1	72,9	72,90 €			
13	47223	1	114,45	114,45 €			
14	47223	1	114,45	114,45 €			
15	47020	8	97,76	782,08 €			
16	47116	6	72,9	437,40 €			
17	47015	3	58,3	174,90 €			
18	47223	15	114,45	1.716,75 €			
19	47116	12	72,9	874,80 €			
20	47020	12	97,76	1.173,12 €			
21	47015	5	58,3	291,50 €			
22							
23							

Formelzeile: F6 · *fx* {=MODALWERT(WENN(ZÄHLENWENN($F$5:F5;$A$5:$A$21)= 0;$A$5:$A$21))}

Im Zellbereich F5:F9 werden nun die Artikelnummern in der Reihenfolge der Häufigkeit angezeigt, mit der diese im Zellbereich A5:A21 vorhanden sind. Die Auflistung erfolgt dabei in absteigender Reihenfolge.

Zur Verprobung gehen Sie wie folgt vor:

1 Markieren Sie den Zellbereich G5:G9.

2 Geben Sie in Zelle G5 die Formel =*ZÄHLENWENN($A$5:$A$21;F5)* ein.

3 Beenden Sie die Dateneingabe mit der Tastenkombination (Strg)+(Enter).

Damit wird ermittelt, wie oft die jeweilige Artikelnummer im Auswertungsbereich vorhanden ist.

	G5	▼	fx	=ZÄHLENWENN($A$5:$A$21;F5)				
	A	B	C	D	E	F	G	H
1	**Tagesverkäufe**							
2	Datum:	20.07.2007						
3								
4	Artikel-Nr.	Anzahl	VK pro Stück	Umsatz		Reihenfolge	Anzahl	
5	47116	9	72,9	656,10 €		47116	5	
6	47125	8	75,01	600,08 €		47015	4	
7	47015	1	58,3	58,30 €		47223	3	
8	47116	5	72,9	364,50 €		47125	2	
9	47018	4	131,44	525,76 €		47020	2	
10	47125	4	75,01	300,04 €				
11	47015	7	58,3	408,10 €				
12	47116	1	72,9	72,90 €				
13	47223	1	114,45	114,45 €				
14	47223	1	114,45	114,45 €				
15	47020	8	97,76	782,08 €				
16	47116	6	72,9	437,40 €				
17	47015	3	58,3	174,90 €				
18	47223	15	114,45	1.716,75 €				
19	47116	12	72,9	874,80 €				
20	47020	12	97,76	1.173,12 €				
21	47015	5	58,3	291,50 €				
22								

Tipp 7: Ermittlung aller Zellen mit Text

Dieses Beispiel zeigt, wie sich die Anzahl der Zellen, in denen Text erfasst wurde, ermitteln lässt. In einer Datei stehen Messwerte einer Produktionsanlage, die nach bestimmten Kriterien manuell ausgewertet werden. Wenn bei einem Messwert Unklarheiten oder Fehler auftreten, wird das mit einem entsprechenden Hinweis gekennzeichnet. Der Anwender gibt dann einen beliebigen Text ein, wie in folgender Abbildung zu sehen ist.

Ziel ist es nun, die Anzahl der Einträge zu ermitteln, in denen in Spalte D ein beliebiger Text eingetragen wurde.

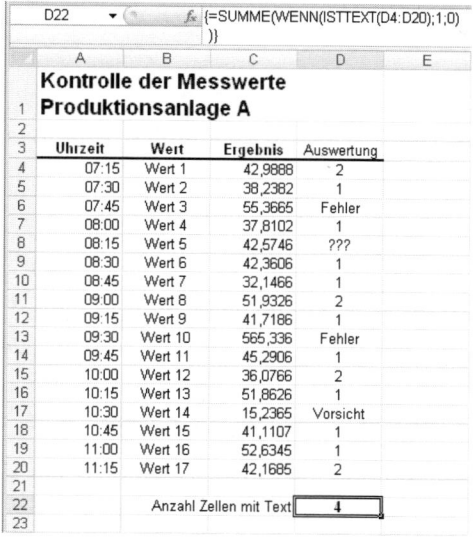

	A	B	C	D
1	**Kontrolle der Messwerte** **Produktionsanlage A**			
2				
3	Uhrzeit	Wert	Ergebnis	Auswertung
4	07:15	Wert 1	42,9888	2
5	07:30	Wert 2	38,2382	1
6	07:45	Wert 3	55,3665	Fehler
7	08:00	Wert 4	37,8102	1
8	08:15	Wert 5	42,5746	???
9	08:30	Wert 6	42,3606	1
10	08:45	Wert 7	32,1466	1
11	09:00	Wert 8	51,9326	2
12	09:15	Wert 9	41,7186	1
13	09:30	Wert 10	565,336	Fehler
14	09:45	Wert 11	45,2906	1
15	10:00	Wert 12	36,0766	2
16	10:15	Wert 13	51,8626	1
17	10:30	Wert 14	15,2365	Vorsicht
18	10:45	Wert 15	41,1107	1
19	11:00	Wert 16	52,6345	1
20	11:15	Wert 17	42,1685	2
21				

So geht's:

1 Erfassen Sie in Zelle D4 folgende Formel:

=SUMME(WENN(ISTTEXT(D4:D20);1;0))

Damit wird der Zähler um den Wert 1 erhöht, wenn eine Zelle mit Texteintrag im angegebenen Bereich gefunden wird.

2 Da es sich um eine Matrixfunktion handelt, müssen Sie die Formeleingabe mit der Tastenkombination [Strg]+[Umschalt]+[Enter] beenden.

D22	fx	{=SUMME(WENN(ISTTEXT(D4:D20);1;0)}}

	A	B	C	D	E
1	**Kontrolle der Messwerte** **Produktionsanlage A**				
2					
3	Uhrzeit	Wert	Ergebnis	Auswertung	
4	07:15	Wert 1	42,9888	2	
5	07:30	Wert 2	38,2382	1	
6	07:45	Wert 3	55,3665	Fehler	
7	08:00	Wert 4	37,8102	1	
8	08:15	Wert 5	42,5746	???	
9	08:30	Wert 6	42,3606	1	
10	08:45	Wert 7	32,1466	1	
11	09:00	Wert 8	51,9326	2	
12	09:15	Wert 9	41,7186	1	
13	09:30	Wert 10	565,336	Fehler	
14	09:45	Wert 11	45,2906	1	
15	10:00	Wert 12	36,0766	2	
16	10:15	Wert 13	51,8626	1	
17	10:30	Wert 14	15,2365	Vorsicht	
18	10:45	Wert 15	41,1107	1	
19	11:00	Wert 16	52,6345	1	
20	11:15	Wert 17	42,1685	2	
21					
22			Anzahl Zellen mit Text	4	
23					

Sie sehen, es werden alle Zellen gezählt, in denen Text eingetragen wurde.

➔ Verweis: siehe Kapitel 1.4, Tipp 4

Tipp 8: Wie oft ist ein Teilstring in einer Textfolge vorhanden?

In der vorliegenden Inventurliste sollen die Artikelnummern daraufhin analysiert werden, wie oft sich ein bestimmter Teilstring darin befindet. Da jede Stelle der Artikelnummer eine Bedeutung hat, können aus der Analyse der Nummer der Stellplatz, das Anschaffungsjahr sowie der Lagerort bestimmt werden. Dafür ist entscheidend, wie oft sich ein String in der Nummer befindet.

So geht's:

Sehen Sie sich zunächst die Inventurliste näher an.

	A	B	C	D	E	F	G
1	**Stammdaten - Inventurliste per 31.12.2006**						
2							
3	Artikel-Nr.	Beschreibung	Gruppe	Lager		Kriterium	Anzahl
4	SANH-60853	Artikel A1	A	Hauptlager			
5	SANN-99296	Artikel A2	A	Nebenlager1			
6	SBNN-92709	Artikel B1	B	Nebenlager2			
7	SBNH-67439	Artikel B2	B	Hauptlager			
8	SCNN-92796	Artikel C1	C	Nebenlager2			
9	SDNN-58941	Artikel D2	D	Nebenlager1			
10	SCNH-50875	Artikel C2	C	Hauptlager			
11	SANN-43180	Artikel A3	A	Nebenlager2			
12	SCNN-13421	Artikel C3	C	Nebenlager1			
13	SCNN-64761	Artikel C4	C	Nebenlager2			
14	SDNH-76839	Artikel D2	D	Hauptlager			
15	SBNN-74756	Artikel B3	B	Nebenlager1			
16	SANN-56800	Artikel A4	A	Nebenlager1			
17	SBNN-80678	Artikel B4	B	Nebenlager2			
18	SDNH-13266	Artikel D2	D	Hauptlager			
19	SANH-80402	Artikel A5	A	Hauptlager			
20	SBNH-35317	Artikel B5	B	Hauptlager			
21							

Die zu analysierenden Artikelnummern liegen im Zellbereich A4:A20 vor.

1 Geben Sie zunächst das Kriterium in Zelle F4 ein, nach dem gesucht werden soll. In diesem Beispiel soll nach dem Teilstring 9 gefragt werden.

2 Zur Ermittlung, wie oft die Ziffer 9 in der jeweiligen Artikelnummer vorkommt, markieren Sie den Bereich G4:G20 und erfassen in Zelle G4 diese Formel:

=(LÄNGE(A4)-LÄNGE(WECHSELN(A4;$F$4;"")))/LÄNGE($F$4)

3 Beenden Sie die Formeleingabe mit der Tastenkombination [Strg]+[Enter]. Damit wird die Formel in den gesamten markierten Bereich eingetragen.

	G4	▼	*fx*	=(LÄNGE(A4)-LÄNGE(WECHSELN(A4;$F$4;"")))/LÄNGE($F$4)		

	A	B	C	D	E	F	G
1	**Stammdaten - Inventurliste per 31.12.2006**						
2							
3	Artikel-Nr.	Beschreibung	Gruppe	Lager		Kriterium	Anzahl
4	SANH-60853	Artikel A1	A	Hauptlager		9	0
5	SANN-99296	Artikel A2	A	Nebenlager1			3
6	SBNN-92709	Artikel B1	B	Nebenlager2			2
7	SBNH-67439	Artikel B2	B	Hauptlager			1
8	SCNN-92796	Artikel C1	C	Nebenlager2			2
9	SDNN-58941	Artikel D2	D	Nebenlager1			1
10	SCNH-50875	Artikel C2	C	Hauptlager			0
11	SANN-43180	Artikel A3	A	Nebenlager2			0
12	SCNN-13421	Artikel C3	C	Nebenlager1			0
13	SCNN-64761	Artikel C4	C	Nebenlager2			0
14	SDNH-76839	Artikel D2	D	Hauptlager			1
15	SBNN-74756	Artikel B3	B	Nebenlager1			0
16	SANN-56800	Artikel A4	A	Nebenlager1			0
17	SBNN-80678	Artikel B4	B	Nebenlager2			0
18	SDNH-13266	Artikel D2	D	Hauptlager			0
19	SANH-80402	Artikel A5	A	Hauptlager			0
20	SBNH-35317	Artikel B5	B	Hauptlager			0
21							

Die Artikelnummer in Zelle A5 beinhaltet beispielsweise die Ziffer 9 dreimal.

→ Verweis: siehe Kapitel 4.4, Tipp 7

Tipp 9: Zufallszahlen ohne doppelte Werte erzeugen

In diesem Beispiel sollen 20 Zufallszahlen ohne doppelte Werte ermittelt werden. Die zufälligen Zahlenfolgen sollen im Wertebereich zwischen 21 und 40 berechnet werden. Wenn Sie die Formel =RUNDEN(ZUFALLS-ZAHL()*20;0)+20 in eine beliebige Zelle eintragen und 20 Zeilen nach

unten kopieren, erhalten Sie 20 Zufallszahlen, aber mit großer Wahrscheinlichkeit auch mehrfach vorkommende Zahlen, wie in der Abbildung zu sehen.

Mithilfe eines kleinen Tricks lassen sich doppelte Zahlen aber leicht vermeiden.

	H4	▼	*fx*	=RUNDEN(ZUFALLSZAHL()*20;0)+20	

	G	H	I	J
1				
2				
3		mit doppelten Werten		
4		29		
5		26		
6		28		
7		39		
8		38		
9		37		
10		25		
11		23		
12		40		
13		34		
14		26		
15		20		
16		32		
17		29		
18		36		
19		30		
20		36		
21		26		
22		35		
23		36		
24				

So geht's:

1 Markieren Sie einen beliebigen Zellbereich mit einer Zeilenanzahl von 20, beispielsweise den Bereich A4:A23.

2 Tragen Sie in Zelle A4 die Formel *=ZU-FALLSZAHL()* ein und beenden Sie die Eingabe mit Strg+Enter.

3 Markieren Sie nun in der Nebenspalte den Zellbereich B4:B23 und erfassen Sie in Zelle B4 die Formel *=RANG(A4;$A$4: $A$23)+20*.

4 Beenden Sie die Eingabe wiederum mit der Tastenkombination Strg+Enter. Damit wird für jede ermittelte Zufallszahl in Spalte A ein Rang ermittelt. Auf diese Weise ist sichergestellt, dass keine doppelten Werte vorkommen.

→ Verweis: siehe Kapitel 4.10, Tipp 2

	B4	▾	f_x	=RANG(A4;$A$4: $A$23)+20

	A	B	C
1	**Ermittlung von Zufallszahlen**		
2			
3	**Zufallszahl**	**Rang**	
4	0,917189894	21	
5	0,083370289	40	
6	0,108082007	39	
7	0,242918266	36	
8	0,663271675	25	
9	0,346989806	35	
10	0,911760341	22	
11	0,535807304	30	
12	0,649245141	26	
13	0,364598031	34	
14	0,170965463	37	
15	0,545704154	29	
16	0,126992339	38	
17	0,841888514	23	
18	0,642816564	28	
19	0,510136297	31	
20	0,770210311	24	
21	0,6478142	27	
22	0,493004003	32	
23	0,419502831	33	
24			

Tipp 10: Erzeugung von Passwörtern mit zufälligen Buchstaben-Zahlen-Kombinationen

Wenn Sie ein sicheres Passwort benötigen, ist es manchmal gar nicht einfach, sich auf die Schnelle ein absolut zufälliges Passwort zu überlegen. In diesem Beispiel sehen Sie, wie Sie schnell und einfach beliebige Passwörter erzeugen können.

So geht's:

1 Erfassen Sie in Zelle A3 folgende umfangreichere Formel:

*=LINKS(ADRESSE(1;RUNDEN(ZUFALLSZAHL()*26;0);4);1)&RUNDEN (ZUFALLSZAHL()*10;0)&LINKS(ADRESSE(1;RUNDEN(ZUFALLSZAHL() *26;0);4);1)&RUNDEN(ZUFALLSZAHL()*10;0)&LINKS(ADRESSE(1; RUNDEN(ZUFALLSZAHL()*26;0);4);1)&RUNDEN(ZUFALLSZAHL()*10;0) &LINKS(ADRESSE(1;RUNDEN(ZUFALLSZAHL()*26;0);4);1)&RUNDEN (ZUFALLSZAHL()*10;0)*

2 Kopieren Sie die Formel so viele Zeilen nach unten, wie Sie unterschiedliche Passwörter benötigen. Alternativ können Sie auch auf die Kopieraktion verzichten, denn bei jedem Drücken der Funktionstaste F9 wird ein neues Passwort generiert.

Das Passwort enthält abwechselnd einen Buchstaben gefolgt von einer Zahl und ist acht Stellen lang.

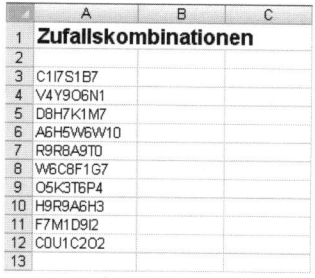

Tipp 11: Beträge in Anzahl Scheine und Anzahl Münzen aufteilen

Dieses Beispiel zeigt, wie sich Beträge in die Anzahl notwendiger Scheine und die Anzahl notwendiger Münzen aufteilen lassen. Ziel ist es, dass immer der größtmögliche Schein bzw. die größtmögliche Münze verwendet wird. Der Betrag von 100,00 € soll sich also nicht aus zwei 50-Euro-Scheinen oder fünf 20-Euro-Scheinen zusammensetzen, sondern aus einem einzigen 100-Euro-Schein.

So geht's:

Der aufzuteilende Betrag steht in unserem Beispiel in Zelle B3. Für die Berechnung der Anzahl an Scheinen und Münzen sind zwei Hilfsspalten notwendig.

1 Erzeugen Sie zunächst ab Zelle A6 eine Hilfsspalte, in der die Werte der Scheine und Münzen eingetragen werden. Erfassen Sie dazu in Zelle A6 den Wert *500* für den größten Euro-Schein, anschließend *200* für den 200-Euro-Schein. Den letzten Wert für die 1-Cent-Münze erfassen Sie in Zelle A20, indem Sie dort den Wert *0,01* eintragen.

2 Die zweite Hilfsspalte ab Zelle B6 enthält eine Umrechnung des aufzuteilenden Betrags aus Zelle B3. Geben Sie in Zelle B6 die Funktion *=RUNDEN(REST(B3;A6);2)* ein. Damit wird der Rest aus der Division aus Zelle B3 und A6 auf ein zweistelliges Ergebnis gerundet.

3 Erfassen Sie weiterhin in Zelle B7 die Formel *=RUNDEN(REST(B6;A7);2)* und kopieren Sie sie mit dem Ausfüllkästchen bis zur Zelle B20 nach unten.

4 Zur Ermittlung der tatsächlichen Anzahl notwendiger Scheine und Münzen geben Sie in Zelle C6 die Formel *=GANZZAHL(B3/A6)* ein. Kopieren Sie diese ebenfalls über das Ausfüllkästchen bis zur Zelle C20 nach unten.

5 Geben Sie nun noch zur Identifikation der einzelnen Werte einen spre-
chenden Namen im Zellbereich D6:D20 ein. Der erste Eintrag lautet
hier *500 Euro-Schein*, der zweite *200 Euro-Schein* und der letzte in Zelle
D20 *1 Cent-Münze*.

Nachdem alle Formeln
eingetragen sind, wird
für jeden beliebigen
Betrag, den Sie in Zelle
B3 eingeben, die An-
zahl der optimalen
Stückelung ermittelt.

	B6			f_x =RUNDEN(REST(B3;A6);2)	
	A	B	C	D	E
1	**Betrag in Anzahl Scheine und Anzahl Münzen aufteilen**				
2					
3	Betrag	1.247,36 €			
4					
5	**Hilfsspalte 1**	**Hilfsspalte 2**	**Anzahl**	**Scheine/Münzen**	
6	500	247,36	2	500 Euro-Schein	
7	200	47,36	1	200 Euro-Schein	
8	100	47,36	0	100 Euro-Schein	
9	50	47,36	0	50 Euro-Schein	
10	20	7,36	2	20 Euro-Schein	
11	10	7,36	0	10 Euro-Schein	
12	5	2,36	1	5 Euro-Schein	
13	2	0,36	1	2 Euro-Münze	
14	1	0,36	0	1 Euro-Münze	
15	0,5	0,36	0	50 Cent-Münze	
16	0,2	0,16	1	20 Cent-Münze	
17	0,1	0,06	1	10 Cent-Münze	
18	0,05	0,01	1	5 Cent-Münze	
19	0,02	0,01	0	2 Cent-Münze	
20	0,01	0	1	1 Cent-Münze	
21					

Hinweis

Zur Verprobung des Ergebnisses gehen Sie wie folgt vor:

Erfassen Sie in Zelle E6 die Formel *=C6*A6* und kopieren Sie sie bis zur Zelle
E20 nach unten.

Wenn Sie nun die Summe
der Zellen E6 bis E20 bilden, werden Sie feststel-
len, dass diese mit dem
Betrag aus Zelle B3 iden-
tisch ist.

Die Hilfsspalten A und B
können jederzeit ausge-
blendet werden.

	E21			f_x =SUMME(E6:E20)	
	A	B	C	D	E
1	**Betrag in Anzahl Scheine und Anzahl Münzen aufteilen**				
2					
3	Betrag	1.247,36 €			
4					
5	**Hilfsspalte 1**	**Hilfsspalte 2**	**Anzahl**	**Scheine/Münzen**	**Kontrolle**
6	500	247,36	2	500 Euro-Schein	1.000,00 €
7	200	47,36	1	200 Euro-Schein	200,00 €
8	100	47,36	0	100 Euro-Schein	- €
9	50	47,36	0	50 Euro-Schein	- €
10	20	7,36	2	20 Euro-Schein	40,00 €
11	10	7,36	0	10 Euro-Schein	- €
12	5	2,36	1	5 Euro-Schein	5,00 €
13	2	0,36	1	2 Euro-Münze	2,00 €
14	1	0,36	0	1 Euro-Münze	- €
15	0,5	0,36	0	50 Cent-Münze	- €
16	0,2	0,16	1	20 Cent-Münze	0,20 €
17	0,1	0,06	1	10 Cent-Münze	0,10 €
18	0,05	0,01	1	5 Cent-Münze	0,05 €
19	0,02	0,01	0	2 Cent-Münze	- €
20	0,01	0	1	1 Cent-Münze	0,01 €
21					1.247,36 €
22					

Tipp 12: Anzahl farbiger Zellen ermitteln

Wenn Sie in Tabellen mit farbigen Zellen arbeiten, kann es durchaus von Interesse sein, wie viele Zellen mit einer bestimmten Hintergrundfarbe versehen sind – werden doch nicht selten bestimmte Werte farblich hervorgehoben. Wie Sie das mithilfe eines zu vergebenden Namens und einiger weniger Formeln bewerkstelligen können, erfahren Sie in diesem Tipp.

So geht's:

1   Versehen Sie zuerst einige Zellen in Spalte A mit der Hintergrundfarbe Rot (die Zellen müssen nicht unbedingt einen Wert enthalten).

2   Rufen Sie nun über *Formeln/Definierte Namen* den Befehl *Namen definieren* auf (Excel 2003: Menü *Einfügen/Namen*, Befehl *Definieren*).

3   Erfassen Sie jetzt im Feld *Name* (Excel 2003: *Namen in der Arbeitsmappe*) den Eintrag *Farbe* und im Feld *Bezieht sich auf* die Formel *=ZELLE.ZUORDNEN(24;INDIREKT("ZS(-1)";)).*

4   Tragen Sie dann in Zelle B1 =*Farbe* ein und kopieren Sie diesen Eintrag in die darunterliegenden Zellen. Wie Sie unschwer erkennen können, schreibt Excel jetzt eine *2* in die Zellen, deren linke Nachbarzelle die Hintergrundfarbe Rot aufweist.

5   Hinterlegen Sie abschließend in Zelle E1 die Formel *=ZÄHLENWENN(B:B;2)*, um die Zellen zu zählen, die in Hilfsspalte B eine 2 aufweisen und somit kenntlich machen, dass die links liegende Zelle rot ist.

	E1	▼	⌒	*f*ₓ	=ZÄHLENWENN(B:B;2)

⊿	A	B	C	D	E
1	700	2		Anzahl rote Zellen	10
2	400	2			
3	100	1			
4	200	2			
5	150	1			
6	300	2			
7	800	1			
8	760	1			
9	910	2			
10	1060	1			
11	1210	2			
12	1360	1			
13	1510	1			
14	1660	1			
15	1810	1			
16	1960	2			
17	2110	1			
18	2260	2			
19	2410	1			
20	2560	1			
21	2710	2			
22	2860	1			
23	3010	2			
24	1960	1			
25	5110	1			
26	5110	1			

Hinweis

Beim Speichern der Arbeitsmappe werden Sie gefragt, ob die Arbeitsmappe mit Makros gespeichert werden soll. Das hängt damit zusammen, dass die Funktion, die sich hinter dem Namen *Farbe* verbirgt, zur Kategorie Excel4-Makrofunktionen gehört.

4.14 Maßgeschneiderte Verweisfunktionen

In umfangreichen Datenmengen ist es oft unerlässlich, über sogenannte Verweisfunktionen einzelne oder mehrere Datensätze in einen anderen Tabellenbereich zu extrahieren. Dies erhöht die Übersichtlichkeit enorm und schafft die Grundlage für weitere Berechnungen auf Basis der extrahierten Daten.

Tipp 1: Vergleich der Verweisfunktionen SVERWEIS() und INDEX()

Der Hauptunterschied der beiden Funktionen liegt in der Tatsache, dass bei der Funktion *SVERWEIS()* die Daten so angeordnet sein müssen, dass das Suchfeld in der äußersten linken Spalte der Matrix vorhanden sein muss. Bei der Funktion *INDEX()* spielt es hingegen keine Rolle, in welcher Spalte der Matrix sich das Suchfeld befindet.

Das Beispiel zeigt die beiden Funktionen im Vergleich. Die Mitarbeiternummer, nach der gesucht werden soll, befindet sich dabei in der Zelle F5.

	A	B	C	D	E	F
1	**Telefonliste**					
2						
3						
4	Mitarb.-Nr.	Name	Durchwahl	Abteilung		Suchkriterium:
5	35	Harmsen	-33	Technik		29
6	12	Becker	-45	Vertrieb		
7	5	Schuller	-23	Rewe		
8	95	Kurt	-92	Vertrieb		
9	64	Schindler	-45	Rewe		
10	22	Eckl	-31	Technik		
11	14	Maier	-9	Technik		
12	29	Ricksen	-22	Vertrieb		
13	50	Huber	-56	Rewe		
14	18	Kleinlein	-70	Vertrieb		
15	38	Hollederer	-51	Technik		
16	27	Bergmann	-90	Controlling		
17	10	Klausfeld	-89	Rewe		
18	56	Schneider	-22	Vertrieb		
19	20	Berger	-38	Technik		
20	32	Kling	-43	Controlling		
21	7	Braun	-41	Vertrieb		
22						

So geht's mit der Funktion SVERWEIS():

Die Syntax von *SVERWEIS()* lautet wie folgt:

SVERWEIS(Suchkriterium;Matrix;Spaltenindex;Bereich_Verweis)

Argument	Beschreibung
Suchkriterium	Ist der in der ersten Spalte der Tabellenmatrix zu suchende Wert. *Suchkriterium* kann einen Wert oder einen Bezug darstellen. Wenn *Suchkriterium* kleiner als der kleinste Wert in der ersten Spalte von *Matrix* ist, wird von *SVERWEIS* der Fehlerwert *#NV* zurückgegeben.

Argument	Beschreibung
Matrix	Mindestens zwei Datenspalten. Verwenden Sie einen Bezug auf einen Bereich oder einen Bereichsnamen. Die Werte in der ersten Spalte von *Matrix* sind die vom Suchkriterium gesuchten Werte und können Zeichenfolgen (Texte), Zahlen oder Wahrheitswerte darstellen. Bei Zeichenfolgen (Texten) wird nicht zwischen Groß- und Kleinschreibung unterschieden.
Spaltenindex	Ist die Spaltennummer in *Matrix*, aus der der entsprechende Wert zurückgegeben werden muss. Der Spaltenindex 1 gibt den Wert in der ersten Spalte in *Matrix* zurück, der Spaltenindex 2 gibt den Wert in der zweiten Spalte in *Matrix* zurück etc.
Bereich_Verweis	Ist ein Wahrheitswert, der angibt, ob *SVERWEIS* eine genaue Entsprechung oder eine ungefähre Entsprechung suchen soll.

Zum Auslesen der Telefondurchwahl für die Mitarbeiternummer 29 tragen Sie folgende Formel in Zelle F7 ein:

=SVERWEIS(F5;A5:D21;3;0)

Damit wird das Suchkriterium aus Zelle F5 in der linken Spalte der Matrix A5:D21 gesucht, und die Entsprechung der gleichen Zeile aus der dritten Spalte wird zurückgegeben.

So geht's mit der Funktion INDEX():

Die Funktion *INDEX()* ist wie folgt aufgebaut: *INDEX(Matrix;Zeile;Spalte)*.

Argument	Beschreibung
Matrix	*Matrix* ist ein Zellbereich oder eine Matrixkonstante.
	Besteht das Argument *Matrix* aus nur einer Zeile oder Spalte, ist das entsprechende Argument *Zeile* bzw. *Spalte* optional.
	Erstreckt sich *Matrix* über mehrere Zeilen und Spalten und ist nur eines der Argumente, also *Zeile* oder *Spalte*, angegeben, liefert *INDEX* eine Matrix, die der gesamten zugehörigen Zeile oder Spalte von *Matrix* entspricht.
Zeile	Markiert die Zeile in der Matrix, aus der ein Wert zurückgegeben werden soll. Wird *Zeile* nicht angegeben, muss *Spalte* angegeben werden.
Spalte	Markiert die Zeile in der Matrix, aus der ein Wert zurückgegeben werden soll. Wird *Spalte* nicht angegeben, muss *Zeile* angegeben werden.
	Werden die beiden Argumente *Zeile* und *Spalte* gleichzeitig angegeben, gibt *INDEX* den Wert der Zelle zurück, in der sich *Zeile* und *Spalte* schneiden.

Erfassen Sie diese Funktion in Zelle F9:

=INDEX(A5:D21;VERGLEICH(F5;A5:A21;0);VERGLEICH(B5;B5:B21;0)+2)

Damit wird ebenso wie mit *SVERWEIS()* die dem Suchbegriff entsprechende Telefonnummer zurückgegeben. Die Spalten- und Zeilennummer wird dabei mithilfe der Funktion *VERGLEICH()* ermittelt.

VERGLEICH(Suchkriterium;Suchmatrix;Vergleichstyp)

Diese Funktion ermittelt die Position, also die Zeilen- und Spaltennummer, des angegebenen Suchbegriffs.

Immer häufiger wird in der Praxis anstelle der Funktion *SVERWEIS()* oder *WVERWEIS()* die Funktion *INDEX()* verwendet, da diese in vielen Fällen flexibler einsetzbar ist.

	A	B	C	D	E	F	G
	F9	▾	ƒ×	=INDEX(A5:D21;VERGLEICH(F5;A5:A21;0);VERGLEICH(B5;B5:B21;0)+2)			
1	**Telefonliste**						
2							
3							
4	Mitarb.-Nr.	Name	Durchwahl	Abteilung		Suchkriterium:	
5	35	Harmsen	-33	Technik		29	
6	12	Becker	-45	Vertrieb			
7	5	Schuller	-23	Rewe		-22	SVERWEIS()
8	95	Kurt	-92	Vertrieb			
9	64	Schindler	-45	Rewe		-22	INDEX()
10	22	Eckl	-31	Technik			
11	14	Maier	-9	Technik			
12	29	Ricksen	-22	Vertrieb			
13	50	Huber	-56	Rewe			
14	18	Kleinlein	-70	Vertrieb			
15	38	Hollederer	-51	Technik			
16	27	Bergmann	-90	Controlling			
17	10	Klausfeld	-89	Rewe			
18	56	Schneider	-22	Vertrieb			
19	20	Berger	-38	Technik			
20	32	Kling	-43	Controlling			
21	7	Braun	-41	Vertrieb			
22							

Tipp 2: Daten lückenlos aus einer Liste auslesen

Aus einer Auftragsliste sollen alle Auftragsnummern, bei denen der Versand bereits durchgeführt wurde, ausgelesen und lückenlos in einer neuen Spalte zusammengestellt werden. Der Versand wird durch das entsprechende Versanddatum gekennzeichnet.

So geht's:

1 Zum Auslesen der ersten Auftragsnummer, die versendet wurde, tragen Sie in Zelle D4 folgende Formel ein:

=WENN(ISTFEHLER(WENN(ZEILEN($4:4)>ANZAHL2(A:A);"";INDEX(A:A; KKLEINSTE(WENN(B$4:B$103<>"";ZEILE($4:$103));ZEILEN($4:4)))));"";
WENN(ZEILEN($4:4)>ANZAHL2(A:A);"";INDEX(A:A;KKLEINSTE(WENN
(B$4:B$103<>"";ZEILE($4:$103));ZEILEN($4:4)))))

2 Beenden Sie die Formeleingabe mit der Tastenkombination (Strg)+ (Umschalt)+(Enter), da es sich um eine Matrixfunktion handelt.

3 Kopieren Sie diese Formel über das AutoAusfüllkästchen so weit wie nötig nach unten. Im Beispiel genügt es, wenn Sie die Formel bis zur Zelle D10 kopieren.

D4	▼	fx	{=WENN(ISTFEHLER(WENN(ZEILEN($4:4)> ANZAHL2(A:A);"";INDEX(A:A;KKLEINSTE(WENN(B$4:B$103<>"";ZEILE($4:$103)); ZEILEN($4:4)))));"";WENN(ZEILEN($4:4)> ANZAHL2(A:A);"";INDEX(A:A;KKLEINSTE(WENN(B$4:B$103<>"";ZEILE($4:$103)); ZEILEN($4:4)))))}

	A	B	C	D	E
1	**Auftragsliste Mai 2007**				
2					
3	Auftrags-Nr.	Versendet am		Bereits versendet	
4	74001			74003	
5	74002			74006	
6	74003	07.05.2007		74009	
7	74004			74012	
8	74005			74013	
9	74006	09.05.2007			
10	74007				
11	74008				
12	74009	15.05.2007			
13	74010				
14	74011				
15	74012	21.05.2007			
16	74013	22.05.2007			
17	74014				
18	74015				
19	74016				
20	74017				
21					

Nach der Erfassung eines neuen Versandkennzeichens in Spalte B wird die entsprechende Auftragsnummer sofort in den Auswertungsbereich übernommen und korrekt einsortiert. Das sehen Sie an dem neu eingetragenen Versanddatum in Zelle B4.

B4	▼	fx	15.06.2007

	A	B	C	D	E
1	**Auftragsliste Mai 2007**				
2					
3	Auftrags-Nr.	Versendet am		Bereits versendet	
4	74001	15.06.2007		74001	
5	74002			74003	
6	74003	07.05.2007		74006	
7	74004			74009	
8	74005			74012	
9	74006	09.05.2007		74013	
10	74007				
11	74008				
12	74009	15.05.2007			
13	74010				
14	74011				
15	74012	21.05.2007			
16	74013	22.05.2007			
17	74014				
18	74015				
19	74016				
20	74017				
21					

Tipp 3: Auslesen von Daten mit mehreren Bedingungen

Aus einer Preisliste soll der Preis für einen bestimmten Artikel mit einer bestimmten Farbangabe ausgelesen werden. Die Artikel sind jeweils in verschiedenen Farben vorhanden, wobei die Artikelnummer bei den unterschiedlichen Farbmustern nicht wechselt, nur der Farbzusatz ändert sich.

Ziel ist es nun, für die Artikelnummer 1002 den Preis für die Farbe Orange zu ermitteln.

	A	B	C	D
1	**Preisliste**			
2				
3				
4	Artikel-Nr.	Farbe	Betrag	
5	1001	Blau	43,90 €	
6	1001	Grün	43,90 €	
7	1002	Gelb	44,85 €	
8	1002	Grau	19,95 €	
9	1002	Orange	20,45 €	
10	1003	Schwarz	18,70 €	
11	1003	Rot	45,95 €	
12	1003	Grün	44,95 €	
13	1003	Gelb	46,95 €	
14	1004	Blau	79,90 €	
15	1004	Schwarz	78,90 €	
16				

So geht's:

1 Legen Sie zunächst die Kriterien fest. Das erste Kriterium, also die Artikelnummer. erfassen Sie in Zelle E5. Tragen Sie dort *1002* ein.

2 Das zweite Abfragekriterium erfassen Sie in Zelle F5. Tragen Sie dort die Farbe *Orange* ein.

3 Zur Ermittlung des Verkaufspreises erfassen Sie folgende Formel in Zelle G5:

=INDEX($C$5:$C$15;VERGLEICH(E5&F5;$A$5:$A$15&$B$5:$B$15;0))

Diese Formel ermittelt anhand der beiden vorgegebenen Kriterien den zugehörigen Verkaufspreis.

4 Beenden Sie die Eingabe mit der Tastenkombination Strg+Umschalt+ Enter. Damit werden die geschweiften Klammern hinzugefügt, und die Funktion wird zur Array-Funktion.

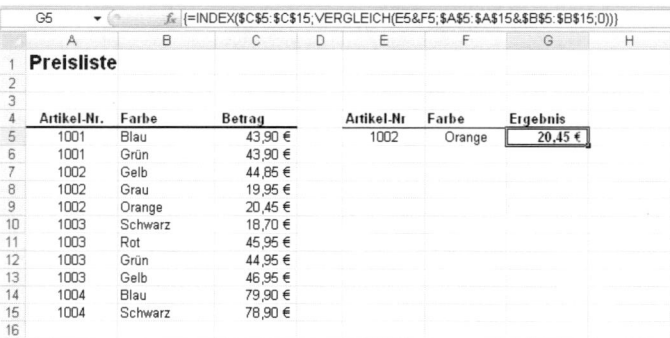

Als Ergebnis wird der Wert 20,45 Euro zurückgegeben.

Hinweis

Wenn beide Kriterienpaare mehrmals im Datenbestand enthalten sind, liefert die Funktion den Wert für das erste Kriterienpaar.

Tipp 4: Verweise nach links bzw. nach oben herstellen

Wie bereits geschildert, ist es mit der Funktion *SVERWEIS()* nicht möglich, Ergebnisse aus Spalten zu extrahieren, die links von der Suchspalte stehen. Das gleiche Problem tritt bei der Funktion *WVERWEIS()* auf. Auch hier besteht keine Möglichkeit, Daten aus Zeilen oberhalb der Suchzeile auszulesen. In diesem Beispiel erfahren Sie, mit welchen Funktionen diese Aufgabenstellung einfach und komfortabel zu lösen ist.

So geht's: Verweise nach links realisieren

In der Ausgangstabelle steht in der ersten Spalte die Bezeichnung der Buchhaltungskonten und in der zweiten Spalte die Kontonummer. Ausgehend von der Kontonummer soll nun die zugehörige Bezeichnung ermittelt werden. Das Suchkriterium, also die Kontonummer, nach der gesucht werden soll, steht in Zelle B19.

Zum Auslesen der zugehörigen Bezeichnung erfassen Sie in Zelle A19 diese Formel:

=WENN(ISTNV(INDEX(A5:A16;VERGLEICH(B19;B5:B16;0)));"kein Treffer"; INDEX(A5:A16;VERGLEICH(B19;B5:B16;0)))

Auf diese Weise lassen sich Werte extrahieren, die links von der Suchspalte stehen.

So geht's: Verweise nach oben realisieren

Auf die gleiche Weise lassen sich Verweise nach oben realisieren. Die Sachkontenliste ist in diesem Beispiel nicht vertikal, sondern horizontal aufgebaut. Zeile 3 beinhaltet die Kontobezeichnung, und in Zeile 4 ist die Kontonummer eingetragen.

Ausgehend vom Suchkriterium *Konto-Nr.* soll die Kontobezeichnung ausgelesen werden. Erfassen Sie dazu in Zelle B6 diese Formel:

=WENN(ISTNV(INDEX(B3:K3;VERGLEICH(A6;B4:K4)));"kein Treffer";INDEX (B3:K3;VERGLEICH(A6;B4:K4)))

	B6	▼		*f*ₓ	=WENN(ISTNV(INDEX(B3:K3;VERGLEICH(A6;B4:K4)));"kein Treffer";INDEX(B3:K3; VERGLEICH(A6;B4:K4)))				
	A	B	C	D	E	F	G	H	I
1	**Sachkontenliste**								
2									
3	Bezeichnung	Versicherungen	KFZ-Leasing	Werbekosten	Raumkosten	Reisekosten	Porto	Telefon	Bürobedarf
4	Konto-Nr.	4360	4540	4610	4712	4810	4820	4920	4930
5									
6	4610	Werbekosten							
7									

→ Verweis: siehe Kapitel 4.14, Tipp 1

Tipp 5: Zeitabhängige Verweise erstellen

In einer Excel-Tabelle werden die Zuordnungen der Kostenstellen zu einer bestimmten Produktionsanlage geführt. Aus abrechnungstechnischen Gründen ändert sich die Zuordnung der Kostenstelle zu einer bestimmten Produktionsanlage dann, wenn ein Auftrag abgeschlossen ist, der mit der entsprechenden Produktionsanlage durchgeführt wurde. Ziel ist es nun, zu ermitteln, welche Kostenstelle einer Maschine an einem bestimmten Datum zugeordnet war.

So geht's:

Die Kostenstellenzuordnungstabelle ist wie nebenstehend aufgebaut.

In Spalte A befinden sich die jeweiligen Kostenstellen. Spalte B beinhaltet die verschiedenen Produktionsanlagen, und in Spalte C sind die Datumswerte eingetragen, die den Zeitpunkt zeigen, an dem der Produktionsanlage eine neue Kostenstelle zugeordnet wurde.

	A	B	C	D
1	**Zordnung der Kostenstellen**			
2				
3	Kostenstellen	Produktionsanlagen	Gültig seit	
4	1001	Anlage A	01.01.2007	
5	1002	Anlage A	01.06.2007	
6	1005	Anlage D	01.09.2006	
7	1006	Anlage D	01.03.2007	
8	1007	Anlage D	01.08.2007	
9	1010	Anlage B	01.01.2007	
10	1011	Anlage B	01.07.2007	
11				
12				
13	**Auswertung**			
14	**Anlage:** Anlage D			
15	**Datum:** 15.05.2007			
16				

Ziel ist es nun, die Kostenstelle zu ermitteln, die der Anlage D am 15.05. 2007 zugeordnet war.

Tragen Sie dazu in Zelle B17 diese Formel ein:

=WENN(ISTNV(INDEX(A4:A13;VERGLEICH(B14&MAX((B4:B13=B14)*WENN (C4:C13<=B15;C4:C13));B4:B13&C4:C13;0)));"kein Treffer";INDEX(A4:A13; VERGLEICH(B14&MAX((B4:B13=B14)*WENN(C4:C13<=B15;C4:C13));B4:B13 &C4:C13;0)))

Da es sich um eine Matrixfunktion handelt, müssen Sie die Eingabe mit der Tastenkombination [Strg]+[Umschalt]+ [Enter] abschließen.

Die Auswertung ergibt, dass die Anlage D am 15.05.2007 der Kostenstelle 1006 zugeordnet war.

| B17 | ▼ | fx | {=WENN(ISTNV(INDEX(A4:A13;VERGLEICH(B14& |

	A	B	C	D	E
1	**Zordnung der Kostenstellen**				
2					
3	Kostenstellen	Produktionsanlagen	Gültig seit		
4	1001	Anlage A	01.01.2007		
5	1002	Anlage A	01.06.2007		
6	1005	Anlage D	01.09.2006		
7	1006	Anlage D	01.03.2007		
8	1007	Anlage D	01.08.2007		
9	1010	Anlage B	01.01.2007		
10	1011	Anlage B	01.07.2007		
11					
12					
13		Auswertung			
14	Anlage:	Anlage D			
15	Datum:	15.05.2007			
16					
17	Kostenstelle:	1006			
18					

Tipp 6: Ermittlung des Datums, an dem der höchste Tagesumsatz getätigt wurde

Die Liste der Tagesumsätze beinhaltet das Datum sowie den zugehörigen Tagesumsatz. Ziel ist es, aus dieser Liste das Datum zu ermitteln, an dem der höchste Umsatz getätigt wurde.

So geht's:

1 Zur Ermittlung des Datums geben Sie in Zelle B23 folgende Formel ein:

   =INDEX(A4:A19;VERGLEICH(MAX(B4:B19);B4:B19;0))

2 Damit das Ergebnis richtig angezeigt wird, müssen Sie die Zelle B23 mit einem beliebigen Datumsformat belegen.

Die Funktion *VERGLEICH()* in Kombination mit der Funktion *MAX()* ermittelt den höchsten Umsatz aus Spalte B. Über die Funktion *INDEX()* wird aus Spalte A das Datum für den höchsten Umsatz ausgelesen und zurückgegeben.

Im Ergebnis sehen Sie, dass der
höchste Tagesumsatz am 05.06.2007
gemacht wurde.

	B23	▼	*fx*	=INDEX(A4:A19;VERGLEICH(MAX(B4:B19);B4:B19;0))

	A	B	C
2			
3	**Tagesdatum**	**Umsatz**	
4	Fr 01.06.2007	7.437,48 €	
5	Mo 04.06.2007	7.713,21 €	
6	Di 05.06.2007	13.839,86 €	
7	Mi 06.06.2007	6.415,79 €	
8	Do 07.06.2007	11.089,66 €	
9	Fr 08.06.2007	4.722,33 €	
10	Mo 11.06.2007	8.674,77 €	
11	Di 12.06.2007	9.459,99 €	
12	Mi 13.06.2007	12.591,60 €	
13	Do 14.06.2007	12.876,97 €	
14	Fr 15.06.2007	4.760,98 €	
15	Mo 18.06.2007	6.078,09 €	
16	Di 19.06.2007	9.244,05 €	
17	Mi 20.06.2007	10.108,67 €	
18	Do 21.06.2007	9.306,30 €	
19	Fr 22.06.2007	6.997,14 €	
20			
21			
22		**Höchster Umsatz**	
23		05.06.2007	
24			

Hinweis

Diese Funktion ist natürlich nicht auf das Auslesen von Datumswerten beschränkt. So kann die Funktion beispielsweise auch verwendet werden, um den
höchsten Umsatz aus der Aufstellung verschiedener Verkaufsfilialen zu ermitteln.

Tipp 7: Ermittlung der letzten benutzten Zeilen- und Spaltennummern sowie der entsprechenden Zellinhalte

In diesem Beispiel erfahren Sie, wie sich die letzte benutzte Zeilen- und
Spaltennummer eines beliebigen Bereichs ermitteln lässt. Darüber hinaus
wird dargestellt, welche Möglichkeiten es gibt, um aus den letzten Zeilen
und Spalten die entsprechenden Zellinhalte auszulesen.

Die Musterdaten liegen im Zellbereich B4:F15 vor und sollen entsprechend
ausgewertet werden.

So geht's: Ermittlung der letzten benutzten Zeile

1   Die letzte benutzte Zeile im Bereich B4:F15 kann mit folgender Formel
     ermittelt werden:

     =MAX(WENN(B4:F15<>"";ZEILE(B4:F15)))

2   Geben Sie diese Formel in Zelle C20 ein und schließen Sie die Eingabe
     mit ⌈Strg⌉+⌈Umschalt⌉+⌈Enter⌉ ab, da es sich um eine Matrixfunktion handelt.

So geht's: Ermittlung der letzten benutzten Spalte

1 Analog zur Ermittlung der letzten benutzten Zeile erfassen Sie in Zelle C21 die Formel =*MAX(WENN(B4:F15>"";SPALTE(B4:F15)))*.

2 Auch diese Funktion muss als Matrixfunktion eingegeben werden. Beenden Sie deshalb die Eingabe mit der Tastenkombination [Strg]+[Umschalt]+[Enter].

So geht's: Auslesen des letzten Eintrags aus Zeile 10

1 Mit dieser Formel wird der letzte Eintrag aus Zeile 10 ausgelesen:

=*INDEX(10:10;MAX(NICHT(ISTLEER(10:10))*SPALTE(10:10)))*

2 Erfassen Sie die Formel in Zelle C22 und beenden Sie die Dateneingabe mit [Strg]+[Umschalt]+[Enter].

So geht's: Auslesen des letzten Eintrags aus Spalte D

1 Auch aus definierten Spalten lässt sich der letzte Eintrag ermitteln. Geben Sie dazu in Zelle C23 die Formel =*INDEX(D4:D15;MAX(NICHT (ISTLEER(D4:D15))*ZEILE(4:15)-3))* ein.

2 Um das gewünschte Ergebnis zu erhalten, muss auch diese Formel mit [Strg]+[Umschalt]+[Enter] zur Matrixfunktion umgewandelt werden.

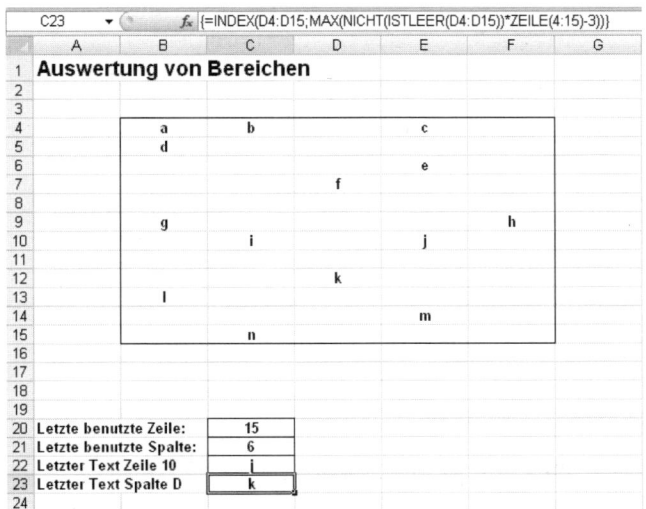

Tipp 8: Provision anhand einer Rabattstaffel ermitteln

Die Vertriebsmitarbeiter werden nach einem variablen Provisionssystem entlohnt. Abhängig vom erzielten Monatsumsatz ergibt sich ein entsprechender Provisionssatz. Im Beispiel liegt eine Tabelle vor, in der die Vertriebsmitarbeiter mit ihrem Monatsumsatz aufgelistet sind. Darüber hinaus befindet sich auf dem Arbeitsblatt eine Übersicht zu den jeweiligen Provisionsschlüsseln. Aus dieser Tabelle soll abhängig vom Monatsumsatz der entsprechende Provisionssatz ausgelesen werden.

So geht's:

Nachfolgend sehen Sie den Aufbau der Provisionstabelle.

	A	B	C	D
1	**Provisionsabrechnung 7/2007**			
2				
3	Mitarbeiter	Monatsumsatz	Provisionssatz	
4	Becker	19.721,44 €		
5	Kurt	42.881,90 €		
6	Ricksen	25.910,03 €		
7	Kleinlein	39.759,34 €		
8	Schneider	51.884,15 €		
9	Braun	12.863,93 €		
10	Maier	20.010,33 €		
11	Bergfried	29.973,41 €		
12	Seebarth	24.317,14 €		
13				
14				
15				
16	**Parameter zur Provisionsermittlung**			
17	Umsatzziel	Provisionssatz		
18	10.000,00 €	20%		
19	15.000,00 €	40%		
20	17.500,00 €	60%		
21	20.000,00 €	80%		
22	25.000,00 €	100%		
23	30.000,00 €	120%		
24	40.000,00 €	140%		
25	50.000,00 €	150%		
26				

1 Markieren Sie im ersten Schritt den Bereich C4:C12. In diesen Bereich sollen die Provisionssätze eingetragen werden.

2 Tragen Sie in Zelle C4 folgende Formel ein:

=SVERWEIS(B4;$A$18:$B$25;2;WAHR)

Wichtig ist, dass das Argument *Bereich_Verweis* als *WAHR* angegeben wird. Wenn dieses Argument *WAHR* oder nicht belegt ist, wird eine ungefähre Entsprechung zurückgegeben. Wird also keine genaue Entsprechung gefunden, wird der nächstgrößere Wert zurückgegeben, der kleiner als das Suchkriterium ist.

3 Damit die Formel in den gesamten markierten Bereich eingetragen wird, müssen Sie die Eingabe mit der Tastenkombination ⟨Strg⟩+⟨Enter⟩ abschließen.

	C4	▾	⨍ₓ	=SVERWEIS(B4;$A$18:$B$25;2;1)	
	A	B		C	D
1	**Provisionsabrechnung 7/2007**				
2					
3	Mitarbeiter	Monatsumsatz		Provisionssatz	
4	Becker	19.721,44 €		60%	
5	Kurt	42.881,90 €		140%	
6	Ricksen	25.910,03 €		100%	
7	Kleinlein	39.759,34 €		120%	
8	Schneider	51.884,15 €		150%	
9	Braun	12.863,93 €		20%	
10	Maier	20.010,33 €		80%	
11	Bergfried	29.973,41 €		100%	
12	Seebarth	24.317,14 €		80%	
13					
14					
15					
16	Parameter zur Provisionsermittlung				
17	Umsatzziel	Provisionssatz			
18	10.000,00 €	20%			
19	15.000,00 €	40%			
20	17.500,00 €	60%			
21	20.000,00 €	80%			
22	25.000,00 €	100%			
23	30.000,00 €	120%			
24	40.000,00 €	140%			
25	50.000,00 €	150%			
26					

Tipp 9: Daten gezielt über Koordinaten aus einer Kreuztabelle auslesen

In diesem Beispiel liegen verschiedene Messdaten für eine Produktionsanlage in Tabellenform vor. Die Tabellen besitzen Koordinaten, wobei die x-Achse mit den Koordinaten A bis G und die y-Achse mit S bis Z bezeichnet ist. Die gewünschten Koordinaten sollen nun in Suchfelder eingegeben werden, und die Messzahl, die sich im Schnittpunkt der beiden Koordinaten befindet, soll ausgegeben und zusätzlich in der Matrix umrahmt werden.

So geht's:

Die Matrix mit den Messwerten ist wie abgebildet aufgebaut:

In Zelle E15 ist die Koordinatenbezeichnung für die y-Achse einzugeben, in Zelle E16 die Bezeichnung für die x-Achse.

	A	B	C	D	E	F	G	H	I
1	**Messwerte - Produktionsanlage A32**								
2									
3									
4		A	B	C	D	E	F	G	
5	S	462,802	910,912	307,914	311,643	500,501	380,402	686,470	
6	T	99,681	593,145	736,796	38,209	462,364	583,884	172,173	
7	U	234,552	856,750	292,208	921,340	179,405	555,844	61,942	
8	V	447,043	919,845	404,575	914,051	579,348	897,320	389,972	
9	W	980,001	480,172	31,529	386,593	909,703	354,063	80,479	
10	X	550,337	97,101	417,550	259,673	917,866	994,120	95,912	
11	Y	597,381	32,453	915,349	881,868	703,570	180,922	765,628	
12	Z	80,471	151,682	682,473	0,882	316,491	302,310	767,579	
13									
14									
15		Y-Achse (Zeilen):							
16		X-Achse (Spalten):							
17									

1 Nachdem die Koordinaten in die Zellen E15 bis E16 eingetragen wurden, kann die Formel zum Auslesen des entsprechenden Messwerts eingetragen werden. Erfassen Sie dazu in Zelle D18 folgende Formel:

=INDEX(A4:H12;VERGLEICH(E15;A4:A12;0);VERGLEICH(E16;A4:H4;0))

Damit wird der Wert ausgelesen, der den angegebenen Koordinaten entspricht.

2 Zur Kennzeichnung des ermittelten Ergebnisses mit einer Umrahmung in der Matrix wird die bedingte Formatierung verwendet. Markieren Sie dazu im ersten Schritt den Zellbereich B5:H12.

3 Starten Sie über das Menü *Start/Formatvorlagen/Bedingte Formatierung/Neue Regel* das Dialogfenster *Neue Formatierungsregel*. Wählen Sie den Regeltyp *Nur Zellen formatieren, die enthalten* aus (Excel 2003: Menü *Format/Bedingte Formatierung*).

4 Legen Sie folgende Einträge fest: *Zellwert – gleich – $D$18*.

5 Über die Schaltfläche *Formatieren* gelangen Sie zum Dialogfenster *Zellen formatieren*.

6 Wechseln Sie zur Registerkarte *Rahmen* und legen Sie die Zellumrandung *Außen* fest.

7 Nachdem Sie beide Dialogfenster jeweils mit einem Klick auf die Schaltfläche *OK* beendet haben, wird die in Zelle D18 ermittelte Zahl auch in der Koordinatenmatrix mit einem Rahmen hervorgehoben.

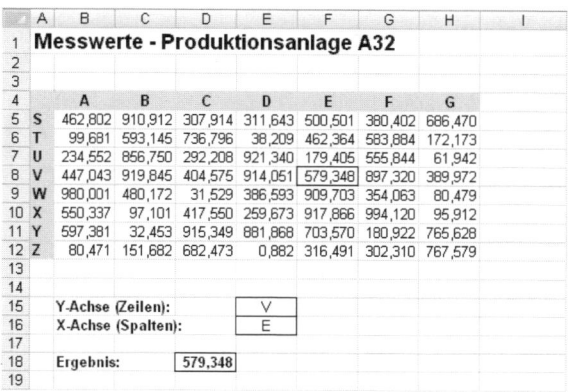

Bei jeder Änderung der Zellkoordinaten wird nun das entsprechende Messergebnis ausgelesen und in Zelle D18 dargestellt. Gleichzeitig wird der Wert in der Matrix hervorgehoben.

→ Verweis: siehe Kapitel 4.8, Tipp 9

Tipp 10: Flexibel Bezug auf Koordinaten in einem anderen Arbeitsblatt nehmen

Sie können über eine einzige Funktion einen hochvariablen Bezug auf Koordinaten eines anderen Arbeitsblatts nehmen. Das heißt, Sie können sich ganz gezielt Daten dynamisch aus anderen Tabellen anzeigen lassen, egal wo diese Daten dort in einer Zelle stehen. An einem einfachen Beispiel lässt sich dieser dynamische Bezug am besten darstellen.

So geht's:

1 Öffnen Sie eine neue Arbeitsmappe und belegen Sie den Zellbereich A1:C3 von *Tabelle2* und *Tabelle3* mit Werten.

2 Hinterlegen Sie nun über eine Gültigkeitsliste in Zelle A2 der *Tabelle1* die Einträge *Tabelle2* und *Tabelle3*. Aus diesen beiden Tabellen soll der Wert angezeigt werden.

3 Erfassen Sie dann, ebenfalls in einer Gültigkeitsliste, in Zelle B2 von *Tabelle1* die Einträge *A;B;C*, um die Spalte variabel auswählen zu können, aus der der Wert kommen muss.

4 Gehen Sie analog in Zelle C2 für die Zeilenauswahl vor. Erfassen Sie also auch hier eine Gültigkeitsliste, nun jedoch mit den Einträgen *1;2;3*.

5 Tragen Sie dann in Zelle D2 die Formel *=INDIREKT(A2&"!"&B2&C2)* ein.

6 Wenn Sie nun über die Zellen A2, B2 und C3 die gewünschten Einträge ausgewählt haben, werden Ihnen in Zelle D2 die gewünschten Werte aus der jeweiligen Tabelle angezeigt.

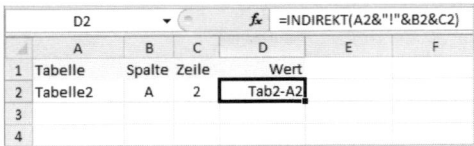

Funktionsübersicht

Funktion	Erläuterung
ABRUNDEN(Zahl;Anzahl_Stellen)	Rundet die Zahl auf *Anzahl_Stellen* ab.
ADRESSE(Zeile;Spalte;Abs; A1;Tabellenname)	Liefert einen Bezug auf eine Zelle als Text.
ANZAHL2(Wert1;Wert2;...)	Berechnet, wie viele Werte eine Liste von Argumenten enthält. Verwenden Sie *ANZAHL2*, wenn Sie wissen möchten, wie viele zu einem Bereich oder einer Matrix gehörende Zellen Daten enthalten.
ANZAHLLEEREZELLEN(Bereich)	Zählt die leeren Zellen in einem Zellbereich.
ARBEITSTAG(Ausgangsdatum;Tage;Freie_Tage)	Gibt die Datumsangabe als fortlaufenden Tag im Jahr vor oder nach einer bestimmten Anzahl von Arbeitstagen zurück. Nicht zu den Arbeitstagen gezählt werden Wochenenden sowie die Tage, die als Ferien (*Freie_Tage*) angegeben sind. *ARBEITSTAG* ermöglicht es Ihnen, Wochenenden oder Ferien auszuschließen.
AUFRUNDEN(Zahl;Anzahl_Stellen)	Rundet die Zahl auf *Anzahl_Stellen* auf.
BEREICH.VERSCHIEBEN(Bezug;Zeilen;Spalten;Höhe; Breite)	Gibt einen Bezug zurück, der gegenüber dem angegebenen Bezug versetzt ist. Der zurückgegebene Bezug kann eine einzelne Zelle oder ein Zellbereich sein. Sie können die Anzahl der zurückzugebenden Zeilen und Spalten festlegen.
BW(Zins;Anzahl_Zahlungszeiträume;Regelmäßige_Zahlung;Endwert;Fälligkeit)	*BW ()* gibt den Barwert einer Investition zurück.
DATEDIF(Ausgangsdatum; Enddatum;Einheit)	Ermittelt die Differenz zwischen zwei Datumswerten. *DATEDIF* steht aus Kompatibilitätsgründen zu Lotus 1-2-3 zur Verfügung.

Funktion	Erläuterung
DATUM(Jahr;Monat;Tag)	Gibt die fortlaufende Zahl zurück, die ein bestimmtes Datum darstellt. Wenn für das Zellformat vor der Eingabe der Funktion die Option *Allgemein* eingestellt war, wird das Ergebnis als Datum formatiert.
DATWERT(Datumstext)	Wandelt ein als Text vorliegendes Datum in eine fortlaufende Zahl um. Verwenden Sie *DATWERT*, wenn Sie ein in Textform vorliegendes Datum in eine fortlaufende Zahl umwandeln möchten
DBANZAHL(Datenbank,Feld, Kriterien)	Zählt die Anzahl von Zellen in einer Spalte einer Liste oder Datenbank, die den angegebenen Bedingungen entsprechen.
DBANZAHL2(Datenbank, Feld,Kriterien)	Zählt die Anzahl von Zellen in einer Spalte einer Liste oder Datenbank, die den angegebenen Bedingungen entsprechen.
DBAUSZUG(Datenbank,Feld, Kriterien)	Extrahiert einen einzelnen Wert in einer Spalte einer Liste oder Datenbank, der den angegebenen Bedingungen entspricht.
DBMAX(Datenbank,Feld, Kriterien)	Liefert die größte Anzahl in einer Spalte einer Liste oder Datenbank, die den angegebenen Bedingungen entspricht.
DBMIN(Datenbank,Feld, Kriterien)	Liefert die kleinste Anzahl in einer Spalte einer Liste oder Datenbank, die den angegebenen Bedingungen entspricht.
DBMITTELWERT(Datenbank, Feld,Kriterien)	Liefert den Mittelwert aus den Werten einer Listen- oder Datenbankspalte, die den von Ihnen angegebenen Bedingungen entsprechen.
DBPRODUKT(Datenbank, Feld,Kriterien)	Multipliziert die Werte in einer Spalte einer Liste oder Datenbank, die den angegebenen Bedingungen entsprechen.
DBSTABW(Datenbank,Feld, Kriterien)	Schätzt die Standardabweichung einer Grundgesamtheit, ausgehend von den Zahlen in einer Spalte einer Liste oder Datenbank, die den angegebenen Bedingungen entsprechen.
DBSTABWN(Datenbank,Feld, Kriterien)	Berechnet die Standardabweichung einer vollständigen Grundgesamtheit, ausgehend von den Zahlen in einer Spalte einer Liste oder Datenbank, die den angegebenen Bedingungen entsprechen.
DBSUMME(Datenbank,Feld, Kriterien)	Fügt die Zahlen in einer Spalte aus einer Liste oder Datenbank hinzu, die den angegebenen Bedingungen entsprechen.
DBVARIANZ(Datenbank,Feld, Kriterien)	Schätzt die Varianz einer Grundgesamtheit, ausgehend von einer Stichprobe mit den Zahlen in einer Spalte einer Liste oder Datenbank, die den angegebenen Bedingungen entsprechen.
DBVARIANZEN(Datenbank, Feld,Kriterien)	Berechnet die Varianz einer vollständigen Grundgesamtheit, ausgehend von den Zahlen in einer Spalte einer Liste oder Datenbank, die den angegebenen Bedingungen entsprechen.

Funktion	Erläuterung
EDATUM(Ausgangsdatum; Monate)	Gibt die fortlaufende Zahl des Datums zurück, das eine bestimmte Anzahl von Monaten vor bzw. nach dem angegebenen Datum (Ausgangsdatum) liegt. Mit *EDATUM* können Sie Rückzahlungs- oder Fälligkeitstermine berechnen, die auf denselben Tag eines Monats fallen wie der jeweilige Emissionstermin.
ERSETZEN(Alter_Text; Erstes_Zeichen;Anzahl_Zeichen;Neuer_Text)	*ERSETZEN* ersetzt auf der Grundlage der von Ihnen angegebenen Anzahl von Zeichen einen Teil einer Zeichenfolge durch eine andere Zeichenfolge.
FINDEN(Suchtext;Text; Erstes_Zeichen)	Mithilfe von *FINDEN* können Sie eine Textzeichenfolge innerhalb einer zweiten Textzeichenfolge suchen und die Anfangsposition der ersten Textzeichenfolge, vom ersten Zeichen der zweiten Textzeichenfolge aus gezählt, zurückgeben.
GANZZAHL(Zahl)	Rundet eine Zahl auf die nächstkleinere ganze Zahl ab.
GLÄTTEN(Text)	Löscht Leerzeichen in einem Text, die nicht als jeweils einzelne zwischen Wörtern stehende Trennzeichen dienen.
GROSS(Text)	Wandelt Text in Großbuchstaben um.
GROSS2(Text)	Wandelt den ersten Buchstaben aller Wörter einer Zeichenfolge in Großbuchstaben um. Wandelt alle anderen Buchstaben in Kleinbuchstaben um.
HEUTE()	Gibt die fortlaufende Zahl des heutigen Datums zurück.
IDENTISCH(Text1;Text2)	Prüft, ob zwei Zeichenfolgen identisch sind. In diesem Fall wird *WAHR* zurückgegeben. Andernfalls gibt die Funktion den Wert *FALSCH* zurück. *IDENTISCH* beachtet die Groß- und Kleinschreibung, ignoriert aber Formatierungsunterschiede.
INDEX(Matrix;Zeile;Spalte) INDEX(Bezug;Zeile;Spalte; Bereich)	Gibt einen Wert oder den Bezug zu einem Wert aus einer Tabelle oder einem Bereich zurück. Die Funktion *INDEX()* gibt es in zwei Versionen: der Matrixversion und der Bezugsversion. Die Matrixversion gibt immer einen Wert oder eine Matrix aus Werten zurück; die Bezugsversion gibt immer einen Bezug zurück.
INDIREKT(Bezug;A1)	Gibt den Bezug eines Textwerts zurück. Bezüge werden sofort ausgewertet, sodass die zu ihnen gehörenden Werte angezeigt werden. Verwenden Sie die *INDIREKT*-Funktion, um den Bezug auf eine in einer Formel befindliche Zelle zu ändern, ohne die Formel selbst zu ändern
INFO(Typ)	Gibt Informationen zur aktuellen Betriebssystemumgebung zurück.
ISTBEZUG(Wert)	*Wert* bezieht sich auf einen Bezug.

Funktion	Erläuterung
ISTFEHLER(Wert)	*Wert* bezieht sich auf einen beliebigen Fehlerwert *(#NV, #WERT!, #BEZUG!, #DIV/0!, #ZAHL!, #NAME?* oder *#NULL!)*.
ISTLEER(Wert)	Prüft, ob eine Zelle leer ist, und gibt entsprechend *WAHR* zurück.
NICHT(Wahrheitswert)	Kehrt den Wert eines Arguments um. *NICHT* können Sie immer dann verwenden, wenn Sie sicherstellen möchten, dass ein Wert nicht mit einem bestimmten Wert übereinstimmt.
ISTNV(Wert)	*Wert* bezieht sich auf den Fehlerwert *#NV* (Wert nicht verfügbar).
ISTTEXT(Wert)	Prüft, ob sich in einer Zelle Text befindet, und gibt entsprechend *WAHR* zurück.
ISTZAHL(Wert)	Prüft, ob sich in einer Zelle eine Zahl befindet, und gibt entsprechend *WAHR* zurück.
JAHR(Zahl)	Wandelt eine fortlaufende Zahl in eine Jahreszahl um. Das Jahr wird als ganze Zahl zurückgegeben, die einen Wert von 1900 bis 9999 annehmen kann.
JETZT( )	Liefert die fortlaufende Zahl des aktuellen Datums und der aktuellen Uhrzeit. Wenn für das Zellformat vor der Eingabe der Funktion die Option *Allgemein* festgelegt war, wird das Ergebnis als Datum formatiert.
KALENDERWOCHE(Datum; Rückgabe)	Bei der Funktion *KALENDERWOCHE* wird die Woche mit dem 1. Januar als erste Woche des Jahrs angesehen. Nach einer europäischen Norm gilt jedoch die erste Woche als die Woche mit den meisten Tagen im neuen Jahr (mindestens vier). Deshalb gibt die Funktion *KALENDERWOCHE* in Jahren, in denen die erste Januarwoche drei Tage oder weniger enthält, Ergebnisse zurück, die nach der europäischen Norm falsch sind.
KAPZ(Zins;Zahlungszeitraum;Anzahl_Zahlungszeiträume;Barwert;Endwert;Fälligkeit)	*KAPZ()* gibt die Kapitalrückzahlung einer Investition für eine angegebene Periode zurück. Es werden konstante periodische Zahlungen und ein konstanter Zinssatz vorausgesetzt.
KGRÖSSTE(Matrix;k)	Gibt den *k*-größten Wert einer Datengruppe zurück. Mit dieser Funktion können Sie eine Zahl auf Basis ihrer relativen Größe ermitteln. Beispielsweise können Sie mit *KGRÖSSTE* den Punktestand des Erst-, Zweit- oder Drittplatzierten ermitteln.
KKLEINSTE(Matrix;k)	Gibt den *k*-kleinsten Wert einer Datengruppe zurück. Mit dieser Funktion können Sie Werte ermitteln, die innerhalb einer Datenmenge eine bestimmte relative Größe haben.
KLEIN(Text)	Wandelt einen Text in Kleinbuchstaben um.

Funktion	Erläuterung
KUMKAPITAL(Zins;Anzahl_Zahlungszeiträume;Barwert;Zeitraum_Anfang; Zeitraum_Ende;Fälligkeit)	Berechnet die aufgelaufene Tilgung eines Darlehens, die zwischen zwei Perioden zu zahlen ist.
KUMZINSZ(Zins;Anzahl_Zahlungszeiträume;Barwert;Zeitraum_Anfang; Zeitraum_Ende;Fälligkeit)	Berechnet die kumulierten Zinsen, die zwischen zwei Perioden zu zahlen sind.
KÜRZEN(Zahl;Anzahl_Stellen)	Schneidet die Kommastellen der Zahl ab und gibt als Ergebnis eine ganze Zahl zurück.
LÄNGE(Text)	Gibt die Anzahl der Zeichen einer Zeichenfolge zurück.
LINKS(Text;Anzahl_Zeichen)	Gibt auf der Grundlage der Anzahl von Zeichen, die Sie angeben, das oder die erste(n) Zeichen in einer Textzeichenfolge zurück.
MAX(Zahl1;Zahl2;...)	Gibt den größten Wert innerhalb einer Argumentliste zurück.
MIN(Zahl1;Zahl2;...)	Gibt den kleinsten Wert innerhalb einer Argumentliste zurück.
MINUTE(Zahl)	Wandelt eine fortlaufende Zahl in eine Minute um. Die Minute wird als ganze Zahl ausgegeben, die einen Wert von 0 bis 59 annehmen kann.
MITTELWERT(Zahl1;Zahl2;...)	Gibt den Mittelwert der angegebenen Argumente zurück.
MODALWERT(Zahl1;Zahl2;...)	Gibt den häufigsten Wert einer Matrix oder eines Datenbereichs zurück.
MONAT(Zahl)	Wandelt eine fortlaufende Zahl in einen Monat um. Der Monat wird als ganze Zahl ausgegeben, die einen Wert von 1 (Januar) bis 12 (Dezember) annehmen kann.
MONATSENDE(Ausgangsdatum;Monate)	Gibt die fortlaufende Zahl des letzten Tags des Monats zurück, der eine bestimmte Anzahl von Monaten vor bzw. nach dem Ausgangsdatum liegt. Mit *MONATSENDE* können Sie Rückzahlungs- oder Fälligkeitstermine berechnen, die auf den letzten Tag eines Monats fallen.
NETTOARBEITSTAGE(Ausgangsdatum;Enddatum; Freie_Tage)	Gibt die Anzahl der Arbeitstage in einem Zeitintervall zurück. Nicht zu den Arbeitstagen gezählt werden Wochenenden sowie die Tage, die als Ferien (Feiertage) angegeben sind.
OBERGRENZE(Zahl;Schritt)	Rundet eine Zahl betragsmäßig auf das kleinste Vielfache von *Schritt* auf.
RANG(Zahl;Bezug;Reihenfolge)	Gibt den Rang zurück, den eine Zahl innerhalb einer Liste von Zahlen einnimmt. Als Rang einer Zahl wird deren Größe, bezogen auf die anderen Werte der jeweiligen Liste, bezeichnet.

Funktion	Erläuterung
RECHTS(Text;Anzahl_Zeichen)	Gibt das letzte oder die letzten Zeichen einer Textzeichenfolge auf der Grundlage der von Ihnen angegebenen Anzahl von Zeichen zurück.
REST(Zahl;Divisor)	Gibt den Rest einer Division zurück. Das Ergebnis hat dasselbe Vorzeichen wie der Divisor.
RMZ(Zinssatz;Anzahl_der_Raten;Kreditbetrag;Restwert;Fälligkeit)	Gibt die konstante Zahlung einer Annuität pro Periode zurück, wobei konstante Zahlungen und ein konstanter Zinssatz vorausgesetzt werden.
RUNDEN(Zahl;Anzahl_Stellen)	Rundet eine Zahl auf eine bestimmte Anzahl von Dezimalstellen.
SEKUNDE(Zahl)	Wandelt eine fortlaufende Zahl in eine Sekunde um. Die Sekunde wird als ganze Zahl ausgegeben, die einen Wert von 0 (null) bis 59 annehmen kann.
SPALTE(Bezug)	Gibt die Spaltennummer eines Bezugs zurück.
STEIGUNG(Y_Werte; X_Werte)	Gibt die Steigung der Regressionsgeraden zurück, die an die in *Y_Werte* und *X_Werte* abgelegten Datenpunkte angepasst ist. Die Steigung entspricht dem Quotienten aus dem jeweiligen vertikalen und dem horizontalen Abstand zweier beliebiger Punkte der Geraden und ist ein Maß für die Änderung entlang der Regressionsgeraden.
STUNDE(Zahl)	Gibt die Stunde einer Zeitangabe zurück. Die Stunde wird als ganze Zahl ausgegeben, die einen Wert von 0 (0 Uhr) bis 23 (23 Uhr) annehmen kann.
SUCHEN(Suchtext;Text; Erstes_Zeichen)	*SUCHEN* gibt, beginnend mit *Erstes_Zeichen*, die Nummer des Zeichens zurück, an der das zu suchende Zeichen oder die zu suchende Textzeichenfolge erstmals gefunden wurde.
SUMME(Zahl1;Zahl2;...)	Summiert die Argumente.
SUMMENPRODUKT(Matrix1; Matrix2;Matrix3;...)	Multipliziert die einander entsprechenden Komponenten der angegebenen Matrizen miteinander und gibt die Summe dieser Produkte zurück.
SUMMEWENN(Bereich; Kriterien;Summe_Bereich)	Addiert Zahlen, die mit den Suchkriterien übereinstimmen.
SUMMEWENNS(Summe_Bereich;Kriterium_Bereich1; Kriterium1;Kriterium_Bereich2;Kriterium2;...)	Fügt die Zellen einem Bereich hinzu, die mehrere Kriterien erfüllen. Neu in Excel 2007.
SVERWEIS(Suchkriterium; Matrix;Spaltenindex; Bereich_Verweis)	Sucht in der ersten Spalte einer Tabellenmatrix nach einem Wert und gibt in der gleichen Zeile einen Wert aus einer anderen Spalte in der Tabellenmatrix zurück.

Funktion	Erläuterung
TAG(Zahl)	Gibt den Tag eines Datums als fortlaufende Zahl zurück. Der Tag wird als ganze Zahl im Bereich von 1 bis 31 ausgegeben.
TAGE360(Ausgangsdatum; Enddatum;Methode)	Berechnet, ausgehend von einem Jahr, das 360 Tage umfasst, die Anzahl der zwischen zwei Tagesdaten liegenden Tage. Sie können diese Funktion als Hilfe für die Berechnung von Zahlungen verwenden, wenn Ihr Buchführungssystem auf 12 Monaten mit je 30 Tagen basiert.
TEIL(Text;Erstes_Zeichen; Anzahl_Zeichen)	*TEIL* liefert auf der Grundlage der angegebenen Anzahl von Zeichen eine bestimmte Anzahl von Zeichen einer Zeichenfolge ab der von Ihnen angegebenen Position.
TEILERGEBNIS(Funktion; Bezug1;Bezug2;...)	Gibt ein Teilergebnis für eine Liste oder Datenbank zurück.
TEXT(Wert;Textformat)	Formatiert eine Zahl und wandelt sie in Text um.
TYP(Wert)	Gibt eine Zahl zurück, die den Datentyp des angegebenen Werts anzeigt. Die Funktion *TYP* können Sie immer dann verwenden, wenn das weitere Verhalten einer Funktion vom Typ des in einer bestimmten Zelle enthaltenen Werts abhängt.
UMWANDELN(Zahl;Von_ Maßeinheit;In_Maßeinheit)	Wandelt eine Zahl von einem Maßsystem in ein anderes um. Beispielsweise kann *UMWANDELN* eine Tabelle mit Entfernungen in Meilen in eine Tabelle mit Entfernungen in Kilometern umwandeln.
UND(Wahrheitswert1; Wahrheitswert2;...)	Gibt *WAHR* zurück, wenn alle Argumente *WAHR* sind. Sind die Aussagen eines oder mehrerer Argumente *FALSCH*, gibt diese Funktion den Wert *FALSCH* zurück.
UNTERGRENZE(Zahl;Schritt)	Rundet eine Zahl betragsmäßig auf das kleinste Vielfache von *Schritt* ab.
VDB(Ansch_Wert;Restwert; Nutzungsdauer;Anfang; Fertigstellen;Faktor;Nicht_ wechseln)	Gibt die degressive Doppelratenabschreibung eines Wirtschaftsguts für eine bestimmte Periode oder Teilperiode zurück.
VERGLEICH(Suchkriterium; Suchmatrix;Vergleichstyp)	Sucht Werte innerhalb eines Bezugs oder einer Matrix. Verwenden Sie *VERGLEICH* statt eine der *VERWEIS*-Funktionen immer dann, wenn Sie die Position eines Elements in einem Bereich und nicht das Element selbst benötigen.
VERKETTEN (Text1;Text2;...)	Verknüpft zwei oder mehr Textzeichenfolgen zu einer Textzeichenfolge.

Funktion	Erläuterung
WAHL(Index;Wert1;Wert2; ...)	Verwendet *Index*, um einen Wert aus der Liste der Werteargumente zurückzugeben. Verwenden Sie *WAHL*, um bis zu 254 Werte auf der Grundlage der Indexnummer auszuwählen. Wenn beispielsweise *Wert1* bis *Wert7* Tage der Woche sind, gibt *WAHL* einen der Tage zurück, wenn eine Zahl zwischen 1 und 7 als Index verwendet wird.
WECHSELN(Text;Alter_Text; Neuer_Text;Ntes_Auftreten)	Ersetzt alten Text durch neuen Text in einer Zeichenfolge. *WECHSELN* können Sie immer dann verwenden, wenn Sie innerhalb eines Texts eine bestimmte Zeichenfolge austauschen möchten. *ERSETZEN* sollten Sie dann verwenden, wenn Sie innerhalb eines Texts eine an einer bestimmten Position beginnende Zeichenfolge ersetzen möchten.
WENN(Prüfung;Dann_Wert; Sonst_Wert)	Prüft, ob eine Bedingung zutrifft, also *WAHR* oder *FALSCH* ist, und macht das Ergebnis vom Resultat der Prüfung abhängig.
WERT(Text)	Wandelt ein als Text angegebenes Argument in eine Zahl um.
WIEDERHOLEN(Text; Multiplikator)	Wiederholt einen Text so oft wie angegeben. Verwenden Sie *WIEDERHOLEN*, um eine Zeichenfolge in einer bestimmten Häufigkeit in eine Zelle einzugeben.
WOCHENTAG(Zahl,Typ)	Wandelt eine fortlaufende Zahl in einen Wochentag um. Der Tag wird standardmäßig als ganze Zahl ausgegeben, die einen Wert von 1 (Sonntag) bis 7 (Samstag) annehmen kann.
WVERWEIS(Suchkriterium; Matrix;Zeilenindex;Bereich_Verweis)	Sucht in der obersten Zeile einer Tabelle oder eines Arrays nach Werten und gibt dann in der gleichen Spalte einen Wert aus einer Zeile zurück, die Sie in der Tabelle oder im Array angeben.
ZÄHLENWENN(Bereich; Kriterien)	Zählt die nicht leeren Zellen eines Bereichs, deren Inhalte mit den Suchkriterien übereinstimmen.
ZÄHLENWENNS(Bereich1; Kriterien1;Bereich2; Kriterien2;...)	Zählt die Anzahl der Zellen eines Bereichs, die mehreren Kriterien entsprechen. Neu in Excel 2007.
ZEICHEN(Zahl)	Gibt das der Codezahl entsprechende Zeichen zurück.
ZEILE(Bezug)	Liefert die Zeilennummer eines Bezugs.
ZEIT(Stunde;Minute; Sekunde)	Gibt die Dezimalzahl einer bestimmten Uhrzeit zurück.
ZELLE(Infotyp; Bezug)	Gibt Informationen zur Formatierung, der Position oder dem Inhalt der Zelle links oben in einem Bezug zurück.

Funktion	Erläuterung
ZINS(Anzahl_Zahlungszeiträume;Regelmäßige_Zahlung;Barwert;Endwert;Fälligkeit;Schätzwert)	*ZINS()* gibt den Zinssatz einer Annuität pro Periode zurück. *ZINS()* verwendet zur Berechnung eines Zinssatzes ein Iterationsverfahren. Es ist möglich, dass es keine Lösungen gibt. Wenn die Differenzen aufeinanderfolgender Ergebnisse nach 20 Iterationsschritten nicht gegen 0,0000001 geht, gibt *ZINS()* den Fehlerwert *#ZAHL!* zurück.
ZINSZ(Zins;Zahlungszeitraum;Anzahl_Zahlungszeiträume;Barwert;Endwert;Fälligkeit)	*ZINSZ()* gibt die Zinszahlung einer Investition für die angegebene Periode ausgehend von regelmäßigen, konstanten Zahlungen und einem konstanten Zinssatz zurück.
ZUFALLSZAHL( )	Gibt eine gleichmäßig verteilte reelle Zufallszahl größer oder gleich 0 und kleiner als 1 zurück. Bei jeder Neuberechnung des jeweiligen Arbeitsblatts wird eine neue Zufallszahl berechnet.
ZW(Zins;Anzahl_Zahlungszeiträume;Regelmäßige_Zahlung;Barwert;Fälligkeit)	*ZW()* gibt den zukünftigen Endwert einer Kapitalanlage oder Investition zurück. Die Berechnung basiert auf regelmäßigen, konstanten Zahlungen und einem konstanten Zinssatz.
ZW2(Kapital;Zinsen)	Gibt den aufgezinsten Wert des Anfangskapitals für eine Reihe periodisch unterschiedlicher Zinssätze zurück. Mit *ZW2()* können Sie den Endwert einer Investition oder Kapitalanlage berechnen, für die ein variabler oder wechselnder Zinssatz vereinbart wurde.
ZZR(Zins;Regelmäßige_Zahlung;Barwert;Endwert;Fälligkeit)	*ZZR()* gibt die Anzahl der Zahlungsperioden einer Investition zurück, die auf periodischen, gleichbleibenden Zahlungen sowie einem konstanten Zinssatz basieren.

5

Daten bearbeiten, auswerten und analysieren für die tägliche Praxis

In klar umrissenen und struktu-
rierten Beispielen informiert Sie
dieses Kapitel über den Umgang
mit großen Datenmengen. Sie erfahren, welche Werkzeuge, Assistenten und Features Excel zur
professionellen Datenauswertung und Datenanalyse bereitstellt. Die Beispiele sind so aufgebaut, dass sie leicht an Ihre persönlichen Bedürfnisse
angepasst werden können.

5.1 Daten suchen, sortieren und filtern

In diesem Abschnitt erfahren Sie anhand von praxisorientierten Beispielen
und Aufgabenstellungen, welche Möglichkeiten und Features Excel zu den
Themen Suchen und Finden sowie zum Sortieren und Filtern bietet. Denn
nur in geordneten Datenbeständen kann Excel seine volle Leistungsfähigkeit entfalten. Die Weisheit „Wer Ordnung hält, ist zu faul zum Suchen"
triff im Umgang mit Excel nicht zu.

Tipp 1: Analyse und Verwaltung einer Gruppe: der einfache Umgang mit Tabellen ab Excel 2007

Wenn Sie das Verwalten und Analysieren einer Gruppe verwandter Daten
einfacher gestalten möchten, können Sie einen Zellbereich in eine Microsoft Excel-Tabelle umwandeln. Bis Excel 2003 wurde das als Excel-Liste bezeichnet. Die Funktionalität ist ab Excel 2007 dabei deutlich erweitert worden. Nachfolgend erhalten Sie einen Überblick über den Funktionsumfang
von Excel 2007- bzw. 2010-Tabellen.

So geht's:

Zur Erstellung einer Tabelle gehen Sie wie folgt vor:

1 Setzen Sie den Zellzeiger auf eine beliebige Datenzelle innerhalb des
Datenbestands.

2 Starten Sie über das Menü *Einfügen/Tabellen/Tabelle* den Befehl zur
Erstellung von Tabellen (Excel 2003: Menü *Daten/Liste/Liste erstellen*).

3 Der Tabellenbereich wird automatisch erkannt, und der Bezug wird automatisch im Dialogfenster *Tabelle erstellen* eingetragen. Im Beispiel sollte der Zellbereich A4:D20 eingetragen werden. Achten Sie auch darauf, dass das Kontrollkästchen *Tabelle hat Überschriften* aktiviert ist.

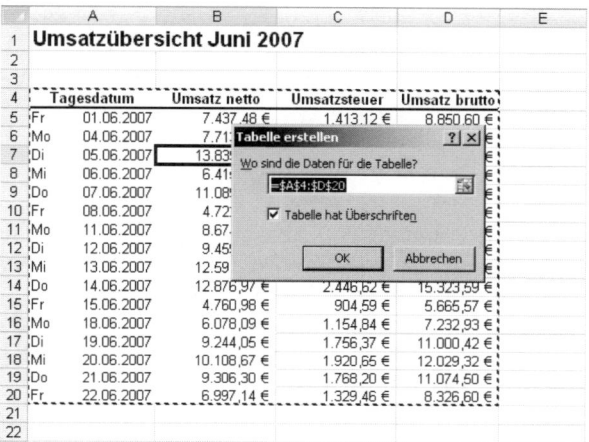

4 Nachdem Sie das Dialogfenster mit einem Klick auf die Schaltfläche *OK* beendet haben, wird die Excel-Tabelle erzeugt.

Sie erkennen die Tabelle an der Zuweisung einer Tabellenformatvorlage und der Anzeige der Filtersymbole neben den Überschriften.

Darüber hinaus wird die kontextbezogene Registerkarte *Tabellentools* eingeblendet.

In dieser Registerkarte finden Sie alle Befehle zur Bearbeitung von Excel-Tabellen.

In Excel 2003 wird zur Bearbeitung von Excel-Listen die Symbolleiste mit der Bezeichnung *Liste* eingeblendet, die die entsprechenden Befehle zur Verfügung stellt.

Zum Verwalten von Datentabellen stellt Excel folgende Features zur Verfügung:

Features	Beschreibung
Sortieren und Filtern	Tabellen können in auf- oder absteigender Reihenfolge oder nach Farben sortiert werden. Sie können auch eine benutzerdefinierte Sortierreihenfolge erstellen. Tabellen können so gefiltert werden, dass nur Daten angezeigt werden, die die angegebenen Kriterien erfüllen, oder Sie können eine Sortierung nach Farben vornehmen. Die Sortierfunktion nach Farben steht ab Excel 2007 zur Verfügung.
Formatieren	Datentabellen lassen sich schnell formatieren, indem Sie ein vordefiniertes oder benutzerdefiniertes Tabellenformat anwenden. Darüber hinaus können Sie Schnellformatvorlagen auswählen, um eine Tabelle mit oder ohne Kopf- und Ergebniszeile anzuzeigen.
Einfügen und Löschen von Zeilen und Spalten	Einer Tabelle können Zeilen und Spalten auf verschiedene Weisen hinzugefügt werden. Wie gewohnt, können Spalten und Zeilen aus der Tabelle auch wieder gelöscht werden.
Berechnete Spalte	Wenn Sie eine einzelne Formel verwenden möchten, die an jede Zeile in einer Tabelle angepasst wird, können Sie eine berechnete Spalte erstellen. Eine berechnete Spalte wird automatisch erweitert, um zusätzliche Zeilen aufzunehmen, sodass die Formel sofort auf diese Zeilen ausgeweitet wird.
Anzeigen und Berechnen von Gesamtergebnissen	Sie können die Daten in einer Tabelle schnell zusammenfassen, indem Sie am Ende der Tabelle eine Ergebniszeile anzeigen lassen und entsprechend die Funktionen verwenden, die in den Dropdown-Listen für die einzelnen Zellen bereitgestellt werden.
Datenintegrität	Bei Tabellen, die nicht mit SharePoint-Listen verknüpft sind, können Sie die integrierten Features zur Gültigkeitsprüfung in Excel verwenden. So können Sie beispielsweise auswählen, dass ausschließlich Zahlen oder Texte in einer Spalte einer Tabelle zugelassen sind.
Exportieren in eine SharePoint-Liste	Sie können eine Tabelle in eine SharePoint-Liste exportieren, damit andere Personen die Tabellendaten anzeigen, bearbeiten und aktualisieren können.

Ergebniszeile einfügen

Über das Menü *Tabellentools/Entwurf/Optionen für Tabellenformat/Ergebniszeile* können Sie am Ende der Tabelle eine Ergebniszeile einfügen, indem Sie das Kontrollkästchen *Ergebniszeile* aktivieren (Excel 2003: Symbolleiste *Liste/Ergebniszeile umschalten*).

Die Ergebniszeile verwendet die Funktion *TEILERGEBNIS()*. Sobald die Ergebniszeile eingefügt ist, stehen über das Drop-down-Menü innerhalb der Ergebniszeile verschiedene Berechnungsfunktionen wie beispielsweise *Summe, Mittelwert, Anzahl, Minimum, Maximum* etc. zur Verfügung.

Hinweis

Die Tabellenfunktion ab Excel 2007 bietet ein sehr praktisches Feature. Bei langen Tabellen tritt regelmäßig das Problem auf, dass beim Scrollen nach unten die Überschriften nach oben verschwinden und nicht mehr nachvollzogen werden kann, welche Spalte welche Überschrift besitzt. Um einen Überblick zu behalten, musste bis zur Version Excel 2003 der gewünschte Zellbereich fixiert werden, damit er nicht einfach nach oben wegscrollt und verschwindet. Ab Excel 2007 werden Tabellenüberschriften direkt in die Spaltenköpfe übernommen, wenn diese nach oben herausscrollen, sodass sie immer zur Verfügung stehen.

Beachten Sie, dass dieses Feature nur zur Verfügung steht, wenn ein Datenbereich in eine Tabelle umgewandelt wurde.

	Tagesdatum	Umsatz netto	Umsatzsteuer	Umsatz brutto	E
7 Di	05.06.2007	13.839,86 €	2.629,57 €	16.469,43 €	
8 Mi	06.06.2007	6.415,79 €	1.219,00 €	7.634,79 €	
9 Do	07.06.2007	11.089,66 €	2.107,04 €	13.196,70 €	
10 Fr	08.06.2007	4.722,33 €	897,24 €	5.619,57 €	
11 Mo	11.06.2007	8.674,77 €	1.648,21 €	10.322,98 €	
12 Di	12.06.2007	9.459,99 €	1.797,40 €	11.257,39 €	
13 Mi	13.06.2007	12.591,60 €	2.392,40 €	14.984,00 €	
14 Do	14.06.2007	12.876,97 €	2.446,62 €	15.323,59 €	
15 Fr	15.06.2007	4.760,98 €	904,59 €	5.665,57 €	
16 Mo	18.06.2007	6.078,09 €	1.154,84 €	7.232,93 €	
17 Di	19.06.2007	9.244,05 €	1.756,37 €	11.000,42 €	
18 Mi	20.06.2007	10.108,67 €	1.920,65 €	12.029,32 €	
19 Do	21.06.2007	9.306,30 €	1.768,20 €	11.074,50 €	
20 Fr	22.06.2007	6.997,14 €	1.329,46 €	8.326,60 €	
21 Ergebnis				168.167,10 €	
22					

461

Tabelle in einen Bereich zurückverwandeln

Wird die Funktionalität für den Tabellenbereich nicht mehr benötigt, können Sie die Excel-Tabelle wieder in einen herkömmlichen Bereich zurückverwandeln.

1 Markieren Sie dazu eine beliebige Zelle in der Tabelle.

2 Starten Sie den Befehl *Tabellentools/Entwurf/Tools/In Bereich konvertieren* und bestätigen Sie die Sicherheitsabfrage mit *Ja*. Damit wird die Tabelle in einen herkömmlichen Bereich zurückverwandelt (Excel 2003: Symbolleiste *Liste/In Bereich umwandeln*).

Mehr zum Thema Tabellen finden Sie in der Onlinehilfe von Excel.

Tipp 2: Daten suchen und finden unter Verwendung von Platzhalterzeichen (Jokern)

Dieses Beispiel zeigt, welche Möglichkeiten Excel bietet, um komfortabel und flexibel nach bestimmten Daten auf einem Tabellenblatt oder in einer Arbeitsmappe suchen zu können.

So geht's:

1 Starten Sie den Suchbefehl mit der Tastenkombination Strg+F.

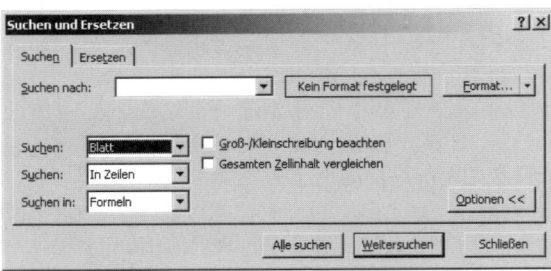

2 In das Feld *Suchen nach* können beliebige Zeichenfolgen unter Verwendung von Platzhalterzeichen eingegeben werden. Dafür stehen einige Joker zur Verfügung (siehe Tabelle).

3 Wenn Sie die Suchoptionen eingeblendet haben, können Sie festlegen, ob die Suche auf dem aktuellen Arbeitsblatt oder in der gesamten Arbeitsmappe durchgeführt werden soll und ob in Formeln, Werten oder Kommentaren gesucht werden soll.

Platzhalter (Joker)	Suchergebnis
? (Fragezeichen)	Ersetzt ein einzelnes Zeichen (M?ier findet Meier und Maier).
* (Stern)	Ersetzt eine beliebige Anzahl Zeichen (*schrift findet Überschrift und Unterschrift).
~ (Tilde) gefolgt von ? oder * oder ~	Sucht nach den Platzhalterzeichen selbst (wer~? findet den Text wer?).

Diese Platzhalterzeichen können neben der Suchfunktion auch in folgenden Tabellenfunktionen verwendet werden:

➢ Funktion *SUCHEN()*

➢ Funktion *SUMMEWENN()* bzw. *SUMMENWENNS()*

➢ Funktion *SUMMENPRODUKT()*

➢ Funktion *ZÄHLENWENN()* bzw. *ZÄHLENWENNS()*

➢ Funktion *SVERWEIS()*

➢ Funktion *VERGLEICH()*

➢ Funktion *WENN()*

➢ Funktion *DBSUMME()*

➢ AutoFilter und Spezialfilter

➡ Verweis: siehe Kapitel 4.8, Tipp 4

Tipp 3: Grundlagen der Datensortierung

Hier erfahren Sie, wie Excel Daten sortiert und welche Kriterien und Rahmenbedingungen dabei Beachtung finden.

So geht's:

Ab Excel 2007 stehen 64 Sortierbedingungen zur Verfügung. Bis Excel 2003 war die Anzahl auf drei Sortierbedingungen beschränkt. Sämtliche Sortierinformationen werden in der Arbeitsmappe gespeichert. Das bedeutet, dass die Informationen beim erneuten Öffnen einer Mappe unverändert zur Verfügung stehen.

Gestartet wird der Sortierbefehl über das Menü *Start/Bearbeiten/Sortieren und Filtern*. Hier können Sie zwischen auf- und absteigender Sortierreihenfolge wählen (Excel 2003: Menü *Daten/Sortieren*).

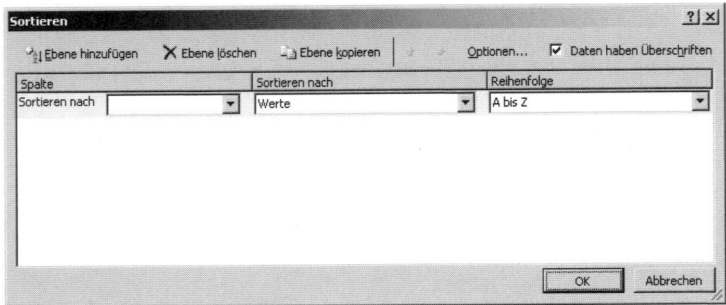

Beim Sortieren von Daten bietet Excel folgende Sortierreihenfolgen für die unterschiedlichen Datentypen an:

Datentyp	Sortierreihenfolge bei aufsteigender Sortierung
Numerische Werte	Sortiert wird vom kleinsten negativen zum größten positiven Wert.
Datum	Sortiert wird vom frühesten zum spätesten Datum.
Text	Textstrings werden von links nach rechts sortiert. Dabei wird folgende Reihenfolge eingehalten: Leerzeichen, Sonderzeichen, als Text erfasste Zahlen und zuletzt herkömmliche Buchstaben. Wenn die Option *Groß- und Kleinschreibung unterscheiden* aktiviert ist, wird jeweils erst der Klein- und anschließend der Großbuchstabe ausgewertet, also beispielsweise a, A, b, B etc.
Logische Wahrheitswerte	Zuerst wird der Wert *FALSCH*, anschließend der Wert *WAHR* aufgelistet.
Fehlerwerte	Fehlerwerte werden in der Reihenfolge aufgelistet, in der sie gefunden werden.
Leere Zellen	Egal in welcher Sortierreihenfolge (auf- oder absteigend) ausgewertet wird, Leerzellen werden immer zuletzt aufgelistet.

Hinweis

Die grundlegenden Einstellungen zum Sortierverhalten werden über die Regions- und Sprachoptionen von Windows gesteuert.

Tipp 4: Sortieren auf der Basis von benutzerdefinierten Listen

Nicht immer ist gewünscht, dass Daten nach den vorgegebenen Sortierreihenfolgen sortiert werden. In diesem Beispiel sollen Filialen nicht alphabetisch, sondern nach deren Bedeutung für das Unternehmen aufgelistet werden. Die Beschreibung der Vorgehensweise bezieht sich im Wesentlichen auf die Vorgehensweise ab Excel 2007.

So geht's:

Individuelle Sortierreihenfolgen lassen sich ganz einfach über benutzerdefinierte Listen erzeugen. Dazu muss im ersten Schritt die benutzerdefinierte Liste erstellt werden. Gehen Sie dazu wie folgt vor:

1 Erfassen Sie die Filialen in der gewünschten Reihenfolge in einem beliebigen Zellbereich. Im Beispiel wurden die Filialenbezeichnungen im Bereich A5:A14 erfasst.

2 Markieren Sie nun diesen Bereich und starten Sie über das Menü *Datei/Optionen/Erweitert* im Bereich *Allgemein* über die Schaltfläche *Benutzerdefinierte Listen bearbeiten* den Dialog *Benutzerdefinierte Listen* (Excel 2007: Menü *Office/Excel-Optionen/Häufig verwendet*; Excel 2003: Menü *Extras/Optionen*, Registerkarte *Benutzerdefinierte Listen*).

3 Klicken Sie auf die Schaltfläche *Importieren* und beenden Sie das Dialogfenster mit einem Klick auf die Schaltfläche *OK*. Damit werden die Filialen als benutzerdefinierte Listeneinträge aufgenommen.

Alternativ können Sie die Listeneinträge auch über die Schaltfläche *Hinzufügen* manuell eintragen.

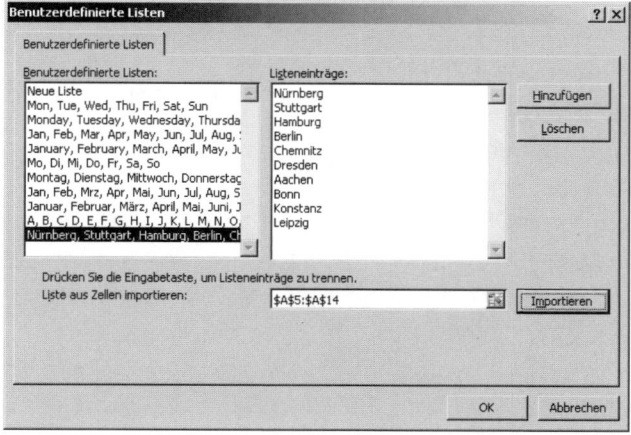

Nachdem die benutzerdefinierte Liste erstellt ist, können Sie die Daten auf der Basis dieser Liste sortieren.

1 Markieren Sie dazu den zu sortierenden Bereich inklusive Überschrift. Im Beispiel befinden sich die Daten im Bereich A4:A14.

2 Starten Sie den Befehl über das Menü *Daten/Sortieren und Filtern/Sortieren* (Excel 2003: Menü *Daten/Sortieren*).

3 Im Dialogfenster *Sortieren* wählen Sie die Spalte, nach der sortiert werden soll. Im Beispiel soll nach der Spalte *Filialen* sortiert werden. Im *Feld Sortieren nach* legen Sie den Eintrag *Werte* fest. Im Feld *Reihenfolge* selektieren Sie den Eintrag *Benutzerdefinierte Liste*.

4 Daraufhin öffnet sich ein weiteres bereits bekanntes Dialogfenster, in dem Sie die gerade definierte benutzerdefinierte Liste auswählen können (Excel 2003: Schaltfläche *Optionen*, im Feld *Benutzerdefinierte Sortierreihenfolge* wählen Sie die benutzerdefinierte Liste aus).

5 Selektieren Sie die Liste mit den Filialnamen und bestätigen Sie das Dialogfenster mit einem Klick auf *OK*. Das Dialogfenster *Sortieren* sollte nun wie folgt aussehen:

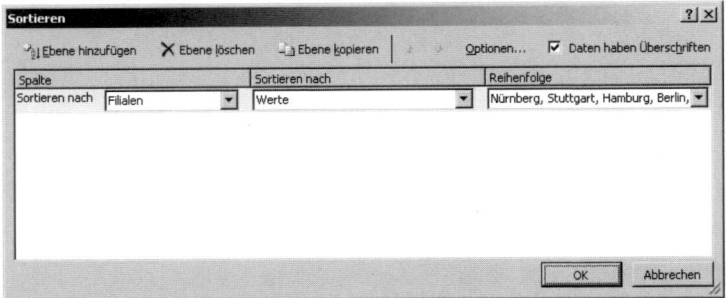

6 Nachdem Sie den Sortierbefehl mit einem Klick auf die Schaltfläche *OK* beendet haben, wird die Liste mit den Filialen nach der benutzerdefinierten Sortierreihenfolge aufgelistet.

→ Verweis: siehe Kapitel 1.1, Tipp 7

Tipp 5: Daten nach Farben sortieren

Neu ab Excel 2007 ist die Funktion, mit der Daten nach Zellhintergrund- bzw. Schriftfarbe sortiert werden können. Dabei ist es gleichgültig, ob die Daten manuell oder über die bedingte Formatierung farblich hervorgehoben wurden. In diesem Beispiel wurden die Bezeichnungen der Filialen nach ihrer strategischen Bedeutung farblich gekennzeichnet. Grün bedeutet sehr wichtig, Orange wichtig und Rot weniger wichtig. Ziel ist es nun, die Liste nach der Farbmarkierung zu sortieren.

So geht's:

1 Markieren Sie im ersten Schritt den zu sortierenden Zellbereich A3:C13.

2 Starten Sie den Sortierbefehl über das Menü *Daten/Sortieren und Filtern/Sortieren*.

3 Ergänzen Sie die Vorgaben zum Sortieren wie nachfolgend dargestellt. Dabei sollen zuerst die grün formatieren Zellen, anschließend die Zellen mit der Farbe Orange und zuletzt alle rot markierten Zellen aufgelistet werden.

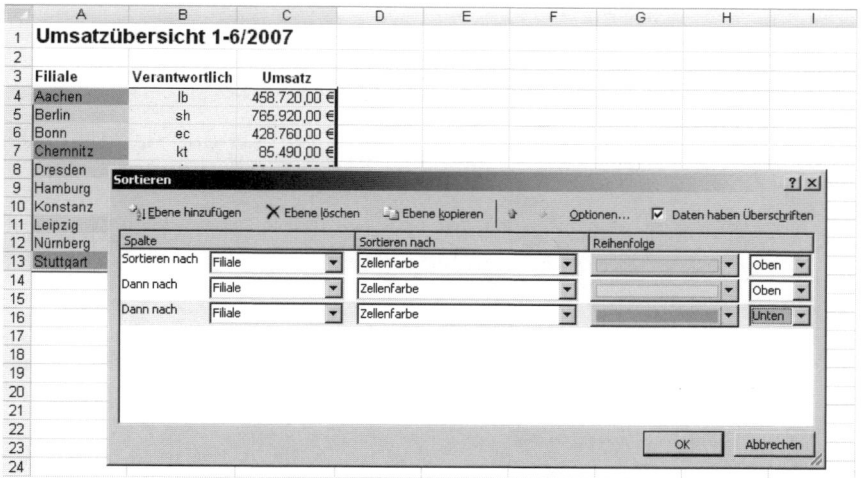

4 Nachdem Sie das Dialogfenster mit einem Klick auf die Schaltfläche *OK* beendet haben, werden die Filialen in der definierten Farbreihenfolge sortiert.

→ Verweis: siehe Kapitel 4.12, Tipp 15

Hinweis

Ab Excel 2007 haben Sie darüber hinaus die Möglichkeit, nach der Schriftfarbe sowie nach Symbolen zu sortieren. Bei der Sortierung nach Farben oder Symbolen gibt es keine Standardsortierreihenfolge. Bei jedem Sortiervorgang muss die Reihenfolge manuell definiert werden.

Tipp 6: Farbpalette ändern in Excel 2003

Excel-Arbeitsmappen besitzen eine standardmäßige Farbpalette für die verschiedenen Arbeitsmappenelemente. Diese Farbpalette ist arbeitsmappenbezogen, entspricht jedoch nicht immer den Vorstellungen eines Anwenders und kann deshalb auch individuell verändert werden. Zum Ändern der Farbpalette für eine Arbeitsmappe müssen Sie wie folgt vorgehen.

So geht's:

1   Starten Sie Excel und öffnen Sie anschließend die Arbeitsmappe.

2   Klicken Sie zuerst im Menü *Extras* auf *Optionen* und dann auf die Registerkarte *Farbe*.

3   Klicken Sie hier auf die zu ändernde Farbe und anschließend auf die Schaltfläche *Ändern*. Führen Sie jetzt einen oder mehrere der nachfolgenden Schritte aus.

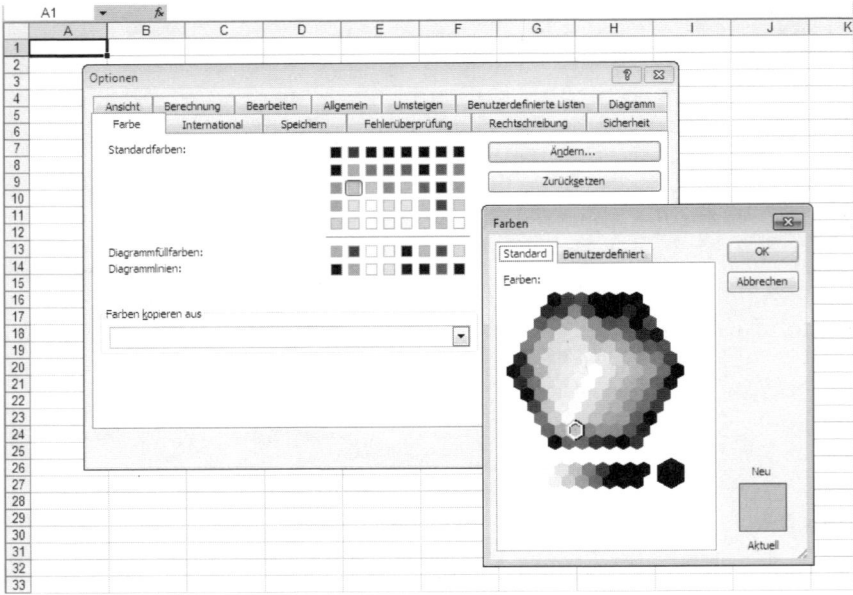

4 Um die ausgewählte Farbe innerhalb der Farbpalette durch eine andere Standardfarbe zu ersetzen, müssen Sie auf die Registerkarte *Standard* und anschließend auf die von Ihnen gewünschte Farbe klicken.

5 Zum Ändern des Farbtons müssen Sie zur Registerkarte *Benutzerdefiniert* wechseln und anschließend die Farboptionen ändern. Die Einstellungen werden durch einen Klick auf *OK* übernommen.

6 Die Schritte müssen für jede einzelne zu ändernde Farbe wiederholt werden.

Tipp 7: Farbpalette ändern ab Excel 2007

Ab Excel 2007 haben Sie weitaus mehr farbliche Möglichkeiten, weil Ihnen ein völlig neues Farbkonzept mit Designfarben zur Verfügung steht. Sie können verschiedene benutzerdefinierte sowie integrierte Designfarben auswählen. Sollten Ihnen diese vielfältigen Möglichkeiten immer noch nicht ausreichen, weil beispielsweise Ihr Berichtswesen einer individuellen Farbnotation unterliegt, können Sie dennoch die Farben individuell anpassen.

So geht's:

1 Starten Sie Excel und öffnen Sie anschließend eine neue Arbeitsmappe.

2 Rufen Sie nun über *Seitenlayout/Designs/Farben* den Befehl *Neue Designfarben erstellen* auf.

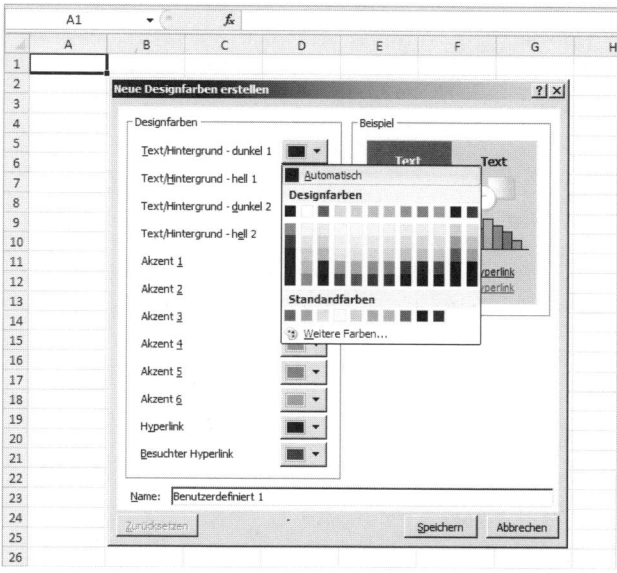

3 Im Dialog *Neue Designfarben erstellen* können Sie nun zwölf Designfarben definieren und im Feld *Name* eine Bezeichnung hinterlegen.

4 Wenn Sie dann die Schaltfläche *Speichern* anklicken, wird dieses Farbprofil gespeichert und steht Ihnen über *Seitenlayout/Designs/Farben* unter der Rubrik *Benutzerdefiniert* zur Verfügung.

Hinweis

Bei Auswahl einer der zwölf Designfarben werden von Excel automatisch unterschiedliche Helligkeitsstufen vergeben, wobei zwei Farben nur für Hyperlinks zur Verfügung stehen und nicht für andere Zwecke ausgewählt werden können. Eine Palette mit Designfarben hat also 60 (10 x 6) unterschiedliche Farben mit 10 zusätzlichen Standardfarben. Ab Excel 2007 können Sie mit mehreren Farbpaletten pro Arbeitsmappe arbeiten. Die Farbpaletten sind im Gegensatz zu Excel 2003 jedoch nicht mehr einer einzelnen Arbeitsmappe zugehörig, sondern werden zentral mithilfe von XML-Dateien verwaltet.

Tipp 8: Farbpalette übernehmen in Excel 2003

Da die Farbpalette in Excel 2003 arbeitsmappenbezogen ist, müssten Sie diese beim Erstellen einer neuen Arbeitsmappe immer wieder individuell anpassen. Das wäre mit einem hohen manuellen Aufwand verbunden, den Sie sich allerdings sparen können.

So geht's:

1 Öffnen Sie die Arbeitsmappe, die die zu kopierende Farbpalette enthält.

2 Wechseln Sie dann zu der Arbeitsmappe, in die Sie die Farbpalette kopieren möchten.

3 Klicken Sie nun über *Extras/Optionen* auf die Registerkarte *Farbe*.

4 Klicken Sie dann im Feld *Farben kopieren aus* auf die Arbeitsmappe, die die zu kopierende Farbpalette enthält. Verlassen Sie den Dialog mit *OK*.

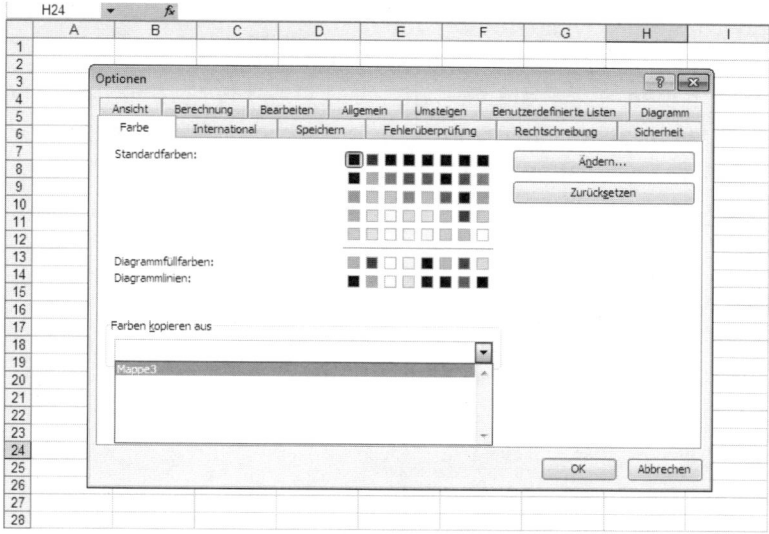

Tipp 9: Sortieren von Geburtstagslisten

In der Praxis tritt immer wieder die Frage nach der Sortierung von Geburtstagslisten auf. Wird nach dem Datum sortiert, tritt das Problem auf, dass ausgehend von der Jahreszahl auf- oder absteigend sortiert wird. Geburtstagslisten sollen aber üblicherweise nicht nach dem Jahr, sondern ausschließlich nach Monats- und Tagesangaben sortiert werden.

So geht's:

1 Als Sortierkriterium wird eine Hilfsspalte benötigt, die die Jahreszahl ausklammert. Markieren Sie dazu den Zellbereich E4:E15.

2 Erfassen Sie in Zelle E4 folgende Formel:

=DATUM(JAHR(HEUTE());MONAT(D4);TAG(D4))

Diese Formel verlegt alle Geburtstage ins aktuelle Jahr. Dadurch wird die Jahresangabe irrelevant, und beim Sortieren werden nun nur noch die Monats- und Tagesangaben berücksichtigt.

3 Beenden Sie die Formeleingabe mit der Tastenkombination [Strg]+[Enter]. Damit wird die Formel in den gesamten markierten Zellbereich eingetragen.

4 Markieren Sie nun den Zellbereich A3:E15 und starten Sie über das Menü *Daten/Sortieren und Filtern/Sortieren* den Sortierbefehl.

5 Im Feld *Sortieren nach* wählen Sie die Hilfsspalte E4:E15 aus. Als Reihenfolge legen Sie den Eintrag *Nach Alter (absteigend)* fest.

471

6 Nachdem Sie das Dialogfenster mit einem Klick auf die Schaltfläche *OK* beendet haben, wird die Geburtstagsliste wie gewünscht nach Monats- und Tagesangaben sortiert.

Hinweis

Die Hilfsspalte E können Sie nach dem Sortiervorgang ausblenden oder ganz entfernen.

E4	▾	f_x =DATUM(JAHR(HEUTE());MONAT(D4);TAG(D4))			

	A	B	C	D	E	F
1	**Geburtstagsübersicht**					
2						
3	Nachname	Vorname	KZ	Geburtstag	Hilfsspalte	
4	Berger	Timo	bt	09.01.1979	09.01.2007	
5	Schwab	Ilona	si	01.03.1985	01.03.2007	
6	Bayer	Max	bm	15.03.1957	15.03.2007	
7	Siegel	Günther	sg	13.04.1965	13.04.2007	
8	Bergmann	Franz	bf	28.05.1960	28.05.2007	
9	Burg	Sandra	bs	21.07.1984	21.07.2007	
10	Neusinger	Helga	ns	23.07.1976	23.07.2007	
11	Engelmayr	Bernd	eb	02.08.1958	02.08.2007	
12	Blume	Norbert	bn	13.09.1980	13.09.2007	
13	Gast	Hubert	gh	17.10.1972	17.10.2007	
14	Frimberger	Stefan	fs	10.11.1969	10.11.2007	
15	Braut	Gustav	bg	30.12.1950	30.12.2007	
16						

Tipp 10: Die AutoFilter-Funktion im Praxiseinsatz

Der AutoFilter stellt ein Instrument dar, das mit wenigen Mausklicks Datenbestände auf das gerade Wichtige und Wesentliche beschränken kann. Ab Excel 2007 wurde der AutoFilter überarbeitet und zeigt sich in großen Teilen im neuen Look mit erweiterten Funktionalitäten. Die folgende Beschreibung geht deshalb im Wesentlichen auf den erweiterten Funktionsumfang von Excel 2007 und Excel 2010 ein.

So geht's: Aktivieren des AutoFilters

Zum Starten des AutoFilters gehen Sie wie folgt vor:

1 Markieren Sie im ersten Schritt den Datenbereich, der über den Auto-Filter gefiltert werden soll. Im Beispiel befinden sich die Daten im Zellbereich A4:D20. Sie können entweder den gesamten Datenbereich markieren, alternativ genügt es aber auch, nur die Überschriftenzeile zu markieren, also die Zellen A4:D4.

2 Gestartet wird der AutoFilter ab Excel 2007 über das Menü *Daten/ Sortieren und Filtern/Filtern*. Nach der Aktivierung des AutoFilters werden neben den Überschriften Drop-down-Pfeile eingeblendet, über die

die Filteroptionen ausgewählt werden können (Excel 2003: Menü *Daten/Filter/AutoFilter*).

3 Die weiteren Filtereinstellungen werden über die Einträge *Zahlenfilter, Textfilter* und *Datumsfilter* sowie über weitere Untermenüs aufgerufen. Abhängig davon, ob eine Spalte mit Zahlen, Texten oder Datumswerten gefiltert werden soll, wird die entsprechende Filtermöglichkeit eingeblendet.

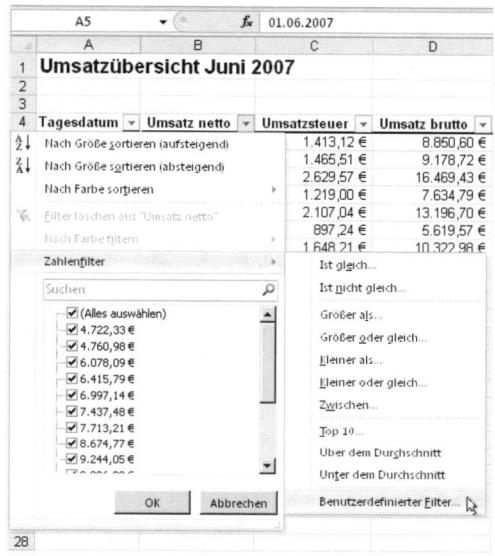

So geht's: Verwenden des AutoFilters

In diesem Beispiel sollen alle Bruttoumsätze über 10.000 Euro und unter 15.000 Euro ausgefiltert werden. Die Ausgangstabelle enthält eine Zusammenstellung der Umsätze pro Tag.

	A	B	C	D	E
1	**Umsatzübersicht Juni 2007**				
2					
3					
4	Tagesdatum ▾	Umsatz netto ▾	Umsatzsteuer ▾	Umsatz brutto ▾	
5	01.06.2007	7.437,48 €	1.413,12 €	8.850,60 €	
6	04.06.2007	7.713,21 €	1.465,51 €	9.178,72 €	
7	05.06.2007	13.839,86 €	2.629,57 €	16.469,43 €	
8	06.06.2007	6.415,79 €	1.219,00 €	7.634,79 €	
9	07.06.2007	11.089,66 €	2.107,04 €	13.196,70 €	
10	08.06.2007	4.722,33 €	897,24 €	5.619,57 €	
11	11.06.2007	8.674,77 €	1.648,21 €	10.322,98 €	
12	12.06.2007	9.459,99 €	1.797,40 €	11.257,39 €	
13	13.06.2007	12.591,60 €	2.392,40 €	14.984,00 €	
14	14.06.2007	12.876,97 €	2.446,62 €	15.323,59 €	
15	15.06.2007	4.760,98 €	904,59 €	5.665,57 €	
16	18.06.2007	6.078,09 €	1.154,84 €	7.232,93 €	
17	19.06.2007	9.244,05 €	1.756,37 €	11.000,42 €	
18	20.06.2007	10.108,67 €	1.920,65 €	12.029,32 €	
19	21.06.2007	9.306,30 €	1.768,20 €	11.074,50 €	
20	22.06.2007	6.997,14 €	1.329,46 €	8.326,60 €	
21					

1 Aktivieren Sie nun den AutoFilter über das Drop-down-Menü neben der Überschrift *Umsatz brutto*.

2 Klicken Sie auf den Eintrag *Zahlenfilter* und anschließend auf den Menüeintrag *Zwischen*. Daraufhin wird das Dialogfenster *Benutzerdefinierter AutoFilter* geöffnet.

3 Die Filterkriterien können Sie der Abbildung entnehmen.

4 Nachdem Sie das Dialogfenster mit einem Klick auf die Schaltfläche *OK* beendet haben, werden nur noch die Datensätze angezeigt, die den vorgegebenen Kriterien entsprechen.

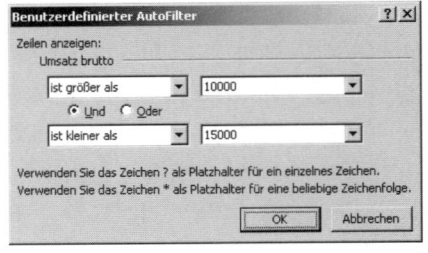

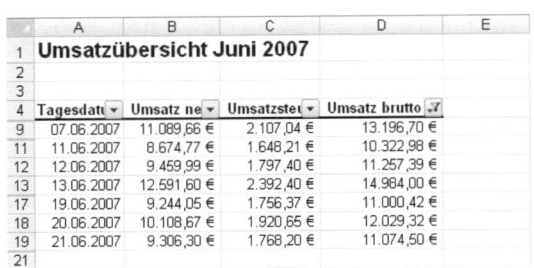

Auf diese Art und Weise lassen sich beliebige Filtereinstellungen vornehmen.

Hinweis

Anhand des Filtersymbols erkennen Sie, dass in Spalte D ein Filter gesetzt ist und deswegen nicht alle Daten angezeigt werden. Bis Excel 2003 wird kein Filtersymbol angezeigt, stattdessen wird der Pfeil auf dem Drop-down-Symbol blau eingefärbt.

→ Verweis: siehe Kapitel 4.13, Tipp 2

Tipp 11: Duplikate aus einer Liste entfernen

In diesem Beispiel liegt eine Kundenliste mit mehreren identischen Einträgen vor. Ziel ist es nun, alle doppelten Einträge zu entfernen, damit ausschließlich Unikate angezeigt werden. Ab Excel 2007 präsentiert sich zum Entfernen von Duplikaten neben dem bereits in Excel 2003 vorhandenen Spezialfilter eine neue Funktion, mit der über wenige Klicks doppelte Einträge entfernt werden können.

Nachfolgend werden beide Methoden dargestellt.

So geht's: Doppelte Einträge beseitigen über die ab Excel 2007 neue Funktion Duplikate entfernen

Sehen Sie sich zunächst die Ausgangstabelle an. Sie enthält einige doppelte Debitorennamen.

1 Markieren Sie im ersten Schritt den Zellbereich A4:A18, in dem sich die Daten befinden.

2 Starten Sie den Befehl zum Entfernen von doppelten Datensätzen über das Menü *Daten/ Datentools/Duplikate entfernen*. Das Dialogfenster *Duplikate entfernen* zeigt die Spalte bzw. die Spalten an, aus denen Duplikate entfernt werden können. Aktivieren Sie die von Ihnen gewünschten Spalten.

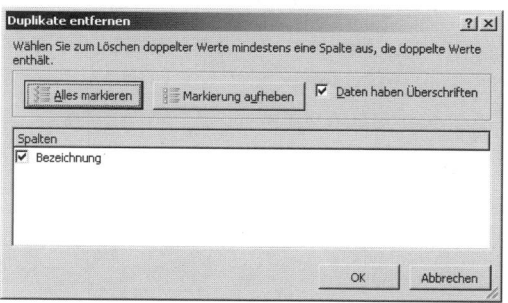

3 Nach einem Klick auf die Schaltfläche *OK* werden aus den definierten Spalten alle doppelten Einträge entfernt. Anschließend werden die Anzahl der doppelten Werte sowie die Anzahl der verbleibenden Unikate in einer Meldung zusammengefasst.

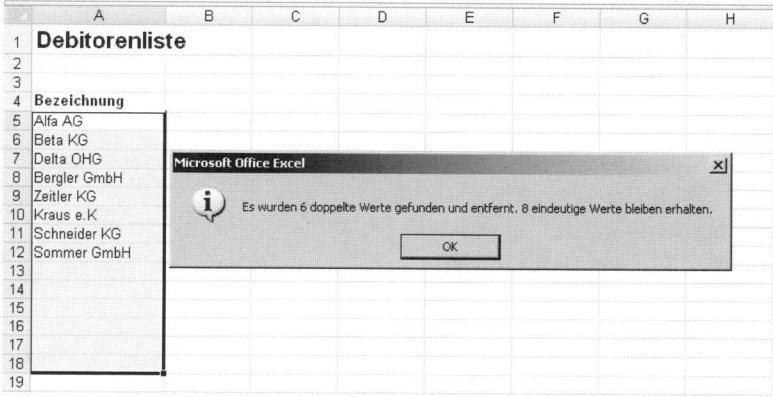

So geht's: Duplikate über den Spezialfilter in Excel 2003 und ab Excel 2007 entfernen

Unter Excel 2003 und auch ab Excel 2007 kann zur Entfernung von Duplikaten der Spezialfilter verwendet werden. Der Vorteil des Spezialfilters besteht darin, dass die Liste der Unikate in einen anderen Zellbereich kopiert werden kann.

1 Aktivieren Sie dazu den Spezialfilter über das Menü *Daten/Sortieren und Filtern/Erweitert* (Excel 2003: Menü *Daten/Filter/Spezialfilter*).

2 Im Dialogfenster *Spezialfilter* wählen Sie die Option *An eine andere Stelle kopieren*. Dadurch wird das Feld *Kopieren nach* aktiviert.

3 Geben Sie im Feld *Listenbereich* den Zellbereich A4:A18 ein.

4 Im Feld *Kopieren nach* erfassen Sie die Zelle, ab der die Liste der Unikate ausgegeben werden soll, im Beispiel Zelle C4.

5 Entscheidend für den Erfolg ist das Kontrollkästchen *Keine Duplikate*. Nur wenn der Haken gesetzt ist, werden keine doppelten Einträge in den neuen Zellbereich übertragen.

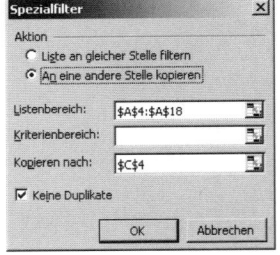

6 Nachdem Sie den Dialog mit einem Klick auf die Schaltfläche *OK* beendet haben, wird die Liste der Unikate ab Zelle C4 eingefügt.

→ Verweis: siehe Kapitel 4.13, Tipp 4

Tipp 12: So lässt sich eine Tabelle mit Bildern korrekt sortieren

Häufig werden in der Praxis auch Bilder in Excel verwaltet. Es bietet sich geradezu an, zur Artikelliste, die in Excel geführt wird, auch das zugehörige Bild des Artikels einzubinden. Dabei werden die Bilder im Normalfall in eine Zelle eingebunden.

Da Excel allerdings nicht als Bilddatenbank konzipiert wurde, sind dem Ganzen natürlich Grenzen gesetzt. So stößt Excel beim Sortieren von Datensätzen mit Bildern bereits an diese Grenzen. Nach dem Sortieren verbleiben manche Bilder an ihrem alten Platz. Dieser Fehler tritt sporadisch auf und lässt sich auch nicht im Detail nachvollziehen. Für eine professionelle Bearbeitung ist diese Vorgehensweise somit nicht geeignet. Aus diesem Grund stellen wir Ihnen hier eine alternative Lösung vor.

→ Verweis: siehe Kapitel 5.6, Tipp 3

So geht's:

1 Anstatt die Bilder direkt in eine Zelle einzufügen, verwenden Sie hier einen Trick. Die Bilder werden als Hintergrund in ein Kommentarfenster eingebunden.

2 Fügen Sie dazu im ersten Schritt in Zelle B5 einen neuen Kommentar über das Menü *Überprüfen/Neuer Kommentar* ein (Excel 2003: Menü *Einfügen/Kommentar*).

3 Klicken Sie mit der rechten Maustaste auf die Umrandung des Zellkommentars und wählen Sie im Kontextmenü den Eintrag *Kommentar formatieren*.

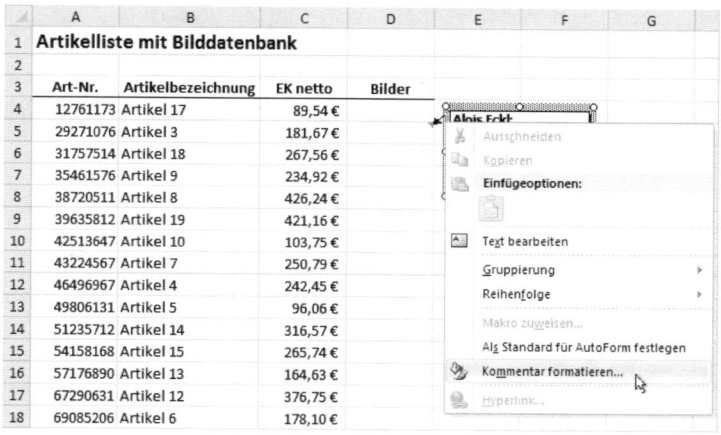

4 Damit öffnet sich das Dialogfenster *Kommentare formatieren*. Wechseln Sie dort zu Registerkarte *Farben und Linien*.

5 Klicken Sie im Bereich *Ausfüllen* auf das Kombinationsfeld *Farbe* und wählen Sie dort den Eintrag *Fülleffekte*.

6 Wechseln Sie nun im Dialogfenster *Fülleffekte* zur Registerkarte *Grafik*.

7 Klicken Sie anschließend auf die Schaltfläche *Grafik auswählen* und fügen Sie die gewünschte Grafik über die Schaltfläche *Einfügen* zum Kommentar hinzu.

8 Beenden Sie dann die Dialogfenster *Fülleffekte* und *Kommentar formatieren* mit je einem Klick auf die Schaltfläche *OK*.

9 Damit steht das Bild als Kommentarhintergrund zur Verfügung.

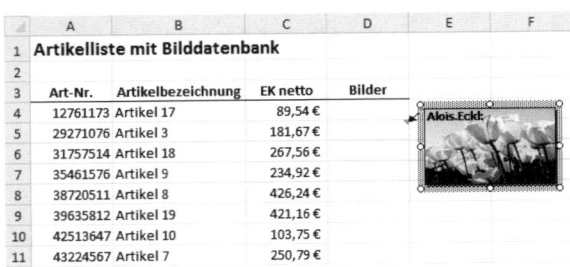

Auf diese Weise können beliebige Bilder den Artikeln hinzugefügt werden.
Da ein Kommentar fest mit einer Zelle verknüpft ist, können die Daten
nun beliebig sortiert, gefiltert oder verschoben werden, ohne dass die Bilder ein Eigenleben entwickeln.

Hinweis

Ein weiterer Vorteil bei dieser Vorgehensweise liegt darin, dass Bilder keinen
Platz in der Excel-Liste in Anspruch nehmen. Die Anzeigegröße der Bilder kann
beliebig variiert werden. Dazu muss das Kommentarfeld nur in der Größe verändert werden. Die Einstellung der Größe des Kommentarfelds kann im *Bearbeiten-*
Modus des Kommentars vorgenommen werden.

Tipp 13: Duplikate mittels einer Funktion in einer einspaltigen Liste finden

Im Beispiel liegt eine Debitorenliste mit identischen
Debitorennamen vor. Ziel ist es nun, alle doppelt
vorkommenden Namen in einer weiteren Spalte
mit der Bezeichnung *Duplikat* zu versehen.

So geht's:

1 Erfassen Sie in Zelle C5 die Formel *=WENN
(ZÄHLENWENN($A$5:A5;A5)>1;"Duplikat";"")*. Damit wird über die Funktion *WENN()* in Verbindung mit der Funktion *ZÄHLENWENN()* ermittelt, welche Einträge doppelt vorhanden sind.

Wichtig ist, dass die Angabe der Zellreferenz korrekt mit absoluten und relativen Bezügen vorgenommen wird.

2 Kopieren Sie diese Formel bis ans Ende der Liste über das AutoAusfüllkästchen nach unten.

Wie gewünscht, werden nun alle doppelten Einträge in Spalte C mit dem Vermerk *Duplikat* versehen.

Tipp 14: Duplikate mittels einer Funktion in einer mehrspaltigen Liste finden

Genau wie im vorherigen Tipp liegt wieder eine Debitorenliste mit identischen Einträgen vor. Im Unterschied zum vorangegangenen Tipp besitzt die Debitorenliste jedoch neben dem Debitorennamen noch einen Ansprechpartner und eine Telefonnummer.

Auf dieser Basis sollen nun alle Duplikate ermittelt werden, bei denen die Einträge in sämtlichen Spalten identisch sind. Unterscheidet sich eine Spalte, handelt es sich nicht um einen identischen Datensatz.

	A	B	C	D
1	**Debitorenliste**			
2				
3				
4	**Bezeichnung**	**Ansprechpartner**	**Telefonnummer**	
5	Alfa AG	Frau Meier	29882028	
6	Beta KG	Herr Bogner	47912753	
7	Delta OHG	Herr Frieser	61491359	
8	Bergler GmbH	Herr Fronius	77310157	
9	Zeitler KG	Frau Görel	47451682	
10	Delta OHG	Frau Klein	90483507	
11	Kraus e.K	Herr Kraus	81445213	
12	Schneider KG	Herr Lin	94113579	
13	Bergler GmbH	Herr Fronius	77310157	
14	Zeitler KG	Frau Klattke	96734512	
15	Sommer GmbH	Frau Sommer	89815455	
16	Schneider KG	Herr Deuter	29399229	
17	Beta KG	Herr Bogner	47912753	
18	Sommer GmbH	Frau Sommer	89815455	
19	Delta OHG	Herr Frieser	61491359	
20				

479

So geht's:

Wenn ein Duplikat erkannt wird, soll in Spalte E die Bezeichnung *Duplikat* geschrieben werden.

1 Um die Duplikate über alle drei Spalten zu ermitteln, geben Sie in Zelle E5 diese Formel ein:

{=WENN(MAX(WENN(ZEILE($5:$19)=ZEILE();1;MMULT(($A$5:$C$19= A5:C5)*1;WENN(ZEILE($5:$7);1))))=3;"Duplikat";"")}

Damit Excel die Funktion als Matrixfunktion interpretiert, müssen Sie sie mit der Tastenkombination ⌷Strg⌷+⌷Umschalt⌷+⌷Enter⌷ abschließen.

2 Kopieren Sie diese Formel bis zur Zelle E19 mit dem AutoAusfüllkästchen nach unten.

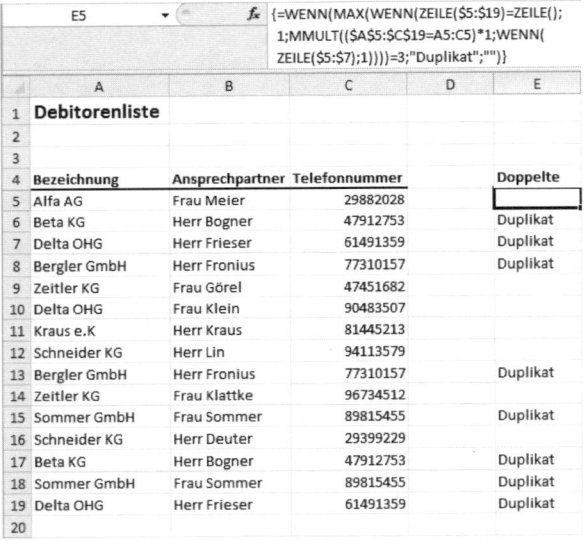

| E5 | | fx | {=WENN(MAX(WENN(ZEILE($5:$19)=ZEILE(); 1;MMULT(($A$5:$C$19=A5:C5)*1;WENN(ZEILE($5:$7);1))))=3;"Duplikat";"")} | | |
A	B	C	D	E
1 **Debitorenliste**				
2				
3				
4 Bezeichnung	Ansprechpartner	Telefonnummer		Doppelte
5 Alfa AG	Frau Meier	29882028		
6 Beta KG	Herr Bogner	47912753		Duplikat
7 Delta OHG	Herr Frieser	61491359		Duplikat
8 Bergler GmbH	Herr Fronius	77310157		Duplikat
9 Zeitler KG	Frau Görel	47451682		
10 Delta OHG	Frau Klein	90483507		
11 Kraus e.K	Herr Kraus	81445213		
12 Schneider KG	Herr Lin	94113579		
13 Bergler GmbH	Herr Fronius	77310157		Duplikat
14 Zeitler KG	Frau Klattke	96734512		
15 Sommer GmbH	Frau Sommer	89815455		Duplikat
16 Schneider KG	Herr Deuter	29399229		
17 Beta KG	Herr Bogner	47912753		Duplikat
18 Sommer GmbH	Frau Sommer	89815455		Duplikat
19 Delta OHG	Herr Frieser	61491359		Duplikat
20				

Wie Sie sehen, werden nur die Datensätze gekennzeichnet, bei denen die Spalten A, B und C identische Inhalte besitzen.

Wenn lediglich die Duplikate markiert werden sollen, also nicht die Originale, müssen Sie die Formel leicht modifizieren. Die geänderte Formel für die Zelle F5 sieht wie folgt aus:

{=WENN(MAX(WENN(ZEILE($5:$19)>=ZEILE();1;MMULT(($A$5:$C$19=A5: C5)*1;WENN(ZEILE($5:$7);1))))=3;"Duplikat";"")

Da es sich auch bei dieser Formel um eine Matrixfunktion handelt, muss sie wiederum mit der Tastenkombination ⌷Strg⌷+⌷Umschalt⌷+⌷Enter⌷ abgeschlossen werden.

	F5	▾	(ᵉ)	fx	{=WENN(MAX(WENN(ZEILE($5:$19)>=ZEILE();1;MMULT((
					$A$5:$C$19=A5:C5)*1;WENN(ZEILE($5:$7);1))))=3;
					"Duplikat";"")}

◢	A	B	C	D	E	F
1	**Debitorenliste**					
2						
3						
4	**Bezeichnung**	**Ansprechpartner**	**Telefonnummer**		**Doppelte**	**Doppelte**
5	Alfa AG	Frau Meier	29882028			
6	Beta KG	Herr Bogner	47912753		Duplikat	
7	Delta OHG	Herr Frieser	61491359		Duplikat	
8	Bergler GmbH	Herr Fronius	77310157		Duplikat	
9	Zeitler KG	Frau Görel	47451682			
10	Delta OHG	Frau Klein	90483507			
11	Kraus e.K	Herr Kraus	81445213			
12	Schneider KG	Herr Lin	94113579			
13	Bergler GmbH	Herr Fronius	77310157		Duplikat	Duplikat
14	Zeitler KG	Frau Klattke	96734512			
15	Sommer GmbH	Frau Sommer	89815455		Duplikat	
16	Schneider KG	Herr Deuter	29399229			
17	Beta KG	Herr Bogner	47912753		Duplikat	Duplikat
18	Sommer GmbH	Frau Sommer	89815455		Duplikat	Duplikat
19	Delta OHG	Herr Frieser	61491359		Duplikat	Duplikat
20						

Tipp 15: Mehrere Filterkriterien mit dem Spezialfilter auswerten

Da in der AutoFilter-Funktion maximal zwei Filterkriterien berücksichtigt werden, kann bei mehreren Filterkriterien der AutoFilter nicht verwendet werden. Aber auch für diese Zwecke bietet Excel eine Lösung. Verwenden Sie zum Filtern nach mehreren Kriterien den Spezialfilter. Anhand einer umfangreicheren Artikelliste sehen Sie, welche Möglichkeiten der Spezial-filter zur Verfügung stellt.

So geht's:

→ Verweis: siehe Kapitel 4.8, Tipp 3

Zur Verwendung des Spezialfilters müssen Sie folgende Voraussetzungen schaffen. Es wird ein Kriterienbereich benötigt, der mindestens zwei Zeilen umfasst. Die Breite des Kriterienbereichs muss aber nicht zwingend mit der Breite der Liste übereinstimmen, was bedeutet, dass Sie nicht immer alle Listenfelder in den Kriterienbereich übernehmen müssen. Zu beachten ist, dass die Bezeichnung der Datenbankfelder im Kriterienbereich exakt mit der Spaltenbeschriftung des Listenbereichs übereinstimmen muss.

Im Beispiel sollen nun aus der nachfolgend dargestellten Artikelliste alle Einträge gefiltert werden, die mit folgenden Kriterien übereinstimmen:

> ➤ Lager: *Hauptlager*
> ➤ Mindestmenge: *>=50*
> ➤ EK netto/Stück: *<=20*

Erfassen Sie dazu die Kriterien, wie in der Abbildung zu sehen, im Kriterienbereich.

	A	B	C	D	E	F	G
1	**Artikel-Lagerübersicht**						
2							
3							
4	Artikel-Nr.	Beschreibung	Gruppe	Lager	Mindestmenge	Lagermenge	EK netto/Stück
5				Hauptlager	>=50		<=20
6							
7							
8	Artikel-Nr.	Beschreibung	Gruppe	Lager	Mindestmenge	Lagermenge	EK netto/Stück
9	SAN-60853	Artikel A1	A	Hauptlager	50	299	28,88 €
10	SAN-99296	Artikel A2	A	Nebenlager1	70	186	8,43 €
11	SBN-92709	Artikel B1	B	Nebenlager2	40	83	15,05 €
12	SBN-67439	Artikel B2	B	Hauptlager	90	152	8,26 €
13	SCN-92796	Artikel C1	C	Nebenlager2	100	266	18,06 €
14	SDN-58941	Artikel D2	D	Nebenlager1	100	202	30,04 €
15	SCN-50875	Artikel C2	C	Hauptlager	50	60	25,84 €
16	SAN-43180	Artikel A3	A	Nebenlager2	35	31	4,29 €
17	SCN-13421	Artikel C3	C	Nebenlager1	80	159	7,74 €
18	SCN-64761	Artikel C4	C	Nebenlager2	100	281	8,80 €
19	SDN-76839	Artikel D2	D	Hauptlager	70	167	7,40 €
20	SBN-74756	Artikel B3	B	Nebenlager1	50	46	19,88 €
21	SAN-56800	Artikel A4	A	Nebenlager1	50	79	9,95 €
22	SBN-80678	Artikel B4	B	Nebenlager2	80	231	1,73 €
23	SDN-13266	Artikel D2	D	Hauptlager	40	120	22,40 €
24	SAN-80402	Artikel A5	A	Hauptlager	70	202	6,01 €
25	SBN-35317	Artikel B5	B	Hauptlager	10	10	74,56 €
26							

Damit die Daten nach den vorgegebenen Kriterien gefiltert werden, sind folgende Schritte notwendig:

1 Starten Sie den Spezialfilter über das Menü *Daten/Sortieren und Filtern/ Erweitert* (Excel 2003: Menü *Daten/Filter/Spezialfilter*).

2 Im Regelfall erkennt Excel den Listenbereich und trägt diesen automatisch in das Feld *Listenbereich* ein. Wenn nicht, müssen Sie den Listenbereich A8:G25 manuell in das Feld eintragen.

3 In das Feld *Kriterienbereich* geben Sie den Zellbereich A4:G5 ein.

4 Nach einem Klick auf die Schaltfläche *OK* werden nun nur noch die Datensätze angezeigt, die den vorgegebenen Kriterien entsprechen.

Die Filterkriterien lassen beliebige Und-Verknüpfungen, Oder-Verknüpfungen bzw. Und-Oder-Verknüpfungen zu. Nähere Information dazu erhalten Sie in der Onlinehilfe sowie in Kapitel 4.8, Tipp 3.

	A	B	C	D	E	F	G
1	**Artikel-Lagerübersicht**						
2							
3							
4	**Artikel-Nr.**	**Beschreibung**	**Gruppe**	**Lager**	**Mindestmenge**	**Lagermenge**	**EK netto/Stück**
5				Hauptlager	>=50		<=20
6							
7							
8	**Artikel-Nr.**	**Beschreibung**	**Gruppe**	**Lager**	**Mindestmenge**	**Lagermenge**	**EK netto/Stück**
12	SBN-67439	Artikel B2	B	Hauptlager	90	152	8,26 €
19	SDN-76839	Artikel D2	D	Hauptlager	70	167	7,40 €
24	SAN-80402	Artikel A5	A	Hauptlager	70	202	6,01 €

Spezialfilter-Dialog:
Aktion
- Liste an gleicher Stelle filtern
- An eine andere Stelle kopieren

Listenbereich: $A$8:$G$25
Kriterienbereich: $A$4:$G$5
Kopieren nach:
☐ Keine Duplikate
[OK] [Abbrechen]

→ Verweis: siehe Kapitel 5.1, Tipp 11

Tipp 16: Fortlaufende Nummerierung in gefilterten Listen

In einer Inventurliste soll jeder Artikel eine fortlaufende Nummer in Spalte A erhalten. So weit besteht auch kein Problem, denn diese fortlaufende Nummerierung lässt sich ganz einfach über das AutoAusfüllkästchen herstellen. In gefilterten Listen sieht das jedoch etwas anders aus. Die Anforderung besteht darin, dass auch in gefilterten Listen, obwohl Datensätze ausgeblendet sind, eine fortlaufende Nummerierung gewährleistet wird.

So geht's:

1 Markieren Sie den Zellbereich A5:A20. Dabei handelt es sich um den Bereich, in den die fortlaufende Nummerierung eingetragen werden soll.

2 Geben Sie in Zelle A5 folgende Formel ein:

=TEILERGEBNIS(3;BEREICH.VERSCHIEBEN($B$5;0;0;ZEILE()-4;1))

3 Beenden Sie die Eingabe der Formel mit der Tastenkombination (Strg)+ (Enter). Als Ergebnis wird die fortlaufende Nummerierung von 1 bis 16 eingetragen.

| A5 | | fx | =TEILERGEBNIS(3;BEREICH.VERSCHIEBEN($B$5;0;0;ZEILE()-4;1)) |

	A	B	C	D	E	F
1	**Inventurliste per 30.06.2007**					
2						
3						
4	lfd.-Nr. ▾	Artikel-Nr. ▾	Artikel-Gruppe ▾	Bezeichnung ▾	Menge ▾	
5	1	10002	10	Artikel 1-1	243	
6	2	30003	30	Artikel 3-2	243	
7	3	30002	30	Artikel 3-3	167	
8	4	20001	20	Artikel 2-4	125	
9	5	90003	90	Artikel 9-5	94	
10	6	90001	90	Artikel 9-6	86	
11	7	20002	20	Artikel 2-7	63	
12	8	30001	30	Artikel 3-8	48	
13	9	90005	90	Artikel 9-9	47	
14	10	90002	90	Artikel 9-10	34	
15	11	70002	70	Artikel 7-11	28	
16	12	70001	70	Artikel 7-12	19	
17	13	10001	10	Artikel 1-13	15	
18	14	90004	90	Artikel 9-14	7	
19	15	80001	80	Artikel 8-15	4	
20	16	20003	20	Artikel 2-16	3	
21						

4 Starten Sie nun für die Inventurliste den AutoFilter, indem Sie den Bereich A4:E4 markieren und über das Menü *Daten/Sortieren und Filtern/Filtern* die Funktion aufrufen (Excel 2003: Menü *Daten/Auto-Filter*).

5 Wählen Sie über den AutoFilter in Spalte C (*Artikel-Gruppe*) den Eintrag *30*, damit nur Artikel der Artikelgruppe 30 angezeigt werden.

| A6 | | fx | =TEILERGEBNIS(3;BEREICH.VERSCHIEBEN($B$5;0;0;ZEILE()-4;1)) |

	A	B	C	D	E	F
1	**Inventurliste per 30.06.2007**					
2						
3						
4	lfd.-Nr. ▾	Artikel-Nr. ▾	Artikel-Gruppe ▾	Bezeichnung ▾	Menge ▾	
6	1	30003	30	Artikel 3-2	243	
7	2	30002	30	Artikel 3-3	167	
12	3	30001	30	Artikel 3-8	48	
21						

Sie sehen, die fortlaufende Nummerierung wird dynamisch angepasst, und es werden ausschließlich sichtbare Datensätze mit einer Nummer versehen. Ausgeblendete Datensätze werden bei der Nummernvergabe nicht berücksichtigt.

Hinweis

Diese Formel können Sie auch bei der Datensortierung anwenden. Wenn also nur die Daten und nicht die fortlaufende Nummerierung in eine andere Reihenfolge gebracht werden sollen, verwenden Sie anstatt einer statischen fortlaufenden Nummerierung diese dynamische Variante.

Tipp 17: Mehrere unabhängige AutoFilter in einer Tabelle setzen

Ab Excel 2007 können Sie sehr einfach innerhalb ein und derselben Tabelle mehrere voneinander unabhängige AutoFilter setzen.

So geht's:

1 Öffnen Sie zuerst eine leere Tabelle und erfassen Sie in dieser Tabelle in drei unterschiedlichen, d. h. voneinander unabhängigen Bereichen ein paar Überschriften und einige Datensätze.

2 Wenn Sie jetzt jedoch vermuten, dass Sie, wie nachfolgend dargestellt, lediglich die Spaltenüberschriften zu markieren und dann über *Daten/ Sortieren und Filtern* gleichzeitig einen AutoFilter für alle drei Bereiche zu setzen brauchen, werden Sie eine Fehlermeldung erhalten.

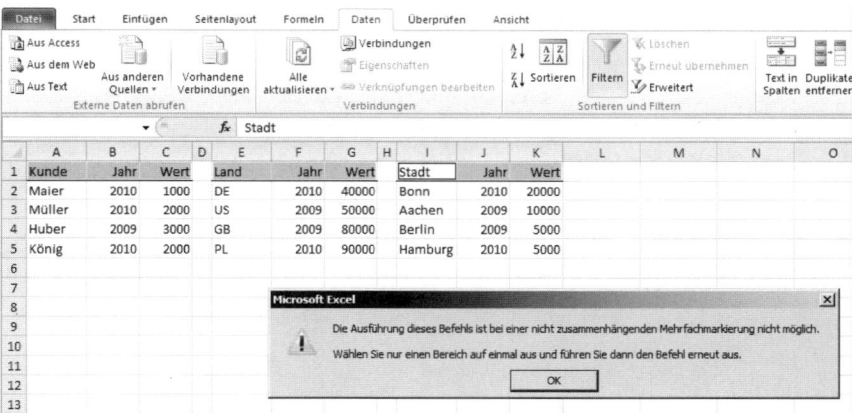

3 Markieren Sie stattdessen zuerst die erste Tabelle, also den Bereich C1:C5, und rufen Sie über *Einfügen/Tabellen* den Befehl *Tabelle* auf.

4 Belassen Sie die Einstellungen im sich nun öffnenden Dialog *Tabelle erstellen* und bestätigen Sie mit *OK*.

5 Nun wird augenblicklich die Tabelle mit Filtermöglichkeiten und einem von Excel vorgegebenen Format angezeigt, das sich übrigens über *Tabellentools/Tabellenformatvorlage* verändern lässt.

6 Wiederholen Sie diese Schritte für die beiden anderen Tabellen, und Sie erhalten dann drei voneinander unabhängige Tabellen, die separat gefiltert werden können.

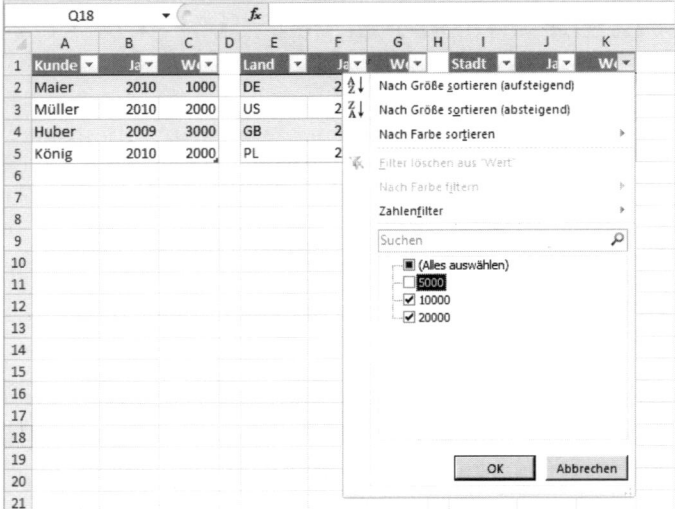

Tipp 18: Die erweiterte Filterfunktion in Excel 2010 – Finden leicht gemacht

Das schnelle und effiziente Auffinden gesuchter Informationen ist von größter Bedeutung. Dies gilt besonders für umfangreiche Datenbestände, bei denen Suchläufe in Tausenden, wenn nicht sogar in Millionen von Elementen ausgeführt werden.

Excel 2010 bietet dazu einen neuen Suchfilter. Dieser steht beim Filtern von Excel-Tabellen, von PivotTables und von PivotCharts gleichermaßen zur Verfügung.

Im Beispiel liegt ein Artikelkatalog mit 500 Artikelnummern und entsprechenden Artikelbezeichnungen vor. Ziel ist es, alle Artikel zu suchen, bei denen in der Artikelkurzbezeichnung die Buchstabenfolge *LG* enthalten ist.

Dieser Tipp zeigt Ihnen, wie Sie mit Excel 2010 die Datensätze noch einfacher durchsuchen und die gewünschten Informationen finden können.

→ Verweis: siehe Kapitel 5.1, Tipp 10

So geht's:

1 Fügen Sie zunächst den AutoFilter zum Artikelkatalog hinzu. Stellen Sie dazu den Zellzeiger auf eine beliebige Zelle innerhalb des Datenbestands und aktivieren Sie den AutoFilter über das Menü *Daten/Filtern*.

2 Klicken Sie in der Spalte *Artikel-Kurzbezeichnung* auf den AutoFilter. Damit öffnen Sie wie gewohnt die AutoFilter-Optionen. Darin befindet sich das neue Feld mit der Bezeichnung *Suchen*.

3 Haben Sie in diesem Feld den Suchbegriff *LG* erfasst, werden die gefundenen Datensätze automatisch in der Trefferliste angezeigt. Dort besteht, genau wie in Excel 2007, die Möglichkeit, die Trefferliste weiter einzuschränken, indem der Haken beim entsprechenden Datensatz entfernt wird.

4 Mit einem Klick auf die Schaltfläche *OK* wird der Artikelkatalog auf die gefundenen Treffer eingeschränkt, und nur noch die Datensätze mit dem Suchbegriff *LG* werden angezeigt. Dass der AutoFilter aktiv ist, lässt sich daran erkennen, dass der Drop-down-Pfeil als Symbol einen Trichter besitzt.

Hinweis

Das Filtersymbol wird auch in Excel 2007 angezeigt. Bis Excel 2003 gibt es kein Symbol, allerdings wird der Drop-down-Pfeil blau eingefärbt.

Tipp 19: Listen mithilfe von Formeln sortieren

Sie können Listen sehr einfach mithilfe einiger weniger Formeln sortieren. Angenommen, in Spalte B befindet sich eine unsortierte Kontenliste, die in der rechts befindlichen Spalte C entweder auf- oder absteigend sortiert angezeigt werden soll.

So geht's:

1 Erfassen Sie zuerst in Zelle B2 eine Gültigkeitsliste mit zwei Einträgen (*aufsteigend* und *absteigend*). Diese beiden Bedingungen werden in einem der folgenden Schritte abgefragt.

2 Tragen Sie dann in Spalte A beginnend mit A5 die Formel =*WENN ($B$2="aufsteigend";ZÄHLENWENN($B$5:$B$9;"<="&B5);ZÄHLENWENN ($B$5:$B$9;">="&B5))* ein. Diese Formel prüft, welche Bedingung in Zelle B2 vorliegt. Sie ermittelt dann über die Funktion *ZÄHLENWENN*, wie viele Einträge im Zellbereich B5:B9 größer bzw. kleiner sind als der Eintrag in der rechts danebenliegenden Zelle, im ersten Fall also der Zelle B5.

3 Jetzt liegt die Sortierreihenfolge fest, und über die Funktion *SVERWEIS* kann nun die Sortierung der Liste erfolgen. Dazu müssen Sie in Spalte C beginnend mit Zelle C5 die Formel =*SVERWEIS(ZEILE()-ZEILE($C$4); $A$5:$B$9;2;FALSCH)* erfassen. Die Funktion *SVERWEIS* sucht nun im Bereich A5:B9 über den Formelteil *ZEILE()-ZEILE($C$4)* – im Fall einer absteigenden Sortierung – für die Zelle C5 den Wert 1 in Spalte A und liefert über den Spaltenindex 2, d. h. aus Spalte B, den gewünschten Eintrag zurück.

4 Nun können Sie über das Drop-down-Feld in Zelle B2 einstellen, ob Sie eine auf- oder eine absteigende Sortierung anzeigen lassen möchten.

	C5	▼ (●	fx	=SVERWEIS(ZEILE()-ZEILE($C$4);$A$5:$B$9;2;FALSCH)

◢	A	B	C
1			
2		aufsteigend	
3			
4	Reihenfolge	ohne Sortierung	Mit Sortierung
5	2	5012 Erlöse Artikel A	5000 Erlöse Artikel E
6	5	5017 Erlöse Artikel B	5012 Erlöse Artikel A
7	4	5013 Erlöse Artikel C	5012 Erlöse Artikel D
8	3	5012 Erlöse Artikel D	5013 Erlöse Artikel C
9	1	5000 Erlöse Artikel E	5017 Erlöse Artikel B
10			

Tipp 20: Liste ohne Leerzeilen mithilfe von Formeln erzeugen

Sie können die Ergebnisse aus einer Liste, die in zwei Spalten Daten sowie Leereinträge beinhaltet, in zwei weiteren Spalten ohne Leereinträge darstellen lassen, ohne dass dabei ein manueller Eingriff notwendig ist.

So geht's:

1 Erfassen Sie zuerst in den Spalten A und B beginnend mit Zeile 5 einige Daten und bauen Sie bewusst zwischen den erfassten Daten Leerräume ein.

2 Tragen Sie nun in die Zelle D5 die Formel =INDIREKT(ADRESSE (KKLEINSTE(WENN($A$5:$A$100<>0;ZEILE($5:$100);96);ZEILE()-4);1)) ein. Schließen Sie die Eingabe mit der Tastenkombination [Strg]+ [Umschalt]+[Enter] ab, um das Ganze mit geschweiften Klammern zu versehen und somit als Matrixformel zu hinterlegen.

3 Erfassen Sie dann in Zelle E5 diese Matrixformel:

=INDIREKT(ADRESSE(KKLEINSTE(WENN($B$5:$B$100<>0;ZEILE($B$5: $IV$100);96);ZEILE()-4);2))

Kopieren Sie nun beide Formeln nach unten.

Die Funktionsargumente:

➤ *INDIREKT:* Diese Funktion liefert den Bezug zur ersten Zelle der ersten Spalte (im Beispiel Spalte A), die einen Wert enthält.

➤ *ADRESSE:* Über diese Funktion wird der Zeilenbezug (in Beispiel Zeile 5) und der Spaltenbezug (in Beispiel Spalte A) geliefert. Während der Spaltenbezug als Wert im zweiten Argument dieser Funktion gesetzt werden kann, muss der Zeilenbezug, der dynamisch ist, mithilfe der Funktion *KKLEINSTE* und einer *WENN*-Bedingung ermittelt werden.

➤ *KKLEINSTE:* Über diese Funktion wird die Zeile mit dem kleinsten Wert zurückgegeben, und bezogen auf Zelle D5 die Zeile, die sich hierbei auf

Rang 1 befindet (in D6 wird ebenfalls die Zeilennummer mit dem kleinsten Wert gesucht, hier aber die Zeilennummer, die sich auf Rang 2 befindet etc.).

> *WENN:* Über das erste Argument dieser Funktion wird zusätzlich geprüft, welche Zeilen überhaupt in Betracht kommen, und das sind eben nur die Zeilen, deren Zellwert in Spalte B ungleich null ist.

| | E5 | | | f_x | {=INDIREKT(ADRESSE(KKLEINSTE(WENN($B$5: | | |
| | | | | | $B$100<>0;ZEILE($B$5:$IV$100);96);ZEILE()-4);2))} | | |
	A	B	C	D	E	F	G
1							
2							
3	Mit Leereinträgen			Ohne Leereinträge			
4	Summe	Jahr		Summe	Jahr		
5	1.000	2006		1.000	2006		
6	2.000	2007		2.000	2007		
7				2.000	2008		
8				1.000	2008		
9				4.000	2003		
10	2.000	2008		5.000	2009		
11				2.500	2009		
12	1.000	2008		3.000	2010		
13				9.000	2011		
14							
15							
16	4.000	2003					
17							
18	5.000	2009					
19	2.500	2009					
20							
21							
22							
23	3.000	2010					

Tipp 21: Dynamische Liste mit Grafiken

Es gibt eine Vielzahl von Anwendungsgebieten, bei denen grafisch unterlegte Listen einen ungemeinen Vorteil bieten, weil die Grafik oder das Bild innerhalb der Liste sofort erkennbar macht, um wen oder was es sich bei der Listenposition handelt. So ermöglichen in Personallisten die Bilder der Personen sehr gute visuelle Zusatzinformationen.

So geht's:

1 Erfassen Sie in einer neuen Tabelle eine kleine Personalliste mit drei Spalten (*PersNr.*, *Person*, *Notiz*).

2 Tragen Sie dann in die Spalte *Person* die Namen der Personen ein, die ausgewählt werden sollen, und machen Sie die Schrift über die Schriftfarbe Weiß unsichtbar. Achten Sie darauf, dass die Zellen in dieser Spalte groß genug sind, um ein Personalbild „aufnehmen" zu können.

3 Kopieren Sie dann das Personalbild in die Zelle und passen Sie auf, dass das Bildobjekt nicht über den Zellenrand hinausreicht.

4   Markieren Sie nun Bild für Bild und klicken Sie dabei mit der rechten Maustaste, um den Befehl *Größe und Eigenschaften* (Excel 2003: *Grafik formatieren*) aufzurufen und den gleichnamigen Dialog zu starten. Wechseln Sie nun zum Register *Eigenschaften* und wählen Sie als *Objektpositionierung* die Option *Von Zellposition und -größe abhängig*.

5   Markieren Sie zum Schluss die Überschriftenzeile und rufen Sie dann über *Daten/Sortieren und Filtern* den Befehl *Filtern* auf, um die Liste mit Filtermöglichkeiten auszustatten (Excel 2003: Menü *Daten/Filter/AutoFilter*).

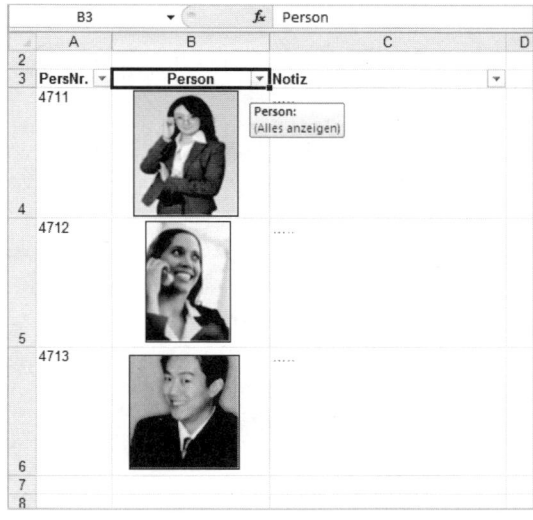

6   Filtern Sie nun über die Spalte mit den Namen die Personen aus, die Sie in der Liste sehen möchten, und beobachten Sie, dass Excel nun nur noch die entsprechenden Personen anzeigt. Das heißt, die übrigen Bilder werden einfach ausgeblendet.

Tipp 22: Letzten Wert einer Spalte ermitteln

In einigen meist umfangreichen Listen ist es manchmal von Vorteil, wenn der letzte Wert in einer Spalte auf den ersten Blick ersichtlich wird. Das lässt sich am besten über eine selbst programmierte Funktion realisieren. Dieser Funktion wird die Spaltennummer übergeben, in der der letzte Wert innerhalb dieser Spalte auftaucht.

So geht's:

1   Öffnen Sie eine neue Arbeitsmappe und erstellen Sie eine Tabelle mit diversen Werten.

2   Drücken Sie die Tastenkombination [Alt]+[F11], um in die Entwicklungsumgebung von Excel zu gelangen.

3   Dort wählen Sie aus dem Menü *Einfügen* den Befehl *Modul* und erfassen die folgende benutzerdefinierte Funktion:

Listing 1:

```
Function LeSp(Spalte As Integer)
Application.Volatile
  LeSp = Cells(Cells(14, Spalte).End(xlUp).Row, Spalte).Value
End Function
```

Listing 2:

```
Function LeZe(Zeile As Integer)
Application.Volatile
  LeZe = Cells(Zeile, Cells(Zeile,
  16).End(xlToLeft).Column).Value
End Function
```

4 Wechseln Sie wieder zurück in Ihre Excel-Tabelle. Erfassen Sie dann in einer Spalte, die Werte enthält, unterhalb der Einträge die Formel *=leSp (SPALTE())* und schließen Sie die Eingabe mit der Tastenkombination ⌈Strg⌉+⌈Enter⌉ ab.

5 Wie Sie unschwer erkennen können, gibt die benutzerdefinierte Funktion nun den letzten Wert innerhalb der Spalte zurück.

	A	B	C	D	E
1					
2			Region A	Region B	Region C
3		Artikel 1		500,00	
4		Artikel 2	100,00		
5		Artikel 3		200,00	
6		Artikel 4		100,00	300,00
7		Artikel 5			
8		Artikel 6	74,00		
9		Artikel 7			300,00
10		Artikel 8	500,00		
11		Artikel 9	150,00		
12		Artikel 10			
13		Artikel 11	160,00		
14		Artikel 12			
15					
16		letzter Wert	160,00	100,00	300,00
17					

C16 ▾ ◉ *fx* =leSp(SPALTE())

5.2 Was-wäre-wenn-Analysen, Zielwertsuche und Solver

Die Excel-Zielwertsuche und der Excel-Solver sind leistungsfähige Instrumente, um veränderbare Zellen an einen bestimmten Zielwert anzupassen. Dieser Abschnitt beschäftigt sich mit dem sinnvollen Einsatz der beiden Instrumente und erläutert sie anhand einiger Praxisbeispiele.

Tipp 1: Endkapital einer Geldanlage über die Zielwertsuche ermitteln

Die Zielwertsuche arbeitet iterativ, indem der zu variierende Parameter zuerst in größeren und dann in immer kleiner werdenden Schritten verändert wird. Nachdem die Veränderung vorgenommen wurde, wird die gesamte Tabelle neu berechnet und der Inhalt der Zielzelle mit dem gewünschten Zielwert verglichen. Die Zielzelle wird so lange verändert, bis der gewünschte Zielwert erreicht ist.

In diesem Beispiel soll mithilfe der Zielwertsuche ermittelt werden, welcher Betrag heute zu einem Zinssatz von 4,40 % angelegt werden muss, damit in 15 Jahren ein Rückzahlungsbetrag von 75.000 Euro erreicht wird.

So geht's:

Sehen Sie sich zunächst die Ausgangsdaten etwas näher an.

Ausgehend von den fixen Eckdaten Zinssatz und Laufzeit in Jahren soll der Kapitalanlagebetrag ermittelt werden, der als Rückzahlungsbetrag 75.000 Euro erzielt.

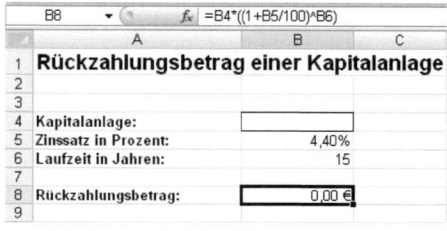

Die Formel in Zelle B8 zur Ermittlung des Rückzahlungsbetrags (Endwerts) lautet wie folgt: $=B4*((1+B5)\char`^B6)$.

1 Starten Sie dazu die Zielwertsuche über das Menü *Daten/Datentools/ Was-wäre-wenn-Analyse/Zielwertsuche* (Excel 2003: Menü *Extras/Zielwertsuche*).

2 Im sich öffnenden Dialogfenster *Zielwertsuche* geben Sie im Feld *Zielzelle* den Bezug zu Zelle B8, im Feld *Zielwert* den Wert 75000 und im Feld *Veränderbare Zelle* den Bezug zu Zelle B4 ein.

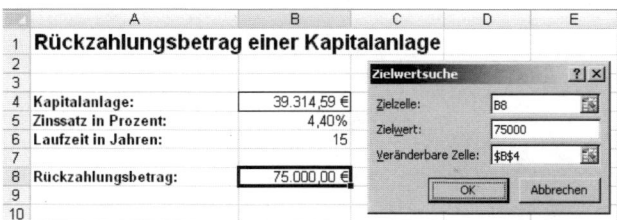

3 Nachdem Sie das Dialogfenster mit einem Klick auf die Schaltfläche *OK* beendet haben, wird als Anlagebetrag der Wert 39.314,59 Euro ermittelt. Das bedeutet, Sie müssen diesen Betrag heute anlegen, um in 15 Jahren bei einem gleichbleibenden Zinssatz von 4,40 % ein Endkapital von 75.000 Euro zu erzielen.

Hinweis

Alternativ können Sie zur Ermittlung des Rückzahlungsbetrags auch die Tabellenfunktion *ZW()* verwenden. Tragen Sie dazu in Zelle B8 folgende Formel ein:

=ZW(B5;B6;0;-B4)

Tipp 2: Break-even-Analyse mithilfe der Zielwertsuche

Dieses Beispiel zeigt, wie mit der Zielwertsuche eine Break-even-Analyse durchgeführt werden kann. Es soll ermittelt werden, wie hoch der Verkaufspreis bei einer angenommenen Verkaufsmenge von 12.000 Stück sein muss, wenn folgende Kosten abgedeckt werden müssen: variable Kosten pro Stück in Höhe von 18,63 Euro und Fixkosten in Höhe von 125.000,00 Euro. Die entsprechenden Formeln zur Ermittlung der Ergebnisse sehen Sie in Spalte D.

So geht's:

1 Starten Sie den Befehl über das Menü *Daten/Datentools/Was-wäre-wenn-Analyse/Zielwertsuche* (Excel 2003: Menü *Extras/Zielwertsuche*).

2 Im Dialogfenster *Zielwertsuche* erfassen Sie die Parameter, wie in folgender Abbildung zu sehen.

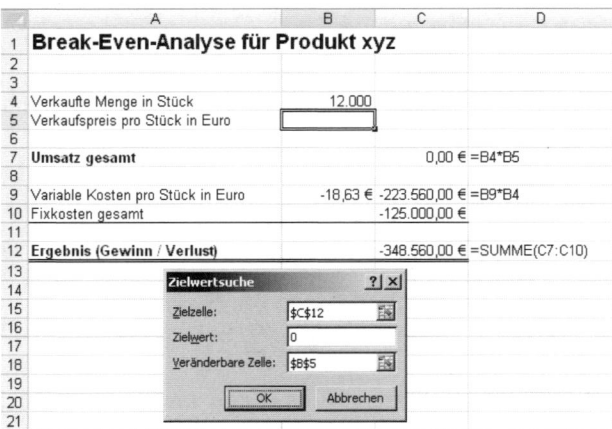

3 Beenden Sie das Dialogfenster mit einem Klick auf die Schaltfläche *OK*.

	A	B	C	D
1	**Break-Even-Analyse für Produkt xyz**			
2				
3				
4	Verkaufte Menge in Stück	12.000		
5	Verkaufspreis pro Stück in Euro	29,05 €		
6				
7	**Umsatz gesamt**		348.560,00 €	=B4*B5
8				
9	Variable Kosten pro Stück in Euro	-18,63 €	-223.560,00 €	=B9*B4
10	Fixkosten gesamt		-125.000,00 €	
11				
12	**Ergebnis (Gewinn / Verlust)**		0,00 €	=SUMME(C7:C10)
13				

Das iterative Verfahren der Zielwertsuche ermittelt bei einer Verkaufsmenge von 12.000 Stück einen Stückverkaufspreis von 29,05 Euro bei gegebener Kostensituation. Damit wird ein ausgeglichenes Ergebnis (Break-even) erzielt. Jeder weitere Verkauf erhöht den Gewinn um 29,05 Euro.

Tipp 3: Komplexe Rechnungen „lösen": Grundlagen des Solvers

Der Begriff Solver entstammt dem englischen Wort „to solve", was so viel wie „lösen" bedeutet. Genau das beschreibt die Funktion des Solvers. Er löst Rechnungen mit mehreren Variablen unter Berücksichtigung verschiedener Nebenbedingungen. Er forscht nach den bestmöglichen Werten für die Zielzelle. Dies schafft er, indem er die Zielzelle so lange variiert, bis das gewünschte Ergebnis erreicht ist. Bei der Zielwertsuche kann nur eine einzige veränderliche Zelle variiert werden, beim Solver geht das mit mehreren gleichzeitig. Der Solver schließt also die einfache Zielwertsuche ein.

So lassen sich mit dem Solver Probleme mit bis zu 200 Unbekannten (Variablen) und einer unbegrenzten Anzahl von Nebenbedingungen lösen. Die Anzahl der Nebenbedingungen ist nur vom verfügbaren Arbeitsspeicher abhängig. In der Praxis sollte dasa in den allermeisten Fällen ausreichend sein.

So geht's: Aktivieren des Solvers

Sollten Sie das Add-in Solver noch nicht eingebunden haben, holen Sie das jetzt nach. Gehen Sie dazu wie folgt vor.

1 Starten Sie den Add-Ins-Manager über das Menü *Datei/Optionen/ Add-Ins* (Excel 2007: Menü *Office/Excel-Optionen/Add-Ins*; Excel 2003:

Menü *Extras/Add-Ins*). Wählen Sie im Drop-down-Menü *Verwalten* den Eintrag *Excel-Add-Ins* und klicken Sie auf die Schaltfläche *Gehe zu*.

2 Setzen Sie im Dialogfenster *Add-Ins* (Excel 2003: *Verfügbare Add-Ins*) beim Eintrag *Solver* einen Haken.

3 Mit einem Klick auf die Schaltfläche *OK* wird der Solver in Excel eingebunden und steht für alle weiteren Aktionen zur Verfügung.

So geht's: Die Grundfunktionalitäten des Solvers

Gestartet wird der Solver über das Menü *Daten/Analyse/Solver* (Excel 2003: Menü *Extras/Solver*).

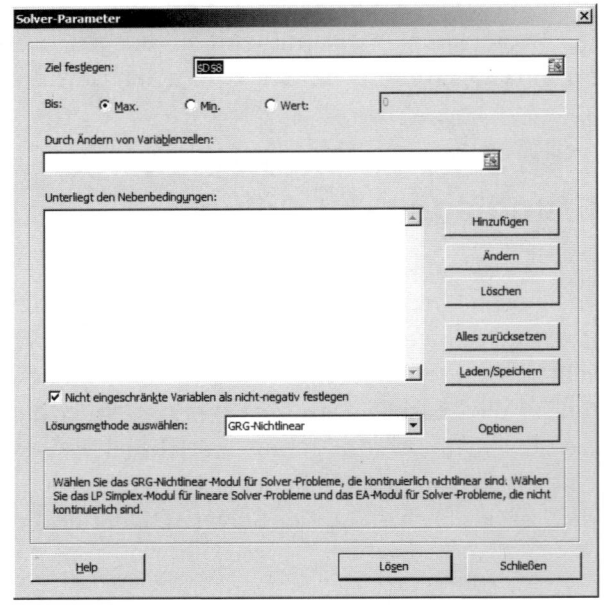

Wie die Abbildung zeigt, muss zuerst die Zielzelle angegeben werden, die das gewünschte Ergebnis enthält. Die Zielzelle muss stets eine Formel enthalten, in der mindestens eine veränderbare Zelle mitwirkt.

Als Zielwert können Sie zwischen den Extremwerten *Max.* (Maximum), *Min.* (Minimum) und einem frei einzugebenden *Wert* auswählen, den die Zielzelle annehmen soll. In betriebswirtschaftlichen Aufgabenstellungen sind das sehr oft der Gewinn, das Betriebsergebnis, der Deckungsbeitrag, die Kosten etc.

Anschließend legen Sie die veränderbaren Zellen fest, die Excel variieren soll, um das gewünschte Ergebnis (Zielwert) in der Zielzelle zu erreichen. Im Gegensatz zur Zielwertsuche können hier bis zu 200 veränderbare Zellen angegeben werden. Dabei können Sie sowohl ganze Zellbereiche als auch einzelne Zellen als veränderbare Zellen festlegen.

Das Listenfeld *Nebenbedingungen* dient der Festlegung von Beschränkungen, die Excel bei der Lösungsfindung berücksichtigen soll. Nebenbedingungen stellen somit Wertebereiche dar, die bei der Ergebnisermittlung nicht über- bzw. unterschritten werden dürfen. Geben Sie Excel über die Möglichkeit der Nebenbedingungen bekannt, in welchen Grenzen der jeweilige Parameter variiert werden darf. Unter *Nebenbedingungen* können Sie übrigens nicht nur Konstanten, sondern auch Zellbezüge angeben.

Die über die Schaltfläche *Optionen* erreichbaren Einstellungen können in den meisten Fällen ohne Veränderungen übernommen werden.

Tipp 4: Optimierungsrechnung – Ermittlung des optimalen Deckungsbeitrags unter Berücksichtigung von Engpässen

Dieses Beispiel zeigt anhand einer Deckungsbeitragsrechnung, wie der Solver in der Praxis eingesetzt werden kann. Ein Unternehmen stellt zwei verschiedene Produkte mit unterschiedlichen Stückdeckungsbeiträgen her. Zur Produktion werden jeweils drei unterschiedliche Maschinen benötigt. Natürlich haben die Maschinen Auslastungsgrenzen, die nicht überschritten werden können und dürfen. Diese Auslastungsgrenzen stellen auch den limitierenden Faktor dar. Das bedeutet, es können nicht beliebig viele Produkte erzeugt werden. Die Kunst besteht nun darin, die optimale Produktionsmenge für Produkt A und Produkt B zu ermitteln, bei der der größte Gesamtdeckungsbeitrag erzielt wird.

So geht's:

Zur Verdeutlichung der Problematik sehen Sie sich zunächst die Ausgangstabelle etwas näher an.

	A	B	C	D
1	**Maximierung des Deckungsbeitrages**			
2				
3				
4		Produkt A	Produkt B	
5	Erlös pro Einheit	320,00 €	490,00 €	
6	variable Stückkosten	250,00 €	435,00 €	
7	= DB pro Stück	70,00 €	55,00 €	
8				
9				
10	produzierte Menge in Stück	75	80	
11	Deckungsbeitrag gesamt je Produkt	5.250,00	4.400,00	
12				
13	**Gesamter Deckungsbeitrag**		9.650,00	
14				
15				
16	Fertigungszeiten in Stunden [h]	Produkt A	Produkt B	
17	Maschine 1	1,25	2,00	
18	Maschine 2	1,50	1,00	
19	Maschine 3	1,00	2,00	
20				
21	**Kapazitäten**	**genutzt**	**verfügbare**	
22	Maschine 1	253,75	255,00	
23	Maschine 2	192,50	220,00	
24	Maschine 3	235,00	240,00	
25				

Die folgende Tabelle gibt einen Überblick über alle Formeln des Kalkulationsmodells:

Zelle	Formel
B7	=B5-B6
C7	=C5-C6
B11	=B7*B10
C11	=B7*B10
C13	=SUMME(B11:C11)
B22	=B17*$B$10+C17*$C$10
B23	=B18*$B$10+C18*$C$10
B24	=B19*$B$10+C19*$C$10

Ziel ist es nun, zu ermitteln, ob bei der Verteilung von 75 Stück Produkt A und 80 Stück Produkt B der optimale Deckungsbeitrag erzielt wird oder ob eine andere Verteilung zu einem höheren Deckungsbeitrag führt. Dabei muss immer bedacht werden, dass die genutzten Maschinenstunden im Bereich B22:B24 niemals die maximal verfügbaren Stunden im Bereich C22:C24 übersteigen dürfen. Zur Lösung dieser Fragestellung bietet sich der Solver geradezu an.

1   Starten Sie den Solver über das Menü *Daten/Analyse/Solver* (Excel 2003: Menü *Extras/Solver*).

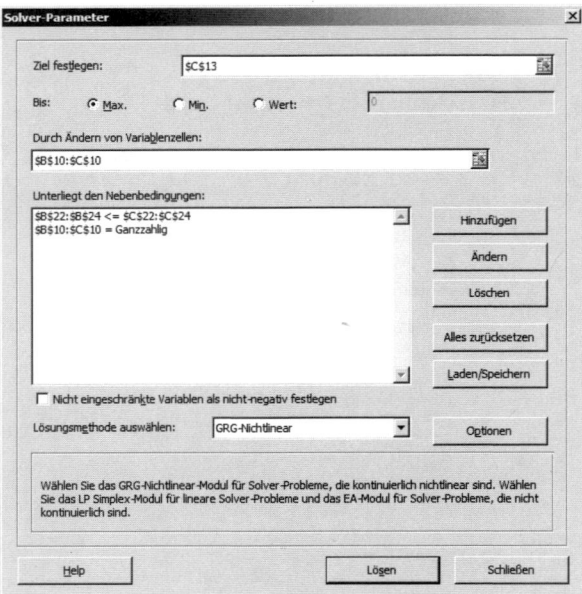

2 Erfassen Sie folgende Solver-Parameter: Als *Zielzelle* erfassen Sie den Zellbezug *C13*, als *Zielwert* aktivieren Sie die Option *Max*. Im Feld *Veränderbare Zellen* geben Sie den Zellbezug B10:C10 ein; die *Nebenbedingungen* können Sie eingeben, indem Sie auf die Schaltfläche *Hinzufügen* klicken und folgende Nebenbedingungen definieren: *B22:B24<= C22:C24* und *B10:C10 = Ganzzahlig*.

Hinweis

Die eingetragenen Solver-Parameter lassen sich auch speichern. Gehen Sie dazu wie folgt vor:

1. Klicken Sie auf die Schaltfläche *Optionen*.
2. Klicken Sie im Fenster *Optionen* auf die Schaltfläche *Modell speichern* und wählen Sie einen Zellbereich aus, in dem die Parameter abgelegt werden sollen.
3. Nachdem Sie das Dialogfenster über die Schaltfläche *OK* beendet haben, werden sämtliche Parameter auf das Tabellenblatt übertragen.
4. Wenn Sie ein so gespeichertes Modell wieder laden möchten, können Sie das erreichen, indem Sie im *Optionen*-Fenster auf die Schaltfläche *Modell laden* klicken.

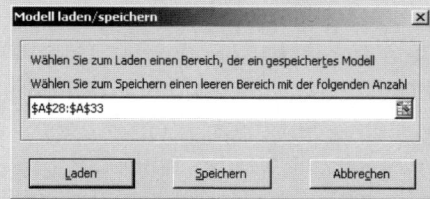

Mehr zu den Optionen finden Sie in der Onlinehilfe von Excel.

---

3 Nachdem alle Parameter ordnungsgemäß erfasst sind, klicken Sie auf die Schaltfläche *Lösen*. Damit berechnet Excel den Maximalwert für den Deckungsbeitrag in Zelle C13 unter Berücksichtigung der definierten Nebenbedingungen.

Durch die Optimierung konnte der Deckungsbeitrag von 9.650,00 Euro auf 10.775,00 Euro erhöht werden. Die optimalen Produktionsmengen betragen somit 106 Stück Produkt A und 61 Stück Produkt B. Wenn Sie sich nun noch den Bereich der genutzten Produktionsstunden ansehen, stellen Sie fest, dass sämtliche Nebenbedingungen eingehalten wurden.

	A	B	C	D
1	**Maximierung des Deckungsbeitrages**			
2				
3				
4		Produkt A	Produkt B	
5	Erlös pro Einheit	320,00 €	490,00 €	
6	variable Stückkosten	250,00 €	435,00 €	
7	= DB pro Stück	70,00 €	55,00 €	
8				
9				
10	produzierte Menge in Stück	106	61	
11	Deckungsbeitrag gesamt je Produkt	7.420,00	3.355,00	
12				
13	**Gesamter Deckungsbeitrag**		10.775,00	
14				
15				
16	Fertigungszeiten in Stunden [h]	Produkt A	Produkt B	
17	Maschine 1	1,25	2,00	
18	Maschine 2	1,50	1,00	
19	Maschine 3	1,00	2,00	
20				
21	**Kapazitäten**	genutzt	verfügbare	
22	Maschine 1	254,50	255,00	
23	Maschine 2	220,00	220,00	
24	Maschine 3	228,00	240,00	
25				

Hinweis

Die Nebenbedingung *Ganzzahlig* für die Zellen B10 und C10 ist notwendig, da nur ganze Produkte und keine Teile davon hergestellt werden können. Es dürfen also keine Dezimalzahlen in diesem Bereich ermittelt werden.

Sobald die Lösung gefunden ist, erhalten Sie noch einen kurzen Überblick über die Berichte, die der Solver zu bieten hat. Zur endgültigen Übernahme des Ergebnisses blendet der Solver ein Dialogfenster ein, in dem Sie entscheiden können, ob die Lösung verwendet werden soll oder ob die Ausgangswerte wiederhergestellt werden sollen. Bevor Sie das Fenster mit *OK* beenden, können Sie im Listenfeld *Berichte* drei verschiedene Berichte mit gedrückter Strg-Taste auswählen.

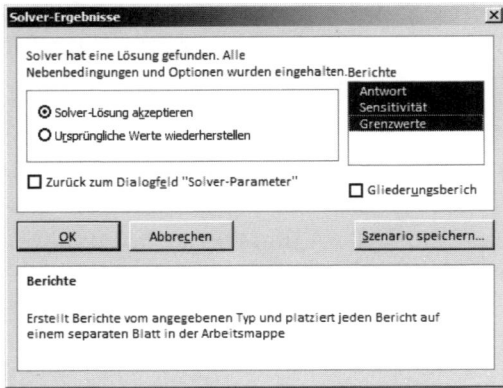

1. *Antwort*-Bericht

Die *Antwort* enthält alle relevanten Informationen zur gefundenen Lösung. So finden Sie dort den Ausgangs- und Lösungswert für die Zielzelle. Im zweiten Abschnitt des *Antwort*-Berichts finden Sie Informationen zu den veränderbaren Zellen. Auch hier sind jeweils der Ausgangs- und der Lösungswert der veränderbaren Zellen dargestellt. Im dritten und letzten Abschnitt dieses Berichts erhalten Sie einen Überblick über die Nebenbedingungen, die zur Ermittlung der Lösung erforderlich sind. Sie sehen dort den Zellwert der Nebenbedingung nach dem Lösungsvorschlag des Solvers. Das Feld *Status* gibt Auskunft darüber, ob die Lösung den vorgegebenen Grenzwert erreicht hat (*Einschränkend*) oder nicht.

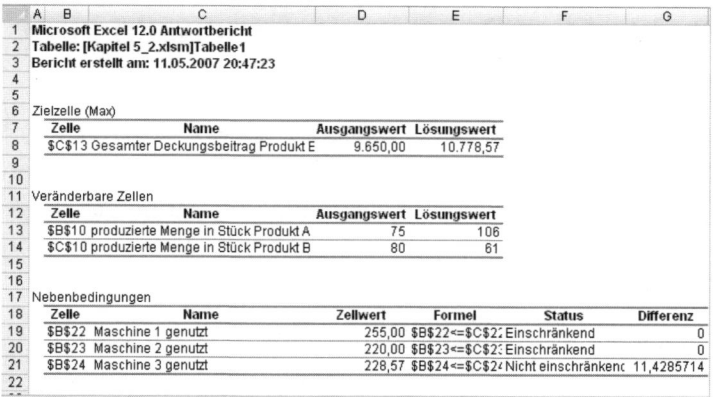

2. *Grenzwerte*-Bericht

Der *Grenzwerte*-Bericht gibt Auskunft über die Zielzelle und die gefundene Lösung. Darüber hinaus zeigt der Bericht, welche Grenzwerte für die veränderbaren Zellen gelten und wie sich das Zielergebnis bei Betrachtung dieser Grenzwerte darstellt.

3. *Sensitivität*-Bericht

Die Sensitivitätsanalyse ist ein Verfahren zur Abschätzung des Risikos durch Variation einzelner (oder mehrerer) ungewisser Input-Größen. Der *Sensitivität*-Bericht zeigt den Lösungsendwert aller variierbaren Zellen sowie den reduzierten Gradienten an.

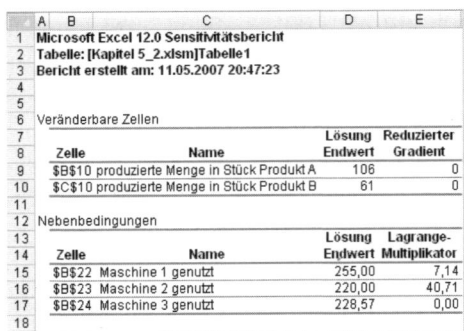

Tipp 5: Verschiedene Berechnungsmodelle über die Funktion Mehrfachoperation vergleichen

Mehrfachoperationen bieten die Möglichkeit, Berechnungen mit einer oder zwei Variablen durchzuführen. In diesem Beispiel sollen ausgehend von einem definierten Startkapital verschiedene Rückzahlungsbeträge (Endwerte) für unterschiedliche Zinssätze und unterschiedliche Laufzeiten berechnet werden.

So geht's:

1 Legen Sie im ersten Schritt das Modell zur Berechnung des Endkapitals an. Erfassen Sie dazu die Parameter *Startkapital*, *Laufzeit* und *Zinssatz*. Die Formel zu Ermittlung des Endkapitals in Zelle B8 lautet *=ZW(B6;B5;0;-B4)*.

2 Erfassen Sie in den Zellen C8 bis K8 Zinssätze von 4,00 bis 6,00 % in Schritten von 0,25 % und im Bereich B9:B19 Jahresangaben von 7,5 bis 12,5 Jahren in Schritten von 0,5 Jahren.

	B8		f_x	=ZW(B6;B5;0;-B4)						
	A	B	C	D	E	F	G	H	I	J	K
1	**Laufzeiten und Zinssätze vergleichen**										
2											
3											
4	Startkapital	25.000,00 €									
5	Laufzeit in Jahren	10									
6	Zinssatz	4,50%									
7											
8	Endkapital	38.824,24 €	4,00%	4,25%	4,50%	4,75%	5,00%	5,25%	5,50%	5,75%	6,00%
9		7,5									
10		8									
11		8,5									
12		9									
13		9,5									
14		10									
15		10,5									
16		11									
17		11,5									
18		12									
19		12,5									
20											

3 Zur Ermittlung der Berechnungsergebnisse für alle Schnittpunkte in der Matrix müssen Sie den gesamten Zellbereich von Zelle B8 bis K19 markieren.

4 Starten Sie den Befehl *Datentabelle* über das Menü *Daten/Datentools/ Was-wäre-wenn-Analyse/Datentabelle* (Excel 2003: Menü *Daten/Tabelle*).

5 Im Feld *Werte aus Zeile* erfassen Sie den Bezug B6 *(Zinssatz)*. In das Feld *Werte aus Spalten* geben Sie den Bezug B5 *(Laufzeit in Jahren)* an.

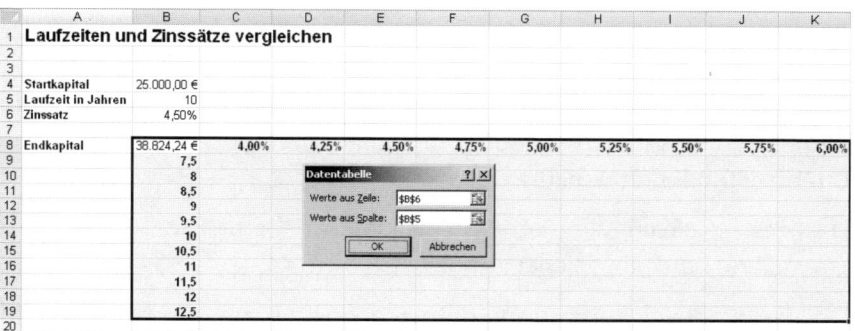

6 Wenn Sie das Dialogfenster mit einem Klick auf die Schaltfläche *OK* beenden, wird die Berechnungslogik aus Zelle B8 in den gesamten Zellbereich als Mehrfachoperation eingefügt. Das Ergebnis sieht wie folgt aus:

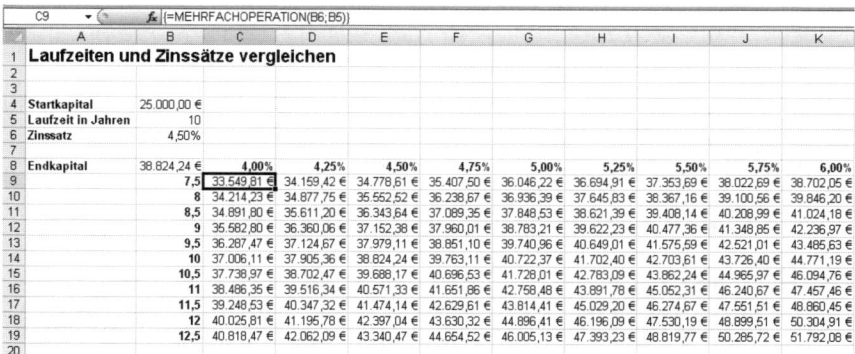

Beachten Sie, dass in die Matrix nicht die angepasste Formel aus Zelle B8 eingetragen wird, sondern die Berechnung mit der Tabellenfunktion *MEHRFACHOPERATIONEN()* durchgeführt wird.

Auf diese Weise haben Sie nun einen guten Überblick über alle möglichen Varianten zur Anlage des Startkapitals.

Hinweis

Da es sich bei der Funktion *MEHRFACHOPERATIONEN()* um eine Matrixfunktion handelt, können einzelne Teile daraus nicht gelöscht werden.

5.3 PivotTables zeitsparend und nutzbringend einsetzen

Die PivotTable ist ein sehr leistungsstarkes und überaus flexibel einsetzbares Werkzeug, wenn es darum geht, große dynamische Datenmengen zu organisieren und zu analysieren. Durch die interaktive Darstellungsweise von PivotTables lassen sich über den Datenbestand verschiedene Berechnungsmethoden und Sichtweisen legen.

Dabei ist es gleichgültig, ob die Quelldaten in einer Excel-Tabelle oder in einer Datenbank gespeichert sind.

Der Begriff Pivot kommt aus dem Französischen, „se pivoter" bedeutet „sich drehen". Damit ist gemeint, dass Zeilen und Spalten in einer Pivot-Table beliebig gedreht, umgestellt und positioniert werden können, um unterschiedliche Darstellungs- und Analysesichten für komplexe Datenbestände zu ermöglichen.

Dieser Abschnitt geht auf die wesentlichen Funktionalitäten von Pivot-Tables ein. Es wird nicht der Anspruch gestellt, den gesamten Funktionsumfang im Detail zu erläutern, sondern Sie erfahren anhand von klar umrissenen Praxisbeispielen, welche grundsätzlichen Möglichkeiten Pivot-Table-Berichte bieten.

Tipp 1: Allgemeine Regeln im Umgang mit einer PivotTable

Zur Erstellung einer PivotTable sind einige grundsätzliche Regeln zu beachten, die nachfolgend erläutert werden.

So geht's: Allgemeines zur PivotTable

➢ Eine PivotTable bietet sich an, wenn es um die Auswertung von großen Datenmengen geht.

➢ Über einen PivotTable-Assistenten lassen sich PivotTables schnell und leicht aufbauen.

> ➤ Durch die Flexibilität lassen sich Zeilen und Spalten beliebig verschieben. Damit werden unterschiedliche Sichtweisen über den Quellbereich gelegt.

> ➤ Daten sollten möglichst in ihrer Rohform vorliegen, es sollten noch keine Formelergänzungen, Verdichtungen oder andere Aufbereitungen durchgeführt worden sein.

> ➤ Die Datenliste darf nur eine Überschrift haben, wobei die Überschriften eindeutig sein müssen, d. h., es dürfen keine doppelten Überschriften vorhanden sein.

> ➤ Die Datenliste sollte keine Teilergebnisse, keine leere Zeilen oder leere Spalten besitzen.

So geht's: Arbeiten mit verschiedenen Excel-Versionen

In jeder neuen Excel-Version wurden weitere Features für PivotTable-Berichte hinzugefügt. So unterscheiden sich PivotTable-Berichte in den Versionen 2010, 2007, 2002/2003 und 2000 voneinander. Wichtig zu wissen ist, dass die Funktion abwärtskompatibel ist. Das bedeutet, in Excel 2010 lassen sich alle Features älterer Versionen ohne Probleme nutzen. Sie können PivotTables der aktuellen Versionen ebenfalls im gewünschten Vorgängerformat abspeichern. Damit lassen sich PivotTable-Berichte, die mit Excel 2010 bearbeitet wurden, auch hinterher mit den Vorgängerversionen Excel 2007, 2003 und älter öffnen und bearbeiten.

Tipp 2: Excel 2010 und die verbesserten PivotTable-Funktionen

In Excel 2010 wurden die PivotTable-Funktionen im Detail verbessert. Die nachfolgende Auflistung gibt einen Überblick über die Änderungen in Excel 2010.

Verbesserte Leistung

Das Multithreading sorgt in Excel 2010 für eine verbesserte Gesamtleistung der PivotTables. Beim Arbeiten mit großen Datenmengen werden schnellere Ergebnisse erzielt. So werden Sortier- und Filtervorgänge schneller abgearbeitet.

PivotTable-Beschriftungen

Neu ist, dass Beschriftungen in einer PivotTable nach unten ausgefüllt werden können. Darüber hinaus besteht die Möglichkeit, Beschriftungen zu wiederholen, um so Elementbeschriftungen von geschachtelten Feldern in allen Zeilen und Spalten anzuzeigen.

Erweiterte Filterung

Die Filterfunktion wurde verbessert, um auch die Analyse großer Datenmengen zu ermöglichen. In Excel 2010 wurde das Filtern auf mehrere Elemente erheblich beschleunigt, und es werden auch nicht sichtbare Daten wie beispielsweise ausgeblendete Elemente in Summen in den Filtervorgang eingeschlossen.

Mithilfe der neu eingefügten Datenschnittfunktion können Daten in einer PivotTable mit einem Klick gefiltert werden, ohne dass dafür weitere Menüs geöffnet werden müssen.

➔ Verweis: siehe Kapitel 5.3. Tipp 10

Elementsuche

Excel 2010 ermöglicht das Suchen von Elementen in PivotTables, sodass der Benutzer mit Feldern und Spalten arbeiten kann, die eine große Anzahl von Elementen aufweisen. Mit der Elementsuche kann der Benutzer die relevanten Elemente in Tausenden oder sogar Millionen von Zeilen in einer PivotTable finden.

Zurückschreiben

Zurückschreiben ist eine wichtige Funktion für die Arbeit mit Daten in Analysis-Services-Cubes oder anderen OLAP-Cubes. Die Zurückschreibfunktion wird in einer Vielzahl unterschiedlicher Szenarien benötigt, wozu beispielsweise die Erfassung von Planungsdaten oder die Budgeterstellung zählen.

In Excel 2010 können Sie die Werte von PivotTables ändern und veranlassen, dass diese Werte in den Daten-Cube auf dem OLAP-Server zurückgeschrieben werden. Danach können Sie die Zurückschreibfunktion im „Was-wäre-wenn-Modus" verwenden und anschließend ein Rollback der Änderungen durchführen, wenn Sie sie nicht mehr benötigen, oder Sie können die Daten übernehmen, indem Sie die Änderungen speichern. Die Funktion *Zurückschreiben* kann in Verbindung mit jedem OLAP-Provider verwendet werden, der die Anweisung *UPDATE CUBE* unterstützt.

Feature Werte anzeigen als

Mit diesem neuen Feature kann eine Reihe neuer Berechnungen automatisch durchgeführt werden. Dazu zählen z. B.:

- ➤ % des Vorgängerzeilen-Gesamtergebnisses
- ➤ % des Vorgängerspalten-Gesamtergebnisses
- ➤ % des Vorgänger-Gesamtergebnisses
- ➤ % Ergebnis
- ➤ Rangfolge nach Größen aufsteigend
- ➤ Rangfolge nach Größen absteigend

PivotChart-Verbesserungen

Das direkte Filtern von Daten in einem PivotChart-Bericht und die Neuanordnung des Diagrammlayouts durch Hinzufügen und Entfernen von Feldern ist einfacher geworden. Darüber hinaus können mit einem einzigen Mausklick alle Feldschaltflächen im PivotChart-Bericht ausgeblendet werden.

Tipp 3: Erstellung der ersten einfachen PivotTable

Als Beispieltabelle dient eine Verkaufsliste, die analysiert und ausgewertet werden soll. Diese Verkaufsliste ist wie folgt aufgebaut:

	A	B	C	D	E	F	G	H	I
1	Verkaufsliste Juli 2007								
2									
3	Kunde	Region	Groß-händler	Artikel-gruppe	Artikel-nummer	Einzelpreis	Menge	Umsatz	
4	Kaiser	Nord	Ja	Art.Gr. E	1636E	45,23	15	678,45	
5	Kaiser	Nord	Nein	Art.Gr. E	2769E	77,21	35	2.702,35	
6	Wiesner	Ost	Ja	Art.Gr. C	1328C	113,94	2	227,88	
7	Kling	Mitte	Ja	Art.Gr. E	4458E	15,98	23	367,54	
8	Schmidt	Ost	Ja	Art.Gr. A	7248A	163,41	22	3.595,02	
9	Kaiser	Mitte	Ja	Art.Gr. A	1044A	112,07	47	5.267,29	
10	Kaiser	West	Ja	Art.Gr. C	9452C	27,28	3	81,84	
11	Nesvadba	Mitte	Ja	Art.Gr. E	9667E	124,02	4	496,08	
12	Klein	West	Nein	Art.Gr. B	1381B	18,45	28	516,60	
13	Walter	Süd	Nein	Art.Gr. E	3654E	21,75	17	369,75	
14	Kaiser	West	Ja	Art.Gr. B	9885B	82,00	4	328,00	
15	Bergler	West	Ja	Art.Gr. A	3524A	29,27	40	1.170,80	
16	Schneider	Süd	Nein	Art.Gr. A	1248A	73,59	5	367,95	
17	Kleichlich	Nord	Nein	Art.Gr. B	1251B	23,65	46	1.087,90	
18	Schmidt	Ost	Ja	Art.Gr. C	7087C	21,40	28	599,20	
19	Krüger	Nord	Nein	Art.Gr. B	8799B	148,28	27	4.003,56	
20	Bunny	Mitte	Ja	Art.Gr. E	9517E	96,63	37	3.575,31	
21	Walter	Süd	Nein	Art.Gr. C	4238C	193,14	23	4.442,22	
22	Baumann	West	Nein	Art.Gr. C	4834C	153,25	13	1.992,25	
23	Klein	West	Nein	Art.Gr. D	5004D	79,09	22	1.739,98	
24	Kaiser	Nord	Ja	Art.Gr. C	3367C	123,80	9	1.114,20	
25	Kling	Nord	Ja	Art.Gr. C	7016C	6,10	42	256,20	
26	Wiesner	Ost	Ja	Art.Gr. C	1369C	47,79	25	1.194,75	
27	Baumann	West	Nein	Art.Gr. A	3477A	71,43	9	642,87	
28	Walter	Süd	Nein	Art.Gr. B	4854B	137,35	23	3.159,05	
29	Braun	Ost	Ja	Art.Gr. B	2289B	178,61	34	6.072,74	
30	Mertens	West	Nein	Art.Gr. B	9079B	137,75	39	5.372,25	
31	Clausen	Süd	Nein	Art.Gr. B	8381B	53,13	26	1.381,38	
32	Nesvadba	Mitte	Ja	Art.Gr. C	1109C	150,87	2	301,74	
33	Schmidt	Ost	Ja	Art.Gr. B	4549B	113,61	24	2.726,64	

H ◀ ▶ H 5.3 Tipp2 Tabelle6

Die Verkaufsliste beinhaltet folgende Datenfelder:

Datenfeld	Erläuterung
Kunde	Name des Kunden
Region	Verkaufsregion
Großhändler	Großhändler (*Ja/Nein*) – bezieht sich auf jeden einzelnen Verkauf
Artikelgruppe	Bezeichnung der Artikelgruppe, zu der der Artikel gehört
Artikelnummer	eindeutige Nummer für den jeweiligen Artikel
Einzelpreis	Verkaufspreis pro Stück
Menge	Anzahl verkaufte Stücke
Umsatz	Umsatz gesamt (Verkaufsmenge x Verkaufspreis pro Stück)

Ziel ist es nun, zu ermitteln, welche Umsätze mit den jeweiligen Kunden gemacht wurden. Die Verkaufsliste dient als Grundlage für alle weiteren Beispiele in diesem Abschnitt.

So geht's:

1 Setzen Sie den Zellzeiger auf eine beliebige Zelle innerhalb der Datenliste. Alternativ können Sie auch die Datenliste inklusive Überschrift markieren. Die Datenliste befindet sich im Beispiel im Zellbereich A3:H60.

2 Starten Sie den Befehl zur Erstellung einer PivotTable über das Menü *Einfügen/Tabellen/PivotTable/PivotTable* (Excel 2003: Menü *Daten/ PivotTable- und PivotChart-Bericht*).

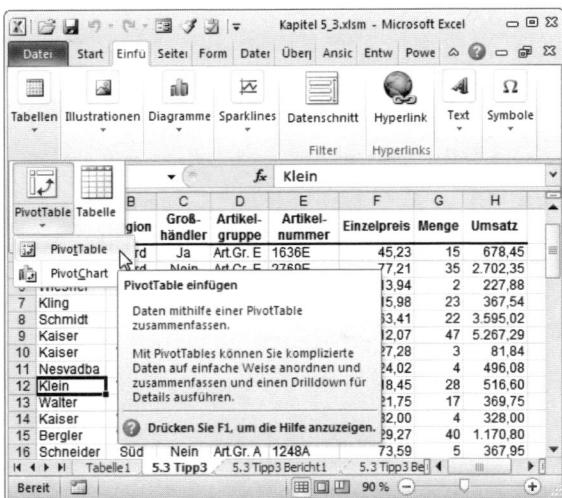

3 Im Dialogfenster *PivotTable erstellen* wurde in das Feld *Tabelle/Bereich* der korrekte Zellbereich eingetragen. Sollte das nicht der Fall sein, können Sie dies hier manuell nachholen. In diesem Beispiel soll der Pivot-Bericht in einem neuen Tabellenblatt angelegt werden. Aktivieren Sie deswegen die Option *Neues Arbeitsblatt*.

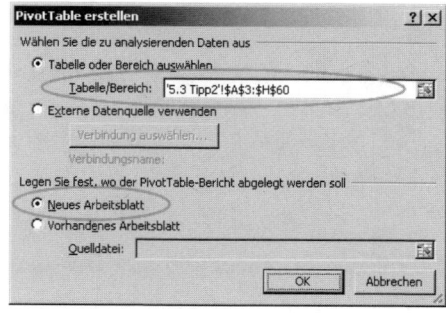

4 Nach einem Klick auf die Schaltfläche *OK* wird das neue Arbeitsblatt mit der PivotTable und dem Aufgabenbereich (der Task Pane) *PivotTable-Feldliste* angezeigt.

5 Ziehen Sie nun bei gedrückter linker Maustaste den Feldnamen *Kunde* in den Bereich *Zeilenbeschriftungen* und den Feldnamen *Umsatz* in den Bereich *Werte*.

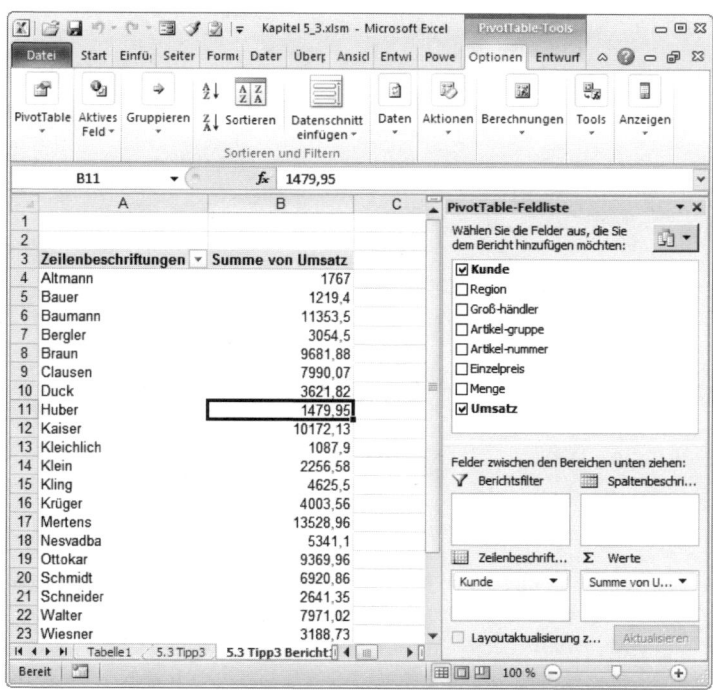

Das war es auch schon. Wie gewünscht, werden nun Umsatzsummen kumuliert für jeden Kunden angezeigt.

509

> **Hinweis**
>
> Sobald sich der Zellzeiger in der PivotTable befindet, wird die kontextbezogene Registerkarte *PivotTable-Tools* oberhalb der Registerkarte *Optionen* eingeblendet. Über diese Registerkarte stehen sämtliche Befehle zu PivotTable-Berichten zur Verfügung.

So geht's: Erweiterung des Beispiels

Der eben erstellte PivotTable-Bericht soll nun etwas erweitert werden. So sollen neben dem Umsatzbetrag pro Kunde auch der Umsatz pro verkauften Artikel sowie die Artikelgruppe, zu der der verkaufte Artikel gehört, angezeigt werden.

1 Setzen Sie dazu den Cursor auf eine beliebige Zelle im Datenbereich.

2 Ziehen Sie mit der Maus den Feldnamen *Artikel-nummer* in den Bereich *Zeilenbeschriftungen* und das Datenfeld *Artikel-gruppe* in den Bereich *Spaltenbeschriftungen*.

Als Ergebnis erhalten Sie folgenden PivotTable-Bericht.

	A	B	C	D	E	F	G
1							
2							
3	Summe von Umsatz	Spaltenb▾					
4	Zeilenbeschriftungen ▾	Art.Gr. A	Art.Gr. B	Art.Gr. C	Art.Gr. D	Art.Gr. E	Gesamtergebnis
5	⊞ Altmann	1767					1767
6	⊞ Bauer	278,8				940,6	1219,4
7	⊞ Baumann	642,87		1992,25		8718,38	11353,5
8	⊞ Bergler	1170,8				1883,7	3054,5
9	⊞ Braun		6072,74	3232,85	376,29		9681,88
10	⊞ Clausen		1381,38	4799,25		1809,44	7990,07
11	⊞ Duck	2807,52	814,3				3621,82
12	⊞ Huber		498,6	643,6	337,75		1479,95
13	⊞ Kaiser	5267,29	328	1196,04		3380,8	10172,13
14	⊞ Kleichlich		1087,9				1087,9
15	⊞ Klein		516,6		1739,98		2256,58
16	⊞ Kling	492,96		256,2		3876,34	4625,5
17	⊞ Krüger		4003,56				4003,56
18	⊞ Mertens		7818,01			5710,95	13528,96
19	⊞ Nesvadba	315,54	4227,74	301,74		496,08	5341,1
20	⊞ Ottokar	2571,45	3696,84	3101,67			9369,96
21	⊞ Schmidt	3595,02	2726,64	599,2			6920,86
22	⊞ Schneider	367,95				2273,4	2641,35
23	⊞ Walter		3159,05	4442,22		369,75	7971,02
24	⊞ Wiesner	1766,1		1422,63			3188,73
25	⊞ Maurer	1185,2	1311,28			3575,31	6071,79
26	Gesamtergebnis	22228,5	37642,64	21987,65	2454,02	33034,75	117347,56
27							

Zusätzlich zum Gesamtumsatz in Spalte G werden nun auch die Summen für die Artikelgruppen A bis E angezeigt.

Vor jedem Kundennamen sehen Sie ein Plussymbol. Wenn Sie darauf klicken, werden sämtliche Artikelnummern eingeblendet, die an den Kunden verkauft wurden.

	A	B	C	D	E	F	G
1							
2							
3	Summe von Umsatz	Spalten ▾					
4	Zeilenbeschriftungen ▾	Art.Gr. A	Art.Gr. B	Art.Gr. C	Art.Gr. D	Art.Gr. E	Gesamtergebnis
5	⊞ Altmann	1767					1767
6	⊞ Bauer	278,8				940,6	1219,4
7	⊞ Baumann	642,87		1992,25		8718,38	11353,5
8	⊞ Bergler	1170,8				1883,7	3054,5
9	⊞ Braun		6072,74	3232,85	376,29		9681,88
10	⊞ Clausen		1381,38	4799,25		1809,44	7990,07
11	⊞ Duck	2807,52	814,3				3621,82
12	⊟ Huber		498,6	643,6	337,75		1479,95
13	1789C			643,6			643,6
14	7400B		498,6				498,6
15	7862D				337,75		337,75
16	⊞ Kaiser	5267,29	328	1196,04		3380,8	10172,13
17	⊞ Kleichlich		1087,9				1087,9
18	⊞ Klein		516,6		1739,98		2256,58
19	⊞ Kling	492,96		256,2		3876,34	4625,5
20	⊞ Krüger		4003,56				4003,56
21	⊞ Mertens		7818,01			5710,95	13528,96
22	⊞ Nesvadba	315,54	4227,74	301,74		496,08	5341,1
23	⊞ Ottokar	2571,45	3696,84	3101,67			9369,96
24	⊞ Schmidt	3595,02	2726,64	599,2			6920,86
25	⊞ Schneider	367,95				2273,4	2641,35
26	⊞ Walter		3159,05	4442,22		369,75	7971,02
27	⊞ Wiesner	1766,1		1422,63			3188,73
28	⊞ Maurer	1185,2	1311,28			3575,31	6071,79
29	Gesamtergebnis	22228,5	37642,64	21987,65	2454,02	33034,75	117347,56
30							

An den Kunden Huber wurden drei Artikel aus den Artikelgruppen B, C und D mit einer Gesamtsumme von 1.479,95 Euro verkauft.

Damit Sie die Detaildaten (Artikelnummern) nicht für jeden Kunden separat einblenden müssen, gehen Sie wie folgt vor:

1 Setzen Sie den Cursor auf das Wort *Zeilenbeschriftungen* in Zelle A3. Dabei verwandelt sich der Cursor in einen Pfeil.

2 Wenn Sie nun einen Klick mit der linken Maustaste ausführen, wird die gesamte Spalte A im PivotTable-Bericht markiert.

	A	B	C	D	E	F	G
1							
2							
3	Summe von Umsatz	Spalten ▾					
4	Zeilenbeschriftungen ▾	Art.Gr. A	Art.Gr. B	Art.Gr. C	Art.Gr. D	Art.Gr. E	Gesamtergebnis
5	⊞ Altmann	1767					1767
6	⊞ Bauer	278,8				940,6	1219,4
7	⊞ Baumann	642,87		1992,25		8718,38	11353,5
8	⊞ Bergler	1170,8				1883,7	3054,5
9	⊞ Braun		6072,74	3232,85	376,29		9681,88
10	⊞ Clausen		1381,38	4799,25		1809,44	7990,07
11	⊞ Duck	2807,52	814,3				3621,82

3 Über das Menü *PivotTable-Tools/Optionen/Aktives Feld/Gesamtes Feld erweitern* können Sie sämtliche Detaildaten einblenden. Ausgeblendet werden können die Detaildaten über das Menü *Optionen/Aktives Feld/ Gesamtes Feld reduzieren* (Excel 2003: Symbolleiste *PivotTable/Pivot-Table/Gruppierung und Detail anzeigen/Detail ausblenden* (bzw. *Detail anzeigen*)).

Tipp 4: Weitere Teilergebnisse zur PivotTable hinzufügen

In diesem Beispiel soll der PivotTable-Bericht noch erweitert und ergänzt werden. In der PivotTable soll verdichtet auf einzelne Kunden und Artikelgruppen der Umsatz gegliedert nach Regionen dargestellt werden. Dazu sollen zusätzlich zu jeder Artikelgruppe auch der Einzelpreis, die Bestellmenge und der Umsatz pro Artikelnummer angezeigt werden. Die Verkaufsliste aus Beispiel 2 liefert die Basisdaten.

So geht's:

1 Setzen Sie den Cursor auf eine beliebige Zelle im Datenbereich.

2 Falls noch nicht geschehen, blenden Sie die Feldliste über das Menü *PivotTable-Tools/Optionen/Anzeigen/Feldliste* ein (Excel 2007: (Excel 2007: Menü *Pivot-Table-Tools/Optionen/Einblenden, Ausblenden/Feldliste*; Excel 2003: Symbolleiste *PivotTable*, Schaltfläche *Feldliste anzeigen*).

3 Ziehen Sie mit gedrückter linker Maustaste die Felder wie nachfolgend dargestellt in die einzelnen Bereiche.

Beachten Sie die Reihenfolge der Felder. Die Reihenfolge im Bereich *Zeilenbeschriftungen* ist ausschlaggebend für die Darstellung der Verdichtungsebenen.

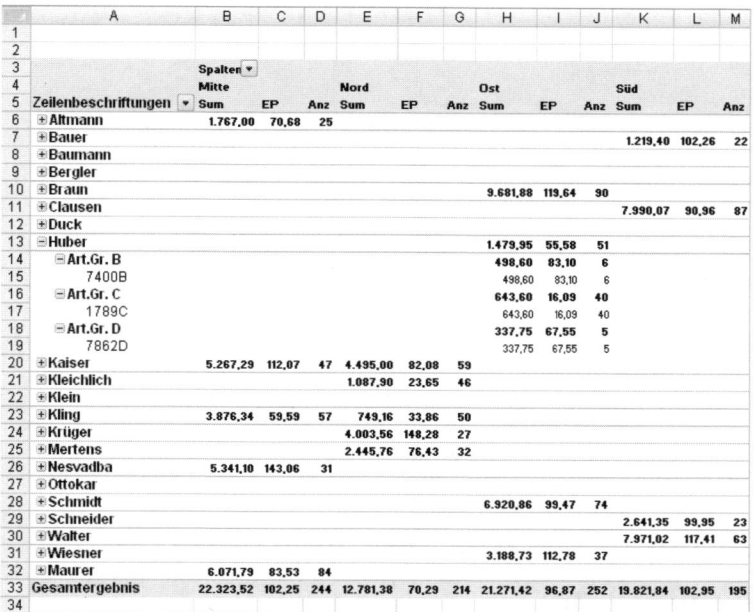

Zeilenbeschriftungen ▼	Mitte Sum	EP	Anz	Nord Sum	EP	Anz	Ost Sum	EP	Anz	Süd Sum	EP	Anz
⊞ Altmann	1.767,00	70,68	25									
⊞ Bauer										1.219,40	102,26	22
⊞ Baumann												
⊞ Bergler												
⊞ Braun							9.681,88	119,64	90			
⊞ Clausen										7.990,07	90,96	87
⊞ Duck												
⊟ Huber							1.479,95	55,58	51			
⊟ Art.Gr. B							498,60	83,10	6			
7400B							498,60	83,10	6			
⊟ Art.Gr. C							643,60	16,09	40			
1789C							643,60	16,09	40			
⊟ Art.Gr. D							337,75	67,55	5			
7862D							337,75	67,55	5			
⊞ Kaiser	5.267,29	112,07	47	4.495,00	82,08	59						
⊞ Kleichlich				1.087,90	23,65	46						
⊞ Klein												
⊞ Kling	3.876,34	59,59	57	749,16	33,86	50						
⊞ Krüger				4.003,56	148,28	27						
⊞ Mertens				2.445,76	76,43	32						
⊞ Nesvadba	5.341,10	143,06	31									
⊞ Ottokar												
⊞ Schmidt							6.920,86	99,47	74			
⊞ Schneider										2.641,35	99,95	23
⊞ Walter										7.971,02	117,41	63
⊞ Wiesner							3.188,73	112,78	37			
⊞ Maurer	6.071,79	83,53	84									
Gesamtergebnis	22.323,52	102,25	244	12.781,38	70,29	214	21.271,42	96,87	252	19.821,84	102,95	195

In diesem Beispiel wird zuerst der Kunde, dann die Artikelgruppe und anschließend die einzelne Artikelnummer dargestellt. Dies ist auch gleichzeitig die Reihenfolge der Verdichtung.

Soll beispielsweise nicht nach dem Kundennamen an erster Stelle, sondern nach der Artikelgruppe verdichtet werden, lässt sich das mit einem einzigen Klick erreichen. Klicken Sie im Bereich *Zeilenbeschriftungen* auf den Eintrag *Artikel-gruppe* und ziehen Sie diesen bei gedrückter linker Maustaste vor den Eintrag *Kunde*.

Das war es auch schon. Nun wird anstatt nach Kunden nach Artikelgruppen in der ersten Ebene verdichtet.

Als Ergebnis erhalten Sie folgenden PivotTable-Bericht.

Sie sehen, die PivotTable (Drehtabelle) macht ihrem Namen alle Ehre. Der Bericht wurde wie gewünscht gedreht, die Gruppierung erfolgt nun nach den Artikelgruppen A bis E.

		Mitte			Nord			Ost		
Zeilenbeschriftungen	Sum	EP	Anz	Sum	EP	Anz	Sum	EP	Anz
⊟ Art.Gr. A	8.535,03	101,61	85	492,96	61,62	8	5.361,12	170,01	32
⊟ Altmann	1.767,00	70,68	25						
1309A	1.767,00	70,68	25						
⊞ Bauer									
⊞ Baumann									
⊞ Bergler									
⊞ Duck									
⊞ Kaiser	5.267,29	112,07	47						
⊞ Kling				492,96	61,62	8			
⊞ Nesvadba	315,54	105,18	3						
⊞ Ottokar									
⊞ Schmidt							3.595,02	163,41	22
⊞ Schneider									
⊞ Wiesner							1.766,10	176,61	10
⊞ Maurer	1.185,20	118,52	10						
⊞ Art.Gr. B	5.539,02	113,81	59	7.537,22	82,79	105	9.297,98	125,11	64
⊞ Art.Gr. C	301,74	150,87	2	1.370,40	64,95	51	5.898,28	73,87	114
⊞ Art.Gr. D							714,04	38,86	42
⊞ Art.Gr. E	7.947,73	84,96	98	3.380,80	61,22	50			
Gesamtergebnis	22.323,52	102,25	244	12.781,38	70,29	214	21.271,42	96,87	252

Tipp 5: Verwendung des Bereichsfilters im PivotTable-Bericht

Über den Bereichsfilter können Datensätze aus- oder eingeblendet werden, die bestimmten Kriterien entsprechen. In diesem Beispiel sollen nur Datensätze der Artikelgruppen A und C angezeigt werden. Die anderen Artikelgruppen sollen ausgeblendet werden.

So geht's:

1 Aktivieren Sie den PivotTable-Bericht, indem Sie den Zellzeiger in den Bericht setzen.

2 Ordnen Sie die Felder wie folgt an:

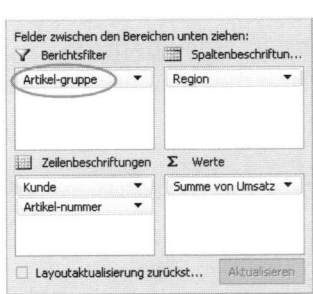

> *Berichtsfilter: Artikel-gruppe*
>
> *Spaltenbeschriftungen: Region*
>
> *Zeilenbeschriftungen: Kunde, Artikel-nummer*
>
> *Werte: Umsatz (Summe von)*

3 Durch die Festlegung der Artikelgruppe als Berichtsfilter wird im PivotTable-Bericht das Filterkriterium *Artikel-gruppe* im Zellbereich A1:B1 angezeigt.

4 Nach einem Klick auf das Drop-down-Menü in Zelle B1 wird das Menü eingeblendet, in dem Sie festlegen können, welche Artikelgruppen angezeigt werden sollen und welche nicht. Standardmäßig ist der Eintrag *Alle* aktiviert.

	A	B	C	D	E	F	G
1	Artikel-gruppe	(Mehrere Elemente)					
2							
3	Summ						
4	Zeilen		Nord	Ost	Süd	West	Gesamtergebnis
5	Altr						1.767,00
6							1.767,00
7	Bau				278,80		278,80
8					278,80		278,80
9	Bau					2.635,12	2.635,12
10						642,87	642,87
11						1.992,25	1.992,25
12	Ber					1.170,80	1.170,80
13						1.170,80	1.170,80
14	Bra				3.232,85		3.232,85
15					3.232,85		3.232,85
16	Cla				4.799,25		4.799,25
17	Duc					2.807,52	2.807,52
18	Hub				643,60		643,60
19	Kai		1.114,20			81,84	6.463,33
20	1044A		5.267,29				5.267,29
21	3367C			1.114,20			1.114,20
22	9452C					81,84	81,84
23	Kling			749,16			749,16
24	302A			492,96			492,96
25	7016C			256,20			256,20
26	Nesvadba		617,28				617,28
27	Ottokar					5.673,12	5.673,12
28	Schmidt			4.194,22			4.194,22
29	Schneider				367,95		367,95
30	Walter					4.442,22	4.442,22
31	Wiesner			3.188,73			3.188,73
32	Maurer		1.185,20				1.185,20
33	Gesamtergebnis		8.836,77	1.863,36	11.259,40	9.888,22	12.368,40	44.216,15
34							

Dialogfeld:
- Suchen
- ☑ (Alle)
  - ☐ Art.Gr. A
  - ☐ Art.Gr. B
  - ☑ Art.Gr. C
  - ☐ Art.Gr. D
  - ☐ Art.Gr. E
- ☑ Mehrere Elemente auswählen
- [OK] [Abbrechen]

5 Aktivieren Sie das Kontrollkästchen *Mehrere Elemente auswählen* und entfernen Sie die Haken bei *Art.Gr. B, D* und *E*, sodass nur noch die Artikelgruppen A und C aktiviert sind.

6 Nach einem Klick auf die Schaltfläche *OK* werden im PivotTable-Bericht nur noch Daten der Artikelgruppen A und C angezeigt.

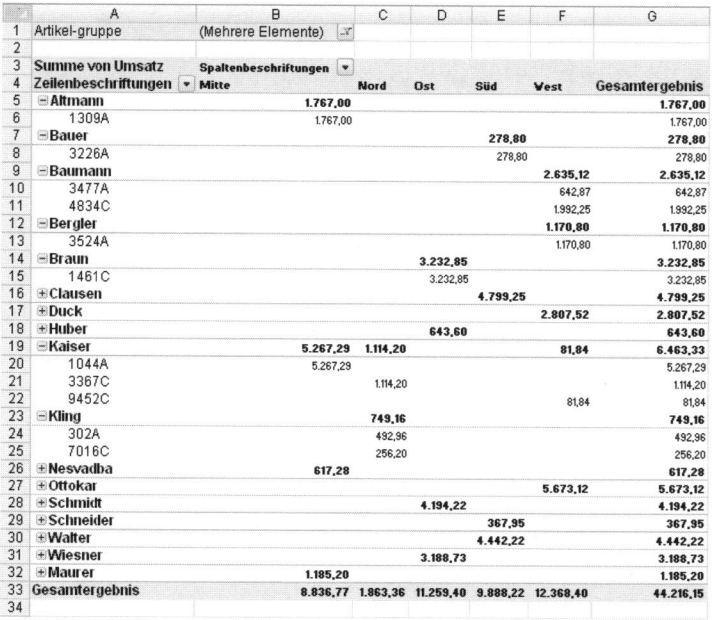

Hinweis

In Excel 2010 steht im Auswahlfenster die neue Suchfunktion zur Verfügung, über die nach beliebigen Datensätzen gesucht werden kann. Die gefundenen Datensätze werden dort entsprechend angezeigt. In diesem Beispiel wird nach der Zeichenfolge *Ba* am Wortanfang gesucht. Das wird erreicht, indem nach der Zeichenfolge das *-Platzhalterzeichen eingegeben wird. Ohne das Platzhalterzeichen würden alle Einträge mit der Zeichenfolge *ba* gefunden werden, gleichgültig an welcher Position im Suchbegriff diese vorkommt.

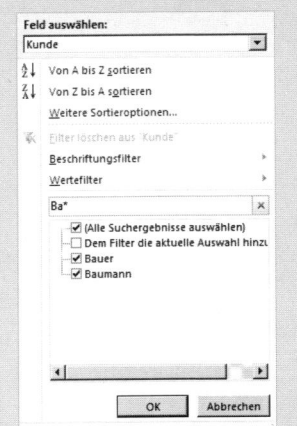

Tipp 6: Erzeugen der Top-5-Kundenliste

Dieses Praxisbeispiel zeigt, wie in einem PivotTable-Bericht mit wenigen Mausklicks die Daten so gefiltert werden können, dass nur noch die fünf Topkunden mit den größten Umsätzen angezeigt werden.

So geht's:

1 Erstellen Sie auf Basis der Verkaufsliste vom Juli 2007 einen PivotTable-Bericht mit folgender Datenfeldzuordnung.

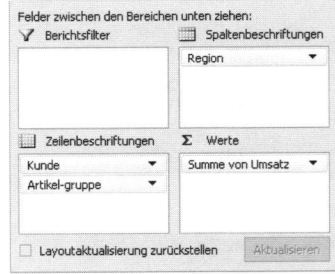

> ➢ *Berichtsfilter*: kein Angabe
> ➢ *Spaltenbeschriftungen: Region*
> ➢ *Zeilenbeschriftungen: Kunde, Artikelgruppe*
> ➢ *Werte: Umsatz (Summe von)*

2 Als Ergebnis erhalten Sie eine PivotTable mit sämtlichen Kundenumsätzen, aufgeschlüsselt nach Vertriebsgebiet (Regionen). Ein Klick auf das Plussymbol vor dem Kundennamen blendet das weitere Kriterium *Artikel-gruppe* ein.

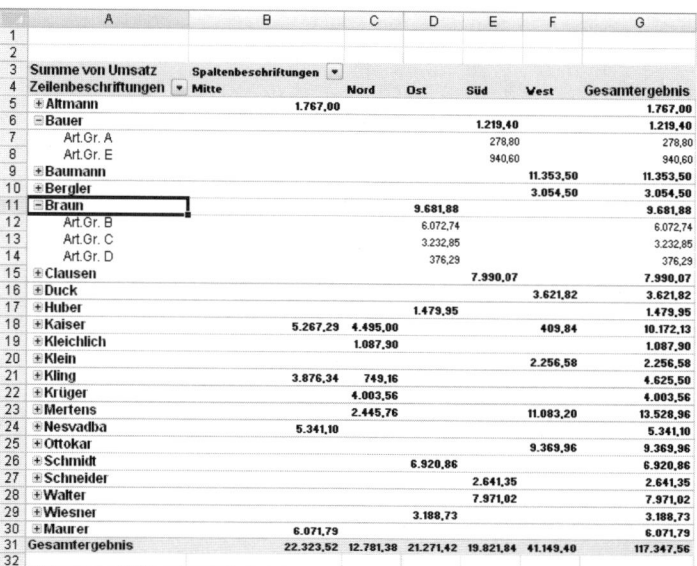

	A	B	C	D	E	F	G
1							
2							
3	Summe von Umsatz	Spaltenbeschriftungen ▼					
4	Zeilenbeschriftungen ▼	Mitte	Nord	Ost	Süd	Vest	Gesamtergebnis
5	⊞ Altmann	1.767,00					1.767,00
6	⊟ Bauer				1.219,40		1.219,40
7	Art.Gr. A				278,80		278,80
8	Art.Gr. E				940,60		940,60
9	⊞ Baumann					11.353,50	11.353,50
10	⊞ Bergler					3.054,50	3.054,50
11	⊟ Braun		9.681,88				9.681,88
12	Art.Gr. B		6.072,74				6.072,74
13	Art.Gr. C		3.232,85				3.232,85
14	Art.Gr. D		376,29				376,29
15	⊞ Clausen			7.990,07			7.990,07
16	⊞ Duck					3.621,82	3.621,82
17	⊞ Huber		1.479,95				1.479,95
18	⊞ Kaiser	5.267,29	4.495,00		409,84		10.172,13
19	⊞ Kleichlich		1.087,90				1.087,90
20	⊞ Klein			2.256,58			2.256,58
21	⊞ Kling	3.876,34	749,16				4.625,50
22	⊞ Krüger		4.003,56				4.003,56
23	⊞ Mertens		2.445,76			11.083,20	13.528,96
24	⊞ Nesvadba	5.341,10					5.341,10
25	⊞ Ottokar					9.369,96	9.369,96
26	⊞ Schmidt			6.920,86			6.920,86
27	⊞ Schneider				2.641,35		2.641,35
28	⊞ Walter				7.971,02		7.971,02
29	⊞ Wiesner			3.188,73			3.188,73
30	⊞ Maurer	6.071,79					6.071,79
31	Gesamtergebnis	22.323,52	12.781,38	21.271,42	19.821,84	41.149,40	117.347,56
32							

3   Zur Anzeige der fünf Datensätze mit dem größten Umsatz klicken Sie auf das Drop-down-Menü in Zelle A4 (*Zeilenbeschriftungen*) und wählen dort den Menüpunkt *Wertefilter/Top 10*.

4   Im Dialogfenster *Top-10-Filter* wählen Sie die Einstellungen *Obersten 5 Elemente nach Summe von Umsatz* und beenden das Dialogfenster mit einem Klick auf die Schaltfläche *OK*.

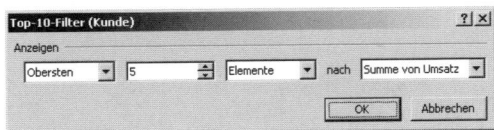

5 Im PivotTable-Bericht werden nun die fünf Datensätze angezeigt, die den eingegebenen Filterkriterien entsprechen.

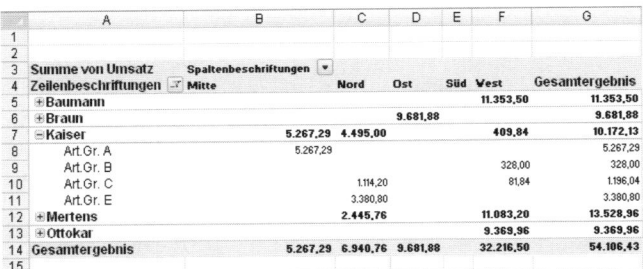

Tipp 7: Drill-down-Details einblenden

In diesem Beispiel sehen Sie, wie sich weitere Details, sogenannte Drill-down-Details, zu einem Datensatz einblenden lassen.

So geht's:

Drill-down-Details lassen sich ganz einfach mit einem Doppelklick auf die gewünschte Zelle in einem neuen Arbeitsblatt erzeugen. Dabei erhalten Sie abhängig von der gewählten Zelle die entsprechenden Detaildaten. Als Detaildaten wird der komplette Datensatz aus den Originaldaten eingeblendet. Dies wird in den folgenden Beispielen erläutert.

Anhand des Kunden Kaiser wird dargestellt, welche Drill-down-Detaildaten abhängig von der gewählten Zelle ausgegeben werden. Der PivotTable-Bericht enthält für den Kunden Kaiser die Daten laut folgender Abbildung.

	A	B	C	D	E	F	G	H
1								
2								
3	Summe von Umsatz		Region					
4	Kunde	Artikel-gru	Mitte	Nord	Ost	Süd	West	Gesamtergebnis
5	Altmann		1767					1767
6	Bauer				1219,4			1219,4
7	Baumann						11353,5	11353,5
8	Bergler						3054,5	3054,5
9	Braun			9681,88				9681,88
10	Clausen				7990,07			7990,07
11	Duck						3621,82	3621,82
12	Huber			1479,95				1479,95
13	Kaiser	Art.Gr. A	5267,29					5267,29
14		Art.Gr. B					328	328
15		Art.Gr. C		1114,2			81,84	1196,04
16		Art.Gr. E		3380,8				3380,8
17	Kaiser Ergebnis		5267,29	4495			409,84	10172,13
18	Kleichlich			1087,9				1087,9

Auswerten der Zelle C13 (Kunde Kaiser, Verkauf Art.Gr. A in der Region Mitte)

Ein Doppelklick auf diese Zelle führt zu diesem Ergebnis.

	A	B	C	D	E	F	G	H
1	Kunde	Region	Groß-händler	Artikel-gruppe	Artikel-nummer	Einzelpreis	Menge	Umsatz
2	Kaiser	Mitte	Ja	Art.Gr. A	1044A	112,07	47	5267,29
3								
4								

Da sich der Drill-down auf einen einzigen Datensatz bezieht, erhalten Sie auch nur Details zu diesem einen Datensatz.

Auswerten der Zelle H15 (Kunde Kaiser, alle Verkäufe aus Artikelgruppe C)

Weil an den Kunden Kaiser zwei Artikel aus der Artikelgruppe C verkauft wurden, werden entsprechend diese zwei Artikel als Detaildaten ausgegeben.

	A	B	C	D	E	F	G	H
1	Kunde	Region	Groß-händler	Artikel-gruppe	Artikel-nummer	Einzelpreis	Menge	Umsatz
2	Kaiser	Nord	Ja	Art.Gr. C	3367C	123,8	9	1114,2
3	Kaiser	West	Ja	Art.Gr. C	9452C	27,28	3	81,84
4								
5								

Auswerten der Zelle H17 (Kunde Kaiser, alle Verkäufe an diesen Kunden)

Da ein Drill-down auf der Summenzeile durchgeführt wurde, werden sämtliche Verkäufe des Kunden angezeigt.

	A	B	C	D	E	F	G	H
1	Kunde	Region	Groß-händler	Artikel-gruppe	Artikel-nummer	Einzelpreis	Menge	Umsatz
2	Kaiser	Mitte	Ja	Art.Gr. A	1044A	112,07	47	5267,29
3	Kaiser	West	Ja	Art.Gr. B	9885B	82	4	328
4	Kaiser	Nord	Ja	Art.Gr. C	3367C	123,8	9	1114,2
5	Kaiser	West	Ja	Art.Gr. C	9452C	27,28	3	81,84
6	Kaiser	Nord	Ja	Art.Gr. E	1636E	45,23	15	678,45
7	Kaiser	Nord	Nein	Art.Gr. E	2769E	77,21	35	2702,35
8								
9								

Sie sehen, die Drill-down-Detailausgabe ist sensitiv. Abhängig von der ausgewählten Zelle werden die jeweils zugehörigen Daten in einem neuen Tabellenblatt ausgegeben.

Hinweis

Die Drill-down-Methode bietet sich besonders an, wenn beispielsweise nur Teile aus einem PivotTable-Bericht und nicht die gesamte Datenliste an Dritte weitergegeben werden soll.

Tipp 8: Berechnende Felder zum PivotTable-Bericht hinzufügen

Über berechnende Felder können PivotTable-Berichte beliebig erweitert und ergänzt werden. In diesem Beispiel soll der Bruttoumsatz inklusive 19 % Umsatzsteuer ermittelt werden.

So geht's:

1 Setzen Sie dazu den Zellzeiger auf eine beliebige Zelle im PivotTable-Bericht.

2 Öffnen Sie über das Menü *PivotTable-Tools/Optionen/ Berechnungen/Felder, Elemente und Gruppen/Berechnetes Feld* das Dialogfenster *Berechnetes Feld einfügen* (Excel 2007: Menü *PivotTable-Tools/Optionen/Tools/Formeln/Berechnetes Feld*).

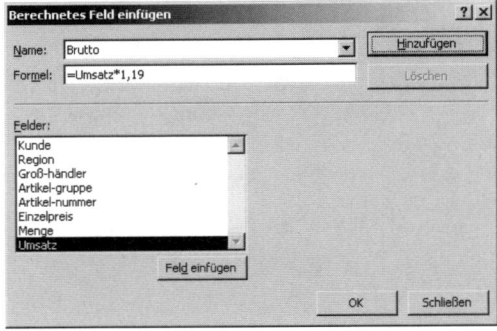

3 Erfassen Sie im Feld *Name* die Bezeichnung *Brutto*. Als Formel erfassen Sie =*Umsatz*1,19* und klicken auf die Schaltfläche *Hinzufügen*.

4 Nachdem Sie die Eingabe mit einem Klick auf die Schaltfläche *OK* beendet haben, wird das berechnende Feld in den PivotTable-Bericht aufgenommen.

	A	B	C	D	E	F
1						
2						
3			Region	▼ Daten		
4			Mitte		Nord	
5	Kunde	▼ Artikel-gruppe ▼	Summe von Umsatz	Summe von Brutto	Summe von Umsatz	Summe von Brutto
6	⊞ Altmann		1767	2.102,73		0,00
7	⊞ Bauer			0,00		0,00
8	⊞ Baumann			0,00		0,00
9	⊞ Bergler			0,00		0,00
10	⊞ Braun			0,00		0,00
11	⊞ Clausen			0,00		0,00
12	⊞ Duck			0,00		0,00
13	⊞ Huber			0,00		0,00
14	⊟ Kaiser	Art.Gr. A	5267,29	6.268,08		0,00
15		Art.Gr. B		0,00		0,00
16		Art.Gr. C		0,00	1114,2	1.325,90
17		Art.Gr. E		0,00	3380,8	4.023,15
18	Kaiser Ergebnis		5267,29	6.268,08	4495	5.349,05
19	⊞ Kleichlich			0,00	1087,9	1.294,60
20	⊞ Klein			0,00		0,00
21	⊞ Kling		3876,34	4.612,84	749,16	891,50
22	⊞ Krüger			0,00	4003,56	4.764,24
23	⊞ Maurer		6071,79	7.225,43		0,00
24	⊞ Mertens			0,00	2445,76	2.910,45
25	⊞ Nesvadba		5341,1	6.355,91		0,00
26	⊞ Ottokar			0,00		0,00
27	⊞ Schmidt			0,00		0,00
28	⊞ Schneider			0,00		0,00
29	⊞ Walter			0,00		0,00
30	⊞ Wiesner			0,00		0,00
31	Gesamtergebnis		22323,52	26.564,99	12781,38	15.209,84
32						

Auf diese Weise können beliebige, auch komplexe Berechnungsvorgänge zum PivotTable-Bericht hinzugefügt werden.

Tipp 9: Gezielt Daten aus einer PivotTable auslesen

Eine in der Praxis meist wenig genutzte Funktion ist die Tabellenfunktion *PIVOTDATENZUORDEN()*. Mit dieser Funktion können Sie einzelne Datenfelder gezielt aus einer PivotTable auslesen. Diese Funktion ermöglicht es, gleichzeitig Daten aus mehreren unterschiedlichen PivotTable-Berichten auszulesen und daraus einen neuen Bericht zu erstellen. Dazu ist es allerdings nicht erforderlich, dass die Dateien mit den PivotTable-Berichten geöffnet sind.

In diesem Beispiel sollen einige Detaildaten aus einer PivotTable extrahiert werden, ohne dabei die PivotTable selbst zu modifizieren.

So geht's:

Sehen Sie sich zunächst die Syntax der Funktion etwas näher an:

PIVOTDATENZUORDNEN(Datenfeld;PivotTable;Feld1;Element1;Feld2; Element2;...)

➤ *Datenfeld*: Bezeichnet den Namen für das Datenfeld, das die Daten enthält, die Sie abrufen möchten.

➤ *PivotTable*: Stellt einen Bezug auf eine Zelle, einen Zellbereich oder einen benannten Zellbereich in einem PivotTable-Bericht dar. Diese Informationen werden dazu verwendet, zu ermitteln, welcher PivotTable-Bericht die Daten enthält, die Sie abrufen möchten.

➤ *Feld1, Element1, Feld2, Element2*: Stehen für Paare aus Feld- und Elementnamen (zwischen 1 und 126), die die Daten beschreiben, die Sie abrufen möchten. Diese Paare können in einer beliebigen Reihenfolge auftreten. Feld- und Elementnamen, die nicht aus Datumsangaben oder Zahlen bestehen, werden in Anführungszeichen eingeschlossen. (In Excel 2003 stehen nur bis zu 14 Auswertungspaare zur Verfügung.)

Nachfolgend sehen Sie, wie sich mit der Funktion *PIVOTDATENZORDNEN()* beliebige Datensätze extrahieren lassen.

Als Ausgangstabelle dient folgender PivotTable-Bericht:

	A	B	C	D	E	F	G	H
1								
2								
3	Summe von Umsatz		Region ▼					
4	Kunde ▼	Artikel-gru ▼	Mitte	Nord	Ost	Süd	West	Gesamtergebnis
5	⊞ Altmann		1767					1767
6	⊞ Bauer					1219,4		1219,4
7	⊞ Baumann						11353,5	11353,5
8	⊞ Bergler						3054,5	3054,5
9	⊞ Braun				9681,88			9681,88
10	⊞ Clausen					7990,07		7990,07
11	⊞ Duck						3621,82	3621,82
12	⊞ Huber				1479,95			1479,95
13	⊟ Kaiser	Art.Gr. A	5267,29					5267,29
14		Art.Gr. B					328	328
15		Art.Gr. C		1114,2			81,84	1196,04
16		Art.Gr. E		3380,8				3380,8
17	Kaiser Ergebnis		5267,29	4495			409,84	10172,13
18	⊞ Kleichlich			1087,9				1087,9
19	⊞ Klein						2256,58	2256,58
20	⊞ Kling		3876,34	749,16				4625,5
21	⊞ Krüger			4003,56				4003,56
22	⊞ Maurer		6071,79					6071,79
23	⊞ Mertens			2445,76			11083,2	13528,96
24	⊞ Nesvadba		5341,1					5341,1
25	⊞ Ottokar						9369,96	9369,96
26	⊞ Schmidt				6920,86			6920,86
27	⊞ Schneider					2641,35		2641,35
28	⊞ Walter					7971,02		7971,02
29	⊞ Wiesner				3188,73			3188,73
30	Gesamtergebnis		22323,52	12781,38	21271,42	19821,84	41149,4	117347,56
31								

Basierend auf dieser Tabelle sollen nun verschiedene Datensätze extrahiert werden.

Auslesen des Gesamtumsatzes für den Kunden Kaiser

Erfassen Sie dazu in Zelle C34 diese Formel:

=PIVOTDATENZUORDNEN("Umsatz";$A$3;"Kunde";"Kaiser")

Das Ergebnis lautet 10.172,13.

Auslesen der Summe Umsatz Art.Gr. C für den Kunden Kaiser

Diesen Wert können Sie mit dieser Formel extrahieren:

=PIVOTDATENZUORDNEN("Umsatz";$A$3;"Kunde";"Kaiser";"Artikel-gruppe";"Art.Gr. C")

Erfassen Sie diese Formel in Zelle C36. Das Ergebnis lautet 1.196,04.

Auslesen der Summe Umsatz Art.Gr. C in der Region Nord für den Kunden Kaiser

Die Formel zum Extrahieren dieses Werts lautet wie folgt:

=PIVOTDATENZUORDNEN("Umsatz";$A$3;"Kunde";"Kaiser";"Artikel-gruppe";"Art.Gr. C";"Region";"Nord")

Tragen Sie diese Formel in Zelle C38 ein. Das Ergebnis lautet 1.114,20.

| C38 | ▾ | f_x | =PIVOTDATENZUORDNEN("Umsatz";$A$3;"Kunde";"Kaiser";"Artikel-gruppe";"Art.Gr. C";"Region";"Nord") |

	A	B	C	D	E	F	G	H
1								
2								
3	Summe von Umsatz		Region ▾					
4	Kunde ▾	Artikel-gruppe ▾	Mitte	Nord	Ost	Süd	West	Gesamtergebnis
5	⊞ Altmann		1767					1767
6	⊞ Bauer				1219,4			1219,4
7	⊞ Baumann						11353,5	11353,5
8	⊞ Bergler						3054,5	3054,5
9	⊞ Braun				9681,88			9681,88
10	⊞ Clausen					7990,07		7990,07
11	⊞ Duck						3621,82	3621,82
12	⊞ Huber					1479,95		1479,95
13	⊟ Kaiser	Art.Gr. A	5267,29					5267,29
14		Art.Gr. B					328	328
15		Art.Gr. C		1114,2			81,84	1196,04
16		Art.Gr. E		3380,8				3380,8
17	Kaiser Ergebnis		5267,29	4495			409,84	10172,13
18	⊞ Kleichlich			1087,9				1087,9
19	⊞ Klein						2256,58	2256,58
20	⊞ Kling		3876,34	749,16				4625,5
21	⊞ Krüger			4003,56				4003,56
22	⊞ Maurer		6071,79					6071,79
23	⊞ Mertens			2445,76			11083,2	13528,96
24	⊞ Nesvadba		5341,1					5341,1
25	⊞ Ottokar						9369,96	9369,96
26	⊞ Schmidt				6920,86			6920,86
27	⊞ Schneider					2641,35		2641,35
28	⊞ Walter					7971,02		7971,02
29	⊞ Wiesner				3188,73			3188,73
30	Gesamtergebnis	✓	22323,5	12781,4	21271,4	19821,8	41149,4	117347,56
31								
32								
33								
34	1. Gesamtergebnis für Kunde "Kaiser"		10.172,13					
35								
36	2. Kunde "Kaiser" Summe Umsatz "Art.Gr. C"		1.196,04					
37								
38	3. Kunde "Kaiser" Umsatz "Art.Gr. C2" Region "Nord"		1.114,20					
39								

Auf diese Weise können Sie gezielt einzelne Datensätze aus beliebigen Pivot-Table-Berichten auslesen.

Hinweis

Wenn Sie die Felder in der PivotTable verschieben, also anders anordnen, hat das keine Auswirkung auf die Ergebnisse der Funktion *PIVOTDATENZUORD-NEN()*.

Tipp 10: Filtern von PivotTables mithilfe der neuen Datenschnittfunktion

Die in Excel 2010 eingeführte Datenschnittfunktion bietet eine höchst visuelle Möglichkeit, die Daten in PivotTables zu filtern. Mithilfe von Datenschnitten können die einzelnen Daten anhand von Schaltflächen schnell segmentiert und gefiltert werden. In früheren Versionen von Microsoft Excel können Bereichsfilter verwendet werden, um Daten in einem Pivot-Table-Bericht zu filtern. Es war aber nicht leicht, den aktuellen Filterstatus zu erkennen, wenn mehrere Elemente gefiltert waren. Wenden Sie jetzt in

Excel 2010 mehrere Filter auf die PivotTable an, müssen Sie nicht länger eine Liste öffnen, um die auf die Daten angewendeten Filter anzuzeigen. Stattdessen wird das direkt auf dem Bildschirm im Datenschnitt angezeigt. Datenschnitte können auch an die Formatierung der Arbeitsmappe angepasst werden, sodass sie sich als Bedienelement nahtlos einbinden lassen. Darüber hinaus lassen sie sich auch in anderen PivotTables, PivotCharts und Cube-Funktionen auf einfache Weise wiederverwenden.

Als Ausgangsbasis dient die Verkaufsliste vom Mai 2010. Da die Datenschnittfunktion nur in Excel 2010 zur Verfügung steht, bezieht sich dieser Tipp auch ausschließlich auf Excel 2010.

	A	B	C	D	E	F	G	H
1	**Verkaufsliste Mai 2010**							
2								
3	Kunde	Region	Groß-händler	Artikel-gruppe	Artikel-nummer	Einzelpreis	Menge	Umsatz
4	Kaiser	Nord	Ja	Art.Gr. E	1636E	45,23	15	678,45
5	Kaiser	Nord	Nein	Art.Gr. E	2769E	77,21	35	2.702,35
6	Wiesner	Ost	Ja	Art.Gr. C	1328C	113,94	2	227,88
7	Kling	Mitte	Ja	Art.Gr. E	4458E	15,98	23	367,54
8	Schmidt	Ost	Ja	Art.Gr. A	7248A	163,41	22	3.595,02
9	Kaiser	Mitte	Ja	Art.Gr. A	1044A	112,07	47	5.267,29
10	Kaiser	West	Ja	Art.Gr. C	9452C	27,28	3	81,84
11	Nesvadba	Mitte	Ja	Art.Gr. E	9667E	124,02	4	496,08
12	Klein	West	Nein	Art.Gr. B	1381B	18,45	28	516,60
13	Walter	Süd	Nein	Art.Gr. E	3654E	21,75	17	369,75
14	Kaiser	West	Ja	Art.Gr. B	9885B	82,00	4	328,00
15	Bergler	West	Ja	Art.Gr. A	3524A	29,27	40	1.170,80
16	Schneider	Süd	Nein	Art.Gr. A	1248A	73,59	5	367,95
17	Kleichlich	Nord	Nein	Art.Gr. B	1251B	23,65	46	1.087,90
18	Schmidt	Ost	Ja	Art.Gr. C	7087C	21,40	28	599,20
19	Krüger	Nord	Nein	Art.Gr. B	8799B	148,28	27	4.003,56
20	Maurer	Mitte	Ja	Art.Gr. E	9517E	96,63	37	3.575,31
21	Walter	Süd	Nein	Art.Gr. C	4238C	193,14	23	4.442,22
22	Baumann	West	Nein	Art.Gr. C	4834C	153,25	13	1.992,25
23	Klein	West	Nein	Art.Gr. D	5004D	79,09	22	1.739,98
24	Kaiser	Nord	Ja	Art.Gr. C	3367C	123,80	9	1.114,20
25	Kling	Nord	Ja	Art.Gr. C	7016C	6,10	42	256,20
26	Wiesner	Ost	Ja	Art.Gr. C	1369C	47,79	25	1.194,75

So geht's:

1 Erstellen Sie im ersten Schritt einen PivotTable. Setzen Sie den Zellzeiger an eine beliebige Zelle in der Verkaufsliste, z. B. Zelle B5.

2 Rufen Sie über das Menü *Einfügen/PivotTable* den Assistenten zur PivotTable-Erstellung auf. Die relevanten Informationen werden automatisch ausgelesen und im Assistenten angezeigt. Achten Sie darauf, dass die Option *Neues Arbeitsblatt* aktiviert ist.

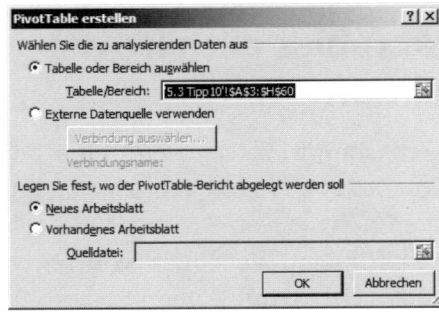

3 Nachdem Sie das Dialogfenster mit einem Klick auf die Schaltfläche *OK* beendet haben, wird ein neues Tabellenblatt für die PivotTable ein-

gefügt, und die PivotTable-Feldliste wird im Aufgabenbereich angezeigt. Darüber hinaus werden die Registerkarten *Optionen* und *Entwurf*
aus dem Bereich *PivotTable-Tools* eingeblendet.

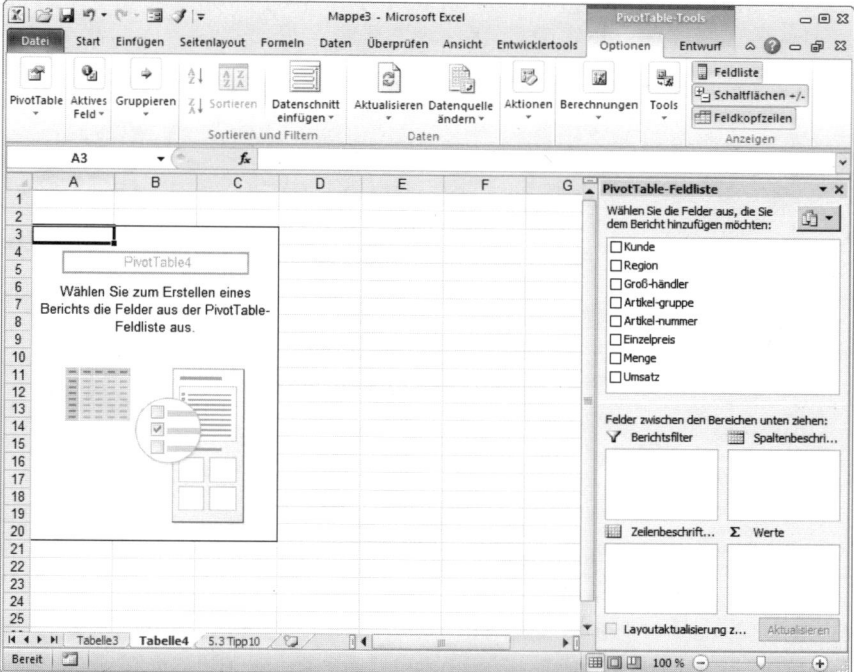

4 Ziehen Sie die Felder aus
der Feldliste wie in der Abbildung zu sehen in die Bereiche *Spaltenbeschriftung*,
Zeilenbeschriftung und
Werte.

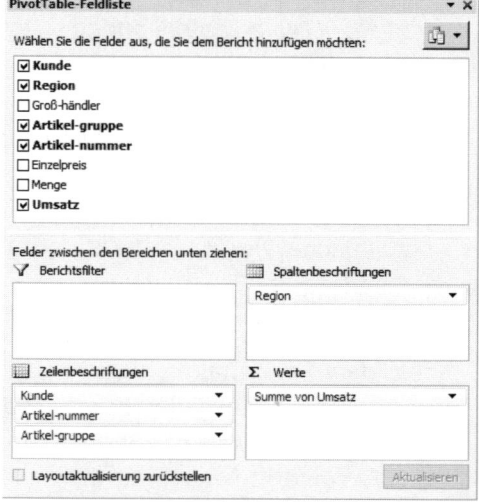

5 Direkt nach dem Verschieben der Felder in die einzelnen Bereiche
wird die PivotTable aufgebaut und entsprechend gegliedert. Das Er-

gebnis sehen Sie in der folgenden Abbildung. Damit die Begriffe *Zeilenbeschriftung* und *Spaltenbeschriftung* in der Kopfzeile der PivotTable nicht mehr angezeigt werden, müssen sie noch ausgeblendet werden. Das wird über das Menü *PivotTable-Tools/Optionen/Feldkopfzeilen* erreicht.

	A	B	C	D	E	F	G
1							
2							
3	Summe von Umsatz						
4		Mitte	Nord	Ost	Süd	West	Gesamtergebnis
5	⊞ Altmann	1.767,00 €					1.767,00 €
6	⊞ Bauer				1.219,40 €		1.219,40 €
7	⊞ Baumann					11.353,50 €	11.353,50 €
8	⊞ Bergler					3.054,50 €	3.054,50 €
9	⊞ Braun			9.681,88 €			9.681,88 €
10	⊞ Clausen				7.990,07 €		7.990,07 €
11	⊞ Duck					3.621,82 €	3.621,82 €
12	⊞ Huber			1.479,95 €			1.479,95 €
13	⊞ Kaiser	5.267,29 €	4.495,00 €			409,84 €	10.172,13 €
14	⊞ Kleichlich		1.087,90 €				1.087,90 €
15	⊞ Klein					2.256,58 €	2.256,58 €
16	⊞ Kling	3.876,34 €	749,16 €				4.625,50 €
17	⊞ Krüger		4.003,56 €				4.003,56 €
18	⊞ Maurer	6.071,79 €					6.071,79 €
19	⊞ Mertens		2.445,76 €			11.083,20 €	13.528,96 €
20	⊞ Nesvadba	5.341,10 €					5.341,10 €
21	⊞ Ottokar					9.369,96 €	9.369,96 €
22	⊞ Schmidt			6.920,86 €			6.920,86 €
23	⊞ Schneider				2.641,35 €		2.641,35 €
24	⊞ Walter				7.971,02 €		7.971,02 €
25	⊞ Wiesner			3.188,73 €			3.188,73 €
26	Gesamtergebnis	22.323,52 €	12.781,38 €	21.271,42 €	19.821,84 €	41.149,40 €	117.347,56 €
27							

6 Im nächsten Schritt wird ein Datenschnitt eingefügt. Markieren Sie dazu eine beliebige Zelle innerhalb der PivotTable und wählen Sie den Befehl *PivotTable-Tools/Optionen/Datenschnitt einfügen*. Dieser Befehl öffnet ein Dialogfenster, über das festgelegt wird, für welches Feld/welche Felder der Datenschnitt erzeugt werden soll. Wählen Sie in diesem Beispiel den Eintrag *Kunde* und beenden Sie den Dialog mit einem Klick auf die Schaltfläche *OK*.

7 Damit haben Sie für das Feld *Kunde* einen Datenschnitt erzeugt. Das bedeutet, dass ein Fenster mit den Feldinhalten des Felds *Kunde* erstellt wird. Dabei kann jeder Kunde individuell angeklickt werden, und damit wird in der PivotTable die Anzeige auf den gewählten Kunden eingeschränkt.

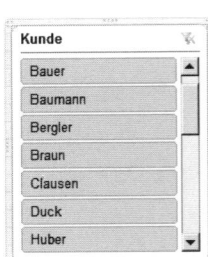

8 In diesem Beispiel sollen nun nur die Daten des Kunden *Kling* angezeigt werden. Suchen Sie dazu in der alphabetischen Liste des Datenschnitts den Eintrag *Kling* und klicken diesen an. Dadurch wird der Filter auf diesen Datensatz gesetzt, und die PivotTable wird auf den Kunden *Kling* eingegrenzt.

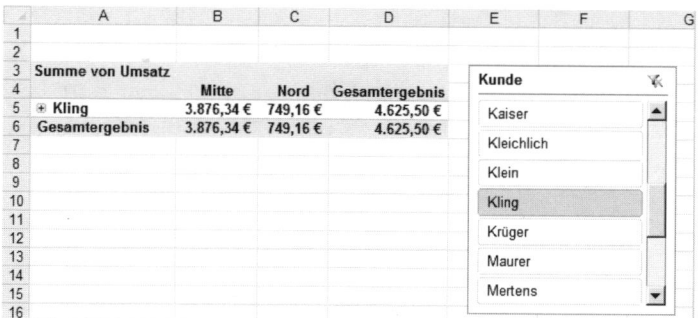

9 Natürlich können auch mehrere individuell ausgewählte Kunden gefiltert werden. Markieren Sie dazu mehrere Einträge im Datenschnitt gleichzeitig. Bei gedrückter Strg-Taste können Sie einzelne Kunden selektiv mit der linken Maustaste auswählen, bei gedrückter Umschalt-Taste können zusammenhängende Bereiche gewählt werden. Im Beispiel sollen die Kunden *Clausen*, *Huber*, *Kleichlich* und *Klein* angezeigt werden.

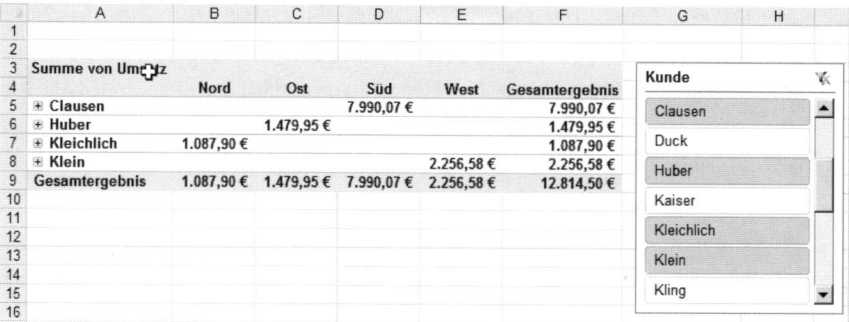

Hinweis

Am Filtersymbol rechts oben im Datenschnittfenster ist zu erkennen, ob ein Filter aktiv ist oder nicht. Das Symbol 🔽 wird angezeigt, wenn der Filter aktiv ist. Mit einem Klick darauf wird der Filter gelöscht, und es werden wieder alle Datensätze angezeigt.

Sie sehen, mithilfe dieser neuen Funktion lässt sich die PivotTable sehr leicht und elegant auf die gewünschten Datensätze filtern.

Tipp 11: Die Datenschnittfunktion in der Praxis – Ideen und Anregungen

Der vorherige Tipp zeigt den grundsätzlichen Umgang mit der Datenschnittfunktion. In diesem Tipp erfahren Sie, wie Sie diese Funktion als Bedien- und Anzeigeelement in der Praxis einsetzen können und wie sich mehrere Datenschnitte sinnvoll einsetzen und kombinieren lassen.

So geht's:

Nachfolgend wird das Beispiel aus dem vorherigen Tipp verwendet und entsprechend erweitert. Im ersten Schritt soll nun die Formatierung des Datenschnitts an die PivotTable angepasst werden.

1 Markieren Sie dazu das Datenschnittfenster *Kunde* und wählen Sie über das Menü *Datenschnitttools/Optionen* eine entsprechende Datenschnitt-Formatvorlage aus, die zur farblichen Gestaltung der PivotTable passt.

2 Auch die Überschrift des Datenschnitts kann verändert werden. Markieren Sie dazu das Datenschnittfenster und öffnen Sie über den Befehl *Datenschnitttools/Optionen/Datenschnitteinstellungen* das entsprechende Dialogfenster. Dort können Sie im Bereich *Kopfzeile* eine Beschriftung eintragen bzw. die Anzeige von Kopfzeilen deaktivieren. In unserem Beispiel soll anstelle der Überschrift *Kunde* der Text *Bitte wählen* erscheinen.

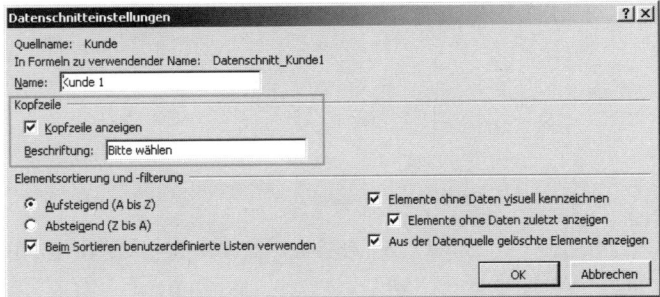

3 Nachdem Sie das Dialogfenster mit *OK* beendet haben, wird das Datenschnittfenster entsprechend angezeigt.

4 Im nächsten Schritt fügen Sie einen zweiten Datenschnitt für das Feld *Großhändler* hinzu. Setzen Sie den Zellzeiger dazu auf eine beliebige Zelle in der PivotTable und fügen Sie über das Menü *PivotTable-Tools/Optionen/Datenschnitt einfüge*n einen Datenschnitt für das Feld *Großhändler* ein.

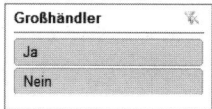

5 Dieser Datenschnitt enthält die Werte *Ja* und *Nein*, abhängig davon, ob es sich beim ausgewählten Kunden um einen Großhändler handelt oder nicht. Passen Sie diesen Datenschnitt wieder farblich an.

6 Wenn Sie nun die einzelnen Kunden auswählen, wird automatisch der entsprechende Eintrag *Ja* oder *Nein* im Datenschnittfenster *Großhändler* angezeigt. Damit können Sie Informationen der PivotTable über den zweiten Datenschnitt elegant anzeigen lassen.

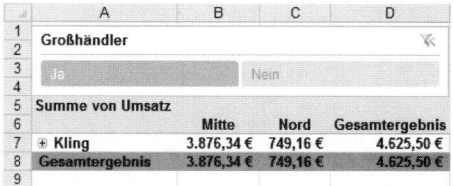

7 Damit der Datenschnitt *Großhändler* wie in der vorstehenden Abbildung zweispaltig angezeigt wird, muss die entsprechende Einstellung vorgenommen werden. Markieren Sie zunächst den Datenschnitt und öffnen Sie über das Kontextmenü, das Sie mit der rechten Maustaste aufrufen, den Befehl *Größe und Eigenschaften*. Legen Sie dort unter dem Punkt *Position und Layout* die Anzahl der Spalten auf 2 fest und positionieren Sie den Datenschnitt über der PivotTable.

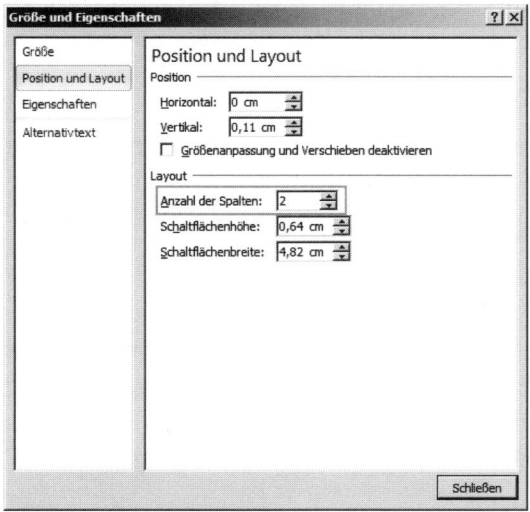

Tipp 12: PowerPivot – Self Service Business Intelligence kurz vorgestellt

Mit PowerPivot hat Microsoft ein neues, sogenanntes Self-Service-Datenanalysewerkzeug auf den Markt gebracht. Endanwender sollen damit in der Lage sein, selbstständig Business Intelligence-(BI-)Analysen mit großen Datenmengen aufzubereiten.

PowerPivot setzt sich aus einer Reihe von Client- und Serverkomponenten zusammen, die im gegenseitigen Zusammenspiel die Umsetzung solcher BI-Lösungen ermöglichen. PowerPivot besteht im Grunde aus drei Komponenten:

Add-in für Excel 2010

Das Excel-Add-in mit eigener Benutzeroberfläche und eigener Multifunktionsleiste. Durch die Verwendung des Add-in können über 100 Millionen Datensätze importiert werden. Daten können zueinander in Beziehung gesetzt werden, in neuen Spalten können Ergebnisse formelbasiert ermittelt werden. Der Anwender benötigt keine Kenntnisse in Datenbankabfragesprachen wie SQL oder MDX. Darüber hinaus können die entwickelten Lösungen auf einer Sharepoint-Webseite bereitgestellt werden.

Add-in für Sharepoint 2010

Ein Add-in für Sharepoint 2010 ermöglicht, die über das Excel-Add-in erstellten Arbeitsmappen zu verwalten, bereitzustellen sowie die Rechtevergabe zu steuern.

Neuartige Speicherverwaltung

Die neue Speicherverwaltung nimmt eine spaltenbasierte Kompression der Daten vor (Column-based Compression). Erst diese Speicherverwaltung ermöglicht die Integration von Millionen von Zeilen.

Mit PowerPivot können Daten aus verschiedenen Quellen, einschließlich Datenbanken, Arbeitsblättern, Berichten und Datenfeeds des Unternehmens, auf schnelle und einfache Weise gesammelt und vor allem kombiniert werden. Sobald sich die Daten in Excel befinden, können sie mithilfe von PivotTables, Datenschnitten und anderen vertrauten Excel-Features ganz interaktiv analysiert, berechnet und ausgewertet werden.

Bevor wir uns das Add-in PowerPivot näher ansehen, sollten Sie es installieren. Den Download des Add-in finden Sie auf *www.powerpivot.com/*. Die Installation erfolgt über ein Setup-Programm. Wenn Sie Excel nach erfolgter Installation starten, steht eine neue Registerkarte mit der Bezeichnung *PowerPivot* in der Multifunktionsleiste zur Verfügung.

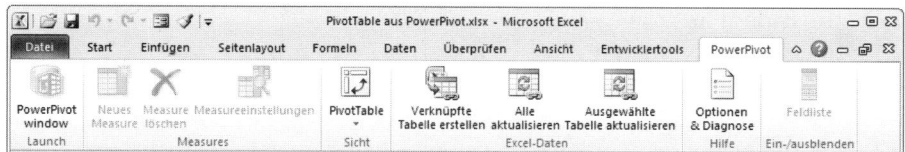

Zum Zeitpunkt der Bucherstellung lag nur eine Betaversion des PowerPivot-Add-in vor. Das ist auch daran zu sehen, dass manche Befehle noch nicht ins Deutsche übersetzt sind.

In diesem Tipp zeigen wir Ihnen anhand eines einfachen Beispiels, wie sich Daten mit PowerPivot importieren und auswerten lassen.

So geht's:

Als Basis dient eine Access-Datenbank mit rund 90.0000 Datensätzen.

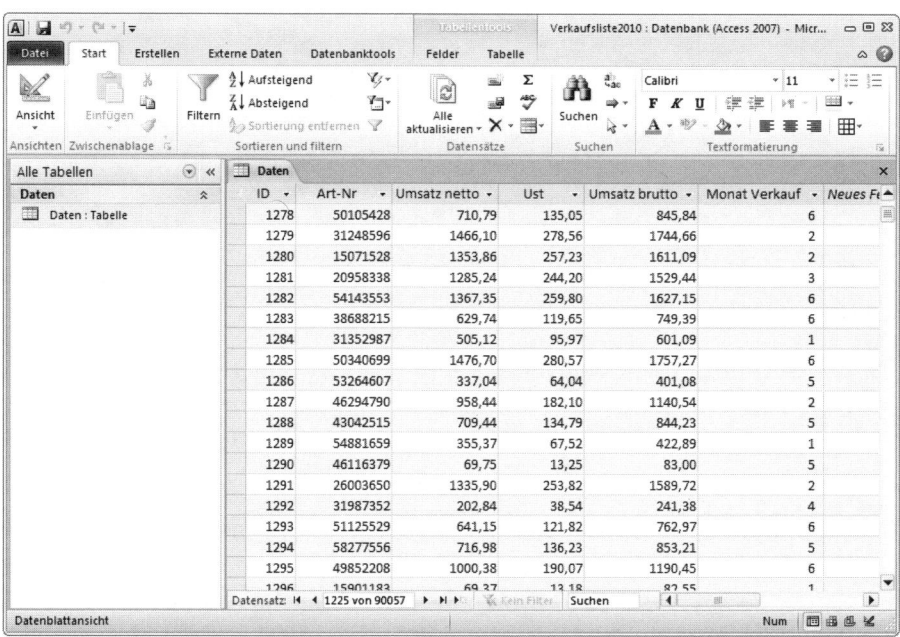

Die Datenbank enthält eine Datentabelle mit den Feldern *ID*, *Art-Nr.*, *Umsatz netto*, *Ust* (Umsatzsteuer), *Umsatz brutto* und *Monat Verkauf*, in dem der Artikel verkauft wurde.

Ziel ist es, die Daten aus der Access-Datenbank über PowerPivot auszulesen und in Excel mittels einer PivotTable und einem Datenschnitt auf den Verkaufsmonat auszuwerten.

Sehen wir uns zunächst den Import der Daten aus der Access-Datenbank näher an.

1 Starten Sie PowerPivot im ersten Schritt über das Menü *PowerPivot/ PowerPivot window*. Daraufhin öffnet sich ein neues Excel-Fenster, das sich wie folgt präsentiert.

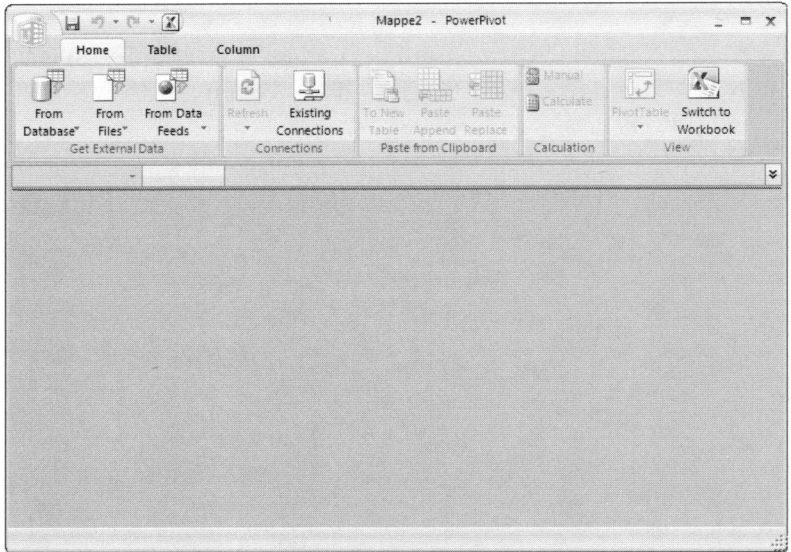

2 In der vorliegenden Betaversion sind Beschriftungen allerdings noch in Englisch. Klicken Sie nun auf die Schaltfläche *From Database* und anschließend auf *From Access*, da die Daten dieses Beispiels als Access-Datenbank vorliegen.

3 Daraufhin öffnet sich das Dialogfenster *Tabellenimport-Assistent*. Geben Sie dort im Feld *Anzeigename der Verbindung* die Bezeichnung *Access Verkaufsliste* ein. Wählen Sie über die Schaltfläche *Durchsuchen* die zu importierende Access-Datenbank aus und klicken Sie anschließend auf die Schaltfläche *Weiter*.

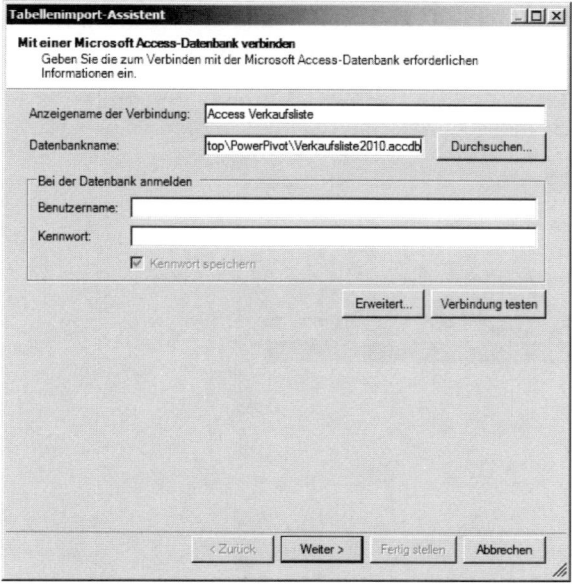

4 Im nächsten Schritt wird die Verbindung zur Datenbank aufgebaut. In einem weiteren Dialogfenster ist die Entscheidung zu treffen, ob die Daten aus Tabellen oder Datenbanksichten importiert werden sollen oder ob die zu importierenden Daten über eine SQL-Abfrage selektiert werden sollen. Aktivieren Sie in diesem Beispiel die erste Option.

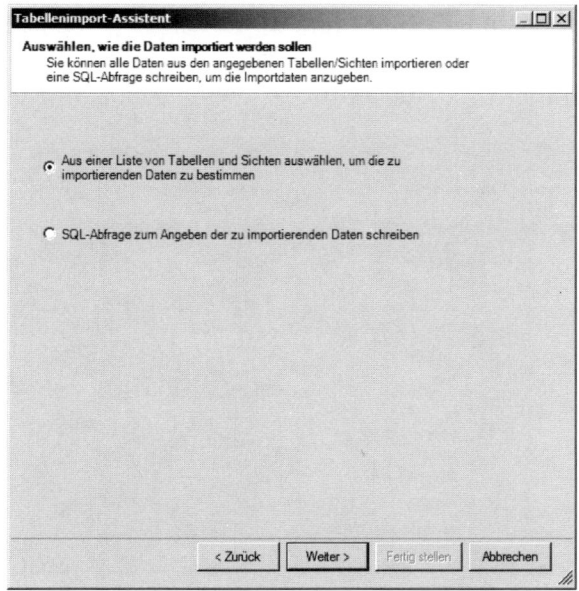

533

5 Nach einem erneuten Klick auf die Schaltfläche *Weiter* werden die Tabellen und Sichten der ausgewählten Access-Datenbank angezeigt. Da die Beispieldatenbank nur eine Tabelle mit der Bezeichnung *Daten* enthält, wird auch nur diese dargestellt.

6 Über die Schaltfläche *Preview & Filter* können Sie sich die Daten vor dem Import anzeigen lassen. Darüber hinaus besteht die Möglichkeit, den Import der Daten zu beschränken, so wäre es möglich, beispielsweise nur Artikelnummern von 40000000 bis 49999999 anzuzeigen.

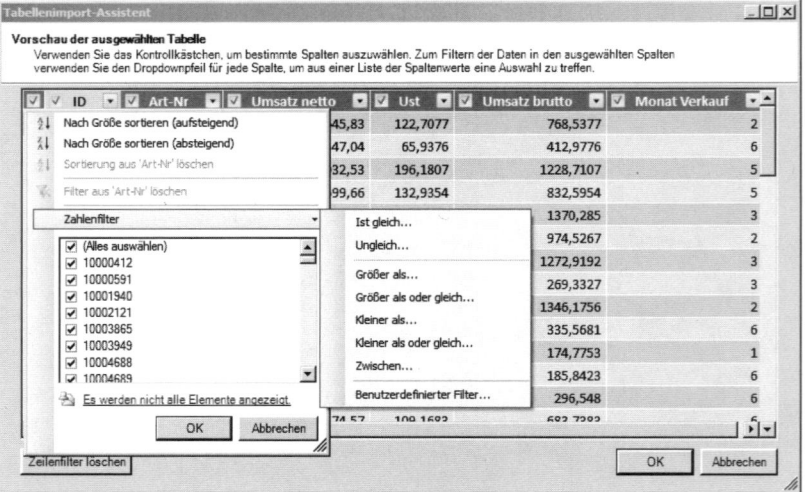

7 In diesem Beispiel sollen alle Daten importiert werden. Deswegen können Sie die Datenvorschau mit einem Klick auf die Schaltfläche *OK* ohne weitere Einstellungen beenden.

8 Klicken Sie im nächsten Schritt auf die Schaltfläche *Fertig stellen*. Damit wird der Importvorgang angestoßen, und die Datensätze aus der Tabelle *Daten* werden ohne Filterbeschränkung importiert. Der Importvorgang wird mit folgender Statusmeldung quittiert.

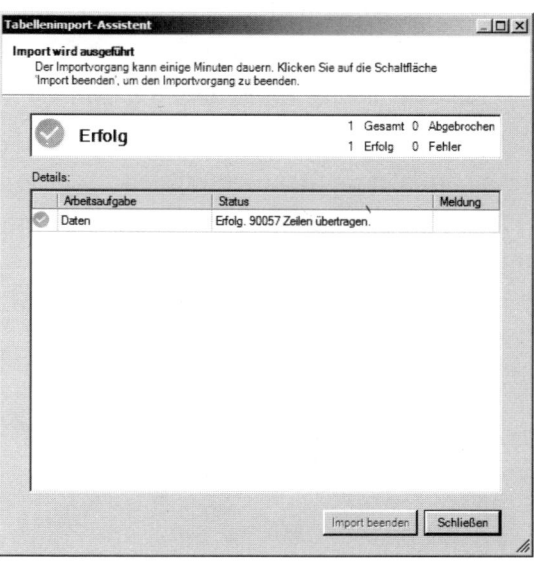

9 Beenden Sie dieses Dialogfenster mit einem Klick auf die Schaltfläche *Schließen*. Damit wird das ursprüngliche Fenster mit den ausgelesenen Datensätzen angezeigt.

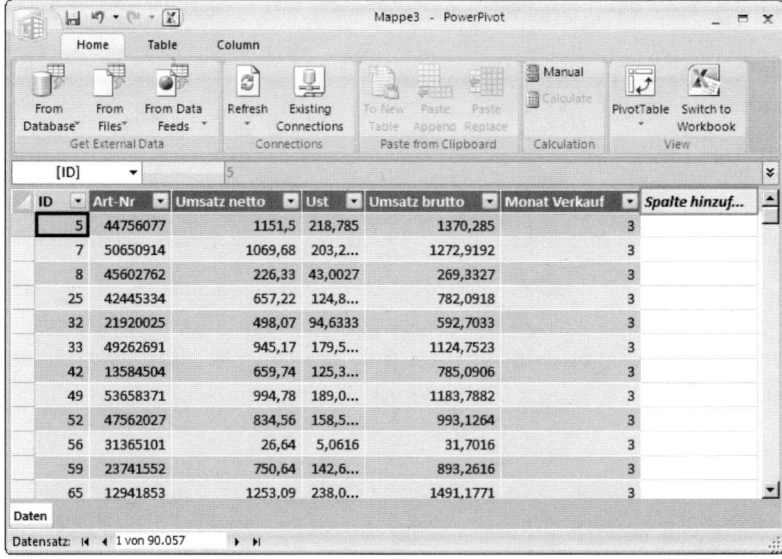

10 Im nächsten Schritt sollen die Daten noch um die durchschnittliche Rohspanne angereichert werden. Diese beträgt 24 % auf den Nettoumsatz. Markieren Sie dazu die rechte Spalte mit der Bezeichnung *Spalte hinzufügen* und führen Sie auf den Spaltenkopf einen Rechtsklick aus.

11 Wählen Sie im Kontextmenü den Eintrag *Spalte umbenennen* und geben Sie als Spaltennamen *Rohspanne* ein.

12 Erfassen Sie im nächsten Schritt die Formel zur Berechnung der Rohspanne in der Bearbeitungsleiste. Diese lautet *=[Umsatz netto]*0.24*.

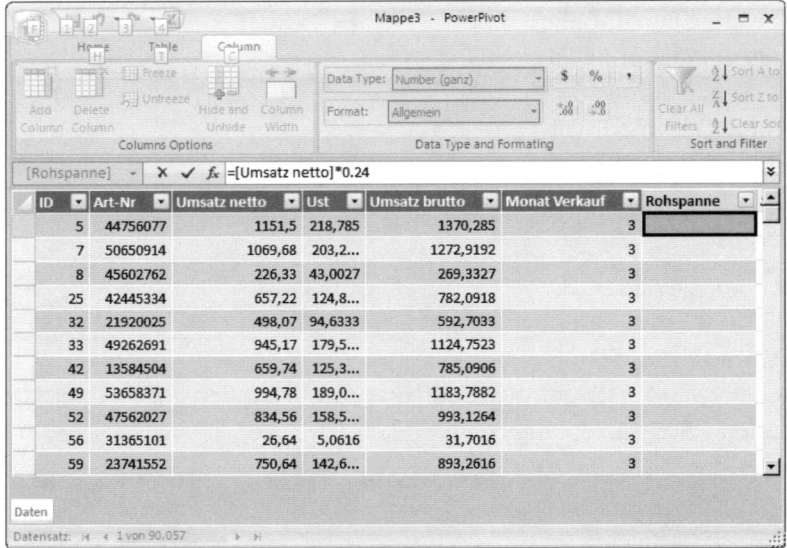

> **Hinweis**
>
> Beachten Sie, dass der Multiplikator 0.24 mit einem Punkt als Dezimaltrennzeichen eingegeben werden muss. In der endgültigen Version kann sich hier allerdings noch eine Änderung ergeben.

13 Wenn Sie die Eingabe der Formel mit [Enter] abschließen, werden in der neuen Spalte *Rohspanne* die Ergebnisse eingetragen.

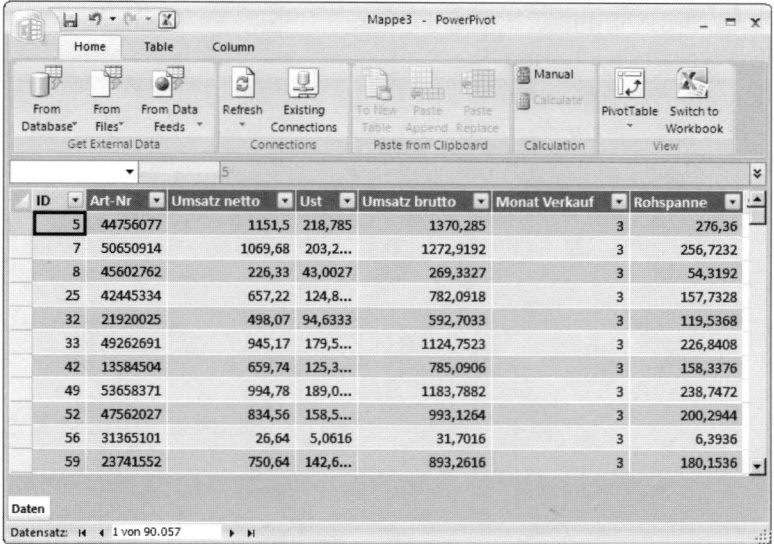

14 Im folgenden Schritt werden die Daten nun in ein Excel-Tabellenblatt übertragen. Klicken Sie dazu auf die Schaltfläche *PivotTable* auf der Registerkarte *Home* und wählen Sie dort den Eintrag *Single PivotTable*.

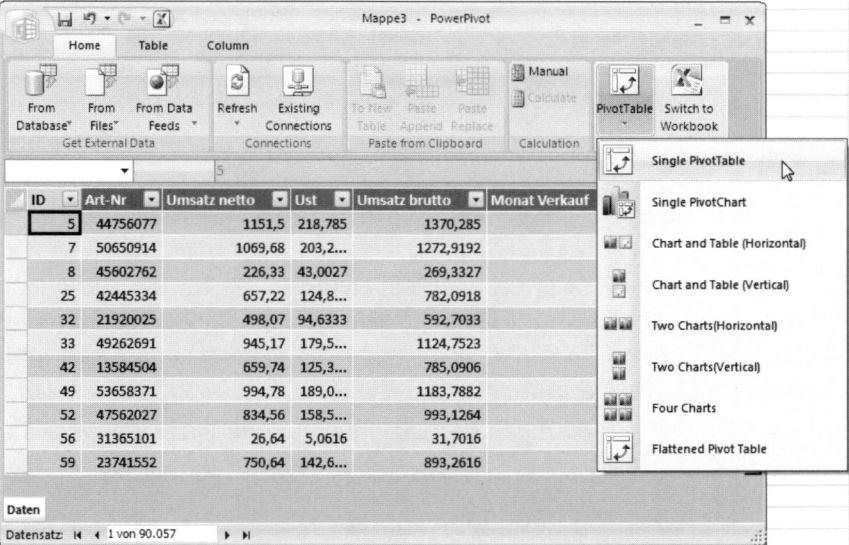

15 Wählen Sie im folgenden Dialogfenster aus, wo die PivotTable eingefügt werden sollen. Wählen Sie in diesem Beispiel den Eintrag *Neues Arbeitsblatt* aus und bestätigen Sie das Dialogfenster mit einem Klick auf die Schaltfläche *OK*.

16 Im Anschluss öffnet sich in Excel eine leere PivotTable. Ziehen Sie nun die Felder *Monat Verkauf* und *Art-Nr* in den Bereich *Zeilenbeschriftungen*. Die Felder *Umsatz netto* und *Rohspanne* ziehen Sie in den Bereich *Werte*.

17 Im Ergebnis wird der Nettoumsatz sowie die Rohspanne nach Monaten gruppiert angezeigt.

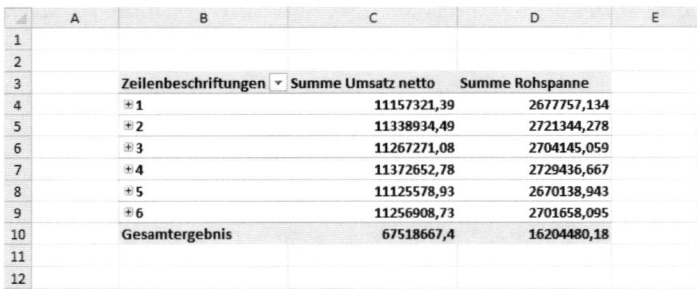

	A	B	C	D	E
1					
2					
3		Zeilenbeschriftungen ▼	Summe Umsatz netto	Summe Rohspanne	
4		⊞1	11157321,39	2677757,134	
5		⊞2	11338934,49	2721344,278	
6		⊞3	11267271,08	2704145,059	
7		⊞4	11372652,78	2729436,667	
8		⊞5	11125578,93	2670138,943	
9		⊞6	11256908,73	2701658,095	
10		Gesamtergebnis	67518667,4	16204480,18	
11					
12					

18 Im letzten Schritt soll nun noch ein Datenschnitt für die Monate eingefügt werden, sodass diese per Klick ein- und ausgeblendet werden können. Markieren Sie zunächst eine beliebige Zelle innerhalb der PivotTable und starten Sie über das Menü *PivotTable-Tools/Optionen/Datenschnitt einfügen* das Dialogfenster zur Auswahl eines Datenschnitts.

19 Markieren Sie dort den Eintrag *Monat Verkauf* und beenden Sie das Dialogfenster über die Schaltfläche *OK*.

20 Damit wird der Datenschnitt (Filter) für die Verkaufsmonate eingefügt. Formatieren Sie das Fenster wie gewünscht, indem Sie die Farbe oder die Größe und Ausrichtung beliebig variieren.

→ Verweis: siehe Kapitel 5.3, Tipp 11

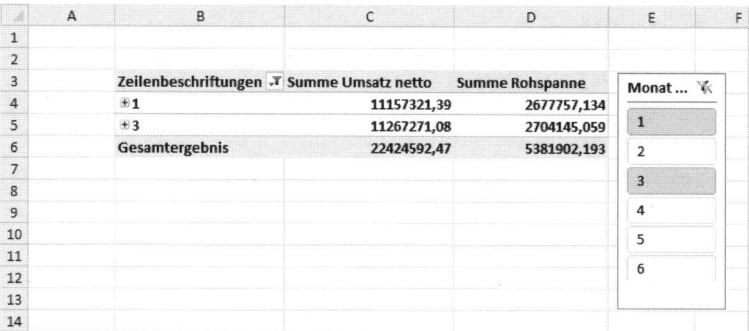

21 Über den Filter können Daten nun beliebig ein- und ausgeblendet werden. Im Beispiel werden nur die Monate Januar und März angezeigt. Die Anzeige der anderen Monate wird unterdrückt.

> **Hinweis**
>
> Sie sehen, dass sich mit der neuen PowerPivot-Funktion dem Endanwender ganz neue Möglichkeiten eröffnen. Ohne großes Datenbankwissen kommen Sie der großen Welt von Business Intelligence und Data-Warehousing einen großen Schritt näher.

5.4 Teilergebnisse sinnvoll einsetzen

Die Funktion *Teilergebnisse* bietet eine schnelle und einfache Möglichkeit, um Datenbestände zu strukturieren und zu gliedern.

Beim Thema Teilergebnisse müssen zwei grundsätzliche Sachverhalte unterschieden werden. Zum einen bietet Excel einen Teilergebnis-Assistenten, über den Zwischensummen, also Teilergebnisse, zu einer Datenliste automatisch hinzugefügt werden können. Zum anderen stellt Excel die Tabellenfunktion *TEILERGEBNIS()* zur Verfügung, über die sich Teilergebnisse manuell einfügen lassen.

Der Teilergebnis-Assistent bietet sich zur Lösung folgender Aufgabenstellungen an:

➢ Gruppierung und Gliederung von Daten

➢ Einfügen von Teil- und Gesamtergebnissen in eine Datenliste

Tipp 1: Allgemeine Informationen zum Teilergebnis-Assistenten

Zum Gruppieren und Gliedern stellt Excel den Teilergebnis-Assistenten zur Verfügung. Dieser wird über das Menü *Daten/Gliederung/Teilergebnis* aufgerufen (Excel 2003: Menü *Daten/Teilergebnisse*).

So geht's:

Damit der Assistent brauchbare Ergebnisse liefern kann, muss der Datenbestand folgende Grundvoraussetzungen erfüllen:

➢ Die Datenliste muss homogen sein, das bedeutet, alle Datensätze der Liste müssen gleich aufgebaut sein.

➢ Die Datenfelder müssen eine Spaltenbeschriftung besitzen, damit sie der Konvention von Excel-Tabellen entsprechen.

➢ Die Liste muss in einer sortierten Form vorliegen. Dabei kommt der Sortierung eine besondere Bedeutung zu. Die Liste muss nach der Spalte (Datenfeld) sortiert sein, für die die Teilergebnisse eingefügt werden sollen.

Wenn diese Voraussetzungen erfüllt sind, steht der Verwendung des Teilergebnis-Assistenten nichts mehr im Wege.

Nach dem Aufruf des Assistenten wird das Dialogfenster *Teilergebnisse* eingeblendet. Wenn die Daten ordnungsgemäß aufgebaut sind, erkennt Excel die Datentabelle in der Regel automatisch und wendet die Funktion auf diese an.

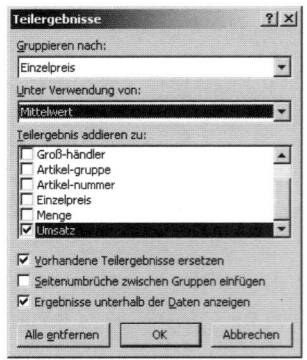

Die Optionen des Assistenten bieten verschiedene Einstellungs- und somit Auswertungsmöglichkeiten.

Optionsfeld	Beschreibung
Gruppieren nach	In diesem Kombinationsfeld stehen alle Datenfeldüberschriften zur Verfügung. Über dieses Feld legen Sie fest, nach welchen Spalten gruppiert werden soll.

Optionsfeld	Beschreibung
Unter Verwendung von	Aus diesem Kombinationsfeld können Sie zwischen den verschiedenen Berechnungsmethoden *Summe, Anzahl, Mittelwert, Maximum, Minimum, Produkt, Anzahl Zahlen, Standardabweichung (Stichprobe), Standardabweichung (Grundgesamtheit), Varianz (Stichprobe)* und *Varianz (Grundgesamtheit)* wählen.
Teilergebnis addieren zu	In diesem Listenfeld können Sie über Kontrollkästchen die Spalten festlegen, für die die Teilergebnisberechnung ausgeführt werden soll.
Vorhandene Teilergebnisse ersetzen	Wenn diese Option aktiviert ist, werden alle bestehenden Teilergebnisse bei erneuter Ausführung des Befehls ersetzt.
Seitenumbrüche zwischen Gruppen einfügen	Aktivieren Sie diese Option, wenn Sie Datengruppen auf jeweils eigenen Tabellenblättern ausdrucken möchten.
Ergebnisse unterhalb der Daten anzeigen	Diese Option sorgt dafür, dass die Teilergebnisse unter der jeweiligen Datengruppe angezeigt werden. Wenn diese Option deaktiviert ist, werden die Ergebnisse oberhalb angezeigt.
Alle entfernen	Ein Klick auf diese Schaltfläche entfernt sämtliche Teilergebnisse aus der Datentabelle.

Hinweis

Sobald Sie Änderungen am Datenbestand vornehmen, werden die Teilergebnisse automatisch neu berechnet.

Tipp 2: Teilergebnisse schnell und zielgerichtet erzeugen

Als Ausgangstabelle dient die Verkaufsliste per Juni 2007, die Sie bereits aus Kapitel 5.3 zu den PivotTables kennen.

Ziel ist es nun, die Verkaufsdaten nach Regionen zusammenzufassen. Dabei sollen für die einzelnen Regionen Zwischensummen gebildet werden.

So geht's:

1 Markieren Sie den Zellbereich A3:H64 (Daten inklusive Überschriften). Am einfachsten erreichen Sie das mit der Tastenkombination Strg+A. Bevor Sie die Tastenkombination ausführen, muss sich der Zellzeiger auf einer beliebigen Zelle in der Datenliste befinden.

2 Sortieren Sie die Datenliste nach der der Spalte *Region* (Spalte B) aufsteigend. Den Sortierbefehl starten Sie über das Menü *Start/Bearbeiten/Sortieren und Filtern* (Excel 2003: Menü *Daten/Sortieren*).

3 Als Sortierkriterium wählen Sie den Eintrag *Region* im Feld *Sortieren nach* und aktivieren die Reihenfolge *A bis Z*.

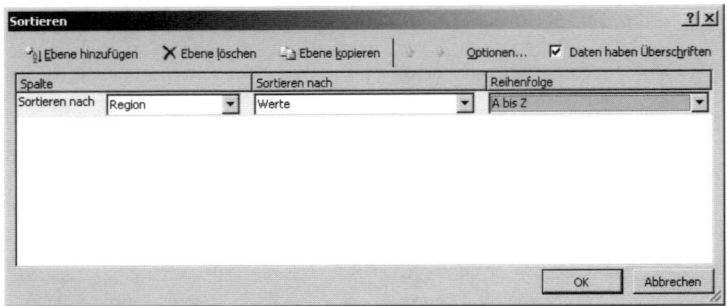

4 Beenden Sie das Dialogfenster *Sortieren* mit einem Klick auf die Schaltfläche *OK*. Die Daten stehen nun in der neu sortierten Reihenfolge zur Verfügung.

5 Starten Sie anschließend über das Menü *Daten/Gliederung/Teilergebnis* den Teilergebnis-Assistenten. Achten Sie wiederum darauf, dass entweder der gesamte Zellbereich markiert ist oder sich der Zellzeiger innerhalb der Datenliste befindet (Excel 2003: Menü *Daten/Teilergebnisse*).

6 Wählen Sie im Feld *Gruppieren nach* dem Eintrag *Region*. Im Kombinationsfeld *Unter Verwendung von* legen Sie den Eintrag *Summe* fest. Aktivieren Sie im letzten Schritt im Listenfeld *Teilergebnis addieren zu* dem Eintrag *Umsatz*, da die Spalte *Umsatz* addiert werden soll. Bei den weiteren Einstellungen können Sie die Vorgaben übernehmen.

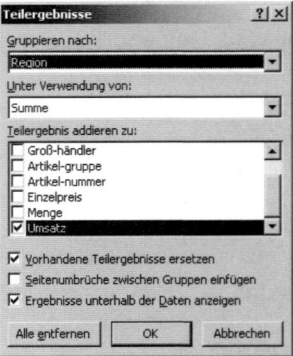

7 Nachdem Sie das Dialogfenster mit einem Klick auf die Schaltfläche *OK* beendet haben, werden die Daten nach der Spalte *Regionen* gruppiert. Nach jeder Gruppe wird ein Teilergebnis in der Spalte *Umsatz* eingefügt.

1 2 3		A	B	C	D	E	F	G	H
	1	Verkaufsliste Juli 2007							
	2								
	3	Kunde	Region	Groß-händler	Artikel-gruppe	Artikel-nummer	Einzelpreis	Menge	Umsatz
	4	Altmann	Mitte	Nein	Art.Gr. A	1309A	70,68	25	1.767,00
	5	Kaiser	Mitte	Ja	Art.Gr. A	1044A	112,07	47	5.267,29
	6	Maurer	Mitte	Ja	Art.Gr. A	8242A	118,52	10	1.185,20
	7	Nesvadba	Mitte	Ja	Art.Gr. A	3093A	105,18	3	315,54
	8	Maurer	Mitte	Ja	Art.Gr. B	3526B	35,44	37	1.311,28
	9	Nesvadba	Mitte	Ja	Art.Gr. B	7334B	192,17	22	4.227,74
	10	Nesvadba	Mitte	Ja	Art.Gr. C	1109C	150,87	2	301,74
	11	Kling	Mitte	Ja	Art.Gr. E	4458E	15,98	23	367,54
	12	Kling	Mitte	Ja	Art.Gr. E	5652E	103,20	34	3.508,80
	13	Maurer	Mitte	Ja	Art.Gr. E	9517E	96,63	37	3.575,31
	14	Nesvadba	Mitte	Ja	Art.Gr. E	9667E	124,02	4	496,08
	15		Mitte Ergebnis						22.323,52
	16	Kling	Nord	Ja	Art.Gr. A	302A	61,62	8	492,96
	17	Kleichlich	Nord	Nein	Art.Gr. B	1251B	23,65	46	1.087,90
	18	Krüger	Nord	Nein	Art.Gr. B	8799B	148,28	27	4.003,56
	19	Mertens	Nord	Nein	Art.Gr. b	6341A	76,43	32	2.445,76
	20	Kaiser	Nord	Ja	Art.Gr. C	3367C	123,80	9	1.114,20
	21	Kling	Nord	Ja	Art.Gr. C	7016C	6,10	42	256,20
	22	Kaiser	Nord	Ja	Art.Gr. E	1636E	45,23	15	678,45
	23	Kaiser	Nord	Nein	Art.Gr. E	2769E	77,21	35	2.702,35
	24		Nord Ergebnis						12.781,38
	37		Ost Ergebnis						21.271,42
	48		Süd Ergebnis						19.821,84
	65		West Ergebnis						41.149,40
	66		Gesamtergebnis						117.347,56
	67								

Hinweis

Über die Plus- und Minussymbole (Gliederungssymbole) am linken Tabellenrand können die Detaildaten für die Spalte *Region* ein- bzw. ausgeblendet werden. Alternativ können Sie die Gruppendetails auch über die Zahlen 1, 2, 3 in der linken oberen Ecke ein- und ausblenden.

Mit dem Shortcut [Strg]+[7] lassen sich die Gruppierungssymbole komplett ausblenden. Eingeblendet werden die Symbole über die gleiche Tastenkombination.

Tipp 3: Mehrere Teilergebnisse verschachteln

Dieses Beispiel zeigt, wie mehrere Teilergebnisse zu einer Liste hinzugefügt werden können. Ziel ist es, wie bereits in Beispiel 2 gezeigt, die Summe für jede Region hinzuzufügen. Darüber hinaus sollen innerhalb der Regionengruppierung für die verschiedenen Artikelgruppen A, B, C, D die Umsatzsumme sowie die durchschnittliche Bestellmenge ermittelt werden.

So geht's:

1 Grundlage zum Einfügen der Teilergebnisse ist eine korrekt sortierte Liste. Starten Sie dazu den Sortierbefehl und sortieren Sie die Datenliste zuerst nach der Spalte *Region* und anschließend nach der Spalte *Artikel-gruppe*.

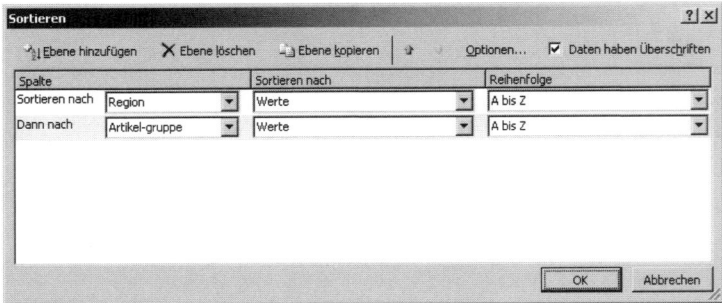

2 Starten Sie über das Menü *Daten/Gliederung/Teilergebnis* den Assistenten zum Einfügen von Teilergebnissen (Excel 2003: Menü *Daten/Teilergebnisse*).

3 Im ersten Schritt werden die Teilergebnisse für die Gruppe *Region* eingefügt. Legen Sie die Optionen dazu wie dargestellt fest und beenden Sie anschließend das Dialogfenster mit einem Klick auf die Schaltfläche *OK*.

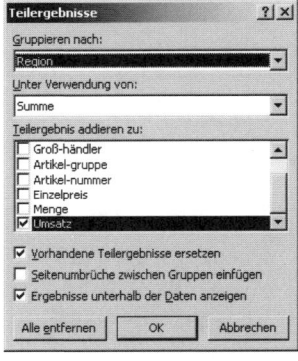

4 Da dieses Dialogfenster keine Möglichkeit bietet, mehrere Gruppierungen anzugeben, müssen Sie den Teilergebnis-Assistenten erneut aufrufen und folgende Optionseinstellungen vornehmen:

> ➤ *Gruppieren nach: Artikel-gruppe*
> ➤ *Unter Verwendung von: Summe*
> ➤ *Teilergebnis addieren zu: Menge* und *Umsatz*
> ➤ *Vorhandene Teilergebnisse ersetzen*: deaktivieren

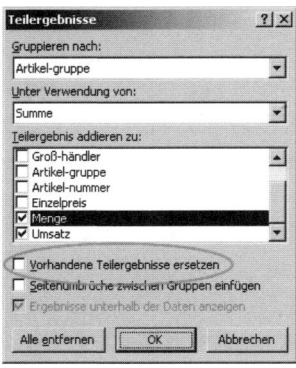

Hinweis

Achten Sie darauf, dass bei allen weiteren Teilergebnissen die Option *Vorhandene Teilergebnisse ersetzen* deaktiviert ist.

5 Nach einem Klick auf die Schaltfläche *OK* werden zu den Teilergebnissen der Regionen die Teilergebnisse der Artikelgruppen hinzugefügt.

Das Ergebnis sehen Sie in folgender Abbildung.

	A	B	C	D	E	F	G	H
1	**Verkaufsliste Juli 2007**							
2								
3	Kunde	Region	Groß-händler	Artikel-gruppe	Artikel-nummer	Einzelpreis	Menge	Umsatz
4	Altmann	Mitte	Nein	Art.Gr. A	1309A	70,68	25	1.767,00
5	Kaiser	Mitte	Ja	Art.Gr. A	1044A	112,07	47	5.267,29
6	Maurer	Mitte	Ja	Art.Gr. A	8242A	118,52	10	1.185,20
7	Nesvadba	Mitte	Ja	Art.Gr. A	3093A	105,18	3	315,54
8				Art.Gr. A Ergebnis			85	8.535,03
9	Maurer	Mitte	Ja	Art.Gr. B	3526B	35,44	37	1.311,28
10	Nesvadba	Mitte	Ja	Art.Gr. B	7334B	192,17	22	4.227,74
11				Art.Gr. B Ergebnis			59	5.539,02
12	Nesvadba	Mitte	Ja	Art.Gr. C	1109C	150,87	2	301,74
13				Art.Gr. C Ergebnis			2	301,74
14	Kling	Mitte	Ja	Art.Gr. E	4458E	15,98	23	367,54
15	Kling	Mitte	Ja	Art.Gr. E	5652E	103,20	34	3.508,80
16	Maurer	Mitte	Ja	Art.Gr. E	9517E	96,63	37	3.575,31
17	Nesvadba	Mitte	Ja	Art.Gr. E	9667E	124,02	4	496,08
18				Art.Gr. E Ergebnis			98	7.947,73
19		**Mitte Ergebnis**						22.323,52
20	Kling	Nord	Ja	Art.Gr. A	302A	61,62	8	492,96
21				Art.Gr. A Ergebnis			8	492,96
22	Kleichlich	Nord	Nein	Art.Gr. B	1251B	23,65	46	1.087,90
23	Krüger	Nord	Nein	Art.Gr. B	8799B	148,28	27	4.003,56
24	Mertens	Nord	Nein	Art.Gr. b	6341A	76,43	32	2.445,76
25				Art.Gr. B Ergebnis			105	7.537,22
28				Art.Gr. C Ergebnis			51	1.370,40
31				Art.Gr. E Ergebnis			50	3.380,80
32		**Nord Ergebnis**						12.781,38
49		**Ost Ergebnis**						21.271,42
64		**Süd Ergebnis**						19.821,84
86		**West Ergebnis**						41.149,40
87				Gesamtergebnis			1332	
88		**Gesamtergebnis**						117.347,56

Hinweis

Ab Excel 2007 bietet sich Ihnen zur Formatierung von Tabellen und Datenlisten eine Vielzahl von Formatvorlagen. Damit die Teilsummenergebnisse besser hervorgehoben werden, bietet es sich an, der Datenliste per Knopfdruck eine Formatvorlage zuzuweisen.

Tipp 4: Teilergebnisse aus der Datenliste entfernen

Die vorherigen Beispiele haben gezeigt, wie Teilergebnisse ganz einfach zu Datenlisten hinzugefügt werden können. Nachfolgend sehen Sie, wie sich die eingefügten Teilergebnisse ganz leicht entfernen lassen.

So geht's:

1   Setzen Sie dazu den Zellzeiger auf eine beliebige Zelle im Datenbestand.

2   Starten Sie über das Menü *Daten/Gliederung/Teilergebnis* das Dialogfenster *Teilergebnisse* (Excel 2003: Menü *Daten/Teilergebnisse*).

3   Nach einem Klick auf die Schaltfläche *Alle entfernen* werden sämtliche Teilergebnisse aus der Datentabelle entfernt.

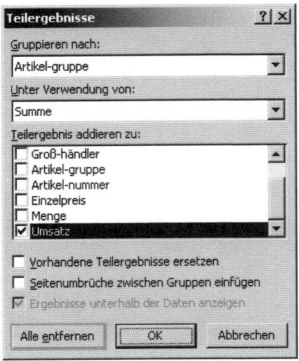

Tipp 5: Automatischer Seitenwechsel nach einzelnen Teilergebnissen einfügen

Dieses Beispiel zeigt, wie nach jeder Teilergebnisgruppe ein Seitenumbruch eingefügt werden kann. Ziel ist es, dass jede Artikelgruppe auf einem eigenen Blatt ausgedruckt wird.

So geht's:

1   Sortieren Sie im ersten Schritt die Datentabelle nach der Spalte *Artikelgruppe*.

2   Öffnen Sie den Teilergebnis-Assistenten über das Menü *Daten/Gliederung/Teilergebnis* (Excel 2003: Menü *Daten/Teilergebnisse*).

3   Legen Sie die Optionen wie folgt fest. Achten Sie darauf, dass die Option *Seitenumbrüche zwischen Gruppen einfügen* aktiviert ist.

> ➢ *Gruppieren nach: Artikel-gruppe*

> ➢ *Unter Verwendung von: Summe*

> ➢ *Teilergebnis addieren zu: Umsatz*

> ➢ *Vorhandene Teilergebnisse ersetzen*: aktivieren

> ➢ *Seitenumbrüche zwischen Gruppen einfügen*: aktivieren

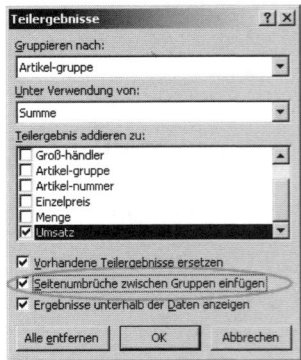

4   Beenden Sie das Dialogfenster mit einem Klick auf die Schaltfläche *OK*. Sie sehen, dass jetzt nach jeder Gruppe ein Seitenumbruch angezeigt wird. Dies erkennen Sie an den gestrichelten Linien.

	A	B	C	D	E	F	G	H	I
1	Verkaufsliste Juli 2007								
2									
3	Kunde	Region	Groß-händler	Artikel-gruppe	Artikel-nummer	Einzelpreis	Menge	Umsatz	
4	Altmann	Mitte	Nein	Art.Gr. A	1309A	70,68	25	1.767,00	
5	Kaiser	Mitte	Ja	Art.Gr. A	1044A	112,07	47	5.267,29	
6	Maurer	Mitte	Ja	Art.Gr. A	8242A	118,52	10	1.185,20	
7	Nesvadba	Mitte	Ja	Art.Gr. A	3093A	105,18	3	315,54	
8	Kling	Nord	Ja	Art.Gr. A	302A	61,62	8	492,96	
9	Schmidt	Ost	Ja	Art.Gr. A	7248A	163,41	22	3.595,02	
10	Wiesner	Ost	Ja	Art.Gr. A	3225A	176,61	10	1.766,10	
11	Bauer	Süd	Nein	Art.Gr. A	3226A	16,40	17	278,80	
12	Schneider	Süd	Nein	Art.Gr. A	1248A	73,59	5	367,95	
13	Baumann	West	Nein	Art.Gr. A	3477A	71,43	9	642,87	
14	Bergler	West	Ja	Art.Gr. A	3524A	29,27	40	1.170,80	
15	Duck	West	Ja	Art.Gr. A	1025A	58,49	48	2.807,52	
16	Ottokar	West	Nein	Art.Gr. A	5622A	171,43	15	2.571,45	
17				Art.Gr. A Ergebnis				22.228,50	
18	Maurer	Mitte	Ja	Art.Gr. B	3526B	35,44	37	1.311,28	
19	Nesvadba	Mitte	Ja	Art.Gr. B	7334B	192,17	22	4.227,74	
20	Kleichlich	Nord	Nein	Art.Gr. B	1251B	23,65	46	1.087,90	
21	Krüger	Nord	Nein	Art.Gr. B	8799B	148,28	27	4.003,56	
22	Mertens	Nord	Nein	Art.Gr. b	6341A	76,43	32	2.445,76	
23	Braun	Ost	Ja	Art.Gr. B	2289B	178,61	34	6.072,74	
24	Huber	Ost	Ja	Art.Gr. B	7400B	83,10	6	498,60	
25	Schmidt	Ost	Ja	Art.Gr. B	4549B	113,61	24	2.726,64	
26	Clausen	Süd	Nein	Art.Gr. B	8381B	53,13	26	1.381,38	
27	Walter	Süd	Nein	Art.Gr. B	4854B	137,35	23	3.159,05	
28	Duck	West	Ja	Art.Gr. B	4657B	81,43	10	814,30	
29	Kaiser	West	Ja	Art.Gr. B	9885B	82,00	4	328,00	
30	Klein	West	Nein	Art.Gr. B	1381B	18,45	28	516,60	
31	Mertens	West	Nein	Art.Gr. B	9079B	137,75	39	5.372,25	
32	Ottokar	West	Nein	Art.Gr. B	4900B	176,04	21	3.696,84	
33				Art.Gr. B Ergebnis				37.642,64	
34	Nesvadba	Mitte	Ja	Art.Gr. C	1109C	150,87	2	301,74	
35	Kaiser	Nord	Ja	Art.Gr. C	3367C	123,80	9	1.114,20	

Tipp 6: Teilergebnisse in gleichförmige Listen manuell eintragen

In dieser Aufgabenstellung liegt eine Excel-Tabelle mit den Umsätzen des ersten Quartals 2007 für die Regionen Nord, Süd, Ost und West vor. Nach jedem Quartal ist eine Leerzeile vorhanden. In diese Leerzeilen sollen die Summen für den *Umsatz netto*, für die *Umsatzsteuer* und für den *Umsatz brutto* eingetragen werden. Nachfolgend sehen Sie eine Möglichkeit, wie sich diese Teilsummen schnell und komfortabel eintragen lassen.

So geht's:

In der Abbildung sehen Sie die Ausgangstabelle.

Ziel ist es, in den Zeilen 9, 14 und 19 die Summen der Quartale 1 bis 3 zu berechnen.

	A	B	C	D	E
1	Umsatzübersicht 1. Quartal 2007				
2					
3					
4	Artikelgruppe	Umsatz netto	Umsatzsteuer	Umsatz brutto	
5	Region Nord 1/2007	7.437,48 €	1.413,12 €	8.850,60 €	
6	Region Süd 1/2007	7.713,21 €	1.465,51 €	9.178,72 €	
7	Region Ost 1/2007	13.839,86 €	2.629,57 €	16.469,43 €	
8	Region West 1/2007	6.415,79 €	1.219,00 €	7.634,79 €	
9	Summe Quartal 1				
10	Region Nord 2/2007	11.089,66 €	2.107,04 €	13.196,70 €	
11	Region Süd 2/2007	4.722,33 €	897,24 €	5.619,57 €	
12	Region Ost 2/2007	8.674,77 €	1.648,21 €	10.322,98 €	
13	Region West 2/2007	9.459,99 €	1.797,40 €	11.257,39 €	
14	Summe Quartal 2				
15	Region Nord 3/2007	12.591,60 €	2.392,40 €	14.984,00 €	
16	Region Süd 3/2007	12.876,97 €	2.446,62 €	15.323,59 €	
17	Region Ost 3/2007	4.760,98 €	904,59 €	5.665,57 €	
18	Region West 3/2007	6.078,09 €	1.154,84 €	7.232,93 €	
19	Summe Quartal 3				
20					

1 Markieren Sie dazu den Zellbereich A9:D19. Wichtig ist, dass Sie die Zeile, in der das Teilergebnis für das dritte Quartal eingetragen werden soll, mit markieren.

2 Starten Sie das Dialogfenster *Gehe zu* über das Menü *Start/Bearbeiten/Suchen und Auswählen/Gehe zu* oder über die Funktionstaste F5 (Excel 2003: Menü *Bearbeiten/Gehe zu* oder ebenfalls F5).

3 Klicken Sie auf die Schaltfläche *Inhalte* und wählen Sie im Dialogfenster die Option *Leerzellen* aus.

4 Nach einem Klick auf die Schaltfläche *OK* werden die Zeilen markiert, in die die Teilergebnisse eingefügt werden sollen.

	A	B	C	D	E
1	**Umsatzübersicht 1. Quartal 2007**				
2					
3					
4	**Artikelgruppe**	**Umsatz netto**	**Umsatzsteuer**	**Umsatz brutto**	
5	Region Nord 1/2007	7.437,48 €	1.413,12 €	8.850,60 €	
6	Region Süd 1/2007	7.713,21 €	1.465,51 €	9.178,72 €	
7	Region Ost 1/2007	13.839,86 €	2.629,57 €	16.469,43 €	
8	Region West 1/2007	6.415,79 €	1.219,00 €	7.634,79 €	
9	**Summe Quartal 1**				
10	Region Nord 2/2007	11.089,66 €	2.107,04 €	13.196,70 €	
11	Region Süd 2/2007	4.722,33 €	897,24 €	5.619,57 €	
12	Region Ost 2/2007	8.674,77 €	1.648,21 €	10.322,98 €	
13	Region West 2/2007	9.459,99 €	1.797,40 €	11.257,39 €	
14	**Summe Quartal 2**				
15	Region Nord 3/2007	12.591,60 €	2.392,40 €	14.984,00 €	
16	Region Süd 3/2007	12.876,97 €	2.446,62 €	15.323,59 €	
17	Region Ost 3/2007	4.760,98 €	904,59 €	5.665,57 €	
18	Region West 3/2007	6.078,09 €	1.154,84 €	7.232,93 €	
19	**Summe Quartal 3**				
20					

5 Wechseln Sie nun in den Bearbeitungsmodus, indem Sie die Funktionstaste F2 drücken.

6 Erfassen Sie in Zelle B9 die Formel *=TEILERGEBNIS(9;B5:B8)*. Beenden Sie die Formeleingabe mit der Tastenkombination Strg+Enter.

B9		f_x	=TEILERGEBNIS(9;B5:B8)		
	A	B	C	D	E
1	**Umsatzübersicht 1. Quartal 2007**				
2					
3					
4	**Artikelgruppe**	**Umsatz netto**	**Umsatzsteuer**	**Umsatz brutto**	
5	Region Nord 1/2007	7.437,48 €	1.413,12 €	8.850,60 €	
6	Region Süd 1/2007	7.713,21 €	1.465,51 €	9.178,72 €	
7	Region Ost 1/2007	13.839,86 €	2.629,57 €	16.469,43 €	
8	Region West 1/2007	6.415,79 €	1.219,00 €	7.634,79 €	
9	**Summe Quartal 1**	**35.406,34 €**	**6.727,20 €**	**42.133,54 €**	
10	Region Nord 2/2007	11.089,66 €	2.107,04 €	13.196,70 €	
11	Region Süd 2/2007	4.722,33 €	897,24 €	5.619,57 €	
12	Region Ost 2/2007	8.674,77 €	1.648,21 €	10.322,98 €	
13	Region West 2/2007	9.459,99 €	1.797,40 €	11.257,39 €	
14	**Summe Quartal 2**	**33.946,75 €**	**6.449,89 €**	**40.396,64 €**	
15	Region Nord 3/2007	12.591,60 €	2.392,40 €	14.984,00 €	
16	Region Süd 3/2007	12.876,97 €	2.446,62 €	15.323,59 €	
17	Region Ost 3/2007	4.760,98 €	904,59 €	5.665,57 €	
18	Region West 3/2007	6.078,09 €	1.154,84 €	7.232,93 €	
19	**Summe Quartal 3**	**36.307,64 €**	**6.898,45 €**	**43.206,09 €**	
20					

Wie gewünscht, werden die Teilergebnisse für die einzelnen Quartale berechnet.

Der Vorteil bei der Verwendung der Tabellenfunktion *TEILERGEBNIS()* besteht darin, dass Sie nun in Zeile 21 auf einfache Weise die Gesamtsumme berechnen können. Wären die Zwischensummen über die Funktion *SUMME()* berechnet worden, ergäbe sich in der Gesamtsumme der doppelte Wert, da die einzelnen Umsätze sowie die jeweiligen Zwischensummen in das Ergebnis einfließen würden.

Die Funktion *TEILERGEBNIS()* hingegen bezieht Ergebnisse, die mit dieser Funktion berechnet wurden, in weitere Teilergebnisberechnungen nicht mit ein.

Deswegen liefert die Formel *=TEILERGEBNIS(9;B5:B19)* auch das korrekte Ergebnis und nicht den doppelten Wert zurück. Erfassen Sie die Formel in Zelle B21 und kopieren Sie sie über das AutoAusfüllkästchen bis zur Zelle D21 nach rechts.

	B21		f_x	=TEILERGEBNIS(9;B5:B19)	
	A	B	C	D	E
1	Umsatzübersicht 1. Quartal 2007				
2					
3					
4	Artikelgruppe	Umsatz netto	Umsatzsteuer	Umsatz brutto	
5	Region Nord 1/2007	7.437,48 €	1.413,12 €	8.850,60 €	
6	Region Süd 1/2007	7.713,21 €	1.465,51 €	9.178,72 €	
7	Region Ost 1/2007	13.839,86 €	2.629,57 €	16.469,43 €	
8	Region West 1/2007	6.415,79 €	1.219,00 €	7.634,79 €	
9	Summe Quartal 1	35.406,34 €	6.727,20 €	42.133,54 €	
10	Region Nord 2/2007	11.089,66 €	2.107,04 €	13.196,70 €	
11	Region Süd 2/2007	4.722,33 €	897,24 €	5.619,57 €	
12	Region Ost 2/2007	8.674,77 €	1.648,21 €	10.322,98 €	
13	Region West 2/2007	9.459,99 €	1.797,40 €	11.257,39 €	
14	Summe Quartal 2	33.946,75 €	6.449,89 €	40.396,64 €	
15	Region Nord 3/2007	12.591,60 €	2.392,40 €	14.984,00 €	
16	Region Süd 3/2007	12.876,97 €	2.446,62 €	15.323,59 €	
17	Region Ost 3/2007	4.760,98 €	904,59 €	5.665,57 €	
18	Region West 3/2007	6.078,09 €	1.154,84 €	7.232,93 €	
19	Summe Quartal 3	36.307,64 €	6.898,45 €	43.206,09 €	
20					
21	Gesamtsumme	105.660,73 €	20.075,54 €	125.736,27 €	
22					

→ Verweis: siehe Kapitel 4.13, Tipp 2

5.5 Zielgerichtete Datenkonsolidierung

Datenkonsolidierung bedeutet, dass gleichartige Daten aus verschiedenen Tabellen zu Auswertungszwecken zu einem Bericht zusammengefasst werden. Für diesen Zweck stellt Excel die Funktion *Konsolidieren* zur Verfügung. Dieser Abschnitt zeigt, welche Möglichkeiten diese Funktion bietet und wie Sie damit schnell und praxisorientiert zum Ziel kommen.

Tipp 1: Allgemeine Informationen zum Konsolidieren von Daten

Bevor mit der Datenkonsolidierung begonnen werden kann, sollten Sie ein paar Dinge über die Datenkonsolidierungsfunktion wissen. Die Daten müssen folgenden Aufbau besitzen:

➢ Die Struktur der zu konsolidierenden Datenlisten muss weitgehend identisch sein.

➢ Die Spaltenüberschriften und die Zeilenbeschriftungen müssen in allen Datenlisten identisch sein. Die Konsolidierung orientiert sich nämlich an den Beschriftungen.

➢ Nicht identisch muss hingegen die Spalten- und Zeilenzahl sein.

➢ Die Zelleinträge müssen numerische Werte (Zahlen) beinhalten, damit sie konsolidiert werden können.

Bei Verwendung der Datenkonsolidierung ist es unerheblich, ob sich die zu verdichtenden Daten auf einem oder auf verschiedenen Tabellenblättern befinden. Ausschlaggebend sind nur die oben dargestellten Grundvoraussetzungen.

Gestartet wird der Befehl über das Menü *Daten/Datentools/Datenkonsolidieren* (Excel 2003: Menü *Daten/Konsolidieren*).

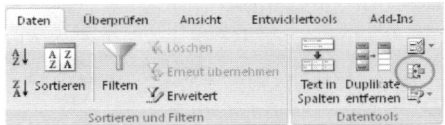

Nach dem Start der Funktion wird folgendes Dialogfenster eingeblendet.

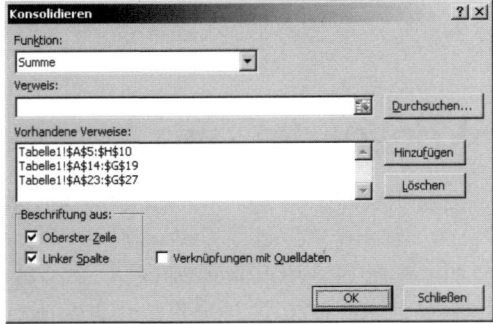

In der nachfolgenden Zusammenstellung erhalten Sie einen Überblick über die verschiedenen Optionen und Einstellungsmöglichkeiten der Funktion *Konsolidieren*.

Dialogfeld	Beschreibung
Funktion	Aus diesem Kombinationsfeld können Sie zwischen den verschiedenen Berechnungsmethoden *Summe, Anzahl, Mittelwert, Maximum, Minimum, Produkt, Anzahl Zahlen, Standardabweichung (Stichprobe), Standardabweichung (Grundgesamtheit), Varianz (Stichprobe)* und *Varianz (Grundgesamtheit)* wählen.
Verweis	Im Feld *Verweis* wird definiert, auf welchem Tabellenblatt und in welchem Zellbereich sich die zu konsolidierenden Daten befinden. Die Verweisangaben können Sie durch Zeigen mit der Maus eintragen.
Durchsuchen	Über die Schaltfläche *Durchsuchen* können Sie eine beliebige Excel-Datei öffnen und einen Verweis auf die geöffnete Datei herstellen.
Hinzufügen	Es werden die im Feld *Verweis* definierten Zellbezüge in das Listenfeld *Vorhandene Verweise* eingetragen.
Löschen	Die im Listenfeld *Vorhandene Verweise* markierten Verweise werden gelöscht.
Beschriftung aus: Oberster Zeile	Mit dieser Option wird festgelegt, dass Excel die Spaltenbeschriftungen als Konsolidierungskriterium für übereinstimmende Spaltenbezeichnungen heranzieht.
Beschriftung aus: Linker Spalte	Über diese Option legen Sie fest, dass Excel die Zeilenbeschriftung am linken Rand des Verweisbezugs als Kriterium für die Datenkonsolidierung heranzieht.
Verknüpfungen mit Quelldaten	Wenn dieses Kontrollkästchen aktiviert ist, werden die Daten dynamisch konsolidiert (verknüpft), was bedeutet, dass sich Änderungen im Quellbereich sofort auf den konsolidierten Zielbereich auswirken.

Tipp 2: Daten einfach konsolidieren anhand eines Praxisbeispiels

Dieses Praxisbeispiel zeigt, wie Daten auf einfache Weise konsolidiert werden können. Für drei Filialen der Buchhaus GmbH liegen die Umsatzübersichten des ersten Halbjahrs 2007 vor. Die Daten befinden sich auf verschiedenen Tabellenblättern, sind aber identisch aufgebaut und entsprechen somit den Voraussetzungen für eine Datenkonsolidierung.

Filiale Köln – Die Daten befinden sich auf dem Tabellenblatt *Umsatz Köln*.

	A	B	C	D	E	F	G	H	I
1	**Umsätze 1. Halbjahr 2007**								
2	Buchhaus GmbH								
3									
4				Filiale Köln - Werte in T€					
5	Artikelgruppe	Jan	Feb	Mrz	Apr	Mai	Jun	Summe	
6	Sachbücher	12,59	15,32	11,59	13,04	8,62	13,62	74,78	
7	Romane	1,88	1,09	7,86	19,32	18,17	13,07	61,39	
8	Kinderbücher	9,72	5,91	16,99	18,10	13,36	9,90	73,98	
9	Zeitschriften	15,32	10,72	8,68	3,20	6,68	3,01	47,61	
10	Summe:	39,51	33,04	45,12	53,66	46,83	39,60	257,76	
11									

Filiale Hamburg – Die Daten befinden sich auf dem Tabellenblatt *Umsatz Hamburg*.

	A	B	C	D	E	F	G	H	I
1	**Umsätze 1. Halbjahr 2007**								
2	Buchhaus GmbH								
3									
4				Filiale Hamburg - Werte in T€					
5	Artikelgruppe	Jan	Feb	Mrz	Apr	Mai	Jun	Summe	
6	Sachbücher	13,22	11,32	10,44	14,69	10,26	5,96	65,89	
7	Romane	16,73	8,00	13,32	4,15	7,84	18,71	68,75	
8	Kinderbücher	19,65	3,73	5,14	10,58	6,39	5,22	50,71	
9	Zeitschriften	11,90	19,20	5,90	7,33	5,23	3,37	52,93	
10	Summe:	61,50	42,25	34,80	36,75	29,72	33,26	238,28	
11									

Filiale Düsseldorf – Die Daten befinden sich auf dem Tabellenblatt *Umsatz Düsseldorf*.

	A	B	C	D	E	F	G	H	I
1	**Umsätze 1. Halbjahr 2007**								
2	Buchhaus GmbH								
3									
4				Filiale Düsseldorf - Werte in T€					
5	Artikelgruppe	Jan	Feb	Mrz	Apr	Mai	Jun	Summe	
6	Sachbücher	8,36	9,44	18,67	11,80	12,06	7,07	67,40	
7	Romane	11,30	15,47	11,58	15,43	17,89	13,16	84,83	
8	Kinderbücher	8,01	18,31	8,59	5,97	2,29	3,21	46,38	
9	Zeitschriften	17,89	10,13	5,68	15,11	7,18	4,90	60,89	
10	Summe:	45,56	53,35	44,52	48,31	39,42	28,34	259,50	
11									

Ziel ist es nun, die Umsatzdaten der drei Filialen auf einem eigenen Tabellenblatt zu verdichten, sodass für die jeweiligen Monate und Artikelgruppen der Gesamtumsatz aller drei Filialen berechnet wird.

So geht's:

1 Damit die konsolidierten Daten im gleichen Layout wie die Quelldaten ausgegeben werden, müssen Sie im ersten Schritt eine Vorlage für die Datenkonsolidierung erstellen. Diese könnte wie folgt aussehen:

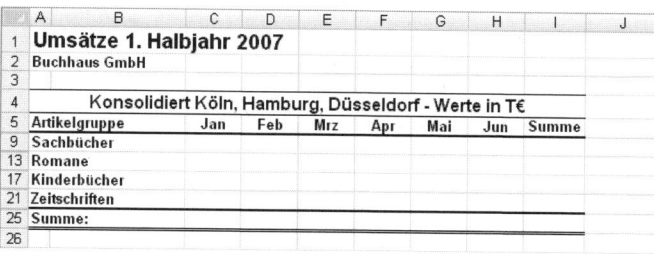

	A	B	C	D	E	F	G	H	I	J
1	**Umsätze 1. Halbjahr 2007**									
2	Buchhaus GmbH									
3										
4		**Konsolidiert Köln, Hamburg, Düsseldorf - Werte in T€**								
5	**Artikelgruppe**		**Jan**	**Feb**	**Mrz**	**Apr**	**Mai**	**Jun**	**Summe**	
9	Sachbücher									
13	Romane									
17	Kinderbücher									
21	Zeitschriften									
25	Summe:									
26										

2 Nachdem die Vorlage erstellt ist, markieren Sie Zelle A5 und starten über das Menü *Daten/Datentools/Konsolidieren* das Dialogfenster zur Datenkonsolidierung (Excel 2003: Menü *Daten/Konsolidieren*).

3 Wählen Sie im Feld *Funktion* den Eintrag *Summe*, da die Zahlen addiert werden sollen. Wie bereits beschrieben, stehen hier verschiedene Konsolidierungsfunktionen zur Verfügung.

4 Fügen Sie über die Schaltfläche *Hinzufügen* folgende Verweise hinzu:

'Umsatz Köln'!$A$5:$H$10

'Umsatz Hamburg'!$A$5:$H$10

'Umsatz Düsseldorf'!$A$5:$H$10

5 Die Einstellungen für *Beschriftung aus: Oberster Zeile* sowie *Linker Spalte* können Sie übernehmen. Das Kontrollkästchen *Verknüpfungen mit Quelldaten* ist zu deaktivieren, da im ersten Schritt eine statische Konsolidierung durchgeführt werden soll.

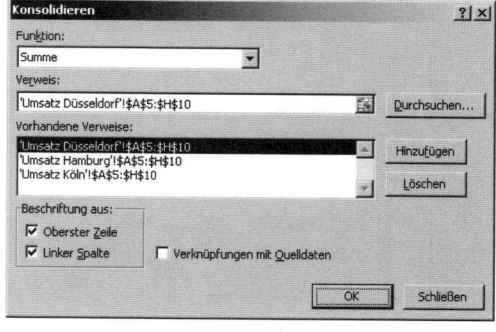

6 Nachdem Sie die Konsolidierung mit einem Klick auf die Schaltfläche *OK* abgeschlossen haben, werden die verdichteten Daten im Zielbereich ausgegeben. Das Ergebnis sieht wie folgt aus.

	A	B	C	D	E	F	G	H	I	J
1	**Umsätze 1. Halbjahr 2007**									
2	Buchhaus GmbH									
3										
4		**Konsolidiert Köln, Hamburg, Düsseldorf - Werte in T€**								
5	**Artikelgruppe**		**Jan**	**Feb**	**Mrz**	**Apr**	**Mai**	**Jun**	**Summe**	
9	Sachbücher		34,17	36,08	40,70	39,53	30,94	26,65	208,07	
13	Romane		29,91	24,56	32,76	38,90	43,90	44,94	214,97	
17	Kinderbücher		37,38	27,95	30,72	34,65	22,04	18,33	171,07	
21	Zeitschriften		45,11	40,05	20,26	25,64	19,09	11,28	161,43	
25	Summe:		146,57	128,64	124,44	138,72	115,97	101,20	755,54	
26										

Wie Sie sehen, wurden die Umsatzzahlen der drei Filialen korrekt addiert und die Summen in den Zielbereich eingetragen.

Auf diese Weise werden statische Verknüpfungen erzeugt, was bedeutet, dass sich Änderungen im Quellbereich nicht automatisch im Zielbereich auswirken.

Die Datenkonsolidierung bietet aber auch die Möglichkeit, die Datenverknüpfung dynamisch zu gestalten, sodass Änderungen des Quellbereichs sofort im Zielbereich (Konsolidierungsbereich) aktualisiert werden.

Dies erreichen Sie ganz einfach, indem Sie die Schritte 2 bis 6 wiederholen, dabei im Dialogfenster *Konsolidieren* das Kontrollkästchen *Verknüpfungen mit Quelldaten* jedoch aktivieren. Beachten Sie, dass dynamische Daten nicht auf dem Tabellenblatt erstellt werden können, auf dem sich die

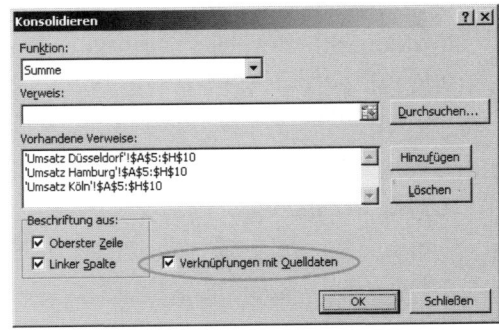

Quelldaten befinden. Es ist somit zwingend erforderlich, dass Sie die dynamische Datenkonsolidierung auf einem neuen Tabellenblatt durchführen.

Nach dem Schließen des Dialogfensters über die Schaltfläche *OK* wird die Datenkonsolidierung dynamisch durchgeführt. Dies erkennen Sie daran, dass im konsolidierten Zellbereich nicht die konsolidierten Werte, sondern die Bezüge zu den entsprechenden Zellen sowie Berechnungsformeln eingefügt wurden.

D25	▼	f_x =SUMME(D22:D24)							
	A	B	C	D	E	F	G	H	I	J

Umsätze 1. Halbjahr 2007
Buchhaus GmbH

	Konsolidiert Köln, Hamburg, Düsseldorf - Werte in T€						
Artikelgruppe	Jan	Feb	Mrz	Apr	Mai	Jun	Summe
Sachbücher	34,17	36,08	40,70	39,53	30,94	26,65	208,07
Romane	29,91	24,56	32,76	38,90	43,90	44,94	214,97
Kinderbücher	37,38	27,95	30,72	34,65	22,04	18,33	171,07
Zeitschriften	45,11	40,05	20,26	25,64	19,09	11,28	161,43
Summe:	146,57	128,64	124,44	138,72	115,97	101,20	755,54

Am linken Rand werden Gliederungssymbole eingeblendet, über die Sie die konsolidierten Datensätze ein- und ausblenden können.

1 2		A	B	C	D	E	F	G	H	I	J
	1	**Umsätze 1. Halbjahr 2007**									
	2	Buchhaus GmbH									
	3										
	4		Konsolidiert Köln, Hamburg, Düsseldorf - Werte in T€								
	5	Artikelgruppe		Jan	Feb	Mrz	Apr	Mai	Jun	Summe	
+	9	Sachbücher		34,17	36,08	40,70	39,53	30,94	26,65	208,07	
·	10		Kapitel 5_5.Xlsm	11,30	15,47	11,58	15,43	17,89	13,16	84,83	
·	11		Kapitel 5_5.Xlsm	16,73	8,00	13,32	4,15	7,84	18,71	68,75	
·	12		Kapitel 5_5.Xlsm	1,88	1,09	7,86	19,32	18,17	13,07	61,39	
−	13	Romane		29,91	24,56	32,76	38,90	43,90	44,94	214,97	
+	17	Kinderbücher		37,38	27,95	30,72	34,65	22,04	18,33	171,07	
+	21	Zeitschriften		45,11	40,05	20,26	25,64	19,09	11,28	161,43	
+	25	Summe:		146,57	128,64	124,44	138,72	115,97	101,20	755,54	
	26										

Hinweis

Bei dynamischen Verknüpfungen gibt es wie bereits erwähnt die Einschränkung, dass sich der Zielbereich (Konsolidierungsbereich) nicht auf dem gleichen Tabellenblatt wie der Quellbereich befinden darf. Das heißt, dynamisch erzeugte Konsolidierungsberichte müssen zwingend in einem neuen Tabellenblatt erstellt werden.

Tipp 3: Konsolidieren mit unterschiedlichen Überschriften und Zeilenbeschriftungen

In diesem Beispiel liegt für drei Lagerstätten eine Lagerbestandsverwaltung vor, die im Wesentlichen zwar identisch aufgebaut sind, die Anzahl der Zeilen und Spalten in den jeweiligen Bestandslisten differiert jedoch.

Wie bereits beschrieben, ist das unerheblich. Excel konsolidiert die Daten aufgrund der Zeilen- und Spaltenbeschriftung sehr intelligent und erstellt deshalb im konsolidierten Zielbereich eine Komplettliste aller Daten.

Excel konsolidiert die Zahlen dabei so weit wie möglich und notwendig. Ziel ist es, in einem neuen Tabellenblatt eine dynamische Konsolidierung der drei Bestandslisten aufzubauen, wobei identische Bezeichnungen konsolidiert werden sollen.

So geht's:

Die Ausgangsdaten stellen sich wie folgt dar:

In den Lagern befinden sich unterschiedliche Artikel, wobei für jeden Artikel *Lagermenge alt*, *Entnahmen*, *Zukäufe* sowie *Lagermenge neu* aufgeführt sind. In Lager 3 ist zusätzlich die Zeile *Verschrottung* vorhanden, da nach einem Wasserschaden Artikel ausgemustert werden mussten.

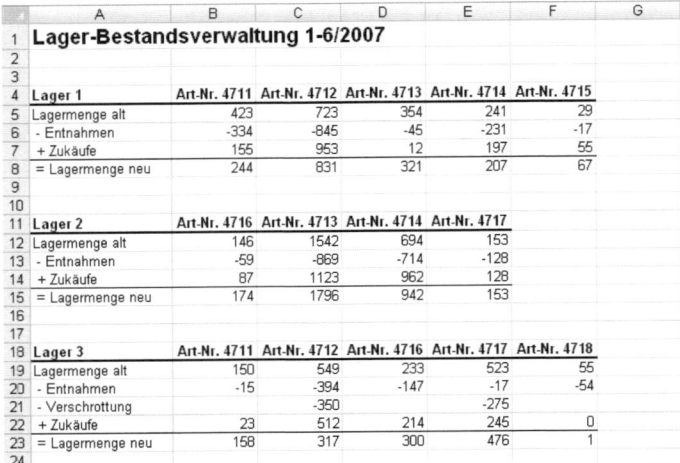

	A	B	C	D	E	F	G
1	**Lager-Bestandsverwaltung 1-6/2007**						
2							
3							
4	Lager 1	Art.-Nr. 4711	Art.-Nr. 4712	Art.-Nr. 4713	Art.-Nr. 4714	Art.-Nr. 4715	
5	Lagermenge alt	423	723	354	241	29	
6	- Entnahmen	-334	-845	-45	-231	-17	
7	+ Zukäufe	155	953	12	197	55	
8	= Lagermenge neu	244	831	321	207	67	
9							
10							
11	Lager 2	Art.-Nr. 4716	Art.-Nr. 4713	Art.-Nr. 4714	Art.-Nr. 4717		
12	Lagermenge alt	146	1542	694	153		
13	- Entnahmen	-59	-869	-714	-128		
14	+ Zukäufe	87	1123	962	128		
15	= Lagermenge neu	174	1796	942	153		
16							
17							
18	Lager 3	Art.-Nr. 4711	Art.-Nr. 4712	Art.-Nr. 4716	Art.-Nr. 4717	Art.-Nr. 4718	
19	Lagermenge alt	150	549	233	523	55	
20	- Entnahmen	-15	-394	-147	-17	-54	
21	- Verschrottung		-350		-275		
22	+ Zukäufe	23	512	214	245	0	
23	= Lagermenge neu	158	317	300	476	1	
24							

Zur Konsolidierung der Daten gehen Sie wie nachfolgend dargestellt vor.

1 Fügen Sie ein neues Tabellenblatt ein, auf dem die Datenkonsolidierung durchgeführt werden soll.

2 Markieren Sie die Zelle A4 in dem neu eingefügten Tabellenblatt und starten Sie über das Menü *Daten/Datentools/Konsolidieren* den Befehl zum Konsolidieren (Excel 2003: Menü *Daten/Konsolidieren*).

3 Legen Sie als Funktion den Eintrag *Summe* fest und definieren Sie folgende Verweise auf die Listen der Lager 1 bis 3:

'5.5 Tipp3 Daten'!$A$4:$F$8

'5.5 Tipp3 Daten'!$A$11:$E$15

'5.5 Tipp3 Daten'!$A$18:$F$23

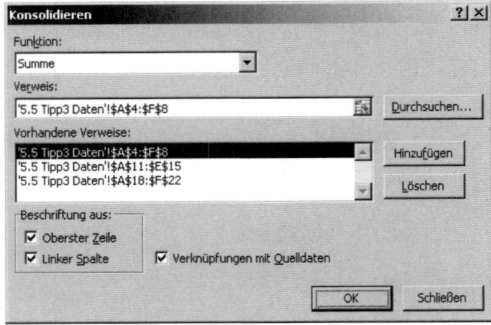

4 Beachten Sie auch, dass das Kontrollkästchen *Verknüpfungen mit Quelldaten* aktiviert ist. Nach einem Klick auf die Schaltfläche *OK* wird die Konsolidierung wie gewünscht durchgeführt. Das Ergebnis sehen Sie in folgender Abbildung.

		A	B	C	D	E	F	G	H	I	J
1 2											
	1										
	2										
	3										
	4			Art-Nr. 4711	Art-Nr. 4712	Art-Nr. 4716	Art-Nr. 4713	Art-Nr. 4714	Art-Nr. 4715	Art-Nr. 4717	Art-Nr. 4718
+	8	Lagermenge alt		573	1272	379	1896	935	29	676	55
+	12	- Entnahmen		-349	-1239	-206	-914	-945	-17	-145	-54
+	14	- Verschrottung			-350					-275	
+	18	+ Zukäufe		178	1465	301	1135	1159	55	373	0
+	22	= Lagermenge neu		402	1148	474	2117	1149	67	629	1
	23										

Wie gewünscht, wird die Konsolidierung über alle Artikelnummern durchgeführt. Die konsolidierte Liste wird sozusagen aus allen Detaildaten der einzelnen Lagerlisten zusammengesetzt und so weit wie möglich und notwendig konsolidiert.

Tipp 4: Nur bestimmte Informationen konsolidieren: Durchführen von Teilkonsolidierungen

In den bisherigen Beispielen wurde jeweils der gesamte Datenbestand konsolidiert. Dieses Beispiel geht nun auf ein Szenario ein, in dem nur bestimmte Informationen einer Datenliste konsolidiert werden sollen. So liegen als Ausgangstabellen zwei Artikellisten mit identischen Artikelnummern, der Angabe der Lagermengen sowie der Verkaufspreise vor. Da sich die Verkaufspreise voneinander unterscheiden, sollen sie unverändert dargestellt werden. Nur die Lagermenge der Artikel soll zusammengefasst werden.

So geht's:

Die Ausgangstabelle ist wie hier gezeigt aufgebaut.

Zur Konsolidierung der Lagermenge bei unveränderter Anzeige der Verkaufspreise gehen Sie nun so vor:

1 Ändern Sie die Zeilenbeschriftung der beiden Verkaufspreise. Erfassen Sie dazu in Zelle C5 die Überschrift *Verkaufspreis Nord* und in Zelle C14 *Verkaufspreis Süd*.

	A	B	C	D
1	**Artikelverzeichnis**			
2				
3				
4	**Region Nord**			
5	Art-Nr.	Lagermenge	Verkaufspreis Nord	
6	4711	30	19,5	
7	4712	47	22,45	
8	4713	63	5,79	
9	4714	15	15,75	
10	4715	8	16,2	
11	4716	74	23,45	
12				
13				
14	**Region Süd**			
15	Art-Nr.	Lagermenge	Verkaufspreis Süd	
16	4711	24	19,95	
17	4712	38	22,95	
18	4713	45	5,49	
19	4714	32	15,45	
20	4715	37	16,39	
21	4716	29	23,25	
22				
23				

557

2 Selektieren Sie eine beliebige Zelle, ab der die konsolidierten Zahlen eingefügt werden sollen, beispielsweise Zelle A25.

3 Fügen Sie die beiden zu konsolidierenden Tabellen, wie in den bisherigen Beispielen beschrieben, im Dialogfenster *Konsolidieren* als Verweise hinzu, zu sehen auf nebenstehender Abbildung.

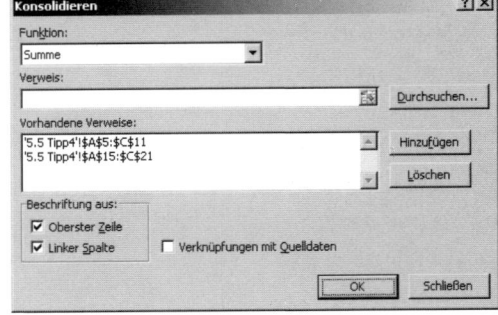

4 Nachdem Sie das Dialogfenster mit einem Klick auf die Schaltfläche *OK* beendet haben, werden die Zahlen wie folgt konsolidiert.

	A	B	C	D	E
1	**Artikelverzeichnis**				
2					
3					
4	**Region Nord**				
5	**Art-Nr.**	**Lagermenge**	**Verkaufspreis Nord**		
6	4711	30	19,5		
7	4712	47	22,45		
8	4713	63	5,79		
9	4714	15	15,75		
10	4715	8	16,2		
11	4716	74	23,45		
12					
13					
14	**Region Süd**				
15	**Art-Nr.**	**Lagermenge**	**Verkaufspreis Süd**		
16	4711	24	19,95		
17	4712	38	22,95		
18	4713	45	5,49		
19	4714	32	15,45		
20	4715	37	16,39		
21	4716	29	23,25		
22					
23					
24					
25		Lagermenge	Verkaufspreis Nord	Verkaufspreis Süd	
26	4711	54	19,5	19,95	
27	4712	85	22,45	22,95	
28	4713	108	5,79	5,49	
29	4714	47	15,75	15,45	
30	4715	45	16,2	16,39	
31	4716	103	23,45	23,25	
32					
33					

Sie sehen, es wird wie gewünscht nur die Lagermenge konsolidiert. Aufgrund der unterschiedlichen Überschriften der Verkaufspreise erfolgt keine Konsolidierung der Verkaufspreiszahlen.

5.6 Professioneller Umgang mit Zellkommentaren

Zellkommentare sind für die tägliche Arbeit fast unentbehrlich. Arbeiten Sie mit umfangreichen Kalkulationsmodellen oder arbeiten mehrere Personen mit derselben Tabelle, kommen Sie am Thema Zellkommentar kaum vorbei. Das Schöne an dieser Funktion ist, dass sie sehr leicht zu verstehen und zu bedienen ist. Dieser Abschnitt geht deswegen auf die Besonderheiten und die Features der Zellkommentierung ein und erläutert diese anhand von Praxisbeispielen.

Tipp 1: Zellkommentare auf einen Blick – eine kurze Einführung

Excel bietet die Möglichkeit, zu jeder Zelle eine Information, einen sogenannten Zellkommentar, abzulegen.

Mit Kommentaren können unter anderem folgende Ziele erreicht werden:

➢ Benutzungshinweise für andere Anwender zur Verfügung stellen.

➢ Kommentierung von Formeln und Kalkulationsbeziehungen.

➢ Den Namen des Bearbeiters und das Datum bei Aktualisierung von Zellinhalten dokumentieren.

➢ Und vieles mehr.

Zum Einfügen von Zellkommentaren stellt Excel verschiedene Möglichkeiten zur Verfügung.

So geht's:

1 Kommentare lassen sich über das Menü *Überprüfen/Kommentare/Neuer Kommentar* einfügen (Excel 2003: Menü *Einfügen/Kommentar*).

2 Alternativ können Sie den Befehl über das Kontextmenü aufrufen. Führen Sie dazu einen Rechtsklick auf die entsprechende Zelle aus und wählen Sie im Kontextmenü den Eintrag *Kommentar einfügen*.

3 Am schnellsten können Sie neue Kommentare mit der Tastenkombination [Umschalt]+[F2] einfügen.

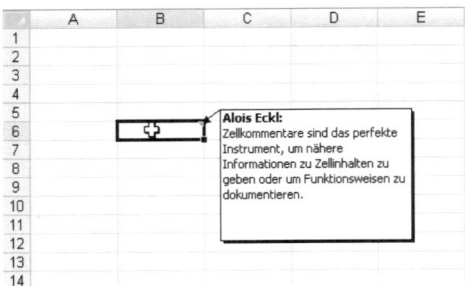

Anzeige der Zellkommentare

Bei der Anzeige von Zellkommentaren stehen drei verschiedene Optionen zur Verfügung. Die Optionseinstellung können Sie über das Menü *Datei/Optionen/Erweitert* im Abschnitt *Anzeige* aufrufen (Excel 2007: Menü *Office/Excel-Optionen*; Excel 2003: Menü *Extras/Optionen*, Registerkarte *Ansicht*).

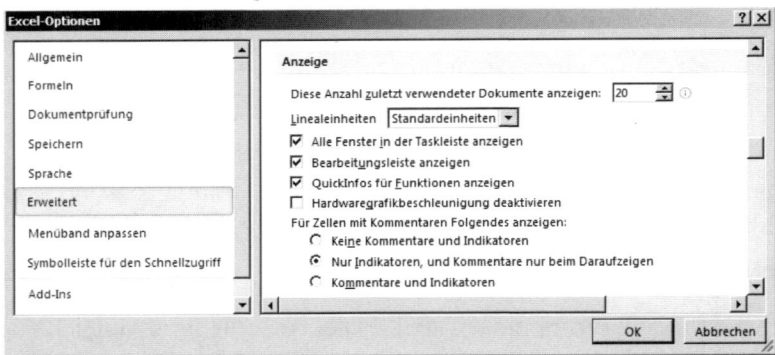

Optionen	Beschreibung
Keine Kommentare und Indikatoren	Wenn die Option *Keine Kommentare und Indikatoren* gewählt ist, werden weder die Indikatordreiecke noch der Kommentar angezeigt. Auf den ersten Blick deutet nichts auf einen hinterlegten Kommentar hin.
Nur Indikatoren, und Kommentare nur beim Daraufzeigen	In der rechten oberen Zellecke wird ein rotes Indikatordreieck angezeigt. Wenn Sie den Mauszeiger über die betreffende Zelle bewegen, wird der Kommentar automatisch eingeblendet.
Kommentare und Indikatoren	Bei dieser Option werden sowohl die Indikatoren als auch die Kommentare dauerhaft eingeblendet.

Zellen mit Kommentaren markieren

Zellen, die einen Kommentar enthalten, können Sie markieren, indem Sie den Befehl dazu über das Menü *Start/Bearbeiten/Suchen und Auswählen/ Kommentare* aufrufen. Alternativ können Sie alle Zellkommentare auch über den Dialog *Inhalte auswählen* markieren. Dieser kann durch Drücken der Funktionstaste F5 und durch einen Klick auf die Schaltfläche *Inhalte* aufgerufen werden. Im Dialogfenster *Inhalte auswählen* aktivieren Sie die Option *Kommentare* und beenden das Dialogfenster mit einem Klick auf die Schaltfläche *OK* (Excel 2003: Funktionstaste F5, Schaltfläche *Inhalte*, Option *Kommentare*).

Kommentare löschen

Zum Löschen von Kommentaren gibt es wiederum mehrere Möglichkeiten. Am schnellsten können Kommentare wie folgt gelöscht werden:

1 Markieren Sie die Zelle oder die Zellen, aus denen Kommentare entfernt werden sollen.

2 Führen Sie im markierten Bereich einen Rechtsklick mit der Maus durch und wählen Sie im Kontextmenü den Eintrag *Kommentar* löschen. Damit werden sämtliche Kommentare ohne Sicherheitsabfrage gelöscht.

Tipp 2: Formatieren von Zellkommentaren

Kommentare können auf verschiedene Art und Weise formatiert werden. So besteht die Möglichkeit, die Schriftart oder Hintergrundfarbe anzupassen. Auch Rahmenfarbe und Rahmenstärke können verändert werden. Es können Schatten oder 3-D-Effekte hinzugefügt werden. Darüber hinaus lässt sich die Form des Kommentars verändern.

So geht's: Ändern von Schriftart, Hintergrundfarbe und Rahmen

1 Markieren Sie die Zelle, die den Kommentar beinhaltet, und aktivieren Sie mit der Tastenkombination Umschalt+F2 den Bearbeitungsmodus für den Kommentar.

2 Klicken Sie auf den Rahmen des Kommentars. Öffnen Sie über einen Klick mit der rechten Maustaste das Kontextmenü und wählen Sie darin den Eintrag *Kommentar formatieren*.

3 In diesem Dialogfenster können Sie wie gewohnt sämtliche Formateinstellungen wie Schriftart, Ausrichtung, Farben, Linieneinstellungen etc. vornehmen.

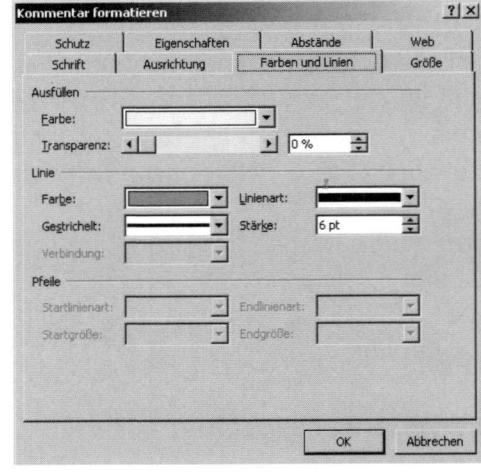

4 Wählen Sie beispielsweise die Schriftart Script MT Bold mit dem Schriftgrad 18. Auf der Registerkarte *Farben und Linien* legen Sie einen grünen Hintergrund fest. Die Rahmenbreite legen Sie auf 6 Pixel mit roter Farbe fest.

Nach einem Klick auf die Schaltfläche *OK* erhalten Sie folgendes Ergebnis:

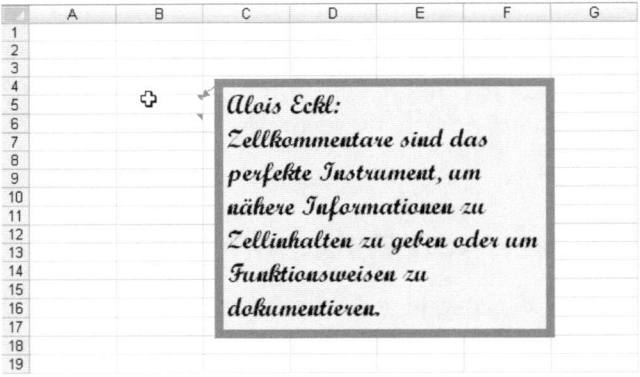

So geht's: Ändern der Form von Kommentaren

Eine wenig bekannte Funktion besteht darin, die Form von Kommentaren zu verändern. So können Sie Kommentaren sämtliche zur Verfügung stehende AutoFormen zuweisen.

1 Markieren Sie die Zelle, die den Kommentar beinhaltet, und aktivieren Sie mit der Tastenkombination [Umschalt]+[F2] den Bearbeitungsmodus für den Kommentar.

2 Klicken Sie auf den Rahmen des Kommentars, sodass aus der gestrichelten Zellumrandung eine gepunktete Umrandung wird.

3 Über das Menü *Einfügen/Illustrationen/Formen* steht Ihnen die Möglichkeit zur Verfügung, dem Kommentar beliebige AutoFormen zuzuweisen (Excel 2003: Symbolleiste *Zeichnen*, Schaltfläche *Zeichnen/AutoForm ändern*).

Auf diese Weise lassen sich Kommentare nach Belieben anpassen.

Tipp 3: Bilder in Zellkommentare einbinden

Dieses Beispiel zeigt, wie Sie beliebige Bilder, Diagramme, Grafiken etc. in einen Kommentar einbinden können. So sollen in einer Umsatzliste für die Jahre 2006 und 2007 die Daten für die Jahre 2004 und 2005 nicht direkt im Arbeitsblatt, sondern zu Vergleichszwecken in einem Kommentarfenster dargestellt werden.

So geht's:

Im ersten Schritt müssen Sie die Grafik erstellen, die Sie in dem Kommentar als Bild hinterlegen möchten.

1 Markieren Sie dazu den Zellbereich A1:D19, der kopiert werden soll.

2 Kopieren Sie den markierten Zellbereich mit der Tastenkombination (Strg)+(C) in die Zwischenablage.

3 Starten Sie ein beliebiges Zeichenprogramm, wie beispielsweise das in Windows enthaltene Programm Paint.

	A	B	C	D	E
1	**Umsatzdaten im Jahresvergleich**				
2					
3					
4	Jahre	2004	2005		
5	Januar	10.374,61	6.585,05		
6	Februar	513,24	7.322,83		
7	März	9.104,51	4.794,55		
8	April	14.198,78	13.453,24		
9	Mai	12.424,00	2.025,34		
10	Juni	2.972,17	11.034,39		
11	Juli	5.277,65	5.885,91		
12	August	6.878,79	8.680,12		
13	September	2.954,10	10.379,76		
14	Oktober	3.280,25	1.741,16		
15	November	5.885,82	12.646,69		
16	Dezember	10.146,28	12.380,38		
17					
18	Summe	61.743,75	59.781,43		
19					
20					

4 Fügen Sie den Inhalt der Zwischenablage mit der Tastenkombination
(Strg)+(V) in das Zeichenprogramm ein.

5 Speichern Sie das Bild im Format TIF, JPG, GIF oder ähnlichen Bildformaten ab.

Ist das Bild erstellt, können Sie es einem Kommentar hinzufügen. Gehen
Sie dazu wie folgt vor.

1 Fügen Sie einen neuen Kommentar der Zelle C4 hinzu.

2 Markieren Sie die Zelle C4 und wählen Sie im Kontextmenü den Befehl
Kommentar bearbeiten.

3 Klicken Sie mit rechts auf die Umrandung des Kommentars und wählen Sie im Kontextmenü den Befehl *Kommentar formatieren*.

4 Wechseln Sie zur Registerkarte *Farben und Linien*.

5 Öffnen Sie das Kombinationsfeld *Farbe* und wählen Sie dort den Eintrag *Fülleffekte*.

6 Klicken Sie nun auf *Grafik auswählen* auf der Registerkarte *Grafik*.

7 Dort können Sie das soeben erstellte Bild auswählen und mit einem
Klick auf die Schaltfläche *Einfügen* einsetzen.

8 Nachdem Sie die beiden offenen Dialogfenster mit je einem Klick auf
die Schaltfläche *OK* geschlossen haben, wird die Grafik der Umsätze
2004 und 2005 in einem Kommentar angezeigt.

Auf diese Weise können nun bei Bedarf die Jahre 2004 und 2005 eingeblendet werden, indem Sie einfach den Mauszeiger auf die Zelle C4 setzen.

Tipp 4: Kommentare drucken

Wenn Kommentare wichtige Informationen enthalten, ist es hin und wieder notwendig, dass die Kommentare eines Tabellenblatts ausgedruckt werden.

So geht's:

1 Starten Sie dazu das Dialogfenster *Seite einrichten* über das Startprogramm des Registers *Seitenlayout/Blattoptionen* (Excel 2007: *Seitenlayout/Tabellenblattoptionen*; Excel 2003: Menü *Datei/Seite einrichten*, Registerkarte *Tabelle*).

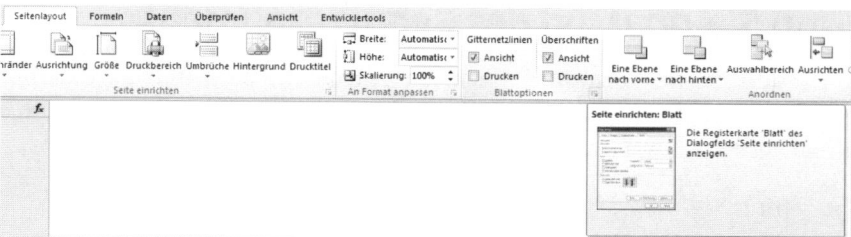

2 Auf der Registerkarte *Blatt* (Excel 2007: *Tabelle*) im Dialogfenster *Seite einrichten* stehen im Kombinationsfeld *Kommentare* drei Optionen zur Auswahl.

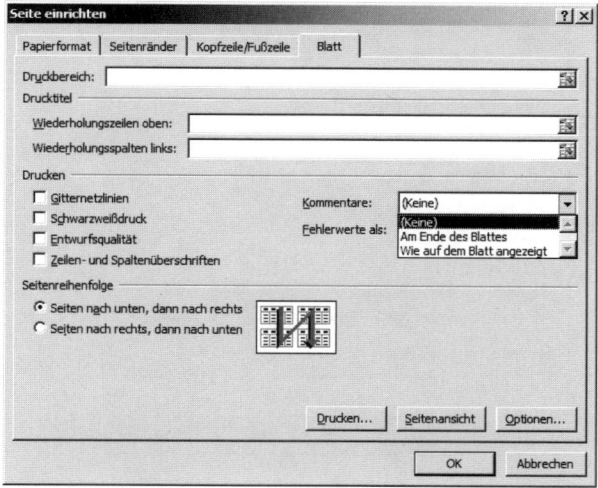

> ➤ *(Keine)*: Kommentare werden nicht gedruckt.
> ➤ *Am Ende des Blattes*: Nach dem Ausdruck der Tabelle werden die Kommentare ausgegeben.

565

> *Wie auf dem Blatt angezeigt*: Die Kommentare werden genau so gedruckt, wie sie auf dem Blatt dargestellt werden. Dabei besteht allerdings das Problem, dass möglicherweise Zahlen oder wichtige Informationen von Kommentarfenstern überdeckt werden.

Hinweis

Die Einstellung zum Ausdruck von Kommentaren wird in der Arbeitsmappe gespeichert. Wenn Sie die Einstellung rückgängig machen möchten, müssen Sie sie manuell zurücksetzen.

Tipp 5: Anpassen des Benutzernamens

Bei jedem neu eingefügten Kommentar wird Ihr Benutzername eingefügt. Statt des Benutzernamens soll nun die Abteilungsbezeichnung im Kommentar ausgegeben werden.

So geht's:

1 Starten Sie über das Menü *Datei/Optionen/Allgemein* (Excel 2007: Menü *Office/Excel-Optionen/Häufig verwendet*) den Befehl zum Ändern des Benutzernamens (Excel 2003: Menü *Extras/Optionen*).

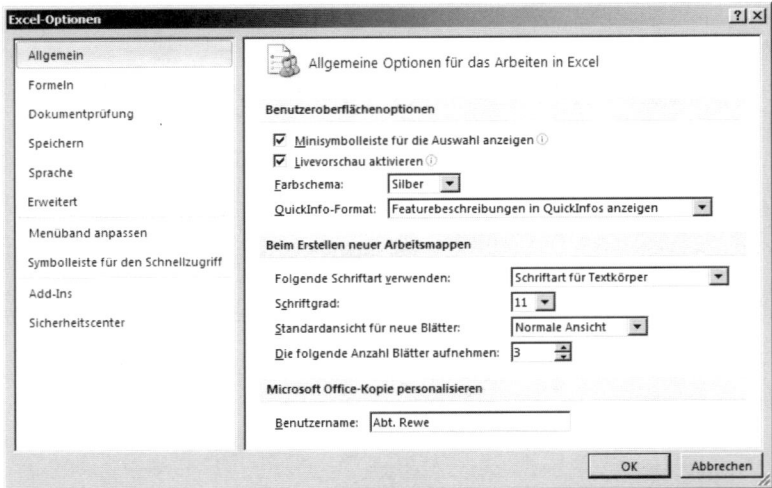

2 Im Abschnitt *Microsoft Office-Kopie personalisieren* können Sie beliebige Bezeichnungen eintragen. Erfassen Sie in diesem Beispiel den Eintrag *Abt. Rewe* und beenden Sie das Dialogfenster mit einem Klick auf die Schaltfläche *OK* (Excel 2003: Registerkarte *Allgemein*, Textfeld *Benutzername*).

Wenn Sie nun einen neuen Kommentar hinzufügen, wird statt Ihres Benutzernamens die Abteilungsbezeichnung *Abt. Rewe* angezeigt.

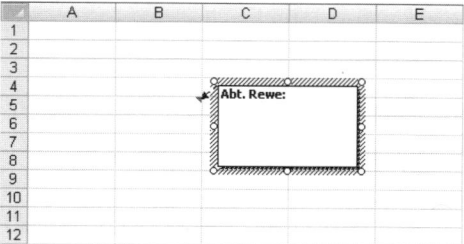

Tipp 6: Zellkommentare per Funktion auslesen

Wenn Sie einen möglichst schnellen Weg suchen, um auf die Kommentare innerhalb einer Excel-Tabelle zugreifen zu können, kommen Sie um ein paar Zeilen Code nicht herum. Das Makro ist allerdings äußerst überschaubar.

So geht's:

1   Öffnen Sie ein neues Arbeitsblatt und wechseln Sie über [Alt]+[F11] in die Entwicklungsumgebung.

2   Fügen Sie dann über das Menü *Einfügen* und den Befehl *Modul* ein neues Modul hinzu und erfassen Sie innerhalb dieses Moduls folgende Codezeilen:

Listing 1:

```
Function KomHol(incell) As String
 On Error Resume Next
 KomHol = incell.Comment.Text
End Function
```

3   Schreiben Sie jetzt in eine beliebige Zelle einen Kommentar.

4   Erfassen Sie dann beispielsweise in Zelle B6 die Formel *=KomHol(A2)* und beenden Sie die Erfassung mit der [Enter]-Taste. Beobachten Sie, wie

jetzt umgehend über diese Funktion der Excel-Kommentar in diese Zelle geschrieben wird.

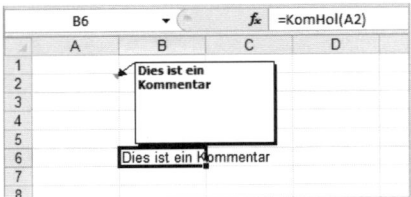

5.7 Umgang mit Steuerelementen und Formularen

Mit Steuerelementen lassen sich professionelle und leicht zu bedienende Kalkulationsmodelle aufbauen. Steuerelemente können verwendet werden, um vordefinierte Auswahlmöglichkeiten und Optionen zur Verfügung zu stellen. Damit werden die Eingabemöglichkeiten begrenzt und die Fehlerquellen reduziert.

Tipp 1: Grundlegende Informationen zu Steuerelementen

Excel unterscheidet zwei unterschiedliche Typen von Steuerelementen.

Formularsteuerelemente sind im Wesentlichen auf deren eigentliche Funktionalität beschränkt und bieten darüber hinaus nur wenige Anpassungsmöglichkeiten. ActiveX-Steuerelemente bieten dagegen umfangreiche Einstellungs- und Formatierungsmöglichkeiten. Die folgenden Beispiele beziehen sich aufgrund des größeren Leistungsumfangs deshalb im Wesentlichen auf ActiveX-Steuerelemente.

Damit Sie Zugriff auf die Steuerelemente bekommen, müssen Sie die Registerkarte *Entwicklertools* einblenden. Die Aktivierung erfolgt über das Menü *Datei/Optionen/Menüband anpassen*. Setzen Sie den Haken im Auswahlfeld *Hauptregisterkarten* bei *Entwicklertools* (Excel 2007: Menü *Office/Excel-Optionen/Häufig verwendet*, Kontrollkästchen *Entwicklerregisterkarte in der Multifunktionsleiste anzeigen*).

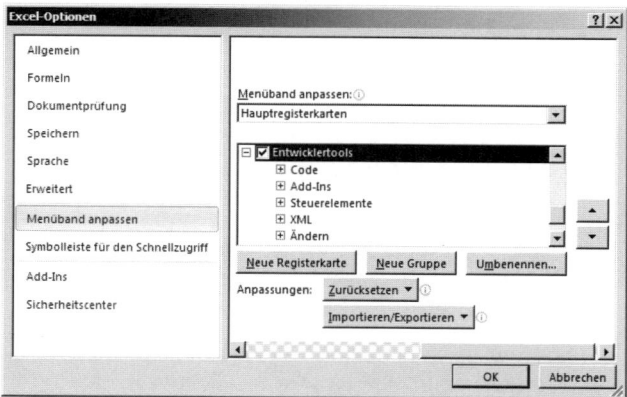

Daraufhin steht die Registerkarte *Entwicklertools* zur Verfügung, und Sie haben über das Menü *Entwicklertools/Steuerelemente/Einfügen* Zugriff auf Formularsteuerelemente und ActiveX-Steuerelemente.

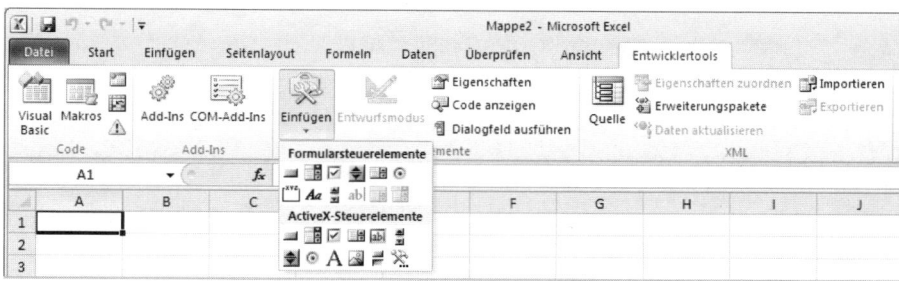

In Excel 2003 werden die Steuerelemente über die Symbolleiste *Steuerelement-Toolbox* zur Verfügung gestellt, die über das Menü *Ansicht/Symbolleisten/Steuerelement-Toolbox* aufgerufen werden kann.

Die nachfolgende Tabelle gibt Ihnen einen kurzen Überblick über die in Excel zur Verfügung stehenden ActiveX-Steuerelemente.

ActiveX-Steuerelement		Erläuterung
	Befehlsschaltfläche	Über die Befehlsschaltfläche können Makros gestartet werden. Alternativ können Sie als Beschriftung der Schaltfläche eine Internetadresse angeben, die damit im Internetbrowser geöffnet werden kann.
	Kombinationsfeld	Das Kombinationsfeld ermöglicht eine Auflistung von vorgegebenen Einträgen. Bei der Auswahl eines Eintrags wird die Nummer des Eintrags zurückgegeben.

ActiveX-Steuerelement		Erläuterung
☑	Kontrollkästchen	Mit Kontrollkästchen können Wahrheitswerte abgefragt werden. So kann das Kontrollkästchen aktiviert sein (*WAHR*), oder es kann deaktiviert sein (*FALSCH*).
⬆	Drehfeld	Über das Drehfeld können Zahlenwerte vermindert oder erhöht werden.
⊞	Listenfeld	Das Listenfeld zeigt ebenso wie das Kombinationsfeld eine Auflistung von vorgegebenen Einträgen, die durch Scrollen in der Liste ausgewählt werden können.
◉	Optionsfeld	Ähnlich wie beim Kontrollkästchen können im Optionsfeld Wahrheitswerte ausgelesen werden: aktiviert = *WAHR*, deaktiviert = *FALSCH*. Das Optionsfeld bietet darüber hinaus die Möglichkeit, zusammenhängende Optionsgruppen zu definieren.
A	Bezeichnung	Über dieses Steuerelement können zu einem Formular erläuternde Texte und Hinweise hinzugefügt werden.
⬍	Bildlaufleiste	Ähnlich dem Drehfeld können Zahlenwerte über die Bildlaufleiste vermindert oder erhöht werden.
abl	Textfeld	Im Textfeld können beliebige Informationen erfasst werden.
⇶	Umschaltfläche	Die Umschaltfläche stellt einen Schalter mit Einrastfunktion zur Verfügung: eingeschaltet = *WAHR*, ausgeschaltet = *FALSCH*.
🖻	Bild	Über dieses Steuerelement können beliebige Bilder und Grafiken in eine Excel-Tabelle oder ein Dialogfenster eingebunden werden.

Nachfolgend sehen Sie anhand verschiedener Beispiele, wie sich Steuerelemente gewinnbringend in der Praxis einsetzen lassen. Bei der Erläuterung wird dabei auf Zusammenhänge verzichtet, die für die Praxis nur geringe Bedeutung haben oder keiner zusätzlichen Erklärung bedürfen.

Tipp 2: Das Kombinationsfeld für vordefinierte Einträge

Das Kombinationsfeld bietet die Möglichkeit, vordefinierte Einträge zur Verfügung zu stellen. Im Beispiel soll ein Kombinationsfeld erzeugt werden, über das die vordefinierten Niederlassungen eines Unternehmens ausgewählt werden können.

So geht's:

1 Fügen Sie im ersten Schritt ein ActiveX-Kombinationsfeld über das Menü *Entwicklertools/Steuerelemente/Einfügen/Kombinationsfeld* ein. Der Mauszeiger verwandelt sich in ein Kreuz. Jetzt können Sie das Kombinationsfeld auf dem Tabellenblatt aufziehen (Excel 2003: Symbolleiste *Steuerelement-Toolbox*, Schaltfläche *Kombinationsfeld*).

2 Nach dem Einfügen ist das Steuerelement aktiviert, und der Entwurfsmodus ist eingeschaltet. Das erkennen Sie an den acht Anfasspunkten rund um das Steuerelement. Über

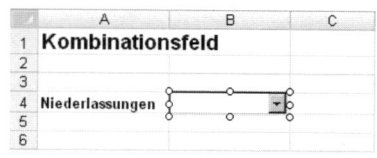

diese Anfasser können Sie die Größe des Steuerelements beliebig verändern.

3 Bevor die Niederlassungen dem Kombinationsfeld zugewiesen werden können, müssen Sie diese in einem freien, nicht benutzten Tabellenbereich eingeben. Im Beispiel liegen die Niederlassungen im Zellbereich E4:E9 vor.

4 Um nun diese Liste im Kombinationsfeld zu hinterlegen, müssen Sie das *Eigenschaften*-Fenster öffnen. Dieses können Sie über das Menü *Entwicklertools/Steuerelemente/Eigenschaften* oder über das Kontextmenü für das Kombinationsfeld aufrufen (Excel 2003: Symbolleiste *Steuerelement-Toolbox*, Schaltfläche *Eigenschaften*).

5 Erfassen Sie unter der Eigenschaft *List FillRange* den Zellbezug E4:E9.

6 Die über das Kombinationsfeld ausgewählte Niederlassung soll in Zelle A7 ausgegeben werden. Erfassen Sie dazu im Eigenschaftsfeld *LinkedCell* den Zellbezug *A7*.

7 Damit das Kombinationsfeld funktionieren kann, müssen Sie den Entwurfsmodus beenden. Klicken Sie dazu auf die Schaltfläche *Entwurfsmodus* in der Gruppe *Steuerelemente* auf der Registerkarte *Entwicklertools*

(Excel 2003: Symbolleiste *Steuerelement-Toolbox*, Schaltfläche *Entwurfsmodus*).

8 Die im Zellbereich E4: E9 vorgegebenen Niederlassungen stehen nun im Kombinationsfeld zur Verfügung.

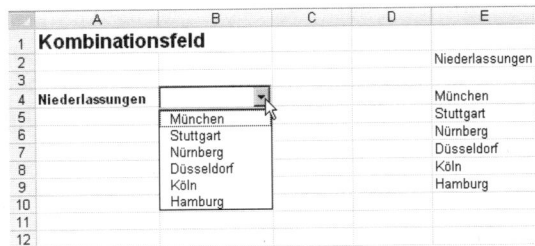

9 Wenn Sie nun einen Eintrag auswählen, wird dieser in Zelle A7 (*LinkedCell*) ausgegeben. Wählen Sie beispielsweise den Eintrag *Nürnberg*, erhalten Sie das Ergebnis in der Abbildung.

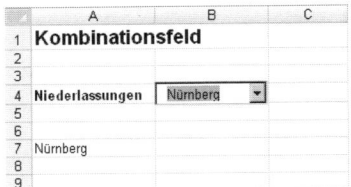

Tipp 3: Verwendung des Kontrollkästchens in einem Praxisbeispiel

Das Kontrollkästchen bietet die Möglichkeit, eine vorgegebene Option zu aktivieren und zu deaktivieren. In diesem Beispiel liegt eine Umsatzliste für die Jahre 2005 bis 2007 vor. Dabei soll das Jahr 2007 immer angezeigt werden. Die Anzeige der Jahre 2005 und 2006 soll jeweils über ein Kontrollkästchen gesteuert werden. Die Daten sollen nur angezeigt werden, wenn das jeweilige Kontrollkästchen aktiviert ist.

So geht's:

Sehen Sie sich zunächst die Ausgangstabelle etwas näher an.

In den Zellen A4 und A5 sollen zwei Kontrollkästchen eingefügt werden, über die die Jahre 2006 und 2005 aus- und eingeblendet werden können.

Jahre	2007	2006	2005
Umsatzdaten im Jahresvergleich			
Januar	5.730,52	8.528,96	6.585,05
Februar	9.470,44	11.125,19	7.322,83
März	5.473,86	2.914,45	4.794,55
April	8.524,80	10.560,69	13.453,24
Mai	9.253,55	8.751,80	2.025,34
Juni	7.635,36	4.838,13	11.034,39
Juli	10.395,25	10.085,53	5.885,91
August	7.530,81	6.280,21	8.680,12
September		4.414,31	10.379,76
Oktober		13.460,52	1.741,16
November		9.055,84	12.646,69
Dezember		2.255,95	12.380,38
Summe	66.021,59	94.277,58	98.934,42

1 Fügen Sie dazu über das Menü *Entwicklertools/Steuerelemente/Einfügen* ein ActiveX-Kontrollkästchen zur Zelle A4 hinzu. Wiederholen Sie den Vorgang und fügen Sie ein zweites Kontrollkästchen zur Zelle A5 hinzu (Excel 2003: Symbolleiste *Steuerelement-Toolbox*, Schaltfläche *Kontrollkästchen*).

2 Markieren Sie das Kontrollkästchen in Zelle A4 und rufen Sie über das Menü *Entwicklertools/Steuerelemente/Eigenschaften* das *Eigenschaften*-Fenster auf (Excel 2003: Symbolleiste *Steuerelement-Toolbox*, Schaltfläche *Eigenschaften*).

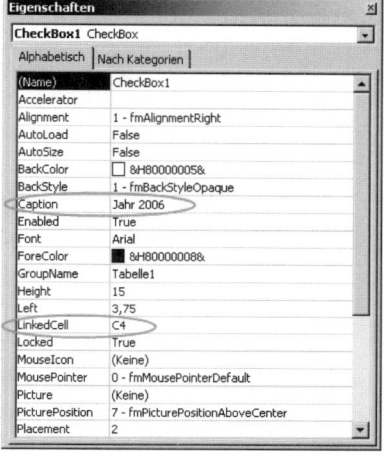

3 Geben Sie für das erste Kontrollkästchen über die Eigenschaft *Caption* die Beschreibung des Kontrollkästchens ein. Erfassen Sie den Text *Jahr 2006*. Unter der Eigenschaft *LinkedCell* erfassen Sie den Zellbezug *C4*.

4 Wiederholen Sie den Vorgang ab Schritt 2 auch für das zweite Kontrollkästchen in Zelle A5. Als *Caption* erfassen Sie dort die Bezeichnung *Jahr 2005*, und als Eigenschaft für *LinkedCell* geben Sie den Zellbezug *C5* ein.

5 Damit die Steuerelemente funktionsfähig werden, müssen Sie den Entwurfsmodus über das Menü *Entwicklertools / Steuerelemente / Entwurfsmodus* beenden (Excel 2003: Symbolleiste *Steuerelement-Toolbox*, Schaltfläche *Entwurfsmodus*).

	A	B	C	D	E
1	**Umsatzdaten im Jahresvergleich**				
2					
3	Vorjahre einblenden				
4	☑ Jahr 2006		WAHR		
5	☑ Jahr 2005		WAHR		
6					
7	**Jahre**	**2007**	**2006**	**2005**	
8	Januar	5.730,52	8.528,96	6.585,05	
9	Februar	9.470,44	11.125,19	7.322,83	
10	März	5.473,86	2.914,45	4.794,55	
11	April	8.524,80	10.560,69	13.453,24	
12	Mai	9.253,55	8.751,80	2.025,34	
13	Juni	7.635,36	4.838,13	11.034,39	
14	Juli	10.395,25	10.085,53	5.885,91	
15	August	7.530,81	6.280,21	8.680,12	
16	September		4.414,31	10.379,76	
17	Oktober		13.460,52	1.741,16	
18	November		9.055,84	12.646,69	
19	Dezember		2.255,95	12.380,38	
20					
21	**Summe**	**66.021,59**	**94.277,58**	**98.934,42**	
22					

Durch die Angabe der Zellen C4 und C5 in der Eigenschaft *LinkedCell* wird nun der Wahrheitswert der Kontrollkästchen in diesen Zellen ausgegeben. Wenn das Kontrollkästchen aktiviert ist, wird der Wahrheitswert *WAHR* ausgegeben. Ist das Kontrollkästchen hingegen deaktiviert, erscheint in der verlinkten Zelle der Wahrheitswert *FALSCH*.

Diese Informationen können nun genutzt werden, um über die bedingte Formatierung, abhängig von der gewählten Option, die Jahre 2005 und 2006 ein- oder auszublenden.

1 Markieren Sie dazu für die Option *Jahr 2006* den Zellbereich C7:C21.

2 Starten Sie über das Menü *Start/Formatvorlagen/Bedingte Formatierung/Neue Regel* das Dialogfenster zur Erfassung einer neuen bedingten Formatierung (Excel 2003: Menü *Format/Bedingte Formatierung*).

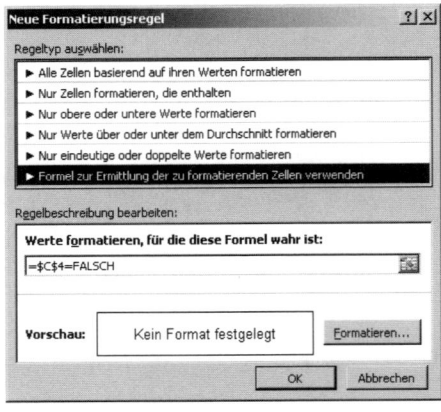

3 Wählen Sie als Regeltyp den Eintrag *Formel zur Ermittlung der zu formatierenden Zellen verwenden* aus. Als Formel erfassen Sie =$C$4=FALSCH.

4 Öffnen Sie über die Schaltfläche *Formatieren* das Dialogfenster *Zellen formatieren*. Legen Sie auf der Registerkarte *Schrift* eine weiße Schriftfarbe fest. Auf der Registerkarte *Rahmen* löschen Sie alle Rahmen, indem Sie auf die Schaltfläche *Keine* klicken.

5 Beenden Sie beide Dialogfenster jeweils mit einem Klick auf die Schaltfläche *OK*.

6 Wiederholen Sie nun die Schritte 1 bis 5 für den Zellbereich D7:D21. In Schritt 3 erfassen Sie die leicht modifizierte Formel =$C$5=FALSCH.

Sobald Sie nun beispielsweise das Kontrollkästchen *Jahr 2005* deaktivieren, werden die Werte des Jahrs 2005 über die bedingte Formatierung ausgeblendet.

Hinweis

Die Wahrheitswerte, die sich in den Zellen C4 und C5 befinden, können mit weißer Schriftfarbe formatiert werden, sodass sie nicht mehr angezeigt werden. Praktischer ist es aber, wenn Sie die Wahrheitswerte direkt unterhalb der Kontrollkästchen, also in den Zellen A4 und A5, ausgeben lassen, sodass die Kontrollkästchen die Werte verdecken. Verändern Sie dazu die Zellbezüge der Eigenschaft *LinkedCell* entsprechend.

Tipp 4: Verwendung des Optionsfelds in einem Praxisbeispiel

In diesem Beispiel liegt eine Preisliste für verschiedene Artikelnummern vor. Die Preisliste enthält den Listenverkaufspreis, eine Spalte mit den Rabatten sowie die Nettoverkaufspreise. Abhängig davon, in welcher Umsatzklasse sich ein Kunde befindet, erhält er 3 %, 5 % oder 8,5 % Mengenrabatt. Um einen schnellen Überblick zu bekommen, sollen die Nettoverkaufspreise per Knopfdruck unter Berücksichtigung der korrekten Rabatte ermittelt werden.

So geht's:

Die Preisliste ist hier zur Ansicht aufgebaut.

Im Zellbereich A3:A5 sollen drei Optionsfelder eingefügt werden, über die festgelegt werden kann, ob der Nettoverkaufspreis auf der Basis von 3 %, 5 % oder 8,5 % berechnet werden soll.

	A	B	C	D	E
1	**Artikelpreisliste per 01.07.2007**				
2					
3					
4					
5					
6					
7	Art.-Nr.	Listenverkaufs-preis	Rabatt	Netto-verkaufspreis	
8	1044A	112,07 €			
9	1248A	73,59 €			
10	1251B	23,65 €			
11	1328C	113,94 €			
12	1381B	18,45 €			
13	1636E	45,23 €			
14	2769E	77,21 €			
15	3524A	29,27 €			
16	3654E	21,75 €			
17	4238C	193,14 €			
18	4458E	15,98 €			
19	7087C	21,40 €			
20	7248A	163,41 €			
21	8799B	148,28 €			
22	9452C	27,28 €			
23	9517E	96,63 €			
24	9667E	124,02 €			
25	9885B	82,00 €			
26					

1 Fügen Sie im ersten Schritt drei ActiveX-Optionsfelder über das Menü *Entwicklertools/Steuerelemente/Einfügen* in die Zellen A3, A4 und A5 ein (Excel 2003: Symbolleiste *Steuerelement-Toolbox*, Schaltfläche *Optionsfeld*).

2 Legen Sie die Optionsfeldeigenschaften im *Eigenschaften*-Fenster, das Sie über das Menü *Entwicklertools/Steuerelemente/Eigenschaften* aufrufen können, für die drei Optionsfelder wie folgt fest:

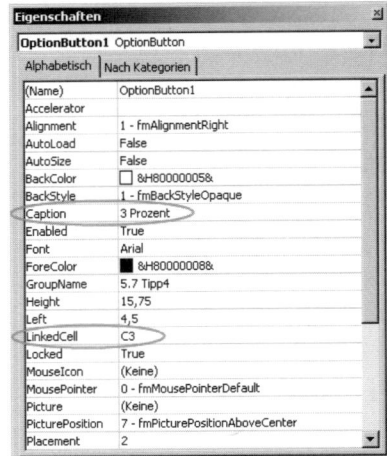

Optionsfeld	Eigenschaft Caption	Eigenschaft LinkedCell
Optionsfeld 1	3 Prozent	C3
Optionsfeld 2	5 Prozent	C4
Optionsfeld 3	8,5 Prozent	C5

3 Erfassen Sie in Zelle D3 die Ziffer *3*, in Zelle D4 die Ziffer *5* und in Zelle D5 die Ziffer *8,5*. Damit weisen Sie den einzelnen Optionen die richtigen Prozentangaben zu.

4 Nachdem Sie den Entwicklungsmodus über das Menü *Entwicklertools/Steuerelemente/Entwurfsmodus* beendet haben, sieht das Zwischenergebnis wie in der Abbildung gezeigt aus (Excel 2003: Symbolleiste *Steuerelement-Toolbox*, Schaltfläche *Entwurfsmodus*).

5 Jetzt muss noch abhängig von der gewählten Option der entsprechende Prozentwert aus dem Zellbereich D3:D5 ausgelesen werden. Erfassen Sie dazu in Zelle C6 die Formel *=SVERWEIS(WAHR;C3:D5;2;0)*.

6 Zur Ermittlung des Rabatts markieren Sie den Zellbereich C8:C25 und erfassen in Zelle C8 die Formel *=B8*$C$6/100*. Damit die Formel in den gesamten Zellbereich eingetragen wird, beenden Sie die Formeleingabe mit der Tastenkombination (Strg)+(Enter).

7 Im letzten Schritt wird der Nettoverkaufspreis berechnet. Markieren Sie dazu den Zellbereich D8:D25 und erfassen Sie in Zelle D8 die Formel *=B8-C8*. Beenden Sie die Eingabe ebenfalls mit der Tastenkombination (Strg)+(Enter).

Das Ergebnis sieht wie nebenstehend aus.

Sobald nun ein anderes Optionsfeld ausgewählt wird, werden die Rabattbedingungen in Zelle C6 automatisch angepasst, und der Nettoverkaufspreis wird auf Basis des gewählten Rabattsatzes ermittelt.

	A	B	C	D	E
1	**Artikelpreisliste per 01.07.2007**				
2					
3	○ 3 Prozent		FALSCH	3	
4	⦿ 5 Prozent		WAHR	5	
5	○ 8,5 Prozent		FALSCH	8,5	
6			5		
7	Art.-Nr.	Listenverkaufspreis	Rabatt	Netto-Verkaufspreis	
8	1044A	112,07 €	5,60 €	106,47 €	
9	1248A	73,59 €	3,68 €	69,91 €	
10	1251B	23,65 €	1,18 €	22,47 €	
11	1328C	113,94 €	5,70 €	108,24 €	
12	1381B	18,45 €	0,92 €	17,53 €	
13	1636E	45,23 €	2,26 €	42,97 €	
14	2769E	77,21 €	3,86 €	73,35 €	
15	3524A	29,27 €	1,46 €	27,81 €	
16	3654E	21,75 €	1,09 €	20,66 €	
17	4238C	193,14 €	9,66 €	183,48 €	
18	4458E	15,98 €	0,80 €	15,18 €	
19	7087C	21,40 €	1,07 €	20,33 €	
20	7248A	163,41 €	8,17 €	155,24 €	
21	8799B	148,28 €	7,41 €	140,87 €	
22	9452C	27,28 €	1,36 €	25,92 €	
23	9517E	96,63 €	4,83 €	91,80 €	
24	9667E	124,02 €	6,20 €	117,82 €	
25	9885B	82,00 €	4,10 €	77,90 €	
26					

Hinweis

Die Einträge im Zellbereich C3:D6 können ausgeblendet werden, indem sie mit weißer Schriftfarbe formatiert werden. Alternativ können Sie die Hilfsspalten auch auf einem weniger exponierten Teil auf dem Tabellenblatt unterbringen, wo sie weniger stören.

Funktionsübersicht

Funktion	Erläuterung
ADRESSE(Zeile;Spalte;Abs;A1; Tabellenname)	Liefert einen Bezug auf eine Zelle als Text.
BEREICH.VERSCHIEBEN(Bezug; Zeilen;Spalten;Höhe;Breite)	Gibt einen Bezug zurück, der gegenüber dem angegebenen Bezug versetzt ist. Der zurückgegebene Bezug kann eine einzelne Zelle oder ein Zellbereich sein. Sie können die Anzahl der zurückzugebenden Zeilen und Spalten festlegen.

Funktion	Erläuterung
DATUM(Jahr; Monat; Tag)	Gibt die fortlaufende Zahl zurück, die ein bestimmtes Datum darstellt. Wenn für das Zellformat vor der Eingabe der Funktion die Option *Allgemein* eingestellt war, wird das Ergebnis als Datum formatiert.
HEUTE()	Gibt die fortlaufende Zahl des heutigen Datums zurück.
INDIREKT(Bezug;A1)	Gibt den Bezug eines Textwerts zurück. Bezüge werden sofort ausgewertet, sodass die zu ihnen gehörenden Werte angezeigt werden. Verwenden Sie die *INDIREKT*-Funktion, um den Bezug auf eine in einer Formel befindliche Zelle zu ändern, ohne die Formel selbst anzupassen.
JAHR(Zahl)	Wandelt eine fortlaufende Zahl in eine Jahreszahl um. Das Jahr wird als ganze Zahl zurückgegeben, die einen Wert von 1900 bis 9999 annehmen kann.
KKLEINSTE(Matrix;k)	Gibt den *k*-kleinsten Wert einer Datengruppe zurück. Mit dieser Funktion können Sie Werte ermitteln, die innerhalb einer Datenmenge eine bestimmte relative Größe haben.
MONAT(Zahl)	Wandelt eine fortlaufende Zahl in einen Monat um. Der Monat wird als ganze Zahl ausgegeben, die einen Wert von 1 (Januar) bis 12 (Dezember) annehmen kann.
PIVOTDATENZUORDNEN (Datenfeld;PivotTable;Feld1; Element1;Feld2;Element2;...)	Gibt Daten aus einem PivotTable-Bericht zurück. Sie können *PIVOTDATENZUORDNEN* verwenden, um Datenzusammen-fassungen aus einem PivotTable-Bericht abzurufen.
SUMME(Zahl1;Zahl2;...)	Summiert die Argumente.
SVERWEIS(Suchkriterium; Matrix;Spaltenindex;Bereich_ Verweis)	Sucht in der ersten Spalte einer Tabellenmatrix nach einem Wert und gibt in der gleichen Zeile einen Wert aus einer anderen Spalte in der Tabellenmatrix zurück.
TAG(Zahl)	Gibt den Tag eines Datums als fortlaufende Zahl zurück. Der Tag wird als ganze Zahl im Bereich von 1 bis 31 ausgegeben.
TEILERGEBNIS(Funktion; Bezug1;Bezug2;...)	Gibt ein Teilergebnis in einer Liste oder Datenbank zurück.
WENN(Prüfung;Dann_Wert; Sonst_Wert)	Prüft, ob eine Bedingung zutrifft, also *WAHR* oder *FALSCH* ist, und macht das Ergebnis vom Resultat der Prüfung abhängig.
ZEILE(Bezug)	Liefert die Zeilennummer eines Bezugs.
ZÄHLENWENN(Bereich; Kriterien)	Zählt die nicht leeren Zellen eines Bereichs, deren Inhalte mit den Suchkriterien übereinstimmen.
ZW(Zins;Anzahl_Zahlungszeit-räume;Regelmäßige_Zahlung; Barwert;Fälligkeit)	*ZW()* gibt den zukünftigen Endwert einer Kapitalanlage oder Investition zurück. Die Berechnung basiert auf regelmäßi-gen, konstanten Zahlungen und einem konstanten Zinssatz.

6

Professionelle Diagramme, Charts und Präsentationen

In diesem Kapitel geht es um die Darstellung von Daten in Diagrammen. Ein Bild sagt mehr als tausend Worte. Dieser Spruch trifft häufig den Nagel auf den Kopf. Umfangreiche Datenlisten sind meistens etwas unübersichtlich und auf den ersten Blick schwer verständlich.

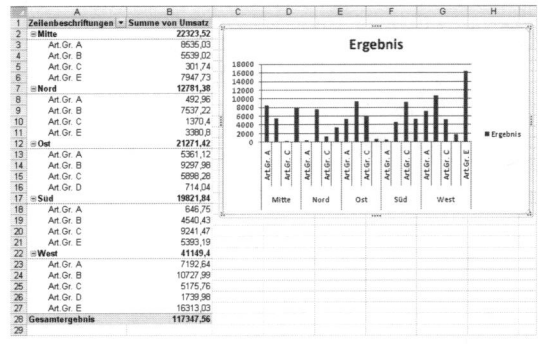

Werden die Daten hingegen intelligent in ein Diagramm verpackt, lassen sich auch komplexe Sachverhalte relativ einfach erfassen und verstehen.

Bereits in Excel 2003 war es relativ leicht möglich, ein Diagramm zu erstellen. In Excel 2007 und Excel 2010 wurden die Diagrammfunktionalitäten noch weiter verbessert und erweitert. Der bisher in Excel 2003 vorhandene Diagramm-Assistent ist in den neuen Versionen 2007 und 2010 nicht mehr integriert. Die Schritte bis zum fertigen Diagramm wurden auf ein Minimum reduziert.

Aufgrund der gravierenden Unterschiede bei der Diagrammerstellung beschränkt sich dieses Kapitel auf die Erläuterung der Diagrammfeatures für Excel 2007 und 2010. Wenn Sie bereits Erfahrung mit dem Diagramm-Assistenten unter Excel 2003 gesammelt haben, können Sie die hier vorgestellten Praxistipps ohne Weiteres auch in Excel 2003 nachvollziehen.

Tipp 1: Mit Excel 2007 und Excel 2010 ganz einfach ein Diagramm erstellen

In diesem Beispiel erfahren Sie, wie mit Excel 2007 und Excel 2010 ganz einfach ein Diagramm erstellt werden kann. Das Diagramm soll für eine monatliche Umsatzübersicht der Jahre 2005 bis 2007 erstellt werden. Auf den ersten Blick ist die neue Diagrammbedienung vielleicht ein wenig ungewohnt, aber schon nach kurzer Zeit werden Sie feststellen, dass die Diagrammerstellung ab Excel 2007 noch einfacher und komfortabler geworden ist.

So geht's: Einfügen eines Diagramms auf dem Tabellenblatt

Als Ausgangsdaten für das Diagramm dienen die Daten der nebenstehenden Umsatzzusammenstellung.

	A	B	C	D	E
1	Umsatzübersicht 2005 bis 2007				
2					
3					
4	Jahre	2007	2006	2005	
5	Januar	5.730,52	8.528,96	6.585,05	
6	Februar	9.470,44	11.125,19	7.322,83	
7	März	5.473,86	2.914,45	4.794,55	
8	April	8.524,80	10.560,69	13.453,24	
9	Mai	9.253,55	8.751,80	2.025,34	
10	Juni	7.635,36	4.838,13	11.034,39	
11	Juli	10.395,25	10.085,53	5.885,91	
12	August	7.530,81	6.280,21	8.680,12	
13	September		4.414,31	10.379,76	
14	Oktober		13.460,52	1.741,16	
15	November		9.055,84	12.646,69	
16	Dezember		2.255,95	12.380,38	
17					

Um das erste Diagramm in Excel 2007/2010 zu erstellen, gehen Sie wie folgt vor:

1 Setzen Sie den Zellzeiger auf eine beliebige Zelle innerhalb der Umsatzübersicht.

2 Starten Sie den Befehl zur Erstellung des Diagramms über das Menü *Einfügen/Diagramme/Säule*. Wählen Sie aus der Kategorie *3D-Säule* das erste 3-D-Säulendiagramm aus.

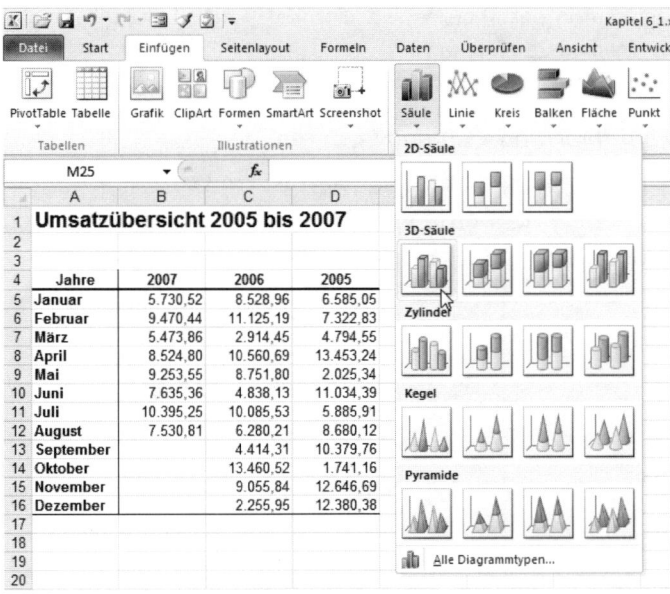

3 Nach dem Klick auf die Diagrammschaltfläche wird das Diagramm sofort auf dem Tabellenblatt erstellt.

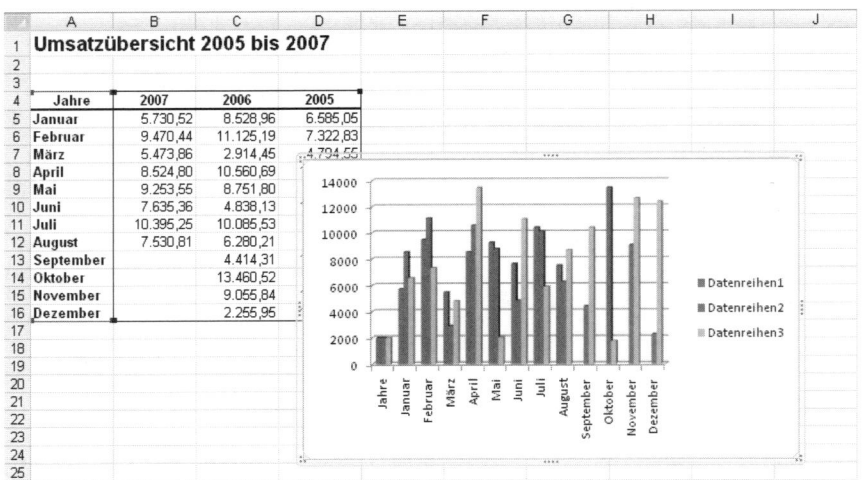

Sie sehen, es bedarf nur weniger Mausklicks, um das erste Diagramm in Excel 2007/2010 zu erstellen.

Hinweis

Noch schneller geht's, wenn Sie die Tastenkombination [Alt]+[F1] drücken. Damit erhalten Sie das gleiche Ergebnis. Es ist somit möglich, mit nur zwei Tasten ein fix und fertiges Diagramm in das Tabellenblatt einzufügen. Die Taste [F11] erstellt das Diagramm in einem neuen Diagrammblatt.

So geht's: Diagramm formatieren und layouten

Wenn das neu eingefügte Diagramm aktiviert ist, sodass ein Rahmen mit Anfasspunkten zu sehen ist, werden drei kontextsensitive Registerkarten in der Multifunktionsleiste eingeblendet.

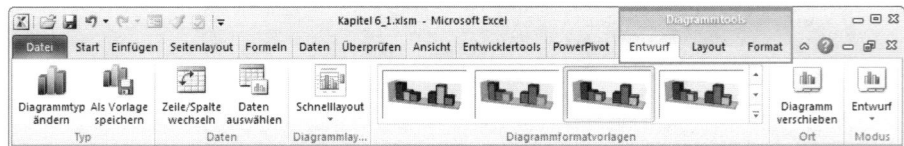

Die Diagrammtools stellen dabei folgende Funktionen zur Verfügung:

Registerkarte/Gruppe	Erläuterung
Registerkarte Entwurf	
Gruppe *Typ*	Es besteht die Möglichkeit, den Diagrammtyp zu ändern sowie das erstellte Diagramm mit allen Formatierungen und Vorgaben als Vorlage für weitere Diagramme abzuspeichern.

Registerkarte/Gruppe	Erläuterung
Gruppe *Daten*	Über die Schaltfläche *Zeile/Spalte wechseln* können Sie einfach den Datenbestand transponieren. Aus Zeilen werden Spalten und aus Spalten Zeilen. Diese Funktion hat nur Auswirkungen auf das Diagramm. Der Datenbestand bleibt natürlich unangetastet. Über den Befehl *Daten auswählen* können Sie festlegen, welche Spalten und Zeilen in die Diagrammerstellung mit einbezogen werden sollen.
Gruppe *Diagrammlayouts*	Hier besteht die Möglichkeit, aus vordefinierten Layouts einen beliebigen Vorschlag auszuwählen. Sie können festlegen, wo sich die Diagrammlegenden befinden sollen, ob die Anzeige mit oder ohne Tabellendaten erfolgen soll etc.
Gruppe *Diagrammformat-vorlagen*	*Diagrammformatvorlagen* bieten eine bunte Sammlung verschiedener Diagrammvorlagen.
Gruppe *Ort*	Über die Schaltfläche *Diagramm verschieben* können Sie festlegen, ob das Diagramm in einem eigenen Tabellenblatt dargestellt werden soll oder nicht.
Gruppe *Modus* (nur in Excel 2010)	Mittels der Schaltfläche *Entwurf* kann der Entwurfsmodus für das aktuelle Diagramm bzw. für alle Diagramme aktiviert und deaktiviert werden.
Registerkarte Layout	
Gruppe *Aktuelle Auswahl*	Hier können Sie verschiedene Diagrammelemente aufrufen und gezielt darauf zugreifen.
Schaltfläche *Einfügen*	Hierüber können Sie Textfelder, Grafiken und Formen dem Diagramm hinzufügen.
Gruppe *Beschriftungen*	Über die Gruppe *Beschriftungen* haben Sie Zugriff auf den Diagrammtitel, Achsenbeschriftungen, Legenden etc.
Gruppe *Achsen*	Es besteht die Möglichkeit, die Skalierung von Achsen etc. zu verändern. Auch die Gitternetzlinien können hier angepasst werden.
Registerkarte Layout	
Schaltfläche *Hintergrund*	Hierüber können Sie den Hintergrund des Diagramms festlegen und verändern.
Schaltfläche *Analyse*	Über diese Schaltfläche können Sie Trendanalysen sowie Fehlerindikatoren in das Diagramm aufnehmen.
Schaltfläche *Eigenschaften*	Hiermit lässt sich der Name des Diagramms verändern.
Registerkarte Format	
Gruppe *Aktuelle Auswahl*	Hier können Sie verschiedene Diagrammelemente aufrufen und gezielt darauf zugreifen.

583

Registerkarte/Gruppe	Erläuterung
Gruppe *Formenarten*	In der Gruppe *Formenarten* sind die Befehle zum Festlegen individueller Formen, Farben, Konturen und Effekte für das ausgewählte Diagrammelement zusammengefasst.
Gruppe *WordArt-Formate*	Darin finden Sie verschiedene Formatierungsmöglichkeiten für Diagrammbeschriftungen wie Legenden, Achsenbeschriftungen oder Diagrammtitel.
Gruppe *Anordnen*	Hier können Diagramme ausgeblendet werden. Außerdem können die Diagramme am Raster ausgerichtet sowie gedreht und gruppiert werden.
Gruppe *Größe*	Diese Gruppe bietet die Möglichkeit, die Breite und Höhe des Diagramms exakt den Erfordernissen anzupassen.

Sie sehen, Excel 2007 und 2010 bieten auf den drei kontextsensitiven *Diagrammtools*-Registerkarten alle Befehle übersichtlich gruppiert und zusammengefasst.

Hinweis

Beachten Sie, dass nicht alle Funktionen bei allen Diagrammtypen zur Verfügung stehen. Die Anzeige erfolgt kontextsensitiv, also abhängig vom gewählten Diagrammtyp bzw. Diagrammelement.

Tipp 2: Datenbereiche für Diagramme dynamisieren

In diesem Beispiel liegt eine Auflistung der produzierten Stückzahlen für die Jahre 2000 bis 2006 vor. Diese Zahlen sollen nun in einem Diagramm dargestellt werden. So weit dürfte das kein Problem darstellen. Da zu dieser Tabelle jedes Jahr ein neuer Wert hinzukommt, soll das Diagramm aber so aufgebaut werden, dass sich das Diagramm, sobald ein neuer Produktionswert eingetragen wird, automatisch erweitert und anpasst.

So geht's:

Als Ausgangsbasis dient die abgebildete Produktionsübersicht.

In Spalte A befinden sich die einzelnen Jahresangaben, und Spalte B zeigt die zugehörige Produktionsmenge. Zur Erstellung eines dynamischen Diagramms sind einige Schritte notwendig, die nachfolgend beschrieben werden.

	A	B	C	D
1	**Produktionsmenge in Stück**			
2				
3				
4		Menge		
5	2000	124.789		
6	2001	127.892		
7	2002	134.172		
8	2003	133.769		
9	2004	138.665		
10	2005	146.849		
11	2006	152.398		
12				
13				

1 Im ersten Schritt müssen Sie einen Namen definieren, dem der dynamische Zellbereich übergeben wird. Starten Sie dazu über das Menü *Formeln/Definierte Namen/Namen definieren* das Dialogfenster zur Erfassung eines neuen Namens.

2 Im Feld *Name* erfassen Sie die Bezeichnung *DynBereich*. Im Feld *Bezieht sich auf* geben Sie folgende Formel ein:

=BEREICH.VERSCHIEBEN('6.1 Tipp2'!$B$5;0;0;ANZAHL2('6.1 Tipp2'!$B:$B)-1)

Damit wird bei Erfassung eines Werts in Spalte B der Bereich auf den neuen Wert ausgeweitet.

3 Wenn Sie das Dialogfenster mit einem Klick auf die Schaltfläche *OK* beenden, wird der Name *DynBereich* erstellt.

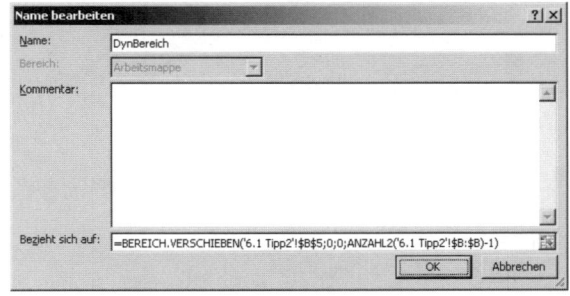

4 Setzen Sie nun den Zellzeiger in eine beliebige Zelle im Datenbereich und fügen Sie über das Menü *Einfügen/Diagramme/Säule* das 2-D-Diagrammm *Gruppierte Säulen* ein.

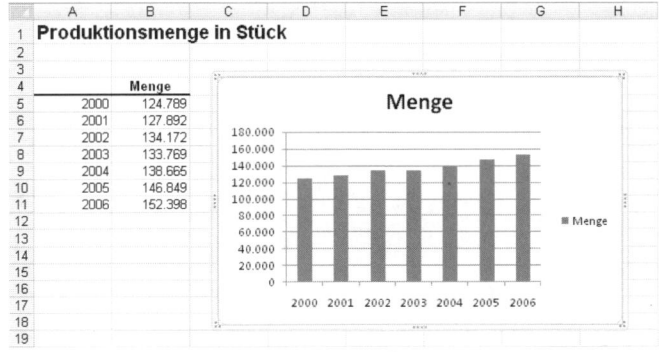

5 Markieren Sie das Diagramm und rufen Sie über das Menü *Diagramm-tools/Entwurf/Daten/Daten auswählen* das Dialogfenster *Datenquelle auswählen* auf.

6 Selektieren Sie im Listenfeld *Legendeneinträge (Reihen)* den Eintrag *Menge* und klicken Sie auf die Schaltfläche *Bearbeiten* im linken Festerbereich. Damit wird das Dialogfenster *Datenreihe bearbeiten* geöffnet.

7 Erfassen Sie darin im Feld *Reihenwerte* folgenden Bezug: =*'Kapitel 6.xlsm'! DynBereich*. Durch diese Eingabe weisen Sie der Reihe *Menge* den über den Namen *DynBereich* erzeugten dynamischen Zellbezug zu.

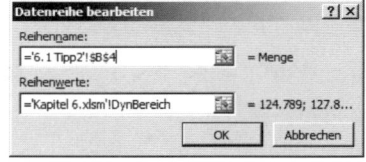

8 Beenden Sie die beiden geöffneten Dialogfenster jeweils mit einem Klick auf die Schaltfläche *OK*.

Sobald Sie nun in Spalte B einen Wert erfassen, wird das Diagramm sofort aktualisiert und um den neuen Wert inklusive der Jahresangabe erweitert.

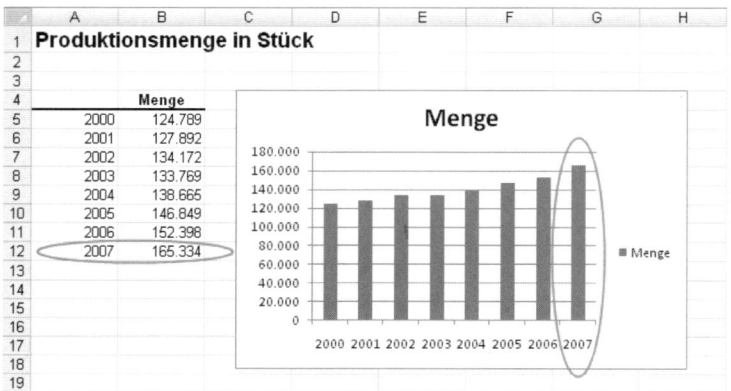

Tipp 3: Einzelne Werte dynamisch hervorheben

Dieser Aufgabenstellung liegt eine Umsatzzusammenstellung der letzten 15 Tage zugrunde. Ziel ist es nun, den jeweils größten Tagesumsatz im Diagramm dynamisch hervorzuheben. Das bedeutet, Excel soll automatisch den größten Betrag ermitteln und die entsprechende Datenreihe im Diagramm kennzeichnen.

So geht's:

Sehen Sie sich zunächst die Ausgangstabelle an. In Spalte A sind die Datumswerte und in Spalte B ist der Umsatz am jeweiligen Kalendertag angegeben.

	A	B	C	D
1	Auflistung der Tagesumsätze			
2				
3				
4		Betrag		
5	01.07.2007	2.191,42 €		
6	02.07.2007	9.479,11 €		
7	03.07.2007	10.137,59 €		
8	04.07.2007	2.910,34 €		
9	05.07.2007	11.174,34 €		
10	06.07.2007	11.429,41 €		
11	07.07.2007	8.427,85 €		
12	08.07.2007	1.243,89 €		
13	09.07.2007	1.454,52 €		
14	10.07.2007	6.680,90 €		
15	11.07.2007	8.077,04 €		
16	12.07.2007	7.234,93 €		
17	13.07.2007	9.709,28 €		
18	14.07.2007	5.903,90 €		
19	15.07.2007	8.601,22 €		
20				

1 Zur Dynamisierung des Diagramms werden zwei Hilfsspalten benötigt. Fügen Sie dazu zwischen Spalte A und Spalte B zwei leere Spalten ein, sodass die Umsatzangaben im Bereich D5:D19 stehen.

2 Markieren Sie nun den Zellbereich B5:B19 und erfassen Sie die Formel *=WENN(D5=MAX($D$5:$D$19); NV();D5)*. Beenden Sie die Formeleingabe mit der Tastenkombination [Strg]+[Enter].

3 Markieren Sie in der zweiten Hilfsspalte den Zellbereich C5:C19 und geben Sie in Zelle C5 die Formel *=WENN(D5=MAX($D$5:$D$19); D5;NV())*ein. Schließen Sie auch diese Dateneingabe mit der Tastenkombination [Strg]+[Enter] ab.

4 Erfassen Sie nun noch in den Zellen B4 und C4 eine Überschrift für die beiden Hilfsspalten. Beispielsweise können Sie hier jeweils die Bezeichnung *Umsatz* eintragen. Das Zwischenergebnis sieht wie abgebildet aus.

C5		f_x	=WENN(D5=MAX($D$5:$D$19);D5;NV())	
	A	B	C	D	E
1	Auflistung der Tagesumsätze				
2					
3					
4		Umsatz	Umsatz	Betrag	
5	01.07.2007	2191,42	#NV	2.191,42 €	
6	02.07.2007	9479,11	#NV	9.479,11 €	
7	03.07.2007	10137,59	#NV	10.137,59 €	
8	04.07.2007	2910,34	#NV	2.910,34 €	
9	05.07.2007	11174,34	#NV	11.174,34 €	
10	06.07.2007	#NV	11429,41	11.429,41 €	
11	07.07.2007	8427,85	#NV	8.427,85 €	
12	08.07.2007	1243,89	#NV	1.243,89 €	
13	09.07.2007	1454,52	#NV	1.454,52 €	
14	10.07.2007	6680,9	#NV	6.680,90 €	
15	11.07.2007	8077,04	#NV	8.077,04 €	
16	12.07.2007	7234,93	#NV	7.234,93 €	
17	13.07.2007	9709,28	#NV	9.709,28 €	
18	14.07.2007	5903,9	#NV	5.903,90 €	
19	15.07.2007	8601,22	#NV	8.601,22 €	
20					

Wie Sie sehen, wurde der größte Tagesumsatz am 06.07.2007 gemacht, das bedeutet, dass dieser Wert im Diagramm hervorgehoben werden soll.

5 Zu Erstellung des Diagramms markieren Sie nun den Zellbereich A5:C19. Achten Sie darauf, dass Spalte D nicht markiert wird.

6 Fügen Sie über das Menü *Einfügen/Diagramme/Säulen* ein gruppiertes 2-D-Säulen-Diagramm ein. Sie erhalten folgendes Zwischenergebnis.

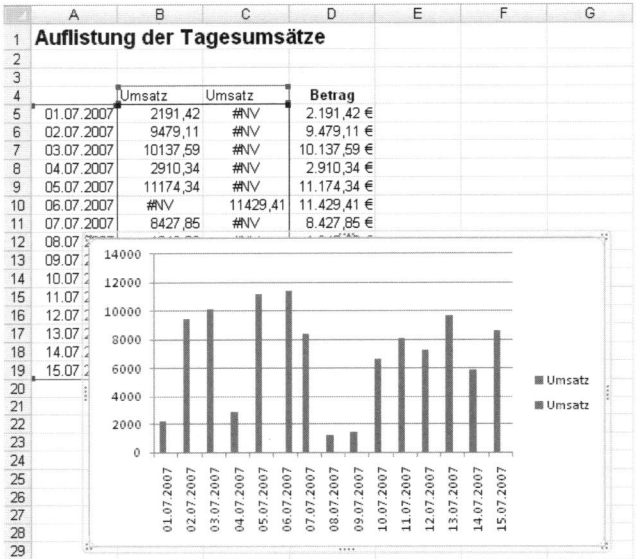

7 Nun können Sie das Diagramm beliebig formatieren. Sie können beispielsweise die Legende anpassen, die Breite der Diagrammbalken oder deren Farbe verändern. Die beiden Hilfsspalten können auch ausgeblendet werden.

8 Damit ausgeblendete Werte im Diagramm dargestellt werden, müssen Sie das explizit einstellen. Öffnen Sie dazu über das Menü *Diagrammtools/Entwurf/Daten/Daten auswählen* das Dialogfenster *Datenquelle auswählen*.

9 Klicken Sie auf die Schaltfläche *Ausgeblendete und leere Zellen*. Im folgenden Dialogfenster müssen Sie nur noch das Kontrollkästchen *Daten in ausgeblendeten Zeilen und Spalten anzeigen* aktivieren.

10 Nachdem Sie beide geöffneten Dialogfenster mit jeweils einem Klick auf die Schaltfläche *OK* beendet haben, könnte das Ergebnis wie folgt aussehen.

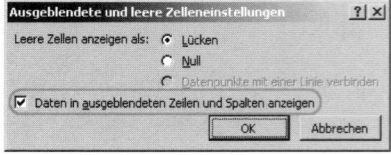

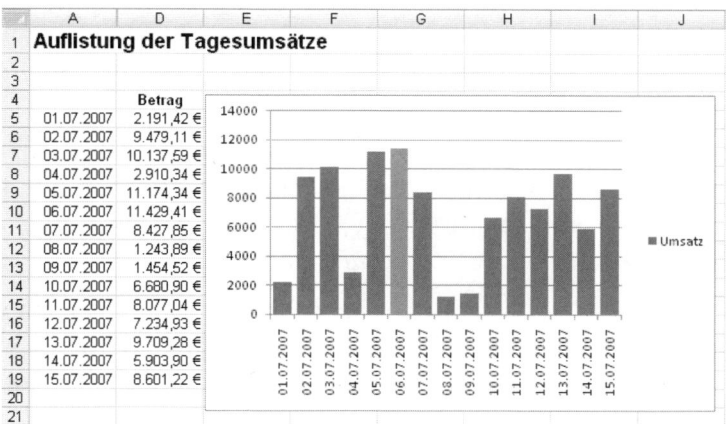

In diesem Diagramm wird nun wie gewünscht der höchste Wert farbig hervorgehoben.

Tipp 4: Diagramme als statische Bilder einfügen

In diesem Beispiel erfahren Sie, wie aus Diagrammen Bilder erzeugt werden können. Damit wird die Dynamik aus den Diagrammen entfernt. Das Diagramm soll sich nicht mehr verändern, auch wenn die Ausgangsdaten angepasst werden.

So geht's:

1 Markieren Sie das Diagramm, indem Sie es mit der Maus anklicken.

2 Öffnen Sie über das Menü *Start/Zwischenablage/Kopieren/Als Bild kopieren* das Dialogfenster *Bild kopieren* (Excel 2007: Menü *Start/Zwischenablage/Einfügen/Als Bild/Als Grafik einfügen*).

3 Aktivieren Sie die Optionen *Wie angezeigt* und *Bild*. Durch Beenden des Dialogfensters mit einem Klick auf die Schaltfläche *OK* wird das Diagramm in die Zwischenablage kopiert.

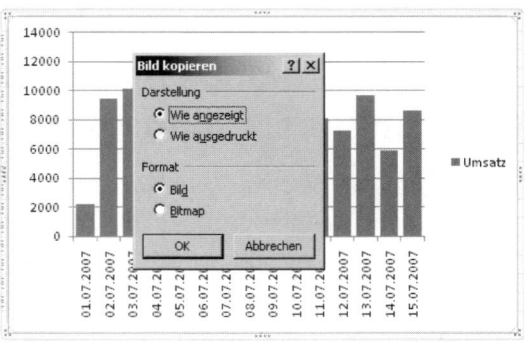

4 Wechseln Sie nun auf ein leeres Tabellenblatt oder zu einem freien Tabellenbereich und markieren Sie die Zelle, ab der das Diagrammbild eingefügt werden soll.

5 Über das Menü *Start/Zwischenablage/Einfügen* wird das Diagramm als statisches Bild eingefügt. Zum gleichen Ergebnis gelangen Sie auch über die Tastenkombination [Strg]+[V] (Excel 2007: Menü *Start/Zwischenablage/Einfügen/Als Bild/Als Grafik einfügen*).

Auf den ersten Blick unterscheiden sich die beiden Grafiken nicht voneinander. Werden aber die Umsatzzahlen in der Tagesumsatzliste verändert, hat das nur Auswirkungen auf das Diagramm, nicht auf die eingefügte Grafik.

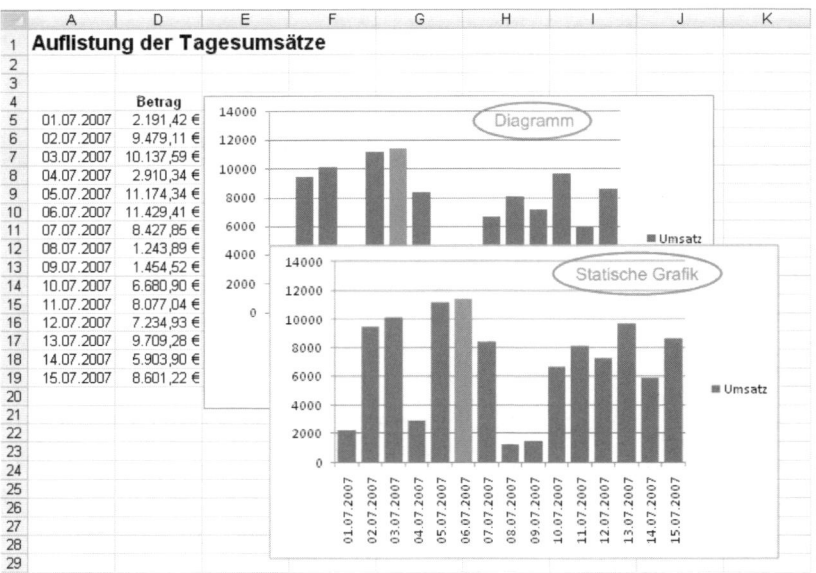

Tipp 5: Zellen ohne Inhalte bei der Diagrammerstellung ignorieren

Diesem Beispiel liegt die Auflistung der Arbeitsstunden eines Mitarbeiters nach Wochentagen zugrunde. Die Höhe der Wochenarbeitsstunden soll in einem Liniendiagramm optisch dargestellt werden. Allerdings sind die Arbeitszeiten erst bis Kalenderwoche 13 eingetragen.

So geht's:

In der Ausgangstabelle sind die Arbeitsstunden für jeden Tag sowie in der Gesamtsumme der gesamten Woche aufgelistet.

Die Wochenstunden in Zelle G6 wurden mit der folgenden Formel summiert:

=WENN(SUMME(B6:F6)<>0;SUMME (B6:F6);"")

Die anderen Wochenstunden wurden mit der identischen Summenformel berechnet. Mit der *WENN*-Abfrage wird verhindert, dass ab KW 14 Nullwerte durch die Summenfunktion eingetragen werden.

G6				f_x	=WENN(SUMME(B6:F6)<>0;SUMME(B6:F6);NV())

	A	B	C	D	E	F	G
1	**Tagesarbeitsstunden**						
2	Mitarbeiter: Henning Gutschner						
3							
4							
5	KW	Tag 1	Tag 2	Tag 3	Tag 4	Tag 5	Wochenstunden
6	1	8,25	9,00	9,25	7,75	7,00	41,25
7	2	9,00	8,00	8,75	8,25	6,75	40,75
8	3	9,75	9,75	8,25	8,25	7,50	43,50
9	4	10,50	6,00	7,75	8,00	7,75	40,00
10	5	9,25	7,75	7,00	8,25	7,50	39,75
11	6	8,25	7,50	8,25	8,25	7,50	39,75
12	7	6,00	7,75	8,00	8,25	7,50	37,50
13	8	8,25	7,50	8,00	8,75	8,25	40,75
14	9	7,00	8,25	9,25	9,00	8,00	41,50
15	10	9,75	8,25	8,25	7,00	7,00	40,25
16	11	7,75	7,00	7,50	8,00	8,75	39,00
17	12	9,00	9,25	7,75	7,00	8,00	41,00
18	13	8,75	7,50	7,75	8,00	7,75	39,75
19	14						#NV
20	15						#NV
21	16						#NV
22	17						#NV
23	18						#NV
24	19						#NV
25	20						#NV
26							

1 Zur Erstellung des Diagramms markieren Sie den Zellbereich G6:G25.

2 Fügen Sie über das Menü *Einfügen/Diagramm/Linie* ein 2-D-Liniendiagramm ein. Das Ergebnis stellt sich wie folgt dar:

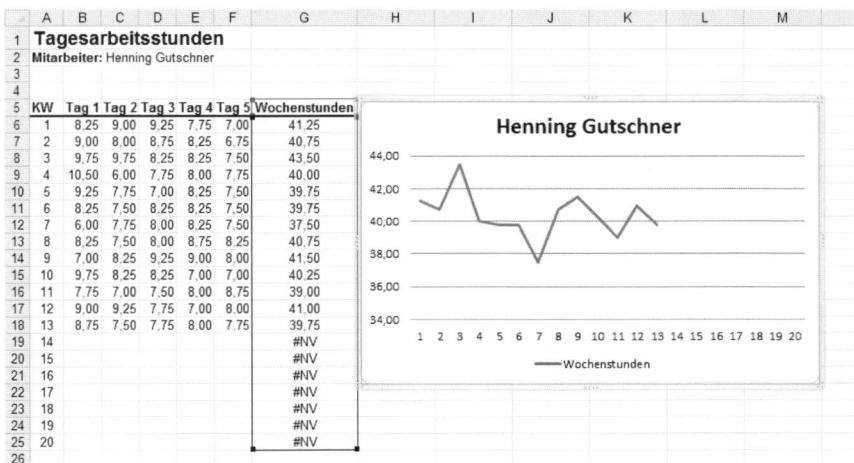

Wie Sie sehen, fällt ab Kalenderwoche 14 die Linie auf null ab, obwohl ab KW 14 keine Nullwerte in der Tabelle vorhanden sind. Dies liegt daran, dass die Nullwerte über die *WENN*-Abfrage abgefangen wurden. Ziel ist es, dass die Linie in KW 13 einfach endet und nicht auf den Nullpunkt absinkt.

Damit das Diagramm nicht auf die Nulllinie abfällt, müssen Sie die Formel im Bereich G6:G25 abändern.

1 Markieren Sie dazu den Zellbereich G6:G25 und erfassen Sie in Zelle G6 diese Formel:

=WENN(SUMME(B6:F6)<>0;SUMME(B6:F6);NV())

2 Beenden Sie die Formeleingabe mit der Tastenkombination ⌷Strg⌷+⌷Enter⌷.

Damit Excel die ab KW 14 fehlenden Werte nicht als Nullwerte interpretiert, muss der Fehlerwert *#NV* (**N**icht **V**orhanden) übergeben werden.

Nun wird ab Zelle G19 der Fehlerwert *#NV* eingetragen. Im Ergebnis werden wie gewünscht keine Nullwerte mehr abgebildet.

Hinweis

Den Fehler *#NV* können Sie über die bedingte Formatierung ausblenden. Markieren Sie dazu den Zellbereich G6:G25. Tragen Sie die Formel *=ISTNV(G6)* ein und definieren Sie eine weiße Schriftfarbe. Damit werden alle *#NV*-Fehlerwerte im markierten Bereich unsichtbar (siehe Kapitel 2.1 „Bedingte Formatierungen sinnvoll einsetzen").

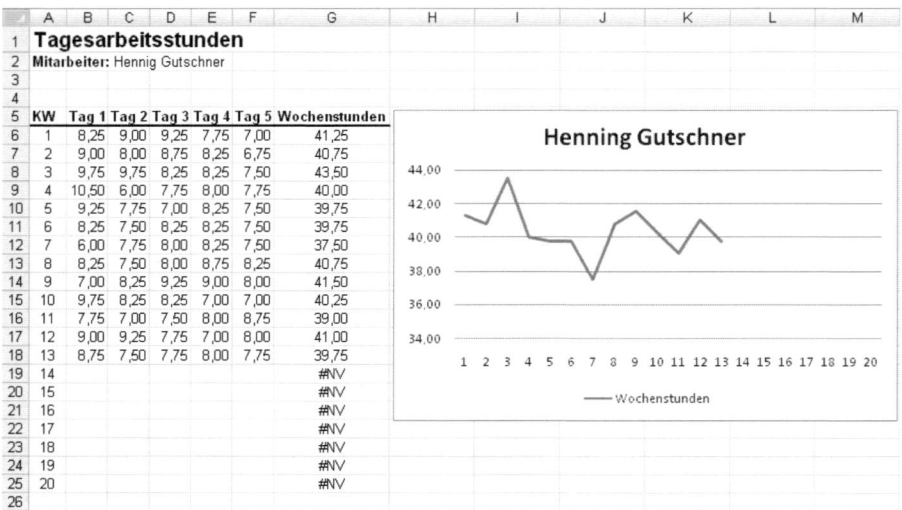

Tipp 6: Kleine und große Zahlen gleichzeitig in einem Diagramm darstellen

Ein häufig vorkommendes Problem bei der Darstellung von Diagrammen tritt dann auf, wenn die Spannweite der darzustellenden Zahlen relativ groß ist bzw. bestimmte Zahlen im Vergleich zu den anderen relativ klein sind. Im Beispiel liegt eine Aufwandsübersicht aus dem Jahr 2006 vor, die in einem Diagramm dargestellt werden soll.

	A	B	C
1	**Kostenübersicht 2006**		
2			
3			
4	Materialaufwand	2.435.751,00 €	
5	Personalaufwand	1.769.794,00 €	
6	Betriebsaufwand	1.249.710,00 €	
7	Verwaltungsaufwand	275.813,00 €	
8	Vertriebsaufwand	976.071,00 €	
9	übriger Aufwand	38.319,00 €	
10	Zinsaufwand	23.893,00 €	
11	sonstige Steuern	17.374,00 €	
12			

So geht's:

1 Setzen Sie den Zellzeiger auf eine beliebige Zelle im Datenbereich.

2 Fügen Sie über das Menü *Einfügen/Diagramme/Kreis* den Diagrammtyp *Kreis aus Kreis* ein.

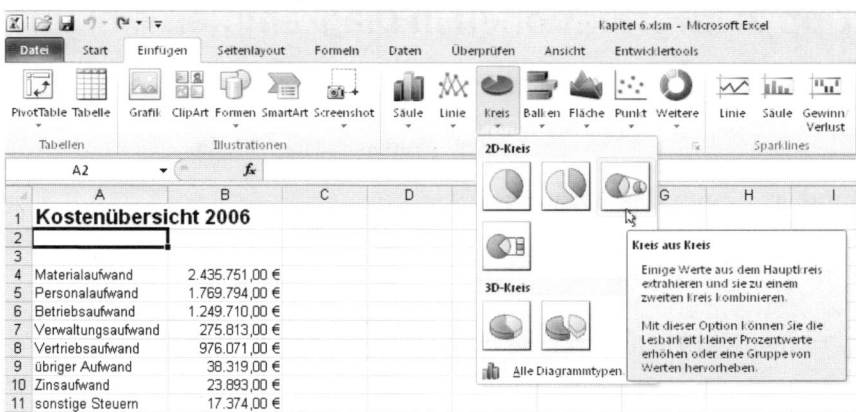

3 Excel erkennt und analysiert die Daten automatisch, sodass folgendes Diagramm (siehe nächste Seite) eingefügt wird.

Sie sehen, dieser Diagrammtyp ist sehr gut geeignet, um unterschiedlich große Zahlen übersichtlich darzustellen.

Hinweis

Dieser Diagrammtyp steht auch unter Excel 2003 zur Verfügung.

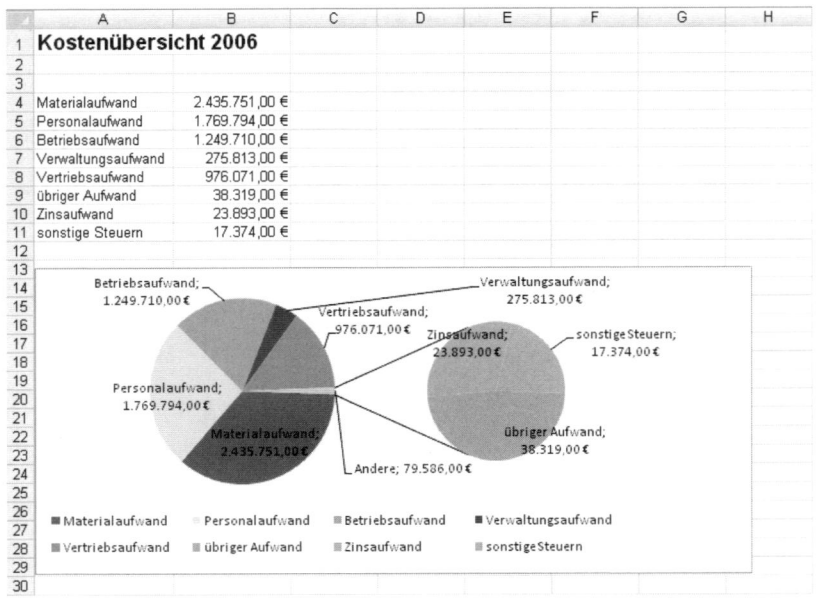

Tipp 7: Informationen in Diagrammen ein- und ausblenden

Dieses Beispiel zeigt, wie sich Informationen für die Darstellung in einem Diagramm beliebig ein- und ausblenden lassen. Als Beispieltabelle dient eine Umsatzübersicht für vier verschiedene Niederlassungen.

Über ein Kontrollkästchen zu jeder Niederlassung soll es möglich sein, die Information im Diagramm anzuzeigen oder auszublenden.

So geht's:

1 Im ersten Schritt werden in Zeile 4 die Kontrollkästchen zu jeder Niederlassung eingefügt. Starten Sie den Befehl dazu über das Menü *Entwicklertools/Steuerelemente/ActiveX-Steuerelemente/Einfügen/Kontrollkästchen*. Fügen Sie so vier Kontrollkästchen ein und positionieren Sie sie jeweils zentral über dem Ortsnamen (Excel 2003: Symbolleiste *Steuerelement-Toolbox*, Schaltfläche *Kontrollkästchen*).

2 Rufen Sie über das Menü *Entwicklertools/Steuerelemente/Eigenschaften* das *Eigenschaften*-Fenster auf (Excel 2003: Symbolleiste *Steuerelement-Toolbox*, Schaltfläche *Eigenschaften*).

3 Markieren Sie das erste Kontrollkästchen und entfernen Sie aus der Eigenschaft *Caption* die Beschriftung für das Kontrollkästchen. Wiederholen Sie den Vorgang für die restlichen drei Kontrollkästchen.

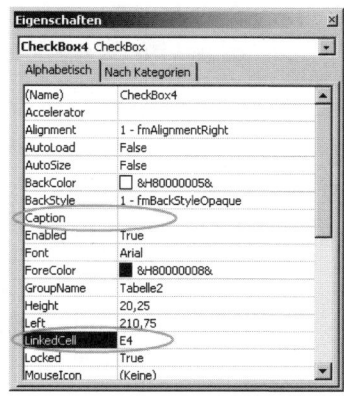

4 Geben Sie im Eigenschaftsfeld *Linked-Cell* den Zellbezug B4 ein. Für das zweite Kontrollkästchen in Zelle C4 passen Sie die Eigenschaft *LinkedCell* auf die Zelle C4 an. Ändern Sie diese Einstellungen analog für alle vier Kontrollkästchen.

5 Beenden Sie den Entwurfsmodus über das Menü *Entwicklertools/Steuerelemente/Entwurfsmodus* (Excel 2003: Symbolleiste *Steuerelement-Toolbox*, Schaltfläche *Entwurfsmodus*).

6 Beim Aktivieren der Kontrollkästchen wird in den Zellen B4, C4, D4 und E4 der Wahrheitswert *WAHR* eingetragen, beim Deaktivieren der Wahrheitswert *FALSCH*. Damit diese Information nicht stört, formatieren Sie die betreffenden Zellen mit der Schriftfarbe

	A	B	C	D	E	F
1	**Umsatzliste 1-9 / 2007**					
2						
3						
4		☑	☑	☑	☑	
5		Nürnberg	Köln	Hamburg	Düsseldorf	
6	Jan	5.496,89 €	2.927,98 €	9.513,55 €	6.173,79 €	
7	Feb	7.417,72 €	450,78 €	655,89 €	701,76 €	
8	Mrz	9.902,17 €	9.286,56 €	3.173,10 €	7.170,13 €	
9	Apr	141,01 €	5.643,43 €	7.322,25 €	3.941,90 €	
10	Mai	5.557,90 €	1.300,77 €	5.889,97 €	465,70 €	
11	Jun	4.228,99 €	2.233,24 €	9.333,08 €	4.337,26 €	
12	Jul	2.651,68 €	9.974,45 €	424,24 €	1.033,44 €	
13	Aug	5.743,66 €	3.165,06 €	2.632,10 €	6.448,76 €	
14	Sep	7.392,83 €	6.392,98 €	3.892,33 €	5.393,04 €	
15						

Weiß. Das vorläufige Zwischenergebnis sieht wie abgebildet aus:

7 Im nächsten Schritt müssen die Daten, auf die sich das Diagramm beziehen soll, in einem eigenen Hilfsdatenbereich erstellt werden. Erfassen Sie dazu im Zellbereich A18:A26 die Monatseinträge *Jan* bis *Sep*.

8 Abhängig davon, ob das Kontrollkästchen aktiviert ist, sollen im Bereich B17:B26 die Umsatzdaten der betreffenden Monate angezeigt werden. Markieren Sie dazu den Zellbereich B17:B26 und erfassen Sie in Zelle B17 diese Formel: *=WENN(B$4=WAHR;B6;"")*. Schließen Sie die Formeleingabe mit der Tastenkombination ⌜Strg⌝+⌜Enter⌝ ab.

9 Verfahren Sie auf die gleiche Weise mit den Formeln für die anderen Niederlassungen:

> Formel für Zellbereich C17:C26: =WENN(C$4=WAHR;C6;"")
>
> Formel für Zellbereich D17:D26: =WENN(D$4=WAHR;D6;"")
>
> Formel für Zellbereich E17:E26: =WENN(E$4=WAHR;E6;"")

Diese Formeln sorgen dafür, dass die Werte aus dem jeweiligen Quellbereich nur dann übernommen werden, wenn in den Zellen B4 bis E6 der Wert *WAHR* eingetragen ist, wenn also das betreffende Kontrollkästchen aktiviert ist. Im anderen Fall wird ein leerer Zeichenstring übergeben.

	A	B	C	D	E	F
1	**Umsatzliste 1-9 / 2007**					
2						
3						
4		☑	☑	☐	☑	
5		Nürnberg	Köln	Hamburg	Düsseldorf	
6	Jan	5.496,89 €	2.927,98 €	9.513,55 €	6.173,79 €	
7	Feb	7.417,72 €	450,78 €	655,89 €	701,76 €	
8	Mrz	9.902,17 €	9.286,56 €	3.173,10 €	7.170,13 €	
9	Apr	141,01 €	5.643,43 €	7.322,25 €	3.941,90 €	
10	Mai	5.557,90 €	1.300,77 €	5.889,97 €	465,70 €	
11	Jun	4.228,99 €	2.233,24 €	9.333,08 €	4.337,26 €	
12	Jul	2.651,68 €	9.974,45 €	424,24 €	1.033,44 €	
13	Aug	5.743,66 €	3.165,06 €	2.632,10 €	6.448,76 €	
14	Sep	7.392,83 €	6.392,98 €	3.892,33 €	5.393,04 €	
15						
16						
17		Nürnberg	Köln		Düsseldorf	
18	Jan	5496,89	2927,98		6173,79	
19	Feb	7417,72	450,78		701,76	
20	Mrz	9902,17	9286,56		7170,13	
21	Apr	141,01	5643,43		3941,9	
22	Mai	5557,9	1300,77		465,7	
23	Jun	4228,99	2233,24		4337,26	
24	Jul	2651,68	9974,45		1033,44	
25	Aug	5743,66	3165,06		6448,76	
26	Sep	7392,83	6392,98		5393,04	
27						

10 Im letzten Schritt wird nun die Grafik eingefügt. Da die Grafik auf dem Hilfsbereich A17:E26 basiert, setzen Sie den Zellzeiger auf eine beliebige Zelle im Hilfsbereich.

11 Fügen Sie über das Menü *Einfügen/Diagramme/Linie* eine 2-D-Linie ein. Für dieses Beispiel ist am besten der Typ ganz links oben im Auswahlmenü geeignet.

12 Verschieben Sie das Diagramm noch an den gewünschten Platz auf dem Tabellenblatt und passen Sie es Ihren Wünschen und Vorstellungen an.

Sobald nun ein Kontrollkästchen deaktiviert wird, werden die Daten im Hilfsbereich ausgeblendet, und die Linie wird aus dem Diagramm entfernt.

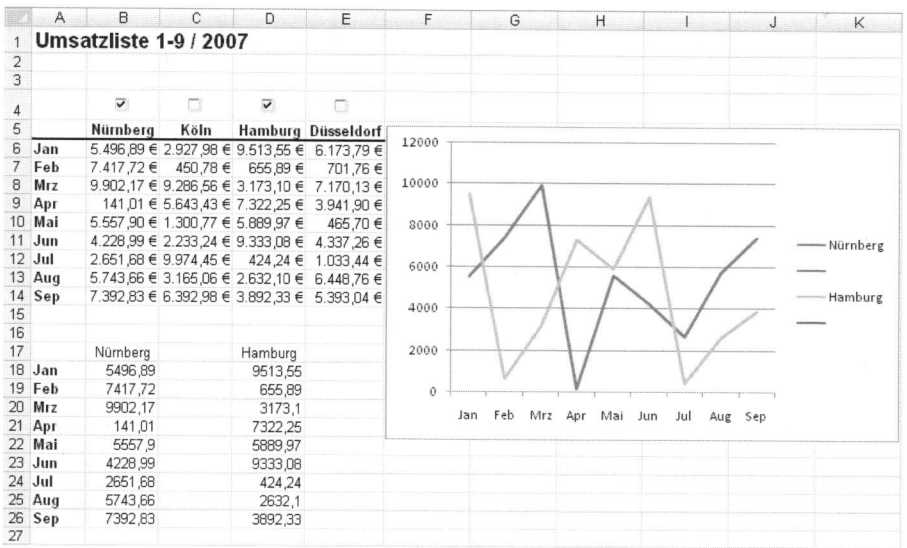

Tipp 8: Ein PivotChart einfach erstellen

In Kapitel 5.3 haben Sie bereits einiges über PivotTable-Berichte erfahren. Dieses Beispiel zeigt, wie auf Basis der Pivot-Funktion ein PivotChart gewohnt einfach erstellt werden kann. Als Ausgangsdatei dient eine Verkaufsliste mit verschiedenen Informationen.

	A	B	C	D	E	F	G	H
1	**Verkaufsliste Juli 2007**							
2								
3	Kunde	Region	Groß-händler	Artikel-gruppe	Artikel-nummer	Einzelpreis	Menge	Umsatz
4	Kaiser	Nord	Ja	Art.Gr. E	1636E	45,23	15	678,45
5	Kaiser	Nord	Nein	Art.Gr. E	2769E	77,21	35	2.702,35
6	Wiesner	Ost	Ja	Art.Gr. C	1328C	113,94	2	227,88
7	Kling	Mitte	Ja	Art.Gr. E	4458E	15,98	23	367,54
8	Schmidt	Ost	Ja	Art.Gr. A	7248A	163,41	22	3.595,02
9	Kaiser	Mitte	Ja	Art.Gr. A	1044A	112,07	47	5.267,29
10	Kaiser	West	Ja	Art.Gr. C	9452C	27,28	3	81,84
11	Nesvadba	Mitte	Ja	Art.Gr. E	9667E	124,02	4	496,08
12	Klein	West	Nein	Art.Gr. B	1381B	18,45	28	516,60
13	Walter	Süd	Nein	Art.Gr. E	3654E	21,75	17	369,75

Auf dieser Grundlage soll nun ein PivotChart erstellt werden, das die Verkäufe nach Regionen und Artikelgruppen aufgeteilt darstellt.

So geht's:

1 Setzen Sie den Zellzeiger auf eine beliebige Zelle in der Datenliste.

2 Fügen Sie über das Menü *Einfügen/Tabellen/PivotTable/PivotChart* ein neues Tabellenblatt ein, auf dem das PivotChart aufgebaut werden kann.

Da das PivotChart auf einem neuen Tabellenblatt eingefügt werden soll, müssen Sie die Option *Neues Arbeitsblatt* aktivieren (Excel 2003: Menü *Daten/PivotTable- und Pivot-Chart-Bericht*).

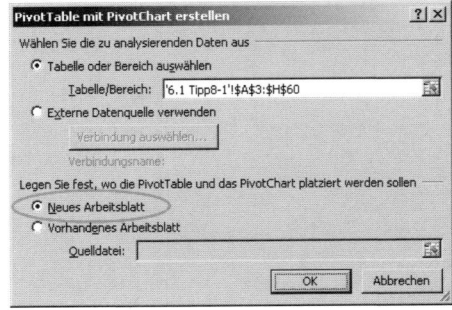

3 Nach einem Klick auf die Schaltfläche *OK* wird das neue Arbeitsblatt mit dem PivotChart und dem Aufgabenbereich (Task Pane) *PivotTable-Feldliste* angezeigt. Darüber hinaus werden vier kontextsensitive Registerkarten eingeblendet. Bei den ersten drei Registerkarten handelt es sich um Diagrammfunktionen. Die vierte kontextsensitive Registerkarte enthält die Funktionen für das PivotChart.

4 Ziehen Sie nun bei gedrückter linker Maustaste den Feldnamen *Region* in den Bereich *Achsenfelder (Rubriken)*. Wiederholen Sie den Vorgang analog für den Feldnamen *Artikel-gruppe*. Den Feldnamen *Umsatz* ziehen Sie in den Bereich *Werte*.

5 Durch das Zuweisen der Datenfelder wurden automatisch sowohl ein Pivot-Table-Bericht als auch das darauf basierende PivotChart erstellt.

Sie sehen, es ist relativ einfach, ein PivotChart zu erstellen. PivotCharts können genauso wie Diagramme bearbeitet und modifiziert werden.

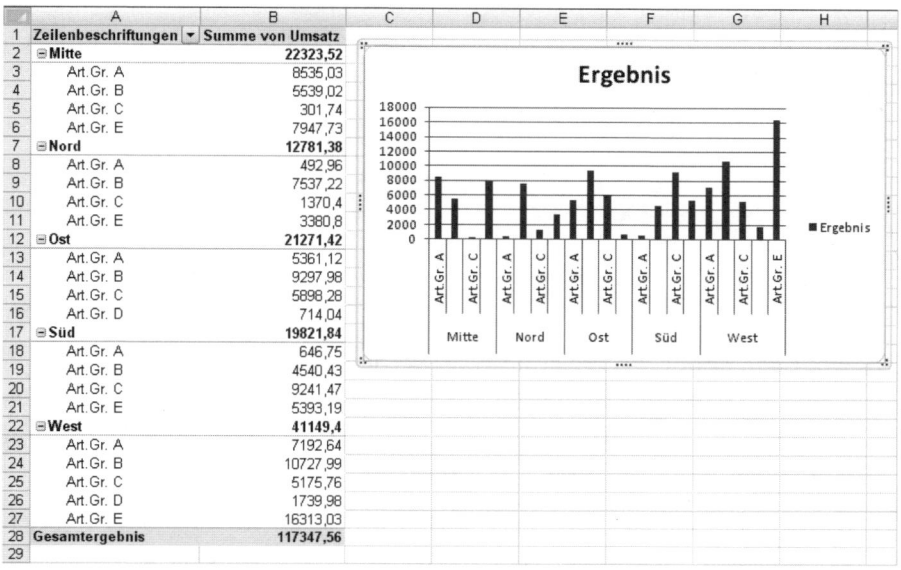

Tipp 9: Mehrere Diagrammtypen kombinieren

In der Praxis kommt es häufig vor, dass verschiedene Informationen in einem Diagramm dargestellt werden sollen. Im Beispiel liegt eine Verkaufsliste aus dem Jahr 2009 mit Umsatz- und Mengenangaben vor.

	A	B	C	D
1	**Verkaufszahlen 2009**			
2				
3				
4		Umsatz in T€	Verkaufsmenge in Stück	
5	Januar	380	2636	
6	Februar	332	5225	
7	März	394	7423	
8	April	136	2706	
9	Mai	492	16200	
10	Juni	673	1876	
11	Juli	436	3970	
12	August	135	2614	
13	September	143	7500	
14	Oktober	121	829	
15	November	253	2890	
16	Dezember	321	2047	
17				

Beide Angaben sollen in einem einzigen Diagramm angezeigt werden, obwohl sich die Wertebereiche doch relativ stark unterscheiden. Ziel ist es, die Umsatzzahlen als Balkendiagramm und die Verkaufsmenge als Liniendiagramm darzustellen.

So geht's:

1   Fügen Sie zunächst ein neues Diagramm ein. Markieren Sie dazu den Zellbereich A4:C16 und wählen Sie über das Menü *Einfügen/Säule* eine gestapelte 2-D-Säule aus (Excel 2003: Menü *Einfügen/Diagramm/Gruppierte Säule*).

599

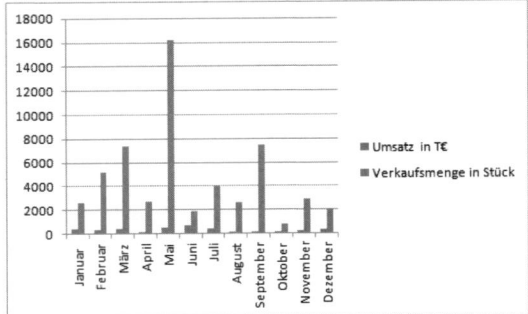

2 Wie nicht anders zu erwarten war, werden alle Werte als Balken dargestellt. Um nun die Verkaufszahlen als Linien anzuzeigen, markieren Sie die Balken, die die Verkaufsmenge repräsentieren, indem Sie sie mit einem Mausklick auf einen der Verkaufsbalken auswählen.

3 Öffnen Sie jetzt mit einem Rechtsklick auf die ausgewählten Balken das Kontextmenü und wählen Sie darin den Eintrag *Datenreihen-Diagrammtyp ändern* (Excel 2003: Kontextmenüeintrag *Diagrammtyp*).

4 Wählen Sie dort ein Liniendiagramm aus und beenden Sie das Dialogfenster mit einem Klick auf die Schaltfläche *OK*.

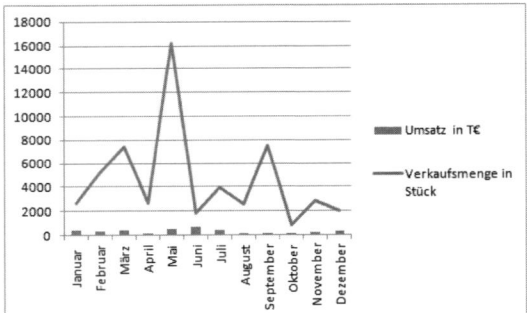

5 Die Darstellung der beiden Wertebereiche *Umsatz* und *Verkaufsmenge* in einem Diagramm führt dazu, dass die Balken für den Umsatz relativ klein im Verhältnis zur Verkaufsmenge angezeigt werden. Um dieses Problem zu beheben, muss eine zweite y-Achse für die Verkaufsmenge eingefügt werden. Markieren Sie dazu die Linie und führen Sie einen Rechtsklick darauf aus. Aus dem Kontextmenü wählen Sie den Eintrag *Datenreihen formatieren*.

6 Wählen Sie im Dialogfenster *Datenreihen formatieren* unter dem Punkt *Reihenoptionen* den Eintrag *Sekundärachse* (Excel 2003: Registerkarte *Achsen*, Eintrag *Sekundärachse*).

7 Nachdem Schließen des Dialogfensters wird die Grafik für die Verkaufszahlen korrekt angezeigt. Die Umsatzgröße bezieht sich auf die linke Achse und die Verkaufsmenge auf die rechte Achse des Diagramms. Beide Werte werden in den jeweiligen relativen Verhältnissen angezeigt.

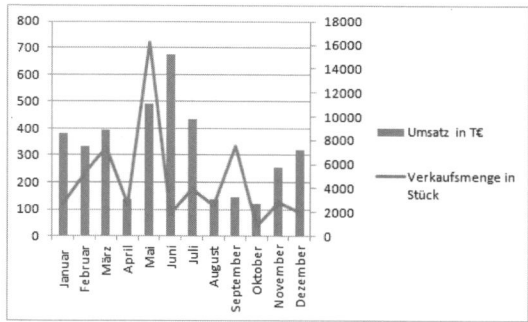

Tipp 10: Diagramme als Webseite veröffentlichen

Excel 2003 stellt genau wie die Versionen 2007 und 2010 die Funktion zur Verfügung, Tabellenblätter als Webseite abzuspeichern.

Ab Excel 2007 hat sich die Funktion allerdings verändert. Wenn ab Excel 2007 Tabellenblätter, auf denen sich Daten und Diagramme befinden, abgespeichert werden, werden in der HTML-Datei nur die Daten, nicht aber das Diagramm angezeigt. In Excel 2003 war das ohne Probleme möglich. Es gibt jedoch auch in Excel 2007 und 2010 eine Möglichkeit, Diagramme als Webseite im HTML-Format abzuspeichern. Allerdings wurde ab Excel 2007 auf die interaktiven Funktionen verzichtet, Tabelleninhalte lassen sich nur noch als statische HTML-Dateien abspeichern. Somit lässt sich ab Excel 2007 ein Diagramm nur als Bild in einer Webseite speichern, so als hätten Sie in Excel 2003 das Kontrollkästchen *Interaktivität hinzufügen* ausgeschaltet. Häufig genügt aber die statische Variante, und so kommen Sie auch ab Excel 2007 zum Ziel.

So geht's:

Im Beispiel liegt ein Diagramm vor, das in ein Tabellenblatt eingebettet ist. Um es als HTML-Datei zu speichern, muss es zuerst auf ein Diagrammblatt übertragen werden. Diese Vorgehensweise betrifft die Versionen ab Excel 2007.

601

1 Klicken Sie im ersten Schritt mit der rechten Maustaste auf das eingebettete Diagramm, das als HTML-Datei abgespeichert werden soll.

2 Selektieren Sie im Kontextmenü den Befehl *Diagramm verschieben.*

3 Wählen Sie im Dialogfenster *Diagramm verschieben* die Option *Neues
Blatt* und geben Sie einen beliebigen Namen für das Diagrammblatt ein.

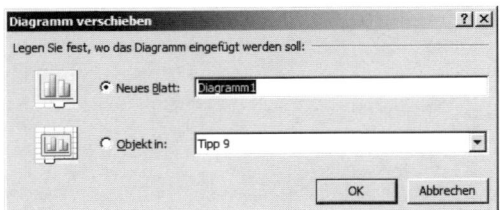

4 Nachdem Sie das Dialogfenster mit einem Klick auf die Schaltfläche
OK bestätigt haben, wird das ausgewählte Diagramm auf ein eigenes
Diagrammblatt verschoben.

5 Wählen Sie über das Menü der Office-Schaltfläche und den Befehl
Speichern unter (Excel 2007) bzw. über *Datei/Speichern unter* (Excel
2010) als Dateityp den Eintrag *Webseite (*.htm;*.html)* aus.

6 Vergeben Sie einen beliebigen Dateinamen und klicken Sie anschließend auf die Schaltfläche *Speichern.*

7 Damit wird eine HTML-Datei mit dem gewählten Diagramm erzeugt,
die Sie mit einem beliebigen Browser öffnen können.

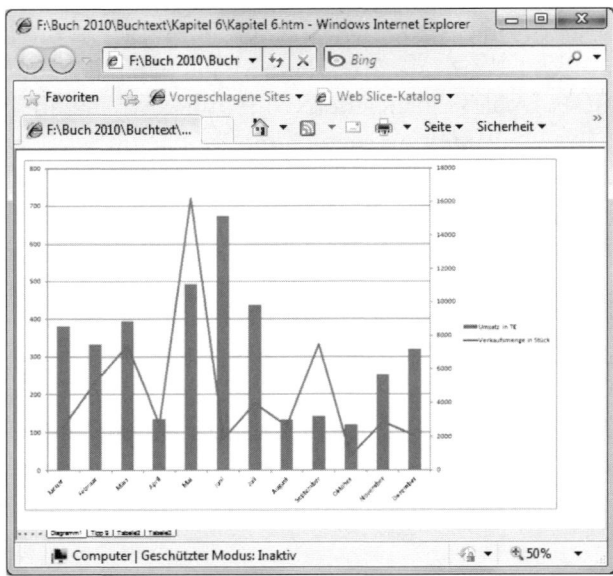

Tipp 11: Erweiterte Diagrammfunktionen in Excel 2010

Dieser Tipp gibt einen kurzen Überblick über die erweiterten Diagramm-funktionen in Excel 2010.

1 Bis Excel 2007 war die Anzahl der Datenpunkte in 2-D-Diagrammen auf 32.000 und in 3-D-Diagrammen auf 4.000 begrenzt. Mehr Daten konnten also nicht in einem Excel-Diagramm dargestellt werden. Ab Excel 2010 ist die Anzahl der Datenpunkte nur noch durch die Größe des verfügbaren Speichers begrenzt. Damit wird der Verarbeitung von großen Datenmengen Rechnung getragen.

2 In Excel 2010 kann nun, genau wie in Excel 2003, mit einem Doppel-klick auf einzelne Diagrammelemente der entsprechende Dialog aufge-rufen werden. Dieser Zugriff war in Excel 2007 so nicht mehr möglich.

3 In Excel 2007 erzeugte die Aufzeichnung eines Makros während des Formatierens eines Diagramms oder eines anderen Objekts keinen Makrocode. Ab Excel 2010 steht nun, genau wie in Excel 2003, die Makroaufzeichnung für die Änderung und Erstellung verschiedener Diagrammobjekte wieder zur Verfügung.

4 Die Performance, selbst bei mehr als einer Million Datenpunkte, ist gut und genügt in jeder Hinsicht den Anforderungen der Praxis.

Alles in allem ist Excel 2010 für die Erstellung professioneller Diagramme sehr gut gerüstet.

Tipp 12: Diagramme in PowerPoint integrieren

Es gibt einen einfachen und schnellen Weg, Excel-Objekte in PowerPoint einzubinden. Das Excel-Objekt wird hierbei als Bild in die Folie eingefügt. Diese Art, Excel-Schaubilder in PowerPoint zu integrieren, wird sehr oft praktiziert, ist jedoch nicht dynamisch und bietet sich nur für Grafiken an, die einmalig in einer PowerPoint-Präsentation verwendet werden.

So geht's:

1 Öffnen Sie eine neue Excel-Datei und erstellen Sie ein beliebiges Dia-gramm.

2 Öffnen Sie nun ein neues PowerPoint-Dokument und kehren Sie zu-rück zur Excel-Anwendung.

3 Klicken Sie auf das Excel-Diagramm und befördern Sie es mit der Tastenkombination ⌷Strg⌶+⌷C⌶ in die Zwischenablage.

4 Wechseln Sie wieder zum PowerPoint-Dokument und fügen Sie das Diagramm aus der Zwischenablage per Kontextmenü der rechten Maustaste und *Einfügeoptionen* über das Symbol *Grafik (G)* in das PowerPoint-Dokument ein (Excel 2003: per Tastenkombination ⌷Strg⌶+⌷V⌶ aus der Zwischenablage einfügen).

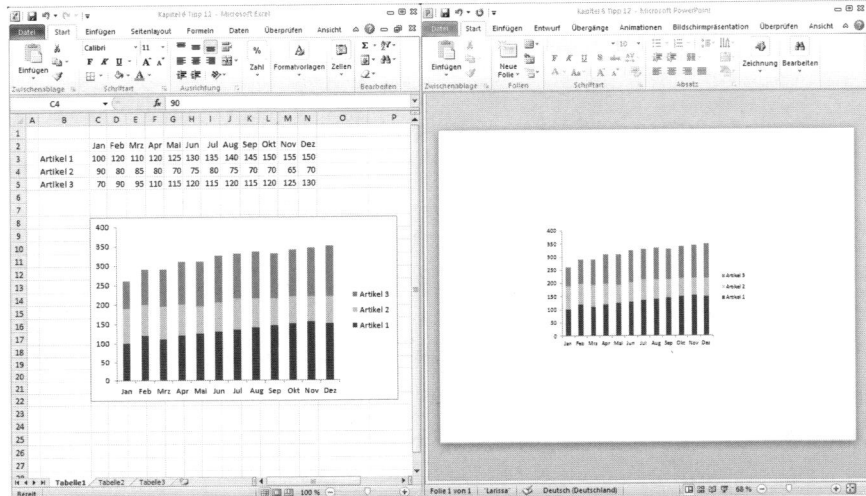

Tipp 13: Diagramme dynamisch mit PowerPoint verknüpfen

Es gibt aber noch einen weiteren Weg, Excel-Objekte in PowerPoint einzubinden. Das Excel-Objekt wird hierbei als dynamisches Objekt in PowerPoint eingefügt. Diese Möglichkeit, Excel-Schaubilder in PowerPoint zu integrieren, ist dann sinnvoll, wenn das Schaubild in der Präsentation immer wieder verwendet wird und sich die Daten dynamisch anpassen müssen.

So geht's:

1 Öffnen Sie erneut eine neue Excel-Datei und erstellen Sie noch einmal ein beliebiges Diagramm.

2 Öffnen Sie jetzt ein neues PowerPoint-Dokument und kehren Sie zur Excel-Anwendung zurück.

3 Klicken Sie nun auf das Excel-Diagramm und befördern Sie es auch hier wieder mit der Tastenkombination ⌷Strg⌶+⌷C⌶ in die Zwischenablage.

4 Wechseln Sie dann zum PowerPoint-Dokument und fügen Sie nun das Diagramm aus der Zwischenablage über das Kontextmenü der rechten Maustaste und hier über *Einfügeoptionen* und das Symbol *Zieldesign verwenden und Daten verknüpfen (L)* in das PowerPoint-Dokument ein (Excel 2003: über das Menü *Bearbeiten/Inhalte einfügen* den gleichnamigen Dialog starten, die Option *Verknüpfungen einfügen* auswählen und die Einstellungen mit *OK* übernehmen).

5 Markieren Sie nun in PowerPoint das eingebettete Diagramm und klicken Sie dann über das Kontextmenü auf den *Befehl Daten bearbeiten*.

6 Nun werden Sie automatisch zurück zur Excel-Datei geführt. Ändern Sie jetzt beispielsweise in Zelle A1 den Wert und beobachten Sie, wie sich zunächst das Diagramm in Excel verändert.

7 Wechseln Sie erneut zu PowerPoint und klicken Sie dort über *Diagrammtools/Daten* auf das Symbol *Daten aktualisieren* (Excel 2003: Klick auf das Diagramm und Befehl *Verknüpfungen aktualisieren*).

8 Wie Sie nun unschwer erkennen können, werden die Daten auch im Diagramm der PowerPoint-Folie aktualisiert, und die Grafik wird angepasst.

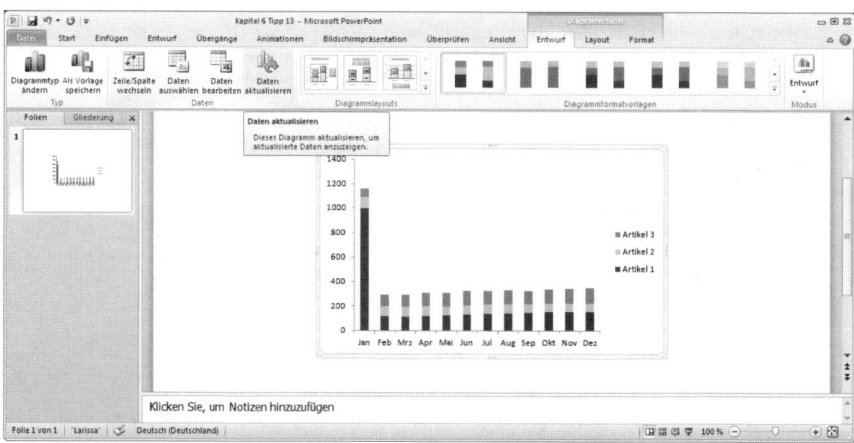

Tipp 14: Diagramme mit Formeln erzeugen

Grafiken müssen betriebswirtschaftliche Zusammenhänge einfach und verständlich darstellen und sollen auch möglichst einfach gehalten sein, damit sie schnell verstanden werden. Hierbei sind nicht immer die Excel-Grafikfunktionen erste Wahl, da sie nicht selten zuerst von unnötigen Grafikdekorationen befreit werden müssen, um die Aussagekraft zu erhöhen.

Gute, einfache Grafiken, die Abweichungen darstellen sollen, können diese auch über die weniger bekannte Funktion *Wiederholen* in Kombination mit diversen Symbolen hervorragend abbilden.

So geht's:

1 Öffnen Sie eine neue Arbeitsmappe und erfassen Sie einige Ist- und Planwerte sowie deren Abweichungen.

2 Erfassen Sie nun in Zelle I5 die Formel =*WENN(H5< 0;H5;"")*, die, je nachdem, welches Vorzeichen die Abweichung in Spalte H aufweist, entweder den Wert aus dieser Spalte übernimmt oder nicht. Kopieren Sie die Formel nach unten.

	H5			f_x	=F5-E5		
	A	B	C	D	E	F	G	H
1								
2								
3								
4		2010			Pln	Ist		
5		Artikel 1			100	80		-20
6		Artikel 2			110	120		10
7		Artikel 3			120	120		0
8		Artikelgruppe A			330	320		-10
9								

3 Erfassen Sie dann in Zelle J5 die Formel =*WENN(H5>0;ABS(H5);"")*, die ebenfalls in Abhängigkeit vom Vorzeichen der Abweichung in Spalte H entweder den Wert aus dieser Spalte übernimmt oder nicht.

4 Blenden Sie nun die Spalten H bis J gegebenenfalls über die Gruppierungsfunktion aus.

5 Schaffen Sie sich im Zellbereich C11:E18 einen Bereich zur Steuerung der Grafik, indem Sie im Zellbereich E12:E16 die Symbole hinterlegen, über die der Grafiktyp gesteuert wird, um in Zelle E11 über eine Gültigkeitsliste auf diese Symbole zugreifen zu können. Hinterlegen Sie nun noch in Zelle E18 einen Skalierungsfaktor, über den die Grafik gestreckt oder gestaucht werden kann.

6 Erfassen Sie dann in Zelle K5 die erste Formel der Grafik, indem Sie in diese Zelle =*WENN(I5<>"";TEXT(I5;"#")&" "&WIEDERHOLEN($E$11; ABS(I5)*$E$18);"")* eintragen. Diese Formel zeigt die negativen Abweichungen an, d. h. die Abweichungen, die dann entstehen, wenn Plan > Ist ist.

7 Erfassen Sie des Weiteren in Zelle L5 die zweite Formel der Grafik, indem Sie in diese Zelle =*WENN(J5<>"";WIEDERHOLEN($E$11;ABS(J5) *$E$18)&" "&TEXT(J5;"#");"")* eintragen. Diese Formel zeigt die positiven Abweichungen an, d. h. die Abweichungen, die entstehen, wenn Plan < Ist ist.

7 Kopieren Sie dann beide Formeln nach unten und stellen Sie in Zelle E11 den gewünschten Grafiktyp ein bzw. in Zelle E18 den Skalierungsfaktor, der der Grafik zum gewünschten Größenverhältnis verhilft.

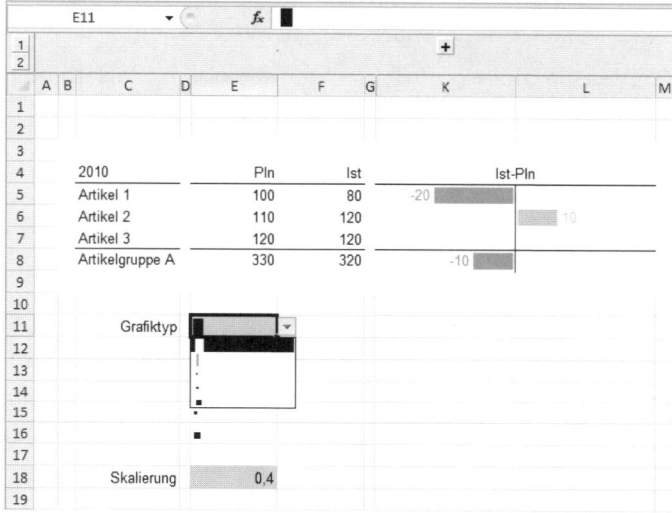

Tipp 15: Sparklines in Excel 2010 – klein, aber fein

Mit Sparklines, auch Wortgrafiken genannt, können Zahlenverläufe in einem Text oder einer Excel-Zelle auf platzsparende Weise dargestellt werden. In der Form eines stark verkleinerten Zeitreihendiagramms zeigen Sparklines die historische Entwicklung eines Werteverlaufs und geben ihm so den Kontext, der für seine Interpretation wichtig ist. So sagt beispielsweise der aktuelle absolute Kurs einer Aktie für sich nichts aus. Erst die Betrachtung des Kursverlaufs gibt Aufschluss darüber, ob der aktuelle Kurs eher hoch oder doch eher niedrig einzustufen ist.

Mit Sparklines lassen sich beispielsweise saisonale Auf- und Abschwünge oder Wirtschaftszyklen grafisch hervorheben und darstellen. Um die größtmögliche Wirkung zu erzielen, sollten Sparklines in der Regel in der direkten Nähe der zugehörigen Daten positioniert werden. Wenn Sparklines in einem Text angewendet werden, ist der direkte Bezug zu den Daten natürlich nicht möglich.

Das Konzept der verdichteten Wortgrafiken wurde von Edward Tufte, einem ehemaligen Professor der bekannten Yale-Universität, entwickelt.

Da Sparklines erst ab Excel 2010 zur Verfügung stehen, gelten sämtliche Erläuterungen auch nur für diese Version.

So geht's:

Excel 2010 stellt drei verschiedene Sparklines zur Verfügung:

> **Linien:** Die Linien-Sparkline wird in einer Excel-Zelle als relativ zur Entwicklung der Werte skalierte Linie dargestellt.

> **Balken:** Die Balken-Sparkline wird wie die Linien-Sparkline dargestellt, jedoch als Balken.

> **Gewinn/Verlust:** Diese Sparkline visualisiert einen Gewinn oder Verlust, jedoch ohne relative Skalierung, das heißt, die Balken sind immer gleich hoch.

Im ersten Beispiel liegt eine Umsatzliste für unterschiedliche Verkaufsbereiche vor. Neben den einzelnen Verkaufsbereichen werden die Summe aller Verkaufsbereiche sowie die monatliche Abweichung (Gewinn/Verlust zum Vormonat) dargestellt.

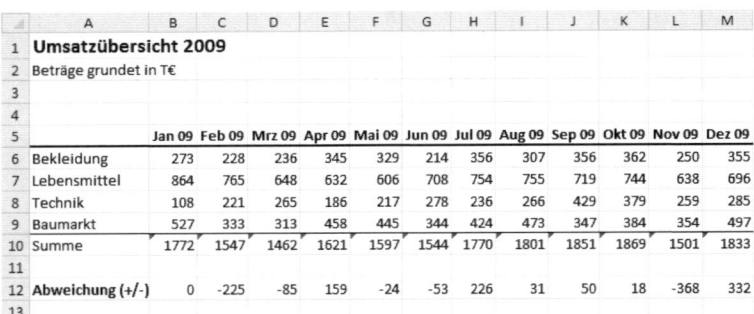

	A	B	C	D	E	F	G	H	I	J	K	L	M
1	**Umsatzübersicht 2009**												
2	Beträge grundet in T€												
3													
4													
5		Jan 09	Feb 09	Mrz 09	Apr 09	Mai 09	Jun 09	Jul 09	Aug 09	Sep 09	Okt 09	Nov 09	Dez 09
6	Bekleidung	273	228	236	345	329	214	356	307	356	362	250	355
7	Lebensmittel	864	765	648	632	606	708	754	755	719	744	638	696
8	Technik	108	221	265	186	217	278	236	266	429	379	259	285
9	Baumarkt	527	333	313	458	445	344	424	473	347	384	354	497
10	Summe	1772	1547	1462	1621	1597	1544	1770	1801	1851	1869	1501	1833
11													
12	Abweichung (+/-)	0	-225	-85	159	-24	-53	226	31	50	18	-368	332
13													

Ziel ist nun, für die einzelnen Verkaufsbereiche sowie für die Summenzeile Sparklines vom Typ *Linie* zu erzeugen. Die Abweichungen soll hingegen mit Sparklines vom Typ *Gewinn/Verlust* dargestellt werden.

1 Markieren Sie den Zellbereich B6:M10.

2 Starten Sie über das Menü *Einfügen/ Linie* (aus der Gruppe *Sparklines*) das Dialogfenster mit der Bezeichnung *Sparklines erstellen*.

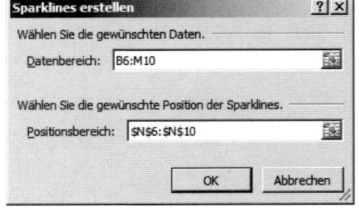

3 Der Datenbereich wurde automatisch eingetragen. Als Positionsbereich geben Sie den Zellbereich N6:N10 ein.

4 Nachdem Sie das Dialogfenster mit einem Klick auf die Schaltfläche *OK* geschlossen haben, werden die Sparklines in den angegebenen Zellbereich eingefügt.

5 Zum Einfügen der Sparklines vom Typ *Gewinn/Verlust* in Zelle N12 gehen Sie genauso vor. Markieren Sie zunächst den Zellbereich B10:M10. Öffnen Sie über das Menü *Einfügen/Gewinn/Verlust* das Dialogfenster *Sparklines erstellen*. Erfassen Sie im Feld *Positionsbereich* den Zellbezug N12, in dem die Zellgrafik eingetragen werden soll.

6 Beenden Sie auch dieses Dialogfenster mit einem Klick auf die Schaltfläche *OK*. Damit wurden alle Sparklines in das Tabellenblatt eingetragen. Die Sparklines *Gewinn/Verlust* setzen für jede positive Abweichung einen Punkt oberhalb der Zellmitte in Blau, für negative Abweichungen zum Vormonat wird ein Punkt unterhalb der Zellmitte in Rot eingefügt.

Okt 09	Nov 09	Dez 09	
362	250	355	
744	638	696	
379	259	285	
384	354	497	
1869	1501	1833	
18	-368	332	

Tipp 16: So können Sparklines modifiziert und an die jeweilige Situation angepasst werden

Die enthaltenen Sparklines sollen auf unterschiedliche Arten dargestellt werden. Wir zeigen Ihnen die verschiedenen Möglichkeiten, die die Sparkline-Funktionen bieten. Als Basis dient die Beispieldatei aus Tipp 15.

So geht's:

Wenn Sie eine Sparkline auf dem Tabellenblatt anklicken, wird die Registerkarte *Sparklinetools* angezeigt.

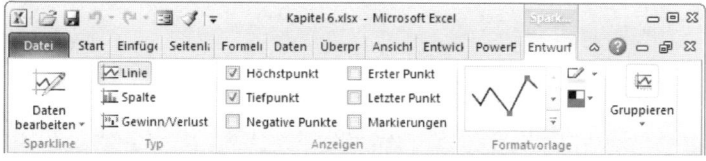

Diese Registerkarte stellt alle für die Formatierung von Sparklines notwendigen Funktionen zur Verfügung.

Die nachfolgenden Tipps geben einen Überblick über die Darstellungsmöglichkeiten der neuen Wortgrafiken.

1 Ändern des Typs vorhandener Sparklines: Markieren Sie dazu die entsprechende Sparkline und wählen Sie einfach über das Menü *Sparklinetools* einen der drei möglichen Typen *Linie*, *Balken* oder *Gewinn/Verlust* aus. In diesem Beispiel wurden die Linien-Sparklines in Balken-Sparklines umgewandelt.

Okt 09	Nov 09	Dez 09	
362	250	355	
744	638	696	
379	259	285	
384	354	497	
1869	1501	1833	
18	-368	332	

2 Hervorheben verschiedener Datenpunkte innerhalb einer Sparkline: Folgende Punkte können in einer Sparkline hervorgehoben werden: *Höchstpunkt*, *Tiefpunkt*, *Negative Punkte*, *Erster Punkt*, *Letzter Punkt* und alle vorhandenen Datenpunkte.

Okt 09	Nov 09	Dez 09	
362	250	355	
744	638	696	
379	259	285	
384	354	497	
1869	1501	1833	
18	-368	332	

3 Ändern der Sparkline-Farbe: Über Formatvorlagen, siehe folgende Abbildung, stehen verschiedene vordefinierte Formate zur Verfügung, über die die Sparkline-Farbe sehr einfach verändert werden kann.

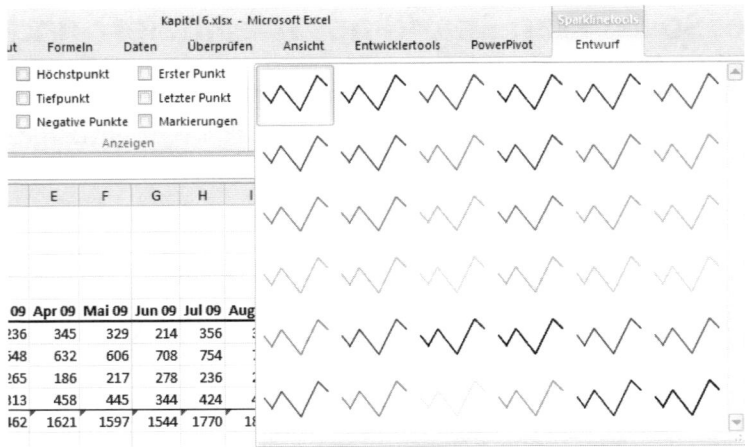

Darüber hinaus kann über den Befehl *Sparklinetools/Sparklinefarbe* und *Sparklinetools/Datenpunktfarbe* die Darstellung beliebig und individuell unabhängig von den Formatvorlagen festgelegt werden.

4 Ändern der Größe von Sparklines: Die Größe der Sparklines kann ganz einfach durch Verändern der Zellgröße erreicht werden. In diesem Beispiel wurde die Spalte verbreitert.

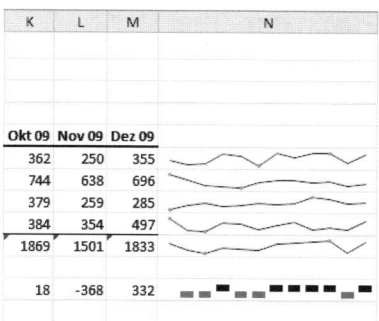

Alternativ kann auch die Zeilenhöhe vergrößert werden. Durch die Vergrößerung der y-Achse werden die Abweichungen im Zeitverlauf deutlicher dargestellt.

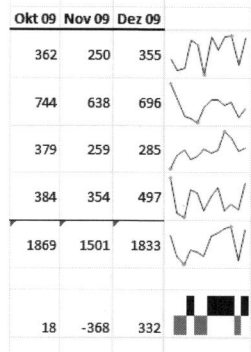

5 Sparklines mit Zusatzinformationen versehen: Sparklines werden als Zellhintergrund eingefügt. Damit besteht die Möglichkeit, zusätzlich zur Wortgrafik noch Text in die jeweilige Zelle einzugeben. Damit der Text gut zu erkennen ist, empfiehlt es sich, eine helle Farbe für die Sparklines zu verwenden und die Schrift entsprechend zu verkleinern.

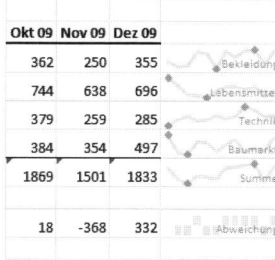

Funktionsübersicht

Funktion	Erläuterung
ANZAHL2(Wert1;Wert2;...)	Berechnet, wie viele Werte eine Liste von Argumenten enthält. Verwenden Sie *ANZAHL2*, wenn Sie wissen möchten, wie viele zu einem Bereich oder einer Matrix gehörende Zellen Daten enthalten.
ABS(Zahl)	Liefert den Absolutwert einer Zahl ohne Vorzeichen.
BEREICH.VERSCHIEBEN(Bezug;Zeilen;Spalten;Höhe; Breite)	Gibt einen Bezug zurück, der gegenüber dem angegebenen Bezug versetzt ist. Der zurückgegebene Bezug kann eine einzelne Zelle oder ein Zellbereich sein. Sie können die Anzahl der zurückzugebenden Zeilen und Spalten festlegen.
ISTNV(Wert)	*Wert* bezieht sich auf den Fehlerwert *#NV* (Wert nicht verfügbar).
MAX(Zahl1;Zahl2;...)	Gibt den größten Wert innerhalb einer Argumentliste zurück.
NV( )	Gibt den Fehlerwert *#NV* zurück. Der Fehlerwert *#NV* besagt, dass kein Wert verfügbar ist. Verwenden Sie *NV*, um leere Zellen zu kennzeichnen.
SUMME(Zahl1;Zahl2;...)	Summiert die Argumente.
TEXT(Wert;Textformat)	Formatiert eine Zahl und wandelt sie in Text um.
WENN(Prüfung;Dann_Wert; Sonst_Wert)	Prüft, ob eine Bedingung zutrifft, also wahr oder falsch ist, und macht das Ergebnis vom Resultat der Prüfung abhängig.
WIEDERHOLEN(Text;Multiplikator)	Wiederholt einen Text so oft wie angegeben. Verwenden Sie *WIEDERHOLEN*, um eine Zeichenfolge in einer bestimmten Häufigkeit in eine Zelle einzugeben.

Interne und externe Schnittstellen nutzen

7

Microsoft Excel ist zwar ein sehr mächtiges Programm, aber alle Probleme und Fragestellungen lassen sich damit natürlich nicht lösen. So liegt es in der Natur der Sache, dass Daten zwischen verschiedenen Programmen ausgetauscht werden müssen. Dieses

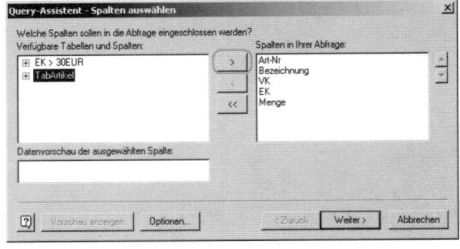

Kapitel geht auf unterschiedliche Schnittstellenbereiche ein und erläutert diese anhand verschiedener Praxisbeispiele. Betrachtet wird dabei sowohl der Datenimport als auch der Datenexport. Denn es ist genauso wichtig, Daten in Excel einzulesen und damit in Excel weiterzuarbeiten, wie auch Daten für andere Anwendungen zu exportieren.

7.1 Importieren, Exportieren, Verknüpfen

Dieser Abschnitt zeigt, welche Möglichkeiten Excel bietet, um Daten intelligent zwischen verschiedenen Excel-Tabellen und -Arbeitsmappen zu verknüpfen. Darüber hinaus erfahren Sie, wie Daten in Excel eingelesen werden können und wie sie sich zur Weiterverarbeitung aufbereiten lassen.

Tipp 1: Schnelles Arbeiten mit dem Textkonvertierungs-Assistenten

In diesem Beispiel soll eine Datei mit Aktienkursen aus einer ASCII-Textdatei in Excel eingelesen werden, um die Daten in Excel auswerten und analysieren zu können. Die Textdatei mit dem Dateinamen *Aktie.txt* ist dabei wie nebenstehend aufgebaut.

In der ersten Spalte befindet sich das Kursdatum. Die nachfolgenden Spalten beinhalten folgende Kursangaben: Öffnungskurs, Höchstkurs, Tiefstkurs und Schlusskurs.

Ziel ist es nun, diese Daten in Excel einzulesen und zur Weiterverarbeitung zur Verfügung zu stellen.

So geht's:

1 Starten Sie den *Öffnen*-Dialog über das Menü *Datei/Öffnen* und wählen Sie wie gewohnt die Datei *Aktie.txt* im entsprechenden Verzeichnis aus (Excel 2007: Menü *Office/Öffnen*; Excel 2003: Menü *Datei/Öffnen*).

2 Nach einem Klick auf die Schaltfläche *Öffnen* wird automatisch der Textkonvertierungs-Assistent gestartet. Dieser wird immer gestartet, wenn Excel das geöffnete Datenformat nicht erkennt und die Datei nicht automatisch geöffnet werden kann.

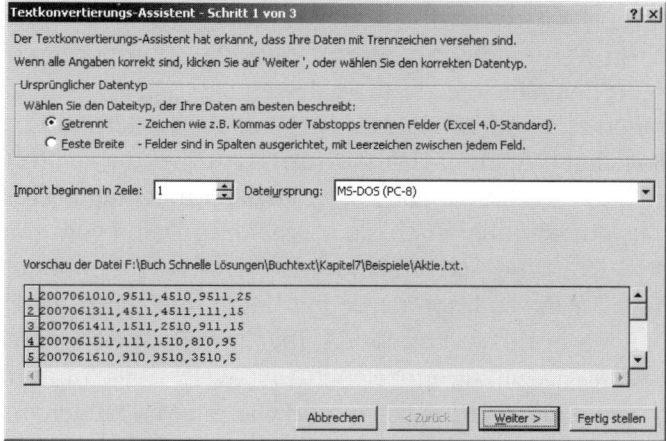

3 Wählen Sie für dieses Beispiel die Option *Getrennt*, da die Daten in der Textdatei in Spalten angeordnet sind. Alle anderen Einstellungen können Sie unverändert übernehmen.

4 Nach einem Klick auf die Schaltfläche *Weiter* wird die zweite Seite des Assistenten aufgerufen. Setzen Sie dort den Haken im Kontrollkästchen *Tabstopp*. Damit wird der Tabulator als Trennzeichen für die Textdatei definiert. Sobald Sie diese Einstellung vorgenommen haben, werden im Vorschaufenster die Trennstriche an den entsprechenden Positionen eingetragen.

Diese zeigen an, wo Excel die Spalten trennt. Erst wenn im Vorschaufenster das gewünschte Ergebnis zu sehen ist, sollten Sie auf die Schaltfläche *Weiter* klicken, um zum dritten und letzten Schritt des Assistenten zu wechseln.

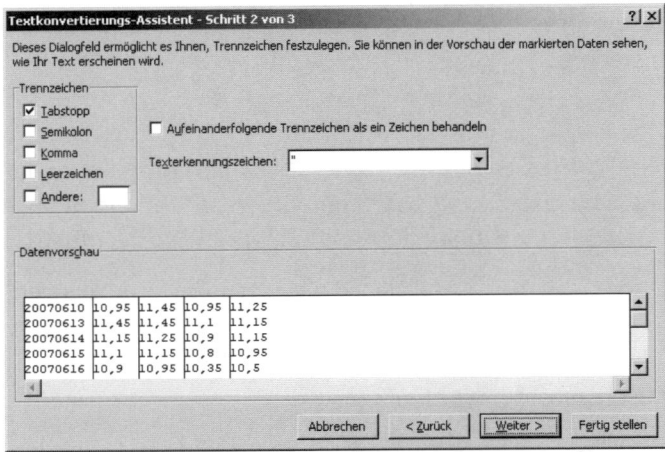

5 Im dritten Schritt werden die Datenformate für die zu importierenden Spalten definiert. Wählen Sie dazu im Listenfeld *Datenvorschau* die einzelnen Spalten aus, indem Sie mit der Maus darauf klicken. Legen Sie für die jeweiligen Spalten das gewünschte Datenformat fest. In diesem Beispiel können Sie für alle Spalten das Format *Standard* übernehmen. Es besteht hier aber auch die Möglichkeit, Daten vom Import auszuschließen. Über die Schaltfläche *Weitere* stehen Optionen zur Verfügung, über die die zu importierenden Daten noch genauer spezifiziert werden können. So können Sie darüber zum Beispiel definieren, welche Zeichen als Dezimaltrennzeichen und welche als Tausendertrennzeichen verwendet werden sollen und wie mit Minuszeichen verfahren werden soll.

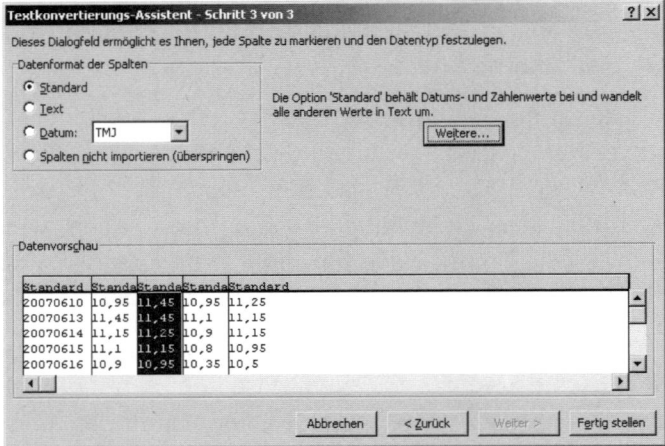

6 Sind alle Einstellungen vorgenommen worden, können Sie den Assistenten mit einem Klick auf die Schaltfläche *Fertig stellen* beenden. Damit werden die Daten aus der Textdatei nach Excel übertragen.

	A	B	C	D	E	F
1	20070610	10,95	11,45	10,95	11,25	
2	20070613	11,45	11,45	11,1	11,15	
3	20070614	11,15	11,25	10,9	11,15	
4	20070615	11,1	11,15	10,8	10,95	
5	20070616	10,9	10,95	10,35	10,5	
6	20070617	11	11,35	10,55	11,25	
7	20070620	11,25	11,45	11,15	11,2	
8	20070621	11,45	11,45	10,9	10,9	
9	20070622	10,9	11,2	10,75	11,15	
10	20070623	11,05	11,35	11	11,15	
11	20070624	11,15	11,35	11	11,25	
12	20070627	11,35	11,75	11,35	11,6	
13	20070628	11,5	11,6	11,2	11,5	
14	20070629	11,4	12,8	11,4	12,7	
15	20070701	12,85	13,5	12,85	13	
16	20070704	13,15	13,25	12,95	13,2	
17	20070705	13,05	13,25	12,85	12,95	
18	20070706	13	13,1	12,75	12,75	
19	20070707	12,75	13,05	12,7	12,7	
20	20070708	12,75	13	12,5	13	
21	20070711	12,9	12,9	12,55	12,6	
22	20070712	12,6	12,6	11,8	11,8	
23	20070713	12,15	12,3	12,05	12,2	
24	20070714	12,15	12,3	12,05	12,1	
25	20070715	12,15	12,3	12	12,1	

7 Die importierten Aktienkurse stehen nun wie gewünscht zur Verfügung. Allerdings gilt es, diese noch etwas zu überarbeiten. Im ersten Schritt muss aus dem Datum im Format 20070610 ein von Excel verwertbares Format erstellt werden. Markieren Sie dazu den Zellbereich F1:F50 und erfassen Sie in Zelle F1 folgende Formel:

=DATUM(LINKS(A1;4);TEIL(A1;5;2);RECHTS(A1;2))

Beenden Sie die Eingabe der Formel mit der Tastenkombination Strg+Enter.

8 Wenn Sie noch keine andere Zelle markiert haben, ist der Bereich F1:F50 weiterhin markiert, und Sie können die Datumswerte mit der Tastenkombination Strg+C in die Zwischenablage kopieren.

9 Markieren Sie nun die Zelle A1 und fügen Sie die Datumsangaben über das Menü *Start/Zwischenablage/Einfügen/Werte einfügen* ein. Damit die Datumsangaben richtig angezeigt werden, müssen Sie sie noch mit einem beliebigen Datumsformat belegen (Excel 2003: Menü *Bearbeiten/Inhalte einfügen/Werte*).

10 Fügen Sie abschließend eine Titelzeile mit den entsprechenden Überschriften ein und formatieren Sie die Kurswerte mit einem beliebigen Währungsformat. Bei Bedarf kann die Hilfsspalte F jetzt wieder gelöscht werden.

	A	B	C	D	E
1	Datum	Eröffnungskurs	Höchstkurs	Tiefstkurs	Schlusskurs
2	10.06.2007	10,95 €	11,45 €	10,95 €	11,25 €
3	13.06.2007	11,45 €	11,45 €	11,10 €	11,15 €
4	14.06.2007	11,15 €	11,25 €	10,90 €	11,15 €
5	15.06.2007	11,10 €	11,15 €	10,80 €	10,95 €
6	16.06.2007	10,90 €	10,95 €	10,35 €	10,50 €
7	17.06.2007	11,00 €	11,35 €	10,55 €	11,25 €
8	20.06.2007	11,25 €	11,45 €	11,15 €	11,20 €
9	21.06.2007	11,45 €	11,45 €	10,90 €	10,90 €
10	22.06.2007	10,90 €	11,20 €	10,75 €	11,15 €
11	23.06.2007	11,05 €	11,35 €	11,00 €	11,15 €
12	24.06.2007	11,15 €	11,35 €	11,00 €	11,25 €
13	27.06.2007	11,35 €	11,75 €	11,35 €	11,60 €
14	28.06.2007	11,50 €	11,60 €	11,20 €	11,50 €
15	29.06.2007	11,40 €	12,80 €	11,40 €	12,70 €
16	01.07.2007	12,85 €	13,50 €	12,85 €	13,00 €
17	04.07.2007	13,15 €	13,25 €	12,95 €	13,20 €
18	05.07.2007	13,05 €	13,25 €	12,85 €	12,95 €
19	06.07.2007	13,00 €	13,10 €	12,75 €	12,75 €
20	07.07.2007	12,75 €	13,05 €	12,70 €	12,70 €
21	08.07.2007	12,75 €	13,00 €	12,50 €	13,00 €
22	11.07.2007	12,90 €	12,90 €	12,55 €	12,60 €
23	12.07.2007	12,60 €	12,60 €	11,80 €	11,80 €
24	13.07.2007	12,15 €	12,30 €	12,05 €	12,20 €
25	14.07.2007	12,15 €	12,30 €	12,05 €	12,10 €

Hinweis

Wenn die Quelldaten, also die Daten, die importiert werden sollen, bereits so gut aufbereitet sind, dass sie direkt, also ohne Textkonvertierungs-Assistent, importiert werden können, hilft folgender Trick weiter. Halten Sie beim Öffnen der Textdatei die (Umschalt)-Taste gedrückt. Damit werden die Daten sofort importiert, ohne dass der Assistent gestartet wird.

Tipp 2: Bereinigen von Daten nach dem Importvorgang

Beim Importieren von Daten, egal auf welche Weise, kommt es regelmäßig zu Problemen bei der Erkennung der Daten. So werden Zahlen als Text interpretiert, Zahlen mit nachgestelltem Minuszeichen werden nicht als Zahlen erkannt, in Texten oder Ziffern befinden sich unnötige Leerzeichen, oder die importierten Daten enthalten Sonderzeichen, die nicht erkannt werden. Anhand einiger Beispiele erfahren Sie, welche Möglichkeiten es gibt, diese Probleme in den Griff zu bekommen.

So geht's: Eine Zahl wird beim Datenimport als Text interpretiert

Wenn eine Zahl als Text interpretiert wird, erkennen Sie das in der Regel daran, dass die Zahl nicht wie gewohnt rechtsbündig, sondern linksbündig in der Zelle dargestellt wird. Das Problem kann wie folgt gelöst werden:

➢ **Möglichkeit 1** – Verwenden Sie die Funktion *WERT(Text)*. Diese Funktion wandelt ein als Text angegebenes Argument in eine Zahl um. Wenden Sie diesen Befehl in einer Hilfsspalte auf alle betroffenen Werte aus dem Datenimport an.

➢ **Möglichkeit 2** – Markieren Sie die betreffenden Zellen, wechseln Sie mit der Funktionstaste (F2) in den Bearbeitungsmodus und drücken Sie die (Enter)-Taste. Das genügt meistens schon, um den importierten Wert in eine Zahl zu verwandeln. Diese manuelle Vorgehensweise lässt sich natürlich nur auf kleinere Datenmengen anwenden.

> ➤ **Möglichkeit 3** – Eine weitere Möglichkeit besteht darin, die importierten Zahlen mit dem Wert 1 zu multiplizieren. Erfassen Sie dazu in einer beliebigen Zelle die Ziffer *1*. Kopieren Sie sie mit der Tastenkombination ⌊Strg⌋+⌊C⌋ in die Zwischenablage. Markieren Sie nun die als Text erkannten Werte und rufen Sie über das Menü *Start/Einfügen/Inhalte einfügen* den Befehl zum Einfügen von Inhalten auf. Wählen Sie die Option *Werte* im Bereich *Einfügen* und unter *Vorgang* die Option *Multiplizieren*. Durch diesen Multiplikationsvorgang werden die Werte als Zahlen erkannt und auch als solche dargestellt (Excel 2003: Menü *Bearbeiten/Inhalte einfügen*).

So geht's: Bereinigung von Zahlen mit nachgestelltem Minuszeichen

Im folgenden Beispiel ist aus einem Buchhaltungssystem eine Liste mit Ausgangsrechnungen an Excel übergeben worden. Dabei wird das Minuszeichen bei Gutschriften nicht vorangestellt, sondern rechts an die Zahl angehängt, also nachgestellt. Mit dieser Darstellungsweise kann Excel nicht umgehen und interpretiert die negativen Werte als Text, zu erkennen auf folgender Abbildung.

	A	B	C
1	**Datenimport Ausgangsrechnungen**		
2	21.05.2007		
3			
4	Re-Nr.	Betrag netto	
5	4711a	153,25	
6	4712a	2.413,60	
7	4713a	24,85-	
8	4714a	15.473,00	
9	4715a	2.436,89	
10	4716a	159,50-	
11	4717a	3.691,25	
12	4718a	594,60	
13	4719a	1236,95-	
14	4720a	4.599,75	
15			

Damit Excel mit den Zahlen rechnen kann, muss das Minuszeichen vorangestellt, also links vor die Zahl gesetzt werden. Gehen Sie dazu wie folgt vor:

1 Markieren Sie den Zellbereich C5:C14.

2 Erfassen Sie in Zelle C5 folgende Formel:

=WENN(ISTTEXT(B5);WERT(RECHTS(B5;1)&LINKS(B5;LÄNGE(B5)-1));B5)

Diese Formel liest das rechtsbündige Minuszeichen aus und stellt es linksbündig voran.

3 Beenden Sie die Formeleingabe mit der Tastenkombination ⌊Strg⌋+⌊Enter⌋.

619

| C5 | ▼ | fx | =WENN(ISTTEXT(B5);WERT(RECHTS(B5;1)&LINKS(B5;LÄNGE(B5)-1));B5) |

	A	B	C	D
1	**Datenimport Ausgangsrechnungen**			
2	21.05.2007			
3				
4	Re-Nr.	Betrag netto	Betrag nett korrigiert	
5	4711a	153,25	153,25	
6	4712a	2.413,60	2.413,60	
7	4713a	24,85-	-24,85	
8	4714a	15.473,00	15.473,00	
9	4715a	2.436,89	2.436,89	
10	4716a	159,50-	-159,50	
11	4717a	3.691,25	3.691,25	
12	4718a	594,60	594,60	
13	4719a	1236,95-	-1.236,95	
14	4720a	4.599,75	4.599,75	
15				

So geht's: Unnötige Leerzeichen und Sonderzeichen nach einem Datenimport entfernen

In diesem Beispiel wurden aus einem Buchhaltungssystem die Debitorenstammdaten nach Excel übertragen. Excel zeigt beim Vor- und Nachnamen ein Sonderzeichen an. Auch bei der Übergabe der Straßenangaben scheint etwas schiefgegangen zu sein. Vor der Straße und vor der Hausnummer befinden sich jeweils unnötige Leerzeichen.

	A	B	C	D
1	**Debitoren-Stammdaten**			
2				
3				
4	Deb-Nr.	Vorname	Nachname	Straße
5	70001	‖Agnes	‖Argauer	Prenzlauerstraße 50
6	70003	‖Björn	‖Paulus	Riestergasse 1
7	70010	‖Klaus	‖Weimer	Berghut 19
8	70015	‖Anke	‖Greiner	Hauptweg 22
9	70020	‖Irmgard	‖Huber	Burgenweg 92
10	70025	‖Adolf	‖Meier	Bahnhofstraße 4
11	70027	‖Wolfgang	‖Eisenstätt	Trampelpfad 3
12	70030	‖Angelika	‖Maurer	Klaus-Straße 43
13	70035	‖Stefan	‖Leitner	Schnurstraße 9
14				

Zur Bereinigung der Daten gehen Sie wie folgt vor:

1 Markieren Sie den Zellbereich E5:F13 und erfassen Sie folgende Funktion in Zelle E5: =SÄUBERN(B5). Beenden Sie die Formeleingabe mit der Tastenkombination [Strg]+[Enter]. Die Funktion SÄUBERN() löscht alle nicht druckbaren Zeichen aus einem Text.

2 Markieren Sie anschließend den Zellbereich G5:G13 und geben Sie in Zelle G5 diese Funktion ein: =GLÄTTEN(D5). Schließen Sie auch diese Formeleingabe mit der Tastenkombination [Strg]+[Enter] ab. Mit der Funktion GLÄTTEN() werden alle Leerzeichen aus Texten entfernt, die nicht als Trennzeichen zwischen einzelnen Wörtern dienen.

Als Ergebnis erhalten Sie die Debitorenstammdatenliste ohne störende Sonderzeichen und überzählige Leerzeichen.

	A	B	C	D	E	F	G
1	Debitoren-Stammdaten						
2							
3							
4	Deb.-Nr.	Vorname	Nachname	Straße	Vorname	Nachname	Straße
5	70001	Agnes	Argauer	Prenzlauerstraße 50	Agnes	Argauer	Prenzlauerstraße 50
6	70003	Björn	Paulus	Riestergasse 1	Björn	Paulus	Riestergasse 1
7	70010	Klaus	Weimer	Berghut 19	Klaus	Weimer	Berghut 19
8	70015	Anke	Greiner	Hauptweg 22	Anke	Greiner	Hauptweg 22
9	70020	Irmgard	Huber	Burgenweg 92	Irmgard	Huber	Burgenweg 92
10	70025	Adolf	Meier	Bahnhofstraße 4	Adolf	Meier	Bahnhofstraße 4
11	70027	Wolfgang	Eisenstätt	Trampelpfad 3	Wolfgang	Eisenstätt	Trampelpfad 3
12	70030	Angelika	Maurer	Klaus-Straße 43	Angelika	Maurer	Klaus-Straße 43
13	70035	Stefan	Leitner	Schnurstraße 9	Stefan	Leitner	Schnurstraße 9
14							

Tipp 3: Interne Schnittstelle – Update von verlinkten Arbeitsmappen

Beim Öffnen einer Excel-Arbeitsmappe, die Zellverknüpfungen zu anderen Arbeitsmappen enthält, erfolgt bei jedem Start eine Prüfung mit der Abfrage, ob die Verknüpfungen aktualisiert werden sollen oder nicht.

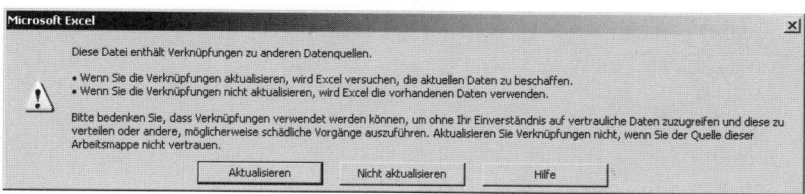

Mit einem Klick auf die Schaltfläche *Aktualisieren* werden die Daten im Zielbereich aktualisiert. Ein Klick auf die Schaltfläche *Nicht aktualisieren* hingegen prüft die verknüpften Zellen nicht auf deren Aktualität. Gibt es eine Möglichkeit, um diese Abfrage zu unterdrücken bzw. zu definieren, wie Excel ohne Zwischenfrage mit externen Verknüpfungen umgehen soll?

So geht's: Unterdrücken der Abfrage für bestimmte Arbeitsmappen

Seit der Version 2003 bietet Excel die Möglichkeit, explizit für eine Arbeitsmappe vorzugeben, wie externe Verknüpfungen behandelt werden sollen.

1 Starten Sie den Befehl dazu über das Menü *Daten/Verbindungen/ Verknüpfungen bearbeiten* (Excel 2003: Menü *Bearbeiten/Verknüpfungen*).

2 Indem Sie auf die Schaltfläche *Eingabeaufforderung beim Start* klicken (Excel 2003: Menü *Bearbeiten/Verknüpfungen*, Schaltfläche *Eingabeaufforderung beim Start*), können Sie folgende Einstellungen für die aktuelle Arbeitsmappe vornehmen:

> *Benutzer entscheidet, ob eine Warnung angezeigt wird*
> *Keine Warnung anzeigen und Verknüpfung nicht aktualisieren*
> *Keine Warnung anzeigen und Verknüpfung aktualisieren*

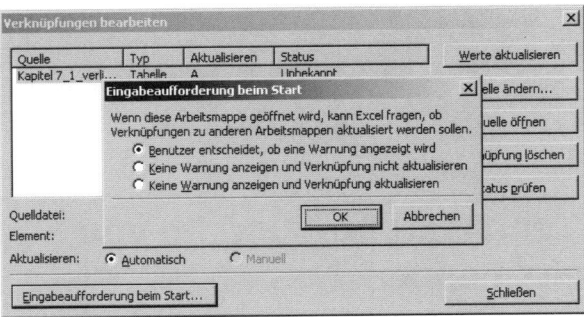

Hinweis

Wenn Sie die Quelldatei unter einem anderen Namen abspeichern möchten, öffnen Sie beide Dateien, also die Quell- und die Zieldatei. Dadurch werden die Bezüge in der Zieldatei automatisch angepasst. Eine manuelle Nachbearbeitung entfällt damit.

So geht's: Generelles Unterdrücken der Abfrage

In Excel 2007 können Sie die Option zur generellen Unterdrückung der automatischen Aktualisierung wie folgt festlegen:

1 Starten Sie über das Menü *Datei/Optionen*, Kategorie *Sicherheitscenter* die Einstellungen für die Dokumentensicherheit (Excel 2007: Menü *Office/Excel-Optionen*, Kategorie *Vertrauensstellungscenter*).

2 Klicken Sie auf die Schaltfläche *Einstellungen für das Sicherheitscenter*. Damit öffnen Sie das Dialogfenster *Sicherheitscenter* (Excel 2007: Schaltfläche *Einstellungen für das Vertrauensstellungscenter*, Dialogfenster *Vertrauensstellungscenter*).

3 Wechseln Sie in die Kategorie *Externer Inhalt*. Dort können Sie sich für eine der drei Optionen entscheiden. Wenn Sie die Option *Automatische Aktualisierung aller Arbeitsmappenverknüpfungen aktivieren (nicht empfohlen)* wählen, wird zukünftig keine Abfrage bezüglich der Datenaktualisierung bei verknüpften Arbeitsmappen mehr durchgeführt.

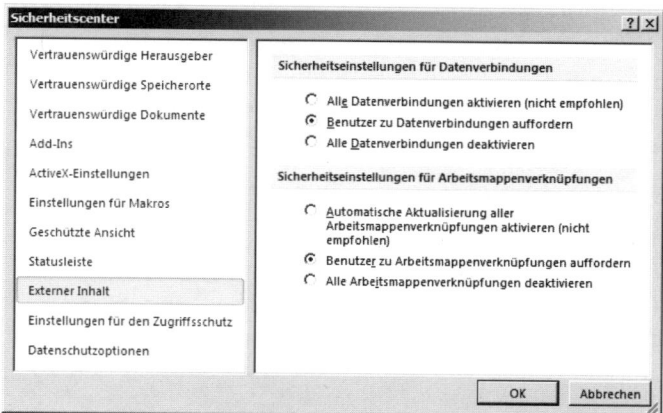

Unter Excel 2003 können Sie die Option über das Menü *Extras/Optionen*, Registerkarte *Bearbeiten* aufrufen. Entfernen Sie dazu den Haken im Kontrollkästchen *Aktualisierung von automatischen Verknüpfungen bestätigen*.

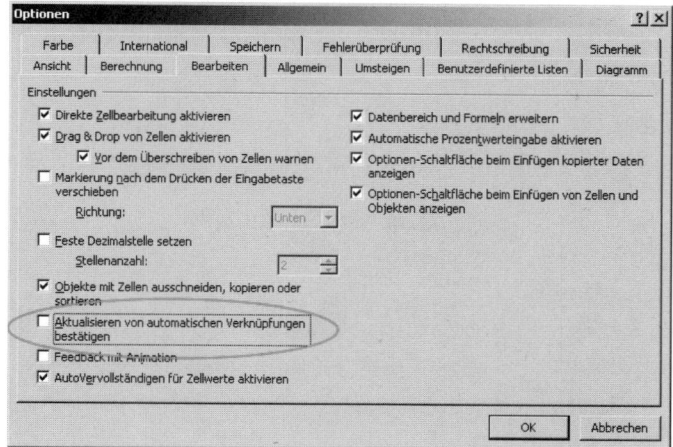

Tipp 4: Externe Links in einer Arbeitsmappe finden und entfernen

In diesem Beispiel sollen alle Verknüpfungen zu externen Arbeitsmappen entfernt werden. Excel stellt dazu zwei verschiedene Methoden zur Verfügung.

So geht's: Methode 1

1 Starten Sie über das Menü *Daten/Verbindungen/Verknüpfungen bear-beiten* das Dialogfenster *Verknüpfungen bearbeiten* (Excel 2003: Menü *Bearbeiten/Verknüpfungen*).

2 Wählen Sie die Verknüpfungen aus, die entfernt werden sollen, und klicken Sie auf *Verknüpfungen löschen*.

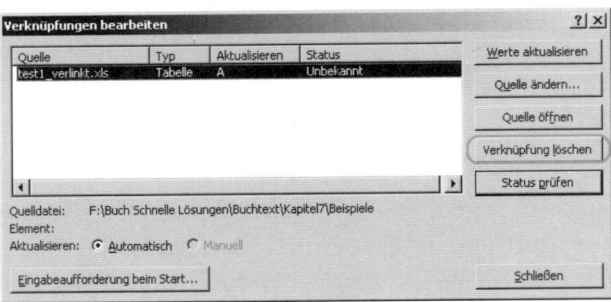

Damit werden alle externen Verknüpfungen aus der Arbeitsmappe ent-fernt.

So geht's: Methode 2

1 Öffnen Sie mit der Tastenkombination ⌨Strg⌨+⌨F⌨ den *Suchen*-Dialog.

2 Erfassen Sie im Feld *Su-chen nach* die eckige Klam-mer [. Dieses Zeichen bie-tet sich an, da es bei ex-ternen Verknüpfungen immer vorhanden ist.

3 Durch einen Klick auf die Schaltfläche *Weitersuchen* werden nachein-ander alle externen Verknüpfungen anhand der Klammer gesucht und gefunden. So können Sie ganz individuell Verknüpfungen bearbeiten oder entfernen.

Tipp 5: Hyperlinks, die besondere Verknüpfung – Start von VBA-Makros über Hyperlinks

Hyperlinks werden in der Praxis häufig unterschätzt. Dieses Beispiel zeigt, was mit Hyperlinks möglich ist und wie Sie diese Funktion sinnvoll einset-zen können.

1 Starten Sie den Befehl über das Menü *Einfügen/Hyperlinks/Hyperlink* (Excel 2003: Menü *Einfügen/Hyperlink*).

2 Das Dialogfenster *Hyperlink einfügen* wird geöffnet.

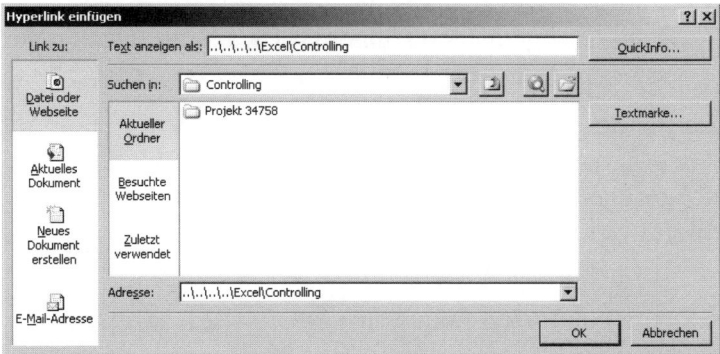

3 In diesem Dialog können Sie Links zu folgenden Objekten herstellen:

> ➢ Zu lokalen Dateien oder Webseiten, lokal oder im Internet.

> ➢ Zu Objekten im aktuellen Dokument.

> ➢ Darüber hinaus können neue Dokumente erstellt und Links zu E-Mail-Adressen hergestellt werden.

Sehr praktisch ist auch die Möglichkeit, über Hyperlinks VBA-Makros aufzurufen. Gehen Sie dazu wie folgt vor:

1 Markieren Sie die Zelle, in der der Hyperlink dargestellt werden soll, im Beispiel Zelle B4. Fügen Sie anschließend einen Hyperlink auf das aktuelle Dokument ein.

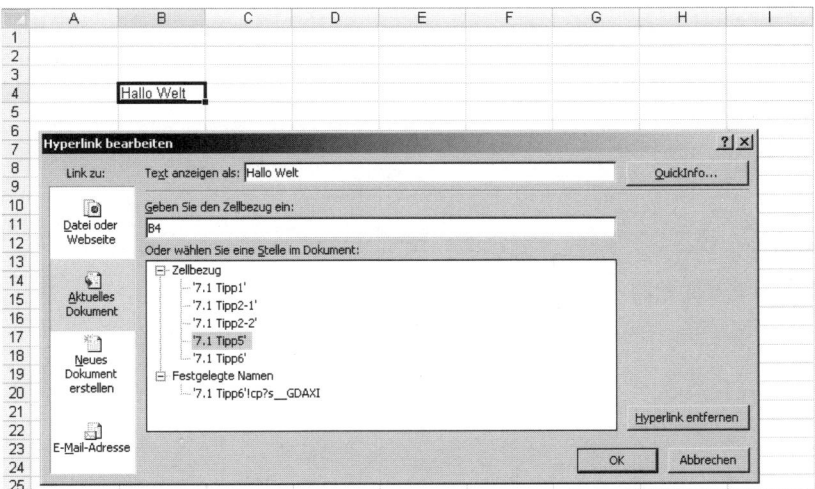

2 Im Feld *Text anzeigen als* geben Sie die Bezeichnung *Hallo Welt* ein. Als Zellbezug erfassen Sie den Zellbezug *B4*. Wenn Sie hier einen anderen Zellbezug eingeben, springt der Zellzeiger nach einem Klick auf den Hyperlink zur angegebenen Zelle.

3 Beenden Sie das Dialogfenster mit einem Klick auf die Schaltfläche *OK*.

4 Aktivieren Sie nun den VBA-Editor, indem Sie mit der rechten Maustaste auf die Registerkarte des aktuellen Tabellenblatts klicken. Wählen Sie im Kontextmenü den Eintrag *Code anzeigen*.

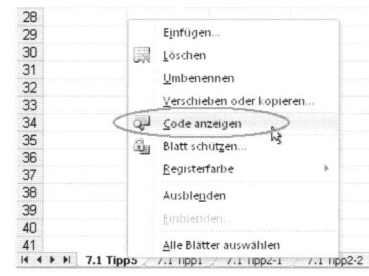

5 Erfassen Sie im geöffneten Codeblatt den Code aus Listing 1.

Ein Klick auf den Hyperlink startet nun das angegebene Makro. Das Ergebnis sieht wie nebenstehend aus.

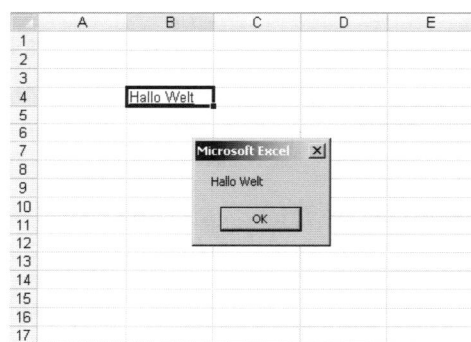

Auf diese Weise lassen sich beliebige VBA-Prozeduren starten.

Listing 1:

```
Private Sub Worksheet_FollowHyperlink(ByVal Target As Hyperlink)
MsgBox "Hallo Welt"
End Sub
```

Tipp 6: Daten in verschiedene Formate exportieren

Hier erfahren Sie, welche Möglichkeiten es gibt, Daten so zu exportieren, dass mit den Daten in anderen Programmen weitergearbeitet werden kann.

So geht's:

Die unverbindlichste Art des Datenexports aus Excel stellen das Textformat und das CSV-Format dar. In Excel ist es absolut simpel, Daten in diesen Formaten auszugeben. Gehen Sie dazu wie folgt vor:

1 Starten Sie die zu exportierende Datei.

2 Rufen Sie über das Menü *Datei/Speichern unter* das *Speichern unter*-Dialogfenster auf (Excel 2007: Menü *Office/Speichern unter*; Excel 2003: Menü *Datei/Speichern unter*).

3 Wählen Sie als Dateityp *Text (Tabstopp-getrennt) (*.txt)* oder *CSV (Trenn-zeichen-getrennt) (*.csv)* aus.

4 Mit einem Klick auf die Schaltfläche *Speichern* wird das aktuelle Ta-bellenblatt im angegebenen Dateiformat abgelegt. Beachten Sie, dass diese Formate nur ein Tabellenblatt unterstützen. Deshalb wird auch bei jedem Speichervorgang eine Meldung ausgegeben, die darauf hin-weist, dass der Dateityp keine Arbeitsmappen unterstützt, die mehrere Tabellenblätter enthalten. Diese Meldung müssen Sie mit einem Klick auf die Schaltfläche *OK* bestätigen.

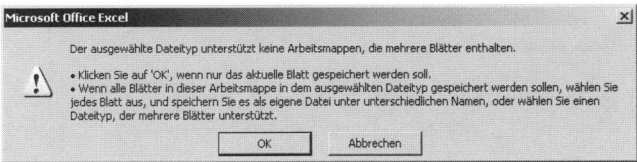

5 Daraufhin gibt Excel noch eine Warnmeldung aus, die besagt, dass Daten enthalten sein können, die mit dem CSV- oder Textformat nicht kompatibel sind. Wenn Sie diesen Warnhinweis ebenfalls mit einem Klick auf die Schaltfläche *Ja* bestätigen, wird das Tabellenblatt im ge-wünschten Format abgelegt.

Tipp 7: Daten aus dem Internet einlesen und verarbeiten

Das Internet ist aus dem heutigen Geschäftsleben in den allermeisten Branchen nicht mehr wegzudenken. Auch Excel ist für das Internet gerüs-tet. So lassen sich über die sogenannte Webabfrage Informationen aus dem Internet auslesen und weiterverarbeiten. Im nachfolgenden Beispiel sollen von der Internetseite *http://de.finance.yahoo.com* die Aktienkurse der 30 DAX-Unternehmen ausgelesen und in ein Tabellenblatt übernom-men werden.

627

So geht's:

1 Starten Sie im ersten Schritt das Dialogfenster *Webabfrage* über das Menü *Daten/Externe Daten abrufen/Aus dem Web* (Excel 2003: Menü *Daten/Externe Daten importieren/Neue Webabfrage*).

2 Erfassen Sie im Adressfeld folgende Internetadresse, die auf die Seite für die 30 DAX-Kurse bei Yahoo! verweist: *http://de.finance.yahoo.com/q/cp?s=^GDAXI*.

3 Ein Klick auf die Schaltfläche *OK* neben dem Adressfeld öffnet die Internetseite in Excel. Dabei werden neben den einzelnen Webseitenbestandteilen horizontale Pfeile angezeigt. Wenn Sie einen bestimmten Bereich importieren möchten, genügt ein Klick auf den Pfeil. Durch die Aktivierung wird das Feld grün eingefärbt, und der Pfeil verändert sich zu einem Haken, was bedeutet, dass diese Informationen von der Webseite abgefragt und eingelesen werden.

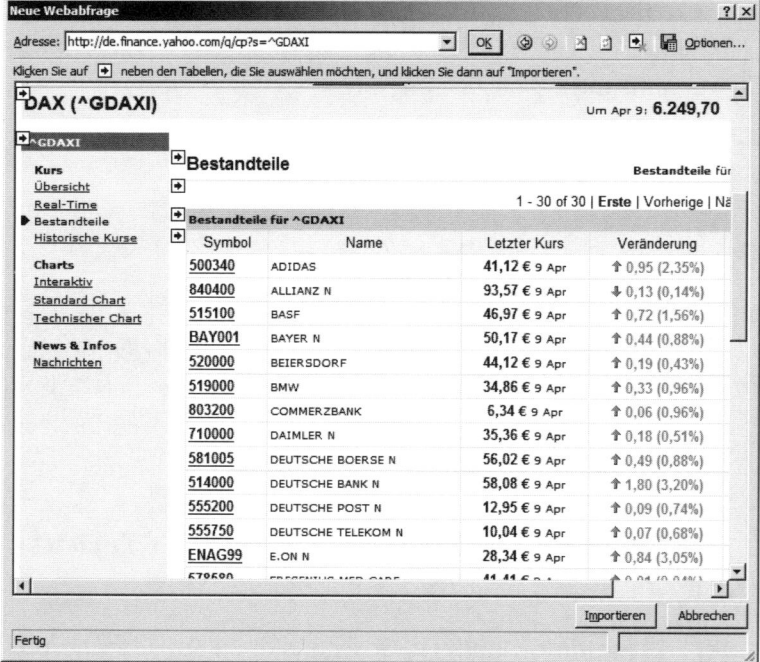

4 Nachdem Sie festgelegt haben, welche Informationen von der Webseite gelesen werden sollen, aktivieren Sie den Importvorgang über die Schaltfläche *Importieren*.

5 Jetzt müssen Sie nur noch definieren, ab welcher Zelle die importierten Daten eingefügt werden sollen. Im Beispiel wurde dafür die Zelle A1 angegeben.

	A	B	C	D	E
1	Symbol	Name	Letzter Kurs	Veränderung	Volumen
2	500340	ADIDAS	41,12 € 9 Apr	Up 0,95 (2,35%)	1.824.790
3	840400	ALLIANZ N	93,57 € 9 Apr	Down 0,13 (0,14%)	5.455.948
4	515100	BASF	46,97 € 9 Apr	Up 0,72 (1,56%)	5.036.316
5	BAY001	BAYER N	50,17 € 9 Apr	Up 0,44 (0,88%)	5.519.664
6	520000	BEIERSDORF	44,12 € 9 Apr	Up 0,19 (0,43%)	960.002
7	519000	BMW	34,86 € 9 Apr	Up 0,33 (0,96%)	2.876.438
8	803200	COMMERZBANK	6,34 € 9 Apr	Up 0,06 (0,96%)	12.032.298
9	710000	DAIMLER N	35,36 € 9 Apr	Up 0,18 (0,51%)	7.232.516
10	581005	DEUTSCHE BOERSE N	56,02 € 9 Apr	Up 0,49 (0,88%)	1.512.234
11	514000	DEUTSCHE BANK N	58,08 € 9 Apr	Up 1,80 (3,20%)	9.943.390
12	555200	DEUTSCHE POST N	12,95 € 9 Apr	Up 0,09 (0,74%)	15.057.942
13	555750	DEUTSCHE TELEKOM N	10,04 € 9 Apr	Up 0,07 (0,68%)	36.196.976
14	ENAG99	E.ON N	28,34 € 9 Apr	Up 0,84 (3,05%)	21.928.320
15	578580	FRESENIUS MED CARE	41,41 € 9 Apr	Up 0,01 (0,04%)	1.031.952
16	578563	FRESENIUS VZ	57,20 € 9 Apr	Up 0,37 (0,65%)	527,66
17	604843	HENKEL VZ	41,06 € 9 Apr	Up 1,31 (3,30%)	2.069.802
18	623100	INFINEON TECHNO N	5,21 € 9 Apr	Up 0,07 (1,38%)	19.001.534
19	823212	DT LUFTHANSA N	13,06 € 9 Apr	Up 0,27 (2,11%)	8.275.464
20	648300	LINDE	88,00 € 9 Apr	Up 0,89 (1,02%)	959.248
21	593700	MAN	64,38 € 9 Apr	Up 0,30 (0,47%)	1.187.774
22	725750	METRO	45,51 € 9 Apr	Up 0,29 (0,65%)	1.867.300
23	659990	MERCK	61,57 € 9 Apr	Up 0,72 (1,18%)	5.383.916
24	843002	MUENCH RUECKVERS N	121,85 € 9 Apr	Up 0,95 (0,79%)	1.474.734
25	703712	RWE -A-	67,84 € 9 Apr	Up 1,72 (2,60%)	5.944.188
26	716460	SAP	36,00 € 9 Apr	Up 0,06 (0,18%)	6.410.472
27	716200	K+S	43,23 € 9 Apr	Up 0,13 (0,30%)	3.026.190
28	723610	SIEMENS N	74,84 € 9 Apr	Up 0,74 (1,00%)	5.295.418
29	620200	SALZGITTER	69,38 € 9 Apr	Down 0,17 (0,24%)	898.794
30	750000	THYSSENKRUPP	26,56 € 9 Apr	Up 0,26 (0,99%)	4.341.074
31	766403	VOLKSWAGEN VZ	68,70 € 9 Apr	Down 0,20 (0,29%)	7.362.674

Nun werden die DAX-Werte mit dem Kurs und dem Handelsvolumen von der Internetseite ausgelesen und nach Excel übertragen.

Da die Abfragestruktur jetzt angelegt ist, lassen sich die Daten ganz einfach aktualisieren. Zum Synchronisieren genügt ein Klick auf die Schaltfläche *Aktualisieren*, die über das Menü *Daten/Verbindungen/Alle aktualisieren* aufgerufen werden kann (Excel 2003: Symbolleiste *Externe Daten*, Schaltfläche *Daten aktualisieren*).

Auf diese Weise stehen Ihnen auf Knopfdruck die aktuellsten Aktienkurse zur Verfügung.

7.2 Excel im Office-Umfeld

Gerade im Zusammenspiel mit anderen Office-Anwendungen wie Access, Word oder Outlook bietet Excel einige Möglichkeiten zum Datenaustausch an. Dieser Abschnitt geht auf die Schnittstellen innerhalb der Office-Familie ein und gibt einen Überblick über mögliche Szenarien zum Datenaustausch.

Tipp 1: Ausgewählte Datensätze über MS-Query aus Access importieren

Diesem Beispiel liegt eine Artikeldatenbank im Access-Format zugrunde. Sie erfahren, welche flexiblen Möglichkeiten der Query-Assistent zur Verfügung stellt und wie Sie ganz einfach und gezielt auf die Daten der Access-Artikeldatenbank über Excel zugreifen können.

So geht's:

Sehen Sie sich zunächst die Access-Datenbank etwas näher an.

Art-Nr	Bezeichnun	VK	EK	Menge
1000	Tastatur	29,95 €	18,22 €	232
1001	Computermau	22,90 €	14,76 €	128
1002	USB-Stick 1,0 G	19,99 €	16,78 €	87
1003	Head-Set	8,89 €	7,79 €	216
1004	Externe HD 40	74,90 €	65,43 €	106
1005	Pocket-PC	299,50 €	259,75 €	22
1006	Tastatur 1	23,95 €	19,78 €	87
1007	Tastatur 2	47,80 €	42,55 €	41
1008	Monitor	179,00 €	151,50 €	25

Ziel ist es, diese Daten nach Excel zu übertragen, wobei nur Datensätze in Excel importiert werden sollen, deren EK (Einkaufspreis) mehr als 30 Euro beträgt.

1 Starten Sie dazu über das Menü *Daten/Externe Daten abrufen/Aus anderen Quellen/Von Microsoft Query* den Query-Assistenten (Excel 2003: Menü *Daten/Externe Daten importieren/Neue Abfrage erstellen*).

2 Wählen Sie auf der Registerkarte *Datenbanken* den Eintrag *Microsoft Access Datenbank* und achten Sie darauf, dass der Haken im Kontrollkästchen *Query-Assistenten zur Erstellung/Bearbeitung von Abfragen verwenden* gesetzt ist.

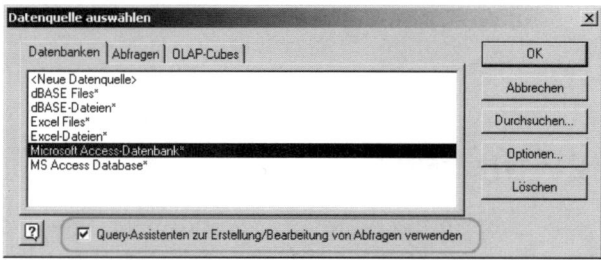

3 Nach einem Klick auf die Schaltfläche *OK* öffnet sich ein Dialogfenster, in dem Sie die gewünschte Datenbank auswählen können. In diesem Beispiel wird die Datenbank *Artikel.mdb* verwendet.

4 Nachdem Sie das Dialogfenster mit einem Klick auf die Schaltfläche *OK* beendet haben, zeigt der Query-Assistent alle in der Datenbank vorhandenen Objekte wie Tabellen und Abfragen an.

5 Markieren Sie nun die Tabelle, die nach Excel übertragen werden soll. Wählen Sie dazu in diesem Beispiel die Tabelle *TabArtikel* aus und klicken Sie auf den Pfeil, der nach rechts zeigt. Damit werden alle Felder der Datenbanktabelle in die Abfrage übernommen.

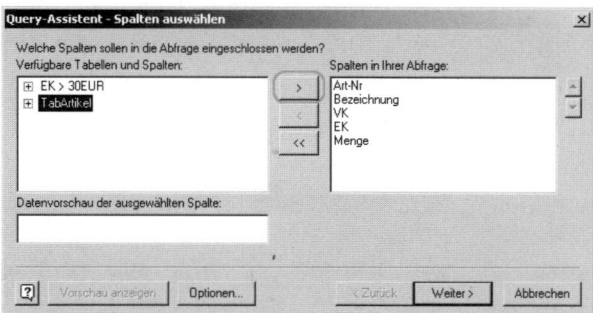

6 Nachdem Sie auf die Schaltfläche *Weiter* geklickt haben, besteht die Möglichkeit, die Daten zu filtern. Sie können also bereits im Query-Assistenten die gewünschte Abfrage definieren. Markieren Sie dazu das Datenfeld *EK*. Legen Sie im ersten Drop-down-Menü den Eintrag *ist größer als oder gleich* fest, und im Feld daneben wählen Sie den Wert 30. Damit werden nur Daten aus der Access-Tabelle ausgelesen, deren EK größer oder gleich 30 ist.

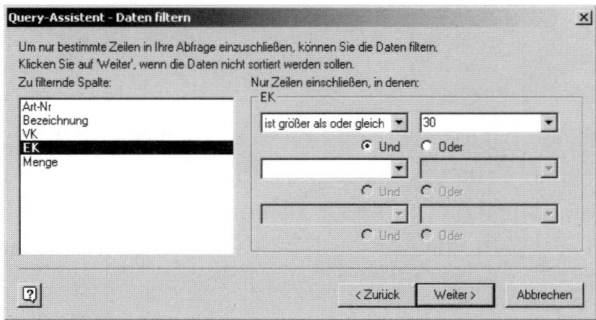

7 Ein Klick auf die Schaltfläche *Weiter* ruft das Dialogfenster zum Sortieren von Daten auf. Darüber können Sie definieren, in welcher Reihenfolge die Daten in Excel angezeigt werden sollen. In diesem Beispiel sollen die Daten in der Reihenfolge übernommen werden, in der Sie in der Access-Datenbank vorhanden sind. Sie können also gleich mit einem Klick auf die Schaltfläche *Weiter* fortfahren.

8 Im letzten Schritt des Query-Assistenten müssen Sie nun noch festlegen, was mit den Daten geschehen soll. Dabei stehen folgende zwei Optionen zur Verfügung:

> *Daten an Microsoft Excel zurückgeben*

> *Daten in Microsoft Query bearbeiten oder ansehen*

Darüber hinaus besteht über die Schaltfläche *Abfrage speichern* die Möglichkeit, die eben erstellte Query-Abfrage zu speichern. Die Query-Parameter werden in einer Datei mit der Endung *.dqy* abgelegt und stehen für weitere Abfragen zur Verfügung. Auf das Speichern der Abfrage wird in diesem Beispiel verzichtet. Wählen Sie deshalb gleich die erste Option *Daten an Microsoft Excel zurückgeben* und klicken Sie auf die Schaltfläche *Fertig stellen*.

9 Es öffnet sich ein neues Dialogfenster, in dem Sie festlegen können, ab welcher Zelle die Daten in Excel eingefügt werden sollen. Geben Sie für dieses Beispiel den Zellbezug zu Zelle A4 an.

10 Wenn Sie nun auf die Schaltfläche *OK* klicken, werden alle Datensätze mit einem EK (Einkaufspreis) ab 30 Euro an Excel übergeben.

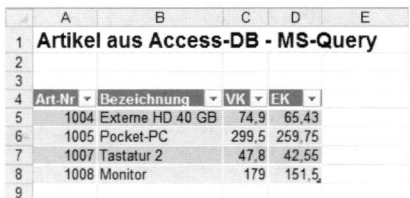

Werden die Daten in Excel (bis Excel 2007) weiterverarbeitet und kommen dabei Formeln zum Einsatz, bietet Excel die Möglichkeit, angrenzende Formeln automatisch aktualisieren zu lassen. Wenn neue Datensätze hinzukommen, werden die Formeln auch an die neuen Datensätze angehängt. Diese Option können Sie wie folgt aktivieren:

1 Setzen Sie den Zellzeiger auf eine beliebige Zelle innerhalb des Datenbereichs.

2 Starten Sie das *Eigenschaften*-Fenster für den Datenbereich über das Menü *Daten/Verbindungen/Eigenschaften* (Excel 2003: Menü *Daten/ Datenbereichseigenschaften*).

3 Setzen Sie den Haken im Kontrollkästchen *Formeln in angrenzenden Zellen ausfüllen* und bestätigen Sie das Dialogfenster mit einem Klick auf die Schaltfläche *OK*. Damit werden bei der Datenaktualisierung angrenzende Formeln zu neuen Datensätzen hinzugefügt.

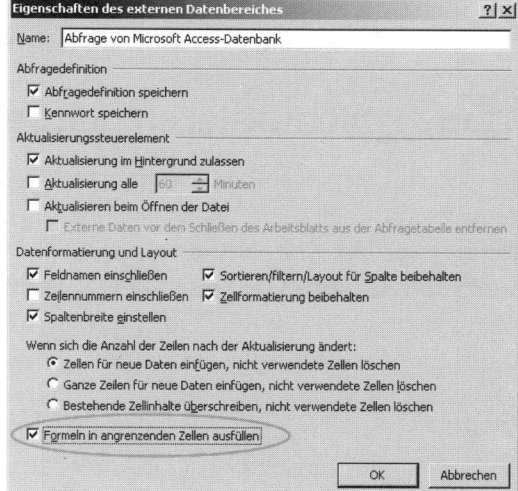

Innerhalb bestehender Query-Abfragen lassen sich die Daten ohne großen Aufwand schnell und einfach auf den neusten Stand bringen.

Den Befehl dazu finden Sie im Menü *Daten/Verbindungen/Alle aktualisieren/Aktualisieren* (Excel 2003: Symbolleiste *Externe Daten*, Schaltfläche *Daten aktualisieren*).

Mit diesem Befehl werden die Daten über die bestehende Abfrage aus der Access-Tabelle ausgelesen und wie gewünscht nach Excel übertragen.

Ab Excel 2010 werden die ausgelesenen Daten als Datentabelle eingetragen, und die Formeln, die sich auf die eingefügte Tabelle beziehen, werden komplett anders verwaltet. Eine solche Formel bezieht sich direkt auf den Namen des Datenfelds und enthält vor dem Datenfeldnamen das @-Zeichen.

So geht's:

Im Beispiel soll in Spalte E der Einkaufspreis (EK) vom Verkaufspreis (VK) subtrahiert werden.

Gehen Sie dazu wie folgt vor.

1 Erfassen Sie in Zelle E5 die Formel *=C5-D5*.

2 Diese Formel wird automatisch als *=[@VK]-[@EK]* dargestellt.

3 Nachdem Sie die Eingabe mit ⌷Enter⌷ bestätigt haben, wird der komplette Bereich in Spalte E bis zur Zelle E8 mit der neuen Formel ausgefüllt.

4 Sobald nun die Daten aktualisiert werden, wird auch der berechnete Teil in Spalte E automatisch aktualisiert.

Tipp 2: Dynamisieren der Query-Abfrage

In diesem Beispiel soll die Query-Abfrage dynamisiert werden. Das bedeutet, die Abfrageparameter sollen nicht im Query-Assistenten statisch hinterlegt werden, sondern dynamisch auf einem Excel-Sheet eingetragen werden. Wie bereits im ersten Beispiel sollen auch in diesem alle Datensätze mit einem EK (Einkaufspreis) größer als 30 Euro aus der Access-Datenbank *Artikel.mdb* ausgelesen werden.

So geht's:

1 Bevor Sie den Query-Assistenten aufrufen, müssen Sie die Abfrageparameter in das Excel-Tabellenblatt eintragen. Erfassen Sie dazu in Zelle G2 den Wert *30*.

2 Starten Sie anschließend über das Menü *Daten/Externe Daten abrufen/Aus anderen Quellen/Von Microsoft Query* den Query-Assistenten (Excel 2003: Menü *Daten/Externe Daten importieren/Neue Abfrage erstellen*).

3 Wählen Sie auf der Registerkarte *Datenbanken* den Eintrag *Microsoft Access Datenbank* und achten Sie darauf, dass das Kontrollkästchen *Query-Assistenten zur Erstellung/Bearbeitung von Abfragen verwenden* aktiviert ist.

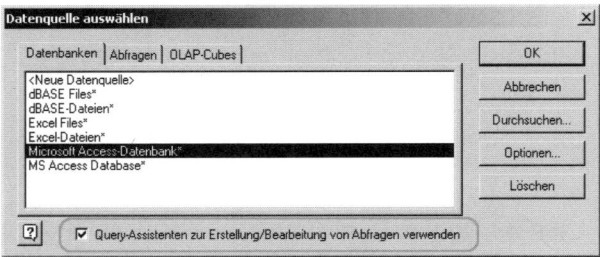

4 Nach einem Klick auf die Schaltfläche *OK* öffnet sich ein Dialogfenster, in dem Sie die Datenbank auswählen können. In diesem Beispiel wird die Datenbank *Artikel.mdb* verwendet.

5 Nach einem weiteren Klick auf die Schaltfläche *OK* zeigt der Query-Assistent alle in der Datenbank vorhandenen Objekte wie Tabellen und Abfragen an.

6 Markieren Sie die Tabelle, die nach Excel übertragen werden soll. Wählen Sie dazu in diesem Beispiel die Tabelle *TabArtikel* aus und klicken Sie auf den Pfeil, der nach rechts zeigt. Damit werden alle Felder der Datenbanktabelle in die Abfrage übernommen.

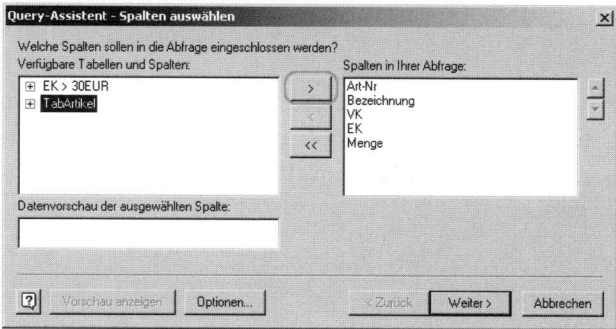

7 Klicken Sie dreimal auf die Schaltfläche *Weiter*. Im letzten Schritt des Assistenten wählen Sie den Eintrag *Daten in Microsoft Query bearbeiten oder ansehen* und beenden den Assistenten mit einem Klick auf die Schaltfläche *Fertig stellen*. Dadurch öffnet sich das Microsoft Query-Fenster.

8 Im nächsten Schritt muss über das Menü *Ansicht/Kriterien* der Kriterienbereich eingeblendet werden. Wählen Sie im *Kriterienfeld* den Eintrag *EK* und geben Sie im Feld *Wert* die Variable *>[par1]* ein. Dabei stellt *[par1]* den Abfrageparameter dar.

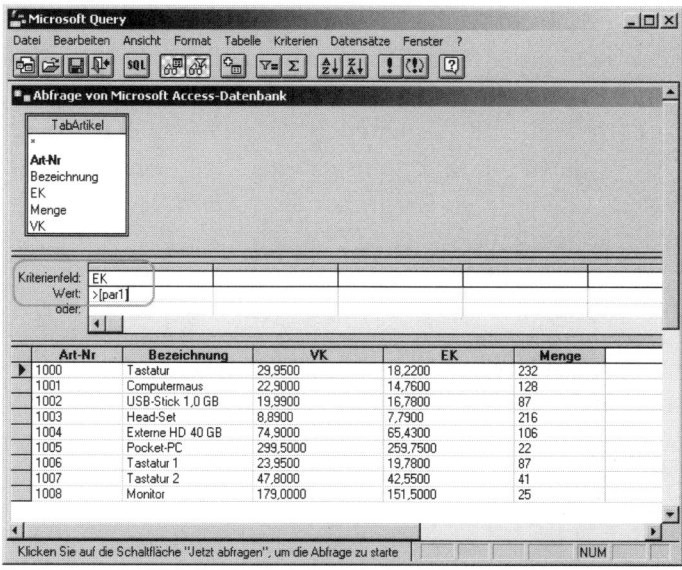

9 Über das Menü *Datei/Daten Microsoft Excel zurückgeben* wird ein Dialogfenster eingeblendet, das Sie ohne weitere Aktion mit einem Klick auf die Schaltfläche *OK* beenden können.

10 Geben Sie nun noch ein, in welche Zeile die Daten zurückgegeben werden sollen. Erfassen Sie hier den Zellbezug *$A$4* und beenden Sie den Dialog mit *OK*.

11 Es öffnet sich ein weiteres Dialogfenster mit der Bezeichnung *Parameterwert eingeben*. Stellen Sie hier den Bezug zwischen dem Abfrageparameter *[par1]* und der Zelle G2 her, indem Sie den Zellbezug *$G$2* in das Textfeld eingeben.

12 Aktivieren Sie die Kontrollkästchen *Wert/Bezug immer verwenden* und *Automatisch aktualisieren, wenn Zellwert sich ändert*, indem Sie jeweils einen Haken setzen.

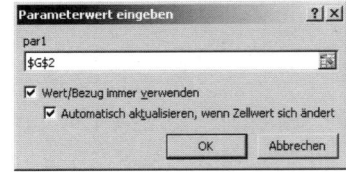

13 Beenden Sie diese Abfrage mit einem Klick auf die Schaltfläche *OK*.

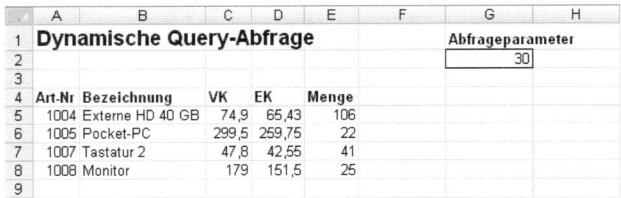

14 Sie sehen, wie gewünscht werden nur die Daten übernommen, deren Einkaufspreis größer als 30 Euro ist. Wenn Sie nun in Zelle G2 den Parameter abändern, beispielsweise den Wert 10 eingeben, wird die Query-Abfrage automatisch mit dem neuen Abfrageparameter durchgeführt, und es werden nur die Datensätze aus der Access-Datenbank *Artikel.mdb* ausgelesen, deren EK größer als 10 Euro ist. Das Ergebnis sehen Sie in der folgenden Abbildung.

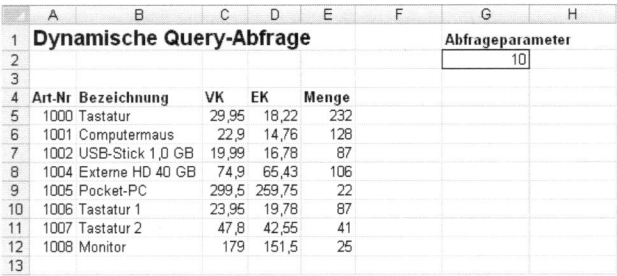

Auf diese Weise steht Ihnen ein sehr flexibles und dynamisches Abfragesystem zur Verfügung, das sich leicht für Ihre Zwecke modifizieren lässt.

Tipp 3: Ausgewählte Datensätze über OLE-DB aus Access einlesen

Eine weitere Möglichkeit, Daten aus Access auszulesen, besteht über eine sogenannte OLE-DB-Abfrage. Der Unterschied zu Microsoft Query besteht darin, dass keine Abfragen wie mit dem Query-Assistenten definiert werden können, sondern dass die Abfragen bereits in der Datenbank vorhanden sein müssen. Microsoft Query bietet sich somit an, wenn nur kleinere Abfragen definiert werden sollen. Bei umfangreichen Abfrageparametern ist es hingegen sinnvoll, die Abfragen im Datenbankmanagementsystem zu erledigen, da die Möglichkeiten wesentlich umfangreicher und praktikabler sind.

Dieses Beispiel zeigt anhand einer Access-Datenbank, wie der Zugriff über OLE-DB funktioniert. Dabei sollen genau wie im Beispiel vorher alle Artikel mit einem EK (Einkaufspreis) von mehr als 30 Euro ausgelesen und nach Excel übertragen werden.

So geht's:

Bevor die Daten mit Excel über eine OLE-DB-Verbindung ausgelesen werden können, bedarf es eines kleinen Exkurses nach Access. Über OLE-DB besteht, wie bereits erläutert, keine Möglichkeit, die Daten direkt beim Auslesen einzuschränken. Das muss bereits in der Datenbank durch sogenannte Abfragen passieren. Die folgende Abbildung zeigt die Access-Abfrage, die die Datensätze auf die Bedingung *EK => 30* einschränkt.

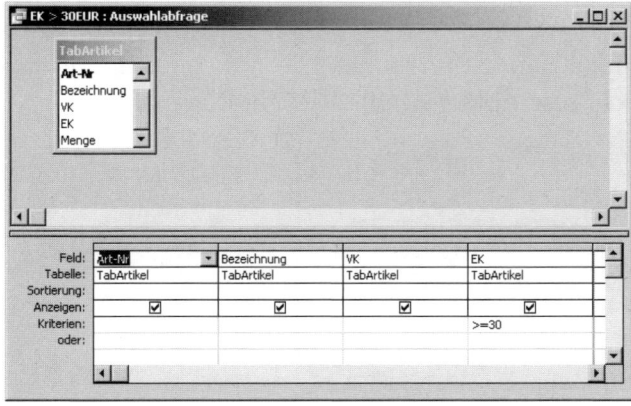

Die Abfrage wurde unter dem Namen *EK > 30EUR* abgespeichert. Diese Abfrage stellt die Grundlage für den Datenimport in Excel dar.

1 Starten Sie im ersten Schritt den Befehl zum OLE-DB-Datenimport über das Menü *Daten/Externe Daten abrufen/Aus Access* (Excel 2003: Menü *Daten/Externe Daten importieren/Daten importieren*).

2 Wählen Sie die Datenbank über das Feld *Suchen in* aus und bestätigen Sie die ausgewählte Datenbank mit einem Klick auf die Schaltfläche *Öffnen*. Im Beispiel lautet der Datenbankname *Artikel.mdb*.

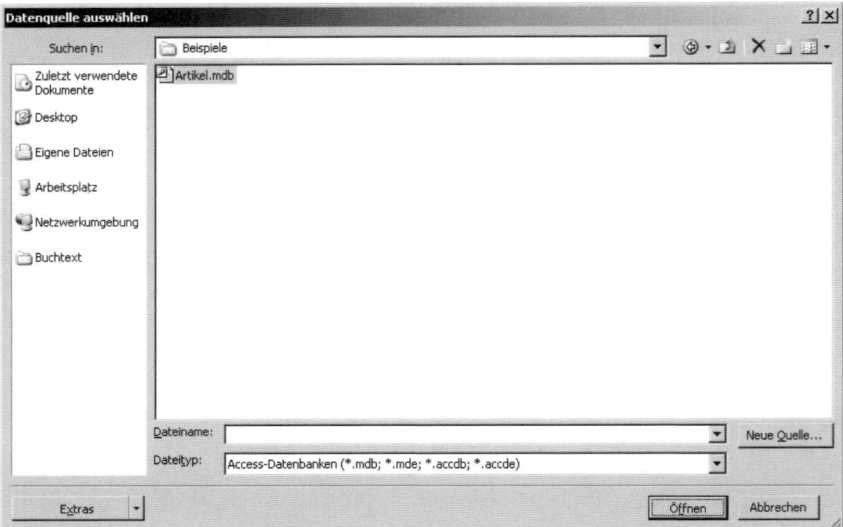

3 Nach dem Öffnen der Datenbank wird das Dialogfenster *Tabelle auswählen* angezeigt. Dieses Fenster gibt einen Überblick über alle in der Datenbank vorhandenen Objekte. In diesem Beispiel liegt eine Datentabelle mit der Bezeichnung *TabArtikel* und eine Abfrage mit der Bezeichnung *EK > 30EUR* vor. Ob es sich bei dem Objekt um eine Tabelle oder um eine Abfrage handelt, erkennen Sie am Typkennzeichen. *VIEW* steht für Ansicht bzw. Abfrage und *TABLE* für Datentabelle.

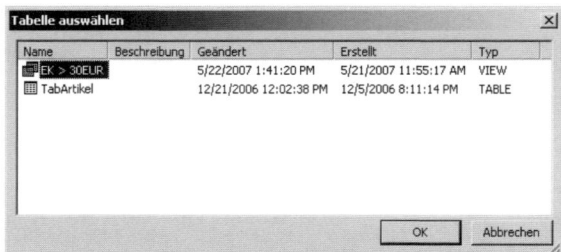

4 Wählen Sie die Abfrage mit der Bezeichnung *EK > 30EUR* aus und bestätigen Sie die Auswahl mit einem Klick auf die Schaltfläche *OK*.

5 Im folgenden Dialogfenster *Daten importieren* müssen Sie nun nur noch die Zelle festlegen, ab der die importierten Daten eingetragen werden sollen. Geben Sie hier den Bezug zu Zelle A4 ein.

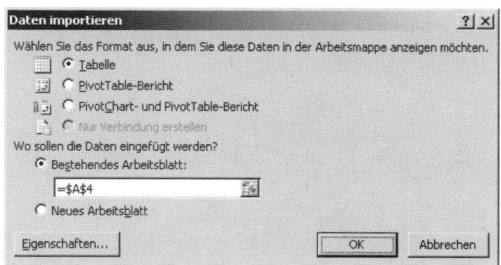

Nachdem Sie auch dieses Dialogfenster mit einem Klick auf die Schaltfläche *OK* beendet haben, werden die Daten beginnend ab Zelle A4 aus der Access-Abfrage nach Excel übertragen.

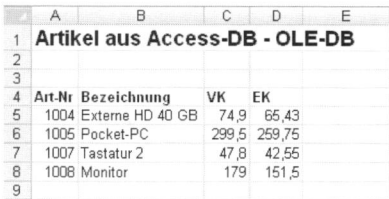

Für bestehende OLE-DB-Verbindungen lassen sich die Daten ohne großen Aufwand schnell und einfach auf den neusten Stand bringen.

Den Befehl dazu finden Sie im Menü *Daten/Verbindungen/Alle aktualisieren/Aktualisieren* (Excel 2003: Symbolleiste *Externe Daten*, Schaltfläche *Daten aktualisieren*).

Tipp 4: Daten an Microsoft Word übergeben

In diesem Beispiel erfahren Sie, wie Sie ganz einfach Excel-Daten an Word übergeben können. Grundsätzlich muss hier zwischen einem statischen und einem dynamischen Datenaustausch unterschieden werden.

Beim dynamischen Datenaustausch werden Änderungen in der Excel-Tabelle automatisch nach Word übertragen. Beim statischen Austausch unterbleibt hingegen die automatische Aktualisierung der Daten in Word.

So geht's: Statische Datenübernahme nach Word

Dieses Beispiel zeigt, wie eine Umsatzübersicht aus Excel nach Word übertragen werden kann. Die Daten sollen in einen Bericht eingebunden werden und dürfen sich auch bei Veränderung der Excel-Daten in Word nicht mehr ändern. Die Lösung dafür ist ganz einfach.

1 Markieren Sie den Zellbereich, den Sie nach Word übertragen wollen, im Beispiel den Bereich A4:D11, und kopieren Sie ihn mit der Tastenkombination Strg+C in die Zwischenablage.

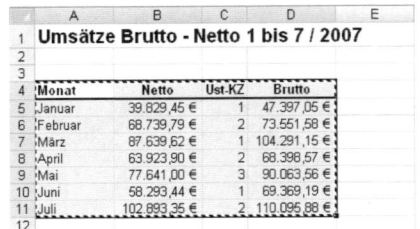

2 Öffnen Sie das gewünschte Dokument in Word und fügen Sie über das Menü *Start/Zwischenablage/Inhalte einfügen* den Inhalt der Zwischenablage ein. Es öffnet sich das Dialogfenster *Inhalte einfügen*. Achten Sie dabei darauf, dass die Option *Einfügen* aktiviert ist. Dabei ist es Ihnen überlassen, in welchem Format die Daten eingefügt werden (Excel 2003: Menü *Bearbeiten/Inhalte einfügen*).

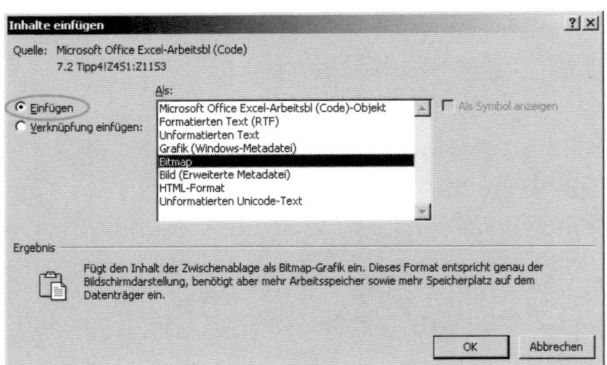

Durch die Option *Einfügen* ist gewährleistet, dass sich Änderungen in der Excel-Tabelle nicht auf das Word-Dokument auswirken. In Word sieht das Ergebnis wie nebenstehend aus.

Monat	Netto	Brutto
Januar	39.829,45 €	47.397,05 €
Februar	68.739,79 €	81.800,35 €
März	87.639,62 €	104.291,15 €
April	63.923,90 €	76.069,44 €
Mai	77.641,00 €	92.392,79 €
Juni	58.293,44 €	69.369,19 €
Juli	102.893,35 €	122.443,09 €

So geht's: Daten mit dynamischer Verknüpfung in Word einfügen

Ausgangsbasis für dieses Beispiel ist ein Diagramm, das auf der Umsatzta-belle von Januar bis Juli 2007 basiert. Ziel ist es nun, das Diagramm in Word einzufügen, wobei Änderungen in der Excel-Tabelle und somit Än-derungen im Diagramm direkte Auswirkungen auf das in Word eingefügte Diagramm haben sollen.

1 Markieren Sie das Diagramm in Excel und kopieren Sie es mit der Tas-tenkombination ⌈Strg⌉+⌈C⌉ in die Zwischenablage.

2 Öffnen Sie in Word das gewünschte Dokument und fügen Sie das Dia-gramm über das Menü *Start/Zwischenablage/Inhalte einfügen* in Word ein. Aktivieren Sie im Dialogfenster *Inhalte einfügen* die Option *Ver-knüpfungen einfügen*, und als Einfügetyp wählen Sie *Microsoft Office Excel-Diagramm-Objekt* aus.

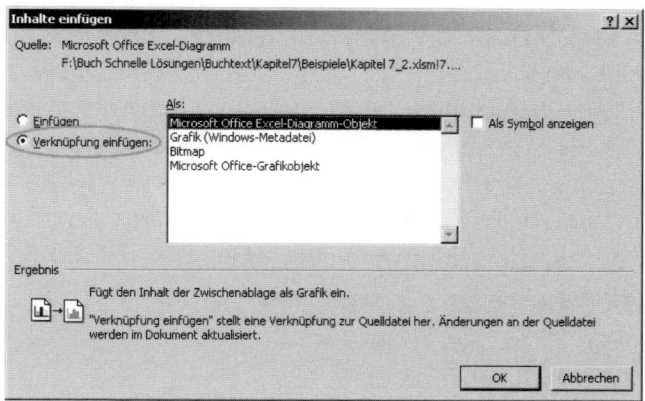

3 Nachdem Sie das Dialogfenster mit einem Klick auf die Schaltfläche *OK* beendet haben, wird das Diagramm wie gewünscht in Word einge-bunden. Sobald nun Änderungen in der Umsatzliste vorgenommen werden, die Auswirkungen auf das Diagramm haben, werden diese Änderungen sofort auch in das in Word verknüpfte Diagramm über-nommen.

Auf diese Weise lassen sich leicht und einfach dynamische Verknüpfungen in Word erzeugen.

Tipp 5: Automatische Wiedervorlage von Excel-Dateien in Outlook

Haben Sie sich schon einmal gewünscht, automatisch eine Erinnerung darüber zu erhalten, dass Sie an einer Excel-Tabelle Veränderungen vornehmen müssen? Gerade im Rechnungswesen müssen viele Arbeiten monatlich wiederkehrend erledigt werden. Um nichts zu vergessen, ist eine Wiedervorlagefunktion hierfür die optimale Lösung. Auf den ersten Blick sieht dies zunächst etwas kompliziert aus. Tatsächlich lässt sich diese Funktion durch eine geschickte Kombination von Excel und Outlook relativ einfach realisieren.

So geht's:

1 Im ersten Schritt muss der dafür notwendige Befehl in die Schnellstartleiste eingebunden werden. Starten Sie die entsprechende Funktion über das Menü *Datei/Optionen/Symbolleiste für den Schnellzugriff/Alle Befehle/Microsoft Office Outlook-Aufgabe erstellen* und fügen Sie diese über die Schaltfläche *Hinzufügen* der Schnellstartleiste hinzu. Nachdem Sie das *Optionen*-Fenster mit einem Klick auf die Schaltfläche *OK* beendet haben, steht der Befehl in der Schnellstartleiste zur Verfügung (Excel 2007: Menü *Office/Excel-Optionen/Anpassen/ Alle Befehle/Microsoft Office Outlook-Aufgabe erstellen*).

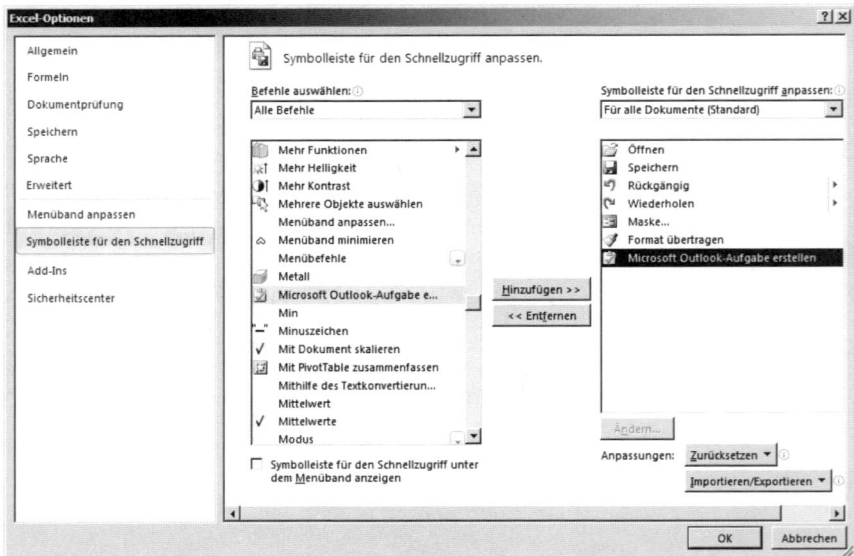

2 Wenn Sie nun an einer Arbeitsmappe arbeiten, für die eine Wiedervorlage erstellt werden soll, aktivieren Sie die Wiedervorlage über den neu eingefügten Befehl in der Schnellstartleiste (Excel 2003: Symbolleiste *Überarbeiten*, Schaltfläche *Microsoft Office Outlook-Aufgabe erstellen*).

3 Dadurch öffnet sich das bekannte Outlook-Fenster zur Erstellung einer neuen Aufgabe. Entscheidend für die Erinnerungsfunktion ist, dass die Option *Erinnerung* aktiviert wird und dass das Datum sowie die Uhrzeit festgelegt werden.

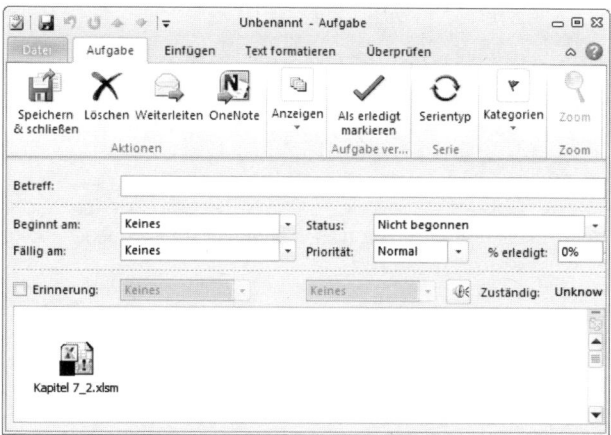

4 Wenn Sie nun dieses Aufgabe über die Schaltfläche *Speichern und schließen* beenden, wird zum definierten Termin die Aufgabenerinnerung automatisch eingeblendet. Durch einen Klick auf die Verknüpfung zur Excel-Mappe können Sie diese wie gewohnt starten. Voraussetzung für die Anzeige der Erinnerungsfunktion ist natürlich, dass Outlook gestartet ist.

Hinweis

Da Outlook als „Wecker" verwendet wird, stehen alle bekannten Funktionen von Outlook zur Verfügung. So lassen sich Serientermine, Status, Prioritäten und Erledigungskennzeichen festlegen.

Funktionsübersicht

Funktion	Erläuterung
DATUM(Jahr;Monat;Tag)	Gibt die fortlaufende Zahl zurück, die ein bestimmtes Datum darstellt. Wenn für das Zellformat vor der Eingabe der Funktion die Option *Allgemein* eingestellt war, wird das Ergebnis als Datum formatiert.
GLÄTTEN(Text)	Löscht Leerzeichen aus einem Text, die nicht als jeweils einzelne zwischen Wörtern stehende Trennzeichen dienen.
ISTTEXT(Wert)	Prüft, ob sich in einer Zelle Text befindet, und gibt entsprechend *WAHR* zurück.
LÄNGE(Text)	Gibt die Anzahl der Zeichen einer Zeichenfolge zurück.
LINKS(Text;Anzahl_Zeichen)	Gibt auf der Grundlage der Anzahl von Zeichen, die Sie angeben, das oder die erste(n) Zeichen in einer Textzeichenfolge zurück.
RECHTS(Text;Anzahl_Zeichen)	Gibt das letzte oder die letzten Zeichen einer Textzeichenfolge auf der Grundlage der von Ihnen angegebenen Anzahl von Zeichen zurück.
SÄUBERN(Text)	Löscht alle nicht druckbaren Zeichen aus einem Text. Verwenden Sie *SÄUBERN* für Texte, die aus anderen Anwendungen importiert wurden und eventuell Zeichen enthalten, die das von Ihnen verwendete Betriebssystem nicht drucken kann.
TEIL(Text;Erstes_Zeichen; Anzahl_Zeichen)	*TEIL* liefert auf der Grundlage der angegebenen Anzahl von Zeichen eine bestimmte Anzahl von Zeichen einer Zeichenfolge ab der von Ihnen angegebenen Position.
WENN(Prüfung;Dann_Wert; Sonst_Wert)	Prüft, ob eine Bedingung zutrifft, also wahr oder falsch ist, und macht das Ergebnis vom Resultat der Prüfung abhängig.
WERT(Text)	Wandelt ein als Text angegebenes Argument in eine Zahl um.

Nützliche Druck- und Mailfunktionen

8.1 Drucklayout – die besten Tipps und Tricks

8.2 E-Mail-Funktionen in Excel nutzen

8

Der nächste Schritt nach der Erstellung von Kalkulationsmodellen ist häufig der Ausdruck auf Papier. Viele denken, ein Knopfdruck genügt. Oft ist es leider in der Praxis nicht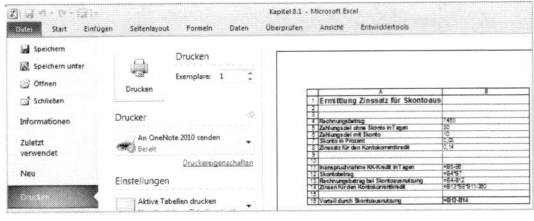
ganz so einfach. Dieses Kapitel geht auf spezielle Druck- und Mailfunktionen ein und zeigt, welche Möglichkeiten Excel über die allgemein bekannten Funktionen hinaus bietet.

8.1 Drucklayout – die besten Tipps und Tricks

In diesem Abschnitt werden spezielle Druckfunktionen vorgestellt. Anhand von kurzen Praxisbeispielen erfahren Sie, wie sich professionelle Ausdrucke ohne großen Aufwand erstellen lassen.

Tipp 1: Daten beim Ausdruck verbergen

In manchen Situationen ist es erforderlich, dass bestimmte Informationen, die auf einem Excel-Tabellenblatt vorhanden sind, auf dem Ausdruck nicht erscheinen. Nachfolgend erhalten Sie mehrere Lösungsvorschläge für diese Aufgabenstellung.

So geht's: Ganze Zeilen und Spalten verstecken

1 Markieren Sie die betroffenen Zeilen oder Spalten. Das erreichen Sie am schnellsten durch einen Klick auf den Spaltenkopf bzw. auf die Zeilenbeschriftung.

2 Klicken Sie mit rechts auf den markierten Bereich und wählen Sie im Kontextmenü den Eintrag *Ausblenden*.

Die so ausgeblendeten Zeilen oder Spalten erscheinen weder in der Bildschirmansicht noch auf dem Ausdruck.

So geht's: Einzelne Zellen verbergen

Einzelne Zellinhalte können Sie verbergen, indem Sie die Schriftfarbe auf die Farbe des Zellhintergrunds setzen. Diese Zellen werden dann zwar gedruckt, sind aber aufgrund der identischen Zellhintergrundfarbe nicht zu lesen.

So geht's: Negative Zahlen unterdrücken

Sollen alle negativen Zahlen unterdrückt werden, verwenden Sie das folgende benutzerdefinierte Zellformat:

#.##0,00_ ;;

Sie sehen, der negative Wert wird durch dieses benutzerdefinierte Format in der Zelle nicht angezeigt und somit auch nicht gedruckt. Dass ein Wert vorhanden ist, lässt sich nur an der Bearbeitungsleiste erkennen.

→ Verweis: siehe Kapitel 2.2, Tipp 11

So geht's: Einen ganzen Zellbereich unterdrücken

Einen oder mehrere beliebige Zellbereiche können Sie für den Ausdruck verbergen, wenn Sie einfach ein Textfeld mit weißer Hintergrundfarbe und ohne Rahmen über die betroffenen Bereiche legen.

Ein Textfeld lässt sich über das Menü *Einfügen/Illustrationen/Formen/ Textfeld* einfügen. Stellen Sie sicher, dass die Farbe des Textfelds mit der des Hintergrunds übereinstimmt und dass keine Zellumrandung vorhanden ist (Excel 2003: Symbolleiste *Zeichnen*, Schaltfläche *Textfeld*).

Die Monate September bis Dezember der Jahre 2006 und 2005 werden nun von einem Textfeld überlagert.

Jahre	2007	2006	2005
Januar	5.730,52	8.528,96	6.585,05
Februar	9.470,44	11.125,19	7.322,83
März	5.473,86	2.914,45	4.794,55
April	8.524,80	10.560,69	13.453,24
Mai	9.253,55	8.751,80	2.025,34
Juni	7.635,36	4.838,13	11.034,39
Juli	10.395,25	10.085,53	5.885,91
August	7.530,81	6.280,21	8.680,12
September			
Oktober			
November			
Dezember			
Summe	66.021,59	94.277,58	98.934,42

Umsatzdaten im Jahresvergleich

Hinweis

Damit das Textfeld nicht stört, ist es erforderlich, dass der Ausdruck der Gitternetzlinien deaktiviert ist, da sonst die Gitternetzlinien durch das Textfeld überlagert werden.

Tipp 2: Den Ausdruck von Steuerelementen verhindern

In vielen Fällen werden Steuerelemente in Excel verwendet, um bestimmte Funktionalitäten für den Anwender bereitzustellen. Meistens ist nicht gewünscht, dass diese Steuerelemente beim Drucken der Tabelle mit ausgegeben werden.

So geht's:

1 Abhängig davon, ob es sich um ein ActiveX-Steuerelement oder um ein Formularsteuerelement handelt, müssen Sie im ersten Schritt in den Entwurfsmodus wechseln. Auf die Eigenschaften von ActiveX-Steuerelementen besteht nur dann Zugriff, wenn der Entwurfsmodus aktiviert ist. Der Entwurfsmodus lässt sich über das Menü *Entwicklertools/Steuerelemente/Entwurfsmodus* aufrufen (Excel 2003: Symbolleiste *Steuerelement-Toolbox*, Schaltfläche *Entwurfsmodus*).

2 Klicken Sie mit der rechten Maustaste auf das ActiveX-Steuerelement oder auf das Formularsteuerelement und wählen Sie im Kontextmenü den Eintrag *Steuerelement formatieren*.

3 Wechseln Sie nun im Dialogfenster auf die Registerkarte *Eigenschaften* und deaktivieren Sie das Kontrollkästchen *Objekte drucken*.

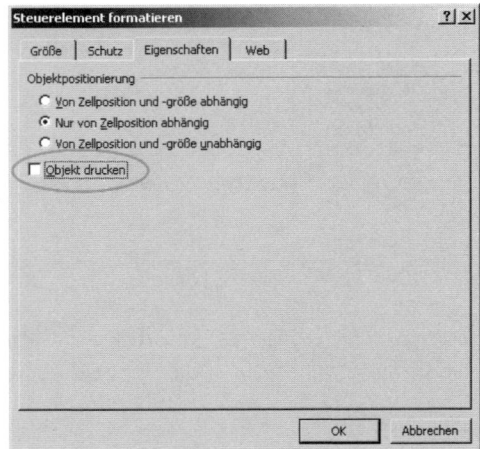

Damit werden die Steuerelemente zwar angezeigt und stehen für den Anwender zur Verfügung, beim Drucken werden sie hingegen nicht mehr berücksichtigt.

→ Verweis: siehe Kapitel 5.7, Tipp 1

Tipp 3: Wasserzeichen einfügen

In diesem Beispiel sehen Sie, wie auf bestimmten Tabellenblättern Wasserzeichen eingeblendet werden können. Wasserzeichen können als Kopierschutz oder als Botschaft für wichtige Informationen verwendet werden.

So geht's:

Viele Drucker bieten mittlerweile Möglichkeiten, Wasserzeichen komfortabel einzufügen. Die Einstellungen dafür finden Sie im *Eigenschaften*-Fenster Ihres Druckers.

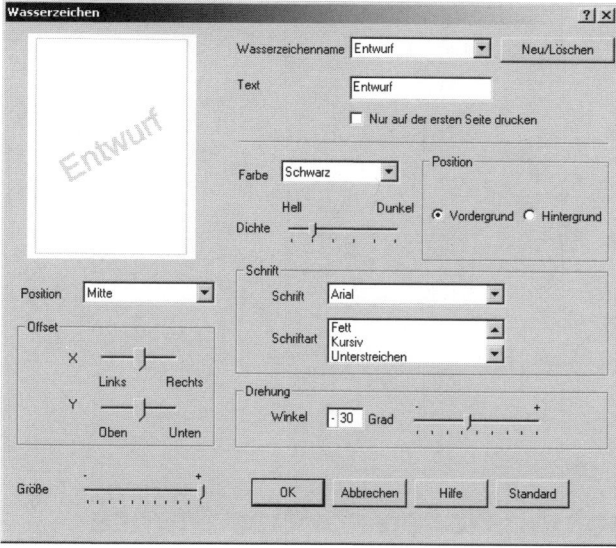

Wenn Ihr Drucker diese Funktion nicht zur Verfügung stellt, können Sie sich wie folgt behelfen:

1   Fügen Sie im ersten Schritt über das Menü *Einfügen/Text/WordArt* eine WordArt-Grafik mit dem Text *Entwurf* ein. Verwenden Sie im Auswahlfenster die WordArt-Variante aus der linken oberen Ecke (Excel 2003: Symbolleiste *WordArt*, Schaltfläche *WordArt einfügen*).

2 Markieren Sie die WordArt-Grafik und legen Sie über das Menü *Format/WordArt-Formate/Textfüllung* den Eintrag *Keine Füllung* fest. Klicken Sie im gleichen Menü auf den Eintrag *Textgliederung* und wählen Sie einen hellen Grauton aus. Im letzten Schritt klicken Sie auf die Schaltfläche *Texteffekt* und legen im Untermenü *Schatten* fest, dass kein Schatten angezeigt werden soll.

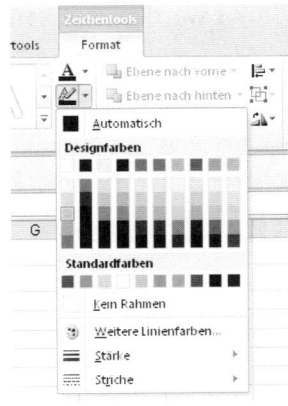

3 Jetzt müssen Sie die WordArt-Grafik nur noch richtig positionieren und gegebenenfalls die Schriftgröße anpassen. Verändern Sie dazu über das Menü *Start/Schriftart* die Größe der Schrift (Excel 2003: Grafik markieren und durch Ziehen an den Anfassern die Grafik beliebig vergrößern oder verkleinern).

	A	B	C	D	E	F
1	**Verkaufsstatistik 2007**					
2						
3						
4		Region Süd	Region Nord	Region West	Region Ost	
5	Januar	5.763,87 €	2.983,48 €	6.652,40 €	4.988,80 €	
6	Februar	2.692,90 €	873,73 €	9.832,99 €	2.887,54 €	
7	März	4.298,56 €	3.951,30 €	4.984,95 €	3.165,89 €	
8	April	2.786,47 €	3.570,66 €	5.489,33 €	1.857,83 €	
9	Mai	2.053,81 €	4.054,57 €	4.655,61 €	946,38 €	
10	Juni	1.321,16 €	4.538,48 €	3.821,88 €	5.483,20 €	
11	Juli	588,50 €	5.022,39 €	2.988,16 €	4.373,44 €	
12	August	3.987,23 €	5.506,30 €	2.154,43 €	4.977,49 €	
13	September	4.631,70 €	5.990,21 €	1.320,71 €	5.581,54 €	
14	Oktober	5.964,74 €	6.474,12 €	5.676,23 €	6.185,59 €	
15	November	7.297,78 €	4.893,30 €	6.838,92 €	6.789,63 €	
16	Dezember	8.630,81 €	5.377,21 €	8.699,82 €	7.393,68 €	
17						
18						
19						
20						
21						
22						
23						
24						
25						

Tipp 4: Wiederholungszeilen auf bestimmte Blätter beschränken

Als Wiederholungszeilen werden die Drucktitel bezeichnet, die als Überschrift zu jedem Tabellenblatt festgelegt werden können. Sobald Sie Wiederholungszeilen definiert haben, werden diese auf allen Seiten ausgegeben. In diesem Beispiel erfahren Sie, welche Möglichkeiten es gibt, die Ausgabe von Wiederholungszeilen auf die ersten beiden Seiten zu beschränken.

So geht's:

In Excel werden Wiederholungszeilen über das Menü *Seitenlayout/Seite einrichten/Drucktitel* definiert (Excel 2003: Menü *Datei/Seite einrichten*, Registerkarte *Tabelle*).

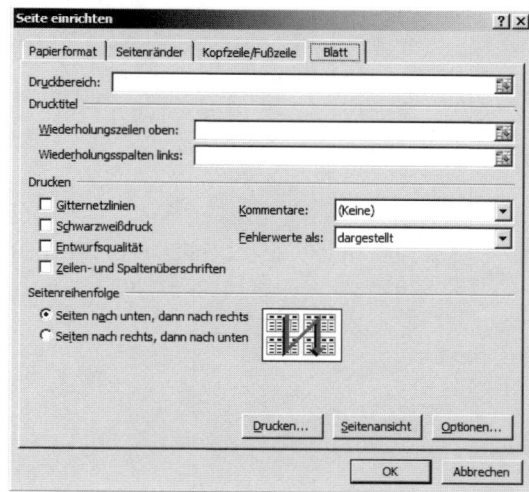

Leider bietet Excel keine Standardmöglichkeit, um zu definieren, auf welchen Seiten die Wiederholungszeilen ausgedruckt werden sollen und auf welchen nicht.

Um nun zu erreichen, dass nur auf den ersten zwei Seiten Wiederholungszeilen ausgegeben werden, bedarf es einer VBA-Prozedur. Gehen Sie dazu wie folgt vor:

1 Starten Sie mit der Tastenkombination [Alt]+[F11] den VBA-Editor.

2 Fügen Sie über das Menü *Einfügen/Modul* ein neues VBA-Codeblatt ein.

3 Erfassen Sie in diesem Modul den Code aus Listing 1.

Wenn Sie den Code nun starten, werden die Wiederholungszeilen aus Zeile 1 des Arbeitsblatts nur auf den Seiten 1 und 2 ausgegeben.

Listing 1:

```
   Sub Bedingte_Wiederholungszeilen()
   '** Dimensionierung der Variablen
   Dim x%, y%

5  '** Nur auf den ersten zwei Seiten einblenden
   x = ExecuteExcel4Macro("Get.Document(50)")
   If x = 1 Then Exit Sub
      ActiveSheet.PageSetup.Order = xlDownThenOver

10 '** Definition der Wiederholungszeilen
   ActiveSheet.PageSetup.PrintTitleRows = "$1:$1"
```

```
    For y = 1 To x

      '** Festlegen der Seiten mit Wiederholungszeilen
15    If y > 2 Then
        ActiveSheet.PageSetup.PrintTitleRows = ""
      End If

      '** Ausdruck der einzelnen Seiten
20    ActiveWindow.SelectedSheets.PrintOut From:=y, To:=y,
      Copies:=1,   Collate:=True

    Next

  End Sub
```

Tipp 5: Ausdruck auf den sichtbaren Bereich beschränken

Dieses Beispiel zeigt, wie der Ausdruck auf den sichtbaren Bereich beschränkt werden kann. Sie müssen also nur noch zu dem Bereich scrollen, der ausgedruckt werden soll. Beim Ausdruck oder bei der Anzeige der Seitenansicht wird ausschließlich der am Bildschirm sichtbare Teil der Tabelle ausgegeben.

So geht's:

1   Erstellen Sie über das Menü *Formeln/Definierte Namen/Namen definieren* den Namen *Druckbereich* (Excel 2003: Menü *Einfügen/Namen/Definieren*).

2   Im Textfeld *Bezieht sich auf* geben Sie folgende Formel ein:

=BEREICH.VERSCHIEBEN(INDIREKT(TEIL(INFO("Ursprung");4;9));;;45;7)

Über die letzten beiden Parameter *45* und *7* der Funktion *BEREICH. VERSCHIEBEN()* wird die Größe des maximal sichtbaren Bereichs definiert. 45 steht dabei für die Anzahl der Zeilen, die auf Ihrem Bildschirm angezeigt werden. Diesen Wert ermitteln Sie am einfachsten, indem Sie eine neue Tabelle aufrufen und die letzte sichtbare Zeilennummer ablesen. Der Wert 7 steht für die Spaltenanzahl. Abhängig davon, wie breit die Spalten sind und welche Seitenrandeinstellungen vorgenommen wurden, differiert dieser Wert und muss individuell angepasst werden.

3 Nachdem Sie die beiden Parameter für Ihre Bedürfnisse angepasst haben, können Sie das Dialogfenster *Neuer Name* (Excel 2007: *Namen definieren*) mit einem Klick auf die Schaltfläche *OK* beenden.

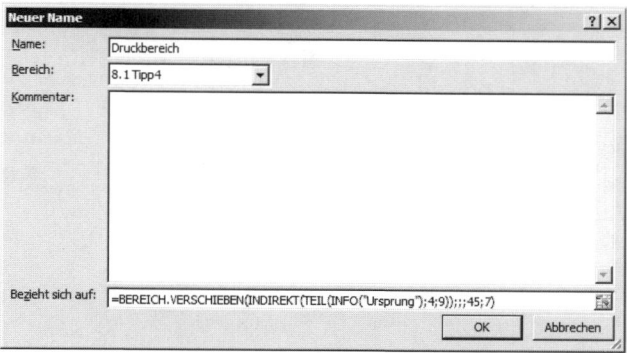

Wird jetzt der Druckbefehl ausgeführt oder die Seitenansicht aktiviert, erfolgt wie gewünscht nur die Ausgabe des sichtbaren Bereichs. So lassen sich einfach und schnell die gewünschten Bereiche ausdrucken.

Hinweis

Der Name *Druckbereich* gilt jeweils für ein Tabellenblatt. Sie müssen diesen Namen somit wie beschrieben in allen Tabellenblättern definieren, in denen die Funktionalität benötigt wird.

Tipp 6: Dynamisieren von Druckbereichen

Im folgenden Beispiel liegt eine Wareneingangsliste vor, in der täglich alle Wareneingänge verzeichnet werden. Die Liste besitzt sechs Spalten, wovon nur die ersten vier ausgegeben werden sollen. Zur Beschränkung des Druckumfangs stellt Excel die Funktion *Druckbereich festlegen* zur Verfügung. Die so manuell definierten Druckbereiche sind jedoch statisch, was bedeutet, dass der Druckbereich täglich angepasst werden muss, sobald sich die Länge der Wareneingangsliste ändert. Die nachfolgend dargestellte Lösung zeigt, wie Sie einen Druckbereich dynamisieren können. Sobald eine neue Zeile erfasst wird, soll sich der Druckbereich automatisch den neuen Gegebenheiten anpassen.

So geht's:

1 Definieren Sie über das Menü *Formeln/Definierte Namen/Namen definieren* den Namen *Druckbereich* (Excel 2003: Menü *Einfügen/Namen/Definieren*).

2 Im Feld *Bezieht sich auf* erfassen Sie die Formel *=INDIREKT("A1:D" &ANZAHL2('8.1 Tipp6'!$D:$D)+2)*.

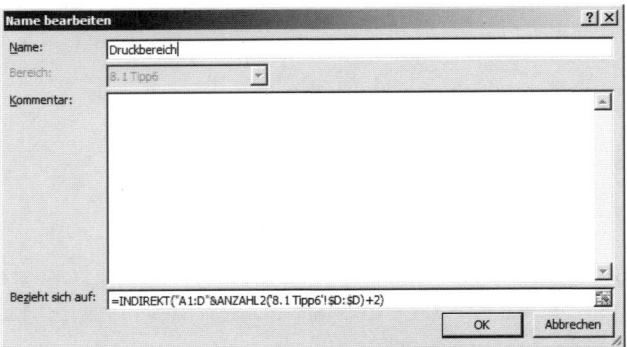

3 Nachdem Sie das Dialogfenster mit einem Klick auf die Schaltfläche *OK* beendet haben, wird der Druckbereich automatisch erzeugt. Die Anpassung erfolgt, sobald zur Spalte D ein weiterer Eintrag hinzugefügt wird.

	A	B	C	D	E	F	G
1	**Wareneingangsliste Juni 2007**						
2							
3	**Warenlieferung**	**Artikel-Nr.**	**Beschreibung**	**Gruppe**	**Prüfung**	**Lager**	
4	01.06.2007	SAN-60853	Artikel A1	A	ok	Hauptlager	
5	01.06.2007	SAN-99296	Artikel A2	A	ok	Nebenlager1	
6	01.06.2007	SBN-92709	Artikel B1	B	ok	Nebenlager2	
7	04.06.2007	SBN-67439	Artikel B2	B	ok	Hauptlager	
8	04.06.2007	SCN-92796	Artikel C1	C	ok	Nebenlager2	
9	04.06.2007	SDN-58941	Artikel D2	D	ok	Nebenlager1	
10	05.06.2007	SCN-50875	Artikel C2	C	ok	Hauptlager	
11	05.06.2007	SAN-43180	Artikel A3	A	ok	Nebenlager2	
12	05.06.2007	SCN-13421	Artikel C3	C	ok	Nebenlager1	
13	05.06.2007	SCN-64761	Artikel C4	C	ok	Nebenlager2	
14	06.06.2007	SDN-76839	Artikel D2	D	ok	Hauptlager	
15	06.06.2007	SBN-74756	Artikel B3	B	offen	Nebenlager1	
16	06.06.2007	SAN-56800	Artikel A4	A	offen	Nebenlager1	
17	08.06.2007	SBN-80678	Artikel B4	B	ok	Nebenlager2	
18	08.06.2007	SDN-13266	Artikel D2	D	offen	Hauptlager	
19	08.06.2007	SAN-80402	Artikel A5	A	ok	Hauptlager	
20	08.06.2007	SBN-35317	Artikel B5	B	offen	Hauptlager	
21	11.06.2007	SCN-64861	Artikel C4	C	ok	Nebenlager2	
22	11.06.2007	SDN-54269	Artikel D2	D	offen	Hauptlager	
23	11.06.2007	SBN-58968	Artikel B3	B	offen	Nebenlager1	
24	11.06.2007	SAN-95128	Artikel A4	A	ok	Nebenlager1	
25							
26							

Wie gewünscht, werden jetzt nur die Spalten A bis D ausgedruckt. Den Druckbereich erkennen Sie an der gestrichelten Linie um den gewünschten Zellbereich.

> **Hinweis**
>
> Beachten Sie, dass sich in Spalte D keine leeren Zellen befinden dürfen, damit die dynamische Anpassung des Druckbereichs ordnungsgemäß funktionieren kann.

Tipp 7: Fehlerwerte beim Drucken ausblenden

Als Ausgangstabelle für dieses Beispiel dient eine Übersicht der Tagesverkäufe. Diese Liste beinhaltet einige Fehler, die sich aus der Datenübernahme aus einem Fremdsystem ergeben haben. Ziel ist es nun, die Tabelle zu drucken, ohne dass die Fehlerwerte angezeigt werden.

	A	B	C	D	E
1	**Tagesverkäufe**				
2	Datum:	20.07.2007			
3					
4	Artikel-Nr.	Anzahl	VK pro Stück	Umsatz	
5	47116	9	72,9	656,1	
6	47125	8	75,01	600,08	
7	47015	#DIV/0!	58,3	#DIV/0!	
8	47116	5	72,9	364,5	
9	#NV	0	131,44	0	
10	47125	4	75,01	300,04	
11	47015	7	58,3	408,1	
12	47116	#NV	72,9	#NV	
13	47223	1	114,45	114,45	
14	47223	1	114,45	114,45	
15	47020	8	97,76	782,08	
16	47116	6	72,9	437,4	
17	47015	3	58,3	174,9	
18	47223	15	114,45	1716,75	
19	47116	#NV	72,9	#NV	
20	47020	12	97,76	1173,12	
21	47015	5	58,3	291,5	
22					
23					

So geht's:

Seit Excel 2002 steht für diesen Zweck eine eigene Funktion zur Verfügung.

1 Öffnen Sie über das Menü *Seitenlayout/Seite einrichten/Drucktitel* das Dialogfenster *Seite einrichten* (Excel 2003: Menü *Datei/Seite einrichten*).

2 Im Listenfeld *Fehlerwert als* wählen Sie den Eintrag *leer*. Damit wird beim Ausdruck anstatt des Fehlerwerts eine leere Zeichenfolge ausgegeben.

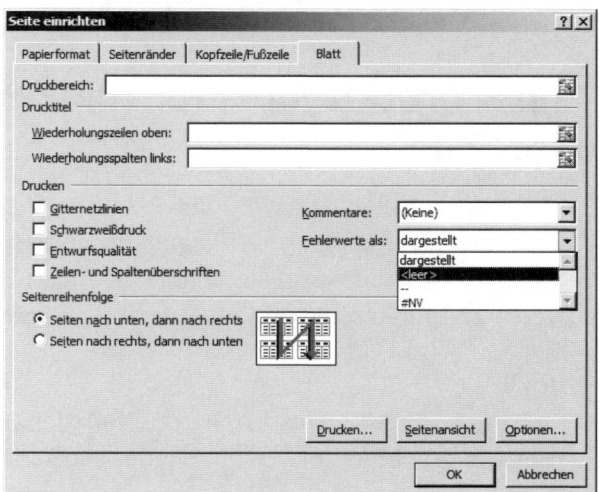

Im Ergebnis werden nun sämtliche Fehlerwerte wie gewünscht unterdrückt. Am schnellsten können Sie sich das Ergebnis über die Druckvorschau ansehen. Diese aktivieren Sie über das Menü *Datei/ Drucken* (Excel 2007: Menü *Office/Drucken/Seitenansicht*; Excel 2003: Menü *Datei/Seitenansicht*).

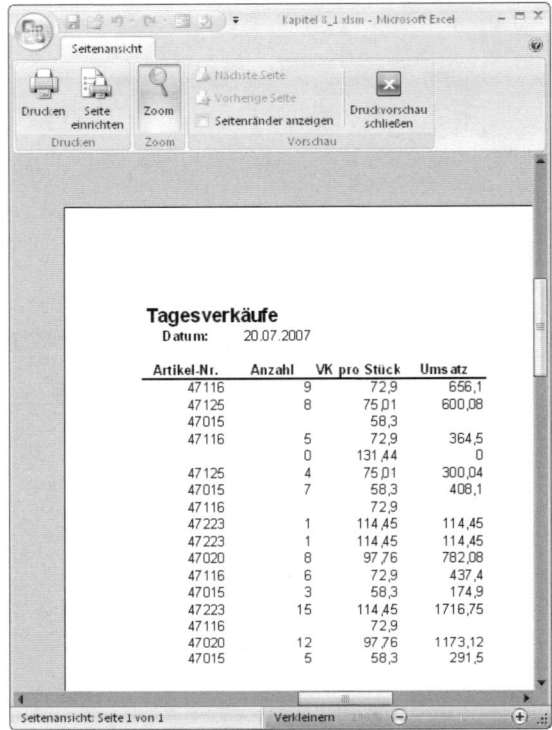

Hinweis

Die Druckdarstellung hat jedoch keine Auswirkung auf die Anzeige im Tabellenblatt. Dort stehen die Fehlerwerte unverändert zur Verfügung.

Tipp 8: Drucklayouts für zukünftige Ausdrucke abspeichern

Eine sehr komfortable, aber in der Praxis wenig genutzte Funktion ist die Funktion *Benutzerdefinierte Ansichten*. Über diese Funktion lassen sich beliebige Seiten-, Druck- und Layouteinstellungen abspeichern und zu einem späteren Zeitpunkt ohne großen Aufwand aktivieren.

So geht's:

1 Im ersten Schritt müssen Sie das Tabellenblatt Ihren Wünschen entsprechend einrichten. Legen Sie dazu folgende Einstellungen nach Belieben fest:

> ➤ Hoch- oder Querformat
> ➤ Seitenränder
> ➤ Kopf- und Fußzeilen
> ➤ Druckbereiche
> ➤ Wiederholungszeilen
> ➤ Gitternetzlinien
> ➤ Filtereinstellungen
> ➤ u. v. m.

2 Nachdem Sie das Blatt wie gewünscht eingerichtet haben, starten Sie den Befehl *Benutzerdefinierte Ansichten* über das Menü *Ansicht/Arbeitsmappenansichten/ Benutzerdef. Ansichten* (Excel 2003: Menü *Ansicht/Benutzerdefinierte Ansichten*).

3 Mit einem Klick auf die Schaltfläche *Hinzufügen* kann für die aktuellen Seiteneinstellungen ein Name vergeben und gleichzeitig definiert werden, ob in der benutzerdefinierten Ansicht *Druckereinstellungen* und/oder *Ausgeblendete Zeilen-, Spalten- und Filtereinstellungen* berücksichtigt werden sollen.

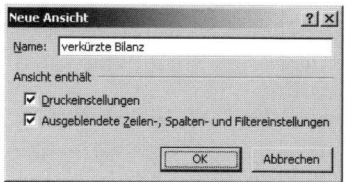

4 Nachdem Sie das Dialogfenster mit *OK* beendet haben, steht die neu definierte Ansicht zur Verfügung und kann entsprechend über die Schaltfläche *Anzeigen* im Dialogfenster *Benutzerdefinierte Ansichten* aufgerufen und verwendet werden.

Hinweis

In Excel 2003 können Sie einen Schnellzugriff auf die benutzerdefinierte Ansicht in der Menüleiste einrichten. Führen Sie dazu einen Klick mit der rechten Maustaste auf eine beliebige Symbolleiste aus. Wählen Sie im Kontextmenü den Eintrag *Anpassen* und wechseln Sie zur Registerkarte *Befehle*. Selektieren Sie im Listenfeld *Kategorie* den Eintrag *Ansicht* und ziehen Sie mit gedrückter linker Maustaste den Eintrag *Benutzerdefinierte Ansichten* aus dem Listenfeld *Befehle* in die Menüleiste. Damit steht der Zugriff auf die benutzerdefinierten Ansichten jederzeit zur Verfügung.

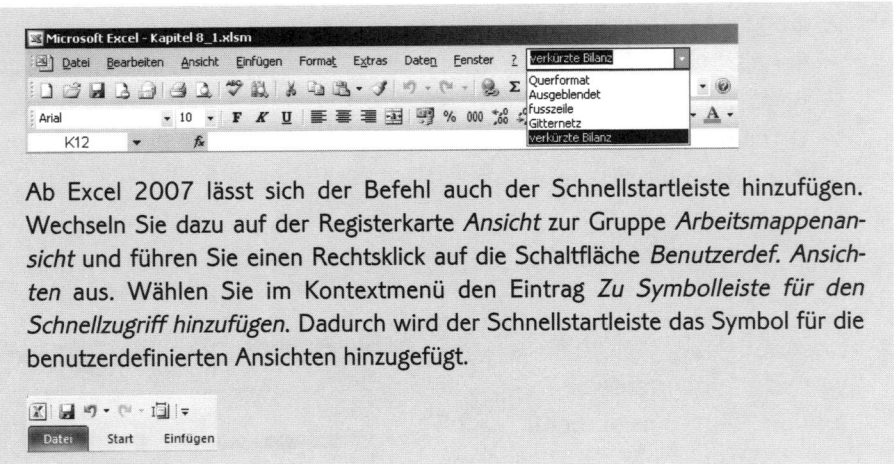

Ab Excel 2007 lässt sich der Befehl auch der Schnellstartleiste hinzufügen. Wechseln Sie dazu auf der Registerkarte *Ansicht* zur Gruppe *Arbeitsmappenansicht* und führen Sie einen Rechtsklick auf die Schaltfläche *Benutzerdef. Ansichten* aus. Wählen Sie im Kontextmenü den Eintrag *Zu Symbolleiste für den Schnellzugriff hinzufügen*. Dadurch wird der Schnellstartleiste das Symbol für die benutzerdefinierten Ansichten hinzugefügt.

Microsoft bietet über dieses Feature hinaus auch noch einen Berichts-Manager an. Dieses Add-in ist standardmäßig ab der Version Excel 2002 nicht mehr in Excel enthalten. Sie können es jedoch von der Microsoft-Internetseite herunterladen. Gehen Sie dazu auf die Seite *http://office.microsoft.com/downloads* und suchen Sie nach dem Berichts-Manager.

Nachdem Sie das Add-in eingebunden haben, steht der Berichts-Manager im Menü *Add-Ins/Berichts-Manager* zur Verfügung (Excel 2003: Menü *Einfügen/Berichts-Manager*).

Über den Berichts-Manager können individuelle Berichte aus einzelnen Tabellenblättern einer Arbeitsmappe zusammengestellt werden. Auf diese Weise lassen sich verschiedene Berichte mit unterschiedlichen Tabellenblättern erstellen, und es kann einfach und schnell auf diese Tabellenblattkomposition zugegriffen werden.

Tipp 9: Erzeugung einer Formelübersicht

Um sich in umfangreichen Kalkulationsmodellen zurechtzufinden und um sich einen Überblick über die enthaltenen Formeln und Funktionen zu verschaffen, bietet es sich an, anstatt der Formelergebnisse die Formeln selbst auszudrucken.

So geht's:

1 Aktivieren Sie im ersten Schritt über das Menü *Formeln/Formelüberwachung/Formeln anzeigen* die Formelansicht. Alternativ kann sie auch über die Tastenkombination Strg+# aktiviert werden (Excel 2003: Menü *Extras/Optionen*, Registerkarte *Ansicht*, Kontrollkästchen *Formeln*).

2 Nachdem die Formelansicht eingeschaltet ist, müssen Sie nur noch die Druckoptionen definieren. Öffnen Sie dazu über das Menü *Seitenlayout/Seite einrichten/Drucktitel* das Dialogfenster zur Einrichtung der Seite (Excel 2003: Menü *Datei/Seite einrichten*).

3 Wechseln Sie zur Registerkarte *Tabelle* und aktivieren Sie die Kontrollkästchen *Gitternetzlinien* und *Zeilen- und Spaltenüberschriften*.

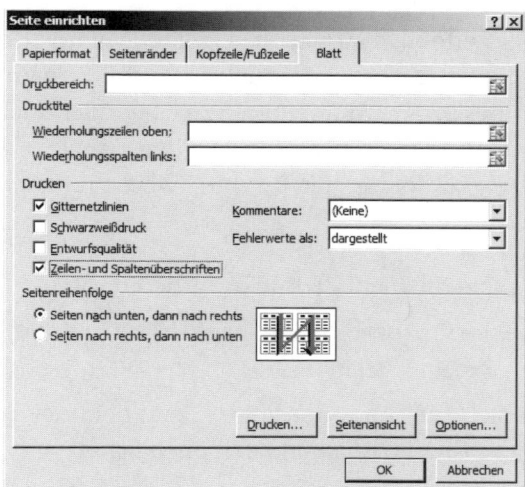

4 Beenden Sie das Dialogfenster *Seite einrichten* mit einem Klick auf die Schaltfläche *OK*. Durch die eingeblendeten Zeilen- und Spaltenüberschriften sehen Sie beim Ausdruck oder in der Seitenansicht des betreffenden Tabellenblatts sehr schnell, in welcher Zelle sich welche Formel befindet. Die Seitenansicht aktivieren Sie über das Menü *Datei/Drucken* (Excel 2007: Menü *Office/Drucken/Seitenansicht*, Excel 2003: Menü *Datei/Seitenansicht*).

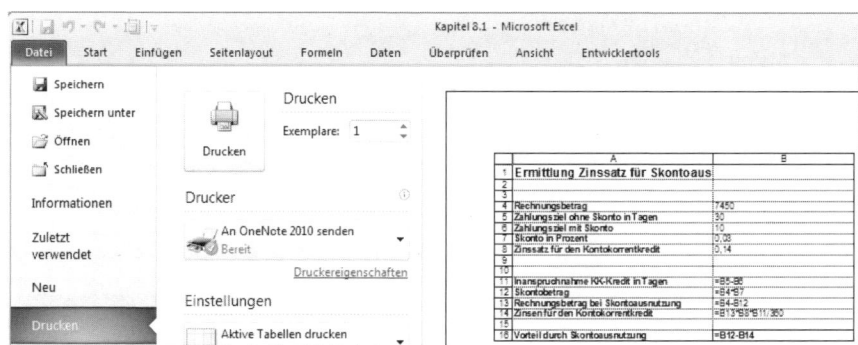

> **Hinweis**
>
> Wenn die Formeln sehr lang sind, bietet es sich an, das Tabellenblatt im Querformat auszudrucken.

Tipp 10: Druck von Tabellen unterbinden

Es gibt eine sehr einfache und effektive Möglichkeit, seine Daten vor dem unbefugten Drucken zu schützen. Per VBA können in Excel sogenannte Ereignisse genutzt werden, um gewisse Aktionen auszulösen oder auch zu unterbinden. Es gibt ein Ereignis, das unmittelbar vor dem Druckvorgang ausgelöst wird, und dieses Ereignis können Sie für Ihre Zwecke nutzen.

So geht's:

1 Öffnen Sie die Arbeitsmappe, die nicht gedruckt werden darf.

2 Drücken Sie die nun die Tastenkombination (Alt)+(F11), um in die Entwicklungsumgebung von Excel zu gelangen.

3 Im Projekt-Explorer, der sich meist auf der linken Seite befindet, müssen Sie jetzt auf den Eintrag *DieseArbeitsmappe* doppelklicken.

4 Wählen Sie nun im Codefenster aus dem ersten Drop-down-Feld oben den Eintrag *Workbook* und anschließend im zweiten Drop-down-Feld das Ereignis *BeforePrint* aus.

5 Ergänzen Sie den noch leeren Rahmen mit dem nachfolgenden Code.

Listing 1:

```
Private Sub Workbook_BeforePrint(Cancel As Boolean)
    MsgBox "Das Drucken ist in dieser Mappe verboten!", vbInformation
    Cancel = True
End Sub
```

6 Speichern Sie zum Schluss die Arbeitsmappe und versuchen Sie dann einmal, eine beliebige Tabelle auszudrucken. Vergeblich, denn es erscheint lediglich eine Meldung am Bildschirm, und der Druckvorgang wird abgebrochen.

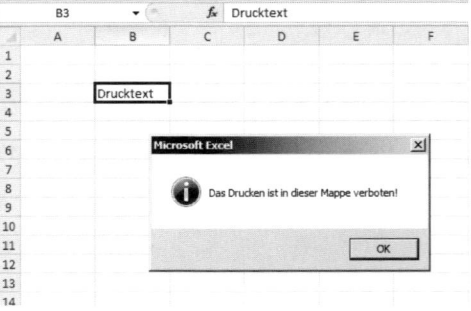

> **Hinweis**
>
> Das Makro für das Verhindern des Drucks basiert auf dem Argument *Cancel*, das auf *True* gesetzt wird und damit bewirkt, dass das Druckereignis abgebrochen wird. Auf diese simple Art und Weise können Daten aus der so eingestellten Arbeitsmappe nicht mehr gedruckt werden. Voraussetzung für diesen Schutz ist allerdings die Aktivierung der Makros.

8.2 E-Mail-Funktionen in Excel nutzen

Zum heutigen Geschäftsleben gehört der E-Mail-Verkehr genauso dazu wie die herkömmliche Briefpost. Dieser Abschnitt zeigt, wie Sie geschickt E-Mails versenden können und welche Features Excel zu diesem Thema bereithält.

Tipp 1: Arbeitsmappe und Tabellenblatt aus Excel per E-Mail versenden

Dieses Beispiel zeigt, wie sich ganze Arbeitsmappen oder auch einzelne Tabellenblätter per E-Mail versenden lassen. Ab Excel 2003 stehen diese Funktionen gleichermaßen zur Verfügung.

So geht's: Versenden der gesamten Arbeitsmappe

Zum Versenden der gesamten Arbeitsmappe gehen Sie wie folgt vor:

1 Öffnen Sie die Arbeitsmappe, die per Mail versandt werden soll.

2 Starten Sie den Befehl zum E-Mail-Versand über das Menü *Datei/Speichern und Senden/Per E-Mail senden* (Excel 2007: Menü *Office/Senden/E-Mail*; Excel 2003: Menü *Datei/Senden an/E-Mail-Empfänger (als Anlage)*).

3 Es öffnet sich ein E-Mail-Fenster, in dem Sie wie gewohnt die Empfängeradresse, einen Betreff und einen Mailtext eintragen können. Die Arbeitsmappe ist der E-Mail bereits als Anhang beigefügt.

4 Mit einem Klick auf die Schaltfläche *Senden* wird die E-Mail wie gewohnt verschickt.

> **Hinweis**
>
> Vor dem E-Mail-Versand müssen Sie gegebenenfalls ein Microsoft Outlook-Profil erstellen bzw. ein E-Mail-Konto einrichten.

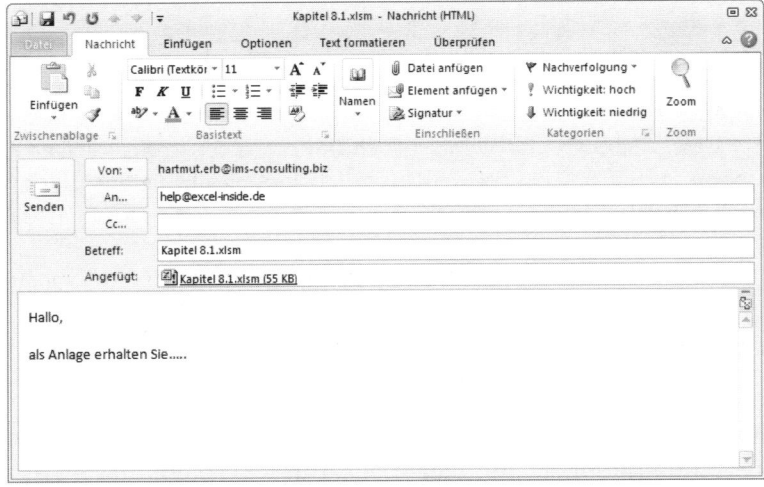

So geht's: Einzelnes Tabellenblatt versenden

Einzelne Tabellenblätter werden nicht als Anhang an die Mail angehängt, sondern direkt als Text in die E-Mail eingefügt.

1 Bevor Sie die Funktion nutzen können, müssen Sie der Schnellstartleiste den Befehl *An E-Mail-Empfänger senden* hinzufügen. Führen Sie dazu einen Klick mit der rechten Maustaste auf die *Symbolleiste für den Schnellzugriff* aus und wählen Sie aus dem Kontextmenü den Eintrag *Symbolleiste für den Schnellzugriff anpassen*.

2 Wählen Sie dort den Eintrag *Alle Befehle* aus und scrollen Sie nach unten bis zum Eintrag *An E-Mail-Empfänger senden*. Mit einem Klick auf die Schaltfläche *Hinzufügen* und der anschließenden Bestätigung mit *OK* wird der Befehl der Schnellstartleiste hinzugefügt.

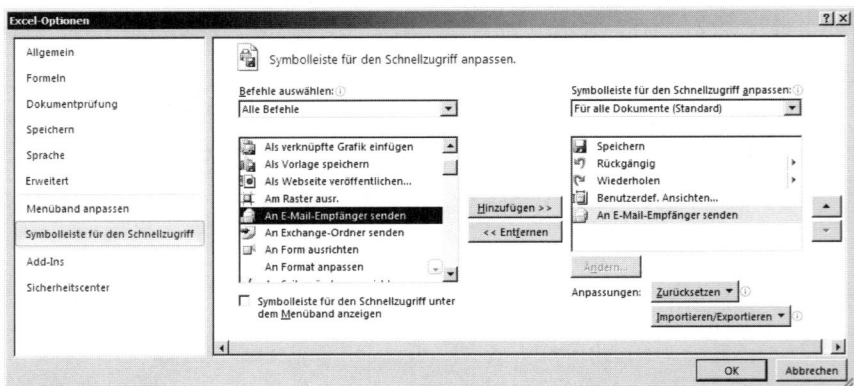

3 Wenn Sie nun auf das E-Mail-Symbol in der Schnellstartleiste klicken, öffnet sich ein E-Mail-Fenster, in dem das gerade aktive Tabellenblatt bereits als Mailtext eingefügt ist.

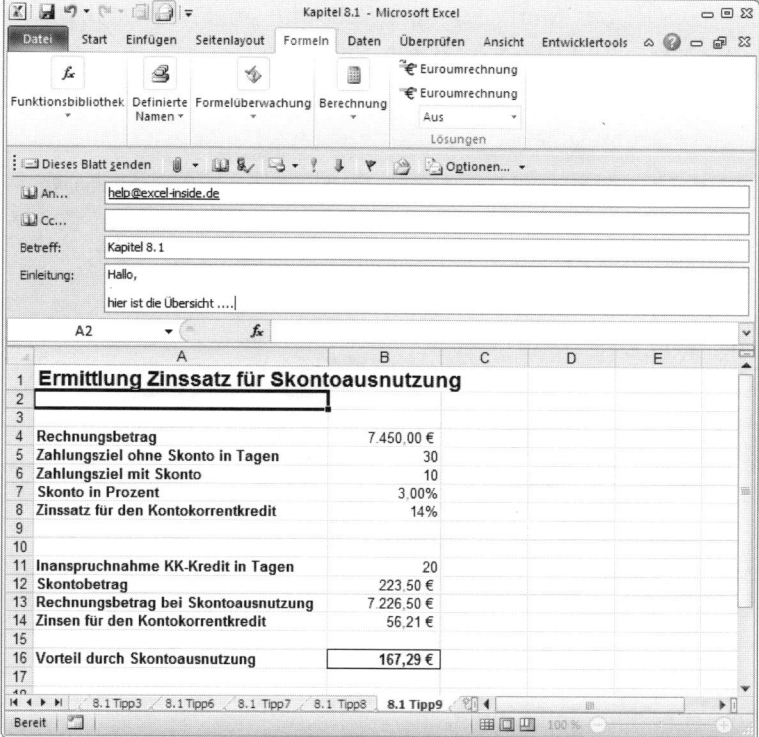

4 Auch hier können Sie wie gewohnt die Mailadresse sowie den Betreff eintragen. Im Feld *Einleitung* kann noch ein zusätzlicher Text eingegeben werden.

5 Mit einem Klick auf die Schaltfläche *Dieses Blatt senden* wird die Mail verschickt.

Tipp 2: Markierten Bereich per E-Mail versenden

In diesem Beispiel soll ein definierter Teilbereich eines Tabellenblatts per E-Mail versendet werden. Leider bietet Excel dafür keine Standardfunktion an, was aber kein größeres Problem darstellt, da sich diese Aufgabenstellung über eine kleinere VBA-Prozedur leicht lösen lässt.

So geht's:

1 Starten Sie im ersten Schritt mit der Tastenkombination [Alt]+[F11] den VBA-Editor.

2 Fügen Sie über das Menü *Einfügen/Modul* ein neues Codeblatt hinzu, in das Sie den VBA-Code aus Listing 1 kopieren.

3 Aktivieren Sie nun das Tabellenblatt, aus dem der Zellbereich per Mail versendet werden sollen.

4 Starten Sie das VBA-Makro über den Befehl *Entwicklertools/Code/Makros*. Daraufhin öffnet sich ein Dialogfenster mit allen zur Verfügung stehenden VBA-Makros.

5 Selektieren Sie im Dialogfenster *Makro* die VBA-Prozedur mit der Bezeichnung *RangeMail* und starten Sie diese über die Schaltfläche *Ausführen*.

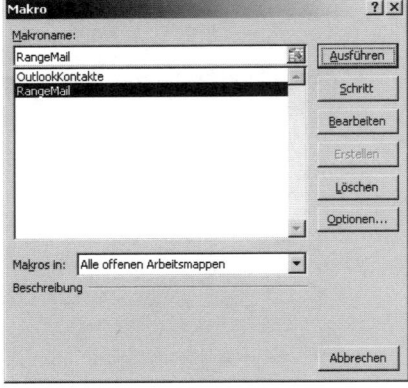

6 Nun öffnet sich ein Dialogfenster, über das Sie den Zellbereich, der per Mail versendet werden soll, markieren können. Setzen Sie dazu den Zellzeiger in das Textfeld und markieren Sie den Zellbereich mit der Maus auf dem Tabellenblatt. Die Zelladressen werden automatisch in das Textfeld übernommen.

7 Bestätigen Sie Ihre Auswahl mit einem Klick auf die Schaltfläche *OK*. Nun öffnet sich ein zweites Fenster, in das Sie die E-Mail-Adresse eingeben können.

8 Wenn Sie die E-Mail-Adresse eingetragen und das Dialogfenster mit einem Klick auf die Schaltfläche *OK* geschlossen haben, wird eine neue E-Mail erstellt. Diese enthält die erfasste E-Mail-Adresse, den Betreff und die angehängte Excel-Datei *Range.xls*.

9 Die Datei *Range.xls* enthält ein Tabellenblatt, auf dem sich der markierte Tabellenausschnitt befindet.

10 Mit einem Klick auf die Schaltfläche *Senden* wird die Mail wie gewohnt verschickt.

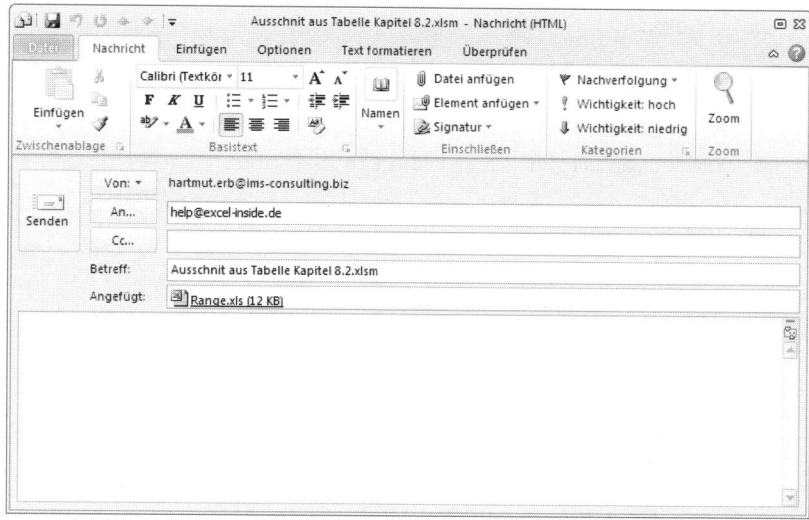

Listing 1:

```
Sub RangeMail()

'** Dimensionierung der Variablen
Dim strRecipient As String
Dim strHeader As String
Dim strRange As Range

'** Fehlerhandling
On Error GoTo errorhandling

'** Standard-Mailadresse
strRecipient = "help@excel-inside.de"
strHeader = "Ausschnit aus Tabelle " & ActiveWorkbook.Name

'** Bereich definieren
Set strRange = Application.InputBox("Markieren Sie den E-
Mail-Bereich:", Type:=8)

'** Mailadresse definieren
strRecipient = Application.InputBox("Geben Sie die
Mailadresse an:")

'** Markierung kopieren und in Sheet übertragen
Range(strRange.Address).Select
Selection.Copy
```

```
    Workbooks.Add
25  ActiveSheet.Paste
    With Selection
        .PasteSpecial Paste:=xlPasteValues
        .PasteSpecial Paste:=xlPasteFormats
        .Columns.AutoFit
30  End With

    ActiveSheet.Range("A1").Select
    '** Mappe mit Bereich abspeichern
    Application.DisplayAlerts = False
35  ActiveWorkbook.SaveAs "Range.xls"
    Application.DisplayAlerts = True

    '** Bereich an Mail anhängen und versenden
    Application.Dialogs(xlDialogSendMail).Show strRecipient,
    strHeader
40
    Exit Sub

    '** Fehlerhandling
    errorhandling:
45
    End Sub
```

Tipp 3: Kontakte von Outlook nach Excel übertragen

Kontakte werden in der Praxis häufig in Outlook verwaltet. In manchen Situationen kann es aber erforderlich sein, dass die Adressinformationen in Excel zur Verfügung stehen, beispielsweise wenn Sie über Word einen Serienbrief schreiben und Excel als Datenbasis für die Anschriften verwenden möchten. In diesem Beispiel erfahren Sie, wie sich Outlook-Kontakte nach Excel übertragen lassen.

So geht's:

Da Excel zum Auslesen von Outlook-Kontakten keine Standardfunktion zur Verfügung stellt, muss die Aufgabenstellung über ein VBA-Makro gelöst werden.

1 Starten Sie im ersten Schritt mit der Tastenkombination [Alt]+[F11] den VBA-Editor.

2 Fügen Sie über das Menü *Einfügen/Modul* ein neues Codeblatt hinzu.

3 Kopieren Sie in das Codeblatt den VBA-Code aus Listing 1.

4 Fügen Sie ein leeres Tabellenblatt hinzu, in das die Kontakte ab Zeile A1 eingetragen werden sollen.

5 Öffnen Sie das Dialogfenster *Makro* über das Menü *Entwicklertools/Code/Makros*.

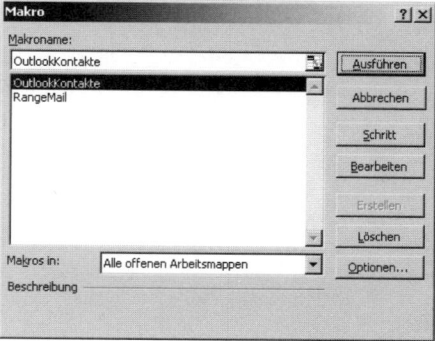

Wählen Sie nun im Dialogfenster *Makro* die Prozedur *OutlookKontakte* und starten Sie das Makro über die Schaltfläche *Ausführen* (Excel 2003: Menü *Extras/Makro/Makros*).

6 Als Ergebnis werden in diesem Beispiel folgende Informationen aus Outlook übertragen und zeilenweise als Datensatz dargestellt. Aus datenschutzrechtlichen Gründen wird auf die Abbildung des Ergebnisses verzichtet.

➢ Vorname

➢ Nachname

➢ Telefonnummer geschäftlich

➢ Faxnummer geschäftlich

➢ E-Mail-Adresse

Listing 1:

```
Sub OutlookKontakte()

'** Dimensionierung der Variablen
Dim lngCount As Long
Dim strMail As New Outlook.Application

'** Fehlerhandling
On Error Resume Next

'** Vorbereitung
Range("A1").Select
```

```
     Set strContact = strMail.GetNamespace("MAPI")
       .GetDefaultFolder(olFolderContacts)

     '** Durchlaufen aller Kontakte und Übernehmen nach Excel
15   For lngCount = 1 To strContact.Items.Count
       Set strOutlook = strContact.Items(lngCount)

       With strOutlook
         ActiveCell.Value = .LastName
20       ActiveCell.Offset(0, 1).Value = .FirstName
         ActiveCell.Offset(0, 2).Value = .BusinessTelephoneNumber
         ActiveCell.Offset(0, 3).Value = .BusinessFaxNumber
         ActiveCell.Offset(0, 4).Value = .EmailAddress
       End With
25     ActiveCell.Offset(1, 0).Select

     Next lngCount

     '** Spaltenbreite
30   ActiveSheet.Columns("A:F").EntireColumn.AutoFit

     '** Objektvariablen zurücksetzen
     Set strOutlook = Nothing
     Set strContact = Nothing
35   Set strMail = Nothing

     End Sub
```

Hinweis

Über dieses Makro lassen sich sämtliche in Outlook verfügbare Kontaktinformationen auslesen und nach Excel übertragen. Die Bezeichnung der Outlook-Objekte finden Sie im Objektkatalog von Outlook. Aufgerufen wird der Objektkatalog im VBA-Editor, indem Sie die Funktionstaste F2 drücken. Im Suchfenster kann nach den benötigten Objekten gesucht werden.

Funktionsübersicht

Funktion	Erläuterung
BEREICH.VERSCHIEBEN(Bezug;Zeilen;Spalten;Höhe;Breite)	Gibt einen Bezug zurück, der gegenüber dem angegebenen Bezug versetzt ist. Der zurückgegebene Bezug kann eine einzelne Zelle oder ein Zellbereich sein. Sie können die Anzahl der zurückzugebenden Zeilen und Spalten festlegen.
ANZAHL2(Wert1;Wert2;...)	Berechnet, wie viele Werte eine Liste von Argumenten enthält. Verwenden Sie *ANZAHL2*, wenn Sie wissen möchten, wie viele zu einem Bereich oder einer Matrix gehörende Zellen Daten enthalten.
INFO(Typ)	Gibt Informationen zur aktuellen Betriebssystemumgebung zurück.
INDIREKT(Bezug;A1)	Gibt den Bezug eines Textwerts zurück. Bezüge werden sofort ausgewertet, sodass die zu ihnen gehörenden Werte angezeigt werden. Verwenden Sie die *INDIREKT*-Funktion, um den Bezug auf eine in einer Formel befindliche Zelle zu ändern, ohne die Formel selbst zu ändern.
TEIL(Text;Erstes_Zeichen;Anzahl_Zeichen)	*TEIL* gibt eine bestimmte Anzahl von Zeichen einer Zeichenfolge ab der von Ihnen angegebenen Position zurück.

Excel den individuellen Bedürfnissen anpassen

9

Excel ist ein sehr mächtiges und umfangreiches Tabellenkalkulationsprogramm. Es wird in den verschiedensten Branchen und von den unterschiedlichsten Anwendern zur Erledigung diverser Aufgaben weltweit eingesetzt. Da ist es natürlich sehr wichtig, dass sich das Programm den unter-

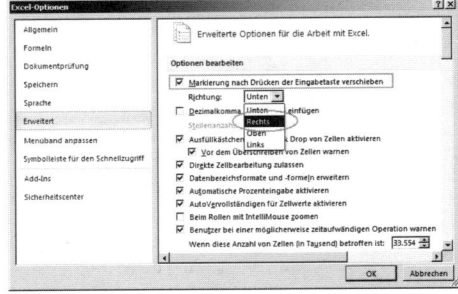

schiedlichen Anforderungen und Bedürfnissen individuell anpassen lässt. Dieser Abschnitt gibt einen Überblick über die wichtigsten Einstellungen und die damit verbundenen Optimierungseffekte.

Tipp 1: Verschiedene Standardeinstellungen für Excel individuell vorgeben

In diesem Beispiel erhalten Sie einen Überblick über die wichtigsten Einstellungsmöglichkeiten im Umgang mit Excel.

So geht's: Verschieben des Zellzeigers nach Drücken der Enter-Taste

Standardmäßig ist der Zellzeiger in Excel so eingestellt, dass beim Drücken der [Enter]-Taste der Zellzeiger eine Zelle nach unten verschoben wird. Manchmal kann es erforderlich sein, dass der Zellzeiger nach rechts, links oder auch nach oben verschoben werden muss. Müssen Sie viele Einträge in einer Zeile vornehmen, bietet es sich an, die Option so einzustellen, dass die Eingabemarke nach jeder Eingabe nach rechts verschoben wird.

1 Öffnen Sie dazu über das Menü *Datei/Optionen* das Dialogfenster *Excel-Optionen* (Excel 2007: Menü *Office/Excel-Optionen*; Excel 2003: Menü *Extras/Optionen*, Registerkarte *Bearbeiten*).

2 Auf der Registerkarte *Erweitert* finden Sie die Einstellung für den Zellzeiger. Aktivieren Sie das Kontrollkästchen *Markierung nach Drücken der Eingabetaste verschieben*, und im Kombinationsfeld *Richtung* wählen Sie den Eintrag *Rechts* aus.

3 Mit einem Klick auf die Schaltfläche *OK* wird die Optionseinstellung geschlossen, und die Zellmarkierung wird wie gewünscht nach rechts verschoben.

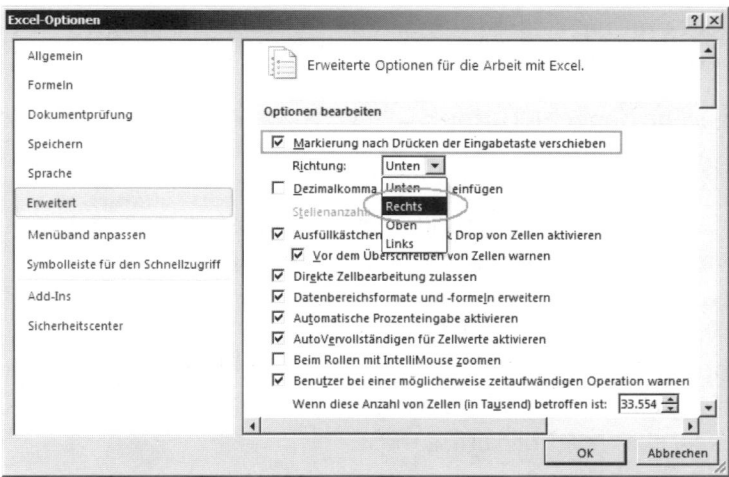

So geht's: AutoAusfüllkästchen sowie das Ziehen mit der Maus deaktivieren

So praktisch das AutoAusfüllkästchen auch sein mag: In manchen Situationen oder an manchen Arbeitsplätzen ist es nicht zu gebrauchen. Deaktivieren Sie diese Funktion wie folgt:

1 Starten Sie das Dialogfenster *Excel-Optionen*.

2 Das Ausfüllkästchen lässt sich im Abschnitt *Erweitert* über das Kontrollkästchen *Ausfüllkästchen und Drag & Drop von Zellen aktivieren* abschalten, indem der Haken entfernt wird (Excel 2003: Menü *Extras/ Optionen*, Registerkarte *Bearbeiten*).

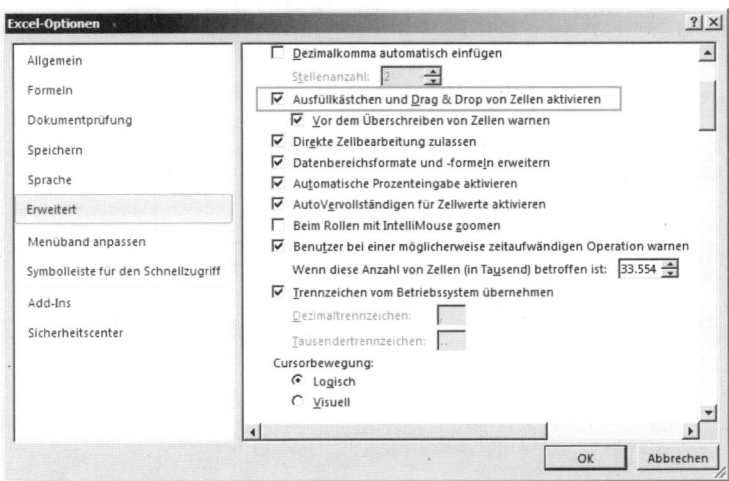

673

Damit besteht nun nicht mehr die Gefahr, mit unbeabsichtigten Mausbewegungen den Datenbestand zu beschädigen.

→ Verweis: siehe Kapitel 1.1, Tipp 5

So geht's: Vorgabe fixer Dezimalstellen

In verschiedenen Buchhaltungsprogrammen müssen Zahlen nicht mit Dezimalkomma getrennt erfasst werden, da unterstellt wird, dass die Mehrzahl der Beträge Nachkommastellen besitzen. In diesen Programmen wird der Betrag von beispielsweise 155,37 Euro einfach ohne Dezimaltrennzeichen im Format 15537 eingegeben. Das Programm setzt automatisch vor den letzten beiden Zeichen ein Dezimaltrennzeichen. Genau diese Funktion stellt Excel ebenfalls zur Verfügung.

1 Auch diese Einstellung finden Sie im Dialogfenster *Excel-Optionen* im Abschnitt *Erweitert* (Excel 2003: Menü *Extras/Optionen*, Registerkarte *Bearbeiten*).

2 Zum Aktivieren dieser Option müssen Sie nur den Haken im Kontrollkästchen *Dezimalkomma automatisch einfügen* setzen und die Anzahl der Dezimalstellen auf den Wert 2 einstellen.

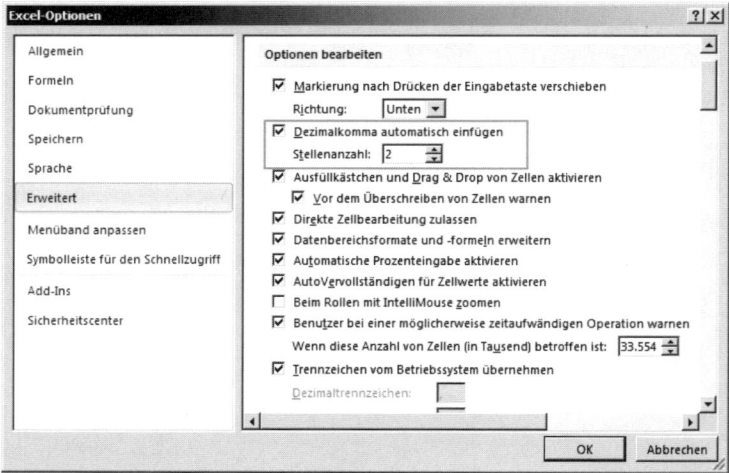

Mit dieser Einstellung ist es nun nicht mehr notwendig, das Komma als Dezimaltrennzeichen zu erfassen.

So geht's: Festlegen des Standardspeicherpfads und des Standardspeichertyps

Arbeiten Sie an längeren Projekten oder gibt es ein Abteilungslaufwerk, auf dem sämtliche Excel-Dateien abgespeichert werden sollen, bietet es sich an, den Standardspeicherpfad für alle Excel-Dateien auf ein gewünschtes Verzeichnis fest einzustellen.

1 Starten Sie dazu das Dialogfenster *Excel-Optionen* und wechseln Sie zum Abschnitt *Speichern* (Excel 2003: Menü *Extras/Optionen*, Registerkarte *Allgemein*).

2 Im Textfeld *Standardspeicherort* können Sie den Pfad eingeben, der geöffnet werden soll, wenn Sie eine neue Arbeitsmappe über den Befehl *Speichern* oder *Speichern unter* ablegen möchten.

3 Der Standardspeichertyp wird im gleichen *Optionen*-Fenster im Kombinationsfeld *Dateien in diesem Format speichern* festgelegt. Als Standardspeichertypen können Sie alle in Excel verfügbaren Datentypen festlegen. Das reicht von einer herkömmlichen Excel-Arbeitsmappe mit der Endung *.xlsx* bzw. *.xls* bis hin zum XML-Format mit der Endung *.xml*. In Excel 2003 kann der Standardspeichertyp nicht vordefiniert werden.

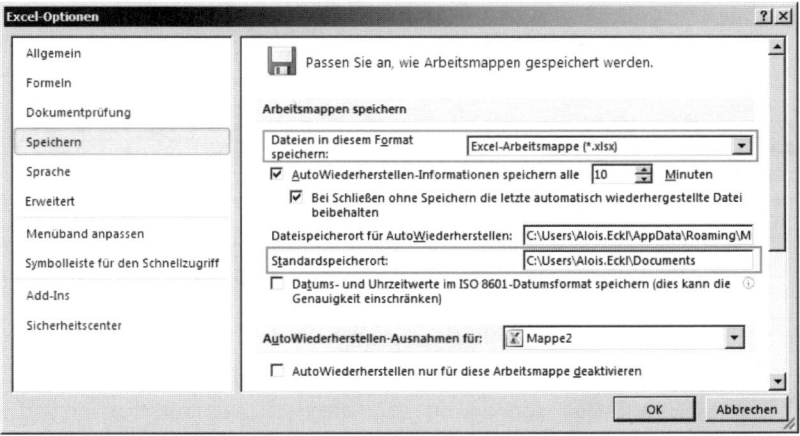

So geht's: Festlegen des Dezimal- und Tausendertrennzeichens

Standardmäßig wird die Vorgabe für das Dezimaltrennzeichen und für das Tausendertrennzeichen aus den Regions- und Spracheinstellungen des Betriebssystems übernommen. In Deutschland wird das Komma als Dezimal- und der Punkt als Tausendertrennzeichen verwendet. Arbeiten Sie hin und wieder mit Dateien aus anderen Ländern, beispielsweise aus der Schweiz

675

oder Liechtenstein, in denen als Dezimaltrennzeichen der Punkt und als Tausendertrennzeichen das Hochkomma (') verwendet wird, ist es nicht notwendig, gleich die Einstellungen des Betriebssystems für eine korrekte Anzeige zu ändern. Es genügt die Modifikation der Trennzeichen in Excel.

1 Starten Sie dazu das Dialogfenster *Excel-Optionen* über das Menü *Datei/Optionen* (Excel 2007: Menü *Office/Excel-Optionen*; Excel 2003: Menü *Extras/Optionen*, Registerkarte *Bearbeiten*).

2 Wechseln Sie zum Abschnitt *Erweitert*. Im Bereich *Allgemeine Optionen* finden Sie das Kontrollkästchen *Trennzeichen vom Betriebssystem übernehmen*.

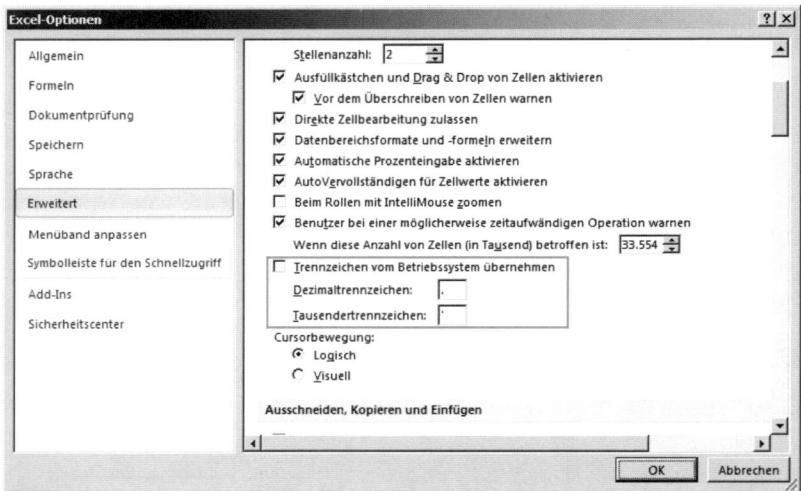

Entfernen Sie dort den Haken und erfassen Sie die gewünschten Trennzeichen für das Dezimalzeichen und für das Tausendertrennzeichen (Excel 2003: Menü *Extras/Optionen*, Registerkarte *International*).

Im Beispiel wurde als Dezimaltrennzeichen der Punkt und als Tausendertrennzeichen das Hochkomma eingetragen. Nach einem Klick auf die Schaltfläche *OK* werden die Daten im Tabellenblatt mit den geänderten Trennzeichen dargestellt.

So geht's: Manuelle Berechnung erzwingen

Wenn mit großen Datenmengen und vielen komplexen Formeln und Funktionen gearbeitet wird, kommt es schon mal vor, dass die Performance nach unten geht. Um dennoch schnell arbeiten zu können, bietet Excel die Möglichkeit, die automatische Berechnung zu deaktivieren.

1 Diese Einstellung finden Sie im Dialogfenster *Excel-Optionen* auf der Registerkarte *Formeln*. Alternativ können Sie die Einstellung ab Excel 2007 über das Menü *Formeln/Berechnung/Berechnungsoptionen* vornehmen (Excel 2003: Menü *Extras/Optionen*, Registerkarte *Berechnung*).

2 Wenn Sie dort den Eintrag *Manuell* aktivieren, wird nicht bei jeder Zelländerung eine Neuberechnung der Tabelle durchgeführt.

3 Über folgende Shortcuts lassen sich bei Bedarf Neuberechnungen durchführen, obwohl die Berechnungsoption auf *Manuell* steht.

> Die Funktionstaste ⌨F9⌨ berechnet das aktive Tabellenblatt neu.

> Die Tastenkombination ⌨Umschalt⌨+⌨F9⌨ berechnet die gesamte Arbeitsmappe neu.

> Mit der Tastenkombination ⌨Strg⌨+⌨Alt⌨+⌨F9⌨ werden alle Formeln in allen geöffneten Arbeitsmappen neu berechnet.

> Noch einen Schritt weiter geht der Shortcut ⌨Strg⌨+⌨Umschalt⌨+⌨Alt⌨+⌨F9⌨. Damit werden vor der Neuberechnung aller Arbeitsmappen auch alle abhängigen Formeln erneut überprüft.

Hinweis

Ab Excel 2007 steht eine neue Funktion zur Verfügung, die einen Warnhinweis anzeigt, wenn eine bestimmte Anzahl Zellen neu berechnet werden müssten. Die Einstellung finden Sie unter *Excel-Optionen* auf der Registerkarte *Erweitert*. Der Standardeintrag lautet hier *33554*. Bei diesem Wert handelt es sich um eine Angabe in Tausend, was bedeutet, dass die Meldung erscheint, wenn 33.554.000 Zellen neu berechnet werden müssten.

Tipp 2: Individuelle Anpassung von Symbolleisten

Bis Excel 2003 erfolgt die Benutzerführung über Menüleisten und Menüeinträge sowie über Symbolleisten mit den entsprechenden Schaltflächen. Ab Excel 2007 ist nur noch eine einzige Symbolleiste, die sogenannte Schnellzugriffsleiste, in Excel vorhanden. Dieses Beispiel zeigt, wie sich die Symbolleisten Ihren individuellen Bedürfnissen entsprechend anpassen lassen.

So geht's: Anpassen der Schnellzugriffsleiste ab Excel 2007

Die Schnellstartleiste stellt im Gegensatz zum Multifunktionsband Befehle unabhängig von der jeweiligen Arbeitssituation zur Verfügung. Die Befehle *Speichern*, *Rückgängig* und *Wiederholen* sind als Standard in der Schnellstartleiste enthalten und können jederzeit aufgerufen werden.

Der einfachste Weg, um Befehle zur Schnellstartleiste hinzuzufügen, besteht darin, auf die Pfeilschaltfläche rechts von der Leiste zu klicken. Es öffnet sich ein Menü, in dem die wichtigsten vordefinierten Befehle enthalten sind.

Ein Klick auf die Schaltfläche *Öffnen* beispielsweise fügt direkt den *Öffnen*-Befehl der Schnellstartleiste hinzu. Wenn Sie die gleiche Aktion ein zweites Mal ausführen, wird der Befehl wieder aus der Schnellstartleiste entfernt.

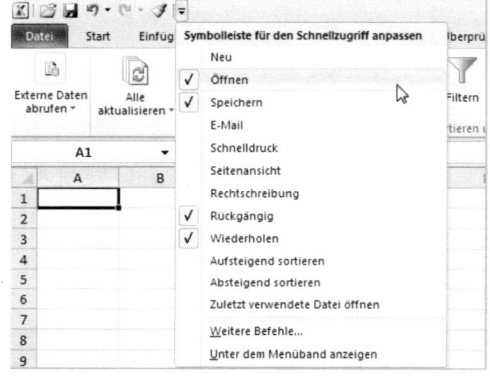

Sollen Befehle hinzugefügt werden, die in der vordefinierten Auflistung nicht enthalten sind, rufen Sie das Dialogfenster *Anpassen* auf, indem Sie auf die Pfeilschaltfläche rechts von der Schnellzugriffsleiste klicken und aus dem Menü den Eintrag *Weitere Befehle* wählen. Alternativ können Sie dieses Dialogfenster auch über das Menü *Datei/Optionen*, Registerkarte *Symbolleiste für den Schnellzugriff* aufrufen (Excel 2007: Menü *Office/Excel-Optionen*, Registerkarte *Anpassen*).

Im Kombinationsfeld *Befehle auswählen* stehen Ihnen die Befehle sortiert nach Registerkarten zur Verfügung. Über den Eintrag *Alle Befehle* haben Sie Zugriff auf alle Excel-Befehle, die der Schnellstartleiste hinzugefügt werden können.

Soll beispielsweise der Druckbefehl in die Schnellstartleiste eingebunden werden, scrollen Sie im Listenfeld nach unten, bis Sie in der alphabetisch sortierten Befehlsliste zum Befehl *Drucken* gelangen, und fügen diesen über die Schaltfläche *Hinzufügen* in das rechte Listenfeld und somit in die Schnellstartleiste ein. Mit einem Klick auf die Schaltfläche *OK* beenden Sie das *Optionen*-Fenster, und der Druckbefehl steht in der Schnellstartleiste wie gewünscht zur Verfügung.

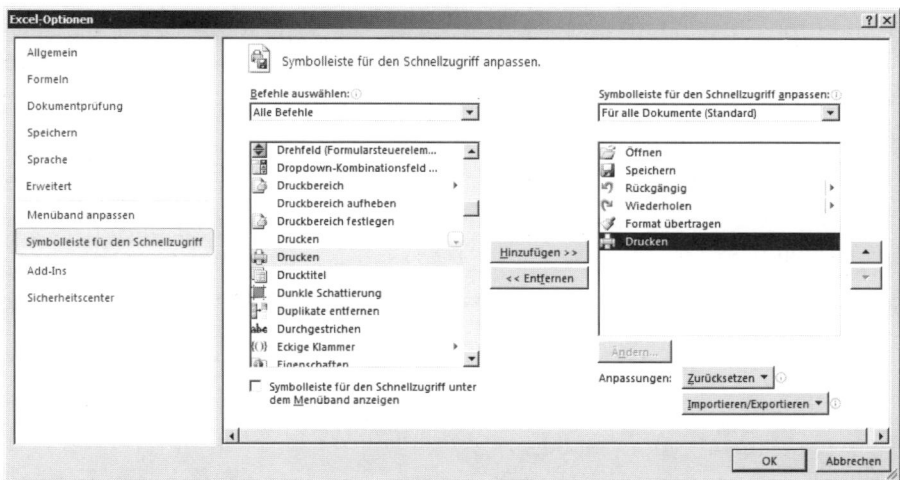

Auf diese Weise lassen sich der Schnellstartleiste beliebig viele Befehle hinzufügen.

Wurden mehr Befehle hinzugefügt, als in der Leiste angezeigt werden können, werden rechts in der Symbolleiste zwei kleine Pfeile eingeblendet. Wenn Sie darauf klicken, wird eine zweite Zeile eingeblendet, in der die weiteren Befehle auftauchen.

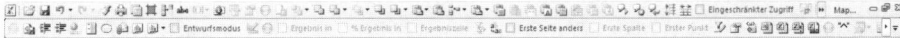

Sie können mit der Schnellstartleiste nach Belieben experimentieren. Auf der Registerkarte *Menüband anpassen* (Excel 2007: Registerkarte *Anpassen* im Dialogfenster *Excel-Optionen*) steht die Schaltfläche *Zurücksetzen* zur Verfügung. Ein Klick darauf genügt, und der Ursprungszustand der Schnellstartleiste ist wiederhergestellt.

Hinweis

Wenn eine individuell gestaltete Schnellstartleiste nur für eine bestimmte Arbeitsmappe gelten soll, können Sie das einfach erreichen, indem Sie auf der Registerkarte *Menüband anpassen* im Listenfeld *Symbolleiste für den Schnellzugriff anpassen* die entsprechende Arbeitsmappe auswählen.

So geht's: Anpassen der Symbolleisten in Excel 2003

Da in Excel 2003 nicht nur eine Symbolleiste wie in Version 2007 zur Verfügung steht, sondern weitaus mehr, bietet es sich an, auch diese Symbolleisten den individuellen Bedürfnissen anzupassen.

679

1 Führen Sie dazu im ersten Schritt einen Klick mit der rechten Maustaste auf eine beliebige Symbolleiste aus und wählen Sie im Kontextmenü den letzten Eintrag *Anpassen*.

2 Über die Registerkarte *Symbolleisten* lassen sich die vorhandenen Symbolleisten beliebig ein- und ausblenden. Mit einem Klick auf die Schaltfläche *Neu* kann sogar eine ganz neue, individuelle Symbolleiste erstellt werden.

3 Auf der Registerkarte *Befehle* stehen alle Befehle von Excel gruppiert nach Menüpunkten zur Verfügung. Öffnen Sie den gewünschten Menüpunkt, beispielsweise *Extras*, und ziehen Sie einen beliebigen Befehl mit gedrückter linker Maustaste auf eine Symbolleiste Ihrer Wahl.

4 Damit wird der ausgewählte Befehl an die Symbolleiste angehängt und steht nach Beenden des Dialogfensters *Anpassen* künftig zur Verfügung.

Auf diese Art und Weise können Sie neue Symbolleisten individuell gestalten oder bestehende Symbolleisten ganz einfach modifizieren.

Hinweis

Selbst in die Menüzeile lassen sich beliebige Befehle einfügen. Ziehen Sie dazu wie beschrieben das Symbol nicht auf eine Symbolleiste, sondern per Drag & Drop direkt in die Menüzeile.

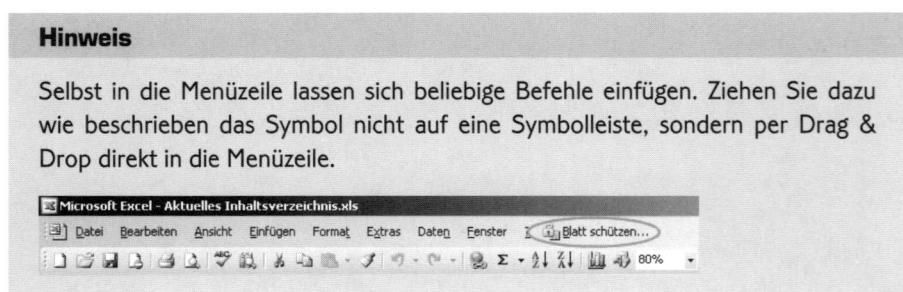

Tipp 3: Schnellzugriffsleiste und Symbolleisten sicher im Griff

Nachdem Sie die Schnellstartleiste in Excel 2007/Excel 2010 bzw. die Symbolleisten in Excel 2003 in mühevoller Kleinarbeit angepasst haben, ist es an der Zeit, die Arbeit zu sichern, damit bei einer Neuinstallation des

Systems oder nach ungewollten Veränderungen die erstellten Symbolleisten rekonstruiert werden können und die Arbeit nicht verloren ist.

So geht's: Sicherung der Schnellstartleiste in Excel 2007

In Excel 2007 werden die Einstellungen zur individuell angepassten Schnellstartleiste in der Datei *Excel.qat* gespeichert. Die Endung *.qat* steht dabei für **Q**uick **A**ccess **T**oolbar. Abgelegt wird die Datei im Verzeichnis *C:\Dokumente und Einstellungen\%user%\Lokale Einstellungen\Anwendungsdaten\Microsoft\Office.*

Excel 2003 speichert sämtliche Menü- und Symbolleisteneinstellungen in der Datei *Excel.xlb*. Die XLB-Datei finden Sie im Verzeichnis *C:\Dokumente und Einstellungen\%user%\Anwendungsdaten\Microsoft\Excel*.

Erstellen Sie von der entsprechenden Datei eine Sicherungskopie, die im Ernstfall wieder eingespielt werden kann.

So geht's: Sicherung der Schnellstartleiste in Excel 2010

1 Öffnen Sie das Dialogfenster *Symbolleiste für den Schnellzugriff anpassen* über das Menü *Datei/Optionen/Symbolleiste für den Schnellzugriff*.

2 Über *Importieren/Exportieren* können Sie die benutzerdefinierte Menüleiste exportieren und auf einem anderen Computer wieder importieren.

Wenn Sie die Anpassungsdatei exportieren, wird eine Datei mit der Endung *.exportedUI* erzeugt. Diese können Sie an einem anderen Arbeitsplatz, auf dem ebenfalls Excel 2010 installiert ist, auf dem gleichen Weg wieder importieren.

➡ Verweis: siehe Kapitel 12, Tipp 5

Tipp 4: Farbpaletten und andere Untermenüs separat darstellen

Dieses Beispiel gilt nur für Excel 2003.

Arbeiten Sie häufig mit Schrift- oder Hintergrundfarben? Wenn ja, haben Sie sich vielleicht schon mal gefragt, ob es nicht eine einfachere Möglichkeit gibt, um auf die Farben zuzugreifen, als jedes Mal erneut über die Symbolleiste die Farbpalette einzublenden, die sofort wieder verschwindet, wenn eine Farbe selektiert wurde. Es gibt dafür tatsächlich eine Lösung.

So geht's:

1 Blenden Sie die gewünschte Hintergrundfarbpalette über das Symbol *Füllfarbe* auf der Registerkarte *Format* ein.

2 Am oberen Rand der Farbpalette werden mehrere Punkte dargestellt. Wenn Sie mit dem Mauszeiger darüberfahren, verändert sich dieser zu einem Kreuz.

3 Klicken Sie nun mit der linken Maustaste und ziehen Sie bei gedrückter Maustaste die Farbpalette nach unten. Damit wird die Palette losgelöst und als eigenständige Symbolleiste mit der Bezeichnung *Füllfarbe* auf dem Tabellenblatt angezeigt.

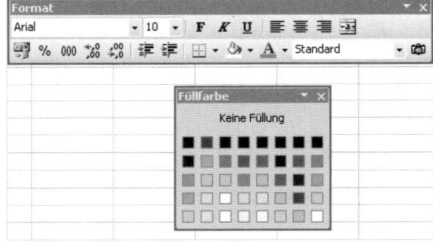

Damit haben Sie nun permanent Zugriff auf die benötigten Farben.

Hinweis

Dieses Feature steht bei allen Symbolleisten zur Verfügung, bei denen die Punkte oberhalb der Palette angezeigt werden. Weitere Beispiele für solche Paletten finden Sie in den Symbolleisten *Zeichnen/AutoFormen* und *Diagramm/Diagrammtyp*.

Tipp 5: Excel individuell starten

Dieses Beispiel zeigt, welche Möglichkeiten für den Excel-Start zur Verfügung stehen. So soll beispielsweise Excel immer mit einer bestimmten schreibgeschützten Datei gestartet werden.

So geht's:

Jedes Mal, wenn Sie Excel starten, wird die Datei *Excel.exe* ausgeführt. Dieser Datei können Sie Startoptionen übergeben. Eine Option wird immer in folgender Syntax eingegeben: *Excel.exe /r "c:\Verzeichnis\Datei.xlsx"*. Wichtig ist dabei, dass die Pfad- und Dateiangabe in Anführungsstriche eingeschlossen wird. Die folgende Auflistung gibt einen Überblick über die wichtigsten Startparameter:

Parameter	Beschreibung
Excel.exe "Pfad+Dateiname"	Öffnet Excel mit der angegebenen Datei.
Excel.exe /r "Pfad+Dateiname"	Öffnet die angegebene Arbeitsmappe schreibgeschützt.
Excel.exe /t "Pfad+Dateiname"	Startet Excel und öffnet die angegebene Datei als Vorlage.
Excel.exe /e	Verhindert das Anzeigen des Excel-Startbildschirms und das Öffnen einer neuen leeren Arbeitsmappe.
Excel.exe /p "Pfad+Dateiname"	Gibt einen Ordner als Standardordner an, auf den beispielsweise über den Befehl *Speichern unter* zugegriffen wird.

Wenn Sie Excel nur einmal mit dem entsprechenden Parameter aufrufen möchten, können Sie das über die Eingabeaufforderung tun.

1 Die Eingabeaufforderung starten Sie unter Windows XP, Windows Vista und Windows 7 über das Menü *Start/Alle Programme/Zubehör/Eingabeaufforderung*.

2 Wechseln Sie in das Verzeichnis, in dem Excel installiert ist.

3 Geben Sie den gewünschten Startparameter gefolgt vom Pfad- und vom Dateinamen an.

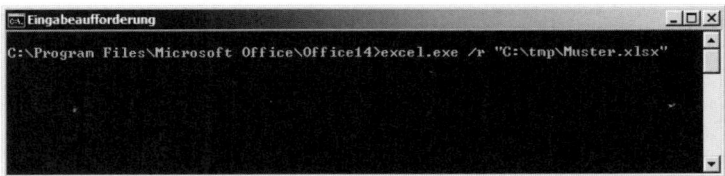

Im Beispiel wird die Datei *Muster.xlsx* im Verzeichnis *C:\temp* schreibgeschützt geöffnet.

Möchten Sie den parametergesteuerten Excel-Aufruf häufiger nutzen, legen Sie auf dem Desktop einfach eine Verknüpfung mit dem entsprechenden Excel-Aufruf an.

10

So bekommen Sie Fehler problemlos in den Griff

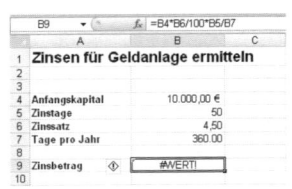

Fehler stellen in Kalkulationsmodellen ein nicht zu unterschätzendes Problem dar. So können Fehler grundsätzlich in zwei verschiedene Arten eingeteilt werden. Zum einen gibt es die allgemeinen Fehler, deren Vorhandensein meist bereits auf den ersten Blick erkannt wird. Diese Fehler bildet Excel in der Regel auch mit entsprechenden Fehlermeldungen ab. Bei der anderen Sorte, den Logikfehlern, wird es schon etwas schwieriger. Logikfehler sind Fehler, die zwar falsche Ergebnisse liefern, aber von Excel nicht und vom Anwender meist nur schwer erkannt werden können. Dieser Abschnitt geht auf die Vermeidung und Behebung von Fehlern ein und erläutert dies anhand praxisbezogener Beispiele.

Tipp 1: Fehler suchen und finden

Als Ausgangsdatei für dieses Beispiel dient eine Vertriebszusammenstellung, die manuell von verschiedenen Mitarbeitern gepflegt wird. Dabei kommt es natürlich vor, dass sich der eine oder andere Fehler einschleicht. Dieses Beispiel zeigt, wie Sie die Fehler am schnellsten finden können.

So geht's: Fehler markieren

1   Starten Sie das Dialogfenster *Gehe zu* mit der Funktionstaste F5 und öffnen Sie über die Schaltfläche *Inhalte* das Dialogfenster *Inhalte auswählen*. Alternativ können Sie das Dialogfenster auch über das Menü *Start/Bearbeiten/Suchen und Auswählen/Inhalte auswählen* aufrufen (Excel 2003: Menü *Bearbeiten/Gehe zu*, Schaltfläche *Inhalte*).

2   Aktivieren Sie im Dialogfenster *Inhalte auswählen* die Option *Formeln* und setzen Sie den Haken im Kontrollkästchen *Fehler*. Die anderen Kontrollkästchen müssen deaktiviert sein.

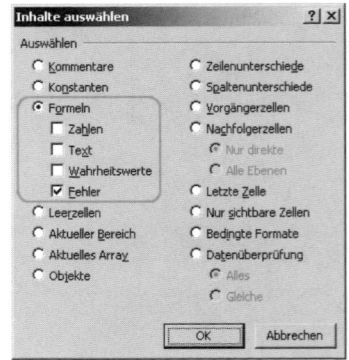

3   Nachdem Sie das Dialogfenster mit einem Klick auf die Schaltfläche *OK* beendet haben, werden alle Zellen markiert, die einen Fehler enthalten.

	A	B	C	D	E	F	G	H
1	Vertriebszusammestellung							
2								
3								
4	Datum	Artikel	Mitarb. Nr.	Mitarbeiter	Menge	Umsatz gesamt	Durchschnitt pro Stück	
5	26.06.2007	4712	3	Schneider	45	1.053,50 €	23,41 €	
6	26.06.2007	4734	1	Pfaffenstein	0	243,24 €	#DIV/0!	
7	26.06.2007	4821	9	#NV	23	342.12	#WERT!	
8	26.06.2007	5325	4	Kramer	143	1.324,32 €	9,26 €	
9	27.06.2007	4613	6	Nesvadba	23	3.243,23 €	141,01 €	
10	27.06.2007	5324		#NV	0	502,33 €	#DIV/0!	
11	27.06.2007	6542	4	Kramer	34	1.055,13 €	31,03 €	
12	27.06.2007	4254	3	Schneider	52	2.603,33 €	50,06 €	
13	28.06.2007	3099	1	Pfaffenstein	76	1.954,87 €	25,72 €	
14	28.06.2007	3951	6	Nesvadba	12	2.829,07 €	235,76 €	
15	28.06.2007	3903	8	Engstein	4	833,89 €	208,47 €	
16	28.06.2007	4997	5	Lauterbach	76	1.069,23 €	14,07 €	
17	28.06.2007	5727	7	Klaus	23	1.475,06 €	64,13 €	
18	29.06.2007	5858	2	Linke	22	2.240,59 €	101,85 €	
19	29.06.2007	5893	1	Pfaffenstein	43	1.544,85 €	35,93 €	
20	29.06.2007	1855	8	Engstein	56	1.903,65 €	33,99 €	
21	29.06.2007	2207	0	#NV	71	2.966,94 €	41,79 €	
22	29.06.2007	5167	3	Schneider	34	2.747,35 €	80,80 €	
23	02.07.2007	2908	6	Nesvadba	42	2.428,66 €	57,83 €	
24	02.07.2007	5162	8	Engstein	61	2.296,10 €	37,64 €	
25	02.07.2007	1339	4	Kramer	24	2.182,26 €	90,93 €	
26								

So geht's: Fehler filtern

In diesem Beispiel soll eine Liste der Datensätze dargestellt werden, die in einer beliebigen Spalte einen Fehler enthalten.

1 Markieren Sie den Zellbereich H5:H25 und erfassen Sie in Zelle H5 die Formel =WENN(ISTFEHLER(D5&E5&F5&G5);"Fehler";""). Diese Formel prüft in den Zellen D5, E5, F5 und G5, ob sich ein Fehler darin befindet. Enthält eine der vier Zellen einen Fehler, wird der Text *FEHLER* ausgegeben.

2 Beenden Sie die Formeleingabe mit der Tastenkombination [Strg]+[Enter]. Damit wird die Formel in den gesamten markierten Bereich eingetragen.

H5			fx	=WENN(ISTFEHLER(C5&D5&E5&F5&G5);"FEHLER";"")				
	A	B	C	D	E	F	G	H
1	Vertriebszusammellung							
2								
3								
4	Datum	Artikel	Mitarb. Nr.	Mitarbeiter	Menge	Umsatz gesamt	Durchschnitt pro Stück	Fehler
5	26.06.2007	4712	3	Schneider	45	1.053,50 €	23,41 €	
6	26.06.2007	4734	1	Pfaffenstein	0	243,24 €	#DIV/0!	FEHLER
7	26.06.2007	4821	9	#NV	23	342.12	#WERT!	FEHLER
8	26.06.2007	5325	4	Kramer	143	1.324,32 €	9,26 €	
9	27.06.2007	4613	6	Nesvadba	23	3.243,23 €	141,01 €	
10	27.06.2007	5324	3	Schneider	7	502,33 €	71,76 €	
11	27.06.2007	6542	4	Kramer	34	1.055,13 €	31,03 €	
12	27.06.2007	4254	#NV	#NV	52	2.603,33 €	50,06 €	FEHLER
13	28.06.2007	3099	1	Pfaffenstein	76	1.954,87 €	25,72 €	
14	28.06.2007	3951	6	Nesvadba	12	2.829,07 €	235,76 €	
15	28.06.2007	3903	8	Engstein	4	833,89 €	208,47 €	
16	28.06.2007	4997	5	Lauterbach		1.069,23 €	#DIV/0!	FEHLER
17	28.06.2007	5727	7	Klaus	23	1.475,06 €	64,13 €	
18	29.06.2007	5858	2	Linke	22	2.240,59 €	101,85 €	
19	29.06.2007	5893	1	Pfaffenstein	43	1.544,85 €	35,93 €	
20	29.06.2007	1855	8	Engstein	56	1.903,65 €	33,99 €	
21	29.06.2007	2207	0	#NV	71	2.966,94 €	41,79 €	FEHLER
22	29.06.2007	5167	3	Schneider	34	2.747,35 €	80,80 €	
23	02.07.2007	2908	6	Nesvadba	42	2.428,66 €	57,83 €	
24	02.07.2007	5162	8	Engstein	61	2.296,10 €	37,64 €	
25	02.07.2007	1339	4	Kramer	24	2.182,26 €	90,93 €	
26								

3 Im nächsten Schritt wird nun der AutoFilter hinzugefügt. Markieren Sie dazu den Bereich A4:H4 und fügen Sie den Filter über das Menü *Daten/Sortieren und Filtern/Filtern* hinzu (Excel 2003: Menü *Daten/Filter/ AutoFilter*).

4 Blenden Sie nun über den Filter in Spalte H alle Zeilen aus, die nicht den Eintrag *FEHLER* enthalten. Damit werden ausschließlich Datensätze angezeigt, in denen in den Spalten C bis G ein Fehlerwert enthalten ist.

Tipp 2: Überblick über die Fehlerarten in Excel

Excel unterscheidet bei der Fehlererkennung zwischen verschiedenen Fehlerwerten. Nachfolgend erhalten Sie einen Überblick über die verschiedenen Fehlertypen.

So geht's:

Fehlerwert	Erläuterung
#BEZUG	Wird angezeigt, wenn ein Bezug auf eine Zelle ungültig ist.
#DIV/0!	Wird angezeigt, wenn ein Wert durch null dividiert wird.
#NULL!	Wird bei der Angabe der Schnittmenge von zwei Bereichen angezeigt, wenn sich die Bereiche nicht überschneiden.
#NV	Wird angezeigt, wenn ein Wert weder in einer Formel und Funktion noch in einer Datenmatrix vorhanden ist.
#NAME?	Wird angezeigt, wenn Excel eine Formel oder Funktion nicht kennt.
#WERT!	Wird angezeigt, wenn für einen Wert ein falscher Datentyp verwendet wurde.
#ZAHL!	Wird bei Fehlern bezüglich der Zahlenangaben in Formeln oder Funktionen angezeigt.
# über die gesamte Zellenbreite	Wird angezeigt, wenn die Spalte zu schmal für die Anzeige des Texts oder der Zahl ist. Wird auch bei negativen Zeitberechnungen ausgegeben.

Anhand der Fehlerwerte können Sie den entstandenen Fehler eingrenzen und somit eine erste Diagnose stellen.

Tipp 3: Ermitteln, welcher Fehlertyp vorliegt

Da Excel verschiedene Fehlertypen unterscheidet, ist es möglich, den vorliegenden Fehler eindeutig zu bestimmen. Mit diesem Wissen kann man entsprechend auf verschiedene Fehler reagieren.

So geht's:

Zum Auslesen der Fehlertypen stellt Excel die Tabellenfunktion *FEHLER. TYP(Fehlerwert)* zur Verfügung. Über diese Funktion erhalten Sie eine Zahl als Rückgabewert, die bestimmt, welcher Fehlertyp vorliegt.

Die folgende Beispieltabelle zeigt, welchem Fehler welcher Rückgabewert zugeordnet ist:

Fehlerwert	Rückgabewert
Kein Fehler	#NV
#NULL!	1
#DIV/0!	2
#WERT!	3
#BEZUG	4
#NAME?	5
#ZAHL!	6
#NV	7
#DATEN_ABRUFEN	8

Den Rückgabewert können Sie verwenden, um in *WENN*-Abfragen adäquat auf den Fehler reagieren zu können.

Tipp 4: Fehler abfragen und unterdrücken

In vielen Situationen kann es sinnvoll sein, Fehler unterdrücken zu lassen. Anhand der folgenden Beispiele sehen Sie, welche Möglichkeiten Excel dafür zur Verfügung stellt.

So geht's: Fehler generell unterdrücken

Im vorliegenden Beispiel wird der Durchschnittswert pro verkauftes Stück anhand der Formel =*RUNDEN (F5/E5;2)* in Zelle G5 ermittelt.

Da sich in Zelle E5 der Wert 0 befindet, wird der Umsatz aus Zelle F5 durch 0 dividiert. Diese Berechnung erzeugt den Fehler *#DIV/0!*. Der Fehler *#WERT!* in Zelle G6 entsteht durch die fehlerhafte Zahl in Zelle F6. Dort

689

wurde als Dezimaltrennzeichen versehentlich ein Punkt anselle eines Kommas verwendet.

Zur Unterdrückung der beiden Fehler gehen Sie wie folgt vor:

1 Markieren Sie den Zellbereich G5:G6.

2 Erfassen Sie in Zelle G5 folgende Formel:

=WENN(ISTFEHLER(RUNDEN(F5/E5;2));"";RUNDEN(F5/E5;2))

Diese *WENN*-Abfrage verhindert die Ausgabe sämtlicher Fehlerhinweise.

3 Schließen Sie die Formeleingabe mit der Tastenkombination ⎡Strg⎤+ ⎡Enter⎤ ab.

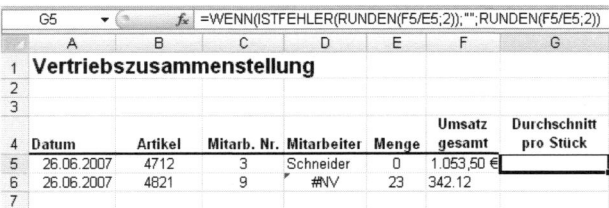

Ab Excel 2007 steht die neue Tabellenfunktion *WENNFEHLER(Wert;Wert_falls_Fehler)* zur Verfügung. Diese Funktion ist längst überfällig, denn wenn Sie sich die Formel in Schritt 2 etwas näher ansehen, werden Sie feststellen, dass die Berechnung des Durchschnittswerts zweimal durchgeführt werden muss: einmal, um über die Funktion *ISTFEHLER()* zu prüfen, ob die Formel einen Fehler erzeugt, und zum zweiten Mal dann, wenn kein Fehler vorhanden ist, um das tatsächliche Ergebnis zu ermitteln.

Mithilfe der Funktion *WENNFEHLER()* wird die Fehlerabfrage ein ganzes Stück einfacher.

1 Markieren Sie dazu den Zellbereich H5:H6.

2 Erfassen Sie in Zelle H5 folgende Formel:

=WENNFEHLER(RUNDEN(F5/E5;2);"")

3 Beenden Sie die Dateneingabe mit der Tastenkombination ⎡Strg⎤+⎡Enter⎤.

H5	▼	f_x =WENNFEHLER(RUNDEN(F5/E5;2);"")						
	A	B	C	D	E	F	G	H
1	**Vertriebszusammenstellung**							
2								
3								
4	Datum	Artikel	Mitarb. Nr.	Mitarbeiter	Menge	Umsatz gesamt	Durchschnitt pro Stück	Durchschnitt pro Stück
5	26.06.2007	4712	3	Schneider	0	1.053,50 €		
6	26.06.2007	4821	9	#NV	23	342.12		
7								

Sie sehen, diese Formel liefert das gleiche Ergebnis, ist dabei aber wesentlich kürzer und deshalb auch besser verständlich.

So geht's: Fehler gezielt unterdrücken

Nicht jeder Fehlerwert in einer Kalkulation ist unerwünscht. So ist es in diesem Beispiel sinnvoll, den Fehlerwert *#WERT!* nicht zu unterdrücken, da faktisch ein Fehler vorliegt. Der Fehlerwert *#DIV/0!* hingegen kann ausgeblendet werden, da das Ergebnis 0 lautet.

1 Markieren Sie den Zellbereich G5:G6.

2 Geben Sie in Zelle G5 folgende Formel ein:

=WENN(FEHLER.TYP(RUNDEN(F5/E5;2))=2;0;RUNDEN(F5/E5;2))

Mithilfe der Funktion *FEHLER.TYP()* wird geprüft, ob der Rückgabewert 2 für *#DIV/0!* geliefert wird. Nur wenn das der Fall ist, wird anstatt des Fehlerwerts der Wert 0 ausgegeben. Bei allen anderen Fehlerwerten werden die Fehlerwerte selbst angezeigt.

3 Beenden Sie die Datenerfassung mit der Tastenkombination ⌴Strg⌴+ ⌴Enter⌴.

G5	▼		f_x	=WENN(FEHLER.TYP(RUNDEN(F5/E5;2))=2;0;RUNDEN(F5/E5;2))			
	A	B	C	D	E	F	G
1	**Vertriebszusammenstellung**						
2							
3							
4	Datum	Artikel	Mitarb. Nr.	Mitarbeiter	Menge	Umsatz gesamt	Durchschnitt pro Stück
5	26.06.2007	4712	3	Schneider	0	1.053,50 €	0,00 €
6	26.06.2007	4821	9	#NV	23	342.12	#WERT!
7							

Im Ergebnis werden wie gewünscht alle Fehlerwerte bis auf den Fehlerwert *#DIV/0!* angezeigt.

→ Verweis: siehe Kapitel 8.1, Tipp 7

Tipp 5: Unerwartete Fehler bei der Funktion SVERWEIS() unterdrücken

Liefert die Funktion *SVERWEIS()* den Fehlerwert *#NV*, obwohl die gesuchten Daten in der Matrix vorhanden sind, kann das unterschiedliche Ursachen haben. Dieses Beispiel zeigt, wie sich die Ursachen eliminieren lassen, sodass *SVERWEIS()* die Daten korrekt auslesen kann.

So geht's:

Sehen Sie sich zunächst die Ausgangstabelle einschließlich der Daten-matrix etwas näher an (siehe folgende Abbildung).

In Zelle D14 wird der Befehl *SVERWEIS()* verwendet, um für das Suchkrite-rium *Kramer* aus Zelle B14 die Artikelnummer aus Spalte D auszulesen. Auf die gleiche Art wird in Zelle D16 die Funktion *SVERWEIS()* eingesetzt, um für das Suchkriterium *342,12* die Artikelnummer zu ermitteln.

Wie Sie sehen, ergeben beide Abfragen den Fehlerwert *#NV*, was bedeutet, dass die gesuchten Werte in der Matrix nicht vorhanden sein dürften. Dem ist aber nicht so. Das Suchkriterium *Kramer* befindet sich in Zelle A10 und der Wert 342,12 in Zelle C6. Warum werden die Werte nun nicht gefun-den?

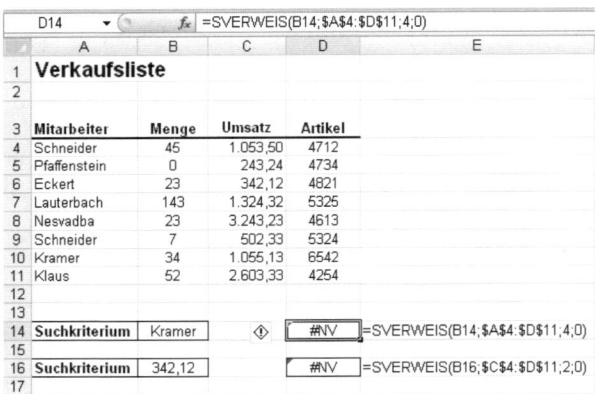

Dafür kann es mehrere Gründe geben. Zum einen können offensichtliche Schreibfehler dafür verantwortlich sein, was in diesem Fall jedoch nicht zutrifft. Zum anderen genügen aber auch schon kleine Abweichungen wie ein Leerzeichen oder eine Unterscheidung in der Anzahl der Dezimalstel-len, damit der Suchbegriff nicht gefunden wird.

Um auf Nummer sicher zu gehen und um solche Probleme ausschließen zu können, empfiehlt es sich, die Datenmatrix zu bereinigen. Gehen Sie dazu wie folgt vor:

1   Löschen Sie die vorhandenen Suchkriterien und Auswertungsformeln im Bereich A14:E16.

2   Markieren Sie im nächsten Schritt den Zellbereich A16:A23 und geben Sie die Formel *=GLÄTTEN(A4)* in Zelle A16 ein. Mithilfe der Funktion

GLÄTTEN() werden alle Leerzeichen aus Zelle A4 entfernt. Schließen Sie die Dateneingabe mit der Tastenkombination ⌈Strg⌉+⌈Enter⌉ ab.

3 Markieren Sie nun den Bereich B16:B23 und übernehmen Sie die Mengenangaben durch den einfachen Bezug *=B4*, den Sie in Zelle B16 erfassen. Beendet wird die Datenübernahme mit ⌈Strg⌉+⌈Enter⌉.

4 Zum Übertragen der Umsatzzahlen markieren Sie den Zellbereich C16:C23 und geben in Zelle C16 die Formel *=RUNDEN(C4;2)* ein. Die Funktion *RUNDEN()* stellt sicher, dass tatsächlich nur zwei Nachkommastellen berücksichtigt werden, selbst wenn im Originaldatenbestand mehr als zwei vorhanden sind. Auch diese Formeleingabe ist mit ⌈Strg⌉+ ⌈Enter⌉ zu beenden.

5 Im letzten Schritt müssen Sie nun nur noch die Artikelnummern über die Bezugsformel *=D4* übernehmen. Markieren Sie dazu den Zellbereich D16:D23 und geben Sie den Zellbezug in Zelle D16 ein. Mit der Tastenkombination ⌈Strg⌉+⌈Enter⌉ wird der Bezug in den gesamten markierten Zellbereich übertragen.

Damit ist es geschafft. Der bereinigte Datenbestand steht wie gewünscht im Zellbereich A16:D23 zur Verfügung.

A16	▼	*fx* =GLÄTTEN(A4)			
	A	B	C	D	E
1	**Verkaufsliste**				
2					
3	Mitarbeiter	Menge	Umsatz	Artikel	
4	Schneider	45	1.053,50	4712	
5	Pfaffenstein	0	243,24	4734	
6	Eckert	23	342,12	4821	
7	Lauterbach	143	1.324,92	5325	
8	Nesvadba	23	3.243,23	4613	
9	Schneider	7	502,33	5324	
10	Kramer	34	1.055,13	6542	
11	Klaus	52	2.603,33	4254	
12					
13					
14	**Bereinigter Datenbestand**				
15	Mitarbeiter	Menge	Umsatz	Artikel	
16	Schneider	45	1.053,50	4712	
17	Pfaffenstein	0	243,24	4734	
18	Eckert	23	342,12	4821	
19	Lauterbach	143	1.324,92	5325	
20	Nesvadba	23	3.243,23	4613	
21	Schneider	7	502,33	5324	
22	Kramer	34	1.055,13	6542	
23	Klaus	52	2.603,33	4254	
24					

Auf den ersten Blick hat sich nichts verändert. Aber durch die verwendeten Formeln wird sichergestellt, dass sich in der Spalte *Mitarbeiter* keine unnötigen oder überzähligen Leerzeichen sowie in der Spalte *Umsatz* keine Zahlen mit mehr als zwei Nachkommastellen befinden.

Erstellen Sie nun im Bereich A26:D28 die bereits bekannte Abfrage des Mitarbeiters Kramer und des Betrags von 342,12 noch einmal, jedoch mit dem Unterschied, dass die Werte nicht aus der Matrix A4:D11, sondern aus dem bereinigten Bereich A16:D23 ausgelesen werden sollen (siehe folgende Abbildung).

Sie sehen, dass nun die Artikelnummern in beiden Abfragen korrekt ausgelesen werden.

Wenn Sie also unerklärliche Fehlermeldungen im Umgang mit *SVERWEIS()* oder *WVERWEIS()* erhalten, prüfen Sie den Datenbestand der Matrix und übertragen ihn unter Umständen wie dargestellt in einen neuen Zellbereich. Dabei hängt es natürlich vom Quelldatenbestand und von den Fehlermöglichkeiten ab, welche Formeln für die Datenbereinigung zum Einsatz kommen müssen.

	D26	▼	f_x	=SVERWEIS(B26;$A$16:$D$23;4;0)	
	A	B	C	D	E
1	**Verkaufsliste**				
2					
3	**Mitarbeiter**	**Menge**	**Umsatz**	**Artikel**	
4	Schneider	45	1.053,50	4712	
5	Pfaffenstein	0	243,24	4734	
6	Eckert	23	342,12	4821	
7	Lauterbach	143	1.324,32	5325	
8	Nesvadba	23	3.243,23	4613	
9	Schneider	7	502,33	5324	
10	Kramer	34	1.055,13	6542	
11	Klaus	52	2.603,33	4254	
12					
13					
14	**Bereinigter Datenbestand**				
15	**Mitarbeiter**	**Menge**	**Umsatz**	**Artikel**	
16	Schneider	45	1.053,50	4712	
17	Pfaffenstein	0	243,24	4734	
18	Eckert	23	342,12	4821	
19	Lauterbach	143	1.324,32	5325	
20	Nesvadba	23	3.243,23	4613	
21	Schneider	7	502,33	5324	
22	Kramer	34	1.055,13	6542	
23	Klaus	52	2.603,33	4254	
24					
25					
26	**Suchkriterium**	Kramer		6542	=SVERWEIS(B25;$A$16:$D$23;4;0)
27					
28	**Suchkriterium**	342,12		4821	=SVERWEIS(B27;$C$16:$D$23;2;0)
29					

➜ Verweis: siehe Kapitel 4.14, Tipp 1

Tipp 6: Vorhandene Fehlerwerte analysieren

Ausgehend von einer Tabelle mit verschiedenen Fehlern soll ermittelt werden, in welcher Zeile und in welcher Zelladresse sich der erste Fehler bzw. der erste Fehler eines bestimmten Fehlertyps befindet. Zudem soll geklärt werden, wie viele Fehler in der Tabelle insgesamt und wie viele eines bestimmten Typs vorhanden sind. Diese Fragestellung wird anhand verschiedener Beispiele erläutert.

So geht's: Ermittlung der Fehleranzahl insgesamt

1 Erfassen Sie in Zelle D27 diese Formel:

=SUMME(ISTFEHLER(A5:G25)*1)

2 Beenden Sie die Formeleingabe mit der Tastenkombination ⌈Strg⌉+ ⌈Umschalt⌉+⌈Enter⌉, da es sich um eine Matrixfunktion handelt.

Diese Formel zählt alle Fehler im Zellbereich A5:G25 und gibt das Ergebnis als Wert zurück. In der Beispieltabelle befinden sich sechs Fehler.

	D27	▾	*fx* {=SUMME(ISTFEHLER(A5:G25)*1)}				
	A	B	C	D	E	F	G	H
1	Vertriebszusammenstellung							
2								
3								
4	Datum	Artikel	Mitarb. Nr.	Mitarbeiter	Menge	Umsatz gesamt	Durchschnitt pro Stück	
5	26.06.2007	4712	3	Schneider	45	1.053,50 €	23,41 €	
6	26.06.2007	4734	1	Pfaffenstein	0	243,24 €	#DIV/0!	
7	26.06.2007	4821	7	Klaus	23	342.12	#WERT!	
8	26.06.2007	5325	4	Kramer	143	1.324,32 €	9,26 €	
9	27.06.2007	4613	6	Nesvadba	23	3.243,23 €	141,01 €	
10	27.06.2007	5324	3	Schneider	7	502,33 €	71,76 €	
11	27.06.2007	6542	4	Kramer	34	1.055,13 €	31,03 €	
12	27.06.2007	4254	9	#NV	52	2.603,33 €	50,06 €	
13	28.06.2007	3099	1	Pfaffenstein	76	1.954,87 €	25,72 €	
14	28.06.2007	3951	6	Nesvadba	12	2.829,07 €	235,76 €	
15	28.06.2007	3903	8	Engstein	4	833,89 €	208,47 €	
16	28.06.2007	4997	5	Lauterbach		1.069,23 €	#DIV/0!	
17	28.06.2007	5727	7	Klaus	23	1.475,06 €	64,13 €	
18	29.06.2007	5858	2	Linke	22	2.240,59 €	101,85 €	
19	29.06.2007	5893	1	Pfaffenstein	43	1.544,85 €	35,93 €	
20	29.06.2007	1855	8	Engstein	56	1.903,65 €	33,99 €	
21	29.06.2007	2207	0	#NV	71	2.966,94 €	41,79 €	
22	29.06.2007	5167	3	Schneider	34	2.747,35 €	80,80 €	
23	02.07.2007	2908	6	Nesvadba	0	2.428,66 €	#DIV/0!	
24	02.07.2007	5162	8	Engstein	61	2.296,10 €	37,64 €	
25	02.07.2007	1339	4	Kramer	24	2.182,26 €	90,93 €	
26								
27	Anzahl Fehler insgesamt			6				
28								

So geht's: Zählen des Fehlerwerts #NV

In diesem Beispiel soll gezählt werden, wie oft ein bestimmter Fehlerwert, also beispielsweise der Typ *#NV*, im Zellbereich A5:G25 vorkommt.

1 Erfassen Sie dazu in Zelle D28 folgende Formel:

=ZÄHLENWENN(A5:G25;#NV)

Mithilfe der Funktion *ZÄHLENWENN()* wird im angegebenen Bereich gezählt, wie häufig der Eintrag *#NV* vorkommt.

2 Beenden Sie die Funktion mit der Tastenkombination ⌈Strg⌉+⌈Umschalt⌉+ ⌈Enter⌉, damit die Formel als Matrixformel eingetragen wird.

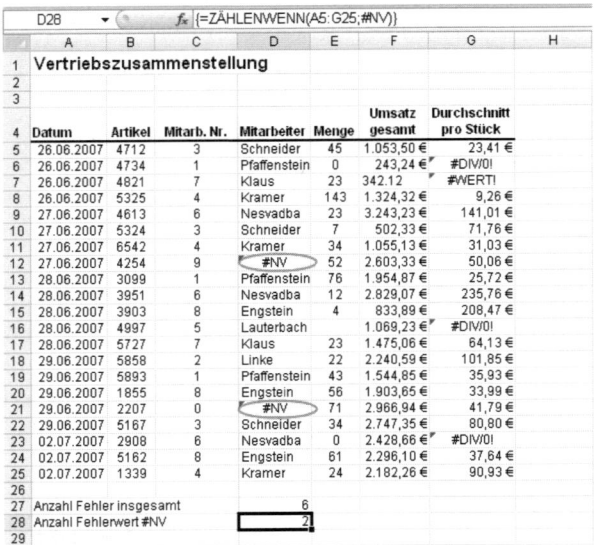

Die Formel ermittelt nun die korrekte Anzahl der Fehlerwerte *#NV*.

So geht's: Ermittlung der Zeilennummer des ersten Fehlers

Möchten Sie ermitteln, in welcher Zeile sich der erste Fehler befindet, gehen Sie wie folgt vor:

1 Erfassen Sie in Zelle D29 folgende Formel:

=MIN(WENN(ISTFEHLER(A5:H25);ZEILE(5:25)))

2 Beenden Sie die Dateneingabe mit der Tastenkombination [Strg]+ [Umschalt]+[Enter], damit die Formel als Matrixformel behandelt wird.

Als Zeile mit dem ersten Fehlerwert wird die Zeile 6 ermittelt, da sich in Zelle G6 der Fehlerwert *#DIV/0!* befindet.

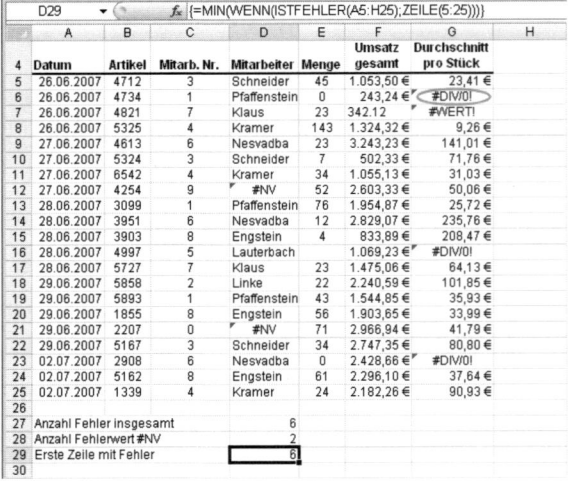

So geht's: Zeilennummer ermitteln, in der ein bestimmter Fehlertyp das erste Mal auftritt

Ziel dieser Formellösung ist es, zu ermitteln, in welcher Zeile der Fehlerwert #NV das erste Mal vorkommt. Gehen Sie dazu wie folgt vor:

1 Erfassen Sie in Zelle D30 diese Formel:

=MIN(WENN(ISTZAHL(FEHLER.TYP(A5:G25));WENN(FEHLER.TYP(A5:
G25)=7;ZEILE(5:25))))

2 Da es sich auch bei dieser Formel um eine Matrixfunktion handelt, muss die Dateneingabe mit der Tastenkombination [Strg]+[Umschalt]+ [Enter] abgeschlossen werden.

Die Formel liefert im Beispiel Zeilennummer 12, in der der Fehler #NV das erste Mal auftritt.

	D30	▼	_fx_	{=MIN(WENN(ISTZAHL(FEHLER.TYP(A5:G25));WENN(FEHLER.TYP(A5:G25)=7;ZEILE(5:25))))}			
	A	B	C	D	E	F	G	H
4	Datum	Artikel	Mitarb. Nr.	Mitarbeiter	Menge	Umsatz gesamt	Durchschnitt pro Stück	
5	26.06.2007	4712	3	Schneider	45	1.053,50 €	23,41 €	
6	26.06.2007	4734	1	Pfaffenstein	0	243,24 €	#DIV/0!	
7	26.06.2007	4821	7	Klaus	23	342.12	#WERT!	
8	26.06.2007	5325	4	Kramer	143	1.324,32 €	9,26 €	
9	27.06.2007	4613	6	Nesvadba	23	3.243,23 €	141,01 €	
10	27.06.2007	5324	3	Schneider	7	502,33 €	71,76 €	
11	27.06.2007	6542	4	Kramer	34	1.055,13 €	31,03 €	
12	27.06.2007	4254	9	#NV	52	2.603,33 €	50,06 €	
13	28.06.2007	3099	1	Pfaffenstein	76	1.954,87 €	25,72 €	
14	28.06.2007	3951	6	Nesvadba	12	2.829,07 €	235,76 €	
15	28.06.2007	3903	8	Engstein	4	833,89 €	208,47 €	
16	28.06.2007	4997	5	Lauterbach		1.069,23 €	#DIV/0!	
17	28.06.2007	5727	7	Klaus	23	1.475,06 €	64,13 €	
18	29.06.2007	5858	2	Linke	22	2.240,59 €	101,85 €	
19	29.06.2007	5893	1	Pfaffenstein	43	1.544,85 €	35,93 €	
20	29.06.2007	1855	8	Engstein	56	1.903,65 €	33,99 €	
21	29.06.2007	2207	0	#NV	71	2.966,94 €	41,79 €	
22	29.06.2007	5167	3	Schneider	34	2.747,35 €	80,80 €	
23	02.07.2007	2908	6	Nesvadba	0	2.428,66 €	#DIV/0!	
24	02.07.2007	5162	8	Engstein	61	2.296,10 €	37,64 €	
25	02.07.2007	1339	4	Kramer	24	2.182,26 €	90,93 €	
26								
27	Anzahl Fehler insgesamt			6				
28	Anzahl Fehlerwert #NV			2				
29	Erste Zeile mit Fehler			6				
30	Erste Zeile mit Fehler #NV			12				
31								

So geht's: Ermittlung der Zelladresse des ersten Fehlerwerts

Das letzte Beispiel zeigt, wie sich die Zelladresse des ersten Fehlerwerts im Zellbereich A5:G25 ermitteln lässt.

1 Erfassen Sie dazu in Zelle D31 diese etwas längere Formel:

=ADRESSE(MIN(WENN(ISTFEHLER(A5:G25);ZEILE(A5:A25)));MIN
(WENN(ISTFEHLER(INDIREKT("A"&MIN(WENN(ISTFEHLER(A5:G25);
ZEILE(A5:A25)))):INDIREKT("H"&MIN(WENN(ISTFEHLER (A5:G25);
ZEILE(A5:A25)))));SPALTE(A:H))))

2 Beenden Sie die Formeleingabe mit der Tastenkombination [Strg]+ [Umschalt]+[Enter]. Damit wird auch diese Formel als Matrixfunktion qualifiziert.

So lässt sich jeweils die Zelladresse ermitteln, in der der nächste Fehler zu finden ist, der noch beseitigt werden muss.

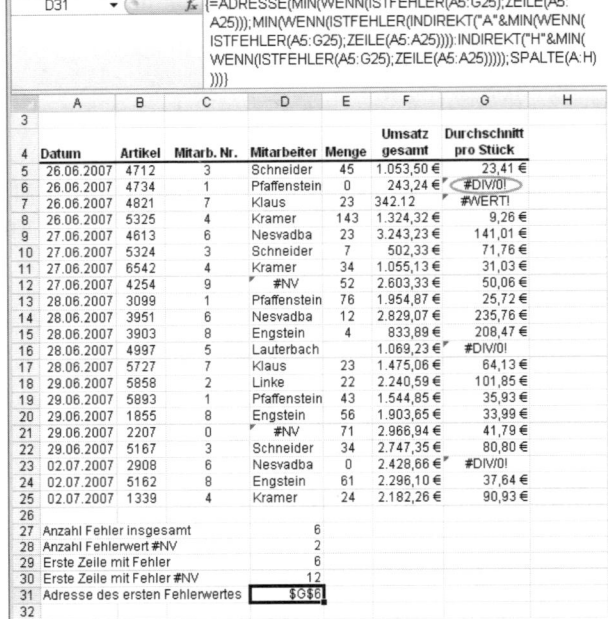

	A	B	C	D	E	F	G	H
3								
4	Datum	Artikel	Mitarb. Nr.	Mitarbeiter	Menge	Umsatz gesamt	Durchschnitt pro Stück	
5	26.06.2007	4712	3	Schneider	45	1.053,50 €	23,41 €	
6	26.06.2007	4734	1	Pfaffenstein	0	243,24 €	#DIV/0!	
7	26.06.2007	4821	7	Klaus	23	342.12	#WERT!	
8	26.06.2007	5325	4	Kramer	143	1.324,32 €	9,26 €	
9	27.06.2007	4613	6	Nesvadba	23	3.243,23 €	141,01 €	
10	27.06.2007	5324	3	Schneider	7	502,33 €	71,76 €	
11	27.06.2007	6542	4	Kramer	34	1.055,13 €	31,03 €	
12	27.06.2007	4254	9	#NV	52	2.603,33 €	50,06 €	
13	28.06.2007	3099	1	Pfaffenstein	76	1.954,87 €	25,72 €	
14	28.06.2007	3951	6	Nesvadba	12	2.829,07 €	235,76 €	
15	28.06.2007	3903	8	Engstein	4	833,89 €	208,47 €	
16	28.06.2007	4997	5	Lauterbach		1.069,23 €	#DIV/0!	
17	28.06.2007	5727	7	Klaus	23	1.475,06 €	64,13 €	
18	29.06.2007	5858	2	Linke	22	2.240,59 €	101,85 €	
19	29.06.2007	5893	1	Pfaffenstein	43	1.544,85 €	35,93 €	
20	29.06.2007	1855	8	Engstein	56	1.903,65 €	33,99 €	
21	29.06.2007	2207	0	#NV	71	2.966,94 €	41,79 €	
22	29.06.2007	5167	3	Schneider	34	2.747,35 €	80,80 €	
23	02.07.2007	2908	6	Nesvadba	0	2.428,66 €	#DIV/0!	
24	02.07.2007	5162	8	Engstein	61	2.296,10 €	37,64 €	
25	02.07.2007	1339	4	Kramer	24	2.182,26 €	90,93 €	
26								
27	Anzahl Fehler insgesamt			6				
28	Anzahl Fehlerwert #NV			2				
29	Erste Zeile mit Fehler			6				
30	Erste Zeile mit Fehler #NV			12				
31	Adresse des ersten Fehlerwertes			$G$6				
32								

Formelzeile D31: `{=ADRESSE(MIN(WENN(ISTFEHLER(A5:G25);ZEILE(A5:A25)));MIN(WENN(ISTFEHLER(INDIREKT("A"&MIN(WENN(ISTFEHLER(A5:G25);ZEILE(A5:A25))))):INDIREKT("H"&MIN(WENN(ISTFEHLER(A5:G25);ZEILE(A5:A25))))));SPALTE(A:H))))}`

Tipp 7: Spur zum Fehler ermitteln

Excel bietet im Umgang mit Fehlern einiges an Unterstützung an. Dazu zählt auch die Funktion *Spur zum Fehler*. Damit lässt sich sehr schön darstellen, wo die Quelle des Fehlers liegt, um die Fehlerbeseitigung gezielt in Angriff nehmen zu können.

So geht's:

Sehen Sie sich zunächst die Ausgangstabelle etwas näher an.

	A	B	C
1	**Ermittlung Zinssatz für Skontoausnutzung**		
2			
3			
4			
5	Zahlungsziel ohne Skonto in Tagen	30	
6	Zahlungsziel mit Skonto	10	
7	Skonto in Prozent	3,00%	
8	Zinssatz für den Kontokorrentkredit	14%	
9	Rechnungsbetrag	#ZAHL!	
10			
11	Inanspruchnahme KK-Kredit in Tagen	20	
12	Skontobetrag	#ZAHL!	
13	Rechnungsbetrag bei Skontoausnutzung	#ZAHL!	
14	Zinsen für den Kontokorrentkredit	#ZAHL!	
15			
16	Vorteil durch Skontoausnutzung	#ZAHL!	
17			

Das Kalkulationsmodell enthält einige Fehlereinträge des Typs *#ZAHL!*. Auf den ersten Blick ist nicht zu erkennen, welche Zelle den Ausgangspunkt für die fehlerhafte Berechnung darstellt.

1 Markieren Sie die Ergebniszelle, die als letzte Zelle einen Fehlereintrag besitzt, im Beispiel die Zelle B16.

2 Starten Sie die Fehlersuche über das Menü *Formeln/Formelüberwachung/Fehlerprüfung/Spur zum Fehler* (Excel 2003: Menü *Extras/Formelüberwachung/Spur zum Fehler*).

	A	B	C
1	**Ermittlung Zinssatz für Skontoausnutzung**		
2			
3			
4			
5	Zahlungsziel ohne Skonto in Tagen	30	
6	Zahlungsziel mit Skonto	10	
7	Skonto in Prozent	3,00%	
8	Zinssatz für den Kontokorrentkredit	14%	
9	Rechnungsbetrag	#ZAHL!	
10			
11	Inanspruchnahme KK-Kredit in Tagen	20	
12	Skontobetrag	#ZAHL!	
13	Rechnungsbetrag bei Skontoausnutzung	#ZAHL!	
14	Zinsen für den Kontokorrentkredit	#ZAHL!	
15			
16	Vorteil durch Skontoausnutzung	#ZAHL!	
17			

Als Ergebnis werden zwei rot dargestellte Fehlerspuren gezeigt. Die erste Fehlerspur reicht von Zelle B9 zur Zelle B12, die zweite von Zelle B12 zur Zelle B16.

Daraus lässt sich ableiten, dass der Ausgangspunkt für die Fehler in Zelle B9 liegt. Korrigieren Sie den Eintrag in Zelle B9 und sehen Sie sich das Ergebnis an.

Damit werden alle Berechnungen ohne Anzeige eines Fehlerwerts kor-

	A	B	C
1	**Ermittlung Zinssatz für Skontoausnutzung**		
2			
3			
4			
5	Zahlungsziel ohne Skonto in Tagen	30	
6	Zahlungsziel mit Skonto	10	
7	Skonto in Prozent	3,00%	
8	Zinssatz für den Kontokorrentkredit	14%	
9	Rechnungsbetrag	5.000,00 €	
10			
11	Inanspruchnahme KK-Kredit in Tagen	20	
12	Skontobetrag	150,00 €	
13	Rechnungsbetrag bei Skontoausnutzung	4.850,00 €	
14	Zinsen für den Kontokorrentkredit	37,72 €	
15			
16	Vorteil durch Skontoausnutzung	112,28 €	
17			

rekt ausgeführt. Die Farbe der Fehlerspur hat von Rot auf Blau gewechselt, was bedeutet, dass keine Fehler mehr gefunden wurden.

Die Anzeige der Spuren lässt sich über das Menü *Formeln/Formelüberwachung/Pfeile entfernen* wieder beenden (Excel 2003: Menü *Extras/Formelüberwachung/Alle Spuren entfernen*).

> **Hinweis**
>
> Unabhängig von Fehlern lassen sich über das Menü *Formeln/Formelüberwachung/Spur zum Vorgänger* oder *Spur zum Nachfolger* die Bezüge grafisch über die Verwendung von Spurpfeilen anzeigen (Excel 2003: Menü *Extras/Formelüberwachung/Spur zum Vorgänger* oder *Spur zum Nachfolger*).

Tipp 8: Automatische Fehleranalyse durchführen

Je früher Fehler in einer Kalkulation erkannt werden, desto schneller können die Ursachen dafür gefunden und beseitigt werden. Allgemein bekannt dürfte die Rechtschreib- und Grammatikprüfung in Microsoft Word sein. Excel stellt eine ähnliche Funktion zur Verfügung, deren Einsatzmöglichkeiten im Folgenden erläutert werden.

So geht's:

Die automatische Fehlerprüfung ist in Excel standardmäßig aktiviert. Die Einstellungen finden Sie im Menü *Datei/Optionen/Formeln* (Excel 2007: Menü *Office/Excel-Optionen/Formeln*; Excel 2003: Menü *Extras/Optionen*, Registerkarte *Fehlerüberprüfung*).

Über das Kontrollkästchen *Fehlerüberprüfung im Hintergrund aktivieren* lässt sich die automatische Prüfung bei Bedarf auch deaktivieren. Im Regelfall sollten Sie die Prüfung aber aktiviert lassen. Wenn Sie für einen oder mehrere Fehler die Anzeige des Fehlerindikators ausgeschaltet haben, können Sie über die Schaltfläche *Ignorierte Fehler zurücksetzen* (Excel 2003: *Zu ignorierende Fehler zurücksetzen*) die deaktivierten Fehlermeldungen wieder einschalten.

Sobald die automatische Fehlerprüfung Fehler erkennt, die den definierten Regeln entsprechen, wird in der linken oberen Zellecke als Fehlerindikator ein kleines grünes Dreieck eingeblendet.

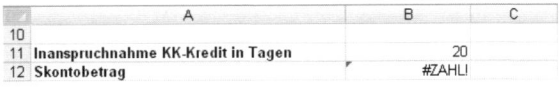

Für die automatische Fehlerprüfung können im *Optionen*-Fenster auf der Registerkarte *Formeln* (Excel 2003: Registerkarte *Fehlerüberprüfung*) verschiedenen Regeln definiert werden, die nachfolgend kurz erläutert werden.

Regel	Erläuterung
Zellen mit Formeln, die zu einem Fehler führen	Wählen Sie diese Option aus, um in Excel Zellen wie Fehler zu behandeln, die Formeln enthalten, die zu einem Fehler führen.
Inkonsistente berechnete Spaltenformel in Tabellen	Aktivieren Sie diese Option, um in Excel Zellen wie Fehler zu behandeln, die Formeln oder Werte enthalten, die mit der Spaltenformel oder mit Tabellen inkonsistent sind.
Zellen, die zweistellige Jahres-zahlen enthalten	Wählen Sie die Option aus, damit in Excel Formeln, die text-formatierte Zellen mit zweistelligen Jahreszahlen enthalten, wie Fehler behandelt werden.
Zahlen, die als Text forma-tiert sind oder denen ein Apostroph vorangestellt ist	Wählen Sie diese Option aus, damit Zahlen, die als Text forma-tiert sind oder denen ein Apostroph vorangestellt ist, wie Fehler behandelt werden.
Formeln, die mit anderen Formeln im Bereich inkonsis-tent sind	Durch Auswählen dieser Option wird in einem Bereich eine Formel, die von anderen Formeln im gleichen Bereich ab-weicht, wie ein Fehler behandelt.
Formeln, die sich nicht auf alle Zellen im Bereich beziehen	Durch Auswählen dieser Option werden Formeln, die be-stimmte Zellen in einem Bereich auslassen, in Excel wie Fehler behandelt.
Nicht gesperrte Zellen, die Formeln enthalten	Mit Aktivierung dieser Option wird in Excel eine nicht gesperr-te Zelle, die eine Formel enthält, wie ein Fehler behandelt.
Formeln, die sich auf leere Zellen beziehen	Durch Auswählen dieser Option werden Formeln, die Bezüge auf leere Zellen enthalten, in Excel wie Fehler behandelt.
In eine Tabelle eingegebene Daten sind ungültig	Wenn Sie diese Option aktivieren, werden Zellen mit Werten, die mit dem Spaltendatentyp für mit Daten in einer Share-Point-Liste verbundene Tabellen inkonsistent sind, wie Fehler behandelt.

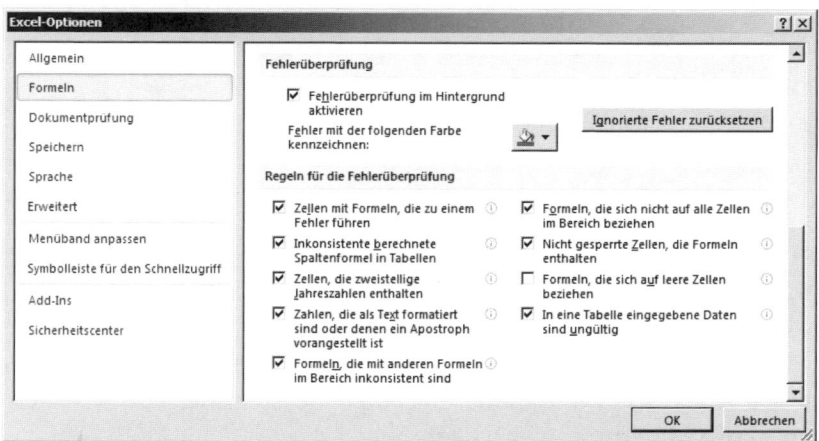

Hinweis

Diese Regeln beziehen sich auf die Excel-Versionen 2007 und 2010. In Excel 2003 stehen analoge Regeln zur Verfügung. Allerdings lauten die Bezeichnungen etwas anders.

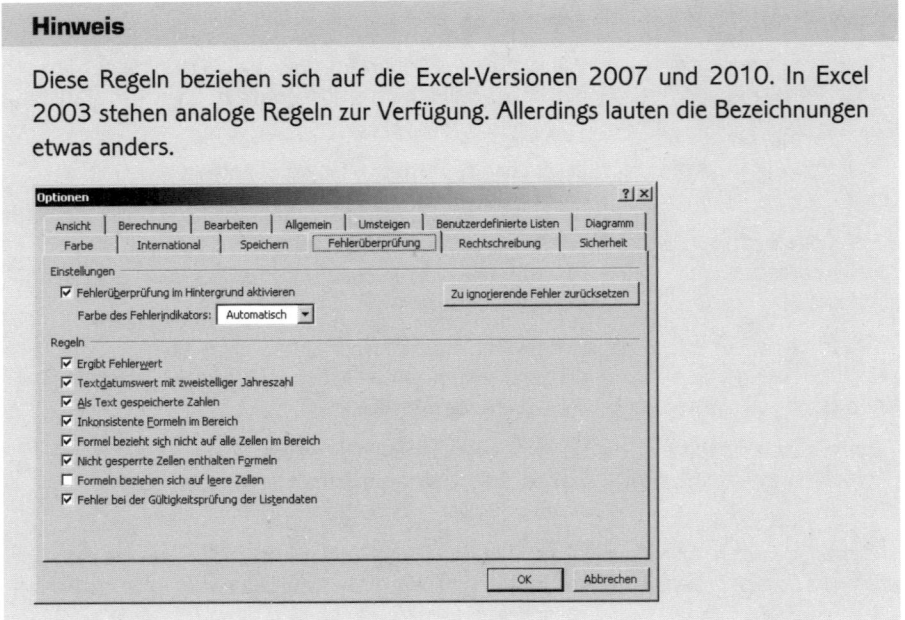

Wenn nun ein Fehler auftritt, können Sie über den Fehlerindikator festlegen, wie mit dem Fehler umgegangen werden soll. Klicken Sie dazu auf den SmartTag links von der Fehlerzelle. Damit öffnen Sie ein Kontextmenü mit verschiedenen Optionsfeldern.

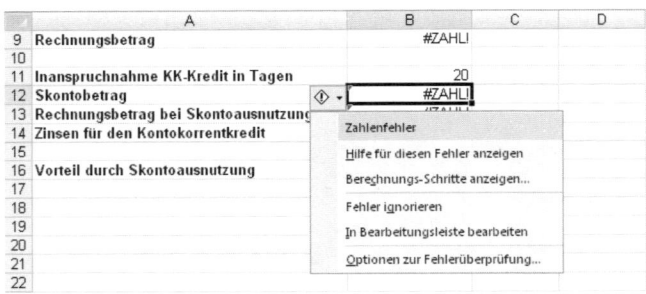

Im Kontextmenü zu dem Fehler können Sie zwischen folgenden Optionen wählen:

> *Hilfe für den Fehler anzeigen*: Wenn Sie diese Option auswählen, wird das Hilfefenster mit weiteren Erläuterungen aufgerufen.

> *Berechnungs-Schritte anzeigen*: Diese Option öffnet das Dialogfenster *Formel auswerten*, über das die einzelnen Berechnungsschritte nachvollzogen und überprüft werden können.

> ➤ *Fehler ignorieren*: Ein Klick auf diese Option blendet den Fehlerindikator aus.

> ➤ *In Bearbeitungsleise bearbeiten*: Damit wird die Formel in der Bearbeitungsleiste aktiviert. Alternativ können Sie auch die Funktionstaste F2 drücken.

> ➤ *Optionen zur Fehlerüberprüfung*: Mit einem Klick hierauf wird das *Optionen*-Fenster zum Festlegen der Fehlerregeln aufgerufen.

Tipp 9: Intelligente Fehlersuche in Formeln

Wird in einer längeren Formel ein Fehler angezeigt, bedeutet dies nicht, dass die gesamte Formel falsch ist. Meist ist nur ein kleiner Teil fehlerhaft, und das kann ganz einfach behoben werden. In diesem Beispiel wurde in Zelle B9 der Zinsbetrag ermittelt. Allerdings wird als Ergebnis der Fehlerwert *#WERT!* ausgegeben. Ziel ist es nun, zu ermitteln, wo der Fehler liegt.

So geht's:

1 Im ersten Schritt der systematischen Fehlersuche müssen Sie die Formel in Zelle B9 markieren, sodass sie in der Bearbeitungsleiste angezeigt wird.

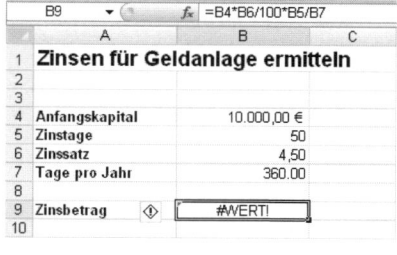

2 Wechseln Sie mit der Funktionstaste F2 in den Bearbeitungsmodus.

3 Markieren Sie nun den ersten Teil der Formel, also die Berechnung *B4*B6/100*, und drücken Sie die Funktionstaste F9. Damit wird das Ergebnis der Berechnung in absolute Werte umgewandelt und direkt in der Formel dargestellt. Da ein Ergebnis ermittelt wird, wissen

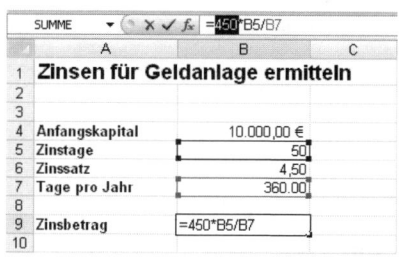

Sie, dass der Fehler nicht in diesem Teil der Formel liegt, Sie können also mit der Prüfung fortfahren.

4 Markieren Sie nun den zweiten Teil der Formel, also den Ausdruck *B5*, und drücken Sie wieder die Funktionstaste F9. In der Formel wird der absolute Wert 50 angezeigt, was wiederum bedeutet, dass auch hier der Fehler nicht liegen kann.

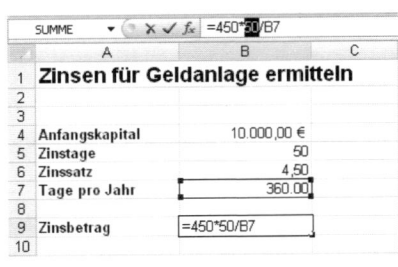

5 Markieren Sie nun den letzten Teil der Formel, also den Eintrag *B7*, und drücken Sie erneut die Funktionstaste F9. Dieses Mal wird anstatt eines Werts die Textfolge *"360.00"* eingetragen. Dass es sich um einen Text und somit um einen Fehler handelt, erkennen Sie

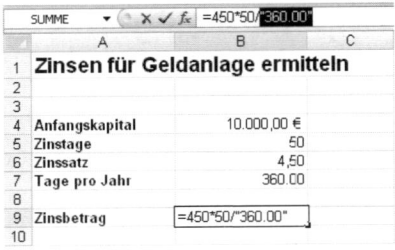

an den Anführungsstrichen. Anstatt eines Kommas wurde versehentlich ein Punkt als Dezimaltrennzeichen beim Wert 360,00 eingetragen.

Sobald Sie die fehlerhafte Tagesangabe in Zelle B7 korrigiert haben, wird die Berechnung des Zinsbetrags korrekt durchgeführt.

Funktionsübersicht

Funktion	Erläuterung
WENN(Prüfung;Dann_Wert; Sonst_Wert)	Prüft, ob eine Bedingung zutrifft, also *WAHR* oder *FALSCH* ist, und macht das Ergebnis vom Resultat der Prüfung abhängig.
WENNFEHLER(Wert;Wert_ falls_Fehler)	Gibt einen von Ihnen festgelegten Wert zurück, wenn eine Formel einen Fehler ergibt. Andernfalls wird das Ergebnis der Formel ausgegeben.
ZEILE(Bezug)	Liefert die Zeilennummer eines Bezugs.
ZÄHLENWENN(Bereich; Kriterien)	Zählt die nicht leeren Zellen eines Bereichs, deren Inhalte mit den Suchkriterien übereinstimmen.
SPALTE(Bezug)	Gibt die Spaltennummer eines Bezugs zurück.
SUMME(Zahl1;Zahl2;...)	Summiert die angegebenen Argumente.
RUNDEN(Zahl;Anzahl_ Stellen)	Rundet eine Zahl auf eine bestimmte Anzahl von Dezimalstellen.
MIN(Zahl1;Zahl2;...)	Gibt den kleinsten Wert innerhalb einer Argumentliste zurück.

Funktion	Erläuterung
ISTFEHLER(Wert)	*Wert* bezieht sich auf einen beliebigen Fehlerwert *(#NV, #WERT!, #BEZUG!, #DIV/0!, #ZAHL!, #NAME?* oder *#NULL!)*.
INDIREKT(Bezug;A1)	Gibt den Bezug eines Textwerts zurück. Bezüge werden sofort ausgewertet, sodass die zu ihnen gehörenden Werte angezeigt werden. Verwenden Sie die *INDIREKT*-Funktion, um den Bezug auf eine in einer Formel befindliche Zelle zu ändern, ohne die Formel selbst anzupassen.
GLÄTTEN(Text)	Löscht Leerzeichen in einem Text, die nicht als jeweils einzelne zwischen Wörtern stehende Trennzeichen dienen.
FEHLER.TYP(Fehlerwert)	Gibt eine Zahl zurück, die einem der Fehlerwerte in Microsoft Excel entspricht, oder den Fehlerwert *#NV*, wenn kein Fehler vorhanden ist.
ADRESSE(Zeile;Spalte;Abs; A1;Tabellenname)	Liefert einen Bezug auf eine Zelle als Text.

11

Das Beste rund um Excel 2007 – Vorbereitung für Excel 2010

Mit Excel 2007 wurde die neu gestaltete Benutzeroberfläche, insbesondere die Optik der Multifunktionsleiste (Ribbons), eingeführt. Auf den zweiten Blick tre-
ten aber weitere innovative Neuerungen und Erweiterungen zu-
tage. Dieses Kapitel gibt einen
Überblick über die wesentlichs-
ten Neuerungen von Excel 2007.
Viele der in diesem Kapitel ent-

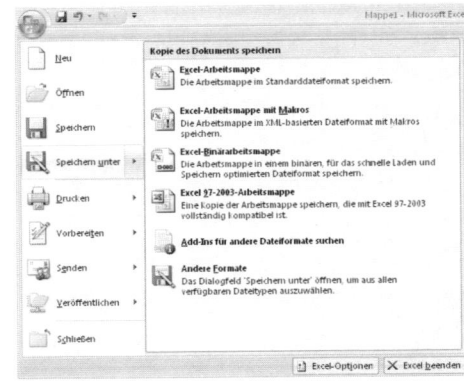

haltenen Tipps gelten auch für Excel 2010, da die meisten Funktionen unverändert in die neue Excel-Version übernommen wurden.

Tipp 1: Die Benutzeroberfläche von Excel 2007

Die Benutzeroberfläche in Excel 2007 ist komplett überarbeitet und stellt
sich in einem völlig neuen Look & Feel dar. Microsoft hat im Testlabor viel
Zeit darauf verwendet, die Arbeitsweise von Benutzern zu analysieren sowie das Feedback der User auszuwerten und als Anlass zu nehmen, die
Bedienelemente und Funktionsaufrufe nicht mehr in herkömmlichen Me-
nüstrukturen, sondern über die sogenannte Multifunktionsleiste zur Verfügung zu stellen.

Dazu wurde das in Office 2003 integrierte Erhebungsmodul mitsamt der
Einladung zur freiwilligen Teilnahme an der Produktverbesserung eingeführt. Wenn der Anwender eingewilligt hatte, wurden in bestimmten Zeit-
intervallen anonymisierte Informationen über die Nutzung der Programm-
funktionen über das Internet an Microsoft gesendet und dort systematisch
ausgewertet. Seit der Produkteinführung von Office 2003 wurden auf diese
Weise rund 1,3 Milliarden Sitzungen aufgezeichnet.

Die Multifunktionsleiste ist sicherlich die Veränderung der Version 2007,
die als Erstes ins Auge fällt und mit der sich der Anwender in den ersten
Arbeitssitzungen am häufigsten und intensivsten auseinandersetzen wird
und muss.

Die folgende Abbildung gibt einen Überblick über die wichtigsten Bedienelemente. Auf altbekannte Funktionen wird dabei nicht näher eingegangen.

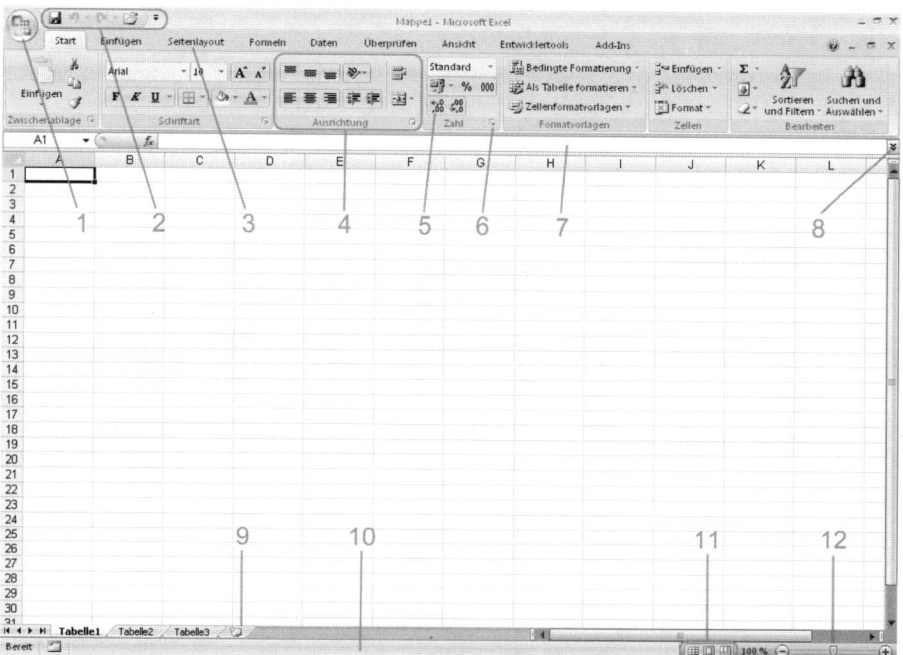

Nr.	Element	Erläuterung
1	Office-Menü/Office-Schaltfläche	Das Office-Menü bietet Zugriff auf zentrale Aufgaben. In den vorherigen Versionen waren viele Befehle daraus im Menü *Datei* untergebracht. In Excel 2010 wurde diese Schaltfläche wieder in *Datei* umbenannt.
2	Symbolleiste für den Schnellzugriff	Die Symbolleiste für den Schnellzugriff bietet als einzige verbliebene Symbolleiste die Möglichkeit, Befehle individuell anzuordnen. Die Befehle der Schnellzugriffsleiste stehen unabhängig von der aktuellen Arbeitssituation ständig zur Verfügung.
3	Registerkarte	Excel stellt die Registerkarten *Start, Einfügen, Seitenlayout, Formeln, Daten, Überprüfen, Ansicht* und bei Bedarf die Registerkarte *Entwicklertools* zur Verfügung. Darüber hinaus werden Registerkarten kontextsensitiv, also abhängig von der Arbeitssituation, zur Verfügung gestellt.
4	Befehlsgruppe	Als Befehlsgruppen werden zusammengehörige Befehle innerhalb einer Registerkarte bezeichnet.
5	Befehl	Auf einzelne Befehle wird über Symbolschaltflächen zugegriffen, die in den meisten Fällen grafisch unverändert gegenüber der Version 2003 geblieben sind.
6	Startprogramm für Dialogfelder	Über das Startprogramm für Dialogfelder kann das entsprechende Dialogfenster mit allen weiteren Einstellungen geöffnet werden.

Nr.	Element	Erläuterung
7	Bearbeitungsleiste	Die Bearbeitungsleiste beinhaltet die Eingabezeile, das Namensfeld sowie die Schaltfläche *Funktion einfügen*.
8	Bearbeitungsleiste erweitern	Der Doppelpfeil rechts neben der Eingabezeile bietet die Möglichkeit, die Bearbeitungsleiste zu erweitern und zu reduzieren, sodass längere Texte oder Formeln bequem angezeigt werden können.
9	Tabelle einfügen	Die neue Schaltfläche *Tabelle einfügen* stellt eine elegante Möglichkeit zur Verfügung, neue Tabellenblätter zur Arbeitsmappe hinzuzufügen.
10	Statusleiste	Die Statusleiste wurde um einige Features erweitert. So können jetzt gleichzeitig mehrere Informationen über den Datenbestand angezeigt werden.
11	Ansichten	Über die Schaltflächen für die verschiedenen Ansichten in der Statusleiste kann schnell zwischen der Normalansicht, der Seitenlayoutansicht und der Seitenumbruchvorschau gewechselt werden.
12	Zoomregler	Mit dem Zoomregler lässt sich die Größe der Bildschirmanzeige stufenlos von 10 % bis 400 % einstellen.

In das Design der neuen Benutzeroberfläche sind laut Microsoft-Designer folgende Philosophien eingeflossen:

➢ **Fokus:** Die Aufmerksamkeit des Benutzers soll auf dem Inhalt, nicht auf der Benutzeroberfläche liegen. Der ergebnisorientierte Ansatz ermöglicht es dem Benutzer, anspruchsvolle Formatierungen anzuwenden und erweiterte Aufgaben durchzuführen, ohne seine Aufmerksamkeit von Dokument oder Inhalt abzulenken, an dem er gerade arbeitet.

➢ **Kontext:** Dem Benutzer soll das Gefühl gegeben werden, die Materie zu beherrschen, indem die Anzahl der zur Verfügung stehenden Auswahlmöglichkeiten verringert wird. Der Befehlsbereich soll dadurch reduziert werden, dass überflüssige oder selten genutzte Funktionen entfernt werden.

➢ **Effizienz:** Die Konzentration liegt auf der Effizienz anstatt auf dem Umfang. Benutzer müssen in der Lage sein, die leistungsfähigsten Funktionen für eine Aufgabe schnell und einfach zu finden.

➢ **Konsistenz:** Um eine ergebnisorientierte Benutzerfunktionalität zu gewährleisten, müssen zur Lösung unterschiedlicher Probleme intuitive Wege bereitgestellt werden. Wenn Tools auf Aufgaben angewendet werden, ist eine flexible Folgerichtigkeit wünschenswert, Homogenität hingegen nicht.

> ➤ **Beständigkeit:** Ein klar definierter Zugriff auf Werkzeuge garantiert deren bessere Verwendung. Unklarheiten werden vermieden, indem für Gruppen von Funktionen ein definierter Ort geschaffen wird. Eine solche Benutzeroberfläche ist einer „smarten" Benutzeroberfläche vorzuziehen.

> ➤ **Vorhersagbarkeit:** Durch ein unkompliziertes Design werden Benutzerkomfort und optimale Ergebnisse sichergestellt. Das Vorhersagbare soll gegenüber dem Neuen bevorzugt werden.

Tipp 2: Das Office-Menü – die zentrale Anlaufstelle

Das Office-Menü enthält viele der Befehle, die in den Vorgängerversionen über das Menü *Datei* erreichbar waren. Das Office-Menü wird über die Symbolschaltfläche *Office* in der linken oberen Ecke des Excel-Fensters aufgerufen.

Ein Klick auf diese Schaltfläche öffnet ein Menü mit bekannten Befehlen wie *Neu, Öffnen, Speichern, Speichern unter, Drucken* etc. Die Befehle beziehen sich auf 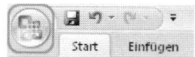 die Excel-Arbeitsmappe selbst und nicht auf deren Inhalt. Wenn Sie links im Menü einen Eintrag auswählen, werden im rechten Teil die entsprechenden Optionen angezeigt, die mit einem Klick auf den jeweiligen Eintrag aufgerufen werden können.

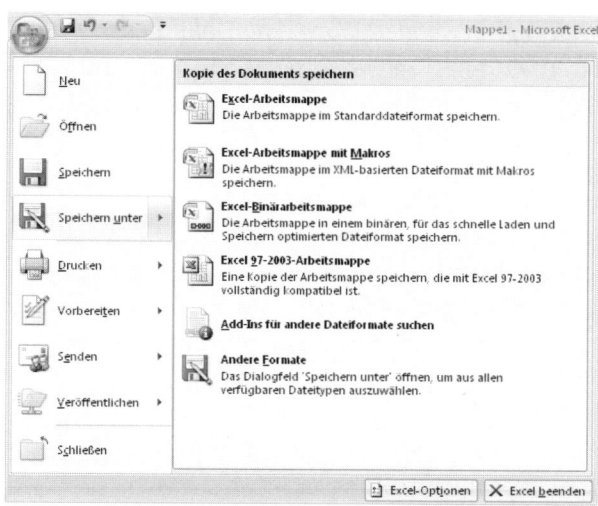

➜ Verweis: siehe Kapitel 12, Tipp 3

Tipp 3: Benutzerdefinierte Einstellungen über Excel-Optionen vornehmen

Über das Menü *Office/Excel-Optionen* lässt sich Excel den individuellen Bedürfnissen anpassen. In den Vorgängerversionen finden sich diese Einstellungsmöglichkeiten im Menü *Extras/Optionen*.

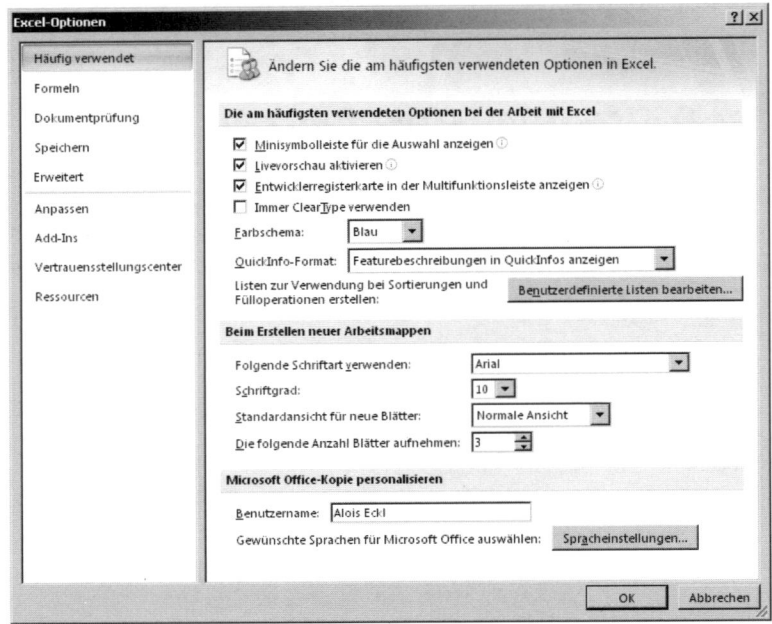

Über die Registerkarten *Häufig verwendet*, *Formeln*, *Dokumentprüfung*, *Speichern*, *Erweitert*, *Anpassen*, *Add-Ins*, *Vertrauensstellungscenter* und *Ressourcen* stehen die verschiedenen Befehle zur Anpassung der Umgebung zur Verfügung.

Sehr gut gelungen ist die Gliederung der doch relativ umfangreichen Befehle und Optionen für die Anpassung der Excel-Umgebung. Übersichtlich dargestellt sind auch die Optionseinstellungen, die nur für eine Arbeitsmappe gelten sollen. In den vorherigen Versionen war nicht immer ganz klar, ob sich eine Option auf die gesamte Excel-Umgebung oder nur auf die aktuelle Arbeitsmappe auswirkt.

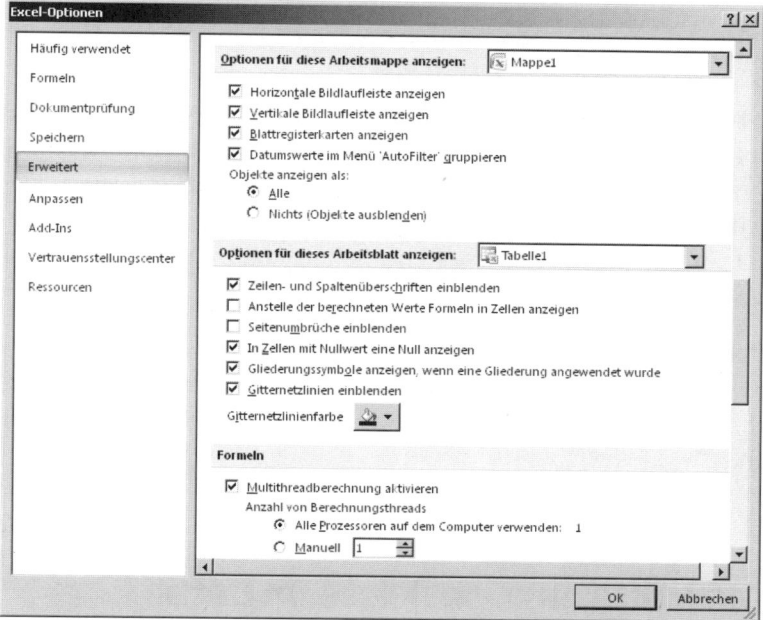

Für einige Optionen wird über ein Infosymbol eine kurze Erläuterung gegeben, wenn man mit der Maus darauf geklickt.

Auf die einzelnen Optionseinstellungen wird an dieser Stelle nicht näher
eingegangen. Die Erläuterungen zu verschiedenen Optionseinstellungen
finden Sie kontextbezogen im jeweiligen Kapitel bzw. Abschnitt dieses
Buchs.

➜ Verweis: siehe Kapitel 12, Tipp 3

Hinweis

Gespeichert werden die Optionseinstellungen in der Windows-Registrierungs-
datenbank im Schlüssel *HKEY_CURRENT_USER\Software\Microsoft\Office\
12.0\Excel\Options.*

Tipp 4: Die Symbolleiste für den Schnellzugriff

Die Symbolleiste für den Schnellzugriff ist die einzige in Excel 2007 ver-
bliebene Symbolleiste. Diese Symbolleiste steht dauerhaft und unabhängig
von der jeweiligen Arbeitssituation zur Verfügung und kann sowohl über
als auch unter der Multifunktionsleiste dargestellt werden.

Die Schnellstartleiste kann beliebig den individuellen Bedürfnissen angepasst werden.

Wenn die Symbolleiste angepasst wird, besteht die Möglichkeit, die Anpassungen für Excel insgesamt oder für eine bestimmte Arbeitsmappe vorzunehmen. Wird eine Arbeitsmappe mit angepasster Schnellzugriffsleiste geschlossen, wird automatisch der Ursprungszustand der Symbolleiste wiederhergestellt. In älteren Excel-Versionen blieben gebundene Symbolleisten nach dem Schließen der Arbeitsmappe sichtbar.

Sie können mit der Symbolleiste für den Schnellzugriff beliebig experimentieren, da über die Schaltfläche *Zurücksetzen* im Menü *Office/Excel-Optionen/Anpassen* der Ursprungszustand ganz leicht wiederhergestellt werden kann.

➔ Verweis: siehe Kapitel 9, Tipp 2 und Tipp 3, sowie Kapitel 12, Tipp 6

Tipp 5: Die Multifunktionsleiste im Detail

Ein wesentlicher Grund dafür, dass viele Excel-Benutzer nicht glauben, dass sie das Programm beherrschen, ist die Vielzahl verschiedener Orte, an denen sich gesuchte Befehle befinden können. Zur Auswahl stehen kurze Menüs, lange Menüs, verschachtelte Untermenüs, sichtbare Symbolleisten, ausgeblendete Symbolleisten, Pop-up-Symbolleisten sowie Aufgabenbereiche (Task Panes), die nur bei bestimmten Aufgaben eingeblendet werden.

Das fordert regelmäßig auch versierte Profianwender. Der Wildwuchs an Funktionen lässt sich am besten an der Zunahme der Menü- und Untermenüpunkte ablesen. Lag deren Zahl bei WinWord 1.0 im Jahr 1989 noch bei 50, so umfasste Word 2003 bereits 273 Menübefehle. Auch die Zahl der Symbolleisten steigerte sich ständig: von 2 in Word 1.0 über 18 in Word 97 bis hin auf 30 in Word 2003. Dieses Komplexitätsproblem blieb auch den Microsoft-Entwicklern nicht verborgen, und so entstand über einen längeren Zeitraum das System der aufgabenbezogenen Multifunktionsleiste.

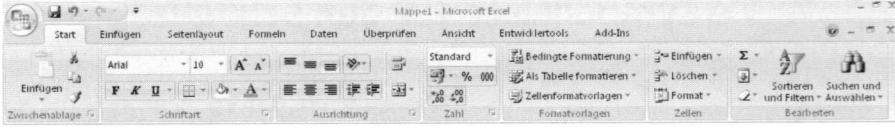

Die Multifunktionsleiste (Menüband) ist das Herzstück der neuen Befehlsoberfläche. Ähnlich wie in Symbolleisten aus früheren Versionen steht der

Zugriff auf einzelne Befehle mit nur einem Mausklick zur Verfügung. Darüber hinaus werden Bezeichnungen zur Verfügung gestellt, die dem Anwender helfen, das passende Symbol oder die passende Schaltfläche für einen bestimmten Befehl schneller identifizieren zu können.

Auch die Größe und die Anordnung der Symbole und Schaltflächen sind nicht zufällig entstanden. Große Schaltflächen kennzeichnen die am häufigsten verwendeten Befehle. Kleine Schaltflächen, die in Gruppen zusammengefasst sind, verdeutlichen demgegenüber die Beziehung zwischen weniger wichtigen Funktionen, die für die gemeinsame Verwendung gedacht sind. Befehle innerhalb einer Registerkarte wurden so angeordnet, dass eine visuelle Hierarchie gegeben ist, die das Durchsuchen der Multifunktionsleisten erleichtern soll.

Es ist daher kein Zufall, dass die erste Registerkarte die am häufigsten verwendeten Funktionen der *Standard-* und *Format-*Symbolleisten von früheren Versionen enthält.

Durch das Entwicklungsmodell in Office 2007 ist die Multifunktionsleiste vollständig erweiterbar. Sie können ganze Registerkarten hinzufügen und entfernen sowie Steuerelemente oder Befehlsgruppen vorhandenen Registerkarten hinzufügen.

Verschiedene Anzeigegrößen

Die Multifunktionsleiste wird automatisch für verschiedene Bildschirmauflösungen skaliert und optimiert. So wird abhängig von der Bildschirmauflösung und von der Größe des Anwendungsfensters die Anzeige optimal dargestellt. Wie die folgenden Abbildungen zeigen, wurden die Steuerelementgruppen in verschiedenen Größen entworfen.

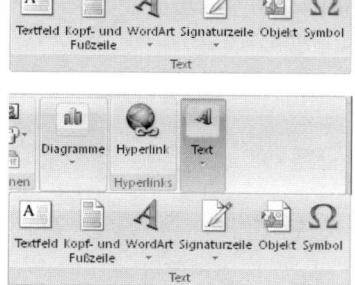 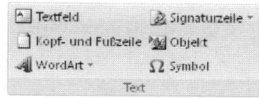 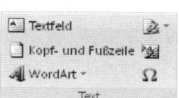

Das Skalierverhalten der Multifunktionsleiste lässt sich jedoch nicht kontrollieren. Es ist nicht möglich, anzugeben, welche Steuerelemente in ihrer Größe verändert werden sollen und welche nicht. Allerdings werden benutzerdefinierte Registerkarten als Letztes verkleinert, da diesen Priorität eingeräumt wurde.

Poweruser können die Multifunktionsleiste auf eine Zeile reduzieren, die nicht mehr Platz einnimmt als die Menüleiste aus früheren Excel-Versionen.

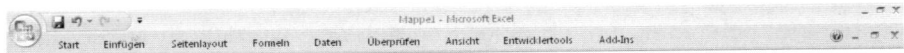

Dies erreichen Sie, indem Sie die Multifunktionsleiste über das Kontextmenü minimieren. Alternativ wird die Multifunktionsleiste auch über einen Doppelklick auf die Registerkarten minimiert. Mit einem weiteren Doppelklick wird der Originalzustand wiederhergestellt.

Über die Tastenkombination [Strg]+[F1] kann die Multifunktionsleiste ebenfalls minimiert und maximiert werden.

Kontextbezogene Registerkarten

Bis Excel 2003 werden bis auf wenige Ausnahmen alle verfügbaren Befehle angezeigt, unabhängig davon, ob es in einer bestimmten Arbeitssituation möglich ist, einen Befehl zu benutzen oder nicht. Wenn der Befehl nicht zur Verfügung steht, wird der Menüeintrag grau, also inaktiv, dargestellt.

Im Gegensatz dazu ist die neue Multifunktionsleiste auf einem kontextsensitiven Konzept aufgebaut. Das bedeutet, dass Befehle nur dann angezeigt werden, wenn das Objekt, auf das sie angewendet werden können, auch ausgewählt ist. Wird ein Objekt ausgewählt, werden in der Multifunktionsleiste zusätzliche Registerkarten angezeigt, die sogenannten kontextbezogenen Registerkarten.

Diese Registerkarten werden bereitgestellt, um das Objekt zu bearbeiten und zu formatieren. Indem diese Befehle nur dann angezeigt werden, wenn ein Objekt ausgewählt ist, wird die Anzahl der zu durchsuchenden Befehle im Kernregisterkartensatz reduziert. Die Befehlsleisten sind deshalb übersichtlicher, und es wird der Eindruck erweckt, dass die Befehle der kontextbezogenen Registerkarten zielgerichteter und relevanter sind.

So werden beispielsweise kontextbezogene Registerkarten für Tabellen, Bilder oder Steuerelemente wie *Textfelder, Formen, Diagramme, WordArt, Kopf- und Fußzeilen* sowie *PivotTables* angezeigt. Jedem Element, das als Objekt angezeigt und ausgewählt werden kann, ist eine kontextsensitive Registerkarte zugeordnet.

→ Verweis: siehe Kapitel 12, Tipp 4

Tipp 6: Tastaturbefehle für die Multifunktionsleiste

Viele Anwender verwenden anstelle der Maus lieber Tastenkombinationen oder Shortcuts. Damit lassen sich diverse „Mauskilometer" sparen, und in der Regel geht es über die Tastatur auch noch schneller.

Die Multifunktionsleiste lässt sich ausschließlich mit der Tastatur steuern. Damit Sie sich nicht jeden Tastaturbefehl merken müssen, können über die [Alt]-Taste sogenannte Tastaturtipps eingeblendet werden. Office 2007 unterstützt ein neues Zugriffssystem für die Multifunktionsleiste. Tastenkombinationen werden als „Überlagerungen" auf den Steuerelementen und Registerkarten der Multifunktionsleiste angezeigt. Register werden über Zahlenangaben und Steuerelemente über Buchstaben angesprochen.

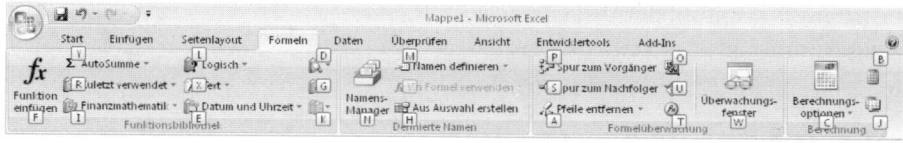

Über diesen Ansatz wird sichergestellt, dass jedes Steuerelement mithilfe von Tastenkombinationen jederzeit zugänglich ist.

Darüber hinaus ist bei Weitem die Mehrzahl der Tastenkombinationen aus den vorhergehenden Excel-Versionen übernommen worden. Damit wird der Übergang zur neuen Version erheblich erleichtert, vorausgesetzt, Sie haben bisher mit Tastenkombinationen gearbeitet.

→ Verweis: siehe Anhang, Tipp 4

Hinweis

Dieser Tipp ist auch für Excel 2010 gültig.

Tipp 7: Startprogramm für Dialogfenster

Auf der einen Seite bieten Dialogfenster eine Vielzahl an Steuerungsmöglichkeiten komprimiert und zusammengefasst in einem Fenster. Auf der anderen Seite kann die Ausführung von Routineaufgaben dadurch unnötig erschwert werden. Die neue Benutzeroberfläche zielt darauf ab, die Abhängigkeit der Benutzer von Dialogfenstern zu verringern, aber es auch gleichzeitig zu vereinfachen, das gewünschte Dialogfenster zu finden und aufzurufen. Selbstverständlich sind Dialogfenster weiterhin ein wichtiger Bestandteil des Anwendungskonzepts. Ihre Bedeutung als primärer Mechanismus zum Formatieren von Inhalten wurde jedoch reduziert und im Wesentlichen auf die Multifunktionsleiste verlagert.

Dialogfenster werden weiterhin verwendet, um Zugriff auf mehrere zusammenhängende Einstellungsmöglichkeiten zu haben und um Benutzereingaben erfassen zu können. Benutzereingaben werden also weiterhin in Dialogfenstern und nicht auf der Multifunktionsleiste durchgeführt.

Die Multifunktionsleiste bietet für jede funktionale Befehlsgruppe ein Startprogramm für das zugehörige Dialogfeld an. Dadurch wird eine feste Verknüpfung zwischen dem effizienten Funktionsaufruf über die Multifunktionsleiste und der erweiterten Dialogfeldversion bereitgestellt.

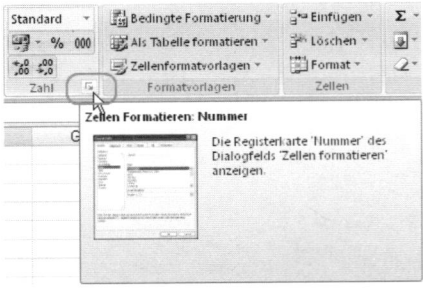

Ein Klick auf den Pfeil in der rechten unteren Ecke einer Befehlsgruppe genügt, um das jeweils zugehörige Dialogfenster zu starten.

Hinweis

Das Startprogramm für Dialogfenster steht in der gleichen Art und Weise auch unter Excel 2010 zur Verfügung.

Tipp 8: Die erweiterte Bearbeitungsleiste

Die Bearbeitungsleiste stellt neben der eigentlichen Zelle das Fenster zu Excel dar. So können über die Bearbeitungsleiste Texte, Ziffern und Formeln erfasst und vor allem korrigiert werden. Die Bearbeitungsleiste enthält das Namensfeld, die Funktionsschaltfläche zum Einfügen von Funktionen, die Bearbeitungsleiste selbst, einen Schalter zum Verändern der Breite sowie die Schaltfläche zur Veränderung der Zeilenzahl.

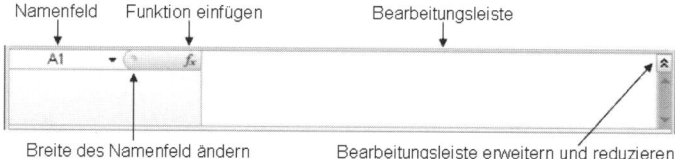

Durch die Änderung der Breite des Namensfelds können nun auch längere Namen vollständig angezeigt werden. Zur Veränderung der Zeilenhöhe genügt ein Klick auf die untere Begrenzung der Bearbeitungsleiste. Mit gedrückter linker Maustaste lässt sich die Zeilenhöhe beliebig variieren.

Mit dem Doppelpfeil am rechten Rand kann zwischen der erweiterten und der einzeiligen Ansicht hin- und hergewechselt werden.

Hinweis

In Excel 2010 steht für die Bearbeitungsleiste die gleiche Funktionalität zur Verfügung.

Tipp 9: Erweiterte Kontextmenüs und Minikontextmenüs ab Excel 2007

Kontextmenüs wurden erstmalig mit Microsoft Windows 95 eingeführt. Sie sind deshalb so erfolgreich, weil sie eine Teilmenge der verfügbaren Befehle darstellen, die auf das ausgewählte Objekt angewendet werden können.

Die Vorteile der kontextsensitiven Anzeige von Befehlen werden in der gesamten neuen Benutzeroberfläche institutionalisiert. Dies spiegelt sich in der Modalität der Multifunktionsleisten, in kontextbezogenen Registerkarten und in den Kontextmenüs einschließlich der Minisymbolleisten wider.

Ein Klick mit der rechten Maustaste auf ein ausgewähltes Objekt öffnet das Kontextmenü, und es wird neben dem Mauszeiger eingeblendet.

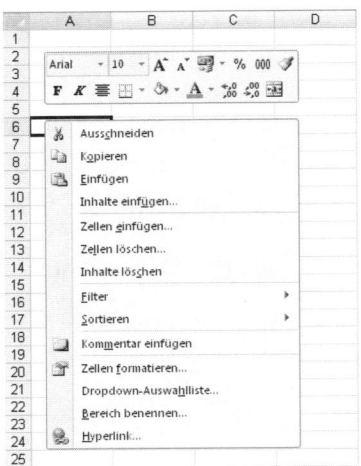

Kontextmenüs können die gleichen Befehle enthalten wie die Multifunktionsleiste. So können über Kontextmenüs selbst Kataloge mit der Livevorschauansicht eingeblendet werden.

Minisymbolleiste des Kontextmenüs

Für manche Tätigkeiten ist das Kontextmenü nicht geeignet. Müssen Befehle mehrfach ausgeführt werden oder sollen mehrere Formatierungen gleichzeitig geändert werden, bietet sich die Minisymbolleiste des Kontextmenüs an.

Wenn Sie auf die Minisymbolleiste oberhalb des Kontextmenüs klicken, wird das Kontextmenü ausgeblendet, während die Minisymbolleiste als kleine Symbolleiste sichtbar bleibt.

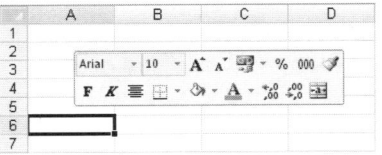

Effizienter Zugriff auf häufig verwendete Befehle über die Minisymbolleiste

Die Minisymbolleiste stellt situationsbedingt wichtige Befehle zur Verfügung. In Excel 2003 wurden dazu z. B. SmartTags benutzt. SmartTags wurden jedoch hauptsächlich dazu verwendet, selten benutzte oder schwer zu findende Befehle hervorzuheben. Die Minisymbolleiste macht genau das Gegenteil. Sie stellt die am häufigsten verwendeten Befehle direkt neben dem Mauszeiger zur Verfügung. Damit werden Mausbewegungen minimiert, und die Effizienz wird somit erheblich gesteigert.

Die Minisymbolleiste wird eingeblendet, wenn innerhalb einer Zelle oder über die Bearbeitungsleiste Texte, Zahlen oder Formeln mit der Maus markiert werden.

Sie wird teilweise transparent in der Nähe des Mauszeigers eingeblendet. Wenn Sie den Cursor in Richtung der Minisymbolleiste bewegen, wird sie richtig dargestellt, und es stehen die am häufigsten verwendeten Formatierungsbefehle zur Verfügung.

	A	B	C
1	**Ermittlung Zinssatz für Skontoausnutzung**		
2			
3			
4			
5	Zahlungsziel ohne Skonto in Tagen	30	
6	Zahlungsziel mit Skonto	10	
7	Skonto in Prozent	3,00%	
8	Zinssatz für den Kontokorrentkredit	14%	
9	Rechnungsbetrag	5.234,00 €	
10			
11	Inanspruchnahme KK-Kredit in Tagen	20	
12	Skontobetrag	157,02 €	
13	Rechnungsbe... Arial ... 10 ... utzung	5.076,98 €	
14	Zinsen für der F K A A A	39,49 €	
15			
16	Vorteil durch Skontoausnutzung	117,53 €	
17			

Hinweis

Die erweiterte Funktionalität der Kontextmenüs wurde auch in Excel 2010 beibehalten.

Tipp 10: Die erweiterte Statusleiste

Die Statusleiste wurde ab Version 2007 zu einem kleinen Informationszentrum ausgebaut. So lassen sich darüber verschiedene Informationen wie Summe, Minimum- und Maximumwerte, Anzahl, Mittelwert etc. einblenden. Über die Ansichtssymbole kann zwischen drei Ansichtsmodi gewechselt werden. Der Zoomregler bietet einen schnellen Zugriff auf die Zoomeinstellungen. So kann die Auflösung zwischen 10 und 400 % stufenlos eingestellt werden. Das Feld *Modus* zeigt den aktuellen Status an. Dieser kann zwischen *Bereit*, *Eingabe* und *Bearbeiten* wechseln.

Wenn Sie mit der rechten Maustaste einen Klick auf die Statusleiste ausführen, wird ein Kontextmenü eingeblendet, über das die Symbolleiste den eigenen Gewohnheiten und Bedürfnissen angepasst werden kann.

721

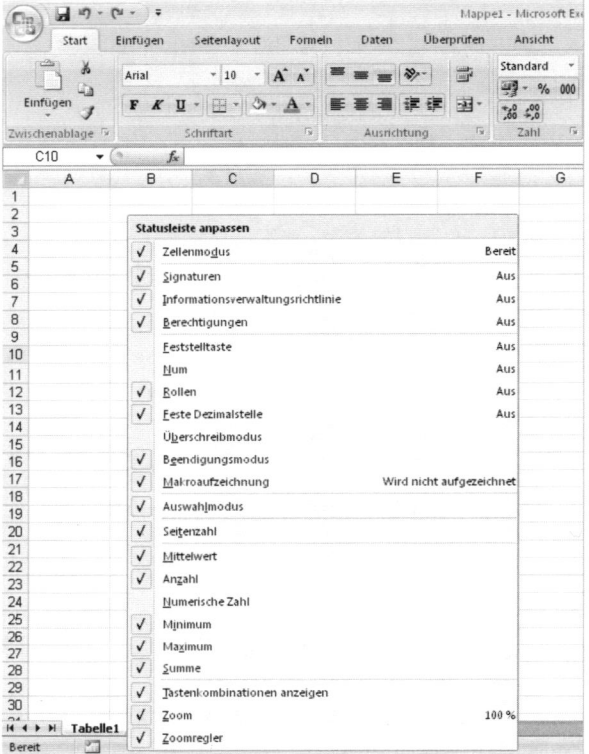

Hinweis

Änderungen der Statusleiste werden in der Registry im Schlüssel *HKEY_CURRENT_USER\Software\Microsoft\Office\12.0\Excel\StatusBar* gespeichert.

Tipp 11: Neue Dateiformate ab Excel 2007

Office 2007 war die erste Office-Version, die sich vollständig von proprietären binären Dateiformaten gelöst hat. Die Daten werden in XML-Dateien abgespeichert. Hierbei handelt es sich um eine komprimierte Zipdatei, die eine ausgeklügelte Struktur besitzt. Die Daten werden dabei in Teildateien abgelegt, die untereinander in Beziehung stehen.

Das neue XML-Speicherformat bietet folgende Vorteile:

➢ Bessere Wiederherstellungsmöglichkeit für beschädigte Dateien.

➢ Geringerer Speicherbedarf aufgrund der Komprimierung.

> ➢ Aufgrund der völligen XML-Kompatibilität ist das Speicherformat für Fremdanwendungen offen.

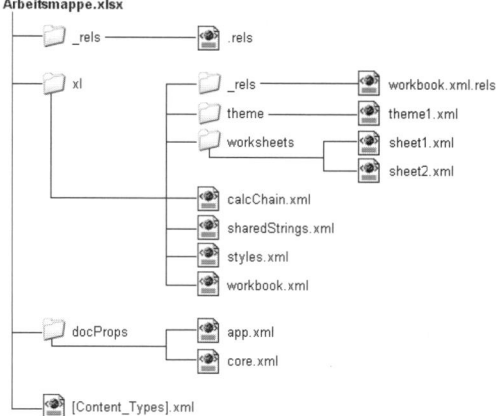

Die folgende Tabelle gibt einen Überblick darüber, welche Speicherformate in Excel verwendet werden.

Dateityp ab Excel 2007	Erläuterung	Dateityp bis Excel 2003
.xlsx	Ist das XML-basierte Office Excel 2007-/2010-Standarddateiformat. Kann weder VBA-Makrocode noch Microsoft Office Excel-4.0-Makrovorlagen (XLM) speichern.	.xls
.xlsm	Dieses XML-basierte Dateiformat speichert VBA-Makrocode sowie Excel-4.0-Makrovorlagen (XLM).	.xls
.xltx	Excel-Arbeitsmappenvorlage, die weder VBA-Makrocode noch Excel-4.0-Makrovorlagen (XLM) speichern kann.	.xlt
.xltm	Excel-Arbeitsmappenvorlage zum Speichern von VBA-Makrocode sowie Excel-4.0-Makrovorlagen (XLM).	.xlt
.xlam	Excel-Add-in.	.xla
.xlsb	Excel-Arbeitsmappe im binären Dateiformat (BIFF 12).	.xls

Darüber hinaus stehen verschiedene Datenbank-, Text-, HTML- und XML-Formate für den Datenexport zur Verfügung.

Hinweis

Mit dem Add-in SaveAsPDFandXPS.exe, das auf der Internetseite *office. microsoft.com* heruntergeladen werden kann, besteht die Möglichkeit, Daten direkt als PDF- oder XPS-File abzuspeichern.

Tipp 12: Kompatibilität von Excel 2007/2010 zu Excel 2003

Die neuen Dateiformate ab Excel 2007 sind grundsätzlich nicht mit den Dateiformaten von Excel 2003 kompatibel. Ältere Dateiformate können aber mit Excel 2007 und Excel 2010 problemlos geöffnet, bearbeitet und wieder gespeichert werden.

Für den umgekehrten Weg gibt es aber auch Lösungen. So kann der Zugriff mit älteren Excel-Versionen auf Excel 2007- und Excel 2010-Dateien wie folgt realisiert werden.

So geht's: Speichern im Excel 2003-Format

Um sicherzustellen, dass eine Arbeitsmappe, die ab Excel 2007 erstellt wurde, mit früheren Versionen bis Excel 2003 gelesen werden kann, müssen Sie diese in dem entsprechenden Originalformat abspeichern. Excel 2007/2010 bietet dazu die Formate *Excel 97-2003-Arbeitsmappe (*xls)* sowie *Excel 5.0/95-Arbeitsmappe (*.xls)* an. Diese Formate sind vollständig kompatibel mit den entsprechenden Excel-Versionen.

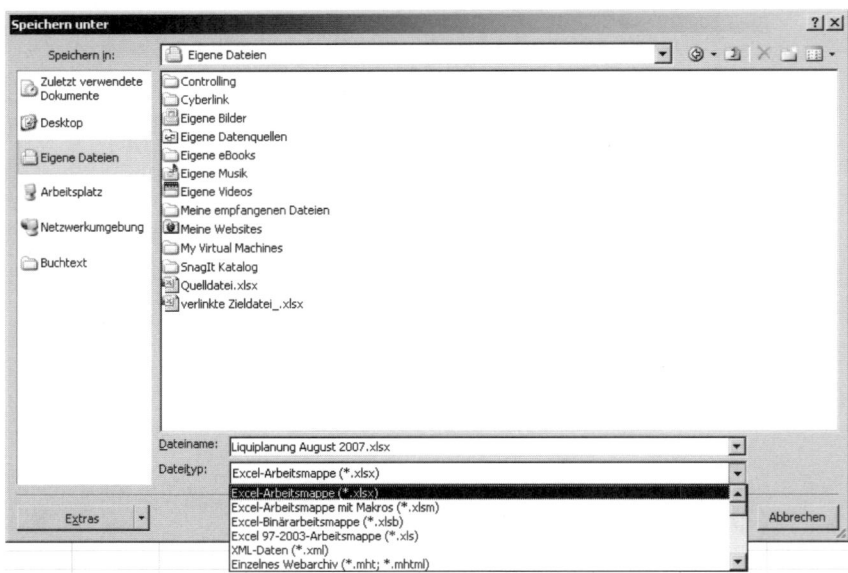

Wenn Sie merken, dass in einem Übergangszeitraum die Mehrheit der Dateien beispielsweise im Excel 97-2003-Format abgespeichert wird, können Sie dieses Format zum Standardformat machen. Die Einstellung finden Sie im Menü *Office/Excel-Optionen/Speichern*. Wählen Sie aus dem Listenfeld *Dateien in diesem Format speichern* das gewünschte Speicherformat aus. Nun schlägt Excel bei allen *Speichern unter*-Vorgängen das Dateiformat *Excel-97-2003-Arbeitsmappe (*.xls)* vor. Natürlich können Sie nach wie vor im neuen Dateiformat von Excel 2007 bzw. Excel 2010 speichern. Dann muss aber dieses Format explizit aus der Dateitypliste ausgewählt werden.

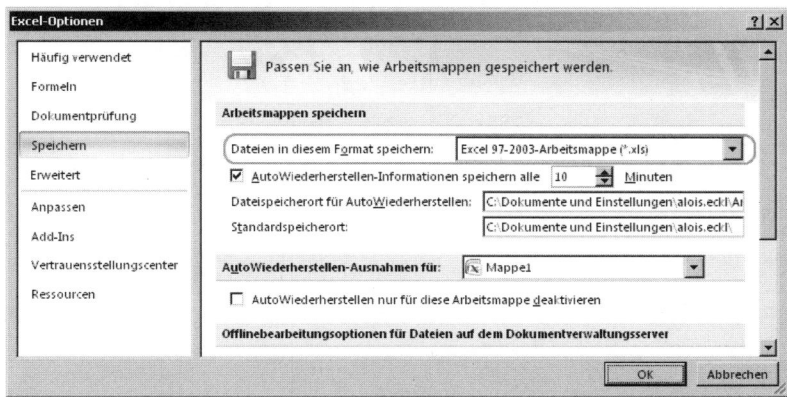

So geht's: Verwendung des Microsoft Office Compatibility Pack

Eine weitere Möglichkeit, um in älteren Versionen auf Excel 2007-/2010-Dateien zugreifen zu können, besteht in der Verwendung des Microsoft Office Compatibility Pack.

Laden Sie von der Homepage *www.microsoft.de* das Microsoft Office Compatibility Pack herunter und installieren Sie die Updates und Konverter, die zum Öffnen der Office Excel 2007-/2010-Arbeitsmappen benötigt werden.

Beim Öffnen einer Excel 2007-Datei wird diese konvertiert, sodass die Bearbeitung und Speicherung in älteren Excel-Versionen ohne Probleme möglich ist, ohne dass Sie zur neuen Excel-Version updaten müssen. Excel 2007-/2010-spezifische Features und Formatierungen werden in der früheren Version von Excel möglicherweise nicht angezeigt, sind aber dennoch verfügbar, wenn die Arbeitsmappe gespeichert und anschließend wieder in Excel 2007 geöffnet wird.

➜ Verweis: siehe Kapitel 12, Tipp 2

Tipp 13: Limitationen in Excel 2007/2010

Ab Excel 2007 wurden nicht nur Benutzeroberfläche und Menüstruktur auf neue Beine gestellt, auch Grenzen wurden teilweise nach hinten verschoben bzw. aufgehoben.

Die folgende Tabelle gibt einen Überblick über die wichtigsten Limitationen von Excel 2007 und Excel 2010 im Vergleich zu Excel 2003.

Feature	Bis Excel 2003	Ab Excel 2007
Anzahl der Zeilen	65.536	1.048.576
Anzahl der Spalten	255	16.384
Anzahl der Zellen pro Blatt	16.777.216	17.179.869.184
Anzahl der Farben	56	4.294.967.296 (32 Bit)
Regeln für bedingte Formatierungen	3	Beschränkung nur durch verfügbaren Arbeitsspeicher
Sortierkriterien	3	64
Anzahl der Einträge im AutoFilter-Kombinationsfeld	1.000	10.000
Eindeutige Zellformate	4.000	65.536
Anzahl der Zeichen in einer Zelle	1.024	32.767
Anzahl der Zeichen in einer Formel	1.024	16.384
Anzahl der Formelverschachtelungen	7	64
Anzahl der Funktionsargumente	30	255
Anzahl der Operanden pro Formel	40	1.024
Anzahl der Matrixformeln zu externen Arbeitsmappen	65.536 (Excel 97: 32.704)	Beschränkung nur durch verfügbaren Arbeitsspeicher
Eindeutige Einträge in Pivotfeldern	32.768	1.048.576
Anzahl der Kategorien für benutzerdefinierte Funktionen	32	255
Anzahl der Namen in einer Arbeitsmappe	32.704	Beschränkung nur durch verfügbaren Arbeitsspeicher
Anzahl der externen Verknüpfungen	ca. 16.000	Beschränkung nur durch verfügbaren Arbeitsspeicher

Tipp 14: Erweiterte Excel-Funktionen und Assistenten

Ab Excel 2007 wurden einige Funktionen und Funktions-Assistenten erweitert. Im Folgenden erhalten Sie einen kleinen Überblick über die wichtigsten Veränderungen.

Die neue Sortierfunktion

Die Sortierfunktion wurde ab Excel 2007 von bisher 3 auf 64 Sortierkriterien ausgeweitet. Darüber hinaus besteht die Möglichkeit, auf benutzerdefinierte Sortierkriterien zurückzugreifen. Genügt das immer noch nicht, steht ab Excel 2007 auch die Möglichkeit zur Verfügung, Daten nach Schriftfarbe, Zellfarbe und Zellensymbolen zu sortieren.

Bei der Farbsortierung stehen allerdings keine vorgegebenen Sortierreihenfolgen zur Verfügung. Die Farbsortierung verlangt immer die Vorgabe von benutzerdefinierten Sortierreihenfolgen.

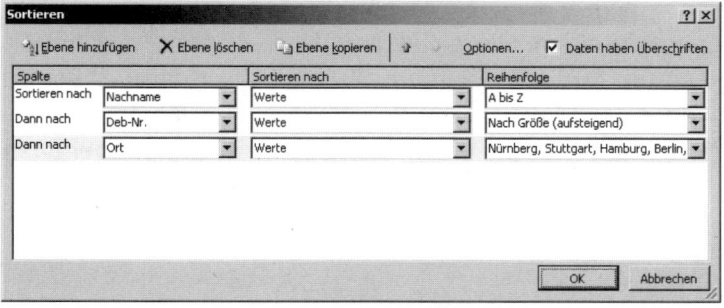

Bedingte Formatierung

Die bedingte Formatierung wurde erstmalig mit Excel 97 zur Verfügung gestellt. Bis zur Version 2003 konnten drei Regeln für die bedingte Formatierung angegeben werden. Ab Excel 2007 fällt diese Beschränkung komplett weg. Die Anzahl der bedingten Formate ist nun nur noch durch den Arbeitsspeicher beschränkt. Neu sind auch die zusätzlichen Formatierungsmöglichkeiten Datenbalken, Farbskala und Symbolsätze. Die Erweiterung ist rundum gelungen.

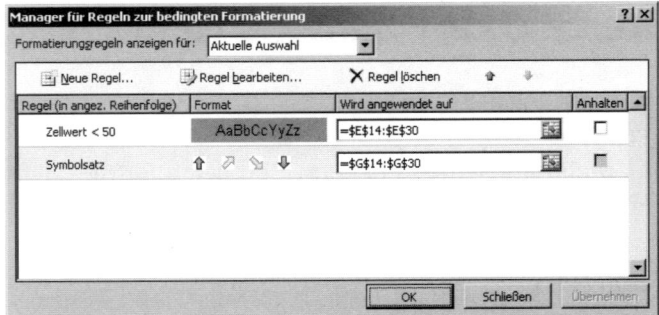

➔ Verweis: siehe Kapitel 2.1, Tipp 21 und Tipp 22

Der Namens-Manager

Auch bei der Namensverwaltung hat sich einiges in der neuen Version getan. Bis Excel 2003 konnten 32.704 Namen in einer Arbeitsmappe verwaltet werden. Ab Excel 2007 ist die Anzahl der Namen nur durch den verfügbaren Arbeitsspeicher limitiert. Einhergehend mit dieser Erweiterung wurde auch die Verwaltung der Namen modifiziert und erweitert.

Im Namens-Manager werden alle sichtbaren Namen der aktuellen Arbeitsmappe aufgelistet. Der neue Namens-Manager zeigt darüber hinaus den aktuellen Wert eines Namens, den Bezug auf einen Namen, den Bereich, für den der Name gilt, sowie einen eventuell manuell hinzugefügten Kommentar an.

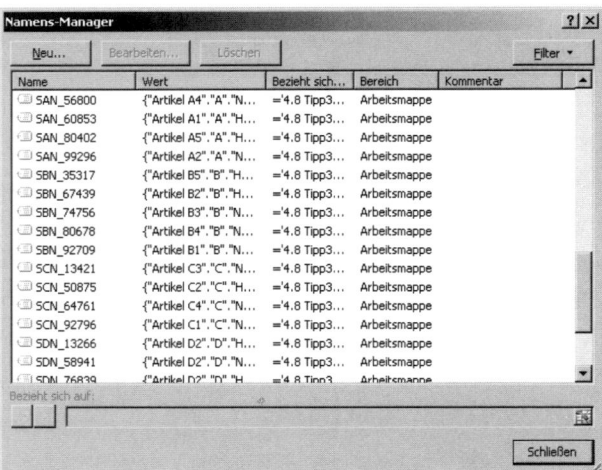

Tipp 15: Formatieren mithilfe von Formatkatalogen

Ein weiterer Meilenstein in der neuen Excel-Version stellt die Verwendung von Vorlagen bzw. Katalogen dar. Excel 2007/2010 bietet dazu Dokumentvorlagen, Farbvorlagen, Tabellenvorlagen und Designvorlagen. Sämtliche Änderungen werden in der sogenannten Livevorschau angezeigt. Das bedeutet, sobald Sie die Maus über eine Formatauswahl bewegen, wird diese live in der Tabelle angezeigt. Aber erst mit einem Klick auf die entsprechende Auswahl wird die gewählte Formatierung in die Tabelle übernommen.

> **Hinweis**
>
> Wenn die Livevorschau nicht angezeigt wird, müssen Sie über das Menü *Office/Excel-Optionen/Häufig verwendet* das Kontrollkästchen *Livevorschau* aktivieren.
>
> In Excel 2010 finden Sie den Befehl im Menü *Datei/Optionen/Allgemein*.

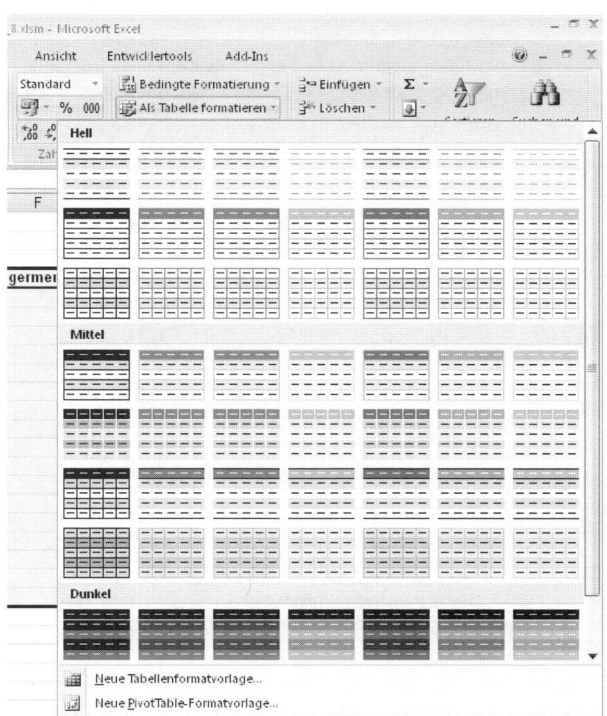

Tipp 16: Neue Designs ab Excel 2007

Ab Excel 2007 wurde die neue Formatfunktion *Designs* eingeführt. Dabei wird eine Vielzahl fertiger Designs bereits mitgeliefert, die sich aber jederzeit individuell anpassen lassen. Zu einem Design gehören sämtliche Farben, die Schriftarten, Schriftgrößen für Texte und Zahlen sowie verschiedene Formeffekte.

Da die Verwendung von Designs tief in die Gestaltung einer Excel-Tabelle eingreift, bietet es sich an, die Livevorschau ausgiebig zu nutzen, bevor Sie das Design auf die Tabelle anwenden.

Tipp 17: Neue Tabellenfunktionen einsetzen

Mit der Version Excel 2007 wurden auch neue Tabellenfunktionen eingeführt. Die folgende Tabelle gibt einen Überblick darüber.

Funktion	Erläuterung
WENNFEHLER(Wert;Wert_falls_Fehler)	Gibt einen von Ihnen festgelegten Wert zurück, wenn eine Formel einen Fehler ergibt. Andernfalls wird das Ergebnis der Formel ausgegeben. Verwenden Sie die *WENNFEHLER*-Funktion, um Fehler in einer Formel aufzuspüren und zu beseitigen.
ZÄHLENWENNS(Bereich1;Kriterien1; Bereich2;Kriterien2;...)	Im Gegensatz zur Funktion *ZÄHLENWENN()* zählt diese Funktion die Anzahl der Zellen eines Bereichs, die mehreren Kriterien entsprechen.
SUMMEWENNS(Summe_Bereich; Kriterium_Bereich1;Kriterium1; Kriterium_Bereich2;Kriterium2;...)	Anders als bei *SUMMEWENN()* können sich die Suchkriterien in verschiedenen Bereichen befinden. Es können bis zu 127 Bereiche und Kriterien angegeben werden.
MITTELWERTWENN(Bereich; Kriterien; Mittelwert_Bereich)	Gibt den Durchschnittswert (das arithmetische Mittel) für alle Zellen in einem Bereich zurück, die einem angegebenen Kriterium entsprechen.
MITTELWERTWENNS(Mittelwert_Bereich;Kriterien_Bereich1; Kriterium1;Kriterien_Bereich2; Kriterien2;...)	Gibt den Durchschnittswert (das arithmetische Mittel) aller Zellen zurück, die mehreren Kriterien entsprechen. Es können bis zu 127 Bereiche und Kriterien angegeben werden.

Darüber hinaus werden noch die neuen Funktionen *CUBEELEMENT()*, *CUBEELEMENTEIGENSCHAFT()*, *CUBERANGEELEMENT()*, *CUBEMENGE()*, *CUBEMENGEANZAHL()* und *CUBEWERT()* zur Verfügung gestellt, auf die an dieser Stelle nicht näher eingegangen wird. Mehr dazu finden Sie in der Onlinehilfe von Excel 2007 bzw. Excel 2010.

Wenn eine Arbeitsmappe mit einer neuen Excel 2007-Funktion in einem älteren Dateiformat abgespeichert wird, beispielsweise im Format *Excel 97-2003-Arbeitsmappe*, wird dieser Funktion die Bezeichnung *_xlfn* vorangestellt *(_xlfn.WENNFEHLER(Wert;Wert_falls_Fehler)*. Um Fehler zu vermeiden, empfiehlt es sich, keine neuen Funktionen zu verwenden bzw. diese durch eine Excel 2003-Funktion zu ersetzen, wenn Sie beabsichtigen, die Arbeitsmappe in einem älteren Dateiformat abzuspeichern.

Tipp 18: Excel 2007-/2010-Arbeitsmappen auf Kompatibilität prüfen

Werden Dateien an Dritte weitergegeben und ist nicht bekannt, welche Excel-Version der Empfänger verwendet, bietet es sich an, die Kompatibilitätsprüfung durchzuführen. Wenn nämlich Kompatibilitätsprobleme vorliegen, kann das zu Funktionalitätsverlusten mit unvorhersehbaren Auswirkungen führen.

So geht's:

1 Öffnen Sie die zu prüfende Excel 2007-/2010-Arbeitsmappe.

2 Starten Sie den Befehl über das Menü *Office/Vorbereiten/Kompatibilitätsprüfung* (Excel 2010: Menü *Datei/Informationen/Auf Probleme prüfen/Kompatibilität prüfen*).

3 Damit bei jedem Speichervorgang die Kompatibilität geprüft wird, müssen Sie das Kontrollkästchen *Kompatibilität beim Speichern dieser Arbeitsmappe überprüfen* aktivieren.

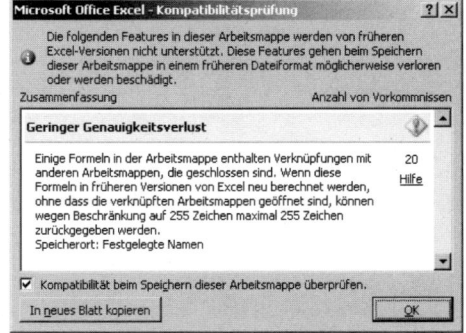

4 Wenn Sie auf die Schaltfläche *In neues Blatt kopieren* klicken, wird der Bericht über

vorhandene Kompatibilitätsprobleme in einem neuen Arbeitsblatt erstellt.

Wenn möglich, werden kleinere Probleme automatisch behoben. Informationen zur Lösung komplexer Probleme bekommen Sie über die Schaltfläche *Hilfe*.

Hinweis

Wird die Arbeitsmappe bereits im Kompatibilitätsmodus bearbeitet, da diese als XLS-Datei im Format *Excel 97-2003-Arbeitsmappe* vorliegt, wird die Kompatibilitätsprüfung automatisch bei jedem Speichervorgang durchgeführt.

➔ Verweis: siehe Kapitel 12, Tipp 2

Tipp 19: **Die neuen Excel-Hilfefunktionen**

Das Hilfefenster wird ab Excel 2007 genau so wie in allen früheren Versionen mit der Funktionstaste F1 aufgerufen.

Bei der Verwendung des Hilfefensters können Sie festlegen, ob Informationen ausschließlich auf dem lokalen Computer gesucht werden sollen oder ob Onlineinhalte mit einbezogen werden sollen.

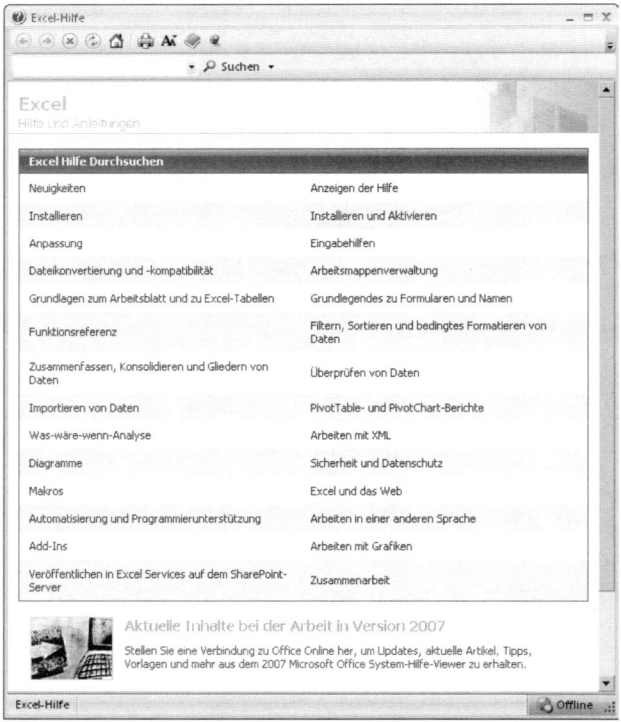

Diese Einstellung finden Sie im Menü *Office/Excel-Optionen/Vertrauens-stellungscenter*, Schaltfläche *Einstellungen für das Vertrauensstellungs-center/Datenschutzoptionen*. Aktivieren Sie dort das Kontrollkästchen *Microsoft Office Online nach Hilfeinhalt durchsuchen, wenn eine Verbindung mit dem Internet besteht*.

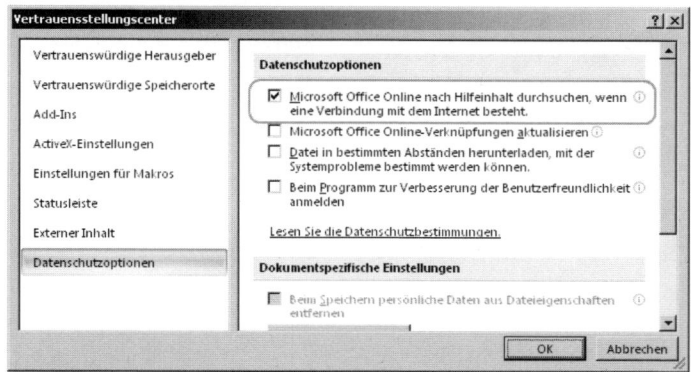

Hinweis

In Excel steht der Office-Assistent nicht mehr zur Verfügung.

➜ Verweis: siehe Kapitel 12, Tipp 15

12

Die neuen Excel 2010-Features ausgereizt

Mit Office 2010 schlägt Microsoft ein neues Kapitel in der Geschichte der Office-Anwendungen auf. Wir haben den ersten Einblick in die neue Office-Generation im Juli 2009 als Teilnehmer des Technical Preview-Programms bekommen. Bei diesem Programm handelte es sich um einen geschlossenen Test, zu dem Microsoft die Teilnehmer auswählte und die Technical Prieview-Version exklusiv zur Verfügung stellte – daher noch einmal ein herzliches Dankeschön an Microsoft!

Die zweite Testphase wurde Mitte November 2009 mit der öffentlichen Betaversion eingeläutet. Sie steht allen interessierten Anwendern zur Verfügung und kann unter der Adresse *www.microsoft.com/office/2010/de/ default.aspx* kostenlos heruntergeladen werden.

Als Betaversion bietet Microsoft eine Small Business-Version und eine Professional-Version an. Die Version Office Professional 2010 beinhaltet neben Excel die Office-Anwendungen Word, Access, PowerPoint, Outlook, Publisher, InfoPath, OneNote, SharePoint Workspace und das Programm Communicator. Auch die Produkte Microsoft Visio 2010 und Microsoft Project 2010 stehen als Betaversionen unter der angegebenen Internetadresse als Download zur Verfügung.

Sollten Sie die ersten Tests mit der Betaversion oder einem **R**elease **C**andidate (RC-Version) durchführen, möchte ich Sie an dieser Stelle darauf hinweisen, dass Sie diese Versionen unter keinen Umständen auf einem Produktivsystem installieren sollten. Als Testumgebung bietet sich die Verwendung von virtuellen Systemen an, die Sie beispielsweise mit VMware Workstation oder Microsoft Virtual PC relativ einfach aufbauen können.

Obwohl auf den ersten Blick kaum etwas Neues in Excel 2010 zu entdecken ist, bietet die neue Version beachtenswerte Vorteile gegenüber der Vorgängerversion Excel 2007, die im Folgenden erläutert werden.

Tipp 1: Fakten zu Excel 2010

Zunächst erhalten Sie einen Überblick über die wichtigsten Fakten zur neuen Office- bzw. Excel-Version.

➤ Excel 2010 wird genau wie Excel 2007 über die sogenannte Multifunktionsleiste gesteuert, die in der neuen Version noch weiter ausgebaut und verfeinert wurde.

➤ Der von Excel 2007 bekannte Office-Button verschwindet zugunsten der sogenannten Backstage. Mit Backstage wird ein neuer Menüpunkt mit dem Namen *Datei* bezeichnet, unter dem sämtliche Einstellungs-möglichkeiten zusammengefasst sind.

→ Verweis: siehe Kapitel 12, Tipp 3

➢ Office 2010 und damit auch Excel 2010 werden erstmals als 64-Bit-Version angeboten. Ein Update einer vorhandenen 32-Bit-Version auf eine 64-Bit-Version wird allerdings nicht möglich sein.

➢ Excel 2010 wird unter Windows 7, Windows Vista und Windows XP SP3 laufen.

➢ Die Parallelinstallation von Excel 2003, Excel 2007 und Excel 2010 ist problemlos möglich.

➢ Selbstverständlich wird in Excel 2010 die Makroprogrammiersprache VBA (**V**isual **B**asic for **A**pplications) weiterhin vorhanden sein, die mit den Vorgängerversionen kompatibel ist. Allerdings sind einige neue VBA-Befehle hinzugekommen, die die neuen Excel 2010-Funktionen abbilden.

➢ Laut Microsoft werden für Office 2010 und somit auch für Excel 2010 keine anderen Anforderungen an die Hardware als für Excel 2007 ge-stellt, sodass keine Hardwareerweiterungen notwendig werden.

Tipp 2: Kompatibilität zwischen den einzelnen Excel-Versionen

Seit der Version Excel 2007 kommt das neue XML-Dateiformat zum Ein-satz. Dieses Dateiformat kann mithilfe des Compatibility Pack auch in Excel 2003 und älter gelesen und bearbeitet werden. Das Compatibility Pack kann auf der Homepage von Microsoft kostenlos heruntergeladen wer-den.

→ Verweis: siehe Kapitel 11, Tipp 11

Excel 2010 ist zu den Vorgängerversionen grundsätzlich abwärtskompati-bel. Zur Prüfung der Kompatibilität des VBA-Codes stellt Microsoft ein eige-nes Tool mit der Bezeichnung Compatibility Inspector zur Verfügung, das unter folgendem Link bezogen werden kann:

www.microsoft.com/downloads/details.aspx?FamilyID=23C8A7F6-88B3-48EF-9710-9742340562C0&displaylang=en

Nach der Installation des Programms erscheint im Menü *Entwicklertools* die Programmgruppe *VBA-Inspector*.

Tipp 3: Die neue Backstage in Excel 2010

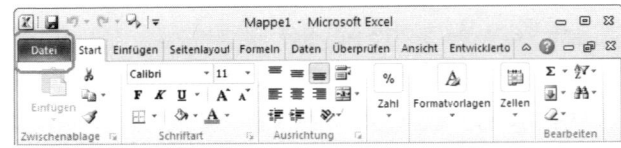

Microsoft hat mit Excel 2010 die sogenannte Backstage eingeführt. Diese wird über den aus vielen Vorgängerversionen bekannten Menüpunkt *Datei* aufgerufen. Über dieses Menü sind im Wesentlichen die Menüpunkte zu erreichen, die unter Excel 2007 über die Office-Schaltfläche zugänglich waren. So können darüber beispielsweise neue Dokumente erstellt werden, das Druckmenü kann aufgerufen werden, Standardfunktionen wie *Speichern*, *Speichern unter*, *Öffnen* und *Schließen* werden hier zur Verfügung gestellt. Darüber hinaus können über die Backstage die allgemeinen Excel-Optionen sowie die Hilfefunktion aufgerufen werden.

Nachfolgend erhalten Sie einen Überblick über die einzelnen Backstage-Funktionen.

Backstage – Informationen

Nach dem Start der Backstage präsentiert sich Excel, wie in der folgenden Abbildung dargestellt, mit Informationen zur geöffneten Arbeitsmappe. Im rechten Fensterbereich können Eigenschaften wie Titel, Kategorien und Autor definiert werden. Klicken Sie dazu einfach auf den Text *Titel hinzufügen*, *Autor hinzufügen* etc., um die Einträge eingeben zu können.

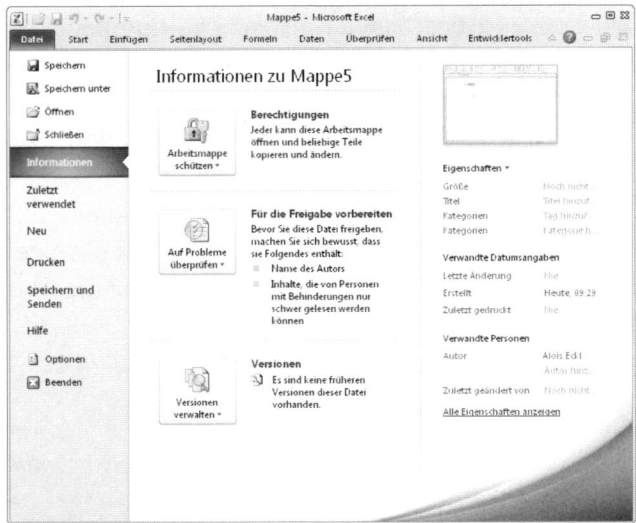

Über dieses Informationsfenster lassen sich weitere Eigenschaften für die geöffnete Arbeitsmappe festlegen.

Arbeitsmappe schützen

Über die Schaltfläche *Arbeitsmappe schützen* lassen sich Funktionen rund um den Schutz der Arbeitsmappe aufrufen.

Mithilfe des Befehls *Als abgeschlossen kennzeichnen* können Sie angeben, dass Sie die endgültige Version einer Datei freigeben, und gleichzeitig verhindern, dass Bearbeiter oder Leser aus Versehen Änderungen an dem Dokument vornehmen. Wenn eine Datei als abgeschlossen gekennzeichnet wird, werden Eingaben, Bearbeitungsbefehle und Rechtschreibprüfungsmarkierungen deaktiviert, und die Datei ist schreibgeschützt. Außerdem ist die Statuseigenschaft des Dokuments auf *Endgültig* festgelegt.

Der Befehl *Mit Kennwort verschlüsseln* sorgt dafür, dass die Datei nur durch Eingabe des Kennworts geöffnet werden kann.

Mit der Funktion *Aktuelle Tabelle schützen* wird gesteuert, welche Aktionen ein Benutzer auf einem Tabellenblatt ausführen darf.

Die Funktion *Arbeitsmappenstruktur schützen* sorgt dafür, dass keine unerwünschten Änderungen an der Tabellenstruktur wie beispielsweise das Einfügen eines neuen Arbeitsblatts durchgeführt werden können.

Über den letzten Punkt *Digitale Signatur hinzufügen* kann zu einem Makro oder einem Dokument eine digitale Signatur hinzugefügt werden. Eine digitale Signatur ist ein verschlüsseltes, elektronisches Authentifizierungszeichen. Die Signatur bestätigt, dass das Makro bzw. das Dokument von der Person stammt, die es signiert hat, und nicht verändert wurde. Digitale Signaturen werden von einer Zertifizierungsstelle ausgestellt, verlieren wie andere Ausweisdokumente mit dem Ablaufdatum ihre Gültigkeit und können durch Widerrufen eingezogen werden.

Auf Probleme überprüfen

Die Schaltfläche *Auf Probleme über-prüfen* stellt Funktionen rund um die Freigabe von Arbeitsmappen zur Verfügung.

Über den Befehl *Dokument prüfen* wird das Dialogfenster *Dokument-prüfung* aufgerufen.

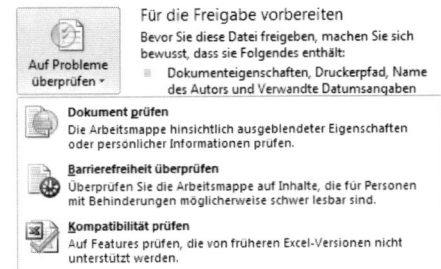

Für die Freigabe vorbereiten
Bevor Sie diese Datei freigeben, machen Sie sich bewusst, dass sie Folgendes enthält:
■ Dokumenteigenschaften, Druckerpfad, Name des Autors und Verwandte Datumsangaben

Dokument prüfen
Die Arbeitsmappe hinsichtlich ausgeblendeter Eigenschaften oder persönlicher Informationen prüfen.

Barrierefreiheit überprüfen
Überprüfen Sie die Arbeitsmappe auf Inhalte, die für Personen mit Behinderungen möglicherweise schwer lesbar sind.

Kompatibilität prüfen
Auf Features prüfen, die von früheren Excel-Versionen nicht unterstützt werden.

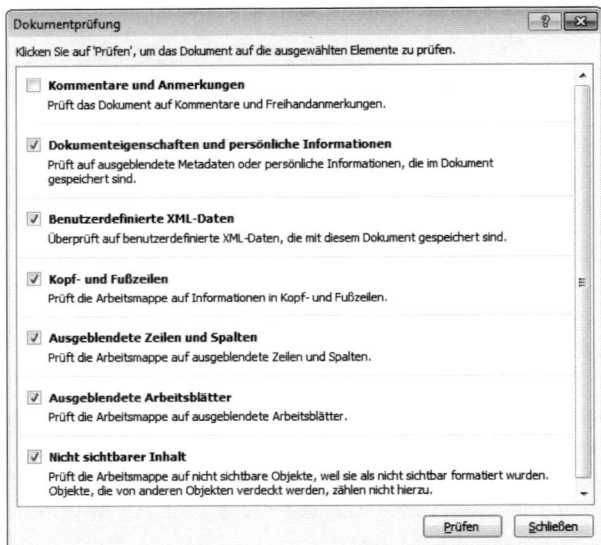

Mit einem Klick auf die Schaltfläche *Prüfen* werden die angehakten Punkte überprüft, und das Ergebnis der Prüfung wird angezeigt.

Die Barrierefreiheitsprüfung unterstützt Sie beim Erkennen und Beheben von Barrierefreiheitsproblemen in der Arbeitsmappe, wodurch Sie potenzielle Probleme beheben können, die möglicherweise Personen mit Behinderungen vom Zugriff auf Ihre Inhalte abhalten. Wenn Ihre Arbeitsmappe Barrierefreiheitsprobleme aufweist, wird in der Backstage-Ansicht eine Warnung angezeigt, die es Ihnen ermöglicht, sämtliche Probleme in der Arbeitsmappe zu überprüfen und bei Bedarf zu beheben.

Über den Befehl *Kompatibilität prüfen* wird das Dialogfenster *Microsoft Excel - Kompatibilitätsprüfung* aufgerufen.

In der Zusammenfassung werden alle Probleme aufgelistet, die zwischen Version 2010 und früheren Versionen bestehen. Wenn Sie das Kontrollkästchen *Kompatibilität beim Speichern dieser Arbeitsmappe überprüfen* aktivieren, erfolgt beim Speichern der Datei als frühere Version automatisch eine Überprüfung auf Kompatibilitätsprobleme.

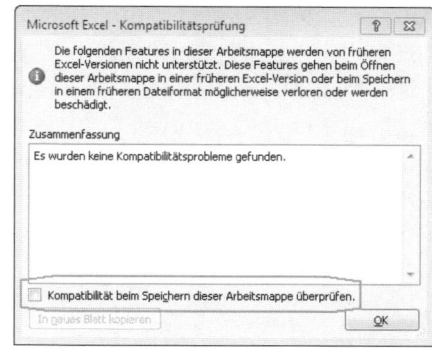

Versionen verwalten

Die Schaltfläche *Versionen verwalten* beinhaltet zwei Optionen.

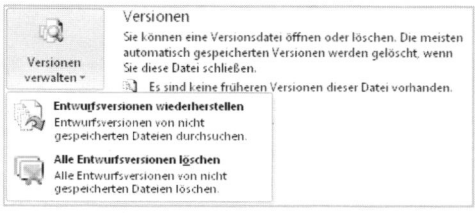

Die erste Option *Entwurfsversionen wiederherstellen* bietet die Möglichkeit, verschiedene Versionen einer Excel-Datei wieder zu rekonstruieren. Dazu ist es aber erforderlich, dass die Funktion *AutoWiederherstellen* aktiviert ist, was nach einer Standardinstallation von Excel 2010 der Fall ist.

Damit kann beispielsweise nach einem Stromausfall die letzte Version wiederhergestellt werden, und der Datenverlust sollte sich in Grenzen halten. Wird die Datei jedoch ordnungsgemäß gespeichert, werden die meisten automatisch gespeicherten Versionsdateien automatisch entfernt, und der Festplattenplatz wird wieder freigegeben.

Über die zweite Option *Alle Entwurfsversionen löschen* lassen sich alle aktuell gespeicherten Entwurfsversionen manuell entfernen, um den Speicherplatz bei Bedarf freizugeben.

Backstage: Zuletzt verwendet

Über diesen Menüpunkt haben Sie Zugriff auf eine Liste der zuletzt geöffneten Dokumente. Diese Liste ist dynamisch, das bedeutet, dass die zuletzt geöffneten Dokumente oben hinzugefügt werden und dementsprechend ältere Dokumente aus der Liste verschwinden.

Ab Excel 2007 besteht nun die Möglichkeit, Dokumente dauerhaft in dieser Liste zu fixieren. Klicken Sie dazu auf den Pin rechts neben dem Namen des Dokuments. Das Standardsymbol ⊣ ändert sich nach dem Fixieren von einem liegenden Pin zu einem eingesteckten Pin ●. Dies symbolisiert, dass die Datei nun permanent in der Liste der zuletzt verwendeten Arbeitsmappen verbleibt. Durch einen erneuten Klick wird die Fixierung wieder rückgängig gemacht.

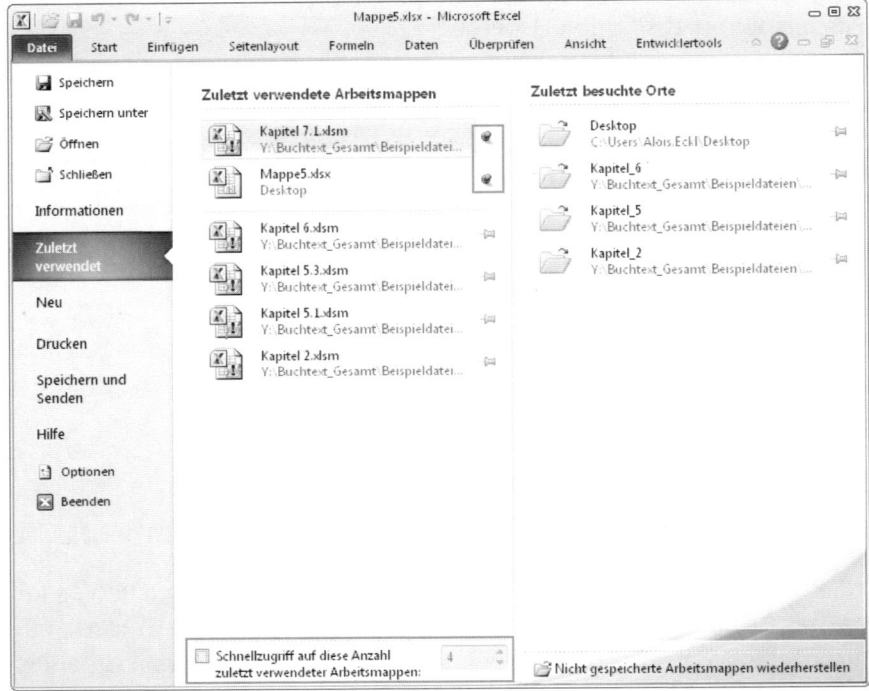

Die Abbildung zeigt, dass zwei Dokumente dauerhaft in der Liste angeheftet sind. Die restliche Liste unter der horizontalen Linie bleibt nach wie vor dynamisch.

Microsoft hat in diesem Dialog einen Schnellzugriff auf nicht gespeicherte Arbeitsmappen geschaffen, um hier direkt darauf zugreifen zu können, was in der Praxis sicherlich sehr hilfreich ist.

Darüber hinaus ist in Excel 2010 ein weiteres schönes Feature hinzugekommen. Neben den zuletzt verwendeten Arbeitsmappen besteht nun auch ein direkter Zugriff auf die zuletzt besuchten Orte. Ein Klick auf einen Eintrag der Liste *Zuletzt besuchte Orte* startet das Dialogfenster *Öffnen* im ausgewählten zuletzt verwendeten Verzeichnis.

Backstage – Neu

Über den Menüpunkt *Neu* können wie bisher leere Arbeitsmappen, zuletzt verwendete Vorlagen etc. geöffnet werden. Darüber hinaus stehen wie bereits unter Excel 2007 verschiedene Vorlagen, die thematisch gegliedert sind, zur Verfügung.

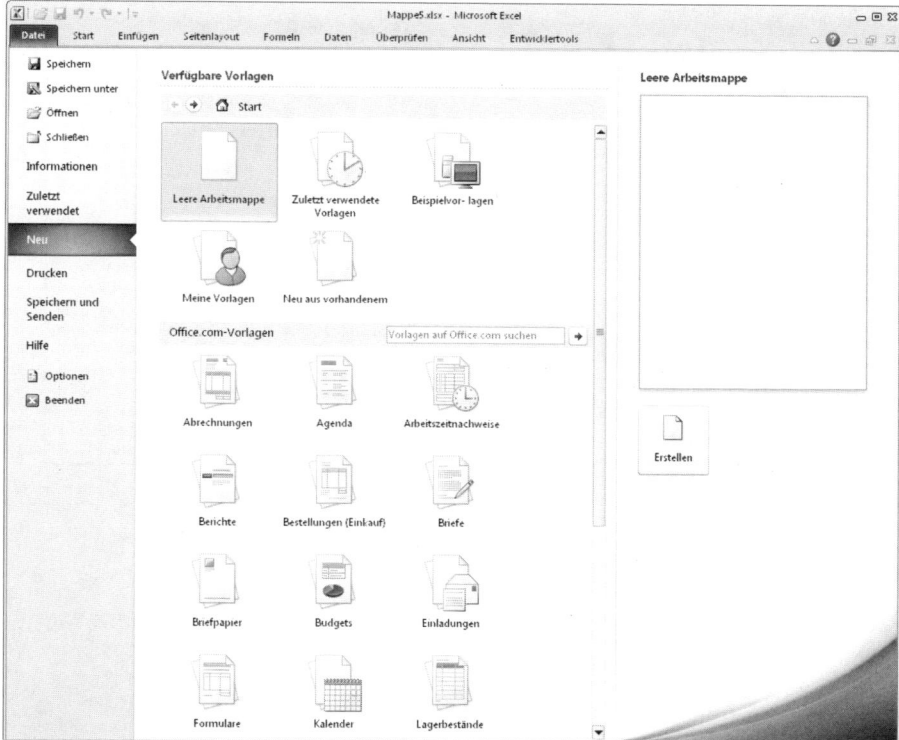

Backstage – Drucken

Neu ist in Excel 2010 ist die Druckvorschau, die direkt in der Backstage unter dem Menüpunkt *Drucken* angezeigt wird. Bei mehreren Seiten besteht die Möglichkeit, direkt hier alle Seiten in der Druckvorschau zu sehen. Anwender, die häufig Ausdrucke erstellen, sparen sich mit dieser Funktion einige zusätzliche Klicks.

→ Verweis: siehe Kapitel 12, Tipp 3

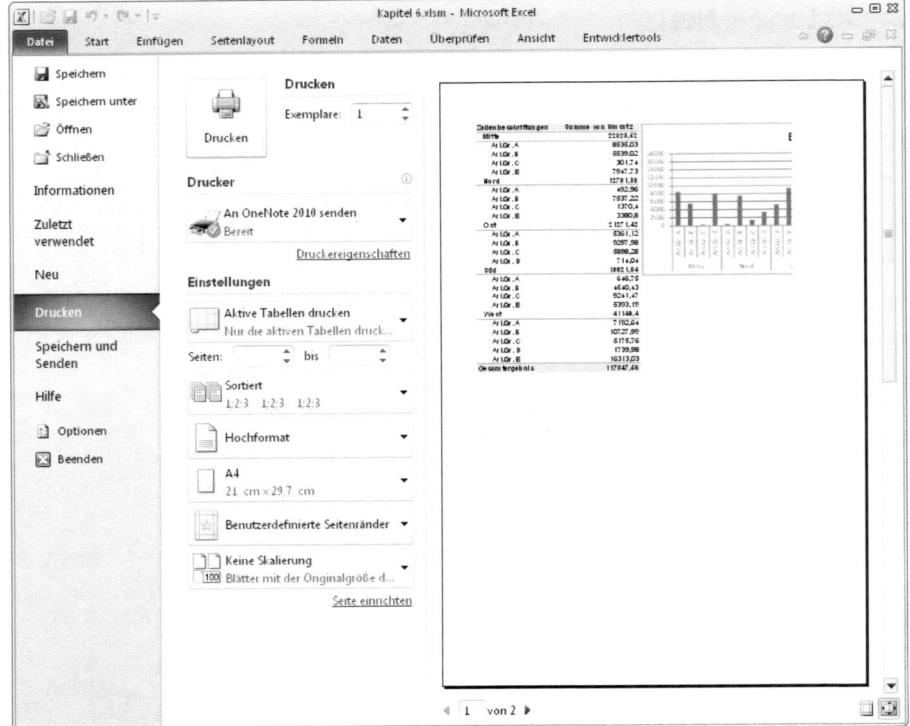

Backstage – Speichern und Senden

Excel 2010 fasst alle Möglichkeiten der Dateifreigabe unter dem Menüpunkt *Speichern und Senden* zusammen.

Dabei stehen folgende Freigabemöglichkeiten zur Verfügung:

➤ *Per E-Mail senden*: Mit dieser Funktion kann eine Excel-Datei direkt an
eine E-Mail angehängt werden, alternativ besteht die Möglichkeit, nur
einen Link zur Arbeitsmappe per E-Mail zu senden. Dazu muss die Arbeitsmappe allerdings an einem freigegebenen Speicherort gespeichert
sein, auf den der E-Mail Empfänger Zugriff hat. Darüber hinaus kann
über diese Funktion die Datei im PDF- oder XPS-Format sowie über ein
Internetfax direkt versendet werden.

➤ *Im Web speichern*: SkyDrive ist ein von Microsoft zur Verfügung gestell-
ter Onlinespeicher mit einer Größe von derzeit 25 GByte. Um Zugriff
auf SkyDrive zu bekommen, müssen Sie sich unter der Adresse *http://
home.live.com* registrieren und einen kostenlosen Live-Account erstellen. Nachdem Sie Ihre Daten direkt aus Excel heraus auf dem Onlinespeicher SkyDrive abgelegt haben, können Sie von überall auf Ihre

Dateien zugreifen sowie die Daten mit dem Webbrowser und den sogenannten Web Apps ansehen und bearbeiten.

➢ *In SharePoint speichern*: Über diese Funktion können Sie die Arbeitsmappe direkt in SharePoint-Webseiten veröffentlichen und folgende Funktionen von SharePoint nutzen:

   – Gleichzeitig mit mehreren Personen an einer Arbeitsmappe arbeiten.

   – Einen Webbrowser zum Anzeigen und Bearbeiten von Arbeitsmappen verwenden.

   – Frühere Versionen der Arbeitsmappe aufrufen und bearbeiten.

   – E-Mail-Benachrichtigungen bei Änderungen von Arbeitsmappen erhalten.

Wenn Sie Excel Services zum Speichern oder Veröffentlichen von Arbeitsmappen auf SharePoint-Websites verwenden, können Sie die hilfreichen neuen Features für die Datenfreigabe nutzen. Bei Excel Services handelt es sich um eine Microsoft Office SharePoint-Technologie, mit der die innerhalb des Unternehmens einheitliche Verwendung, Freigabe und Verwaltung von Microsoft Office Excel 2007-Arbeitsmappen *(*.xslx, *.xslb)* als interaktive Berichte vereinfacht wird.

Wenn Sie eine Arbeitsmappe für eine Website auf einem Windows Share-Point Services-Version 4-Server veröffentlichen, können Benutzer mit den entsprechenden Berechtigungen für diese Website die Daten bearbeiten, formatieren und auf eine Weise mit ihnen arbeiten, die mit Excel Web Access auf einem Server, der Windows SharePoint Services 3.0 ausführt, nicht möglich gewesen wären.

Hinweis

Das Veröffentlichen von Arbeitsmappen wird nur in Excel 2010 und Excel 2007 unterstützt. Nachdem Sie eine Arbeitsmappe auf einer SharePoint Services-Website veröffentlicht haben, können Sie deren Daten in einem Webbrowser anzeigen. Diese Funktionalität ist in Excel 2003 oder anderen vorherigen Versionen nicht verfügbar.

Dateityp ändern: Möchten Sie eine vorhandene Datei in einem anderen Format abspeichern, können Sie das über diesen Menüpunkt realisieren. Nachdem Sie das gewünschte Dateiformat, beispielsweise das Excel 97-2003-Format, ausgewählt haben, öffnet sich der *Speichern unter*-Dialog, und Sie können die Datei nach Vergabe eines Dateinamens in ein beliebiges Verzeichnis im gewählten Format abspeichern.

PDF/XPS-Dokument erstellen: Mithilfe dieser Funktion lassen sich Excel-Tabellen im Standardformat PDF oder XPS abspeichern. Dabei handelt es sich um Formate, die auf beliebigen Betriebssystemen gelesen werden können. Anzeigeprogramme stehen im Internet zum kostenlosen Download bereit.

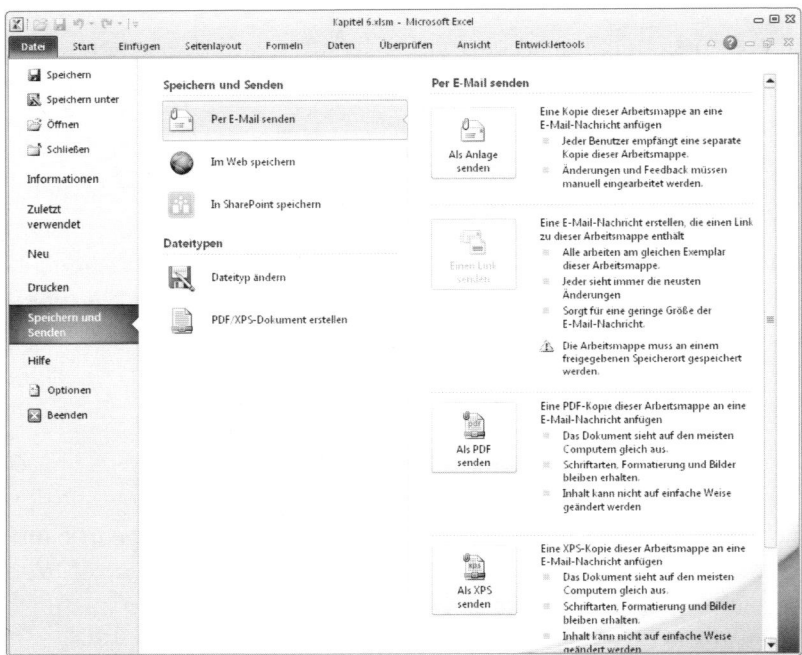

Tipp 4: So passen Sie das Menüband (die Multifunktionsleiste) unter Excel 2010 an

Die erstmalig in Excel 2007 eingeführte Multifunktionsleiste ist dazu gedacht, dass Sie Befehle und Features schnell und einfach finden können, die zuvor häufig in komplexen Menüs und Symbolleisten versteckt waren.

→ Verweis: siehe Kapitel 11, Tipp 5

In Excel 2007 können Befehle zu einer Symbolleiste für den Schnellzugriff hinzugefügt werden, es ist jedoch nicht möglich, eigene Registerkarten zu erstellen oder die integrierten Registerkarten oder Gruppen des Menübands anzupassen.

→ Verweis: siehe Kapitel 11, Tipp 4

Eine Modifikation der Multifunktionsleiste kann hier nur per XML-Programmierung vorgenommen werden.

In Excel 2010 ist es nun viel einfacher, vorhandene Registerkarten zu ändern sowie eigene Registerkarten und Gruppen zu erstellen. Dadurch können Sie den Arbeitsbereich gemäß Ihren Vorstellungen anpassen, wiederkehrende Aufgaben zügiger ausführen und schneller auf bevorzugte Befehle zugreifen.

Zur Anpassung des Menübands gehen Sie wie folgt vor:

1 Öffnen Sie das Menü *Datei*, also die Backstage.

2 Klicken Sie auf den Eintrag *Optionen*. Damit öffnen Sie das Dialogfenster *Excel-Optionen*. Über dieses Dialogfenster lassen sich sowohl bestehende Registerkarten und Gruppen verändern als auch neue Registerkarten und Gruppen hinzufügen.

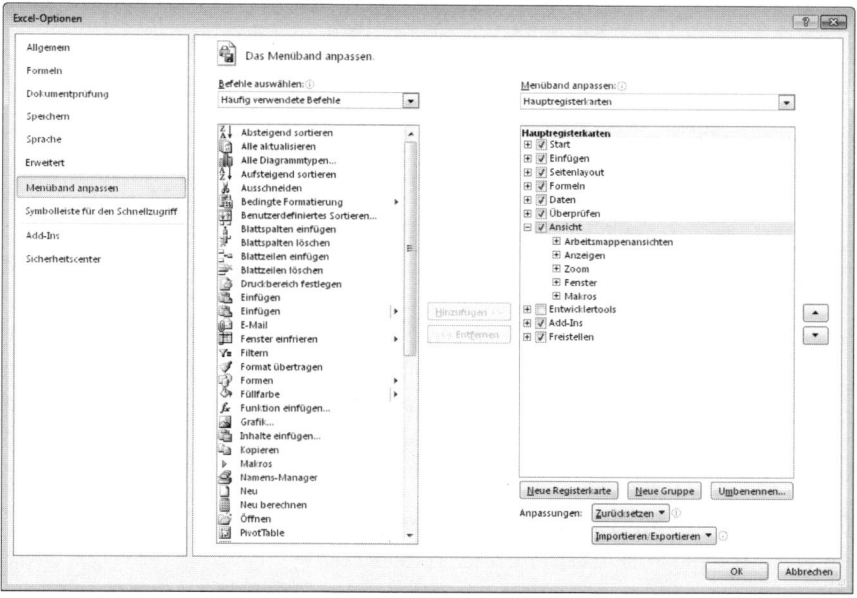

3 Zum Einfügen einer neuen Registerkarte klicken Sie auf die Schaltfläche *Neue Registerkarte*. Damit fügen Sie eine neue Registerkarte ein, der Sie jetzt nur noch Ihren Wünschen entsprechend über die Schaltfläche *Umbenennen* einen Namen geben müssen.

747

4 Auf die gleiche Art können Sie eine neue Programmgruppe einfügen. Klicken Sie dazu auf die Schaltfläche *Neue Gruppe* und geben Sie der eingefügten Gruppe eine beliebige Bezeichnung.

5 Um nun Befehle der neu eingefügten Programmgruppe hinzuzufügen gehen Sie wie folgt vor: Suchen Sie in der linken Spalte mit der Bezeichnung *Befehle auswählen* die gewünschte Programmfunktion aus und klicken Sie anschließend auf die Schaltfläche *Hinzufügen*. Diesen Vorgang wiederholen Sie so oft, bis alle gewünschten Befehle in der neu erstellten Registerkarte und den entsprechenden Programmgruppen enthalten sind.

6 Über die beiden kleinen Pfeile am rechten Fensterrand können die Registerkarten sowie die Programmgruppen innerhalb der Registerkarten beliebig nach oben bzw. unten verschoben werden. Im Beispiel 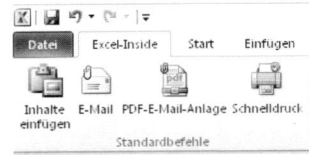 wurde eine neue Registerkarte mit der Bezeichnung *Excel-Inside* und einer Programmgruppe mit der Bezeichnung *Standardbefehle* eingefügt, zu der verschiedene Funktionen hinzugefügt wurden.

Damit ein schneller Zugriff auf die Standardbefehle gegeben ist, wurde die benutzerdefinierte Symbolleiste auf die erste Position im Menüband verschoben.

Hinweis

Um den Ursprungszustand wiederherzustellen, genügt ein Klick auf die Schaltfläche *Zurücksetzen*. Dort können Sie entscheiden, ob alle Änderungen verworfen und der Standard für sämtliche Registerkarten wiederhergestellt werden soll oder ob nur die Änderungen der gewählten Registerkarte rückgängig gemacht werden sollen.

Damit aber nicht genug. Links neben den Hauptregisterkarten befinden sich Kontrollkästchen. Darüber lassen sich sowohl benutzerdefinierte Registerkarten als auch die Standardregisterkarten per Klick ein- und ausblenden.

Tipp 5: Verwendung des modifizierten Menübands an mehreren Arbeitsplätzen

Wenn Sie mit mehreren Computern arbeiten und auf allen Geräten mit den gleichen individuell angepassten Menüleisten arbeiten möchten, können Sie das wie folgt realisieren:

So geht's:

1   Öffnen Sie das Dialogfenster *Menüband anpassen* über das Menü *Datei/ Optionen/Menüband anpassen*.

2   Über *Importieren/Exportieren* können Sie die benutzerdefinierte Menüleiste exportieren und an einem anderen Computer wieder importieren.

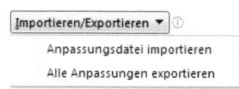

Wenn Sie die Anpassungsdatei exportieren, wird eine Datei mit der Endung *.exportedUI* erzeugt. Diese können Sie an einem anderen Arbeitsplatz, auf dem ebenfalls Excel 2010 installiert ist, auf dem gleichen Weg wieder importieren.

Tipp 6: Anpassen der Leiste für den Schnellzugriff

Neben der Multifunktionsleiste lässt sich in Excel 2010 ebenso wie in Excel 2007 die Schnellstartleiste an die eigenen Bedürfnisse anpassen.

So geht's:

1   Öffnen Sie das Dialogfenster *Symbolleiste für den Schnellzugriff anpassen* über das Menü *Datei/Optionen/Symbolleiste für den Schnellzugriff*.

2   Im linken Fensterbereich befinden sich die zur Auswahl stehenden Befehle.

3   Diese Befehle werden mit einem Klick auf die Schaltfläche *Hinzufügen* in den rechten Fensterbereich verschoben und damit in die Schnellstartleiste übernommen.

4   Mittels der Pfeile am rechten Fensterrand können die jeweiligen Befehle nach oben bzw. unten verschoben werden, auf diese Weise legen Sie die Reihenfolge in der Symbolleiste fest.

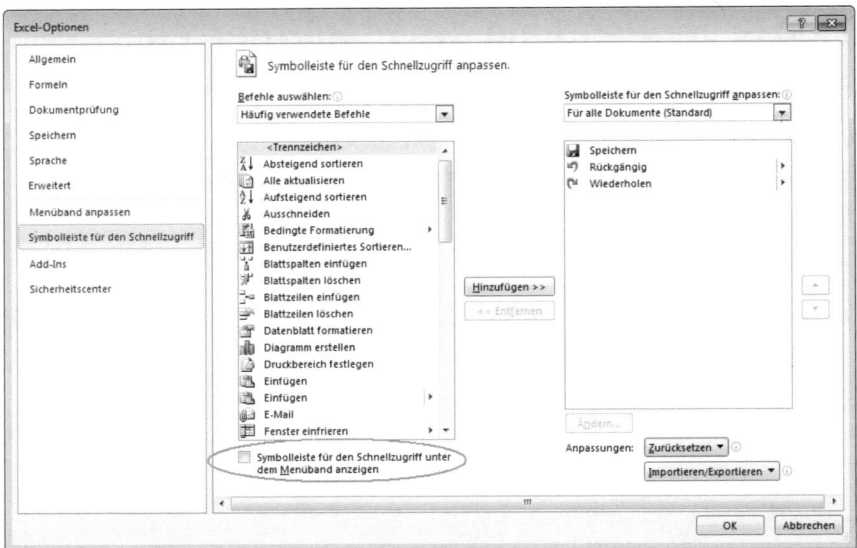

Wenn das Kontrollkästchen *Symbolleiste für den Schnellzugriff unter dem Menüband anzeigen* aktiviert ist, wird zuerst die Multifunktionsleiste und darunter die Schnellstartleiste dargestellt.

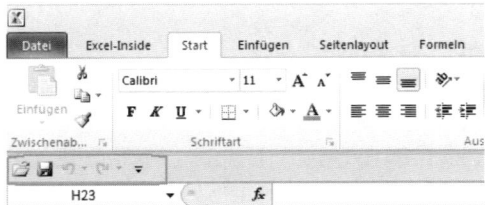

Ansonsten bietet das Dialogfenster zur Anpassung der Symbolleiste für den Schnellzugriff die gleichen Optionen für die Herstellung des Originalzustands wie das Dialogfenster zum Anpassen des Menübands. Auch die Export- und Importfunktion zur Übertragung der modifizierten Symbolleiste auf einen anderen Computer stehen in gleicher Weise zur Verfügung.

➜ Verweis: siehe Kapitel 12, Tipp 4

Hinweis

Am rechten Rand der Schnellzugriffsleiste befindet sich ein kleiner Pfeil, über den sich ebenfalls die wesentlichen Einstellungen für die Symbolleiste durchführen lassen.

Tipp 7: Ein- und Ausblenden des Menübands

Excel 2010 stellt neben den bereits in Excel 2007 verfügbaren Möglichkeiten zur Verkleinerung der Multifunktionsleiste eine neue Option zur Verfügung.

Neben dem Hilfesymbol hat Microsoft einen kleinen, fast unscheinbaren Pfeil platziert, über den sich das Menüband verkleinern und vergrößern lässt.

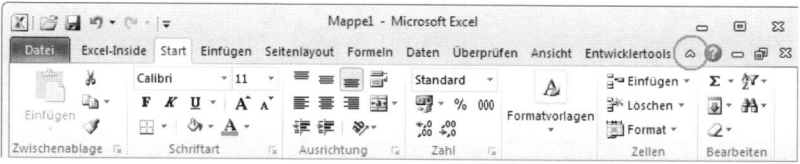

Alternativ kann die Menüleiste mit der Tastenkombination [Strg]+[F1] oder mit einem Doppelklick auf einen Registerreiter ein- und ausgeblendet werden.

Tipp 8: Erweitertes Copy & Paste unter Excel 2010

Neu in Excel 2010 ist die Erweiterung der Funktion *Einfügen*.

Wenn Daten aus der Zwischenablage eingefügt werden sollen, genügt es, den Mauszeiger auf den entsprechenden Einfügebefehl zu stellen. Damit wird direkt im Zielbereich die Vorschau darauf, wie das Ergebnis des Einfügevorgangs aussehen würde, angezeigt.

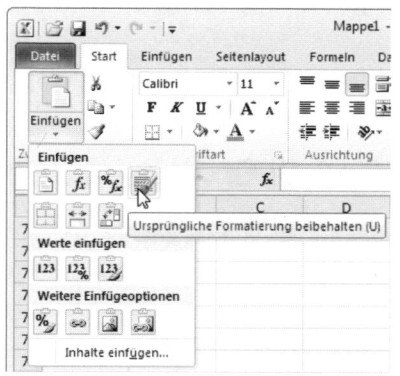

Mit dieser neuen Funktion entfällt künftig das lästige Rückgängigmachen der Einfügebefehle, wenn das eingefügte Ergebnis nicht den Vorstellungen entspricht, was in der Praxis, gerade bei umfangreicheren Daten, häufig vorkommt.

Die neuen Symbole entsprechen im Wesentlichen den Funktionen, die in Excel 2007 über das Untermenü zum Kopieren oder den Dialog *Inhalte einfügen* erreichbar sind. In der folgenden Auflistung erhalten Sie einen Überblick über die zur Verfügung stehenden Einfügeoptionen.

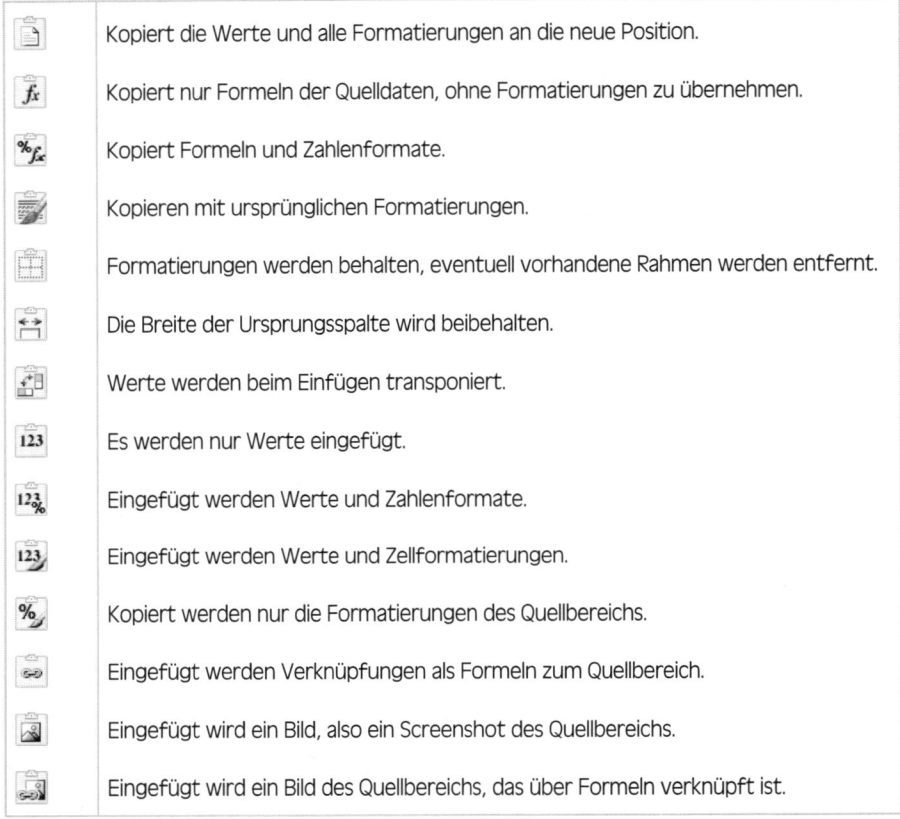

	Kopiert die Werte und alle Formatierungen an die neue Position.
	Kopiert nur Formeln der Quelldaten, ohne Formatierungen zu übernehmen.
	Kopiert Formeln und Zahlenformate.
	Kopieren mit ursprünglichen Formatierungen.
	Formatierungen werden behalten, eventuell vorhandene Rahmen werden entfernt.
	Die Breite der Ursprungsspalte wird beibehalten.
	Werte werden beim Einfügen transponiert.
	Es werden nur Werte eingefügt.
	Eingefügt werden Werte und Zahlenformate.
	Eingefügt werden Werte und Zellformatierungen.
	Kopiert werden nur die Formatierungen des Quellbereichs.
	Eingefügt werden Verknüpfungen als Formeln zum Quellbereich.
	Eingefügt wird ein Bild, also ein Screenshot des Quellbereichs.
	Eingefügt wird ein Bild des Quellbereichs, das über Formeln verknüpft ist.

Tipp 9: Erweiterte Löschen-Schaltfläche

Die Schaltfläche *Löschen* in der Gruppe *Bearbeiten* ist um die Funktion zum Entfernen von Hyperlinks erweitert worden. Damit ist der Zugriff auf diese Funktion wesentlich schneller erreichbar als bisher unter Excel 2003 oder 2007.

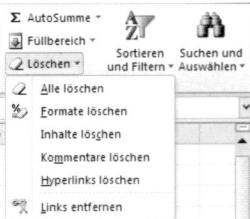

Tipp 10: Beliebige Screenshots ganz einfach einfügen

Diese neue Funktion eignet sich sehr gut, um Sachverhalte schnell und einfach zu illustrieren. Der neue Befehl *Screenshot* befindet sich im Register *Einfügen* in der Programmgruppe *Illustrationen*.

Wenn Sie auf die Schaltfläche *Screenshot* klicken, erhalten Sie eine Vorschau aller verfügbaren Anwendungen. Allerdings dürfen diese nicht zur Taskleiste minimiert werden, sondern müssen als Fenster im Hintergrund geöffnet sein.

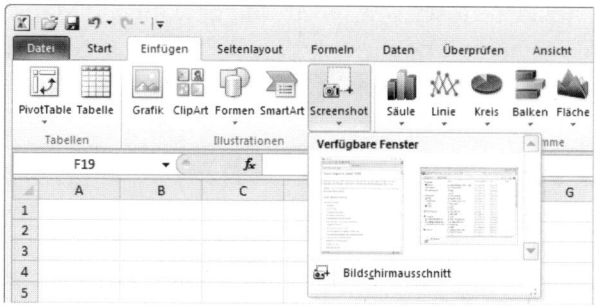

Im Beispiel stehen Vorschauelemente von zwei im Hintergrund geöffneten Anwendungen zur Verfügung. Sobald Sie auf ein Vorschaubild klicken, wird der Screenschot des gesamten Anwendungsfensters in die Tabelle eingefügt.

Darüber hinaus besteht die Möglichkeit, einen beliebigen Bildschirmausschnitt auszuwählen.

So geht's:

1 Öffnen Sie den Befehl über das Menü *Screenshot/Bildschirmausschnitt.*

2 Excel wird damit automatisch verkleinert, sodass der Desktop mit den restlichen geöffneten Fenstern angezeigt wird.

3 Zur Auswahl des gewünschten Bildausschnitts wird ein Auswahlkreuz eingeblendet, über das Sie durch Ziehen mit gedrückter linker Maustaste den gewünschten Bereich markieren können.

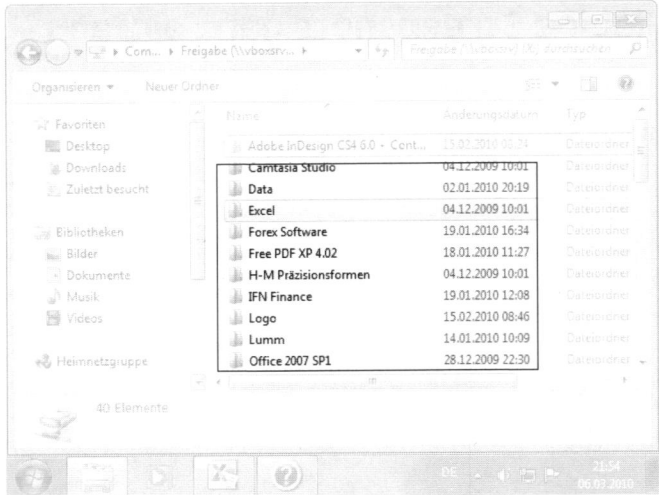

4   Wenn Sie die linke Maustaste loslassen, wird der gewählte Bildaus-
     schnitt automatisch in der aktuell geöffneten Excel-Tabelle angezeigt.
     Dort kann die Grafik beliebig positioniert und verändert werden.

Tipp 11: Einfügen von mathematischen Gleichungen – der neue Formeleditor

In Excel 2010 steht jetzt auch ein Formeleditor, ähnlich wie der in Word
2007, zur Verfügung. Damit lassen sich mathematische Gleichungen auch
in Excel einfach darstellen.

So geht's:

1   Damit die Befehle zum Einfügen von Formeln zur Verfügung stehen,
     muss zunächst eine Textbox eingefügt werden. Klicken Sie dazu auf
     die Schaltfläche *Textfeld* auf der Registerkarte *Einfügen*. Diese Schalt-
     fläche finden Sie in der Gruppe *Text*.

2   Ziehen Sie die Textbox mit gedrückter linker Maustaste in der für Ihre
     Formel voraussichtlich notwendigen Größe auf. Selbstverständlich kön-
     nen Sie die Größe später noch beliebig ändern.

3   Den Befehl namens *Formel* zum Starten des Formeleditors finden Sie
     nun auf der Registerkarte *Einfügen* in der Programmgruppe *Symbol-
     leiste*.

4 Zum Einfügen von Formeln stehen zwei Möglichkeiten zur Verfügung. Wenn Sie auf die untere Hälfte, also auf den Pfeil der Schaltfläche *Formel* klicken, öffnet sich eine Liste mit vordefinierten Formeln, von denen Sie eine auswählen können. Zur Verfügung stehen hier beispielsweise Formeln zur Berechnung der Kreisoberfläche, der Binomische Lehrsatz, der Satz des Pythagoras und so weiter.

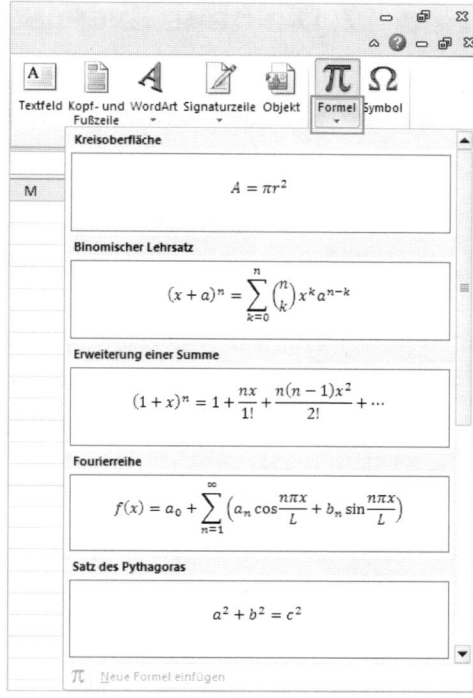

5 Sollten Sie eine andere als die vordefinierte Formel erstellen wollen, was in den meisten Fällen auch der Fall sein dürfte, klicken Sie auf die obere Hälfte der Schaltfläche *Formeln* und öffnen damit die Registerkarte *Formeltools*.

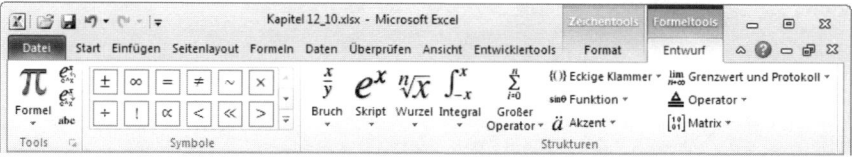

Über diese Registerkarte können Sie Formeln nach Ihren individuellen Bedürfnissen zusammenbauen und gestalten. So können Sie Vorlagen für Brüche, Skripten, Wurzeln, Integrale, Klammern etc. einfügen und anschließend mit Werten befüllen. Im Beispiel sehen Sie die Zinsformel Kapital (k) * Zinssatz (p) * Zinstage (t) dividiert durch *100 * 360*, dargestellt als allgemeingültige Formel. Mit dieser Formel wird der Zinsbetrag ermittelt.

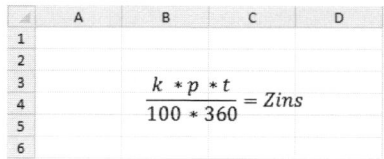

Tipp 12: Die neue Excel-Solver-Version

In Excel 2010 steht eine völlig überarbeitete Solver-Version zur Verfügung. Damit Sie den Solver verwenden können, müssen Sie ihn zuerst einbinden.

So geht's:

1 Starten Sie zunächst über das Menü *Datei/Optionen/Add-Ins* das Dialogfenster *Microsoft Office Add-Ins anzeigen und verwalten.*

2 Wählen Sie im Bereich *Verwalten* den Eintrag *Excel-Add-Ins* und klicken Sie auf die Schaltfläche *Gehe zu.*

3 Aktivieren Sie im Dialogfenster *Add-Ins* den Eintrag *Solver*. Damit steht der Befehl auf der Registerkarte *Daten* innerhalb der Programmgruppe *Analyse* zur Verfügung.

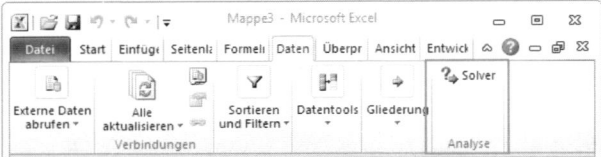

Nach einem Klick auf die Schaltfläche *Solver* öffnet sich das Dialogfenster des erweiterten Solvers.

Dieser beinhaltet folgende neue Funktionen:

➤ Eine verbesserte Benutzeroberfläche.

➤ Eine neue evolutionäre Solver-Engine, die auf genetischen Algorithmen basiert und Modelle mit beliebigen Excel-Funktionen verarbeitet.

➤ Neue globale Optimierungsoptionen.

➤ Verbesserte lineare Programmierungsoptionen.

➤ Neue Berichte zu Linearität und Machbarkeit.

➤ Der neue Solver steht auch in einer 64-Bit-Version in Excel 64 Bit zur Verfügung.

Tipp 13: Umfangreiche Funktionen zur Bildbearbeitung

Die Kommunikation von Ideen in Excel 2010 umfasst nicht immer nur die Anzeige von Zahlen oder Diagrammen. In Excel 2010 müssen Sie kein Grafikdesigner sein, um professionell und elegant aussehende Bilder zu erstellen. Wenn Sie Ihre Ideen mithilfe von Fotos, Zeichnungen oder SmartArts optisch vermitteln möchten, können Sie die folgenden Features nutzen.

Excel 2010 bietet umfangreiche Funktionen zur Bildbearbeitung. Anhand eines Beispielbilds wollen wir die einzelnen Funktionen etwas genauer unter die Lupe nehmen.

Fügen Sie zunächst ein Bild über das Menü *Einfügen/ Grafik* ein. Wir haben uns für die Pinguine aus dem Bilderordner von Windows 7 entschieden.

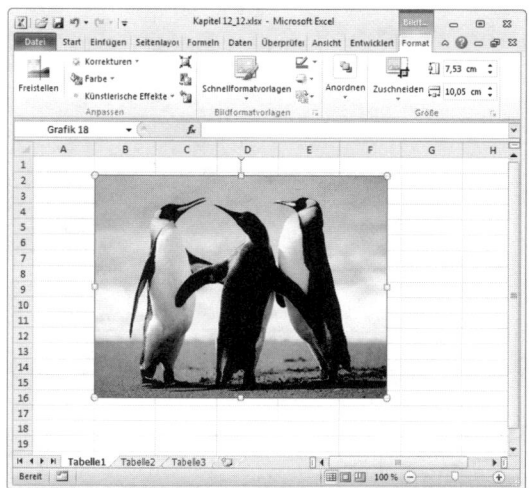

Sobald das Bild eingefügt und markiert ist, wird die Registerkarte *Bildtools* angezeigt. Diese Registerkarte enthält die für die Bearbeitung von Bildern relevanten Befehle. Auf den ersten Blick fällt auf, dass einige

757

Schaltflächen aus Excel 2007 weggefallen sind oder umsortiert wurden und dass neue Optionen in Excel 2010 vorhanden sind.

Freistellen

Mithilfe der Funktion *Freistellen* können Objekte freigestellt, also vom Hintergrund befreit werden. Wer sich etwas intensiver mit Bildbearbeitungsprogrammen beschäftigt, wird wissen, dass für diese Funktion relativ aufwendige Algorithmen notwendig sind.

Nach einem Klick auf die Schaltfläche *Freistellen* wird die Registerkarte *Freistellen* mit verschiedenen Befehlen eingeblendet, und der Bildhintergrund, also der Bereich, der entfernt werden soll, wird automatisch farbig gekennzeichnet. Ziehen Sie die Markierung um Ihre freizustellenden Objekte, im Beispiel um die drei Pinguine. Damit legen Sie fest, welcher Hintergrundbereich behalten werden soll und welcher entfernt wird. Die Vorschau wird live im eingefügten Bild angezeigt.

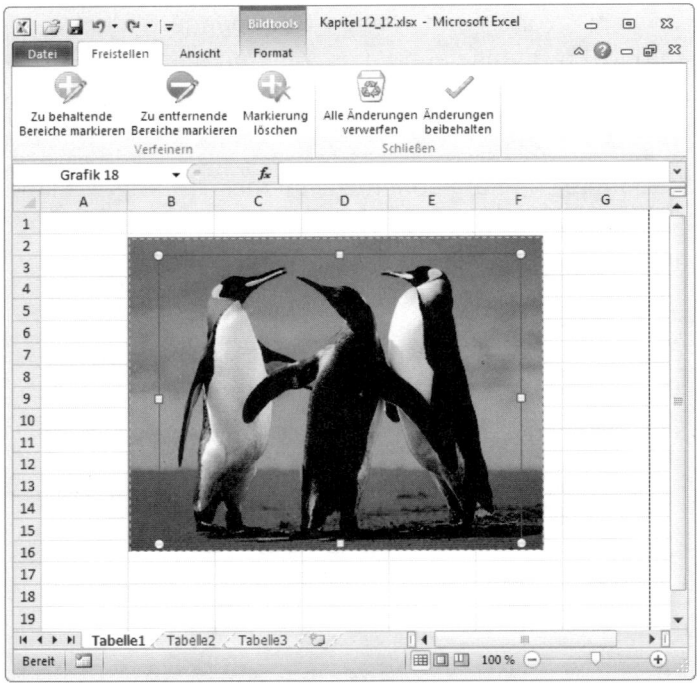

Wenn Sie mit der Auswahl fertig sind und auf die Schaltfläche *Änderungen beibehalten* klicken, wird der farbig markierte Hintergrund entfernt, und es bleiben nur noch die Pinguine übrig.

Wie Sie sehen, wurde beim linken Pinguin im Halsbereich etwas zu viel entfernt. Das kann aber leicht korrigiert werden. Dazu soll der rechte Pinguin aus dem Bild entfernt werden.

So geht's:

1 Markieren Sie zunächst das Bild.

2 Klicken Sie auf die Schaltfläche *Freistellen*, damit wird der Hintergrund wieder farbig eingefärbt.

3 Im nächsten Schritt müssen Sie über die Schaltflächen *Zu behaltende Bereiche markieren* und *Zu entfernende Bereiche markieren* die entsprechenden Bereiche des Bilds markieren. Zu behaltende Bereiche werden mit einem Plus- und zu entfernende Bereiche mit einem Minuszeichen versehen.

4 Nach einem Klick auf die Schaltfläche *Änderungen beibehalten* wird das Bild ohne Hintergrund und ohne den rechten Pinguin angezeigt.

Für ein Kalkulationsprogramm ist die Leistungsfähigkeit dieses Freistellungstools wirklich sehr beachtlich.

Künstlerische Effekte

Die Funktion *Künstlerische Effekte* bietet eine Menge Möglichkeiten, Bilder zu verändern und zu optimieren. Markieren Sie dazu das Bild und öffnen Sie mit dem Befehl *Bildtools/Künstlerische Effekte* den entsprechenden Bereich. Hier können Sie verschiedene Vorlagen ausprobieren bzw. die Effekte nach Ihren Bedürfnissen anpassen.

Die Abbildung zeigt die Pinguine als Bleistiftzeichnung.

Bildlayout

Diese neue Excel-Funktion kombiniert SmartArts mit der eingefügten Grafik. Den Befehl starten Sie bei aktivierter Grafik über das Menü *Bildtools/ Bildlayout*. Aus der Gallery können Sie eine beliebige vordefinierte Vorlage auswählen und diese mit einem beliebigen Text versehen.

Natürlich können Sie auch die SmartArts an Ihre Bedürfnisse und Vorstellungen anpassen; lassen Sie Ihren künstlerischen Fähigkeiten freien Lauf.

Tipp 14: Die neuen Sicherheitsoptionen in Excel 2010

In Excel 2010 wurde das gesamte Sicherheitskonzept überarbeitet. Dabei werden nicht nur erweiterte Sicherheitsoptionen zur Verfügung gestellt, vielmehr wurde das ganze Sicherheitskonzept überarbeitet und verfeinert.

Über folgendes Menü gelangen Sie ins Sicherheitscenter: *Datei/Optionen/ Sicherheitscenter*. Ein Klick auf die Schaltfläche *Einstellungen für das Sicherheitscenter* öffnet das gewünschte Dialogfenster.

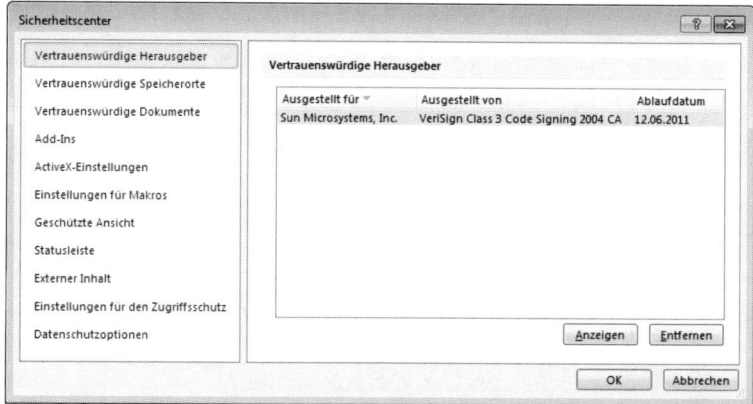

Dieser Tipp gibt Ihnen einen Überblick über die wesentlichen Änderungen und Erweiterungen der Sicherheitsmechanismen in Excel 2010. Auf die bereits in Excel 2007 vorhandenen Sicherheitseinstellungen wird daher nicht näher eingegangen.

Vertrauenswürdige Dokumente

Neben dem Menüpunkt *Vertrauenswürdige Herausgeber* und *Vertrauenswürdige Speicherorte* ist in Excel 2010 der Menüpunkt *Vertrauenswürdige Dokumente* hinzugekommen.

Damit kann unabhängig vom Speicherort und vom Herausgeber ganz speziell für eine Datei festgelegt werden, dass sie als vertrauenswürdig eingestuft werden soll. Wenn eine Datei als vertrauenswürdig eingestuft wurde, werden Makros, ActiveX-Steuerelemente und andere aktive Inhalte ohne Sicherheitsabfrage geöffnet. Es erfolgt auch keine Abfrage, wenn neuer aktiver Inhalt zum Dokument hinzugefügt wird oder bestehende Inhalte verändert werden.

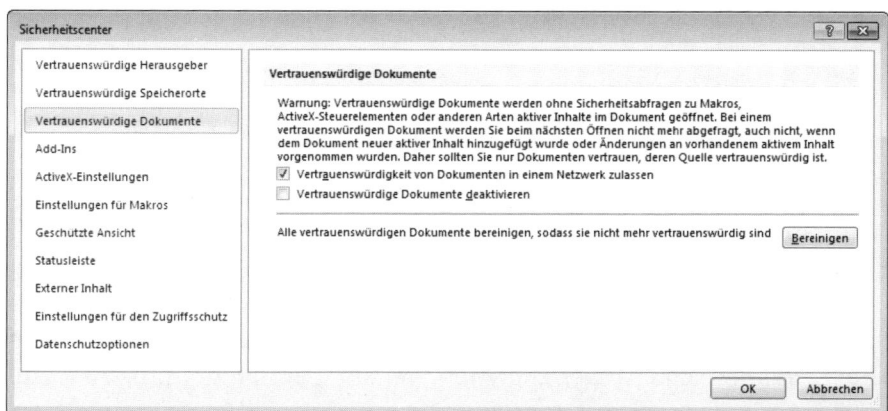

Im Dialogfenster haben Sie die Möglichkeit, diese Funktion zu deaktivieren oder alle als vertrauenswürdig eingestuften Dokumente zu löschen. Dies erreichen Sie über die Schaltfläche *Bereinigen*.

Geschützte Ansicht

Microsoft hat anscheinend akzeptiert, dass es auf absehbare Zeit nicht gelingen wird, alle Schwachstellen in den Dateiformaten des Office-Pakets zu beseitigen, die zum Einschleusen von Schädlingen genutzt werden können. Aus diesem Grund enthält Office 2010 den sogenannten „Sandbox-Modus", der Office-Anwendungen und darin geöffnete Dokumente daran hindern soll, auf lokal gespeicherten Dateien zuzugreifen.

Es kann detailliert festgelegt werden, welche Dokumente nur in der geschützten Ansicht geöffnet werden dürfen. Folgende Optionen stehen hier zur Verfügung:

➢ *Geschütze Ansicht für Dateien mit fehlgeschlagener Überprüfung aktivieren*

➢ *Geschützte Ansicht für Dateien aus dem Internet aktivieren*

➢ *Geschütze Ansicht für Dateien an potenziell unsicheren Speicherorten aktivieren*

➢ *Geschützte Ansicht für Outlook-Anlagen aktivieren*

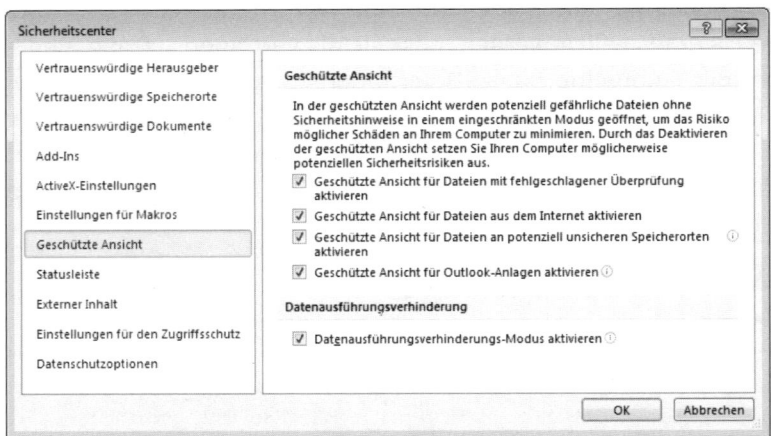

Weiterhin steht die Option *Datenausführungsverhinderungs-Modus aktivieren* zur Verfügung. Besser dürfte diese Funktion unter der Bezeichnung DEP (**D**ata **E**xecution **P**revention) bekannt sein. Über DEP werden Programme bei der Ausführung überwacht, um sicherzustellen, dass sie auf die Speicherbereiche sauber zugreifen. Versucht ein Programm, Code auf eine nicht erlaubte Weise auszuführen, wird das Programm durch DEP automatisch beendet. Die Funktion ist in Excel 2010 standardmäßig aktiviert, kann aber unter diesem Menüpunkt deaktiviert werden.

Einstellungen für den Zugriffsschutz

Hier finden Sie die Einstellungen, um das Verhalten von Excel für das Öffnen und Speichern bestimmter Dateitypen zu definieren. So können für alle Dateitypen, beginnend beim Format für Excel 2007/2010 über ältere Excel-Formate bis hin zu dBase und OpenOffice-Formaten, detaillierte Vorgaben zum Öffnen und Speichern getroffen werden.

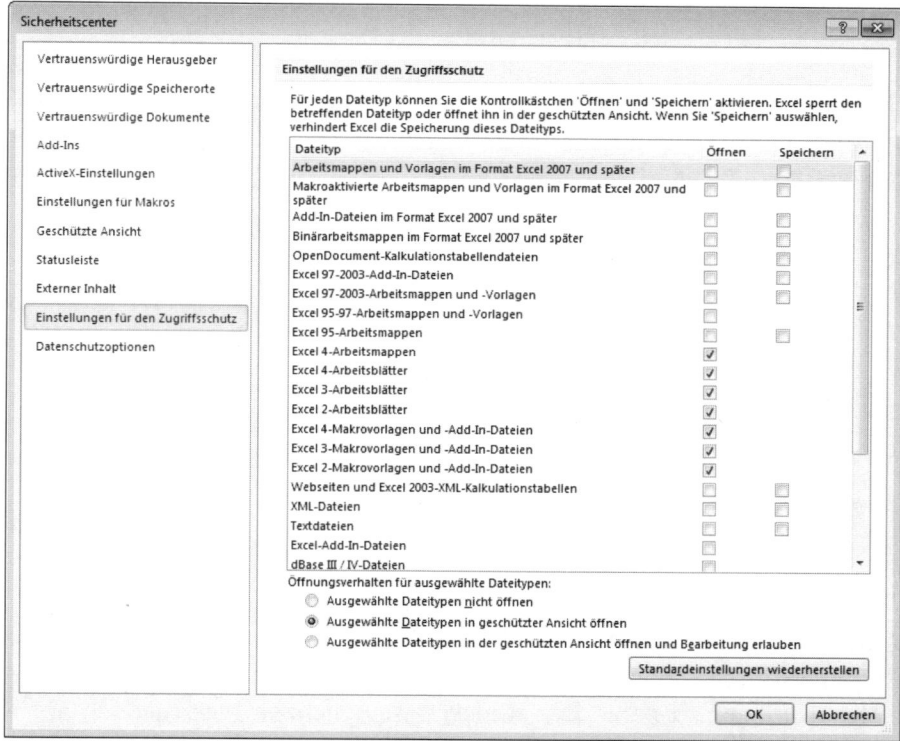

Nachdem der entsprechende Dateityp in der Spalte *Öffnen* und/oder *Speichern* mit einem Haken aktiviert wurde, kann über die Optionsfelder das *Öffnungsverhalten der ausgewählten Dateitypen* festgelegt werden. Folgende Optionen stehen dabei zur Verfügung:

➢ *Ausgewählte Dateitypen nicht öffnen*

➢ *Ausgewählte Dateitypen in geschützter Ansicht öffnen*

➢ *Ausgewählte Dateitypen in der geschützten Ansicht öffnen und Bearbeitung erlauben*

Abhängig von den gewählten Einstellungen wird beim Öffnen von Dateien ein Hinweis unterhalb der Multifunktionsleiste mit einem entsprechenden Hinweis angezeigt. Dort haben Sie gegebenenfalls auch direkt die Möglichkeit, die geblockten Inhalte zu aktivieren. Das ist jedoch abhängig von den eingestellten Datenschutzoptionen.

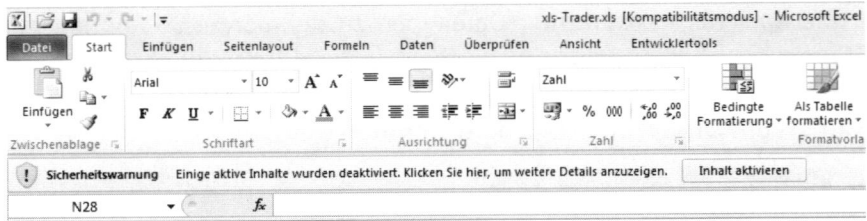

Die gleiche Logik wie für das Öffnen von Dateien gilt auch für das Speichern des entsprechenden Dokuments. Sollte das Speichern aufgrund der definierten Speicheroptionen nicht möglich sein, wird eine entsprechende Meldung ausgegeben.

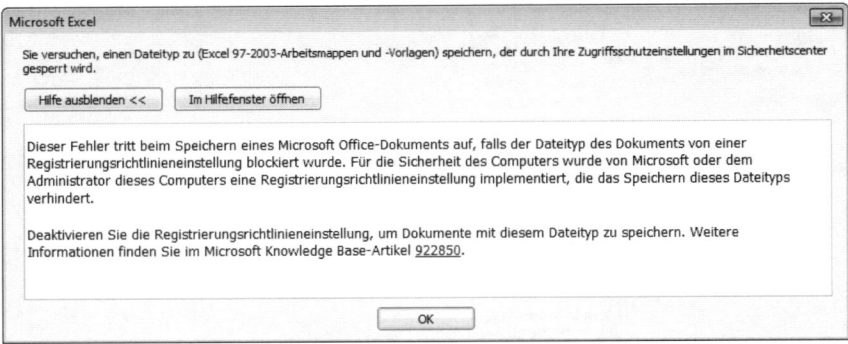

Zusammen sollen diese Maßnahmen einen mehrschichtigen Schutz vor Angriffen durch schädliche Dateien bieten, ohne das Arbeiten mit Office 2010 allzu sehr zu behindern. Die Praxistauglichkeit bleibt jedoch abzuwarten.

Tipp 15: Nutzen der Hilfefunktion – offline und online

Auch unter Excel 2010 steht eine umfangreiche und aussagekräftige Hilfefunktion zur Verfügung.

Aufgerufen wird sie wie in den vorherigen Excel-Versionen mit der Funktionstaste F1 oder auch über das Fragezeichensymbol.

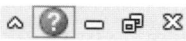

Sie können festlegen, ob die Hilfefunktion nur offline arbeiten oder auch online nach Inhalten suchen soll.

Diese Einstellungen werden über den Menüpunkt *Datei/Optionen/ Sicherheitscenter*, Schaltfläche *Einstellungen für das Sicherheitscenter/Datenschutzoptionen* vorgenommen.

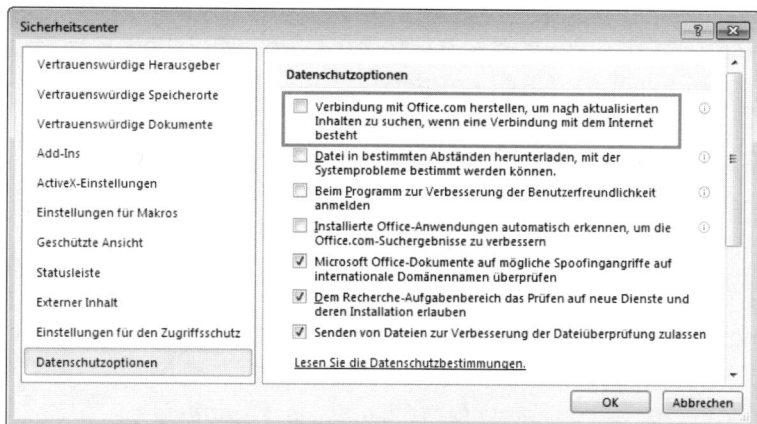

Haben Sie das Kontrollkästchen *Verbindung mit Office.com herstellen, um nach aktualisierten Inhalten zu suchen, wenn eine Verbindung mit dem Internet besteht* aktiviert, werden bei Suchanfragen auch Onlineinhalte durchsucht und in der Ergebnisliste aufgeführt.

Tipp 16: Mehrere Dateien schnell ins Excel 2007-/ Excel 2010-Format konvertieren

Das neue XLSX-Format wurde zusammen mit Excel 2007 eingeführt und wird auch in Excel 2010 als Standardformat verwendet. Anwender, die mit Excel 2007 oder Excel 2010 arbeiten, werden sämtliche neuen Dokumente wohl im neuen XLSX-Format abspeichern, in der Praxis ist aber sicherlich noch eine Vielzahl an Arbeitsmappen im „alten" XLS-Dateiformat vorhanden.

In der Regel werden Sie eine vorhandene Arbeitsmappe im XLS-Format dann in das XLSX-Format konvertieren, wenn Sie die Arbeitsmappe öffnen, überarbeiten und wieder abspeichern. Dieses Vorgehen ist aber relativ aufwendig, da jede einzelne Arbeitsmappe ins neue Format konvertiert werden muss.

Microsoft stellt zur automatischen Konvertierung ein Tool mit der Bezeichnung Office Migration Planning Manager zur Verfügung. Mit diesem Tool können komplette Verzeichnisse in das neue Format umgewandelt werden.

So geht's:

1   Laden Sie zuerst das Programm Microsoft Office Migration Planning Manager unter folgender URL herunter:

   http://www.microsoft.com/downloads/details.aspx?FamilyID= 13580cd7-a8bc-40ef-8281-dd2c325a5a81&displaylang=en

2   Entpacken Sie diese Datei per Doppelklick in ein beliebiges Verzeichnis, beispielsweise in *C:\Programme\Migration Planning Manager.*

3   Laden Sie in einem zweiten Schritt, falls auf Ihrem Rechner noch nicht vorhanden, das Microsoft Office Compatibility Pack unter diesem Link herunter

   http://www.microsoft.com/downloads/details.aspx?familyid= CF196DF0-70E5-4595-8A98-370278F40C57&displaylang=en

4   Das Office Compatibility Pack ermöglicht Nutzern älterer Office-Versionen das Öffnen, Bearbeiten und Speichern von Arbeitsmappen, die mit Excel 2007 oder Excel 2010 im neuen Dateiformat erstellt wurden. Für die automatische Konvertierung mit dem Migration Planning Manager muss das Compatibility Pack zwingend installiert sein.

5 Wechseln Sie nun in den Ordner, in dem sich der Migration Planning Manager befindet, und verzweigen Sie dort in den weiteren Unterordner mit der Bezeichnung *Tools*.

6 Öffnen Sie in diesem Ordner die Datei *ofc.ini* mit einem Texteditor, suchen Sie nach dem Eintrag *;fldr=C:\Documents and Settings\Administrator\My Documents* und ändern Sie diese Zeile so ab, dass der Pfad auf das Verzeichnis zeigt, in dem sich die zu konvertierenden Arbeitsmappen im XLS-Format befinden. Die geänderte Zeile könnte wie folgt aussehen: *fldr=C\tmp*. Achten Sie darauf, dass das Semikolon vor der Pfadangabe entfernt wird, speichern Sie die geänderte Datei ab und schließen Sie sie.

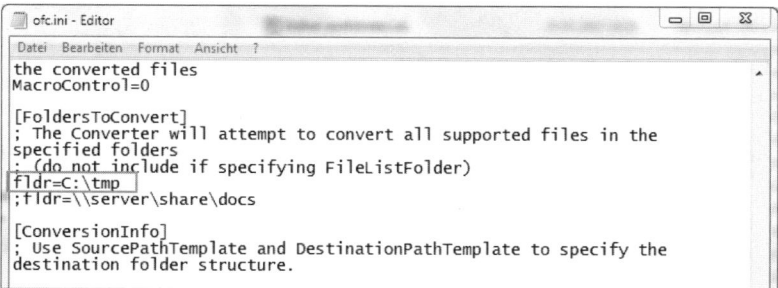

7 Zum Starten des Konvertierungsvorgangs müssen Sie nun nur noch die Datei *ofc.exe* mit einem Doppelklick starten. Damit werden alle Dateien im angegebenen Verzeichnis sowie alle Unterordner nacheinander abgearbeitet. Der Arbeitsfortschritt kann in einem Fenster verfolgt werden.

8 Die ins neue Format konvertierten Arbeitsmappen werden im Ordner *C:\tmp\Converted* abgelegt.

Hinweis

Zu beachten ist, dass kennwortgeschützte Dateien nicht automatisch umgewandelt werden können.

Darüber hinaus können mit dem Programm auch Access, Word-, PowerPoint- und Visio-Dateien in die jeweils neuen Formate konvertiert werden.

13

Excel online – die Web Apps

Bei den Microsoft Office Web Apps handelt es sich um das On-linebegleitprodukt zu Office 2010. Sie erhalten damit die Möglichkeit, von praktisch über-all auf Ihre Excel-Arbeitsmappen zugreifen zu können, z. B. über Ihren PC, Ihr Mobiltelefon oder über einen beliebigen Webbrow-ser. Da die Web Apps vollständig webbasiert sind, muss keine zu-sätzliche Software heruntergela-den oder installiert werden. Zur Verwendung der Web Apps ist es auch nicht notwendig, dass Microsoft Office auf dem Computer vorhanden ist.

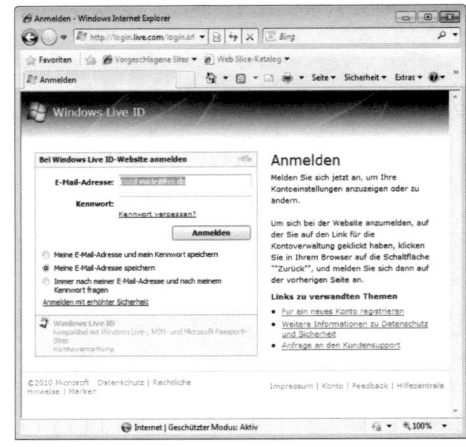

In diesem Kapitel erfahren Sie, welche Voraussetzungen notwendig sind und welche Möglichkeiten die Excel Web App bietet.

Da bei Erstellung dieses Kapitels nur die Betaversionen der Web Apps zur Verfügung standen und zu erwarten ist, dass sie ständig erweitert werden, kann die eine oder andere Aussage bereits überholt sein, wenn Sie dieses Buch in Händen halten.

Tipp 1: Übersicht über die neuen Office Web Apps

Mit den Office Web Apps stellt Microsoft die Funktionen von Office in abgespeckter Form als Webanwendung zur Verfügung und bietet damit Google mit deren Google Apps paroli. Aktuell stehen folgende Web Apps zur Verfügung:

➢ Excel Web App
➢ Word Web App
➢ PowerPoint Web App
➢ OneNote Web App

Nachfolgend erhalten Sie einen Überblick über die Features und Möglich-keiten der neuen Office Web Apps.

> **Ortsunabhängiges Erstellen und Bearbeiten von Dokumenten**
> Da die Web Apps vollständig webbasiert sind, können Dokumente mit einem Webbrowser von jedem beliebigen Ort betrachtet und bearbeitet werden. Die gewohnte hochwertige Ansicht leidet dabei keineswegs.

> **Flexibles Arbeiten über verschiedene Plattformen hinweg**
> Office Web Apps werden von einer ganzen Reihe von Browsern unterstützt. Dazu zählen beispielsweise der Internet Explorer, Safari und Firefox. Auch verschiedene Office-Versionen wie Office 2003, 2007, 2010 und Office 2008 für Mac werden unterstützt. Damit wird sichergestellt, dass die Dokumente auf verschiedenen Plattformen bearbeitet werden können und dadurch die Zusammenarbeit über verschiedene Plattformen hinweg wesentlich erleichtert wird.

> **Freigabe von Daten auf Webseiten, Blogs oder Wikis**
> Die Funktion *Freigeben* ermöglicht das Publizieren von Daten aus Excel oder von PowerPoint-Präsentationen auf beliebigen Webseiten von Drittanbietern, in Blogs oder in Wikis. Der Vorteil liegt darin, dass Änderungen im Dokument automatisch auf den veröffentlichten Webseiten mit erfasst werden.

> **Schnelleinstieg dank gewohnter Benutzeroberfläche**
> Die Office Web Apps verwenden, wie die Office-Clientapplikationen, die gewohnte Multifunktionsleiste, sodass die Onlineversion ohne große Schwierigkeiten schnell genutzt werden kann.

> **Sehr gute Darstellung der Dokumente**
> Die Onlinebetrachtung der Daten mit einem Webbrowser ähnelt der klaren Darstellung der Office-Clientanwendungen. Dokumente, die mit der Clientversion erstellt wurden, behalten, auch wenn sie online geöffnet wurden, sämtliche Formatierungen.

> **Leichte und sichere Verbreitung von Dokumenten**
> Es ist sehr leicht möglich, Dokumente in passwortgeschützten Ordnern zu veröffentlichen. Es können Lese- oder Schreibberechtigungen für Personen oder Gruppen vergeben werden. Natürlich besteht auch die Mögichkeit, Dokumente mit allen zu teilen, ohne dass ein Passwort zur Ansicht oder zur Bearbeitung notwendig wäre.

> **Zusammenarbeit in Echtzeit**
> Durch die Bearbeitungsmöglichkeit im Webbrowser steht einer Echtzeitzusammenarbeit für freigegebene Dokumente nichts im Wege. Einige der Co-Authoring-Funktionalitäten werden über Windows Live aber erst zu einem späteren Zeitpunkt zur Verfügung stehen.

> **Office Web Apps in Verbindung mit Office 2010**
> Neben der Möglichkeit, per Webbrowser Dokumente online zu erstellen und zu bearbeiten, besteht in den Office 2010-Clientanwendungen die Möglichkeit, Dokumente direkt über die Backstage auf dem Onlinespeicher abzulegen.

> **Office Web Apps für Privatkunden, Schüler, Studenten und kleine Unternehmen**
> Für Privatkunden ist der Zugriff auf die Office Web Apps völlig kostenlos. Die Web Apps sind Bestandteil der Windows Live Services. Zur Anmeldung ist lediglich eine Windows Live ID erforderlich. Nach Registrierung und Anmeldung steht Ihnen SkyDrive, ein Onlinespeicher mit derzeit 25 GByte Kapazität, zur Verfügung. Dort können Dokumente abgelegt und mit Zugriffsrechten versehen werden. Wie bereits beschrieben, können Dokumente direkt aus Excel 2010 auf dem Sky-Drive abgelegt werden, um anschließend über die in SkyDrive integrierte Excel Web App darauf zugreifen, lesen, bearbeiten und speichern zu können. Auch ohne Office 2010 können Dokumente über SkyDrive erzeugt und bearbeitet werden.

> **Office Web Apps für Geschäftskunden**
> Die Web Apps für Geschäftskunden sind kostenpflichtig, bieten dafür aber auch mehr. Geschäftskunden, die an einem Volumenlizenzprogramm für Microsoft Office 2010 teilnehmen, können Office Web Apps vor Ort auf einem Server mit Microsoft SharePoint Foundation 2010 oder Microsoft SharePoint Server 2010 verwenden. Damit stehen die umfangreichen Funktionalitäten von SharePoint in Verbindung mit den Office Web Apps zur Verfügung.

> **Microsoft Excel Mobile 2010**
> Sie können über jedes Mobiltelefon ab Windows Mobile 6.5 auf Ihre Excel 2010-Arbeitsmappen zugreifen. Sie können Arbeitsmappen öffnen, die auf dem Windows-Mobiltelefon gespeichert werden. Außerdem können Sie die Arbeitsmappen über SharePoint Server oder die Windows Live Services veröffentlichen sowie Dokumente über einen Smartphone-Browser anzeigen und darauf zugreifen.

Hinweis

Damit die Betaversion der Office Web Apps funktioniert, ist es allerdings notwendig, dass die Office-Clientanwendungen installiert ist. Sobald Microsoft die finale Fassung von Office Web Apps zu Windows Live hinzugefügt hat, müssen Sie Office 2010 nicht mehr installieren, um die Office Web Apps nutzen zu können.

Tipp 2: Windows Live – SkyDrive einrichten und verwenden

Windows Live SkyDrive, ehemals Windows Live Folders, ist ein Dienst von Microsoft Windows Live, der es ermöglicht, Dateien auf eine virtuelle Festplatte hochzuladen. Die Größe des Onlinespeichers beträgt beachtliche 25 GByte. Damit mit den Web Apps gearbeitet werden kann, müssen Sie zunächst ein SkyDrive-Laufwerk einrichten und konfigurieren.

So geht's:

1 Rufen Sie im ersten Schritt die Seite *http://login.live.com/login.srf* auf.

2 Wenn Sie noch nicht registriert sind, müssen Sie zunächst ein neues Konto einrichten. Besitzen Sie bereits eine Windows Live ID, können Sie sich direkt anmelden. Auch mit Anmeldedaten für MSN oder Microsoft Passport Sites können Sie sich hier legitimieren.

3 Nachdem Sie sich angemeldet haben, wird der Startbildschirm von Windows Live angezeigt. Wechseln Sie über das Menü *Mehr/SkyDrive* zum Onlinespeicher SkyDrive.

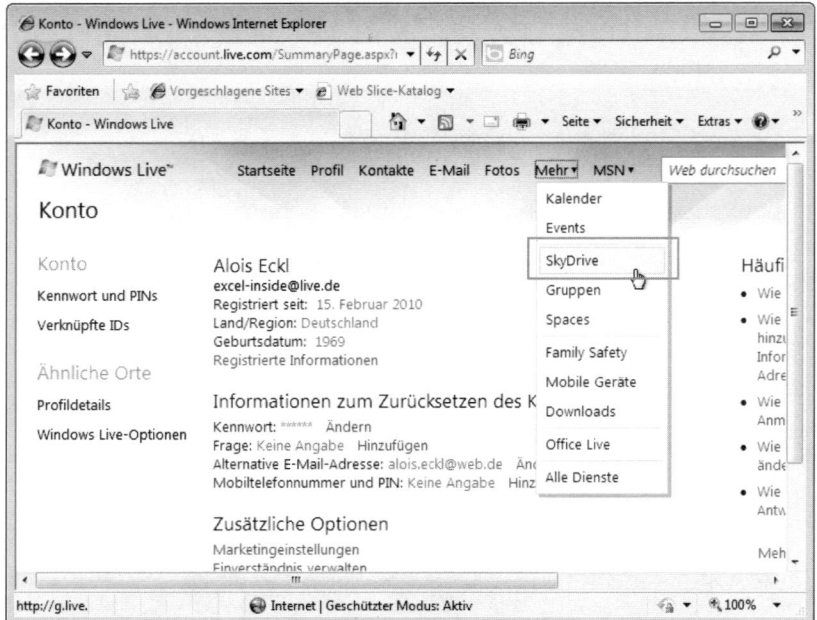

4 Im Startbereich sehen Sie die zuletzt angezeigten Ordner. Über das Ordnersymbol können Sie schnell die Zugriffsberechtigungen für den Ordner erkennen. Folgende Zugriffsberechtigungen stehen zur Verfügung:

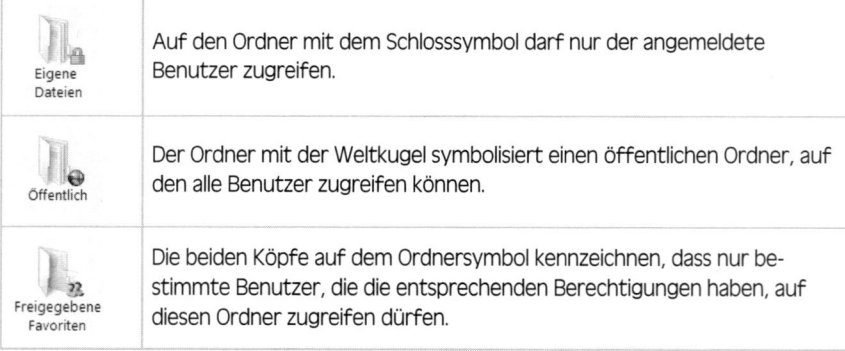 Eigene Dateien	Auf den Ordner mit dem Schlosssymbol darf nur der angemeldete Benutzer zugreifen.
Öffentlich	Der Ordner mit der Weltkugel symbolisiert einen öffentlichen Ordner, auf den alle Benutzer zugreifen können.
Freigegebene Favoriten	Die beiden Köpfe auf dem Ordnersymbol kennzeichnen, dass nur bestimmte Benutzer, die die entsprechenden Berechtigungen haben, auf diesen Ordner zugreifen dürfen.

5 Es besteht dort auch die Möglichkeit, neue Ordner zu erstellen. Neue Ordner können über den Link *Ordner erstellen* erzeugt werden. Beim Erstellen neuer Ordner ist ebenfalls die Zugriffsberechtigung zu setzen.

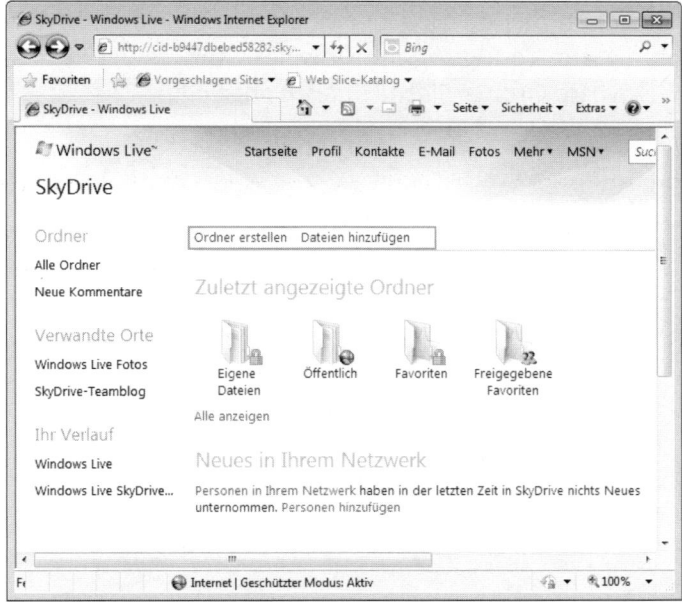

6 Zum Hochladen von Dateien klicken Sie auf den Link *Dateien hinzufü-gen*. Daraufhin öffnet sich ein Fenster mit allen verfügbaren Ordnern. Hier können Sie sich entscheiden, in welchen Ordner Sie die Datei hochladen möchten. Nach der Auswahl des Uploadordners haben Sie die Möglichkeit, Dateien in den entsprechenden Onlineordner mit der gewünschten Berechtigung zu kopieren.

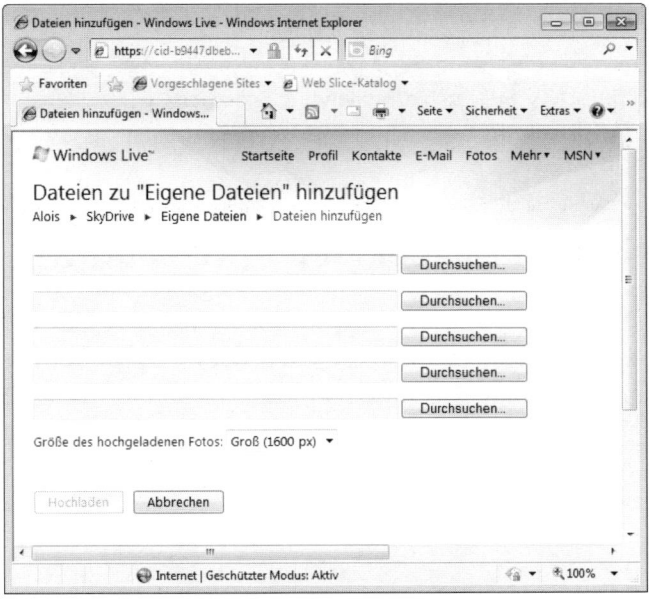

7 Anschließend stehen die auf SkyDrive kopierten Dateien zur Anzeige
und Bearbeitung zur Verfügung. Im Beispiel wurden zwei Excel-Dateien auf SkyDrive im Ordner *Eigene Dateien* abgelegt.

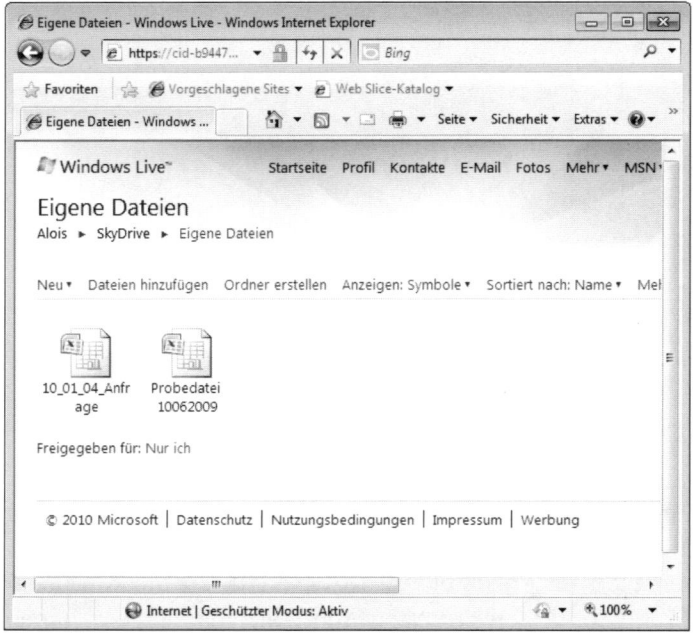

> **Hinweis**
>
> Es besteht die Möglichkeit, ein Uploadtool zu installieren. Damit wird das Hoch-
> laden von Daten zur Onlinefestplatte SkyDrive wesentlich einfacher. So können
> Sie Dateien einfach per Drag & Drop hinzufügen und uploaden.
>
> → Verweis: siehe Kapitel 13, Tipp 5

Tipp 3: Arbeiten mit Excel Web App – Zugriff über den Browser

Dieser Tipp zeigt, welche Möglichkeiten die Excel Web App in der aktuellen Ausbaustufe bietet. Sollten Sie noch keine Excel-Dateien in Ihr Sky-
Drive hochgeladen haben, holen Sie das jetzt nach. Die Beschreibung finden Sie in Tipp 2. Am besten ist es, wenn Sie Dateien im Format *xlsx* oder
xls verwenden.

Im Betastadium von Office 2010 bzw. den Office Web Apps ist es erforderlich, dass die entsprechende Office 2010-Clientanwendung installiert ist,
nur dann ist der Zugriff auf die Office Web Apps möglich. In der endgültigen Version ist der Onlinezugriff aber auch ohne installierte Office-Version
möglich.

So geht's:

1 Loggen Sie sich bei Microsoft Live in Ihr SkyDrive-Laufwerk ein.

→ Verweis: siehe Kapitel 13, Tipp 2

2 Wechseln Sie in das Verzeichnis, in dem die Excel-Dokumente liegen.

3 Klicken Sie die Datei an,
die Sie mit der Excel
Web App öffnen möch-
ten. Damit öffnen Sie ein
Fenster, in dem verschie-
dene Dateiinformationen
wie Benutzer, Freigabe-
berechtigung, Dateityp,
Größe, Hinzufügedatum
und Internetadresse für
den Direktzugriff ange-
zeigt werden.

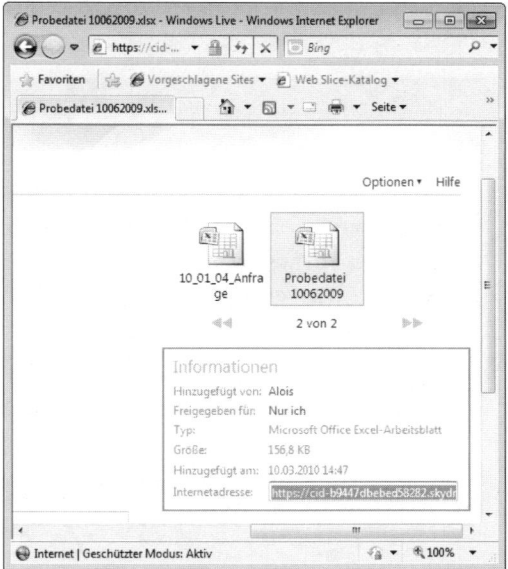

4 Um die ausgewählte Datei mit der Excel Web App zu öffnen, klicken
Sie einfach auf den Link *Anzeigen*. Damit wird die Excel-Datei direkt
zur Anzeige geöffnet. Sie können in der Datei beliebig navigieren, aber
im Anzeigemodus nichts verändern.

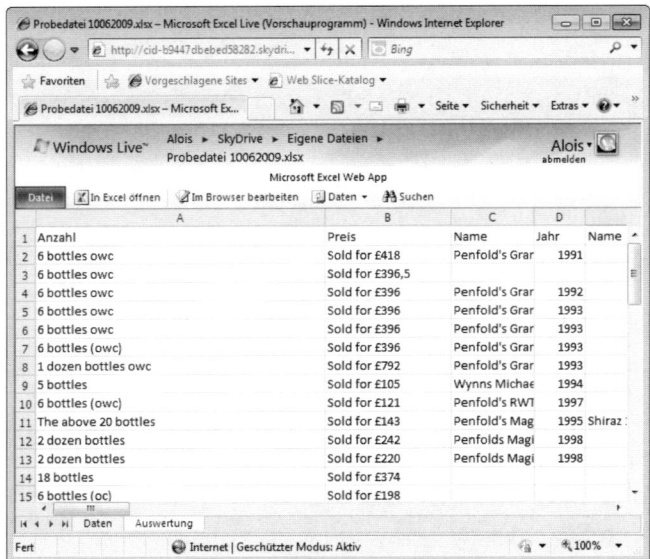

5 Zum Bearbeiten der geöffneten Datei müssen Sie in den Bearbeitungsmodus wechseln. Dorthin gelangen Sie über einen Klick auf die Schaltfläche *Im Browser bearbeiten*. Nachdem die Datei zur Bearbeitung geöffnet wurde, steht die Excel Web App in der gewohnten Ansicht mit
Menüband zur Verfügung. In diesem Modus können Sie Texte, Zahlen
und Formeln eingeben sowie beliebige Formatierungen vornehmen.
Selbst die Funktionen zum Rückgängigmachen und Wiederholen von
Befehlen werden in der Excel Web App angeboten.

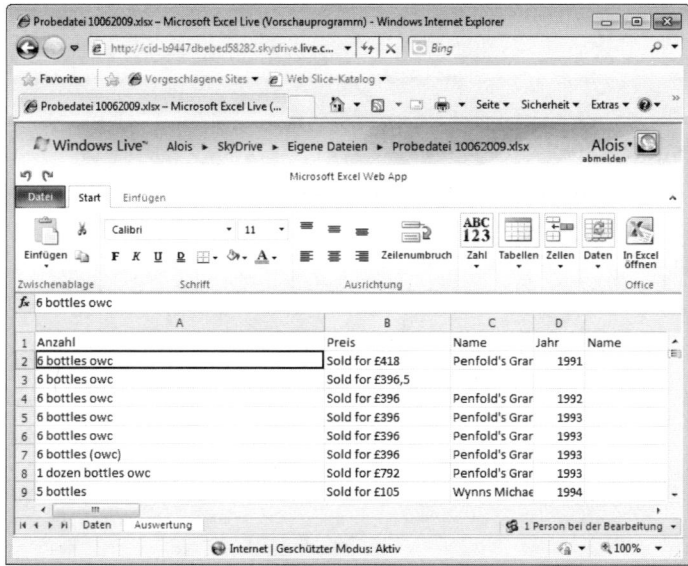

6 Auch das Menü *Datei* steht in der Excel Web App zur Verfügung, allerdings mit wesentlich weniger Möglichkeiten. So gibt es dort nur folgende Menüpunkte:

> *In Excel öffnen*: Über diesen Menüpunkt wird die Datei direkt in Excel 2010 geöffnet und angezeigt.

> *Wo befindet sich die Schaltfläche Speichern*: Dieser Befehl ruft ein kleines Fenster auf, in dem darauf hingewiesen wird, dass diese Schaltfläche nicht verfügbar ist, da sämtliche Änderungen automatisch gespeichert werden.

> *Speichern unter*: Mit diesem Menüpunkt kann die bestehende Datei unter einem anderen Dateinamen abgespeichert werden.

> *Momentaufnahme herunterladen*: Damit wird eine Kopie der Arbeitsmappe heruntergeladen, die nur Werte und Formatierungen enthält.

> *Eine Kopie herunterladen*: Mit diesem Befehl wird eine 1:1-Kopie der Arbeitsmappe auf den lokalen PC heruntergeladen.

> *Datenschutzbestimmungen und Nutzungsbedingungen*: Diese Menüpunkte haben in der Betaversion, die als Grundlage beim Schreiben dieses Buchs gedient hat, noch keine Funktionen.

Hinweis

Laut Microsoft werden die Office Web Apps in Zukunft ständig erweitert und aktualisiert, sodass immer mehr Funktionalitäten auch in der Onlineversion zur Verfügung stehen. Es bleibt allerdings abzuwarten, inwieweit sich künftig die kostenlose Privatkundenversion von der kostenpflichtigen Geschäftskundenversion unterscheiden wird.

Tipp 4: Zugriff auf SkyDrive über Excel 2010

Excel 2010 bietet genau wie verschiedene andere Office 2010-Programme die Möglichkeit, Dateien direkt auf der virtuellen Onlinefestplatte SkyDrive abzulegen. SkyDrive ist Bestandteil von Windows Live und kann nach der Registrierung und Anmeldung völlig kostenfrei verwendet werden.

➔ Verweis: siehe Kapitel 13, Tipp 2

So geht's:

Wenn die Arbeitsmappe fertiggestellt ist, kann sie direkt auf SkyDrive abgespeichert werden.

1 Öffnen Sie zunächst über das Menü *Datei/Freigeben/Speichern auf SkyDrive* das entsprechende Dialogfenster.

2 Damit Sie Zugriff auf das Laufwerk bekommen, müssen Sie sich zunächst bei SkyDrive anmelden. Klicken Sie dazu auf die Schaltfläche *Anmelden* und legitimieren Sie sich mit Ihrem Benutzernamen und Ihrem Kennwort.

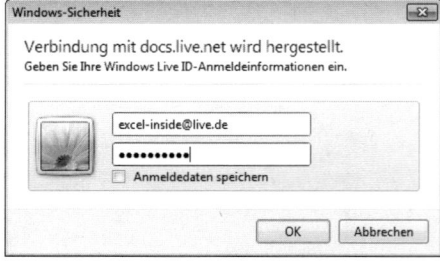

3 Sobald Sie die Daten eingetragen und das Dialogfenster über die Schaltfläche *OK* bestätigt haben, wird in der Backstage auf der Registerkarte *Freigeben* die Ordnerstruktur von SkyDrive angezeigt. Darüber hinaus kann direkt aus Excel 2010 heraus ein neuer Ordner auf SkyDrive erstellt werden.

4 Wählen Sie den Ordner aus, in dem Sie die Datei speichern möchten, und klicken Sie auf die Schaltfläche *Speichern unter*. Es öffnet sich ein Dialog, in dem Sie den gewünschten Dateinamen eingeben und den Sie dann per Schaltfläche *Speichern* beenden.

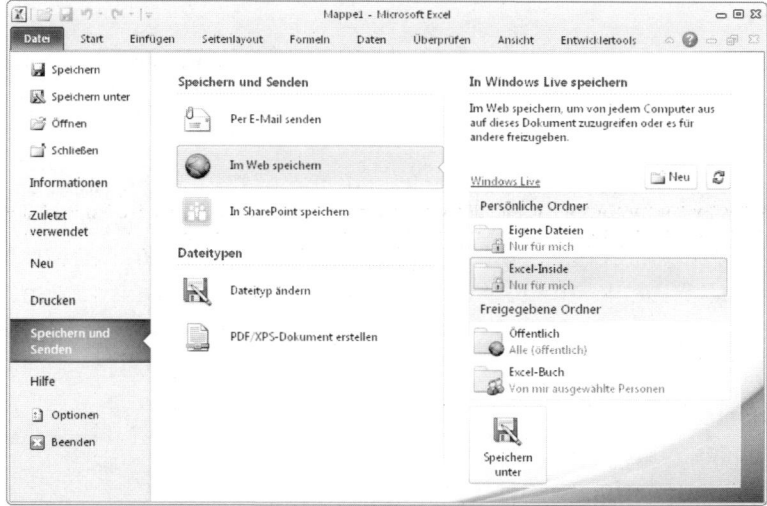

Damit wird die Excel-Arbeitsmappe auf der virtuellen Onlinefestplatte SkyDrive im angegebenen Verzeichnis abgespeichert. Somit steht sie abhängig von der Ordnerberechtigung nur Ihnen oder auch anderen Benutzern zur Verfügung. Sie können die Datei anschließend wieder mit Excel 2010 (Clientanwendung) öffnen oder in Excel Web App ansehen und bearbeiten.

→ Verweis: siehe Kapitel 13, Tipp 3

Tipp 5: SkyDrive als Netzlaufwerk in Windows einbinden

SkyDrive bietet als kostenlose virtuelle Onlinefestplatte eine Speicherkapazität von 25 GByte. Wie bereits in den vorherigen Tipps beschrieben, können dort Daten abgelegt und mit Zugriffsrechten versehen werden, und per Office-Anwendung bzw. per Office Web Apps kann darauf zugegriffen werden.

Wenn der Onlinespeicher intensiv genutzt wird, kann es sehr schnell unübersichtlich werden. Aus diesem Grund stellen wir an dieser Stelle ein Zusatzprogramm vor, mit dem der SkyDrive-Onlinespeicher direkt in den Windows-Explorer eingebunden werden kann.

Das Tool Gladinet Cloud Desktop stellt genau diese Funktionen zur Verfügung. Mit Gladinet können Netzlaufwerke für verschiedene Onlinespeicher erstellt und in Windows eingebunden werden.

So geht's:

1 Laden Sie zuerst das Programm von der Herstellerseite unter folgendem Link herunter: *http://www.gladinet.com/p/download_starter_direct.htm.*

2 Installieren Sie das Programm lokal auf Ihrem Computer. Nach der Installation werden Sie gefragt, ob Sie die kostenlose Starter Edition verwenden möchten oder ob für die Professional Edition ein Lizenzschlüssel vorliegt. Hier können Sie den Eintrag *Starter Edition* auswählen.

3 Im nächsten Schritt öffnet sich ein Dialogfenster. Dort wird festgelegt, für welchen Onlinespeicher ein Netzlaufwerk erzeugt werden soll. Klicken Sie hier auf die Option *Windows Live SkyDrive.*

4 Haben Sie die Auswahl getroffen und das Dialogfenster mit einem Klick auf die Schaltfläche *Weiter* verlassen, werden Sie aufgefordert, die Zugangsdaten zu Windows Live einzugeben. Melden Sie sich mit Ihrer Windows Live ID und Ihrem Kennwort an. Falls Sie noch keine Windows Live ID besitzen, müssen Sie sich zunächst registrieren.

→ Verweis: siehe Kapitel 13, Tipp 2

5 Mit einem Klick auf die Schaltfläche *Weiter* wird das Netzlaufwerk gemountet und als Laufwerk Z: eingebunden. Sollte dieser Laufwerkbuchstabe bereits vergeben sein, wird der jeweils vorherige Buchstabe verwendet.

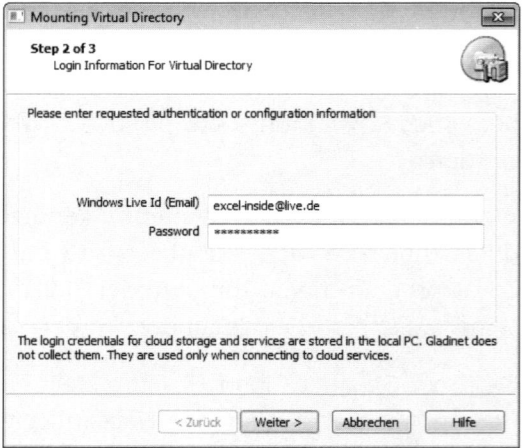

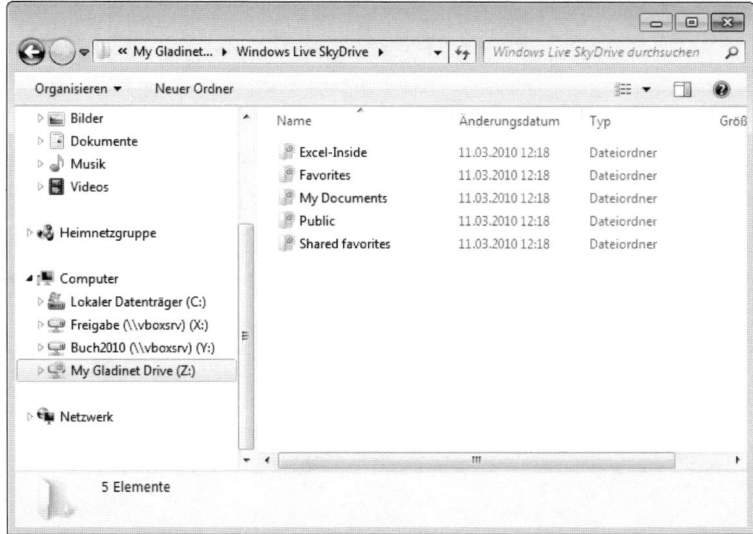

6 Bei der Installation wird ein Tray-Symbol eingebunden, über das das Zusatztool aufgerufen wird und verschiedene Programmparameter gesetzt werden können.

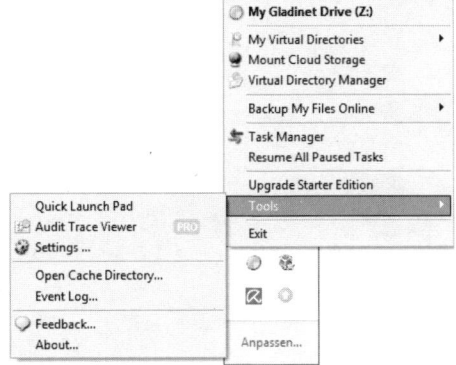

14

Routineaufgaben per Makro erledigen

Wer viel mit Excel arbeitet und nicht immer wieder gewisse Routinearbeiten manuell erledigen möchte, kommt am Thema VBA nicht vorbei. VBA, also **V**isual **B**asic for **A**pplications, ist eine einfach zu erlernende Programmiersprache, die Excel zu einem noch mächtigeren Werkzeug macht. Excel ist bereits in seiner Standard-

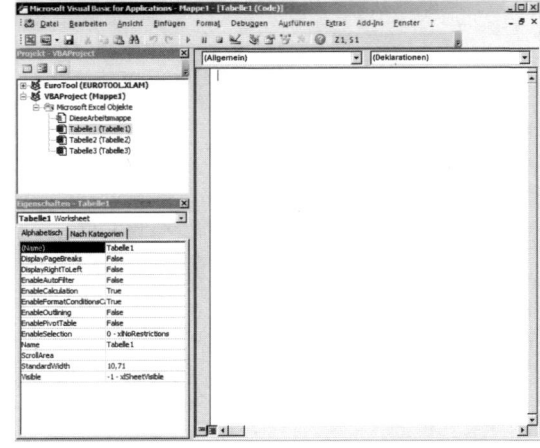

form ein umfassendes Instrument zur Tabellenkalkulation mit vielen Formeln und Funktionen für die Kalkulation, Datenanalyse und auch zur Datenpräsentation. In Verbindung mit VBA kann das breite Spektrum der Anwendung auch an die eigenen Bedürfnisse angepasst werden, und damit werden die Anwendungen beträchtlich erweitert. Sie haben bereits in den vorherigen Kapiteln einige Makros kennengelernt. Erfahren Sie nun einiges zu den Grundlagen der Programmiersprache VBA und lassen Sie sich anhand von Beispielen in das Thema Programmierung von Makros einführen.

Tipp 1: Vorstellung des VBA-Editors

Nach der Installation von Microsoft Office ist bereits alles verfügbar, was Sie für die Programmierung mit VBA benötigen. Die Entwicklungsumgebung ist in die Applikation Excel integriert und kann sofort genutzt werden. In diesem ersten Tipp lernen Sie die Entwicklungsumgebung von Excel und deren Bedienung Schritt für Schritt kennen.

So geht's:

1 Starten Sie Microsoft Excel mit einer neuen, noch leeren Arbeitsmappe und drücken Sie die Tastenkombination ⌈Strg⌋+⌈F11⌋ bzw. klicken Sie mit der rechten Maustaste entweder auf die Tabellenregisterkarte links unten oder auf den oberen Rand des Tabellenfensters und dann auf den Befehl *Code anzeigen*, um direkt in die Entwicklungsumgebung zu gelangen.

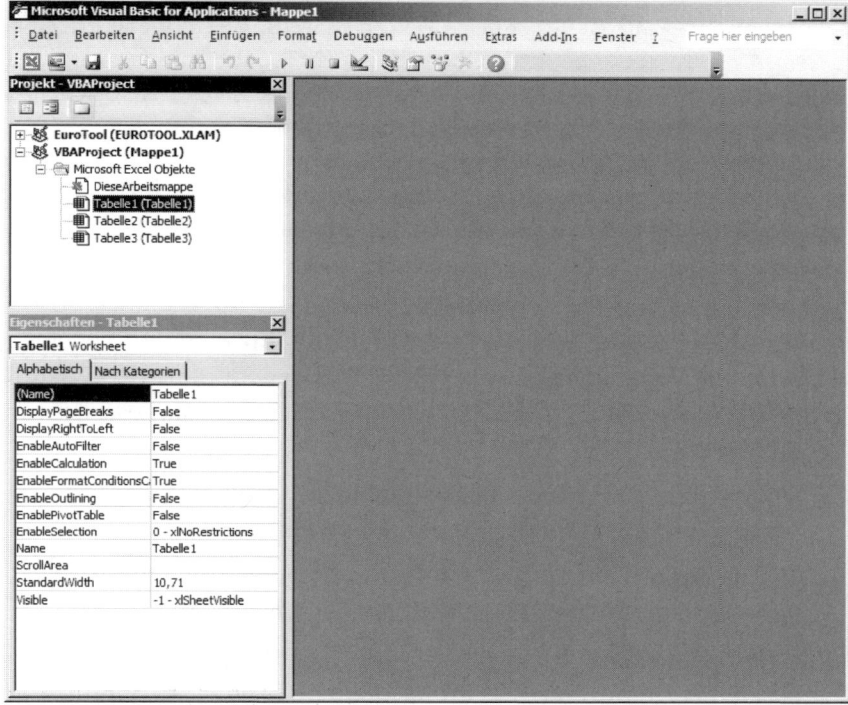

2 Machen Sie sich nun mit dem Projekt-Explorer vertraut, der in einem separaten Finster oben links angeordnet ist. In diesem Explorer sehen Sie alle momentan geöffneten Excel-Arbeitsmappen und gegebenenfalls Add-ins wie beispielsweise das Add-in *EuroTool (EUROTOOL. XLAM)*, sofern es über den Add-Ins-Manager eingebunden oder seitens Excel standardmäßig bei der Installation integriert wurde. Der Zugriff auf solche Add-ins ist in aller Regel kennwortgeschützt. Über die Plussymbole werden alle in der Arbeitsmappe befindlichen Tabellen angezeigt, egal ob diese Tabellen in der Excel-Umgebung ein- oder ausgeblendet sind.

Hinweis

Bei genauem Hinsehen werden Sie feststellen, dass die Tabellen im Projekt-Explorer immer mit zwei Namen versehen sind. Der erste Tabellenname ist der sogenannte Codename der Tabelle, der von einem Anwender, der keinen Zugriff auf die Entwicklungsumgebung hat, auch nicht geändert werden kann. Der zweite Tabellenname, der in runden Klammern angegeben ist, repräsentiert den Namen der Tabelle, der sich auch auf der Excel-Oberfläche auf der Tabellenregisterkarte (unten links) wiederfindet.

787

In neuen Arbeitsmappen sind beide Namen zunächst gleich. Wenn jedoch der Name einer Tabelle in der Excel-Oberfläche über die Tabellenregisterkarte geändert wird, existieren zwei Tabellennamen, die via VBA genutzt werden können. Arbeiten Sie deshalb immer mit dem Codenamen der Tabelle, da dieser nur in der VBA-Umgebung geändert werden kann und es somit bei Änderungen des Tabellennamens über die Excel-Umgebung zu keinen Problemen im Code kommen kann: Denn der Code ändert sich nicht automatisch mit bei der Umbenennung eines Tabellennamens in der Excel-Umgebung.

3 Makros werden in aller Regel in sogenannten Modulen abgelegt. Ein Modul ist vergleichbar mit einem Container, in dem sich eben diese Makros befinden. Die Systematik der Ablage der Makros bleibt Ihnen überlassen.

4 Legen Sie nun ein neues Modul an, indem Sie in der Entwicklungsumgebung über das Menü *Einfügen* den Befehl *Modul* aufrufen.

5 Nun wird ein neues Objekt mit Namen *Modul1* und eine neue Rubrik namens *Module* in den Projekt-Explorer eingefügt. Da der Name *Modul1* nicht unbedingt sprechend ist, empfiehlt es sich, ihn umzubenennen.

6 Markieren Sie also dieses Objekt *Modul1*, klicken Sie dann im *Eigenschaften*-Fenster, das sich standardmäßig unterhalb des Projekt-Explorers befindet, unter *Nach Kategorien* auf den Eintrag *Modul1* und ersetzen Sie diesen Begriff durch einen neuen, sprechenderen Begriff wie z. B. *mdl_ErsteMakros*. Bestätigen Sie diese Eingabe mit der [Enter]-Taste.

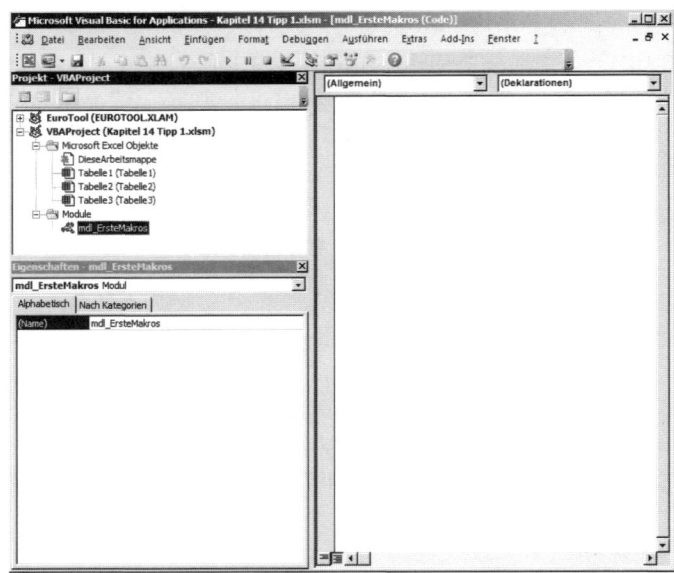

7 Erfassen Sie nun im rechten Codefenster des Moduls *mdl_ErsteMakros* ein einfaches Makro in dieser Form:

Listing 1:

```
Sub NameAktiveMappeAnzeigen()
    MsgBox ActiveWorkbook.Name
End Sub
```

8 Ist der Code erfasst, klicken Sie auf das Symbol *Sub/ UserForm Ausführen (F5)* in der Symbolleiste *Vorein- stellungen* oder alternativ auf die F5-Taste. Nun wird augenblicklich das Makro ausgeführt, und es er- scheint folgende Meldung auf dem Excel-Bildschirm.

9 Speichern Sie nun die Excel-Datei ab und achten Sie darauf, dass Sie im Dialog *Speichern unter* im Feld *Dateityp* den Eintrag *Excel-Arbeits- mappe mit Makros* auswählen (Excel 2003 kennt die Unterscheidung von Arbeitsmappen mit und ohne Makros nicht).

10 Sie finden in der Entwicklungsumgebung eine Vielzahl an Hilfestellun- gen. Wenn Sie z. B. den Cursor auf einen Befehl bzw. eine Funktion setzen und die F1-Taste drücken, wird sogleich ein Fenster geöffnet, das Informationen zum Befehl bzw. der Funktion liefert. Neben Erläu- terungen zur Syntax und zu diversen Einstellungen können Sie sich in aller Regel auch einige Beispiele dazu ansehen.

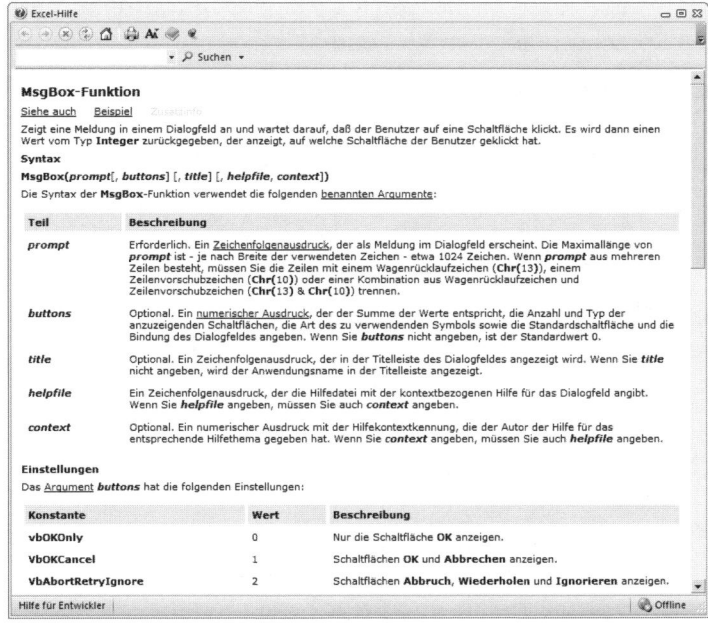

11 Gute Unterstützung bietet ebenfalls das Direktfenster, das Sie über den Menübefehl *Ansicht/Direktfenster* einblenden können. Über das Direktfenster können Sie Ihre Makros sehr gut testen, d. h., Sie können beispielsweise die Ausgabe mehrerer Variablen nacheinander anzeigen lassen, ohne immer wieder beispielsweise den Befehl *MsgBox* bemühen zu müssen.

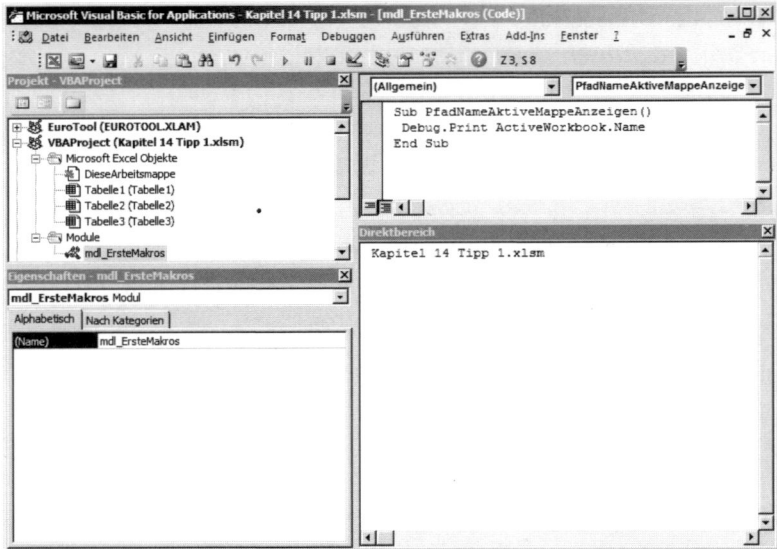

12 Über die F1-Taste können Sie den Objektkatalog aufrufen, der den kompletten Sprachumfang von VBA enthält.

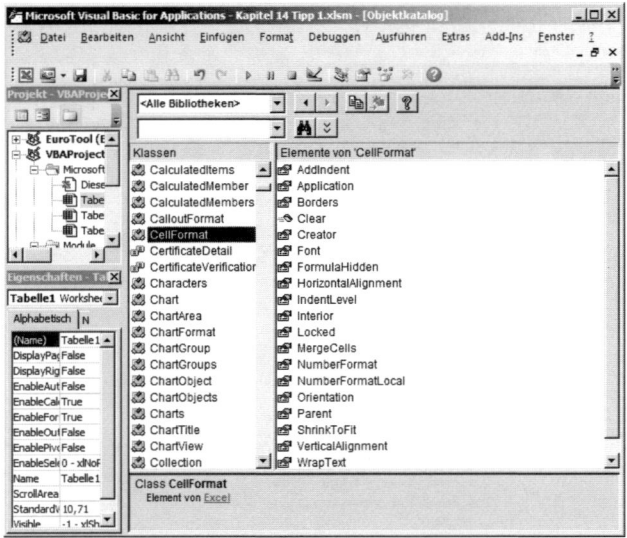

Sie sehen hier, welche Befehle verfügbar sind. Es wird hierbei zwischen Objekten, Methoden, Eigenschaften und Ereignissen unterschieden.

Hinweis

Objekte: Objekte sind Zellen, Tabellen, Mappen oder auch Diagramme (Chart).

Eigenschaften: Objekte haben bestimmte Eigenschaften; so hat beispielsweise das Objekt *Range* die Eigenschaft einer bestimmten Adresse (etwa A1).

Methoden: Mit den Objekten lassen sich verschiedenste Dinge anstellen. Das Objekt *Workbook* (= Mappe) kann geöffnet, gespeichert, gedruckt, geschlossen etc. werden. Alle diese Aktionen werden als Methoden bezeichnet.

Ereignisse: Ereignisse sind im Objektkatalog mit dem Blitzsymbol gekennzeichnet. Ein Ereignis ist beispielsweise *BeforeDoubleClick*. Sie können auf ein Ereignis, d. h. auf ein Objekt, das hier per Doppelklick angesteuert wird, reagieren und beispielsweise im Zusammenhang mit diesem Ereignis einen „Befehlshandlung" auslösen.

Tipp 2: Makros aufzeichnen

VBA bedient sich der englischen Sprache, und es ist zunächst gar nicht so einfach, die Syntax zu den einzelnen Befehlen auf Anhieb zu verstehen. Daher bietet es sich an, den integrierten Makrorekorder zu nutzen und die Arbeitsschritte mit der dazugehörigen Syntax aufzuzeichnen. Das Ganze funktioniert so, dass Sie einzelne Aktionen in Excel durchführen, die dann durch den Makrorekorder (im Hintergrund, also in der VBA-Umgebung) automatisch in Quellcode umgesetzt werden.

So geht's:

1 Wählen Sie in der Excel-Arbeitsoberfläche über *Ansicht/Makros* und die Symbolschaltfläche *Makros* den Befehl *Makro aufzeichnen* (Excel 2003: Menü *Extras/Makro*, Befehl *Aufzeichnen*). Im Dialogfenster *Makro aufzeichnen* müssen dann zunächst diverse Einstellungen getroffen werden.

2 Im Feld *Makroname* können Sie einen beliebigen Namen für Ihr Makro vergeben und den Vorschlag von Excel übergehen. Im Drop-down-Feld *Makro speichern in* legen Sie fest, wo der aufgezeichnete Quellcode gespeichert werden soll. Standardmäßig wird *Diese Arbeitsmappe* vorgeschlagen, also die Mappe, die Sie gerade geöffnet haben. Klicken Sie zu Schluss auf *OK*, um die Aufzeichnung zu starten.

3 Nun sollen die Gitternetzlinien ausgeschaltet werden. Entfernen Sie über *Datei/Optionen/Erweitert* aus der Rubrik *Optionen für dieses Arbeitsblatt anzeigen* das Häkchen bei *Gitternetzlinien einblenden* (Excel 2003: Menü *Extras/Optionen*, Registerkarte *Ansicht*, Kontrollkästchen *Gitternetzlinien*). Bestätigen Sie mit *OK*.

4 Beenden Sie die Aufzeichnung über *Ansicht/Makros*, Symbolschaltfläche *Makros*, Befehl *Aufzeichnung beenden* (Excel 2003: Menü *Extras/Makro*, Befehl *Aufzeichnung beenden*).

5 Wechseln Sie dann über die Tastenkombination Alt+F11 in die Entwicklungsumgebung und betrachten Sie das Ergebnis: Der Code wurde aufgezeichnet und kann nun manuell ergänzt, modifiziert und natürlich auch wieder gelöscht werden.

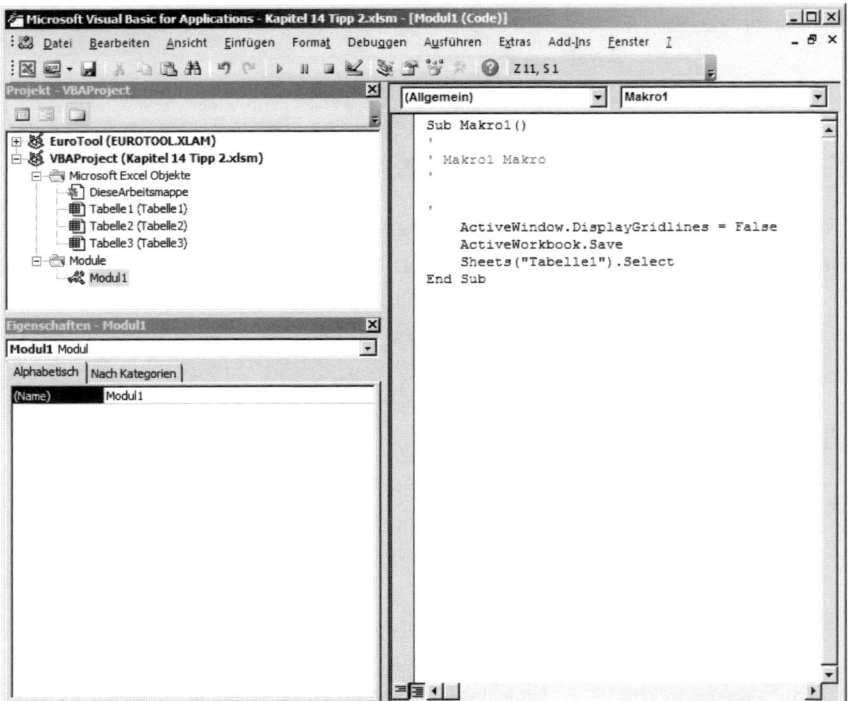

Hinweis

Makroaufzeichnungen werden standardmäßig in einem neuen Modul durchgeführt. Führen Sie mehrere Aufzeichnungen innerhalb einer Excel-Sitzung durch, werden alle in dasselbe Modul geschrieben.

Wenn Sie Excel jedoch schließen und erneut starten, wird bei einer neuerlichen Makroaufzeichnung ein neues Modul eingefügt. Sie können diese Module selbstverständlich auch wieder löschen, indem Sie das zu löschende Modul mit der rechten Maustaste anklicken und den Befehl *Entfernen von [Modulnamen]* auswählen. Bevor der Löschvorgang durchgeführt wird, haben Sie die Möglichkeit, das Modul in einer Textdatei standardmäßig zu sichern. Falls das nicht erwünscht ist, klicken Sie auf die Schaltfläche *Nein*.

Die Aufzeichnungen des Makrorekorders eignen sich (vor allem für Einsteiger) hervorragend, um die VBA-Befehle näher kennenzulernen. Obwohl der Makrorekorder akribisch jeden Schritt aufzeichnet und somit auch immer zu viel Quellcode erzeugt, kann man sich mit der durch Excel erzeugten Syntax schneller vertraut machen. (Aufzeichnungen können jederzeit nachgebessert werden.)

6 In der Symbolleiste *Bearbeiten*, die Sie über *Ansicht/Symbolleisten/ Bearbeiten* einblenden können, finden Sie hilfreiche Werkzeuge, die Sie bei der Programmierung unterstützen.

Hinweis

Einzug vergrößern bzw. *Einzug verkleinern*: Mithilfe dieser Symbole können Sie Zeilen bzw. ganze Bereiche einrücken, damit der Quellcode besser lesbar wird.

Haltepunkt ein/aus: Durch das Markieren einer Codezeile und einen Klick auf dieses Symbol wird ein Haltepunkt gesetzt. Wenn Sie also das Makro starten (z. B. mit der [F11]-Taste), wird es bis zu diesem Haltepunkt durchlaufen, und die Verarbeitung stoppt dann genau an dieser Stelle.

Block auskommentieren bzw. *Auskommentierung des Blocks aufheben*: Damit können Sie eine oder mehrere Programmierzeilen auskommentieren. Das heißt, diese Zeilen werden nicht verarbeitet, sondern bleiben als Kommentare stehen. Sie erkennen auskommentierte Zeilen an der grünen Schriftfarbe und am ersten Zeichen der Zeile, einem Apostroph.

Lesezeichen setzen/zurücksetzen: Wenn Sie viele Seiten Makrocode geschrieben haben, können Sie hiermit bestimmte Stellen schneller „anspringen".

Tipp 3: Makros mit einfacher For Next-Schleife

Die wesentlichen Bestandteile einer Programmiersprache sind Schleifen und Abfragen, die allerdings nicht mit dem Makrorekorder aufgezeichnet werden können. Unter einer Schleife versteht man einen sich fortlaufend wiederholenden Vorgang. Schleifen werden meistens dann eingesetzt, wenn es beispielsweise darum geht, alle Zeilen einer Tabelle nacheinander abzuarbeiten. Eine Abfrage ist vergleichbar mit dem, was die Tabellenfunktion *Wenn* leistet. Diese Funktion prüft in Form einer Abfrage, ob bestimmte Kriterien erfüllt werden oder nicht. Ähnlich arbeiten Abfragen, die per VBA erzeugt werden.

Nachfolgend können Sie sich mit dem ersten Typ von Schleifen vertraut machen, der „*For Next*-Schleife", die sehr häufig zum Einsatz kommt.

So geht's:

Die Syntax zur *For Next*-Schleife sieht so aus:

- ```
  For Zähler = Anfang To Ende [Step Schritt]
  ```
- ```
      [Anweisungen]
  ```
- ```
      [Exit For]
  ```
- ```
      [Anweisungen]
  ```
- ```
  Next [Zähler]
  ```

Zähler: Dieses Argument verkörpert eine Variable und dient als Schleifenzähler. Das Argument wird zu Beginn eines Makros angelegt.

Anfang: Dieses Argument dient als Startwert der Schleife, kennzeichnet also beispielsweise die erste Zeile, die verarbeitet werden soll.

Ende: Dieses Argument steht für das Ende einer Schleife. Müssen z. B. zehn Zeilen verarbeitet werden, ist der Endwert des Zählers 10.

Schritt: Wird wahlweise eingesetzt und verkörpert den Wert, um den der Schleifenzähler bei jedem Schleifendurchlauf verändert wird. Falls kein Schrittwert angegeben wird, wird 1 als Schrittweite eingesetzt.

Anweisungen: Beinhaltet eine oder mehrere Anweisungen zwischen *For* und *Next*, die so lange wie angegeben durchlaufen werden müssen.

Exit For: Dieser Befehl kann eingesetzt werden, wenn ein bestimmter Vorfall direkt aus der Schleife heraus „angesprungen" werden soll.
  ```

An einem kleinen Beispiel wird die Arbeitsweise dieser Art von Schleife gut ersichtlich. Hier soll eine Tabelle zeilenweise verarbeitet werden. In *Tabelle1* sind zehn Zeilen mit Werten gefüllt. Die Verarbeitung soll in Zeile *2* starten und in Zeile *10* enden, wobei das Ende der Verarbeitung dynamisch gehalten sein muss. Das heißt, Sie müssen zuerst ermitteln, wie viele Zellen in Spalte B gefüllt sind, und gleichzeitig sicherstellen, dass zwischen den einzelnen Zeilen keine leeren Zeilen stehen. Das lässt sich am einfachsten bewerkstelligen, indem Sie zunächst an das untere Ende der Tabelle und dann von unten nach oben bis zur zuletzt gefüllten Zelle dieser Spalte springen. Der Befehl hierfür lautet *lngZeileMax = Tabelle1.Range ("B1048576").End(xlUp).Row* (Excel 2003: *lngZeileMax = Tabelle1.Range ("B65536").End(xlUp).Row*).

1 Erfassen Sie nun zuerst in einer neuen Arbeitsmappe im Zellbereich B2:B11 einige Werte und dann in der Entwicklungsumgebung in einem neuen Modul nachfolgende Codezeilen. Blenden Sie dabei über *Ansicht/Direktfenster* das Fenster *Direktbereich* ein, um das Ergebnis des Codes zu überwachen. Starten Sie das Makro über die F11 -Taste.

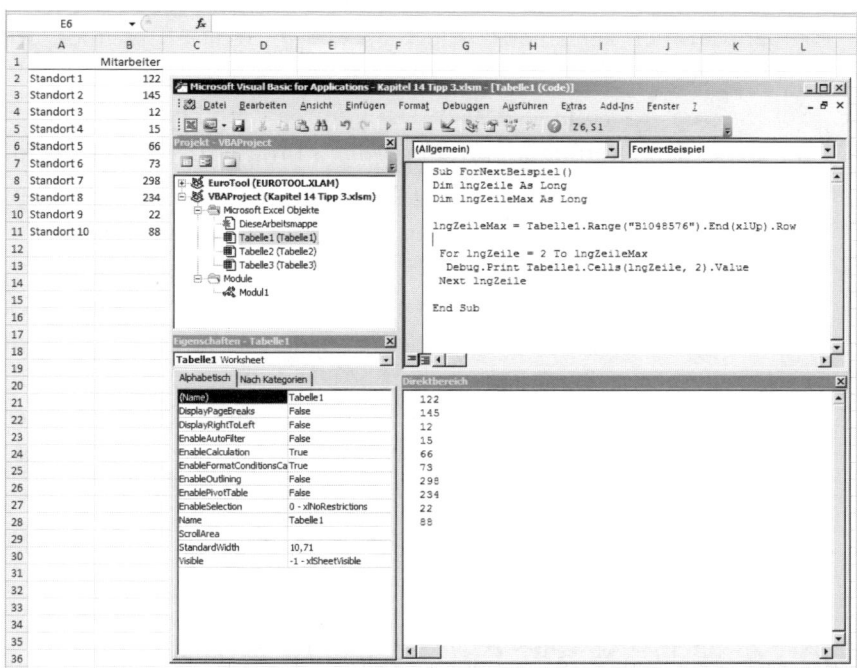

Listing 1:

```
Sub ForNextBeispiel()
Dim lngZeile As Long
Dim lngZeileMax As Long
lngZeileMax = Tabelle1.Range("B1048576").End(xlUp).Row
    For lngZeile = 2 To lngZeileMax
        Debug.Print Tabelle1.Cells(lngZeile, 2).Value
    Next lngZeile
End Sub
```

2 Wie Sie nun erkennen können, werden die Werte von Spalte B aus *Tabelle1* über das Makro im Fenster *Direktbereich* angezeigt.

Die Syntax:

> *lngZeile* und *lngZeileMax*: Diese zwei Zählvariablen vom Typ *Long* werden zu Beginn des Makros deklariert. Der Datentyp *Long* kann ganzzahlige Werte aufnehmen und ist geradezu prädestiniert für die Schleifensteuerung.

> *Tabelle1.Range("B1048576").End(xlUp).Row*: Dieser Befehl übergibt die Zeilennummer der zuletzt belegten Zelle in Spalte B an die Variable *lngZeileMax*.

> *For lngZeile = 2 To lngZeileMax*: Die Verarbeitung beginnt in der zweiten Excel-Zeile und endet mit der Zeilennummer der soeben ermittelten letzten Zelle der Spalte B. Die Schleife wird also genau neunmal durchlaufen.

> *Debug.Print Tabelle1.Cells(lngZeile, 2).Value*: Innerhalb der Schleife wird über den Befehl *Debug.Print* der Inhalt der Zellen im Fenster *Direktbereich* ausgegeben. Auf die einzelnen Zellen wird mit der Eigenschaft *Cells* zugegriffen. Diese Eigenschaft besitzt zwei Argumente: Im ersten Argument geben Sie die jeweilige Zeilennummer an, die bei jedem Schleifendurchlauf über die Variable *lngZeile* hochgesetzt wird, und im zweiten Argument steht die Spaltennummer *2* (steht für Spalte B).

> *Next lngZeile*: Dieser Befehl sorgt zusammen mit *For* für die Anzahl der Schleifendurchläufe.

Tipp 4: Makros mit einfacher If-Anweisung

Mit einer *If*-Anweisung können Sie prüfen, ob bestimmte Kriterien erfüllt sind, und je nach Ergebnis weitere Arbeitsabläufe steuern.

So geht's:

Die Syntax für die *If*-Anweisung sieht so aus:

```
If Bedingung Then [Anweisung] [Else elseAnweisung]
```

Alternativ kann auch die Blocksyntax verwendet werden:

```
If Bedingung Then
    [Anweisung]
    [Anweisung]
  [Else]
  [elseAnweisung]
  [elseAnweisung]
End If
```

Die Syntax:

> ➢ *Bedingung*: Das ist die Bedingung, die erfüllt sein muss, um die weiteren Schritte in die Wege zu leiten.

> ➢ *Anweisung*: Steht direkt im Anschluss an *Then*, der Anweisung, die ausgeführt wird, wenn die Bedingung zutrifft.

> ➢ *elseAnweisung*: Mit diesem Argument kann eine oder können auch mehrere Anweisungen durchgeführt werden, falls die Bedingung nicht erfüllt ist.

Hinweis

Bei der ersten Syntaxform muss kein Abschluss mit *End If* erfolgen, sofern der Befehl in eine Codezeile passt. Sobald jedoch ein Zeilenumbruch ohne Zeilenfortsetzungszeichen (Blank mit anschließendem Unterstrich) gemacht wird, muss *End If* gesetzt werden, da VBA sonst einen Syntaxfehler meldet.

Der Befehl wird auch hier anhand eines kleinen Beispiels verdeutlicht. Es sollen in einer Spalte alle Zellen farblich markiert und mit Schriftschnitt „Fett" versehen werden, die einen Texteintrag beinhalten.

1   Erfassen Sie in einer neuen Arbeitsmappe in Spalte A einige Texte und Werte. Tragen Sie dann in der Entwicklungsumgebung in einem neuen Modul nachfolgende Codezeilen ein und starten Sie das Makro über die F11-Taste (achten Sie als Excel 2003-Anwender darauf, die Range auf *65536* anzupassen):

Listing 1:

```
Sub IfBeispiel()
Dim lngZeile As Long
Dim lngZeileMax As Long


With Tabelle1
lngZeileMax = .Range("A1048576").End(xlUp).Row

  For lngZeile = 1 To lngZeileMax
  If IsNumeric(.Cells(lngZeile, 1).Value) = False Then
    .Cells(lngZeile, 1).Font.Bold = True
    .Cells(lngZeile, 1).Interior.ColorIndex = 3
  Else
    .Cells(lngZeile, 1).Font.Bold = False
    .Cells(lngZeile, 1).Interior.ColorIndex = xlColorIndexNone
  End If
  Next lngZeile

End With
End Sub
```

2 Wie Sie sehen können, werden die Texte von Spalte A aus *Tabelle1* mit einem farblich anderen Hintergrund und mit Schriftschnitt „Fett" gekennzeichnet.

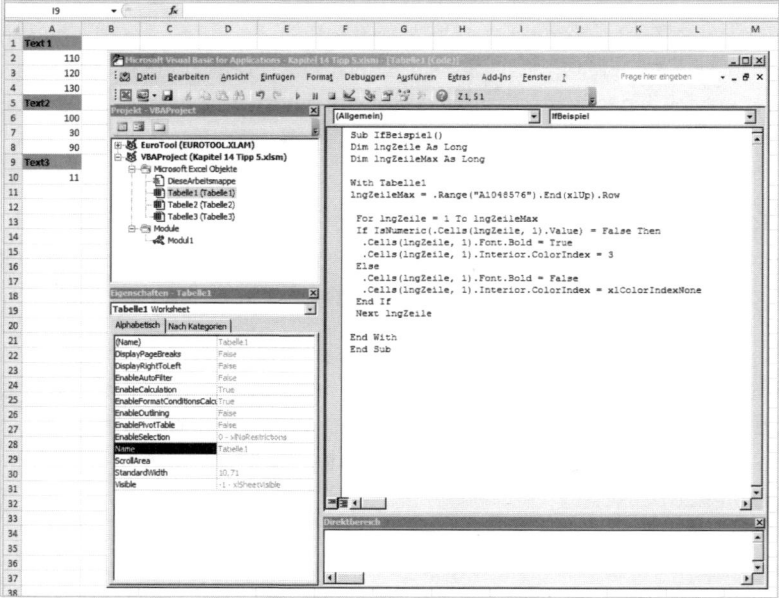

Die Syntax:

➢ *With Tabelle1*: Mit der Anweisung *With* sparen Sie sich etwas Schreibarbeit. Sie müssen im Code selbst nicht mehr *Tabelle1* und nachfolgenden Code erfassen, sondern es genügt, einen Punkt zu setzen und unmittelbar nach dem Punkt den Code zu schreiben. Über *With* können Sie also eine Reihe von Anweisungen für ein bestimmtes Objekt, im Beispiel *Tabelle1*, ausführen, ohne dass Sie dieses Objekt mehrmals angeben müssen.

➢ *IsNumeric*: Prüft den Datentyp der Zelle.

➢ *Bold*: Falls der Inhalt der Zelle einen Text enthält, wird ihr der Schriftschnitt Fett über die Eigenschaft *Bold* zugewiesen.

➢ *Colorindex*: Diese Eigenschaft sorgt für die Färbung des Zellhintergrunds.

➢ *Else*: Der *Else*-Zweig der *If*-Anweisung stellt sicher, dass, wenn Sie das Makro mehrfach laufen lassen und währenddessen Änderungen in der Tabelle vorgenommen werden, sichergestellt ist, dass wirklich alle Zellen verarbeitet werden.

Tipp 5: Makros mit Select Case-Bedingung

Mit einer *Select Case*-Anweisung können mehrere ineinander verschachtelte Abfragen durchgeführt werden. Diese Art von Anweisung bietet gegenüber der *If*-Anweisung eine überschaubarere Möglichkeit, wenn es darum geht, mehrere Kriterien abzufragen.

So geht's:

Die Syntax für die *Select Case*-Anweisung sieht so aus:

```
Select Case Ausdruck
  [Case Ausdrucksliste-n]
    [Anweisungen-n] ...
  [Case Else]
    [elseAnw]
End Select
```

➢ *Ausdruck*: Ist ein beliebiger numerischer Ausdruck oder ein Zeichenfolgenausdruck, der ausgewertet werden soll.

➢ *Ausdrucksliste-n*: Hier werden die Abfrageoptionen näher spezifiziert. Dabei können auch Vergleichsoperatoren wie *To*, *Is* oder *Like* eingesetzt werden.

➢ *Anweisungen-n*: Mit diesem Argument können eine oder mehrere Anweisungen angegeben werden, die ausgeführt werden sollen, wenn
der abgefragte Ausdruck mit irgendeinem Element in *Ausdrucksliste-n*
übereinstimmt.

➢ *elseAnw*: Ist optional einsetzbar – insbesondere dann, wenn der abgefragte Ausdruck mit keinem Element im *Case*-Abschnitt übereinstimmen sollte.

Auch diese Anweisung lässt sich am besten an einem Beispiel erläutern.
Bei dieser Aufgabe sind innerhalb des Bereichs A1:D10 in einer neuen Tabelle Werte zugrunde gelegt, die im Wertebereich zwischen –100 und 100
liegen. Die Werte sollen nun folgendermaßen formatiert werden:

➢ Werte kleiner 0: Hintergrundfarbe Rot

➢ Werte gleich 0: ohne Hintergrundfarbe

➢ Werte zwischen 0 und 50: Hintergrundfarbe Grün

➢ Werte größer 50: Hintergrundfarbe Gelb

1 Erfassen Sie in einer neuen Arbeitsmappe in *Tabelle1* im Zellbereich
A1:D10 Werte zwischen 0 und 100. Tragen Sie dann in der Entwick-
lungsumgebung in einem neuen Modul den nachfolgend gelisteten
Code ein und starten Sie das Makro über die [F11]-Taste.

Listing 1:

```
Sub SelectCaseBeispiel()
Dim rngZelle As Range
Dim rngBereich As Range
With Tabelle1
Set rngBereich = .Range("A1:D10")
  For Each rngZelle In rngBereich
  Select Case rngZelle

  Case Is < 0
   rngZelle.Interior.ColorIndex = 3
  Case 0
   rngZelle.Interior.ColorIndex = xlColorIndexNone
  Case 1 To 50
   rngZelle.Interior.ColorIndex = 4
  Case Is > 50
   rngZelle.Interior.ColorIndex = 6
  Case Else

```

```
      End Select
      Next rngZelle
    End With
    End Sub
```

2 Wie Sie leicht erkennen können, werden nun die Werte im Zellbereich A1:D10 mit dem farblichen Hintergrund angezeigt, der ihnen per Makro aufgrund ihres Werts zugewiesen wurde.

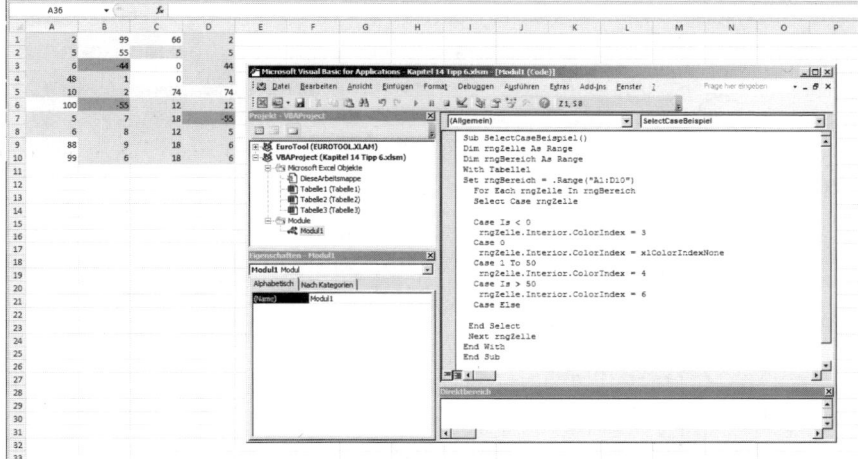

Die Syntax:

➤ *For Each rngZelle In rngBereich*: Da es sich hier um einen ganzen Bereich handelt, der abgearbeitet werden muss, empfiehlt sich der Einsatz einer *For each Next*-Schleife.

➤ *Range*: Die *For each Next*-Schleife benötigt zu Beginn des Makros die Definition von zwei Objektvariablen vom Typ *Range*, einem Zelltyp.

➤ *Set rngBereich = .Range("A1:D10")*: Die Variable *rngBereich* nimmt den Bereich auf, den es in *Tabelle1* zu bearbeiten gilt.

➤ *Select Case rngZelle*: Mit diesem Argument beginnt der Durchlauf der unterschiedlichen Kriterien, um alle Zahlen in diesem Bereich auszuwerten.

➤ *ColorIndex*: Je nach Wertgröße wird dann über diese Eigenschaft der Zellhintergrund eingefärbt.

Tipp 6: Mit Makros Zellen füllen

Makros zur Steuerung von Zellen und Bereichen gehören zu den zentralen Themen in der VBA-Programmierung, denn über die Zellen spielen sich die eigentlichen Aufgaben der Tabellenkalkulation, wie das Formatieren von Zahlen und Texten, die Berechnung und Anpassung von Werten sowie die konkrete Auswertung und Datenübertragung, ab. Zellen und Bereiche werden über das Objekt *Range* angesprochen, für das es diverse Methoden und Eigenschaften gibt, die Sie bei der Programmierung einsetzen können. In der Praxis kommen zwei Varianten zum Einsatz, die Eigenschaft *Range* und die Eigenschaft *Cells*. Doch am besten sehen Sie sich das Ganze anhand eines Beispiels etwas näher an.

So geht's:

1 Tragen Sie in einer neuen Arbeitsmappe in der Entwicklungsumgebung in einem neuen Modul nachfolgende Codezeilen ein und starten Sie das Makro über die [F11]-Taste.

Listing 1:

```
   Sub ZelleFuellenBeispiel()
   Dim lngZeile As Long
   With Tabelle1

5  For lngZeile = 1 To 10
     .Cells(lngZeile, 1).Value = lngZeile
   Next lngZeile

   End With
10 End Sub
```

2 Wie Sie sehen können, wird bei diesem Makro eine Nummerierung der Zeilen 1 bis 10 durchgeführt.

Die Syntax:

➢ *For lngZeile = 1 To 10*: Mit der Variablen *lngZeile* wird die Schleife dynamisch gesteuert, und beginnend mit dem Zähler 1 wird die Schleife bis zum Ende 10 durchlaufen.

➢ *.Cells(lngZeile, 1).Value = lngZeile*: Innerhalb der Schleife wird mit der Eigenschaft *Cells* gearbeitet. Im ersten Argument der Eigenschaft wird die Zeilennummer dynamisch gehalten, im zweiten Argument, das auf den Wert 1 gesetzt wird, ist die Spalte A als erste Spalte der Tabelle gemeint. Mithilfe der Eigenschaft *Value* wird der gewünschte (Zähl-) Wert in eine Zelle geschrieben.

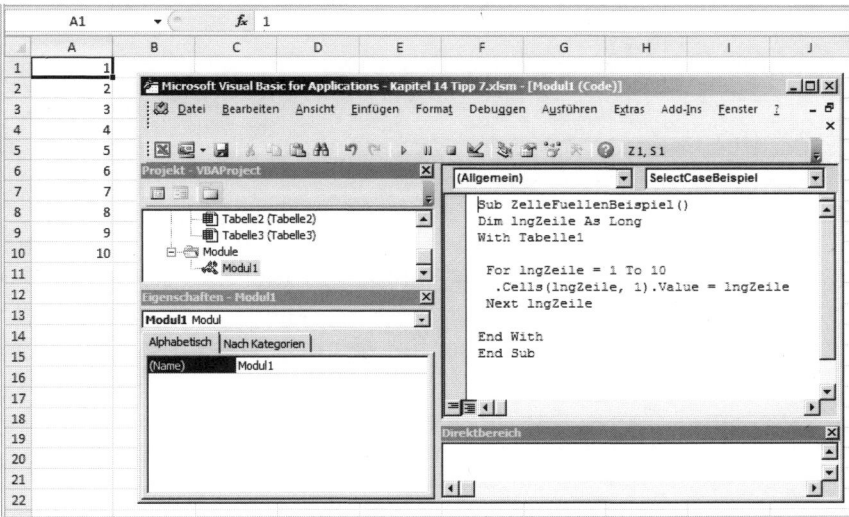

Tipp 7: Mit Makros Zeilen ausblenden

Wie Sie mithilfe von VBA sehr schnell ganz bestimmte Zeilen ausblenden können, erfahren Sie jetzt. Im nachfolgenden Beispiel sollen alle Zeilen, die eine Null enthalten, ausgeblendet werden.

→ Verweis: siehe Kapitel 14, Tipp 8

So geht's:

1 Tragen Sie zuerst in einer neuen Tabelle einige Werte ein. Achten Sie darauf, dass in der Tabelle auch Nullwerte enthalten sind, und erfassen Sie in der Entwicklungsumgebung in einem neuen Modul nachfolgende Codezeilen. Starten Sie das Makro über die [F11]-Taste.

Listing 1:

```
Sub ZeilenAusblendenBeispiel()
Dim lngZeile As Long
Dim lngZeileMax As Long
With Tabelle2

lngZeileMax = .Range("A1048576").End(xlUp).Row
  For lngZeile = 2 To lngZeileMax
    If .Cells(lngZeile, 1).Value = 0 Then
```

```
    .Rows(lngZeile).Hidden = True
  End If
 Next lngZeile

End With
End Sub
```

2 Sie erkennen jetzt, dass Excel umgehend alle Zeilen, die einen Nullwert enthalten, ausblendet.

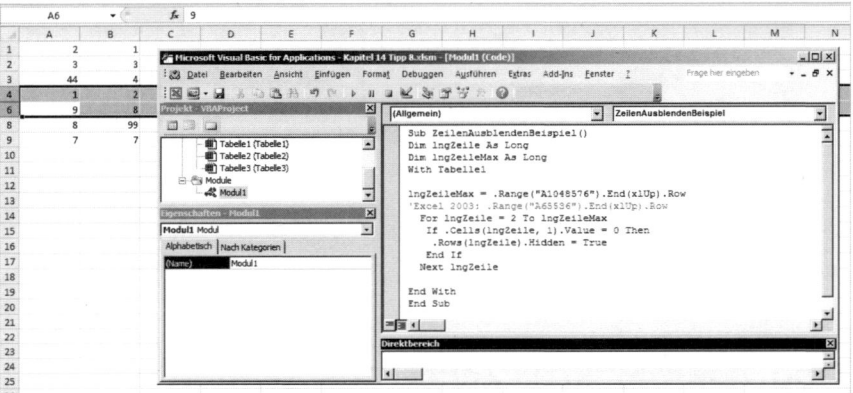

Die Syntax:

Innerhalb der Schleife wird geprüft, ob die jeweilige Zelle aus Spalte A den Wert 0 aufweist. Ist das der Fall, wird die komplette Zeile ausgeblendet, indem die Eigenschaft *Rows* den momentanen Inhalt der Variablen *lngZeile* an die Eigenschaft *Hidden* übergibt.

Tipp 8: Mit Makros Zeilen einblenden

Um die Zeilen, die Sie im letzten Tipp ausgeblendet haben, wieder einzublenden, müssen Sie lediglich die Eigenschaft *Hidden* im vorherigen Beispiel auf den Wert *False* setzen. Es geht aber noch einfacher.

➜ Verweis: siehe Kapitel 14, Tipp 7

So geht's:

1 Erfassen Sie in der Entwicklungsumgebung der Arbeitsmappe aus dem vorherigen Tipp in einem neuen Modul nachfolgende Codezeilen. Starten Sie das Makro über die (F11)-Taste.

Listing 1:

```
Sub ZeilenEinblendenBeispiel()
  Tabelle1.Rows.Hidden = False
End Sub
```

2 Sie erkennen jetzt, dass Excel umgehend alle Zeilen, die einen Nullwert enthalten, wieder eingeblendet hat.

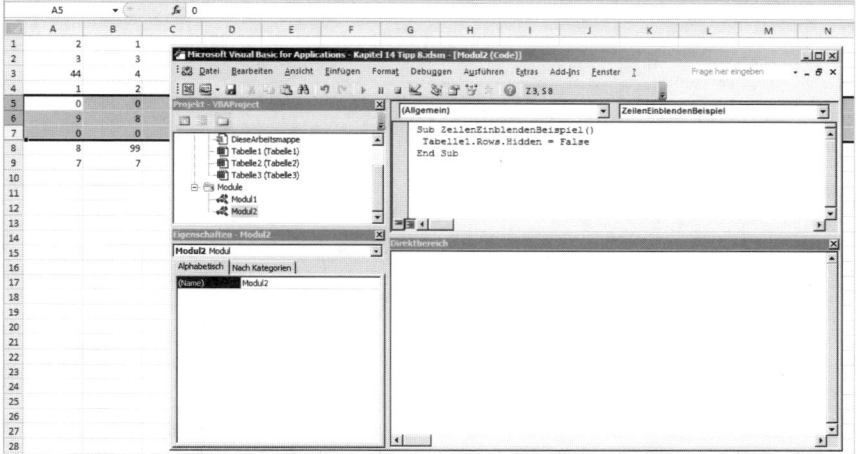

Die Syntax:

Entweder weisen Sie der Eigenschaft ganz konkret eine bestimmte Zeilennummer zu, die Sie ausblenden möchten, oder Sie verwenden die Eigenschaft *Rows* ohne weitere Argumente. Denn dann sind automatisch alle Zeilen der Tabelle gemeint, die Sie über die Eigenschaft *Hidden* wieder sichtbar machen, indem Sie dieser Eigenschaft den Wert *False* zuweisen.

15

Daten schützen

In einer Vielzahl von Unternehmen werden sensible Daten in Excel-Tabellen gespeichert. Nicht immer werden diese Daten angemessen geschützt, sodass der Zugang für ungebetene „Interessenten" dieser Daten ein Leichtes ist. Aber auch im privaten Bereich, wenn z. B. ein PC durch mehrere Anwender genutzt wird, kann es durchaus sinnvoll sein,

seine Daten besonders zu schützen. Wie auch immer, Excel bietet eine ganze Reihe von Schutzmechanismen, von denen einige in diesem Kapitel etwas näher beleuchtet werden sollen.

Tipp 1: Diverse Möglichkeiten, Daten zu schützen

Excel bietet auf verschiedenen Ebenen Schutzmechanismen für sensible Daten an. Sie können standardmäßig Ihre Daten auf Ebene der Arbeitsmappe, auf Ebene der Tabellen, aber auch auf Ebene von Strukturen schützen. Daneben können auch weitere Schutzmechanismen in Excel eingesetzt werden. Dazu bedarf es mitunter nur einiger weniger Zeilen Makrocodes, wie Sie in diesem Kapitel noch erfahren werden. Und dennoch gilt auch hier: Einen hundertprozentigen Schutz Ihrer Daten wird es nicht geben können. Sie können es aber einem „Hacker" so schwer wie möglich machen, indem Sie mehrere Schutzmechanismen parallel einsetzen.

So geht's:

1 Nutzen Sie grundsätzlich die von Excel standardmäßig angebotenen Schutzmechanismen.

2 Erhöhen Sie den Schutz gezielt mit Makros.

3 Schützen Sie die Daten zusätzlich mit Windows-Bordmitteln, indem Sie beispielsweise den Zugriff auf das Datenlaufwerk über das Benutzerkonzept von Windows steuern.

4 Schotten Sie gegebenenfalls Ihr Daten ab, indem Sie Rechner mit hochsensiblen Daten aus dem (Firmen-)Netz nehmen.

Tipp 2: Der Schutz von Arbeitsmappen

Standardmäßig kann eine Arbeitsmappe in Excel vor dem unerlaubten Öffnen bzw. Ändern mithilfe von Passwörtern geschützt werden.

So geht's:

1 Öffnen Sie eine neue Arbeitsmappe und rufen Sie über *Datei* den Befehl *Speichern unter* auf. Wählen Sie nun, bevor Sie auf die Schaltfläche *Speichern* klicken, im links danebenliegenden Drop-down-Feld *Tools* die Auswahl *Allgemeine Optionen* (Excel 2007: Menü *Office/Speichern unter/Excel-Arbeitsmappe oder anderer Dokumententyp/Tools*, Befehl *Allgemeine Optionen*; Excel 2003: Menü *Datei/Speichern unter*, im rechten, oberen Bereich des Dialogs Schaltfläche Extras, Befehl *Allgemeine Optionen*).

3 Erfassen Sie im Feld *Kennwort zum Öffnen* das Kennwort *passwort1* und im Feld *Kennwort zum Ändern* das Kennwort *passwort2* (Excel 2003: Feld *Lese-/Schreibkennwort* und Feld *Schreibschutzkennwort*).

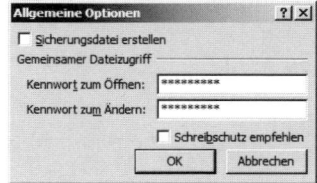

4 Klicken Sie dann auf *OK*, um die Passwörter zu bestätigen und den Dialog wieder zu verlassen, und anschließend auf die Schaltfläche *Speichern*.

5 Wenn Sie jetzt die Datei schließen und danach wieder öffnen möchten, passiert Folgendes. Sie werden zunächst nach dem ersten Passwort, also *passwort1*, gefragt, das Ihnen das Öffnen der Datei ermöglicht. Anschließend werden Sie nach dem zweiten Passwort, d. h. nach *passwort2*, gefragt, das Ihnen das Ändern der Datei ermöglicht. Sollte einem Anwender dieses zweite Passwort nicht zur Verfügung stehen, muss er die Datei über die Schaltfläche *Schreibschutz* öffnen und kann die Daten dann einsehen und auch Änderungen vornehmen. Er muss jedoch die geänderten Daten dann in einer Datei mit einem anderen Namen abspeichern, weil die Originaldatei lediglich im schreibgeschützten Modus geöffnet ist.

Hinweis

Wenn das Kontrollkästchen *Schreibschutz empfehlen* aktiviert wurde, wird den Anwendern empfohlen, die Datei schreibgeschützt zu öffnen.

Es wird jedoch nicht verhindert, dass die Anwender mit Lese- und Schreibberechtigungen die Datei öffnen. Die Datei kann geändert und die Änderungen können gespeichert werden.

Wenn die Datei wieder ohne Kennwort geöffnet werden soll, müssen Sie den Kennwortschutz aufheben. Dazu öffnen Sie zunächst die Datei über das Kennwort und sichern sie anschließend über den Dialog *Speichern unter* erneut, diesmal jedoch, indem Sie das vorhandene Kennwort bei diesem Vorgang wieder herausnehmen bzw. löschen.

Tipp 3: Der Schutz von Tabellen

Sie können auch einzelne Tabellen innerhalb einer Arbeitsmappe standardmäßig schützen. Um ein einzelnes Tabellenblatt zu schützen, müssen Sie wie folgt vorgehen.

So geht's:

1 Öffnen Sie eine neue Arbeitsmappe und rufen Sie über *Datei/Informationen/Arbeitsmappe schützen* den Befehl *Aktuelle Tabelle schützen* auf.

2 Im Dialog *Blatt schützen* können Sie nun ein Kennwort für die Tabelle vergeben und dem Anwender der Tabelle verschiedene Optionen zur Bearbeitung der Tabelle freigeben. Hierbei müssen Sie lediglich die gewünschten Aktionen, die der Anwender ausführen darf, mit einem Häkchen markieren.

Hinweis

Wenn Sie eine Tabelle auf diese Art schützen, werden in der Standardeinstellung alle Zellen in diesem Arbeitsblatt gesperrt, und ein Anwender kann an einer gesperrten Zelle keine Änderungen mehr vornehmen. Das heißt, in der gesperrten Zelle können beispielsweise keine Daten mehr eingefügt, verändert, gelöscht oder auch formatiert werden. Es ist somit natürlich ebenfalls nicht möglich, Formeln versehentlich zu überschreiben oder zu verändern. Je nach Einstellung können die Formeln in der Zelle auch komplett ausgeblendet werden.

Diese Art, die Tabelle zu schützen muss gut durchdacht sein, falls nicht alle Zellen der Tabelle diesem Schutz unterworfen werden sollen. Vor dem Schützen eines Arbeitsblatts müssen Sie sich also Gedanken machen über die (Zell-)Bereiche, in denen Benutzer Daten ändern oder eingeben können sollen. Hierbei greifen folgende Möglichkeiten:

Sie können für die besagten (Zell-)Bereiche ein Aufheben der Sperrung der Zellen für alle Benutzer erreichen. Rufen Sie hierbei über das Kontextmenü der rechten Maustaste den Befehl *Zellen formatieren* auf. Über die Registerkarte *Schutz* können Sie nun die entsprechende Einstellung vornehmen.

Sie können aber auch ein Aufheben der Sperrung der Zellen für bestimmte Benutzer erreichen. Klicken Sie dazu auf der Registerkarte *Überprüfen/Änderungen* auf den Befehl *Benutzer dürfen Bereiche bearbeiten* (Excel 2003: Menü *Extras/ Schutz*, Befehl *Benutzer dürfen Bereiche bearbeiten*) Hier können Sie im Dialogfeld *Benutzerberechtigungen zum Bearbeiten von Bereichen* gezielt die Sperrung von Zellen benutzerabhängig aufheben.

Tipp 4: Quellcode schützen

Auch Ihren Quellcode sollten Sie unbedingt vor unbefugtem Zugriff schützen, damit die hinterlegten Makros nicht eingesehen oder gar verändert werden können. Das ist ebenfalls mit nur wenigen Handgriffen möglich.

So geht's:

1 Starten Sie mit der Tastenkombination Alt+F11 den VBA-Editor.

2 Klicken Sie im Projekt-Explorer die dort angezeigte Mappe mit der rechten Maustaste an und wählen Sie aus dem Kontextmenü den Befehl *Eigenschaften von VBAProject*.

3 Wechseln Sie nun im Dialog *VBAProject-Projekteigenschaften* auf die Registerkarte *Schutz*.

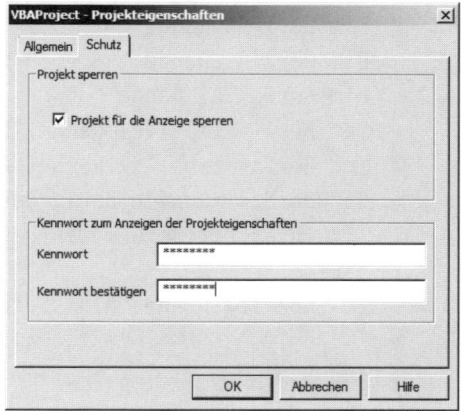

4 Aktivieren Sie das Kontrollkästchen *Projekt für die Anzeige sperren*, vergeben Sie im Feld *Kennwort* ein Passwort und wiederholen Sie dieses im Feld *Kennwort bestätigen*.

5 Klicken Sie auf die Schaltfläche *OK* und speichern Sie die Arbeitsmappe.

Hinweis

Der Zugangsschutz wird erst beim nächsten Öffnen der Arbeitsmappe aktiv. Ohne Passwortkenntnis können keine Tabellen und Quellcodes angezeigt werden. Durch das Schützen des Quellcodes werden Makros in aller Regel noch schneller durchlaufen.

Tipp 5: Datenänderungen verhindern

Sie können das Markieren bestimmter Zellen mit einem kleinen Makro raffiniert verhindert, indem Sie nach Auswahl der besagten Zellen automatisch den Mauszeiger in eine andere Zelle setzen lassen. Dieser Trick sorgt dafür, dass bestimmte Zellen auch ohne eingestellten Tabellenschutz nicht editierbar sind, weil sie schlicht und ergreifend nicht ausgewählt werden können.

So geht's:

1 Öffnen Sie eine neue Datei und starten Sie mit der Tastenkombination (Alt)+(F11) den VBA-Editor.

2 Klicken Sie nun im linken oberen Drop-down-Feld des Codefensters von *Tabelle1* auf den Eintrag *Worksheet* und im rechten oberen Drop-down-Feld auf den Eintrag *SelectionChange*. Erfassen Sie folgende Codezeilen:

Listing 1:

```
Private Sub Worksheet_SelectionChange(ByVal Target As Range)
Dim Ber1 As Range
Dim Ber2 As Range
Dim BerGes As Range
Set Ber1 = Tabelle1.Range("B1:B5")
Set Ber2 = Tabelle1.Range("E1:E5")
Set BerGes = Union(Ber1, Ber2)
 If Intersect(BerGes, Target) Is Nothing Then
 Else
  Tabelle1.Range("A1").Select
 End If
End Sub
```

3 Der Anwender hat nun keine Chance mehr, den Mauszeiger auf den gelb markierten Bereich zu setzen. Alle Versuche werden ihm verwehrt, und der Mauszeiger wird augenblicklich in Zelle A1 verschoben.

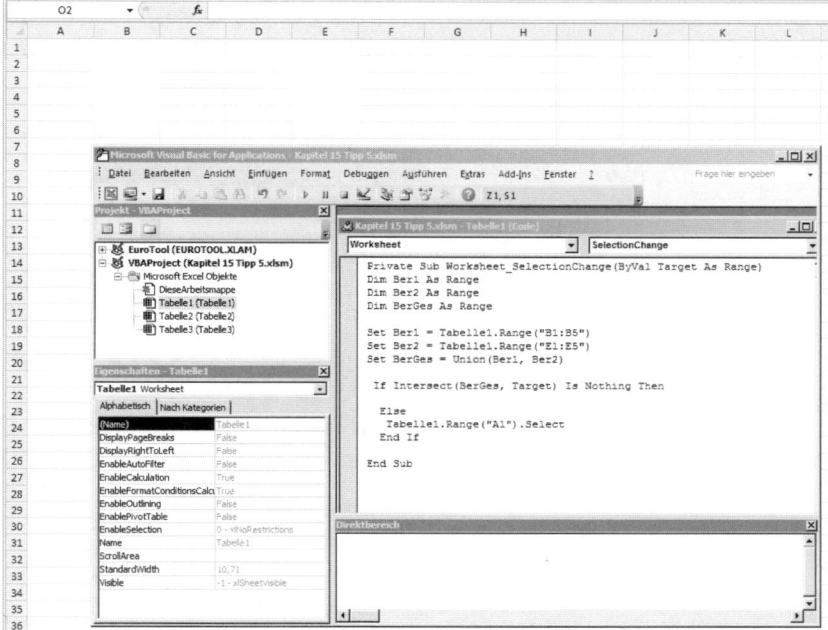

Die Syntax:

Zunächst werden Bereichsvariablen definiert, die dann über die Anweisung *Set* definiert werden. Über *Union* werden diese Einzelbereiche zu einem Gesamtbereich zusammengefasst. Somit müssen die Bereiche nicht zwingend nebeneinanderliegen. Über den Befehl *Intersect* wird nun überprüft, ob die aktuell markierte Zelle, die das *Target* darstellt, im definierten Gesamtbereich liegt. Ist das der Fall, wird der Mauszeiger über den Befehl *Select* in Zelle A1 gesetzt.

Tipp 6: Das Speichern von Datenänderungen unterbinden

Es gibt eine weitere, für den Anwender etwas perfide Methode, um eine Arbeitsmappe vor Datenänderungen zu schützen. Dabei kann er zwar die Daten der Mappe ändern, jedoch gehen die Änderungen just in dem Moment verloren, da die Datei gespeichert werden soll. Der Anwender verliert nur dann seine Daten nicht, wenn er das richtige Passwort eingibt.

So geht's:

1 Öffnen Sie eine neue Datei und starten Sie mit der Tastenkombination [Alt]+[F11] den VBA-Editor.

2 Öffnen Sie dann im Projekt-Explorer die Rubrik *Microsoft Excel Objekte* und führen Sie einen Doppelklick auf den Eintrag *DieseArbeitsmappe* durch.

3 Wählen Sie im Codefenster aus dem Drop-down-Menü oben links das Ereignis *BeforeSave* aus und tragen Sie folgenden Makrocode ein:

Listing 1:

```
Private Sub Workbook_BeforeSave _
(ByVal SaveAsUI As Boolean, Cancel As Boolean)
Dim strText As String
strText = InputBox("Bitte geben Sie das Passwort ein!")
If strText <> "passwort" Then
  MsgBox "Sie sind nicht berechtigt Änderungen zu speichern" _
  & vbLf & "die Änderungen werden nicht gesichert!", _
  vbExclamation
  Cancel = True
End If
End Sub
```

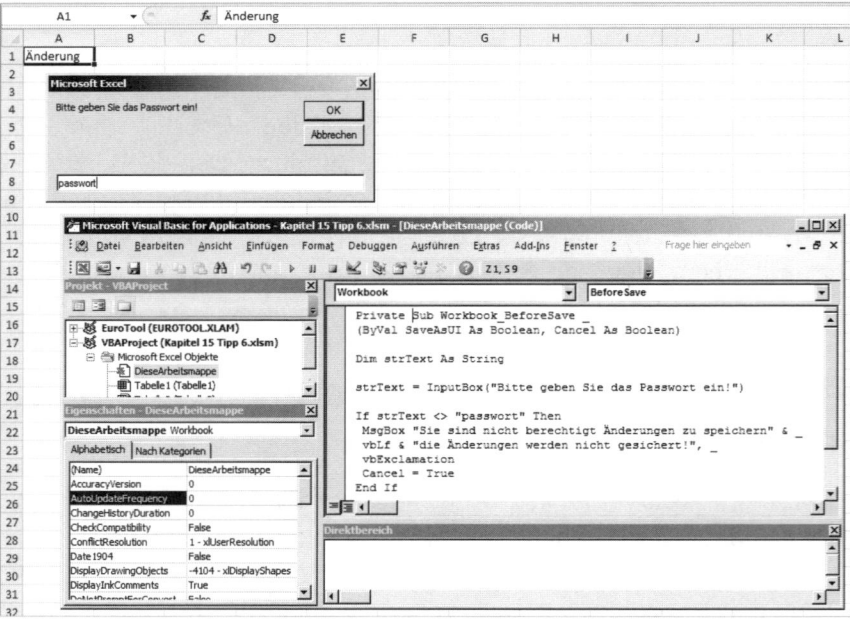

4 Änderungen an der Datei können jetzt nur noch mit dem Passwort *passwort* gespeichert werden.

Die Syntax:

Beim Speichern der Arbeitsmappe wird das Ereignis *Workbook_BeforeSave* ausgelöst, und genau zu diesem Zeitpunkt muss der Anwender Farbe bekennen und das Passwort, so es ihm bekannt ist, hinterlegen. Wird das Passwort nicht oder falsch eingegeben, wird der Speichervorgang dadurch abgebrochen, dass das Argument *Cancel* auf den Wert *True* gesetzt wird.

Tipp 7: Professioneller Datenschutz über Hardware-Dongle

Einen hervorragenden Schutzmechanismus bietet seit einiger Zeit der Einsatz eines sogenannten Hardware-Dongle. Der Ansatz war in der Vergangenheit nur mit ausführbaren Dateien (EXE-Dateien) möglich. Mit einer einfach zu handhabenden Zusatzsoftware können Sie nun auch diese hocheffektive Schutzmethode anwenden. Nähere Angaben zu diesem Tool und eine genaue Beschreibung zum Einsatz finden Sie unter *www.matrixlock.de/excel.htm*.

16

Nützliche Links und kostenfreie Excel-Add-ins

Excel hat sich im Lauf der Jahre zum meisteingesetzten Tabellenkalkulationsprogramm weltweit entwickelt. Die hohe Akzeptanz für diese Anwendung rührt vor allem von der breiten Verfügbarkeit, der leichten Erlernbarkeit, der einfachen Verknüpfung mit anderen Office-Anwendungen, der hohen Flexibilität und nicht zuletzt auch der populären Grafikfunktionalität. Es gibt zurzeit keine Softwaretechnologie, die es mit Spreadsheets-Anwendungen aufnehmen kann. Excel hat sich somit zu einem Quasi-Standard etabliert. Deshalb ist es auch nicht verwunderlich, dass zwischenzeitlich eine Vielzahl von Excel-Add-ins entwickelt wurde und sich eine Reihe hochinteressanter Methoden hervorgetan hat, denen Excel als Werkzeug dient. In diesem Kapitel lernen Sie einige dieser Add-ins und Methoden kennen.

Tipp 1: Professionelle Datenvisualisierung mit Excel

Obwohl in nahezu allen Unternehmen die Geschäftsprozesse mit mehr oder weniger komplexen Transaktionssystemen wie SAP oder Navision abgewickelt werden, ist Excel häufig das Tool der Wahl, wenn es um das Thema Berichterstellung geht.

Gute, verständliche Berichte, die auf verbindlichen Regeln basieren und Botschaften für den Berichtsadressaten enthalten, sind jedoch nach wie vor selten. Stattdessen sind der Kreativität und Beliebigkeit Tür und Tor geöffnet – ein Missstand, den Prof. Dr. Hichert auf *www.hichert.com* schonungslos anprangert. Information statt Dekoration, so sein Credo, bilden den Kern eines guten Berichtswesens und sind Voraussetzung dafür, dass Berichte nicht nur gelesen, sondern auch verstanden werden.

Prof. Hichert hat deshalb verbindliche Regeln für eine erfolgreiche Geschäftskommunikation aufgestellt und zeigt auf *www.hichert.com/de/software* anhand einer Vielzahl von Beispielen, wie sich mithilfe von Excel anspruchsvolle Lösungen für Geschäftsdiagramme realisieren lassen. Unter dem Akronym SUCCESS sind seine Qualitätsregeln für gute Managementberichte und Präsentationen zusammengefasst:

➢ SAY: Botschaften vermitteln
➢ UNIFY: Bedeutung vereinheitlichen
➢ CONDENSE: Information verdichten
➢ CHECK: Qualität sicherstellen
➢ ENABLE: Konzept verwirklichen

818

➢ **S**IMPLIFY: Kompliziertheit vermeiden
➢ **S**TRUCTURE: Inhalt gliedern

Prof. Hichert und sein Partner Holger Gerths haben sich auf äußerst anspruchsvolle Excel-Lösungen spezialisiert und kommen dabei durch die Anwendung spezieller Tricks ohne jegliche Programmierung aus. Das Know-how der beiden Visualisierungsexperten ist weltweit wohl einzigartig und wird regelmäßig in verschiedenen Seminaren auf *www.hichert.com/de/events/themen* angeboten.

Nachfolgend ist ein Demobeispiel eines Balken-Wasserfalls dargestellt, das ausschließlich mithilfe der Excel-eigenen Grafikfunktionalität erstellt wurde. Sie können die Excel-Datei und eine Vielzahl weiterer Beispiele von der oben genannten Seite herunterladen.

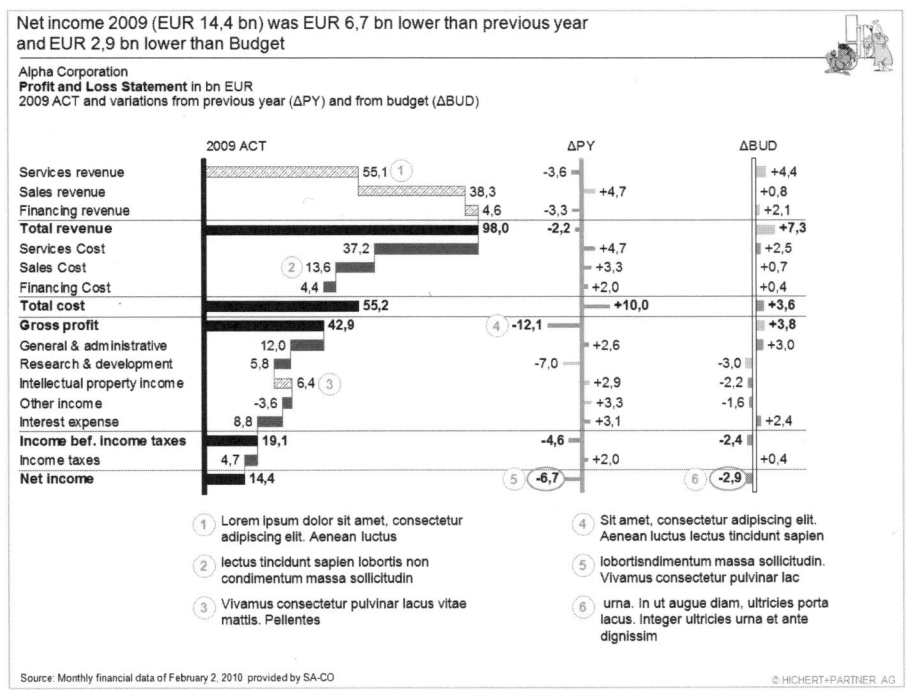

Das Schaubild kann über diverse Parameter variabel verändert und mit Kommentaren versehen werden.

Tipp 2: So wird Excel zur professionellen BI-Anwendung

Excel ist das weltweit am weitesten verbreitete Tabellenkalkulationsprogramm und wird in unzähligen Unternehmen für mehr oder weniger komplexe Aufgaben im Bereich von Planung, Reporting, Konsolidierung und Analyse, aber auch im Bereich **B**usiness **I**ntelligence (BI) und **C**orporate **P**erformance **M**anagement (CPM) eingesetzt.

Nach wie vor ist es jedoch im Hinblick auf Multiuser-Fähigkeiten und zentrales Datenmanagement nicht hinreichend ausgelegt. Ein Dilemma, denn aus dieser fehlenden Funktionalität erwächst nicht selten ein Umstand, der sich trefflich mit dem Begriff „Excel-Chaos" umschreiben lässt.

Vielen Lesern wird das Problem nicht unbekannt sein, das daraus erwächst, dass Excel-Dateien beliebig und nicht selten unter einem völlig anderen Namen dupliziert werden und dadurch eine nicht mehr beherrschbare Datenredundanz und ein Versionschaos entsteht. Oftmals weiß keiner mehr so richtig, welches Spreadsheet eigentlich die korrekten Daten enthält und wie man diese inkonsistenten Daten wieder zusammenbringt. Werden große Datenmengen verarbeitet, werden auch die Excel-Daten sehr schnell unübersichtlich, und Verknüpfungen zwischen den Tabellen werden zum „Herrschaftswissen" einiger weniger.

Einen Ausweg aus dieser Situation bietet die Firma Jedox aus Freiburg (*www.jedox.com*). Sie hat mit der Open-Source-Datenbank PALO ein kostenfreies, OLAP-basiertes System entwickelt, das auf sehr anwenderfreundliche Art und Weise eine mehrdimensionale, berechtigungsbasierte Verarbeitung von Excel-Daten ermöglicht. Gleichzeitig wird mit dieser Anwendung eine konsistente Datenbasis für unternehmensweit verteilte Excel-Anwendungen nach dem „Single-Point-of-Truth"-Konzept geschaffen.

Durch die starke Integration in Excel und die Write-back-Funktionalität können mithilfe von PALO auch hochkomplexe BI-Lösungen in Excel erstellt werden. Die Anwendung ist so gehalten, dass sie ausschließlich durch die Fachabteilung, d. h. ohne IT-Unterstützung, komplett selbst administriert werden kann.

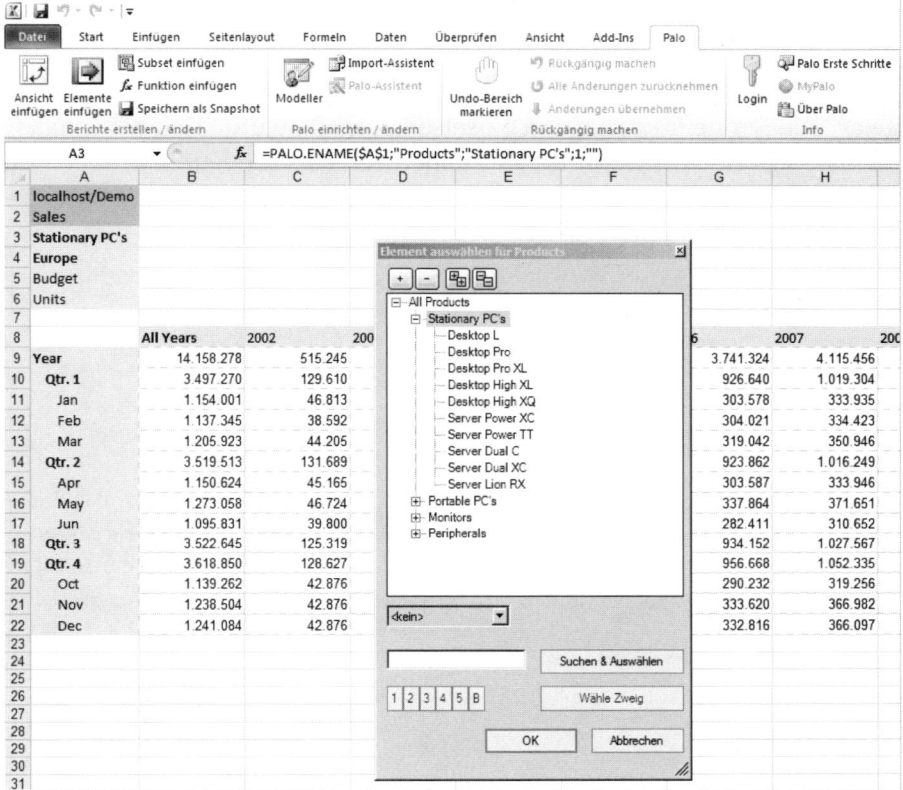

Tipp 3: Sparklines für Excel – ein tolles Grafik-Add-in

Sparklines oder sogenannte Wortgrafiken sind in einem Reporting, das nach den modernen Erkenntnissen eines guten Informationsdesigns aufgebaut wird, nicht mehr wegzudenken. Excel bietet zwischenzeitlich, d. h. ab Excel 2007, diese Funktionalität in begrenztem Umfang an. Es gibt inzwischen jedoch Anbieter, die Excel-Add-ins bieten, mit deren Hilfe eine Vielzahl von Sparkline-Typen mithilfe von Excel-Funktionen eingefügt werden kann.

Einer dieser Anbieter ist Fabrice Rimlinger, der seine Lösungen kostenfrei als Open-Source-Lizenz zur Verfügung stellt. Auf *http://sparklines-excel.blogspot.com* hat er seit Beginn des Jahrs 2008 ein Blog zum Thema Sparklines für Excel (SfE) etabliert, das in dieser Form einzigartig ist. Der Autor hat sich auf die Erstellung von Sparklines mithilfe von VBA-basierten Excel-Funktionen spezialisiert, die er mit einem Team Gleichgesinnter ent-

821

wickelt hat. Inzwischen wurden ca. 20 verschiedene Sparkline-Typen programmiert. Sie können sich das Add-in auf der oben genannten Seite kostenfrei herunterladen. Falls Ihnen die Sparklines von Fabrice Rimlinger gefallen und Sie sie nutzbringend einsetzen können, würde sich der Initiator dieses Tools freuen, wenn Sie ihm einen Kaffee spendieren würden. Sie können das auf seiner Seite rechts oben unterhalb seines Konterfeis in die Wege leiten. Wir meinen, dass er sich das redlich verdient hat.

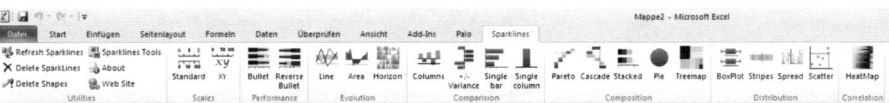

Hinweis

Inzwischen ist auch ein deutschsprachiges Handbuch zu SfE erschienen, das Sie unter *www.excel-inside.de/joomla/Sparkline-Handbuch/sparklines-fuer-excel.html* ebenfalls kostenfrei herunterladen können. Im Übrigen ist Alois Eckl, ein Autor des Buchs, das Sie soeben in den Händen halten, auch Koautor des Handbuchs zu SfE.

Neue und geänderte Funktionen in Excel 2010

17.1   In Excel 2010 verbesserte und umbenannte Funktionen

17.2   Neue Funktionen in Excel 2010

17

In diesem Kapitel zeigen wir Ihnen die in der Funktionsbibliothek von Excel 2010 aktualisierten und umbenannten sowie die neu hinzugefügten Funktionen.

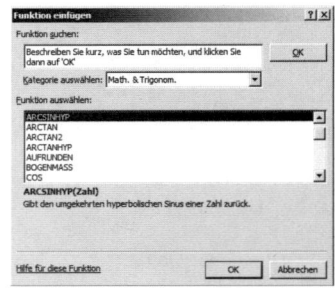

Bei einigen Funktionen wurde zur Erhöhung der Genauigkeit der Berechnungsalgorithmus verbessert. Andere Funktionen wurden umbenannt, um eine bessere Übereinstimmung der Funktionsdefinition mit dem im allgemeinen Sprachgebrauch oder in der Wissenschaft verwendeten Terminus zu erzielen.

Darüber hinaus sind neue Funktionen implementiert worden. Diese neuen Funktionen können zwar in Excel 2010 verwendet werden, sind aber mit früheren Versionen nicht kompatibel. Nachfolgend stellen wir Ihnen die einzelnen Funktionen kurz vor und geben Ihnen einen Einblick in deren Funktionsweise.

17.1 In Excel 2010 verbesserte und umbenannte Funktionen

Bei den nachfolgenden Funktionen wurde entweder die Genauigkeit der Berechnungsalgorithmen verbessert oder die Berechnungsgeschwindigkeit erhöht. An dieser Stelle erhalten Sie einen Kurzüberblick über die wichtigsten geänderten Funktionen.

Tipp 1: Funktion ARCSINHYP()

Die Funktion *ARCSINHYP(Zahl)* gibt den umgekehrten hyperbolischen Sinus einer Zahl zurück. Als Zahl kann eine beliebige reelle Zahl eingegeben werden.

Bei dieser Funktion wurde der Algorithmus verändert.

Tipp 2: Funktion BETA.VERT()/BETAVERT()

Die Funktion *BETA.VERT(x;Alpha;Beta;kumuliert;[A];[B])* wird verwendet, um die Streuung bei mehreren Stichproben zu bestimmten Vorgängen zu untersuchen. Beispielsweise kann mit dieser Funktion ermittelt werden, wie viel Zeit Personen auf dem Arbeitsweg verbringen.

Die Funktion *BETAVERT()* wurde durch die Funktion *BETA.VERT()* ersetzt, da mit der neuen Funktion ein genaueres Arbeiten möglich ist. Die Funktion *BETAVERT()* ist nur noch aus Gründen der Kompatibilität mit älteren Excel-Versionen verfügbar. Wenn allerdings keine Abwärtskompatibilität erforderlich ist, sollten Sie die neue Funktion verwenden.

Tipp 3: Funktion BETA.INV()/BETAINV()

Die Funktion *BETA.INV(Wahrscheinlichkeit;Alpha;Beta;A;B)* ermittelt die Quantile der Verteilungsfunktion einer betaverteilten Zufallsvariablen *(BETA.VERT)*. Mithilfe der Betaverteilung kann beispielsweise der wahrscheinliche Endtermin einer Projektplanung unter Annahme einer bestimmten Streuung ermittelt werden.

Die Funktion *BETAINV()* wurde durch die Funktion *BETA.INV()* ersetzt, da mit der neuen Funktion ein genaueres Arbeiten möglich ist. Die Funktion *BETAINV()* ist nur noch aus Gründen der Kompatibilität mit älteren Excel-Versionen verfügbar. Wenn allerdings keine Abwärtskompatibilität erforderlich ist, sollten Sie die neue Funktion verwenden.

Tipp 4: Funktion BINOM.VERT()/BINOMVERT()

Mithilfe der Funktion *BINOM.VERT(Zahl_Erfolge;Versuche;Erfolgswahrscheinlichkeit;kumuliert)* wird der Wahrscheinlichkeitswert einer binomialverteilten Zufallsvariablen ermittelt. Verwenden Sie *BINOM.VERT()* bei Problemen mit einer festgelegten Anzahl von Tests oder Versuchen, wenn das Ergebnis jedes einzelnen Versuchs entweder Erfolg oder Misserfolg ist und die einzelnen Versuche voneinander unabhängig sind. Voraussetzung ist, dass die Wahrscheinlichkeit des Erfolgs für alle Versuche konstant ist. Mit *BINOM.VERT()* lässt sich beispielsweise die Wahrscheinlichkeit ermitteln, mit der zwei von drei Neugeborenen männlich sind.

Die Funktion *BINOMVERT()* wurde durch die Funktion *BINOM.VERT()* ersetzt, da mit der neuen Funktion ein genaueres Arbeiten möglich ist. Die Funktion *BINOMVERT()* ist nur noch aus Gründen der Kompatibilität mit älteren Excel-Versionen verfügbar. Wenn allerdings keine Abwärtskompatibilität erforderlich ist, sollten Sie die neue Funktion verwenden.

Tipp 5: Funktion BINOM.INV()/KRITBINOM()

BINOM.INV(Versuche;Erfolgswahrscheinlichkeit;Alpha) gibt den kleinsten Wert zurück, für den die kumulierten Wahrscheinlichkeiten der Binominalverteilung größer oder gleich einer Grenzwahrscheinlichkeit sind.

Die Funktion *KRITBINOM()* wurde durch die Funktion *BINOM.INV()* ersetzt, da mit der neuen Funktion ein genaueres Arbeiten möglich ist. Die Funktion *KRITBINOM()* ist nur noch aus Gründen der Kompatibilität mit älteren Excel-Versionen verfügbar. Wenn allerdings keine Abwärtskompatibilität erforderlich ist, sollten Sie die neue Funktion verwenden.

Tipp 6: Funktion CHIQU.INV.RE()/CHIINV()

Die Funktion *CHIQU.INV.RE(Wahrscheinlichkeit;Freiheitsgrade)* gibt die Perzentile der rechtsseitigen Chi-Quadrat-Verteilung zurück. Mithilfe dieser Funktion lassen sich zum Zweck der Validierung von Hypothesen beobachtete und erwartete Ergebnisse miteinander vergleichen.

Die Funktion *CHIINV()* wurde durch die Funktion *CHIQU.INV.RE()* ersetzt. Die Funktion *CHIINV()* ist nur noch aus Gründen der Kompatibilität mit älteren Excel-Versionen verfügbar. Wenn allerdings keine Abwärtskompatibilität erforderlich ist, sollten Sie die neue Funktion verwenden.

Tipp 7: Funktion CHIQU.TEST()/CHITEST()

Mithilfe der Funktion *CHIQU.TEST(Beobachteter_Messwert;Erwarteter_Wert)* wird die Teststatistik eines Unabhängigkeitstests geliefert. Damit lässt sich feststellen, ob in Experimenten die Ergebnisse bestätigt werden, die aufgrund von Hypothesen erwartet wurden.

Die Funktion *CHITEST()* wurde durch die Funktion *CHIQU.TEST()* ersetzt. Die Funktion *CHITEST()* ist nur noch aus Gründen der Kompatibilität mit älteren Excel-Versionen verfügbar. Wenn allerdings keine Abwärtskompatibilität erforderlich ist, sollten Sie die neue Funktion verwenden.

Tipp 8: Funktion UMWANDELN()

UMWANDELN(Zahl;Von_Maßeinheit;In_Maßeinheit) wandelt eine Zahl von einem Maßsystem in ein anderes um. So können beispielsweise Umrechnungen von Gramm in Unze oder von Grad Celsius in Grad Fahrenheit vorgenommen werden.

Diese Funktion wurde in Excel 2010 optimiert.

➔ Verweis: siehe Kapitel 4.10, Tipp 6

Tipp 9: Funktion KUMZINSZ()

Die Funktion *KUMZINSZ(Zinssatz;Anzahl_Zahlungszeiträume;Barwert;Zeitraum_Anfang;Zeitraum_Ende;Fälligkeit)* berechnet die kumulierten Zinsen zwischen dem angegebenen Anfangs- und Endzeitpunkt.

➔ Verweis: siehe Kapitel 4.7, Tipp 5

Tipp 10: Funktion KUMKAPITAL()

Mithilfe der Funktion *KUMKAPITAL(Zinssatz;Anzahl_Zahlungszeiträume; Barwert;Zeitraum_Anfang;Zeitraum_Ende;Fälligkeit)* wird die aufgelaufene Tilgung eines Darlehens zwischen dem angegebenen Anfangs- und Endzeitpunkt berechnet.

➔ Verweis: siehe Kapitel 4.7, Tipp 5

Tipp 11: Funktion F.VERT.RE()/FVERT()

Die Funktion *F.VERT.RE(x;Freiheitsgrade1;Freiheitsgrade2)* berechnet den Wert der Verteilungsfunktion einer rechtsseitigen F-verteilen Zufallsvariablen. Damit lässt sich feststellen, ob zwei Datenmengen unterschiedlichen Streuungen unterliegen. Beispielsweise können Sie die Punktzahlen untersuchen, die Männer und Frauen bei einem Einstellungstest erzielt haben, und ermitteln, ob sich die für die Frauen gefundene Streuung von derjenigen der Männer unterscheidet.

Die Funktion *FVERT()* wurde durch die Funktion *F.VERT.RE()* ersetzt. Die Funktion *FVERT()* ist nur noch aus Gründen der Kompatibilität mit älteren Excel-Versionen verfügbar. Wenn allerdings keine Abwärtskompatibilität erforderlich ist, sollten Sie die neue Funktion verwenden.

Tipp 12: Funktion F.INV.RE()/FINV()

F.INV.RE(Wahrscheinlichkeit;Freiheitsgrade1;Freiheitsgrade2) gibt die Quantile der rechtsseitigen F-Verteilung zurück. Die F-Verteilung kann in F-Tests verwendet werden, bei denen die Streuungen zweier Datenmengen ins Verhältnis gesetzt werden. Zum Beispiel können Sie die Verteilung der in den USA und Kanada erzielten Einkommen daraufhin analysieren, ob in den beiden Ländern ähnliche Einkommensverteilungen vorliegen.

Die Funktion *FINV()* wurde durch die Funktion *F.INV.RE()* ersetzt. Die Funktion *FINV()* ist nur noch aus Gründen der Kompatibilität mit älteren Excel-Versionen verfügbar. Wenn allerdings keine Abwärtskompatibilität erforderlich ist, sollten Sie die neue Funktion verwenden.

Tipp 13: Funktion GEOMITTEL()

Die Funktion *GEOMITTEL(Zahl1;Zahl2;Zahl3;...)* gibt das geometrische Mittel einer Menge positiver Zahlen zurück. Zum Beispiel können Sie mit *GEOMITTEL* eine mittlere Wachstumsrate berechnen, wenn für einen Zinseszins variable Zinssätze gegeben sind.

Tipp 14: Funktion GAMMA.VERT/GAMMAVERT()

Die Funktion *GAMMA.VERT(x;Alpha;Beta;kumuliert)* gibt die Wahrscheinlichkeiten einer gammaverteilten Zufallsvariablen zurück. Mit dieser Funktion können Sie Variablen untersuchen, die eine schiefe Verteilung besitzen. Die Gammaverteilung wird häufig bei Warteschlangenanalysen verwendet.

Die Funktion *GAMMAVERT()* wurde durch die Funktion *GAMMA.VERT()* ersetzt. Die Funktion *GAMMAVERT()* ist nur noch aus Gründen der Kompatibilität mit älteren Excel-Versionen verfügbar. Wenn allerdings keine Abwärtskompatibilität erforderlich ist, sollten Sie die neue Funktion verwenden.

Tipp 15: Funktion GAMMA.INV/GAMMAINV()

GAMMA.INV(Wahrscheinlichkeit;Alpha;Beta) gibt den Kehrwert der kumulierten Gammaverteilung zurück. Mit dieser Funktion können Sie eine Variable untersuchen, deren Verteilung eventuell schief ist.

Die Funktion *GAMMAINV()* wurde durch die Funktion *GAMMA.INV()* ersetzt. Die Funktion *GAMMAINV()* ist nur noch aus Gründen der Kompatibilität mit älteren Excel-Versionen verfügbar. Wenn allerdings keine Abwärtskompatibilität erforderlich ist, sollten Sie die neue Funktion verwenden.

Tipp 16: Funktion HYPGEOM.VERT ()/ HYPGEOMVERT()

HYPGEOM.VERT(Erfolge_Stichprobe;Umfang_Stichprobe;Erfolge_Grundgesamtheit;Umfang_Grundgesamtheit;kumuliert) berechnet die Wahrscheinlichkeit, in einer Stichprobe eine bestimmte Anzahl von Beobachtungen zu erhalten. *HYPGEOM.VERT()* können Sie für Problemstellungen einsetzen, bei denen eine begrenzte Grundgesamtheit vorliegt und jede Beobachtung entweder ein Erfolg oder ein Misserfolg sein kann und bei denen jede Teilmenge eines bestimmten Umfangs mit gleicher Wahrscheinlichkeit gewählt wird.

Die Funktion *HYPGEOMVERT()* wurde durch die Funktion *HYPGEOM.VERT()* ersetzt. Die Funktion *HYPGEOMVERT()* ist nur noch aus Gründen der Kompatibilität mit älteren Excel-Versionen verfügbar. Wenn allerdings keine Abwärtskompatibilität erforderlich ist, sollten Sie die neue Funktion verwenden.

Tipp 17: Funktion IKV()

Die Funktion *IKV(Werte;Schätzwert)* gibt den internen Zinsfuß einer Investition ohne Finanzierungskosten oder Reinvestitionsgewinne zurück. Die in Werte angegebenen Zahlen entsprechen der zu der Investition gehörenden Zahlungsreihe. Diese Zahlungen müssen nicht gleich groß sein, wie es bei Annuitätenzahlungen der Fall ist. Der Zinsfluss muss jedoch in regelmäßigen Intervallen, monatlich oder jährlich, auftreten. Der interne Zinsfuß ist der Zinssatz, der für eine Investition erreicht wird, die aus Auszahlungen (negativen Werten) und Einzahlungen (positiven Werten) besteht, die in regelmäßigen Abständen erfolgen.

Tipp 18: Funktion LOGNORM.VERT()/ LOGNORMVERT()

LOGNORM.VERT(x;Mittelwert;Standardabweichung;kumuliert) liefert den Wert der Verteilungsfunktion einer lognormalverteilten Zufallsvariablen zurück, wobei x mit den Parametern Mittelwert und Standardabweichung normalverteilt ist. Mit dieser Funktion können Daten untersucht werden, die logarithmisch transformiert wurden.

Die Funktion *LOGNORMVERT()* wurde durch die Funktion *LOGNORM.VERT()* ersetzt. Die Funktion *LOGNORMVERT()* ist nur noch aus Gründen der Kompatibilität mit älteren Excel-Versionen verfügbar. Wenn allerdings keine Abwärtskompatibilität erforderlich ist, sollten Sie die neue Funktion verwenden.

Tipp 19: Funktion LOGNORM.INV()/LOGNORMINV()

Die Funktion *LOGNORM.INV(Wahrscheinlichkeit;Mittelwert;Standardabweichung)* ermittelt die Quantile der Lognormalverteilung von x zurück, wobei x mit den Parametern Mittelwert und Standardabweichung normalverteilt ist.

Die Funktion *LOGNORMINV()* wurde durch die Funktion *LOGNORM.INV()* ersetzt. Die Funktion *LOGNORMINV()* ist nur noch aus Gründen der Kompatibilität mit älteren Excel-Versionen verfügbar. Wenn allerdings keine Abwärtskompatibilität erforderlich ist, sollten Sie die neue Funktion verwenden.

Tipp 20: Funktion REST()

Die Funktion *REST(Zahl;Divisor)* gibt den Rest einer Division zurück. Das Ergebnis hat dabei dasselbe Vorzeichen wie der Divisor.

Der Algorithmus dieser Funktion wurde in Excel 2010 optimiert.

Tipp 21: Funktion NEGBINOM.VERT()/ NEGBINOMVERT()

Die Funktion *NEGBINOM.VERT(Zahl_ Misserfolge;Zahl_Erfolge;Erfolgswahrscheinlichkeit)* gibt die Wahrscheinlichkeit einer negativen binominalverteilten Zufallsvariablen zurück. Die Vorgehensweise dieser Funktion unterscheidet sich von der Binominalverteilung nur dadurch, dass die Anzahl der Erfolge feststeht und die Anzahl der Versuche variabel ist. Analog zu einer Binominalverteilung wird vorausgesetzt, dass die jeweiligen Versuche voneinander unabhängig sind.

Die Funktion *NEGBINOMVERT()* wurde durch die Funktion *NEGBINOM.VERT()* ersetzt. Die Funktion *NEGBINOMVERT ()* ist nur noch aus Gründen der Kompatibilität mit älteren Excel-Versionen verfügbar. Wenn allerdings keine Abwärtskompatibilität erforderlich ist, sollten Sie die neue Funktion verwenden.

Tipp 22: Funktion NORM.VERT()/NORMVERT()

NORM.VERT(x;Mittelwert;Standardabweichung;kumuliert) errechnet die Normalverteilung für den angegebenen Mittelwert und die angegebene Standardabweichung. Diese Funktion wird häufig in der Statistik verwendet.

Die Funktion *NORMVERT()* wurde durch die Funktion *NORM.VERT()* ersetzt. Die Funktion *NORMVERT()* ist nur noch aus Gründen der Kompatibilität mit älteren Excel-Versionen verfügbar. Wenn allerdings keine Abwärtskompatibilität erforderlich ist, sollten Sie die neue Funktion verwenden.

Tipp 23: Funktion NORM.INV()/NORMINV()

NORM.INV(Wahrscheinlichkeit;Mittelwert;Standardabweichung) ermittelt die Quantile der Normalverteilung.

Die Funktion *NORMINV()* wurde durch die Funktion *NORM.INV()* ersetzt. Die Funktion *NORMINV()* ist nur noch aus Gründen der Kompatibilität mit älteren Excel-Versionen verfügbar. Wenn allerdings keine Abwärtskompatibilität erforderlich ist, sollten Sie die neue Funktion verwenden.

Tipp 24: Funktion NORM.S.VERT()/ STANDNORMVERT()

Die Funktion *NORM.S.VERT(z;kumuliert)* ermittelt die Standardnormalverteilung. Die Standardnormalverteilung hat einen Mittelwert von 0 und eine Standardabweichung von 1. Sie können diese Funktion anstelle einer Tabelle verwenden, in der Werte der Verteilungsfunktion der Standardnormalverteilung zusammengestellt sind.

Die Funktion *STANDNORMVERT()* wurde durch die Funktion *NORM.S.VERT()* ersetzt. Die Funktion *STANDNORMVERT()* ist nur noch aus Gründen der Kompatibilität mit älteren Excel-Versionen verfügbar. Wenn allerdings keine Abwärtskompatibilität erforderlich ist, sollten Sie die neue Funktion verwenden.

Tipp 25: Funktion NORM.S.INV()/STANDNORMINV()

NORM.S.INV(Wahrscheinlichkeit) ermittelt die Quantile der Standardnormalverteilung. Die Standardnormalverteilung hat einen Mittelwert von 0 und eine Standardabweichung von 1.

Die Funktion *STANDNORMINV()* wurde durch die Funktion *NORM.S.INV()* ersetzt. Die Funktion *STANDNORMINV()* ist nur noch aus Gründen der Kompatibilität mit älteren Excel-Versionen verfügbar. Wenn allerdings keine Abwärtskompatibilität erforderlich ist, sollten Sie die neue Funktion verwenden.

Tipp 26: Funktion POISSON.VERT()/POISSON()

Die Funktion *POISSON.VERT(x;Mittelwert;kumuliert)* gibt die Wahrscheinlichkeiten einer poissonverteilten Zufallsvariablen zurück. Eine übliche Anwendung der Poissonverteilung ist die Modellierung der Anzahl der Ereignisse innerhalb eines bestimmten Zeitraums, beispielsweise die Anzahl der Kunden, die innerhalb einer Stunde an einem Schalter eintreffen.

Die Funktion *POISSON()* wurde durch die Funktion *POISSON.VERT()* ersetzt. Die Funktion *POISSON()* ist nur noch aus Gründen der Kompatibilität mit älteren Excel-Versionen verfügbar. Wenn allerdings keine Abwärtskompatibilität erforderlich ist, sollten Sie die neue Funktion verwenden.

Tipp 27: Funktion ZUFALLSZAHL()

Die Funktion *ZUFALLSZAHL()* gibt eine gleichmäßig verteilte reelle Zufallszahl größer oder gleich 0 und kleiner als 1 zurück. Bei jeder Neuberechnung des jeweiligen Arbeitsblatts wird eine neue Zufallszahl ermittelt.

In der überarbeiteten Version erfolgt die Berechnung mit einem verbesserten Algorithmus.

➜ Verweis: siehe Kapitel 4.13, Tipp 9

Tipp 28: Funktion STABW.S()/STABW()

Die Funktion *STABW.S(Zahl1;Zahl2;...)* schätzt die Standardabweichung ausgehend von einer Stichprobe. Logische Werte und Texte werden bei den Stichproben ignoriert. Die Standardabweichung ist ein Maß für die Streuung von Werte bezüglich ihres Mittelwerts.

Die Funktion *STABW()* wurde durch die Funktion *STABW.S()* ersetzt. Die Funktion *STABW()* ist nur noch aus Gründen der Kompatibilität mit älteren Excel-Versionen verfügbar. Wenn allerdings keine Abwärtskompatibilität erforderlich ist, sollten Sie die neue Funktion verwenden.

Tipp 29: Funktion T.VERT()/TVERT()

Mithilfe der Funktion *T.VERT(x;Freiheitsgrade)* wird die t-Verteilung für die rechte Endfläche ermittelt. Die t-Verteilung wird für das Testen von Hypothesen bei kleinem Stichprobenumfang verwendet. Benutzen Sie diese Funktion anstelle einer Tabelle mit kritischen Werten für die t-Verteilung.

Die Funktion *TVERT()* wurde durch die Funktion *T.VERT()* ersetzt. Die Funktion *TVERT()* ist nur noch aus Gründen der Kompatibilität mit älteren Excel-Versionen verfügbar. Wenn allerdings keine Abwärtskompatibilität erforderlich ist, sollten Sie die neue Funktion verwenden.

Tipp 30: Funktion T.INV.2S()/TINV()

T.INV.2S(Wahrscheinlichkeit;Freiheitsgrade) gibt die zweiseitige Quantile der t-Verteilung zurück.

Die Funktion *TINV()* wurde durch die Funktion *T.INV.2S()* ersetzt. Die Funktion *TINV()* ist nur noch aus Gründen der Kompatibilität mit älteren Excel-Versionen verfügbar. Wenn allerdings keine Abwärtskompatibilität erforderlich ist, sollten Sie die neue Funktion verwenden.

Tipp 31: Funktion VAR.S()/VARIANZ()

Die Funktion *VAR.S(Zahl1;Zahl2;...)* schätzt die Varianz ausgehend von einer Stichprobe. Logische Werte und Text werden bei der Stichprobenberechnung ignoriert.

Die Funktion *VARIANZ()* wurde durch die Funktion *VAR.S()* ersetzt. Die Funktion *VARIANZ()* ist nur noch aus Gründen der Kompatibilität mit älteren Excel-Versionen verfügbar. Wenn allerdings keine Abwärtskompatibilität erforderlich ist, sollten Sie die neue Funktion verwenden.

Tipp 32: Funktion KONFIDENZ.NORM()/ KONFIDENZ()

KONFIDENZ.NORM(Alpha;Standardabweichung;Umfang) ermöglicht die Berechnung des 1-Alpha-Konfidenzintervalls für den Erwartungswert einer Zufallsvariablen. Dabei wird die Normalverteilung verwendet.

Die Funktion *KONFIDENZ()* wurde durch die Funktion *KONFIDENZ.NORM()* ersetzt. Die Funktion *KONFIDENZ()* ist nur noch aus Gründen der Kompatibilität mit älteren Excel-Versionen verfügbar. Wenn allerdings keine Abwärtskompatibilität erforderlich ist, sollten Sie die neue Funktion verwenden.

17.2 Neue Funktionen in Excel 2010

Tipp 1: Funktion NETTOARBEITSTAGE.INTL()

Die neue Funktion *NETTOARBEITSTAGE.INTL(Ausgangsdatum;Enddatum; Wochenende;...)* berechnet die Anzahl der vollen Arbeitstage zwischen zwei Datumsangaben. Dabei werden verschiedene Parameter verwendet, um anzugeben, welche und wie viele Tage auf ein Wochenende bzw. auf arbeitsfreie Tage fallen. Wochenenden und Tage, die als freie Tage angegeben werden, werden nicht zu den Arbeitstagen gezählt.

➔ Verweis: siehe Kapitel 4.5, Tipp 14

Tipp 2: Funktion ARBEITSTAG.INTL()

Mithilfe der Funktion *ARBEITSTAG.INTL(Ausgangsdatum;Tage;Wochenende;Freie_Tage)* wird die fortlaufende Zahl des Datums vor oder nach einer bestimmten Anzahl von Arbeitstagen mit benutzerdefinierten Wochenendparametern ermittelt. Mit Wochenendparametern wird angegeben, welche und wie viele Tage als Wochenendtage behandelt werden. Wochenendtage und als Feiertage angegebene Tage werden nicht als Arbeitstage betrachtet.

➔ Verweis: siehe Kapitel 4.5, Tipp 27

Tipp 3: Funktion AGGREGAT()

Die Funktion *AGGREGAT(Funktionsnummer;Optionen;Bezug1;[Bezug2])* hat den Zweck, bestimmte Beschränkungen bei der bedingten Formatierung zu umgehen. Datenbalken, Symbolsätze und Farbskalen können keine bedingte Formatierung wiedergeben, wenn der Wertebereich Fehler enthält. Der Grund hierfür ist, dass die Funktionen *MIN*, *MAX* und *QUANTIL* keine Berechnungen durchführen, wenn der Berechnungsbereich einen Fehler enthält. Aus denselben Gründen können auch die Funktionen *KGRÖSSTE()*, *KKLEINSTE()* und *STABWN()* die ordnungsgemäße Funktionalität bestimmter Formatierungsregeln negativ beeinflussen. Mithilfe der *AGGREGAT*-Funktion können Sie diese Funktionen implementieren, da die Fehler ignoriert werden. Darüber hinaus kann die *AGGREGAT*-Funktion verschiedene Aggregatfunktionen auf eine Liste oder Datenbank mit der Option anwenden, ausgeblendete Zeilen und Fehlerwerte zu ignorieren.

Tipp 4: Funktion OBERGRENZE.GENAU()

OBERGRENZE.GENAU(Zahl;Schritt) rundet eine *Zahl* auf die nächste Ganzzahl oder auf das kleinste Vielfache von *Schritt* auf. Die *Zahl* wird unabhängig von ihrem Vorzeichen aufgerundet. Ist *Zahl* oder *Schritt* 0, wird auch 0 zurückgegeben.

Tipp 5: Funktion UNTERGRENZE.GENAU()

UNTERGRENZE.GENAU(Zahl;Schritt) rundet eine *Zahl* auf die nächste Ganzzahl oder das nächste Vielfache von *Schritt* ab. Die Zahl wird unabhängig vom Vorzeichen abgerundet. Wenn *Zahl* oder *Schritt* jedoch 0 ist, wird 0 zurückgegeben.

Tipp 6: Funktion CHIQU.VERT()

Die Funktion *CHIQU.VERT(x;Freiheitsgrade;kumuliert)* gibt die Werte der Verteilungsfunktion einer Chi-Quadrat-verteilten Zufallsvariablen zurück. Die Betaverteilung wird verwendet, um die Streuung bei mehreren Stichproben zu bestimmten Vorgängen zu untersuchen.

Tipp 7: Funktion CHIQU.INV()

CHIQU.INV(Wahrscheinlichkeit;Freiheitsgrade) gibt die Perzentile der linksseitigen Chi-Quadrat-Verteilung zurück.

Tipp 8: Funktion KONFIDENZ.T()

Mithilfe der Funktion *KONFIDENZ.T(Alpha;Standardabweichung;Umfang)* kann das Konfidenzintervall für den Erwartungswert einer Zufallsvariablen errechnet werden, wobei der studentische T-Test verwendet wird.

Tipp 9: Funktion KOVARIANZ.S()

Die Funktion *KOVARIANZ.S(Array1;Array2)* ermittelt den Mittelwert der für alle Datenpunktpaare gebildeten Produkte der Abweichungen, das heißt, die Funktion gibt die Kovarianz einer Stichprobe zurück.

Tipp 10: Funktion F.VERT()

F.VERT(x;Freiheitsgrade1;Freiheitsgrade2;kumuliert) gibt Werte der Verteilungsfunktion (1-Alpha) einer F-verteilten Zufallsvariablen zurück. Mit dieser Funktion können Sie feststellen, ob zwei Datenmengen unterschiedlichen Streuungen unterliegen.

Tipp 11: Funktion F.INV()

Die Funktion *F.INV(Wahrscheinlichkeit;Freiheitsgrade1;Freiheitsgrade2)* gibt die Quantile der F-Verteilung zurück. Die F-Verteilung kann in F-Tests verwendet werden, bei denen die Streuungen zweier Datenmengen ins Verhältnis gesetzt werden.

Tipp 12: Funktion MODUS.VIELF()

MODUS.VIELF(Zahl1;Zahl2;...) gibt ein vertikales Array der am häufigsten vorkommenden oder wiederholten Werte in einem Array oder Datenbereich zurück. Verwenden Sie für ein horizontales Array *MTRANS(MODUS. VIELF(Zahl1,Zahl2,...))*.

Tipp 13: Funktion QUANTIL.EXKL()

Die Funktion *QUANTIL.EXKL(Array;k)* gibt das k-Quantil von Werten in einem Bereich zurück, wobei *k* ausschließlich im Bereich von 0 bis 1 liegt.

Tipp 14: Funktion QUANTILSRANG.EXKL()

Mithilfe der Funktion *QUANTILSRANG.EXKL(Array;x;Genauigkeit)* wird der prozentuale Rang (Alpha) eines Werts in einem Dataset ermittelt.

Tipp 15: Funktion QUARTILE.EXKL()

QUARTILE.EXKL(Array;Quartile) gibt die Quartile eines Datensets basierend auf Perzentilwerten von ausschließlich 0 bis 1 zurück.

Tipp 16: Funktion RANG.MITTELW()

Mit *RANG.MITTELW(Zahl;Bezug;Reihenfolge)* wird der Rang eines Werts innerhalb einer Liste von Zahlen ermittelt. Weisen mehrere Werte die gleiche Rangzahl auf, wird die durchschnittliche Rangzahl zurückgegeben.

Tipp 17: Funktion T.VERT()

T-VERT(x;Freiheitsgrade;kumuliert) ermittelt die Student-t-Verteilung. Die t-Verteilung wird in der Hypothesenüberprüfung von kleinen Beispieldatensets verwendet. Benutzen Sie diese Funktion anstelle einer Tabelle mit kritischen Werten für die t-Verteilung.

Tipp 18: Funktion T.INV()

T-INV(Wahrscheinlichkeit;Freiheitsgrade) gibt die linksseitige Quantile der Student-t-Verteilung zurück.

Anhang

Funktionsübersichten

In den beiden nachfolgenden alphabetisch sortierten Funktionsübersichten erhalten Sie einen Überblick über die in Excel vorhandenen Funktionen in Deutsch und Englisch. Damit sind Sie in der Lage, jede Funktion auch in der jeweils anderen Sprache zu benennen.

Funktionsübersicht Deutsch – Englisch

Deutsch	Englisch	Deutsch	Englisch
ABRUNDEN	ROUNDDOWN	CHIVERT	CHIDIST
ABS	ABS	CODE	CODE
ACHSENABSCHNITT	INTERCEPT	COS	COS
ADRESSE	ADDRESS	COSHYP	COSH
ANZAHL	COUNT	DATUM	DATE
ANZAHL2	COUNTA	DATWERT	DATEVALUE
ANZAHLLEEREZELLEN	COUNTBLANK	DBANZAHL	DCOUNT
ARCCOS	ACOS	DBANZAHL2	DCOUNTA
ARCCOSHYP	ACOSH	DBAUSZUG	DGET
ARCSIN	ASIN	DBMAX	DMAX
ARCSINHYP	ASINH	DBMIN	DMIN
ARCTAN	ATAN	DBMITTELWERT	DAVERAGE
ARCTAN2	ATAN2	DBPRODUKT	DPRODUCT
ARCTANHYP	ATANH	DBSTDABW	DSTDEV
AUFRUFEN	CALL	DBSTDABWN	DSTDEVP
AUFRUNDEN	ROUNDUP	DBSUMME	DSUM
BEREICH.VERSCHIEBEN	OFFSET	DBVARIANZ	DVAR
BEREICHE	AREAS	DBVARIANZEN	DVARP
BESTIMMTHEITSMASS	RSQ	DIA	SYD
BETAINV	BETAINV	DM	DOLLAR
BETAVERT	BETADIST	ERSETZEN	REPLACE
BINOMVERT	BINOMDIST	EXP	EXP
BOGENMASS	RADIANS	EXPONVERT	EXPONDIST
BW	PV	FAKULTÄT	FACT
CHIINV	CHIINV	FALSCH	FALSE
CHITEST	CHITEST	FEHLER.TYP	ERROR.TYPE

Deutsch	Englisch	Deutsch	Englisch
FEST	FIXED	JAHR	YEAR
FINDEN	FIND	JETZT	NOW
FINV	FINV	KAPZ	PPMT
FISHER	FISHER	KGRÖSSTE	LARGE
FISHERINV	FISHERINV	KKLEINSTE	SMALL
FTEST	FTEST	KLEIN	LOWER
FVERT	FDIST	KOMBINATIONEN	COMBIN
GAMMAINV	GAMMAINV	KONFIDENZ	CONFIDENCE
GAMMALN	GAMMALN	KORREL	CORREL
GAMMAVERT	GAMMADIST	KOVAR	COVAR
GANZZAHL	INT	KRITBINOM	CRITBINOM
GDA	DDB	KURT	KURT
GDA2	DB	KÜRZEN	TRUNC
GEOMITTEL	GEOMEAN	LÄNGE	LEN
GERADE	EVEN	LIA	SLN
GESTUTZTMITTEL	TRIMMEAN	LINKS	LEFT
GLÄTTEN	TRIM	LN	LN
GRAD	DEGREES	LOG	LOG
GROSS	UPPER	LOG10	LOG10
GROSS2	PROPER	LOGINV	LOGINV
GTEST	ZTEST	LOGNORMVERT	LOGNORMDIST
HARMITTEL	HARMEAN	MAX	MAX
HÄUFIGKEIT	FREQUENCY	MDET	MDETERM
HEUTE	TODAY	MEDIAN	MEDIAN
HYPGEOMVERT	HYPGEOMDIST	MIN	MIN
IDENTISCH	EXACT	MINUTE	MINUTE
IKV	IRR	MINV	MINVERSE
INDEX	INDEX	MITTELABW	AVEDEV
INDIREKT	INDIRECT	MITTELWERT	AVERAGE
INFO	INFO	MMULT	MMULT
ISTBEZUG	ISREF	MODALWERT	MODE
ISTFEHL	ISERR	MONAT	MONTH
ISTFEHLER	ISERROR	MTRANS	TRANSPOSE
ISTKTEXT	ISNONTEXT	N	N
ISTLEER	ISBLANK	NBW	NPV
ISTLOG	ISLOGICAL	NEGBINOMVERT	NEGBINOMDIST
ISTNV	ISNA	NICHT	NOT
ISTTEXT	ISTEXT	NORMINV	NORMINV
ISTZAHL	ISNUMBER	NORMVERT	NORMDIST

Deutsch	Englisch	Deutsch	Englisch
NV	NA	SUMME	SUM
OBERGRENZE	CEILING	SUMMENPRODUKT	SUMPRODUCT
ODER	OR	SUMMEWENN	SUMIF
PEARSON	PEARSON	SUMMEX2MY2	SUMX2MY2
PI	PI	SUMMEX2PY2	SUMX2PY2
POISSON	POISSON	SUMMEXMY2	SUMXMY2
POTENZ	POWER	SUMQUADABW	DEVSQ
PRODUKT	PRODUCT	SVERWEIS	VLOOKUP
QIKV	MIRR	T	T
QUADRATESUMME	SUMSQ	TAG	DAY
QUANTIL	PERCENTILE	TAGE360	DAYS360
QUANTILSRANG	PERCENTRANK	TAN	TAN
QUARTILE	QUARTILE	TANHYP	TANH
RANG	RANK	TEIL	MID
RECHTS	RIGHT	TEILERGEBNIS	SUBTOTAL
REGISTER.KENNUMMER	REGISTER.ID	TEXT	TEXT
REST	MOD	TINV	TINV
RGP	LINEST	TREND	TREND
RKP	LOGEST	TTEST	TTEST
RMZ	PMT	TVERT	TDIST
RÖMISCH	ROMAN	TYP	TYPE
RUNDEN	ROUND	UND	AND
SÄUBERN	CLEAN	UNGERADE	ODD
SCHÄTZER	FORECAST	UNTERGRENZE	FLOOR
SCHIEFE	SKEW	VARIANZ	VAR
SEKUNDE	SECOND	VARIANZEN	VARP
SIN	SIN	VARIATION	GROWTH
SINHYP	SINH	VARIATIONEN	PERMUT
SPALTE	COLUMN	VDB	VDB
SPALTEN	COLUMNS	VERGLEICH	MATCH
STABW	STDEV	VERKETTEN	CONCATENATE
STABWN	STDEVP	VERWEIS	LOOKUP
STANDARDISIERUNG	STANDARDIZE	VORZEICHEN	SIGN
STANDNORMINV	NORMSINV	WAHL	CHOOSE
STANDNORMVERT	NORMSDIST	WAHR	TRUE
STEIGUNG	SLOPE	WAHRSCHBEREICH	PROB
STFEHLERYX	STEYX	WECHSELN	SUBSTITUTE
STUNDE	HOUR	WEIBULL	WEIBULL
SUCHEN	SEARCH	WENN	IF

Deutsch	Englisch
WERT	VALUE
WIEDERHOLEN	REPT
WOCHENTAG	WEEKDAY
WURZEL	SQRT
WVERWEIS	HLOOKUP
ZÄHLENWENN	COUNTIF
ZEICHEN	CHAR
ZEILE	ROW
ZEILEN	ROWS

Deutsch	Englisch
ZEIT	TIME
ZEITWERT	TIMEVALUE
ZELLE	CELL
ZINS	RATE
ZINSZ	IPMT
ZUFALLSZAHL	RAND
ZW	FV
ZZR	NPER

Funktionsübersicht Englisch – Deutsch

Englisch	Deutsch
ROUNDDOWN	ABRUNDEN
ABS	ABS
INTERCEPT	ACHSENABSCHNITT
ADDRESS	ADRESSE
COUNT	ANZAHL
COUNTA	ANZAHL2
COUNTBLANK	ANZAHLLEEREZELLEN
ACOS	ARCCOS
ACOSH	ARCCOSHYP
ASIN	ARCSIN
ASINH	ARCSINHYP
ATAN	ARCTAN
ATAN2	ARCTAN2
ATANH	ARCTANHYP
CALL	AUFRUFEN
ROUNDUP	AUFRUNDEN
OFFSET	BEREICH.VERSCHIEBEN
AREAS	BEREICHE
RSQ	BESTIMMTHEITSMASS
BETAINV	BETAINV
BETADIST	BETAVERT
BINOMDIST	BINOMVERT
RADIANS	BOGENMASS
PV	BW
CHIINV	CHIINV

Englisch	Deutsch
CHITEST	CHITEST
CHIDIST	CHIVERT
CODE	CODE
COS	COS
COSH	COSHYP
DATE	DATUM
DATEVALUE	DATWERT
DCOUNT	DBANZAHL
DCOUNTA	DBANZAHL2
DGET	DBAUSZUG
DMAX	DBMAX
DMIN	DBMIN
DAVERAGE	DBMITTELWERT
DPRODUCT	DBPRODUKT
DSTDEV	DBSTDABW
DSTDEVP	DBSTDABWN
DSUM	DBSUMME
DVAR	DBVARIANZ
DVARP	DBVARIANZEN
SYD	DIA
DOLLAR	DM
REPLACE	ERSETZEN
EXP	EXP
EXPONDIST	EXPONVERT
FACT	FAKULTÄT

Englisch	Deutsch	Englisch	Deutsch
FALSE	FALSCH	ISTEXT	ISTTEXT
ERROR.TYPE	FEHLER.TYP	ISNUMBER	ISTZAHL
FIXED	FEST	YEAR	JAHR
FIND	FINDEN	NOW	JETZT
FINV	FINV	PPMT	KAPZ
FISHER	FISHER	LARGE	KGRÖSSTE
FISHERINV	FISHERINV	SMALL	KKLEINSTE
FTEST	FTEST	LOWER	KLEIN
FDIST	FVERT	COMBIN	KOMBINATIONEN
GAMMAINV	GAMMAINV	CONFIDENCE	KONFIDENZ
GAMMALN	GAMMALN	CORREL	KORREL
GAMMADIST	GAMMAVERT	COVAR	KOVAR
INT	GANZZAHL	CRITBINOM	KRITBINOM
DDB	GDA	KURT	KURT
DB	GDA2	TRUNC	KÜRZEN
GEOMEAN	GEOMITTEL	LEN	LÄNGE
EVEN	GERADE	SLN	LIA
TRIMMEAN	GESTUTZTMITTEL	LEFT	LINKS
TRIM	GLÄTTEN	LN	LN
DEGREES	GRAD	LOG	LOG
UPPER	GROSS	LOG10	LOG10
PROPER	GROSS2	LOGINV	LOGINV
ZTEST	GTEST	LOGNORMDIST	LOGNORMVERT
HARMEAN	HARMITTEL	MAX	MAX
FREQUENCY	HÄUFIGKEIT	MDETERM	MDET
TODAY	HEUTE	MEDIAN	MEDIAN
HYPGEOMDIST	HYPGEOMVERT	MIN	MIN
EXACT	IDENTISCH	MINUTE	MINUTE
IRR	IKV	MINVERSE	MINV
INDEX	INDEX	AVEDEV	MITTELABW
INDIRECT	INDIREKT	AVERAGE	MITTELWERT
INFO	INFO	MMULT	MMULT
ISREF	ISTBEZUG	MODE	MODALWERT
ISERR	ISTFEHL	MONTH	MONAT
ISERROR	ISTFEHLER	TRANSPOSE	MTRANS
ISNONTEXT	ISTKTEXT	N	N
ISBLANK	ISTLEER	NPV	NBW
ISLOGICAL	ISTLOG	NEGBINOMDIST	NEGBINOMVERT
ISNA	ISTNV	NOT	NICHT

Englisch	Deutsch	Englisch	Deutsch
NORMINV	NORMINV	HOUR	STUNDE
NORMDIST	NORMVERT	SEARCH	SUCHEN
NA	NV	SUM	SUMME
CEILING	OBERGRENZE	SUMPRODUCT	SUMMENPRODUKT
OR	ODER	SUMIF	SUMMEWENN
PEARSON	PEARSON	SUMX2MY2	SUMMEX2MY2
PI	PI	SUMX2PY2	SUMMEX2PY2
POISSON	POISSON	SUMXMY2	SUMMEXMY2
POWER	POTENZ	DEVSQ	SUMQUADABW
PRODUCT	PRODUKT	VLOOKUP	SVERWEIS
MIRR	QIKV	T	T
SUMSQ	QUADRATESUMME	DAY	TAG
PERCENTILE	QUANTIL	DAYS360	TAGE360
PERCENTRANK	QUANTILSRANG	TAN	TAN
QUARTILE	QUARTILE	TANH	TANHYP
RANK	RANG	MID	TEIL
RIGHT	RECHTS	SUBTOTAL	TEILERGEBNIS
REGISTER.ID	REGISTER.KENNUMMER	TEXT	TEXT
MOD	REST	TINV	TINV
LINEST	RGP	TREND	TREND
LOGEST	RKP	TTEST	TTEST
PMT	RMZ	TDIST	TVERT
ROMAN	RÖMISCH	TYPE	TYP
ROUND	RUNDEN	AND	UND
CLEAN	SÄUBERN	ODD	UNGERADE
FORECAST	SCHÄTZER	FLOOR	UNTERGRENZE
SKEW	SCHIEFE	VAR	VARIANZ
SECOND	SEKUNDE	VARP	VARIANZEN
SIN	SIN	GROWTH	VARIATION
SINH	SINHYP	PERMUT	VARIATIONEN
COLUMN	SPALTE	VDB	VDB
COLUMNS	SPALTEN	MATCH	VERGLEICH
STDEV	STABW	CONCATENATE	VERKETTEN
STDEVP	STABWN	LOOKUP	VERWEIS
STANDARDIZE	STANDARDISIERUNG	SIGN	VORZEICHEN
NORMSINV	STANDNORMINV	CHOOSE	WAHL
NORMSDIST	STANDNORMVERT	TRUE	WAHR
SLOPE	STEIGUNG	PROB	WAHRSCHBEREICH
STEYX	STFEHLERYX	SUBSTITUTE	WECHSELN

Englisch	Deutsch		Englisch	Deutsch
WEIBULL	WEIBULL		ROWS	ZEILEN
IF	WENN		TIME	ZEIT
VALUE	WERT		TIMEVALUE	ZEITWERT
REPT	WIEDERHOLEN		CELL	ZELLE
WEEKDAY	WOCHENTAG		RATE	ZINS
SQRT	WURZEL		IPMT	ZINSZ
HLOOKUP	WVERWEIS		RAND	ZUFALLSZAHL
COUNTIF	ZÄHLENWENN		FV	ZW
CHAR	ZEICHEN		NPER	ZZR
ROW	ZEILE			

Informationen zu Operatoren für Berechnungen

Über Operatoren wird die Art der Berechnung festgelegt, die mit den einzelnen Elementen einer Formel durchgeführt werden soll.

Microsoft Excel unterscheidet diese vier verschiedenen Operatoren:

1. arithmetische Operatoren
2. Vergleichsoperatoren
3. Textoperatoren
4. Bezugsoperatoren

1. Arithmetische Operatoren

Operator	Bedeutung	Beispiel
+ (Pluszeichen)	Addition	5+7
– (Minuszeichen)	Subtraktion	12–4
* (Sternchen)	Multiplikation	4*7
/ (Schrägstrich)	Division	15/3
% (Prozentzeichen)	Prozent	19%
^ (Caretzeichen)	Potenzierung	2^8
Inversion	Änderung des Vorzeichens	–1

2. Vergleichsoperatoren

Mittels Vergleichsoperatoren können zwei Werte verglichen werden. Als Ergebnis erhalten Sie die logischen Werte *WAHR* oder *FALSCH*.

Operator	Bedeutung	Beispiel
= (Gleichheitszeichen)	ist gleich	B15 = C20
> (Größer-als-Zeichen)	größer als	B15 > C20
< (Kleiner-als-Zeichen)	kleiner als	B15 < C20
>= (Größer-gleich-Zeichen)	krößer oder gleich	B15 >= C20
<= (Kleiner-gleich-Zeichen)	kleiner oder gleich	B15 <= C20
<> (Ungleichzeichen)	ungleich	B15 <> C20

3. Textverkettungsoperator

Mithilfe des Textoperators & können mehrere Textzeichenfolgen zu einem einzigen Textwert verknüpft werden.

Operator	Bedeutung	Beispiel
& (kaufmännisches Und-Zeichen)	Verbindet zwei Werte zu einem zusammenhängenden Textwert.	"Berg"&"bahn" oder auch B15 & C20

4. Bezugsoperatoren

Bezugsoperatoren verknüpfen Zellbereiche zur Durchführung von Berechnungen.

Operator	Bedeutung	Beispiel
: (Doppelpunkt)	Bereichsoperator, der einen Bezug auf alle Zellen erstellt, die zwischen zwei Bezügen liegen, einschließlich der beiden Bezugszellen.	=SUMME(B15:C20)
; (Semikolon)	Verbindungsoperator, der die Verbindung mehrerer Bezüge in einem Bezug ermöglicht.	=SUMME(B15:C20;C5:C10)
(Leerschritt)	Schnittmengenoperator, der einen Bezug zu Zellen erstellt, die für beide Bezüge gleich sind.	(B7:D7 C6:C8)

Priorität von Operatoren

Werden in einer Formel mehrere Operatoren verwenden, führt Excel die Operationen in der Reihenfolge aus, wie sie in der nachfolgenden Tabelle aufgeführt sind. Enthält eine Formel Operatoren mit gleicher Priorität, wie zum Beispiel Multiplikations- und Divisionsoperatoren, werden die Operatoren von links nach rechts ausgewertet.

Nr.	Operator
1	: (Doppelpunkt)
2	(einzelnes Leerzeichen)
3	; (Semikolon)
4	Bezugsoperatoren
5	– (Inversionen wie in –1)
6	% (Prozent)
7	^ (Potenzierung)
8	* und / (Multiplikation und Division)
9	+ und – (Addition und Subtraktion)
10	& (Verkettung)
11	= < > <= >= <> (Vergleich)

Verändern der Berechnungsreihenfolge mit Klammern

Um die Reihenfolge der Berechnung zu ändern, setzen Sie den Teil der Formel in Klammern, der zuerst berechnet werden soll. Beispielsweise gibt die folgende Formel das Ergebnis –7 zurück, da in Excel Multiplikationen vor Subtraktionen ausgeführt werden. Die Formel multipliziert die Zahlen –3 und 5 und addiert den Wert 8 zum Ergebnis hinzu.

=8-3*5

Wenn Sie jedoch Klammern in der Formelsyntax verwenden, subtrahiert Excel den Wert 3 vom Wert 8 und multipliziert anschließend das Ergebnis mit 5. Das Ergebnis lautet 25.

=(8-3)*5

Praxisorientierte Shortcuts

Die nachfolgende Tabelle gibt einen Überblick über die wichtigsten Tastenkombinationen (Shortcuts) für den täglichen Gebrauch.

Übersicht der praxisorientierten Tastenkombinationen

Funktion	Tastenkombination
Im Tabellenblatt um eine Zelle nach rechts bewegen	Tab
Im Tabellenblatt um eine Zelle nach links bewegen	Umschalt + Tab
Markieren des gesamten Arbeitsblatts	Strg + A

Funktion	Tastenkombination
Funktionsargumente einfügen (dazu muss sich die Einfügemarke rechts neben dem Funktionsnamen in einer Formel befinden)	Strg+Umschalt+A
Aktuelles Datum einfügen	Strg+. (Punkt)
Aktuelle Uhrzeit einfügen	Strg+: (Doppelpunkt)
Neue leere Arbeitsmappe erstellen	Strg+N
Datei öffnen	Strg+O
Datei speichern	Strg+S
Markierte Zellen in Zwischenablage kopieren	Strg+C
Inhalte aus der Zwischenablage einfügen	Strg+V
Markierte Zellen ausschneiden	Strg+X
Befehl rückgängig machen	Strg+Z
Befehl wiederherstellen	Strg+Y
Tabellenfenster schließen	Strg+W
Dialogfenster Zellen formatieren aufrufen	Strg+1
Spalte markieren	Strg+Leertaste
Zeile markieren	Umschalt+Leertaste
Zelle fett setzen	Strg+Umschalt+F
Zelle kursiv setzen	Strg+Umschalt+K
Zellinhalt unterstreichen	Strg+Umschalt+U
Zelle mit dem Währungsformat belegen	Strg+Umschalt+4
Zelle mit dem Prozentformat belegen	Strg+Umschalt+5
Zelle mit dem Datumsformat belegen	Strg+Umschalt+3
Zellen mit dem Standardformat belegen	Strg+Umschalt+1
Aufrufen der Hilfefunktion	F1
Multifunktionsleiste ein- und ausblenden	Strg+F1
Wechseln in den Bearbeitungsmodus	F2
Aufrufen des Namens-Managers	Strg+F3
Zellkommentar einfügen	Umschalt+F2
AutoSumme einfügen	Alt+Umschalt+0
Ausfüllen nach unten	Strg+U
Ausfüllen nach rechts	Strg+R
Markierung mit aktuellem Eintrag ausfüllen	Strg+Enter
Matrixformel erzeugen	Strg+Umschalt+Enter
Bezug (relativ/absolut) ändern	F4
Wechseln zwischen Formel- und Ergebnisansicht	Strg+#

Funktion	Tastenkombination
Zeile ausblenden	`Strg`+`9`
Zeile einblenden	`Strg`+`Umschalt`+`9`
Spalten ausblenden	`Strg`+`8`
Spalten einblenden	`Strg`+`Umschalt`+`8`
Blatt, nächstes auswählen	`Strg`+`Bild↑`
Blatt, vorheriges auswählen	`Strg`+`Bild↓`
Zeile, leere einfügen	`Strg`+`+` (Pluszeichen)
Zeile, markierte löschen	`Strg`+`-` (Minuszeichen)
Funktions-Assistenten aufrufen	`Umschalt`+`F3`
Argumentliste in Formel eintragen	`Strg`+`Umschalt`+`A`
Berechnen, aktives Tabellenblatt	`F9`
Berechnen, gesamte Arbeitsmappe	`Umschalt`+`F9`
Berechnen aller geöffneten Arbeitsmappen	`Strg`+`Alt`+`F9`
Berechnen aller geöffneten Arbeitsmappen und Überprüfen aller abhängigen Formeln	`Strg`+`Umschalt`+`Alt`+`F9`
Fenster minimieren	`Strg`+`F9`
Fenster maximieren	`Strg`+`F10`
Befehl Gehe zu aufrufen	`Strg`+`G` oder `F5`
Befehl Suchen und Ersetzen aufrufen	`Strg`+`F`
Neue leere Arbeitsmappe erzeugen	`Strg`+`N`
Befehl Rechtschreibung aufrufen	`Strg`+`F7`
Kontextmenü einblenden	`Umschalt`+`F10`
Zwischenablage, gesamten Bildschirminhalt kopieren	`Druck`
Zwischenablage, aktives Fenster kopieren	`Alt`+`Druck`

Über die vorgestellten Tastenkombinationen hinaus steht noch eine Vielzahl weiterer Shortcuts zur Verfügung, deren Funktionsweise Sie über die Onlinehilfe erfahren können. Für den täglichen Gebrauch sollten die aufgelisteten Kombinationen allerdings genügen und gute Dienste leisten.

Stichwortverzeichnis

G